国家哲学社会科学成果文库

NATIONAL ACHIEVEMENTS LIBRARY
OF PHILOSOPHY AND SOCIAL SCIENCES

二十世纪汉语音韵学史稿

张玉来 等 著

科学出版社

本书作者及分工
（以撰写章节先后为序）

前言、绪论

张玉来（南京大学文学院教授）

第 一 章

张玉来（南京大学文学院教授）

第 二 章

尉迟治平（华中科技大学人文学院教授）：第一节，第二节，第三节之一、二小节，第四节
高龙奎（济南大学文学院副教授）、耿军（西南大学国际学院副教授）：第三节之三小节
张亚蓉（西北大学文学院副教授）、陈芳（福建师范大学文学院副教授）：第五节
张玉来（南京大学文学院教授）、崔金明（西安外国语大学汉学院教授）：第六节、第七节

第 三 章

孙志波（河南师范大学文学院副教授）：第一节，第二节，第三节之三、四、五小节，第四节
吴璐（南京大学文学院博士）：第三节之一、二小节
曹鹏鹏（安徽师范大学文学院讲师）：第三节之六小节

第 四 章

黎新第（重庆师范大学文学院教授）

第 五 章

于建松（青岛大学文学院副教授）

附 录

于建松（青岛大学文学院副教授）

前 言

汉语音韵学，自东汉末年反切的产生算起，绵延近两千年，取得了巨大的成就，形成了极富民族特色的研究传统，是汉语语言学的重要部门。历史上，音韵学属于语文学的范畴，是"小学"的一个分支，主要研究文字的音读问题，可以称为传统音韵学。传统音韵学至清代乾嘉诸大师达到了顶峰，对传统语文材料的使用和归纳达到了极致。清末民初崛起的章太炎、黄侃等大师承其余绪，虽有所创新，然已是强弩之末，终难有大的突破。时代到了"枯木前头"是否"万木春"的阶段。正在此时，外来的西方学者和留学海外的中国学者为音韵学研究带来了新的语言学思想和研究方法，开启了新的研究阶段，可以称为现代音韵学时期。这个时期肇始于19世纪中期，在历史语言学的背景下，西方学者开始关注汉语的历史音韵研究，如艾约瑟于1853年出版的《中国上海土话文法》、1857年出版的《中国官话文法》开始关注汉语历史音值问题，武尔披齐利于1896年写成的《中国音韵学》开始构拟中古汉语的音值，这些研究虽然学术价值不高，却是现代音韵学研究的先声。20世纪初，马伯乐、高本汉等西方学术名家的加入，壮大了海外汉语音韵学研究的声势。1918年国人钱玄同出版的《文字学音篇》则象征着我国学者研究方向的转变。从马伯乐、高本汉、钱玄同等开始，近百年来的汉语音韵学在传统音韵学的基础上，在西方语言学思想的影响下，创造性地吸收和改造了历史语言学的理论和方法，由传统语文学的一个部门转变为现代语言学的一个部门，成为20世纪最有成就和最富国际影响的学科之一。

本书的研究对象是现代音韵学研究百年来的学术成果及其发展脉络,上起自清末,下止于 2000 年,与 20 世纪这一百年大致相当。梳理这一个世纪的学术研究历程,总结这一个世纪的学术成就与不足,无疑是学术界应当承担起来的学术责任。至于 21 世纪后的音韵学研究成果还有不少争议,尚需沉淀,本书暂不予描述。

从 20 世纪末开始,汉语研究的好几个分支学科都有总结 20 世纪学术研究源流的著作陆续问世,如《二十世纪的汉语语法学》《二十世纪的汉语词汇学》《二十世纪的汉语方言学》《二十世纪的汉语文字学》《二十世纪的汉语训诂学》等等,20 世纪的汉语音韵学虽有学者进行过概括回顾,但篇幅有限,至今还没有总结性史论著作问世。

历史上关于汉语音韵学研究史的论著,有清代万斯同的《声韵源流考》、潘咸的《音韵源流》、莫友芝的《韵学源流》等,但是,这类著作要么挂一漏万,要么不得要领,缺乏相应的系统性,学术价值不高。第一部真正称得上学术著作的是张世禄的《中国音韵学史》。《中国音韵学史》主要运用现代语言学理论梳理了传统音韵学的演进史,史论结合,裁剪得当,创见迭出。然而,该书的研究内容以传统音韵学为主,涉及 20 世纪现代音韵研究的内容较少。在 20 世纪的不同阶段,虽然李方桂、齐佩瑢、周法高、陈新雄、李新魁、邵荣芬、唐作藩、杨耐思等前辈学者都写过关于某个时段的音韵学研究概述的论文,比如,李方桂的《汉语研究的方向——音韵学的发展》、齐佩瑢的《中国近三十年之声韵学》、李新魁的《汉语音韵学研究概况及展望》、陈振寰的《中国音韵学研究的四大阶段及其形成的原因和条件》、冯蒸的《论汉语音韵学的发展方向——为纪念李方桂先生而作》等,但是,大部分论著因篇幅有限,都显单薄,远不适应学术史研究的要求。研究中国语言学史的有关著作,如王力的《中国语言学史》、濮之珍的《中国语言学史》、何九盈的《中国现代语言学史》等,也都涉及现代音韵学,但毕竟不是专门的研究，阐述难免存在缺漏和偏颇。另外，何九盈的《古汉语音韵学述要》、周斌武的《汉语音韵学史略》、陈新雄的《六十年来之声韵学》等虽然是研究音韵学史的专门著作，但是涉及传统音韵学的内容多，涉及现代音韵学的内容少，勾勒百年来的学术研究的主线尚属粗疏，源流考镜、得失评判也都欠周全。

关于汉语音韵学百年来的研究没有全面总结性著作问世的原因是多方面的，但是最重要的有两个方面：一方面是本学科的研究面宽阔，分歧点多，学者的学术观念差别大，把握主线不易；另一方面是研究文献众多，全面把握音韵学的有关研究文献需要花费大量时间和精力，搜集各种文献材料需要大量人力、物力的投入，是一项费时费力的任务。

早在1996年我们就有了撰写本书的动议。那一年春天，我在威海主持召集了一个关于现代音韵学研究的小型学术研讨会，参加者有唐作藩、杨耐思、黎新第、尉迟治平、施向东、张树铮等先生。会议议定编写20世纪汉语音韵学史并起草了一份粗略的编写大纲，课题组成员由黎新第、尉迟治平、施向东、张树铮和我本人组成。后因故工作开展得并不顺利，有几位先生因为另有项目要完成就不能参加该项目的研究，因此项目的各环节进展各不相同，延宕了许多时日。2011年，我以"汉语音韵学百年学术源流"为题申报了国家哲学社会科学基金一般项目并获得立项。以此为契机，我们重新组织了项目组成员，并做了分工，经过7年的努力，2018年终于结题。因此，本书是集体劳动的结晶，张玉来负责全书的总体框架设计，统筹作者之间的衔接和进度，统稿并通读全书，黎新第先生通读过全稿并修改了部分稿件。具体撰写分工情况如下：前言、绪论，张玉来；第一章，张玉来；第二章，尉迟治平、张玉来、张亚蓉、陈芳、高龙奎、耿军、崔金明；第三章，孙志波、曹鹏鹏、吴璐；第四章，黎新第；第五章及附录，于建松。

第二、三章的撰写需要特别说明一下。第二章原定由尉迟治平先生独立完成，后因先生出国投亲，加之视力衰退，只完成了大部分内容，留下一部分空缺，由张玉来、张亚蓉、陈芳、高龙奎、耿军、崔金明补写完成。具体情况如下：尉迟治平，第一节、第二节、第三节（第一、二小节）、第四节；耿军、高龙奎，第三节（第三小节）；张亚蓉、陈芳，第五节；张玉来、崔金明，第六节、第七节。第三章也是合作完成的，第一、二、四节及第三节的第三、四、五小节由孙志波撰写，吴璐和曹鹏鹏分别撰写了第三节第一、二小节和第六小节，最后由孙志波进行统稿。

本书于2022年入选《国家哲学社会科学成果文库》后，我们又组织了一个专门的审校班子，对书稿进行了全面修改和审校，具体分工如下：绪论，孙志波、张玉来；第一章，孙志波、张玉来；第二章，崔金明、张亚蓉、陈芳；第三章，曹鹏鹏、孙志波；第四章，高龙奎、耿军；第五章及附录，于建松。此次审校工作由张玉来组织，孙志波负责具体统筹。

尹瑀博士在稿件修改和文库申报过程中付出了不少技术性劳动。

本书总结了20世纪现代音韵学在材料、方法、学术史观上的突破，着力对汉语语音史不同阶段的研究成果进行了源流梳理，总结了每一时段研究的得失，并提示未来研究可以考虑的方向。在研究过程中，我们遵循"考镜源流、辨章学术"的原则，以历史唯物主义思想为指导，以"史实为先导、考论为目的、史论结合"为研究导向，全面总结了一个世纪的学术研究的历程，为将来的研究提供了十分有益的借鉴。

本书的价值是多方面的，首先，本书填补了我国语言学史研究领域的一项空缺，既是一部断代性和史论性相结合的语言学史著作，也是一部总结百年来音韵学研究源流的音韵学史论性著作。我们力求做到一般史书应该做到的概括、总结史实，并更多地体现我们对学术研究方向的把握和认识。其次，本书有益于弘扬我国语言学的优良传统，为构建富有民族特色的学术话语体系提供了有益史料，为我国的学术研究走向世界中心提供了强有力的支撑。

近百年以来的学术话语体系主要是由西方学术界创造的，东方学术界创造话语体系的能力不够，即便是以汉字文献为依托的域外汉学研究领域，我国学者也常常居于边缘，声音微弱。本书通过钩稽百年来汉语音韵学的研究成果，提炼出了本学科独特的学术风格、研究方法和研究目的，概括了本学科的语音分析范畴和基本研究范式，指明了本学科对域外汉语音韵研究的巨大影响，从而得出了汉语音韵学是我国语言学各部门中少有的、走向世界的、极富民族特色的学科的结论。最后，本书将为汉语音韵学学科的发展提供历史借鉴和发展动力。因为：①本书钩稽了20世纪汉语音韵学的发展脉络，总结了百年来音韵学研究的面貌，为本学科提供了丰赡的学术史料，展现了多元的学术观点；②本书对汉语音韵学发展路向的分析和论证，将有益于本学科的进一步发展和凝练出新的研究方向；③本书可以为语言学、汉语史、语言学史及文化史等有关学科提供有益的学术借鉴，丰富我国学术研究的内涵。

在本书中，我们努力凝练了20世纪汉语音韵学的学术创新和突破，比如本书提出以下两个方面。第一，20世纪汉语音韵学的研究范式发生了历史转型：19世纪中叶到20世纪中期近百年的时间，是我国语言学由传统学术向现代学术转型的时期。在西方语言学理论的影响下，我国的语言学研究的科学化、社会化和理论化的程度不断得以提升，研究范式也发生了巨大转变：①从经学的附庸变成独立的学科；②研究对象由书面语到口语、由文言到白话；③从零碎考据到系统研究；④从静态研究到历史研究；⑤从缺乏理性概括到自觉地抽绎语言结构和变化规律；⑥由少数人的学术兴趣变为职业性的专家研究；⑦由固守研究传统到接受外来的理论和方法。第二，20世纪汉语音韵学在材料、方法和学术史观方面都有重大创新。综观近百年的历史，不难发现，现代音韵学在学术上取得了巨大的成绩，本书概括为十个方面，如：①全面地、批判性地接受西方语言学理论和语音学成就，促使汉语音韵学转变为语言学的一个部门；②吸收并改造了历史语言学的基本理论和方法，结合汉语的历史实际，超越了传统音类研究的局限，进行了语音系统的音值的拟测，使语音史研究的框架初步形成；③应用了大批新材料，重视口语、方言、同系民族语言材料的相互比较，扩大了研究材料的范围，提高了研究成果的价值……这样全面的学术概括是以前的研究没有做到的。

我们也努力概括了20世纪不同阶段语音史研究观念和成果的得失以及今后的发展方向，以上古音研究为例，本书认为20世纪上古音研究最大的成就是学术观念和方法的突破，表现为：①建立了语音发展观。语言是不断发展变化的，语音也是不断发展变化的，上古音与中古音不同，更与现代汉语语音不同。古音不同于今音的观念应该贯彻到汉语语音的各个层面和单位，包括声母、韵母、元音、介音、韵尾和声调等，绝不可以根据现代汉语某个方言语音仓促断定上古音有或没有某种语音现象。②注意了语音系统性。一个语言的语音可以分成不同的层级，每个层级又可以分成不同的单位，层级或语音单位之间具有一定的关系，分类和关系构成系统。语音研究应该具有系统的观念，即使是研究某一个语音单位，也应该将其放在语音系统中观察，绝不可以孤立地进行讨论。③注意到了语音的结构性和演变的规律性。语音单位之间的关系有一定的规则，语音的演变有一定的规律。上古音的研究必须观照中古音，音变必须具有规则性，绝不可以将上古音的研究与中古音的研究割裂开来。再以中古音为例，20世纪的研究显示出：①中古音的断代研究有待深化。我们认为高本汉搭建的语音史研究模型能够为语音的断代研究提供便利，在此模型下中古音的研究在诸多方面有很大进展，但是系统全面地分析中古某一个历史时期的著述还较少，从时间范围着眼，全面比较分析某一时期的各种音韵文献资料，总括该时期的语音现象，仍是十分必要的。②资料编纂任重道远。中古音切和对音译音是研究语音史的重要文献资料，但这两类资料都较为零散，需要进行专业的考证分析，因此，编制中古音切谱和对音译音谱，将会极大地推动汉语中古音的研究。③研究方法和观念方面须与时俱进，应将中古音研究与方言学、少数民族语言学紧密结合起来，运用历史语言学理论方法，以音变考求为导向，促进中古音研究的新发展。随着新的研究队伍的集结，在科学的理论方法的指导下，立足文献资料，开展跨学科合作，将来的汉语中古音研究前景将是一片光明。

关于本书，我们还需要说明以下几点：①本书梳理的成果以中国的现代音韵学研究成果为主，兼及海外学者的研究成果。②本书的研究对象虽是20世纪现代音韵学的学术成果及其发展脉络，但是个别论题偶因学术成果的连续性会涉及2000年后的两三年。③因为不同语音时段的研究成果在数量上有较大差别，所以，本书有关章节的篇幅长短不太一致，比如近代音部分体量比较大，等韵学部分体量比较小。④本书行文中涉及的文献一般不注明出处，只注明年份，这一是为了简省篇幅，二是因为有现有的各类20世纪音韵学论著目录可以参考。我们也编有详细且分类合理的20世纪音韵学论著目录，因为篇幅太大，本书无法收录，容以后修订，单独出版。⑤由于本书引用的文献比较多，为了避免烦琐，除古籍的直接引文外，其余文献在正文中一般不出脚注。⑥本书行文采用国家法定的规范简化字，但由于本书涉及大量古典文献和音韵学学科本身的术语和特殊用字，为了忠实原作和避免歧异，本书在某些引文、事例和术语用字方面保留了繁体、异体字写法，有时假借字也没有改动。⑦本书极少数内容作为先行研究成果曾经发表或出版过，这次出版都作了一定程度的修改和完善。⑧为了行文简便，正文中涉及的学者一般免称"先生"，这其中也包括我们的老师辈。

感谢《国家哲学社会科学成果文库》评审专家提出的宝贵意见，我们努力消化吸收了大部分相关意见。感谢科学出版社的编辑杨英女士和张翠霞女士，从文库申报到出版都给予了无私的帮助。感谢兰州交通大学王耀东老师费心核查书稿。感谢关心支持过我们的所有学界朋友！

最后，我们要说明的是，由于本书涉及的史料多、分歧点多，见仁见智，我们的认识和分析肯定有各种不足，请读者予以批评指正！

张玉来

2023 年 2 月 20 日于南京大学

目 录

前　言　/ 001

绪　论　**大时代、学术转型与中国现代语言学的建立**
　　第一节　汉语的演进与中国语言学的传统　/ 002
　　第二节　近代学术转型与中国现代语言学的建立　/ 010

第一章　**20 世纪汉语音韵学研究概观**
　　第一节　传统汉语音韵学研究概略　/ 027
　　第二节　20 世纪汉语音韵学研究的特点及四个阶段　/ 049
　　第三节　20 世纪汉语音韵学研究成就概观　/ 063
　　参考文献　/ 094

第二章　**20 世纪汉语上古音研究**
　　第一节　上古音概说　/ 107
　　第二节　20 世纪前的古音学简述　/ 116
　　第三节　20 世纪上古音研究概况　/ 147
　　第四节　20 世纪上古音声母系统的研究　/ 192

第五节　20世纪上古音韵母系统的研究　/ 244

第六节　20世纪上古音声调系统及音节类型的研究　/ 290

第七节　20世纪的汉代音韵研究概况　/ 307

参考文献　/ 314

第三章　20世纪汉语中古音研究

第一节　中古音研究概况　/ 332

第二节　20世纪的《切韵》研究　/ 356

第三节　20世纪对中古音各阶段语音的研究　/ 422

第四节　中古音研究的回顾与展望　/ 484

参考文献　/ 489

第四章　20世纪汉语近代音研究

第一节　20世纪以前的汉语近代音研究概述　/ 510

第二节　20世纪的近代音研究分期和研究观念　/ 520

第三节　20世纪的近代音研究材料和研究方法　/ 533

第四节　20世纪的《中原音韵》音系研究　/ 548

第五节　20世纪的汉语近代共同语语音和相关问题的总体研究　/ 590

第六节　20世纪的汉语近代共同语语音的共时研究　/ 609

第七节　20世纪的汉语近代共同语语音的历时研究　/ 658

第八节　20世纪的近代汉语方音研究　/ 698

结语　/ 724

参考文献　/ 730

第五章　20世纪汉语等韵学研究

第一节　20世纪以前的等韵学研究 / 769

第二节　20世纪汉语等韵学研究概况 / 778

第三节　20世纪的宋元等韵学研究 / 784

第四节　20世纪的明清等韵学研究 / 810

结语 / 827

参考文献 / 828

附　录　20世纪汉语音韵学大事编年 / 837

CONTENTS

PREFACE   / 001

INTRODUCTION   GREAT TIMES, ACADEMIC TURN AND THE ESTABLISHMENT OF MODERN CHINESE LINGUISTICS

0.1   The Evolution of Chinese Language and Research Traditions of Chinese Linguistics   / 002

0.2   Modern Academic Turn and the Establishment of Modern Chinese Linguistics   / 010

CHAPTER 1   AN OVERVIEW OF CHINESE HISTORICAL PHONOLOGICAL STUDIES IN THE 20TH CENTURY

1.1   An Outline of Traditional Chinese Historical Phonological Studies   / 027

1.2   The Features and Four Stages of Chinese Historical Phonological Studies in the 20th Century   / 049

1.3   An Overview of the Achievements of Chinese Historical Phonological Studies in the 20th Century   / 063

References   / 094

CHAPTER 2   STUDIES ON OLD CHINESE PHONOLOGY IN THE 20TH CENTURY

2.1   An Overview of Studies on Old Chinese Phonology   / 107

2.2 A Summary of Studies on Old Chinese Phonology Before the
    20th Century / 116
2.3 An Overview of Studies on Old Chinese Phonology in the
    20th Century / 147
2.4 Studies on the Initial System of Old Chinese Phonology in the
    20th Century / 192
2.5 Studies on the Final System of Old Chinese Phonology in the
    20th Century / 244
2.6 Studies on the Tonal System and Syllabic Types of Old Chinese Phonology
    in the 20th Century / 290
2.7 An Overview of the Phonological Studies of the Han Dynasty
    in the 20th Century / 307
References / 314

CHAPTER 3 STUDIES ON MIDDLE CHINESE PHONOLOGY IN THE 20TH CENTURY

3.1 An Overview of Studies on Middle Chinese Phonology / 332
3.2 Studies on *Qie Yun* in the 20th Century / 356
3.3 Studies on Features of Middle Chinese Phonology at All Stages
    in the 20th Century / 422
3.4 An Outlook of Studies on Middle Chinese Phonology in the
    21st Century / 484
References / 489

CHAPTER 4 STUDIES ON NEOTERIC CHINESE PHONOLOGY IN THE 20TH CENTURY

4.1 An Overview of Studies on Neoteric Chinese Phonology Before
    the 20th Century / 510
4.2 The Phasing and Concepts of Studies on Neoteric Chinese Phonology
    in the 20th Century / 520
4.3 The Materials and Methods for Studies on

    Neoteric Chinese Phonology in the 20th Century　/ 533
 4.4 Phonological Studies on *Zhongyuan Yinyun* in the 20th Century　/ 548
 4.5 Integrated Studies on the Phonology and Related Issues of Early Mandarin
   in the 20th Century　/ 590
 4.6 Synchronic Studies on Early Mandarin Phonology in the
   20th Century　/ 609
 4.7 Diachronic Studies on the Early Mandarin Phonology in the
   20th Century　/ 658
 4.8 Phonological Studies on Neoteric Chinese Dialects
   in the 20th Century　/ 698
Conclusions　/ 724
References　/ 730

CHAPTER 5 STUDIES ON DENGYUNXUE IN THE 20TH CENTURY

 5.1 Studies on Dengyunxue Before the 20th Century　/ 769
 5.2 An Overview of Studies on Dengyunxue in the 20th Century　/ 778
 5.3 Studies on Dengyunxue of the Song and Yuan Dynasties
   in the 20th Century　/ 784
 5.4 Studies on Dengyunxue of the Ming and Qing Dynasties
   in the 20th Century　/ 810
Conclusions　/ 827
References　/ 828

APPENDIX ANNALS OF THE EVENTS OF CHINESE HISTORICAL
PHONOLOGY IN THE 20TH CENTURY　/ 837

绪　　论
——大时代、学术转型与中国现代语言学的建立

  本部分主要对 20 世纪汉语音韵学研究的时代特点和学术背景进行了宏观的概括，简述了汉语的演进历程、中国语言学的传统、近代学术转型与中国现代语言学的建立等问题。与传统语言学相比，20 世纪的中国语言学的研究领域广泛而深入，理论认识、研究方法及研究目标都有了本质性的变化，更加关注语言的产生、发展及其演变的规律性，更加关注语言系统的研究，更加关注现实语言问题的研究。20 世纪汉语音韵学的研究就是在这样一个宏观的时代背景下进行的。

  任何时代的学术研究都是那个时代的历史产物。描述一门学科的断代史，必然要观照特定时代的历史背景。在特定的历史背景下，才能够深入理解和把握一个时代的学科学术特点。

  20 世纪是中国政治、经济、社会、文化等各个领域发生大转型的时代，是本位文化向外来文化主要是向欧美文化开放的时代。在开放的过程中，中国传统学术的各个领域都发生了转型，中国语言学也由传统小学转型为现代语言学，成为世界语言学的组成部分。在这一大的学术背景下，汉语音韵学也发生了研究范式的大转型，成为 20 世纪中国语言学各个部门中最富活力、最有成就的分支学科之一。我们有必要对 20 世纪发生的学术转型尤其是语言学的转型做一次梳理，为 20 世纪汉语音韵学史的研究提供宏观的学术参照系。

第一节　汉语的演进与中国语言学的传统

中国语言学是世界语言学的组成部分。中国历史文化悠久，语言学发轫甚早，研究成果丰硕，自身富有悠久的学术传统，又勇于与世界学术潮流相融合，形成了富有中国特色的语言学研究范式。总结中国语言学的学术传统，梳理近代学术转型的历程，对促进中国语言学的发展具有重要意义。

一、汉民族、汉语及汉语共同语的形成

20世纪前的很长一段时间，西方学者曾有人提出"汉人（中国人）外来说"（如"埃及说""巴比伦说"等），甚至有人举证中国古籍中的"百姓"即巴比伦语的"巴克"（Bak）的转音，黄帝是其部族酋长，凡此不一而足（李帆，2008：32）。近些年来，现代考古学和分子生物学的研究成果证明，现代人类的祖先可能有共同的来源，汉民族是人类自然演化的重要组成部分（霍正浩，2002：14-15）。旧石器文化遍布我国各地，从人类遗骨特征考证，他们与现代蒙古人种相似，只是有北方型（以山顶洞人为代表）和南方型（以柳江人为代表）的区别。这说明，至迟在两万年前，中国就有现代人类居住。后来的新石器文化在全国的分布更广，从北边的红山文化，中间的河套文化、大汶口文化、龙山文化，到长江中下游的屈家岭文化、良渚文化更能看出中华文化的绵延、融合和传承关系。

汉民族是在早期人类群体基础上产生、发展而终至形成的人类民族之一，其称夏、诸夏、华、华夏、汉等是不同时期、不同角度的民族称谓。徐杰舜论述汉民族的形成过程时，钩稽史料颇丰，其结论是汉民族的形成有主流与支源之分，主流为炎黄、东夷部族，支源为苗蛮、百越、戎狄等部族（徐杰舜，1992：25-67）。费孝通（1989：29）指出，中华民族呈现一体多元的格局。这种格局的形成是一个历史的过程，经历过无数次的融合，但始终有一个凝聚的核心。它的文化曙光时期，即从新石器时期发展到青铜器时期，已经在黄河中游形成了它的前身——华夏族团。费孝通（1989：1-2）还指出，在相当早的时期，距今三千年前，在黄河中游出现了一个由若干民族集团汇

集而逐步融合的核心,被称为华夏,像滚雪球一般地越滚越大,把周围异族吸收进入了这个核心。梁启超在《中国历史上民族之研究》一文中论述的汉民族之凝聚及扩张尤为详明:"吾族自名曰'诸夏',以示别于夷狄,诸夏之名立,即民族意识自觉之表征。'夏'而冠以'诸',抑亦多元结合之一种暗示也"(梁启超,2005:98),"故在春秋初期,诸夏所支配地,惟有今河南、山东两全省(其中仍有异族),及山西、陕西、湖北、直隶之各一小部分。及其末期,除此六省已完全归属外,益以江苏安徽二省及浙江省之半、江西省之小部分。及战国末年,则除云南、广东、福建三省外,中国本部,皆为诸夏势力范围矣"(梁启超,2005:104)。汉民族就是这样挟以中原地区的农耕、文教和礼仪优势,不断同化进入中原地区的异族,并不断扩张文化的影响范围,终至形成了一体多元的汉民族文化。

汉语及其方言作为汉民族文化的一部分,其产生和形成的过程自然也相当悠远,但是汉民族共同语的形成可能是相当晚的事情。虽然历史上夏、商、周三代先后相承,文化相因,但并无共同语形成的记录。在春秋之前的各代,共同语是否已经存在,当然可以探讨。从商周文字的一致性来看,也许确有共同语的存在(李孝定,1974)。到了春秋时期,才有共同语的早期形式——雅言的记载。《论语·述而》:"子所雅言,《诗》、《书》、执礼,皆雅言也。"郑玄注:"读先王典法,必正言其音,然后义全,故不可有所讳也,礼不诵,故言执也。"[1] 清刘台拱《论语骈枝》谓:"夫子生长于鲁,不能不鲁语。惟诵《诗》、读《书》、执礼三者必正言其音,所以重先王之训典,谨末学之流失……王者就一世之所宜,而斟酌损益之,以为宪法,所谓雅也。然而五方之俗,不能强同,或意同而言异,或言同而声异。综合谣俗,释以雅言,比物连类,使相附近,故曰《尔雅》。《诗》之有风雅也亦然。王都之音最正,故以雅名。列国之音不尽正,故以风名……王之所以抚邦国诸侯者,'七岁,属象胥谕言语,协辞命;九岁,属瞽史谕书名,听声音',正于王朝,达于诸侯之国,是为雅言。雅之为言夏也。孙卿《荣辱》篇云:'越人安越,楚人安楚,君子安雅。是非知能材性然也,是注错习俗之节异也。'又《儒效》篇云:

---

[1] (三国)何晏集解、(梁)皇侃义疏:《论语集解义疏》,丛书集成初编本,商务印书馆,1937,第93页。

'居楚而楚,居越而越,居夏而夏。是非天性也,积靡使然也。'然则雅、夏古字通。"①按刘台拱的解释,雅言即正言,似乎还有夏言的意思,夏又有大的意思,那么这种雅言显然是通行范围很广的一种具有权威性的共同语。"孔子鲁人,当讲鲁语(话),谓孔子雅言,当非鲁语无疑。孔子周游列国,多在诸夏范围,翻译之事未尝闻。孔子删诗订诗,人皆共知。"(张玉来,2014:276)《诗经》用韵系统内部一致性很强,今人多认为是丰、镐、汴、洛之间的中原共同语。孔子以鲁人身份而说中原雅言,显见此系统影响和覆盖的范围很广。"汉民族在夏商周时期长期以黄河中下游的丰镐、汴洛地区为政治、文化中心,华夏核心即成长于此,雅言当以中原某一方言为基础扩展而成。"(张亚蓉,2011:20)周生亚(2000:251)称其为"洛邑方言",李维琦(1980)称之为"镐京话"。无论有无具体方言点,中原汉语是汉民族共同语的一元核心无疑。雅言以中原方言为核心逐渐扩大影响范围,至迟到春秋时期,雅言已延伸到燕、齐、秦、楚、吴、越诸地区。

秦汉之后,中国分合不定,各民族在政治、经济、文化诸方面不断交融,其结果无论是语言上还是政治、文化上,汉文化都取得了优势地位。在这一过程中,汉语(共同语和方言)不断扩张,以其人口和文化的优势而北上南下。因时代与区域的不同,汉语保持着众多的方言,大致维护着雅言延续下的共同语形式,并对各方言施加影响。汉魏有"通语",唐宋有"正音",明清有"官话",现代有"国语""普通话",这些无疑都是汉民族共同语在不同时期的不同形式的称谓(张玉来,2000)。

汉语共同语的形成是汉民族形成的重要标志,是汉民族文化统一的重要内涵,同时汉语共同语也是中国语言学研究的主要对象。与汉语相适应的汉字,从甲骨文产生以来,就一直是记录汉语的书面符号,是汉语书面语表达的主要手段,汉字研究也一直是中国语言学的重要组成部分。

二、中国古代语言学的研究传统

我们有必要回顾一下中国语言学发展的历程。

---

① (清)刘台拱:《论语骈枝》,见《续修四库全书》编纂委员会编《续修四库全书》(经部·四书类,第154册),上海古籍出版社,1996,第292—293页。

中国语言学发源甚早，早在先秦时期（旧石器时期至公元前 221 年）就已发轫。先秦时期关于名实关系的讨论，就关涉到了语言的词与概念的关系。《墨子·经说上》："所以谓，名也；所谓，实也。"①《尹文子·大道上》："名者，名形者也；形者，应名者也。然形非正名也，名非正形也，则形之与名，居然别矣。"②《荀子·正名篇》："名无固宜，约之以命，约定俗成谓之宜，异于约则谓之不宜。名无固实，约之以命实，约定俗成，谓之实名。"③这些著名的论说，是语言学史上关于词与概念的经典论述。其他如《尸子·广泽》："天、帝、皇、后、辟、公、弘、廓、宏、溥、介、纯、夏、帆、冢、晊、昄，皆大也。十有余名，而实一也。"④这是词汇语义学研究的先导。初创于周秦之间的《尔雅》则是最早的分类语义辞典，收词多达 4300 余条，该书就有这样的释义："如、适、之、嫁、徂、逝，往也。"（《尔雅·释诂》）（周祖谟，1984：4）

两汉时期（公元前 202—公元 220 年），中国语言学已达到了很高的高度。扬雄的《方言》、刘熙的《释名》、许慎的《说文解字》（简称《说文》）和汉代最终修成的《尔雅》，这四大语言学著作的问世标志着中国古典方言学、语源学、文字学、训诂学（词汇语义学）的形成。东汉末年发明的反切注音法则标志着汉语音韵学的诞生。汉代整理的大量先秦典籍，不仅奠定了中国文化的文献根基，还开创了典籍整理的多种注释体式，影响了后来文献注释的发展路向，毛亨、刘向、郑玄等人的业绩垂传千古。东汉末年诞生的反切注音法标志着我们的先人已经具有了分析语音结构的基本能力，声韵两分的认识奠定了汉语音韵学研究的基本范畴。

魏晋南北朝时期（220—581 年），音学勃兴。学者们发现了汉语存在四声，并自觉将其应用于文学创作；对双声叠韵的认知，促进了人们对汉语音节结构的认识。在四声和双声叠韵的认知基础上，陆续有学者编制带有小韵（音节）的韵书，如沈约的《四声谱》、吕静的《韵集》、阳休之的《韵略》等等。这些韵书为后来陆法言编制《切韵》提供了有益的借鉴。这个时期还有很多

---

① 《墨子》卷 10，钦定四库全书本。
② 《尸子尹文子合刻》，湖海楼丛书本。
③ 《荀子》卷 16，抱经堂丛书本。
④ 《尸子尹文子合刻》，湖海楼丛书本。

辞书问世，如《广雅》《字林》《玉篇》等，较汉代的著作有了较大进步。

隋唐五代时期（581—960年）汉语音韵学有了长足的发展。陆法言《切韵》的问世和流传，奠定了汉字中古音类系统的格局，成为后来韵书的典范，一直到宋代的《广韵》《集韵》等还脱离不了它奠定的音系框架。在佛教的影响下，汉语产生了汉字式的字母系统，并形成了一系列的汉语语音分析范畴，如清浊、韵、等、五音、内外转之类，开等韵学之先河。这个时期的文字学在正字法、《说文》研究等方面成就突出，《干禄字书》《五经文字》《九经字样》《说文解字系传》等一批著作问世。隋唐时期的训诂学成就突出，除了官修的《五经正义》之外，许多重要典籍甚至佛教经典都有学者注解，如玄应的《大唐众经音义》等。陆德明的《经典释文》是该时期训诂、文字、音韵研究三位一体的著作，在中国语言学史上具有重要价值。

宋代（960—1279年）语言学深受理学影响，研究风格与前代有所不同。王安石的《字说》（佚）独出胸臆，强为立解。郑樵则宏通大气，多有创获。宋代产生了独立的金石学，赵明诚的《金石录》为传世之作，是古文字学的典范。其他的如《汗简》《古文四声韵》也是古文字学的发轫之作。张有的《复古编》则是正字学的名作。宋代开创了古音学研究，吴棫、郑庠是汉语古音学研究的先驱。唐代发轫的等韵学在宋代生根发芽，《韵镜》《七音略》都是宋人定型的传世名著，《四声等子》《切韵指掌图》则突破旧韵书的藩篱，最大限度地向现实语音靠近。宋代在训诂和辞书编纂方面也有收获，有《类篇》《埤雅》等名著问世。与宋代大致平行的辽金二朝语言学研究总体上成就不大，但也有《龙龛手鉴》《五音集韵》这些著作问世。嗣后元代（1271—1368年）更是产生了《经史正音切韵指南》《古今韵会举要》《中原音韵》等音韵学著作，其中，《中原音韵》是一部记录14世纪汉语口语的北音韵书。元代还产生了研究虚词的著作《语助》，这是中国语法研究的先驱。

明代（1368—1644年）学术昌明，语言学在许多方面都有进步。明代在古音学研究上前进了一大步，陈第的《毛诗古音考》是第一部具有学术价值的古音研究的著作。语音学研究方面成绩尤其突出，甚至超过了唐宋时期的等韵学，如袁子让、叶秉敬、葛中选等都深明音理，他们倡明的四呼学说深入人心。该时期各种杂论语音的著作不胜枚举。明末的语言学还受到西方传教士的影响,像方以智的《通雅》已经有了初步的历史语言学的科学思想,甚至作了汉语史分期的初步尝试。

时至清代(1644—1911年),尤其是乾嘉学派的出现,中国传统语言学达到了历史的顶峰,在音韵学、文字学、训诂学的诸多领域都超迈前人,顾炎武、江永、戴震、段玉裁、王念孙等名烁古今。

清末民初章黄学派崛起,揭橥了中国传统语言学开始向现代语言学转型的萌动。章黄及其门人,在清人的基础上有了独立的学科观念,在语言研究上初步具备了语言系统性的思考,并开始注意学理的归纳。

综观中国古代两千多年的语言研究史,自汉代产生的文字学、训诂学、方言学及稍后产生的音韵学,构成了中国传统语言学的框架,后来的语言研究无不在汉代学术研究的基础上发扬光大。中国古代语言学取得了丰富的成果,也积累了大量的学术经典,形成了自己的学术传统。

王力在《中国语言学史》前言里曾经对中国古代语言学有过精辟的评价,他说:"大家知道,语文学(philology)和语言学(linguistics)是有分别的。前者是文字或书面语言的研究,特别着重在文献资料的考证和故训的寻求,这种研究比较零碎,缺乏系统性;后者的研究对象则是语言的本身,研究的结果可以得出科学的、系统的、细致的、全面的语言理论。"他又说:"在鸦片战争以前,中国的语言学,基本上就是语文学;甚至在研究方言俚语的时候也带有语文学的性质,因为作者们往往考证这些方言俚语用字的来源。语文学在中国语言研究中占统治地位共历二千年,直到今天,仍然有不少这方面的学者。"(王力,1981:1-3)

王力把中国古代语言学定性为"基本上就是语文学",这是符合中国语言学实际的论断。历史上虽然不乏熠熠生辉的名作巨制,但并没有形成真正的具有学理性、系统性的语言学学科。总结这漫长的研究过程中的传统,有助于我们正确认识过去、把握当前和展望未来。

(一)通经致用的传统

中国古代语言学长期是经学的基础学科,它的研究目的是为解读经典服务。训诂学(词汇语义学)的主要工作就是训释经典,文字学、音韵学也主要为阅读经典服务。顾炎武说:"故愚以为读九经自考文始,考文自知音始。

以至诸子百家之书,亦莫不然。"①戴震在《古经解钩沉》中也说:"经之至者,道也;所以明道者,其词也;所以成词者,未有能外小学文字者也。由文字以通乎语言,由语言以通乎古圣贤之心志,譬之适堂坛之必循其阶,而不可以躐等。"②

中国语言学通经致用的传统在学术上的表现有三:一是古代词汇语义学发达,训释字词的工具书繁多;二是以正音、正字为目的的音韵学、文字学论著繁多;三是语言研究的材料和对象往往就是经典本身。经学是中国古代的显学,不仅是语言学,其他学科莫不受经学的支配。经学既是统治阶级提倡的意识形态,也是士人干禄的途径,语言学为经学服务也就不足怪了。

(二)经验先于理论的传统

中国古代语言学着力于对语言现象的研究,很少提炼出精辟的具有概括意义的语言研究理论,缺乏理性的逻辑概括。先秦时代关于名实关系的讨论,秦以后就鲜有回响。学者们可以对语言事实本身孜孜矻矻,但对归纳规律却没有多少成绩。历史上虽不乏像陈第提出的"字有更革,音有转移"的历史语言学思想,但都属吉光片羽,不成系统。陈第的《毛诗古音考》称不上真正的历史语言学著作。顾炎武对上古音用力极勤,但其《音学五书》里的《音论》还不是关于音变的理论著作。

许嘉璐(1988:21)曾经说:"到了乾嘉,由于学术发展所造成的分工,更由于对哲学的偏见,竟视小学与哲学为对立物","直到今天,语言学界,特别是训诂学界,偏重考据忽视理论的倾向犹在,懂得哲学,能够沟通哲学与语言学的人很少"。这一评价是恰当的。

(三)综合先于分析的传统

中国古代语言学往往是整体的研究先于切分性的研究。古代的一个学者一般首先是经学家,为了研究经学或其他的学问,才涉足语言学。这就注定

---

① (清)顾炎武著,华忱之点校:《答李子德书》,《顾亭林诗文集》(第2版),中华书局,1983,第73页。
② (清)戴震:《古经解钩沉》,《戴震全书》(第六册),黄山书社,1995,第378页。

了古代大部分语言学家不可能把全部精力都放在对语言的深入、系统的切分研究。也由于研究的目的往往不是语言本体，所以，古人常常把语言作为整体来观察，解剖细节的工作就做得不够。王念孙的《广雅疏证·序》有言："窃以诂训之旨，本于声音，故有声同字异、声近义同，虽或类聚群分，实亦同条共贯……今则就古音以求古义，引伸触类，不限形体。"[1]这本是很好的研究思路，但他在《广雅疏证》里并没有梳理出系统的词义构成及演变模式。

（四）意义先于形式的传统

中国古代语言学很注重语义的研究，偶尔出现的语言形式描写也总是围绕意义展开。从汉代四部名作开始，语义研究始终是古代语言学的优先选项。解读经典，意义当然为先。语法学没有形成气候的原因，固然跟汉语的语法特点有关，但是轻视语言形式的描写，应该是主要原因。

（五）书面语先于口语（方言）的传统

在古代中原汉语基础上形成的汉语共同语，在先秦时期，其口语与书面语是相一致的，先秦文献的口语色彩十分明显。然而，随着中国疆域的扩大，方言分歧越来越大，统一的口语体系难以形成。汉武帝"罢黜百家，独尊儒术"的文化一统意识，导致汉以后书面语独大。以先秦口语为基础的文言文就占据了中国文化的核心，俗语、方言、口头文化始终没有登上大雅之堂。当年，公孙弘跟汉武帝说："臣谨案，诏书律令下者，明天人分际，通古今之义，文章尔雅，训辞深厚，恩施甚美。小吏浅闻，不能究宣，无以明布谕下。"[2]这种"文章尔雅，训辞深厚"的书面语就成了中国语言学的主要研究对象。虽然历史上偶尔会出现研究俗语、方言、口语的论著，比如《通俗编》《中原音韵》等，但它们始终不是古代中国语言学的主流。

中国古代语言学重视书面语而轻视口语的倾向除了深刻的社会原因之外，跟汉字的特殊性也不无关系。汉字记录的语言单位是词（语素），通过字形可以得知词义。语音、语义是隐藏在字形之后的，形音义都是围绕文字说

---

[1]（清）王念孙：《广雅疏证》，江苏古籍出版社，2000，第1页。
[2]《史记·儒林列传》。

的，分析汉字就等于分析了词的形音义。汉字研究强化了人们重视书面语的意识。文字学（汉字学）在中国语言学里具有特别的意义，在古代几乎可代指语言研究的所有方面，直到民国早期北京大学语言学方面的讲义还称为《文字学形义篇》《文字学音篇》。这足见汉字在历史上所占据的文化地位有多高！

（六）坚持本位文化与接受外来影响相结合的传统

中国古代语言学始终面对外来文化的冲击。历史上，汉代开始流入的梵文文化影响中国千余年，明代传入的西方宗教文化也有上百年的影响。然而，在梵文影响下，无论汉代创制的反切注音法还是唐宋时代创制的等韵图，都没有将语音切分到音素的层级。明末西方传入的切音拼字，并没有促生汉语的拼音文字。古代的学者始终坚持着汉字的文化本位，始终没有接受拼音文字的研究范式。汉字与拼音文字是两种不同的文字体系，放弃汉字无疑等于放弃了一种文化体系。因此，汉字的拼音化始终没有取得成功。

第二节　近代学术转型与中国现代语言学的建立

古代中国长期是东亚的政治经济文化中心，以朝贡关系为核心维系着东亚地区的稳定和发展。虽然在历史上中国自身经历过大小不等的社会动乱和国祚长短不同的朝代更替，但是中国一直维持着固有的以儒、道为主体的文化传统和疆域的独立主权。

古代中国虽然有过两次大规模的外来文化与本土文化的撞击，但都没有改变中国自身的发展进程和本位文化的传承。

第一次是自汉代天竺佛教的传入，前后经历近千年，到唐代佛教完成了本土化，佛教文化成了中华文化的一部分。跟佛教一起传来的梵文体系孕育并催生了分析汉语语音的反切注音法、韵书、等韵学等，这是外来文化第一次影响了汉语的研究。然而，这次外来文化的冲击，除了等韵学之外，并没有从根本上改变中国固有的语言研究范式。

第二次是明末西方传教士带入中国的自然科学和宗教意识。以利玛窦为代表的传教士切入中国实际，结合中国传统，实行汉化传教的新方式，自觉研究中国语言文字，以儒家经典阐述教义，使个别中国人皈依西方宗教。外国传教士还翻译、介绍了西方的天文历法、数学、物理学、地理学、解剖学等西方体系的自然科学知识，并传授火器、自鸣钟等机械制造技术，促进了中国传统手工业的发展。可是，当时西学的传播影响力极为有限，接受并理解的只不过是徐光启、李之藻、方以智等少数上层士大夫，并没有广泛地深入社会大众。随着清政府的建立，西来的宗教文化式微。这次传教士带给我们的语言学上的成果主要是对拼音文字体式的体认。利玛窦和金尼阁设计的汉语拼音字母，集中体现在利玛窦的《西字奇迹》和金尼阁的《西儒耳目资》里，有所谓自鸣字母、同鸣字母等等。中国学者方以智、刘献廷、杨选杞等都深受其影响。然而，中国学者最终没有设计出汉语的拼音文字体系，汉字还是维系着自己的体式。中国语言学没有发生向西方看齐的历史转型。

由上不难看出，中国语言学本位传统的根基是牢固的，不会轻易放弃自己的研究范式。问题是，这样牢固的学术道统，何以在近代发生了令人惊异的历史转型呢？这是历史境遇不同造成的。历史上的外来文化没有冲垮中国的固有文化，这是因为中国文化在当时是先进文化之一，在接受外来文化影响的时候，是主动的、有选择的，采用的是为我所用的态度，无论是官方还是民间都处于主动地位。然而，近代以来的历史转型却是在国力衰败、外来文化强势冲击下被动接受的，文化与学术衰落致使整个民族别无选择，只能在无奈的历史心气下转型。

一、近代中国的学术转型

中国历史迈入 17 世纪的时候，西方列强的海外扩张和殖民运动风起云涌。列强凭借坚船利炮，敲开了非洲、亚洲、美洲等一个又一个国家或部落的大门。这时，中国在动荡中迎来了清朝的统治。清朝统治上层在汉化的过程中，文化上更倾向于保守，少有创新，并推行文化高压政策，致使学者对宋明以来的理学兴趣不大，整体转向汉代的考据学，产生了所谓的乾嘉学派。乾嘉学派以汉学为标的，有宋以来的心学为之衰败，明末传来的西学也没有人再公开传播，学术创新能力江河日下。随着清朝贵族政治上的最终腐朽没落，到 19 世纪中叶，中国终难抵抗西方列强的洋枪洋炮。英帝国主义为了轰开风雨飘摇中的中国的门户，把大量鸦片输入中国。1840 年终于爆发了影响中国发展进程的鸦片战争。1842年，中英《南京条约》签订，中国开始沦为西方列强的半殖民地，逐渐丧失了文化的自信和政治的独立，国力衰落。1895年中日甲午战争的失败和《马关条约》的签订显露出中国陷入了亡国灭种的险境。

在国家、民族危难之际，部分民族精英逐渐觉醒，先后有洪秀全等领导的太平天国运动（1851—1864 年），李鸿章等倡导的洋务运动（1861—1895年），康有为、梁启超等领导的戊戌变法（1898 年）。孙中山领导的资产阶级民主革命——辛亥革命（1911 年）最终推翻了清王朝的专制统治，在跌跌撞撞之中，中国最终进入一个新的时代，维系了国运的延续。随着 20 世纪中期世界反法西斯战争的胜利，中国终于又成为一个独立的民族国家。

纵观中国 19 世纪中叶到 20 世纪中期近百年的中国历史，这是一段固有文化传统破碎，被迫面对西方文化冲击，进而发生历史转型的时期。1905 年，科举制度正式废除，标志着中国本位文化向外来文化的全面开放。学习西方，"师夷之长技以制夷"[①]成为一个时代的主旋律。1919 年爆发的五四运动就是这一历史积累下的能量的总爆发。五四运动是中国近代社会全面转型的重大历史性标志事件，从此，中国的社会、政治、经济、文化、教育全面向现代社会转型。五四运动所标举的民主、科学思想在中国大地生根发芽。

伴随着近代中国的屈辱，民族精英对自身历史作出各种不同的理性反思，对中国传统的文化体制和学术传统产生了空前的怀疑。在自我矛盾和斗争中，先行者们接受了西学的精华，逐渐建立起了新的现代学术范型，并努力重建民族文化的核心体系。

西学凭借什么优势能够打破中国两千多年的本位文化和学术传统，并能刺激中国的精英向其学习？两者之间的文化和学术道统的区别在哪里？西方文化和学术研究以实学和哲学为其特点，尤其是 16 世纪以后，西方社会重视个性发挥，强调人文精神。西人长于分析，重视形式逻辑，善于切入细节，并能总结出理性的认识。爱因斯坦（2017：772）曾说过："西方科学的发展是以两个伟大的成就为基础的：希腊哲学家发明形式逻辑体系（在欧几里得几何学中），以及（在文艺复兴时期）发现通过系统的实验可能找出因果关系。

[①]（清）魏源著，李巨澜评注：《海国图志》，中州古籍出版社，1999，第 67 页。

在我看来，中国的贤哲没有走上这两步，那是用不着惊奇的。"哥白尼、伽利略、牛顿等科学巨人奠定了西方社会的科学意识。然而，中国的传统学术是"通人之学"，少有专门的科学家，强调的是通经致用，视科学（技术）为小技，不强调形式逻辑的重要性。西人在西学的哺育下，富国强兵，强烈刺激了中国的民族知识精英。

在与西学的碰撞过程中，中国的民族精英开始全面地对中国文化和学术道统进行反思。在反思中，中国学术完成了现代性转型。陈平原（1998：9）说："如何描述晚清及五四两代学者创立的新的学术范式，实在不是一件容易的事情。起码可以举出走出经学时代、颠覆儒学中心、标举启蒙主义、提倡科学方法、学术分途发展、中西融会贯通等。"也有人（朱汉国，1999）说近代学术转型有四个特征：学术旨趣多元化、学术分类专门化、学术方法科学化、学术形式通俗化。

我们讨论了中国语言学的演进过程，也讨论了中国古代语言学的传统和不足。按照中国语言学自身的演变规律，在明末就很可能发生研究范式的转型。陈第、方以智等已表现出与传统语言学研究的不同风格。然而，这一过程并没有延续下来，只有到了清代的某些学者那里，才接续了明末的学术探索的精神。

王力（1962：437）指出："清儒在'小学'的领域上，开中国语言学的新纪元，可以说是从清代起才有真正的科学研究，这并不是突如其来的。""清儒的朴学的研究方法实际上受了近代自然科学的深刻影响。""江（指江永）戴（指戴震）等人经过近代科学的天文历算的训练，逐渐养成了缜密的思维和丝毫不苟的精神，无形中也养成了一套科学方法。拿这些应用在经学和'小学'上，自然跟从前的经生大不相同了。我们知道，戴震是江永的弟子，段玉裁、王念孙、孔广森又是戴震的弟子，学风从此传播开来，才形成了乾嘉学派。"在这里，王力对清代语言学成就的评价，跟我们前文引用他的《中国语言学史》前言中的另一段话相比，明显地拔高了清代语言学的学术水平。固然，清代江永辈对语言学有进一步的促进，但很难说他们"养成了一套科学方法"，他们离科学的方法还是有相当的距离的。

事实上，无论是乾嘉学派还是章黄学派，都没有真正进入现代语言学的范围，他们仅仅走到了现代语言学的门口，还没有登堂入室。中国语言学的学术转型，是在全面接受西方语言学思想、模仿西方研究范式的历史洪流中才真正完成的。这一转型的标志是马建忠《马氏文通》(1898)的问世。何九盈（1995：4）说："但是，跟西方现代语言学相比，我们的现代化一开始就带有补课的性质。泰西的'葛郎玛'，历史比较法，对于19世纪末20世纪初的中国人来说，都是闻所未闻的新鲜事物。"只有到了马建忠，中国学术界才真真正正地知道了汉语也有"葛郎玛"。马建忠之后，语言学的许多方面都蓬勃发展起来了，虽然不乏机械模仿甚至抄袭之作，但是，研究范式已经与传统语言学大相径庭。胡以鲁的《国语学草创》、钱玄同的《文字学音篇》、赵元任的《现代吴语的研究》、陈望道的《修辞学发凡》、唐兰的《古文字学导论》等著作相继问世，短短的半个世纪，中国语言学就转型成功了。

从19世纪末，中国语言学开始学术转型，到20世纪中期基本转型成功。时至今日，转型后的中国语言学仍然在探索着自己的发展路向，与世界发达国家的语言学学术研究水平相比，我们还有不短的路要追赶。

二、近代学术转型期的中国语言学的建立

在中国语言学由传统学术向现代学术转型的过程中，何九盈（1995：4）提出了三个标志：科学化、社会化、理论化。这三点与上举陈平原、朱汉国所提出的近代学术转型的标志是一致的。如果把何九盈的三点标志具体化的话，以下几点是传统语言学与现代语言学研究范式的区别界限：①从经学的附庸变成独立的学科；②研究对象由书面语到口语、由文言到白话；③从零碎考据到系统研究；④从静态研究到历史研究；⑤从缺乏理性概括到自觉地抽绎语言结构和变化规律；⑥由少数人的学术兴趣变为职业性的专家研究；⑦由固守研究传统到接受外来的理论和方法。基于上述认识，我们来勾勒一下中国语言学转型的过程。

（一）语文运动与现代国语的确立

近代中国社会开展了轰轰烈烈的三大语文运动：拼音化运动（含简化汉字）、白话文运动和国语统一运动。三大语文运动的目的是救亡图存、发展教育、开发民智。近代中国的先觉者们认为，中国的落后和破败缘于教育的落后，教育的落后缘于语言的不统一、文言文的束缚和汉字的繁难。要普及教

育，开发民智，富国强兵，就必须从统一语言、倡导白话、推行拼音文字开始。吴汝纶等前辈发出了振聋发聩的呼声。王照1903年在《挽吴汝纶文》中说："盖先生（即吴汝纶）心地纯挚，目睹日本得力之端，在人人用其片假名之国语，而顿悟各国莫不以字母传国语为普通教育至要之原，故为四万万愚蠢痛心。"（王照，1958：32）经过无数学人的努力，三大语文运动，尤其是国语统一运动与白话文运动取得了巨大的成就。国语意识深入人心，全国人民有了基本一致的共同语言；白话彻底击败了文言，成为书面语的主流，文言退居到角落，仅供个别人和个别场合使用。拼音化运动的成就虽然不如前两者，但无论是注音字母还是拉丁字母，都已经不是汉字式反切了，而是朝音素化、符号化迈进了一大步，在注音识字方面大大便利了人民大众。

何九盈（1995：14）说："三大语文运动的产生不仅在宏观上为现代语言学的发展开辟了道路，提出了许多新鲜课题，而且对整个中国的社会发展、文化发展，也有重要意义。"三大语文运动促进了人们对语言文字的观察和认识，打破了传统的语文观念，促进了语言教育的普及。

（二）中国语言学的独立——语言学/语言文字学

中国语言学长期没有独立的学科位置，很难形成学科体系。然而，就是承续乾嘉学风的章黄学人最早体认到了学科独立的重要性。章太炎（章炳麟）于1906年发表的《论语言文字之学》指出："今欲知国学，则不得不先知语言文字。此语言文字之学，古称小学"，"今日言小学者，皆似以此为经学之附属品，实则小学之用，非专以通经而已"（章太炎，2007：8）。章太炎头一次明确了语言文字学的学科"非专以通经而已"。

语言文字学挣脱经学的藩篱，独立为一个学科，是中国语言学转型时代的最强音。现在，无论称呼现代语言学为"语言学"还是"语言文字学"都远非传统"小学"所能概括的了。两者在研究目的、研究方法、研究手段上都已经发生了质的不同。

（三）近代中国语言学各部门的形成

1. 普通语言学与国语语言学

中国古代语言学缺乏理论概括，没有多少理论著作问世。近代语言学理论是从介绍西方和日本的语言学理论著作开始的。这时期翻译的著作主要有日本安藤正次的《言语学大纲》（雷通群译）、英国福尔的《语言学通论》（张世禄、蓝文海译）等。也有杂取国外的语言学理论形成自己著作的，如乐嗣炳的《语言学大意》、王古鲁的《言语学通论》、张世禄的《语言学原理》、沈步洲的《言语学概论》等。这些著作大都没有什么创造性的研究，但在传播语言学知识方面起到了一定的作用。

张世禄（1934a：1）说："我们中国，科学向来不很发达，过去对于语言虽然有许多的著述，终究未曾组织成为一种科学。因此，我们要研究中国的国语和各种方言，自然必须有西洋语言学学理做个基础；我们要考明中国语的性质和历史，也必须先具有世界语言学的智识。"这就是那个时代的学人的真实心理写照。

与此同时，用西方语言学理论来研究汉语的著作频出，胡以鲁的《国语学草创》导夫先路，嗣后有黎锦熙的《国语学讲义》、乐嗣炳的《国语概论》、沈兼士的《国语问题之历史的研究》、马国英的《新国语概论》、乐嗣炳的《国语学大纲》等著作问世。

胡以鲁曾留学日本，深受抱浦氏（葆朴）、麦斯牟勒氏（缪勒）、亨抱而的氏（洪堡特）、耶斯彼善氏（叶斯柏森）等人的著作的影响。他运用西方语言学理论来研究汉语，多有创获，是现代汉语研究的先驱。其《国语学草创》讨论的问题有：说国语缘起、国语缘起心理观、说国语后天发展、国语后天发展心理观、国语成立之法则、国语在语言学上之位置、论方言及方音、论标准语及标准音、论国语国文之关系、论译名。从这些论题看，胡氏的目的是建立汉语的语言学。

2. 语音学

国语统一运动中，国语语音系统的描写受到了学者们的格外重视，以讲解注音字母的读音为主线，产生了一批用语音学原理讲述国音的语音学著作，主要有易作霖的《国音读本》和《国音学讲义》、廖立勋的《实用国音学》、朱苣忱的《国语发音学概论》、高元的《高元国音学》、汪怡的《新著国语发音学》、方毅的《国音沿革》等等。这些著作奠定了国语语音描写的基础。

介绍西方普通语音学方面的著作有张世禄的《语音学纲要》、岑麒祥的《语音学概论》等。

更为重要的是，这个时期实验语音学也有很大的进步，有赵元任的《中国言语字调底实验研究法》、刘复的《四声实验录》、王力的《博白方音实验录》、白涤洲的《关中声调实验录》等。

赵元任发表的《音位标音法的多能性》，以汉语的事实为依据，讨论了音位归纳的许多原则性的问题，成为语言学史上的经典之作。

现代语音学的发展，挣脱了传统等韵学似是而非的范畴，向声学、生理学、社会学讨要学理的语音学在中国生根发芽。

3. 方言学

中国古代语言学很早就有《方言》一书问世。然而，历史上的方言研究，以考订文献里的方言词语为主要目标，不是现代语言学意义上的学术研究。近代方言研究的手段和目的发生了巨大的转变，描写成为方言研究的主要手段，分析方言的语言结构（语音、词汇、语法等）、研究方言的变化、辨正方音或用来作语言历史比较的材料，成为方言研究的主要目的。从1918年刘半农、沈尹默等人发起的歌谣征集活动到高本汉1915—1926年出版的《中国音韵学研究》，从1928年赵元任出版的《现代吴语的研究》到后来罗常培的《厦门音系》与《临川音系》、陶燠民的《闽音研究》、董同龢的《华阳凉水井客家话记音》，这些论著，无不秉持着上述学术理念。

4. 音韵学

传统音韵学到清代乾嘉诸前辈那里达到了登峰造极的程度，传统语文的材料使用和归纳达到了极致。晚清出现的章太炎、黄侃承其余绪，虽有所创新，然毕竟已呈强弩之末，终难有大的突破。近代转型时期，西方学者开始关注汉语的历史音韵研究，他们发表了一批论著，主要有马士曼的《论汉语的文字与声音》、艾约瑟的《中国上海土话文法》和《中国官话文法》、武尔披齐利的《中国音韵学》、马伯乐的《唐代长安方言考》。1918年钱玄同出版《文字学音篇》，该书是一部用新的学理讲述音韵学的著作，它的问世宣告了一个新时代的到来，具有继往开来的意义。钱氏不完全崇尚传统音韵学的学说，愿意接受新的音韵学研究方法，在当时可谓开时代新风。

真正以西方学理结合汉语音韵学研究传统的现代音韵学的奠基人是瑞典

的高本汉。他从1915年至1926年出版了《中国音韵学研究》。这部著作第一次科学地描写并构拟了中古汉语语音，是西方历史比较语言学在汉语研究中的实践，这深深影响了转型期的汉语音韵学研究的路向。此后，赵元任、罗常培、李方桂、王静如、张世禄、陆志韦、周法高、董同龢等人无不在高本汉开拓的道路上前进。

这个时期，无论是上古音、中古音、近代音，还是等韵学，都取得了超迈往古的巨大成就，音韵学成为转型后的中国语言学中最富成就的分支学科，也是最有国际影响的学科。赵元任、罗常培、李方桂三位蜚声国际的大师都是音韵学名家。

5. 语法学

中国古代语言学不重视语法研究，虽有零碎的观察，但没有产生像样的语法学著作。马建忠的《马氏文通》的问世象征着以汉语为本体的语法学的诞生。马氏本人是基督徒，留学法国，精通法语和拉丁语，是早期的洋务派人物。《马氏文通》共讨论了四个方面的论题：第一界说，界定了二十三个语法术语；第二实字，即实词，分名字、代字、动字、静字、状字五类；第三虚字，即虚词，分为介字、连字、助字、叹字四类；第四句读，句即句子，读即分句。马氏的这部著作，大致比附西洋语言的"葛郎玛"而成，模仿的痕迹非常明显。但是，该书以西洋语言的语法为参照，第一次系统描写了汉语语法的结构系统，其历史影响是空前的。

马氏之后，章士钊的《中等国文典》、刘复的《中国文法通论》、陈承泽的《国文法草创》、金兆梓的《国文法之研究》、黎锦熙的《新著国语文法》、易作霖的《国语文法四讲》、王力的《中国古文法》、杨树达的《高等国文法》等等都深受马氏研究范式的影响，在西洋语法跟汉语语法的纠葛中徘徊。

1936年，王力发表《中国文法学初探》一文，他批评了包括自己在内的早前的语法研究，反对比附西洋语法，主张汉语语法研究要符合汉语的事实。王力（1936：24）说："我们对于某一族语的文法的研究，不难在把另一族语相比较以证明其相同之点，而难在就本族语里寻求其与世界诸族语相异之点。看见别人家里有某一件东西，回来看看自己家里有没有，本来是可以的，只该留神一点，不要把竹夫人误认为字纸篓。"王力的这篇文章吹响了语法学告别模仿西洋语法,深入汉语实际研究汉语语法的号角,揭橥了语法研究的转向。吕叔湘的《中国文法要略》、王力的《中国现代语法》的问世,标志着汉语语法学转型成功。

6. 训诂学

训诂学本是中国古代语言学的显学,但是传统的训诂学研究范围漫无边际,研究手段零碎散乱,学理不明,目的不清,与现代语言学很难兼容。然而,就是这样一个学科,在近代转型期也获得了新生。学者们对训诂学在学科范围、研究范式等方面都有不同程度的研究。沈兼士的《研究文字学"形"和"义"的几个方法》、何仲英的《训诂学引论》、黄侃的《训诂述略》、傅懋勣的《中国训诂学的科学化》、齐佩瑢的《训诂学概论》、王力的《新训诂学》等论著对训诂学的学科建设都有讨论。

黄侃(1983:181)说:"诂者,故也,即本来之谓;训者,顺也,即引申之谓。训诂者,用语言解释语言之谓。若以此地之语释彼地之语,或以今时之语释昔时之语,虽属训诂之所有事,而非构成之原理。真正之训诂学,即以语言解释语言。初无时地之限域,且论其法式,明其义例,以求语言文字之系统与根源是也。"这大致是向语义学的靠拢。

这一时期,训诂学卓有成就的当属语源学的发展。章太炎的《文始》、沈兼士的《右文说在训诂学上之沿革及其推阐》、高本汉的《汉语词族》等从不同的体系和角度,讨论了汉语词语之间的语根关系及语音关联,问题虽有不少,但成绩已经相当可观。

7. 文字学

近代转型后的语言学仍然关注文字学的研究。这一时期的文字学研究有三大成绩:一是甲骨文的发现,其促进了古文字研究的大发展,并对许多学科都产生了重要影响。代表性著作有罗振玉的《殷墟书契考释》、王国维的《殷卜辞中所见先公先王考》(后收入《观堂集林》)、商承祚的《殷墟文字类编》、郭沫若的《甲骨文字研究》等等。除了甲骨文研究,这一时期,金文、石鼓文以及其他战国文字甚至较晚的俗文字都有人专门研究。二是文字学理论大发展,尤其是唐兰的《古文字学导论》和《中国文字学》建立了完全不同于历史上的文字研究的范式,突破了许慎《说文》体系的束缚,文字学终于成为一门独立学科。三是汉字的简化和拼音研究，其促进了汉字教学和扫盲。陆费逵的《普通教育当采用俗体字》与《整理汉字的意见》、钱玄同的《减省现行汉字的笔画案》都是那个时代的代表作。此外，在《说文》研究上，有丁福保的《说文解字诂林》等著作问世。胡朴安在1937年还写了第一部《中国文字学史》。

8. 修辞学

修辞学是中国古代语言学的一个重要组成部分，它主要以篇章学的面目存在，像刘勰的《文心雕龙》就是传续千古的名作。中国古代没有产生修辞学的专门著作。

近代语言学转型期内，留学日本的学者从日本学者那里领略了修辞学的风采。他们在日本学者的影响下，撰写了不少以修辞为名目的汉语著作，如汤振常的《修词学教科书》、陈善之的《修辞初步附稿》、唐钺的《修辞格》、王易的《修辞学》等。这些著作都有日人著作的影子。

陈望道1932年出版《修辞学发凡》，第一次构建了汉语修辞学的学科体系，修辞学才在中国学术体系里找到了位置。

9. 汉藏语及其他语言研究

转型后的中国语言学除了汉语研究之外，也开始关注少数民族语言研究。李方桂的《中国的语言与方言》与《龙州土语》、罗常培的《贡山俅语初探》就是这个时期的代表作。李、罗培养的张琨、马学良、傅懋勣等学者后来撑起了中国汉藏语研究的一片新天地。

转型后的中国语言学也注意研究汉语、国内少数民族语言之外的语言，还翻译、介绍了国外一些语言研究的成果，此不赘述。

近百年来，转型后的中国语言学在形式描写、结构分析、历史比较等方面的研究突飞猛进，成果丰硕，终于跟上了世界学术研究的脚步，成为中国现代学术的一个重要部门。与传统语言学相比，20世纪的中国语言学研究领域广泛而深入，理论认识、研究方法及研究目的都有了本质性的变化，更加注重语言的产生、发展及其演变的规律性研究，更加注重语言系统的研究，更加注重现实语言问题的研究，更加注重语言习得及教学的研究。

(四)中国语言学研究的基本原则

全面而准确地评价转型以来的中国语言学取得的成就,是一个重要的学术研究课题。我们在肯定中国现代语言学已取得的巨大成就的同时,也应该注意总结经验和疏失。只有这样,中国语言学才能健康发展。以下几点我们认为尤其值得注意。

1)坚持学术开放,吸收优秀学术成果

坚持学术开放,学习外来的优秀研究经验,吸收、消化优秀的研究成果,应该是现代语言学研究的不二法门。张之洞早在1898年就提出了"中学为体,西学为用"的思想。王力(1981:173)说:"直到解放以前,除了极少数的马克思主义者以外,中国语言学始终是以学习西洋语言学为目的的。"他还说:"最近五十年来,中国语言学各部门如果有了一点一滴的成就,那都是普通语言学的恩赐。"(王力,1957:4)

2)提倡学术多元,坚持百家争鸣

中国有文化一统的传统,这种传统既有好的一面,也有巨大的负面作用。其负面作用突出表现在学术研究缺乏创新原动力,有时还会表现出保守的倾向,某些学者甚至对创新性的研究持有蔑视的态度,进而产生打压、诋毁的冲动。中国的封建学术思想还有一定的市场,学术贵在创新,没有创新的研究,不过是学术泡沫的累积。因此,坚持学术自由,鼓励百花齐放,促进学术多元化,自然是中国语言学发展的必由之路。

3)本体与理论研究并重

近百年来,中国语言学在学习、模仿、融会西方语言学研究中匍匐前进。这既是不得已的选择,也是学术研究的必有过程。模仿是创新的母体。在西方语言学理论影响下,百年来,汉语本体研究的诸多方面都突飞猛进,尤其是在民族性、地域性较强的古文字学、方言学、历史词汇研究、古文献训释等方面取得的成就举世瞩目。然而,如果中国的语言学没有凝练出普遍价值的理论,很难说已经达到了世界领先水平。就像一个专门研究莎翁剧作或专门研究海明威小说的西方学者,如果他从中没有研究出具有认识论价值的文学理论,我们也不能说他的研究成果具有世界影响一样。

或曰:西方学者没有认出甲骨片上的一个字,解读不了《诗经》《尚书》,

他们的汉语水平不高，甚至汉语也说不囫囵，他们列举汉语的例子常常不合汉语的语感，等等。有的学者由此得出"结论"说，我们的语言学水平已经是世界一流了。这样的愿望是很好的，但是，我们不能自满自大，谦虚谨慎、兼容并蓄才更有益于中国语言学的发展。事实是，一门学科的学术水平不光体现在对自己熟悉的东西的研究程度，而更在于为这门学科贡献了多少真知灼见，为人类提供了多少开启智慧的方法。王力（1962：438）曾经在《中国语言学的继承和发展》中说："有一些新派语言学家们对中国传统语言学采取虚无主义的态度，以为旧学没有什么可取的东西，自己在狭窄的范围内钻牛角尖，外国的东西学得不深不透，中国原有的东西知道得更少。有一些旧派语言学家又故步自封，满足于中国原有的成就，即使有所述作，也是陈陈相因，不脱前人的窠臼。"

毫无疑问，直到今天，我们仍然缺乏创新性的理论提炼。我们在语言研究的诸多领域仍然跟在西方学者创造的理论后面开展工作。只要是不带偏见的学者，都会体认到这一现实。因此，如何在深入的汉语本体研究中提炼出富有认识论和方法论价值的理论体系，将是中国语言学任重道远的任务。

学术史学者方松华（2004：4）指出："在春秋战国这一中国学术史上空前绝后、百家争鸣的大时代，各种思潮和学派蜂拥而起，这是中国学术思潮的原创时代，也是后来诸多思潮和学派的原型。儒、道、墨、名、法、阴阳等诸子百家尽管学说不同、方法各异，但对天地宇宙、自然人生、仁义礼智等都有共同的研究、讨论的兴趣，特别是某个学派共同的基本信念、基本观点和基本方法常常可以汇聚数千门客，从而形成该学派的传统，传承无数年代。先秦多元学术的这种'范式'在西汉'罢黜百家，独尊儒术'的文化专制主义统治下惨遭终结。"我们所期盼的是，中国将来也能够秉承春秋战国时代的学术传统，在吸收、融合世界优秀语言学成果的基础上，形成原创性的、扎根汉语事实的、带有民族气派的、富有认识论和方法论价值的语言学，真正成为世界语言学的引领者。

参 考 文 献

(周)墨翟：《墨子》卷10，钦定四库全书本。

(周)尸佼等:《尸子尹文子合刻》,湖海楼丛书本。
(周)荀况:《荀子》卷16,抱经堂丛书本。
(汉)司马迁:《史记》。
(三国)何晏集解、(梁)皇侃义疏:《论语集解义疏》,丛书集成初编本,商务印书馆,1937。
(清)戴震:《古经解钩沉》,《戴震全书》(第六册),黄山书社,1995。
(清)顾炎武著、华忱之点校:《答李子德书》,《顾亭林诗文集》(第2版),中华书局,1983。
(清)刘台拱:《论语骈枝》,见《续修四库全书》编纂委员会编《续修四库全书》(经部·四书类,第154册),上海古籍出版社,1996,第289—296页。
(清)王念孙:《广雅疏证》,江苏古籍出版社,2000。
(清)魏源著、李巨澜评注:《海国图志》,中州古籍出版社,1999。

白涤洲. 1934. 关中声调实验录. 中央研究院历史语言研究所集刊, 4(4): 447-488.
岑麒祥. 1939. 语音学概论. 上海: 中华书局.
陈承泽. 1922. 国文法草创. 上海: 商务印书馆.
陈平原. 1998. 中国现代学术之建立: 以章太炎、胡适之为中心. 北京: 北京大学出版社.
陈善之. 1918. 修辞初步附稿. 上海: 有正书局.
陈望道. 1932. 修辞学发凡. 上海: 大江书铺.
丁福保. 1928. 说文解字诂林. 上海: 医学书局.
董同龢. 1948. 华阳凉水井客家话记音. 中央研究院历史语言研究所集刊, 19: 81-201.
方松华. 2004. 近百年中国学术思潮反思. 上海行政学院学报, (5): 4-12.
方毅. 1924. 国音沿革. 上海: 商务印书馆.
费孝通. 1989. 中华民族的多元一体格局//费孝通等. 中华民族多元一体格局. 北京: 中央民族学院出版社: 1-36.
傅懋勣. 1942. 中国训诂学的科学化. 大学(成都), 1(7): 18-29.
高元. 1922. 高元国音学. 上海: 商务印书馆.
郭沫若. 1931. 甲骨文字研究. 上海: 大东书局.
何九盈. 1995. 中国现代语言学史. 广州: 广东教育出版社.
何仲英. 1934. 训诂学引论. 上海: 商务印书馆.
胡朴安. 1937. 中国文字学史. 上海: 商务印书馆.
胡以鲁. 1923. 国语学草创. 上海: 商务印书馆.
黄侃. 1983. 文字声韵训诂笔记. 黄焯编. 上海: 上海古籍出版社.
黄侃(黄季刚), 潘重规. 1935. 训诂述略. 制言, (7): 1-9.
霍正浩. 2002. mtDNA与现代人类的起源和迁徙. 生物学通报, 37(8): 14-15.
金兆梓. 1922. 国文法之研究. 上海: 中华书局.
黎锦熙. 1919. 国语学讲义. 上海: 商务印书馆.
黎锦熙. 1924. 新著国语文法. 上海: 商务印书馆.

李帆. 2008. 人种与文明: 拉克伯里(Terrien de Lacouperie)学说传入中国后的若干问题. 西南民族大学学报(人文社科版), (2): 31-35.
李方桂. 1940. 龙州土语. 上海: 商务印书馆.
李维琦. 1980. 关于"雅言". 中国语文, (6): 458-460.
李孝定. 1974. 中国文字的原始与发展(上篇). "中央研究院"历史语言研究所集刊, 45(2): 343-395.
梁启超. 2005. 中国历史上民族之研究//梁启超演讲集. 天津: 天津古籍出版社: 95-125.
廖立勋. 1921. 实用国音学. 上海: 商务印书馆.
刘复. 1920. 中国文法通论. 上海: 群益书社.
刘复. 1924. 四声实验录. 上海: 群益书社.
陆费逵. 1909. 普通教育当采用俗体字. 教育杂志, (1): 1-11.
陆费逵. 1922. 整理汉字的意见. 国语月刊, 1(1): 9-13.
罗常培. 1930. 厦门音系. 中央研究院历史语言研究所单刊甲种之四.
罗常培. 1940. 临川音系. 中央研究院历史语言研究所单刊甲种之十七.
罗常培. 1942. 贡山俅语初探. 昆明: 北京大学研究院文科研究所.
罗振玉. 1914. 殷墟书契考释. 民国甲寅石印本.
吕叔湘. 1941. 中国文法要略(上卷). 上海: 商务印书馆.
吕叔湘. 1944a. 中国文法要略(中卷). 上海: 商务印书馆.
吕叔湘. 1944b. 中国文法要略(下卷). 上海: 商务印书馆.
马国英. 1928. 新国语概论. 上海: 东方编译社.
马建忠. 1898. 马氏文通. 上海: 商务印书馆.
齐佩瑢. 1943. 训诂学概论. 北京: 华北编译馆.
钱玄同. 1918. 文字学音篇. 北京: 北京大学出版组.
钱玄同. 1922. 减省现行汉字的笔画案. 国语月刊, 1(1): 157-163.
商承祚. 1923. 殷墟文字类编. 决定不移轩印行.
沈步洲. 1931. 言语学概论. 上海: 商务印书馆.
沈兼士. 1920. 研究文字学"形"和"义"的几个方法. 北京大学月刊, 1(8): 47-50.
沈兼士. 1922. 国语问题之历史的研究. 国语月刊, 1(7): 75-85.
沈兼士. 1933. 右文说在训诂学上之沿革及其推阐//中央研究院历史语言研究所编. 庆祝蔡元培先生六十五岁论文集(下册). 北平: 中央研究院历史语言研究所: 777-854.
汤振常. 1905. 修词学教科书. 上海: 开明书店.
唐兰. 1935. 古文字学导论. 北京: 北京大学出版组.
唐兰. 1949. 中国文字学. 上海: 上海古籍出版社.
唐钺. 1923. 修辞格. 上海: 商务印书馆.
陶燠民. 1930. 闽音研究. 中央研究院历史语言研究所集刊, 1(4): 445-470.

汪怡.1924.新著国语发音学.上海:商务印书馆.

王古鲁.1930.言语学通论.上海:世界书局.

王国维.2003.殷卜辞中所见先公先王考//观堂集林(外二种).2版.石家庄:河北教育出版社:209-224.

王力(王了一).1947.新训诂学//叶圣陶编.开明书店二十周年纪念文集.北京:开明书店:173-188.

王力.1927.中国古文法.清华大学硕士学位论文.

王力.1931.博白方音实验录.巴黎大学博士学位论文.

王力.1936.中国文法学初探.清华学报,(1):21-77.

王力.1943.中国现代语法(上册).上海:商务印书馆.

王力.1944.中国现代语法(下册).上海:商务印书馆.

王力.1957.中国语言学的现况及其存在的问题.中国语文,(3):1-6.

王力.1962.中国语言学的继承和发展.中国语文,(10):433-438.

王力.1981.中国语言学史.太原:山西人民出版社.

王易.1926.修辞学.上海:商务印书馆.

王照.1958.挽吴汝纶文//文字改革出版社编.清末文字改革文集.北京:文字改革出版社:31-32.

徐杰舜.1992.汉民族发展史.成都:四川民族出版社.

许嘉璐.1988.关于训诂学方法的思考.北京师范大学学报(社会科学版),(3):20-24.

杨树达.1930.高等国文法.上海:商务印书馆.

易作霖.1920a.国音读本.上海:中华书局.

易作霖.1920b.国音学讲义.上海:商务印书馆.

易作霖.1924.国语文法四讲.上海:中华书局.

乐嗣炳.1921.国语概论.上海:中华书局.

乐嗣炳.1923.语言学大意.上海:中华书局.

乐嗣炳.1935.国语学大纲.上海:大众书局.

张世禄.1930.语言学原理.上海:商务印书馆.

张世禄.1934a.语言学概论.上海:中华书局.

张世禄.1934b.语音学纲要.上海:开明书店.

张亚蓉.2011.《说文解字》的谐声关系与上古音.西安:三秦出版社.

张玉来.2000.汉民族共同语形成问题//中国音韵学研究会,徐州师范大学语言研究所编.中国音韵学研究会第十一届学术讨论会汉语音韵学第六届国际学术研讨会论文集.香港:香港文化教育出版社有限公司:310-312.

张玉来.2014.《两汉声母系统研究》读后//李葆嘉编.互动与共鸣——语言科技高层论坛文集.北京:世界图书出版公司:272-280.

章士钊. 1907. 中等国文典. 上海：商务印书馆.
章太炎. 1913. 文始. 杭州：浙江图书馆石印本.
章太炎. 2007. 章太炎讲国学. 张昭军编. 北京：东方出版社.
赵元任. 1922. 中国言语字调底实验研究法. 科学杂志, (9)：871-883.
赵元任. 1928. 现代吴语的研究. 北京：清华大学研究院.
周生亚. 2000. 论上古汉语人称代词繁复的原因//中国人民大学《汉语论集》编委会编. 汉语论集. 北京：人民日报出版社：240-259.
周祖谟. 1984. 尔雅校笺. 南京：江苏教育出版社.
朱汉国. 1999. 创建新范式：五四时期学术转型的特征及意义. 北京师范大学学报（社会科学版），(2)：50-57.
朱荩忱. 1922. 国语发音学概论. 北京：实进社.
〔美〕爱因斯坦. 2017. 西方科学的基础与古代中国无缘——1953年4月23日给J. S. 斯威策的信//许良英，李宝恒，赵中立等编译. 爱因斯坦文集（第一卷）. 北京：商务印书馆：772.
〔日〕安藤正次. 1931. 言语学大纲. 雷通群译. 上海：商务印书馆.
〔英〕福尔. 1937. 语言学通论. 张世禄，蓝文海译. 上海：商务印书馆.
〔法〕Maspero, H. 1920. Le dialecte de Tch'ang-ngan sous les T'ang. *Bulletin de l'École Française d'Extrême-Orient*, 20: 1-124.
〔瑞典〕Karlgren, B. 1934. *Word Families in Chinese*. Stockholm: Museum of Far Eastern Antiquities.
〔意〕Volpicelli, Z. 1896. *Chinese Phonology: An Attempt to Discover the Sounds of the Ancient Language and to Recover the Lost Rhymes of China*. Shanghai: China Gazette Office.
〔英〕Edkins, J. 1853. *A Grammar of Colloquial Chinese, As Expressed in the Shanghai Dialect*. Shanghai: London Mission Press.
〔英〕Edkins, J. 1857. *A Grammar of the Chinese Colloquial Language Commonly Called the Mandarin Dialect*. Shanghai: London Mission Press.
〔英〕Marshman, J. 1809. *Dissertation on the Characters and Sounds of the Chinese Language*. Serampore: Mission Press.
Li, F. K. 1973. Languages and dialects of China. *Journal of Chinese Linguistics*, 1(1): 1-13.

第一章
20世纪汉语音韵学研究概观

本章回顾传统音韵学研究的发展脉络、成就和不足，概述20世纪音韵学研究的基本特点和主要成绩，以便对20世纪的音韵学研究有一个较全面的认识。本书后面的几章（第二章、第三章、第四章）是按语音史不同时段（上古、中古、近代）的研究展开讨论的，等韵学也设有专章（第五章）。因此，在这一章里，我们所要讨论的重点是语音史分期研究、音韵学史研究、音韵学理论与方法的研究、音韵材料研究、教材编写、人才培养、工具书编纂等方面的内容。

第一节　传统汉语音韵学研究概略

在绪论里，我们以清末民初波澜壮阔的文化转型为背景，描述了中国传统语言学转型为现代语言学的历史过程，并评价了语言学各部门转型成功的标志性事件。在这一转型的历史过程中，汉语音韵学也完成了由"小学"的一个部门演变为现代语言学的一个分支的转变，在研究范式上发生了巨大的变化。我们把转型之前的汉语音韵学研究称为传统音韵学时期，把转型后的音韵学研究称为现代音韵学时期。实际上，在这两个时段之间并不存在明显的学术鸿沟，后者不是对前者的颠覆，而是对前者的继承和发展，是学术发展的自然演进。因此，正确概括传统音韵学的学术成就，实际解析其历史发展进程，衡估其得失及其历史价值，能够为本学科的守正创新、构建有民族特色的现代音韵学提供有价值的历史借鉴，有利于我们认识现代音韵学的学术发展脉络。

汉语音韵学，自东汉末年反切的产生算起，绵延近两千年，取得了丰硕的成果，是一门极富民族特色的学科，也是传统汉语语言学的重要部分。传统音韵学属于"小学"的一个分支，研究对象是文字（词的书面符号）的音读，研究目的是疏通文献的音读和辨正字音。传统汉语音韵学的研究范式到清代乾嘉学派达到了顶峰，诸大师对传统语文材料的使用和归纳也达到了极致。清末民初崛起的章太炎、黄侃等承其余绪，虽有所创新，然终难突破。也正在此时，随着西方语言学思想和研究方法传入我国，汉语音韵学开始了新的研究阶段，走进了现代音韵学时期。我们已在现代音韵学的道路上奋勇开拓了一百多年，也应找个间隙，回顾一下传统音韵学的优良传统和成就，梳理一下不足和弊端。这种"回头看"的研究工作，可以帮助我们认识过往研究的得失、成败，从中获取丰富的历史经验，使现代音韵学行稳致远。

学界以往讨论传统音韵学发展过程的论著不算少[①]，以"音韵学史"命名的著作就有好几部，以"中国语言学史"（内含传统音韵学）等名称命名的著作也有数十部，散见的学术论文数量更多，但是这些论著梳理学术发展脉络的多，概括性地讨论学术成就和不足的少，这种状况不利于学术的发展。

一、传统音韵学的简要历史回顾

我们的先民对语音的认识一开始是不自觉的，在文字创制之初，就有形声、假借等造字与用字的方法，甲骨文中已有相当多的形声字和假借字，显见先民对自己语言的语音系统是有体认的，如：䨻（霾）字，上从雨，下貍声。到了周秦时代，人们开始运用词的声音关系训释语词，如：《易传·序卦传》里有"蒙者，蒙也""比者，比也"；《易经·剥卦》里有"剥，剥也"等。在这种同字为训的方式里，被训字与训释字之间基本上都存在读音上的区别，如果两字之间不存在语音上的区别，那么这显然是无效的解释。至于是何种语音区别，尚需探讨。

汉代学者继承了前人用字的声音关系训释语词的声训方法，如许慎在《说

[①] 这类论著中，比较重要的著作有张世禄的《中国音韵学史》、陈新雄的《六十年来之声韵学》、何九盈的《古汉语音韵学述要》、周斌武的《汉语音韵学史略》、杨剑桥的《汉语现代音韵学》等，比较重要的单篇文章有张世禄的《中国音韵学史之鸟瞰》、齐佩瑢的《中国近三十年之声韵学》、崇冈的《汉语音韵学的回顾和前瞻》、李新魁的《汉语音韵学研究概况及展望》等。

文》中云:"天,颠也,至高无上,从一大。"[1]刘熙的《释名》更是运用描述的方法说明字音和字义的关系,如卷一《释天》:"天,豫、司、兖、冀以舌腹言之。天,显也,在上高显也。青、徐以舌头言之。天,坦也,坦然高而远也。"[2]"风,兖、豫、司、冀横口合唇言之。风,泛也,其气博泛而动物也。青、徐言风,踧口开唇推气言之。风,放也,气放散也。"[3]汉代的学者还创制了许多描述字音的注音方式,如读若、读如、读与某同等等,例多不赘。

东汉时期的学者甚至有了探讨语音历史变化的论述,如《诗经·豳风·东山》"烝在桑野",毛传"烝,寘也",郑玄笺"古者声'寘、填、尘'同也"[4]。刘熙《释名》卷七《释车》:"车,古者曰车,声如居,言行所以居人也。今曰车,声近舍。车,舍也,行者所处若居舍也。"[5]

汉代开始的西域开发与通使,扩大了汉人的视野,使汉人开始接触异于汉文化的西域文化。东汉年间伴随着佛教的传入,人们看到了不同于汉字体系的拼音文字体系——梵文。翻译梵文佛经的工作激发了人们对自己语言的研究热情。东汉末年产生的反切,可能就是在梵文拼合理论的影响下产生的。反切的问世,意味着人们对汉字的声韵系统具有了切分能力,这是汉语音韵学产生的关键性标志[6]。

汉末之后,音韵学的研究在反切的基础上不断发展。魏晋南北朝时期佛教逐渐盛行起来,在翻译佛经的过程中,梵文的拼音原理不断对社会产生影响,民间开始流行反切语,人们对声韵调体系也有了进一步的体认。沈约等

---

[1] (汉)许慎:《说文解字》,中华书局,2013,第1页。
[2] (汉)刘熙撰,(清)毕沅疏证,王先谦补,祝敏彻、孙玉文点校:《释名疏证补》,中华书局,2008,第1—2页。
[3] (汉)刘熙撰,(清)毕沅疏证,王先谦补,祝敏彻、孙玉文点校:《释名疏证补》,中华书局,2008,第5页。
[4] (清)阮元校刻:《十三经注疏》第2册,艺文印书馆,2013,第295页。
[5] (汉)刘熙撰,(清)毕沅疏证,王先谦补,祝敏彻、孙玉文点校:《释名疏证补》,中华书局,2008,第246—247页。
[6] 顾炎武在《音学五书·音论》中引述历史文献中的"不可"为"叵"、"不律"为"笔"等所谓急声、慢声读,证明反切起自汉代以前。这些所谓的急声、慢声例证,不能证明汉代之前的人就有了音节的拼读意识,因为这些例证即使真的是将两个音节读为一个音节,也只能证明汉代以前有了感性的体认,并不一定能引导出音节的切分意识。

人发现了汉语存在四声的事实,进而编制韵书成为一种时尚,著名的有吕静的《韵集》、阳休之的《韵略》、周思言的《音韵》、李季节的《音谱》、杜台卿的《韵略》、夏侯该的《韵略》等。为历史典籍注音,也在知识界成为一种时尚,著名的有裴骃的《史记集解》、裴松之的《三国志注》,以及郭璞的《山海经注》《尔雅注》《方言注》《楚辞注》等。魏晋南北朝时期还有一批字书问世,如吕忱的《字林》、顾野王的《玉篇》等,它们都有了注音。

隋唐时期,编制韵书的工作规模更大,陆法言在颜之推等人讨论的纲目基础上,参考前代经验,编制成《切韵》。《切韵》成为后世音韵学研究的经典文献,是中古汉语音系的重要体现。唐代不但有多种增订本《切韵》问世,而且还有了官方认可的第一部韵书《唐韵》,并且还有人根据时音编纂新的韵书,如《韵英》《考声切韵》等。唐代人还大规模地对前代典籍进行注释,给许多字加注音读,陆德明的《经典释文》、玄应的《大唐众经音义》、慧琳的《一切经音义》、李善的《文选注》、颜师古的《汉书注》等问世。这些音注材料极大地丰富了音韵研究的内容。

韵书产生以后,在梵文拼合的启示下,时人逐渐产生了字母的概念,至迟到晚唐五代时期,就有了对汉语声母的初步认识,三十字母开始在社会上流行。宋代完善为著名的三十六字母。值得重视的是,那时的学者对字母系统作出了发音部位和发音方法的初步分类,有了舌音、唇音、清浊等学术术语。在认知声母类别的同时,人们还认识到韵母也可以进行分类和描述,于是有了转、摄、等、开合(轻重)等分析范畴。在上述研究的基础上,编制音节表也就成为历史的必然,《韵镜》《七音略》等早期韵图应运而生。有了这些编纂音节表的经验,宋元及以后各种不同性质的韵图陆续问世,诸如《四声等子》《切韵指掌图》《经史正音切韵指南》《韵法直图》等等。韵图的编制极大地方便了人们从系统的角度认识语音。

宋代人文鼎盛,音韵学也得到了更大发展。除了上述对等韵学的研究外,与前代相比,宋人编制韵书的工作规模更大,不但出现了增广《切韵》而成的《广韵》,而且还有创新型的《集韵》问世。宋代理学昌明,提倡"我注六经",比较关注现实语音,像邵雍的《皇极经世·声音唱和图》就成了宋代时音研究的典范。宋代为前代典籍所作音注也较多反映时音成分,如朱熹的《四书集注》《诗集传》等。宋人在研究前代典籍的过程中,特别注意对语音的研究。郑庠、吴棫等都有古音研究著作传世，他们的成果虽算不上严谨的科学论著，但确是古音研究的滥觞。

遗憾的是，唐宋时期的学者在认识语音变化时缺乏历史观念，此时流行的"叶音说"是音韵学史上值得后人警惕的学术认识偏误。

金元时期，汉人知识分子多沦为社会下层。由于失去了传统皇权的威严，汉民族文化传统的权威地位也有所下降，这导致此时的音韵学研究不太受传统的束缚，表现出较强的创新意识。这一时期音韵学的主要成就有：①学者接受了等韵图的音节排列的方法，在编纂韵书时加注声母，使其成为等韵化的韵书，如《五音集韵》《古今韵会举要》等；②关注现实语音，摆脱传统韵书的束缚，产生了《中州乐府音韵类编》《中原音韵》等划时代的韵书；③产生了用八思巴字注音的韵书，如《蒙古字韵》；④等韵学有了一定的新发展，刘鉴的《经史正音切韵指南》问世。

明代是汉民族建立的最后一个封建王朝。朱明政权以恢复汉人文化为己任，将理学作为社会的统治思想。在这样的背景下，明代音韵学研究别具风格：①赓续宋元音韵学研究传统，努力研究现实语音，同时也受到前代文献的束缚。比如皇敕官编的《洪武正韵》，虽想表现现实音系，但又不得不作一番"考古"工作，以说明它前有所承，并非臆造独断，在编纂过程中参考了《增修互注礼部韵略》，最终弄成了一个不今不古的音系。②以《中原音韵》（周德清）或《中州乐府音韵类编》（卓从之）为代表的戏曲音韵系统影响了明初的舞台戏曲语言。何良俊在《四友斋丛说·词曲》中描述著名乐师顿仁时说："老顿于《中原音韵》《琼林雅韵》终年不去手，故开口闭口与四声阴阳字八九分皆是。"[①]③古音研究曙光乍现。明初，大多数学者不仅对古音研究兴趣不大，而且也经常把前代传世的韵书弄混。比如《洪武正韵》中提及的沈约的《类谱》可能就是平水韵，所谓的《唐韵》也并非《唐韵》。这类糊涂认识说明明初学人不屑于对"古董"进行溯源导流。明末的陈第和顾炎武的古音研究如闪电划破天空。陈第和顾炎武划时代的成就举世皆知，从而开创了古音研究的新范式。④语音学有了长足进步。明代的音韵学家们除了继承前代等韵学的语音研究成果外，更注意对现实语音进行描写，并归纳出了

---

① （明）何良俊：《四友斋丛说》，中华书局，1959，第341页。

新的语音分析范畴。李登、袁子让、葛中选等都具有极高的语音学素养。比如，李登在《书义音义便考私编》里将韵母按照开头的呼法分为开口、闭口、卷舌、撮口、合口、正齿、抵齿、开口卷舌、闭口卷舌、开合等十种类型。到了明末，四呼分析体系已经形成，袁子让在《五先堂字学元元》卷之二中的《佐等子上下四等议》里用"开发收闭"表示四呼，他说："四等之设，分于开发收闭。开发者粗而宏，收闭者细而敛。"[①]这些按韵头描写韵母特点的语音分析方法，构成了我国独特的语音分析范畴。⑤明代有一大批反映时音的韵书、韵图和杂论语音的学术著作问世，如兰茂的《韵略易通》、本悟的《韵略易通》、徐孝的《合并字学篇韵便览》、莫铨的《音韵集成》、毕拱辰的《韵略汇通》、方以智的《切韵声原》、乔中和的《元韵谱》、王应电的《韵要粗释》等。⑥一批用字母体系注音的汉语韵书问世。其中有朝鲜学者编写的朝汉对音韵书，如申叔舟等的《洪武正韵译训》、申叔舟的《四声通考》、崔世珍的《四声通解》等。西方传教士利玛窦、金尼阁等创造了一套罗马注音字母体系，金尼阁更是编制了一部富有历史价值的《西儒耳目资》。这些注音文献改变了以往韵书的面貌，成了汉字拼音的先声。

  清代是我国最后一个封建王朝。清人一改明人学术传统，在文献考论上作出了巨大贡献。清代的上古音研究走向成熟，有了明确的研究范式，并且经众多学者接续努力，上古韵部系统的基本框架被构建起来，同时清人自觉将上古音的研究成果运用到文献的解读中；关注隋唐时期的语音研究，出现了像江永这样精通音理的名家，他的《四声切韵表》是极具系统性的中古音节表；等韵学有了新的发展，江永的《音学辨微》、江有诰的《等韵丛说》、劳乃宣的《等韵一得》等名著问世；一批韵书问世，如《音韵阐微》《钦定同文韵统》《音韵逢源》《黄钟通韵》等等，这些韵书既有官编的正音韵书，也有民间的私编韵书，它们所反映的音系也复杂多样，给我们留下了丰富的历史文献。

  时至清末，国势飘摇，封建专制王朝行将灭亡；民国代替了清王朝后，国家终于走上了共和之路，西方的民主、科学的思想开始影响学术界。描写

---

① （明）袁子让：《五先堂字学元元》，见《续修四库全书》编纂委员会编《续修四库全书》（经部·小学类，第255册），上海古籍出版社，1996，第202页。

语言学和历史语言学也在此时传入我国，音标成为音韵研究的重要工具。一批留学生接受了西方的学术训练，开始了现代学术背景下的音韵学研究。音韵学的学术风貌也为之大变，其学科脚步也迈进了现代音韵学的殿堂。这一时段，首先是一批介绍西方普通语音学方面的著作问世，代表性的有张世禄的《语音学纲要》、岑麒祥的《语音学概论》等；其次是创造性地发展出了国语学和国音学，这方面的著作有胡以鲁的《国语学草创》、易作霖的《国音学讲义》和《国音读本》、高元的《高元国音学》、汪怡的《新著国语发音学》；最后是发展出了新型的音韵学研究体系，高本汉的《中国音韵学研究》、钱玄同的《文字学音篇》和赵元任的《现代吴语的研究》等代表了这一时期研究范式的转变。

清末民国时期音韵学研究最重要的成果就是制定了注音字母体系（1913年），并产生了多种反映时音的传统形式的韵书、韵图，以及几百种有影响的方言同音字表和数百种各地方言拼音方案（含传教士方案），如卢戆章的《一目了然初阶》、赵元任的《国音新诗韵》、黎锦熙等的《中华新韵》等。这些成果最终推动了现代汉民族共同语语音系统走向规范，这些材料也是研究民国时期共同语语音和方音的重要依据。与此同时，在章太炎、黄侃等学者的推动下，古音研究向纵深处演进，在许多方面有了进一步的发展。

二、传统音韵学研究的成就

综观 20 世纪之前（含民初）近两千年传统音韵学的研究历程，可以发现，前人取得了巨大成就，形成了丰厚的学术积淀，留下了一份极为宝贵的学术遗产，值得我们继承和发扬。

（一）善于接受新事物，创建了富有汉语特色的分析范畴

在汉语传统音韵学的产生和发展的历史长河中，外来文化起了很重要的作用。东汉佛教文化的输入，带来了梵文的拼合体系；明末基督教文化的传播，带来了罗马拼音文字体系。这两种拼音文字体系，对前人体认汉语的语音结构起了很大的作用。在外来文化影响下，我国学者从梵文拼合规则的解读中获得了有益启示，创造性地构建了语音研究的分析范畴——字母、阴阳、清浊、五音/七音、声纽/声母、韵、韵母、韵部、等、内外转、四声等等，

发展出了富有民族特色的语音理论——等韵学。明末利玛窦等人传播的罗马注音字母体系则进一步丰富了国人在语音分析上的知识储备。清末以来西方各种语言学理论和方法的传入，改变了传统音韵学的研究范式，使之转型为现代语言学的一个部门。

（二）构建了汉语音韵学研究的基本范式并影响到域外的汉语语音研究

自唐代等韵学兴起后，各类语音分析范畴逐渐形成。这些分析范畴是音韵研究的重要学术基础，以此为依据形成的汉语语音分析体系、研究框架以及声韵调三分的观念深入人心。这些迥异于西方语音学的分析范式，构成了汉语音韵研究的底色，使之历经千年，历久弥新，成为语言学各部门中少有的走向世界的极富民族特色的学科。

汉语音韵学的发展就是建立在这一富有民族特色的分析体系之上的。比如上古音研究，顾炎武系联《诗经》韵脚字、归纳韵部、离析《唐韵》而形成的上古音研究框架，是整个清代古音研究的范式。直至今天，这一框架仍然是上古音研究的基础，无论是李方桂还是郑张尚芳都运用了这一研究框架。又比如中古音研究，陈澧的《切韵考》开创的通过系联反切考据中古音类的范式，是中古音研究的基本框架。嗣后的研究，除音值构拟外，大多遵循这一路径来考据中古音韵材料的音类系统，如黄淬伯的《慧琳一切经音义反切考》、李荣的《切韵音系》、邵荣芬的《切韵研究》等。

传统音韵学的分析体系和研究范式也影响了汉字文化圈内的音韵研究，并在当代影响了世界范围内的汉语音韵研究范式。朝鲜王朝时期的学者郑麟趾、申叔舟、崔世珍等人对汉语都有深入研究，他们大多精通音韵分析体系，对各类范畴十分明了。朝鲜学者创制的谚文字母系统，就深受反切注音方式的影响。申叔舟等人编纂的汉字正音体系韵书《东国正韵》也深受《切韵》《洪武正韵》等编纂体例的影响。申叔舟等的《洪武正韵译训》、崔世珍的《四声通解》都系统地利用了汉语音韵分析体系。日本学者也受到了汉语音韵分析体系的影响，不仅在研究汉语的语音时使用此体系，而且在研究其国音、其他国家的汉字音时也深受这一体系的影响。在无相文雄的《磨光韵镜》、太田全斋的《汉吴音图》、河野六郎的《朝鲜汉字音研究》、三根谷彻的《越南汉字音研究》、赖惟勤的《上古音分部图说》、平山久雄的《中古汉语音韵》

等论著中，都能看到汉语音韵分析范畴和研究范式的运用。

欧美学者研究汉语音韵，从早期的利玛窦、金尼阁到现当代的高本汉、包拟古、蒲立本、柯蔚南、雅洪托夫、沙加尔、白一平、斯塔罗斯金等，莫不利用传统音韵学的分析体系，他们能将韵、小韵、等、开合口、声母、韵母等范畴运用自如，而且对其内涵、外延的界定与传统音韵学基本一致。

邵雍在《皇极经世·声音唱和图》中所倡导的声音象数理论，也影响了后世的音韵学研究观念，比如明末葛中选的《太律》、吴继仕的《音声纪元》，清代林本裕的《声位》等，都能看到邵雍"音有定数"的思想痕迹。邵雍的声音象数理论还影响了朝鲜和日本的许多学者，如朝鲜崔锡鼎的《经世训民正音图说》、黄胤锡的《理薮新编》等，以及日本法桥宥朔的《韵镜开奁》、盛典的《新增韵镜易解大全》等，都充满了邵雍的象数思想。

（三）具有编制韵书、韵图的优良传统

反切产生以后，人们对汉字读音探讨的热情高涨起来，分析语音、编制韵书成为潮流。颜之推在《颜氏家训·音辞篇》里说，反切发明以后，"自兹厥后，音韵锋出"[①]，讲的就是韵书勃兴的史实。陆法言在《切韵·序》中称："吕静《韵集》、夏侯该《韵略》、阳休之《韵略》、周思言《音韵》、李季节《音谱》、杜台卿《韵略》等，各有乖互，江东取韵与河北复殊。"这是对颜之推说法的具体注释。

韵书是汉语音韵学独有的表现音系结构的形式，这种形式极具表现力，它将汉语的声韵调系统化，将同音汉字框架化。历史上的韵书，无论官修还是私修，无论制作年代、语音性质有多少不同，它们的编制目的不外乎陆法言在《切韵·序》中所讲的"赏知音""广文路"两种。

韵图跟韵书在体制上虽有不同，但其目的同样是要表现音系的音节。韵图以图表的方式表现汉语某一韵书的音节或作者自己想表现的音系的音节。早期的韵图，如《韵镜》《七音略》，都是表现《切韵》系韵书的音节，嗣后的韵图所表现的音系虽各有不同，但都以表现音节为指归，如宋元时期的《四声等子》《经史正音切韵指南》，以及明代的《韵法直图》《韵法横图》等等。

[①] （隋）颜之推撰，王利器集解：《颜氏家训集解（增补本）》，1993，中华书局，第529页。

韵书与韵图虽别为两途，然亦有合一的体式，有的韵书接受了等韵图音节排列的方法，在编纂韵书时加注声母，即成等韵化韵书，如《五音集韵》《韵略易通》等。历史上也有先分编韵书、韵图，后合编为一书的著作，如《五方元音》《音韵阐微》等。韵书、韵图结合方式的变化，提高了韵书表音的能力，是学术水平提升的标志。

（四）初步形成了音变的历史观念

历史上，学者们很早就注意到古今语音存在不同，陆法言在《切韵·序》里就曾指出："（颜萧等人观察到）古今声调既自有别，诸家取舍亦复不同。"颜之推在《颜氏家训·音辞篇》里更明确指明许多字音的前后差异。虽然唐宋时期出现过错误的"叶音说"，但明清时代就回到了历史音变的正确思想。明人方以智在《通雅·凡例》里说："天地岁时推移，而人随之，声音亦随之，方言可不察乎？古人名物，本系方言，训诂相传，遂为典实。"[1] 方以智甚至划分了语音变化的时段："智考古今之声，大概五变。此事无可明证，惟以经传诸子歌谣韵语征古音，汉注汉语征汉音，叔然以后有反切等韵矣。宋之方言与韵异者，时或见之。至德清而一致，终当以正韵为主，而合编其下为一书。"[2] 陈第更是明确提出"时有古今，地有南北，字有更革，音有转移，亦势所必至"[3] 的符合历史语言学观念的音变思想。他在《读诗拙言附》中进一步说："然一郡之内，声有不同，系乎地者也；百年之中，语有递转，系乎时者也。况有文字而后有音读，由大小篆而八分，由八分而隶，凡几变矣，音能不变乎？所贵通《诗》读《书》，尚论其当世之音而已矣。三百篇，诗之祖，亦韵之祖也。作韵书者宜权舆于此，溯源沿流，部提其字曰：'古音某，今音某。'则今音行，而古音庶几不泯矣。"[4]

可见，在汉语语音研究的历史上，虽不乏机械地看待语音的观点，但是在讨论历史音变的论说里，也时时闪耀出一些富有真知灼见的思想光辉。

---

[1]（明）方以智：《通雅》，中国书店，1990，第18页。
[2]（明）方以智：《通雅》，中国书店，1990，第18页。
[3]（明）陈第著，康瑞琮点校：《毛诗古音考 屈宋古音义》，中华书局，2011，第7页。
[4]（明）陈第著，康瑞琮点校：《毛诗古音考 屈宋古音义》，中华书局，2011，第155页。

（五）对音理有了较深入的认识

传统音韵学虽然不是现代学术意义上的历史语言学，但古人已有朴素的语言学思想，具备了初步的分析音系与音位结构的能力。虽然没有运用现代意义上的音标标音法，但古人力求用语言来描述语音的各种不同的性质和区别。颜之推、陆法言是审音大师，自不待言。唐末守温在《守温韵学残卷》里描述三十字母时说："欲知宫，舌居中；欲知商，口开张；欲知徵，舌拄齿；欲知羽，撮口聚；欲知角，舌缩却。"[①]明代的李登、袁子让、叶秉敬、葛中选等一大批人均精通音理，对现实语音系统都有过精妙的分析。比如葛中选在《太律》里用"正、昌、通、元"表示四呼，称为"四规"。他说："四规者，匡廓中气之翕辟也。正规者，本气之最大，一动而约半为昌规，再动而约半为通规，再动而约半为元规。四规以衡为则，口之充诎应之，如商之大吕，其四规单、颠、端、○也。单、颠、端、○皆舌点前齿，但单则张口点齿，颠则解口点齿，端则合口点齿，○则撮口点齿，相次而翕，以成四规。音皆谐叶，此自然之数也，余可类推。"[②]清人精通音理者也很多，如夏燮在《述均》卷三中描述韵母时说："弇侈与开合不同。开合以口分，弇侈以音分。凡口之张而呼者为开；口之闭而呼者为合。凡音之迤逦向外者为侈，音之收撮向内者为弇。苟不知审音，则有以弇侈为开合，所谓差之毫厘，失之千里矣。以阳韵言之，光之与冈，黄之与杭，此开口合口之分也，而光与东韵之公，黄与东韵之鸿，则同为合口，而一弇一侈分矣。"[③]

清末劳乃宣在《等韵一得》里说："有古韵之学，探源六经，旁征诸子，下及屈宋，以考唐虞三代秦汉之音是也。有今韵之学，以沈、陆为宗，以《广韵》《集韵》为本，证以诸名家之诗与有韵之文，以考六朝唐宋以来之音是也。有等韵之学，辨字母之重轻清浊，别韵摄之开合正副，按等寻呼，据音定切，以考人声自然之音是也。古韵今韵以考据为主，等韵以审音为主。各有专家，

---

① （唐）守温：《守温韵学残卷》，见周祖谟编《唐五代韵书集存》（下册），中华书局，1983，第801页。
② （明）葛中选：《太律》，见《续修四库全书》编纂委员会编《续修四库全书》（经部·乐类，第114册），上海古籍出版社，1996，第474页。
③ （清）夏燮：《述均》，见《续修四库全书》编纂委员会编《续修四库全书》（经部·小学类，第249册），上海古籍出版社，1996，第20页。

不相谋也。"①这说的就是音韵研究都得有音理的支持。

（六）具有辨析通语、正音与方言、方音的传统

汉语向来存在通语与方言的不同，至少在春秋时期就形成了内部较为一致的共同语——雅言系统。雅言维系着汉语内部的广泛的交际功能，方言又维系着区域内的交际。传统音韵学家很清楚汉语中不同体系的语音区别。颜之推认为："古今言语，时俗不同，著述之人，楚夏各异。《仓颉训诂》，反稗为逋卖，反娃为於乖……此例甚广，必须考校，前世反语，又多不切……今之学士，语亦不正；古独何人，必应随其讹僻乎？《通俗文》曰：'入室求曰搜。'反为兄侯。然则兄当音所荣反。今北俗通行此音，亦古语之不可用者。玙璠，鲁人宝玉，当音余烦，江南皆音藩屏之藩。岐山当音为奇，江南皆呼为神祇之祇。江陵陷没，此音被于关中，不知二者何所承案。以吾浅学，未之前闻也。"②颜之推的这一思想落实到陆法言的《切韵》中，就形成了"论南北是非、古今通塞"的审音原则。《切韵》表现的是共同语而不是方言。章太炎（2006：34）在《国故论衡·正言论》里说："今以纽韵正音，料简州国。讹音变节，随在而有；妙契中声，亦或独至。明当以短长相覆，为中国正音。既不可任偏方，亦不合慕京邑。"这一思想还是《切韵》原则的延续。

古音学的奠基人顾炎武把古韵条分缕析为十部，从而得出先秦音系韵部的轮廓，但是他怀疑《诗经》三百篇中有方音的不同："然愚以古诗中间有一二与正音不合者，如'兴''蒸'之属也，而《小戎》末章与'音'为韵，《大明》七章与'林''心'为韵……此或出于方音之不同，今之读者不得不改其本音而合之，虽谓之叶亦可，然特百中之一二耳。"③

（七）具有通经致用的优良传统

传统音韵学是为经学及相关学科服务的，它本身不是一个独立的学科。音注为明经服务；韵书、韵图或为科举、或为用韵、或为正音服务；通俗韵

---

① （清）劳乃宣：《等韵一得》，光绪戊戌吴桥官廨刻本，第1页。
② （隋）颜之推撰，王利器集解：《颜氏家训集解（增补本）》，1993，中华书局，第545页。
③ （清）顾炎武撰，刘永翔校点：《音学五书（一）》，上海古籍出版社，2012，第57页。

书为启蒙服务。戴震在《六书音均表·序》中说："夫六经字多假借，音声失而假借之意何以得？训诂音声，相为表里，训诂明，六经乃可明。"①王念孙也认为："窃以诂训之旨，本于声音，故有声同字异、声近义同，虽或类聚群分，实亦同条共贯……今则就古音以求古义，引伸触类，不限形体。"②历代音韵研究大都跟文献解读相关，任何时代的音韵研究成果都具有一定的实用价值。上古音研究直接为阅读《诗经》等周秦两汉古籍服务；中古时期的音义书，如陆德明的《经典释文》、慧琳的《一切经音义》、贾昌朝的《群经音辨》等，也是为此时的读书正音服务的。

（八）具备了一定的系统性观念

历史上，许多音韵学家在分析语音时有一定的系统观念，特别是明清以来的音韵学家，在讨论音韵问题时，常常会从发音、声、韵、调、音节结构等角度全局性展开音韵分析，顾炎武的《音论》、江永的《古韵标准》、黄侃的《音略》等都是优秀的理论著作。江永在《音学辨微》里，针对中古的声韵组织有很好的分析："一等有牙，有喉；有舌头，无舌上；有重唇，无轻唇；有齿头无正齿；有半舌，无半齿，而牙音无群，齿头无邪，喉音无喻，通得十九位：见溪疑端透定泥邦滂并明精清从心晓匣影来也。二等有牙，有喉；有舌上，无舌头；有重唇，无轻唇；有正齿无齿头；有半舌，无半齿，而牙音无群，正齿无禅，喉音无喻，亦通得十九位……"③这是对中古音极有系统的分析，其《四声切韵表》是表现中古音音系的音节表，与《韵镜》《七音略》相比，毫不逊色。除此之外，传统音韵学研究中的系统性观念还充分表现在各韵书、韵图中。韵书、韵图的制作必得有音节（小韵）的观念，而反切的设置和等位的安排，必须有音系的全局观，否则是做不成韵书或韵图的。

（九）取得了丰硕的成果

传统音韵学取得了丰硕的成果，一大批学术经典问世。这些成果丰富了

---

① （清）戴震：《六书音均表·序》，见段玉裁《六书音均表》，中华书局，1983，第4页。
② （清）王念孙：《广雅疏证》，江苏古籍出版社，2000，第1页。
③ （清）江永：《音学辨微》，见《续修四库全书》编纂委员会编《续修四库全书》（经部·小学类，第253册），上海古籍出版社，1996，第72页。

民族文化宝库，推动了汉语音韵研究的进步，为现代音韵学的发展奠定了深厚的学术基础。

李新魁、麦耘编著的《韵学古籍述要》综稽 1911 年以前的音韵研究著作，得书目 500 余种，其中包括一些丛书及文集。如果将丛书、文集中的论著拆分并补充该书未著录的，粗略估计，清代（含清代）之前的音韵论著总数应有 2000 余种。历史上林林总总的学术成果大致可以分成以下几个大类。

1. 描写音系的韵书、韵图类论著

韵书起自六朝，六朝韵书（韵图）有《韵集》《韵略》《四声韵略》《音谱》《音韵决疑》等；隋代韵书（韵图）有《切韵》等；唐代韵书（韵图）有《刊谬补缺切韵》《韵英》《切韵》《唐韵》等；宋代韵书（韵图）有《广韵》《集韵》《礼部韵略》《韵镜》《七音略》等；金元韵书（韵图）有《新刊韵略》《壬子新刊礼部韵略》《五音集韵》《古今韵会举要》《蒙古字韵》《中原音韵》等；明代韵书（韵图）有《洪武正韵》《韵略易通》《交泰韵》《元韵谱》《韵通》《书文音义便考私编》《韵法直图》《韵法横图》《西儒耳目资》《五方元音》等；清代韵书（韵图）有《李氏音鉴》《同音字辨》《译大藏字母九音等韵》《谐声韵学》《善乐堂音韵清浊鉴》《拙庵韵悟》《马氏等音》《五声反切正韵》《音韵阐微》《正音切韵指掌》《音韵逢源》《韵籁》《等韵学》等。

2. 探究等韵及音理类论著

这类论著中，著名的有颜之推的《颜氏家训·音辞篇》、陆法言的《切韵·序》、守温的《守温韵学残卷》、释真空的《新编篇韵贯珠集》、江永的《音学辨微》、毛奇龄的《韵学要指》、贾存仁的《等韵精要》、毛先舒的《韵学通指》、潘耒的《类音》、熊士伯的《等切元声》、劳乃宣的《等韵一得》等。

3. 历史语音研究类论著

历史语音研究类论著大致包括以下几类。

1）上古音类

上古音类著名的有：宋代吴棫的《韵补》；明代陈第的《毛诗古音考》；清代顾炎武的《诗本音》，江永的《古韵标准》，戴震的《声韵考》《声类表》，段玉裁的《六书音均表》，朱骏声的《说文通训定声》《古今韵准》，王念孙的《古韵谱》，孔广森的《诗声类》《诗声分例》，姚文田的《说文声系》，严可均的《说文声类》,牟应震的《毛诗古韵杂论》《毛诗古韵》《毛诗奇句韵考》《韵谱》,江沅的《说文解字音均表》,丁履恒的《形声类篇》,张耕的《古韵发明》,张惠言的《谐声谱》,江有诰的《江氏音学十书》,夏炘的《诗古韵表廿二部集说》,邹汉勋的《五韵论》,陈立的《说文谐声孳生述》,陈澧的《说文声统》,夏燮的《述均》,庞大堃的《古音辑略》《古音备考》等。

2）中古音类

中古音类如江永的《四声切韵表》,方成圭的《集韵考正》,陈澧的《切韵考》《切韵考外篇》,成蓉镜的《切韵表》,梁僧宝的《四声韵谱》《切韵求蒙》,洪亮吉的《汉魏音》,李元的《音切谱》,李邺的《切韵考》,洪榜的《四声均和表》《示儿切语》等。

3）方音类

方音类有黄谦的《汇音妙悟》《新镌汇音妙悟全集》和谢秀岚的《汇集雅俗通十五音》等。

4）音注类

音注类如曹宪的《博雅音》、陆德明的《经典释文》、玄应的《大唐众经音义》、慧琳的《一切经音义》、贾昌朝的《群经音辨》、何超的《晋书音义》等。

5）译音类

译音类有智广的《悉昙字记》、骨勒茂才的《番汉合时掌中珠》、崔世珍的《四声通解》,以及傅恒、陈大受、纳延泰等的《华夷译语》、允禄、傅恒、汪由敦、纳延泰监纂的《同文韵统》等。

6）其他

音韵学史类有潘咸的《音韵源流》、莫友芝的《韵学源流》等。还有一些与音韵学有关的其他论著,例如：以用韵为目的编纂的工具书：诗韵系统的有阴时夫的《韵府群玉》,曲韵系统的有沈宠绥的《度曲须知》等；还有研究古音的杂著,如钱大昕的《十驾斋养新录》、陈澧的《东塾读书记》等等。

（十）留存了大量有语音史价值的音系材料

传统音韵学不仅留存了《切韵》《中原音韵》等代表共同语的语音系统,还有数量可观的各种方言音系,这些音系构成了汉语语音史研究的基础材料。

没有这些具有音系格局的材料，汉语语音史研究就要在黑暗中摸索，可能永远理不出头绪。

三、传统音韵学研究的不足

我们在肯定传统音韵学取得的巨大成就和优良学术传统的同时，也必须指出，由于时代的局限，前人的学术认知不可避免地存在着种种疏忽甚至严重的谬误。我们应当实事求是地指出前人在研究方法、学术观念及材料运用等方面存在的不足，这样做的目的不是苛求前人，而是更好地检视历史，正确把握学术的发展方向，促进学术的健康发展。

（一）有厚古薄今的学术倾向

语言本是人们日常交际的信息工具，具有极强的实用性，现实语言无疑应当是语言研究最重要的内容，然而，中国传统语言学的研究目的决定了古代学者存有厚古薄今的倾向。这是因为历史经典都是前人留下的著作，醉心解读前代经典的学者自然就容易忽视对现实语言问题的研究。我们虽然不能说中国古代没有描写性的语言学著作，但至少可以说，对现实语言的描写和解析不是中国语言学传统的主流。这可以以章太炎为例。综观以创建语言文字学为职志的章太炎的论著，无论是《文始》还是《新方言》，章太炎始终都在文献考据里兜圈子，虽然不无现代语言材料的引证，但其仍然是以考据语源为目的的。

历史上许多古人讨论音变时，会把古音认作是"本音""正音"，现实语音是"变音""讹音"。这种观念对许多学者的学术思想产生了极大的影响，使他们很难对语音变化的规律性作出正确的解释。顾炎武、江永、戴震、段玉裁、章炳麟（太炎）、黄侃莫不如是。比如，顾炎武在《音学五书叙》里说："天之未丧斯文，必有圣人复起，举今日之音而还之淳古者。"[1]钱大昕为段玉裁的《六书音均表》作序称："谓古音必无异于今音，此夏虫之不知有冰也。然而去古浸远，则于六书谐声之旨渐离其宗，故惟三百篇之音为最善。而昧者乃执隋唐之韵以读古经，有所龃龉，屡变其音以相从，谓之叶韵，不惟无

---

[1]（清）顾炎武撰，刘永翔校点：《音学五书（一）》，上海古籍出版社，2012，第8页。

当十今昔，而古音亦滋茫昧矣。"①

当然，也有部分学者认识到了语言的现实性，积极讨论语言的当代特点，如元代周德清的《中原音韵》等。清人江永在《古韵标准·例言》里对顾炎武的论述有所批驳："顾氏又曰：'天之未丧斯文，必有圣人复起，举今日之音而还之淳古者。'愚谓此说亦大难。古人之音虽或存方音之中，然今音通行既久，岂能以一隅者概之天下？譬犹窑器既兴，则不宜于笾豆；壶斝既便，则不宜于尊罍。今之孜孜考古音者，亦第告之曰：古人本用笾豆、尊罍，非若今日之窑器、壶斝耳。又示之曰：古人笾豆、尊罍之制度本如此，后之摹仿为之者或失其真耳。若废今人之所日用者，而强易以古人之器，天下其谁从之？观明初编《洪武正韵》，就今韵书稍有易置，犹不能使之通行，而况欲复古乎？顾氏《音学五书》与愚之《古韵标准》，皆考古存古之书，非能使之复古也。"②江氏这种思想具有积极的历史意义。

（二）有重书面语轻口语的倾向

同解构汉字形制的文字学、探究字义的训诂学一样，分析字音的音韵学也是从书面汉字生发出来的学科。从诞生之日起，它的主要任务就是解决文献中字词的音读问题。后来随着汉语语音分析的进步，音韵学又通过编纂韵书为诗歌创作服务。陆法言在《切韵·序》中所说的"欲广文路，自可清浊皆通；若赏知音，即须轻重有异"正是对传统音韵学任务的精准概括。但无论是"广文路"（规范押韵），还是"赏知音"（辨析字音），都是在书面语的层面发挥作用。例如，入唐以后，陆法言的《切韵》被封为官韵，后世屡经增删修订，形成包含十几种韵书的"《切韵》系韵书"，在诗歌用韵中占据绝对的统治地位。纵使实际语音已经发生变化，可书面用韵标准，还兢兢恪守旧有规范，不敢越雷池。到了明清，虽然韵书的编纂逐步向实际语音靠拢，但不能切实地按照实际语言归纳音系，刻意照顾传统的韵书表现出来的音类演化系统，较多地保存古音类的区分的情形比比皆是。有些韵书如《徐州十三韵》《汇集雅俗通十五音》等，虽然是表现方言语音的，但难登大雅之堂，

---

① （清）钱大昕：《六书音均表·原序》，见段玉裁《六书音均表》，中华书局，1983，第1页。
② （清）江永：《古韵标准》，中华书局，1982，第7页。

始终不是音韵学的主流。

章太炎（2006：33）在《国故论衡·正言论》里的论述非常具有典型性："文言合一，盖时彦所哗言也。此事固未可猝行，籍令行之不得其道，徒令义学日窳。方国殊言，间存古训，亦即随之消亡。以此阎闾烝黎，翩其反矣。余以为文字训故，必当普教国人。九服异言，咸宜撢其本始，乃至出辞之法，正名之方，各得准绳，悉能解谕。当尔之时，诸方别语，庶将斠如画一，安用豫设科条，强施檃括哉！"

（三）学术体系不够统一

传统音韵学没有形成系统、明晰的研究规范，学术术语体系混杂不一，这影响了研究的学术水准和知识的传播范围。比如，传统音韵学常常借用音乐的五音宫、商、角、徵、羽（加上半商、半徵即为七音）表示某种语音成分。郑樵在《七音略·七音序》里说："四声为经，七音为纬，江左之儒知纵有平上去入为四声，而不知衡有宫、商、角、徵、羽、半徵、半商为七音。"[①]这便是用七音表示声母的。明人葛中选在《太律》里则用它们来分析韵母，宫音表示 əŋ、ən，商音表示 aŋ、an，声母则用十二律的黄钟、大吕等表示，如黄钟表示晓匣母、大吕表示端母。

这种学术体系混乱的现象严重影响了传统音韵学的学科体系的形成，不利于学术评价和学术共识的形成，容易造成"一人一把号——各吹各的调"的混乱局面。

（四）有唯心主义倾向

中国古代语言学实证性的研究不足，对语言现象的解释有时缺乏历史变化的观念，存在形而上的唯心主义弊端。唐宋时期形成的"叶音说"是这一倾向最明显的表现，它背离了前代学者已经建立起来的音变思想。

宋代学者倡导的形而上的理学，把象数理论推及语言，产生了像邵雍的《皇极经世·声音唱和图》这类含有许多虚位的音系。这一流风影响了明代的

[①]（宋）郑樵：《七音略》，见（宋）陈彭年等编《宋本广韵·永禄本韵镜》，江苏教育出版社，2005，第2页。

许多学者，如袁子让、葛中选等人的著作中或多或少存在着一些语音是由理数构成的唯心理念。

清代周春在《小学余论》中说："清浊之分在于阴阳，阴阳之分在于开合轻重。要之，全随土音而变，又各依读法而移。故论清浊不必尽拘《四声等子》，论阴阳不必尽拘周德清《中原韵》也。"①显然，他还在延伸着阴阳成音的观念。

（五）有时地模糊的倾向

语音总是成系统的，不同时代、不同地域，语音系统自会存在差异。辨别音系的时地差异，是音韵学研究必须着力去做的工作。然而，在历史上，前人常常有时地模糊的倾向，没有明晰的时地观念，在处理音系、注释字音的时候，常常会模糊音系的单一性，自觉或不自觉地给语音系统掺加一些异质成分。

宋代贾昌朝的《群经音辨》采用陆德明的《经典释文》中的音切，以达到"专辨字音、诸经所读及五方言语、字同音异"②的目的，其语音系统与宋代时音自然也不吻合。这类文献在研究时音方面价值不大，只对了解此前的语音系统有些帮助。

清人毛先舒在《韵学通指》中讨论"正音"时说："所谓正音者，以理而不以地；所谓适用者，以时而不以耳。能精韵理，虽偏方僻壤之士，可与知微。"③可见他的"正音"观强调的是文献中字音的正确与否，而不考虑与实际语言是否一致，也就是说，字音是否正确，不一定是用口头字音来衡量的。那么，毛先舒所谓的"以理"的"理"存于何处？他定出的答案是《切韵》系韵书。又如，《洪武正韵》是明代正音韵书，目的是让天下人皆能通解，然而，这部韵书并没有一个具体的、活的音系与之对应，而是杂糅了多种成分，

---

① （清）周春：《小学余论》阮元序本，1804，第6页。
② （清）谢启昆：《小学考》，见曾学文、徐大军主编《清人著述丛刊（第一辑）·谢启昆集（一）》，广陵书社，2019，第587页。
③ （清）毛先舒：《韵学通指》，见《四库全书存目丛书》编纂委员会编《四库全书存目丛书》（经部217册），齐鲁书社，1997，第440页。

最终也没能让"五方之人皆能通解"①，就连敕修该书的明太祖对其字音组织也深感不满，终致其没有发挥应有的作用。

在古音研究上，前人也常常会在材料的运用上不注意区分时代和地域，比如宋代的吴棫是古音学的创始人，然而他在研究中却不辨韵文材料的时空，其《韵补》虽引用了十分丰富的材料，但其中既有先秦时期的《诗经》《周易》，也有宋代欧阳修、苏轼等人的押韵材料，这也就大大降低了研究的学术价值。陈第评价他说："吴才老、杨用修有志复古……庶几卓然不惑。然察其意，尚依违于叶音可否之间，又未曾会稡秦、汉之先，究极上古必然之韵。故其稽援虽博，终未能顿革旧习，而《诗》、《易》、辞赋，卒不可读如故也。"②

（六）存在轻视抽绎系统理论的倾向

传统音韵学家也曾提出许多闪光的学术思想，如陈第提出的语音有"古今"、有"转移"的思想，但是，前人并没有总结出语音的构造规则及其发展演变的机制，没有抽绎出具有音变规则的历史语言学理论。从18世纪开始，西方的历史语言学蓬勃发展起来，其通过比较方言（语言）的亲属关系，构拟早期语音系统，从而产生了历史比较法。与此同时，我国的音韵学家却依然在文献考据上下功夫，仍以考据音类为目的。以文献为依据考定出来的音类，也仅是为了解释文献里的语言现象（如押韵、通假等），难以搭建起语音演变史的框架。

18世纪末，当欧洲的洪堡特、沃斯托可夫、格里姆、拉斯克、葆朴、波特、施莱歇尔、勃鲁格曼、贝哈格尔等人奋战在语言历史比较的战场上的时候，我国的顾炎武、江永、戴震、钱大昕、段玉裁、王念孙等硕儒仍拼搏在文献考据的领域里。直到清末的陈澧，乃至民初的章太炎、黄侃仍秉承着这一传统。陈澧的《切韵考》是传统音韵学中划时代的著作，但他的研究方法仍是"惟以考据为准，不以口耳为凭"③，最终没有真正进入历史语言学的

---

① （明）乐韶凤、宋濂、王僎等：《洪武正韵》，见《四库全书存目丛书》编纂委员会编《四库全书存目丛书》（经部207册），齐鲁书社，1997，第21页。
② （明）陈第著，康瑞琮点校：《毛诗古音考 屈宋古音义》，中华书局，2011，第276页。
③ （清）陈澧：《切韵考》，见《续修四库全书》编纂委员会编《续修四库全书》（经部·小学类，第253册），上海古籍出版社，1996，第375页。

范畴。最值得一说的是江永，他的《古韵标准》一书在传统音韵学史上绝对称得上是超一流的学术著作。在这部划时代的著作里，他有意识地运用自己的口头方言研究上古音，这与西方历史比较法创立的时代大致相同。然而，他也仅仅是用方言来印证他从文献分析中所得到的音类，与音值的构拟相去甚远，更没有勾勒出上古的语音系统来，因此也就没有升华到历史语言学的高度。

（七）研究方法缺乏有效提升

与本节第三部分（六）相关的问题是，传统音韵学没有形成系统的研究方法和研究程式，研究过程不规范，学者之间常常各行一套，彼此之间很难有共同的研究范式。已经行之有效的研究手段，如反切系联法、韵脚串联法、谐声系联法等等，很少有人予以总结、提升并使之成为学界遵循的研究程式。以韵脚串联法为例。该方法从宋代郑庠、吴棫以下，经顾炎武、江永、段玉裁等趋向成熟，已成为一种处理韵文的有效方法，直到今天我们处理韵文韵脚仍然遵循着这一方法的基本路径和手段。江永在《古韵标准·例言》里说："时有古今，地有南北，音不能无流变。音既变矣，文人学士骋才任意，又从而汩之，古音于是益淆讹，如棼丝之不可理。三百篇者，古音之丛，亦百世用韵之准。稽其入韵之字，凡千九百有奇，同今音者十七，异今音者十三。试用治丝之法，分析其绪，比合其类，综以部居，纬以今韵，古音犁然。其间不无方语差池，临文假借，案之部分，间有出入之篇章，然亦可指数矣。以《诗》为主，经传骚子为证，《诗》未用而古今韵异者，采它书附益之。标准既定，由是可考古人韵语，别其同异，又可考屈宋辞赋、汉魏六朝唐宋诸家有韵之文，审其流变，断其是非。视夫泛滥群言，茫无折衷，概以后世淆讹之韵为古韵者，不有间乎？"[①]这是在阐述韵脚系联法的价值和意义。然而，我们仔细阅读顾炎武、江永、段玉裁的著作，看不到他们对这种方法的系统论述以及如何利用这种方法处理材料，每个人对先秦韵文的韵例和韵式的处理都有差异。

---

① （清）江永：《古韵标准》，中华书局，1982，第3页。

(八)没有产生系统的语音分析法,缺乏有效的标音工具

语音是系乎口耳的系统,如果没有标音符号,就很难将一个音系甚至是一个音类描述清楚。传统音韵学一直没有产生成系统的语音学,虽不乏一些对语音的描述和解说,但最终不能从声学、生理学和社会学上分析语音本质、发音机制,也就不能正确辨析语音类别。又由于汉字不是表音文字,词的读音不能显现在文字本身上,所以前人一直缺乏有效的标音符号(明清时期传教士设计的符号除外),他们在描写音读时,常常事倍功半,用尽心力,却难以达到描述的目的。比如,明人释真空在《新编篇韵贯珠集·总括五行分配例》描写声母时说:"见等牙肝角木东,舌心徵火喻南风,北方肾水羽唇下,西面商金肺齿中,喉案土宫脾戊巳,西南兼管日来同,后进未明先哲意,轩辕格式为君明。"①从这句话中我们真的很难明白这些声母应该如何发音。类似释真空这样的描述,历史上屡见不鲜。吕维祺在《音韵日月灯·同文铎·四等说》中分析声母的不同类别的特点时说:"按,见一系牙音第一等字属开,见二系牙音第二等字属发,见三属收,见四属闭。上二等其声粗而洪,下二等其声细而敛。"②清人江永在《音学辨微》里分析古音的四等时用"一等洪大,二等次大,三、四皆细,而四尤细"③来描写。熊士伯在《等切元声》里辨析的古音四等与江永相似:"旧谱摄分开合,音各四等:一等重,二等次重,三等轻,四等尤轻,其大较也。"④潘耒在《类音》卷二中云:"凡音皆自内而外,初出于喉,平舌舒唇,谓之开口;举舌对齿,声在舌腭之间,谓之齐齿;敛唇而蓄之,声满颐辅之间,谓之合口;蹙唇而成声,谓之撮口。"⑤这些用汉字描述的语音特征,始终脱不掉含混、烦琐乃至错误的窠臼。到了 20

---

① (明)释真空:《新编篇韵贯珠集》,见《四库全书存目丛书》编纂委员会编《四库全书存目丛书》(经部 213 册),齐鲁书社,1997,第 530 页。
② (明)吕维祺:《音韵日月灯》,见《续修四库全书》编纂委员会编《续修四库全书》(经部·小学类,第 252 册),上海古籍出版社,1996,第 55 页。
③ (清)江永:《音学辨微》,见《续修四库全书》编纂委员会编《续修四库全书》(经部·小学类,第 253 册),上海古籍出版社,1996,第 72 页。
④ (清)熊士伯:《等切元声》,见《续修四库全书》编纂委员会编《续修四库全书》(经部·小学类,第 258 册),上海古籍出版社,1996,第 252 页。
⑤ (清)潘耒:《类音》,见《续修四库全书》编纂委员会编《续修四库全书》(经部·小学类,第 258 册),上海古籍出版社,1996,第 16 页。

世纪，这种学术风气还很流行，比如古人称舌根音为"牙音"，这是前科学时期的产物，可是黄侃在《音略》里仍说牙音是"由尽头一牙发声"（黄侃，1996：299）。

因为没有语音分析工具，传统音韵学在阐述音类区别时常常左支右绌，无能为力。段玉裁虽归纳出了上古音里支、脂、之为三个不同韵部，可是他对这三个韵部何以存在区别，始终疑惑于心，无法在音理上予以说明，以致其老年时给很年轻的江有诰写信说："能确知所以支、脂、之分为三之本源乎？……仆老耄，倘得闻而死，岂非大幸也！"[①]从中不难看出，作为一位学者，段氏的内心是何等悲凉！

以上我们总结了传统音韵学的成就和不足，难免挂一漏万，也难免一叶障目。

第二节　20 世纪汉语音韵学研究的特点及四个阶段

一、20 世纪汉语音韵学研究的特点

20 世纪的汉语音韵学研究，相对于近两千年的传统音韵学研究来说，无论是在广度还是在深度上，都达到了历史最高水平。据不完全统计，20 世纪仅中国学者就出版了著作 600 多部（含论文集），发表了论文 5000 多篇。如果算上境外学者的论著，这个数字还要庞大得多。这些论著涵盖了汉语的音韵构造、音韵演变理论、音韵研究材料与方法等方方面面，揭示了从原始汉语到现代汉语各个时段的音系构造、声韵调的历史演变等。与传统音韵学的研究相比，20 世纪的汉语音韵学研究具有鲜明的时代特点。

（一）在探索中匍匐前进

王国维 1917 年在《〈周代金石文韵读〉序》中针对清人上古韵部的研究说过一段高度赞美的话："古韵之学，自昆山顾氏，而婺源江氏，而休宁戴氏，

---

① （清）段玉裁：《答江晋三论韵》，见段玉裁注、钟敬华校点《经韵楼集》，上海古籍出版社，2008，第 134 页。

而金坛段氏，而曲阜孔氏，而高邮王氏，而歙县江氏，作者不过七人。然古音廿二部之目，遂令后世无可增损，故训诂、名物、文字之学，有待于将来者甚多。至古韵之学，谓之前无古人，后无来者可也。"（王国维，2003：202-203）这好像是说清人研究出来的古音22部已无异议，后人不用再费心研究了。我们不否认清人在古音研究上的卓越成就，但是，要说他们的成就已经登峰造极了，显然不符合学术发展的规律。因为学术探索是没有止境的，不存在登峰造极的学术。王国维的认识恰恰说明清人的学术研究已经找不到新的学术路径了。现代音韵学就是在这种"疑无路"的状态下，开辟了"柳暗花明"的新境界。

20年代初，俄国学者钢和泰发表了《音译梵书与中国古音》，汪荣宝同年发表《歌戈鱼虞模古读考》，他们利用梵汉对音研究汉字古音的音读，汪荣宝甚至得出歌戈韵在唐宋前读a音、鱼虞模韵在魏晋前读a音的结论。此论一出，学界大哗，引发了第一次古音大辩论。赞同者自不必说，反对者的态度则非常激烈，章炳麟（太炎）在《与汪旭初论阿字长短音书》中指责汪荣宝"以不甚剀切之译音，倒论此上古音声势"（章炳麟，1924：28），其后他为马宗霍的《音韵学通论》题辞说"浅者且取异域侏离之语以求古音"（章炳麟，2014：135），对汪荣宝仍然耿耿于怀。

无论反对者的态度如何激烈，钢和泰、汪荣宝的文章都揭开了汉语音韵学学术转型的序幕，汉语音韵学开始酝酿重大的学术突破。

汉语音韵学的现代学术转型并非没有阻力，因为学术惯性或学术观念的不同，传承传统音韵学研究范式的学者从一开始就对现代音韵学的研究材料、方法和目的持怀疑甚至抵触态度，使新派学者与旧派学者在学术观念上形成了对立[①]。

传统音韵学在20世纪初以章太炎及其学生黄侃为代表。他们继承了乾嘉以来的朴学精神，在对音韵理论和音韵构造的认识上，相比清人有了很大进步。比如，章太炎的《文始》《新方言》，章太炎的《国故论衡》里的《成均

[①] 何九盈（1995a：405）说："何谓旧派？旧派的特点就是不用国际音标，分析声韵不讲语音的生理基础、物理基础，不介绍现代语音学知识，一般也不介绍北音系韵书，甚至反对明清时代具有创新意义的等韵学著作。"

圆》《二十二部音准》，以及黄侃的《音略》《声韵略说》《声韵通例》等论著都有超越前人之处，但他们在研究材料与研究方法上并没有多少突破，既没有系统的音位与音系的观念，也没有运用音标构拟音值的打算，仍然停留在语文学的考据范围内。

现代音韵学研究者并没有因为章太炎等前辈学者的反对而停止探索的脚步，而是奋勇地匍匐前行。齐佩瑢在《中国近三十年之声韵学》一文中虽对章黄的学术研究有全面的介绍，但是他直率地说："假如研究的方法和材料再不加以革新，恐怕再有十个章黄，也挣扎不出什么新的成绩。"（齐佩瑢，1944a：12）罗常培在1935年给王力的《汉语音韵学》作的"罗序"里，对传统音韵学研究中存在的不足有过评价，称其"玄虚幽渺""乌烟瘴气"。他说："我时常说：音韵学并不是什么'绝学'，也一点儿不神秘，因为向来讲韵学的书过于玄虚幽渺，乌烟瘴气了，所以闹得初学的人不是望而生畏，不敢问津，就是误入歧途，枉费精力。"（罗常培，1986：5）他在《音韵学不是绝学》中指出了音韵学研究的四种困难，其中之一就是许多似是而非的"名实的混淆"（罗常培，1944：4），这就指出了传统音韵学在理论上的不足。

现代音韵学是在充分认识了传统音韵学的缺点以后再出发的。第一次古音大辩论（1923—1925年，关于汪荣宝的《歌戈鱼虞模古读考》一文的讨论）以后，现代音韵学研究范式逐渐成为学术主流，历经第二次古音大辩论（1923—1928年和1933—1938年，高本汉与西门华德等关于上古音韵尾构拟的辩论）、第三次古音大辩论（1930—1935年，高本汉与李方桂、林语堂等关于上古主要元音的辩论）[①]，从材料、观念到方法逐渐成熟。嗣后，音韵理论、上古音、中古音、近代音以及等韵研究都全面展开，逐步深入，成果蔚为大观。在这一过程中，钢和泰、汪荣宝、沈兼士、钱玄同、高本汉、胡适、赵元任、林语堂、罗常培、李方桂、魏建功、张世禄、董同龢、周法高、王力、邵荣芬、李新魁等两三代学人经过艰苦努力，创造了一大批传世的学术成果。

董同龢在《〈汉语音韵学〉原序》里评价现代音韵学的成就时说过："从西洋人把他们的语言学介绍到中国来，中国古音研究的进展，真是可观。我们可以说，近几十年间中外学人的收获，足足抵得上，甚或超过清代三百年

[①] 有关古音大辩论的阐述，参考了李开（2006）的表述。

间许多大师的成绩。眼界宽阔，材料增加，工具齐备，方法也更为精密；因此我们已经能从古音的'类'，进而谈古音的'值'；更要紧的则是，我们已经能使这门学问脱离'童稚从事而皓首不能穷其理'的绝境。"（董同龢，2001：1）这是对现代音韵学所取得的成就的充分肯定。

20世纪的汉语音韵学研究在我国遭遇过危机，经历过严重的学术挫折，整个学科曾陷落低谷。在"文化大革命"中，音韵学被当作"封资修"的毒草批判，这几乎毁灭了汉语音韵学学科的生命。所幸的是，自"文化大革命"结束后，我们民族富有的传统的强大的学术自生力，终于使得这个学科没有陨落，在广大学者的努力下，其获得了更加强大的生命力并有了长足的发展。

在匍匐前进中，20世纪的汉语音韵学继续走向了新征程。

（二）传统与创新并存

20世纪的汉语音韵学还表现出传统与创新两种研究范式共存的特点。以高本汉为代表的现代音韵学学者，以汉语历史文献、域外译音、方言等为材料，运用历史比较法构拟汉语历史音韵的音值，形成了全新的研究范式。这种范式迅速成为音韵学研究的学术主流，音韵学成了现代语言学的一个组成部门，此时涌现了一大批富有创造力的学者，如赵元任、罗常培、李方桂、严学宭、董同龢、周法高、王力等。

与此同时，仍然有许多学者（如马宗霍、赵少咸、曾运乾等）继续以传统音韵学的研究范式为依归，以考据为工具，以考释音类为标的，以解释历史文献的音读关系或破通假或释词族为目的，也取得了丰硕的成果。当然，也有学者新旧并举，兼而有之，如台湾的陈新雄，他虽高举章黄的大旗，发扬考据学的传统，但是他不排斥高本汉范式，也努力拟测历史音类的音值，其著作《古音学发微》《中原音韵概要》等也具有重要影响。

这两种不同的范式，各有其适用范围，研究者各自作出了重要学术贡献。

（三）吸收与改造并进

20世纪的汉语音韵学研究在吸收外来理论与方法的过程中，不断修正外来理论并弥补方法的不足，努力探索富有自我特色的研究路径，注意吸收改遁历史语言学的基本理论和方法，结合汉语的历史实际，超越传统音类研究的局限，拟测语音系统的音值，初步形成了汉语语音史研究的框架，并形成了从材料到方法都具有中国风格的音韵研究模式。比如，文献考据与历史比较相结合的构拟、方言接触的历史层次分析、谐声字的分析等独特的研究路径都是对西方历史语言学的有效改造和提升。

（四）研究材料、理论、方法、手段都有了全新的突破

20世纪的汉语音韵学研究相对于传统音韵学来说，在研究材料、理论、方法、手段等方面都有了全新的突破。

在研究材料的运用上，除了传统的传世文献材料，现代音韵学还主要运用了新发现的敦煌文献（韵书、别字异文、韵文等）、出土文献、活方言材料以及域外译音、汉藏语系的亲属语言等。这些新材料是传统音韵学不曾运用或运用得不充分的。新材料尤其是译音材料和活方言的运用，极大地便利了历史音值的拟测。同时，现代音韵学研究者也有意识地规避传统上处理材料时存在的时地不清、性质不明的弊端，力求明确材料和语音系统的时地、性质。

在方言与音韵相结合方面，现代音韵学也创造出了丰富的研究成果，着力把语音的历史延伸到现代汉语，强调古今结合、互相印证。这方面的论著大多自觉运用历史比较法的原则，或由古及今，或由今证古，使方言与音韵的研究具有了历史的系统性，如高本汉的《中国音韵学研究》、赵元任的《现代吴语的研究》、罗常培的《厦门音系》与《临川音系》、赵元任等的《湖北方言调查报告》、袁家骅等的《汉语方言概要》等。这类论著基本上都运用了古音音类审订各方言音系情况，使得语音类别有了历史对应的因素，比如《汉语方言概要》中，每个方言点的音系都开列了"比较音韵"内容，以展现方音音类的历史演变。为了证明古音的音类分别和音值的构拟，大多学者都采用现代方言的证据，如：黄典诚论上古声母的情况用闽方言（见《闽南方音中的上古音残余》）；张玉来（1988）为证明内外有类的区分，用安庆、六合方言；杨耐思（1981）论近代汉语入声的性质，用河北元氏、赞皇方言等。

在研究理论和学术观念上，20世纪音韵学受到西方的普通语言学、语音学、历史语言学等学科的影响，形成了语音是一种结构，具有系统性、社会性、变化性等观念；在语音变化方面形成了音变具有规律性、类变性等观念。

在研究方法上，将历史语言学的比较法与传统的文献考据相结合，运用这种相结合的方法既能考订音类又能构拟音值。

在研究手段上，随着语音学学理的普及，用国际音标标注音值的手段得到了广泛应用，除此之外，学者用实验的手段检验语音成分的性质，提升了音韵研究的学理性。20世纪后期，音韵学研究赶上了以电脑为工具的时代，信息化、数据化成为20世纪后期音韵学研究的重要手段，各种数据库得以建成，有效提升了音韵学研究的效率。

（五）以建立语音史为主要研究目的

传统音韵学研究有着自己的目的，主要是通经致用，为研读历史文献服务，也顾及文艺创作中押韵等艺术表达需要，还强调规范字音（正音）为社会提供正音体系，等等。20世纪的现代音韵学除了继承传统音韵学的研究目的之外，还特别强调研究历史上的语音构造和演变规则，主要目的是建立完整的汉语语音史，并创造性地出版了一批语音史著作，如王力的《汉语语音史》等。

（六）拓展了研究领域

1. 建立了北音学

中古音以后的宋元明清等时期的语音，因为不是儒家文献的经典所在，所以在历史上所受重视不够，研究的成果较少，研究者的目的也常常限于跟戏剧等有关的方面。元明清时期戏剧家有关戏曲韵律与押韵的论著很多，如周德清的《中原音韵》、沈宠绥的《度曲须知》、王骥德的《曲律》等，但是，很少有系统性的语音研究著作。《中原音韵》所编纂的"韵谱"，无意中成了14世纪最重要的语音记录。

20世纪初，以《中原音韵》为代表的反映北方官话的音韵材料开始受到学术界重视。钱玄同早在1918年的《文字学音篇》里就强调《中原音韵》是600年前官话的口语。他在《〈中原音韵研究〉审查书》里进一步说："《中原音韵》一系之韵书，皆根据当时北方活语言之音而作，故其分声分韵与《切韵》一系之韵书大异，而在音韵史上实为极有价值极可宝贵之一段史料。"（钱玄同，1936：1）这就将"北音"作为独立的研究对象纳入了音韵学的范围。自此以后，北音研究不再限于《中原音韵》，研究领域不断扩大，涉及的语音史料越来越多，韵书如《蒙古字韵》《古今韵会举要》《洪武正韵》《韵略易通》《五方元音》，韵文如宋词、元曲等，对音如朝鲜译音……北音学已经成为音韵学中最年轻、最有活力的分支，并产生了一批学术经典，如罗常培的《中原音韵声类考》、赵荫棠的《中原音韵研究》、杨耐思的《中原音韵音系》，等等。

2. 初步建立了汉藏语系亲属语言比较研究的框架，促进了汉语上古音的研究

在达尔文进化论的影响下，欧洲学者创立了历史语言学，运用历史比较法，通过比较语言之间的同源词的语音关系，构拟了原始印欧语，建立起了印欧语系，并尝试为世界范围内的语言进行谱系分类。欧洲学者很早就对东亚的语言产生了兴趣，借用建立印欧语系的办法对其分类，慢慢在学术界有了建立汉藏语系的想法，许多学者做了不少探索性的工作[①]。学者对汉藏语系的内涵和外延尽管还存在着认识上的分歧，研究程序和研究方法远远比不上印欧语系成熟，都还处在摸索阶段，但是，任何一种理论、方法的提出都会受到特定时代的知识体系和所面对问题的制约，所以汉藏语系的研究虽然还不成熟，但20世纪的探索成果也足以让我们激动不已。这一理论框架对汉语上古音的研究起到了重大的促进作用，使研究视野进一步开阔。邵荣芬（1993：296）说："四十多年来，音韵学虽然取得了很丰硕的成果，但也有不足之处，比如与同系属语言的比较研究还开展得很不充分就是一例。汉语音韵学中的很多问题，尤其是上古音中的一些问题，恐怕只能通过与亲属语言的比较研究才能最终得到解决。我国境内有几十种可能与汉语有亲属关系的少数民族语言，进行比较研究较为方便。这是我们一个很大的优势。"邵荣芬指出了我们在汉藏语系亲属语言比较研究上的不足，然而，学者在20世纪还是做了不少探索的，在汉藏语系的背景下开展的汉语上古音研究产生了一批学术成果，如张琨的《汉藏语系的"针"字》《汉藏语系的"铁"*QHLEKS字》，俞敏的《汉语的"其"跟藏语的 gji》《汉藏同源字谱稿》《汉藏虚字比

[①] 关于汉藏语系的研究过程，可参考孙宏开和江荻（2000）。

较研究》，邢公畹的《原始汉台语复辅音声母的演替系列》，施向东的《汉语和藏语同源体系的比较研究》等。马学良的《汉藏语概论》，高华年的《汉藏系语言概要》，丁邦新和孙宏开的《汉藏语同源词研究（一）——汉藏语研究的历史回顾》，本尼迪克特的《汉藏语言概论》（汉译本），包拟古的《原始汉语与汉藏语》（汉译本），龚煌城的《从汉藏语的比较看上古汉语若干声母的拟测》《从汉、藏语的比较看汉语上古音流音韵尾的拟测》，陈保亚的《论语言接触与语言联盟：汉越（侗台）语源关系的解释》，瞿霭堂和劲松的《汉藏语言研究的理论和方法》等等，都是具有突破性成就的著作。

（七）音韵学成为高等学校文科的重要课程，人才培养具有了一定规模，研究队伍空前强大

历史上汉语音韵学的教学和研究常常是自发的，没有什么组织和机构推动，研究者往往是私相传授。20世纪的中国陆续建立了一批现代意义上的大学，音韵学作为一门课程进入了大学的课堂，成为文史类学生的必修课或选修课。各大学和研究机构陆续培养了一批硕士研究生和博士研究生，也在不同时期举办过规模不等的讲习班和学术会议，音韵学已经有了具有一定规模的学术队伍。

中国的现代大学教育制度，在民国之前，虽然有京师大学堂（1898年）这类的学校，但是各大学开设的科目五花八门，并没有规定的课程和学科。人文类的教学还延续着科举时代的特征，书院风气浓厚，经学仍占有重要地位，儒家经典仍是教学的主要内容。1902年虽有张百熙主持的现代意义上的学科规划《钦定京师大学堂章程》，但贯彻得并不好（萧超然等，1988）。

中华民国建立以后，各地的大学慢慢向西方看齐，才有了学科的观念。1915年新文化运动发起后，逐渐有了现代意义上的学科和课程设置。有关高校陆续延聘师资，开设了音韵学、古音学或音韵沿革等课程。到20世纪30年代，这一课程基本就成了高校国文系（或文学系）的必修课程，比如，北京大学先后有黄侃、钱玄同、罗常培、魏建功开设此课，清华大学的王力、中央大学的黄侃、东北大学的曾运乾也曾开设此课。课程名称或许不同，但基本内容大致一样。

1949年中华人民共和国成立后，各大学教学体制由民国时建立的欧美通

才教育逐渐转向小做专才教育,学科门类和课程都发生了变化。1956年之前,各高校的音韵学教学大体仍延续民国时期的基本方式和教学内容。从1956年开始,高校调整中文专业的课程体系,将早前没有的古代汉语课作为一门专业基础课设置,并由北京大学牵头,制定了教学大纲。王力主编了全国通用的《古代汉语》教材。从此,音韵学退出了中文专业的必修课系列。古代汉语这门新兴的课程就成了各高校必须开设的课程。民国时期的文字学、训诂学、音韵学等课程被取消,古代汉语包含了这些课程的一部分基本知识,使其成为通论的一部分。虽然部分有条件的学校仍坚持将音韵学作为选修课设置,但是选修人数不多。与此同时,另一门新课——汉语史也在北京大学率先开设,王力主编的《汉语史稿》成了新的教材典范。汉语史课程的内容包含了语音史。有条件的高校大多模仿北京大学,也开起了汉语史课。

"文化大革命"结束后,从1978年开始,教育界开始拨乱反正,高校逐渐恢复正常,学术和科研又重新成了大学的主业。中文类的专业重新拾起了先前的课程设置,将音韵学的教学提上了议程。

现代音韵学的一个重要成就是,走进了大学课堂以后,培养了一定数量的学术人才。20世纪初,黄侃、钱玄同等第一代大师培养了像罗常培、魏建功等第二代音韵学大师。三四十年代,罗常培、魏建功、王力等人继续传播音韵学,并培养了严学宭、董同龢、殷焕先、邢公畹、周祖谟、周法高、俞敏、邵荣芬等第三代音韵学传人。

中华人民共和国成立后,第二代学者与第三代学者大放异彩,培养了不少薪火传继者,诸如唐作藩、李新魁、鲁国尧、宁继福等第四代学者。

"文化大革命"结束以后,第三代学者老当益壮,与第四代学者一道,培养了一大批青年学者,其中包括现已进入中老年的潘悟云、尉迟治平、施向东、耿振生、麦耘等佼佼者,更年轻的研究和学习者则是不胜其数。

在人才培养和教学过程中,学者们重视教材和通俗读物的编写,尤其是罗常培、王力两位大师,他们的贡献最大。罗常培的《汉语音韵学导论》和王力的《汉语音韵学》是20世纪音韵学教材中的翘楚。

(八)建立了研究机构和学术组织

传统音韵学没有专门的研究机构和学术组织。20世纪的汉语音韵学则完全不同，学界成立了不少专门的研究机构。比如，民国早期就成立了中央研究院历史语言研究所，有专门的专业人员从事研究，如赵元任、罗常培、李方桂、董同龢、周法高等，发表了一批高水平的学术论著。中华人民共和国成立后，中国科学院成立（1949年），并最早设立了语言研究所（1950年），且延续至今（改归中国社会科学院），汇集了罗常培、陆志韦、李荣等一批学者。与此同时，有关大学也成立了不同名称的研究所，都有专门人员从事音韵学研究，如国立中山大学语言历史学研究所（1927年成立，后停办）、北京大学语音乐律实验室（1925年）、华中工学院中国语言研究所（1980年，后改名华中科技大学中国语言研究所）、山东大学文史哲研究所（1978年，2002年在此基础上成立了山东大学文史哲研究院）等等。

20世纪80年代以来，国内先后成立了中国音韵学研究会（1980年，现已经注销）和台湾声韵学学会（1982年）等学术组织。两个学会分别举行过不同类型、不同规模的学术会议，分别编辑出版了会刊《音韵学通讯》和《声韵学通讯》，汇集重要研究资讯。中国音韵学研究会先后主办了五期音韵学研究班，开设过音韵学导论、语音学、《切韵》学、等韵学、古音学、北音学、方言学等课程，系统讲授了音韵学知识和研究方法，一大批学习者后来成为音韵学研究的重要生力军。

（九）形成了广泛的国际交流与国际性学科

历史上，传统音韵学的研究队伍主要由我国知识阶层有兴趣的个人组成，汉字文化圈内的日本、朝鲜、越南等国也偶有一些有兴趣的人从事研究。整体来说，研究队伍分散，力量有限。

20世纪的汉语音韵学研究则完全不同了，现代音韵学学者队伍从一开始就有相当多受过西方学术训练的国外学者加入，以欧美的汉学家为主，并影响了国内学者的学术研究路向。自马伯乐、高本汉一代开始，国际上从事汉语音韵学研究的专家不断涌现，如俄国（含苏联）的龙果夫、雅洪托夫、斯塔罗斯金等，北美的包拟古、罗杰瑞、蒲立本、柯蔚南、白一平等，欧洲的沙加尔等，日本的河野六郎、赖惟勤、平山久雄、花登正宏、远藤光晓等，还有一批移居海外的华裔学者，如赵元任、李方桂、梅祖麟、王士元、张琨、薛凤生，等等。中外学者共同努力，经常举办不同规模的国际性学术会议，使汉语音韵学的研究成果得到及时交流，因此，汉语音韵学已经成为一门具有较大影响力的国际性学科。

（十）创办学术刊物，结集学术论文

20世纪，中国、日本和欧美等国创办了许多现代意义上的学术刊物，如民国时期的《国学季刊》《东方杂志》《中央研究院历史语言研究所集刊》，中华人民共和国成立以来的《中国语文》、《语言研究》（中国科学院语言研究所）、《语言研究》（华中工学院/华中科技大学中国语言研究所）、《语文研究》、《古汉语研究》、《民族语文》等杂志。中国音韵学研究会先后出版了三辑《音韵学研究》辑刊。有关大学的学报和研究机构的刊物也发表了数量不等的音韵学论文，如北京大学的《北京大学学报》和《语言学论丛》、山东大学的《文史哲》、浙江大学的《汉语史学报》等。台湾声韵学学会不间断地出版《声韵论丛》，至2000年已出版九辑。日本和欧美的一些学术刊物也发表了数量不等的音韵学研究论文。这些刊物广泛传播了汉语音韵学的研究成果，促进了研究者之间的学术交流。

二、20世纪汉语音韵学研究的四个阶段

观察20世纪汉语音韵学研究的发展历程，根据不同时期的学术研究和社会文化背景，可以归纳出不同的学术发展阶段。因为观察的视角不同，可能有不同的分段方式。比如唐作藩、耿振生在《二十世纪的汉语音韵学》中就分为两个大阶段六个小阶段（唐作藩和耿振生，1998：5）：

> 在过去的百年中，汉语音韵学并不是一直顺利发展过来的，而经历了几番曲折、几度起落，我们可以以中华人民共和国建立作为分界，把这段历程分为前、后两个时期。每个时期又各自分出三个阶段：前期的第一阶段为1922年之前，第二阶段为1923年至1937年，第三阶段自1938年至1949年；后期的第一阶段为1950年至1964年，第二阶段自1965年至1977年，第三阶段自1978年到现在。各阶段的兴衰程度、研究对象、热门课题等有明显的区别，而且都跟国家政治形势、学术环境有密切关系。

为一个世纪的学术研究分期，应该综合考虑社会因素与学术因素，因为学术研究与特定的社会历史条件相关联，也都有特定时期的研究任务和研究特点，不能简单地依据某一个方面就作出判断。

我们认为，将20世纪音韵学研究分为以下四个阶段是比较合适的。这四个阶段的划分是从20世纪音韵学研究的总体情况着眼的，既充分考虑了社会政治因素，也考虑了学术自身的发展情况。由于每一阶段的研究成果多寡不同，本书在论述相关语音时段的学术分期的时候，会有更适合时段的学术分期，但与这里的总体时段划分并不矛盾。

（一）转型期（清末至1918年）

诸前辈的传统音韵学研究到清代乾嘉达到了极高的程度，传统语文的材料和方法已难有新的发现与突破。清末民初的章太炎、黄侃等大师虽有所创新，在音类的划分上也有重要贡献，如章太炎归纳出的上古音二十三部、娘日二纽归泥，黄侃得出的古韵二十八部、古音十九纽，曾运乾提出的喻$_三$归匣、喻$_四$归定等结论，都超迈了清人，然而他们仍然困守在考据音类的范围内，并不能从语音系统和音系拟构的角度说明这些部类的有效区别，从学术材料到研究方法仍然延续着清人的考据路径。

正当学术遇上瓶颈的时候，中国的门户开始开放，西方学者、留学归来和接受了西学的本土学者在新的语言学思想和研究方法影响下，结合传统音韵学的研究传统，开始了新的研究阶段，现代音韵学正式诞生。

早在19世纪初，就有一些西方学者研究汉语音韵，比如马士曼就发表了《论汉语的文字与声音》，运用西洋学理研究汉语的语音。但这些西方学者的成果是零散的、不系统的，很难称为科学意义上的研究。钱玄同的《文字学音篇》却是一部用新的学理讲述音韵学的著作。这部著作的问世宣告了一个时代的结束和另一个时代的开始，具有继往开来的意义。钱玄同本来与传统音韵学渊源很深，他受业于章太炎，却率先挣脱旧学术的学术规范，努力探索新的发展方向，既不完全崇尚传统音韵学的学说，又愿意接受新的音韵学研究方法，较之乾嘉学者斤斤于传统音韵研究的模式，已不可同日而语。他培养出来的罗常培、魏建功等学生，后来都成了现代音韵学的开创者。

（二）成形期（1919—1948年）

钢和泰、汪荣宝等人在20世纪20年代运用梵汉对音研究古音的音值，开创了材料和方法的大转变。但是，他们的研究还是局部的、举例式的，其中还存在材料和方法上的缺失。真正运用历史语言学学理并结合汉语音韵学研究传统而开创现代音韵学新格局的是瑞典的高本汉。他从1915年至1926年，用了11年的时间，出版了《中国音韵学研究》。高本汉的这部著作陆续被介绍到国内，深深地影响了音韵学的发展方向。它的意义不在于研究了一个《切韵》音系，而是介绍了全新的观念和方法——历史比较法的观念和方法，使我国的学术界看到了乾嘉以外的全新的研究范式。高本汉的这部书经由赵元任、罗常培、李方桂翻译成中文之后，引起了学术界的高度重视，形成了一种全新的研究范式，开启了一个高本汉时代。

高本汉的研究范式，从材料上讲，是把历史文献和方言相结合（不过他在历史文献的运用和方言的描写上存在错讹）；从方法上讲，就是将历史比较法和音类考据法相结合；从工具上讲，就是运用音标符号构拟古音类的音值。他系统地将《切韵》音系构拟成了一个系统，使之成了一个有音系组织的音标系统。

高本汉的著作通过翻译被介绍到国内以后，极大地影响了汉语音韵学研究的路径，许多学者学习和研究了高本汉的学说，在吸收与批判的过程中，完成了音韵学研究范式的转变。同时，在这个时期，音韵学也受到了学术界的高度重视，研究领域不断扩大，北音学、汉藏比较研究都发展起来了；研究的问题也逐渐深入，如中古《切韵》系统的重组问题得到了重视。随着研究的不断深入，新的资料也不断涌现，敦煌文献、方言调查与音韵学密切结合，取得了丰硕的研究成果，如罗常培的《唐五代西北方音》、董同龢的《上古音韵表稿》、陆志韦的《古音说略》等名著问世。

该阶段虽然经历过抗日战争和国内战争，但是音韵学研究却在不断进步。

（三）沉寂期（1949—1977年）

1949年中华人民共和国成立，中国的社会政治制度发生了巨大变化，学术界全面接受马克思主义的本体论、认识论和方法论，强调辩证唯物主义的学术史观，对以高本汉为代表的资产阶级学术思想和学术成果进行了批判，整个学术研究导向发生了极大转变，社会经济文化建设的重心也发生了转移。为了推广普通话，方言调查和语音训练受到了重视，音韵学的本体研究归入沉寂。1966年开始的"文化大革命"，使学术研究的价值遭到质疑，音韵学研究基本全面停滞，除了几篇大批判式的论文，几乎没有什么成果值得介绍，音韵学研究遇到了极大的挫折。

这一时段的主要成果有丁声树的《谈谈语音构造和语音演变的规律》、李荣的《切韵音系》、王力的《汉语史稿》、罗常培和周祖谟的《汉魏晋南北朝韵部演变研究（第一分册）》。另外，值得提及的还有，关于《中原音韵》和《切韵》性质的讨论对音韵学的研究有重要影响。该阶段国内音韵学研究的相关成绩主要是董同龢、周法高、许世瑛、高明、潘重规，以及他们的学生辈如丁邦新、龙宇纯、陈新雄等学者创造的，此外移居海外的赵元任、李方桂等学者，也都取得了不凡的成绩。

（四）全面繁荣期（1978—2000年）

1978年我国科学文化事业开始全面复苏，并逐渐繁荣，音韵学研究自然也就空前繁荣起来。该时期有一大批学者耕耘在音韵学领域，老一辈学者有王力、周祖谟、严学宭、方孝岳、邢公畹、殷焕先、黄典诚、俞敏等，中年学者有邵荣芬、唐作藩、杨耐思、许绍早等，稍微年轻一点的有李新魁、鲁国尧、宁继福、郑张尚芳、黎新第、尉迟治平、潘悟云、施向东、刘广和、叶宝奎等，年轻一辈的有麦耘、耿振生等。这些学者都取得了丰硕的成果，在众多领域有重大突破。

在这一阶段，境外学者的许多论著也被介绍到了国内，比如李方桂的《上古音研究》、本尼迪克特的《汉藏语言概论》等，对国内音韵学的繁荣起到了促进作用。

学位制度的恢复和中国音韵学研究会的成立有效提升了研究人才的培养质量，是该时段保持繁荣的重要人才基础和组织保障。

第三节 20世纪汉语音韵学研究成就概观

20世纪汉语音韵学研究所取得的成就丰富多彩，是历史上任何时期都无法比拟的，除了本书分时段讨论的上古音（第二章）、中古音（第三章）、近代音（第四章）、等韵学（第五章）以及上一节已论述过的在课程设置、人才培养、研究机构和学会组织建立、国际交流、学术刊物创办方面所取得的成就之外，本节着重概述以下五个方面的成就：①语音史分期、语音通史以及方音史研究；②音韵学史研究；③材料整理及工具书编纂；④典籍整理与出版；⑤理论与方法研究。

一、语音史分期、语音通史以及方音史研究

（一）语音史的分期（断代）研究

汉语的历史很长，即使从有文献记载的甲骨文算起，也有三千多年。在这漫长的发展过程中，汉语语音发生了巨大变化，必须对其进行分阶段研究，才能弄清发展脉络。在历史语言学理论的指导下，20世纪的汉语音韵学研究很重视汉语语音发展历史的分期研究，产生了一批重要成果。王力在《汉语史稿》的绪论中指出："分期的作用，是使历史发展的线索更加分明，是使历史上每一个大关键更加突出，因而使读历史的人们更能深刻地认识历史的面貌。汉语史是属于历史范畴的东西，因此，在历史科学中占着重要位置的分期问题，对于汉语史来说，也丝毫不能例外。"（王力，2004：40）王力虽是就整个汉语史说的，但是对语音史来说，分期同样具有重要意义。

早在清代，段玉裁在《六书音韵表·音韵随时代迁移说》里就对汉语音史有过断代论述。他说："今人概曰古韵不同今韵而已。唐虞而下，隋唐而上，其中变更正多，概曰古不同今，尚皮傅之说也。音韵之不同，必论其世，约而言之，唐、虞、夏、商、周、秦、汉初为一时，汉武帝后洎汉末为一时，魏、晋、宋、齐、梁、陈、隋为一时。古人之文具在，凡音转、音变、四声，

其迁移之时代皆可寻究。"①这是比较粗犷的分期,段氏大致把古音分作三段,但是这种分期既没有得到系统的论证,也没有确立分期的标准。

较早对语音史作出全面分期的是钱玄同。他在《文字学音篇·纽与韵·古今字音之变迁》中说:"古今字音,变迁甚多。试就可考者言之,可分为六期。"(钱玄同,1918:1)这六期分别是:第一期,公元前11—公元前3世纪(周秦);第二期,公元前2—公元2世纪(两汉);第三期,3—6世纪(魏晋南北朝);第四期,7—13世纪(隋唐宋);第五期,14—19世纪(元明清);第六期,20世纪初年(现代)。

钱玄同(1918:2)还说:"以上所述各期之起迄,非有精密之划分,但略示其界限而已。"钱玄同对语音史的分期比段玉裁深入了很多,对各个时段的语音特点也有了一定认识,但是,这一分期缺乏对前后时段的区分特征的把握,比如,宋与唐、元明清的关系就缺乏论证。

钱玄同之后,讨论语音史分期的成果很多,为了方便表述,今择要列表,如表1-1所示。

表1-1 有代表性的语音史分期

代表性成果	语音史分期
徐敬修(1925)6段	上古至汉初 汉武至汉末 魏晋六朝至隋 自唐至宋 由元明至清 清季至今
魏建功(1935)7段	第一时期:约当公元前11—公元前3世纪(周秦) 第二时期:约当公元前2—公元2世纪(两汉) 第三时期:约当3—6世纪(魏晋南北朝) 第四时期:约当7—10世纪(隋唐五代) 第五时期:约当11—13世纪(宋) 第六时期:约当14—19世纪(元明清) 第七时期:约当20世纪以来(现代)

---

① (清)段玉裁:《六书音韵表》,中华书局,1983,第17页。

续表

代表性成果	语音史分期
高本汉（1940）5 段[1]	原始汉语：最早的书面记载以前的时期 上古汉语：《诗经》时期（公元前 1000 年） 中古时期：公元 7 世纪的《切韵》时期 近古汉语：宋代的韵图 早期官话：明代的《洪武正韵》
王力（1957）4 段	上古：3 世纪以前（五胡乱华以前） （3、4 世纪为过渡阶段） 中古：4—12 世纪（南宋前半） （12、13 世纪为过渡阶段） 近代：13—19 世纪（鸦片战争） （自 1840 年鸦片战争到 1919 年五四运动为过渡阶段） 现代：20 世纪（五四运动以后）
王力（1985）9 段	先秦：—前 206 汉代：前 206—220 年 魏晋南北朝：220—581 年 隋—中唐：581—836 年 晚唐—五代：836—960 年 宋代：960—1279 年 元代：1279—1368 年 明清：1368—1911 年 现代：1911—
谢云飞（1987）5 段	上古音：周秦古音 中古音：《切韵》系韵书时期之语音 近古音：经大事归并后的《切韵》音系之余绪的语音，像《集韵》《礼部韵略》《五音集韵》等音系 近代：早期官话，如《中原音韵》《韵略易通》《五方元音》等音系 现代音：现代标准语及现代方言音系
邵荣芬（1979）4 段	上古期：4 世纪以前，即晋代以前 中古期：4 世纪到 12 世纪以前，即北宋以前 近古期：12 世纪到 17 世纪以前，即清代以前 现代期：17 世纪到现代

---

[1] 有关高本汉分期的时限，参考了罗杰瑞（1995：23）。

续表

代表性成果	语音史分期
董同龢（1968）5段	上古音（先秦） 中古音（隋唐） 近古音（宋） 近代音（元明） 现代音（国语）
黄典诚（1993）4段	上古期：公元前11—公元6世纪，以《诗经》音系为代表 中古期：7—12世纪，以《切韵》音系为代表 近代期：13—19世纪，以《中原音韵》为代表 现代期：20世纪初年至现在，以北京音系为代表
何大安（2004）3段	上古汉语：周秦到两汉 中古汉语：魏晋南北朝到隋唐 近代汉语：宋、元、明、清

语音史的分期，意义重大。吕叔湘在《汉语研究工作者的当前任务》中说："汉语史的研究，这是范围极其广大，内容极其丰富的一个部门，也是问题异常复杂，工作异常繁重的一个部门。首先，有许多理论问题要解决。第一，汉语史的分期：是上古、中古、近代、现代这样四分呢？还是先大分为古代汉语和近代汉语，然后再各自分为几期呢？分期的标准以什么为主，汉语本身的变化情况，还是汉族人民的历史发展？就汉语本身的情况说，语音、语法、语汇的变化快慢不见得很一致，能否总观全局，找出几个明显的界限，还是不得不有所侧重？"（吕叔湘，1961：4）

造成语音史分期分歧的主要原因有两个：一是语音的演变具有时间上的先后次序，不是一蹴而就的。如果强调某一音变开始发生的时期，比如近代音，就要往上推溯——平分阴阳、浊上变去都发生在唐代；如果强调几个音变的一致性，如精组、见晓组腭化为 tɕ 组的时间，那么近代音的源头就要后延到清代；二是不同的学者根据的语言事实有别，所以得出的结论也会不同。因此，邵荣芬（1979：4）说："由于语音的演变是逐渐进行的，很难指出两期之间的截然界限。上述的划分只是大致情况。精确的分期，还有待于进一步的研究。"比如，学者对近代音的起始时间存在很大分歧，近代音是中古音的延续发展，经过近代音时期，发展到现代汉语语音（共同语）时期，其音变特征起自中唐，主体是宋元明语音，下限在清初，其语音系统是北方官话语音（共同语）。近代音是一个连续的语音发展过程，前后存在不同的音变现象，并非一个内部一致的音系。

我们认为，何大安（2004）提出的意见是可以考虑的：语言是一个连续体，在时间上是不能被骤然分割的，这样在分期上过于琐碎就没有意义了，因此应当以规则系统变化的大小来进行分期，也就是应以音节结构的变化为原则，而不是以音位上多一个音或少一个音为原则。

因此，我们认为，除却现代汉语语音阶段不论外，上古汉语（周秦到两汉）、中古汉语（魏晋南北朝到隋唐）、近代汉语（晚唐、宋、元、明、清初）三个时段的划分是较妥当的。

（二）语音通史研究

历史上，传统音韵学没有产生通史性的汉语语音史著作。20世纪汉语音韵学的研究有一项很大的成就就是有一批通史性的著作问世。最具代表性的是王力的《汉语史稿》（上册）。该书第一次把上古音、中古音、近代音等连贯成汉语语音史，勾勒了汉语语音的内部发展过程及其规律。其他的还有董同龢的《中国语音史》、方孝岳的《汉语语音史概要》、邵荣芬的《汉语语音史讲话》、史存直的《汉语语音史纲要》、任铭善的《汉语语音史要略》、王力的《汉语语音史》、黄典诚的《汉语语音史》等。这些通史性著作，详略有异，内容多有不同，论述和描写存在较大的差异。今简介如下。

《汉语史稿》，王力著，1957—1958年科学出版社出版。这是第一部汉语史著作。上册讲语音史，中册讲语法史，下册讲词汇史。上册实际就是一部汉语语音史，是其《汉语语音史》的蓝本。上册先讲《广韵》音系和上古音系的结构和拟音，再讲由上古到《切韵》，由《切韵》到现代汉语（主要是普通话）的结构变化和音类、音值的变化，基本是三段论。这本书在今天看来对有些事实的描述或对材料的认识存在偏误，但是其开创之功至巨，基本研究方法影响极为深远。特别值得一提的是，第一章绪论的"汉语的亲属""汉语的文字"里特别强调汉藏语言比较的重要性和谐声材料的可辨性，这对于汉语史研究的现况而言，意义特别重大。

《中国语音史》，董同龢著，中华文化出版事业社 1954 年出版。这本书的目的是："元元本本的告诉人家：研究古音有些什么材料可用？用什么方法去研究？现在已经得到什么样的结果？"（董同龢，2001：1）全书共有 11 章，大致跟后来的《汉语音韵学》相当，只是内容稍微简略一些。

《汉语语音史概要》，方孝岳著，商务印书馆香港分馆 1979 年出版。该书对汉语各时期的语音结构及其演变各有论述，强调韵文在研究语音史上的作用，强调韵部实为韵摄。

《汉语语音史讲话》，邵荣芬著，1979 年天津人民出版社出版。这是一本介绍汉语语音史的基本知识和研究方法的入门书。全书共分七个部分：①引言；②上古汉语语音；③中古汉语语音；④近古汉语语音；⑤汉语声母系统的发展；⑥汉语韵母系统的发展；⑦汉语声调系统的发展。另有"汉语语音史重要文献评介"一个附录。综观全书，著者全面系统地把汉语语音发展的各重要阶段的音系结构及其研究材料和研究方法介绍给了读者，在很多重要的语音史问题上，作者都表明了自己的看法。

《汉语语音史纲要》，史存直著，商务印书馆 1981 年出版。此书对汉语的调类、韵类、声类变化过程及普通话语音体系的来源都做了描写，并具有作者自己的学术理解，比如作者认为上古只有十六部，中古有十七摄等，这些见解与学术界的一般认识有较大的不同。

《汉语语音史要略》，任铭善著，河南人民出版社 1984 年出版。这是一部篇幅很小的讲义，只有 89 页（大 32 开），但却讲述了汉语语音发展史的基本轮廓，并多有新见，如对汉语语音史的历史分期、古代的正音标准等问题的讨论都很有新意。

《汉语语音史》，王力著，中国社会科学出版社 1985 年出版。王力对《汉语史稿》语音部分作了较大修订，《汉语语音史》在体系上也有了新的变化，是《汉语词汇史》《汉语语法史》《汉语语音史》三部著作之一。全书分三大部分：第一部分为导论，介绍了韵书、韵图、方言和方法。第二部分为历代的音系，将语音史分为先秦音系、汉代音系、魏晋南北朝音系、隋—中唐音系、晚唐—五代音系、宋代音系、元代音系、明清音系、现代音系，最后列出历代语音发展总表。第三部分为语音的发展规律，讨论了语音的自然变化和条件变化，并分析了不规则变化。该书较王力此前的体系有了较多的变化，最大的不同是分段处理的不同，由过去的四段改为九段，并选择某一音系为某一历史阶段的代表，不再是上古、中古、近代、现代四段模式。某些说法也有了新的变化，比如先秦声调的分布为舒平上：促长入短入，而不再像《汉语史稿》那样认为平上也分长短。

《汉语语音史》，黄典诚著，安徽教育出版社1993年出版。该书对上古到现代官话的语音变化都有勾勒，对每一历史阶段的语音结构都有自己的见解，比如作者认为上古只有平、上、去三个声调，入声韵也有平、上、去三个声调，强调上古只有19个声类，并阐述了其提出的弱声强韵、强声弱韵等语音变化模式。唯对近几十年来上古音研究的成果吸收不多。

（三）方音史研究

传统音韵学不太关注对方音史的研究，20世纪音韵学研究者则对方音史研究倾注了较大的精力。这是因为，现代音韵学者认为，汉语除了共同语，各个时代还存在着不同的方言。方言是语言的重要组成部分，方音史是汉语语音史研究的重要方面。

这方面的论著比较多，如林语堂论述秦汉时代的方音的系列论文（如《前汉方音区域考》《〈周礼〉方音考》《〈左传〉真伪与上古方音》等）、罗常培的《〈切韵〉鱼虞的音值及其所据方音考》、丁启阵的《秦汉方言》等等。这些论著都不同程度地揭示了特定时代的方音特点。

值得重视的是，张琨（1972，1987）认为《切韵》韵类可能隐含早期汉语方音和当时方音的差异，并提出要通过全面、深入地调查现代方音，找出《切韵》韵类的不同来源。有的论著尝试构拟方言的早期结构,如罗杰瑞（1974，1981）构拟了原始闽语的声母和韵母。林英津（1999）利用汉语文献记录与原始藏缅语的构拟，检讨上古汉语方言异读所可能存在的音韵对应关系。

自19世纪80年代至20世纪末,汉语方音的历史层次研究受到了极大的关注，学者们发表了不少论著。徐通锵、王福堂、丁邦新、张光宇、王洪君、陈忠敏等都有重要述作。比如，张光宇（1989）根据文白异读等材料，揭示出闽方言有四个音韵层次：唐宋文读层，吴楚江淮层，古中原层，客赣方言层。张光宇（1994）还通过考察人口迁徙，根据音韵特征地理分布，讨论了吴语在历史上的扩散方式。

二、音韵学史研究

传统音韵学时期就有不少人关注音韵学发展的历史,并写成了几部著作,如清人万斯同的《声韵源流考》、潘咸的《音韵源流》、莫友芝的《韵学源流》等,但是,这些著作的论述比较粗疏,线索不彰,讹误多见。莫氏的《韵学源流》后经罗常培点校(1929)、陈振寰注评(1988),受到学界关注,可读性大为提高。罗常培在《校印莫友芝〈韵学源流〉跋》中对莫氏书给予较高的评价,他说:"韵学之兴,垂一千六百余年。流别所衍,支叶繁滋,源委不明,何以深察条贯,辨章然否?清人推迹韵学沿革之作,前乎莫氏者,有万斯同《声韵源流考》及潘咸《音韵源流》二书:万书匡廓粗具,挂漏宏多;潘书凭臆杜撰,难资典要。莫氏此书,理明事简,弗尚烦纡。博赡或弗逮万,而纠缠瞀乱之讥,庶几可免。"(罗常培,2004:496)

20 世纪有好几部通论音韵学发展史的著作问世,音韵学的发展脉络大致得到了较为细致的描述。第一部著作是张世禄的《中国音韵学史》,嗣后有周斌武的《汉语音韵学史略》、何九盈的《古汉语音韵学述要》、杨剑桥的《汉语现代音韵学》等。单篇文章有张世禄的《中国音韵学史之鸟瞰》、崇冈的《汉语音韵学的回顾和前瞻》、陈振寰的《中国音韵学研究的四大阶段及其形成的原因和条件》等。

20 世纪的学者也很注意对现代音韵学不同阶段进行总结概括,以揭示研究的成就和不足。这方面的论著有齐佩瑢的《中国近三十年之声韵学》,陈新雄的《六十年来之声韵学》,李新魁的《汉语音韵学研究概况及展望》,潘悟云的《高本汉以后汉语音韵学的进展》,唐作藩和杨耐思的《四十年来的汉语音韵学》,邵荣芬的《欣欣向荣的汉语音韵学》,唐作藩的《四十年音韵研究的回顾》,李新魁的《四十年来的汉语音韵研究》,竺家宁的《台湾四十年来的音韵学研究》,黄笑山的《汉语中古音研究述评》,郑张尚芳的《上古音研究十年回顾与展望(一)》《上古音研究十年回顾与展望(二)》,冯蒸的《近十年中国汉语音韵研究述评》,李葆嘉的《中国当代的汉语音韵学研究》,冯蒸的《中国大陆近四十年(1950—1990)汉语音韵研究述评》,唐作藩和耿振生的《二十世纪的汉语音韵学》,冯蒸的《中国大陆近三年(1996—1998)汉语音韵研究述评》,马重奇的《1994—1997 年汉语音韵学研究综述》等。

齐佩瑢的《中国近三十年之声韵学》是第一篇对 20 世纪早期的学术研究进行总结的论文,该文从四个方面探讨了现代音韵学研究的成绩:①清儒学术史上古韵学的尾声;②近代音韵学上的科学化引起古音学上的大辩论;③高本汉《中国音韵学研究》的被介绍和修正;④韵书系统、等韵源流以及方言调查、四声实验的新研究;⑤国音沿革与中原音韵一系韵书的研究。

有的论文对某一阶段的研究不足和发展路向有很好的讨论,如李新魁(1993:22)说:"音韵学内部各个部分的研究尚不太平衡,有的方面研究得较为充分,有的则较为冷落。例如四十年间比较侧重于近代语音的研究,取得的成果也比较显著,中古音的研究也有不少成绩,而相对来说,上古音的研究则比较薄弱,有分量的著述不太多,在研究方法的运用和研究材料的利用上缺乏新的拓展。"

有的论文着力讨论音韵学的发展方向问题。李方桂的《汉语研究的方向——音韵学的发展》是李方桂在台湾"中央研究院"的演讲稿。李方桂认为有四个方面的问题要着力解决:一是语音学的发展是音韵学的基础,要用语音学的原理阐明历史上的一些名词术语;二是要重视对方言尤其是近代方言的研究;三是要重视音韵与词汇语法的关系,比如对轻重音的研究;四是要重视对汉语与非汉语的关系研究,尤其是对藏语的研究。冯蒸继李方桂之后在《论汉语音韵学的发展方向——为纪念李方桂先生而作》一文中认为今后的汉语音韵研究应在下列四个方面加以发展:①重建更加科学的汉语音韵学学科体系;②大力开展对"音韵理论"的研究;③深化对汉语音韵研究方法论的研讨;④全面清理传统的汉语音韵学名词术语,并加以科学的解释。此外,严学宭(1990a,1990b)、朱星(1982)、潘悟云(1987)、李葆嘉(1992a,1992b)和申小龙(1995)等的文章也有重要的意义。

有的学者分析汉语音韵学的外来影响,如罗常培(罗莘田)(1930a,1935)、张世禄(1939,1948)、李葆嘉和冯蒸(1995)等。张世禄在这方面的贡献极大,他不仅努力介绍西方普通语言学,还积极介绍高本汉的论著,他曾翻译了高本汉的《中国语与中国文》和《汉语词类》,并撰写了《高本汉的中国语言学说》《高本汉与中国语文》等文。张世禄在《高本汉与中国语文》中曾说:"他们对于中国语文的研究,在态度方面比较的客观,所采用的材料和工具也比较的准确;因之他们的成绩竟能超过了中国过去的学者,他们的学说有很多可以供我们的借镜。高本汉先生是集西洋人的中国语言音韵学的大成的；他的著作，我们应该多多的阅读，他的学说，尤其应该加以深切的认识。"（张世禄，1937：2）何九盈（1995b：62）说："张世禄在介绍西洋语言学理论方面，用力最勤，成绩突出。"这个评价，是符合当时实际情况的。

有的论著是讨论历史上某一学者的学术思想及其贡献的，如《中国语言学家》编写组的《中国现代语言学家》、董忠司的《江永声韵学评述》、陈新雄的《音略证补》、李维琦的《中国音韵学研究述评》、都兴宙的《沈宠绥音韵学简论》、李行杰的《江永音韵学思想初探》、钱曾怡的《段玉裁研究古音的贡献——纪念段玉裁诞生 250 年》、李开的《戴震语文学研究》。陈新雄（1972）、王力（1992）和李葆嘉（1996a，1996b）对传统的上古音研究的论析十分精到。

20 世纪学者还发表了不少关于中国语言学史方面的论著，这些论著里也都论及汉语音韵学的研究情况，如岑麒祥的《语言学史概要》，王立达的《汉语研究小史》，王力的《中国语言学史》，胡奇光的《中国小学史》，濮之珍的《中国语言学史》，邵敬敏和方经民的《中国理论语言学史》，李开的《汉语语言研究史》，何九盈的《中国现代语言学史》《中国古代语言学史》，赵振铎的《中国语言学史》等等。单篇论文有董同龢的《近三十年的中国语言学》、周法高的《论中国语言学的过去、现在和未来》及《二十世纪的中国语言学》。其中，董同龢在《近三十年的中国语言学》中对 1953 年前的三十年的语言学有非常全面和恰当的评论（董同龢，1974a：377）：

> 近三十年来，就高氏奠定的基础，精益求精，再由新材料获得新的启示，找出新的问题。我们对隋唐古音的认识会比高氏进步得多，就是很自然的事了。关于史料的考订与刊行，王国维氏考订并刊行切韵残卷，罗常培考订许多等韵资料，刘复与唐兰刊行《王仁昫切韵》，魏建功作《切韵系的韵书》（见北京大学《国学季刊》），周祖谟氏作《广韵校勘记》，都有不少的贡献。至于修订高氏的学说，研究论文发表的更是不少，重要的如罗常培氏与周法高氏重订切韵鱼虞两韵的音值；周法高氏，德人 Nagel 氏（著作见通报1941），与本文作者的研究重组；赵元任先生有 Distinctive and

Non-distinctive Distinctions in Ancient Chinese 一文（见 Harvard Journal of Asiatic Studies），本文作者在近著《汉语音韵学》中，更据新的音位的观念，将高氏及其以后的学说，试作全盘性的整理。

另外，有关学者还编写了侧重点不同的研究目录，如林炯阳和董忠司编的《台湾五十年来声韵学暨汉语方音学术论著目录初稿（1945—1995）》、中国社会科学院语言研究所编的《中国语言学论文索引》（甲、乙编）等，都极大地方便了学术研究。

三、材料整理及工具书编纂

（一）20世纪汉语音韵学材料的整理

陈寅恪（2001：266）说："一时代之学术，必有其新材料与新问题。取用此材料，以研求问题，则为此时代学术之新潮流。治学之士，得预于此潮流者，谓之预流（借用佛教初果之名）。其未得预者，谓之未入流。此古今学术史之通义，非彼闭门造车之徒，所能同喻者也。"20世纪汉语音韵学取得巨大成就，跟新材料的发现及对旧材料的重新认识有极大的关系。魏建功在《古音系研究》中提及了十类材料：文字的假借谐声；韵文；反切、直音；古籍注疏及校勘记；韵书、音韵学专著及字典；古今方言；中外译音；连绵词及古成语；汉字支音；同语族语。邵荣芬（1979）也提及了谐声字、别字、韵文、反切、韵图、中外对音等文献材料，以及现代汉语方言、同源关系的语言等。

20世纪的学者研究音韵学除了继续利用前人整理和使用的材料之外，还发现并使用了前人不曾发现或没有使用的材料，也整理了一批历史文献材料，这些材料的运用成就了现代音韵学的辉煌。

1. 域外译音与对音材料的整理与运用

1912年，法国学者马伯乐发表了《安南语音史研究》，他根据安南汉字音，为《切韵》音读构拟了一个粗略的音值系统。1920年，马伯乐又发表了《唐代长安方言考》，该文以历史比较的观点，依据安南语的汉字音，来构拟隋唐时期汉语的语音。1923年，北京大学研究所国学门导师俄国人钢和泰在《国学季刊》上发表了《音译梵书与中国古音》（胡适译），钢和泰（1923：49）提出：

> 研究各时代的汉字如何读法，有三个重要的材料来源。第一，中国各种方言里与日本、安南、朝鲜文里汉字读音的比较研究。第二，古字典（如《唐韵》之类）里用反切表示汉字的读法，古韵表可以考见韵母的分类。第三，中国字在外国文里的译音，与外国字在中国文里的译音。

这是国内第一次运用对音材料研究历史音韵。钢和泰（1923：49）还强调，"最应该特别注意的是梵文的密咒（Mantras）一类"，"只要我们能寻出梵文原文来和音译的咒语对照，便可以知道那些汉字在当时的音读了"（钢和泰，1923：50）。接着，汪荣宝发表了《歌戈鱼虞模古读考》，也强调了对音材料的重要价值。他说："若古某部之当读某音，其与今读之差别如何，则虽遍稽旧籍，无由得确实之证明。""夫古之声音既不可得而闻，而文字又不足以相印证，则欲解此疑问者，惟有从他国之记音文字中，求其与中国古语有关者而取为旁证而已。其法有二，一则就外国古来传述之中国语而观其切音之如何，一则就中国古来音译之外国语而反求原语之发音是也。"（汪荣宝，1923a：1-2）

罗常培的《唐五代西北方音》利用五种汉藏对音材料，分析构拟了唐五代西北方音系统。该书利用对音材料研究音韵史的程式和方法成为后来研究者的典范。

梵汉对音材料也受到了音韵学家的高度重视，并被用来进行对古音的拟测。俞敏的《后汉三国梵汉对音谱》利用后汉三国佛典里的梵汉对音，探讨了后汉时代的语音状况。再后，尉迟治平的《周、隋长安方音初探》《周、隋长安方音再探》，施向东的《玄奘译著中的梵汉对音和唐初中原方音》，刘广和的《唐代八世纪长安音声纽》，聂鸿音的《慧琳译音研究》等论文对中古音的研究作出了重要贡献。

同时，其他各类对音材料，如八思巴字对音、朝鲜译音、日本译音、安南译音甚至更早的汉代的西域对音，都受到了重视，产生了一大批成果，如罗常培、蔡美彪合编的《八思巴字与元代汉语〔资料汇编〕》，照那斯图、杨耐思编著的《蒙古字韵校本》等。

2. 新发现的韵书材料

20世纪初，敦煌石窟发现了一批《切韵》系韵书残卷，包括唐写本《切韵》残卷、唐写本王仁昫《刊谬补缺切韵》残卷、五代刻本《切韵》残卷等。同时，故宫藏唐写本王仁昫《刊谬补缺切韵》和蒋斧藏唐写本《唐韵》残卷也重见天日。这些新发现的材料，为中古音的研究提供了强有力的支撑。由于这些材料有的散落海外，有的从未被研究，自然整理和出版这些材料就成了亟待开展的工作。

1925年，刘复利用在法国留学的机会，抄回伯希和劫走的敦煌残卷104种，编成《敦煌掇琐》出版，其中含有3种与韵书有关的材料。

嗣后，这类材料受到了极大的重视，主要成果有以下几个方面。

（1）《十韵汇编》。刘复、魏建功、罗常培等合力编成，北京大学1935年出版，后又多次再版。该书所收十种韵书是王国维手写伦敦大英博物馆所藏敦煌唐写本《切韵》残卷三种、德国普鲁士学士院所藏吐鲁蕃唐写本《切韵》残卷一种、日本大谷光瑞《西域考古图谱》所收吐峪沟唐写本《切韵》残卷一种、法国巴黎国民图书馆藏敦煌唐写本王仁昫《刊谬补缺切韵》残卷一种、唐兰手写北京故宫博物院藏唐写本王仁昫《刊谬补缺切韵》一种、吴县蒋氏所藏唐写本《唐韵》一种、法国巴黎国民图书馆所藏敦煌五代刊本《切韵》一种、《古逸丛书覆宋本广韵》一种。该书将这些韵书的韵字进行编排、对比，极大地方便了学界对《切韵》系韵书的使用。

（2）《瀛涯敦煌韵辑》。姜亮夫辑，成书于1940年，1955年上海出版公司出版。全书二十四卷，分字部、论部、谱部三部分。字部九卷，摹录敦煌韵书残卷计三十种。论部十卷，为考论"字部"而写成的文字，叙述各韵书的性质、款式、韵部、声纽、反切、注释、字体等问题。谱部五卷，含"隋唐宋韵书韵部总谱""诸隋唐宋人韵书反切异文谱""诸韵切语上字不见于广韵诸字谱""诸韵切语下字不见于广韵诸字谱""隋唐人韵书所载诸体字谱（或亦字谱、俗字谱、正字谱、古字谱）"等。姜亮夫（2002：319-320）说："谱部诸篇，实各卷综贯之说，虽为全书之总摄，实与一代一学之源流系统有关，故其取材泛出本书之外，近及于吴县蒋氏之《唐韵》，内府王氏之《刊补》，远及于夏（英公）徐（铉、锴）之撰著，宋人之《广韵》，凡足以佐观者，明源流者，靡不征焉。"

（3）《唐五代韵书集存》。周祖谟编，中华书局 1983 年出版，分上、下两编。上编包括总述、唐五代韵书 30 种，又韵字摘抄和有关字母及等韵的写本 9 种；下编包括考释、辑佚和附表。

同时，敦煌发现的其他文献也受到了重视，有的学者利用其中的押韵研究中古的韵部变化，利用文献里的通假异文研究中古音韵的特点，都取得了重要发现，如周祖谟的《敦煌变文与唐代语音》、邵荣芬的《敦煌俗文学中的别字异文和唐五代西北方音》等都是这一领域的代表作。

3. 传世文献的反切与音注材料的整理与运用

传世文献里有古人留下的大量反切及其他注音材料，这些材料反映了不同时代、不同地域的语音面貌，是音韵学研究的重要依据。20 世纪的学者非常注重对这些材料的整理和利用，取得了丰硕的成果。

（1）探究反切原理及反切构造。反切是传统的注音方式，如何解读这些反切的构造及其原理，受到了许多学者的注意。这方面的主要成果有王祖佑的《反切释例》、陆志韦的《古反切是怎样构造的》、殷焕先的《反切释要》、林序达的《反切概说》、许梦麟的《反切拼读入门》等。

（2）利用不同时代的音注材料研究不同时代的语音特点。利用反切资料整理不同时代的音系，是 20 世纪音韵研究的一项重要工作。这方面的论著比较多地集中在中古时代，代表性的有黄淬伯的《慧琳一切经音义反切考》，严学宭的《小徐本说文反切之音系》，王力的《玄应〈一切经音义〉反切考》《朱翱反切考》《〈经典释文〉反切考》，邵荣芬的《〈晋书音义〉反切的语音系统》，钟兆华的《颜师古反切考略》，黄典诚的《曹宪〈博雅音〉研究》等。

宋元以后的音注材料也受到了注意，如孙建元（1996，1998）利用宋人音释材料研究了宋代语音。

4. 方音材料的整理与运用

现代方言研究在 20 世纪音韵学研究中占有重要地位，现代方言研究的成果也成了探讨汉语语音发展史的重要资料，可以作为古音构拟的旁证。罗常培（1986：8）说："从学术的眼光看，我们却不能忽略各地的方音——因为从方音的错综中往往可以反映出古音的遗迹来。例如：闽粤语保存闭口韵的-m 尾和入声的-k、-t、-p 尾，吴语保持全浊声母，徽州语有'阴阳对转'的实例，这都可以帮助我们解释许多古音上的问题。"

高本汉的《中国音韵学研究》通过探求方言与古音的关系来拟测古音。张世禄（1937：3-4）说："高本汉对于中国方音的研究，并非要建立中国的比较方言学，他最大的目的，乃是根据方音比较的研究，以拟构中国的古语。"罗常培的《切韵鱼虞之音值及其所据方音考——高本汉〈切韵〉音读商榷之一》《唐五代西北方音》《现代方言中的古音遗迹》，李荣（昌厚）的《怎样根据北京音辨别古音的声母》《怎样根据北京音辨别古音的韵母》《〈广韵〉的反切和今音》《从现代方言论古群母有一、二、四等》《〈切韵〉与方言》等，代表了这一领域的学术水平。

5. 韵文材料的整理与运用

中国是一个韵文传统深厚的国度，传世韵文不胜枚举，如诗、词、歌、赋、赞、颂、铭、曲等等。利用韵文系联不同时代的押韵系统，是音韵学研究的传统。20 世纪的音韵学在这方面也取得了极其丰厚的成就。

首先，学者们整理并分析了一批韵文资料。这方面的代表作有：罗常培和周祖谟的《汉魏晋南北朝韵部演变研究（第一分册）》，周祖谟的《魏晋宋时期诗文韵部的演变》《齐梁陈隋时期诗文韵部研究》（后结集为《魏晋南北朝韵部之演变》），李荣（昌厚）的《隋韵谱》《隋代诗文用韵与〈广韵〉的又音》《庾信诗文用韵研究》等。

其次，20 世纪有不少学者从事某一文体用韵研究。如鲁国尧对宋词韵的研究有论文《宋代辛弃疾等山东词人用韵考》《宋代苏轼等四川词人用韵考》《宋代福建词人用韵考》。其他的韵文，如唐五代诗词、敦煌变文和曲子词、宋金元诗词、金元戏曲、明传奇等都有专人研究。

王力的《诗经韵读》《楚辞韵读》则是对上古韵文的系统研究，是其上古音研究的基石。

6. 等韵材料的整理与运用

20 世纪的学者对等韵材料的整理和运用取得的成就巨大。赵荫棠的《等韵源流》、李新魁的《汉语等韵学》、耿振生的《明清等韵学通论》、潘文国的

《韵图考》贡献甚巨。这些著作对等韵的起源、学理及重要历史文献都有重要论述。

重要的单篇论文也有很多，有代表性的如罗常培的《通志七音略研究》《释内外转》《释轻重》，汪寿明的《读〈切韵指掌图〉札记》，唐作藩的《〈四声等子〉研究》等。利用等韵材料研究语音史的成果也很丰硕，如邵荣芬的《〈韵法横图〉与明末南京方音》、麦耘的《〈韵法直图〉中二等开口字的介音》等。

7. 谐声、通假材料及汉藏语言对比材料的整理与运用

谐声字，主要是《说文》的谐声字，历来是研究上古音的重要依据。20世纪这些谐声字材料受到了充分的重视。这方面的论著不仅有分析谐声规则的，也有利用谐声构拟音系的。其中，《古韵通晓》比较重要。

陈复华、何九盈在《古韵通晓》中指出："从谐声表可以窥见各部收字的全貌，通过谐声表的比较又可以了解各家在分部与归字方面的分歧。任何一个学习、研究古音的人，不可能不利用谐声资料。"（陈复华和何九盈，1987：49）《古韵通晓》最大的功绩就在于把各家的谐声表加以汇编，比较其异同，以确定是非。

通假字也是上古音的重要材料，20世纪有不少讨论通假字形成机制的论著，也有汇纂通假材料的工具书，如刘又辛的《通假概说》、高亨纂著的《古字通假会典》、黄焯的《古今声类通转表》。大量出土文献里的通假字也受到了重视，李玉的《秦汉简牍帛书音韵研究》就利用了这些材料构拟上古音。

关于汉藏语言对比的材料整理，许多学者也取得了很好的成绩，其中邢公畹（1999）、丁邦新和孙宏开（2000）等具有代表性。

（二）20世纪编纂的汉语音韵学工具书

20世纪尤其是后半叶，许多学者编写了一批不同用途的音韵学工具书。这些工具书为音韵学的学习和研究提供了极大的便利，有效提升了研究效率，主要有以下几种。

《古今字音对照手册》，丁声树编录、李荣参订，科学出版社1958年出版。该手册共收录6000多个常用字，先按普通话韵母排列，再按每个韵母的字的声母和声调进行排列。同音字按其在中古音系中的地位分组，每组同音字后注明《广韵》反切、摄、开合口、等、声调、韵部、声母。

《上古音手册》，唐作藩编著，江苏人民出版社1982年出版，书中共收约一万字，先按今音排列，然后注明上古音的韵部、声纽和声调。中华书局2013年出版增订本。

《汉字古音手册》，郭锡良编著，北京大学出版社1986年出版。《汉字古音手册》收录了古代汉字一万多个。每字后面列出其上古和中古的音韵地位，并加注拟音。商务印书馆2010年出版增订本。

《〈诗经〉古今音手册》，向熹编著，南开大学出版社1988年出版。该手册收集并注明《诗经》所有单字的今音、反切、中古音和上古音。

《汉语大字典》，四川辞书出版社和湖北辞书出版社1986—1990年出版。该字典对每字（楷书）除了作出字义和字形的说明，每个字都加注了今读，有中古和上古读音的，还加注了中古音（反切和声韵）、上古音的韵部等，查阅字音十分方便。

《中国大百科全书》，中国大百科全书出版社1993年出版。该书共包括66门学科和知识门类，8万个条目，共计74卷。《语言文字》卷收有不少音韵学条目，都由著名专家写成，极富参阅价值。

《广韵声系》，沈兼士主编，辅仁大学1945年出版。该书通过分析形声字的声符，将《广韵》所收形声字分成不同的谐声层级，开列出主谐字（第一至第五主谐字）与被谐字，不同层级构成不同的谐声子系统。第一主谐字依《广韵》四十一声类（始"见"终"日"）排列，同声类者则依206韵之次第，同一谐声子系统内主谐字与被谐字也依《广韵》的韵次排序。书中所收之字照录《广韵》反切和义训，并加注声类、韵类、等第及高本汉的音值构拟等信息。

《音韵学辞典》，曹述敬主编，湖南出版社1991年出版。该辞典收词条2300多条，包括著作类、人名类（研治音韵学的古今学者）、术语类（音韵学的基本概念、基本理论和学说）。

《汉语方音字汇》，北京大学中国语言文学系语言学教研室编辑，第一版于1962年由文字改革出版社出版，第二版于1989年出版。该书收录可以代表汉语各大方言的20个方言点的字音材料，有近3000个字条。这20个方言点是：北京、济南、西安、太原、武汉、成都、合肥、扬州（以上属官话），苏州、温州（以上属吴语），长沙、双峰（以上属湘语），南昌（赣语），梅县（客家话），广州、阳江（以上属粤语），厦门、潮州、福州、建瓯（以上属闽语）。全书将字条列表以普通话音序排列，加注中古音切，用国际音标标写方言的字音。

《方言调查字表》从《广韵》选择比较常用的字 3700 多个，依《广韵》的声母、韵母、声调排列成表，是一本《广韵》常用字的音节表。通过这个表，可以了解《广韵》的声韵调及其音节结构。这个字表在学术界影响极大。

《说文古均二十八部声系》，权少文撰，甘肃人民出版社 1987 年出版。全书以古韵 28 部为纲，37 声母为纬，每母下先列声首，再列从此声首得声之谐声系列。收字皆出《说文》。

《中国古代语言学资料汇纂·音韵分册》，是张斌和许威汉主编的《中国古代语言学资料汇纂》的一个部分，由顾汉松、邓少君等编写，福建人民出版社 1993 年出版。该书分类摘编历代音韵学家研究的主要成就和观点，共分五编：甲编"等韵学"、乙编"古音学"（上古音）、丙编"今音学"（中古音）、丁编"北音学"（近代音）、戊编"古代音韵学家生平资料汇纂"等。

洪诚选注的《中国历代语言文字学文选》选文 30 篇，其中跟音韵有关的有周祖谟的《颜氏家训音辞篇注补》，陆法言的《切韵序》，李涪的《刊误（论〈切韵〉）》，周德清的《中原音韵自序》，徐蒇的《韵补序》，陈第的《毛诗古音考自序》，段玉裁的《六书音均表·第一部第十五部第十六部分用说》，钱大昕的《古无轻唇音》（节录）、《舌音类隔之说不可信》（节录），陈澧的《切韵考·条例》（节录）等。

吴文祺和张世禄等主编的《中国历代语言学论文选注》共收录历代论述语言文字的论文 36 篇，其中跟音韵有关的有 9 篇：颜之推的《音辞》、陆法言的《切韵序》、张麟之的《韵镜序》、周德清的《中原音韵自序》、陈第的《毛诗古音考自序》、顾炎武的《音学五书序》、戴震的《六书音均表·序》、陈澧的《切韵考序录》、章炳麟的《小学略说》。

其他重要工具书还有《汉字古今音汇》（周法高主编）、《中国上古音韵表》（常宗豪、缪锦安编著）、《古今声类通转表》（黄焯撰）、《汉台语比较手册》（邢公畹）等。

四、典籍整理与出版

音韵学研究需要利用大量的历史文献，诸如韵书、韵图、音注文献等等。20世纪针对跟音韵学有关的历史文献，不少学者花了不少精力从事整理工作，出版了一批古籍整理类的著作。

（一）韵书及重要学术典籍的出版与校理

在20世纪，主要是在后半叶，传世的古代音韵学著作，大多已经被重印或经过整理加工后出版，如《切韵》《广韵》《集韵》《韵镜》《五音集韵》《中原音韵》《切韵指掌图》《切韵考》《音学五书》《古韵标准》《六书音均表》《诗声类》《四声等子》《切韵蒙求》《古今韵会举要》等韵书、韵图都有了新的影印本。经过整理校注后出版的有周祖谟的《广韵校本》、康瑞琮点校的陈第的《毛诗古音考》，陈振寰评注的莫友芝的《韵学源流》，照那斯图、杨耐思编著的《蒙古字韵校本》，李新魁的《韵镜校证》等。等韵学的经典著作，也有不少校订成果，如《韵镜》就有李新魁、孔仲温、陈广忠等不同校本问世，《七音略》有罗常培的校勘。

（二）大型古籍丛书

20世纪出版的多部大型丛书中都收录了数量不等的音韵学典籍，如"万有文库"、"古逸丛书"、"国学基本丛书"、"丛书集成初编"、"丛书集成续编"、"音韵学丛书"（中华书局）、"四库全书存目丛书"、"续修四库全书"等。这些丛书的出版极大地便利了学界对历史典籍的利用，省却了大量的人力、物力，节省了研究成本。

（三）专家论文集的出版

20世纪有一批专家论文集出版，方便了学界的检阅，如《钱玄同音学论著选辑》《黄侃论学杂著》《黄侃声韵学未刊稿》《文字声韵训诂笔记》《罗常培语言学论文选集》《张世禄语言学论文集》《陆志韦语言学著作集》《陆志韦近代汉语音韵论集》《罗常培文集》等。其他还有王力的《汉语史论文集》和《龙虫并雕斋文集》、马学良的《马学良民族语言研究文集》、钱玄同的《钱玄同文集》、俞敏的《中国语文学论文选》和《俞敏语言学论文集》、周祖谟的《问学集》和《汉语音韵学论文集》、董同龢的《董同龢先生语言学论文选集》、周法高的《中国音韵学论文集》、张琨的《汉语音韵史论文集》、史存直的《汉语音韵学论文集》、李荣的《音韵存稿》、雅洪托夫的《汉语史论集》、邵荣芬的《邵荣芬音韵学论集》、郭锡良的《汉语史论集》、李新魁的《李新魁自选集》、鲁国尧的《鲁国尧自选集》、冯蒸的《汉语音韵学论文集》、丁邦新的《丁邦新语言学论文集》、梅祖麟的《梅祖麟语言学论文集》、王力的《王力语言学论文集》、邢公畹的《语言论集》及《邢公畹语言学论文集》、薛凤生的《汉语音韵史十讲》、王福堂的《汉语方言语音的演变和层次》。

此外，还有一些中青年专家出版的论文集，如马重奇的《汉语音韵学论稿》、张树铮的《方言历史探索》等。还有不少为过世的前辈学者而出版的纪念文集，如《罗常培纪念论文集》《王力先生纪念论文集》《李新魁教授纪念文集》等。有一些专家还编辑了一些专题论文集，如赵秉璇和竺家宁编的《古汉语复声母论文集》等。

这些论文集荟萃了有关学术成果，也方便了学界对研究成果的查阅。

五、理论与方法研究

人类对外部世界和人类自身及其创造的文化（包括语言现象）充满了好奇，从来就没有停止过探索。人类认识水平的每一次飞跃，都得益于对已有知识体系的突破。欧洲17世纪开始的启蒙运动，打破了宗教神学思想的束缚，逐渐激发了人们探求科学的热情，诞生了19世纪自然科学的三大发现——细胞学说、能量守恒定律、进化论，这三大发现也是唯物辩证法的理论基础。在这汹涌澎湃的科学思潮中，西方语言学不断地创新发展，并影响了世界范围内的语言研究。

从哲学上说，任何一门学科的理论都是在观察和认识本学科所研究的本体的基础上形成的，是人们在认识本体的过程中形成的观念和认知体系，通过演绎和推理，抽绎出具有普遍意义的学科理论。所以，任何理论都是对人类本体认识的主观延伸，是特定学术背景下的产物。当然也不会是完美无缺的绝对真理。随着时间的推移，所有已提出的理论都可能需要不断地予以完善和修正。同时，在特定理论指导下，人们就会归纳出特定的研究方法，用以处理所要研究的材料，解决本体研究所面临的各类课题。任何学科的研究方法都是认识本学科本体的方式、途径、手段以及操作程序，是观察本体和研究本体离不开的工具。

理论与方法既有区别又有联系。理论和方法都源于对本体的认识，在认识本体的过程中就会产生一些感性的观念和初步的方法。随着认识的深入，人们就会在大脑中形成一些具有理性的理论和具有指导性的方法。理论与方法是认识的两翼，互相依存，又互相促进。从某种意义上说，一种理论就是一种方法，特定的理论往往会形成特定的方法，反之亦然。比如，高明（1980）就谈及了三种观念：①语音与字音的区别；②语言学与文字学的区别；③语音学与声韵学的区别。这三种观念就是理论与方法的凝练。

汉语音韵学近百年来之所以能够取得超过前人的成绩，最重要的原因就是运用了新理论和新方法，形成了不同于传统音韵学的新的学术观念。汉语音韵学这门学科的理论，实际就是从事这一学科的众多学者在学术实践中形成的一些认识汉语音韵的观念，有的观念逐渐成为研究者的共识，成为从事音韵研究的学者应予接受的知识体系。

（一）20世纪西方语言理论的接受与研究

20世纪的汉语音韵学研究深受西方普通语言学理论、语音学与音位学理论、历史语言学理论的影响。这些理论开始大都起源于西方，是从西方学者的论著中移植过来的，并结合传统音韵学的合理因素，逐渐形成了具有民族特色的理论体系。邢公畹1987年在为罗常培的《语言与文化》写的再版序言中说："先进的西方语言科学能够'移植'进来（不是生搬硬套），说明传统的中国语言学具有可以接受这些先进理论的'内因'。换句话说，先进的西方语言理论只有跟中国语言学研究的历史和研究的实际相结合，才能形成语言科学的中国方面。"（邢公畹，2016：7）

1. 普通语言学

普通语言学，也叫一般语言学，它的研究对象是语言的普遍现象和一般规律，包括语言的起源、语言的本质、语言的分类、语言的结构规则（语音、词汇、语法、语义等）、语言的发展、语言的变化规律以及语言研究方法总结等内容。普通语言学塑造人们对语言的认识观念,指导人们的语言研究行为,构建语言研究的理论框架,解释语言普遍现象和语言的规律,总结语言研究的方法,提供有效的研究路径,是具有指导性、理论性的学科。

我国历史上很少有纯粹理论性的论著问世,然而,20世纪却是我国普通语言学大发展的时期,各类普通语言学论著纷纷问世,既有国人的论著也有大量外国经典著作的翻译,普通语言学已经成为语言学学科内极富活力的部门。胡以鲁的《国语学草创》,介绍了抱浦氏（葆朴）、麦斯牟勒氏（缪勒）、亨抱而的氏（洪堡特）、耶斯彼善氏（叶斯柏森）等的学术思想,这是中国第一部用普通语言学观点撰写的汉语概论。其后有沈步洲的《言语学概论》,张世禄的《语言学概论》,高名凯的《普通语言学》《语言论》,岑麒祥的《普通语言学》,赵元任的《语言问题》,高名凯和石安石主编的《语言学概论》,叶蜚声和徐通锵的《语言学纲要》,戚雨村、王超尘、赵云中等主编的《语言学引论》,叶蜚声、伍铁平、徐盛桓等编著的《普通语言学概要》,杨茂勋编著的《普通语言学》,马学良和瞿霭堂主编的《普通语言学》等。

20世纪许多语言学家翻译了大量外国语言学经典,如安藤正次的《言语学大纲》（雷通群译）,福尔的《语言学通论》（张世禄、蓝文海译）,马赛尔·柯恩的《语言》（双明译）,索绪尔的《普通语言学教程》（高名凯译）,布龙菲尔德的《语言论》（袁家骅、赵世开、甘世福译）,霍凯特的《现代语言学教程》（索振羽、叶蜚声译）,布洛赫和特雷杰的《语言分析纲要》（赵世开译）,萨丕尔的《语言论》（陆卓元译）,兹维金采夫的《普通语言学纲要》（伍铁平、马福聚、汤庭国等译）,罗宾斯的《普通语言学概论》（李振麟、胡伟民译）。

普通语言学在中国的生根发芽,提升了人们对语言的本质、起源、发展、变化等基本问题的认识水平,使中国语言学的研究有了科学的理论指导,尤其是在结构主义语言学兴起之后,索绪尔、萨丕尔等人的著作译介,对音韵学的研究有着极大的影响,比如语音的系统性、结构的对称性等学术观念,已经为音韵学研究者普遍接受。

2. 语音学及音标的引入

语音学、实验语音学的引入,使人们懂得了语音具有生理、物理和社会特性,为解释历史音韵现象提供了科学依据。对一些音理或术语旧的音韵学常常说不清楚，不是太空泛，便是太简略，甚至难以理解，音韵学也因此获得了"绝学"的名号。罗常培（1980：7）说："现在讲音韵学必须先作一番正名的工夫，把旧来所有同名异实和异名同实的例都搜集起来，用语音学的术语给他们每个确定一个清晰的概念，以后就不至于使初学的人枉费许多心血了。"李方桂（1986：10）说："语音学在音韵学的重要，现在无人不知。汉语音韵学上有许多问题都可以靠语音学上的知识得到一种解释……了一先生是精于语音学的，更是从实验语音入手的人。他给我们的语音知识，就是了解汉语音韵的基础。"

罗常培在《中国音韵学导论》自序中说："它的主要目标只想讲明白中国音韵学里的'声''韵''调''切'四个概念。中间虽然也有涉及历史的地方，只是想依据语音学原理把传统的音韵学术语加以爬梳剔抉；还是横的叙述而不是纵的叙述。至于历史上各期音韵特征，统通留给'各论'去讨论。"（罗常培，2015：Ⅲ）他的这部教材完全以全新的面貌，从语音学的角度，把历史的各种范畴讲得清清楚楚，在音韵学的科学化上起了重要作用。

20世纪20年代以后的音韵学家大都具有专门的语音学基础，许多学者都努力向学术界普及语音学知识，出版了许多语音学著作，如张世禄的《语音学纲要》、岑麒祥的《语音学概论》、董少文主编的《语音常识》、罗常培和王均编著的《普通语音学纲要》。刘复则翻译了帕木西（保尔·巴西）的《比较语音学概要》。还有一大批专门讲述国语语音的著作问世，如范祥善的《国音浅说》、易作霖的《国音学讲义》，廖立勋编辑、黎锦熙订正的《实用国音学》，陆衣言编辑的《国语发音学大意》，高元的《高元国音学》，后觉的《国语发音学》，汪怡的《新著国语发音学》。这些著作进一步扩大了语音学知识的影响。

实验语音学也在20世纪兴盛起来，赵元任率先在中央研究院历史语言研究所创建语音实验室，并发表了《中国言语字调底实验研究法》，罗常培在北京大学文科研究所创建语音乐律实验室。留学法国的刘复则作有《四声实验录》，王力有《博白方音实验录》，林焘和王理嘉有《北京语音实验录》。实验语音学使传统的口耳之学有了视觉效果。

除了语音知识的普及，20世纪的学者成功学习并吸收改造了西方的语音学和音位学理论，赵元任的《音位标音法的多能性》、丁声树的《谈谈语音构造和语音演变的规律》、董同龢的《声母韵母的观念和现代的语音分析理论》、薛凤生的《论音变与音位结构的关系》等都是极有价值的论述。

语音学、音位学和国际音标的使用，极大地促进了音韵学的健康发展，对立、互补的音位归纳原则已经普遍运用到历史音韵研究中了。

3. 历史语言学

19世纪以来，历史比较的方法广泛应用于印欧语的语言研究中，取得了巨大成就。格里姆、葆朴、拉斯克、施莱歇尔等人的经典名作奠定了历史比较语言学的基础。20世纪开始，结构主义语言学的理论和方法进一步丰富了历史比较语言学的内涵，内部构拟、空格、互补等观念深入人心，链移等音变方式揭示了语言变化的规则性。语言接触和混合语理论拓宽了人们重新认识语言之间关系的视野；语言类型学也拓展了人们认识语言结构多样性和共性的研究范围，丰富了历史比较语言学的内涵。

岑麒祥的《历史比较语言学讲话》是一本言简意赅、深入浅出、利于初学的好书。徐通锵的《历史语言学》《语言论——语义型语言的结构原理和研究方法》两本书全面阐述了历史语言学的理论和方法。

徐通锵、叶蜚声合著的《语言学纲要》中也有历史语言学的内容，而且联系了汉语，作为教材影响了许多从事音韵学研究的后来者。

徐通锵的系列论文，如《译音对勘与汉语的音韵研究——"五四"时期汉语音韵研究方法的转折》（与叶蜚声合撰）、《历史比较法和〈切韵〉音系的研究》（与叶蜚声合撰）、《内部拟测方法和汉语上古音系的研究》（与叶蜚声合撰）、《音系中的变异和内部拟测法》等论文的发表极大地扩大了历史语言学的影响力。

历史语言学的同源音变理论——对应规则、音变条件、音变的规则性，已经成为音韵研究的基本观念。

（二）20世纪汉语音韵学研究方法的研究

20世纪汉语音韵学研究中，专门讨论研究方法的成果比起语音史本体的研究相对较少，从研究成果来看大致分为两个不同的认识阶段。第一阶段是20世纪80年代之前。这一阶段讨论研究方法的主要有罗常培、魏建功和张世禄等人。罗常培在《音韵学研究方法》中提出了审音、正名、明变、旁征四种方法。魏建功在《古音系研究》第四章"研究古音系的方法"中提出了四大类方法——分部、审音、论变、探源，每一类又有不同的小类。张世禄在《中国历史语音学之方法》中讨论了音韵研究的几个步骤：一曰划分时代；二曰处理材料；三曰审定名辞；四曰考求规律；五曰推寻演变；六曰拟测音读。林尹在《中国声韵学研究方法与效用》（《中国声韵学通论》附录）中提出了研究音韵要注意审名实、知音理、辨音素、究音变、明音值等。

这一阶段的学者提出来的研究方法，既包含学术研究应具有的知识和观念，也包括学术研究应做的基础工作，从哲学上讲大都属于认识论的范畴，真正属于方法论范畴的方法并不多。比如张世禄（1944：10-11）说：

> 欲考音韵，必先习发音学理；西洋之语音学一科，不特欲修外国语文者所应研讨，即治中国音韵，亦应首先探究之。盖其精密之工具与条理，吾人正当运用之也。
>
> ……
>
> 普通语音学之效用，其一、可使吾人能运用记音之工具也。盖吾国文字，非取标音制度，古今各地之读音，又漫无定准；其不适于记音之用者甚明。如韵书东冬之目及守温字母之类，当时所标正确之读音，后世罕能臆测。工欲善其事，必先利其器。是以今之治语言音韵者，多以万国语音学字母，所谓国际音标者为尚，或采取类似之符号，以为记音之具焉。其二、可使吾人能区别语音之现象也。语音之现象，可括为音色、音调、音势、音量四种；各音既自有其特质，又间以高低、轻重、长短之差，偶一淆混，察别斯难；科条既明，区理方易。此种种分别之原则，即语音学中所讲求者。其三、可使吾人能究明音变之原理也。时有古今，地有南北，音读之纷歧演变，似呈错综复杂之象，而自有井然不紊之轨迹，可供吾人推寻者。简言之，不外转移之原则与经济之原则而已。转移之原则者，即谓由近似之音，依次渐变，愈趋愈远；作始也简，将毕也巨；虽其末也，堂庑几更，面目已非，而循流溯源，过渡之迹，显然可寻。经济之原则者，即谓由繁复难发之音，变而为简单易读；如音之失落，音之同化，音之异化诸端，皆所以节时省事；美其名曰经济，而实则好逸恶劳，舍难就易，准诸常情者也。描写语音学

与历史语音学之研究，皆须利用记音符号，分别语音现象，并深明音变之理，方可从事；故普通语音学者，尤极根本之学。

这些论述显然不属于方法研究而是学术认知和观念。

第二阶段是 20 世纪 80 年代之后。这一时期讨论研究方法的论著逐渐增多，也开始注意区分认识、观念和研究方法，所提方法大多属于方法论的范畴了。

李方桂的《上古音研究中声韵结合的方法》讲的是内部拟测的方法。他认为，声即声母，韵即韵母，通过分析《切韵》声母和韵母结合的情形来看上古音演变，即从《切韵》的结构系统来上推上古音，然后说明切韵的声韵结构是如何从上古音变来的。

杨耐思在《音韵学的研究方法》一文中提出了九类（10 种）方法：结构分析法、丝贯绳牵法、系联法、历史比较法、比勘互证法、归纳法与内部分析法、统计研究法、对音互证法、就同注异法等。

这一时段的方法研究强调了方法与研究材料、研究目的的关系，也就是因为材料的不同或研究目的的不同而采用的不同的研究手段。

杨耐思提出这些方法时，都是基于处理研究材料的不同。杨耐思（1987a：49）说：

> 利用哪些资料，怎样利用，前人已经作了许多工作，取得了许多成果。这些资料主要有韵文、谐音字、异文、声训、反切、对音、韵书、韵图等。分析整理这些资料，根据资料的性质，采取适当的手段和步骤引出正确的结论，前人也已经积累了丰富的经验。例如清代古音学家利用《诗经》、《楚辞》的用韵，《说文》谐音字作为资料，给周秦古音分部，成绩斐然。利用异文、声训等作为资料，研究古声母的分类，也得出一些可信的结论。

冯蒸在《汉语音韵研究方法论》一文中，从方法论的角度对音韵学的研究方法做了高度概括。他认为，从哲学的角度来看，任何一门学科，原则上都包括三个组成部分，即本体论、认识论和方法论。汉语音韵学也不例外。所以方法论的研究是汉语音韵学整个学科体系当中不可或缺的组成单元。汉语音韵学方法论包含三个层次：其一，哲学上的方法论，即唯物辩证法在汉语音韵研究中的体现。此外，现代西方科学哲学所提倡的一些方法论也有值得参考之外。其二，逻辑学上的方法论，即一般的归纳法、演绎法、类比法等在汉语音韵研究中的体现。其三，学科方法论，即为处理汉语音韵资料而采取的特殊方法论。学科方法论把历史语言学的一般方法与汉语历史音韵的实际情况相结合，分为求音类法、求音值法和求音变法三类。求音类法共有八种：①反切系联法；②反切比较法；③音位归并法；④丝联绳引法；⑤离析唐韵法；⑥审音法；⑦音系表解法；⑧统计法。求音值法共有五种：①历史比较法；②内部构拟法；③类型拟测法；④对音法；⑤方音对照法。求音变法共有两种：①古今音对比法；②时空投影法。他共提出了15种方法。

一个学科该有哪些研究方法跟该学科要处理的研究材料和研究目的有关。研究方法来自研究实践。在研究的实践中，就会逐渐形成一套有效的研究方法。方法是从实践中总结出来并应用于研究的，没有抽象的先设计好的方法。

汉语音韵研究所依据的材料多种多样，针对不同的材料就会形成不同的方法。研究音韵的材料有韵文、谐声字、异文、声训、反切、对音、韵书、韵图、方言、同族语言等等，在处理这些不同材料的过程中，就形成了各种不同的研究方法，比如反切系联法、丝贯绳牵法。同样，因为研究目的的不同，也会采用不同的研究方法。例如，推求中古《切韵》的音类的音值就会运用冯蒸总结出来的历史比较法、内部构拟法、类型拟测法、对音法、方音对照法等手段。

六、汉语音韵学的学科理论构建

（一）关于汉语音韵学内涵的讨论

传统音韵学时期很少有人会讨论汉语音韵学作为一个学科所应包含的研究对象、研究内容、研究方法、研究目的等问题，亦即学科名实问题。对学科名实问题的认识关系到人们对一个学科研究对象、研究性质、研究内容、研究目的的把握。20世纪问世的音韵学教科书、通论性论著大都要阐述有关音韵学的内涵及其外延问题。张世禄（1929：3）说："学术之进步，大都由含混而趋于分明，由简陋而趋于细密。吾国科学向未发达；术语之涵义，既多无定；类辨之方法，又不精确。"因此，明晰一个学科的内涵和外延是学科建立和发展的题内之义。

综观 20 世纪关于音韵学名实的论述，各家讨论的角度或有不同，但有一个相同的看法就是音韵学不同于语音学，但与语音学有密切的关系，对音韵学的研究需要语音学的支撑。李思敬（1985：1）曾形象地说："语音学是音韵学的基础科学。两者的关系有点儿象数学之于物理。"传统等韵学虽然也讲语音分析、音位归纳，但是"往时等韵学上辨别种种声韵，现在用西洋语音学理来较量，不合科学的地方很多"（张世禄，1931a：72），罗常培的《汉语音韵学导论》里，绝大部分章节就是用现代语音学辨析传统等韵学上一些似是而非的分析范畴的。所以 20 世纪出版的教材除了极少数以外，大都从语音学知识、音标符号讲起。

严学宭（1990a：1）具体分析了语音学与音韵学的异同："汉语音韵学，也称汉语声韵学，它跟现代的语音学相近而不相同。语言的本质就是声音。分析语言的声音，研究发音器官怎样发出各种不同的语音，并涉及元音、辅音、声调、音量、音色和音的结合等方面，就叫语音学；而根据音位学的理论和方法讨论语音应用在语言上有什么功用，进行语音类别、语音区别性特征、语音系统结构模式、声韵调配合的对补和语音系统整齐性的研究，就叫音韵学。至于汉语音韵学就是运用现代语音学的理论、方法和工具，分析研究汉语历代——从原始到上古、中古、近代和现代——语音系统的学科。"音韵学既然不同于语音学，那么它的学科领域是什么呢？许多教材、讲义及通论性著作，都对音韵学的学术范围有所讨论，说法很多，不胜枚举，今综合各家论述，大致可分三种不同的看法。

（1）音韵学是研究文字读音的学问，其目的是分析历史上汉字的音读结构，有时也涉及字音的历史演变。比如，徐敬修（1925：1）说："声成文谓之音，声音相和谓之韵，凡研究文字之音与韵者，谓之研究音韵之学。"何九盈（1988：1）说："汉语音韵学是研究汉语声、韵、调系统的一门学科。从研究对象来说，可以分为古代汉语音韵学和现代汉语音韵学。"

（2）音韵学兼有音韵理论与语音史的任务。罗常培在《旧剧中的几个音韵问题》中说："音韵学就是分析汉字或汉语里所含的'声''韵''调'三种元素，而讲明他们的发音和类别，并推究他们的相互关系和古今流变的。"（罗常培，1936：393）

（3）音韵学的任务是探讨汉语语音从古至今的发展演变。乐嗣炳（1926：

1）说："声韵学是记载、考证中国语音的进化与变迁的一种学术。"吕叔湘（1958：4）说："研究语言的历史叫做语史学，语史中的研究中国以前叫做音韵学。"唐作藩（1958：1）说："音韵学是我国一门传统的学问，它是研究汉语各个时期的语音系统和它们的历史演变规律的科学。"陈复华（1983：1）说："音韵学是研究汉语语音各个时期的声、韵、调系统及其发展规律的科学。它是中国一门传统的学问，是汉语语言学的一部分。所以，音韵学又可称做历史语音学。"李思敬（1985：26）说："汉语音韵学研究的是汉语的历史音系。研究历史音系的根本问题就是把古代汉语各个时期的'声、韵、调'系统及其配合关系搞清楚，也就是把历史上各个时期的汉语音节内部构成要素搞清楚。"

以上三种看法之间，其实并无本质的区别，只是关注点不同。赵振铎的认识比较综合，他说："音韵学，过去有人把它叫作声韵学。这两个名称并没有优劣之分"，"汉语音韵学和汉语语音史的分工越来越明显。汉语语音史将汉语的语音变化分为若干历史时期，研究它们不同时期的语音结构特征，研究它们的发展变化规律，而汉语音韵学则在于研究古代汉语语音分析的基本方法，总结前代学者的研究经验，它具有方法论的意义，是一门基础的理论课程"，"音韵学是以古代汉语的语音作为研究的对象"（赵振铎，1990：1-3）。

学术界对音韵学研究分支的划分比较一致的看法是：应包含音韵理论、语音史及音韵学史。作为一门学科包含这三方面的内容并无不妥，但是，作为一门课程就显得负荷过重，学时难以安排，讲授内容难以设计。所以，学校的音韵学课程是否可以考虑分设为三门课程："汉语音韵学基础"（主要讲授音韵理论，以语音知识打头，以《切韵》音系为线索，以《韵镜》结构为主题，讲授音韵学的分析范畴，并讲述主要的研究材料与方法，以类似罗常培的《汉语音韵学导论》为教材）、"汉语语音史"（讲授各代语音系统及其前后演变规律，以类似王力的《汉语语音史》作教材）、"汉语音韵学史"（讲授汉语音韵学的发展史，以类似张世禄的《中国音韵学史》作教材）。

关于音韵学的学科基础，张世禄（1931a：74）说过："总之：将来研究中国音韵学，无论在那一方面，总当以西洋的语音学学理和科学的方法为基础。从这个基础上努力的进行，可以把中国的音韵学建立为大家所公认的一种科学。近代西洋学理的输入，好象在汉唐时代，要考明音读，必须应用梵文拼音学理，以成立切语字母等等情形相类。音韵学史本为学术史上文化史上的一部份，当然和整个学术，整个文化的演进，有同一的趋势！"

（二）关于学科体系的讨论

汉语音韵学作为一个学科，各种名曰"音韵学"的论著论述该学科的组织结构的笔墨不多，篇章设计各有一套，也甚少有体系一致的教材。

冯蒸的《论汉语音韵学的发展方向——为纪念李方桂先生而作》是一篇富有系统性的学科体系设计的论文。其设计如表 1-2 所示。

表 1-2 汉语音韵学学科分类体系框架

分篇			内容	
音理篇	总论		汉语音韵学的学科性质及其分支	
			汉语音韵学的理论基础	
	分论		音韵构造理论	
			音韵对应理论	
			音韵演变理论	
			古音拟测理论	
	方法论		音韵哲学方法论	
			音韵逻辑学方法论	
			学科方法论	
音史篇	共时音系		原始汉语音系	
		上古汉语音系	上古音系	
			汉代音系	
			魏晋南北朝音系	
		中古音系	《切韵》音系	
			非《切韵》音系	
			晚唐五代音系	
			宋代音系	
		元代音系	《中原音韵》音系	
			《蒙古字韵》音系	

续表

分篇			内容
音史篇	共时音系		明代音系
			清代音系
	历时演变		声母演变
			韵母演变
			声调演变
资料篇	书面文献资料	文字构造资料	谐声字
			重文
		古韵语资料	
		异文与通假字资料	
		读若、声训、譬况、直音资料	
		古拟声词资料	
		反切资料	
		异读字资料	
		古连语资料	
		韵书资料	
		等韵图资料	
		同源异式词资料	
		明清两代外国传教士的记录	
		汉字与非汉语文字的对音资料	
	活语言资料	现代方言与域外译音资料	
		汉藏系语言的音韵比较	
音韵学史篇	传统音韵学	前古韵学时期	
		古音学时期	
	现代音韵学	现代音韵学时期	
		当代音韵学时期	

参 考 文 献

(汉)刘熙撰,(清)毕沅疏证,王先谦补,祝敏彻、孙玉文点校:《释名疏证补》,中华书局,2008。

(汉)许慎:《说文解字》,中华书局,2013。

(隋)颜之推撰,王利器集解:《颜氏家训集解(增补本)》,中华书局,1993。

(唐)守温:《守温韵学残卷》,见周祖谟编《唐五代韵书集存》(下册),中华书局,1983: 796-806。

(宋)郑樵:《七音略》,见(宋)陈彭年等编《宋本广韵·永禄本韵镜》,江苏教育出版社,2005: 1-53。

(明)陈第著,康瑞琮点校:《毛诗古音考 屈宋古音义》,中华书局,2011。

(明)陈第著,康瑞琮点校:《毛诗古音考》,中华书局,1988。

(明)方以智:《通雅》,中国书店,1990。

(明)葛中选:《太律》,见《续修四库全书》编纂委员会编《续修四库全书》(经部·乐类,第 114 册),上海古籍出版社,1996: 391-568。

(明)何良俊:《四友斋丛说》,中华书局,1959。

(明)乐韶凤、宋濂、王僎等:《洪武正韵》,见《四库全书存目丛书》编纂委员会编《四库全书存目丛书》(经部·小学类,第 207 册),齐鲁书社,1997: 1-336。

(明)李登:《书文音义便考私编》,见《四库全书存目丛书》编纂委员会编《四库全书存目丛书》(经部·小学类,第 209 册),齐鲁书社,1997: 431-575。

(明)吕维祺:《音韵日月灯》,见《续修四库全书》编纂委员会编《续修四库全书》(经部·小学类,第 252 册),上海古籍出版社,1996: 1-714。

(明)释真空:《新编篇韵贯珠集》,见《四库全书存目丛书》编纂委员会编《四库全书存目丛书》(经部·小学类,第 213 册),齐鲁书社,1997: 505-536。

(明)袁子让:《五先堂字学元元》,见《续修四库全书》编纂委员会编《续修四库全书》(经部·小学类,第 255 册),上海古籍出版社,1996: 169-326。

(清)陈澧:《切韵考》,见《续修四库全书》编纂委员会编《续修四库全书》(经部·小学类,第 253 册),上海古籍出版社,1996: 375-437。

(清)戴震:《六书音均表·序》,见段玉裁《六书音均表》,中华书局,1983: 3-4。

(清)段玉裁:《答江晋三论韵》,见段玉裁著、钟敬华校点《经韵楼集》,上海古籍出版社,2008: 126-135。

(清)段玉裁:《六书音韵表》,中华书局,1983。

(清)顾炎武撰,刘永翔校点:《音学五书(一)》,上海古籍出版社,2012。

(清)江永:《古韵标准》,中华书局,1982。
(清)江永:《音学辨微》,见《续修四库全书》编纂委员会编《续修四库全书》(经部·小学类,第255册),上海古籍出版社,1996: 63-84。
(清)劳乃宣:《等韵一得》,光绪戊戌吴桥官廨刻本。
(清)毛先舒:《韵学通指》,见《四库全书存目丛书》编纂委员会编《四库全书存目丛书》(经部·小学类,第217册),齐鲁书社,1997: 413-442。
(清)莫友芝著、陈振寰注评:《韵学源流注评》,贵州人民出版社,1988。
(清)莫友芝著、罗常培校点:《韵学源流》,国立中山大学校排本,1929。
(清)潘耒:《类音》,见《续修四库全书》编纂委员会编《续修四库全书》(经部·小学类,第258册),上海古籍出版社,1996: 1-200。
(清)钱大昕:《六书音均表·原序》,见段玉裁《六书音均表》,中华书局,1983: 1。
(清)阮元校刻:《十三经注疏》,艺文印书馆,2013。
(清)王念孙:广雅疏证,江苏古籍出版社,2000。
(清)夏燮:《述均》,见《续修四库全书》编纂委员会编《续修四库全书》(经部·小学类,第249册),上海古籍出版社,1996: 1-86。
(清)谢启昆:《小学考》,见曾学文、徐大军主编《清人著述丛刊(第一辑)·谢启昆集(一)》,广陵书社,2019。
(清)熊士伯:《等切元声》,见《续修四库全书》编纂委员会编《续修四库全书》(经部·小学类,第258册),上海古籍出版社,1996: 201-372。
(清)周春:《小学余论》,阮元序本,1804。
北京大学中国语言文学系语言学教研室.1962.汉语方音字汇.北京:文字改革出版社.
北京大学中国语言文学系语言学教研室.1989.汉语方音字汇.2版.北京:文字改革出版社.
曹述敬.1991.音韵学辞典.长沙:湖南出版社.
岑麒祥.1939.语音学概论.上海:中华书局.
岑麒祥.1957.普通语言学.北京:科学出版社.
岑麒祥.1958.语言学史概要.北京:科学出版社.
岑麟祥.1981.历史比较语言学讲话.武汉:湖北人民出版社.
陈保亚.1996.论语言接触与语言联盟:汉越(侗台)语源关系的解释.北京:语文出版社.
陈复华.1983.汉语音韵学基础.北京:中国人民大学出版社.
陈复华,何九盈.1987.古韵通晓.北京:中国社会科学出版社.
陈新雄.1971.音略证补.台北:文史哲出版社.
陈新雄.1972.古音学发微.台北:嘉新水泥公司文化基金会.
陈新雄.1973.六十年来之声韵学.台北:文史哲出版社.
陈寅恪.2001.陈垣《敦煌劫余录》序//陈寅恪集·金明馆丛稿二编.北京:生活·读书·新知三联书店:266-268.

陈振寰. 1993. 中国音韵学研究的四大阶段及其形成的原因和条件. 国际关系学院学报, (6): 41-45.
崇冈. 1982. 汉语音韵学的回顾和前瞻. 语言研究, (2): 1-10.
丁邦新, 孙宏开. 2000. 汉藏语同源词研究(一)——汉藏语研究的历史回顾. 南宁: 广西民族出版社.
丁声树. 1952. 谈谈语音构造和语音演变的规律. 中国语文, (7): 5-18.
丁声树编录. 1958. 古今字音对照手册. 李荣参订. 北京: 科学出版社.
董少文. 1955. 语音常识. 北京: 文化教育出版社.
董同龢. 1944. 上古音音韵表稿. 中央研究院历史语言研究所单刊甲种之二十一.
董同龢. 1954. 中国语音史. 台北: 中华文化出版事业社.
董同龢. 1968. 汉语音韵学. 台北: 广文书局.
董同龢. 1974a. 近三十年的中国语言学//丁邦新编. 董同龢先生语言学论文选集. 台北: 食货出版社: 371-382.
董同龢. 1974b. 声母韵母的观念和现代的语音分析理论//丁邦新编. 董同龢先生语言学论文选集. 台北: 食货出版社: 341-352.
董同龢. 2001. 汉语音韵学. 北京: 中华书局.
董忠司. 1988. 江永声韵学评述. 台北: 文史哲出版社.
都兴宙. 1994. 沈宠绥音韵学简论. 青海师专学报, (4): 87-93.
范祥善. 1919. 国音浅说. 上海: 商务印书馆.
方孝岳. 1979. 汉语语音史概要. 香港: 商务印书馆.
冯蒸. 1987. 近十年中国汉语音韵研究述评//袁晓园主编. 《文字与文化》丛书(二). 北京: 光明日报出版社: 56-76.
冯蒸. 1988. 论汉语音韵学的发展方向——为纪念李方桂先生而作. 湖南师范大学社会科学学报, (2): 81-84.
冯蒸. 1997a. 汉语音韵研究方法论//汉语音韵学论文集. 北京: 首都师范大学出版社: 13-33.
冯蒸. 1997b. 中国大陆近四十年(1950—1990)汉语音韵研究述评//汉语音韵学论文集. 北京: 首都师范大学出版社: 476-531.
冯蒸. 1999. 中国大陆近三年(1996—1998)汉语音韵研究述评. 无锡教育学院学报, 13(1): 35-43.
高亨纂著. 1989. 古字通假会典. 董治安整理. 济南: 齐鲁书社.
高华年. 1992. 汉藏系语言概要. 广州: 中山大学出版社.
高名凯. 1954. 普通语言学(上). 吴文祺, 张世禄校订. 上海: 东方书店.
高名凯. 1955. 普通语言学(下). 吴文祺, 张世禄校订. 上海: 东方书店.
高名凯. 1963. 语言论. 北京: 科学出版社.

高名凯, 石安石. 1963. 语言学概论. 北京: 中华书局.
高明. 1980. 治声韵学应具有的一些基本观念//高明小学论丛. 台北: 黎明文化事业股份有限公司: 174-202.
高元. 1922. 高元国音学. 上海: 商务印书馆.
龚煌城. 1990. 从汉藏语的比较看上古汉语若干声母的拟测//西藏研究委员会编. 西藏研究论文集(第三辑). 台北: 西藏研究委员会: 1-18.
龚煌城. 1993. 从汉、藏语的比较看汉语上古音流音韵尾的拟测//西藏研究委员会编. 西藏研究论文集(第四辑). 台北: 西藏研究委员会: 1-18.
郭锡良. 1986. 汉字古音手册. 北京: 北京大学出版社.
汉语大字典编辑委员会. 1986. 汉语大字典(第一卷). 成都: 四川辞书出版社, 武汉: 湖北辞书出版社.
汉语大字典编辑委员会. 1987. 汉语大字典(第二卷). 成都: 四川辞书出版社, 武汉: 湖北辞书出版社.
汉语大字典编辑委员会. 1988a. 汉语大字典(第三卷). 成都: 四川辞书出版社, 武汉: 湖北辞书出版社.
汉语大字典编辑委员会. 1988b. 汉语大字典(第四卷). 成都: 四川辞书出版社, 武汉: 湖北辞书出版社.
汉语大字典编辑委员会. 1989a. 汉语大字典(第五卷). 成都: 四川辞书出版社, 武汉: 湖北辞书出版社.
汉语大字典编辑委员会. 1989b. 汉语大字典(第六卷). 成都: 四川辞书出版社, 武汉: 湖北辞书出版社.
汉语大字典编辑委员会. 1990a. 汉语大字典(第七卷). 成都: 四川辞书出版社, 武汉: 湖北辞书出版社.
汉语大字典编辑委员会. 1990b. 汉语大字典(第八卷). 成都: 四川辞书出版社, 武汉: 湖北辞书出版社.
何大安. 2004. 声韵学中的观念和方法. 2版. 台北: 大安出版社.
何九盈. 1988. 古汉语音韵学述要. 杭州: 浙江古籍出版社.
何九盈. 1995a. 中国古代语言学史. 广州: 广东教育出版社.
何九盈. 1995b. 中国现代语言学史. 广州: 广东教育出版社.
洪诚选注. 1982. 中国历代语言文字学文选. 南京: 江苏人民出版社.
后觉. 1930. 国语发音学. 上海: 中华书局.
胡奇光. 1987. 中国小学史. 上海: 上海人民出版社.
胡以鲁. 1923. 国语学草创. 上海: 商务印书馆.
黄焯. 1983. 古今声类通转表. 上海: 上海古籍出版社.
黄淬伯. 1931. 慧琳一切经音义反切考. 中央研究院历史语言研究所专刊之六.

黄典诚.1982.闽南方音中的上古音残余.语言研究,(2):172-187.
黄典诚.1986.曹宪《博雅音》研究//中国音韵学研究会编.音韵学研究(第二辑).北京:中华书局:63-82.
黄典诚.1993.汉语语音史.合肥:安徽教育出版社.
黄侃.1996.音略//刘梦溪主编.中国现代学术经典·黄侃 刘师培卷.石家庄:河北教育出版社:293-314.
黄笑山.1999.汉语中古音研究述评.古汉语研究,(3):15-24.
姜亮夫.1955.瀛涯敦煌韵辑.上海:上海出版公司.
姜亮夫.2002.敦煌韵辑凡例与叙例//姜亮夫全集(十三)·敦煌学论文集(一).昆明:云南人民出版社:316-321.
乐嗣炳.1926.声韵沿革大纲.上海:中华书局.
黎锦熙,卢前,魏建功.1941.中华新韵.成都:茹古书局.
李葆嘉.1992a.汉语音韵研究的历史考察与反思.南京师大学报(社会科学版),(2):69-77.
李葆嘉.1992b.展望世纪交会的汉语音韵学研究.云梦学刊,(1):69-73.
李葆嘉.1996a.清代上古声纽研究史论.台北:五南图书出版公司.
李葆嘉.1996b.中国当代的汉语音韵学研究.学术研究,(9):70-73.
李葆嘉,冯蒸.1995.海外的中国古音研究.学术研究,(1):113-117.
李方桂.1971.上古音研究.清华学报,Ⅸ(1/2):1-61.
李方桂.1974.汉语研究的方向——音韵学的发展.幼狮学刊,40(6):2-8.
李方桂.1983.上古音研究中声韵结合的方法.语言研究,(2):1-6.
李方桂.1986.汉语音韵学·李序//王力.王力文集(第四卷).济南:山东教育出版社:10-11.
李开.1993.汉语语言研究史.南京:江苏教育出版社.
李开.1998.戴震语文学研究.南京:江苏古籍出版社.
李开.2006.现代学术史关于古音学的三次大讨论.南开语言学刊,(11):11-20.
李荣(昌厚).1962a.怎样根据北京音辨别古音的声母.中国语文,(12):548-558.
李荣(昌厚).1962b.隋代诗文用韵与《广韵》的又音.中国语文,(8/9):374-383.
李荣(昌厚).1963a.怎样根据北京音辨别古音的韵母.中国语文,(2):125-135.
李荣(昌厚).1963b.怎样根据北京音辨别古音的韵母(续).中国语文,(3):246-262.
李荣(昌厚).1964.《广韵》的反切和今音.中国语文,(2):89-100.
李荣.1956.切韵音系.北京:科学出版社.
李荣.1961.隋韵谱.中国语文,(10):47-58.
李荣.1965.从现代方言论古群母有一、二、四等.中国语文,(5):337-342.
李荣.1982.庾信诗文用韵研究//音韵存稿.北京:商务印书馆:225-258.

李荣.1983.《切韵》与方言.方言,(3):161-165.

李思敬.1985.音韵.北京:商务印书馆.

李维琦.1995.中国音韵学研究述评.长沙:岳麓书社.

李新魁.1984.汉语音韵学研究概况及展望//中国音韵学研究会编.音韵学研究(第一辑).北京:中华书局:4-22.

李新魁.1993.四十年来的汉语音韵研究.中国语文,(1):16-22.

李新魁,麦耘.1993.韵学古籍述要.西安:陕西人民出版社.

李行杰.1984.江永音韵学思想初探.青岛师专学报,(1):73-81.

李玉.1994.秦汉简牍帛书音韵研究.北京:当代中国出版社.

廖立勋编辑,黎锦熙订正.1921.实用国音学.上海:商务印书馆.

林炯阳,董忠司.1996.台湾五十年来声韵学暨汉语方音学术论著目录初稿(1945—1995).台北:文史哲出版社.

林焘,王理嘉等.1985.北京语音实验录.北京:北京大学出版社.

林序达.1982.反切概说.成都:四川人民出版社.

林尹.1970.中国声韵学研究方法与效用//中国声韵学通论.台北:世界书局:133-136.

林英津.1999.试论上古汉语方言异读的音韵对应//张以仁先生七秩寿庆论文集编辑委员会主编.张以仁先生七秩寿庆论文集.台北:学生书局:325-350.

刘复.1924.四声实验录.上海:群益书社.

刘复.1925.敦煌掇琐.刊刻本.

刘复,魏建功,罗常培,等.1935.十韵汇编.北京:北京大学出版组.

刘广和.1984.唐代八世纪长安音声纽.语文研究,(3):45-50.

刘又辛.1988.通假概说.成都:巴蜀书社.

卢戆章.1892.一目了然初阶.刻印本.

鲁国尧.1979.宋代辛弃疾等山东词人用韵考.南京大学学报(哲学社会科学版),(2):104-117.

鲁国尧.1981.宋代苏轼等四川词人用韵考//北京大学中文系《语言学论丛》编委会编.语言学论丛(第八辑).北京:商务印书馆:85-117.

鲁国尧.1989.宋代福建词人用韵考//吕叔湘等.语言文字学术论文集——庆祝王力先生学术活动五十周年.上海:知识出版社:350-384.

陆衣言.1921.国语发音学大意.上海:中华书局.

陆志韦.1947.古音说略.北京:哈佛燕京学社.

陆志韦.1963.古反切是怎样构造的.中国语文,(5):349-385.

罗常培(罗莘田).1934a.音韵学研究方法(上).出版周刊,(80):1-5.

罗常培(罗莘田).1934b.音韵学研究方法(下).出版周刊,(81):1-2.

罗常培(罗莘田).1935.中国音韵学的外来影响.东方杂志,32(14):35-45.

罗常培. 1930a. 耶稣会士在音韵学上的贡献. 中央研究院历史语言研究所集刊, 1(3): 267-338.
罗常培. 1930b. 厦门音系. 中央研究院历史语言研究所单刊甲种之四.
罗常培. 1931. 切韵鱼虞之音值及其所据方音考——高本汉《切韵》音读商榷之一. 中央研究院历史语言研究所集刊, 2(3): 358-385.
罗常培. 1932. 中原音韵声类考. 中央研究院历史语言研究所集刊, 2(4): 423-441.
罗常培. 1933. 唐五代西北方音. 中央研究院历史语言研究所单刊甲种之十二.
罗常培. 1936. 旧剧中的几个音韵问题. 东方杂志, 33(1): 393-411.
罗常培. 1940. 临川音系. 中央研究院历史语言研究所单刊甲种之十七.
罗常培. 1941. 现代方言中的古音遗迹. 文史杂志, (2): 7-21.
罗常培. 1944. 音韵学不是绝学. 读书通讯, (83): 4-7.
罗常培. 1956. 汉语音韵学导论. 北京: 中华书局.
罗常培. 1986. 汉语音韵学·罗序//王力. 王力文集(第四卷). 济南: 山东教育出版社: 5-9.
罗常培. 2004. 校印莫友芝《韵学源流》跋//罗常培语言学论文集. 北京: 商务印书馆: 496-497.
罗常培. 2015. 中国音韵学导论. 太原: 山西人民出版社.
罗常培, 蔡美彪. 1959. 八思巴字与元代汉语〔资料汇编〕. 北京: 科学出版社.
罗常培, 王均. 1957. 普通语音学纲要. 北京: 科学出版社.
罗常培, 周祖谟. 1958. 汉魏晋南北朝韵部演变研究(第一分册). 北京: 科学出版社.
吕叔湘. 1958. 语言和语言学(续). 语文学习, (3): 4-7.
吕叔湘. 1961. 汉语研究工作者的当前任务. 中国语文, (4): 1-6.
马学良. 1991. 汉藏语概论(上、下). 北京: 北京大学出版社.
马学良, 瞿霭堂. 1997. 普通语言学. 北京: 中央民族大学出版社.
马重奇. 1999. 1994—1997年汉语音韵学研究综述. 福建论坛, (5): 42-48.
马宗霍. 1937. 音韵学通论. 上海: 商务印书馆.
麦耘. 1987. 《韵法直图》中二等开口字的介音. 语言研究, (2): 78-80.
聂鸿音. 1985. 慧琳译音研究. 中央民族学院学报, (1): 64-72.
潘悟云. 1987. 音韵研究的新途径. 语文导报, (3): 53-54.
潘悟云. 1988. 高本汉以后汉语音韵学的进展. 温州师范学院学报(哲学社会科学版), (2): 35-51.
濮之珍. 1987. 中国语言学史. 上海: 上海古籍出版社.
戚雨村, 王超尘等. 1985. 语言学引论. 上海: 上海外语教育出版社.
齐佩瑢. 1944a. 中国近三十年之声韵学. 中国学报, 1(2): 9-27.
齐佩瑢. 1944b. 中国近三十年之声韵学. 中国学报, 1(3): 57-72.
钱曾怡. 1985. 段玉裁研究古音的贡献——纪念段玉裁诞生250年. 文史哲, (6): 69-73.

钱玄同. 1918. 文字学音篇. 北京：北京大学出版组.
钱玄同. 1936. 《中原音韵研究》审查书//赵荫棠. 中原音韵研究. 上海：商务印书馆：1-4.
瞿霭堂, 劲松. 2000. 汉藏语言研究的理论和方法. 北京：中国藏学出版社.
权少文. 1987. 说文古均二十八部声系. 兰州：甘肃人民出版社.
任铭善. 1984. 汉语语音史要略. 郑州：河南人民出版社.
邵敬敏, 方经民. 1991. 中国理论语言学史. 广州：华南师范大学出版社.
邵荣芬. 1963. 敦煌俗文学中的别字异文和唐五代西北方音. 中国语文, (3): 193-217.
邵荣芬. 1979. 汉语语音史讲话. 天津：天津人民出版社.
邵荣芬. 1981. 《晋书音义》反切的语音系统. 语言研究, (1): 103-124.
邵荣芬. 1993. 欣欣向荣的汉语音韵学//刘坚, 侯精一主编. 中国语文研究四十年纪念文集. 北京：北京语言学院出版社：290-296.
邵荣芬. 1998. 《韵法横图》与明末南京方音. 汉字文化, (3): 25-37.
申小龙. 1995. 中国古音学传统的理论嬗变. 南昌大学学报, (3): 51-87.
沈步洲. 1931. 言语学概论. 上海：商务印书馆.
沈兼士. 1945. 广韵声系（全上下两册）. 北京：辅仁大学.
施向东. 1983. 玄奘译著中的梵汉对音和唐初中原方音. 语言研究, (1): 27-48.
施向东. 2000. 汉语和藏语同源体系的比较研究. 北京：华语教学出版社.
史存直. 1981. 汉语语音史纲要. 北京：商务印书馆.
孙宏开, 江荻. 2000. 汉藏语系研究历史沿革//丁邦新, 孙宏开编. 汉藏语同源词研究（一）——汉藏语研究的历史回顾. 南宁：广西民族出版社：1-116.
孙建元. 1996. 吕祖谦《音注河上公道德经》记略. 古汉语研究, (3): 23-24.
孙建元. 1998. 吕祖谦音注三种研究. 广西师范大学学报, 34(4): 28-34.
唐作藩. 1958. 汉语音韵学常识. 上海：上海教育出版社.
唐作藩. 1982. 上古音手册. 南京：江苏人民出版社.
唐作藩. 1989. 《四声等子》研究//吕叔湘等. 语言文字学术论文集——庆祝王力先生学术活动五十周年. 上海：知识出版社：291-312.
唐作藩. 1993. 四十年音韵研究的回顾//刘坚, 侯精一主编. 中国语文研究四十年纪念文集. 北京：北京语言学院出版社：297-300.
唐作藩, 耿振生. 1998. 二十世纪的汉语音韵学//刘坚主编. 二十世纪的中国语言学. 北京：北京大学出版社：1-52.
唐作藩, 杨耐思. 1989. 四十年来的汉语音韵学. 语文建设, (5): 2-10.
汪荣宝. 1923a. 歌戈鱼虞模古读考. 华国月刊, (2): 1-11.
汪荣宝. 1923b. 歌戈鱼虞模古读考（续第二期）. 华国月刊, (3): 1-12.
汪寿明. 1982. 读《切韵指掌图》札记. 华东师范大学学报（哲学社会科学版）, (5): 90-93.
汪怡. 1924. 新著国语发音学. 上海：商务印书馆.

王国维. 2003.《周代金石文韵读》序//观堂集林(外二种). 2 版. 石家庄: 河北教育出版社: 202-203.
王力. 1931. 博白方音实验录. 巴黎大学博士学位论文.
王力. 1957. 汉语史稿(上册). 北京: 科学出版社.
王力. 1958a. 汉语史稿(中册). 北京: 科学出版社.
王力. 1958b. 汉语史稿(下册). 北京: 科学出版社.
王力. 1980a. 诗经韵读. 上海: 上海古籍出版社.
王力. 1980b. 楚辞韵读. 上海: 上海古籍出版社.
王力. 1981. 中国语言学史. 太原: 山西教育出版社.
王力. 1982a. 玄应《一切经音义》反切考. 语言研究, (1): 1-5.
王力. 1982b. 朱翱反切考//龙虫并雕斋文集(第三册). 北京: 中华书局: 212-256.
王力. 1982c.《经典释文》反切考//龙虫并雕斋文集(第三册). 北京: 中华书局: 135-211.
王力. 1985. 汉语语音史. 北京: 中国社会科学出版社.
王力. 1986. 王力文集·第四卷·汉语音韵学. 济南: 山东教育出版社.
王力. 1992. 清代古音学. 北京: 中华书局.
王力. 2004. 汉语史稿. 北京: 中华书局.
王立达. 1959. 汉语研究小史. 北京: 商务印书馆.
王祖佑. 1957. 反切释例. 北京: 文字改革出版社.
尉迟治平. 1982. 周、隋长安方音初探. 语言研究, (2): 18-33.
尉迟治平. 1984. 周、隋长安方音再探. 语言研究, (2): 105-114.
魏建功. 1935. 古音系研究. 北京: 北京大学出版组.
吴文祺, 张世禄等. 1986. 中国历代语言学论文选注. 上海: 上海教育出版社.
向熹. 1988.《诗经》古今音手册. 天津: 南开大学出版社.
萧超然, 沙健孙, 周承恩, 等. 1988. 北京大学校史(1898—1949). 北京: 北京大学出版社.
谢云飞. 1987. 中国声韵学大纲. 台北: 台湾学生书局.
邢公畹. 1983. 原始汉台语复辅音声母的演替系列//语言论集. 北京: 商务印书馆: 252-264
邢公畹. 1999. 汉台语比较手册. 北京: 商务印书馆.
邢公畹. 2016.《语言与文化》再版序言//语言与文化. 北京: 北京出版社: 6-11.
徐敬修. 1925. 音韵常识. 上海: 大东书局.
徐通锵. 1988. 音系中的变异和内部拟测法. 中国语言学报, (1): 35-52.
徐通锵. 1991. 历史语言学. 北京: 商务印书馆.
徐通锵. 1997. 语言论——语义型语言的结构原理和研究方法. 长春: 东北师范大学出版社.
徐通锵, 叶蜚声. 1980a. 译音对勘与汉语的音韵研究——"五四"时期汉语音韵研究方法的转折. 北京大学学报, (3): 87-95.

徐通锵,叶蜚声.1980b.历史比较法和《切韵》音系的研究.语文研究,(1):29-43.
徐通锵,叶蜚声.1981.内部拟测方法和汉语上古音系的研究.语文研究,(1):65-82.
许梦麟.1985.反切拼读入门.郑州:河南人民出版社.
薛凤生.1982.论音变与音位结构的关系.语言研究,(2):11-17.
严学宭.1943.小徐本说文反切之音系.国立中山大学师范学院季刊,(2):1-80.
严学宭.1990a.广韵导读.成都:巴蜀书社.
严学宭.1990b.原始汉语研究的方向//《王力先生纪念论文集》编委会编.王力先生纪念论文集.北京:商务印书馆:15-23.
杨剑桥.1996.汉语现代音韵学.上海:复旦大学出版社.
杨茂勋.1993.普通语言学.厦门:厦门大学出版社.
杨耐思.1981.中原音韵音系.北京:中国社会科学出版社.
杨耐思.1987a.音韵学的研究方法(上).语文导报,(3):49-53.
杨耐思.1987b.音韵学的研究方法(下).语文导报,(4):37-40.
叶蜚声,徐通锵.1981.语言学纲要.北京:北京大学出版社.
叶蜚声,伍铁平,徐盛桓,等.1993.普通语言学概要.北京:高等教育出版社.
易作霖.1920a.国音学讲义.上海:商务印书馆.
易作霖.1920b.国音读本.上海:中华书局.
殷焕先.1979.反切释要.济南:山东人民出版社.
俞敏.1949.汉语的"其"跟藏语的gji.燕京学报,(37):76-95,265-266.
俞敏.1984.后汉三国梵汉对音谱//中国语文学论文选.东京:光生馆:269-319.
俞敏.1989.汉藏同源字谱稿.民族语文,(1):56-77.
俞敏.1999.汉藏虚字比较研究//俞敏语言学论文集.北京:商务印书馆:121-166.
袁家骅等.1960.汉语方言概要.北京:文字改革出版社.
张斌,许威汉.1993.中国古代语言学资料汇纂·音韵学分册.福州:福建人民出版社.
张光宇.1989.闽方言音韵层次的时代与地域.清华学报,(1):165-179.
张光宇.1994.吴语在历史上的扩散运动.中国语文,(6):409-418.
张琨.1972.原始汉语的韵母系统和《切韵》.张贤豹译."中央研究院"历史语言研究所单刊甲种之二十六.
张琨.1980a.汉藏语系的"针"字//中国社会科学院民族研究所语言研究室,中国民族语言学术讨论会秘书处编.汉藏语系语言学论文选译.张莲生译.油印本:71-80.
张琨.1980b.汉藏语系的"铁"*QHLEKS字//中国社会科学院民族研究所语言研究室,中国民族语言学术讨论会秘书处编.汉藏语系语言学论文选译.张莲生译.油印本:161-174.
张琨.1987.汉语音韵史论文集.张贤豹译.台北:联经出版事业股份有限公司.
张世禄.1929.中国声韵学概要.上海:商务印书馆.

张世禄. 1931a. 中国音韵学史之鸟瞰. 东方杂志, 28(11): 67-74.

张世禄. 1931b. 高本汉的中国语言学说. 暨大文学院集刊, (1): 227-244.

张世禄. 1934a. 语音学纲要. 上海: 开明书店.

张世禄. 1934b. 语言学概论. 上海: 中华书局.

张世禄. 1937. 高本汉与中国语文. 语文, (5): 2-55.

张世禄. 1938. 中国音韵学史. 上海: 商务印书馆.

张世禄. 1939. 介绍高本汉先生. 说文月刊, (4): 259-264.

张世禄. 1944. 中国历史语音学之方法. 中国文学, (1): 10-46.

张世禄. 1948. 西洋学者对于中国语音学的贡献. 文化先锋, 9(1): 1-5.

张玉来. 1988. 内外转补释. 山东师大学报(社会科学版), (1): 71-78.

章炳麟. 1924. 与汪旭初论阿字长短音书. 华国月刊, (5): 27-105.

章炳麟. 2014. 《音韵学通论》题辞//上海人民出版社编. 太炎文录续编. 黄耀先, 饶钦农, 贺庸点校. 上海: 上海人民出版社: 133-136.

章太炎. 2006. 国故论衡. 上海: 上海古籍出版社.

赵秉璇, 竺家宁. 1998. 古汉语复声母论文集. 北京: 北京语言文化大学出版社.

赵荫棠. 1936. 中原音韵研究. 上海: 商务印书馆.

赵元任. 1922. 中国言语字调底实验研究法. 科学, 7(9): 871-883.

赵元任. 1923. 国音新诗韵. 上海: 商务印书馆.

赵元任. 1928. 现代吴语的研究. 北京: 清华大学研究院.

赵元任. 1934. The non-uniqueness of phonemic solutions of phonetic systems. *Bulletin of the Institute of History and Philology, Academia Sinica*, 4(4): 363-398.

赵元任. 1959. 语言问题. 台北: 台湾大学文学院.

赵元任, 丁声树, 杨时逢, 等. 1948. 湖北方言调查报告. 上海: 商务印书馆.

赵振铎. 1990. 音韵学纲要. 成都: 巴蜀书社.

赵振铎. 2000. 中国语言学史. 石家庄: 河北教育出版社.

照那斯图, 杨耐思. 1987. 蒙古字韵校本. 北京: 民族出版社.

郑张尚芳. 1998. 上古音研究十年回顾与展望(一). 古汉语研究, (4): 11-17.

郑张尚芳. 1999. 上古音研究十年回顾与展望(二). 古汉语研究, (1): 8-17.

中国社会科学院语言研究所. 1978a. 中国语言学论文索引(甲编). 北京: 商务印书馆.

中国社会科学院语言研究所. 1978b. 中国语言学论文索引(乙编). 北京: 商务印书馆.

钟兆华. 1982. 颜师古反切考略//中国社会科学院语言研究所古代汉语研究室编. 古汉语研究论文集. 北京: 北京出版社: 16-51.

周斌武. 1987. 汉语音韵学史略. 合肥: 安徽教育出版社.

周法高. 1973. 二十世纪的中国语言学. 香港中文大学学报, (1): 10-15.

周法高. 1980. 论中国语言学的过去、现在和未来//论中国语言学. 香港: 香港中文大学出版社: 1-21.

周祖谟. 1983. 唐五代韵书集存(上下). 北京: 中华书局.

周祖谟. 1988. 敦煌变文与唐代语音//周祖谟语言文史论集. 杭州: 浙江古籍出版社: 169-206.

周祖谟. 1996. 魏晋南北朝韵部之演变. 台北: 东大图书股份有限公司.

朱星. 1982. 汉语古音研究的过程和方向. 天津师范大学学报(社会科学版), (1): 83-89.

竺家宁. 1993. 台湾四十年来的音韵学研究. 中国语文, (1): 23-32.

《中国大百科全书》总编辑委员会. 1993. 中国大百科全书. 北京: 中国大百科全书出版社.

《中国语言学家》编写组. 1981. 中国现代语言学家. 石家庄: 河北人民出版社.

〔俄〕钢和泰. 1923. 音译梵书与中国古音. 胡适译. 国学季刊, 1(1): 47-56.

〔俄〕兹维金采夫. 1981. 普通语言学纲要. 伍铁平, 马福聚, 汤庭国, 等译. 北京: 商务印书馆.

〔法〕保尔·巴西. 1933. 比较语音学概要. 刘复译. 北京: 商务印书馆.

〔法〕马伯乐. 1912. 安南语音史研究. 河内远东法文学校学报, 十二卷单刊.

〔法〕马伯乐. 1920. 唐代长安方音. 河内远东法文学校学报, 20: 1-124.

〔法〕马赛尔·柯恩. 1959. 语言. 双明译. 北京: 科学出版社.

〔美〕B. 布洛赫, 〔美〕G. L. 特雷杰. 1965. 语言分析纲要. 赵世开译. 北京: 商务印书馆.

〔美〕爱德华·萨丕尔. 1964. 语言论. 陆卓元译. 北京: 商务印书馆.

〔美〕包拟古. 1995. 原始汉语与汉藏语. 潘悟云, 冯蒸译. 北京: 中华书局.

〔美〕本尼迪克特. 1984. 汉藏语言概论. 乐赛月, 罗美珍译. 北京: 中国社会科学院民族研究所语言室.

〔美〕布龙菲尔德. 1980. 语言论. 袁家骅, 赵世开, 甘世福译. 北京: 商务印书馆.

〔美〕福尔. 1937. 语言学通论. 张世禄, 蓝文海译. 上海: 商务印书馆.

〔美〕霍凯特. 1986. 现代语言学教程. 索振羽, 叶蜚声译. 北京: 北京大学出版社.

〔美〕罗杰瑞. 1995. 汉语概说. 张惠英译. 北京: 语文出版社.

〔日〕安藤正次. 1931. 言语学大纲. 雷通群译. 上海: 商务印书馆.

〔瑞典〕高本汉. 1933. 中国语与中国文. 张世禄译. 上海: 商务印书馆.

〔瑞典〕高本汉. 1937. 汉语词类. 张世禄译. 上海: 商务印书馆.

〔瑞典〕高本汉. 1940. 中国音韵学研究. 赵元任, 罗常培, 李方桂译. 上海: 商务印书馆.

〔瑞士〕费尔迪南·德·索绪尔. 1980. 普通语言学教程. 高名凯译. 北京: 商务印书馆.

〔英〕罗宾斯. 1986. 普通语言学概论. 李振麟, 胡伟民译. 上海: 上海译文出版社.

〔美〕Norman, J. 1981. The Proto-Min finals//"中央研究院"国际汉学会议论文编辑委员会编. "中央研究院"国际汉学会议论文集(语言文字组). 台北: "中央研究院": 35-73.

〔日〕河野六郎. 1968. 朝鮮漢字音の研究. 奈良: 天理時報社.

〔日〕賴惟勤. 1989. 上古音分部図説//中国音韻論集・賴惟勤著作集Ⅰ. 東京: 汲古書院: 86-99.
〔日〕平山久雄. 1967. 中古漢語の音韻//牛島徳次, 香坂順一, 藤堂明保編. 中国文化叢書 第1巻 言語. 東京: 大修館書店: 112-166.
〔日〕三根谷徹. 1972. 越南漢字音の研究. 東京: 東洋文庫論叢.
〔美〕Norman, J. 1974. The initials of Proto-Min. *Journal of Chinese Linguistics*, (2): 27-36.
〔英〕Marshman, J. 1809. Dissertation on the Character and Sounds of the Chinese Language. Serampore: Mission Press.

第二章
20世纪汉语上古音研究

本章回顾了传统音韵学的上古音研究的概貌，梳理了20世纪汉语上古音研究的发展脉络，将20世纪的汉语上古音研究划分为转型期、发展期、探索期等三个阶段。在正确把握20世纪汉语上古音研究的主要理念的前提下，概括了汉语上古音研究在声、韵、调系统的音类分析和音值构拟方面取得的突破与进步，并对有关问题作出了分析和展望。

第一节 上古音概说

一、上古音的界定

传统汉语音韵学，分古音学、今音学和等韵学三个分支学科。古音学的研究对象即是上古音，主要是以《诗经》的韵部和形声字的谐声关系为材料。所谓"古音"，是相对于"今音"——以《切韵》(《广韵》)为研究对象的音韵学研究——而言的。

20世纪的汉语上古音研究是汉语古音学研究的现代延伸，两者具有直接的渊源关系。

汉语上古音，指的是汉代及其以前的汉语语音，主体是周秦时代的汉语语音，其上限到商代的甲骨文时代。甲骨文之前的汉语文献少不足征，可称为远古汉语，本书不论。两汉魏晋南北朝时期是上古音向中古音过渡的阶段，两汉语音近上古音，故放在本章里阐述，魏晋南北朝语音近中古音，故放在第三章里讨论。

钱玄同（2011a：205）说："古今字音，变迁甚多。试就可考者言之，可分为六期。"其第一期是公元前 11—前 3 世纪（周秦）；第二期是公元前 2—公元 2 世纪（两汉）。这两期大约就是上古音时代。罗常培（1956：25-26）在《汉语音韵学导论》中继承了钱玄同的分类法，并有具体的论述，我们十分赞同。他说：

> 古今音异，前修已能言之。然自三代以迄隋、唐，自隋、唐以至现代，其间变迁正多，概曰古今不同，尚嫌皮傅。故考音韵之变迁者，必须论世分期，以资比较。约而言之，周、秦为一时期（纪元前十一世纪至前三世纪）；两汉为一时期（纪元前二世纪至二世纪）；魏、晋、南北朝为一时期（三世纪至六世纪）；隋、唐、宋为一时期（七世纪至十三世纪）；元、明、清为一时期（十四世纪至十九世纪）；现代为一时期（二十世纪）。其间区划，虽非判若鸿沟，而蝉蜕之迹，大齐不远。兹分述各期变迁之大势如下。

罗常培（1956：26）认为，第一期的语音情况是：

> 第一期上古之世，韵书未兴，欲征古音，惟能就古韵文、谐声字及古书异文、通假、音训等项参互求之。现在韵文之可信者，以《诗经》为最古。前此之作，非出伪托，即感残缺。且殷契虽存，而音尚难征。出土吉金，亦多周器。故探讨古音，宜断自周初，未可侈言荒古也。清代学者，上据《诗经》《楚辞》之用韵，旁征《说文解字》之谐声，钩稽参证，反覆推求，对于此期古韵，曾经假定部居，阐明通转。并谓凡谐声字必与所从之声同韵，故视其偏旁以何字为声，即可知其音在某部。创通义例，执简驭繁，考古之功，良不可没。然古韵音读若何？古方音有无歧异？古声纽能否构成系统？复辅音曾否存在？惜犹未能明也。吾人幸生前修之后，凭借较多，倘能旁考殊域方言，参证《切韵》系统，以补苴其所未备，则将来创获，或可轶乎清人之上欤？

两汉时期的语音情况与周秦时代稍有不同，其语音多有混杂（罗常培，1949：8-9）：

第二期周初字形，犹未变古，偏旁同异，视而可识。且朝聘会享，共操"雅言"；别国方音，不登堂庙。故其时吊无韵书，而诗歌用韵，乃至赜而不可乱也。自战国以来，"诸侯力政，不统于王。言语异声，文字异形"。秦并天下，虽欲"书同文字"，"罢其不与秦文合者"，而以统一期暂，成效未睹。降及汉初，废弃秦法，既不欲定秦音为国语，更未能复周音为雅言。驯至方音错出，漫无统纪。且自籀篆变为隶草，偏旁省减旧形，据形定音，亦失准则。于是文人用韵，各掺土风，出入甚宽，任情变易。故两汉音韵，至为混淆。如欲理其端绪，则诗赋韵读而外，经师音训，扬雄《方言》，皆为重要资料。洪亮吉之《汉魏音》，胡元玉之《汉音钩沈》，殊无若何贡献也。

罗常培指明，周代之前的历史文献"非出伪托，即感残缺。且殷契虽存，而音尚难征。出土吉金，亦多周器。故探讨古音，宜断自周初，未可侈言荒古也"。也就是说，上古音的上限是周初，下限是汉末，主体是周秦时期。至于第二期的两汉时代，中间经过战乱，"降及汉初，废弃秦法，既不欲定秦音为国语，更未能复周音为雅言。驯至方音错出，漫无统纪"，致使"两汉音韵，至为混淆"。这是说两汉语音虽不是周时雅言，方言混淆，需要对共同语体系进行认真研究，但其去古未远，当是上古音的后期表现。

汉语是汉民族使用的语言，"汉"是汉以后才有的民族自称。因此，严格地说，汉代以前无所谓"汉语"，实际上应该称之为"雅言"或"夏言"。所谓"雅言"，是汉族先祖华夏民族使用的语言。《荀子·荣辱》说"越人安越，楚人安楚，君子安雅"[①]，《荀子·儒效》又说"居楚而楚，居越而越，居夏而夏"[②]，"雅""夏"对文，"雅言"就是"夏言"。姬周民族跟夏族一样起于西方，所以自称华夏，把自己的语言称作夏（雅）言。

二、上古音研究的理论、材料和方法

上古音研究需要理论、材料和方法的支撑，理论是研究思路，材料是研究基础，方法是研究手段，这三者缺一不可。

---

① （战国）荀子撰，方达评注：《荀子》，商务印书馆，2016，第51页。
② （战国）荀子撰，方达评注：《荀子》，商务印书馆，2016，第124页。

（一）上古音研究需要的基本理论

（1）语音发展观。语言是不断发展变化的，语音也是不断发展变化的。上古音与中古音不同，更与现代汉语语音不同。从南北朝直到明清之际，古音学家才树立起这个观念。古音不同今音的观念应该贯彻到汉语语音研究的各个层面和单位，包括声母、韵母、元音、介音、韵尾和声调等，绝不可以根据现代汉语的某个方言语音断定上古音有或没有某种语音现象。

（2）语音系统论。一种语言的语音可以分成不同的层级，每个层级又可以分成不同的单位，层级或语音单位之间具有一定的关系，分类和关系构成系统。语音研究应该具有系统的观念，着眼于辅音系统、声母系统、韵母系统、介音系统、元音系统、韵尾系统、声调系统、音节系统等语音系统。即使是研究某一个语音单位，也应该将其放在语音系统中观察，注意这个单位和其他单位之间的关系，绝不可以孤立地进行讨论。

（3）语音规则论。语音单位的关系有一定的规则，语音的演变有一定的规律。例如，汉语上古音入声韵配阴声韵，中古音入声韵配阳声韵，规则不同，上古音演变到中古音，在一定的条件下结果相同，这就是规律。上古音的研究必须观照中古音，音变必须具有规则性，绝不可以将上古音的研究与中古音的研究割裂开来。

上述三个观念构成了上古音研究的最重要的理论基础，也是传统古音学和现代上古音研究的最重要的区别。

（二）上古音研究需要的研究材料

研究方法和研究材料密不可分，特定的材料要求用特定的方法进行处理，特定的方法适用于特定的材料。上古音研究的材料可以分为用于音类分析的和用于音值构拟的两种不同的类型。

先秦没有韵书，没有反切，也没有韵图，音类分析最基本的材料是《诗经》的用韵系统。正因为没有韵书供检韵，先秦作诗只能依据实际语音，所以《诗经》用韵可以真实地反映雅言的语音，同时《诗经》号称三百篇，韵字数量多，足以归纳出完整无缺的用韵系统。汉语诗歌必须押韵，押韵要求韵（韵腹+韵尾）相同，诗歌中韵字不间断连缀成韵段，不同的韵段如果有相同的韵字则韵同，可以系联成一个韵串，穷尽系联《诗经》韵段所得最大韵串就是韵部。这种整理《诗经》韵部系统的韵字系联法，清代学者形象地称之为"丝贯绳引法"。《诗经》之外的先秦韵文，可补充韵部韵字。

上古音研究的另一种基本材料是谐声字。如果观察《诗经》的韵部系统，就会发现同一个声符的谐声字聚集在同一个韵部中，由此可以推论同谐声必同部。汉字发展史上存在一个以假借字为主的阶段，汉字作为记音符号可以记录多个同音词，后来人们为了区别词义，将假借字作为声符，再加上一个可以表示词义的汉字作为意符，构成形声字，从而逐渐进入以形声字为主的阶段。所以形声字的记音功能与假借字等价，互谐字读音相同，韵自然相同，可以利用声符将同谐声系列的形声字归入同一个韵部。这种方法可以称作"谐声归部法"，首先在《诗经》韵部中分析出韵字的谐声声符，归纳成各韵部的谐声声符表，凡属同一谐声系列的字即可归入此韵部。谐声归部法并不能独立地归纳出上古音的韵部系统，但因为形声字是汉字的主体，利用其声符可以将绝大部分不见于《诗经》韵脚的谐声字分别归入各个韵部。

正因为谐声与假借等价，互谐字不仅韵有紧密关系，声母也有紧密关系，所以谐声系统也是研究上古音声母的基本材料。研究方法是从中古音的声母系统，包括声母的系、组、纽等不同层级的各个单位，分析其谐声关系，如果一个声母分属不同的谐声系列，则上古音应该分立成不同的声母，反之如果不同的声母属于同一谐声系列，则上古音应该合并为一个声母，同时必须探寻确立从上古到中古声母分化或合并的条件。

其他上古语音材料，包括假借、声训、读若、重文、异文等，也可以用于上古声母、韵母的研究。研究方法也是分析中古音在上古的分合。这类材料虽然零散，但是数量不小，可作为辅助材料，用于补充韵部韵字，判定非形声字或谐声关系不明的字的归属。

汉语中古音的音值是在现代汉语方言的基础上运用历史比较法进行构拟，上古音的音值则是在中古音音值的基础上采用内部构拟法进行研究。语音是一个完整的系统，具有高度的一致性和对称性，汉语从上古音到中古音，这种系统性发生了变化，出现了一些不规则的现象，例如结构的空格和语音的例外，学者可以根据音理和逻辑对上古音音值进行构拟，填补空格，解释例外，建立语音演变规律。

上古音音值构拟的另一个重要材料，是上古的译音、借词、汉藏语系同源词等，这类材料本身就是记音的，可以为音值构拟提供重要的参考。

（三）上古音研究需要的研究方法

上古音研究中，学者的学术背景不同、处理的材料不同，运用到的方法主要有：①丝贯绳引法；②离析唐韵法；③谐声推演法；④音类对应法；⑤统计法；⑥审音法；⑦音系表解法；⑧历史比较法；⑨内部构拟法；⑩类型拟测法；⑪对音法；⑫方音对照法；⑬时空投影法等。每一种方法都有其适用的范围，也都有其局限，需要根据研究的对象综合施策。

三、上古音研究的源流

古音学在清代获得了充分的发展，在理论、材料和方法上都已经自主萌发了许多科学的要素，为古音学由传统小学学科向现代语言学科的汉语上古音研究转型准备了条件。

早在六朝时，学者们就已经观察到用当时的语言诵读《诗经》有时并不押韵，但对这种语言现象并没能给出正确的解释，直到明代陈第在《毛诗古音考》中才明确指出这是因为语音发生了变化，古音不同于今音。这种历时音变、古今音异的观念提供了探求古音的需求，为古音学的建立奠定了理论基础。清代江永的《古韵标准》力倡研究《诗经》韵部应该使用《诗经》韵字，反对漫无标准地使用后出的材料，重视研究材料的效度，提升了古音学的学科质量。段玉裁的《六书音均表》揭示了谐声系统与《诗经》韵部一致，姚文田的《说文声系》和严可均的《说文声类》开始系统地利用谐声字研究古音，不再限于《诗经》韵字，研究目的显然并非为了释读《诗经》，于是古音学不再是经学附庸，具备了独立的语言学的性质。顾炎武的《音学五书》创立了根据韵字客观归纳韵部的研究方法，张惠言、张成孙在《说文谐声谱》中将这种方法命名为"丝联绳引法"，清晰地展示了操作步骤，且可重复、可验证，这正是科学研究方法的显著特点。正是在理论、材料和方法上显示出的这些科学要素，推动古音学顺利地实现了向上古音研究的科学转型。

进入 20 世纪以后，音韵学家有了语音史的观念，分别用"上古音"和"中古音"指称"古音"和"今音"，他们继承清代古音学研究的丰硕成果，使音韵学在中国的诸种传统学科中率先实现了向现代学科的过渡,开辟了上古音研究的新世纪。

20世纪汉语上古音的研究可以分为三个阶段。第一个阶段20世纪10—40年代,是古音学向上古音研究的转型期。章炳麟发表《国故论衡》(1910)、《音理论》和《二十三部音准》(1915)[①],以今读和反切描写古韵部的读音,开始探求古韵音值;1920年,黄侃开始发表《音略》等论文,以古本声十九纽和古本韵二十八部同居互求,已经建构成完整的语音系统,反映传统古音学向现代上古音研究转变的自觉萌动。1923年胡适翻译发表了俄国钢和泰的论文《音译梵书与中国古音》,力倡利用梵汉对音来研究汉语古音音值,接着,汪荣宝发表《歌戈鱼虞模古读考》,利用各种域外译音考定上古汉语歌部和鱼部的元音是a。同在1923年,瑞典高本汉发表《中日汉字分析字典》,利用汉字的谐声系统全面构拟上古汉语的语音系统,1927年赵元任将该书翻译为《高本汉的谐声论》。汪荣宝的论文、赵元任翻译的高本汉的论文的发表,引发了关于上古音研究材料和音值构拟的大讨论,最终促成传统古音学向现代语言学的转型,此后,对上古汉语的声韵调系统进行音类分析和音值构拟的研究模式成了20世纪汉语上古音研究的主流。以高本汉的《中日汉字分析字典》《中国音韵学研究》等为代表的高本汉范式展示了上古音研究的成功转型。

第二个阶段20世纪50—80年代,是汉语上古音研究的发展期。这个时期内学者们不断地对高本汉的上古音系统进行改进,相关改进的共同特点是声母系统和韵母系统都很复杂,没能脱离中古《切韵》音系格局的樊笼。中国从1966年到1976年爆发"文化大革命",学术研究几近停顿;海外汉语上古音的研究成果也不多,总体上陷于沉寂。1980年,李方桂在中国出版《上古音研究》;1982年,王力出版《同源字典》;1985年,王力出版《汉语语音史》。他们都主张上古音的一个韵部只有一个主元音,所构拟的上古音系统简洁,对上古汉语各种语音现象具有很强的解释力,得到

[①]《国故论衡》的初版本于1910年刊行于日本东京;第二、第三版分别于1912年12月和1913年4月由上海大共和日报馆印行,此版本无《音理论》和《二十三部音准》;1915年上海右文社铅印本《章氏丛书》中的《国故论衡》,删去《古今音损益说》,增《音理论》和《二十三部音准》。

学术界的普遍认同。

第三个阶段从 20 世纪 90 年代开始，是汉语上古音研究的探索期。白一平、沙加尔、斯塔罗斯金、郑张尚芳、潘悟云等学者在汉语上古音研究上的新成果，对李方桂和王力等人的成果进行了修正，并提出了新的构拟体系。

上古音研究远没有达到成熟的程度，学者们一直在探索的路上。

四、上古音的分期

我们在前面已经论及上古音的上限是周代初，下限是汉末，主体是周秦时代。在上古音研究的早期，上古音指的就是原来的"古音"，以《诗经》的韵部和形声字的谐声关系作为主要的研究对象，学者并没有发现其内部还有分别。随着研究的深入，学者发现《诗经》韵系和谐声系统并不完全相同。例如"入""内""纳"三字，在《诗经》中仅"内"两次入韵：《大雅·荡》三章中"而秉义类，强御多怼。流言以对，寇攘式内"与"类、怼、对"押韵（程俊英和蒋见元，1991：850）；《大雅·抑》四章中"夙兴夜寐，洒扫庭内"与"寐"押韵（程俊英和蒋见元，1991：858）。段玉裁的《六书音均表·诗经韵分十七部表》将其置于第十五部（微部）。

对于"入""纳"等在先秦韵文不入韵的字，段玉裁在《六书音均表》的《古谐声说》《古假借必同部说》《古转注同部说》中提出可根据谐声、假借和转注（按：指声训、互训）来判定并派入古韵十七部。"入""内""纳"三字在上古汉语文献中通用，关系十分密切，所以段玉裁在《说文解字注》的"纳"篆下曰："古多假纳为内字。内者，入也。"[①]在"内"篆下又注："今人谓所入之处为'内'，乃以其引伸之义为本义也，互易之，故分别读奴荅切，又多假'纳'为之矣。"但是，《说文·入部》："入，内也。象从上俱下也。""内，入也。从口，自外而入也。"[②]《说文·糸部》："纳，丝湿纳纳也。从糸，内声。"[③]根据《说文》，"入"是象形字，"内"是会意字，"纳"从"内"声而"入"与"内""纳"没有谐声关系。段玉裁据《说文》释义将"入"派入第七部（缉部），"内"和"纳"在第十五部（微部）。这与他在《说文解字注》

---

① （汉）许慎撰，（清）段玉裁注：《说文解字注》，上海古籍出版社，1981，第 645 页。
② （汉）许慎撰，（清）段玉裁注：《说文解字注》，上海古籍出版社，1981，第 109 页。
③ （汉）许慎：《说文解字》，中华书局，1963，第 271 页。

中对"内""纳"的音韵分析不一致,反映了段玉裁在语言事实和许慎说解之间顾此失彼的无奈。

从古文字看,"入""内""纳"通用不分。例如《颂鼎》:"旦,王各大(格太)室,即立(位)。宰引右(佑)颂,入门,立中廷……受令(命)册,佩以出,反入堇章(返纳瑾璋)。"(中国社会科学院考古研究所,2007a:1497)前"入"是进入,后"入"用为"纳"。《毛公鼎》:"命女(汝)辥(乂)我邦、我家内外,惷于小大政。"(中国社会科学院考古研究所,2007a:1534)"内"是内里。《大克鼎》:"出内(纳)王令(命),多易(赐)宝休……旦,王各(格)穆庙,即立(位)。緟季右善(佑膳)夫克,入门,立中廷。"(中国社会科学院考古研究所,2007a:1514)"内"用为"纳"。《伊簋》:"旦,王各(格)穆大(太)室,即立(位)。申季内右(入佑)伊,立中廷。"(中国社会科学院考古研究所,2007b:2628)"内"用为"入"。"入(门)""内[入(右伊)]"是自动词,"入[纳(堇章)]""内[纳(王令)]"是使动词,"内(外)"是名词。从字形看,"内"是"入"的增形字,从冂入,入亦声;"纳"是"内"的晚起区别字。可见,《说文》的说法并不正确。

《荡》《抑》分别是召穆公和卫武公刺周厉王之诗,应作于西周晚期。《颂鼎》等四器也是西周晚期的器具,特别是《颂鼎》,作者是周宣王的史官。厉王奔彘,卫武公代行执政,召穆公和周公辅政,史称"共和行政",其后召穆公拥立宣王,并任大宗伯。可见上举金文用例就是《荡》《抑》时的语言事实。

值得注意的是,现在还没有发现"入"用为"内"的用例,因此可以推测,"内"用为"入""纳"是-p尾缉部字,用为"内(外)"是-t尾物部字,这是通过韵尾变换由动词转化为名词的构词形态变化。

因此,汉语上古音的主体周秦时代的以《诗经》用韵系统为代表的音系,与谐声字系统音系的不同,可能反映了谐声字系统音系是更早的一些语音现象。两个时期的语音系统虽然基本相同,但也略有差异。两汉时期的汉语,尤其是东汉时期的语音,与周秦主体音系又有很大的不同,就音系结构而言,汉代发生了不少变化。可见本章第七节。

总体来说,上古音虽然存在时代的差异,但其音韵格局变化不大,内部存在极强的一致性。

第二节 20世纪前的古音学简述

本节阐述从六朝到清代汉语古音学学科建立的过程，介绍清代古音学研究的主要成果，并讨论清代古音学家在学科理论、材料和方法上的探讨在古音学史上的重要贡献。本节阐述的内容是20世纪汉语上古音研究的源头和基础。

一、古音学的理论准备

如要建立一个新的学科，首先必须有一个不同于其他学科的独特的研究对象。六朝时，人们发现《诗经》中有的诗篇读起来没有韵，这种现象不符合诗歌应该押韵的汉语诗律常识，这引起了学者的关注。学者试图加以解释，随之他们引入了一种新的研究对象，这成为古音学建立的契机。

六朝人对《诗经》不押韵现象的解释是"协句"或"叶韵"，这些著作都已经失传，后人只能在《经典释文》中看到只言片语，不能清楚地了解当时协句和叶韵说的详情。唐陆德明在《经典释文》中将这一现象称为"协韵"，例如《诗经·召南·采苹》："于以采苹？南涧之滨。于以采藻？于彼行潦。/ 于以盛之？维筐及筥。于以湘之？维锜及釜。/ 于以奠之？宗室牖下。谁其尸之？有齐季女。"（程俊英和蒋见元，1991：36-37）首章"苹"韵"滨"、"藻"韵"潦"，二章"筥"韵"釜"，那么第三章也应该有韵，陆德明注："下，如字。协韵则音户。"[①]意思是说"下"按字形唐代实际读音即"如字"是匣母马韵（《广韵》胡雅切），则不合韵，必须读成"户"的匣母姥韵（侯古切）的音，才能与娘母语韵的"女"（《广韵》尼吕切）押韵，从而达到"协韵"。陆德明从后时语音系统用"如字"读上古诗韵，如不押韵，就按一个字的"如字"改变其他"如字"的韵（声母不改）以求合韵。可见这些学者无论是判识《诗经》篇章是否合韵，还是如何改音"协韵"，都是根据"今音"，并没有意识到"古音"不同"今音"，从"古音"观察《诗经》自然合韵，学者的

[①]（唐）陆德明：《经典释文》，上海古籍出版社，1985，第215页。

任务是从《诗经》韵字分析归纳古音韵部系统，而不是改音"协韵"，强古韵以适今韵。

"协韵"即后世盛行的"叶音"，到宋代朱熹广泛用于对先秦古籍的音注中，影响深远，至今还有学者采用这种语音观念和处理方法。

例如，《诗经·召南·行露》第二章、第三章："谁谓雀无角？何以穿我屋？谁谓女无家？何以速我狱？虽速我狱，室家不足！谁谓鼠无牙？何以穿我墉？谁谓女无家？何以速我讼？虽速我讼，亦不女从。"（程俊英和蒋见元，1991：42）按：第二章韵"角屋狱狱足"，朱熹在《诗集传》中误以为"家"入韵，注"家，叶音谷"，改读为入声屋韵；第三章是隔韵，"牙家""墉讼从"分别押韵，朱熹误以为"家"韵"墉讼从"，注"家，叶各空反"[①]，改读为东韵。又《小雅二·鹿鸣之什二之一·常棣》第八章："宜尔室家，乐尔妻帑。是究是图，亶其然乎？"（程俊英和蒋见元，1991：452）韵"家帑图乎"，朱熹注"家：叶古胡反"[②]，改读为模韵；《桧风·隰有苌楚》第二章："隰有苌楚，猗傩其华。夭之沃沃，乐子之无家！"（程俊英和蒋见元，1991：391）韵"华家"，朱熹注"家：古胡、古牙二反"[③]，"古牙反"为麻韵，是"家"的"如字"之音。"叶音"的这种处理可以满足后人以时音诵读先秦韵文求合韵的临时需求，但这样随文改读，则字无定音，例如如果折合成现代汉语普通话，朱熹给"家"定有谷 gu、各空反 gong、古胡反 gu、古牙反 jia 四个叶音，四个读音共同之处只是声母都是见纽，字音与字形、字意脱钩，随所处韵段叶音，用韵变化无端，识字审音漫无准则，自然会滋人疑虑。

针对朱熹的"叶音说"，清顾炎武在《诗本音》卷一中说：

> 一"家"也，忽而"谷"，忽而"公"（按：即各空反），歌之者难为音，听之者难为耳矣。此其病在乎以后代作诗之体，求六经

[①]（宋）朱熹注，（汉）王逸注，（宋）洪兴祖补注，夏祖尧标点：《诗集传 楚辞章句》，岳麓书社，1989，第12页。

[②]（宋）朱熹注，（汉）王逸注，（宋）洪兴祖补注，夏祖尧标点：《诗集传 楚辞章句》，岳麓书社，1989，第117页。

[③]（宋）朱熹注，（汉）王逸注，（宋）洪兴祖补注，夏祖尧标点：《诗集传 楚辞章句》，岳麓书社，1989，第97页。

之文，而厚诬古人以谬悠忽恍不可知不可据之字音也。①

其批评可谓切中肯綮。

对于这种《诗经》自有本音的观念，明代陈第在《毛诗古音考自序》中有更加精辟的表述。

> 夫《诗》，以声教也，取其可歌、可咏，可长言嗟叹，至手足舞蹈而不自知，以感发其兴、观、群、怨、事父事君之心，且将从容以绎绎，夫鸟兽草木之名义，斯其所以为《诗》也。若其意深长而于韵不谐，则文而已矣。故士人篇章，必有音节；田野俚曲，亦各谐声，岂以古人之诗而独无韵乎！盖时有古今，地有南北，字有更革，音有转移，亦势所必至。故以今之音读古之作，不免乖剌而不入，于是悉委之叶，夫其果出于叶也，作之非一人，采之非一国，何"母"必读"米"……厥类实繁，难以殚举。其矩律之严，即《唐韵》不啻，此其故何耶？又《左》、《国》、《易》、《象》、《离骚》、《楚辞》、秦碑、汉赋，以至上古歌谣、箴铭赞颂，往往韵与《诗》合，实古音之证也。②

明清学者对六朝以降的"叶音说"的批判，廓清了以今音释读古韵的错误观念，确立了古今音异的音韵观，特别是"时有古今，地有南北，字有更革，音有转移"，是语言发展观的理论表述，从而为古音学学科的建立做好了理论准备。顾炎武撰《音论》《诗本音》《易音》《唐韵正》《古音表》，合称《音学五书》，从书名看，撰述宗旨是根据《诗经》探求上古语音之"本音"，从古音的角度指摘纠正《唐韵》(《广韵》)不合古韵之处，归纳古音韵部表。这就是古今音异、古韵不同今韵的语言发展观。从六朝以降，学者囿于"协句""协韵""叶韵"之说，无法对《诗经》不押韵的现象有正确的认识和合理的解释，而一旦确立了语言发展观，困扰学术界千余年的难题就迎刃而解了，古音学的理论准备得以完成，《音学五书》成了清代古音学的开山之作，从而揭开了清代古音学研究的大幕。

---

① (清)顾炎武：《音学五书》，中华书局，1982，第61页。
② (明)陈第著，康瑞琮点校：《毛诗古音考》，中华书局，1988，第7页。

二、清代古音学研究的主要成就

（一）清代古音学的声母考订

清代学者研究古音声母主要使用假借、声训、读若、重文、反切、又音、译音等文献材料，比较这些语料在上古和中古的声纽异同。如果在中古是两个不同的声纽，在上古是一个声纽，就认为中古的这两个声纽在上古是一个声纽。

1. 古无轻唇音

中古唇音声母分为重唇音帮、滂、并、明和轻唇音非、敷、奉、微两组。"古无轻唇音"的意思是非、敷、奉、微在古音分别归入帮、滂、并、明。实际上，"古无轻唇音"并不是在上古才有的声母特点，中古《切韵》音系就只有重唇音，到中唐轻唇音才从重唇音中分化出来。

"古无轻唇音"的论断出于清钱大昕《十驾斋养新录》卷五《古无轻唇音》：

> 凡轻唇之音，古读皆为重唇。《诗》："凡民有丧，匍匐救之。"《檀弓》引《诗》作"扶服"，《家语》引作"扶伏"……
>
> 《广韵》："苃，薄报切。鸟伏卵。""伏，扶富切。鸟苃子。"伏、苃互相训，而声亦相转。此伏羲所以为庖牺，伏羲氏亦称庖牺氏……
>
> 《汉书·公卿表》："李延寿为御史大夫，一姓繁。"师古曰："繁，音蒲元反。"《陈汤传》："御史大夫繁延寿。"师古曰："繁，音蒲胡反。"《萧望之传》师古音婆，《谷永传》师古音蒲何反。延寿一人，而小颜三易其音，要皆重唇而非轻唇，则是汉人无轻唇之证也……
>
> 古读"无"如"模"……释氏书多用"南无"字，读如"曩谟"。梵书入中国，绎译多在东晋时，音犹近古，沙门守其旧音不改，所谓"礼失而求诸野也"。"无"又转如"毛"。《后汉书·冯衍传》："饥者毛食。"注云："按《衍集》毛字作无。"《汉书·功臣侯表序》："靡有子遗耗矣。"注："孟康曰：'耗音毛。'师古曰：今俗语犹谓无为耗。"大昕按：今江西、湖南方音读"无"如"冒"，即"毛"之去声。①

---

① （清）钱大昕：《十驾斋养新录》，商务印书馆，1935，第 101、102、104、109 页。

上面节引的《古无轻唇音》的文本中包含各种不同性质的语料。匐（並）甸（並）：扶（奉）服（奉）/扶（奉）伏（奉），这是异文；苞（並）：伏（奉），这是互训；伏（奉）：庖（並），这是异称；繁，蒲元反、蒲胡反和音"婆""蒲何反"，这是又音；"南无"，"曩谟"，无（微）：谟（明），这是异译；无（微）：耗、毛（明），这是古音。

《古无轻唇音》是清代考订古音声母论文的典型代表，从上面的分析可以看出清代学者考订古音声母的研究工作的特点。他们使用的是传统文献考据的方法，其结论建立在丰富而扎实的材料之上。此类语料分布零散，搜集不易，而且其中还有大量的材料是上古、中古声纽完全相同的，没有使用价值，这种筛选工作不仅需要音韵学的专门知识，而且耗时费力。所以古音声纽考订需要学者深厚的学养和艰苦的工作，具有很高的学术价值。其缺点是语料安排缺乏条理，结论的推导缺乏逻辑。这些材料都只是说明中古重唇音、轻唇音上古不分，并不能归纳出"古无轻唇音"的结论，所以根据同样性质的材料，也有人提出"古无重唇音"的观点。这是清代古音声母考订的共同问题。

在《古无轻唇音》中，除了一般的文献材料外，钱大昕还使用了能够反映古音唇音读音的材料。一是译音，"南无""曩谟"，都是梵文 Namaḥ 的音译，无（微）和谟（明）是 ma 的对音，这是轻唇音微纽是重唇（双唇）音的铁证。只是钱大昕不明梵文，只能说"沙门守其旧音不改"，"南无"读如"曩谟"的曲折表述。二是古今方音，颜师古指出唐代"今俗语犹谓无为耗"，钱大昕进一步提供清代当时南方方言作为佐证："今江西、湖南方音读'无'如'冒'，即'毛'之去声。"（按，今俗字写作"冇"。）但这样的材料并不多，清代学者也始终没能从方法论的高度自觉地搜求和使用这种可以考定古音音值的研究材料。

2. 古无舌上音

中古音舌音声母分为舌头音端、透、定和舌上音知、彻、澄两组。"古无舌上音"的意思是知、彻、澄在古音分别归入端、透、定。

"古无舌上音"论断出自钱大昕的《十驾斋养新录》卷五《舌音类隔之说不可信》：

古无舌头、舌上之分，知、彻、澄三母，以今音读之，与照、穿、床无别也，求之古音，则与端、透、定无异。
　　"笃""竺"并从"竹"得声，《论语》："君子笃于亲。"《汗简》云："古文作竺。"《书》曰："笃不忘。"《释文》云："本又作竺。"《释诂》："竺，厚也。"《释文》云："本又作笃。"按《说文》："竺，厚也。""笃厚"字本当作"竺"，经典多用"笃"，以其形声同耳。《汉书·西域传》："无雷国北与捐毒接。"师古曰："捐毒即身毒，天毒也。"《张骞传》："吾贾人转市之身毒国。"邓展曰："毒音督。"李奇曰："一名天竺。"《后汉书·杜笃传》："摧天督。"注："即天竺国。"然则"竺""笃""毒""督"四文同音。①

这是一条典型的语料。"笃"的声母是舌头音端纽，"竺"是舌上音知纽，古音通用不分。"捐毒""身毒""天毒""身毒（音督）""天竺"都是古梵文 Sindhu 的音译，"竺（知）"和"笃（端）""毒（定）""督（端）"都是 dhu 的对音。汉语没有浊送气音，所以对音汉字清浊不定，但都是舌尖塞音，这是舌上音古音音值为舌头音的有力证据。

3. 章系归端

宋人三十六字母有正齿音照、穿、床、审、禅五个声纽，在《切韵》音系中分成二等、三等两组，照三组包括章、昌、船、书、禅五个声纽。"章系归端"的意思主要是章、昌、船、禅在古音分别归入端、透、定。

钱大昕的《十驾斋养新录》卷五《舌音类隔之说不可信》中有一部分内容讨论的就是"章系归端"。

　　古人多舌音，后代多变为齿音，不独知、彻、澄三母为然也……
　　今人以"舟""周"属照母，"辀""啁"属知母，谓有齿、舌之分，此不识古音者也。《考工记》："玉柶雕矢磬。"注："故书雕或为舟。"是"舟"有"雕"音。《诗》："何以舟之？"传云："舟，带也。"古读"舟"如"雕"，故与"带"声相近。"彫""雕"

---

① （清）钱大昕：《十驾斋养新录》，商务印书馆，1935，第 111—113 页。

"啁""鵰"皆从"周"声,"调"亦从"周"声。是古读"周"亦
如"雕"也。①

这条材料是说中古"舟""周"属齿音照母,"輖""啁"属舌上音知母,四字两两有谐声关系,既然舌上音知母字"輖""啁"古音属端母,则齿音照母字"舟""周"古音也应该是舌头音端母,不独知母为然也。文中所举文献证据的语音关系是:"舟(照)":"雕(端)""带(端)";"周(照)":"彫雕啁鵰(端)""调(定)"。

通观钱大昕列举的这类照、穿、床纽字,都是照₃组的章、昌、船、禅纽,所以今人将这段论述概括为"章系归端"。

4. 照₂归精

宋人三十六字母齿音分为两组,一是齿头音精、清、从、心、邪五纽,一是正齿音照、穿、床、审、禅五纽,在《切韵》音系中正齿音又分成二等、三等两组,照₂组包括庄、初、崇、生四个声纽。"照₂归精"的意思是庄、初、崇、生在古音分别归入精、清、从、心。

"照₂归精"的论断见清代夏燮的《述均》卷7:

今细审之,精清从心邪,呼在齿前,照穿床审禅,呼在齿后,日则禅之余也。"息"之与"窗","足"之与"捉","则"之与"侧","寺"之与"侍",正齿通齿头偏旁也。"乍"之与"作","娑"之与"沙","责"(阻革)之与"绩","束"之与"速",齿头通正齿偏旁也。此当与舌头、舌上、半舌同例。②

夏燮是根据谐声判断照₂庄组与精组声母古音不分的,上面所引的这段文字列举的证据的语音关系是,一是齿头为正齿的声符:"息(心)":"窗(初)","足(精)":"捉(庄)","则(精)":"侧(庄)","寺(邪)":"侍(禅)";一是正齿为齿头的声符:"乍(崇)":"作(精)","娑(心)":"沙(生)","责(庄)":"绩(精)","束(书)":"速(心)"。

---

① (清) 钱大昕:《十驾斋养新录》,商务印书馆,1935,第116页。
② (清) 夏燮:《述均》,见《续修四库全书》编纂委员会编《续修四库全书》(经部·小学类,第249册),上海古籍出版社,1996,第59页。

（二）清代古音学的韵部归纳

1. 顾炎武的古韵十部

顾炎武著《音学五书》三十八卷，包括五种古音学著作，其中《音论》阐述古音学的理论，《诗本音》和《易音》考订《诗经》《周易》韵字的古韵归部，《唐韵正》分析并指明了《广韵》韵部与古韵不合的韵部分合关系，《古音表》则归纳古韵为十部。

顾炎武的古韵分部表如表 2-1 所示。

表 2-1 顾炎武的古韵分部表

序号	平声	入声
第一	东冬钟江	—
第二	支之半脂之微齐佳皆灰咍尤之半祭泰夬废	质术栉昔之半职物迄屑薛锡之半月没曷末黠辖麦之半德屋之半
第三	鱼虞模麻之半侯	屋之半沃之半烛觉之半药之半铎之半陌麦之半昔之半
第四	真谆臻文殷元魂痕寒桓删山先仙	—
第五	萧宵肴豪尤之半幽	屋之半沃之半觉之半药之半铎之半锡之半
第六	歌戈麻之半支之半	—
第七	阳唐庚之半	—
第八	庚之半耕清青	—
第九	蒸登	—
第十	侵覃谈盐添咸衔严凡	缉合盍叶帖洽狎业乏

资料来源：据《古音表》整理。参见（清）顾炎武：《音学五书》，中华书局，1982，第 546—555 页。

顾炎武的古韵十部根据《诗经》等先秦韵文客观归纳韵字而来；古韵表标举古韵与今韵（《广韵》）的相应关系，今韵可离析为二或三部分，属不同的古韵；入声韵承阴声韵，不像今韵入声韵与阳声韵相承。

顾炎武分古韵为十部，显得粗疏，此后古韵学家虽然分韵更加精细，但古韵归纳的方法、古韵分部的格局都是沿袭顾炎武的工作。

顾炎武的《音学五书》是清代古音学的开山之作，在古音学史上占有极其重要的地位。他开创了古音学学科，其创建的古韵分部范式，不仅为古音学家所遵循，而且为现代音韵学家所继承。

2. 段玉裁的古韵十七部

段玉裁研究古韵分部的著作是《六书音均表》，书中包括三个表：①"今韵古分十七部表"，列举古韵十七部、古韵分部与《广韵》二百零六韵的对应关系；②"古十七部谐声表"，分部列举所辖的谐声声符；③"古十七部合用类分表"，根据古韵的合用关系，将古韵十七部分成六类，以展示古韵十七部语音的远近关系。

表 2-2 是段玉裁的古韵十七部合用类分表。

表 2-2 段玉裁的古韵十七部合用类分表

类别	序号	韵类
第一类	第一部	平声之咍，上声止海，去声志代，入声职德
第二类	第二部	平声萧宵肴豪，上声筱小巧晧，去声啸笑效号
	第三部	平声尤幽，上声有黝，去声宥幼，入声屋沃烛觉
	第四部	平声侯，上声厚，去声候
	第五部	平声鱼虞模，上声语麌姥，去声御遇暮，入声药铎
第三类	第六部	平声蒸登，上声拯等，去声证嶝
	第七部	平声侵盐添，上声寝琰忝，去声沁艳桥，入声缉叶帖
	第八部	平声覃谈咸衔严凡，上声感敢赚槛俨范，去声勘阚陷鉴酽梵，入声合盍洽狎业乏
第四类	第九部	平声东冬钟江，上声董肿讲，去声送宋用绛
	第十部	平声阳唐，上声养荡，去声漾宕
	第十一部	平声庚耕清青，上声梗耿静迥，去声映诤劲径
第五类	第十二部	平声真臻先，上声轸铣，去声震霰，入声质栉屑
	第十三部	平声谆文欣魂痕，上声准吻隐混很，去声稕问焮慁恨
	第十四部	平声元寒桓删山仙，上声阮旱缓潸产狝，去声愿翰换谏裥线
第六类	第十五部	平声脂微齐皆灰，上声旨尾荠骇贿，去声至未霁祭泰怪夬队废，入声术物迄月没曷末黠鎋薛
	第十六部	平声支佳，上声纸蟹，去声寘卦，入声陌麦昔锡
	第十七部	平声歌戈麻，上声哿果马，去声个过祃

资料来源：据《六书音均表》整理。参见（清）段玉裁：《六书音均表》，中华书局，1983，第7—9页。

段玉裁之前的古音学家的古韵分部工作往往存在重大的缺陷，至段玉裁都已经得到解决，古韵十七部中阴声韵和阳声韵的分部基本完成，仅入声韵的分配还有一些不合理的地方需要调整。同时，段玉裁指出谐声系统与古韵分部的一致性，按谐声、假借等音韵现象判定先秦不入韵的汉字的归部，又根据合韵分析韵部之间的亲疏远近，并一改以前古韵学家按《广韵》韵序排列古韵的惯例，重新按语音远近关系对十七部进行分类排列。

段玉裁提出"古合韵"和"同声必同部"，解决了古音学中亟待解决的重大理论问题，其古韵十七部构建了古韵分部的基本框架，之后的古韵学家的工作就是在这个框架中进行的。

3. 王念孙、江有诰的古韵分部和古韵二十二部说

王念孙撰有《古韵谱》二卷，分古韵为二十一部。古韵二十一部部目又见其子王引之的《经义述闻》卷31《通说上·古韵二十一部》所载王念孙《与李方伯书》。[①]

江有诰的古音学著作是《音学十书》。今日所见《音学十书》包括《诗经韵读》四卷、《群经韵读》一卷、《楚辞韵读》一卷（附《宋赋韵读》一卷）、《先秦韵读》二卷、《廿一部谐声表》一卷、《入声表》一卷（附《等韵丛说》一卷）、《唐韵四声正》一卷共七种，另有《廿一部韵谱》《汉魏韵读》《四声韵谱》三种未刻。江有诰也分古韵为二十一部，部目见《音学十书》卷首之《古音廿一部总目》。

表 2-3 是王念孙和江有诰两家古韵二十一部分部比较表，二十一部部序依据江有诰的部序，江有诰东部第十五《唐韵》平声"东"和去声"送"两韵韵目原缺，根据所列谐声声符补。

表2-3　王念孙、江有诰的古音韵部比较表

王念孙		江有诰	
韵部	声调	韵部	韵类
之第十七	平上去入	之部第一	平之咍，上止海，去志代，入职德

[①]《古韵谱》又称《诗经群经楚辞韵谱》。收入罗振玉所辑《高邮王氏遗书》2卷。卷首列王氏《与李方伯论古韵书》《古韵二十一部通表》，此二种原载于其子王引之所撰《经义述闻》卷31。

续表

王念孙		江有诰	
韵部	声调	韵部	韵类
幽第二十	平上去入	幽部第二	平尤幽，上有黝，去宥幼
宵第二十一	平上去入	宵部第三	平宵，上小，去笑
侯第十九	平上去入	侯部第四	平侯，上厚，去候，入烛
鱼第十八	平上去入	鱼部第五	平鱼模，上语姥，去御暮，入陌
歌第十	平上去	歌部第六	平歌戈，上哿果，去个过
支第十一	平上去入	支部第七	平佳，上蟹，去卦
脂第十三	平上去入	脂部第八	平脂微皆灰，上旨尾骇贿，去至未怪队，入质术栉物迄没屑
至第十二	去入	—	—
祭第十四	去入	祭部第九	去祭泰夬废，入月曷末辖薛
元第九	平上去	元部第十	平元寒桓山删仙，上阮旱缓潸产狝，去愿翰换谏裥线
谆第八	平上去	文部第十一	平文欣魂痕，上吻隐混很，去问焮慁恨
真第七	平上去	真部第十二	平真臻先，上轸铣，去震霰
耕第六	平上去	耕部第十三	平耕清青，上耿静迥，去诤劲径
阳第五	平上去	阳部第十四	平阳唐，上养荡，去漾宕
东第一	平上去	东部第十五	平东钟江，上董肿讲，去送用绛
—	—	中部第十六	平冬，去宋
蒸第二	平上去	蒸部第十七	平蒸登，上拯等，去证嶝
侵第三	平上去	侵部第十八	平侵覃，上寝感，去沁勘
谈第四	平上去	谈部第十九	平谈盐添严衔，上敢琰忝俨槛，去阚艳㮇酽鉴
盍第十五	入	叶部第二十	入叶帖业狎乏
缉第十六	入	缉部第廿一	入缉合

资料来源：据《古韵谱》《音学十书》整理。参见（清）王念孙：《古韵谱》，丛书集成三编本，新文丰出版公司，1997，第159页；又见江有诰：《音学十书》，中华书局，1993，第17—18页。

王念孙没有"中"部，江有诰没有"至"部，此外，除了入声分配略有差异，两家古韵分部基本相同。

与段玉裁的古韵十七部相比较，王念孙和江有诰两家从段玉裁的第十五部（脂）中分出"祭"部，从第七部（侵）中分出"缉"部，从第八部（覃）分出"盍/叶"部；王念孙还从段玉裁第十二部（真）和第十五部（脂）中分出"至"部，从而使入声韵与阴声韵分别相承，解决了段玉裁的古韵十七部入声分配不合理的问题。另外，江有诰还从段玉裁的第九部（东）中分出"中"部，"中"部即"冬"部，注"冬部甚窄，故用'中'字标目"[①]。

王念孙和江有诰两家的古韵分部各自考订而不谋而合，祭、缉、盍/叶三部独立是两人共同的贡献；分立至部是王念孙的创见，至于东、冬分部，此前孔广森在《诗声类》中已经提出，不能算是江有诰的首创之说，但他的古音部目排次显然更具音理。王念孙和江有诰两家相合，可得二十二部，可以看作清代古韵分部研究的最终成果。

后来，夏炘的《诗古韵表廿二部集说》集顾炎武、江永、段玉裁、王念孙、江有诰五家古韵分部之说，兼采王、江两家之独见，以江有诰二十一部加王念孙的"至"部，即得二十二部。夏炘说："王氏与江君未相见而持论往往不谋而合，故分部皆二十有一。王氏不分'东''中'，未为无见，然细绎经文，终以分之之说为是；而'至'部之分，则王氏之所独见，而江君未之能从者也。今王氏已归道山，而江君与炘凤契，爰斟酌两先生之说，定为二十二部。窃意增之无可复增，减之亦不能复减，凡自别乎五先生说者，皆异说也。"[②]夏炘此说大有见地，《诗古韵表廿二部集说》总结清代古韵分部，是古音学史上的重要文献。

（三）清代古音学的声调分析

清代古音学家从中古平、上、去、入四声的格局来观察上古音的声调，一个汉字在中古是什么调类，在上古也就是什么调类，于是古音学家对上古韵文中不同声调的韵字押韵的现象感到困惑，从而提出各种解释。到段玉裁才提出"古四声不同今韵"，这是声调研究上的语言发展观，为古音学声调的

[①]（清）江有诰：《音学十书》，中华书局，1993，第17页。
[②]（清）夏炘：《诗古韵表廿二部集说》，见《续修四库全书》编纂委员会编《续修四库全书》（经部·小学类，第248册），上海古籍出版社，1996，第313页。

研究奠定了理论基础。段玉裁在《六书音均表》中提出了"古无去声"和"古无上声"两种观点，江有诰则着手分析每个汉字在上古的音韵行为，确定这个汉字在上古的声调。

1. 古无去声说

段玉裁在《六书音均表·今韵古分十七部表·古四声说》中说：

> 古四声不同今韵，犹古本音不同今韵也。考周秦汉初之文，有平上入而无去，洎乎魏晋，上入声多转而为去声，平声多转为仄声，于是乎四声大备而与古不侔。有古平而今仄者，有古上、入而今去者，细意搜寻，随在可得其条理。今学者读二百篇诸书，以今韵四声律古人，陆德明、吴棫皆指为协句，顾炎武书亦云平仄通押，去入通押，而不知古四声不同今，犹古本音部分异今也。明乎古本音不同今韵，又何惑乎古四声之不同今韵哉？……

> 至第十五部，古有入声而无去声，随在可证。如《文选》所载班固《西都赋》："平原赤，勇士厉"而下，以"厉窜秽蹶折噬杀"为韵，"厉窜秽噬"读入声……法言定韵之前，无去不可入，至法言定韵以后，而谨守者，不知古四声矣。他部皆准此求之。①

按，段玉裁所举《西都赋》韵例见《文选》第一卷《西都赋》：

> 平原赤，勇士厉，猿狖失木，豺狼慑窜。尔乃移师趋险，并蹈潜秽。穷虎奔突，狂兕触蹶。许少施巧，秦成力折。掎僄狡，扼猛噬。脱角挫脰，徒搏独杀。②

七个韵字中，"厉（祭）窜（换）秽（废）噬（祭）"中古为去声，"蹶（月）折（薛）杀（黠）"为入声，去、入夹杂交错，显然以"厉窜秽噬"读入声来解释为宜。

---

① （清）段玉裁：《六书音均表》，中华书局，1983，第16页。
② （南朝·梁）萧统撰，（唐）李善注：《文选》，商务印书馆，1959，第12—13页。

2. 古无上声说

古无上声说也见于段玉裁的《六书音均表·今韵古分十七部表·古四声说》：

> 古平、上为一类，去、入为一类，上与平一也，去与入一也，上声备于三百篇，去声备于魏晋。①

近人黄侃亦持古无上声之说，其在所著《声韵略说》一文《论声韵条例古今同异下》一节中，列举有不少例证。

3. 古四声读与今韵不同说

江有诰认为古音也有四声，但有些字的调类与《广韵》不同。江有诰在《音学十书》中有《唐韵四声正》一书，专门考订汉字在古音和《唐韵》（《广韵》）的调类的不同，仿顾炎武《唐韵正》之例，依据上古用韵客观归纳，所以书名定为《唐韵四声正》。

《唐韵四声正·书》有《再寄王石臞先生书》一文，说：

> 至今反复绸绎，始知古人实有四声，特古人所读之声，与后人不同。陆氏编韵时，不能审明古训，特就当时之声误为分析。有古平而误收入上声者，如"享响颈颡"等字是也。有古平而误收入去声者，如"讼化震患"等字是也。有古上而误收入平声者，如"偕"字是也。有古上而误收入去声者，如"狩"字是也……偶举一以见例，其余不可枚数。有诰因此撰成《唐韵四声正》一书，仿《唐韵正》之例，每一字大书其上，博采三代两汉之文分注其下，使知四声之说，非创于周（颙）、沈（约）……一以三代两汉之音为准，晋宋以后变迁之音，不得而疑惑之，于此悟古无四声之说为拾人牙慧，而古人学与年俱进之说，诚不诬也。②

这段文字中，江有诰归纳了古韵与《广韵》调类不同的几种情况，在《唐韵四声正》中逐字列举了古韵用韵作为证据。例如古平而误收入上声者，

---

① （清）段玉裁：《六书音均表》，中华书局，1983，第16页。
② （清）江有诰：《音学十书》，中华书局，1993，第277—278页。

如江有诰在《唐韵四声正·上声·养》中说：

享，许两切，按古惟有平声，并无上声，当删去，改入阳部。
《诗·天保》四章"是用孝享"，与"尝王"叶。《信南山》六章"是烝是享"，与"明皇"叶。①

按："享"，《广韵》养韵上声，《诗经·小雅·鹿鸣之什·天保》四章"吉蠲为饎，是用孝享。禴祠烝尝，于公先王。君曰卜尔，万寿无疆"（程俊英和蒋见元，1991：460），与"尝（阳平）王（阳平）疆（阳平）"韵；《小雅·谷风之什·信南山》六章"是烝是享，苾苾芬芬。祀事孔明，先祖是皇。报以介福，万寿无疆"（程俊英和蒋见元，1991：667），与"明（庚平）皇（唐平）疆（阳平）"韵。"享"只与平声字押韵。

古平而误收入去声者，如江有诰在《唐韵四声正·去声·三用》中说：

讼，切同（似用切），按古惟读平声，并无去声，当改入钟部。
《诗·行露》三章"何以速我讼"，与"墉从"叶。②

按："讼"《广韵》用韵去声，《诗经·召南·行露》三章"谁谓鼠无牙？何以穿我墉？谁谓女无家？何以速我讼？虽速我讼，亦不女从"（程俊英和蒋见元，1991：42），与"墉（钟平）从（钟平）"韵。"讼"只与平声字押韵。

古上而误收入平声者，如江有诰在《唐韵四声正·上平声·十四皆》中说：

偕，古谐切，按古惟有上声，并无平声，当削去，改入骇部。
《诗·陟岵》四章"夙夜必偕"，与"弟死"叶。③

按："偕"，《广韵》皆韵平声，《诗经·魏风·陟岵》三章："兄曰：'嗟！予弟行役，夙夜必偕。上慎旃哉！犹来无死。'"与"弟（荠上）死（旨上）"韵。"偕"只与上声字押韵。

古上而误收入去声者，如江有诰在《唐韵四声正·去声·四十九宥》中说：

---

① （清）江有诰：《音学十书》，中华书局，1993，第292页。
② （清）江有诰：《音学十书》，中华书局，1993，第296页。
③ （清）江有诰：《音学十书》，中华书局，1993，第283页。

狩，舒救切，按古惟读上声，并无去声，当改入有部。
《诗·叔于田》二章："叔于狩"，与"酒好"叶。①

按："狩"，《广韵》宥韵去声，《诗经·郑风·叔于田》二章"叔于狩，巷无饮酒。岂无饮酒？不如叔也，洵美且好"，与"酒（有上）好（晧上）"韵。"狩"只与上声字押韵。

上面的介绍，一例仅举一字分析一个韵段，以见《唐韵四声正》的体例和内容之一斑。

（四）清代古音学的主要贡献

1. 丝联绳引——古韵分部方法论

正确的理论和科学的方法是一个学科得以建立的条件。古韵研究的方法由顾炎武创立，称为"离析《唐韵》"，"丝联绳引"是"离析《唐韵》"的形象化表述。

清代古音学家多尊宋代郑庠的《古音辨》的古韵六部为古韵分部之始。《古音辨》今已不存，元明清人著作虽也有引述，但语多不全。表2-4"郑庠古韵六部表"引自夏炘的《诗古韵表廿二部集说》卷上《宋郑氏六部表》，表头韵部标目根据清代戴震的《声韵考》卷三确定。从古音学学科史的角度看，古韵分部的创始人，应该是顾炎武，而不是郑庠。

表2-4和表2-1分别是郑庠的《古音辨》所分的古韵六部和顾炎武的古韵十部。

表2-4　郑庠的古韵六部表

韵部	平	入
一部阳	东冬江阳庚青蒸	屋沃觉药陌锡德
二部支	支微齐佳灰	—
三部鱼	鱼虞歌麻	—
四部先	真文元寒山先	质物月曷黠屑

---

① （清）江有诰：《音学十书》，中华书局，1993，第311页。

续表

韵部	平	入
五部尤	萧肴豪尤	—
六部覃	侵覃盐咸	缉合叶洽

资料来源：（清）夏炘：《诗古韵表廿二部集说》，见《续修四库全书》编纂委员会编《续修四库全书》（经部·小学类，第248册），上海古籍出版社，1996，第313—314页。

郑庠和顾炎武两家的古韵表都附注有后世诗韵相应的韵目，这是因为只着眼于归纳上古诗文用韵，并不能知道各韵部的性质以及彼此间的关系，必须与后世韵书系统比较，才能明了这些重要信息。因此，用后世韵书作为参照展示古音韵部系统，就成了清代古韵研究的模式。

郑、顾两家所用的后世韵书不是同一种书，郑庠用的是一百零六韵的"平水诗韵"（各家引用的韵目不同，尚待考证，本书采夏炘之表，只是为了便于说明顾炎武的"离析《唐韵》"），顾炎武用的是二百零六韵的《唐韵》《广韵》），二者性质大不相同。平水诗韵是一种晚起的反映宋元语音的韵书，用来作为上古韵部的参照系统显然不合适。顾炎武对这种做法深表不满。他在《音学五书》卷首的《答李子德书》中说：

> 夫子有言："齐一变至于鲁，鲁一变至于道。"今之《广韵》，固宋时人所谓莬园之册，家传而户习者也。自刘渊韵行，而此书几于不存。今使学者睹是书而曰："自齐梁以来，周颙、沈约诸人相传之韵，固如是也。"则俗韵不攻而自绌。所谓一变而至鲁也。又从是而进之五经三代之书，而知秦汉以下至于齐梁，历代迁流之失，而三百五篇之诗，可弦而歌之矣。所谓一变而至道也。[①]

孔子"一变再变"之说见《论语·雍也》，顾炎武借用来说明自己进行古韵分部研究的两个步骤。明清人因科举应试只知道平水诗韵，顾炎武认为要想进行古韵部研究，第一步必须用《唐韵》作为古韵分部的参照系统，这就是"至鲁"，有人称之为"离析俗韵"，似乎并不准确，因为顾炎武只是弃俗韵而返《唐韵》，无所谓"离析"不"离析"。第二步是"离析《唐韵》"以"至

---

① （清）顾炎武：《音学五书》，中华书局，1982，第8页。

道",得到古韵之分部。

郑庠是以大韵为单位加以合并得到古韵的,而顾炎武是以韵字为单位来归纳古韵分部的。例如,郑庠将支(包括《广韵》支、脂、之三韵)整个韵与"微、齐、佳、灰"合并成"二部支";顾炎武将支(不包括脂、之韵)分成两部分,称为"支之半",一部分与"脂、之、微、齐、佳、皆、灰、咍、尤之半、祭、泰、夬、废"等诸韵合为第二部,一部分与"歌、戈、麻之半"合为第六部。所谓"半"是概略的说法,两部分所辖的韵字根据汉字在《诗经》等上古韵文中的押韵行为来确定。例如,顾炎武在《唐韵正·上平声卷之二·五支》中说:

> 此韵当分为二。
>
> 支,《诗·芄兰》首章:"芄兰之支,童子佩觿。虽则佩觿,能不我知。"……自"支""枝"以下,皆读如今音。所以具引经文及《楚辞》,以明其与"移""蛇"以下等字绝不相通,然后可分之各自为部耳。
>
> 枝,《诗·隰有苌楚》首章:"隰有苌楚,猗傩其枝;夭之沃沃,乐子之无知。"……《广韵》所收"絞""汥"以下字,于古书无证者,即可以类求之,不备列。①
>
> 移,《楚辞·渔父》:"夫圣人者不凝滞于物而能与世推移,举世皆浊,何不淈其泥而扬其波?众人皆醉,何不铺其糟而歠其醨?何故深思高举,自令放为?"……《说文》移从禾多声,徐铉曰:"多与移声不相近。"盖不知古音也。②
>
> 蛇,《诗·羔羊》首章:"羔羊之皮,素丝五紽,退食自公,委蛇委蛇……按'委蛇'字亦作'佗',又作'它'。"(程俊英和蒋见元,1991:43)《后汉书·任李万邳传·赞》:"委佗还旅。"③《儒

---

① (清)顾炎武:《音学五书》,中华书局,1982,第237页。
② (清)顾炎武:《音学五书》,中华书局,1982,第239页。
③ (南朝·宋)范晔:《后汉书》,中华书局,1965,第766页。《后汉书·任李万邳传·赞》实为《后汉书·任李万邳刘耿列传·赞》。

林列传》："方领习矩步者，委它乎其中。"①②

顾炎武指出《唐韵》支韵可分为"支枝"类和"移蛇"类两类字，并引用文献说明其音韵性质的不同。顾炎武征引宏富，以上引文仅举一例以见一斑。《诗经·卫风·芄兰》首章"支"与"觿""觿""知"押韵，四个字都是《广韵》支韵字；《诗经·桧风·隰有苌楚》首章"枝"与"知"押韵，两字也都是支韵字。而"移蛇"类虽然也是支韵字，却与歌戈韵相押。《楚辞·渔父》"移"和"醨"是支韵字，与戈韵字"波"押韵，《说文》移从多声，"多"是歌韵字；《诗经·召南·羔羊》首章"蛇"和"皮"是支韵字，与歌韵字"纯"押韵，诗中"委蛇"一词，《后汉书·任李万邳刘耿列传·赞》中"委佗还旅"③作"委佗"，又《儒林列传第六十九上·序》中"服方领习矩步者，委它乎其中"④作"委它"，"蛇"与歌韵字"佗""它"通用。同属《唐韵》一个支韵，顾炎武将"支枝"类字归第二部，"移蛇"类字分属第六部，这就是"离析《唐韵》"。判定韵字归部的根据是其音韵行为，至于"纹汶"类无文献用例的字则依上两类"以类求之"，这是一种纯粹客观归纳的科学方法。

"离析《唐韵》"归纳古韵的具体工作详见《诗本音》和《易音》二书。例如，顾炎武在《诗本音》中说：

《召南·采蘩》："于以采蘩？于涧之中（一东）。于以用之？公侯之宫（一东）。"⑤……

《邶风·式微》："微君之躬（一东），胡为乎泥中（一东）？"⑥……

《大雅·文王之什·旱麓》："瑟彼玉瓒，黄流在中（一东）。岂弟君子，福禄攸降（户工反）。"⑦

---

① （南朝·宋）范晔：《后汉书》，中华书局，1965，第2545页。原文为"服方领习矩步者，委它乎其中"，《音学五书》脱"服"字。
② （清）顾炎武：《音学五书》，中华书局，1982，第240—241页。
③ （南朝·宋）范晔：《后汉书》，中华书局，1965，第766页。
④ （南朝·宋）范晔：《后汉书》，中华书局，1965，第2545页。
⑤ （清）顾炎武：《音学五书》，中华书局，1982，第60页。
⑥ （清）顾炎武：《音学五书》，中华书局，1982，第68页。
⑦ （清）顾炎武：《音学五书》，中华书局，1982，第154页。

按，"降"《广韵》江韵下江切，顾炎武改为"户工反"，认为"降"古音为东韵，《唐韵正》四江和四绛韵下"降"字有详尽考证，可以参看。将这些韵段归纳起来，即可得到第一部"东冬钟江"。但在顾炎武的书中，这些韵段分散在《诗经》三百篇中，检阅不易，其韵部归纳过程也很难看出端倪。后来清张惠言、张成孙父子撰《说文谐声谱》，将这种方法命名为"丝联绳引法"，并列表展示了系联韵字归纳韵部的具体过程。张成孙在《说文谐声谱》卷二中说：

> 余既以《诗》韵丝联绳引，较其部分。
> 成孙案：丝连绳引者，意谓如由"中"而得"宫躬降"，复由"宫"而得"虫宗"，复由"降"而得"螽忡"等字，是也。故今表《诗》韵，即以名之。①

关于上述《诗本音》中《采蘩》《式微》《旱麓》三篇的系联过程，见《说文谐声谱》卷二十三《丝联绳引表·中部第一》：

> 中（采蘩二章式微二章桑中一章二章三章定之方中一章旱麓二章）采蘩二章宫（又桑中一章二章三章定之方中一章云汉二章）式微二章躬（又云汉二章）旱麓二章降（又草虫一章出车五章兔罝四章）②

此表的读法，《说文谐声谱》卷五十《凡例·表》有说明：

> 表惟取其联引处，如"中"始见于《采蘩》，故以联引得"宫"；又见《式微》，以联"躬"；又见《旱麓》，以联"降"；若《桑中》《定之方中》，亦见"中、宫"字，不复赘也。③

从"离析《唐韵》"到"丝联绳引"，操作步骤清晰，逻辑严密，表述高度形式化，具有科学方法应有的特征，是中国学术史上最佳的方法论，是清

---

① （清）张成孙：《说文谐声谱》，南菁书院，1888，第二之八页。
② （清）张成孙：《说文谐声谱》，南菁书院，1888，第二三之一页。
③ （清）张成孙：《说文谐声谱》，南菁书院，1888，第五十之十二页。

代学者对古音学最重要的贡献,至今为现代音韵学研究诗文用韵的不二法门。

2. 入配阴声——古韵格局的新认识

《广韵》的入声韵承阳声韵,阴声韵没有相称的入声韵,从唐宋到明清,"入配阳声"是学者习知的音韵格局,郑庠的《古音辨》中的古韵六部即袭《广韵》的格局,以入声韵承阳声韵。顾炎武在《音学五书》中却提出古音"入配阴声"的意见,颠覆了人们的传统观念。《音论》中有《近代入声之误》一篇,顾炎武在其中说:

> 韵书之序,平声一东、二冬,入声一屋、二沃,若将以屋承东,以沃承冬者,久仍其误而莫察也。"屋"之平声为"乌",故《小戎》以韵"驱騄",不协于东、董、送可知也。"沃"之平声为"夭",故《扬之水》以韵"凿襮乐",不协于冬、肿、宋可知也。①

这段文字中所举的两条证据,《诗经·秦风·小戎》首章"游环胁驱,阴靷鋈续。文茵畅毂,驾我骐騄。言念君子,温其如玉;在其板屋,乱我心曲"(程俊英和蒋见元,1991:340),入声字"屋"与"驱""騄"押韵,"驱"《广韵》遇韵区遇切,"騄"遇韵之戍切,都是阴声韵字,又韵字"续"(烛)、"毂"(屋)、"玉"(烛)、"曲"(烛)也是入声字;《诗经·唐风·扬之水》首章"扬之水,白石凿凿。素衣朱襮,从子于沃。既见君子,云何不乐"(程俊英和蒋见元,1991:312),入声字"沃"与"凿""襮""乐"押韵,"凿"铎韵在各切,"襮"沃韵博沃切也是入声字,"乐"效韵五教切,是阴声韵字。因此,顾炎武古韵十部,阴声韵第二部(支质)、第三部(鱼铎)、第五部(萧屋)有入声,阳声韵第一部(东)、第四部(真)、第七部(阳)、第八部(庚)、第九部(蒸)没有入声,另外,第六部(歌)也是阴声韵却没有入声,第十部(侵缉)是阳声韵却有入声,这是顾炎武的失误,有待后人补苴。

"入配阴声"在古音学史上具有重要价值,不仅在于"入配阴声"反映了古音韵部系统的格局——这种处理为古音学家普遍接受,更在于这种全新的认识大大强化了古今音异的语言发展观,因为"入配阴声"不是个别韵字的

---

① (清)顾炎武:《音学五书》,中华书局,1982,第43页。

归部或单个韵部的离析分合,而是关涉到整个语音格局的系统观的更新。此后,学者开始将古音不同于今音的观念贯彻到古音研究的方方面面,包括韵序、声母、介音、元音、韵尾等,将古音学的理论思想和研究工作推向了新的高度。

3. 古韵标准——古音研究材料的甄选

顾炎武以古籍考古音,旁征博引,几近类书,但泛滥无涯,下逮近古,旁及俗书,漫无标准。清代江永撰《古韵标准》,开始提出古韵研究材料应该以《诗经》为主,"以《诗》为主,经传骚子为证,《诗》未用而古今韵异者,采它书附益之"①。同时,江永还指出要想正确使用《诗经》用韵研究古音,首先必须辨析《诗经》韵例。他在《古韵标准》例言中说:

> 古有韵之文亦未易读,稍不精细,或韵在上而求诸下,韵在下而求诸上,韵在彼而误叶此,或本分而合之,本合而分之,或闲句散文而以为韵,或是韵而反不韵,甚则读破句,据误本,杂乡音,其误不在古人而在我!②

又在《古韵标准》卷首《诗韵举例》中说:

> 韵本无例,《诗》用韵变动不居,众体不同,则例生焉。不明体例,将有误读韵者,故先举此以发其凡,自是而古韵可求,其非韵者亦不致强叶误读矣。③

可见韵例辨析对《诗经》韵部的研究有重要作用,例如江永在《诗韵举例》中说:

> 隔韵
> 首句与第三句韵,次句与第四句韵。后放此。《行露》三章,"牙"与"家"韵,"墉"与"讼"韵。旧叶,误。④

---

① (清)江永:《古韵标准》,中华书局,1982,第3页。
② (清)江永:《古韵标准》,中华书局,1982,第3页。
③ (清)江永:《古韵标准》,中华书局,1982,第8页。
④ (清)江永:《古韵标准》,中华书局,1982,第8页。

按,《诗经·召南·行露》三章"谁谓鼠无牙?何以穿我墉?谁谓女无家?何以速我讼?"(程俊英和蒋见元,1991:42)一句"牙(麻)"与三句"家(麻)"押韵,二句"墉(钟)"与四句"讼(钟)"押韵,是隔韵之例。朱熹误以为每句皆韵,即《诗韵举例》所称"一章一韵",在《诗集传》改读二字为东韵。朱熹此误,既是因为缺乏古今音异的观念,也是因为不明《诗经》韵例。

材料和逻辑是科学的两大支柱,以《诗经》音为古韵标准,为学者甄选古音研究的材料,处理《诗经》和其他研究材料的关系,正确认识谐声系统和《诗经》韵系、《诗经》韵系和《楚辞》韵系等不同材料之间的差异的性质确立了原则,保证了古音学研究的信度和效度。

4. 同声必同部——谐声和古韵的统一性

古音学家在讨论古韵时,常利用汉字谐声,但还没有人大规模系统地利用谐声材料,段玉裁在《六书音均表》中首先提出"同声必同部"之说。《六书音均表》有《古谐声说》,段玉裁在其中曰:

> 一声可谐万字,万字而必同部,同声必同部。明乎此,而部分、音变、平入之相配、四声之今古不同,皆可得矣。[1]

例如段玉裁在《诗经韵分十七部表·第十二部》中说:

> 垤室窒至(《东山》三章)[2]

这是一个典型的例子。《诗经·豳风·东山》三章:"鹳鸣于垤,妇叹于室。洒扫穹窒,我征聿至。"(程俊英和蒋见元,1991:423)"垤室窒至"四字押韵,而且都从"至"声。

根据"同声必同部"的理论,段玉裁进一步提出谐声声符归纳法,他在《古十七部谐声表》中说:

> 六书之有谐声,文字之所以日滋也。考周秦有韵之文,某声必

---

[1] (清)段玉裁:《六书音均表》,中华书局,1983,第18页。
[2] (清)段玉裁:《六书音均表》,中华书局,1983,第51页。

在某部，至啧而不可乱。故视其偏旁以何字为声，而知其音在某部，易简而天下之理得也。许叔重作《说文解字》时未有反语，但云某声某声，即以为韵书可也。①

根据此法，段玉裁《六书音均表》有《古十七部谐声表》，每表列举本部所辖谐声声符，凡从这些声符得声的字，即归此部。

"同声必同部"是古音学史上的一大突破。"同声必同部"反映了汉语谐声系统和《诗经》韵部系统的统一性，证实了清代学者归纳《诗经》用韵所得古韵部的真实性。《诗经》入韵字有限，利用谐声可将不见于《诗经》和先秦韵文用韵的形声字全都归入古韵系统。至于非形声字或谐声有异说的字，段玉裁在《六书音均表》中另有《古假借必同部说》和《古转注同部说》提出古韵归部的解决办法。

段玉裁此说影响极大，此后研究古韵的学者都必有《廿一部谐声表》，还有一些学者专事谐声系统的研究，如严可均的《说文声类》二卷，姚文田的《说文声系》十四卷，张惠言、张成孙的《说文谐声谱》五十卷等。

段玉裁关于谐声的理论和研究方法还给了现代学者一个启示：汉字并非一盘散沙，形声字通过谐声构成一个系统，谐声关系可以归纳出一套谐声原则，利用这些谐声原则不仅可以用于韵部的研究，而且可以用于声母的研究，不仅可以用于音类的分析，还可以用于音值的构拟，从而开辟出上古音研究的新天地。

5. 古合韵说——古韵语音关系的判定

在段玉裁之前，古音学家的古韵表对古韵韵部的排列都是按照《广韵》二百零六韵的次序，段玉裁的《六书音均表》分古韵为六类十七部，韵部的排列开始按照古音的亲疏远近重新安排。其在《古十七部合用类分表》中说：

今韵二百六部，始"东"终"乏"，以古韵分之，得十有七部，循其条理，以"之咍职德"为建首，"萧宵肴豪"音近"之"，故次之。"幽尤屋沃烛觉"音近"萧"，故次之。"侯"音近"尤"，故次之。"鱼

---

① （清）段玉裁：《六书音均表》，中华书局，1983，第18页。

虞模药铎"音近"矣",故次之。是为一类。"蒸登"音亦近"之",故次之。"侵盐添缉叶帖"音近"蒸",故次之。"覃谈咸衔严凡合盍洽狎业乏"音近"侵",故次之。是为一类。之二类者,古亦交互合用。"东冬钟江"音与二类近,故次之。"阳唐"音近"冬钟",故次之。"庚耕清青"音近"阳",故次之。是为一类。"真臻先质栉屑"音近"耕清",故次之。"谆文欣魂痕"音近"真",故次之。"元寒桓删山仙"音近"谆",故次之。是为一类。"脂微齐皆灰术物迄月没曷末黠辖薛"音近"谆""元"二部,故次之。"支佳陌麦昔锡"音近"脂",故次之。"歌戈麻"音近"支",故次之。是为一类。《易大传》曰:"方以类聚,物以群分",是之谓矣。学者诚以是求之,可以观古音分合之理,可以求今韵转移不同之故,可以综古经传假借、转注之用,可以通五方言语清浊、轻重之不齐。[1]

又在《古合韵次弟近远说》中说:

合韵以十七部次第分为六类,求之同类为近,异类为远,非同类而次第相附为近,次第相隔为远。[2]

段玉裁是根据他所提出的"古本音"和"古合韵"来判定所谓"音近"的。他在《诗经韵分十七部表》中说:

凡与今韵异部者,古本音也。其于古本音有龃龉不合者,古合韵也。本音之谨严,如唐、宋人守官韵,合韵之通变,如唐、宋诗用通韵。不以本音蔑合韵,不以合韵惑本音,三代之韵昭昭矣。[3]

古韵重序是段玉裁对古音学的又一重要贡献。段玉裁调整古韵的韵次,根据的是语音的远近,建立在对韵部之间合韵的频次的统计之上,深具学理。古韵次不同于今韵,又一次强化了学者对古今音异的语音发展观。段玉裁提出的"古本音"和"古合韵"之说,成为音韵学研究诗文用韵的原则,本韵

---

[1]（清）段玉裁:《六书音均表》,中华书局,1983,第30页。
[2]（清）段玉裁:《六书音均表》,中华书局,1983,第31页。
[3]（清）段玉裁:《六书音均表》,中华书局,1983,第34页。

同用和音近合韵都是押韵，必须准确区分。在归纳韵部时，既要系联同用韵字，也要排除音近合韵，才能完成对诗文韵部的准确归纳。随之，如何正确处理分合临界点的用韵，成了研究工作的关键和难点，这吸引了20世纪的音韵学家去寻求解决途径。经过后人的不断改进，古韵韵部的次序逐渐完善，不仅反映了上古韵部的语音关系，同时也成为古韵音值构拟的重要参照，韵次相近的韵部其音值也必须相近。

6. 阴阳对转——古音韵部的系统性

古韵阴阳入三分是戴震的创见。戴震治古音学力倡审音。他在其所撰的《声类表》卷首《答段若膺论韵》中说：

> 审音本一类，而古人之文，偶有相涉，有不相涉，不得舍其相涉者，而以不相涉者为断。审音非一类，而古人之文，偶有相涉，始可以五方之音不同，断为合韵。①

宋元等韵学家将韵部分为十六摄，摄的划分与韵尾有关。明清曲论家有曲韵六部，分类的标准是韵尾的发音部位，对韵尾发音部位的认识源自度曲和听曲时对收音的讲究。而将韵部分为阴阳入三类，其根据是韵尾的发音方法。表2-5是三种韵尾分类法的比较。

表2-5 韵尾分类法比较表

类别	韵尾/韵摄					
阴声韵	-∅	-i	-u	—	—	—
阳声韵	—	—	—	-m	-n	-ŋ
入声韵	—	—	—	-p	-t	-k
十六摄	果假	止蟹	遇流效	深咸	臻山	江宕梗曾通
曲韵六部	直喉	展辅	敛唇	闭口	抵颚	穿鼻（碍喉）

资料来源：据戴震的《声类表》整理。

---

① （清）戴震：《声类表》，见戴震研究会、徽州师范专科学校、戴震纪念馆编纂《戴震全集（第五册）》，清华大学出版社，1997，第2531页。

戴震的《答段若膺论韵》即根据自己审音所得，首创"阴""阳"韵之说，与"入"而成三足鼎立的韵部系统：

> 仆审其音，有入者如气之阳，如物之雄，如衣之表；无入者如气之阴，如物之雌，如衣之里……得其阴阳、雌雄、表里之相配。①

可见阴、阳声韵的区分，来自语言学家高度的审音能力。虽然受拘于没有科学的语音描写手段，不能准确地表述三种韵部之间语音性质的不同，但"阴""阳""入"三字已经传达出阴声韵、阳声韵、入声韵的特征。术语是一个学科的构件，没有恰当的术语，学者无法从事科学研究、表达概念和思想从而进行学术交流，"阴""阳"本是哲学的范畴，戴震借用作古韵研究的术语，虽涉玄学，但即使使用现代语音学术语来表达也总嫌累赘，所以一经提出，即为学者广泛接受，一直沿用至今，并应用于音韵学、语音学、方言学、辞书学等诸多学科。这不能不说是戴震对古音学的重要贡献。

戴震所谓"有入""无入"之韵，指的是《广韵》二百零六韵，戴震将这种分类运用到古韵研究。与清代其他学者不同，戴震主张入声独立为部，认为可以入声为枢纽，使阴、阳、入相配为类。

> 昔无入者，今皆得其入声，两两相配，以入声为相配之枢纽。②

所谓入声为枢纽，是指中古入配阳声，上古入配阴声，以入声为中介就可以将相对应的古韵阴、阳相配，形成阴、阳、入三分的韵部系统。戴震的古韵分部的基础是他对韵部音读的审定，所以王力将其称为审音派，将清代其他古音学家称为考古派，并对审音派大加赞许。

戴震先在《声韵考》中分古韵为七类二十部，后来在《声类表》中改为九类二十五部，除了第八类第二十二部"音"、第二十三部"邑"和第九类第二十四部"腌"、第二十五部"𤼵"两类闭口韵没有阴声韵外，其他七类每类都各包括阴声韵、阳声韵和入声韵三个韵部。

---

① （清）戴震：《声类表》，见戴震研究会、徽州师范专科学校、戴震纪念馆编纂《戴震全集（第五册）》，清华大学出版社，1997，第2528页。

② （清）戴震：《声类表》，见戴震研究会、徽州师范专科学校、戴震纪念馆编纂《戴震全集（第五册）》，清华大学出版社，1997，第2526页。

其后，孔广森撰《诗声类》，开始正式使用"阴声""阳声"的术语，并进一步提出"阴阳对转"，更加完善了戴震的理论观念。孔广森分古韵为十八部，阴声韵、阳声韵各九部，两两相配，阴阳可以对转。孔广森在《诗声类》自序中说：

> 本韵分为十八，乃又剖析于敛侈、清浊，豪厘纤眇之际，曰"元"之属、"耕"之属、"真"之属、"阳"之属、"东"之属、"冬"之属、"侵"之属、"蒸"之属、"谈"之属，是为阳声者九；曰"歌"之属、"支"之属、"脂"之属、"鱼"之属、"侯"之属、"幽"之属、"宵"之属、"之"之属、"合"之属，是为阴声者九。此九部者，各以阴、阳相配而可以对转。其用韵疏者，或"耕"与"真"通，"支"与"脂"通，"蒸""侵"与"冬"通，"之""宵"与"幽"通，然所谓"通"者，非可全韵混淆，间有数字借协而已……分阴分阳，九部之大纲，转阳转阴，五方之殊音。①

从这段话可知孔广森的古韵十八部不仅阴阳可以对转，阴声韵之间或阳声韵之间还可以通转。阴阳是韵部的固有属性，不能改变，但各韵部所辖的韵字，却可以由阴变阳，或由阳变阴，或通另一部。孔广森是考古派，阴声中包括入声，所以他的"阴阳对转"包括今人所说的"阴阳对转"和"阳入对转"。孔广森书中举出大量文献例证来说明"阴阳对转"的现象。例如孔广森在《诗声类》卷之十二中说：

> 鄙学以谐声说字，源于许叔重，而叔重书间有文下云"读若某"，今人不达，疑与所从声相错者，如"莙"，"君声，读若威"。"眇"，"少声，读若蠡"……"惢"，"读若《易》'旅琐琐'"。"匋"，"《史篇》读与缶同"。亦皆古音，故并识于此。②

"莙""眇""惢""匋"等字都引自《说文》，共有数十条。"莙""君"属孔广森古韵十八部阳声辰类，"威"属阴声脂类，"莙"读若"威"是"脂"

---

① （清）孔广森：《诗声类》，四川人民出版社，1957，第3—5页。
② （清）孔广森：《诗声类》，四川人民出版社，1957，第172—173页。

之属与"真"之属的阴阳对转;"訬""少"属阴声宵类,"毚"属阳声侵类,"訬"读若"毚"为"宵"之属与"侵"之属的阴阳对转。"惢"属阴声支类,"璅"属阴声歌类,"惢"读若"璅"为支通歌;"匋"属阴声宵类,"缶"属阴声幽类,"匋"读与"缶"同为孔广森所说"'宵'与'幽'通"。

戴震倡导审音,入声九部独立,阴、阳、入三分并相配为类,虽然九类二十五部相配未尽合理,但这种处理揭示了古韵韵部的系统性,将考古派的用韵研究提升到韵系研究的层次。孔广森的"阴阳对转"之说揭示了相承的阴、阳、入三种不同性质的韵部之间的音韵关系,为学者研究阴、阳、入相配关系提供了判定条件和可行的方法。这是戴震和孔广森师生对古音学的重大贡献,此后上古音研究必须纳入这个体系,如果是音类分析,在阴、阳、入三分系统中的空缺就应该进行填补;如果是音值构拟,同类的阴、阳、入三个韵部音值必须有共同特征,以作为三分相承关系的语音解释。

7. 以音标目——古韵音读的猜测

清代学者的古音研究主要是音类分析,随着研究的深入,有人开始关注音值的问题。段玉裁对古韵研究的一个重要观点是"支""脂""之"三分,这是他对古韵分部研究的一大贡献,对此戴震就曾给以极高评价。《六书音均表》卷首所载《戴东原先生来书》说:

> 大箸辨别五支、六脂、七之,如清、真、蒸三韵之不相通,能发自唐以来讲韵者所未发。今春将古韵考订一番,断从此说为确论。[①]

但段玉裁不明"支""脂""之"三部的读音有什么区别,不解三部何以不同而深以为憾。《经韵楼集》卷六有他给江有诰的一篇讨论古韵分部的著名论文《答江晋三论韵》,文中说:

> (足下)能确知所以"支""脂""之"分为三之本源乎?何以陈、隋以前"支"韵必独用,千万中不一误乎?足下沈潜好学,当

---

① (清)段玉裁:《六书音均表》,中华书局,1983,第1页。

必能窥其机倪,仆老耄,倘得闻而死,岂非大幸也! [1]

戴震应该也有这样的疑惑,并做过一些探讨。戴震在《声韵考》一书中分古韵为七类二十部,后来撰《声类表》改为九类二十五部,如表 2-6 所示。

表 2-6 戴震的古音韵部表

类	阳声	阴声	入声
一	1 阿(歌)	2 乌(鱼)	3 垩(铎)
二	4 膺(蒸)	5 噫(之)	6 亿(职)
三	7 翁(东)	8 讴(侯)	9 屋(屋)
四	10 央(阳)	11 夭(萧)	12 约(药)
五	13 婴(耕)	14 娃(支)	15 戹(陌)
六	16 殷(真)	17 衣(脂)	18 乙(质)
七	19 安(元)	20 霭(祭)	21 遏(月)
八	22 音(侵)	—	23 邑(缉)
九	24 腌(覃)	—	25 䫷(合)

资料来源:据戴震的《声类表》整理。
注:括号中是清代学者一般常用的韵目。

与常见韵目相比,戴震的标目别出心裁,除了"䫷"是喻纽字以外,其他的全部都是影纽字(在戴震时代都是零声母字)。选用零声母字标目,显然是排除声母,使用元音加韵尾表示韵母的读音。在《声类表》卷首《答段若膺论韵》中,戴震还对二十五部的韵尾读音进行过分类和描写。

"阿"第一,"乌"第二,"垩"第三,此三部皆收喉音。"膺"第四,"噫"第五,"亿"第六,"翁"第七,"讴"第八,"屋"第九,"央"第十,"夭"第十一,"约"第十二,"婴"第十三,"娃"第十四,"戹"第十五,此十二部皆收鼻音。"殷"第十六,"衣"第十七,"乙"第十八,"安"第十九,"霭"第二十,"遏"第二十

---

[1] (清)段玉裁撰,钟敬华校点:《经韵楼集》,上海古籍出版社,2008,第134页。

一，此六部皆收舌齿音。"音"第二十二，"邑"第二十三，"腌"第二十四，"諜"第二十五，此四部皆收唇音。收喉音者其音引喉；收鼻音者其音引喉穿鼻；收舌齿音者其音舒舌而冲齿；收唇音者其音敛唇。以此为次，似几于自然。①

戴震显然是吸取了明清曲论家的曲韵六部的分类法而增加了"舌齿音"一类。根据戴震的描写，我们可以将他心目中的古韵二十五部的音值用国际音标表示出来，如表 2-7 所示。

表 2-7　戴震的古音韵母拟音

类	阳声	阴声	入声	收音
一	1 阿 aʔ	2 乌 a	3 垩 aʔ	喉音：引喉
二	4 膺 iŋ	5 噫 i	6 亿 ik	鼻音：引喉穿鼻
三	7 翁 uŋ	8 讴 u	9 屋 uk	
四	10 央 aŋ	11 夭 au	12 约 ak	
五	13 婴 əŋ	14 娃 əu	15 厄 ək	
六	16 殷 in	17 衣 i	18 乙 it	舌齿音：舒舌而冲齿
七	19 安 an	20 霭 ai	21 遏 at	
八	22 音 im	—	23 邑 ip	唇音：敛唇
九	24 腌 am	—	25 諜 ap	

资料来源：据戴震的《声类表》整理。

除了收喉音的"阿""乌""垩"三部阴、阳、入相配不合理，其读音难以揣测外，其他各部在戴震的系统里都有一个合适的读音。

在当时的历史条件下，古音学家们缺乏描写音值的科学工具，没有找到研究古音音值的合适材料和科学方法，戴震能设计出以音标目的办法，使用零声母字加收音来表示古韵读音，其描写简洁而明确，排次具有系统性，提出的韵部读音也有一定合理性，实在难能可贵。但是因为他的结论并没有经

---

① （清）戴震：《声类表》，见戴震研究会、徽州师范专科学校、戴震纪念馆编纂《戴震全集（第五册）》，清华大学出版社，1997，第 2534 页。

过科学的论证,所以只能说出对古韵音读的猜测,还不是一种对古音音值的科学研究。从古音学史上看,戴震的工作具有重大意义,他的讨论或结论有什么问题并不重要,重要的是他提出了古音音值研究的课题,开辟了一个新的研究领域,这是从中国传统音韵学自主产生的学术需求。

通观中国古代学术史,清代古音学应该是最具有科学性的学科。清代古音学家具有古今音异的语言发展观,并将这种思想贯彻到声纽、韵部和声调研究的各个层面。韵部的研究具有鲜明的系统性观念,对材料的甄选和处理保证了研究工作的信度和效度,归纳韵部的方法具有高度的实证性、逻辑性和可操作性;"丝联绳引"的方法论表述契合现代逻辑和集合论的关系传递性运算。钱大昕的古声纽研究方法也被胡适在《清代汉学家的科学方法》一文中作为中国学术研究的科学方法的典范加以褒扬。这些理论、材料、方法上的科学元素,使得清代古音学的研究成果成为中国古代学术最具科学精神和学术价值的文献。清代古音学的研究成果为 20 世纪上古音研究所接受和继承,从而迅速而顺利地完成了由传统古音学向现代上古音研究的科学转型。当然,清代古音学的研究还存在不少需要解决的问题,特别是声母的研究显得薄弱,古音音值的研究基本上还是空白。前修未密,后出转精,清代古音学为 20 世纪汉语上古音研究打下了坚实的基础。

第三节　20 世纪上古音研究概况

一、转型期的上古音研究的三次大讨论

20 世纪初叶,发生了三次关于汉语上古音研究的学术讨论,这三次大讨论在汉语上古音研究史上有着重要意义。

(一)汉语上古音研究的第一次大讨论

胡适 1917 年从美国留学回国,1919 年在《新青年》上发表《"新思潮"的意义》一文,文章开篇即大书"研究问题,输入学理,整理国故,再造文明"十六字的口号,提倡用新的理论和方法研究中国传统学术。1923 年他在

北京大学《国学季刊》的《发刊宣言》中进一步系统阐述了"整理国故"的思想主张，有力推动了中国传统学术的现代转型。作为"输入学理"的实践，胡适就在这一期上刊登了他翻译的俄国钢和泰的论文《音译梵书与中国古音》。钢和泰精于梵文，时任北京大学研究所国学门导师。钢和泰（1923：49）指出中国传统音韵学研究古音根据的是《诗经》用韵、汉字的谐声偏旁和《广韵》韵字等，这些材料只能用于音类分析，要想研究古音音值，必须寻找新的材料。

> 研究各时代的汉字如何读法，有三个重要的材料来源。第一，中国各种方言里与日本、安南、朝鲜文里汉字读音的比较研究。第二，古字典（如《唐韵》之类）里用反切表示汉字的读法，古韵表可以考见韵母的分类。第三，中国字在外国文里的译音，与外国字在中国文里的译音。

这三种材料，第二种是考证古音音类的，第一种和第三种是考订音值的。第一种材料是现代汉语方言以及汉日语、汉越语和汉朝语三种域外方言，应使用历史比较法来构拟古音，一般只能达到中古音；第三种是汉外译音和对音，可利用外语表音文字比勘汉字的古音。在这些材料中，钢和泰（1923：50）力倡利用梵汉对音来研究汉语古音的音值，并极力推重梵咒的研究价值。

> 梵咒的音读因为有宗教的性质，故在中国古音学上的价值比一切非宗教的译音（如地名人名等）格外重要。此外，这些咒还有一个优点：译者的姓名与年代往往都有记载可考，不比那些不带宗教性质的地名人名大都是不知起于何代的。况且平常的外国地名人名至多不过是几个字，而一篇陀罗尼里有时竟有几百或几千个字的。这一点更可见这些梵咒的价值了。

清代古音学家早就开始思考古音音值的问题了，但一直苦于找不到很合适的材料，对于钢和泰此文提出的音值研究的材料，中国学者在研究中虽然偶尔也会使用，但还是用于音类的分析，没有人想到将其汇聚起来用于古音音值的研究。钢和泰的文章正好破解了这道难题，对于当时的学者有如醍醐灌顶。首先撰文响应的是汪荣宝。汪氏早年曾在日本留学，所以易于接受新的学术思想，在读了钢和泰的文章后，马上在《华国月刊》第 2 期和第 3 期发表《歌戈鱼虞模古读考》，文中说：

夫古之声音既不可得而闻，而文字又不足以相印证，则欲解此疑问者，惟有从他国之记音文字中，求其与中国古语有关者而取为旁证而已。其法有二：一则就外国古来传述之中国语而观其切音之如何，一则就中国古来音译之外国语而反求原语之发音是也（汪荣宝，1923a：2）。

针对前一类外国古来传述之中国语，汪荣宝所用材料包括日本采汉字所制之假名（字母）阿（歌）：a，左（哿）：sa，多（歌）：ta，那（歌）：na，波（戈）：pa，罗（歌）：ra，和（戈）：wa，以及阿拉伯语的汉字译音，如《中国游记》所记"斯罗（歌）（新罗）"：sīla；针对后一类中国古来音译之外国语，汪荣宝用的主要是汉译佛书的梵文对音，例如"阿（歌）伽（戈）陀（歌）"：agada；另外还有汉译阿拉伯语、波斯语、土耳其语等例证。文章的结论是：

依余研究之结果，则唐宋以上，凡"歌""戈"韵之字皆读 a 音，不读 o 音；魏晋以上，凡"鱼""虞""模"韵之字亦皆读 a 音，不读 u 音或 ü 音也（汪荣宝，1923a：1）。

汪荣宝的意见与清代古音学家的看法恰好相反。顾炎武以《广韵》麻韵字一半入第三部鱼虞模侯，一半入第六部歌戈支，据此认为麻音与古音不合，在《唐韵正》中，凡是九麻韵的字俱加注古音，以求读同歌戈或鱼虞模韵。入歌戈者，如"瘥"注"子邪、在何二切，当作在何"[①]。"子邪切"在《广韵》中属麻韵，"在何切"在《广韵》中作"昨何切"，属歌韵。入鱼虞模者，如"家"注："古牙切，古音'姑'。""姑"在《广韵》是古胡切模韵字。顾炎武的意思是：第三部的读音是 u 或 ü，第六部的读音是 o，麻韵今音 a 是"韵谱相传之误"，入鱼虞模者应改读 u 或 ü，入歌戈者应改读 o。顾炎武也注意到汉语和外国语的译音，他在"九麻"之末说：

[①]（清）顾炎武：《音学五书》，中华书局，1982，第 261 页。

> 天竺之书曰"南无"、曰"曩谟",并读如"麻"音。其书中所用无非"阇""迦""伽""耶""沙""叉""吒"等字。又《唐书》所载吐蕃、突厥、西域人名、地名亦多此类。岂非其出于西音耶?①

因此顾炎武提出麻韵"其出于西音",这就是所谓"麻音西来"说。这个观点为以后的古音学家所接受。如江永尝讥顾炎武"考古之功多,审音之功浅",但《古音标准·总论》却详引顾炎武"麻韵大抵出于西韵"之说;书中为古音注音径用《广韵》反切,而九麻则认为今音不合于古,另拟反切,如分入鱼虞模字"家"注"古胡切","古胡切"即顾炎武《唐韵正》所注模韵字"姑"之音;分入歌戈字"瘥"注"才何切","才何切"即《唐韵正》所注歌韵"在何切"之音。

汪荣宝完全否定了清代古音学家的这些看法。

> 古音"家(麻,古牙切)"读如"姑(模,古胡切)","瓜(麻,古华切)"读如"孤(模,古胡切)","牙(麻,五加切)"读如"吾(模,五乎切)","者(马,章也切)"读如"渚(语,章与切)","华(麻,户花切)"读如"敷(虞,芳无切)","马(马,莫下切)"读如"武(虞,文甫切)","下(马,胡雅切)"读如"户(姥,侯古切)","暇(祃,胡驾切)"读如"豫(御,羊洳切)",亭林倡之,江、段以下诸君子和之,三百年以来,此说遂如金科玉律之不可动矣。由今考之,乃知古人读"姑"如"家",读"孤"如"瓜",读"吾"如"牙",读"渚"如"者",读"敷"如"华",读"武"如"马",读"户"如"下",读"豫"如"暇",与亭林诸人所想象者正相反也……南山可移,此案必不可改(汪荣宝,1923b:12)!②

汪荣宝的论文发表以后,引起了极大反响。钱玄同(2011b:149)在《跋汪荣宝〈歌戈鱼虞模古读考〉》中说:"证据确凿,我极相信。"林语堂、唐钺

---

① (清)顾炎武:《音学五书》,中华书局,1982,第272页。
② 为了方便阅读,我们在例字后括注了《广韵》的韵目和反切。

也撰文赞同汪荣宝的意见。反对者则有章炳麟、徐震等人，汪荣宝又撰文进行答辩。从1923年到1925年不断有学者撰文参加讨论，除钱玄同外，还有林玉（语）堂、章炳麟、徐震、汪荣宝、李思纯、唐钺、洪瑞钊等，这在中国语言学史上是前所未有的现象。魏建功就《歌戈鱼虞模古读考》引起的问题专门加以评述，北京大学研究所《国学月刊》也将相关论文收集起来重印出版。"中国古音学上的大讨论"之说即由此而产生。

这次大讨论是中国现代语言学学术讨论的良好开端。从那时起，就《歌戈鱼虞模古读考》所涉及的诸多问题进行的讨论贯穿20世纪，相关论文如哲克登额的《鱼虞模韵转入歌戈韵再转入麻韵说》、张维思的《歌戈麻古音新考》和《周秦西汉歌戈麻本音新考》、尉迟治平的《鱼歌二部拟音述评》等，至于相关专著中的讨论就更多了。可见这一次讨论的影响之深远。

（二）汉语上古音研究的第二次大讨论

1923年，瑞典汉学家高本汉发表了 *Analytic Dictionary of Chinese and Sino-Japanese*（《中日汉字分析字典》），即赵元任1927年所译的《高本汉的谐声说》，在汉语中古音系构拟的基础之上进行了汉语上古音系统的研究。高本汉（1927：24-28）在书中指出：

> 在上古中国语的时候大多数的谐声字都已经造定了，在那时候虽不无方言的差异，可是总不见得有现在方言不同的那么厉害。要是细看起这字典里的例来，一定可以看出谐声法例是异常的有规则的……
>
> 在有一大类的字，差不多占谐声字的大多数，它的主谐字跟被谐字，就说在古音中，也是有相同或相近的声母辅音、韵中主要元音跟韵尾辅音……
>
> 通共说起来，谐声字当中大概有五分之四的字，它们的音的三要素（就是声母、主要元音、韵尾辅音）都是大致跟谐声部分的音相合的……
>
> 在古音看起来，谐声的声母、元音、韵尾，三者不全是相同或相近的。这里头就有两类的字，其特点就是或在主谐字，

或在被谐字，不是声母的辅音失去了（变喻母）就是韵尾的辅音失去了。

文中所说的"古音"指他构拟的《切韵》的语音系统。高本汉认为谐声系统反映汉语上古音，从古音观察上古音，基本规则是主谐字和被谐字音节的三个要素是相同或相近的，如有例外，原因是上古音的声母或韵尾辅音丢失了。于是他"统观 12 000 个字的谐声法"，再加上对失去的声母或韵尾辅音的解释，高本汉的结论是：

> 那里头真正除掉一个极小极小的一个百分数的例外之外，没有不照 A 节下所定的基本原则的：就是在上古音的谐声字里头总是有相同或相类的声母辅音，主要元音，跟韵尾辅音……（高本汉，1927：56-57）

> 这么看来，谐声的规则竟有我从来没有料到的那么严呢。我想等到关于上古音的知识更扩充了之后，现在还有的好些不合基本规则的怪例也会又显出一致的条理来了（高本汉，1927：65）。

高本汉详细讨论了各种丢失古音的类型，恢复这些失去的辅音，归纳从上古音到古音的演变规律，建立上古音和古音的对应规则，这就是高本汉所说的"谐声原则"。高本汉归纳出这些"谐声原则"，然后就运用这些规则，从古音来分析上古音，从而全面构拟了上古汉语的语音系统。

高本汉（1927：46-48）认为汉语上古音的阴声韵有浊音韵尾-b、-d、-g，发展到中古音这些韵尾丢失了。他举了两对谐声字作为代表，用来讨论阴声韵韵尾辅音的失落："乍（崇纽祃韵去声，锄驾切）"："昨（从纽铎韵入声，在各切）"，"敝（並纽祭韵去声，毗祭切）"："瞥（滂纽屑韵入声，普蔑切；滂纽薛韵入声，芳灭切）"。

> ……乍 dẓʻa：昨 dẓʻâk，敝 bʻiei：瞥 pʻiet 的例，这里不是声母的辅音落掉，乃是韵尾的辅音落掉了……

> 假如是因为乍 dẓʻa：昨 dẓʰâk 已经有了声母元音两者相近就算够做谐声的程度了，那么自然乍 dẓʻa 当然也可以一样做 dẓʰât，dẓʰâp 等音的谐声，所以乍 dẓʻa 字所谐的字应该-p 尾，-t 尾，-k 尾的字都

有咯。可是咱们并不遇见这种事情；乍字所谐的字都是严格地限于-k尾的܂：咋，tsɑk，咋，咋，咋 dʱɑk，窄，舴 tsɐk。

这类的例差不多都有这种限制。在字典里可以找出无数的例来……

假如造字的这么严格的不是全限于舌尖音的韵尾就是全限于舌根音的韵尾，这是有理由的：乍 dzʱa 谐的字在上古音是有舌根音的韵尾的，不过在古音就已经失掉了，敝 bʱiei 谐的字在上古音是有舌尖音的韵尾的，不过在古音就已经失掉了……

想到古音有韵尾的 p，t，k，m，n，ng 而无 b，d，g 就会猜到后者这几个了，再比较起来别国语言当中也是浊音比清音容易失掉，这就是更像对的了……所以在乍，敝这类字所失掉的韵尾一定总是个 g 跟 b。

汉语上古韵部系统中闭口韵没有阴声韵，高本汉（1927：52）举出"内（队韵去声，奴对切）"nuâi："芮（祭韵去声，而锐切）"ńźiwai："纳"nâp："讷（没韵入声，内骨切）"nuât 的谐声系列作为例子，认为"内""芮"上古音有-b 韵尾，到中古音丢失了。

内，芮的-b 尾因有 u，w，异化而成-d，这个-d 就照例失掉了变成个-i。讷的-p 尾异化而成-t，因-t 是清音韵尾，所以不掉。纳是开口字，没有前后唇音的异化作用，所以一点不变。

1927 年，德国汉学家西门华德发表《古汉语韵尾辅音之构拟》一文，不赞成高本汉的构拟，根据藏文将汉语中古音入声韵韵尾辅音构拟为浊塞音-b、-d、-g，将古音已经丢失的汉语上古音阴声韵韵尾辅音构拟为浊擦音-β、-ð、-ɣ。

1928 年，高本汉撰写了《古代汉语的问题》（即赵元任 1930 年所译《上古中国音当中的几个问题》），重新讨论汉语上古音的韵尾和主要元音问题，正要发表时看到了西门华德的文章，于是增写了第Ⅲ节"Simon 的韵尾说"，对西门华德的构拟提出批评。1930 年，高本汉又发表《藏语与汉语》，针对西门华德据藏语构拟汉语入声韵和阴声韵韵尾辅音的做法提出质疑。1938

年，西门华德又发表《中国上古音的构拟》，坚持自己的观点。另外，1929年，魏建功发表《古阴阳入三声考》，将汉语阴阳入三声重新分为五类，除了阳声类以外，将入声分成甲、乙两类，又从阴声类中分出纯韵类。胡适1929年也发表《入声考》，认为上古音的阴声韵读同入声韵。

这一次讨论绵延时间虽然很长，但讨论的论著不多，而且主要在国外高本汉和西门华德之间进行，中国学者参加讨论的只有魏建功和胡适二人，他们与高本汉和西门华德互相都没有呼应，实在不能算是"大讨论"。

第二次大讨论主要围绕汉语上古音韵尾辅音的构拟展开。西门华德和高本汉的分歧源于二人对入声韵韵尾的构拟不同。他们对汉语上古音韵尾辅音的构拟原则是相同的，即韵尾辅音的构拟必须考虑阴阳入三声相配的上古韵部格局：阴声韵和入声韵的韵尾辅音发音部位相同，用以解释二者在《诗经》用韵、谐声等音韵行为的密切关系；二者的发音方法不同，用以解释入声韵和阴声韵韵尾辅音到中古的不同演变。因此，阴声韵韵尾辅音的构拟以入声韵韵尾辅音的发音部位为条件，而上古音入声韵韵尾辅音的音值来源于中古音入声韵韵尾辅音的构拟。高本汉通过对现代汉语方言的历史比较将汉语中古音的入声韵韵尾辅音构拟为清塞音-p、-t、-k，对已经丢失的上古音的阴声韵韵尾构拟为同部位的浊塞音-b、-d、-g，从而满足上述的韵尾辅音的构拟原则；西门华德则是比照藏文将汉语中古音入声韵韵尾辅音构拟为浊塞音-b、-d、-g，那么，上古音阴声韵的韵尾辅音就不可能还是浊塞音，要满足韵尾辅音的构拟原则，只能选择同部位的浊擦音-β、-ð、-γ。两相比较，高本汉将中古入声韵韵尾构拟为-p、-t、-k，得到了现代汉语方言历史比较的支持，也与中国历史文献的记载相符，上古音阴声韵韵尾辅音被构拟为-b、-d、-g，根据其演变到中古音而丢失，可得到一般语言语音史上浊音容易清化或失落的支持；西门华德将中古音入声韵韵尾辅音构拟为浊塞音-b、-d、-g，得不到汉语方言和文献的支持。所以，在上古音阴声韵韵尾辅音的构拟上，高本汉的意见被大多数中国学者所认可。

（三）汉语上古音研究的第三次大讨论

汉语上古音研究的第三次大讨论的中心议题是主要元音的构拟。清代古音学家很早就开始关注这个问题。前面提到段玉裁在《答江晋三论韵》曾以不知"支""脂""之"何以分为三而深以为憾。戴震的《声类表》曾用汉字表音提出他对古音韵部读音的看法，表 2-8 中是"之""脂""支"三组阴阳、入九部的读音，我们括注了通行韵目和国际音标以便阅读。

表 2-8　戴震的古音三分表

类	阳声	阴声	入声	收音
二	4 膺（蒸）iŋ	5 噫（之）i	6 亿（职）ik	鼻音：引喉穿鼻
五	13 婴（耕）əŋ	14 娃（支）ɑu	15 厄（陌）ək	
六	16 殷（真）in	17 衣（脂）i	18 乙（质）it	舌齿音：舒舌而冲齿

资料来源：据戴震的《声类表》整理。

可以明显看出，戴震的处理原则是阴、阳、入三声相配，主要元音相同，韵尾辅音发音部位相同。他虽然还不能解释"之"和"脂"两部的元音有何不同，但他指出"之""支""脂"三组"收音"即韵尾辅音发音部位和发音方法不同。从他的描写来看，前者阳韵是-ŋ，入声韵是-k；后者分别是-n、-t，那么"之"和"脂"的读音区别也就可以意会，只是限于历史条件，还无法言传。戴震的研究注重古音韵部的系统性，处理原则颇具学理，实在难能可贵。

1930 年，林语堂发表《支脂之三部古读考》，论文不同意胡适《入声考》将阴声韵读为入声的看法，也反对高本汉的阴声韵韵尾辅音构拟为浊塞音-b、-d、-g和西门华德的将阴声韵韵尾辅音构拟为浊擦音-β、-ð、-ɣ的看法。在讨论上古音"之"部古读时，林语堂（1930：142）提出了构拟古韵音值的原则：

> 凡要假定这部字的古读的必须顾到三件事。(1) 本部字必可韵尾相协，音韵至谐，才可以解释他们同部互押的理由。(2) 本部字后来音转不同的，必须解释其不同的原因。(3) 本部字必与支脂部韵尾相差颇远，所以不能与此两部字互通。

这三条原则，第二条是说凡中古音读音不同的音类，上古音的音值也必须有所不同，第一条是说这些音类不同的音值必须相近到足以同为一个韵部，

第三条是说上古音不同的韵部音值必须不同。根据这三条原则，林语堂（1930：142-150）提出"之古读 ü，咍古读 eü 说""脂部古读收-i，-e 音说""支古读 ia，iă，ie 音说"三个意见。在"五、驳珂罗倔伦之部收 g 音说"一节中，林语堂指出珂罗倔伦（高本汉）的构拟"音韵并不谐协"。

> 因之部多转入尤侯而与脂部隔阂，故知之部必不读 i 音，而读 ü 音……（林语堂，1930：145）
> 如珂先生假定：
> 基 kjig，采 ts'âg，媒 muâg，龟 kjwig
> 久 ki̯əg，来 lâg，福 pi̯uk
> 高 kâg，包 pag，沟 kəg。
> 以 âg, ig, iuk 互押，是不和谐的。更难说明的，如"来"之 lâg 何以与疚之 kiug 韵，而反不能与第二部珂先生所假定的"肴豪"韵中的-âg-ag 字互押？
> 《诗经》中入声字用韵本有区别，并不是凡同收 k 音者便可同韵，凡同收-t 音者便可同部，所以将-g 加上"之咍"部的韵尾，仍旧不足以解释"之咍"部中极复杂的韵母所以同用的缘故（林语堂，1930：147）。

林语堂所引高本汉拟音例字，基（之）kjig，采（海）ts'âg，来（咍）lâg 属之咍部；媒（灰）muâg，龟（脂）kjwig 属脂微部；久（有）ki̯əg，沟（侯）kəg，福（屋）pi̯uk 属尤侯部；高（豪）kâg，包（肴）pag 属肴豪部。他所说的"来"lâg 与"疚"kiug 韵，见《诗经·小雅·采薇》三章"忧心孔疚，我行不来"，"疚"为宥韵字，"来"为咍韵字。

高本汉的构拟是有问题的，但并不是因为他将之部的韵尾辅音构拟为-g，而是因为他一个韵部构拟有几个主要元音，如安排不周，就会造成林语堂所指摘的同部的字音远、异部的字音近的问题，这是因为对林语堂提出的古韵音值构拟的第二条原则处理不当。从高本汉起，如果"本部字后来音转不同的"，就将这些不同的音类构拟成不同的元音，用主要元音的不同来"解释其不同的原因"，从而形成复杂的元音系统和更为复杂的韵母系统。林语堂对高本汉的构拟提出了严厉的批评，但是他本人同样也是将一个韵部构拟成不同的主要元音。不仅是林语堂，直到 20 世纪 80 年代以前，所有研究上古音的学者都循着这条路子，既要用主要元音的不同来解释从上古到中古不同的音类演变条件，又要用主要元音来区别不同的韵部，于是构拟的元音越来越多，韵母系统也越来越复杂。显然，这与戴震所采取的阴、阳、入相配的韵部只有一个主要元音的原则是不合的。

1931年，李方桂发表《切韵 â 的来源》一文，对高本汉的汉语上古音构拟提出了不同意见。李方桂（1931：1-2）指出，从高本汉的汉语中古音系统来观察他的汉语上古音构拟，中古《切韵》音系的 â 有两种不同的来源：

> 第一种 â 在《诗韵》里时常同含有 a，ä，ɐ，e（ẹ）元音的字押韵，同时亦跟这些字谐声。这一种 â 可以无问题的定为由上古的 *â 来的。他同 a，ɐ 押韵是因为他们的音值很相近然而他同 ä，e 也押韵，这我们不得不疑 ä，e 是由别的音变来的……ä 只见于三等字，e 见于四等字。他们的变化是 *ĭa->ĭä-，*ia->ie-……
>
> 第二种 â 常常在《诗韵》里同含有 ə，i，u 的字押韵并且亦常常互相谐声，这是很奇怪的，因为 â 与 ə 已经相差很远够不上押韵的程度了，更同 i，u 押韵岂不是更奇？这种 â 我们可以决定说上古时不是 â。

李方桂提出，由第二种 â 同 ə 的关系可以看出，这种 â 还包括 i，其来源不是 *â，而是从 *ə 变来的。高本汉将之、哈韵的上古音构拟为 *-âg，从而造成 â 与 ə、i 押韵或谐声的与中国音韵学观念不符的不谐现象，高本汉用上古音韵尾辅音相同就可以押韵来解释这种奇怪的押韵方式。李方桂（1931：4）对高本汉的观点提出了严厉的批评：

> "基"kji，"来"lâi，"久"kĭəu，"福"pĭuk 所以押韵的原故是因为他们原来有 -g 韵尾，（"基"*kjig，"来"*lâg，"久"*kĭəg，）他没想到"来"*lâg 若是能同"基"*kjig 押韵，为什么不同"铎"韵 âk 的字押韵……现在我们可以明了他们押韵的原故不单是因为只有个 -g 的韵尾并且因为他们的主要元音也相同："基"是 *kĭəg，"来"是 *ləg，"久"是 *kĭəg，"福"是 *pĭuək。这么一来我们更可以解释《诗经》里头一个例外的韵，《郑·鸡鸣》"来"与"赠"韵。若依高

的说法，*lâg, *dzʰəng 就因为韵尾 -g, -ng 的原故就可以押韵了，这未免太牵强。我觉得押韵的字他的主要元音是最重要的，韵尾还在其次。现在韵尾虽有些相似，元音差的太多，押韵是不可能的。不过若按我的说法，"来"是*ləg，"赠"是*dzʰəng，我们就可以看出来他们押韵的原因是因为他们的元音是一样的。

李方桂关于第二种 â 的来源的讨论，并不限于将之哈韵的上古音由 â 改拟为 ə，其意义在于由此可以对汉语上古韵部系统进行系统观察，对主要元音进行统一的系统的构拟。这一点从表 2-9 中可以清晰地反映出来。

表 2-9　李方桂的 â 类韵母构拟

上古拟音	中古《切韵》拟音						
上古*â	谈 âm	盍 âp	泰 â:i(uâ:i)	豪 âu	寒 ân(uân)	曷 ât(uât)	唐 âng(wâng)	铎 âk(wâk)
上古*ə	覃 âm	合 âp	咍 âi(uâi)	豪 âu	痕 ən(uən)	没 (ət)uət	登 əng(wəng)	德 ək(wək)

资料来源：李方桂（1931：5）。

从表 2-9 中可以清楚地看出主要元音 â 和 ə 的分布特点：在一个韵尾前，只要有一个韵部主要元音是 â，就一定还有一个主要元音是 ə 的韵部；如果某个韵部存在两种不同的 â，即出现了对立，其中一定有一种 â 应该是 ə。从《切韵》音系来观察，上古音的 ə 有的保留，有的变成了 â，什么韵保留，什么韵变 â，是有规律可循的，绝不是无条件地乱变。李方桂（1931：5）根据表 2-9 归纳出 ə 演变的"两个很重要的定律"：

（1）上古*ə 在 -n, -t, -ng, -k 的前面到《切韵》的时候还保存着。

（2）上古*ə 在 -m, -p, -i（<*-i 或者*-g, *-d）, -u（<*-u 或者*-g）的前面到《切韵》的时候变成 â。若有一个介音 ĭ（或者 i）在这个*ə 的前头，这个*ə 就全体保留着，所以《切韵》里有 ĭəm, ĭəp, ĭəu,（ĭəu），i（<*ĭəi<*ĭəg）。

表 2-10 是李方桂（1931：36-37）构拟的上古音系以及到《切韵》音系的演变表。

表 2-10　上古音演变表

上古			《切韵》	上古		《切韵》
*â		→	â（歌）	*əwg,（*ĭəu）	→	âu（豪）
p+ â		↘		*ək	→	ək（德）
*uâ		→	uâ（戈）	*uək	→	uək（德）
*a	}	→	a（麻）	*ĭək	→	ĭək（职）
*å				*ĭuək	→	ĭuk（屋）
*wa	}	→	wa（麻）	*əm	→	âm（覃）
*wå				*ĭan	→	ĭän（仙）
*ĭa	}	→	ĭa（麻）	*ĭwan	→	ĭwän（仙）
*ĭå				*ian	→	ien（先）
*ia		→	iě（支）	*ât	→	ât（曷）
*âng		→	âng（唐）	p+ ât		↘
*wâng		→	wâng（唐）	uât	→	uât（末）
*ĭang		→	ĭang（阳）	*at	→	at（辖）
*ĭwang		→	ĭwang（阳）	*ĭat	→	ĭät（薛）
*əng		→	əng（登）	ĭwat	→	ĭwäi（薛）
*ĭəng		→	ĭəng（蒸）	*âd	→	â:i（泰）
*ĭuəng		→	ĭung（东）	p+ âd		↘
*âk		→	âk（铎）	*uâd	→	uâ:i（泰）
*wâk		→	wâk（铎）	*ĭad	→	ĭäi（祭）
*ĭak		→	ĭäk（昔）	*ĭwad	→	ĭwäi（祭）
*iǎk		→	ĭak（药）	*ad	→	a:i（夬）
*ân		→	ân（寒）	*wad	→	wa:i（夬）
p+ ân		↘		*âu（或者有些<*-g）	→	âu（豪）
*uân		→	uân（桓）	*au（或者有些<*-g）	→	au（肴）
*an		→	an（删）	*ĭau（或者有些<*-g）	→	ĭäu（宵）
*wan		→	an（删）	*iau（或者有些<*-g）	→	ieu（萧）
p+ əg		↘		*âm	→	âm（谈）
*uəg		→	uâi（灰）	*am	→	am（衔，咸）
*ĭwəg		→	wi（脂）	*ĭam	→	ĭäm（盐）
*iəg		→	ĭəi>i（之）	*âp	→	âp（盍）
*ĭwəg,（*ĭəu）		↘→	ĭəu（尤）	*ĭap	→	ĭäp（叶）

续表

上古		《切韵》	上古		《切韵》
*əg	→	âi（咍）	*uəi（？）	→	uâi（灰）
*ĭəm	→	ĭəm（侵）	*uəd（？）	→	uâi（灰）
*əp	→	âp（合）	*ĭəi（？）	→	i（脂）
*ĭəp	→	ĭə（缉）	*ĭəd（？）	→	i（脂）
*əi（？）	→	âi（咍）	*ĭwəi（？）	→	wi（脂）
*əd（？）	→	âi（咍）	*ĭwəd（？）	→	wi（脂）

这是第一份由中国学者提出的汉语上古韵部系统完整的音值构拟表，一个韵部只有一个主要元音，相承的阴、阳、入韵韵部的主要元音相同，继承了清代古音学的学术传统，与高本汉的构拟原则和构拟系统完全不同。

1932年，高本汉发表 Shi King Researches（《诗经研究》），反驳林语堂、李方桂的观点，李方桂随即又发表 Ancient Chinese -ung, -uk, -uong, -uok, etc., in Archaic Chinese（《东冬屋沃之上古音》）进行回答。文章回答了高本汉的质难，并特别就汉语上古"东"/"屋""冬"/"沃"四个韵部的音值构拟作了进一步的阐述：

> 从《诗经》的用韵跟谐声的偏旁看起来，"东"-ung，"钟"-i̯wong 是属于一部的，不常跟"冬"-uong，"东"（三等）-i̯ung 相混。因为"东""钟"时常同"江"-ång 押韵，所以我们可以拟定"东"韵是从上古*-ong，"钟"韵是从上古*-i̯ong 来的；"冬"韵跟"东"（三等）绝不与"江"韵押韵（除去一个来历不明的"降"字），所以我们可以拟定他是从上古的*-ung，*-i̯ung 来的。我们知道 o 元音跟 u 元音在《诗经》里不大混用来押韵。高本汉把他们都拟作有 o 元音的，"东"*-ong，"冬"*-uong，"钟"*-i̯wong，"东"（三等）*-iong 等，就不能解释他们为什么分而不混了，所以我们不能接受他的学说。
>
> 同样"屋"-uk，"烛"-i̯wok 跟"觉"-åk 常常的押韵而跟"沃"

-uok,"屋"(三等)-i̯uk 分开,所以我也可以晓得"屋"韵,"烛"韵的字是从上古 *-ok,*-iok 来的,而"沃"韵,"屋"(三等)是从上古 *-uk,*-i̯uk 来的(李方桂,1932:412)。

1933 年,高本汉又发表 Word Families in Chinese(《汉语词类》)来反驳李方桂。1935 年,李方桂又发表 Archaic Chinese *-i̯wəng, *-i̯wək and *-i̯wəg(《论中国上古音 *-i̯wəng, *-i̯wək, *-i̯wəg》),进一步重申自己的主张。

汉语上古音的第三次大讨论的主题是韵部的构拟,双方根本的分歧在于对汉语诗文用韵性质的不同认识。中国学者认为诗文押韵的条件首先是主要元音相同,其次是韵尾辅音相同,所以一个韵部只能构拟有一个主要元音;主要元音相同,韵尾辅音发音部位相同,发音方法不同,例如一个是清塞音,一个是浊塞音,或者一个是塞音,一个是鼻音,有时也可以押韵,所以相承的阴、阳、入三声韵部也只能构拟为一个主要元音。反之,如果主要元音不同只有韵尾辅音相同,是不能押韵的,除非主要元音相近,偶尔也可以通押,但这是例外,绝不是常态。这是中国音韵学家的共识,也是中国人的常识,即使是不识字的乡野之人即兴唱和的民歌俗曲,也遵循这个规则。西方学者没有这种文化背景,没有这种源自母语的语感,所以坚持认为押韵的条件就是韵尾辅音,可以为一个韵部构拟两个或多个主要元音,即使这些元音相差甚远,只要韵尾辅音相同就可以押韵。

与主要元音的构拟有关的另一个问题是如何解释从上古到中古韵部的演变。汉语上古一个韵部到中古《切韵》音系都要分化为两个或多个韵,为了设置分化的条件,学者往往认为在上古韵部中元音本来就有区别,于是就为上古韵部构拟出两个或多个不同的主要元音。但这些学者的构拟与高本汉、西门华德等西方学者有所不同,他们会兼顾中国诗文押韵的原则,一个韵部包含的两个或多个主要元音音值相近,不会差距过大。但是这种构拟方式显然是一种"古人韵缓"的观念,与清代古音学家对上古韵部读音的思想传统并不相符。直到 20 世纪 70 年代,李方桂发表《上古音研究》,再次重申一个韵部只有一个主要元音,与王力在同一时期用介音来作为演变分化的条件,主要元音构拟的原则和方法才得到最终解决。

二、汉语古音学向现代上古音研究的科学转型——开创古音研究新格局

1923 年胡适翻译钢和泰的《音译梵书与中国古音》，对其"研究问题，输入学理，整理国故，再造文明"的理念进行实践。嗣后，汪荣宝在钢和泰文章的影响下发表了《歌戈鱼虞模古读考》，用新材料、新方法来整理传统学问，由此引发了汉语上古音研究的第一次大讨论。第二次和第三次大讨论也是因为赵元任翻译《中日汉字分析字典》为《高本汉的谐声说》和《上古中国音当中的几个问题》，"输入学理"而触发。因此，这三次学术讨论是西方现代语言学理论和方法跟中国古音学学术传统的一次碰撞和交汇。三次大讨论的内容，是清代古音学提出的研究任务，讨论双方往返辩驳所使用的材料都是清代古音学家的研究成果，所依据的理论和方法是从现代历史语言学引入的学理。中国的学术传统和现代语言学的自然对接，使古音学迅速而顺畅地过渡到现代古音学，在中国诸多传统学科中率先实现了科学转型。

三次大讨论的中心议题是音值构拟。音值构拟是现代历史语言学的研究任务，是传统古音学不可能进行的工作。音值构拟绝非一种填字游戏，而是有其特定的研究材料、科学的研究方法和严格的工作程序。要构拟某个古音类的音值，首先要搜集相关的标记音值的材料，然后设定其音值，并且建立从构拟音值到后代各种标音材料的演变规律，音值的设定和规律的建立必须符合普通语音学的学理，解释必须合乎逻辑，最好还能有普通语音发展史上的同类通例作为参证，所有这些工作必须通过讨论来展示。中国传统古音学的工作主要是音类的分析，学者使用的主要是以汉字表音的文献语料，不能标记音值，所以如戴震的古韵九类二十五部用韵目表示其读音，不同方言的人读起来音值并不相同，而且为何选定这些字音也缺乏充分的讨论，所以戴震的工作只能说是对古韵读音的猜测，不是音值拟测（构拟）。经过三次大讨论，汉语上古音研究由以音类分析为主转变为以音值构拟为主，这种转变不仅是工作对象的转移，更是学术性质由传统古音学向现代上古音研究进行科学转型的一个显著标识。

第一次大讨论的研究材料是汉外译音，要使用这些材料，必须具备广泛的非汉语的标音语料，所引用的参考文献大多为外文学术论著，这些都不是仅受过中国传统学术训练的学者所具备的知识和能力。因此，在此次大讨论

之后，这批学者基本上就退出了汉语上古音研究队伍。第二次和第三次大讨论围绕着韵尾辅音和主要元音的音值构拟展开，这种研究是在高本汉构拟的中古汉语《切韵》音系的基础上进行内部构拟，研究过程不仅是对语料的分析和归纳，更重要的是对音理的讨论和推导，这种工作需要学者具备语音学和历史语言学的学养，需要经过专门的学术训练，非专业学者难以参与。因此，这两次大讨论虽然有如胡适、钱玄同等著名学者参加，但此后这批非历史语言学专业的学者也都退出了汉语上古音研究队伍。研究队伍的这种变化，也正是传统古音学向现代上古音研究的科学转型的反映。

科学有两大支柱，一是材料，二是逻辑。不同的研究目的要求运用不同的研究材料，一定的研究材料只能完成特定的研究任务，根据合适可靠的材料、依据学科学理进行逻辑推理，就是科学研究。20世纪汉语上古音研究的材料和学理有两个来源。一个源自清代古音学，材料经过清代古音学家精细的整理，具有极高的信度和效度，学者提出的学理主要有一个韵部只有一个主要元音，相承的阴、阳、入三部主要元音相同，"同声必同部"，古假借必同部等；另一个来自现代历史语言学，进行音值构拟的材料一是上古汉外译音，一是高本汉构拟的《切韵》的语音系统，这个构拟系统的基础是现代汉语方言；其学理最重要的是语音发展观、语音系统论和语音规则论，凡所构拟的上古音必须能解释到《切韵》音系的演变，换言之，凡《切韵》不同的音在上古必有所不同。科学的汉语上古音研究必须兼顾这两类材料和学理，如有偏废，研究必有失误。

第一次大讨论，汪荣宝（1923a：1）提出"唐宋以上，凡'歌''戈'韵之字皆读 a 音，不读 o 音；魏晋以上，凡'鱼''虞''模'韵之字亦皆读 a 音，不读 u 音或 ü 音也"，如此则上古音"鱼"和"歌"两部都读 a，与清代古音学家分"鱼"和"歌"为两个韵部的意见不合，也不能解释这个 a 到中古为什么分化为 o（"歌""戈"韵）和 u 或 ü（"鱼""虞""模"韵）音。钱玄同显然意识到了这一问题，所以在《〈歌戈鱼虞模古读考〉附记》中说：

> 我以为战国以前所谓西周和春秋的时候"鱼虞模"部的字也不读丫韵，因为三百篇中"鱼虞模"部的字和"歌戈"部的字画然有别，不相通用，所以知道他们并不同韵。若那时的"鱼虞模"部读

ㄚ韵，则"歌""戈"部一定不读ㄚ韵。至于汉代的韵文，则"鱼虞模"和"歌戈"往往通用，所以说那时他们都读ㄚ韵，的确不错（钱玄同，2011b：149-150）。

在文末还列表表示《广韵》中"鱼虞模歌戈麻"六韵的字在古今标准音中的读法，表 2-11 中汉语拼音字母为本书所加。

表 2-11　汪荣宝的"鱼虞模歌戈麻"拟音

时代	鱼虞模	歌戈	麻
周	ㄛ o	ㄚ a	ㄛ o, ㄚ a
汉	ㄚ a	ㄚ a	ㄚ a
六朝唐宋	ㄛ o（后或变ㄩ ü, ㄨ u）		ㄝ ê（后或变ㄚ a）
元明清及现代	ㄩ ü, ㄨ u	ㄛ o	ㄚ a, ㄝ ê

资料来源：钱玄同（2011b：149-150）。

钱玄同将周朝鱼部定为 o，歌部定为 a，与《歌戈鱼虞模古读考》的语料反映的语言事实不符；他将汉代鱼、歌两部都定为 a，仍然不能解释为什么到了六朝唐宋"鱼""虞""模"变成 o，而"歌""戈"却不变。

可见，第一次大讨论在汉语语音学史上的意义主要在于引入了新的可用以研究古音音值的材料，汪荣宝和钱玄同的意见分歧只是汪荣宝重视汉外译音反映的语言事实，而钱玄同兼顾清代古音学古韵分部的研究成果，但二人都还没有现代历史语言学的学养，不了解同一个 a，无论是先秦的还是汉代的，都必须具有不同的语音条件，才能演变成为《切韵》不同的元音（韵）。从语音系统论来看，鱼部和歌部的拟音不能孤立地进行，必须从上古韵部整个系统上来观察，如表 2-12 所示。

表 2-12　钱玄同的"鱼歌"拟音

阴声韵	入声韵	阳声韵
鱼 a（g/ɣ/∅）	铎 ak	阳 aŋ
歌 a（d/ð/i）	月 at	元 an
a（b/β/?）	叶 ap	谈 am

注：后来钱玄同"改正前说，重为假定，鱼部之音当为[ɒ]"。参见钱玄同（2011c：201）。

这是八个主要元音是 a 的韵部，如果算上谐声时代与叶部、谈部相配的阴声韵，就是九个。三个入声韵和三个阳声韵的主要元音都是 a，这六个韵部靠韵尾辅音彼此区分，入声韵尾是清塞音-k、-t、-p，阳声韵尾是鼻音-ŋ、-n、-m，相配的入声韵和阳声韵韵尾辅音的发音部位相同，从上到下依次是牙音、舌音、唇音，从而构成一个有组织有规则的系统。如果学者具备语言系统论的观念，就会想到阴声韵应该也有一个同部位的韵尾辅音，表中阴声韵韵目后括号里是三种可能的选择，高本汉式的处理是将阴声韵尾辅音构拟为浊塞音，鱼部是 ag，歌部是 ad；西门华德式的构拟为浊擦音，鱼部是 aɣ，歌部是 að；王力式的构拟为元音韵尾，鱼部是 aØ（零韵尾），歌部是 ai。

第一次大讨论反映出中国学者对现代历史语言学学理的隔膜，第二次和第三次大讨论则反映出西方学者对中国学术传统的忽视。高本汉对上古汉语韵部的拟音，认为一个韵部包含两个或多个主要元音，是为了解释到《切韵》音系演变成不同的韵，但却与中国音韵学的一个韵部只有一个主要元音的学理相违背。在第三次大讨论中，李方桂为解决这个难题做出了很好的探索。

20 世纪初叶有关汉语上古音音值构拟的这三次大讨论，在中国学术传统和现代历史语言学的碰撞和交汇中展开，促成了中国传统古音学向现代上古音研究的科学转型。此后，中国学者经过漫长艰苦的探索，继承清代古音学的学术传统，汲取西方输入的历史语言学的学理，不断磨合，兼收并蓄，取长补短，迎来了汉语上古音研究的发展期。

（一）转型后的上古音研究的成就

1. 上古音研究的高本汉模式的形成

瑞典汉学家高本汉运用不同的材料和方法研究古代汉语，其《中国音韵学研究》一书完成了对中古音的构拟，其《汉文典》完成了上古音的构拟，是其上古音研究的总结性著作。

高本汉上古音研究模式的形成主要在于中西语言学理论的结合、谐声材料的使用、谐声原则的贯彻、复辅音声母的探求等，从方法、材料、路线与方向等多方面推动上古音研究进入一个新的发展时期。

利用谐声材料，高本汉（1997：552）构拟出了上古六类三十三个单声母：

舌 根 音：k　　kʰ　g　　gʰ　ŋ　x
舌 面 音：ȶ　　ȶʰ　ȡ　　ȡʰ　ȵ　ɕ
舌 尖 音：t　　tʰ　d　　dʰ　n　l　s　z　ts　tsʰ　dz　dzʰ
舌尖后音：ʂ　　tʂ　tʂʰ　dʐʰ
唇　　音：p　　pʰ　bʰ　m
喉　　音：ʔ

学界对高本汉的这三十三单声母存在不少争议。主要争论的焦点就是其中十四个只在 i̯介音前出现的声母：d、dz、ȡ、g、ȡʰ、tʂ、tʂʰ、dʐʰ、ʂ、ȶ、ȶʰ、ȵ、ɕ、z。这十四个声母都只出现在 i̯介音前，受介音的影响会发生腭化或卷舌化，与谐声多不同，故而学界多主张取消设置。另外，高本汉在《汉文典》先后论及二十九个复辅音声母，也引起学界的广泛讨论，赞同与反对之声都有。

高本汉的古韵分部，基本上是承袭了王念孙、江有诰的古音体系，但他对古韵音值的拟测开创了一个新的局面。我们先看一下高本汉（1997：554-580）的古音体系（表2-13）。

表2-13　高本汉的韵母体系

主元音	韵尾						
	ɑ	o	ɔ	ô	e	ə	u
-∅	鱼甲 ɑk 鱼乙 ɑg	鱼丙 o	宵甲 ɔk 宵乙 ɔg	幽甲 ôk 幽乙 ôg	支甲 ek 支乙 eg	之甲 ək 之乙 əg	侯甲 uk 侯乙 ug 侯丙 u
-k	铎 ɑk	铎 ɑk	沃 ɔk	觉 uk	锡 ek	职 ək	屋 ɔk
-ŋ	阳 ɑŋ	阳 ɑk	—	冬 ôŋ	耕 eŋ	蒸 əŋ	东 uŋ
-i	歌甲 ɑr 歌乙 ɑ	—	—	—	脂 ei	微 əi	—
-t -d	月甲 ɑt 月乙 ɑd	—	—	—	质甲 et 质乙 ed	物甲 ət 物乙 əd	—
-n	元 ɑn	—	—	—	—	文 ən	—
-p	盍 ɑp	—	—	—	—	缉 əp	—
-m	谈 ɑm	—	—	—	—	侵 əm	—

资料来源：据高本汉的《汉文典》整理。

在高本汉的古音系统中，除了鱼侯歌三部的一部分字拟作元音韵尾外，其他各部一律都拟作辅音韵尾，这些辅音韵尾有-g、-d、-b、-r四种形式（-b尾只留下一点痕迹），之幽宵支四部和侯部的一部分拟成-g尾，质部的一部分、物部的一部分、月部的一部分拟成-d尾，歌部的一部分拟成-r尾，鱼部的一部分拟成-g尾，物部和质部中的少量字拟成-b尾，这个-b尾到《诗经》时代也异化为-d尾。对于高本汉古音韵母体系，学界同样有很多争议，李方桂、董同龢、魏建功、陆志韦、王力等皆有所涉及。

2. 高本汉模式的修补和改进

董同龢（1948）运用可靠材料与语言学理论拟构了上古音音值，拟测了上古的声母系统和韵母系统。其中，单声母有36个，凡跟明母有谐声关系的晓母字拟为清鼻音。董同龢认为上古可能有 pl-、kl、gd-、kz-、kt-、mp 之类的复辅音声母。韵母系统，除歌部外，阴声韵都有辅音韵尾。阳声韵韵尾有-m、-n、-ng，入声韵韵尾有-p、-t、-g，阴声韵韵尾有（-b）、-d、-k，脂微二部有韵尾-r。主元音一共有20个。

《上古音韵表稿》修正了高本汉的诸多看法，如关于庄系声母上古归于精系的问题。在中古音中，精系出现于一、三、四等韵，庄系出现于二、三等韵，它们在三等韵中是冲突的。高本汉无法解决这一冲突，只好认为上古既有精系声母，又有庄系声母。董同龢则巧妙地证明了中古三等韵中的庄系字本来源于二等韵，在上古，精系和庄系正相互补，从而确认庄系归精说。

《上古音韵表稿》虽然对高本汉作了不少批评，但是仍受高本汉上古音拟测系统的影响。例如，把韵部看成韵摄，同一部可以有不同的主元音，结果同一韵部的字读音相差较远，"韵部是归纳古代韵语的结果，所以他们当是若干可以押韵的古代韵母的总类。一个韵部，非但不只包括一个韵母，并且他的范围应当比《切韵》系韵书的'韵'还要大。大致说，应相当于后代所谓'摄'。押韵并不要求韵母完全相同，所以我们说一个韵部不只包含一个韵母"（董同龢，2001：264），有的不同韵部的字的读音反而很近；把上古的阴声韵除歌部拟作开音尾，其余都拟成辅音尾等。董同龢上古音的研究成果亦见于其《汉语音韵学》。

魏建功的古音研究成果集中体现在其1935年发表的《古音系研究》中。

《古音系研究》主要讨论古音系的分期，古音系的内容，研究古音系的材料、方法和条件，以及古音系研究的实际问题等内容。

对于古音系的研究材料，魏建功认为古音系因时间悠久，涉及地域广阔，取材范围也应该包罗古今，细大不捐，兼收中外，畛域无限。他列举了假借、谐声、中外译音等十种可资使用的材料，指出可以将现代方音作为构拟古音的旁证，特别强调活语言和各种语言材料对研究古音的重要作用；在"分部"中依据"声韵兼顾""时地划清""着重语言"等原则，提出"反切系联""等列同异""行韵相叶""谐声系统""同音假借""异体重文""韵书分合"等七种方法；在"审音"中提出"沿革比较""叶韵及异文假借合证""连绵词及古成语释音""方言释音""语根转变考释""音训字释音""释语还音""同语族语对照""汉字支音参考""等列推证"等十种方法；在"论变"中提出"进化推移""音变自然""约定俗成""音轨原则"等现象，其中"音轨原则"（魏建功，1996：190-237）更是独创，值得重视。

陆志韦对高本汉的学说采取批判吸收的态度，在《燕京学报》1939年第26期发表《三四等与所谓"喻化"》批评了高本汉的"喻化"说。高本汉认为三四等字的区别在于声母是否"喻化"，陆志韦认为这只能说明三等字与一二等字的区别，与三四等的主要区别并不相干。

他1947年在《燕京学报》专号之二十发表的《古音说略》提出了自己拟音的主要观点：不言"喻化"（陆志韦，1947：4）、浊音不送气（陆志韦，1947：7）；详细论述《说文》音与《诗经》音；集中探讨的问题有中古阴声字在上古读音的问题、不同韵尾的各部在上古的元音音值问题、上古声母的音值以及相关问题。

《古音说略》在对高本汉古音研究成果的肯定与批判的基础上提出了自己的见解。陆志韦指出，高本汉对辅音的构拟，手续不是失之过繁，就是失之过简，在古浊音的流变以及复辅音的分化上，高本汉的说法使人怀疑。高本汉的上古音每一部用长短音的办法把同一个上古主元音变成不同音色的《切韵》音是毫无凭据的，更不可能用以了解谐声。

陆志韦还著有《诗韵谱》，发表在1948年《燕京学报》专号之二十一，这是中国第一部依个人见解为《诗经》注音订谱的专著。

（二）附论：古音转型中清代古音学的传承和贡献

在古音转型的过程中，传统的古音研究虽然没有现代古音研究取得的成就显著，但仍然有不小的成就值得肯定。章太炎、黄侃、钱玄同、曾运乾、陈新雄等学者对清代古音学的继承、发展都作出了重要贡献，传统的古音研究是 20 世纪汉语上古音研究的一个重要方面。

1. 清代古音学的发展

1）开宗立派章太炎

章太炎在清代古音学家研究的基础上进行了更加深入的分析和描写。他的思想及成果主要体现在《国故论衡》《小学答问》《新方言》《文始》[①]等文献中。

对于韵部的研究，章太炎（2003：11）依据王念孙二十一部及孔广森东、冬分立的成果，提出队部独立的意见，从而确立其古韵二十三部。根据《国故论衡·成均图》"韵母表"将二十三部按阴阳（含入声）相配排列如表 2-14 所示。

表 2-14 章太炎的古韵二十三部

韵尾类别	韵部								
阳（入）声韵	寒（元）	真	阳	侵缉冬	谆（文）	青	东	蒸	谈盍
阴声韵	歌泰	至（术）	鱼	幽	队脂	支	侯	之	宵

章太炎的古韵二十三部，尤其是队部独立，对后来的古音研究深有启发，王力的脂微分部即受此影响而来。

对于声纽的研究，章太炎在《新方言·音表》中把古声纽定为五类二十一个，具体为：

[①]《小学答问》《新方言》《文始》可参考上海人民出版社编，蒋礼鸿、殷孟伦、殷焕先点校：《章太炎全集·新方言、岭外三州语、文始、小学答问、说文部首均语、新出三体石经考》，上海人民出版社，2014。据《章太炎全集》"编辑说明"可知：《新方言》撰成于 1908 年，《小学答问》撰成于 1909 年，均在流寓日本期间；《文始》始刊于 1910 年，但撰成当在 1911 年回国之后，1913 年乃有手稿影印本问世。

喉音：见、溪、群、疑
牙音：晓、匣、影喻
舌音：端知、透彻、定澄、泥娘日、来
齿音：照精、穿清、床从、审心、禅邪
唇音：帮非、滂敷、并奉、明微

其中，喉牙音的归类恰与传统相反；精系归照是参照印度方言设定的；轻唇归重唇、舌上并入舌头是吸收清人钱大昕的说法；娘日二母归泥母是章太炎本人的独创。章太炎可以说是第一个系统研究古音声纽的人。

对于音理的探究，章太炎（2003：11-22）在《国故论衡·成均图》中提出了古音通转理论，如近转、近旁转、次旁转、正对转、次对转等。章太炎的韵部通转理论只是提供了一种音理逻辑上的可能性，这种可能性的价值在于引发了对上古异质语言系统的深入研究（李开和顾涛，2015：113）。

对于音值的探讨，章太炎在《国故论衡·音理论》中全以影母字为韵目，尝试以具体汉字为韵目确定音值；在《二十三部音准》中对各韵部的发音特征进行了具体的描述。故而王力（2014：264）评价他是"注重韵值的第一人"。

2）一代国学大师黄侃

黄侃继其师章太炎之后，提出"古本音"学说。他按照反切上下字的不同将古声纽古韵部分为本声本韵、本声变韵、变声变韵三类来求证，在逻辑上考求周备，避免以偏概全（李开，2002：93），并在《音略》中明确提出古本声十九纽，在《声韵通例》中标明古本韵二十八部，在《音略》中还提出古音只有平入二声。他吸收前人研究成果，融会贯通，建立了自己的古音学体系。

黄侃（1980：69-77）的古声纽系统吸收了钱大昕的"古无舌上音""古无轻唇音"和章太炎的"娘日归泥"等说法，将上古声母定为十九纽：影（喻于）、见、溪（群）、晓、匣、疑、端（知照）、透（彻穿审）、定（澄神禅）、来、泥（娘日）、精（庄）、清（初）、从（床）、心（山邪）、帮（非）、滂（敷）、并（奉）、明（微）。

黄侃（1980：87-90）把古韵定为二十八部，按阴入阳相配如表 2-15 所示。

表 2-15　黄侃的古韵二十八部

阴声	入声	阳声
歌	曷	寒
灰	没	痕
—	屑	先
齐	锡	青
模	铎	唐
侯	屋	东
萧	—	—
豪	沃	冬
咍	德	登
—	合	覃
—	帖	添

黄侃（1980：62）提出古音仅有平入二声说："四声，古无去声，段君所说；今更知古无上声，惟有平入而已。"他又撰写《诗音上作平证》，列举《诗经》用韵平上二声相押的例子来证古上声作平声，进一步证明古音只有平入二声的观点。

黄侃的"古本音"研究，运用了系统求证法，既关注古本韵，也关注古本纽，本韵本纽，互相证明。若不能完全领会黄侃意图，可能会认为其有循环论证的嫌疑。

3）承前启后曾运乾

曾运乾的音韵学成果主要有《音韵学讲义》《〈切韵〉五声五十一纽考》《喻母古读考》《广韵部目原本陆法言切韵证》《等韵门法驳议》等。

曾运乾与黄侃同时，二人的古音学说大致相同，但也有微殊。曾运乾研究《广韵》，认为黄侃古本声十九纽本与陆法言的《切韵》相合，但是宋代以来逐渐泯灭界限，因而提出了古纽"喻₃归匣""喻₄归定"的论点，罗常培

（1937：89）认为曾运乾的观点是钱大昕之后考证古声母很有价值的文章。

曾运乾对古韵的研究也是以黄侃的古韵二十八部为基础的。只是曾运乾不以部称，而改之以摄。陈新雄（2010：184）指出：

> 曾氏比黄侃二十八部所以多二部者，见先屑类无阴声相配，故分齐之半以配先齐，又以豪无入声，故割铎半以配之。虽有是有非，其据黄侃二十八部而加以增补，则脉络鲜明者也。

对于曾运乾的三十摄与三十部异同以及三十摄的得失，陈新雄（2010：174-175）曾做过比较和评价。

> 以此三十部与三十摄对照则咍第一为噫摄，德第二为噫摄入声，登第三为应摄；齐半第四为益摄，锡第五为益摄入声，青第六为婴摄；歌戈第七为阿摄，易末第八为阿摄入声，寒桓第九为安摄；灰第十为威摄，没第十一为威摄入声，痕魂第十二为昷摄；齐半第十三为衣摄，屑第十四为衣摄入声，先第十五为因摄；模第十六为乌摄，铎第十七为乌摄入声，唐第十八为央摄；侯第十九为讴摄，屋第二十为讴摄入声，东第廿一为翁摄，萧第廿二为幽摄，沃第廿三为讴摄入声，冬第廿四为宫摄；豪第廿五为夭摄，铎半第廿六为夭摄入声；合第廿七为音摄入声，覃第廿八为音摄；帖第廿九为奄摄入声，添第三十为奄摄。余撰《曾运乾古韵三十摄榷议》一文，考订曾氏衣摄标目不当，当改称伊摄，因衣字属灰部第十，伊字方属齐半第十三，屑第十四当称伊摄入声；益部标目不当，当改称娃摄，锡第五部当称娃摄入声。曾氏三十摄之名，郭晋稀《音韵学讲义·广韵学·广韵补谱》有翁摄，无邕摄，其《音韵学讲义·古纽及古韵学·谐声声母表》则有邕摄而无翁摄，东部以翁或邕标目，当为前后之说，若对转之摄为阴声讴摄及讴摄入声，讴为一等侯韵字，则当以一等韵之翁字相配，较合音理。

2. 新旧兼容的古音学家

钱玄同与黄侃同为章太炎的学生，他在音韵学方面的著作主要有《文字学音篇》、《〈广韵〉四十六母标音》(署名"疑古玄同")、《古音无"邪"纽证》、《古韵廿八部音读之假定》等。

关于古音声纽的研究,钱玄同(2011d：152-164)受章、黄启发,在《古音无"邪"纽证》一文中,他认为黄侃对古音声纽研究的一些结论基本正确。所不同的是,对于"见溪群"三纽,黄侃认为古只有"见溪"二纽,"群"应归"溪";钱玄同则认为古只有"溪群"二纽,"见"应归"群";"邪"纽并非黄侃主张的那样归为"心"纽,而应归为"定"纽。另外,钱玄同认为"见端精帮"四纽古归"群定从并"四纽;"晓匣"二纽古归"溪群"二纽。钱玄同最终拟定的古音十四纽为：影、溪、群、疑、透、定、泥、来、清、从、心、滂、并、明。

关于古音韵部的研究,钱玄同(2011e：170-171)虽与黄侃同分二十八部,但内容并不相同,主要区别在于黄侃的"萧"部包含钱玄同的"幽""觉"两部,黄侃的"豪""沃"两部钱玄同并为一个"宵"部。另外,钱玄同最值得称道的是利用国际音标系统构拟周秦古韵音读,首创之功实不可没。本书按照阴、入、阳三声排列,并以钱玄同拟定的音值,将其古韵二十八部列表如表2-16所示。

表2-16 钱玄同的古韵二十八部表

阴声	入声	阳声
歌 a ua	月 at uat	元 an uan
微 ɛ uɛ	物 ɛt uɛt	文 ɛn uɛn
—	质 æt	真 æn
佳 ɐ	锡 ɐk	耕 ɐng
鱼 ɒ	铎 ɒk	阳 ɒng
侯 u	烛 uk	钟 ung
幽 o	觉 ok	冬 ong
宵 ɔ	—	—
咍 ə	德 ək	登 əng
—	缉 op	侵 om
—	盍 ɑp	谈 ɑm

3. 传统古音学的现代阐释

陈新雄对古音学尤其是上古音研究颇有心得。其古音研究代表成果有《古声母总论》、《上古声调析论》、《重论上古音阴声韵部之韵尾》、《宵药二部古韵尚能细分吗？》、《江永古韵学说对段玉裁古韵分部之启示》、《曾运乾之古音学》、《曾运乾古韵三十摄榷议》[①]、《古音学发微》、《古音研究》等。

陈新雄（1972，1999）系统探讨了古音研究的相关问题，综合讨论了各家古音研究成果，并在此基础上提出了自己的古音系统。

在陈新雄（1999：674-675）的声母系统中，单声母（含介音）有以下几种。

唇音：p p^h b^h m
舌尖前音：ts ts^h dz dz^h s
舌尖音：t（t, tj） t^h（t^h, t^hj） d^h（d^h, d^hj） n（n, nj）
　　　　r（r、l, rj）
舌根音：k k^h ŋ x ɣ（ɣ、ɣj） krj k^hrj
　　　　gr grj xrj ɣrj
喉音：ʔ

陈新雄（1999：675-677）的复声母系统包括以下几种。

带 h 词头的复声母：hm hn hŋ hl
带 s 词头的复声母：sm smr sn sŋ sl
　　　　　　　　　st stj st^hj sd sdj sd^hj
　　　　　　　　　sk skj（i̯u） sk^h sk^hj sg
　　　　　　　　　sgj sgj（i̯u） sg^hj sxj sɣj
带 l 的复声母：kl k^hl gl g^hl ŋl
　　　　　　　tl t^hl dl d^hl nl
　　　　　　　pl p^hl bl b^hl ml

陈新雄（1999：305-306）综合清代至近现代以来古音学家的研究成果，综合厘定古韵十二类三十二部，具体如下。

---

① 以上文章可参考陈新雄（2010）.

第一类：歌（顾炎武）　　月（王念孙"祭"）　　　元（江永）
第二类：脂（段玉裁）　　质（王念孙"至"）　　　真（郑庠）
第三类：微（王力）　　　没（章炳麟"队"、黄侃）　谆（段玉裁）
第四类：支（郑庠）　　　锡（戴震"厄"、黄侃）　　耕（顾炎武）
第五类：鱼（郑庠）　　　铎（戴震"垩"、黄侃）
第六类：侯（段玉裁）　　屋（戴震）　　　　　　东（郑庠）
第七类：宵（郑庠"萧"、孔广森）　　药（戴震、王力）
　　　　阳（郑庠）
第八类：幽（江永"尤"、孔广森）　　觉（姚文田"菊"、钱玄同）
　　　　冬（孔广森）
第九类：之（段玉裁）　　职（戴震"亿"、王力）　蒸（顾炎武）
第十类：缉（戴震"邑"、王念孙）　　　侵（郑庠）
第十一类：帖（黄侃）　　　　　　　　添（黄侃）
第十二类：盍（戴震"谍"、王念孙）　　谈（江永）

关于声调问题，陈新雄（1999：767-768）持"长短元音与韵尾共同决定"假说，既采用雅洪托夫的-s韵尾说，也不放弃王力舒长、舒短、促长、促短的元音长短说。

三、上古音研究的发展期

三次古音学大讨论及以后的一段时间里，汉语上古音研究基本遵循高本汉的研究范式前行，但是，众多学者对其不足进行了修正，发展出了自己的体系，王力、李方桂、罗常培、周祖谟、严学宭、周法高、余迺永等作出了突出贡献，上古音研究得到了极大的发展。

（一）王力体系

王力关于古音研究的成果主要有《汉语音韵学》《汉语音韵》《诗经韵读》《楚辞韵读》《同源字典》《汉语史稿》《汉语语音史》《中国语言学史》《清代古音学》等。王力在古音学上的主要贡献有四个方面："完成了上古韵部系统的划分工作；确立了科学的构拟原则；修订了前人的古音构拟；对清初以来

的古音学做了全面的总结。"（耿振生和赵庆国，1996：1）

王力古音体系的构建从对古韵部划分的"考古"工作开始，"脂微分部说"的提出跨出了古音学的一个时代，其贡献并列于清代以来顾炎武、江永、段玉裁、孔广森、王念孙、江有诰、章太炎诸家（耿振生和赵庆国，1996：2）。

耿振生和赵庆国（1996：3）指出："王力先生早年是考古派，后来转为审音派，到中年才开始构拟古音的音值。"因而，王力的古音体系从提出、发展到最终成熟，是与他对韵部系统的划分紧密结合的，也是与他对古音构拟原则的确立和对前人古音构拟修订工作同步发展的。

王力的《上古韵母系统研究》一文在江有诰二十一部基础上，加上脂微分部及相应质术分部，提出了古韵二十三部的主张；其后，在《汉语史稿》中又认同黄侃的阴、阳、入相配的观点，在二十三部基础上，增加"职觉药屋铎锡"六个入声韵母，从而形成二十九部系统；到晚年，在《汉语语音史》中又将冬部从侵部分立，成为三十部系统。表 2-17 即是王力（1987：39）的古韵三十部定论及其音值的构拟。

表 2-17 王力的古韵三十部表

阴声	入声	阳声
之 ə	职 ək	蒸 əŋ
支 e	锡 ek	耕 eŋ
鱼 a	铎 ak	阳 aŋ
侯 ɔ	屋 ɔk	东 ɔŋ
宵 o	沃 ok	—
幽 u	觉 uk	（冬）uŋ
微 əi	物 ət	文 ən
脂 ei	质 et	真 en
歌 ai	月 at	元 an
—	缉 əp	侵 əm
—	盍 ap	谈 am

在声母系统方面，王力（1987：20）按照内部拟测法的原则从中古音向上推，同时对钱大昕的"古无舌上音"和"古无轻唇音"、黄侃的"照二归精"和"照三归端"、曾运乾的"喻四归定"、高本汉的喻母源头分为两类、复辅音等相关研究结论有所取舍，最终形成三十三声母系统，具体如下。

帮 p	滂 pʰ	并 b	明 m			
端 t	透 tʰ	定 d	泥 n	来 l		
照 ȶ	穿 ȶʰ	神 ȡ	审 ɕ	禅 ʑ	日 ȵ	喻 ʎ
见 k	溪 kʰ	群 g	疑 ŋ	晓 x	匣 ɣ	影 ∅
精 ts	清 tsʰ	从 dz	心 s	邪 z		
庄 tʃ	初 tʃʰ	床 dʒ	山 ʃ	俟 ʒ		

在声调问题上，王力（1987：89）赞同清代段玉裁古无去声的观点，认为中古去声来自上古入声和平声。上古入声原有长短两种，短入到中古仍为入声，为收-p 韵尾的韵部，长入存于收-t、-k 韵尾的韵部，这些韵部丢掉韵尾就变成了去声。

（二）李方桂体系

李方桂的汉语和藏语研究成果丰富，同时他在侗台（壮侗）语族语言、印第安语言研究方面也成果卓著。他在上古音方面的研究成果有《中国上古音声母问题》《几个上古声母问题》等论文及著作《上古音研究》[①]。

李方桂堪称内部构拟的大师，他在《上古音研究》中，基于内部构拟的方法，提出了两条上古汉语声母的谐声原则：①上古发音部位相同的塞音可以互谐；②上古的舌尖塞擦音或擦音互谐，不跟舌尖塞音相谐（李方桂，1980a：10）。并以这两条基本原则检验高本汉、董同龢等人所构拟的上古汉语声母系统，通过对可疑的上古声母进行分析和讨论，提出了自己的解释及构拟的依据，进而提出自己的上古汉语三十一声母系统。

李方桂（1980a：20-21）的三十一声母系统中端透定泥、知彻澄娘、章昌船日三组合一，精清从心与庄初崇生合一。有一套圆唇舌根音及喉音 kw、

[①]《中国上古音声母问题》《几个上古声母问题》等论文收入《上古音研究》中。

khw、gw、hngw、ngw、w、hw 和一套舌根音及喉音 k、kh、g、hng、ng、h。清鼻音除 hm 外，还有 hn、hng、hngw。此外，还有清通音 hl 和浊通音 l、r。具体如表 2-18 所示。

表 2-18　李方桂的三十一声母系统表

发音部位	发音方法						
^	塞音			鼻音		通音	
^	清	次清	浊	清	浊	清	浊
唇音	p	ph	b	hm	m	—	—
舌尖音	t	th	d	hn	n	hl	l, r
舌尖塞擦音	ts	tsh	dz	—	—	s	—
舌根音	k	kh	g	hng	ng	—	—
喉音	·	—	—	—	—	h	—
圆唇舌根音	kw	khw	gw	hngw	ngw	—	—
喉音	w	—	—	—	—	hw	—

关于上古介音问题，李方桂（1980a：21-23）认为上古合口无介音，三等韵有 j 介音，这个介音对上古声母主要起腭化作用。开口二等韵则有一个使舌尖音卷舌化的介音 r，这个介音不但可以在舌尖音声母后出现，也可以在唇音、舌根音声母后出现，并且也可以在三等介音 j 的前面出现。李方桂的上古音系统只需要这两个介音，这两个介音一方面对声母的影响是使上古简单的声母系统演变成较为复杂的《切韵》声母系统，另一个方面对元音的影响是使上古简单的元音系统演变为复杂的《切韵》元音系统。

李方桂关于上古元音系统的观点是在与高本汉的不断论争中逐步提出的。他认为研究上古元音系统必须遵循的一个严格的假设就是上古同一韵部的字一定只有一种主要元音。他的《切韵 â 的来源》一文可以说是一篇纲领性文献，其后发表的《东冬屋沃之上古音》《论中国上古音蒸部、职部和之部》等进一步深化了对上古元音系统的研究，其 1980 年在《上古音研究》中最终提出上古四个主元音的主张，其中四个单元音为 i、u、ə、a，复元音有 iə、ia、ua。

关于上古音系结构及韵部构拟的问题，李方桂（1980a：28-30）认为，上古的音节是 CVC 结构，存在辅音韵尾，并且采用王念孙的二十二韵部的结论。结合李方桂的元音体系，可将李方桂的韵母体系列为表 2-19。

表 2-19 李方桂的韵母体系

韵尾	主要元音			
	ə	a	u	i
-g、-k、-ŋ	之，蒸	鱼，阳	侯，东	佳，耕
-gʷ、-kʷ、-ŋʷ	幽，中	宵	—	—
-d、-t、-n	微，文	祭，元	—	脂，真
-p、-m	缉，侵	叶，谈	—	—
-r	—	歌	—	—

资料来源：李方桂（1980a：28-30）。

（三）罗常培、周祖谟体系

罗常培、周祖谟作《汉魏晋南北朝韵部演变研究》，拟贯通汉魏晋南北朝韵部，全面研究汉语两汉至陈隋八百多年的韵部演变情况，惜只出版两汉时期分册。

在《汉魏晋南北朝韵部演变研究（第一分册）》中，罗常培和周祖谟（1958：11-12）首先讨论古韵分部问题，他们以王念孙的二十二部为基础，从"之幽宵侯鱼支祭"中分出"职沃药屋铎锡月"入声韵七部，后采王力之说，从"脂质"部分出"微术"部，遂成古韵三十一部。具体如表 2-20 所示。

表 2-20 罗常培、周祖谟的上古韵母体系

阴声	阳声	入声
之	蒸	职
幽	冬	沃
宵	—	药
侯	东	屋
鱼	阳	铎

续表

阴声	阳声	入声
歌	—	—
支	耕	锡
脂	真	质
微	谆	术
祭	元	月
—	谈	盍
—	侵	缉

依据三十一部考察两汉与周秦古音的异同，可见两汉时期鱼侯、脂微、真谆、质术分别合为一部，歌支、幽宵通押较多，因而大致可以分为二十七部。

（四）严学宭体系

严学宭使用汉藏语系语言材料对上古汉语语音进行构拟研究。

在上古汉语声调方面，严学宭（1959）探讨了汉语声调的发展规律是由无到有、由少到多、由多到少、将趋消失，并指出声调产生的原因是松紧元音递减消失、声母清浊影响分化和复合韵尾消失变化的结果。

在上古汉语声母方面，他对复辅音声母进行了不懈的探索，在《上古汉语声母结构体系初探》《上古汉语韵母结构体系初探》《原始汉语复声母类型的痕迹（提要）》等论文中指出上古汉语声母体系中既有单辅音，又有复辅音，并考订了六种复辅音类型。

在上古汉语韵母体系方面，他的《上古汉语韵母结构体系初探》《周秦古音结构体系（稿）》等论文系统讨论并构拟了上古汉语的韵母结构体系，指出韵母中元音分松紧，后转化为中古的长短音，没有元音性的-i-介音，只有两栖性的*-j-介音和从属于声母圆唇化轻微的*-w-合口介音；阴声韵尾有*-w、*-l、*-x。

（五）周法高体系

周法高的上古音代表作有《论上古音》《论上古音和切韵音》《上古汉语

和汉藏语》等，形成了一套兼包并蓄的上古音系统。

周法高的上古音声母系统有单声母和复声母两套，尤其具有带 l 的复声母，全浊声母不送气，端、知、章系合为一套舌尖塞音 t-、tʰ-、d-，精、庄组合为一套舌尖塞擦音 ts-、tsʰ-、dz-，船母作 zdj-，禅母拟作 dj，书母拟作 stʰ-，邪母和喻₄纽都拟作 r-。

周法高的上古音韵母系统采用罗常培的古韵三十一部体系，如表 2-21 所示。

表 2-21　周法高的上古韵母体系

韵尾主要元音	ə	a	e
ɣ、k、ŋ	之职蒸	鱼铎阳	支锡青
wɣ、wk、wŋ	幽觉中	宵药	侯屋东
r*、t、n	微物痕	祭月元	脂质真
p、m	缉侵	叶谈	—
∅	—	歌	—

资料来源：周法高（1969）。

* 周法高原表写作 j，应为 r。

周法高比较各家拟音并构拟出自己的体系，主元音只有 a、ə、e 三个；韵尾也很复杂：阳声韵韵尾有-m、-n、-ŋ、-wŋ，入声韵韵尾有-p、-t、-k、-wk，阴声韵韵尾有-i、-u、-w、-r、-ɣ、-wɣ，复合韵尾有-wɣ、-wk、-wŋ。和阳声韵收-n 韵尾相对的为阴声韵韵尾-r，和阳声韵东、中部-uŋ 尾相对的阴声韵侯、幽、宵部为-w 韵尾。"脂、微、祭"三部阴声韵改用-r 韵尾。"之、幽、宵、侯、鱼、支"六部阴声韵改用浊擦音-ɣ 韵尾（1973 年《汉字古今音汇》又把幽宵侯三部的-ɣ 韵尾省去）。

此外，周法高构拟的介音也很复杂，共有十三类介音，其中开口介音有六类，其中，二等韵介音有 r、ri，三等韵介音有 A 类 ji（重纽四等）、B 类 i（重纽三等）、C 类 j（三等后世变轻唇的字），四等韵介音有 e。一等开口无介音，合口为-w-介音。以上六类开口介音，再配上合口的-w-，即成为六类合口介音。周法高的介音系统如表 2-22 所示。

表 2-22　周法高的介音系统

等呼	开口	合口
一等韵	无	w
二等韵	r、ri	rw、riw
三等韵	ji、i、j	jiw、iw、jw
四等韵	e	ew

声调方面，周法高接受了段玉裁古无去声、黄侃古无上声的假定，并且认为上古平声去声长，上声入声短，去声和入声具有同样的韵尾，只是长短不同。

（六）余迺永体系

余迺永著有《上古音系研究》，由金文谐声系统探索汉语上古音系，提出了自己对上古韵部研究的看法。书中除了使用诗韵、谐声、古文字等材料外，还尝试使用汉藏语的比较作为研究根据。

余迺永关于古音系结构及韵部构拟的研究，多以李方桂等人的成果为参考，也对前人的说法提出了不少质疑，例如：改李方桂的阴声韵尾 b、d、g 为 v、l、ɦ；取消 ə、ia、ua，改添 o、e，形成谐声时代的 a、o、e、i、u 五元音体系。

（七）其他有关学者的探索[①]

1. 张琨

张琨夫妇合著《古汉语韵母系统与切韵》，从讨论《切韵》性质入手，以时代观念和地理观念为指导，修正了高本汉在《中国音韵学研究》中的看法，提出了一种兼顾南北是非的音变模式，并在此基础上构拟出《诗经》时代的韵部系统[②]。

歌 a
支佳 ig　之 əg　鱼 ag　宵 aug　幽 əug　侯 ug　脂 id　微 əd　祭 ad
锡 ik　职 ək　铎 ak　药 auk　觉 əuk　屋 uk　质 it　物 ət　月 at　缉 əp　叶盍 ap
耕 iŋ　蒸 əŋ　阳 aŋ　　　冬中 əuŋ　东 uŋ　真 iŋ　文 ən　元 an　侵 əm　谈 am

[①] 本节的部分内容涉及核心学术观点总括的，特别是国外学者，参考了郑张尚芳（2003）的论述。
[②] 可参考张琨和张谢贝蒂（1982），同时可参考张光宇（1987：iv）。

2. 俞敏

俞敏把梵汉对音方法的适用对象由个别声母或韵母的考证扩展到后汉三国时期的整个音系，取材范围涉及20多位经师翻译的300卷经、律，于1979年完成了《后汉三国梵汉对音谱》①。

《后汉三国梵汉对音谱》构建的后汉三国时期汉语语音系统，在声母方面，以梵文字母为纲，得出后汉三国时期有25个声母，其中21个得到直接证明；在韵母方面，以梵文元音为出发点进行考证，得出当时汉语的六元音系统，其中，5个单元音是a、o、e、i、u，1个复元音是ɐi；在声调方面，他主张汉末四声皆备，并确定了三个声调的调形：上声是高调，去声是低调，平声是中平调。

《后汉三国梵汉对音谱》为古音研究中一些悬而未决的问题提供了很有价值的证据，并对古音音值的构拟提出了许多独到的见解。例如：重纽三等有-r-介音，祭部去声收-s尾，i、u可以作闭音节的主元音，闭口韵应离析为六部，歌寒、脂谆阴阳对转实为收尾音n、l不分的缘故，等等。

3. 龙宇纯

龙宇纯的古音研究代表成果主要有《先秦散文中的韵文》（收于《丝竹轩小学论集》），《上古清唇鼻音声母说检讨》《有关古韵分部内容的两点意见》《上古阴声字具辅音韵尾说检讨》《再论上古音-b尾说》《上古音刍议》《古汉语晓匣二母与送气声母的送气成分——从语文现象论全浊塞音及塞擦音为送气读法》《上古汉语四声三调说证》（以上七篇皆收录于《中上古汉语音韵论文集》）（龙宇纯，2015）等。其中，《上古音刍议》是龙宇纯上古音研究的代表性论文，该文针对李方桂的《上古音研究》提出了商榷意见，并提出了自己的看法。

在上古声母方面，他主张取消圆唇声母，仍以开合两分；区分甲、乙、丙、丁四类韵，甲类无介音，其余三类分别具有r、j、i介音，取消rj类型复合介音；确定21声母，且四类韵俱全。

在上古韵部及拟音方面，他主张古韵分22部，但因受方言影响，读音有

---

① 《后汉三国梵汉对音谱》收入《俞敏语言学论文集》第1—62页，商务印书馆，1999年。

正有变，不必要求一字只属一个韵部，也不必要求任何异音都有音变条件；阴声字没有塞音尾，歌部则独具备-r 韵尾（有多组幽部转读入微文部的字，证明上古音本没有-g、-d 韵尾）；宵部阴声原是谈部的阴声，其后脱离了阴阳关系，入声也从叶部分出；侵缉原来有阴声，后来混入幽部。

上古声调方面，龙宇纯认为上古有四声，只能在《诗经》以前的时代才会有四声来自辅音韵尾的演变。

4. 丁邦新

丁邦新多以方言语音演变的历史层次探寻汉语历史发展脉络，解决古音研究中的问题。

对于汉语语言演变的层次问题，他从语音演变的角度论证现代汉语的各方言从古汉语分支的时间可能在汉代，闽语白话音第一层次极可能是在西汉末年、东汉初年从古汉语方言分支而出的（丁邦新，1979：717-739）。

对于上古汉语阴声韵尾的问题，他在《上古阴声字具辅音韵尾说补证》中指出，因为-b、-g、-d 尾渐次消失，-b 尾先丢，-g 尾其次，-d 尾最后，所以押韵的情形跟着不同。他认为-b 尾在《诗经》时代已无痕迹，-g 尾消失于汉末，到魏晋南北朝的时代，-d 尾还存在。

对于古汉语复声母的问题，他在《论上古音中带 l 的复声母》中提出高本汉关于 CL 型复声母的 A、B、C 三式的分布，认为以来母字作其他声母字声符的应用 A 式，如 kl-龚：l-龙，用其他母作来母字声符的应用 C 式，如 kl-各：gl-洛。

5. 赵诚

赵诚（1996：2-8）主张上溯甲骨金文进行上古音研究，他指出：

> 商代甲骨文谐声关系的形成有一个非常明显的特点，即首先通过假借然后形成谐声……甲骨文时代有着一字多用而尚未分化的同字现象。这些将要分化的同字谐声关系实际上是本无其字的假借现象。由此可见，这些本无其字的假借实是汉字分化的前奏，而谐声字的形成则是分化的现实，在甲骨文时代本无其字的假借和谐声字的形成是汉字发展演变过程中紧相连接的两个阶段。如果联系前

面讲到的甲骨文时代大量存在着先是假借然后形成谐声字而假借字和谐声字共存使用的情况就能进一步看清楚：(1)甲骨文时代的假借字和谐声字必须结合起来考察，因为它们是同一过程中紧相联系的两个阶段，前一阶段尚未分化，后一阶段已经开始。(2)共同存在的假借字和形声字，其谐声关系的两方面是同音字，假借字之间当然也是同音的；(3)将要分化的同字谐声关系的两方面是同音的，因为这种谐声关系实是本无其字的假借现象，这些假借字之间当然应是同音的；(4)甲骨文中绝大多数都是本无其字的假借字，这些假借字之间当然也应是同音的。这和后代本有其字的假借应该有所不同。

赵诚把古代假借字和谐声字作为同一发展过程中的两种有关联的现象进行研究，深化了对谐声字的认识。

6. 龚煌城

龚煌城致力于汉语上古音、汉藏比较语言学研究，著述主要有《从汉藏语的比较看上古汉语若干声母的拟测》《从汉、藏语的比较看汉语上古音流音韵尾的拟测》《从汉藏语的比较看重纽问题（兼论上古*-rj-介音对中古韵母演变的影响）》《从原始汉藏语到上古汉语以及原始藏缅语的韵母演变》及慕尼黑大学博士学位论文《从同源词的研究看上古汉语音韵的构拟》。

龚煌城依据李方桂（1971）以及本尼迪克特（1972）的构拟，通过对向来个别发展、缺少联系的汉语上古音研究与原始藏缅语的构拟加以整合，以呈现整个汉藏语系语言音韵发展的轨迹，并从藏缅语的角度检讨汉语上古音的构拟，从汉语上古音的角度检讨原始藏缅语的构拟。其主要观点有以下几点。

(1)关于上古音声母方面的研究，论文《从汉藏语的比较看上古汉语若干声母的拟测》以汉藏语的比较为依据，对上古汉语的几个声母进行拟测。文中重点讨论了来、喻（喻四）二母的上古声值，根据汉藏语比较分别是*r-、*l-；关于匣母、于母的音值，汉藏语的比较支持匣、群、于三母同出一源，匣母一等的上古声值是*g-，二等是*gr-，而于母则是*gwrj-。还讨论了来母三等、部分透母一等、邪母、审母，以及上古汉语的词头问题。

（2）关于汉语上古音韵母系统中韵尾的构拟，龚煌城基本认同李方桂（1971）的构拟，认为原始汉藏语及上古汉语都有*-d、*-g、*-gw及*-b等阴声韵尾，浊塞音只有一套，它们没有送气与不送气之别，韵尾的*-g、*-d与声母的*g-、*d-是相同的音。上古汉语的*-g与*-d正是保存了原始汉藏语的韵尾。原始藏缅语的*-y正是来自原始汉藏语的*-d。在原始汉藏语中韵尾*-t与*-d有互相转换的现象，*-k与*-g的韵尾也有互相转换的现象，这种原始汉藏语有同部位辅音韵尾的音韵转换现象，即传统的汉语音韵学上所谓的"对转"的现象。这种现象细分之，有"阴阳对转""阴入对转""阳入对转"。

（3）关于原始汉藏语韵母系统主要元音的构拟，龚煌城根据李方桂（1971）的上古音作汉藏语的比较研究，指出原始汉藏语的元音与上古汉语一样，只有四个元音。原始藏缅语其实也只有四个元音，因而无论是原始汉藏语、原始藏缅语还是上古汉语都有相同的元音系统。原始汉藏语四等与一等只是元音的不同，四等的元音是*-i-，上古*-i-元音的韵部都只有四等韵而没有一等韵，四等乃是由四等韵变来的，它们都是没有介音的韵；二等韵是上古有*-r-介音的韵；三等韵则包括*-j-与*-rj-两种不同的介音。原始藏缅语没有区别元音长短的现象。

（4）关于原始汉藏语到上古汉语以及原始藏缅语的韵母演变，龚煌城认为原始汉藏语*-p、*-t、*-k、*-m、*-n、*-ng等韵尾，在上古汉语以及原始藏缅语中都保持不变（但在上古汉语中，*-k与*-ng在高元音*-i-后有*-k>*-t、*-ng>*-n的不规则变化），*-kw与*-ngw在原始藏缅语变为*-k与*-ng，在上古汉语中则仍然保存，但到了中古汉语中，*-kw与*-ngw也与原始藏缅语一样变为普通的*-k与*-ng。原始汉藏语的*-r、*-l，在原始藏缅语中保存，在上古汉语中则依方言的不同而有或保存或变成*-n等不同的演变，而造成上古汉语中"歌、寒""脂、真"与"微、文"诸韵之间的"阴阳对转"，也造成这些韵母之间的"同源异形词"。原始汉藏语元音*-ə在上古汉语中仍然保存，在原始藏缅语则只有在韵尾*-d与*-b前保存，在圆唇舌根音前变成*-u，在其他地方则都变成*-a。原始汉藏语元音*-a在上古汉语与原始藏缅语中都保存。原始汉藏语元音*-i在原始藏缅语中完全保存，在上古汉语中则除了在唇音韵尾前变为*-ə以外，在其他地方也都保存。原始汉藏语元音*-u在原始藏缅语中都保存，在上古汉语中则只有在舌根音韵尾前保存，在其他地方都变成*-ə。

7. 梅祖麟

梅祖麟在古音声调研究方面着力最大，相关代表作有《中古汉语的声调与上声的起源》《四声别义中的时间层次》等。在第一篇文章中，梅祖麟认为上声来自-ʔ；第二篇文章则通过汉藏比较，证明汉语的去声来自-s。这两项结论跟奥德里古尔观察越南语得出的结论不谋而合，后者根据中古汉语声调与越南语声调的对应关系，指出中古汉语的声调可能是源于某些辅音韵尾的脱落。

8. 雅洪托夫

雅洪托夫在汉语上古音研究中有两个开拓性的贡献。一是指出中古的二等韵在上古带-l-流音。李方桂在其基础上把二等韵在上古拟为带-r-介音。这个构拟也直接影响到了汉语中古二等字的介音构拟。二是为汉语上古音韵尾为-t/n/r 类的韵部构拟"唇化元音"，这个观点对后来的上古元音构拟同样有很大的影响。雅洪托夫的上古音观点见诸《上古汉语的韵母系统》《上古汉语的复辅音声母》《上古汉语的唇化元音》《上古汉语的起首辅音 L 和 R》《上古汉语的起首辅音 W》等重要单篇论文（皆收录于《汉语史论集》）。

9. 蒲立本

蒲立本是著名的历史学家和语言学家，在语言学领域内则对汉语历史音韵的研究用力最勤。蒲立本十分重视对音材料的使用，并且得出了一系列对后来研究产生重要影响的观点，例如：最早提出来母在亲属语里面对应 r-，而喻母四等在亲属语里面对应 l-；有力地论证了上古时期去声带-s 尾，上声带-ʔ 尾；二等带介音-l-（后改为-r-介音）；上古汉语有圆唇化元音韵母 on、un、om、um 等，存在圆唇喉牙音和送气鼻流音等（郑张尚芳，2003）。蒲立本研究汉语上古音的主要成果有《上古汉语的辅音系统》《关于汉语词族的一些新假设》《上古汉语的韵尾辅音》等。

10. 包拟古

包拟古有关汉语上古音研究的主要成果收入《原始汉语与汉藏语》一书（潘悟云和冯蒸译）中。郑张尚芳（2003：26）指出，包拟古重视"比较构拟"，强调拟音须与亲属语言形式相合才可信。包拟古的上古音研究功绩主要是论证了辅音结构 Cr 变成二等，C-r 变来母，C-l 则变端透定三母，而 l-变定母、喻四。

11. 白保罗

白保罗（P. K. 本尼迪克特）是美国语言学家，著有《汉藏语言概论》《再论汉藏语系》《上古汉语声母》等，其古音思想与高本汉旧说基本一致，但白保罗在汉藏同源比较及形态学方面多有研究。郑张尚芳（2003：26）将白保罗的观点总结为"设想有前缀 s-和复辅音成分 s+的区别，前者中古声母为咝音 s 或喉音 x、ʔ，后者使声干舌齿塞音化"，可惜有些构拟却难有令人信服的音理依据。白保罗主张ʔ头加浊塞变鼻母，可与侗台语相印证，颇具新意。

12. 柯蔚南

此外，美国学者柯蔚南对上古音，特别是上古晚期的汉语语音，在《说文读若声母考》《东汉音注手册》《汉代佛经方言》等著作中做出了探讨。另外，柯蔚南还有《汉藏语系词汇比较手册》一书，在李方桂、白保罗的基础上结合个人研究重建原始汉藏语。

四、上古音研究的探索期

汉语上古音研究在 20 世纪 90 年代以后又有新的探索，白一平、沙加尔、斯塔罗斯金、郑张尚芳、潘悟云等学者在汉语上古音研究上有新的成果。

（一）白/沙体系

白一平是美国著名历史语言学家、汉语音韵学家，师从包拟古教授。白一平在上古汉语领域具有很重要的影响力，其研究汉语上古音的代表作是 *A Handbook of Old Chinese Phonology*（《汉语上古音手册》）。白一平采用"数理统计法"对《诗经》的用韵进行检验，得出有的传统《诗经》韵部应该分成两个或三个不同的韵部。白一平的体系中上古音节结构包含前冠音、声母、介音、主元音、韵尾和复韵尾等成分。前冠音有*s-、*S-、*ɦ-、*N-四个，声母有 33 个，其中包含*j-、*hj-、*z-、*ɦ-四个声母，前冠音和声母合在一起是"声母部分"，声母则是"声母部分"的核心。介音有*-r-、*-j-、*-lj-、

-rj-、-l-（少用）等，其中一、四等无介音，二等介音是*-r-、三等介音是*-j-、*-rj-。白一平的体系中，主元音有*i、*ɨ、*u、*e、*o、*ɑ六个，是"六元音说"的代表性学者之一。至于韵尾，白一平构拟了*-j、*-w、*-m、*-n、*-ŋ、*-p、*-t、*-k、*-wk等韵尾，韵尾之后还可以加*-s、*-ʔ两个复韵尾，两者分别是中古上声和去声的来源。

沙加尔是白一平的学术合作伙伴，两人自20世纪90年代便开始了长期的合作研究。沙加尔研究汉语上古音的代表作是《上古汉语词根》。他的上古音体系跟白一平有相同的地方，例如沙加尔完全赞同白一平的六元音体系，并将其应用到自己的构拟中，但同时又与白一平存在区别，例如沙加尔不认可白一平的上古介音体系，他认为上古汉语没有真正的介音，同时他也放弃了白一平体系中的*j-、*hj-、*z-、*ɦ-四个声母。此外，沙加尔也是南岛语系的专家，第一个提出汉藏语系和南岛语系同源的假设，其论点据郑张尚芳（2003：27）包括"在同源词中汉语音节与南岛语单词末尾的重读音节相对应，南岛语-s与汉语去声、-q与汉语上声（-b、-d、-g与鼻尾韵上声）具有对应关系"，相关论述见于《论去声》《汉语南岛语同源论》《论汉语、南岛语的亲属关系》《上古汉语与原始南岛语》《关于汉语源流的意见》等。

（二）斯塔罗斯金体系

斯塔罗斯金是俄罗斯著名汉学家和历史比较语言学家，师从雅洪托夫教授，在汉藏语比较和汉语上古音研究等领域卓有贡献，其中，《古代汉语音系的构拟》是斯塔罗斯金研究汉语上古音的集大成之作。该书先从构拟中古汉语音系入手，而后构拟出上古早期、晚期的声母系统和上古的韵母系统，并将上古汉语语音的演变分成六个时期。在上古晚期汉语声母构拟中，斯塔罗斯金十分重视原始闽语作用，上古早期汉语的声母构拟则主要凭借谐声系统。斯塔罗斯金以《诗经》《楚辞》等韵文的押韵情形为主要材料，分上古韵部为57个，借助其他外部文献来构拟韵母。在语音体系方面，斯塔罗斯金的系统中最值得注意的是：①元音有 i、e、ə、a、u、o 六个，是上古汉语"六元音说"的重要代表；②中古介音与上古前后元音的对立有关，中古一、二、三、四等的形成则与元音的长短有密切关系。

(三) 郑张尚芳体系

郑张尚芳的观点主要体现在其著述《汉语上古音系表解》[①]、《上古音构拟小议》等论文,以及20世纪60—80年代郑张尚芳与王力、李方桂通信商榷的成果中。1987年郑张尚芳将以上文章观点总括为《上古韵母系统和四等、介音、声调的发源问题》,这篇文章算是其古音研究一个小结。郑张尚芳关于声母方面的观点可以参考其论文《上古汉语声母系统》,郑张尚芳的体系可参考其著作《上古音系》。

郑张尚芳古音声母系统包括30个辅音,其中25个是基本声母(表2-23)。ʔ、h、ɦ可作喉冠音使用,/后是较晚变体。

表2-23 郑张尚芳的上古声母表

不送气清音	送气清音	全浊音	鼻音	送气清鼻音	流音	送气清流音
k 见	kh 溪	g 群匣	ŋ 疑	ŋh 哭	—	—
q/ʔ 影	qh/h 晓	ɢ/ɦ 云匣	—	—	—	—
p 帮	ph 滂	b 并	m 明	mh 抚	—	—
t 端	th 透	d 定	n 泥	nh 滩	l/ʎ 以	lh 胎
s 心	sh/tsh 清	z/dz 从	—	—	r 来	rh 宠

资料来源:郑张尚芳(2013:70)。

表2-24是郑张尚芳的上古韵母系统。

表2-24 郑张尚芳的上古韵母表

主要元音	韵尾												
	-ø	-g	-gs/-h	-ŋ	-w/-u	-wɢ	-wɢs/h	-b	-bs/-s	-m	-l/-i	-d	-d/-ds	-n
a	鱼	铎₁	铎₂暮	阳	宵₁高	药₁虐	药₄䂄	盍₁	盍₄盖	谈₁	歌₁	月₁曷	月₄/祭₁祭	元₁寒
e	支	锡₁	锡₂鹨	耕	宵₂尧	药₂的	药₅溺	盍₂夹	盍₅媇	谈₂兼	歌₂地	月₂天	月₅/祭₂祭	元₂仙

[①] 1981年浙江语言学会首届年会论文,1982年修改油印;杭州大学1982年《语言学年刊》创刊号第228页选载了其《古汉语流音系统与汉藏比较举例》部分;2003年发表于《语言》第4卷,首都师范大学出版社。

续表

主要元音	韵尾												
	-∅	-g	-gs/-h	-ŋ	-w/-u	-wɢ	-wɢs/h	-b	-bs/-s	-m	-l/-i	-d	-d/-ds	-n
o	侯	屋₁	屋₂寞	东	宵₃天	药₃沃	药₆暴	盍₃乏	盍₆会	谈₃䎆	歌₃戈	月₃脱	月₆/祭₃乂	元₃算
ɯ	之	职	职₂代	蒸	幽₂萧	觉₂肃	觉₅啸	缉₁湆	缉₄位	侵₁音	微₁尾	物₁迄	物₃/队₁气	文₁欣
i	脂₂豕	质₂节	质₄遍	真₂尾	幽₃叫	觉₃吊	觉₆吊	缉₃揖	缉₆絷	侵₃沁	脂₁	质₁	质₃/至₂至	真₁
u	幽₁缊	觉₁腹	觉₄奥	终	—	—	—	缉₂纳	缉₅内	侵₂枕	微₂挠	物₂术	物₄/队₂队	文₂谆

资料来源：郑张尚芳（2013：72）。

郑张尚芳的古韵系统为了兼顾系统性，重排了谐声，将古韵部划分为58类，分i、ɯ、u、o、a、e等6个主要元音。他认为相同或相近的元音具有通转关系，他理解的古韵部系统中同一韵部包含多个不同的主要元音，例如"幽部"就包含i、ɯ等2个主要元音，这些主要元音可以互相谐声、押韵；而且，在郑张尚芳的系统中，不同的韵尾也可以互相押韵。他构拟的韵尾有-∅、-g、-ŋ、-u、-ug、-wɢ、-b、-m、-l/-i、-d、-s、-n等十余个。总之，在郑张尚芳的系统中空当已基本被补足。

（四）潘悟云体系

潘悟云的上古音研究成果集中体现在其专著《汉语历史音韵学》中。

潘悟云（2000）构拟的六元音系统和郑张尚芳的六元音系统完全相同，所不同的是郑张系统中主要元音为u且韵尾收-w/-u和-wɢ的位置是两个空当，而潘悟云将幽₁、觉₁一分为二，将郑张的这两个空当也完全补足了。迄今为止，潘悟云的系统是所有古音系统中系统性、对称性最整齐的一个。

潘悟云的60类上古韵母系统如表2-25所示。

表2-25　潘悟云的上古韵母系统

主要元音	韵尾									
	-∅	-k	-ŋ	-l	-t	-n	-p	-m	-w	-wk
a	鱼	铎	阳	歌₁	月₁	元₁	盍₁	谈₁	宵₁	药₁
e	支	锡	耕	歌₂	月₂	元₂	盍₂	谈₂	宵₂	药₂

续表

主要元音	韵尾								
	-∅	-k	-ŋ	-l	-t	-n	-p	-m	-w	-wk
ɯ	之	职	蒸	微₁	物₁	文₁	缉₁	侵₁	幽₂	觉₂
i	脂₂	质₂	真₂	脂₁	质₁	真₁	缉₂	侵₂	幽₃	觉₃
u	幽₁	觉₁	冬₁	微₂	物₂	文₂	缉₃	侵₃	幽₁	觉₁
o	侯	屋	东	歌₃	月₃	元₃	盍₃	谈₃	宵₃	药₃

资料来源：潘悟云（2000：262）。

第四节　20 世纪上古音声母系统的研究

本节阐述 20 世纪汉语上古音研究在上古音各组声母的音类分析和音值构拟方面的研究成果，阐述谐声原则在上古音声母系统研究上的作用，讨论比较成熟的复辅音声母的研究成果。

一、声类研究

清代古音学的工作主要是讨论韵部分合，并且基本上完成了古韵分部，而声纽的研究则相对薄弱，有许多重要的问题没能得到研究。进入 20 世纪以后，学者继续对汉语上古音声类进行分析，取得了许多重要的研究成果。

（一）娘日二纽归泥

章太炎的《国故论衡》上有《古音娘日二纽归泥说》一文，认为在汉语上古音中"娘"纽和"日"纽读"泥"纽（章太炎，2003：25-27）。

> 古音有舌头泥组，其后支别，则舌上有娘组，半舌半齿有日组，于古皆泥组也……
>
> "入"之声今在日组，古文以"入"为"内"。《释名》曰："入，内也。内使还也。"是则"入"声同"内"，在泥组也……
>
> 今音"泥""昵"为泥组，"尼""昵"在娘组。"仲尼"，《三仓》作"仲昵"，《夏堪碑》曰仲泥。何怩？足明"尼"声之字古音皆如

"昵""泥"，有泥纽，无娘纽也。

按："泥"纽是端组的鼻音，"娘"纽是"知"组的鼻音，在《切韵》的语音系统中，"日"纽是与章组（照₃）相配的鼻音。

钱大昕在《十驾斋养新录》卷五《古音类隔之说不可信》一文中说："古无舌头、舌上之分，知、彻、澄三母，以今音读之，与照、穿、床无别也，求之古音，则与端、透、定无异。"①即"古无舌上音"，但文中只讨论了"知""彻""澄"三个声纽，没有涉及"娘"纽。钱大昕又说："古人多舌音，后代多变为齿音，不独知、彻、澄三母为然也。"②这里指的是正齿音三等"章""昌""船常"（船常不分，见下文）古音"与端、透、定无异"，即后人所谓"章系归端"，也不涉及"日"纽。从语言系统论看，钱大昕的论断抛开各组声纽的鼻音显然是有缺陷的。章太炎"娘日二纽归泥"之说，正好可补苴钱大昕的论断。章太炎的声母系统见表2-26。

表2-26　章太炎的声母系统

等次	发音部位	全清	次清	全浊	次浊
一四等	舌头音	端	透	定	泥
二等	舌上音	知	彻	澄	娘
三等	正齿三等	章	昌	船常	日

（二）喻₃归匣

宋人三十六字母喉音中有影、晓、匣、喻四个字母。"喻"纽，在等韵图中分为两类，一类在三等格称为"喻₃"，一类在四等格称为"喻₄"；在《切韵》的语音系统中也分为两类，一类是"喻₃"，学者通常称为"云"、"于"或"为"纽，一类是"喻₄"，学者通常称为"以"或"喻"纽。

1927年，曾运乾先后发表《〈切韵〉五声五十一纽考》和《"喻"母古读考》两篇论文，提出"喻₃归匣"之说，认为在汉语上古音中，"云"纽与"匣"纽同属一个声母。曾运乾（1927a：58）说：

---

① （清）钱大昕：《十驾斋养新录》，商务印书馆，1935，第111页。
② （清）钱大昕：《十驾斋养新录》，商务印书馆，1935，第116页。

"喻""于"二母（近人分喻母三等为"于"母）本非"影"母浊声，"于"母古隶牙声"匣"母，"喻"母古隶舌声"定"母，部仵秩然，不相陵犯……

古读"营"（于倾切）如"环"。《韩非子》："自营为私。"《说文》引作"自环"。按："环"，户关切，匣母。

古读"营"如"还"。《诗·齐风》："子之还兮。"《汉书·地理志》引作"营"，师古注："《齐诗》作'营'，《毛诗》作'还'。"按："还"亦户关切。

古"营""魂"声相近。《老子》："载营魄抱一，能无离乎？"注："营魄，魂魄也。"按："魂"，户昆切，匣母。

根据曾运乾所注反切"于倾切"，"营"是喻母三等字，但《广韵》"营"之反切是"余倾切"，为喻母四等字。文中曾运乾（1927a：58）列举《广韵》所用喻母三等反切上字共十五字，在"营"字下注："于倾切，今《广韵》'于'作'余'，自系字误，观全书通例自知。江慎修《四声切韵表》，陈兰甫《切韵考》均未能举正。"

"喻₃归匣"得到了不少学者的赞同。从上面所举文字来看，曾运乾主要是根据文献语料进行归纳得出的"喻₃归匣"的结论，是清代古音学家传统的研究方法。现代音韵学家则从音位学的角度对曾运乾的观点提供支持，指出匣纽有一、二、四等，没有三等，喻母三等（于）又只有三等，呈互补分布，恰好可以归纳为一个声母。但是，群纽的分布与喻母三等（于）相同，也是有一、二、四等缺三等，也与匣纽互补，可以归纳为一个声母，高本汉就持这种观点，同样得到不少学者的赞同。从音位学的观点看，喻₃归匣和群₃归匣都是可以成立的处理办法。所以，只有恰当地处理好喻母三等和匣纽、群纽三者之间的关系，喻母三等在上古音中的归属才能得到正确的解决。

（三）喻₄归定

"喻₄归定"指"喻"母四等在上古音与舌头音端组声母全浊"定"纽合为一个声母。

"喻₄归定"也是曾运乾在《〈切韵〉五声五十一纽考》和《"喻"母古读

考》中提出的意见。《"喻"母古读考》说:

> "喻"母古隶舌声"定"母……(曾运乾,1927a:58)
>
> 古读"也"(羊者切)如"它"。《说文》从"它"声者,或读同"也"声,如"恘","读若虵"是也。从"也"声者或读同"它"声,如"地"读若"佗"是也。又篆从"它"声者,隶变多作"也",如"蛇"或作"虵","佗"隶作"他","沱"隶作"池"是也。据此知"也""它"同声,"也"读如"它",徒何切,定母字。"地"从"也"声,徒四切,犹从定母发声。段氏说"地"字云:"坤道成女,玄牝之门,为天地根,故其字从也。"则"地"从"也","也"亦声也(曾运乾,1927a:70)。

此例主要利用谐声声符的通用现象来讨论"喻"母四等与"定"纽的关系。

(四)邪纽归定

"邪"纽是齿头音精组声母的全浊擦音。"邪纽归定"的意思是指"邪"纽在上古音中与舌头音全浊塞音"定"纽同为一个声母。

黄侃(1980:75)在《音略》中提出的古本声十九纽,以"心"纽为"本声",认为"邪"纽是"此'心'之变声"。钱玄同1932年发表《古音无"邪"纽证》,不同意黄侃的这个观点,另提出"邪纽归定"之说。

> 我以为"邪"纽古非归"心",应归"定"。
>
> 考《说文》九千三百余字中,徐鼎臣所附《唐韵》的反切证"邪"纽的有一百零五字,连重文共一百三十四字,就其形声字的"声母"(今亦称"音符")考察,应归"定"纽者几及十分之八(钱玄同,2011d:153)。

其文即依古韵分部按"声母(音符)"分析其谐声关系。例如(二十)烛部(段玉裁三部之入之半,章炳麟"侯"部三分之一,黄侃屋部)中的"卖"声系:

> 卖声——黩(黷)续(赎)(古归"定")

《唐韵》卖声字:"匵婧渎读讟牍犊黩鞯殰椟遬陼寷"在"定","赎"在"禅","卖儥"在"以"("儥"今作"觌",仍读"定"纽)(钱玄同,2011d:160)。

钱玄同分析的是《说文》的谐声系统,包括正篆和重文,形声字的声纽根据的是大徐本的反切。宋徐铉(鼎臣)等《进新校定〈说文解字〉表》指出:"《说文》之时,未有反切,后人附益,互有异同,孙愐《唐韵》,行之已久,今并以孙愐音切为定,庶夫学者有所适从。"①上面所引"卖"声系诸字,"䪢续"二字《唐韵》似足切,声母为"邪"纽;"匵婧渎读讟牍犊黩鞯殰椟遬陼"十三字徒谷切,"寷"徒奏切,为"定"纽;"赎"殊六切,为"禅"纽;"卖儥"二字余六切,为"以"纽。又小徐(锴)本《说文解字系传》:"儥,见也。"②《尔雅·释诂》:"觌,见也。"③"觌"即"儥"。段玉裁在《说文解字注》中说:"'儥'训见,即今之'觌'字也……按经传今皆作'觌','觌'行而'儥'废矣。许书无'觌'字,独存古形古义于此也。以他字例之,盖礼经古文作'儥',今文作'觌'。许从古文,不从今文欤。"④《广韵》"觌"徒历切,为"定"纽。与"邪"纽字"䪢续"谐声的字的声母有"定""常""以"纽,根据"章系归端"和"以母归定","常""以"古音也归"定"纽。钱玄同据此断定"邪纽归定"。

钱玄同根据《说文》谐声系统的分析考订古音声纽,对材料的处理有精确的数量统计和穷尽性的数据分析,在当时具有鲜明的特点,在汉语上古音研究的学术史上是非常值得引起重视的。

从钱大昕开始,古音学家考求古音声类的范式是从文献语料进行归纳,要求材料越丰富越好。钱玄同仅仅根据谐声系统的统计就判定古音声纽的分合,显然与注重实证的学术传统不甚相合。

于是,其学生戴君仁在1943年发表《古音无邪纽补证》,目的即在钩稽古籍,搜寻文献用例,为钱玄同的"邪纽归定"之说提供实证语料,进行补苴。

---

① (汉)许慎:《说文解字》,中华书局,1963,第321页。
② (南唐)徐锴:《说文解字系传》,中华书局,1987,第164页。
③ (晋)郭璞注,王世伟校点:《尔雅》,上海古籍出版社,2015,第13页。
④ (汉)许慎撰,(清)段玉裁注:《说文解字注》,上海古籍出版社,1981,第374页。

先师钱玄同先生尝著《古音无邪纽证》，载于师大《国学丛刊》，证邪纽古归定纽，论者许与钱（竹汀）章（太炎）之作同其不刊。惟属稿匆遽，仅从谐声考定，而于经籍异文、汉师读若，未遑及也。今遵依师说，比辑旧文，考稽故读，草为斯篇，命曰《讦证》，庶儿弟子依模填采之义云。依钱师例，凡在澄、神（钱君作船）、禅、喻（钱君作以）诸纽者，即认为古在定纽（戴君仁，1943：23）。

文中与"卖"声系"邪"纽字"续"相关的材料如下。

续，《经典释文·论语音义》："申枨，郑云盖孔子弟子申续。《史记》云：'申棠字周。'《家语》云：'申续字周'也。"《广韵》"续"似足切属邪纽，"枨"直庚切属澄纽，"棠"徒郎切属定纽。(《史记·仲尼弟子列传》《正义》引《家语》作"申缭子周"。按"缭"当为"续"之讹，盖"缭"音与"枨""棠"均远，"续"则与"枨""棠"古声一类，故郑氏得云申枨盖申续也。"续"《说文》训连，"周"训密，义亦相应。)（戴君仁，1943：26）

"邪"纽是精组声母的浊擦音，在《切韵》的声母系统中，同为浊擦音的还有"常""匣"两纽，如表2-27所示。

表2-27 《切韵》浊擦音

部位	全清（塞音、塞擦音）	次清（塞音、塞擦音）	全浊（塞音、塞擦音）	全清（擦音）	全浊（擦音）
齿头音	精	清	从	心	邪
正齿二等	庄	初	崇	生	俟
正齿三等	章	昌	船	书	常
牙喉音	见	溪	群	晓	匣

从语音系统论的角度看，既然古无"邪"纽，古音声纽也就不应该有"俟""常""匣"三个全浊擦音。那么，相关的一些学术争论，如"船常不分"，到底是"船"归"常"还是"常"归"船"，再如"喻₃"到底是归"匣"还是归"群"，"匣"和"群"是什么关系，都应该能从"邪"纽的处置中得到解

决问题的思路。

"邪纽归定"在汉语上古音声母系统的研究上具有重要意义。其他声类分析的研究结果,都只涉及某组声纽的分合,并不影响声母系统的结构。例如"古无轻唇音"和"古无舌上音"(包括"娘日归泥")(表2-28)。

表2-28 古无轻唇音及古无舌上音

类别	全清(清不送气)	次清(清送气)	全浊(浊不送气)	次浊(鼻音)
古无轻唇音	帮(非)	滂(敷)	并(奉)	明(微)
古无舌上音	端(知)	透(彻)	定(澄)	泥(娘)

四组声母合并为两组,而每组声母仍然保持各具全清、次清、全浊、次浊四个音类的格局。

但是,"邪纽归定"使得精组少了一个声纽,依例类推,学者研究发现上古音也没有"俟""常""匣"纽,其影响由齿头音波及正齿二等、正齿三等、牙喉音各组,造成全浊擦音音类的空缺,改变了整个上古音声母系统的结构,引发了学者对上古音声母系统一系列相关问题的研究。因此,"邪纽归定"虽然被讨论的只是一个声纽的有无存留,但牵一发而动全身,在上古音研究史上的重要性应该引起充分重视。

上述研究继续清代古音学的声类分析的工作,综合起来,可以得到汉语上古音声纽表(表2-29)。

表2-29 清代以来的上古基本声母

部位	全清	次清	全浊	次浊	全清	全浊	次浊
唇音	帮非	滂敷	并奉	明微	—	—	—
舌音	端知章	透彻昌	定澄邪船以	泥娘日	书	常	来
齿音	精庄	清初	从崇	—	心生	俟	—
牙音	见	溪	群	疑			
喉音	影	晓	匣云				

二、谐声和上古音声母系统研究

本部分阐述利用谐声研究上古音声母系统的学理,以及谐声原则的归纳和改进。

(一) 谐声和假借等价说

清代古音学的韵部分析的材料主要是《诗经》用韵和《说文》谐声,两种材料的音韵价值是同等的,即"同声必同部",而假借也"必同部"。

段玉裁提出"同声必同部",是从上古韵部所辖韵字表中观察归纳所得,并没有作学理上的阐发。段玉裁在《六书音均表》中还提出了"古假借必同部说"。

> 自《尔雅》而下,诂训之学不外假借、转注二端。如《缁衣》传:"适,之。馆,舍。粲,餐也。""适,之""馆,舍"为转注。"粲,餐"为假借也。《七月》传:"壶,瓠。叔,拾也。""叔,拾"为转注,"壶,瓠"为假借也。"粲""壶"自有本义,假借必取诸同部,故如真文之与蒸侵,寒删之与覃谈,支佳之与之咍,断无有彼此互相假借者。[①]

段玉裁是从训诂方法的分析中得出"古假借必同部"的观点的。这段文字所举训诂之例,都出于《毛诗诂训传》。《诗经·郑风·缁衣》首章:"适子之馆兮,还予授子之粲兮。"《诗经·豳风·七月》六章:"八月断壶,九月叔苴。"毛传采用了两种不同性质的训诂方法,"适,之""馆,舍""叔,拾"为转注,即直训;"粲,餐""壶,瓠"为假借,即读破。段玉裁说"'粲''壶'自有本义,假借必取诸同部",是从训诂的角度阐述"古假借必同部"的学理,即假借字"粲""壶"本义与本字"餐""瓠"不同,但古音在同一韵部。这段文字中所说真(段玉裁的古韵十七部之第十二部)、文(第十三部)与蒸(第六部)、侵(第七部),寒删(第十四部)与覃谈(第八部),支佳(第十六部)与之咍(第一部)断无假借,是从反面论证"古假借必同部"。

[①] (清) 段玉裁:《六书音均表》, 中华书局, 1983, 第17页。又见(汉) 许慎撰, (清) 段玉裁注:《说文解字注》, 上海古籍出版社, 1981, 第817页。

许慎在《说文解字·叙》中说:"假借者,本无其字,依声托事。"假借在音韵学上的价值,不仅仅是"古假借必同部",而应该是"古假借必同音",那么,等价的谐声是否也应该是"同声必同音"呢?这在汉语上古音研究上是一个极其重要的亟待阐发的学理。

(二)谐声源于假借说

"谐声源于假借说"最早并不是由音韵学家提出的,而是由文字学家和训诂学家提出的。

清黄承吉在《字义起于右旁之声说》中提出字义起于右旁之声,而右旁之声源自假借。

> 古书凡同声之字,但举其右旁之纲之声,不必拘于左旁之目之迹,而皆可通用。并有不必举其右旁为声之本字,而任举其同声之字即可用为同义者。盖凡字之同声者皆为同义。声在是则义在是,是以义起于声。后人见古人使字之殊形,辄意以为假借。[①]

后来,刘师培(1934:11)又提出形声字源于"以右旁之声为纲,而增益左旁之形"。

> 如"仑"字,本系静词,隐含分析条理之义。上古之时,只有"仑"字,就言语而言,则加"言"而作"论";就人事而言,则加"人"而作"伦";就丝而言,则加"丝"而作"纶";就车而言,则加"车"而作"轮";就水而言,则加"水"而作"沦"(皆含文理成章之义)。是"论伦"等字皆系名词,实由"仑"字之义引伸也。"尧"字亦系静词,隐含崇高延长之义。上古之时,只有"尧"字,就举足而言,则加"走"而作"趬";就头额而言,则加"页"而作"顤";就山而言,则加"山"而作"峣";就石而言,则加"石"而作"硗";就马而言,则加"马"而作"骁"(高马也);就犬而言,则加"犬"而作"獢"(高犬也);就鸟羽而言,则加"羽"而

---

① (清)黄生撰,(清)黄承吉按:《〈字诂〉考识》,巴蜀书社,2011,第122—123页。又载黄承吉:《梦陔堂文集》卷2,燕京大学图书馆,1939,第59—60页。

作"翘"（长尾也）。是"峣硗"等字皆系名词，实由"尧"字之义引伸也。（又如从"台"之字皆有始字之义，草之初生者为"苔"，人之初成者曰"胎"，是也。从"少"之字皆有不多之义，言之少者曰"诊"，目之缺一者曰"眇"，禾之少者曰"秒"，是也。从"亥"之字皆有极穷之义，果之尽处曰"核"，地之尽处曰"陔"，是也。余证甚多）举此数端，足证造字之初先有右旁之声，后有左旁之形。声起于义，故右旁之声既同，则义象必同……①

合观黄承吉、刘师培二家之说，"谐声源于假借"之意已经呼之欲出。但二人的观点得自对谐声系列的观察，只能说是一种推测，缺乏实证。

1957年，刘又辛（1993：22-35）发表《从汉字演变的历史看文字改革》一文，提出汉字发展的历史可以分成表形阶段、假借阶段和形声阶段。到了1982年，刘又辛又发表《"右文说"说》，进一步阐述了这一观点。文章认为，用历史发展的眼光看，汉字的演变史可以分为三个阶段。第一个阶段是形意字阶段，以表意文字为主，其下限在商代初期，即甲骨文字以前，完全不标音的纯粹表意表形的文字，可以从甲骨文、金文中看到其残余。第二个阶段是假借字阶段，从甲骨文、金文到秦汉以前，虽然一方面保存了一大批象形、会意字，一方面又有了形声字的萌芽，但更主要的是大量使用假借字，从表形向表音方向发展。第三个阶段是形声字阶段，为秦汉以后以形声字为主的阶段。假借字作为记音符号，字形与语义无关，一个假借字可以记录多个词语，这种一对多的音义关系可以节制汉字字数，但不能明确记录语义，于是将假借字作为声符另加一个可以区别语义的字作为意符，就构成了一个形声字。在形声字的产生途径上，此文并非只是兼赅黄承吉、刘师培二家之说，而是从汉字发展史的角度，提出了大量古文字和文献语料，无可置疑地证明了"谐声源于假借"，例如刘又辛（1982：174）关于"井"字的讨论：

"井"字有几种用法：《毛公鼎》"先王作明井"，《历鼎》"孝习（友）唯井"，这个"井"字是"刑"的初文，《说文》引《易》："井，法也。"此处正是用的本义。《乙亥鼎》"唯王正（征）井（邢）方"，

---

① 原载《国粹学报》，1905—1906年。

《散盘》"井邑田",以及《井人钟》的"井"字,都假借为"邢",用作国名。又《师虎簋》"帅井先王令(命)",《虢吊钟》"帅井皇考威义(仪)",《师望鼎》"望肈帅井皇考",又都用为"型"字。"型"又是"刑"的孳生字。——井、刑、邢、型四个字的职务都让"井"一个字兼起来了。

刘又辛研究讨论的是汉字的历史演变,他摒弃了以六书、八体从汉字形体的变化讨论汉字发展史的传统模式,着眼于文字是记录语言的符号的本质属性观察汉字性质的演变,以丰富的语料为实证,从结构上分析形声字由声符和意符组成,并无可辩驳地阐明了声符和义符并不是同一个层级的论点;从生成机制看,形声字是由现有标音的假借字,再加区分语义的意符而成。这就是"谐声源于假借"的学理。

"谐声源于假借"虽然是文字训诂学的研究成果,但对于音韵学同样具有重要的学术价值。"谐声源于假借"说明谐声与假借等价,二者在音类分析上是同类,在音值构拟上是等值,假借的条件是同音,同声就不仅是同部,而应该还是同音。利用"谐声源于假借"的观点不仅可以研究韵部,还可以研究声母、介音、元音和韵尾。

(三)谐声原则的归纳和修正

20世纪汉语上古音研究的主要任务是音值构拟,随之,汉语上古音声母研究的材料也发生了重大转移。传统古音学声纽研究的材料以假借、异文等文献语料的归纳为主,这些材料分布零散,必须在浩瀚的文献中钩稽搜寻。现代上古音声母的研究以谐声系统之文字材料的分析为主,其数量多,加上假借字几乎可涵盖全部汉字;易搜集,可以根据《说文》全面整理,进行穷尽式研究;有系统,可根据声符归纳成不同的谐声系列,各个谐声系列又可根据声纽进一步归纳组成完整的谐声系统,便于分析研究。传统古音学研究虽然也使用谐声材料,但都是个别的汉字的谐声关系,在学者眼中,其研究价值与异文、重文、读若、声训、反切等相同,关注的是音类的异同,而现代上古音研究是将谐声作为音值研究的材料来使用,是将整个谐声系统作为研究对象,在《切韵》构拟的语音系统的基础上观察其分合,依据谐声系列音值等值的性质进行内部构拟。

传统古音学声纽研究的方法主要是考据归纳，现代上古音声母研究的方法则是将谐声现象作为一个系统进行观察，归纳其共性，将其提取为谐声原则，再用谐声原则检验谐声，凡不合原则的谐声必须重新进行解释，凡不合原则的音值构拟必须改拟。显然这种研究方法是逻辑演绎，与传统古音学的归纳法不同。

谐声原则及其研究方法最早是由高本汉提出的。

在赵元任翻译的《高本汉的谐声说》那篇文章中，第一篇是"谐声原则概论"，高本汉（1927：36-67）详细分析了汉字的种种谐声现象，然后列举了十条谐声原则。

甲）舌尖前的破裂音可以随便互谐：t：tʰ：dʰ［端：透：定］

乙）舌尖前的破裂摩擦音跟摩擦音可以随便互谐：ts：tsʰ：dzʰ：s：z［精：清：从：心：邪］

丙）舌尖后的破裂摩擦音跟摩擦音可以随便互谐：tṣ：tṣʰ：dẓʰ：ṣ［照₂：穿₂：床₂：审₂］

丁）舌面前破裂音可以随便互谐：ț：țʰ：ḑʰ［知：彻：澄］

以上都很自然的；可是还有的规则就很妙了：

戊）同是舌尖前音，而一方面破裂音 t、tʰ、dʰ 不跟他方面破裂摩擦音和摩擦音 ts、tsʰ、dzʰ、s、z 互谐。这条定律的例外比较的不多。

己）舌尖前的破裂摩擦跟摩擦音 ts、tsʰ、dzʰ、s、z 跟舌尖后的破裂摩擦跟摩擦音 tṣ：tṣʰ：dẓʰ：ṣ 可以随便互谐。

庚）舌面前的破裂摩擦音 tś、tśʰ、dźʰ［照₃、穿₃、床₃］跟舌面前的摩擦音 ź［禅］可以随便互谐。

辛）舌面前的摩擦音 ś［审₃］大都不跟上述的 tś、tśʰ、dźʰ、ź 互谐。

壬）舌尖前、后的破裂摩擦音跟摩擦音 ts、tsʰ、dzʰ、s、z，tṣ、tṣʰ、dẓʰ、ṣ 大都不跟舌面前的破裂摩擦音跟摩擦音 tś、tśʰ、dźʰ、ś、ź 相谐。

癸）舌尖前的破裂音 t、tʰ、dʰ 不但可以跟舌面前的破裂音 ț、țʰ、ḑʰ 随便互谐，而且可以跟舌面前的破裂摩擦音 tś、tśʰ、dźʰ 跟摩擦音

ź随便互谐（可是不跟ṣ互谐）!

严格说起来，高本汉制定的这十条，缺乏概括和提炼，只能说是对汉字谐声现象的描写，例如甲和丁都是塞音互谐，乙和丙都是塞擦音、擦音互谐，谐声行为相同，只是发音部位不同，完全可以归并；而且这十条原则只谈塞音、塞擦音和擦音，不管鼻音，也没有涉及唇音和舌根音。1940 年，陆志韦发表《〈说文〉〈广韵〉中间声类转变的大势》（陆志韦，1999a：189-230），后来又在 1947 年出版的《古音说略》一书的第十三章"《说文》《广韵》中间声母转变的大势"，对谐声关系进行数理统计；1944 年，董同龢在《上古音韵表稿》中对高本汉的谐声原则提出了改进意见。李方桂（1980a：10）在《上古音研究》中提出了十分简洁而严格的谐声原则，并阐述了运用谐声原则构拟上古音声元音值的研究方法。

> 谐声字有许多复杂的现象，暂时不能规律化，但是我觉得有两条原则应当谨慎的，严格的运用，也许对于上古音的拟测上有帮助。其他例外的谐声字也许得别寻途径去解释，最可利用的便是复声母的存在。
>
> 为了叙述方便起见，我们暂拟了两条简单的原则，然后看看近来所拟定的上古音声母是否都合乎这两条原则。如果有不合的地方，是否可以修改。这两条原则是：
>
> （一）上古发音部位相同的塞音可以互谐。
>
> （a）舌根塞音可以互谐，也有与喉音（影及晓）互谐的例子，不常与鼻音（疑）谐。
>
> （b）舌尖塞音互谐，不常跟鼻音（泥）谐。也不跟舌尖的塞擦音或擦音相谐。
>
> （c）唇塞音互谐，不常跟鼻音（明）相谐。
>
> （二）上古的舌尖塞擦音或擦音互谐，不跟舌尖塞音相谐。
>
> 依这两条原则当然实际上可以发现些例外，这些例外也许另有解释的必要，但是我们不妨严格的运用这两条原则来考察近人对上古声母的拟测，看看他们的声母是否合乎这两条原则。如果不合的话，我们也许对上古声母系统应当有一个新的估计。

李方桂的谐声原则虽然只有两条，但却涵括了高本汉的十条谐声原则的全部内容，并且补足了高本汉谐声原则的缺失，高度概括，表述精练。李方桂在《上古音研究》中即运用这两条严格的谐声原则，成功地完成了对上古音声母系统的构拟，成为20世纪汉语上古音研究的典范。

20世纪汉语上古音声母系统的研究材料，可以分为两种不同的类型。一类材料主要是异文、假借、声训等，它们来自文献，必须从文本中一条一条地搜寻、鉴识、汇聚，可以称作"文献语料"；另一类材料可以称作"谐声系统"，来自对形声字声符的系联。两类材料可以相辅相成，文献语料主要用于声类分析，但也可以用于音值构拟；谐声系统主要用于音值构拟，但也可以用于声类分析。利用文献语料分析声类的结论，在谐声系统中都得到证实，两种不同类型的材料可以互相印证，是同一个语音系统在文献语言实际活动和汉字演变历史上的各自反映。但谐声系统并不就是文献语料的等价物。形声字依声符可以系联为谐声系列，同一声纽的各个谐声系列可以合成一个谐声声组，全部声组构成一个谐声系统，谐声系统是汉语上古声母系统在汉字集合中的折射。利用谐声系统研究上古声母系统，是穷尽性的分析，对声母的所有音韵行为的分析巨细无遗，使用文献语料可能会忽视或者不能发现的问题都会呈现出来，推动研究深入发展。

正因为谐声系统展现的是上古汉语的语音系统，所以才可以与中古《切韵》语音系统比较，进行内部构拟，否则上古汉语声母的音值构拟很难取得进展。因此，研究材料由文献语料向谐声系统转移、谐声原则的发现，是20世纪汉语上古音声母研究具有重大意义的事件。

三、汉语上古音单声母系统的研究

本节分别介绍汉语上古音各组单辅音声母的音值构拟的成果。

（一）声母构拟模式与等呼和介音

1. 声母构拟的标准

汉语上古音声母音值的构拟是否可以接受，有两个标准。第一个标准是看是否能符合汉语上古音语言事实，这些语言事实指的就是汉语文献语料和谐声系统两种材料反映出来的音韵行为。第二个标准是看能否解释从上古声母系统到《切韵》音系的声母系统的变化,并且这种解释不能是随意的自说自话,必须合乎普通语音学的学理,具有明确的演变条件,能够列出语音演变的公式。这两个标准必须同时满足,不可偏废。

2. 声母构拟模式：探索阶段

从汉语上古音声类的研究成果看,从上古到中古的演变情况主要是分化,一个上古声母到中古往往演变为两个或多个声母。从高本汉开始,学者在构拟上古声母的音值时,只顾第二个标准,忽视第一个标准。这些学者构拟的模式是,如果上古一个声类到中古分化为几个声类,那么就把上古的声母构拟为几个相近的音值。上古的音值不同,所以到中古就变成不同的声类;上古的音值相近,所以文献语料和谐声系统反映为一个声类。

这种构拟模式将音值不同作为上古声母分化的条件,演变出几个声类就得构拟出几个不同的音值,从而使得上古声母系统显得非常复杂,而且这种构拟实质上只是将中古的声母的构拟音值更换一个音标。同时,用音近来解释对应几个中古声类的上古声类,一个声母包含几个不同的语音,显然与文献语料和谐声系统反映出的语言事实不合,也与中国传统古音学的学理和观念不合。这种构拟模式,从高本汉开始,一直延续到20世纪80年代,虽然许多学者持续对高本汉的汉语上古声母系统进行修订,进行艰苦的探索,但由于构拟模式不变,研究始终没有实质性的进展。我们把这种模式下的上古音声母研究时期,称为20世纪汉语上古音声母研究的探索阶段。

3. 声母构拟模式：发展阶段

李方桂的《上古音研究》出版后,高本汉的构拟模式才被抛弃,汉语上古音声母系统的研究进入了迅速发展阶段。李方桂在讨论上古声母系统的时候,不再是就声母论声母,不再是独立地一个声母一个声母、一组声母一组声母地构拟其音值,而是从整个语音系统着眼,研究声母时会观察声母与韵母——包括介音的关系,同样,在研究主要元音时,会注意元音与声母、介音和韵尾的关系。从这种语言系统论的角度看就会发现,如果一个上古声母到中古演变成几个不同的声母,从上古声母来观察这几个声母的分布,就会发现这几个声母在"等"或"呼"上是互补的,或者说这几个声母结合的介音不同,于是可以将上古声母构拟为一个音值,以"等"和"呼"或者说以介音为条件来解释其从上古声母到中古声母的分化演变。这种构拟模式同时满足了上古声母构拟的两个标准，这种构拟模式不是针对某个声母或者某组声母的，而是使用于整个声母系统，凡是同类的平行的声母，都可以得到同样的处理。因此，这种构拟模式使得上古声母系统的构拟显得简洁整齐，具有系统性。以介音为上古声母分化的条件，是汉语上古音声母系统研究进入发展阶段的鲜明特征。

4. 介音和上古音研究

在上古汉语的语音系统中，介音与声母、韵母有密切的关系，对介音的性质和作用的看法，是汉语上古音声母和韵母研究取得突破的关键。脱离了介音，将无法说清20世纪汉语上古音声母和韵母的研究。因此，下面先简述20世纪汉语上古介音研究的情况，以方便叙述声母和韵母系统的研究，上古介音研究的具体情况可以参考本章第五节的相关内容。

在反映《切韵》音系的宋元韵图中有"呼"和"等"两个术语。江永在《音学辨微·辨开口合口》中说：

> 音呼有开口、合口：合口者吻聚，开口者吻不聚也。[①]

这是中国古代传统音韵学最精确的定义和最形象的描写；从高本汉开始，现代语言学家构拟了-w-介音来界定"合口呼"，对江永的说法做出了科学的诠释。

韵图分韵为四等，江永在《音学辨微·辨等列》中用"洪细"来区分四等：

> 音韵有四等，一等洪大，二等次大，三四皆细，而四尤细。[②]

所谓"洪细"，指主要元音开口度的大小。高本汉的汉语中古音各等元音的构拟与江永的"洪细"之说相符。另外，又为细音构拟了不同的介音，三等介音是 j(i̯)，四等介音是元音性的 i。开合四等的介音系统如表2-30所示。

[①]（清）江永：《音学辨微》，商务印书馆，1940，第34页。
[②]（清）江永：《音学辨微》，商务印书馆，1940，第37页。

表 2-30　高本汉的介音体系

等	介音		元音
	开口呼	合口呼	
一等韵	-ø-	-w-	洪大
二等韵	-ø-	-w-	次大
三等韵	-j-	-jw-	细
四等韵	-i-	-iw-	尤细

资料来源：据高本汉的《汉文典》整理。

可以看出，如要辨识"等"，"洪细"是一种相对的标准，介音则是绝对的标识。

虽然"等"是韵的属性，但由于声纽和韵有着固定的搭配关系，于是声纽也就沾染上了"等"的属性。《切韵》音系各组声纽在四等的分布大致如表 2-31 所示。

表 2-31　《切韵》声母的等列

等		声纽组列					
		唇音	舌音	齿音	牙音		喉音
一等		帮组	端组	精组	见组	—	影组	匣母
二等		帮组	知组	庄组	见组		影组	匣母
三等	开口	帮组	知组	精组 庄组 章组	见组	群母	影组	云母 以母
	合口	非组						
四等		帮组	端组	精组	见组	—	影组	匣母

表 2-31 中牙音四个等齐全只包括"见溪疑"，"群"另列；喉音四个等齐全只包括"影晓"，"匣""云""以"另列。

从表 2-31 中可以看到，声纽的分布决定于"等"，有的声纽组列只出现在特别的等，显然这种分布与"洪细"无关，因为"洪细"是一个相对的标准，同一个元音在此是洪音，在彼则可能是细音。声纽的"等"应该决定于后接的介音。

夏燮在《述均》卷三中分析了《广韵》中韵分四等的情况。

> 音之洪细，谓之等。呼等之说起于六朝以后，唐人韵书分之最严者。如冬模灰咍魂痕寒桓豪歌唐登覃谈十四部，皆全韵一等。江删山耕咸衔六部，皆全韵二等。微文元严凡五部，皆全韵三等。齐先萧青幽添六部，皆全韵四等。①

根据夏燮所说，可以将《广韵》中几组一、二、三、四等相承的韵的上古音和中古音韵部关系整理成表2-32。

表2-32　夏燮上古音和中古音韵部对应

摄	阳入	中古音				上古音
		一等	二等	三等	四等	
山	阳声	寒旱翰/桓缓换	删潸谏	元阮愿	先铣霰	元
	入声	曷	辖	月	屑	月
咸	阳声	谈敢阚	衔槛鉴	严俨酽	添忝㮇	谈
	入声	盍	狎	业	帖	盍

表2-32中几组四等相承的韵在中古和上古的音韵行为是不同的。中古音一、二、三、四等各自成韵，从高本汉开始，学者为各等韵构拟不同的元音，洪细一如江永的《音学辨微·辨等列》所述。在构拟上古音时，为了解释上古音的一个韵部到中古音分化为四等不同的韵，就为上古韵部构拟出几个不同的元音。这是20世纪汉语上古音研究探索期韵部元音的构拟模式。这种构拟模式显然与中国传统古音学的学理不合，也会造成上古元音数量众多。

中古不同等的韵在上古只是一个韵部，应该只有一个主要元音，排除掉"洪细"，处理上古韵部中的"等"，就只有一个选择，就是介音。将介音作为从上古音的一个韵部演变为中古音四等不同的韵的分化条件，这是20世纪汉语上古音研究发展期的元音构拟模式。

---

① （清）夏燮：《述均》，见《续修四库全书》编纂委员会编《续修四库全书》（经部·小学类，第249册），上海古籍出版社，1996，第22页。

高本汉构拟的汉语上古介音系统与中古音相同，一等和二等都是零介音-∅-，没有区别。1960 年，雅洪托夫在《上古汉语的复辅音声母》一文中提出二等韵的声母是带-l-的复辅音，后来又将这个-l-改为-r-（雅洪托夫，1986a：42-52）；李方桂在《上古音研究》中将这个基本声母后带的 r 认定为二等介音，指出中古二等声母知组和庄组都是卷舌音，应该是端组和精组受这个舌尖卷舌介音 r 的卷舌化作用演变的结果。

以李方桂为代表的 20 世纪汉语上古音研究发展期的介音系统是：一等介音-∅-，二等介音-r-，三等介音-j-，四等介音-i-。这四个介音，可以看作汉语上古音"等"的标识。在后面的有关介绍中，我们将会看到这个介音系统在 20 世纪上古音声母和韵母的研究中的重要作用。

（二）全浊塞音和塞擦音声母

汉语中古音《切韵》的声母系统中有一套全浊塞音和塞擦音声母，包括帮组"並"、端组"定"、知组"澄"、精组"从"、庄组"崇"、章组"船"、见组"群"，如果着眼于上古音，还包括归"定"的"喻四"和归"匣"的"喻三"，这套声母涉及唇、舌、齿、牙、喉五音，是一个关乎全局的系统问题，学者在研究中古或上古的声母系统时，都先讨论这个问题。

首先讨论这套声母的音值的是高本汉。他在《中国音韵学研究》中列举了古全浊音在汉语方言和域外译音的现代反映形式：如果保留浊音，有的是送气浊音，也有的是不送气浊音；如果清化为清音，有的是送气清音，也有的是不送气清音。高本汉认为由不送气音变为送气音是不可能的变化，只能由送气音丢失送气变成不送气音。所以高本汉将汉语中古音这套浊音构拟为送气浊塞音和塞擦音，后来在他的上古汉语的语音系统中也就将这套全浊音构拟为送气浊音，而中国学者大多也同意高本汉的意见。

1920 年，法国汉学家马伯乐在《唐代长安方言考》一书中对汉语中古音全浊声母的音值提出了与高本汉相反的意见[①]。马伯乐（2005：26-28）利用梵汉对音材料，考定唐初汉语的全浊音声母是不送气的浊音。

---

① 本章涉及《唐代长安方言考》的内容，均据聂鸿音的 2005 年汉译本。

在唐初的密咒对音系统里，梵文的不送气清音、送气清音和鼻音被分别译作汉语的全清音、次清音和次浊音，这些对音毫无困难，也无需举例说明。可是梵文不送气浊音和送气浊音在中古汉语里却没有相应的单独声类，因为中古汉语只有一类全浊音，只好用它来同时对译梵文的两类。通常的情况是，汉语的全浊音不加区别地既用来对译梵文的不送气浊音，又用来对译梵文的送气浊音，并不考虑多写几个字来限定一下……

可是有些经文就译得更为精确，当需要用汉语的全浊音来对译梵文的送气浊音时，就在后面跟着写一个"重"字，附注云"重者带喉声读"，这指的是送气，在中国的语音学家看来是一种"喉声"。

可见那个时代的译经师们似乎打算正确标示出梵文的送气浊音，于是就有必要带上"喉声"来把汉语全浊音的发音改变一下，像汉语原来那样发音就不行了。因此，这个时代的汉语全浊声母是不送气的浊音。

尉迟治平（1982）发表《周、隋长安方音初探》，提供了更早的与《切韵》同时期的梵汉对音的证据，支持马伯乐的意见。

高本汉的方法是历史比较法，提出的音值是一种拟测，马伯乐的方法是译音还原，提出的音值是当时语言事实的实证，更加可信。

汉语上古音各个全浊声母的音值及其研究情况，可以参见下面各组声母的叙述。

（三）唇音声母

自从钱大昕提出"古无轻唇音"的论断以后，一般学者都持此说，但也有个别学者有不同意见。1943年，符定一在所撰《联绵字典》书首就载有《古有轻唇音说》一文。到1983年，王健庵发表《"古无轻唇音"之说不可信》又提出了这个观点，1984年，敖小平发表《"'古无轻唇音'不可信"补证》加以响应，一时在学术界产生了一定影响。1986年，张世禄、杨剑桥发表《汉语轻重唇音的分化问题》，举出许多新的材料，对王健庵和敖小平的文章作出回应，其文有专节"轻、重唇音在上古的音类和音值"，文中说：

我们认为从上古直到《切韵》时代，轻唇音作为一个音类始终没有产生出来，同时我们也确认，从上古直到《切韵》时代，唇音字的音值应当是 p、pʰ、b、m，也就是后代所说的帮、滂、并、明（张世禄和杨剑桥，1986a：4）。

"古无轻唇音"并不是上古音才有的语音现象，从《广韵》反切上字系联的情况看唇音只有一类，重唇和轻唇大量互切，其分布互补，可见中古《切韵》音系的声母系统中唇音就只有一类，轻唇音从重唇音中分化而出是《切韵》以后语音演变的结果。但是也有学者试图在上古音的构拟工作中预先设置轻唇音分化的条件。

在《广韵》韵系中，只有"东₃、钟、微、虞、废、文、元、阳、尤、凡"十个韵系才产生轻唇音，被称为"轻唇十韵"。"轻唇十韵"普遍是合口三等韵，《切韵》音系的唇音有合口三等的韵也只有"轻唇十韵"。因此，如果上古音系中有合口介音-w-，轻唇音产生的条件自然就是介音-jw-，但是如李方桂的《上古音研究》的上古音系中没有合口介音，就必须另外设置轻唇音分化的条件："重唇+j-变轻唇，重唇+j+i-仍为重唇。"

汉语上古音唇音声母系统演变如表 2-33 所示。

表 2-33 上古音唇音声母演变

等次	上古	切韵	切韵后
一等	p-、pʰ-、b-、m-	帮 p-，滂 pʰ-，并 b-，明 m-	帮 p-，滂 pʰ-，并 b-，明 m-
二等	pr-、pʰr-、br-、mr-	帮 p-，滂 pʰ-，并 b-，明 m-	帮 p-，滂 pʰ-，并 b-，明 m-
三等	pj-、pʰj-、bj-、mj-	帮 pj-，滂 pʰj-，并 bj-，明 mj-	帮 p-，滂 pʰ-，并 b-，明 m-
三等	pj-、pʰj-、bj-、mj-	帮 pjw-，滂 pʰjw-，并 bjw-，明 mjw-	非 pf-，敷 pʰf-，奉 bv-，微 m̪-
四等	pi-、pʰi-、bi-、mi-	帮 p-，滂 pʰ-，并 b-，明 m-	帮 p-，滂 pʰ-，并 b-，明 m-

（四）舌音声母

汉语上古音的舌音声母，包含中古音的舌头音端组、舌上音知组、正齿音三等章组、邪母和喻₄等一系列声母。

1. 端组和知组声母

除了个别学者，例如符定一在《联绵字典》书首的《古有舌上音说》一文中提出相反意见之外，钱大昕的"古无舌上音"的论断为学术界广泛接受。舌头音端组在上古的音值是舌尖音，这一点在学术界从无异说：

上古 *t-、*th-、*d-、*n- -> 中古端 t-、透 th-、定 d-、泥 n-。

知组上古音音值的构拟与知组在中古音的音值密切相关。高本汉构拟的知组的中古音是舌面音知 t̂-、彻 t̂ʰ-、澄 d̂ʰ-、娘 ń；董同龢的构拟相同。董同龢（1948：14）在《上古音韵表稿》中对知、彻、澄从上古到中古的演变有过一个解释：

> 钱大昕在《十驾斋养新录》里提出 t̂-、t̂ʰ-、d̂ʰ-在上古与 t-、tʰ-、dʰ-同源之说，这是我国学者考订古代声母的开始。从现代语言学的立场说，"舌音类隔不可信"那种论调固然是有问题的，可是其中列举的许多古代的证据却不可磨灭。这个问题本来很有意思。因为 t-、tʰ-、dʰ-在中古只出现于一四等韵（《广韵》脂韵有"胝"与"地"为例外），而 t̂-、t̂ʰ-、d̂ʰ-却只出现于二三等韵，所以高本汉更能进一步的说明 t-、tʰ-、dʰ-当上古时本是四等俱全的，到中古时却只在一四等韵保存，在二三等里则变为 t̂-、t̂ʰ-、d̂ʰ-。

董同龢所引高本汉对知、彻、澄的演变的解释只能说是对语言事实的叙述。这种构拟很难解释舌上音的上古来源，上古 *t-组声母到中古一等和四等仍然是 t-，二等和三等则演变为 t̂-，从舌尖音变成舌面音是腭化的结果，三等韵有-j-介音，可以使前面的声母腭化，但是二等韵没有-j-介音，不可产生腭化作用，无法解释为什么二等声母也演变成舌上音。

1931年，罗常培（1931：121）发表《知彻澄娘音值考》，根据"梵文字母的译音""佛典译名的华梵对音""藏译梵音""现代方音""韵图的排列"等五个方面的材料，指出从梵汉对音看，知、彻、澄、娘在中古是舌尖后音，在上古同舌头音端、透、定、泥。

> 知彻澄三母在六朝的时候或者还有些地方保存上古的舌头音，

没有完全分化；然而从六世纪之末(A. D. 592)，到十一世纪之初(A. D. 1035)，它们确曾有过读作 ṭ, ṭh, ḍ (或 ḍh) 音的事实，至少在梵文字母译音里找不到反证。

罗常培此文是在汪荣宝的《歌戈鱼虞模古读考》之后第一篇成功利用梵汉对音研究汉语古音声元音值的论文，是梵汉对音研究走向成熟的标识。李方桂（1980a：14-15）在《上古音研究》中即采此说来讨论汉语上古音端组和知组声母的关系及其演变的条件：

> 中古的知 ṭ-，彻 ṭh-，澄 ḍ-，娘 ṇ-，照₂ tṣ-，穿₂ tṣh-，床₂ dẓ-，审₂ ṣ-等卷舌声母，在二等韵母的前面，一般人都以为是受二等韵母的元音的影响，从舌尖音变来的。但是这些声母也在三等韵母前出现。三等韵母是有介音 j 的，他只应当颚化前面的声母，不应当卷舌化。此外，如果我们承认二等韵母在上古时期另有一套元音与一等韵的元音有分别，那么上古的元音系统要变的十分复杂，要有长短、松紧之分，并且得承认长短、松紧以及其他不同的元音都可以在上古时期里常常押韵。这显然不是一个适当的解决的办法，因此我想这些声母后面一定另有一套介音可以使他卷舌化，前面我们已经拟一个*r-声母，这个*r-正可以当作这些声母后的介音，所以我们可以有以下演变。
>
> 上古*tr-，*thr-，*dr-，*nr->中古知 ṭ-，彻 ṭh-，澄 ḍ-，娘 ṇ-。

钱大昕的"古无舌上音"说的只是知、彻、澄三个声纽，不包括鼻音"娘"母。现代学者大多认为中古《切韵》音系的声母中没有"娘"母，"娘"母是等韵学家为了让三十六字母显得整齐，为了与"泥"母相配而造出来的。邵荣芬（1982：33）在《切韵研究》中提出《切韵》音系中"娘""泥"二母应该分立：

> 等韵泥、娘两母，由于在现代方言里一时找不到区分的证据，近来我国音韵学家多认为在《切韵》的声母系统里这两母本来就不分。我们认为这个问题还不宜过早地肯定，还有保留再考虑的必要。
>
> 从《切韵》反切的情形看，泥、娘的分别比起端、透、定跟知、

彻、澄之间的分别来并不小些。反切上字的系联上，端、知、透、彻、定、澄各分两类，泥、娘也分为两类。不论《王三》或《广韵》都是如此。

也在 1982 年，尉迟治平发表《周、隋长安方音初探》，指出在《切韵》时期的梵汉对音中，"娘"母只对梵文的舌尖后鼻音 ṇ，"泥"母只对梵文的舌尖前鼻音 n，两个声母读音并不相同。李方桂（1980a：15）也持这样的观点：

> 娘母 ṇ-在《守温韵学残卷》里与泥母不分，在近代方言中也跟泥母没有什么不同的演变。我以为上古*n-后面的*r 在有些方言中使鼻音卷舌化成 ṇ-，有些方言就只失去而不影响鼻音。就一般的语言而论，鼻音的分辨远不如塞音分辨的细，所以有些方言不分"泥娘"并不奇怪。

2. 端组和章组声母

高本汉和董同龢将正齿音三等的中古音构拟为舌面的塞擦音和擦音章 tś-、昌 tśʰ-、船 dźʰ-、书 ś-、常 ź；将上古音构拟为舌面塞音*t̂-、*t̂ʰ-、*d̂ʰ-、*ŝ-、*ẑ-。董同龢（2001：291）在《汉语音韵学》中解释这类章组声母从上古到中古的演变说：

> 至于这一类里面的 tɕ-系字，我们相信钱大昕"齿音古亦多读舌音"的话是对的。现在假定他们是由*ṯ-，*ṯʰ-，*ḏʰ-，*ɕ-，*ʑ-变来的。*ṯ-，*ṯʰ-，*ḏʰ-……与*t-，*tʰ-，*dʰ-部位近，所以可以互谐，可以假借。

这段文字清楚地说明了董同龢的上古声母构拟的模式，以发音部位相近解释中古两组声母在上古互谐的条件，以韵母不同作为这些声母到中古分化的条件。这是 20 世纪汉语上古音研究早期的声母构拟模式。这种模式存在两个方面的问题：一是将发音部位相近作为谐声的条件，这是一个相对的、模糊的、难以判定的标准，不能合理地、一贯地解释两个声类为什么可以互谐或者为什么不能互谐；二是如果将韵母作为上古到中古声母演变的条件，为了解释各组相关声类的分化，将会使得上古的韵母系统变得十分复杂。

李方桂（1980a：10-11）持严格的谐声原则，用以检判前人关于这类章组声母的拟音，他在《上古音研究》中对高本汉和董同龢的构拟提出了批评和修正。

> 高本汉等拟了一套上古的舌面塞音*t̂-，*t̂h-，*d̂-，*d̂h-等。这套声母跟上古的舌尖塞音*t-，*th-，*d-，*dh-互谐，例如终*t̂-：冬*t-，充*t̂h-：统*th-，禅*d̂-：单*t-，神*d̂h-：电*dh-等。这两套依高本汉的拟定一套是舌面音，一套是舌尖音，发音部位并不相同，不应当谐声。这两套所以谐声的缘故，一定是原来发音部位相同。再者我们也不难决定他们原来发音的部位，因为世界上的语言有舌尖塞音的多，有舌面塞音的少。舌面塞音多数是从舌尖音颚化来的。高本汉这套舌面音只见于有介音*j的三等韵里，其条件正合乎一般语言的原理，所以我们暂时拟定以下的演变律。
>
> 上古*t-等＋*-j->*t̂j-等>中古 tśj-等。

3. 喻四、邪母和来母

根据中国传统古音学声类考订的成果，中古舌上音的"澄"、正齿三等的"船"、齿头音的"邪"和喉音的"喻"母四等都归舌头音的"定"，上古 d-包含中古五个声类。从分布上看，端组"定"在一等和四等，知组"澄"在二等，章组"船"在三等，上古 d-声母已经没有空位。喻四和邪母只可能是一种和 d-近似的舌尖浊音。

李方桂（1980a：13-14）在《上古音研究》中根据汉外译音，认为喻四在上古的音值是*r-：

> 大体上看来，我暂认喻母四等是上古时代的舌尖前音，因为他常跟舌尖前塞音互谐。如果我们看这类字很古的借字或译音，也许可以得到一点线索。

他认为，古代侗台语：

> 用*r-来代替酉 jiə̌u 字的声母，汉代用"乌弋山离"去译 Alexandria 就是说用弋 jiək 去译第二音节 lek，因此可以推测喻母四

等很近 r 或者 l。又因为他常跟舌尖塞音谐声，所以也可以说很近 d-。我们可以想像这个音应当很近似英文(美文也许更对点儿)ladder 或者 latter 中间的舌尖闪音（flapped d，拼写为 -dd- 或 -tt- 的），可以暂时以 r 来代表他，如弋 *rək，余 *rag 等。到了中古时代 *r- 就变成 ji- 了，参考古缅甸语的 r- 变成近代的 j 的例子。

同时，李方桂（1980a：14）根据邪母跟喻四的密切关系，将邪母的上古音构拟为 *rj-：

> 跟喻母四等很相似的有邪母，这个声母也常跟舌尖塞音及喻母四等互谐，一个字又往往有邪母跟喻母四等的两读，如羊 jiang 又读作祥 zjang，颂字有 zjwong 及 jiwong 两读，邪字有 zja 及 jia 两读，鱏字有 zjəm 及 jiəm 两读等。其实邪母与喻母四等的谐声状况很相似，如余 jiwo：徐 zjwo：途 duo，以 jï：似 zï：台 thâi，射 jia, jiäk：谢 zja：麝 dźja，予 jiwo：序 zjwo：杼 djwo 等，所以我以为邪母也是从上古 *r- 来的，后面有个三等介音 j 而已。因此我们可得下面的两条演变律：
> 上古 *r-> 中古 ji-（喻四等）。
> 上古 *r+j-> 中古 zj-（邪）。

喻四的上古音还有另外一种构拟，这种构拟与来母有着密切关系。

来母一般都被认为从上古直到现代汉语都是边音 l-。但是从上面李方桂讨论喻母四等时所举的"乌弋山离"的译音 Alexandria 看，喻母四等字"弋"译 lek(x)，声母是 l-，而来母字"离"译 ri，声母反而是 r-，所以李方桂（1980a：13）说"因此可以推测喻母四等很近 r 或者 l"，而如果喻母四等是 *r-，那么来母就只能是 *l- 了。雅洪托夫发表的《上古汉语的起首辅音 L 和 R》专门讨论汉语上古音的 l- 和 r- 两个声母的纠葛，提出了与李方桂相反的意见，认为喻母四等是 *l-，来母是 *r-。雅洪托夫在论文中主要利用的是汉藏同源词和其他民族语言中的汉语借词。雅洪托夫（1986b：156）关于来母的例子如下。

> 东南亚语言的某些汉语借词中有声母 r，在中古和现代汉语里和它相对应的是 l。

汉语：龙 liong² 　　越语：rông²
汉语：梁 liang² 　　越语：rúóng²
汉语：帘 liäm² 　　越语：rem²
汉语：栏 lɑn² 　　越语：ran²
汉语：利 li⁶ 　　壮语：rai⁶
汉语：liuk⁸ 　　壮语：rok⁷
汉语：笼 lung² 　　壮语：ro:ng²（巢，笼子）

在汉藏语同源词中，汉语的 l，汉藏语中是 *r，在藏缅语中和它相对应的是：

汉语：立 liəp⁸ 　　缅语：rap
汉语：林 liəm² 　　卢谢语：ram

雅洪托夫（1986b：157）关于喻母四等的例子如下。

汉语：蝇 iəng¹ 　　越语：lăng²（大绿蝇）
汉语：养 iang⁴ 　　泰语：liang⁴
汉语：余 iå² 　　泰语：hlúa¹（留下）
汉语：酉 iu⁴ 　　布依语：zu⁴<*ru⁴
汉语：杨 iang² 　　布依语：zi:ng⁴<*r-（杨树）
　　　　　　　　藏语：lǒang-ma<*lhyang-（柳树）
汉语：叶 iäp⁸ 　　景颇语：lap

另外，与 l- 对应的中古音还有"定"d、"透"th、"心"s、"书"ś、"船"dź 等几个声母的某些字。

（五）齿音声母

1. 舌齿音比例式

所谓"舌齿音比例式"是指在汉语中古音的声母系统中，舌音端组和知组两组声母的关系，与齿音精组和照组两组声母的关系二者是平行的。

舌齿音比例式最早是由荷兰汉学家商克提出来的。高本汉在《中国音韵学研究》中对商克的舌齿音比例式进行过讨论和改进。

> Schaank 曾经指出来,而且我也认为是他的最重要的观察——就是说韵表的全部排列可以使我们得下列的比例式:
>
> t(端):知=ts(精):照
>
> 还可以讲得：
>
> 知:照=t:ts
>
> ts 既然是 t 加一个同部位的摩擦,那么,"照"就应当是"知"加一个同部位的摩擦。所以我们就可以拿这个作起点来说"知"(像 t 似的)是一个后面不随着摩擦音的爆发音,换言之就是 t_2。"照"是这个爆发音加同部位的摩擦音,结果就是塞擦音 t_2s_2。(高本汉,1994:32)

可见舌齿音比例式的核心是说舌音是塞音,齿音是其同部位的塞擦音：

t_1(端):ts_1(精)=t_2(知):ts_2(照)

所以一旦确定了"端"和"知"的关系,也就确定了"精"和"照"的关系：

t_1(端):t_2(知)=ts_1(精):ts_2(照)

高本汉即根据此比例式来构拟中古《切韵》音系的舌音和齿音各组声母的音值的。

2. 精组和庄组

舌齿音比例式在音韵学上有着重要的学术价值,如果公式成立,就可以使用这个公式进行推理。这种演绎逻辑可以由中古音移植到上古音：如果舌上音"知"归舌头音"端",那么正齿二等"庄"就归齿头音"精";如果"端"是舌尖塞音 t-,那么"精"就是舌尖塞擦音 ts-,而如果"知"是卷舌塞音 ʈ,那么"庄"就是卷舌塞擦音 tʂ。上古音的舌齿音比例式可以写作:

t(端):ts(精)=ʈ(知):tʂ(庄)

或者：

t(端):ʈ(知)=ts(精):tʂ(庄)

李方桂在《上古音研究》中就是将"中古的知 ṭ-，彻 ṭh-，澄 ḍ-，娘 ṇ-，照₂ tṣ-，穿₂ tṣh-，床₂ dẓ-，审₂ ṣ-等卷舌声母"合在一起讨论，认为这两组声母都是受到后面的*r-介音的影响到中古变成卷舌音的。李方桂列出的演变公式为：

上古*tr-，*thr-，*dr-，*nr->中古知 ṭ-，彻 ṭh-，澄 ḍ-，娘 ṇ-

上古*tsr-，*tshr-，*dzr-，*sr->中古照₂ tṣ-，穿₂ tṣh-，床₂ dẓ-，审₂ ṣ-

显然就是舌齿音比例式。

（六）牙喉音声母

1. 群母、匣母和喻₃

中古音的声母系统中，唇音四等俱全，舌音的舌上音和舌头音相配、齿音的正齿音和齿头音相配也是四等俱全，但是牙音中"见""溪""疑"三个声纽四等俱全，唯独"群"母只有三等，显得十分特殊；在喉音中，"匣"母又是有一、二、四等，却缺三等，与"喻"母三等（云）、"群"母都构成互补关系。"匣"到底是与"云（喻₃）"相配，还是与"群"相配，在 20 世纪汉语上古音研究中是一个颇有争议的问题。

高本汉根据谐声将"匣"配"群"作为牙音声母的全浊音，以成四等俱全，并构拟为 g^h-，然后又将喻₃构拟为不送气的全浊舌根音 g-。高本汉的处理看起来将"群""匣"和"喻₃"都做了安排，但李方桂在《上古音研究》中指出高本汉构拟的一套不送气浊音在分布上有很多限制，十分可疑，应该取消，另行研究。

1927 年，曾运乾在《"喻"母古读考》中提出"喻₃归匣"的主张，这个结论是从大量文献语料归纳出来的，是传统古音学声类分析的研究模式，为中国学者所习见而乐于接受。1939 年，《中央研究院历史语言研究所集刊》第 8 本第 1 分册同时发表葛毅卿的《喻₃入匣再证》和罗常培的《〈经典释文〉和原本〈玉篇〉反切中的匣于两纽——跋葛毅卿〈喻₃入匣再证〉》，两篇文章虽然在《切韵》时是否"匣"和"喻₃"合一的问题上意见不同，但在上古音都支持曾运乾的"喻₃归匣"。董同龢在《上古音韵表稿》中也将喻₃作为匣的三等，构拟为 ɣ-。

1965 年李荣发表了《从现代方言论古群母有一、二、四等》，论文举出闽方言中"寒、汗、猴、厚、悬、咬"六个匣母字读塞音的例子作为古群母有一、二、四等的证据。这篇文章实际上为高本汉的观点提供了支持。

李方桂（1980a：10）在《上古音研究》中指出喻母三等为合口字，为解释"群""匣""喻₃"的纠葛提出了一个解决方案。

舌根音中还有匣母 ɣ-跟群母 g-，喻母三等 j 的相配合的问题。高本汉以匣母跟群母相配合，拟为上古的*gh-，在一二四等韵前变为中古的匣母，在三等韵前变为群母，他又把喻母三等认为是从上古*g-来的。董同龢以匣母跟喻母三等相配合，拟为上古的*ɣ-，一二四等字在中古的仍保留为 ɣ-，三等字则变为 j-，他把群母仍拟为*gh-，又拟了一个*g-来代表与舌根音谐声的喻母四等字。我们既然认为上古音系中没有分辨浊母吐气或不吐气的必要，所以他们的拟测不容易接受。最值得注意的是喻母三等多数是合口字（其中少数的开口字可以暂时保留另有解释），因此我们可以认喻母三等是从圆唇舌根浊音*gw+j-来的，群母是不圆唇的舌根浊音*g+j-来的，或者是*gw+j+i-来的（详见各韵部的讨论），开口的喻母三等字常见的为矣 jï，焉 jän 都是语助词，语助词在音韵的演变上往往有例外的地方（失去合口成分）。其他喻₃开口字也多数可以用唇音异化作用（dissimilation）去解释，如鸦 jäu 可以认为是*gwjagw>*jwäu>jäu，烨 jäp 可以认为是*gwjap>*jwäp>jäp 等的演变程式。此外虽然仍有不易解释的例子还要进一步的研究，但是大体上我们只须要有*g-及*gw-就可以解释大多数的字，其演变律如下：

上古*g+j-（三等）>中古群母 g+j-
上古*g+（一、二、四等韵母）->中古匣母 ɣ-
上古*gw+j->中古喻₃ jw-
上古*gw+j+i->中古群母 g+j+w-
上古*gw+（一、二、四等韵母）->中古匣母 ɣ+w-

1991 年，邵荣芬发表《匣母字上古一分为二试析》，从现代汉语方言中找出更多"匣"母字读塞音的证据，为李荣的《从现代方言论古群母有一、二、四等》一文作了补证。1995 年邵荣芬又写了《匣母字上古一分为二再证》。这两篇论文根据谐声、读若、异文、通假、现代方言、梵汉对音等材料，认为"匣"母可以分为两类，跟 K 类相通的为"匣 1"类，跟"云"母或非 K 类相通的为"匣 2"类。"匣 1"归"群"母，同读 g-，"匣 2"与"云"母合一，同读 ɣ-。

李方桂和邵荣芬两家的处理，跟他们的上古声母系统有关，在李方桂的上古音声母系统中没有浊擦音，不可能专门为"匣 2"和"喻₃"另设置一个 ɣ-声母。

2. 牙喉音的圆唇和不圆唇

李方桂在《上古音研究》中指出牙喉音的合口字与开口字没有关系，这说明中古合口不是来源于介音-w-。因为介音不参与谐声，他把"合口"牙喉音构拟为圆唇声母。这样圆唇和不圆唇的牙喉音分立，成为两套不同的声母。

> 中古的见 k-，溪 kh-，群 g-，晓 x-，匣 ɣ-，影ˀ-等母大致可以互谐，可是开口韵多与开口韵谐，合口韵多与合口韵谐，其中虽然稍有例外，但是大体如此。在中古音系中我们把合口呼认为是介音 w 或 u，与介音 j 一样看待，介音 j 对谐声字并不发生任何影响。一二等的韵母往往与三等韵母谐声，如蔡 tshâi：祭 tsjäi，单 tân：禅 źjän 等。合口的观 kuân：权 gjwän 这类字就不跟开口韵的字如干 kân，乾 kân，gjän 等谐声了，合口介音似乎跟三等的介音不同，应当算是声母的一部分。上古时期似乎有一套圆唇舌根音（labio-velars）*kw-，*khw-等（为印刷方便起见不写作*kʷ-，*khʷ-等）……
>
> ……就大体而言可以立一套圆唇舌根音*kw-，*khw-，*gw-，*ngw-，*hw-，及*ʔw-，这些声母也就是中古的大部分的合口的来源。（李方桂，1980a：16-17）

圆唇的牙喉音的设置，与李方桂的上古介音系统没有-w-密切相关，二者互为因果。

3. 清流音声母

这里说的流音指汉语里的鼻音和边音。一般来说，鼻音和边音是一种浊音，中国古代等韵学里称为"次浊音"，但是现代汉语方言和汉藏语系亲属语言中也有不带音的清的鼻音和边音。

第一个提出上古汉语有清鼻音声母的学者是董同龢。董同龢（1948：12）在《上古音韵表稿》中指出，中古音的"明"母——包括后来分化出的轻唇音"微"母经常跟"晓"母谐声。

> m-的谐声关系就跟 p-p^h-b^h-不大相同了。有一部分固然是如我们意料的，只是自己谐自己，也偶尔跟 p-p^h-b^h-或别的声母谐。可是另有一些却常常专门跟舌根擦音 x-相谐。

在汉语的声母系统中，"明"母是唇音，发音部位在最前面，"晓"母是牙龈音，发音部位在最后，即使是按照高本汉的宽泛的谐声原则，发音部位相隔最远的声母的谐声也是异常的，必须另加解释。董同龢的解释是与"明"母谐声的"晓"母的上古音是*m̥-。这个双唇鼻音与"明"母发音部位相同，所以可以互相谐声，但二者清浊不同，所以到中古汉语演变成发音部位、发音方法都不同的两个声母。董同龢（2001：287-288）在《汉语音韵学》中对这个问题的讨论比较简洁，其文如下。

> 一部份中古 m-母的字，在谐声中总是自成一类，如：
>
> 面 m-：缅 m-　　　免 m-：晚 m-　　　米 m-：糜 m-
> 麻 m-：靡 m-　　　皿 m-：孟 m-　　　莫 m-：谟 m-
>
> 现在假定他们在上古也是*m-。
>
> 另一部份 m-母字则是常与 x-母字谐声的，如：
>
> 每 m-：悔、晦、诲 x-　　　黑 x-：墨、默、嫼、纆 m-
> 无 m-：呒、怃 x-　　　　　咸 x-：减 m-
> 亡 m-：肓 x-　　　　　　　亢 x-：統 m-
> 民 m-：昏 x-　　　　　　　昏 x-：缗、暋、鐿……m-
>
> 有好几个原因使我们不能把这现象视作例外：
>
> （1）数量相当多。

（2）一个 m-母的"每"可以谐三个 x-母的"悔、晦、海"，一个 x-母的"黑"，可以谐四个 m-母的"墨、默、嘿、缰"，这决不是偶然的。m-母的"民"谐 x-母的"昏"，x-母的"昏"又倒转谐 m-母的"缗"等，更显得他们的关系密切。

（3）这样的谐声中并不夹杂一个其他声母的字。

因为如此，我们就非得以为"每"与"悔"等的上古声母决不会差得如 m-与 x-那么远。现在拟定"悔昏"等原为*m̥-，"每民"等原为*m-，因同为唇鼻音，所以能常谐声。"悔、昏"等字多属合口，*m̥-先变同部的擦音，再在-u-影响下变 x-（如非敷奉母字在现代若干方言变 x-或 h-）是很自然的。

我们不能说"悔""昏"等字的声母原来是[ɸ]或[f-]，因为谐声中极少擦音与鼻音接触的例。我们也无法假设"每""民"等原来是舌根鼻音，因为舌根鼻音与舌根擦音谐声的例也是少，就现有的例不能看出他的演变之道，而且舌根鼻音的地位也尽有别的合宜的字要占。

从语言学音理上看，董同龢的构拟没有问题，但是从语言系统论的角度看，如果唇音有清鼻音，那么舌音、齿音和牙喉音也应该相应有清鼻音，孤零零的一个*m̥-不成系统，要么在上古声母系统中取消这个*m̥-，要么寻找材料补足这些空缺的清鼻音。

张永言有一篇《关于上古汉语的送气流音声母》，是作者 20 世纪 80 年代的旧作，文章针对董同龢清鼻音说不成系统的缺陷，提出了上古汉语一整套的送气流音声母，为上古汉语声母系统的研究提供了新的材料和观点。

李方桂（1980a：18-20）在《上古音研究》中也构拟了一套清鼻音和清边音声母，从而完整地建构了汉语上古音的声母系统。

清鼻音声母的问题，董同龢已开其端，他把中古晓母字与唇音明母互谐的，都认是从上古的清鼻音*hm-来的。我们把这类音写作*hm-一方面是为印刷方便，一方面我们也疑心所谓清鼻音可能原来有个词头，把鼻音清音化了。这且放下不提，且说董的清鼻音声母的证据十分充足，如每 muâi：悔 xuâi, 勿 mjuət：忽 xuət, 民 mjiĕn：昏 xuən 等，大体看起来*hm-似乎变成中古晓母合口 xw-（xu-）等，但是也有少数变成开口的，如海 xâi、黑 xək（参看墨 mək）等。

除去清鼻音的唇音声母，我想仍有别的清鼻音声母。比方说有些泥母日母跟娘母字往往跟吐气清音透母彻母谐声。如果我们以为鼻音可以跟塞音自由互谐的话，应当是泥母娘母跟定母澄母互谐，因为都是浊音，但是事实上这类的例子几乎没有。这种吐气清塞音跟鼻音互谐一定有他的原故。我在贵州调查黑苗的语言的时候，就发现他们的清鼻音 n̥-听起来很像是 n̥th-，因此我们也可以想象 *hn-变为 *hnth-，再变为 th-的可能，例如態 thâi：能 nəng，嘆，灘 thân：难 nân，丑 thjǒu：纽 njǒu，聃 thâm 又读 nậm（高本汉从集韵入谈韵 nâm，但是刊谬补缺切韵入覃韵 nậm），絮 thjwo 又读 njwo，愿 thək：婼 thjak：若 ńźjak，诺 nâk，妥 thuâ：馁 nuâi，耻 thï：耳 ńźï 等。这类透母彻母字都是清鼻音声母 *hn-，*hnr-来的。

有少数审母三等字也跟鼻音声母谐声，例如恕 śjwo：如 ńźjwo：女 njwo，摄 śjäp：聂 njäp，饟 śjang：讓 ńźjang：囊 nâng，傪 śjän：然 ńźjän，曬 śjě：爾 ńźjě 等。这类字是清鼻音在三等介音 j 前演变而来，其演变的程序跟日母的情形很相似，只是这类审母字因为是从清鼻音来的原故，鼻音失去的较早。

上古 *nj->中古日母 ńźj->źj-（如唐代以热 ńźjät 译藏文的 bźer）。

上古 *hnj->hńśj->中古审三等 śj-。

上古清的舌根鼻音 *ng-，*ngw-等也可以从晓母字跟疑母互谐得其线索，如许 xjwo：午 nguo，化 xwa：货 xuâ：吪 nguâ，犧 xjě：義 ngjě，餃 xâi：艾 ngâi，献 xjɐn：虞 ngjɐn，谑 xjak：虐 ngjak，阋 xiek：睨 ngiei，僖 xâi 又读 ngâi 等。这类的晓母字不大跟别的舌根塞音互谐，我们可以比较的肯定说他们是从上古 *hng-，*hngw-来的，可是有些晓母字不但跟疑母字谐声也跟别的舌根塞音谐声，这类的字就不能十分确定是从清鼻音来的了，如罕 xân：岸 ngân，也有干 kân 等字，拐 xjwě：伪 ngjwě，也有妫 kjwě 等字混入其中。

上古时代来母也应当有个清音来配，这可以从来母字跟透母彻母互谐的例子看出线索，如獺 thât：赖 lâi，體 thiei：禮 liei，蛋 thai：厉 ljäi，离 thjě：離 ljě，宠 thjwong：龙 ljwong，董 thjək：里 lï，琳 thjəm：

林 ljəm, 搊（同抽）t̪hjəu：留 ljəu, 瘳 t̪hjəu：醪 lâu 等。这里也是吐气的透彻与来母相谐的多，很少是不吐气的端知。清的边音 hl- 与吐气的 th- 在语音上也很近。藏语的清边音，普通写作 lh- 的，唐代译音多用透母来译，如 lha-mthong 译作贪通 thâm-thung，lha-[bo]-brtsan 译作他[谱]赞 thâ-puo-tsân，lho-gong 译作土公 thuo-kung 等（以上皆人名见《唐蕃会盟碑》），因此我们也可以拟出下列两条演变律：

上古*hl-（一、二、四等字）>中古透母 th-。
上古*hlj-（三等字）>中古彻母 t̪h-。

汉语上古音的这一套清流音，如果不是以谐声系统作为材料进行分析，仅仅利用文献语料是很难发现其痕迹的。

从 20 世纪汉语上古音研究的成果看，清流音可能不是这些字的最早的形式，清流音应该来源于前面有 s-头的复辅音，这也就是李方桂（1980a：19）将清流音写作 h-加流音的缘故："我们把这类音写作*hm-一方面是为印刷方便，一方面我们也疑心所谓清鼻音可能原来有个词头，把鼻音清音化了。"关于这个问题可以参看本章下一节"前冠 s-式复辅音声母"的内容。

如果将清流音看作是前带 s-的复辅音声母，20 世纪汉语上古的单辅音声母研究的成果，可以以李方桂的声母系统（表 2-34）为代表。

表 2-34 李方桂的声母系统

上古声母		介音	等呼		中古声母
p pʰ b m	↗	∅, r	一二四等	↘	p pʰ b m　帮滂并明
	→	ji	三开	↗	
	↘	j	三合	→	pf pfʰ bv ɱ　非敷奉微
t tʰ d n	↗	∅	一四等	→	t tʰ d n　端透定泥
	→	r	二等		ʈ ʈʰ ɖ ɳ　知彻澄娘
	↘	j	三等		tɕ tɕʰ dʑ ʑ ȵ　章昌船常日
r	→	∅, j	一三四等		l　来
ts tsʰ dz s	↗	∅, j	一三四等	→	ts tsʰ dz s　精清从心
	↘	r	二等	→	tʂ tʂʰ dʐ ʂ　庄初崇生

续表

上古声母		介音	等呼		中古声母
l	→	∅	三等	→	j 以（喻四）
	→	j	三等		zj 邪
k kʰ ŋ	→	∅, rj	开	↘	k kʰ ŋ 见溪疑
kw kwʰ ŋw	→	∅	合	↗	
g	→	j	三等	↘	g 群
gw	→	ji		↗	
g	↘	∅	一二四等	↘	ɣ 匣
gw	↗	∅			
	↘	j	三等	→	j 云（喻三）
ʔ h	→	∅, rj	开	↘	ʔh 影晓
ʔw hw	→	∅	合	↗	
h	→	rj	三等	→	ɕ 书

四、复辅音声母研究

本节简单介绍 20 世纪汉语上古音研究中关于复辅音声母的几个比较成熟的成果。

（一）复辅音声母研究概述

所谓"复辅音声母"是指由连缀辅音构成的声母。复辅音声母是 20 世纪汉语上古音研究中争议最大的问题。

早在 1876 年，英国汉学家艾约瑟就根据来纽字的谐声交替现象提出上古汉语可能存在复辅音声母的假说。最早提出汉语上古音中有复辅音声母的中国学者是林语堂和陈独秀。1924 年，林玉（语）堂发表《古有复辅音说》，陈独秀则在 1937 年发表《中国古代语音有复声母说》。这两篇文章主要是根据各种文献语料、谐声系统等材料提出汉语上古音中应该有复辅音声母的证据，但还没有对复辅音声母的类型、音值和演变规律进行研究。

最早对汉语上古音复辅音声母展开音韵学学术研究的是高本汉，特别是他对嵌-l-复辅音声母三种类型的讨论，深具学理，影响深远。后来董同龢、陆志韦、丁邦新等学者都就这个问题进行过深入的讨论。

在20世纪，不断有学者对汉语上古音复辅音声母的研究作出过贡献，其中持续进行专门研究的是严学宭和竺家宁两位学者。这些学者的主要研究成果在1998年由赵秉璇和竺家宁汇集编成《古汉语复声母论文集》，论文集的"序"对20世纪汉语上古音复辅音声母研究的历程做了全面系统的总结，可供参考。

也有一些学者反对复辅音学说，反对的理由主要是复辅音研究的材料——谐声的情况复杂，而且在现代汉语方言中没有反映。关于复辅音的争议贯穿20世纪的始终。

复辅音学说能否成立，关键在于能否合理解释异常的谐声现象。在汉字的谐声系统中有一些字的谐声关系，无论是从李方桂的严格的谐声原则看，还是从高本汉的宽泛的谐声原则看，都是异常的，发音部位相差很远，发音方法也完全不同。随着研究的深入，学者指出复辅音声母的证据除了异常谐声之外，还有如"笔曰不律"之类的古语，非双声亦非叠韵的联绵词，异常的假借、异文，现代汉语方言、汉外译音，汉藏同源词等等，这些材料反映的语音关系，都与异常谐声相同。可见，这些材料都是同一语言现象的反映，绝不是可以忽视的不需解释的偶然例外或错误的文献记录。研究者的任务是对这些异常的语音关系提供统一的合理的解释，复辅音声母就是一种解释，而且是现在唯一的具有学理的解释。

（二）后嵌-l-/-r-复辅音声母

嵌-l-复辅音声母是最早引起学者关注的复辅音声母。高本汉（1927：53）在《中日汉字分析字典》（《高本汉的谐声说》）中说：

> 有好些谐声字里头舌根音跟舌尖的边音 l 常常交换：
> 各 kâk（胳 kâk 格 kɐk）：络，烙，骆，酪 lâk 略 li̯ak 路，赂 luo' ←-g 等等；
> 京 ki̯ɐng（鲸 gʰi̯ɐng）：凉，谅 li̯ang 等等；
> 柬 kan（谏 kan）：练，鍊 lien，闌 lân 等等；

兼 kiem（谦 kʰiem）：镰，廉 li̯äm 等等；
监 kam（轞 γam）：篮，滥，蓝 lâm 等等；

这地方无疑的是一个复辅音声母的痕迹，早年一定是有 kl- 一类的声母，到后来变成单音了。

高本汉指出这种谐声现象是 kl- 一类的复辅音的假说，并提出几种可能的构拟方式，但对这一类复辅音声母的格式和演变的途径并没有展开讨论。

高本汉（1937：103-104）在《汉语词类》中讨论了嵌-l-复声母的结构类型，提出三种构拟方式：

A. 各 klâk：洛 lâk；
B. 各 kâk：洛 klâk（glâk）；
C. 各 klâk：洛 glâk。

三式的区别是，A 式是其他声母是复声母，B 式是来母字是复声母，C 式是两个字都是复辅音，但清浊不同，清声母丢失后嵌的-l-，浊声母演变为来母 l-。高本汉（1937：104）提出 A 式的反证如下：

蓝 lâm：监 kam，暹罗语 kʰram（靛青）<较古的 gram

《汉书》中有记载楼兰城，楼 lou：娄 gʰi̯u，可哈洛斯底（Kharoshti）文中楼兰记作 Kroraim̩na。

这两个例子中，"蓝" gram、"楼" kro 都是来母字为复辅音，与 A 式不符。B 式的反证是（高本汉，1937：105）：

變（pi̯an）：戀（li̯wȧn），暹罗语（plun）

此例 "變"（pi̯an），是非来母字为复辅音，与 B 式不符。高本汉（1937：105）认为 C 式最宜采用，他提供的证据是：

中古 "各阁" 同音 kâk，"各" 是 "洛" glâk 的声符，"历" 音 liek。《诗经·斯干》"约之阁阁"，毛传 "阁阁，犹历历也"，即 klâk 犹 liek 也。

高本汉的意思是说，根据毛传，"阁阁" klâk klâk、"历历" liek liek，两个字都是复辅音。此后，高本汉即采用 C 式进行嵌-l-复辅音声母的构拟。

20世纪汉语上古音的研究凡涉及嵌-l-复辅音声母的时候，也都将高本汉的 A、B、C 三式的讨论作为出发点。董同龢在《上古音韵表稿》中反对 C 式，提倡 A 式；丁邦新发表《论上古音中带 l 的复声母》，专文讨论嵌-l-复辅音声母，折中高本汉和董同龢的意见，指出跟来母谐声的字有不同类，不同类的谐声行为不一致，应分别采用 A 式或 C 式。

1960 年，在莫斯科召开的第 25 届国际东方学会议上，雅洪托夫宣读了题为《上古汉语中的复辅音》的论文。雅洪托夫指出，如果观察来母字和其他声母的分布，可以发现，除去极个别的例外，二等没有来母字，而跟来母谐声的字却为二等字。雅洪托夫对这个现象的解释是二等字的声母是带-l-的复辅音，因为不可能出现有-l-又后接一个-l-的现象，所以二等韵没有来母字。另外，雅洪托夫（1983：23）还列举了汉藏语系亲属语言的比较词语作为二等字声母是嵌-l-复辅音声母的证据，词例如下（原文用罗马数字表示的调号本书改为阿拉伯数字）：

八 pʷɑt（*plet）——藏语 b-r-gyɑd
百 pɒk（*plâk）——藏语 b-r-gyɑ
马 mɑ²（*mlâ²）——缅甸语 mrɑng²
江 kɑŋ（*klong）——泰语 khlong（运河、水渠）
甲 kɑp（*klɑp）——藏语 khrɑb

雅洪托夫将这些复辅音声母里的-l-定义为二等字的介音。后来，他将这个介音-l-改拟为-r-。雅洪托夫的研究是嵌-l-/-r-复辅音声母研究的一大进展。

除二等字之外，还有极少数的与来母谐声的字不是二等，例如"貉"，《广韵》有两个读音，莫白切是二等陌韵明母，上古声母应该是*mr-，但另一个读音下各切，是一等铎韵匣母，声母就不可能是嵌-r-而只能是嵌-l-的复辅音。李方桂（1980a：24）在《上古音研究》中就这个问题进行了辨析，从而使嵌-l-/-r-复辅音声母的构拟更趋完善。

现在可以讨论一下复辅音声母或复声母的问题了。其实上面所说的介音跟前面的声母连起来也可以算是复辅音声母，如*kj-，*tr-等，前面已经认为他是有介音的，所以暂把这类字除外，另外讨论些别种的复辅音。

最为一般人所注意的就是来母字常跟舌根音及唇音互相谐声的例子。大体上我们仍然采用高本汉的说法，不过稍有更订的地方。比方说二等字里高写作*kl-, *khl-等的，一律改为*kr-, *khr-等，如各 *klak>kâk，洛 *glak>lâk，略 *gljak>ljak，格 *krak>kɐk，客 *khrak>khɐk 等。极少数的例外，如貉 *glak>ɣâk 原因不详。高对于来母字跟唇音谐声的，他的办法就不同了，大多仍拟作 1-，如里、柳等，少数拟作 bl-，如𢇛、律等。如果照他拟定 gl-的办法，那就有许多他拟作 1-的字应当有不少是可拟作 bl-的。我们也暂时照他的办法存疑，只有二等字改用 r，如埋写作*mrəg，蛮写作*mran，麦写作*mrək（与来谐声），剥写作*pruk 等。

（三）前冠 s-式复辅音声母

在汉字的谐声系统中，晓母 x-和明母 m-的谐声是一个引人注目的重要现象。从谐声原则看，晓母是舌根擦音，明母是双唇鼻音，发音部位和发音方法都相去甚远，不应该互谐；但是晓母和明母谐声的例子很多，绝对不是偶然的例外。董同龢认为这些与明母谐声的晓母是清鼻音*m̥-，这个解释得到李方桂的支持，李方桂在《上古音研究》中构拟了成套的清流音声母，弥补了董同龢清鼻音说不成系统的弊病。

其实，对于晓母 x-和明母 m-的密切的语音关系还有其他的解释，高本汉就为这种现象构拟了复辅音声母 xm-。正如董同龢的清鼻音*m̥-，xm-也是一个孤零零的不成系统的声母，有待后人的补苴。

在 1960 年的那篇题为《上古汉语中的复辅音》的论文中，雅洪托夫提出了两种类型的复辅音，除了嵌-l-的复辅音之外，还有一种是前加 s-的复辅音。雅洪托夫指出，除了晓母 x-与明母 m-交替之外，还有其他擦音也与鼻音交替。下面是一些例子（雅洪托夫，2010：295-298）（破折号前面的谐声关系说明为本书所加，原文用罗马数字表示的调号本书改为阿拉伯数字）：

晓 x-：疑 ng-——艾 ngâi³：餀 xâi³
晓 x-：日 ńź-：疑 ng-——兒 ńźiẹ，倪輗霓 ngiei：阋 xiek
书 ś-：晓 x-：娘 ń-：日 ńź-：疑 ng-——尧 ngieu，饶荛 ńźi̯äu，

挠 nɑu², xâu：晓 xieu²，烧 śi̯äm，（浇骁 kieu，翘 ghi̯äu）

心 s-：疑 ng-——营 ngi̯ät，辥 si̯ät：孽薛蘖 ngi̯ät

书 ś-：泥 n-：日 ńź-——念 niem³，稔 ńźi̯əm³：谂淰 śi̯əm²

心 s-：书 ś-：娘 ń-：日 ńź-：彻 t́h——女 ńi̯ʷo²，如 ńźi̯ʷo：恕 śi̯ʷo³，絮 si̯ʷo³、t́hi̯ʷo³

心 s-：泥 n-：日 ńź-——尔 ńźi̯e̯²、niei²：玺 si̯e̯²

晓 x-：泥 n-：透 th-——難 nân：嘆 thân³，灘 thân、xân²，漢嘆 xân³，熯 ńźi̯än²、xân³

心 s-：泥-n：透 th-：晓 x-：日 ńź-——妥 thuâ²，绥 sʷi、sʷi̯e̯³、xi̯ʷi̯e̯³、thuâ²：餒 nuâi²，桵 ńźʷi

雅洪托夫（2010：297）从这些谐声系列中总结出如下规律：

> 不是所有的辅音交替都同样常见。进入同一字族的通常是发音部位相同的鼻辅音和非鼻辅音。一般说，ng 与 x 交替，ńź 与 ś 交替，而 n（和 ń<n）与 th（和 t́h<th）交替。在鼻辅音中只有 m 不与发音部位相同的音交替（f 这类音在上古汉语中根本不存在），而与 x（确切地说，通常与 xu-或 xʷ-）交替。只有三处发生了 ng：t́h，n：x，ńź：x 的交替，其来源尚有待探索。最后要提到 s 音，虽然它多半与 ńź 有联系，但也经常与其他鼻辅音交替；不过 s 的分布在另一方面受到限制：它只出现在含有介音 i̯ 或主要元音 i（i 本身来自上古汉语带介音*i̯ 的韵母）的字中。

实际上，应该将与明母 m-交替的晓母 xu-或 xʷ-看作是同一发音部位的双唇擦音 ɸ-。根据这样的规律，雅洪托夫认为这些不同部位的谐声系列，原来应该有相同的前缀，由于受到鼻音的影响同化为同一部位的擦音或 t́h-，而介音 i̯ 阻碍了鼻音的同化，所以擦音 s-可以与任意部位的鼻音交替，这意味着 s-就是这些谐声系列鼻音前的原始形式。雅洪托夫（2010：297）还举出了生母 ṣ 和来母 l-交替的例子。

吏 lji³：使 ṣi²

林 li̯əm：森 ṣi̯əm

"吏"和"使"、"林"和"森"是两对同源词,生母 ṣ-来自复辅音*s-,"使" ṣi² (*s-liə²)、"森" ṣiən (*s-lium) 有前缀*s-。这里 s-li 中的-l-,后来雅洪托夫改拟为-r-,也就是李方桂的二等介音,"使"和"森"是三等字,庄组声母二等有介音-r-,三等有介音-rj-,这个-rj-使 ṣ-卷舌化,使二等生母声母变为 ṣj(i̯)-。另一个是比较语言学的证据,例如,黑 xək:墨 mək,"黑"s-mək,可比较藏语 s-mɑg"黑暗"。

李方桂在《上古音研究》中更为系统地构拟了上古汉语的清鼻音和清边音,根据雅洪托夫的意见,这些声母是来自前冠 s-前缀的复辅音,李方桂把这类清流音写作*hm-之类的形式,是疑心所谓清鼻音可能原来有个词头,把鼻音清音化了,而这个 h-应该就是为 s-预留的地位,遗憾的是李方桂没有来得及就这个问题发表意见。李方桂(1980a:88-91)在《上古音研究》后面附载的《几个上古声母问题》中也为 s-词头复辅音声母进行了广泛的构拟。

s-词头的构拟引起了学者极大的兴趣,有不少论著指出上古汉语的 s-词头具有构词或构形的形态变化,但那已经是上古汉语语法学研究的内容了。

(四)krj 式复辅音声母

中古的章组声母跟舌音端组声母关系密切,所以"章系归端"之说得到学术界的认可,但是高本汉从谐声系统观察,发现中古的章组字除了跟舌音端组字谐声之外,还跟牙音见组声母谐声,不过他只认为这是极个别的例外情况。董同龢(1948:15-16)在《上古音韵表稿》中指出这绝不是例外,这些字与其他"归端"的章组字不同,只跟牙音字谐声,不跟舌音字谐声。

另外有一部分 tś 系字是常跟舌根音字谐声而不跟任何舌尖音字(或本为舌尖音的 t̂-系字)发生关系的。高本汉只看到极少数的个例,因此他只以为是几个三等韵中的腭化舌根音偶尔在跟 tś-系字谐声就算了。

董同龢(1948:16)举出一批证明章组字与见系字发生关系的例子。

臭殠 tśʰ-:糗 kʰ-,齅殠趥 x-   九 k-:尥 ńź-
赤 tśʰ-,赦 ś-:郝捇 x-   区 kʰ-:枢 tśʰ-
支 tś-,技 ź-:馶 k-,忮 kʰ-,芰 gʰ-,敲 ng-

者 gʰ-：楮 tś-，著 ś-，嗜 ź-
枝 tś-：榿 k-　　　　　　　　　臤 k-：臤 ź-
只 tś-：枳 k-，迟 kʰ-，馶 ng-　　羔 k-：糕 tśʰ-，k-
示 dźʰ-，視 ź-：祁 gʰ-，狋 ng-　㓞 kʰ-：瘛 tśʰ-，幫 ź-
旨 tś-：稽 k-，䭫 kʰ-，耆 gʰ-，詣 ng-　敫 kʰ-：繁 tś-
蒸 tś-：蒸 k-　　　　　　　　　殷 kʰ-：聲 ś-
箴 tś-：鍼 k-　　　　　　　　　喜 x-：饎 tś-
臣 ź-：臤 k-，䕏 ng-　　　　　　翕 x-：歙 ś-
收 ś-：捄 gʰ-　　　　　　　　　向 x-：饷 ś-
水 ś-：㴽 gʰ-　　　　　　　　　咸 ɣ-，感 k-：鍼箴 tś-
氏 ź-，纸 tś-：祇 gʰ-　　　　　　午 ng-：杵 tśʰ-

看过这些字，我们自然会觉得高氏的见解是有问题的。第一，有这么许多 tś-系字是专门跟 k-系谐声而又与 t-、t̂-两系绝缘，就很难说是例外了。其次，转换互谐的例像

旨 tś-：耆 gʰ-：嗜 ź-　　　　臣 ź-：臤 k-：臤 ź-

之类的又足以表示这种接合不能视作偶然。末了，说上古三等韵的 k-系声母也颚化已经是够冒险的了，而况事实上更有好些一、二、四等的 k-系字同在跟 tś-系相谐呢？（如上面的"郝"xâk"羔"kâu 为一等音；"咸"ɣăn"臤"kăn 为二等音；"敫"kʰiek"稽"kiei 为四等音。）所以这些字中间的关系更不是颚化的舌根音跟舌面音的关系。

于是董同龢（1948：17）将这一套与舌根音谐声的章组声母的上古音构拟为舌面中音 k̂-、k̂ʰ-、ĝʰ-、gn-、x̂-、j-。舌面中音的发音部位往前是舌面前音（舌面音）t̂-系，往后是舌面后音（舌根音）k-系，所以它们可以跟见系字 k-谐声，但不能和端系字 t-谐声，其演变是：

到中古时跟本来是 t̂-t̂ʰ-d̂ʰ-ń-ś-ź-的那一套一同变为 tś-tśʰ-dźʰ-ńź-ś-ź-也是音变上极自然的事。

董同龢这段话是说中古章 tś-、昌 tśʰ-、船 dźʰ-、日 ńź-、书 ś-、常 ź-有两个来源：一个是与舌尖音 t-（端）、tʰ-（透）、dʰ-（定）、n-（泥）、s-（心）、z-（邪）谐声的 t̂-、t̂ʰ-、d̂ʰ-、ń-、ś-、ź-；一个是与舌根音 k-（见）、kʰ-（溪）、gʰ-（群）、x-（晓）、ɣ-（匣）谐声的 k̂-、k̂ʰ-、ĝʰ-、x̂-、j-。

董同龢批评的是高本汉的观点，但他解释谐声依据的显然还是高本汉的宽泛的谐声原则，认为发音部位相近就可以互相谐声。对于持严格的谐声原则的李方桂来说这种构拟是有问题的。

李方桂对这批与见系谐声的章组声母的上古音也进行了认真的研究，开始在《上古音研究》中把这类章组声母构拟为是从有 s-词头的舌根音变来的，例如 *skj->tśj-, *skhj->tśhj-或 ś-等。但是在《几个上古声母问题》中，李方桂将这些声母改拟为 *krj-类型的复辅音声母，所以本书在介绍李方桂的前冠 s-的复辅音声母时没有列入这套 *skj-型复辅音。

在《几个上古声母问题》一文中，李方桂（1980a：85-86）指出，从语言系统论的观点，他在《上古音研究》构拟的汉语上古音的声母系统中，喻母四等是 *grj-，是一个孤零零的音，不成系统。

如果我们看看我们所拟定的上古声母中有没有类似很孤立的声母，就可以发现有 *grj-（*gwrj-）是专为《切韵》时代的喻₄等跟舌根音谐声的字而设的。这类的字虽然不太多，但是我们不得不重新把这类的声母从整个儿的系统上考察一下。从下列的表可以看出我们的缺点来：

舌尖音：a. t-　　　th-　　　d-　　　n-
　　　　b. tr-　　　thr-　　　dr-　　　nr-
　　　　c. trj　　　thrj　　　drj　　　nrj-

齿音：a. ts-　　　tsh-　　　dz-　　　s-
　　　　b. tsr-　　　tshr-　　　dzr-　　　sr-
　　　　c. tsrj-　　tshrj-　　dzrj-　　srj-

舌根音：a. k-　　　kh-　　　g-　　　ng-　　　h-
　　　　b. kr-　　　khr-　　　gr-　　　ngr-　　　hr-
　　　　c. —　　　　—　　　　grj-

圆唇舌根音：a. kw-　　khw-　　gw-　　ngw-　　hw-
　　　　　　b. kwr-　　khwr-　　gwr-　　ngwr-　　hwr-
　　　　　　c. —　　—　　gwrj-　　—　　—
唇音：a. p-　　ph-　　b-　　m-
　　　b. pr-　　phr-　　br-　　mr-
　　　c. —　　—　　brj-（？）—

我们暂时先把圆唇舌根音跟唇音两项除外，我们就可以看出舌尖音，齿音两项各有 a，b，c 三类，而舌根音除去*grj-外只有 a，b 两类。如果上古音中有*grj-，那么似乎也应当有*krj-，*khrj-等音。

要调整完善这个声母系统，有两种处理方法，一是取消 grj-，一是补足 grj-型声母的空缺。李方桂将与见系谐声的章组从冠 s-的复辅音改为 krh-型复辅音声母，用来与喻₄相配。首先，李方桂（1980a：86-87）肯定了与舌根音谐声的喻₄上古音是*grj-。

《广韵》"术"韵有一些喻₄等的字是跟舌根音谐声的，例如鹬（鸟名），骦（黑马白髀），蟪（蟪蜻也），鹬（鸟鸣），潏（水流貌），鱊（小鱼名）皆读 jiuĕt，但是他们又都读床₃等 dźjuĕt。他们的注释除去潏（《尔雅》曰小沚曰坻，人所为为潏），鹬（《尔雅》曰危）之外都是相同的。因此可以认为这种两读的字，应当代表方言的现象。换言之如果我们保持所拟的*gwrj-（这些字都是从上古圆唇舌根音变来的，参看橘，*kwjit>kjuĕt），我们可以说上古的*gwrjit 在方言上有两种变化，一种变为 jiuĕt，一种变为 dźjuĕt。

章组声母的构拟涉及"船"和"禅"的关系。按照中国传统音韵学的说法，"船"是全浊塞擦音，"禅"是全浊擦音，但是在上古音的声母系统中，中古齿头音精组全浊擦音"邪"母归"定"，牙喉音见系的全浊擦音"匣"和"云（喻₃）"归舌根全浊塞音，全浊擦音就只剩下正齿三等章组的"禅"，地位十分可疑。李方桂（1980a：87）的处理方法是：

细察这类喻₄等与床₃等及禅母字，很少有冲突的地方（除去前面所提到的又读字），换言之一韵中有喻₄等的很少有禅床₃母的字。

不过这只是指跟舌根音谐声的喻₄等字而言，跟舌尖音谐声的喻₄等字不在内。如果我们认为上古的*grj-(*gwrj-)，不论是方音上或者别的原故一方面变成喻₄ ji-，一方面变成禅ź-或床₃ dź-，似乎无大妨碍。上古之、幽、宵、侯、东、鱼、阳、耕、元、微、谈等韵部里的字，似乎都变成喻₄，而蒸、佳（仅开口字、合口字仍是喻₄）、脂、真（仅开口字、合口字仍是喻₄）这四韵部变成禅，少数变床₃。在音理上为什么这四部里的字如此演变，我们还不能十分圆满的解释。依我们的拟测其中佳、脂、真三部字是有上古*i元音的，也许元音的性质可能有影响，但是蒸部是有*ə元音的。

至于《切韵》的床₃与禅母的关系，我们也曾经认为是方音的现象。一韵中往往有禅母字而无床母字，或有床母字而无禅母字。很少数的韵两类声母都有。总计《切韵》《广韵》所收的字禅母字要比床母字多的多。这也表示《切韵》主要代表一个有禅母的方言，少数的床₃母字大约是从别的方言渗入的。这也可以解释原来守温字母为什么没有床₃，也可以解释为什么唐代已经有人说《切韵》是吴音，因为吴音禅床不分的。

既然与舌根音谐声的"喻₄""床""禅"都是*grj-，就必须构拟与其相配的整套的*krj-型复辅音声母，李方桂（1980a：87-94）认为与舌根音谐声的章组声母都应该是这种类型的复辅音。

如果认为跟舌根音谐声的喻₄、禅以及床₃都是从*grj-变来的，我们就得重新考虑跟舌根音谐声的照₃、穿₃、及审₃等母的字。我曾经认为这些字是从有s词头的舌根音变来的，例如*skj->tśj-，*skhj->tśhj-或ś-等。现在我想不如把他们认为是*krj-，*khrj-，*hrj-等母变来的。这在演变的规律上也似乎合理，例如：

*krj->tś-。

*khrj>tśh-。

*grj->dź-，ź-，或ji-。

*hrj->ś-。

总起来说有三个理由使我改变我从前的拟音。

第一：就一般语音的分配情形看起来，不应当只有浊音的*grj-而没有清音的*krj-，*khrj-等。汉语更是往往清浊音相配的。我们如果只有*grj-而没有*krj-，*khrj-等似乎是一个不可解释的现象。

第二：在语音演变的原理上也比较容易解释。我们认为 r 介音有央化作用（centralization），可以把舌面后音（即舌根音）向前移动，更受 j 介音的影响，就变舌面前音 tś-，tśh-，dź-等音了。这是央化作用的一个例子，跟把舌尖前音 t-，th-，d-等向后移动成为舌尖后音 ṭ-，ṭh-，ḍ-一样。

第三：我们曾经拟了一个 s 词头来解释《切韵》的心母字跟各种声母谐声的字。同时也把些照₃穿₃床₃审₃等的字牵连在内。现在我觉得实在这些字跟 s 词头无关。从 s 词头来的字只有《切韵》的齿音字，s-，tsh-（少数），dz-（少数），z-等母的字。现在我们可以举些例子来说明有 s 词头的字。

*st->s-

扫*stəgwx>sâu

犀*stid>siei

屧*stiap>siep

筱*stiəgwx>sieu

赐*stjigh>sjě

虒*stjig>sjě

修*stjəgw>sjŏu

输*stjug>sju

髓*stjuarx>sjwě

邃*stjədh>sjwi

泄*stjat>sjät

绥*stjəd>sjwi

虽*stjəd>sjwi

*sth->tsh-

催*sthəd>tshuâi

邨*sthən>tshuən

戚*sthiəkw>tshiek

悦*sthjuadh>tshjwäi

揣*sthrjuar>*tshrjuar>tṣhjwě

*sd>dz-

寂*sdiəkw>dziek

漅 sdəngw>dzuong

摧*sdəd>dzuâi

*sdj->zj-

词*sdjəg>zjï

袖*sdjəguh>zjǒu

续*sdjuk>zjwok

诵*sdjungh>zjwong

随*sdjuar>zjwě

徐*sdjog>zjwo

遂*sdjədh>zjwi

循*sdjən>zjuěn

*sk->s-，*skw->sw-（su-）

钑*skəp>sâp

楔*skiat>siet

狱*skjəg>sï

秀*skjəgwh>sjǒu

螉*skjung>sjwong

所*skrjagx>*srjagx>ṣjwo

损*skwənx>suən

岁*skwjadh>sjwäi

宣*skwjan>sjwän

恤*skwjit>sjuět

恂*skwjin>sjuěn

*skh->tsh-（？）

造*skhəgwh>tshâu

*sg->dz-, *sgj->zj-

　　造 *sgəgwh>dzâu

　　鲛 *sgəm>dzậm

　　邪 *sgjiag>zja（？）

　　俗 *sgjuk>zjwok

　　松 *sgjung>zjwong

sgwj->zjw-

　　彗 *sgwjadh>zjwäi

　　穗 *sgwjidh>zjwi

　　旬 *sgwjin>zjuěn

　　至于 s 词头在鼻音声母前的那类字也都变成《切韵》时代的 s-，已见《上古音研究》(本书页 25)，不必再举例了。s 词头跟唇音声母相配的例子很少，瑟 sjět 是否从上古*sprjit 来的，不能肯定，也许*sprjit 先变成*srjit，再成《切韵》的 sjět。鼻字原与自字通，是否自字是*sbjidh>dzji？罪字是否是*sbədx>dzuậi？这都是很有趣味的问题，一时不易解决。

　　总之，s 词头对于各类声母的影响大多数都是变成《切韵》时代的齿音 s-，z-，少数 tsh-，dz-。可以说与《切韵》时代的照三、穿三、床三、审三、禅母等无涉。因此我们不应当认为照三等母是有 s 词头的。

　　有了上面的三种理由，我们暂把跟舌根音谐声的照三、穿三、床三、审三、禅、日等母的字认为是从上古的*krj-，*khrj-，*grj-，*hrj-，*ngrj-来的。下面再举些例子来说明他。

*krj->tśj-

　　枝 *krjig>tśjě

　　只 *krjig, -x>tśjě

　　蒸 *krjəng>tśjəng

　　箴 *krjəm>tśjəm

　　抵 *krjigx>tśjě

　　旨 *krjidx>tśji

*khrj->tśhj-

　　饎 *khrjəgh>tśhjï

　　枢 *khrjug>tśhju

　　杵 *khrjag>tśhjwo

　　处 *khrjagh>tśhjwo

　　赤 *khrjak>tśhjäk

　　车 *khrjiag>tśhja

　　臭 *khrjəgwh>tśhjŏu

*grj->ź-，dź-（少），ji-

　　丞 *grjəng>źjəng

　　跂 *grjigh>źjě

　　氏 *grjigx>źjě

　　视 *grjidx，-h>źji

　　示 *grjidh>dźji

　　肾 *grjinx>źjěn

　　诱 *grjəgwx>jiŏu

　　摇 *grjagw>jiäu

　　药 *grjakw>jiak

　　裕 *grjugh>jiu

　　欲 *grjuk>jiwok

　　邪 *grjiag>jia

　　盐 *grjam>jiäm

*ngrj->ńźj-

　　饶 *ngrjagw>ńźjäu

　　肉 *ngrjəkw>ńźjuk

　　儿 *ngrjig>ńźjě

hrj->śj-

　　收 *hrjəgw>śjŏu

　　守 *hrjəgwx>śjŏu

　　烧 *hrjagw（<*hngrjagw？）>śjäu

赦 *hrjigh>śja

声 *hrjing>śjäng

着 *hrjid>śji

歙 *hrjiep>śjäp

湿 *hrjəp>śjəp

如果这样办，我们可以有一整套的*krj-，*khrj-，*grj-，*ngrj-，*hrj-来跟*trj-，*thrj-，*drj-，*nrj-，*tsrj-，*tshrj-，*dzrj-，*srj-等相当。现在我们再回头看看上古圆唇舌根音及唇音声母的字是否也可以有完整的一套。

我们先看圆唇舌根音那一套，我们只发现有*gwrj-一类，举例如下：

昱 *gwrjək>jiuk

役 *gwrjik>jiwäk

营 *gwrjing>jiwäng

捐 *gwrjan>jiwän

匀 *gwrjən>jiuěn

除去这类字以外，别无*kwrj-，*khwrj-等的痕迹可寻。再看唇音声母的字除去聿*brjət>jiuět这类字外，也没有*prj-*phrj-等的痕迹。显然圆唇成分在很早期就把-rj-的-r-成分排斥掉而变*kwj-，*pj-等。我们知道-r-介音在汉语里是个很不稳定的语音，除去对声母或元音偶有影响，仍有痕迹可寻，到了《切韵》时代都已消失了。

以上的假设与推论，似乎可以解释更多的谐声现象，可以使上古音有个更完整的系统。在语言演变的理论也没有不合理的地方。因此我愿意提出这个修正的意见来向读者请教。

如果只看这些与舌根音谐声的章组声母本身的演变，前冠s-的skj-型的复辅音或者krj-型的复辅音都应该可以接受。梅祖麟（1983：115-123）对李方桂的grj-的构拟提供了现代方言的证据进行补充证明，指出在闽方言中这些与见系谐声的章组字有读舌根音的，例如：

指_(职雉切)ki³——稽_(古奚切)、耆_(渠脂切)
枝_(章移切)ki¹——芰_(奇寄切)、馶_(居企切)

这些字可以参考比较闽方言中知组字读舌尖塞音的现象（梅祖麟，1983：115）。

知_(陟离切)ti¹、畅_(丑亮切)thiang⁵、直_(除力切)tit⁸

闽方言保存了这些章组字和知组字的上古读音，与谐声相符。梅祖麟（1983：115-116）指出这两组字到现代汉语方言的演变规律是平行的（表2-35）。

表2-35 章组字、知组字在《切韵》与闽方言中的演变规律

上古音		《切韵》和闽方言读音		音变现象
krj-	↗	tśj-	《切韵》	腭化
	↘	kj-	闽语	脱落 r
trj-	↗	ṭ-	《切韵》	卷舌化
	↘	t-	闽语	脱落 r

梅祖麟（1983：118）还提供了先秦同源词证据，例如：

止 址 阯_(诸市切)
基_(居之切)
《说文·阜部》："阯，基也。址，阯或从土。"
《说文·止部》："止，下基也。"
缅文"脚"khré
景颇语"完成，做完"kre

汉藏同源词（梅祖麟，1983：123）也可以为 krj-型构拟提供支持，例如：

gru 舟_章
khrag 赤_昌
rgyag<*gry- 射_船
grig 是_禅

关于汉语上古音复辅音声母，还有学者提出一些其他的类型，例如张琨多年来持续不断地进行鼻塞复辅音的探索，提供了大量汉藏比较语言学的证据。总的来说，复辅音声母还有许多问题有待继续深入开展研究。

第五节　20世纪上古音韵母系统的研究

一、上古韵部划分

前面我们已经概述了自宋代郑庠以来上古韵部划分的历程。清初顾炎武所分10部，奠定了古韵部划分的坚实基础。嗣后"前修未密，后出转精"。关于古韵的划分，在顾炎武10部的基础上，江永在《古韵标准》中分13部，段玉裁在《六书音均表》中分17部，孔广森在《诗声类》中分18部。王念孙的《古韵谱》、江有诰的《音学十书》分古韵为21部，王氏21部中没有"冬部"（晚年吸收了"冬部"，改古韵为22部），但有"至部"。江氏21部没有"至部"，但有"冬（中）部"。章太炎的《国故论衡》分古韵为23部。戴震的《声类表》分古韵为25部。黄侃的《声韵通例》（收入《黄侃论学杂著》）的古韵为28部。王力早年主张将古韵分为23部，到了晚年在《汉语史稿》中又增加了6个入声韵部，变成了29部，在《汉语语音史》中又增为30部。罗常培和周祖谟在《汉魏晋南北朝韵部演变研究（第一分册）》中分古韵为31部，陈新雄又分为32部。他们都是继承顾氏的古音理念，将古韵分得越来越细，越来越准确。

在20世纪最后的一二十年内，学者对上古韵部划分又有了新的认识，为了更好地解释上古谐声和《切韵》音类的来源，多位学者重新离析韵部，从40多部到60部都有主张者。

综上所述，从顾炎武算起，我们对先秦的韵部系统是在累积了300多年音韵学家的研究成果之后，才有了一个相对系统的结论。为了显示韵部划分的演变过程，我们做成了一张"18家韵部划分对应表"，见表2-36。

第二章 20世纪汉语上古音研究 245

表2-36 18家韵部划分对应表

郑庠6部	顾炎武10部	江永13部	段玉裁17部	王念孙22部	江有诰21部	夏炘22部	戴震25部	孔广森18部	章太炎23部	黄侃28部	王力30部	罗常培和周祖谟31部	陈新雄32部	余迺永41部	郑奕尚芳30部	白一平53部	潘悟云60部
东1	东1	东1	东9	东1	东15	东16	翁7	东5	东14	东16	东10	东13	东18	东19	东1	东1	东1
				(冬)	中16	中17		冬6	冬16	冬19	(冬)	冬12	冬23	中12	冬2	冬2	冬2
	阳7	阳8	阳10	阳5	阳14	阳15	央10	阳4	阳2	唐13	阳13	阳14	阳11	阳6	阳3	阳3	阳3
										青3							
	耕8	庚9	庚11	耕6	庚13	耕14	婴13	丁2	青4	青10	耕16	耕15	耕12	耕9	耕4	耕4	耕4
	蒸9	蒸10	蒸6	蒸2	蒸17	蒸18	鹰4	蒸8	蒸21	登23	蒸3	蒸11	蒸26	蒸3	蒸5	蒸5	蒸5
支2	支2	支2	支16	支11	支7	支7	娃14	支11	支3	齐9	支14	支7	支10	佳7	支	支	支
							厄15			锡11	锡15	锡26	锡15	锡8	锡1	锡	锡1
			脂15	脂13	脂8	脂8	衣17	脂12	脂8	灰6	脂20	脂8	脂4	脂30	脂2	脂	脂1
											微23	微9	微7	微27	微1	微1	微2
							乙18		对7	没8	物24	术28	没8	物28	微2	微2	微2
				至12		至9	霭20		至5	屑5	质21	质27	质5	质31	物1	物1	物1
															物2	物2	物2
														废21	质1	质1	质1
															质2	质2	质2
				祭14	祭9	祭10	遏21		祭11	曷3	月18	祭10	月2	月22	月1	祭1	月1
														介25	月2	祭2	月2
												月29		薛25	月3	祭3	月3
			之1	之17	之1	之1	噫5	之17	之19	哈22	之1	之1	之24	之1	之1	之1	之1
							亿6			德24	职2	职21	职25	职2	职	职	职

续表

郑庠6部	顾炎武10部	江永13部	段玉裁17部	王念孙22部	江有诰21部	夏炘22部	戴震25部	孔广森18部	章太炎23部	黄侃28部	王力30部	罗常培和周祖谟31部	陈新雄32部	余迺永41部	郑张尚芳58部	白一平53部	潘悟云60部
鱼3	鱼3	鱼3	鱼5	鱼18	鱼5	鱼5	乌2	鱼13	鱼1	模12	鱼11	鱼5	鱼13	鱼4	鱼	鱼	鱼
							恶3			铎14	铎12	铎25	铎14	铎5	铎	铎	铎
	歌6	歌7	歌17	歌10	歌6	歌6	阿1	歌10	歌10	歌戈1	歌17	歌6	歌1	歌20	歌1	歌1	歌1
															歌2	歌2	歌2
															歌3	歌3	歌3
真4	真4	真4	真12	真7	真12	真13	殷16	辰3	真6	先4	真22	真16	真6	真32	真1	真1	真1
																真2	真2
			谆13	谆8	文11	文12			谆9	痕魂7	文25	谆17	谆9	文29	文1	文1	文1
															文2	文2	文2
		元5	元14	元9	元10	元11	安19	原1	寒12	寒桓	元19	元18	元3	元23	元1	元1	元1
															元2	元2	元2
							天11							仙26	元3	元3	元3
				宵21	宵3	宵3		宵16	宵21	蒙18	宵6	宵3	宵19	宵15	宵1	宵1	宵1
														蒙13	宵2	宵2	宵2
										沃20				卓16			
							约12				药7	药23	药20	沃14	药1	药1	药1
															药2	药2	药2
															药3		药3
萧5	萧5	萧6	萧2	幽20	幽2	幽2		幽15	幽15	萧21	幽4	幽2	幽21	幽20	幽1	幽1	幽1
	并于鱼		并于尤													幽2	
		尤11	尤3												幽3		幽3
																—	幽4

第二章　20世纪汉语上古音研究　247

续表

郑庠6部	顾炎武10部	江永13部	段玉裁17部	王念孙22部	江有诰21部	夏炘22部	戴震25部	孔广森18部	章太炎23部	黄侃28部	王力30部	罗常培周祖谟31部	陈新雄32部	余迺永41部	郑张尚芳58部	白一平53部	潘悟云60部
萧5	并于鱼	尤11	尤3	幽20	幽2	幽2	约12	幽15	幽15	萧21	觉5	沃22	觉22	觉11	宵1 宵2 觉3	觉1 觉2	觉1 觉2 觉3 觉4
			侯并于尤4				讴8 屋9	侯14	侯13	侯15 屋17	侯8 屋9	侯4 屋24	侯16 屋17	侯17 屋18	侯 屋	侯 屋	侯 屋
				侯19	侯4	侯4											
侵6	并于侵	侵12	侵7	侵3	侵18	侵19	音22	缀7	侵17	覃25	侵27	侵20	侵28	侵35	侵1 侵2 侵3	侵1 侵2 侵3	侵1 侵2 侵3
	侵10			缉16	缉21	缉22	邑23	合18	缉18	合26	缉26	缉31	缉27	盍36 缉34 隶33	缉1 缉2 缉3	缉1 缉2 缉3	缉1 缉2 缉3
		覃13	覃8	谈4	谈19	谈20	淹24	谈9	谈22	添27	谈29	谈19	谈32 添30 怗29	谈38 添41 帖40	谈1 谈2 谈3	谈1 谈2 谈3	谈1 谈2 谈3
				盍15	药20	药21	諜25	并于合	盍23	帖28	盍28	盍30	盍31	盍37 荔39	盍1 盍2 盍3	盍1 盍2 盍3	盍1 盍2 盍3

二、上古主要元音的构拟

韵部划分得不出上古音韵母系统的音值和结构组织，它只能提供给我们一个古音的押韵系统。现代音韵学则开始重建古韵部内部包含的韵母（含介音、韵腹、韵尾等）的音值，试图揭示上古音韵母的音值系统。20 世纪 20 年代之后，古韵研究从"古音类"划分进入了"古音值"构拟时期。成绩卓然的首推高本汉，高本汉在 *Grammata Serica*（《汉文典》）中采阴、入合部，分古韵为 26 部，又在《中上古汉语音韵纲要》中采用阴、阳、入三分，分古韵为 35 部。他第一次为上古音构拟了系统的韵母系统。从此以后，这一构拟工作就没有停歇，在取得的成果中虽然还存在这样那样的分歧和矛盾，但是其成就是有目共睹的。今条析如下。

（一）一部多元音的构拟

高本汉（1997）在《汉文典》中构拟出 14 个主元音，他认为上古同一韵部中的字可以有不同的元音，上古同一韵部中的中古一、二等韵元音互异，三、四等韵元音相同，而用不同的介音来区别它们，各等出现的重韵则需要另外再拟新的元音来表示。因此，在《汉文典》中高本汉为上古汉语构拟了 14 个主元音，见表 2-37。他在一部之中构拟出了几个发音相近的主要元音，但是不包括只作介音的 i。冯蒸（2004a：77）指出，高本汉"仍就是把上古音拟成了几大元音类型，每个元音类型原则上亦用一个音标符号表示，但是为了区别各个韵部内的一、二、三、四等韵，他又在同一个元音的上下加上一些符号，表示前、后；开、闭；松、紧；长、短等区别而已。所以纯从元音类型的角度上看，也可以认为高本汉的上古元音拟测是一个韵部一'个'主元音，或者准确地说是一个韵部一'型'主元音"。

表 2-37　高本汉的 14 元音系统及其分布

元音类型	元音
a 类元音	ɑ、a、ă、æ
o 类元音	o、ŏ、ɔ、ɷ、ŏ̆
e 类元音	e、ĕ、ə
u 类元音	u、ŭ

董同龢（1948）在《上古音韵表稿》中构拟出了 20 个上古主元音：â、ə、ə̂、ə̆；ô、o、ŏ；ɔ̂、ɔ、ɔ̆；û、u；â、ê、a、ä、ă、ɐ；e、ĕ。这 20 个主元音，用分号来划分界线，每一界代表一个元音类型，一共可分为六大类型：ə、o、ɔ、u、a、e。但可以看出，他也没有为上古构拟出高元音 i，这也不符合一般语言的元音结构特征。再进一步分析，ə、o、ɔ、u、a、e 这六大元音类型里的元音都是在该型元音的上下加符号来表示其他不同的元音。所以，表面上董同龢构拟了 20 个上古主要元音，数量相当庞大，本质上只有六大类元音。表 2-38 是董氏构拟的上古元音系统。

表 2-38　董同龢的元音系统

韵部	等			
	一等	二等	三等	四等
之、蒸（-g、-k、-ng）	â、ə̂	ə	ə、ə̆	—
幽、中（-g、-k、-ng）	ô	o	o、ŏ	o
宵（-g、-k）	ɔ̂	ɔ	ɔ、ɔ̆	ɔ
侯、东（-g、-k、-ng）	û	u	u	—
鱼、阳（-g、-k、-ng）	â	a、ă	a、ă	—
佳、耕（-g、-k、-ng）	—	e	e、ĕ	e
歌（-∅）	â	a	a	—
祭、元（-d、-t、-n）	â	a、ä	a、â、ä	ä
微、文（-r、-b、-p、-m）	ə̂	ə	ə、ə̆	—
脂、真（-r、-b、-p、-m）	—	e	e	e
叶、谈（-b、-p、-m）	â、ê	a、ə	a、ă、ə	ɐ
缉、侵（-b、-p、-m）	ə̂	ə	ə	e

之后，他在《中国语音史》和《汉语音韵学》中更加明确了这六型主元音，概括如下：①之蒸、微文、缉侵——ə 类元音；②幽中——o 类元音；③宵——ɔ 类元音；④侯东——u 类元音；⑤鱼阳、歌、祭元、叶谈——a 类元音；⑥佳耕、脂真——e 类元音。

董同龢（2001：268）在《汉语音韵学》中归纳了八条关于拟测上古韵母的主元音与介音的一般原则，其中第一条明确地说："凡属同一部的字，虽然韵尾同（或仅为清浊的分别），主要元音也必同类。他们在声母、介音或韵尾的影响之下，变为后代各种不同的元音。"

董同龢上古主元音六型说，基本上是继承高本汉上古六类主元音的拟音而来的，但比高氏的体系更具有系统性。董氏《上古音韵表稿》在上古各韵部的拟测过程中并没有具体详细说明他怎样构拟出这六大元音类型，但董氏之所以能构拟出上古六型主元音，原因在于他大体上是以中古各韵部及各韵摄的读音为依据，一定程度上他还参考了高本汉关于中古四型主元音和上古六型主元音的学说，之后通过自己的思考和研究再对上古音的实际情况做一些调整，最终确定了上古六型主元音的学说。当然，董氏上古六型主元音说也存在不足之处，例如，董氏和高氏一样都没构拟出 i 元音，一般来说，i 元音属于语言中的基本元音。在主元音的具体分布上，也还存在不尽如人意的地方。

陆志韦（1947）在《古音说略》中也为上古汉语构拟出了 14 个主元音，和高本汉构拟的数量相同。但他对主要元音的构拟和他主张的介音说有密切的关系，因为他认为二等和四等都没有介音，所以只能增加元音的数量或靠元音的长短、松紧来弥补。陆志韦（1947：138）说："高氏的上古音表中，每一部的主要元音完全相同。他用长短音的把戏，把同一个上古元音变成不同音色的元音……用这个方法来对付谐声，万万不能了解谐声。古韵文的押韵呢，更不须各个字的主元音全然相同。"可见，陆氏主张一个韵部主要元音可以不相同，所以他构拟出的上古主元音数量如此之多。

喻世长（1984a）像高本汉那样依等分元音，故设十二元音，包括很怪的不规则元音 [æ] [ɛ] 表四等，侯部东部包括 ɔ、u 这样两元音。其系统实际上比较接近表示较晚的前期中古音，隐约表示 a、ɛ、i、ə、o、u 六元音是主体。

高本汉在《汉文典》中构拟出了 14 个上古主要元音，分别是：ɑ、a、ă、æ；o、ŏ、ɔ、ω、ω̆；e、ĕ、ə；u、ŭ。高氏这一学说是具有首创性的，暂且不论他所构拟的上古主要元音正确与否，但他在上古音的研究过程中开辟了一条值得探索的崭新道路，当然也正是因为具有草创性，所以不可避免地存在不足之处。

首先，从数量上来看，高氏所构拟出的上古主要元音数量非常多，而且看上去非常繁复。郑张尚芳（2003：16）后来在《上古音系》中曾批评说："高本汉的古韵 26 部，因分等而构拟不同的元音，致使元音众多，有ɑ、a、ɔ、o、ə、e、æ、ɯ、u，及 a、o、e、ɯ、u 的短音共 14 个（这些短音和 a、æ 大多用于表示二等）。元音虽多，但主元音中没有 i。i 只和 i̯(j)、w 表示介音，而重纽也没能表示出来。"

（1）高氏上古主要元音的构拟就和李方桂上古四元音说、王力上古六元音说形成鲜明对比。他所构拟的上古 14 个主要元音，不但有前元音、央元音、后元音，还分长元音和短元音，但可以互相押韵。这种做法的缺陷在于我们不知道上古元音是否真的存在长短、松紧的分别，如果真的存在这种分别，也不敢轻易说它们可以互相押韵。

（2）高氏虽然构拟出了上古 14 个主要元音，但只要稍微观察一下就会发现，在《汉文典》中元音 i 不是上古主要元音，它只作介音和韵尾。一般语言都包含三个基本元音，即 a、i、u，如果一种语言没有 i 是很难让人信服的。

（3）古音拟测应秉承简单明了的原则，所以上古元音只能是音位性质的描写。高本汉想尽一切办法，利用了一切可以利用的元音音标来拟测上古汉语的语音，这让人怀疑实际上这样纷繁的上古元音系统是否真的存在过。高本汉构拟上古声母时可依据的材料比较少，他拟测的上古声母系统就比较简单；而高氏构拟上古韵母时，因为有丰富的材料可供参考，比如先秦韵文和《切韵》系统，所以他拟测的上古韵母系统就非常复杂。这样看来，高氏构拟的繁复的上古元音系统和他所构拟的简单的上古声母系统是极不相称的。

其次，从研究思路上看，高氏秉承上古韵部等同于中古韵摄的原则来构拟上古主要元音，这存在着诸多毛病。

（1）传统音韵学认为同一韵部中只有一个主要元音，同类韵部的主要元音完全相同，而高氏则反其道而行之，他认为上古韵部等于中古韵摄，并为同一韵部构拟了不同的主要元音。他这样构拟的缺点是不利于解释上古同一韵部中不同的韵互相通押，也不利于解释上古同类韵部之间的对转关系。因此，这样构拟的结果势必会造成上古汉语元音系统的极端复杂，使得整个上古音系统也显得十分混乱。

（2）韵部与韵部之间的界限划分得不是很清楚。例如，高本汉把宵部、沃部构拟为 og、ok 等，和鱼铎部的构拟没有矛盾，因为他把鱼部大部分的去声字拟测成 ag、铎部拟测成 ɑk。但是这样构拟的结果是鱼部平上声、铎部平上声的元音 o 和宵部的元音 o 相重合。此时，人们会产生疑问：高本汉把鱼部的平上声构拟为 o，为什么它的去入声不构拟成 og、ok？为什么同一个"著"字，当它读去声时是 tio，读入声时却又是 tiak，元音距离相差那么远？由此可以看出，高本汉把上古韵部等同于中古韵摄并在此基础之上构拟上古主要元音的做法是不合理的，而且是漏洞百出的，存在的许多问题无法解释。

（二）一部一元音系统

1. 王力

王力主张一个韵部只有一个主要元音，他在《上古韵母系统研究》（王力，1937：539）中说："关于主要元音的类别，我虽不愿在此时谈及音值，但我可以先说出一个主张，就是凡同系者其主要元音即相同。假设歌部是-a，曷部就是-at，寒部就是-an。"因此王力也把上古主元音分为六大类型，可以说他的上古主元音六型说基本上是继承高本汉、董同龢二家的六型说而来的，但是他所构拟的上古主元音与高董二人不同而又有所发展。王力分两个阶段构拟上古音：第一阶段，王氏改变高本汉以元音分等的做法，而依介音分等，从而简省了一半元音，这是上古元音研究过程中的一个飞跃。王力最早把上古元音拟为七元音，即 ə、a、ɑ、o、e、i、u。但是 i、u 只作介音，主元音只有 ə、a、ɑ、o、e 五个。后来他发现主元音 a、ɑ 只是在鱼、歌两部有对立，在其他韵部都没有对立，于是他把歌部改拟为 ai、鱼部拟为 a，取消了主元音 ɑ，所以上古七元音减为六元音，其中上古主元音单元音只有 ə、o、a、e 四型，但此时他把宵部和幽部分别构拟为复元音 au 和 əu，于是又多了二型复元音 əu 和 au。

第二阶段，他把第一阶段构拟出的宵部和幽部复元音 əu 和 au 也构拟为单元音，因此王力共构拟出了六型上古主元音，即 ə、e、a、ɔ、o、u，这样，表面上看来，王力构拟的主元音与董同龢构拟的主元音是相同的。但深入分析后可以发现，二者又有所不同。王力虽然构拟出高元音 i、u，但是 i、u 只作介音，而不做主元音。

下面把王力早期和晚期所构拟的上古主元音及与董同龢所构拟的上古主元音相比较，并列成表格，通过表格可以清晰地看出二人对上古主元音的构拟具体有哪些不同之处，如表 2-39 所示。

表 2-39　王力与董同龢的元音系统比较

韵部	王力上古主元音类型		董同龢上古主元音类型
	早期	晚期	
之职蒸；微物文；缉侵	ə	ə	ə
幽觉冬	əu	u	o
宵药	au	o	ɔ
侯屋东	o	ɔ	u
鱼铎阳；歌月元；盍谈	a	a	a
支锡耕；脂质真	e	e	e

通过表 2-39 可知，王力和董同龢构拟的上古主元音有许多相似之处，可以说王董二人有承继关系，王力继承了董同龢关于上古六型主元音的学说，但二人构拟的结果还是有不同之处的。二人构拟的主元音 ə、a、e 完全相同，跟韵部的对应关系也完全相同；但是二人对幽觉冬、宵药、侯屋东这三大类韵部主元音的构拟却存在着很大的分歧。具体来说，有以下三点：①幽觉冬部上古主元音的构拟：王力早期构拟为复元音 əu，晚期改拟为单元音 u；董同龢构拟为单元音 o。②宵药部上古主元音的构拟：王力早期构拟为复元音 au，晚期改拟为单元音 o；董同龢构拟为单元音 ɔ。③侯屋东部上古主元音的构拟：王力早期构拟为单元音 o，晚期改拟为单元音 ɔ；董同龢构拟为单元音 u。

综上所述，王力构拟的上古六型主元音，虽然在主元音的数量上和董同龢相同，但为具体韵部所构拟的主元音却不同于董氏，可见王在上古主元音研究方面有自己独到的见解。

2. 李方桂

在上古音的构拟过程中，各个韵部主要元音的拟测，其实应先确定"元音的类型"。李方桂构拟上古主元音的方法与高本汉的方法相似。

李方桂（1980a）在《上古音研究》中，用高本汉拟测的《切韵》音去拼写上古韵部里的各种韵母，把它们的一、二、三、四等韵用中古读音表示出来，将上古韵部分成四类：第一类是上古歌、元、祭、谈、叶、阳、鱼、宵八部的主要元音，拟测为*a。这八个韵部的一等韵几乎都是â元音。李方桂指出，元音受声母、介音及韵尾辅音的影响而产生不同的演变。二等韵里大部分是a、ă元音，但是受舌根韵尾的影响，有些元音演变为ɐ元音。三等韵里有些元音受唇音声母、舌根音声母和三等介音的影响，也演变为ɐ元音。四等韵受介音i的影响变作e元音。宵部的-âu、-au等的韵尾-u是圆唇舌根辅音*-gw变来的，他的入声-uok、-åk等的圆唇元音也是受圆唇舌根辅音*-kw的影响而圆唇化了。

第二类是上古文、微、蒸、之、幽、中、侵、缉八部的主要元音，拟测为*ə。这八个韵部的一等韵主要有两个元音，即ə和ậ，但也还存在着其他元音。这一韵部里的元音ậ因为不跟第一类里的元音â押韵和谐声，所以两元音是完全不同的，不能把它们混淆了。ậ（â）元音出现在-m、-p、-i、（-u）韵尾的前面；而ə元音则出现在-n、-t、-ng、-k韵尾的前面，由此可知：元音ậ和元音ə在韵尾的分配上是互相补充的。所以李方桂认为ậ（â）元音很可能是从上古的*ə元音变来的。其他二等和三等韵中的各种元音也是因为受到声母、介音及韵尾辅音的影响而发生了演变。和第一类中的韵母一样，幽部的-u韵尾也是从上古*-gw演变而来的，他的入声韵里的元音也受韵尾*-kw的影响而圆唇化了。

第三类是上古真、脂、耕、佳四部的主要元音，拟测为*i。这四部都没有一等韵，二等韵里的ă、ɛ元音受二等介音*-r的影响而演变成其他元音。从三、四等的韵母看来，这四部都有一个高的前元音，李方桂把这个高元音拟为*i，我们知道中古一等韵是没有i元音的，所以这四个韵部没有一等韵。三等韵里的各种元音也是受声母、介音及韵尾辅音的影响演变而来的。四等韵里的复合元音ie则是由上古的*i分裂而来的。

第四类上古东、侯部的主要元音拟测为*u。东部和侯部的元音都是圆唇的较高的后元音，于是李方桂就为这两韵部拟了一个*u作为上古主要元音，而且这个元音只出现在舌根音韵尾前面。当然也可以认为这一类的主元音是上古的高元音*i，受了这两部的圆唇舌根音韵尾*-ngw、*-kw的影响而圆唇化为后来的 u。李方桂还认为*u 元音也会出现在*-n、*-t 韵尾前面，到《诗经》时代分裂为复合元音*ua。

因此，李方桂认为只有 a、ə、i、u 四型上古主元音。但认为很难确定这些元音的确切音值。他还为其他少数韵构拟了*aI 和*iə 两个复元音，此外还为歌、元、祭部的一部分字又构拟了一个复合元音*ua。我们把李方桂构拟的上古主元音成表 2-40。

表 2-40　李方桂的上古主元音类型表

单元音	复合元音
a	ia、ua
ə	iə
i	—
u	—

李方桂的上古主元音的构拟体系与王力、董同龢、高本汉构拟的体系很相似，也可以说李方桂关于上古主要元音的构拟继承了王力、董同龢、高本汉的学说。李方桂与王力、董同龢、高本汉构拟的主元音不同之处在于：①幽中（冬）部上古主元音的构拟：王力早期构拟为复元音 əu，晚期改拟为单元音 u；董同龢、高本汉构拟为单元音 o；李方桂则把它归入第二类元音 ə 中。②宵部上古主元音的构拟：王力早期构拟为复元音 au，晚期改拟为单元音 o；董同龢构拟为单元音 ɔ；高本汉构拟为单元音 o；李方桂则把它归入第一类元音 a 中。③真、脂、耕、佳（支）上古主元音的构拟：王力、董同龢、高本汉都构拟为单元音 e；李方桂则把它归入第三类元音 i 中。④鱼部上古主元音的构拟：李方桂、王力、董同龢都构拟为单元音 a；高本汉则归入 o 型元音。⑤之、蒸、文、侵、缉上古主元音的构拟：李方桂、王力、董同龢都构拟为单元音 ə；高本汉则归入 e 型元音。

综上所述，李方桂构拟的上古四型主元音，与高本汉构拟的中古四型主元音完全相同，这不完全是巧合，在一定程度上证明了李方桂关于上古四型主元音学说的合理性。

3. 黄典诚

黄典诚在《关于上古汉语高元音的探讨》中也构拟出了上古六主元音系统，即 i、ɯ、u、e、o、a，此外，他也构拟出了三个复元音 ai、ei、au。具体来说，以 i 作主元音的韵部有微、物、文；以 ɯ 作主元音的韵部有之、职、蒸；以 u 作主元音的韵部有幽、觉、缉、侵；以 e 作主元音的韵部有支、锡、耕；以 o 为主元音的韵部有侯、屋、东；以 a 作主元音的韵部有鱼、铎、阳。复元音 ai 的韵部有歌、月、寒；复元音 ei 的韵部有脂、质、真；复元音 au 的韵部有宵、药、叶、谈。并且他还指出含有 i 元音的韵部是收音于舌尖音尾-n、-t；含有 u 元音的韵部或是收音于舌根音尾-k，或是收音于唇音尾-m、-p；含有其他元音的韵部则收音于接近喉部的舌根音尾-ŋ、-k（这个-k 或是喉塞音-ʔ）。

（三）最近的新构拟

最近的新构拟，在国外，以包拟古-白一平体系为代表，在国内以郑张尚芳-潘悟云体系为代表。他们认为王力、李方桂系统中众多的空当不符合内部构拟的对称性原则，比如：王力系统中为什么 o 可以与-ŋ 搭配，而 u、ɔ 却不可以与-ŋ 搭配，为什么 e 不与唇音韵尾配合等；李氏系统中为什么只有单个 a 元音跟-r 尾搭配，其他元音都不能配-r 尾，为什么两个高元音除了舌根尾外跟多数的韵尾配合都有空缺等。总之，在新派各家看来，上古的音系配合应该是很整齐的，系统空当很少。

白一平、郑张尚芳、斯塔罗斯金等认为上古主元音应保持元音三角 i、u、a，增加 e、o 及一个央元音，共六个主元音。只是央元音包氏、白氏作 ɨ，郑张氏作 ɯ，斯氏仍作 ə。他们都认为上古六主元音各分长短，所以构拟的上古主元音分别为脂 i，之 ɯ 或 ɨ、ə，幽 u，支 e，鱼 a，侯 o。郑张认为之部 ɯ 更能解释之 ɯ 与幽 u 的通转关系，也更能解释之部字演变到中古具有-u（尤）和-i（海贿）两韵尾，因为 ɯ 当元音复化时易变作 u 和 i。俞敏归纳汉代梵译也认为上古主元音有 i、u、a、e、o。

（四）其他主元音系统

俄国雅洪托夫《上古汉语的唇化元音》和加拿大蒲立本《上古汉语的辅音系统》都认为上古存在合口圆唇化元音韵母，蒲立本还认为上古只有 a、ə

二主元音。周法高改 o 为 ew，得到上古三元音系统。余迺永在《上古音系研究》中改 o 为 u，ə 为 o，认为上古有五个主要元音。包拟古假定上古有六个元音，但没有复元音。

日本学者赖惟勒在《关于上古韵母》中主张上古有二十二个韵部，其中入声韵包括在阴声韵里。他还设想上古各部最少有两种主元音。后来又根据上古介音的条件，从中古韵母中推导出观念上三种用法的主元音，即基本型主元音为 a、ʌ、e。但是每一型主元音中还包括一些相近的元音：a 型包括（æ）、a、ɑ、(ɐ)、ɔ；ʌ 型包括 o、ʌ、ə、(ɐ)；e 型包括（æ）、ɛ、e。

今将 20 世纪以来主要的元音系统整理至表 2-41 中。

表 2-41　有影响的元音系统

学者	年份	元音个数	元音
高本汉	1940	14	ɑ、a、ă、æ；o、ŏ、ɔ、ɷ、ɷ̆；e、ĕ、ə；u、ŭ
陆志韦	1947	13	ĕ、ə、u、o、a、ɑ、æ、ʌ、ɐ、ɔ、ɜ、ɯ、ɛ
董同龢	1948	20	ə̂、ə、ê̂、ə̆；ô、o、ŏ；ɔ̂、ɔ、ɔ̆；û、u；â、ê、a、ä、ă、ɐ；e、ĕ
王力	1957	5	e、a、o、ə、ɑ
	1963	4	e、a、o、ə
	1985	6	ə、e、a、o、ɔ、u
周法高	1970a	3	e、ə、a
陈新雄	1972	4	ə、a、ɑ、ɐ
蒲立本	1977、1999	2	ə、a
方孝岳	1979	7	ɐ、a、o、ɛ、ɔ、u、ɒ
李方桂	1980a	4	ə、a、i、u
严学宭	1984	7	e、ə、i、a、u、ɔ、o
何九盈	1984	6	ə、ɤ、ʌ、ɔ、a、æ
余迺永	1985	5	u、o、i、a、e
李新魁	1986	14	ɪ、e、ø、ɛ、æ、a、ɐ、ʌ、u、o、ɔ、ɒ、ɑ
雅洪托夫	1986c	7	e、ə、u、ü、a、o、ä
郑张尚芳	1987	6	i、ɯ、u、o、a、e

续表

学者	年份	元音个数	元音
斯塔罗斯金	1989	6	i、u、a、e、o、ə
白一平	1992	6	i、ɨ、u、o、a、e
潘悟云	2000	6	i、ɯ、u、o、a、e
钱玄同	2011e	9	æ、ɛ、a、ɑ、ɐ、ə、o、u、ɔ

三、上古音的介音系统

韵文的押韵和谐声系统字只能反映韵腹和韵尾，反映不出韵头的情况，所以从文献材料里无法发现上古音的介音系统。

（一）高本汉上古介音的构拟

高本汉没有发现更多上古介音系统的线索，他把中古的介音系统直接上推到上古音，所以他拟测的上古音的介音基本上跟中古音一致。他在《汉文典》中一共构拟了六种上古介音，它们分别是 u、w、i̯、i̯w、i、iw。他认为上古音一等开口呼没有介音，合口呼有 u（开合分韵）或 w（开合同韵）介音；二等开口呼没有介音，合口呼有 w；三等韵开口呼有辅音性的 i̯ 介音，合口呼有二合 i̯w 介音；四等韵开口呼有元音性的 i 介音，合口呼有二合 iw 介音。表 2-42 是高本汉构拟的上古介音。

表 2-42　高本汉构拟的上古介音

等	开合	
	开口呼	合口呼
一等韵	—	u 或 w
二等韵	—	w
三等韵	i̯	i̯w
四等韵	i	iw

高本汉的上古六种介音在各韵部中的分布如表 2-43 所示。

表 2-43　高本汉介音的分布

上古韵部	上古韵部包含的介音	上古韵部	上古韵部包含的介音
韵部 I（歌部）	w、i̯、i	韵部 XIV（侵部）	i̯、i
韵部 II（鱼部）	w、i̯、i̯w	韵部 XV（缉部）	w、i̯、i
韵部 III（侯部）	i̯	韵部 XVI（阳部）	w、i̯、i̯w
韵部 IV（寒部）	w、i̯、i̯w、i、iw	韵部 XVII（铎部）	w、i̯、i̯w
韵部 V（月部）	w、i̯、i̯w、i	韵部 XVIII（耕部）	w、i̯、i̯w、i、iw
韵部 VI（鼍部）	w、i̯、i̯w	韵部 XIX（支部）	w、i̯、i̯w、i、iw
韵部 VII（真部）	i̯、i̯w、i、iw	韵部 XX（蒸部）	w、i̯
韵部 VIII（至部）	i̯、i̯w、i、iw	韵部 XXI（之部）	w、i̯、i̯w
韵部 IX（文部）	w、i̯、i̯w、i、iw	韵部 XXII（冬部）	i̯
韵部 X（队部）	w、i̯、i̯w、i、iw	韵部 XXIII（幽部）	i̯、i
韵部 XI（脂部）	w、i、i̯w、i	韵部 XXIV（宵部）	i̯、i
韵部 XII（谈部）	i̯、i̯w、i	韵部 XXV（东部）	i̯
韵部 XIII（盍部）	i̯、i̯w、i	韵部 XXVI（屋部）	i̯

（二）李方桂上古介音的构拟

李方桂在《上古音研究》中构拟出了 r、j 这两个上古介音，其中 r 出现在所有的二等韵中，它是二等韵专有的上古介音；j 则出现在三等韵中，但是知组和庄组三等韵除外，它是三等韵的上古介音。此外，李氏还构拟出了一个复合介音 rj，它出现在知组和庄组三等韵中，是中古知组三等和庄组三等形成的原因。

1. 二等介音 r

中古二等韵有些特殊的声母如照₂、知等，它们是受二等韵的影响演变而来的，一般都认为它们是后起的。李方桂等人主张上古一个韵部中只包含一个主要元音，不同等韵字的区别在于介音。正是因为长短松紧等区别没有音位上的对立，所以它们才可以常常押韵。因此，李氏认为造成有些中古二等韵演变的原因在于介音，于是他为上古二等韵构拟了一个 r 介音。正如他自己在《上古音研究》(李方桂,1980a:22)中所说:"二等韵里在上古时代应当有一个使舌尖音卷舌化的介音 r,而不认为二等韵的元音与一等韵有任何不同。这个介音不但可以在舌尖音声母后出现,也可以在唇音,舌根音声母后出现,并且也可以在三等介音 j 的前面出现。"这个二等介音 r 使上古二等韵知组、照₂组的声母产生卷舌化作用,从上古舌尖音变作中古卷舌音,例如:上古*t- + r→中古知 ṭ-,上古*th- + r→中古彻 ṭh-,上古*d- + r→中古澄 ḍ-,上古*n- + r→中古娘 ṇ-,上古*ts- + r→中古照₂ tṣ-,上古*tsh- + r→中古穿₂ tṣh-,上古*dz- + r→中古床₂ dẓ-,上古*s- + r→中古审₂ ṣ-。

在《上古音研究》中,李方桂修改了雅洪托夫提出的二等韵有介音 l 的观点,而重新为二等韵构拟出了介音 r。李方桂(1983:5)说:"假使我们在这类韵母里加上一个卷舌成分 r-,这样,卷舌声母到《切韵》时代就由于-r-的影响分别从端透定和精清从心里边产生出来。同时,中古二等元音也可以说是因为这个卷舌成分把原来的一等韵的元音都变成二等韵的元音。所以,第二类韵母的元音在上古事实上跟第一类韵母的元音是完全一样的。由于有了-r-这个卷舌成分,一方面它使舌尖声母变成卷舌声母,另一方面使一等元音变成我们所谓的二等元音。这样,元音的数目不增加,本来有四个,现在还是四个,只在二等韵增加一个卷舌成分-r-,到了中古《切韵》时代,这个卷舌成分-r-就没有了,所以在《切韵》里看不出有这个卷舌成分。但是从这两类声母的配合情形看,则可以假定它有这么个卷舌成分在内……这就是我主张加一个卷舌成分的缘故。"由此可见,李方桂较早为上古音构拟出了二等介音-r-,是具有开创意义的,他主张一等韵和二等韵的主要元音完全相同,从而精简了元音的数量,不会导致上古元音系统的复杂化。

2. 三等介音 j

《切韵》里存在着一个介音 j,它只出现在三等韵母里。这个介音在大部分的现代方言里还有所保留——齐齿字和撮口字。李方桂在上古音中保存了中古介音 j,是因为他认为中古有些声母只能在三等韵前出现,如照₃、穿₃、床₃、审₃、禅、群、邪、喻₃,以及后起的轻唇音非、敷、奉、微等。这些中古声母显然都跟三等介音 j 有关系,于是他主张上古存在着三等介音 j。上古三等介音 j 使有些声母受它的影响而发生演变,总的来说,它对上古声母的影响是产生了腭化作用。例如，中古照₃、穿₃、床₃、审₃、禅、日、邪₃、喻₃等跟舌尖前塞音谐声，它们受三等介音 j 的影响，上古时期的舌尖前塞音发生腭化作用演变为中古时期的塞擦音。即上古*t- + j→中古照₃（章）tɕj-、上古*th- + j→中古穿₃（昌）tɕhj-，上古*d- + j→中古床₃（船）dʑj-或禅 ʑj-，上古*n- + j→中古日 ńʑj-，上古*r- + j→中古邪 zj-，上古*gw- + j→中古喻₃ jw-。后起的轻唇音只发生在三等韵里，但是三等韵的唇音不是都会变为轻唇音的，有时仍为重唇音。重唇音演变为轻唇音是有条件的，例如：重唇 + j-变轻唇；重唇 + j + i-仍为重唇。

上古二等介音 r 和三等介音 j 具有两个重要的作用。第一，它们对声母产生了影响，即上文所说的三等介音 j 使声母发生腭化作用，以及二等介音 r 能使舌尖音声母产生卷舌化作用。因而它们可以把上古较为简单的声母系统演变成《切韵》较为复杂的声母系统。第二，它们对元音也产生了影响，正如李方桂（1980a：23）自己所说："介音 j 使后面的较低的元音向上及向前移动，如 a>ä 等，这也可以算是颚化或同化作用之一，一般人也都承认的。介音 r 使后面的较高元音下降，如*i>ɛ 或 a，*ə>ɛ 或 ǎ，*u>å 等，也可以使后面的低元音上升一点，如 ɑ（后低元音）>a（前较高）或 ɐ（央较高）等。因此我们可以说介音 r 有一种中央化的作用 centralization。"上述元音产生变化，不但受介音的影响，而且也受韵尾辅音的影响。

3. 复合介音 rj

李方桂认为介音 j 出现在三等韵中，但不包括知组和庄组三等韵，所以他为了解决知组三等和庄组三等的问题，又在上古音中构拟出了一种复合介音-rj-。李氏认为这种复合介音 rj 同样能对声母产生卷舌化的影响，它使上古声母演变成中古卷舌声母。例如：上古*t- + rj→中古知₃ ṭj-，上古*th- + rj→中古彻₃ ṭhj-，上古*d- + rj→中古澄₃ ḍj-，上古*n- + rj→中古娘₃ ṇj-，上古*ts- + rj→中古庄₃ tʂj-，上古*tsh- + rj→中古初₃ tʂhj-，上古*dz- + rj→中古崇₃ dʐj-，上古*s- + rj→中古生₃ ʂj-。李氏设立复合介音-rj-虽然可以解释知组三等和庄组三等卷舌化的音变，但从音理上来看，r 介音对声母产生的卷舌化作用和 j 介音对声母产生的腭化作用，二者本身就是互相矛盾的，所以李氏构拟的复合介音 rj 难以成立。

此外，李方桂还主张上古不存在四等介音 i，而把它归入元音。李方桂（1980a：23）说："近来研究《切韵》音系的人也有采取四等韵里根本没有介音 i 的说法。这也许在《切韵》音系不发生太大的困难，但是从上古音的眼光看来至少上古音里应当有个 i 元音在四等韵里，可以免去许多元音的复杂问题。"

《切韵》时代用介音 w 或 u 的有无来划分开合口，介音 w 或 u 并没有在音位上产生对立，用介音 w 来表示一韵中含有开合两类的字；而用介音 u 来表示独立的合口韵。尽管后代学者的研究认为存在着介音 w 或 u，但李方桂在《上古音研究》中却暂时假定上古时代没有合口介音。他认为这个合口介音大部分是从圆唇舌根音演变而来的，另外一小部分则是后来出现的。

综上所述，李方桂在《上古音研究》中认为，上古时代只有二等介音 r 和三等介音 j，而没有四等介音 i 和合口介音 w 或 u。

（三）郑张尚芳上古介音的构拟

郑张尚芳认为上古介音就是复声母的后置垫音成分，其之所以能称为介音，是因为它的位置介于元音和声母之间。郑张尚芳认为上古汉语中共有六种辅音性的介音，即 j、w、l、r、'l、'r。

1. 介音 w

郑张尚芳认为上古原来只存在一套带圆唇成分 w 的 k 类声母。舌齿音声母后面也能带合口介音，条件是在带-d、-n、-i 尾的收舌各部中存在 u、o 元音，后来由圆唇主元音分裂形成复合元音，例如 u 演变为 uə、o 演变为 ua。显然这个 u 介音是后来产生的，所以上古不存在介音 u，而只存在介音 w，即一种 kw 声母附带的圆唇成分 w。

2. 介音 j

郑张尚芳认为上古前元音 i、e 演化为中古四等韵，i 容易演化为复元音 ei，e 类音之前也容易增生出一个过渡音 i，所以上古四等韵原来是没有介音 i 的，之后才分裂出 i 介音。但是四等韵中有一部分字来自 u、o 元音的上古韵部，如果也认为这部分韵字中不存在介音 i 不好解释，所以郑张认为这些字在上古时期存在带 j 介音的声母，而短元音韵母不带介音。之后在短元音韵母的影响下声母所带的 j 介音强化为 i 介音, 而这个 i 介音也对原来的韵母短元音产生影响, 使其演化为 e 元音。所以上古不存在介音 i, 因为它是后来才演化出来的; 而只存在介音 j, 即附在声母之后的辅音性介音 j。

之后郑张尚芳经过自己的研究, 又有了新的看法, 他认为三等韵中的介音 j 是次生性的, 而不是原生性的。他从汉语亲属语言跟汉语同源词的比较中看出汉语三等韵中都多出了一个 j 介音, 而其他亲属语言中则没有, 因此他怀疑这个三等介音 j 可能是后来才产生的。汉语方言、日译吴音、早期梵汉译音等方面的材料都表明这个 j 介音不是那么确定, 多数时根本不存在。他还列举了大量亲属语言同源词的例子, 说明了汉语归入一二四等韵的是长元音的同源词, 且不带介音 j; 而汉语归入三等韵的则是短元音的同源词, 在《切韵》里才增生了一个介音 j, 也就是说原来三等韵没有介音 j 只有短元音。他又进一步得出次生性的介音 j 来自短元音的看法。

因此, 郑张尚芳认为上古只存在辅音性介音 j、w, 不存在元音性介音 i、u, 而介音 j、w 是附着在声母之后的。

3. 介音 l

王力和李方桂认为三等韵都有 j 介音, 郑张尚芳认为三等韵所独有的章系字都带有 j 介音。李方桂根据有些章系字跟见系相通, 例如 "车" 又音 "居"、"出" 与 "屈" 谐声等, 于是他把章系字构拟为 krj 等。但郑张尚芳认为章系通三等 "以" 母, 于是他改李氏 "以" 母 r 为 l, 因此他改变了李氏章系声母的构拟, 他把章系声母构拟为 klj 等, 这样的构拟更容易解释一些谐声现象。因此郑张认为上古存在着介音 l, 在一般情况下, 介音 l 存在于上古二等韵、三等乙类韵之外的其他各韵中, 也就是一四等韵和三等甲类韵中, 并且常与 "以" 母[l]通谐, 例如, 通转: 锡 sleg: 易 leg; 谐声: 均 klǔn: 匀 lun 等。介音 l 也有与来母字相通的例子, 例如: "虎" hla 通 "虏" ra; "盐" lam 谐 "监" kram 等。

4. 介音 r

郑张尚芳肯定李方桂所构拟的二等 r 介音, 他也认为上古二等韵存在着 r 介音, 他的理由是: ①二等介音既要使声母发生卷舌化作用, 又要使元音发生央化作用, 构拟 r 介音是最为合适的, 因为 r 介音正具有此类作用。②大多数二等字常常与 "来" 母字相通, 二等韵字带有 r 介音, 就与 "来"[l]母字不相配了。③从其他一些材料，如异读、通假、谐声、读若等来看，二等字与"来"母相当密切的关系都能得到证明。例如，通假：莨《尔雅》kra，芦 ra；谐声：监 kram，蓝 ram 等。从以上的例子可以看出，"来"母字改拟为 r 母才能解释以上的押韵和谐声现象。郑张还列举了唐宋韵书、日译吴音、今大多数北方方言等材料中的例子，说明了上古二等原来是带有 r 介音的，之后随着时间的推移而发生了演变：r→ɣ→ɯ→i̯→i。

5. 介音'l、'r

如上所述，郑张尚芳主张上古存在着四种辅音性的介音 w、j、r、l，但他还认为上古介音 l、r 应该还存在着重读的一音，于是他把它们分别认为是'l、'r，并且带一点塞化成分，即他认为上古还应存在着另外两个塞化介音'l、'r。"以"母常常与"定"母通谐，郑张又把"以"母改拟为 l，所以他认为跟"以"母通谐的"定"母字应该来自'l，也就是说"定"母是从"以"母中分化出来的。

综上所述，郑张尚芳主张上古存在着六种辅音性的介音，它们分别是 j、w、l、r、'l、'r，实际上它们只是复声母之后的垫音成分。正如郑张尚芳（1987：79）所说："除了 w 限于见系外，其他几个出现比较广泛。r、l、lj 等原先限于 p、k 两系及 s 之后，以后也在舌齿音后出现。它们的声干一般为 p、ph、b、m（帮系），t、th、d、n、l、r（端系），ts、tsh、dz、s（精系），k、kh、g、ŋ、h、ɦ、ʔ（见系）。此外还有 mh（抚）、ŋh（哭）、nh（帑）、rh（宠）、lh（胎）五种送气鼻流音。声干还可有 s、ʔ、h、ɦ 及鼻冠音。"

（四）其他学者构拟的上古介音

1. 上古二等介音

俄国雅洪托夫主张上古二等存在着介音。雅洪托夫（1983：23）在《上古汉语的复辅音》中提出"所有的中古二等字在上古都有带 l 的复辅音"，首次主张上古二等字有 l 介音的学说，他的立论根据是二等字和来母关系密切。他在《上古汉语的韵母系统》中也认为二等韵字带有介音 l，之后改为 r。

加拿大蒲立本的《上古汉语的辅音系统》认为二等韵字带有介音 l，后改为 r。

薛斯勒论证了二等有 r 介音，四等有 l 介音，但是四等有 l 介音的证据薄弱。

包拟古根据亲属语的比较材料和汉语借词，认为来母上古是 *r-，以母才是 *l-，于是把跟来母关系密切的二等字的上古声母改拟作带 -r 的复辅音 *Cr-，也就是说包氏主张上古二等有 r 介音。

白一平在《汉语上古音手册》中认为一四等没有介音，二等有 r 介音。

王力主张上古二等存在介音。他在《汉语史稿》中第一次构拟了一个 e 作为二等韵的介音。

俞敏和陆志韦讨论了《诗·生民》中的两个拟声词"叟叟"和"浮浮"，也主张上古二等存在着 r 介音。

许宝华和潘悟云根据内部证据（谐声材料、异读材料、同一词族内二等字与来母字的比较、二等介音在现代方言中的遗留现象）和外部证据（亲属语言中的同源词、古汉越语），得出结论：二等字在上古带有 r 介音。

丁邦新、龚煌城都论证并赞同重纽三等带 r 介音而不涉及重纽四等。

施向东认为上古存在一个 r 介音，这个 r 介音是与来纽谐声的关键；来纽在上古是 r，而不是 l，后来才变为 l 的。施氏还在《上古介音 r 与来纽》中通过研究玄奘译音，赞同重纽三等上古带 r 说，但是这个 r 用于轻唇音。

刘镇发在《上古介音[r]的崩溃与中古二三等韵的产生和演化》中主张上古汉语存在 r 介音，这个 r 介音在上古后期（0—600 年）的崩溃是中古汉语二等和三等韵的一个重要来源。同时他还认为上古还应该有一个 l 介音，后来这个 l 介音经过[ʎ]演化为[j]，成为以母和三等介音。

2. 上古三等介音

蒲立本认为上古三等存在着 j 介音，并且他设想三等舌面介音 j 部分是后起的，来自介音 l 或长元音音节，与其他短元音音节对立，他较早就认为等的对立源于长短元音的对立。他还主张重纽三等中也存在着 r 介音。

包拟古在《上古汉语中具有 l 和 r 介音的证据及相关诸问题》中设想三等 j 介音有原生性、次生性两种，前者在藏缅语中就有，后者是汉语发展过程中后起的。

白一平在《汉语上古音手册》中认为三等有 j、rj 介音，其中重纽三等有 rj 介音，并且认为三等 j 介音分原生 j 与次生 j 两类。之后他又修正了自己的体系，放弃了三等 j 介音而采用郑张尚芳的次生 j 来自短元音的说法。

董同龢（2001：269）在《汉语音韵学》中说："变入中古三等韵的字，上古原来也有辅音性的介音-j-"，"三等介音 j 与四等介音 i 在中古可以忽略（因为元音还不同），上古就非分不可了"。同时他也认为上古只有一个合口介音 w。

陆志韦（1947：273，284，285）创立了自己独特的介音系统，他认为三等韵有两个独特的介音：窄介音 i，弘介音 ɪ。窄介音出现在"照₃"等跟"精"等声母之后，弘介音出现在"知""照₂""来"等声母之后，喉牙唇音有时候联窄介音，有时候联弘介音。按韵来说，三、四等合韵的喉牙唇三等字的介音作 ɪ，四等作 i。

贺德扬在《三等字上古*r 介音探讨及其他》中认为上古舌齿唇音的三等字同时带有*-j 和*-rj 两类介音，喉牙音的三等字也带有*-r 介音，并且他指出，上古*-r 介音来源于词根音的舌尖音声母、词的中缀、原生性复声母中的 r 声母。

3. 上古四等介音

王力为上古四等字构拟了 i 介音，主张四等韵自古就有 i 介音，这就与李荣和邵荣芬等人的看法截然不同。李荣和邵荣芬等人主张四等韵中古没有 i 介音，即意味着四等韵上古也不存在 i 介音，认为其 i 介音是后起的。

董同龢（2001：269）在《汉语音韵学》中说"变入中古四等韵的字，上古原来也有元音性的介音-i-"，所以他认为上古存在着四等 i 介音。

陆志韦创立了自己独特的介音系统，他认为五个纯四等韵（齐先萧青添）上古也没有介音。按韵来说，三、四等合韵的喉牙唇三等字的介音作 ɪ，四等作 i。

四、上古音的韵尾[①]

（一）高本汉《汉文典》构拟的韵尾

高本汉把中古音的辅音韵尾直接上推到了上古音，构拟的上古鼻音韵尾也是收-m、-n、-ŋ 尾的。

在《汉文典》中，收-m 尾的有韵部 XII（谈部）ɑm、韵部 XIV（侵部）əm；收-n 尾的有韵部 IV（寒部）ɑn、韵部 VII（真部）ien、韵部 IX（文部）ən；收-ŋ 尾的有韵部 XVI（阳部）ɑŋ、韵部 XVIII（耕部）ĕŋ、韵部 XX（蒸部）əŋ、韵

[①] 姚菁参与整理了韵尾综述材料。

部 XXIII（冬部）ɔŋ、韵部 XXV（东部）uŋ（表 2-44）。

表 2-44　《汉文典》上古鼻音韵尾表

上古韵尾	所属上古韵部
-m 尾	谈部、侵部
-n 尾	寒部、真部、文部
-ŋ 尾	阳部、耕部、蒸部、冬部、东部

从《汉文典》中可知，以上收鼻音韵尾的上古韵部演变到中古仍然收鼻音韵尾，即中古谈部、侵部仍收-m 尾；中古寒部、真部、文部仍收-n 尾；中古阳部、耕部、蒸部、冬部、东部仍收-ŋ 尾。但《汉文典》中也存在少数上古收-m 尾的侵部和谈部字到中古演变为收-ŋ 尾的东部字，例如：谈部第 625 字族 "芃 bʽŭm→bʽuŋ、风枫讽 pi̯ŭm→pi̯uŋ、凤渢 bʽi̯ŭm→bʽi̯uŋ"，侵部第 674 字族 "熊 gi̯um→ji̯uŋ"。

此外，在《汉文典》中还存在这样一种现象，即收鼻音韵尾的韵部中收入了少数不同鼻音韵尾的字，同时还收入了少数其他韵部的不同韵尾的字。具体情况列成表格，如表 2-45 所示。

表 2-45　高本汉韵尾拟音例字

韵部	收入字所属韵部	字族	例字	拟音
-m 尾谈部	-m 尾侵部	606	绀	kəm→kǎm
		614	晻	ʔəm→ʔăm:
		615	黭	ʔəm→ʔăm:
		622	枏	nəm→năm
		624	坎	kʽəm→kʽam:
		625	芃	bʽŭm→bʽuŋ
			风枫讽	pi̯ŭm→pi̯uŋ
			凤渢	bʽi̯ŭm→bʽi̯uŋ
	-p 尾盍部	616	压	ʔap→ʔap
		618	呫帖	tʽiap→tʽiep

续表

韵部	收入字所属韵部	字族	例字	拟音
-m 尾侵部	-m 尾谈部	672	唊	dʻam→dʻam
	-p 尾缉部	670	惗	niəp→niep
-n 尾寒部	-n 尾文部	222	绻	mi̯wən→mi̯uən
		227	殞 縜 霣 賱	gi̯wæn→ji̯wěn
			娟	gi̯wən→ji̯uən
		235	俊	tsi̯wən→tsi̯uěn
		251	圁	ŋi̯æn→ŋi̯ěn
			猏	ŋi̯ən→ŋi̯ən
	-ŋ 尾耕部	167	琼	gʻi̯wěn→gʻi̯wɐŋ
	-t 尾月部	146	頞	ʔat→ʔat
		149	怛	tɑt→tɑt
		238	爇	ni̯wat→nzi̯wɐt
		252	讞	ŋi̯at→ŋi̯ɛt
			樧	ŋɑt→ŋɑt
		253	挼	ʔat→ʔat
		260	餕	ʔi̯wăt→ʔi̯wɐt
-n 尾真部	-n 尾文部	361	吞	tʻən→tʻən
		366	鲧	kwən→kuən:
		370	恩	ʔən→ʔən
	-ŋ 尾耕部	363	郑	dʻi̯ěŋ→dʻi̯ɛŋ
	-k 尾支部	363	蹛	dʻi̯ěk→dʻi̯ɛk
-n 尾文部	-n 尾寒部	433	蹼	si̯wan→si̯wɐn-
			選	si̯wan→si̯wɐn:
			撰	dzʻi̯wan→dzʻi̯wɐn
			饌	dzʻi̯wan→dzʻi̯wɐn-
		443	掀	xi̯ăn→xi̯ɐn
		450	演	di̯an→i̯ɛn

续表

韵部	收入字所属韵部	字族	例字	拟音
-n尾文部	-n尾寒部	453	跈	nian→nien:
		461	塤	xiwăn→xiwɐn
		468	沅	diwan→iuen
			狻酸	swan→suan
	-t尾队部	453	餮	t'iət→t'iet
		456	韌	niən→niĕt
		465	腜	d'wət→d'uət
-ŋ尾阳部	-k尾铎部	707	扩	k'wak→k'wɑk
-ŋ尾耕部	-n尾真部	824	胼跰	b'ien→b'ien
	-k尾支部	841	塓幎幦	miek→miek
-ŋ尾蒸部	-m尾侵部	893	朕栚	d'iəm→d'iəm:
	-ŋ尾阳部	902	夢	mwaŋ→mwɑŋ
-ŋ尾冬部	-ŋ尾东部	1005	浓酴秾襛	niuŋ→niwoŋ
		1015	戆	xuŋ→xuŋ
-ŋ尾东部	-ŋ尾冬部	1190	崧	siwŋ→siuŋ
	-k尾屋部	1182	葦	kiuk→kiwok

从表 2-45 中可以看出，之所以出现上述情况，是因为高本汉在《汉文典》中把汉字按照他总结出来的谐声原则进行分类归部，他秉承的谐声原则是只要主要元音相同或是相似，就可构成谐声，韵尾相同或相似与否无关紧要。所以，表 2-45 可以总结为：①收-m尾的谈部和侵部可互相谐声，也可和收-p尾的盍部和缉部谐声；②收-n尾的寒部、真部和文部可互相谐声，收-n尾的寒部还可和收-t尾的月部谐声，收-n尾的文部还可和收-t尾的队部谐声，收-n尾的真部还可和收-ŋ尾的耕部、收-k尾的支部谐声；③收-ŋ尾的阳部可和收-k尾的铎部谐声，收-ŋ尾的耕部可和收-k尾的支部谐声，收-ŋ尾的蒸部可和收-m尾的侵部以及收-ŋ尾的阳部谐声，收-ŋ尾的冬部和东部可互相谐声，收-ŋ尾的东部还可和收-k尾的屋部互相谐声。

另外，在《汉文典》中还有一种现象，即收-n尾的寒部和文部中收入了少数收-r尾的罍部和脂部字、收-d尾的月部字，这些少数字到中古时韵尾发生演变：罍部-r尾失落，变作无韵尾；脂部-r尾和月部-d尾变作-i尾。

高本汉把中古音的辅音韵尾直接上推到上古音，同样得出上古入声韵收塞音韵尾-p、-t、-k。比较复杂的是中古音的阴声韵，它们或是没有韵尾，或是收元音韵尾，但高本汉注意到这些阴声韵字各与相关入声韵字有谐声和押韵的关系，认为主要元音相同、韵尾十分接近，因此为阴声韵部构拟了与入声韵清塞音韵尾相对的浊塞音韵尾。高本汉为上古汉语构拟了清浊两套塞音韵尾，阴声韵尾拟作-b、-d、-g，入声韵尾拟作-p、-t、-k。

高本汉实际上按照跟入声韵关系的远近把阴声韵分成三部分：跟入声韵关系最密切的字收-d、-g韵尾；跟入声韵关系不那么直接的字属于没有辅音韵尾的开音节；另外一些跟入声韵关系不密切却和收-n的阳声韵关系很密切的字收-r韵尾。

高本汉构拟的开音节，是鱼部、侯部、歌部里的一部分字，这三个韵部里的阴声韵字各被划分为两部分。鱼部、侯部去声字和收-k的入声字接触频繁，被构拟成-g韵尾；平上声字跟入声关系疏远，被构拟成开音节。歌部不大和入声发生关系，一部分构拟成开音节，另一部分构拟成收-r的闭音节。

高氏所构拟的收-r音的字除歌部外还有脂（微）部字。这类字跟收-t的入声韵关系疏远，跟收-n的阳声韵关系十分密切，它们的韵尾比较接近-n。

高本汉还认为，在比《诗经》更早的时代，可能还有跟-p韵尾相对的浊唇音韵尾-b，这个音在较早的时候变成了-d韵尾。

概括起来说，高本汉把之幽宵支四部的平上去声字拟成收-g，入声字拟成收-k；平上去声字不拟成收-k，在他看来，是为后来平上去声字发展为阴声准备了条件。他把鱼侯两部的去声拟成收-g，入声字拟成收-k；去声字不拟成收-k，在他看来，也是为后来去声字发展为阴声准备了条件；他还把脂（微）的平上声字拟成收-r，去声字拟成收-d，理由是他认为从韵尾-r、-d发展到韵尾-i是很自然的；他还把脂（微）的入声字拟成收-t。至于歌部字，高本汉分为两类，一类是没有辅音韵尾的，一类是-r韵尾的。这两类韵尾很难区分。高本汉构拟出-r韵尾，似乎是为了更好地解释歌部字和舌尖音韵尾字的密切关系。相关构拟概括如表2-46所示。

表 2-46　之幽宵支的韵尾

韵部	平声	上声	去声	入声
之幽宵支	-g			-k
鱼侯	∅		-g	-k
脂（微）	-r		-d	-t
歌	-∅			-r

高本汉这样构拟上古塞音韵尾有语音上的原因，清浊两类辅音的发音部位相同，发音方法上也只有清浊的对立，而其他方面都相同。

但是，根据"平上为一类，去入为一类"的传统学说，应该把去入两类的字一律拟为收-k、-t。在这个问题上，高本汉在他不同的著作中提出了不同的观点，前后反复了三次。起先，他在《中日汉字分析字典》中主张去声字收-g、-d；然后，他在《高本汉诗经注释》中则主张去声字收-k、-t；最后，他在《汉语词类》中的主张和他在《中日汉字分析字典》中的主张相同，又回到了原说，即主张去声字收-g、-d。

因此，高本汉构拟的上古塞音韵尾是：①入声韵收清塞音韵尾-p、-t、-k；②阴声韵收浊塞音韵尾-b、-d、-g，还包括-r尾。

在《汉文典》中，收-p、-b尾的有韵部 XIII（盍部）ɑp、ɑb，韵部 XV（缉部）əp、wəb；收-t、-d尾的有韵部 V（月部）ɑt、ɑd，韵部 VIII（至部）iet、ied，韵部 X（队部）ət、əd；收-k、-g尾的有韵部 XVII（铎部）ɑk、ɑg，韵部 XIX（支部）ĕk、ĕg，韵部 XXI（之部）ək、əg，韵部 XXIII（幽部）ωk、ωg，韵部 XXIV（宵部）ok、og，韵部 XXVI（屋部）uk、ug；收-r尾的有韵部 VI（鼍部）ɑr、韵部 XI（脂部）ər（表 2-47）。

表 2-47　《汉文典》上古塞音韵尾表

上古韵尾	具体上古韵部
-p、-b尾	盍部、缉部
-t、-d尾	月部、至部、队部
-k、-g尾	铎部、支部、之部、幽部、宵部、屋部
-r尾	鼍部、脂部

从《汉文典》可知，以上收塞音韵尾的上古韵部演变到中古时发生了不同的变化，变作不同的韵尾，即：

（1）盍部、缉部演变到中古时-p尾仍保持不变；-b尾大部分先变作-d尾，最后变作-i尾，小部分脱落，变作无韵尾。

（2）月部、至部、队部演变到中古时-t尾仍保持不变；-d尾则都元音化作-i尾。

（3）铎部、支部、之部、幽部、宵部、屋部演变到中古时-k尾仍保持不变；-g尾则又发生了不同的演变：①铎部、屋部及一部分支部-g尾失落，变作无韵尾；②一部分支部和大部分之部-g尾元音化作-i尾；③幽部、宵部及小部分之部-g尾元音化作-u尾。

（4）罿部、脂部演变到中古时-r尾发生了不同的演变：①罿部-r尾失落，变作无韵尾；②脂部元音化作-i尾。

此外，在《汉文典》中存在这样一种现象，即收塞音韵尾的韵部中收入少数其他韵部的不同韵尾的字。具体来说：

第一，兼收-p、-b尾的韵部：①盍部中存在极少数收-m尾的谈部字，如"泛、窆、贬"；②缉部中存在极少数收-m尾的侵部字、收-p尾的盍部字和收-t尾的月部字，如侵部字"垫"，盍部字"袷"，月部字"讷、呐"。

第二，兼收-t、-d尾的韵部：①月部中存在极少数收-n尾的寒部字和收-t尾的队部字，如寒部字"掔"，队部字"绂、袚、韍、帗、祓、拌、沰"；②至部中存在极少数收-t尾的月部字，如"秸、黠、劼"；③队部中存在极少数收-n尾的寒部字和收-t尾的月部字，如寒部字"刎、吻、脗"，月部字"軏、拙、茁"。

第三，兼收-k、-g尾的韵部：①铎部中存在极少数收-k尾的之部字，如"匿、曛、慝"；②之部中存在极少数收-ŋ尾的蒸部字，如"仍、扔、芿、孕、凝、陾"；③幽部中存在极少数收-k尾的之部字和屋部字，如"愎、匐、媢、櫝、殰、牘、犢、讀、黷、逪、鞧、韇、贖、繢、萚"；④屋部中存在极少数收-ŋ尾的东部字，如"冢、騋、倲、倲"。

第四，收-r尾的韵部：①罿部中存在极少数收-n尾的寒部字，如"祼、獌"；②脂部中存在极少数收-n尾的文部字和收-t尾的队部字，如文部字"矧、昑、牝、哂"，队部字"昵、䵒、揩、阒"。

在《汉文典》中，收鼻音韵尾的上古韵部有 10 个，即谈部、侵部、寒部、真部、文部、阳部、耕部、蒸部、冬部、东部；收塞音韵尾的上古韵部有 13 个，即盍部、缉部、月部、至部、队部、铎部、支部、之部、幽部、宵部、屋部、罿部、脂部。《汉文典》一共有 26 个上古韵部，除去以上 23 个韵部，还剩下 3 个韵部，也就是歌部、鱼部、侯部，它们是不收韵尾或是收元音韵尾的，即它们是开韵尾。为了便于查验，把它们列成表格，如表 2-48 所示。

表 2-48 高本汉韵尾的搭配

上古韵部	上古韵部中包含的上古韵尾	上古韵部	上古韵部中包含的上古韵尾
韵部 I（歌部）	-ø	韵部 XIV（侵部）	-m
韵部 II（鱼部）	-ø	韵部 XV（缉部）	-p、-b
韵部 III（侯部）	-ø、-g	韵部 XVI（阳部）	-ŋ
韵部 IV（寒部）	-n	韵部 XVII（铎部）	-k、-g
韵部 V（月部）	-t、-d	韵部 XVIII（耕部）	-ŋ
韵部 VI（罿部）	-r	韵部 XIX（支部）	-g
韵部 VII（真部）	-n	韵部 XX（蒸部）	-ŋ
韵部 VIII（至部）	-t、-d	韵部 XXI（之部）	-k、-g
韵部 IX（文部）	-n	韵部 XXII（冬部）	-ŋ
韵部 X（队部）	-t、-d	韵部 XXIII（幽部）	-k、-g
韵部 XI（脂部）	-r	韵部 XXIV（宵部）	-k、-g
韵部 XII（谈部）	-m	韵部 XXV（东部）	-ŋ
韵部 XIII（盍部）	-p、-b	韵部 XXVI（屋部）	-k、-g

需要特别说明的是，如上所述，歌部入声还收 -r 尾，鱼部、侯部去声和入声还收 -g、-k 尾，脂部去声和入声还收 -d、-t 尾。这些韵字由于所占的比例较小，所以没有在表 2-48 中显现出来。

高本汉首先运用内部比较法研究上古音，取得了巨大的成绩。特别是他把上古阴声韵构拟成收浊塞音的闭音节，在这股新思潮的影响下，国内的一些学者也受到了不小的启发，甚至有些学者沿着高本汉的道路继续走下去。例如，董同龢、李方桂和陆志韦等学者继承了高本汉把上古阴声韵构拟成收浊塞音尾的学说,在此基础上还有所发展,他们将高本汉歌鱼侯三部的一部分字构拟成的开音节也全都改为收浊塞音尾的闭音节,因此,这样的构拟结果是使上古汉语成了只有闭音节的语言。

高本汉从中国语言的实际状况入手,在完成了中古音系统的构拟之后就转向上古音系统的研究,他以自己构拟的中古音系统作为研究上古音的基础,认为上古音的韵尾辅音系统是和中古音的韵尾辅音系统相同或相似的,因此他把中古音的辅音韵尾直接上推到了上古音,但中古音的阴声韵,它们或是没有韵尾,或是收元音韵尾,情况比较复杂。高本汉注意到这些阴声韵字各与相关入声韵字有谐声和押韵的关系,认为它们主要元音相同、韵尾十分接近,因此他为上古阴声韵部构拟了与入声韵清塞音韵尾相对应的浊塞音韵尾-b、-d、-g。具体来说,高氏把阴声韵之幽宵支部的平上去声构拟成收-g尾、入声构拟成收-k尾;他还把阴声韵歌鱼侯部里的一部分构拟成开音节;把鱼侯部去声字构拟成收-g尾、入声字构拟成收-k尾,把歌部入声字构拟成收-r尾。此外,高氏还把脂(微)部平上声字构拟成收-r尾、去声字构拟成收-d尾、入声字构拟成收-t尾。高氏还认为,在比《诗经》时代更早的谐声时代,可能还存在着跟-p尾相对应的浊唇音韵尾-b,这个音在较早的时候就已经变成-d尾了。因此,高本汉完成了上古韵尾辅音的构拟,即鼻音韵尾-m、-n、-ŋ,清塞音韵尾-p、-t、-k,浊音韵尾-b、-d、-g、-r。

总之,高本汉构拟的上古音韵尾也是他上古音研究成果的重要组成部分,因此具有重要的价值。一方面,高本汉关于辅音韵尾的学说引起学术论争,并推动上古音研究的发展和进步。高本汉关于上古阴声韵具有浊音韵尾的学说一经发表,就在学术界掀起了轩然大波。学者对此种观点看法不一,形成了两大派别:一派学者主张上古阴声韵具有浊音韵尾,他们的观点大体上与高本汉的观点相同,但也还有细微的差别,可以说他们是继承了高氏的学说,并在此基础上有所发展和突破,以李方桂、董同龢、陆志韦、丁邦新等学者为代表;另一派学者主张上古阴声韵不具有浊音韵尾,即不带韵尾或带有元音韵尾,以王力、陈新雄、龙宇纯等学者为代表。正是由于两派学者们产生了激烈的学术论争,因此加快了当时上古音研究发展进步的速度,使上古音研究更上了一层楼。另一方面,高本汉根据关于辅音韵尾的谐声原则构拟出上古失落的浊音韵尾。高本汉以自己构拟出的中古音系统为基础,充分利用前人在研究先秦古韵方面的成果，在研究上古韵部方面取得了不错的成果，例如在《汉文典》中，他分古韵为二十六部。此后他又察觉到了谐声材料的重要性，并且较早地充分利用谐声材料进行上古音的研究，他利用自己归纳的"谐声原则"考订了上古单声母系统。更重要的是还构拟了上古复辅音声母。高本汉针对上古韵尾的构拟也制定出了一条"谐声原则"，中古音中有一部分主谐字或是被谐字失去了韵尾辅音，根据不同的证据推导出这些字原来具有辅音韵尾，从而可归纳出谐声原则（耿振生，2003：12）："凡是跟辅音韵尾互谐的阴声韵字，一定也有辅音韵尾。"

高本汉在《高本汉的谐声说》中以"乍 dẓ'a：昨 dz'âk；敝 b'iei：瞥 p'iet"等为例，主张谐声字具有相同或相近的声母、主要元音、韵尾，如果只有前两者相近，还不能算是完整的谐声。高本汉（1927：46-48）认为："假如是因为乍 dẓ'a：昨 dz'âk 已经有了声母元音两者相近就算够做谐声的程度了，那么自然乍 dẓ'a 当然也可以一样做 dz'ât、dz'âp 等音的谐声，所以乍 dẓ'a 字所谐的字应该-p 尾、-t 尾、-k 尾的字都有咯。可是咱们并不遇见这种事情；乍字所谐的字都是严格地限于-k 尾的字。"同理，"敝"字所谐的字应该都是严格地限于-t 尾的字。其实这些字严格地限于舌尖音或是舌根音韵尾是有原因的（高本汉，1927：46-48）："乍 dẓ'a 谐的字在上古音是有舌根音的韵尾的，不过在古音就已经失掉了，敝 b'iei 谐的字在上古音是有舌尖音的韵尾的，不过在古音就已经失掉了。"我们知道中古只有清塞音韵尾-p、-t、-k 和鼻音韵尾-m、-n、-ng，而没有浊塞音韵尾-b、-d、-g，所以可以推测出所失掉的上古音韵尾是浊音-d 和-g 尾。对于-b 韵尾，高本汉根据几个勉强算是韵尾-b 失落的谐声例，即"去：怯、内：纳"等，不太确定地构拟出韵尾-b。此外，他还根据一些其他的证据，最终得出掉落的韵尾都是浊音韵尾的结论。

高本汉构拟出的上古音韵尾具有很重要的价值，但仍然存在着缺陷。除了歌鱼侯等少数几个韵部，高本汉几乎把上古阴声韵都构拟成了收浊塞音韵尾，这样构拟的结果是上古音的音节结构几乎都成了闭音节，开音节非常贫乏。在高本汉的影响下，后来李方桂、董同龢减少了开音节，陆志韦等人甚至完全取消了开音节，致使上古音完全成了只有闭音节的语言。对此学术界存在着不同的看法，认为上古阴声韵不是收浊塞音韵尾，而是没有辅音韵尾或是收元音-i、-u 韵尾。也有许多专家学者不同意高本汉的构拟，提出了自己的观点。以下主要阐述王力、董同龢、陆志韦的批评意见，从中我们依稀可见高本汉构拟上古音韵尾的许多不足之处。

1. 王力的批评意见

第一，王力（2008：46）说："据我所知，世界各种语言一般都有开音节（元音收尾）和闭音节（辅音收尾）。个别语言（如哈尼语）只有开音节，没有闭音节；但是，我们没有看见过只有闭音节、没有开音节的语言。如果把先秦古韵一律拟测成为闭音节，那将是一种虚构的语言。"王力（2000：169）又说："高本汉所构拟的清尾和浊尾对立的上古汉语是一种虚构的语言，不是实际上可能存在的语言。"如果承认阴声韵有一套浊辅音韵尾，那么在整个上古汉语部类中，除歌等韵部以外，就全是闭口音节。这种开音节十分贫乏的语言似乎不大可能有。正如王力（1980：64）所说："世界上没有任何一种语言的开音节是像这样贫乏的。只要以常识判断，就能知道高本汉的错误。这种推断完全是一种形式主义。"所以王力认为阴声韵是没有辅音韵尾的开音节。

第二，高本汉似乎感觉到上古汉语不太可能是一种只有闭音节的语言，因此他把歌鱼侯的一部分字拟为开音节，其他阴声韵部之幽宵支脂微一律拟为闭音节。王力认为高氏给上古阴声韵构拟韵尾时使用了两个标准，时而把阴声韵拟为开音节，时而又把阴声韵拟为闭音节，这是没有什么固定依据的，也是自相矛盾的。

第三，王力在《汉语语音史》"先秦韵部的音值拟测问题"一节中，批评高本汉将歌鱼侯分拟为元音韵尾与浊塞音韵尾是没有根据的。王力（2008：47）还认为高本汉"把之支鱼侯宵幽六部拟测为-g、-k 两种韵尾，也是站不住脚的。大家知道，汉语入声字的塞音韵尾都是一种唯闭音（只有成阻，没有除阻），叫做'不爆破'，唯闭音要听出清浊两种塞音来是困难的，它不像英语的塞音收尾一般是爆破音，清浊可以分辨出来"。也就是说，-b 和-p、-d 和-t、-g 和-k，在音感上差别极小，用肉耳几乎不能辨别出来。所以-p、-t、-k 没有与之对立的浊音韵尾-b、-d、-g。由此可见，高本汉把上古汉语构拟成同时具有清浊对立两种韵尾的语言，实际上它是一种不可能存在的虚构的语言，因而是错误的。因此，王力认为-g、-k 分立也是一种虚构。他也批评了高氏的-r、-d 尾说。王力认为高本汉从谐声偏旁出发，把脂部字和歌部一小部分字都拟测一个-r尾；又根据文微对转，认为文部收音于-n，-n与-r发音部位相同，所以微部（高氏并入脂部）应收音于-r。王力认为这些论据都是很脆弱的。

第四，王力认为，从传统音韵学来看，上古-d、-g韵尾破坏了传统的阴阳入三分的学说。高本汉与中国传统音韵学入声归入阴声的观点截然相反，他把阴声归入入声，可能存在消灭上古阴声的想法。王力认为阴声韵不带韵尾或是收元音韵尾，高本汉却为阴声韵平上去声构拟了与入声韵-k、-t尾性质相同的-g、-d尾，因此，王力认为高本汉关于上古音的学说中只有阳声韵和入声韵，而没有阴声韵，此种观点严重违背了中国传统音韵学中阴阳入三分的学说，是应该受到批判的。

第五，王力认为，从传统音韵学来看，上古-d、-g韵尾破坏了"平上为一类，去入为一类"的传统学说。段玉裁说："古四声不同今韵，犹古本音不同今韵也……古平上为一类，去入为一类。上与平一也，去与入一也。"[1]清儒主张入声和阴声相配，只能两分，不能三分，但高本汉却把阴声韵鱼侯脂（微）部三分，即：鱼侯部平上声构拟成开音节、去声字构拟成收-g尾、入声字构拟成收-k尾；脂（微）部平上声字构拟成收-r尾、去声字构拟成收-d尾、入声字构拟成收-t尾。由此可见，高氏把平上归为一类，去声归为一类，入声又再归为一类，这显然和中国音韵学的传统学说"平上为一类，去入为一类"相违背，同时也违背他自己所定的原则，因为他把阴声韵之幽宵支四部两分，平上去声字拟成收-g尾、入声字拟成收-k尾，否定存在着开口音节，因此他的这种学说存在缺陷。高本汉对支幽宵之等韵部采取了两分法，平上去为一类，拟为收-g尾，入声自成一类，拟为收-k尾，这是严重的错误。鱼侯脂（微）等部，去声和入声不应该有韵尾上的分别，去声收-d、-g尾，入声收-t、-k尾；只能有声调上的分别。总之，我们必须维持"平上为一类，去入为一类"的传统学说。

综上所述，从王力对高本汉把上古阴声韵构拟成闭音节的观点的诸多批评，我们可以看出，高本汉构拟的上古阴声韵的浊塞音韵尾是存在着严重缺陷的。

---

[1]（汉）许慎撰，（清）段玉裁注：《说文解字注》，上海古籍出版社，1981，第815页。

2. 董同龢的批评意见

第一，董同龢在《上古音韵表稿》中不赞同高本汉为脂（微）部以及歌部的一些字所构拟的-r尾，因为这个-r尾是高氏通过和一些藏语词的比较而得来的。高氏自己也曾抨击过西门华德，认为现在还没有到可以进行汉藏语比较的阶段，并不是随便比较几个字就能得出正确全面的结论。所以董同龢认为高氏构拟的-r尾是不可靠的。

第二，董同龢在《上古音韵表稿》中也不赞同高氏把侯部平上声拟为开音节，又把侯部去声拟为-g尾，因为董氏认为支部阴声字跟入声字叶韵只有很少的几例，高氏却把支部的阴声字都拟为收-g尾，而侯部阴声字和入声字的接触更为频繁，高氏却构拟出-∅、-g两种韵尾，因此董氏认为高氏的这种做法实在无法令人信服，于是他认为侯部阴声字都应拟为收-g尾。

3. 陆志韦的批评意见

陆志韦也不同意高本汉脂（微）部收-r尾的学说，他认为脂（微）部应收-d尾，陆志韦（1947：105）曾在《古音说略》中指出高氏的解决办法有点儿不近情，他指出："一则因为跟汉语最相接近的暹罗语里，不久以前还有一个-r收声，然而在今音并不失去，反而变了-n。跟高氏所推想的语音变化全然不合。二则阴声通-n的例子不单见于谐声，韵文里也时常发现，西欧语仍有-n跟-r并存的。有哪一国的诗用-r叶-n的呢？格律严密的诗不用说，就连民歌里我也没有遇见过这种现象。-r跟-n在语音上尽管相像，可是各民族并不以为他们太相像。"

（二）其他韵尾构拟系统

除了高本汉之外，还有很多家不同的韵尾构拟系统。下面简单阐述各家的学说。

1. 李方桂系统

李方桂（1980a：33）说："阴声韵就是跟入声相配为一个韵部的平上去声的字。这类的字大多数我们也都认为有韵尾辅音的，这类的韵尾辅音我们可以写作*-b、*-d、*-g等。但是这种辅音是否是真的浊音，我们实在是没有什么很好的证据去解决他"，"上古时代似乎没有以元音收尾的字……也许我们的材料使我们很难分出有元音韵尾的字，也许上古的音节的结构根本就是CVC（辅音+元音+辅音）"。从这些话我们可以看出，李方桂认为上古汉语可能是一种只有闭音节的语言，因此，他认为上古阴声韵是带有辅音韵尾*-b、*-d、*-g的，但是这种辅音韵尾是不是真的浊音，从现在的资料看来还不是很确定。李方桂的这些看法和高本汉的观点极其相似，可以说他深受高本汉学说的影响。

李方桂继承了高本汉的学说，具体说包括以下两点：①高本汉把罷（歌）部和脂部字构拟成收*-r尾，认为这类字跟收*-n的阳声韵关系密切，所以它们的韵尾比较接近*-n。李方桂也有相似的看法，他在《上古音研究》里根据歌寒对转，认为歌部字似乎有个舌尖音韵尾，于是把歌部拟为收*-r尾。②高本汉认为在比《诗经》时代更早的谐声时代，可能还存在着跟*-p韵尾相对应的浊唇音韵尾*-b，这个音在较早的时候就已经变作*-d韵尾了。而李方桂则根据谐声字也构拟出了韵尾*-b，但在《诗经》用韵里，这些字已经同收*-d的字通押，*-b在早期已变为*-d。但是李氏的构拟工作比高本汉做得更彻底，他不但把高本汉为上古阴声韵构拟的浊塞音韵尾也构拟成浊塞音韵尾，同时他还把高本汉为歌鱼侯三部中的一部分字构拟的开音节也构拟成收浊塞音韵尾，所以他把上古阴声韵尾全部构拟成闭口浊塞尾音节：之鱼佳侯*-g尾，幽宵*-gw尾，微祭脂*-d尾，缉*-b尾，另外歌部收*-r尾。与高本汉构拟的上古阴声韵辅音韵尾相比，二者的不同之处在于李方桂把脂部构拟成收*-d尾，又为幽宵两部构拟出新的辅音韵尾*-gw尾。

李方桂在高本汉学说的基础上又多有发展，他经过自身的研究，认为上古塞音韵尾应分为圆唇和不圆唇两套，即有不圆唇的*-k尾和圆唇的*-kw尾，以及相对应的阴声韵不圆唇的*-g尾、圆唇的*-gw尾和相对应的阳声韵不圆唇的*-ng尾、圆唇的*-ngw尾。他在《上古音研究》中认为中古收*-u尾的阴声韵，在上古应该收*-gw及收*-kw韵尾。由此我们可以看出，李方桂构拟的上古音体系里最显著的特点是他率先构拟出了一系列圆唇舌根音韵尾*-kw、*-gw、*-ngw，这也是他对高本汉上古音韵尾学说的突破和创新之处。

综上所述，李方桂认为在上古音中存在下列韵尾，唇音：*-p、*-b、*-m；舌尖音：*-t、*-d、*-n、*-r；舌根音：*-k、*-g、*-ng；圆唇舌根音*-kw、*-gw、*-ngw。但是*-kw、*-ngw在中古以前分别同-k、-ng合流了。

2. 董同龢系统

董同龢（1948：45）论及"韵尾辅音"-b、-d、-g 时说："从西门华德（Walter Simon）的 Endkonsonten 到高本汉的 W. F.中间几经讨论，一般的意见都已倾向于承认上古某些阴声韵中是有-b、-d、-g 尾的存在，跟入声韵的-p、-t、-k 相当……现在我采取-b、-d、-g 与-p、-t、-k 一说。仅是根据李方桂先生的理论。他说：'我觉得最妥当的办法是把《切韵》时候还保存的-p、-k、-t 同《切韵》时候已经失掉的韵尾分别出来。前一种写作-p、-k、-t，后一种写作-b、-g、-d。他们的真正读法如何，我觉得我们还不能确定。'"可见，董同龢继承了李方桂的拟测，采取了*-b、*-d、*-g 与*-p、*-t、*-k 说，也就是说董同龢间接地也继承了高本汉的学说。他构拟的上古辅音韵尾与李方桂稍有不同的是，他的幽宵与之鱼佳侯相同都收*-g，歌部为开音节，即没有韵尾；而与高本汉相比，二者构拟的结果极其相似，只是高本汉把歌等韵部的一部分字构拟成收-r 尾，另一部分字构拟成开音节，而董同龢则把整个歌部全部构拟成开音节，这可以算是对高本汉学说的发展。

董同龢（2001：266-267）谈到上古韵母系统的拟测时说："暂且假定《切韵》时代收-t 的入声字在先秦原来就收*-t，和他们押韵或谐声的祭微脂诸部的阴声字，大致都收*-d；《切韵》时代收-k 的入声字，在先秦原来就收*-k，和他们押韵或谐声的之幽宵侯鱼佳诸部的阴声字都收*-g。*-d 与*-g 到后代或消失，或因前元音的影响变为-i 尾复元音的-i，或-u 尾复元音的-u；*-t 与*-k 则仍旧"，"《切韵》收-p 的入声字，在古代韵语里都自成一个系统。所以《广韵》自缉至乏诸韵的字，上古分别独自成部（"缉""叶"）"，"假定他们在上古仍然都收*-p……凡与-p 尾入声字接触的阴声字，最初还有一个唇音韵尾，今拟作**-b……**-b 尾只存在于谐声时代，到《诗经》时代变为*-d……**-b、*-d、*-g 之外，古韵语里还有一个舌尖韵尾的痕迹……那个韵尾现在订作*-r"。以上观点也和高本汉的学说有异曲同工之妙。

因此，董同龢（2001：268）在《汉语音韵学》中对上古韵部的韵尾下的结论是：

之、幽、宵、侯、鱼、佳——*-g、*-k：蒸、中、东、阳、耕——*-ŋ

祭、脂、微——*-d、*-r、*-t：元、文、真——*-n

缉、叶——（**-b）、*-p：侵、谈——*-m

总结起来，在所有的韵部中，只有歌部是没有韵尾的。

3. 陆志韦系统

陆志韦（1947：87）在《古音说略》第二章"中古阴声字在上古音有不收-b、-d、-g的么？"中说："《切韵》的阴声跟入声-p、-t、-k，阳声-m、-n、-ŋ相对待。在中古音他们是开音缀。在上古音大多数可以配入声，那就应当是-b、-d、-g了。"因此，他为了说明阴声与入声诸部协韵与谐声的关系，将阴声诸部拟测为有-b、-d、-g、-r诸类辅音韵尾。在这一点上，陆志韦也继承了高本汉的学说，认为上古阴声韵是收浊塞音韵尾的。陆志韦也发展了高本汉的学说，他也把高本汉拟作开音节的几个韵部都改拟成收浊塞音韵尾的闭音节，结果当然也是使得整个上古音的韵母系统成了没有一个开音节的闭音节系统。

但陆志韦（1947：106-109）似乎也意识到了上古汉语全是闭音节这个学说潜在的危险性，他说："上古汉语没有开音缀的结论有的人一定以为怪诞不经。世上哪里会有这样的语言呢？姑不论说话，随意翻一句古书来念，例如：'井灶门户簟帚臼杵'，读成'-ŋ、-g、-n、-g、-g、-g、-g、-g'，何等的聱牙……心里不妨存一疑问，上古语是有开音缀的，可是不知道哪些字是的。"

陆志韦（1947：107-108）在《古音说略》中主张上古歌部是收-d尾的，正如他所说："我们断不能从诗韵、谐声划分出一部分来，把他们跟入声割裂，绝对证明他们是上古的开音缀。我们的结论尽管是不近情的，然而这样的材料只可以教人得到这样的结论。"这与高本汉把歌部拟为开音节、李方桂拟为收-r尾不同，从这一点上可以看出陆志韦对高本汉学说的突破。

（三）其他学者构拟的上古韵尾

（1）西门华德在《关于上古汉语辅音韵尾的重建》中把之幽宵支脂微歌鱼侯都重建为入声，于是出现"古无开口音节"。他否认上古和中古汉语中存在着清塞音韵尾-p、-t、-k，于是他改变了高本汉的上古拟音，把上古入声韵尾拟作带音的破裂音*-b、*-d、*-g，而把上古阴声韵尾拟作带音的摩擦音*-β、*-ð、*-ɣ。

（2）周法高把*-b、*-d、*-g、*-gw 这套韵尾辅音拟为*-ɣ、*-wɣ、*-r，但后来认为*-wɣ 中的*-ɣ 是多余的。这套音后来或者消失，或者变成元音-i 或-u。他根据谐声字也构拟韵尾辅音*-b。但在《诗经》用韵里，这些字已经同收*-d 的字通押，说明*-b 在早期已变为*-d。

（3）雅洪托夫认为上古汉语最初除了有中古的六个辅音韵尾外，脂部还有过*-r，所有音节还有过*-p、*-k、*-t。

（4）丁邦新根据中古音中存在着诸多带-i、-u 尾的韵母，这-i、-u 尾很可能是由上古的辅音韵尾演变而来的，并且用同族系的语言为旁证，推断出上古音的音节结构为 CVC，从而在《上古阴声字具辅音韵尾说补证》(丁邦新，1998a：33) 中认为："上古汉语是一个没有开尾音节的语言，阴声字都具有辅音韵尾，跟入声字的韵尾有清浊之异。"他又根据《诗经》时代到南北朝时代异调字押韵的情况更加证明了上古阴声字具有辅音韵尾。

（5）邢公畹（2002：14-29）根据藏文-b、-d、-g 尾是破裂音，从而论证上古汉语*-b、*-d、*-g 尾和*-p、*-t、*-k 尾也都是破裂音，当*-b、*-d、*-g 尾消失后，*-p、*-t、*-k 尾才变成唯闭音。他还曾经引证古藏文韵尾-n 和-d 常有互换现象，并且提出上古汉语也有这种现象。

（6）龚煌城把李方桂歌部*-ar 改拟为*-al，这正跟他把声母喻四从*-r 改成*-l 相一致，这表明他认为上古存在着*-l 尾。同时，他还认为上古也存在着*-r 尾，*-r 尾与*-l 尾在一些方言中表现为上古歌、微、脂，在另一些方言中则变成了元、文、真。

（7）潘悟云利用朝鲜语等的上古汉语借词，论证上古汉语的传统歌、微、脂部的字，如果中古是平、上声，所在的谐声系列没有入声字，它们的上古韵尾就是*-l。与*-l 尾谐声的去声字也带*-l 尾。一个谐声系列中如果同时有传统歌、微、脂部的字，又有传统元、文、真部的字，那么其中歌、微、脂部的字可能来自*-l 尾，也可能来自*-r 尾，这个*-r 在东夷百越地区变作*-l 尾，而在中原地区变作*-n 尾。

（8）王力认为世界上的语言一般都有元音收尾的音节，他认为高本汉、陆志韦、董同龢等人把阴声韵字都拟成带塞音尾的字，那就成为"虚构"的语言。王力指出阴声韵是没有辅音韵尾的开音节。他认为高本汉把之支鱼侯宵幽六部拟测为*-g、*-k 两种韵尾，是站不住脚的；他还批评高氏等人拟测的*-r、*-d 韵尾。他否认上古汉语有过非鼻音的浊辅音韵尾，在高本汉拟*-r 的地方，王力构拟的是*-i。

（9）陈新雄在《古音学发微》中不赞成阴声韵收-b、-d、-g、-r尾，因为阴声诸部若收浊塞音韵尾-b、-d、-g，则与收清塞音-p、-k、-t 韵尾之入声有清浊的差异，但其实相差细微，可将阴声视为入声，阴入关系更密切，可互相谐声。而阴声之平上声与入声的关系，不如去声与入声关系密切。今既不然，可见收-b、-d、-g 韵尾一说尚难置信。他不赞成辅音韵尾，则不得不采用元音韵尾，他赞同王力提出-i、-u 两种元音韵尾。

（10）龙宇纯在《上古阴声字具辅音韵尾说检讨》中首先分析声母 p/b、t/d 及 k/g 的关系，进而观察其出现韵尾的各种接触情况，同时根据诗韵与谐声材料，否定了阴声字具有-b、-d、-g 尾，因此他不主张上古阴声有浊塞音韵尾。其后在《再论上古音-b 尾说》一文中他认为，古汉语曾否有过-b 尾问题，邈远难稽。

（11）何九盈在《上古音节的结构问题》中质疑：如果《诗经》时代存在收-b、-d、-g 尾的阴声韵，那么它们脱落的时间是何时，而且为何脱落得如此彻底，连脱落的痕迹也找不到？所以他认为阴声韵不收-b、-d、-g 尾。

近年来学术界还存在着认为上古入声韵应收浊塞音尾的观点。如俞敏发现汉魏用入声译梵文-g、-b、-h、-v、-d、-dh、-r、-l，认为入声韵当时应收浊塞音，同藏文一样是-b、-d、-g。郑张尚芳《上古入声韵尾的清浊问题》也论证了上古入声韵应为浊塞尾，并有今方音证据。二人都认为这样的构拟更能解释梵汉对译及后世的入声-d 尾字在唐西北方音变-r，朝鲜译音变-l 等现象。此说也就否定了阴声韵收-b、-d、-g 尾。

此外，近年来也有不少学者认为汉语声调是由某些韵尾音的脱落而产生的，于是构拟出了*-s 和*-h 表示去声，*-ʔ表示上声。如奥德里古、蒲立本主张上声来自*-ʔ，去声来自*-s（*-h），即仄声来自韵尾的说法，所以增加*-ʔ、*-s 两尾。郑张尚芳指出，《诗经》押韵常见同声调相押，首先与同韵尾有关，也伴随声调有关，当时*-ʔ、*-s 伴随声调还无音位意义；他还指出更早*-ʔ来自*-q，而*-s 稍后变*-h。丁邦新也认为声调与韵尾有关系，观点与白一平很接近。李新魁也接受*-s 尾说，认为*-ps、*-ts、*-ks→*-ʔ，从而把他的次入韵韵尾*-ʔ列为*-s 的后阶段，有藏文-s→-ʔ相佐证。

五、上古音的韵母结构

因为各家所构拟的介音、韵腹、韵尾不同,所以上古音的韵母结构也就表现出很大的差异,今将有影响的几家的韵母结构简述如下。

（一）李方桂体系

李方桂（1971）的构拟采阴、入合部的方式,吸收诸家的研究成果,构拟古韵22部,分四个单元音 i、ə、u、a 及三个复元音 iə、ia、ua,另有三个介音 r、j、i。李氏将 i 元音作为主要元音是古音构拟上的一大突破,并且在韵部的构拟中李氏贯彻每部只有一个主要元音和相同的韵尾的原则。李氏的古音构拟面目一新,是当时诸家古音系统中内部最一致的一种体系,其影响直至今天还很广泛。其韵母组织如表2-49所示。

表2-49 李方桂的韵母组织

韵尾	主要元音						
	u	i	əw	ə		aw	a
-k/-g	侯	支	幽	之	—	宵	鱼	—	—	—
-ŋ	东	耕	中	蒸	—	阳	—	—	—	—
-t/-d	—	—	脂	—	微	—	祭	—
-n	—	—	真	—	文	—	元	—
-p/-b	—	—	—	—	缉	—	叶	—
-m	—	—	—	—	侵	—	谈	—
-r	—	—	—	—	—	—	—	歌

资料来源:李方桂（1980a:21-74）。

（二）王力体系

王力在《诗经韵读》中根据《诗经》押韵归纳出来的古韵30部,按阴、阳、入相承分11类,即之职蒸、幽觉冬、宵药、侯屋东、鱼铎阳、支锡耕、脂质真、微物文、歌月元、侵缉、盍谈。11类主要元音分别相同,共6个主要元音,没有 i 元音,有3个复元音 əi、ai、ei。其韵母组织如表2-50所示。

表 2-50　王力的韵母组织

主要元音	韵尾								
	-ø	-k	-ŋ	-ø/-i	-t	-n	-ø	-p	-m
ə	之	职	蒸	微	物	文	—	缉	侵
e	支	锡	耕	脂	质	真	—	—	—
a	鱼	铎	阳	歌	月	元	—	盍	谈
o	侯	屋	东	—	—	—	—	—	—
ɔ	宵	药	—	—	—	—	—	—	—
u	幽	觉	(冬)	—	—	—	—	—	—

资料来源：王力（1980：10）。

（三）罗常培体系

罗常培和周祖谟（1958）的古韵 31 部系统，和王力的 30 部系统基本相同——也是阴、阳、入相承，分 12 类。因为他将"祭部"中的去声独立出来称为"祭部"，把"祭部"中的入声字独立出来称为"月部"。12 类同样是 6 个主要元音，没有 i 元音。其韵母组织如表 2-51 所示。

表 2-51　罗常培的韵母组织

韵尾	主要元音									
	e		a			u	o	ɔ	ə	
-ø	—	支	—	鱼	—	—	侯	幽	宵	—	之
-k	—	锡	—	铎	—	—	屋	沃	药	—	职
-ŋ	—	耕	—	阳	—	—	东	冬	—	—	蒸
-ø	脂	—	—	—	—	—	—	微	祭	—	—
-t	质	—	—	—	—	—	—	术	月	—	—
-n	真	—	—	—	—	—	—	谆	元	—	—
-ø	—	—	歌	—	—	—	—	—	—	—	—
-p	—	—	—	—	盍	缉	—	—	—	—	—
-m	—	—	—	—	谈	侵	—	—	—	—	—

资料来源：罗常培和周祖谟（1958：11-12）。

（四）白一平体系

白一平（1992：429）在《汉语上古音手册》中将文部一分为二，但不同于郑张尚芳的划分，而是分为*in和*un两类，他判断二者的依据是：①非唇音声母的开口文部字均为*in类；②声母为锐音的合口字肯定是*un类，除了TS-或者TSr-类声母（这类声母可能是跟*SKw(r)-辅音丛对应）。

白氏的古音体系也是六元音系统，但是不同于郑张尚芳的六个主要元音i、ɯ、u、o、a、e，白氏的为i、ɨ、u、o、a、e。ɯ和ɨ的对立是因为对文部的构拟不同，郑张尚芳将文部一分为二，中古的痕韵、真韵、臻韵，以及出现于舌齿音后的先韵、出现于喉牙音后的欣韵上古为 ɯn 类，魂韵和谆韵为un类；山韵中一部分为ɯn、一部分为un；唇喉牙及庄组后的真韵中既有ɯn类又有un类。白一平的53类古音系统如表2-52所示。

表2-52　白一平的53类古音系统

主要元音	韵尾								
	-j	-t/ts	-n	-ø	-k	-ŋ	-w	-wk	-m	-p
a	歌	月/祭	元	鱼	铎	阳	宵	药	谈	盍
e	[歌]	月/祭	元	支	锡	耕	宵	药	谈	盍
o	[歌]	月/祭	元	侯	屋	东	—	—	谈	盍
u	微	物	文	幽	觉	冬			侵	缉
i	脂	质	真	—	职→质	蒸→真	幽	觉	侵	缉
ɨ	微	物	文	之	职	蒸			侵	缉

资料来源：白一平（1992：367-564）。

（五）郑张尚芳体系和潘悟云体系

郑张尚芳体系和潘悟云体系都是六元音系统，且两者都使用了a、e、ɯ、i、u、o六个元音。两种体系的情况本章第三节表2-24和表2-25已经开列，可以参看，此处不再赘述。

传统的古音韵母结构构拟以王力为代表，他的古音30部系统至今在学界还有很广泛的影响。但是其系统中仍然存在个别让大家质疑的问题，例如：①王氏构拟的六元音系统中没有i元音；②30部中空当太多，没有一个元音贯彻到底；③30部的古音系统到中古的分化条件并未全部解释清楚。

从全世界的语言系统来看，都有 a、i、u 三个元音，可以说这是人类发音特征的三个基点，也是人们元音发音的三个基点，其他元音音素都是围绕这三个基点伸缩变化的。

$$\begin{array}{c} i \longrightarrow u \\ \searrow \swarrow \\ a \end{array}$$

王力将 i 元音仅仅作为介音的处理方式值得我们商榷，郑张尚芳（2003：160）说："从高本汉开始至陆志韦、董同龢、周法高、王力，上古 i 都只作介音，不能作主元音，不能直接与任何韵尾、声母结合，这是很奇怪的。"i 元音的存在当是全世界语言的一个普遍特征，同时也是作为音节结构系统完整的一个不可或缺的音位。

同时，一个语音系统应该是相对整齐、对称的，王氏构拟的系统中有过多的空当，不断地诱发学者们对古音系统进行进一步的探讨。除此以外，王力的系统还必须面对一个问题，就是他的古音系统到中古《切韵》系统的分化条件是什么。例如，见母二等字"间"（山）和"奸"（删）在《切韵》中是有区别的两个音，在王氏的古音系统中却均被构拟为 ean。王力的理由是二等"山"只出现在舌齿音声母后，"删韵"则只出现在唇喉牙声母后。可是"山韵"和"删韵"出现的条件并非如王氏所讲的这么分明，我们发现："山韵"也出现于唇喉音后，如"班（帮）、攀（滂）、阪（並）、奸（见）、骬（溪）、颜（疑）、捍（匣）"等字；而"删韵"也出现于舌齿音后，如"篡（初）、轏（崇）、羼（崇）、撰（崇）、潸（生）、汕（生）"等字。这样一来，"间"和"奸"则变成了同音字。那么它们的分化条件是什么，王力的古音系统就无法解释。有学者解释是因为它们的主要元音不同，"间"为 a，而"奸"为 ǎ，这就牵扯到同一个韵部，到底是同一个元音，还是多个元音，这也是目前新旧两派对上古韵部认识的主要区别。

郑张尚芳、潘悟云、白一平等新派学者的古音韵母结构构拟有以下三个显著的特点：①各家的元音系统逐渐趋于稳定，虽然主要元音略有差异，但都保持了元音三角 i、u、a 的基本格局。②各家的古音体系空当越来越少。王力韵母系统中有 26 个空当，到了白一平的体系中只有 7 个空当，郑张的体系中更减少到 2 个空当，潘悟云的体系中则完全没有空当。③新派所分的韵部与《诗经》的押韵系统不一致，其韵部系统具有明显的跨部现象，诗韵中的一个部往往被按照谐声系列分为几个小部，一个部中常包含两到三个主要元音，如诗韵中的幽部在新派诸家中就含有 i 或者 u 两个元音，甚至更多。

郑张尚芳等各家较之王氏代表的传统古音体系的一个突出特点就是更多地关注上古汉语到中古汉语的变化及变化机制、变化条件的解释。以郑张尚芳（2003：168）的韵母组合结构表（表 2-53）为例进行说明。

表 2-53　郑张尚芳的韵母组合结构表

韵尾		主要元音					
		i	ɯ	u	o	a	e
A. 收喉	-∅	脂（豕）	之	幽（流）	侯	鱼	支
	-g	质（节）	职	觉	屋	铎	锡
	-ŋ	真（黾）	蒸	终	东	阳	耕
B. 收唇	-w	幽（叫）	幽（攸）	=u	宵（夭）	宵（高）	宵（尧）
	-wg	觉（吊）	觉（肃）	=ug	药（沃）	药（乐）	药（的）
	-b	缉（执）	缉（湿）	缉（纳）	盍（乏）	盍	盍（夹）
	-m	侵（添）	侵（音）	侵（枕）	谈（凡）	谈	谈（兼）
C. 收舌	-l/-i	脂	微（衣）	微（畏）	歌（戈）	歌	歌（地）
	-d	质	物（迄）	物（术）	月（脱）	月（曷）	月（灭）
	-n	真	文（欣）	文（谆）	元（算）	元（寒）	元（仙）

郑张氏依据谐声、同源词、异读、同源语言、《诗经》合韵等例证将王力的古韵 30 部重新进行了划分，他按收喉、收唇、收舌来分类。收喉各部分阴、阳、入，阴声韵收-∅，阳声韵收-ŋ，入声韵收-g，各部保持一部一元音的原则；而收唇尾、收舌尾的各部则不是一部一元音，每一部又会分出两至三个小类。郑张尚芳（2003：162）解释为："各部因收喉，元音多能保持本值，不像收唇收舌各部元音容易出现央化位移，所以收喉各部因元音一致而异尾互叶的，比与非收喉各部相叶要多。"

郑张的系统中不同的韵尾在《诗经》中也可以押韵。像 a、o、e（收唇、舌尾的宵部中，郑张氏有 a、o、e 三个不同的元音）这样相差较远的元音可以押韵、谐声。像 a、o、e 这样相差较远的元音互谐、互押的现象是否合理？或者说一个韵部中只有一个主要元音，还是一个韵部可以包含多个不同的元音？目前学者们的态度多有不同。很多学者坚持同一个韵列（在中古，我们将同一个押韵系列，即主要元音相同或相近的一组称为一个韵系，我们借用此名称将上古主要元音相同或相关的一组称为一个韵列）押的是主要元音相同，也就是一个韵列只有一个主要元音。如李方桂（1931a：4）在《切韵â的来源》中就明确指出："我觉得押韵的字他的主要元音是最重要的，韵尾还在其次。现在韵尾虽有些相似，元音差的太多，押韵是不可能的"。王力（1963a：132）在《汉语音韵》中又指出："所谓阴阳对转，指的是阴声和阳声主要元音相同，可以互相转化"。

而以郑张为代表的新派学者则认为押韵系统不是主要元音相同才去押韵，元音相同或相近就可以形成丰富的通变现象。"作为语音系统重要部分的上古韵母系统，跟上古韵部是完全不同性质的两码事。韵部不过相当于押韵的韵辙，不同元音的韵母可以组成一个辙，其元音甚至韵尾都不求定值，而韵母则必定要有定值的元音与韵尾。两者的宽严要求相差极大，根本不能相提并论。"（郑张尚芳，2003：157）"一个谐声系列虽以同部为主，但并非绝对的，例如'母'声字以入之部 ɯ 为主，但它可以假借转注为'毋'，可见又读鱼部，而母声的'侮'则归侯部，'母'声字至少可以分读入三部。一声一部只是个通则，并不是不可逾越的禁条。"（郑张尚芳，2003：82）也就是说，郑张认为上古的韵部相当于韵辙，所以 a、o、e 这三个元音可以押韵，到中古就分为三个不同的韵部。郑张氏这种离析解决了古音分化的问题，可是与《诗经》押韵矛盾之处甚多。例如月部，郑张将其一分为 a、o、e 三个主要元音，但从《诗经》押韵来看，郑张划分的三类月部有 50% 是互相通押的。《诗经》押韵的条件不是随意解释的，它是众多韵例归纳的结果。即便是韵辙，其主要元音还是非常近的，比如十三辙中的"发花"辙包括普通话韵母的 a、ia、ua，"乜斜"辙包括普通话韵母的 ê、ie、üe，"怀来"辙包括普通话韵母的 ai、uai 等。因此，新派的韵部划分和《诗经》押韵之间显然存在着矛盾，像 a、o、e 这样相差较远的元音是否如郑张氏所说可以形成丰富的通变、互谐、互押值得斟酌。

总之，新派古音学家在古音系统构拟上都有如下几点共识：①新派认为不能只重视《诗经》的韵部分类，而忽视了整个古音韵系本身的分类。《诗经》的押韵可以归纳出韵部，但是这些韵部不是严格意义上的韵类，它只相当于韵辙，而韵辙是允许多个元音或多个韵尾互押的。②新派认为上古音是上古内部一致的雅言系统，他们构拟出的古音系统是跨时代、跨地域的，是有覆盖性的。此系统不以《诗经》押韵为主，当谐声跟《诗经》押韵不一致时，应该以谐声为主。③新派认为越古老的语言，语言的系统性就表现得越强，因此，他们在构拟的过程中对系统的严密性、整齐性表现出更多的关注。

新派的构拟确实较之传统的古音体系有了更多的发展与创新，但是自身仍有需要改进完善之处：①新派的各家认为越古老的语言系统性越强，所以主张构拟出的古音系统应该是很整齐、对称的古音体系。我们认为系统性、普遍性是必须的，但也不需刻意地填满每一个空格，以适应系统性的要求。语言是方便人类交际而产生的交流工具，不能为求系统性而造系统，因此，有空当是极可能的。例如，现代汉语的拼合系统也很整齐、对称，但并不是每一个空都填满的。②新派各家认为谐声时代跟《诗经》时代有距离。从汉字的谐声系统和《诗经》的押韵系统来看，两者之间的区别很小，很难将谐声时代和《诗经》时代清晰地割裂开来。两个时代之间更多的是时间上的交替、语音上的传承。是不是所有的谐声字都比《诗经》早，值得仔细思考。③相差较远的元音之间是否可以互谐、互押、通转，一个韵部是否可以包含多个不同的主要元音，这也需要更多语言材料的支持。

综上所述，我们认为一个成熟的、完善的古音系统必须既能解释各种押韵、谐声现象，又能解释清楚古今语音分化的条件，这样的系统才是一个经得起语言实际考验的系统。它的建立仍需我们付出大量艰苦的努力。

第六节 20世纪上古音声调系统及音节类型的研究

一、传统音韵学关于上古声调的认识

我们的先祖对自己语言的声调的认识较之对语音其他要素的认识要晚。

《南齐书》卷52"陆厥"传："永明末，盛为文章。吴兴沈约、陈郡谢朓、琅邪王融以气类相推毂。汝南周颙善识声韵，约等文皆用宫商，以平上去入为四声……"[①]这可能是四声被发现的较早记录。对此，当时许多人仍心怀疑惑。《梁书》卷13"沈约"传中周舍且曾以"天子圣哲"回答武帝，但武帝仍"雅不好焉"。武帝"雅"，那么他就可能认为"平上去入"之说为"俗"，亦即不符合正统。这一事实说明我们的先祖对声调的认识较为模糊，体认不了这种"超音质音位"的语音成分[②]。但这也似乎可以启发我们，"平上去入"作为一种语言表达手段，在永明之前的时代尚不成熟，其性质还不稳定，否则，以我们先祖们的聪明决不至丝毫没有察觉。因此，"平上去入"作为别义手段在某一历史时期可能与沈约时代以至今天的语音性质存有不同。

汉语声调为何一开始就命名为"平上去入"而不是其他次序？或曰这四个字正代表了四个调类的读法，但仍回答不了次序问题。中古以来汉语声调的研究证明了这种次序实际包含了两种不同的语音关系，如表2-54所示。

表2-54 中古声调与韵尾的关系

语音关系		调类
舒促关系	舒	平、上、去
	促	入
平仄关系	平	平
	仄	上、去、入

在上述两种关系中，平入对立明显，处于两极状态。上去则不然，在舒促关系中近平，在平仄关系中近入。这说明上去的语音性质具有不同于平入的特点，因此置于中间。去入关系曾经十分密切业已证明是事实，因此去近入也在情理之中。段玉裁所谓"平上一类""去入一类"，正可以说明它们之

---

① （梁）萧子显：《南齐书》卷1-59，大众文艺出版社，1999，第379页。
② 声调是一个历史的范畴，不同历史时期在类的区别上可能存在不同的语音性质及表现形式。这样说来，不是以音高为区别特征的语音成分不能被称为声调，这里统称为声调是为了称说方便，不能作狭义理解。"超音质音位"的特征则是就中古以来的情况说的。今天语言学意义上的声调专指以音高为主要区别特征的音位系统。

间的不同关系。平上去入的次序排列反映了周颙、沈约等人的英明识见[①]。

现代汉民族共同语及其各方言的声调状态无论是四调者,还是多于四者或少于四者,无不在平上去入的四个调类框架内演变分化。这说明中古以后汉语声调已成为汉语稳定的语音要素之一。

周秦时代距离永明时代有一千余年,那时汉语声调的状态如何无疑是应该探讨的。自明末古音学昌明以来,代有论证者。陈第主张古有四声[②],顾炎武主张"四声一贯",江永主张"古有四声,随声谐适",段玉裁主张"古无去声",孔广森主张"古无入声"(入归去),江有诰、夏燮等主张古有四声。江、夏的古有四声说一时又回归了传统四声的范畴。可是后来黄侃突发奇想,主张"古无上去,惟有平入",王力(1958)又重复了段玉裁"古无去声"的认识。其他还有魏建功的"阴阳入"三声说,王国维的"阳声一,阴声平上去入"的五声说。然而,杨树达(1933)、周祖谟(1966a)、俞敏(1981)、杨剑桥(1983a)、谢纪锋(1984)等从不同角度复证周秦时代实有四声。

以上各家或考古或审音,但所据材料主要是韵文押韵和文字音读(谐声字、《说文》读若)等。材料相同何以会得出如此说法各异的结论呢?主要是存在以下认识上的分歧。

(1)对押韵和谐声中声调关系的认识不同:从押韵看,韵脚系联的结果基本符合中古四声的格局,但也有不少例外。如强调大局就会有四声说,如放大例外,就会有三声或二声说,甚至得出古无声调的终极结论。在谐声关系中,平上去三调与入声在阳声韵中很少混乱,而阴声韵或入声韵中则存在许多去入同谐的现象,入归去或去归入的说法都会产生。

(2)对押韵与声调的关系认识不同:周秦时代并无韵书,韵部是韵脚系联的结果,无论阴阳二分还是阴阳入三分,本来都不是以声调为标准的,如果将二者混淆起来就会有阴阳入三声说。

---

① 中古时候的平仄关系是汉语音韵结构中非常重要的对立关系,是汉语声律的基本构成要素,其性质在于平声舒缓而长,仄声曲折或升或降或急促,即不平的意思,这可能是平仄律的基本含义,并不改变声调的音高特性。

② 很久以来人们认为陈第主张古无四声,邵荣芬(1997a)指出陈第是承认上古有声调的,并且认为有四个声调,纠正了这一传统的谬说。

（3）对语音演变的条件认识不同：古无去声、古无入声、古无上声等说法，把某一类声调划归另一类，很多人并没有讲它后来分化的依据，甚至模糊了事，找不出声调分化的条件。另一种认识则是设定变化条件，给后来的演变设置依据。

虽然清儒关于声调的研究是非不定，但他们向后人提示了一些重要认识：汉语声调有产生、发展的过程，"平上去入"不是汉语与生俱来的[①]。这是他们留给我们的最可宝贵的遗产。

二、周秦时期的声调分布的研究

20世纪的古音学有了长足的进步，讨论周秦时代的声调有了更多的便利条件，也有了更多的公认的结论：①古韵分阴阳入三类，它们的区别在于韵尾的不同。各韵部的韵尾性质容许有不同认识。②声调不是汉语的固有成分。从汉藏系语言比较看，它是一种语音结构变化的补偿形式，原来可以是韵尾成分，词头、词缀成分，或许是元音长短、松紧等其他语音成分。从与汉语关系最密切的藏语看，声调主要来自韵尾的不同。③汉藏系语言的声调都是后起的，在比较它们之间的同源关系时应慎重使用。

我们在上述认识的基础上，着重讨论两个问题：①周秦时代到底有没有声调？如果有，有几类？这几类声调的分布（在各类韵部中）情况如何？②如果确实存在声调，那么它的语音性质是什么？我们先论证第一个问题。

20世纪学人就汉语的基本文献中声调的表现形式及相互间的关系做了不少研究，主要包括韵文、谐声字以及其他的音读材料，基本可利用的文献都涉及了。下面用表格将一些研究结论分列于下。

（一）《诗经》押韵中四声独押通押情况

《诗经》中四声独押通押情况（表2-55）可以参考张日升（1968：163-164）的《试论上古四声》。

[①] 声调不是汉语原生的语音成分，这已经成为学界共识。

表 2-55 《诗经》中四声独押通押表

声调		平声	上声	去声	入声
独押	字数/字	2186	882	316	732
	占比/%	86	76	54	86
通押	字数/字	367	275	265	123
	占比/%	14	24	46	14

（二）之职蒸三部四声押韵情况

关于《诗经》中之职蒸三部四声押韵的情况可参考向熹（1988：262-263），分别如表 2-56、表 2-57 和表 2-58 所示。

表 2-56 之部 106 字

声调	平	上	去	入
例字	哉兹鼒尤邮牛裘媒梅谋霾台来莱贻饴能狸之虫塒诗才思丝基箕姬期其丘祉骐龟鸶又去	子秄梓宰载又去友有海喜矣否倍负妇母亩敏耻殆怠以已苣里理裏鲤李止沚趾齿恃耳采在字寺耛祀似仕士史侯纪久玖起杞芑妣洡鲔洧蓺又入	侑又右晦海佩瘶羞又事疚旧载又上	蓺又入
数量/字	36	57	12	1
占比/%	34	54	11	1

表 2-57 职部 58 字

声调	平	上	去	入
例字	—	—	背意富异圃又入备食又入试织又入炽又入识又入	麦得德力织又入色国革克亿北福菑辐服伏匐牧忒慝伤救翼弋昵炽又入奭饰识又入亟棘极圃又去域緎黑疑特职又去式则贼塞息侧稷馘
数量/字	0	0	11	47
占比/%	0	0	19	81

表 2-58 蒸部 28 字

声调	平	上	去	入
例字	冰崩冯朋登惩梦又去陵蒸绳乘又去升胜又去陾增赠肱弓兢恒薨弘雄兴又去	—	梦又乘又平胜又平兴又平	—

续表

声调	平	上	去	入
数量/字	24	0	4	0
占比/%	86	0	14	0

（三）破读字的相互声调关系

关于破读字的声调关系可以分别参考贾昌朝的《群经音辨》、周祖谟《四声别义释例》、王力《汉语史稿》中的相关数据（表2-59—表2-61）。

表2-59 贾昌朝《群经音辨》中的声调关系

声调	平去	上去	入去	平上	上上	去去	入入
字数/字	107	36	7	4	4	2	4
占比/%	66	22	4	2	2	1	2

资料来源：（宋）贾昌朝撰，张正男疏证：《群经音辨》卷6，大通书局，1973，第135—149页。

表2-60 周祖谟《四声别义释例》中的声调关系

声调	平去	上去	入去	平上
字数/字	63	38	8	4
占比/%	56	34	7	3

资料来源：周祖谟（1966a：81-119）。

表2-61 王力《汉语史稿》中的声调关系

声调	平去	上去	入去
字数/字	27	11	3
占比/%	66	27	7

资料来源：王力（1958：212-218）

（四）各家声调分布情况

各家声调分部按阴阳入三分，将段玉裁、孔广森、江有诰、黄侃、王国维、王力、李方桂、严学宭、李新魁诸家声调按表2-62整理如下。

表2-62　9家声调构拟对照表

学者	阴	阳	入
段玉裁	平上	平	入（入归阴）
孔广森	平上去	平上去	无入，入归去（入归阴）
江有诰	平上去	平上去	入（入归阴）
黄侃	平	平	入
王国维	平上去	平	入（入归阴）
王力	平上	平上	长入、短入
李方桂	平上去	平上去	入
严学宭	上（后有平去）	平（后有上去）	入
李新魁	平上	平	次入、入

（五）王力古韵三十部声调分布情况

王力古韵三十部声调分部情况据《诗经韵读》归纳，有者加"+"，无者加"○"，具体如表2-63所示。

表2-63　王力古韵三十部声调分布表

声调	之	幽	宵	侯	鱼	歌	支	脂	微	职	觉	药	屋	铎	月	锡	质	物	叶	缉	蒸	冬	东	阳	元	耕	真	文	谈	侵
平	+	+	+	+	+	+	+	+	+	○	○	○	○	○	○	○	○	○	○	○	+	+	+	+	+	+	+	+	+	+
上	+	+	+	+	+	+	+	+	+	○	○	○	○	○	○	○	○	○	○	○	+	+	+	○	+	+	+	○	○	+
去	+	+	+	+	+	+	+	+	+	○	○	○	○	○	○	○	○	○	○	○	+	+	+	+	+	+	+	○	+	○
入	○	○	○	○	○	○	○	○	○	+	+	+	+	+	+	+	+	+	+	+	○	○	○	○	○	○	○	○	○	○

（六）谐声字的声调关系

关于谐声字之间的声调关系据余迺永（1985：253-255）的数据整理如表2-64—表2-66中，略有调整。

表 2-64　阳声韵声符与谐声字　　　　　　　（单位：字）

声调	声符	谐声字	平声字	上声字	去声字	入声字
平	345	1932	1232	310	384	6
上	86	318	58	108	61	7
去	72	265	47	62	151	5
入	1	2	0	1	1	0
合计	504	2517	1337	565	597	18

资料来源：余逎永（1985：253）。

表 2-65　阴声韵声符与谐声字　　　　　　　（单位：字）

声调	声符	谐声字	平声字	上声字	去声字	入声字
平	247	1522	958	264	266	34
上	160	705	162	405	123	15
去	139	547	67	47	358	75
入	3	17	1	0	0	16
合计	549	2791	1188	716	747	140

资料来源：余逎永（1985：254）。

表 2-66　入声韵声符与谐声字　　　　　　　（单位：字）

声调	声符	谐声字	平声字	上声字	去声字	入声字
平	0	0	0	0	0	0
上	1	1	0	0	0	1
去	13	61	0	0	32	29
入	278	1146	5	13	160	968
合计	292	1208	5	13	192	998

资料来源：余逎永（1985：255）。

汇总上述数据可得声符总数为 1345 个，谐声字总数为 6516 个，同调相谐占比 66%，异调相谐占比 34%。具体数据如表 2-67 所示。

表 2-67　各调间声符和谐声字的关系　　　　（单位：字）

相谐声调	平平	上上	去去	入入	平上	平去	平入	上去	上入	去入
字数	2190	597	541	984	794	764	46	293	37	270

资料来源：余迺永（1985：253-255）。

从上述各种材料中可以得到如下结论：①从《诗经》押韵看，周秦时代四声的格局基本确立，平入二调的存在毫无疑问，上声已出现（之部尤为明显），去声只有 54% 独押，表现特别，看来与其他三声有异。②谐声字能够证明阴、阳、入三大韵部相分的大势和平上去入各自谐声的倾向，也可以看出阴、阳两类韵部三声俱全，与入声极少谐声。③声调分布不匀称，冬蒸无上去，侵无去，真耕无上，说明声调分布不平衡。它们所缺的也正是上声或去声或上、去声。④入声在押韵和谐声上主要与阴声韵的去声有关，说明去入关系密切（祭部的争论最为突出），与阴声韵的平上关系较稀，与阳声韵字相涉极少。

由上可知，去声独有的问题十分突出，段玉裁"古无去声"说绝非空穴来风。但从破读材料来看，去声确乎应当存在。周祖谟（1966b）、殷焕先（1963，1986，1987）、梅祖麟（1980）、竺家宁（1988）都认为破读起于语言自然，并非顾炎武、钱大昕等清儒所言起自魏晋经生的向壁虚造，其源头可以追至周秦，甚至更早。在破读材料中，平上入与去声构成的声调破读字占绝大多数，如果没有去声类，这一现象无法解释。殷焕先（1986）认为与平上入构成破读的去声作为一个类无疑应是存在的。否则，将无法解释《易经》"蒙者，蒙也"、《释名》"传，传也"和"观，观也"等"同字为训"的破读现象以及"家嫁""贾價""买卖""旁傍""子字""知智"等同源字和分化字的关系。这类"同字为训"和分化字的情况尚无全面的统计分析，现有成果大都是举例性的，而作者并不是为了证明去声问题的，因此，这避免为了证明自己观点而找材料的片面性，可以用来研究声调问题。这里引用孙雍长（1997）中的例字，分析如下（孙雍长，1997：231-232）：

蒙者，蒙也。（《易·说卦》）
比者，比也。（同上）
剥者，剥也。（同上）

彻者，彻也。(《孟子·滕文公上》)
风者，风也。(《诗大序》)
夫也者，夫也。(《礼记·郊特牲》)
亲之也者，亲之也。(同上，又《哀公问》)
乐也者，圣人之所乐也。(又《乐记》)
齐之为言齐也。(齐不齐以致齐者也)(又《祭统》)
宿，宿也。(星各止宿其处也)(《释名·释天》)
弟，弟也。(相次弟而生也)(又《释亲属》)
布，布也。(布列众缕为经、以纬横成之也。)(又《释采帛》)
传，传也。(人所止息，而去后人复来，转转相传，无常主也。)(又《释宫室》)
堂，犹堂堂。(高显貌也)(同上)
阙，阙也。(在门两旁，中央阙然为道也。)(同上)
观，观也。(于上观望也)(同上)
易，易也。(言变易也)(同上)
传，传也。(以传示后人也)(同上)

对此现象，齐佩瑢（1984：111）已经指出："至其声调，虽不能确知，然由何休注《公羊》之例推之，必有分别，否则不便于耳治。"孙玉文（2000：352）所举有34组分化字，如来：勑，含：琀，耳：聅，耳：珥，买：卖，家：嫁，言：唁等。原文有一些错误，校核后发现每一组声韵都相同，前字跟后字大都构成平或上或入跟去声的关系。

所以，我们认为去声作为一个类其存在是确定无疑的。它的语音性质也许较为特别，它在押韵与谐声关系上表现出特殊性。

上声的存在与否也是问题。段玉裁说："古平上为一类，去入为一类。上与平一也，去与入一也。上声备于三百篇，去声备于魏晋。"[1]段玉裁所谓平上为一类，似乎说上声来自平声。黄侃更是无任何说明就将上声取消。从押韵看，上声76%的字独押，已见其多数，从谐声看，平上去互谐，而上上互

---

[1] （汉）许慎撰，（清）段玉裁注：《说文解字注》，上海古籍出版社，1981，第815页。

谐却为常例,也看不出上声不存在的痕迹。因此,周秦时代应该有上声存在,否则无法解释76%的独押现象。

三、关于上古声调的性质的研究

前修时贤在论证调类的多寡和分布的同时也触及它们的音值问题,并形成多种见解。今择要介绍三家,详见表2-68。

表2-68　三家声调音值表

学者	声调及特性				
	平	上	去	入	性质
段玉裁	抑	平稍扬	入稍重	轻	高低轻重
王力	长/短	长/短	入之长	短	长短
梅祖麟	—	—	-s	—	韵尾

黄侃虽然没有说明声调的性质,其门生林尹(1972:48)说:"古代惟有平入二声,以为留音长短之大限,后来读平稍短而为上,读入稍缓而为去,于是乃形成了平上去入四个声调。"这似乎也是主张长短说。

段玉裁玄虚地说:"古四声之道有二无四。二者,平入也,(案:黄侃当承此说)平稍扬之则为上,入稍重之则为去,故平上一类也,去入一类也。抑之,扬之,舒之,促之,顺逆交递而四声成。"①这实在令人悟不出真相。

王力(1958)一直坚持认为长短是声调的区别特征,他的观点可以整理为表2-69。

表2-69　王力声调音值表

阴	阳	入
长短	长短	长短
平上	平上	去入

---

① (清)江有诰:《江氏音学十书》,中华书局,1993,第17页。

这个说法存在一些问题：一是没有解释清楚阴、阳声韵去声的来源；二是长短说于事实无征。《公羊传·庄公二十八年》："《春秋》伐者为客，伐者为主"①，何休"伐"字后以"长言之，短言之"解释，并注"齐人语也"，其可靠性值得怀疑。三是长短不同能否在一起押韵也是未经证实的疑问。入声有-p、-t、-k，阴声无，阳声有-m、-n、-ŋ，收音性质不同，其长短在不同韵部中性质上并不等价，王力并未就此作出解释。后来王力（1958）就只说入声分长短了，这就更不能说明阴、阳声韵去声的来源了，上声也成了问题。

主张周秦声调为韵尾不同的学说由来已久。俞敏（1999a）等主张去声为-s尾，郑张尚芳（1994）等也都跟梅祖麟（1977）一样，主张上声为-ʔ，去声为-s。他们不仅从汉语事实出发，还征引了汉藏系语言来说明。虽然李方桂（1980a）对此还有些犹豫，但他也认为在早期可能存在韵尾这一区别特征。潘悟云（2000）也支持韵尾说。如果认为韵尾决定声调就等于承认《诗经》等韵文的押韵是仅以韵尾为依据的，而不是由音高或元音的其他性质决定的。如果承认通押，那么就得承认不同韵尾可以押韵。目前主张韵尾说的各家并没有对各类韵部的韵尾分布进行配置，如果按照韵尾说的一般逻辑，应有下面的分布。这种分布实质上等于承认四声是四种不同的韵尾系统。阴声韵-∅（-b -d -g）/-ʔ（-bʔ -dʔ -gʔ）/-s（-bs -ds -gs）：阳声韵/-m -n -ŋ/-mʔ -nʔ -ŋʔ/-ms -ns -ŋs：入声韵/-p -t -k/-ps -ts -ks，如表2-70所示。

表2-70　四声及其韵尾系统

阴声韵			阳声韵			入声韵	
平	上	去	平	上	去	入	（去）
-∅（-b）	-ʔ（-bʔ）	-s（-bs）	-m	-mʔ	-ms	-p	-ps
-∅（-d）	-ʔ（-dʔ）	-s（-ds）	-n	-nʔ	-ns	-t	-ts
-∅（-g）	-ʔ（-gʔ）	-s（-gs）	-ŋ	-ŋʔ	-ŋs	-k	-ks

注：括号内的拟音是主张阴声韵有韵尾的拟音。

---

① 《十三经注疏》整理委员会整理，李学勤主编：《十三经注疏·春秋公羊传注疏》，北京大学出版社，1999，第178页。

如果承认这种分布格局，就等于认可阴声韵的平上去、阳声韵的平上去和入声韵的入、(去)各为一种小的韵部，即三大类八小类韵。那么周秦时期的声调性质就仅是韵尾辅音的因素，与元音的高低或长短或松紧无关。

对于韵尾说，罗杰瑞和丁邦新等学者提出了质疑。罗杰瑞(1995：52)指出："我觉得这种声调发生的理论很吸引人，但也得承认，现在这种形式过分地表格化，公式化。拿去声来说，虽说有些词本来有 s 韵尾，但不见得这类里的词都以-s 结尾。声调可能有复杂的来源。"丁邦新(1998b：103)针对韵尾说的各种理据作了反驳，其结论是："声调源于韵尾可能有更早的来源，可能在汉藏语的母语中有这种现象，但是在《诗经》时代没有痕迹。"在丁邦新所提出的一些反驳的证据中对音材料是有争议的，关键是如何看待它，据此不能否定声调为韵尾的性质。丁邦新的另外两条证据从形式上看是有力的：①音节中各调排序有秩。丁邦新(1998b：84)提出："在双音节并列语中，如有平声字，它总用为第一成分；如有入声字，它总用为第二成分；在没有平、入声字时，上声总用为第一成分。"丁邦新(1998b：84)又解释说："如果当时的汉语没有声调，只有韵尾辅音，就难以解释这种构词上的现象。"②异调字押韵的现象。丁邦新根据张日升(1968)统计的异调相押的数据和《诗经》的韵例，来说明-n、-nʔ、-ns 是不合理的押韵现象，不如承认是声调(音高)的不同来得合理。这一问题就像承认阴入通押、阴阳通押或阳入通押的性质一样，无论主张阴声韵为开尾韵还是辅音尾韵都存在-ø 和-p 或-b 跟-k 的异尾相押的问题，-ʔ、-s 相较于其前面的辅音或元音是低响度的，不影响其押韵的基本要求。因此，这一点也不是讲不通的。

综上所述，我们认为较之其他学说韵尾说有其合理性，可以解决许多问题，如汉语的使动范畴、词性转化、同源关系等，以及破读就可以认为是有无-s 尾的转化。对于押韵、谐声来讲，其他学说能解释的，韵尾说也同样能够解释。当然，这种分布只是一种大势，确实存在过分形式化、公式化的问题，其他的语音成分如何发挥作用也被忽视了，但作为一种假说，其合理性还是很充分的。

关于这些韵尾是如何脱落的、脱落后如何转变成音高特征，现在的研究不尽如人意。但有一点是可以提出来讨论的，以音高为特征的声调本质上是由声带颤动频率的变化决定的，因为能使声带颤动的语音要素只有元音和浊辅音可以做到，一般说来有浊辅音的音节是低调，清辅音的音节是高调，无论其处于声母位置还是韵尾位置都有这种现象，即喉塞尾-ʔ使声带变紧、变高调，擦音-s使声带变松成低调。不过这种情况下声调仅是伴随性的因素，不起别义作用，周耀文（1991）有很好的论述。

学术界对汉语声调的起源问题近一世纪以来一直争论不断，德人孔好古19世纪末就认为复辅音的脱落导致声调产生，此后有人主张汉语声调起源于声母的清浊，有人主张起源于复声母的脱落，有人主张起源于元音的长短、松紧，有人主张起源于韵尾等等，这些学说都是从不同角度、不同材料、不同理论进行研究的成果。近几年来，这个问题又有了新的讨论，徐通锵（1998）认为声调的产生和发展与音节结构的响度分布原则有关，声母是声调产生的根本条件，否决了历史比较法在声调起源研究上的作用。龚群虎（1999）、瞿霭堂（1999）就徐文提出的原则和事实作了反驳，刘光坤（1998）、江荻（1998）、钟智翔（1999）等又针对不同语言的实际情况论述声调起源的多样性。但是，这些讨论基本还是过去各种说法的延续，并没有本质上的突破。

由于有声调的语言大都集中在东亚，而汉语又是其中关键性的语言，深入研究汉语的声调起源无疑会极大地推动东亚语言声调的研究。

四、音节类型的研究

关于上古音音节类型的研究，首先涉及的是上古音是CVC型语言还是CV/CVC型语言，实际还是上古音韵母的韵尾类别与性质问题，前文已经论及。高本汉最早主张古汉语绝大多数音节属CVC型，陆志韦、李方桂等则主张全部属CVC型，尽管陆志韦怀疑全部都是闭音节语言的可能性。后来，很多人怀疑高本汉等人为阴声韵所构拟的塞音韵尾，王力、俞敏、何九盈等都曾具文驳证。当然，也有人继续支持高本汉等人的主张，如丁邦新的《上古汉语的音节结构》《上古阴声字具辅音韵尾说补证》。郑张尚芳（1987）则认为，丁邦新等列举的例证大多数是上去声字，根据好多学者的主张，上声古收-ʔ，去声古收-s/-h，那么，上去声是CVC。最后剩下的阴声平声字为开尾字，平声字较上去入声字多，平声的阴声韵不带辅音尾，汉语也就是 CVC（仄声）与 CV（平声）两类音节并存的语言了。

上古音音节类型研究涉及上古声母的形式。潘悟云（1995）在《对华澳语系假说的若干支持材料》中提出有的复辅音是由双音节多音节词缩减而成的。施向东（1998）在《也谈前上古汉语的音节类型和构词类型问题》里则提出复辅音有可能由声母扩展为联绵词的想法。郑张尚芳（2003：75）提出许多前缀垫音等声母类型。他认为：

> 复声母有"后垫式"、"前冠式"及"前冠后垫式"三种结构。其中由后加垫音 r、l、j、w、构成的后垫式是基本复声母，前置冠音分"唑"、"喉"、"鼻"、"流"、"塞"五类，可加在基本单声母及基本复声母前，构成"前冠式"及"前冠后垫式"。

和李方桂所拟的复辅音比较，郑张尚芳（2003）构拟的冠垫音如表 2-71 所示。

表 2-71　郑张尚芳构拟的冠垫音

冠垫音类	上古声母	中古声类
r 类	b·r 律；m·r 吝；g·r 蓝；r 乐；sr 数	来母
	rt 知；rth 澈 nh 丑；rd 澄；n 娘	知组
	ʔsr 庄；shr 初；zr 崇 s·Gr、rj 俟；sr 生；	庄组
	sthr 搯初；sqhr 生	庄组
j 类	tj 章；thj 昌；dj 船禅；nj 日	章组
	kj 章；khj 昌；gj 船 dj 禅；hj 书；ŋj 日	章组
	gl 以	以母
	lj 邪	邪母
s-类	ʔs 精；sh 清；sg；sd 从；sqh 心；sG 邪	精组
	st、sq、sk、sp；sth、skh、sph；sd、sb；sm 表 sn 需 sŋ	精组

从表2-71中我们可以看出，和来母、以母谐声的唇音和牙音，郑张尚芳用弱化音节表示。因为郑张尚芳用 r 表示来母，所以在和来母谐声的复辅音中用 r 代替李方桂的 l。郑张尚芳认为知组后没有流音垫音，所以他把李方桂的 Tr 类用 rT 表示。郑张尚芳认为塞擦音都是后起的，所以除擦音外，他将精组精清邪全拟为复辅音，一般前冠以 s 表示。这样来自精组的庄组也多冠以 s 表示。s 在鼻音前生成心母，郑张尚芳除了有 sm 表 sn 需声母外还有 sŋ 声母，表示来自疑母的心母，而李方桂没有。精组字和舌音与舌根音的谐声现象，李方桂已经有复辅音拟音，比如清母的 sth、skh。郑张尚芳的拟音更丰富，比如精母，李方桂没用复辅音表示，而郑张尚芳有舌音、喉牙音、唇音的来源，分别拟音为 st、sq、sk、sp。关于章组，两家把来源于舌音的都拟为 tj，但对和舌根音谐声的，李方桂拟为 krj 类，郑张尚芳拟为 kj 类。关于章组，李方桂认为其还有唇音的来源。

以上只是郑张尚芳复辅音体系的冰山一角，只是以李方桂的复辅音系统为根据作的简单比较，郑张尚芳的复辅音系统还有以下几种。

（1）鼻冠音：鼻音 m-、N-，主要在浊塞音前吞没浊声干而形成主声母，如 mb 陌 mg 狄 都为明母字。

（2）塞化流音：单流音 -r 和 -l 因塞化变为 ld、rd，复声母 kl/r、pl/r 因所带流音舌位影响变为 tl/r，或因为流音塞化而全变为舌音。

（3）喉冠音：ʔ-、h-、ɦ- 在鼻流音前吞没声干形成影晓匣云。但是当喉冠后的 l 和 r 塞化整个结构变为端组时，喉冠脱落但决定发音方法。三个喉冠音还帮助形成章组、精组，ʔ-冠+lj 形成章母；h-冠+lj 形成书母；ɦ-冠+lj 形成船母（-lj 表示章组字和来、以、定、澄字通谐）；ʔ-冠+s/z/sl/sr/zl/zr 形成精组。

（4）塞冠音 p-、t-、k-：塞音 p-、t-、k-冠不太普遍，后两种尤少。有些见组字又有帮组读法，可能有 p-冠，根据藏文，b 冠音在 k、g 之前，但 g 却不在 p、b 之前，所以郑张尚芳认为这样的复声母结构应是 p-k，而非 k-p。

表 2-72 是郑张尚芳构拟的各类声母的构成形式。

表 2-72　郑张尚芳声母表

中古声纽	郑张尚芳上古声母	中古声纽	郑张尚芳上古声母	中古声纽	郑张尚芳上古声母	中古声纽	郑张尚芳上古声母
帮	p	来	g·r, gw·r	清	sth	书	qhj/hj, qhwj
	mp		ɦkr>g·r 林蓝		skh, sph		hlj
	p-q, p-k 丙		m·r 来吝		snh, slh, smh, sŋh		hnj, hŋj, hmj
滂	ph		b·r 銮	从	z	船	Gj, Gwj, Glj
	mph		ɦpr>b·r 廪		sd, sg, sb		ɦlj
	mh		t 三等		s		ɦglj 船, ɦblj 绳
	p-qh 烹, p-kh		rt	心	sqh 岁	日	nj
並	b	知	ʔr'		sn, sm, sŋ		ŋj, ŋwj, mj
	ɦp		qr', kr', pr'		sl, slj	见	k
	p-G, p-g		ʔl' 三等	邪	lj		ŋk, mk
	m		ql', kl', pl' 三等		sG	溪	kh
	mb 陌		th 二等	庄	ʔsr		ŋkh, mkh
明	mG, mg 央		rth		sr'	群	g
	mn 弥, mŋ		nh 三等		str, sqr, skr, spr	疑	ŋ
	m-q		lh 三等		shr		ŋG, ŋg
	t	彻	rh 三等	初	sthr, skhr, sphr	影	q 后 ʔ
端	nt		hr'		smhr, sŋhr		m-q
	ʔl'		qhr', khr', phr'	崇	zr		ʔl, ʔr
	ql', kl', pl'		mhr' 蛋		sgr, sbr		ʔm 毒, ʔn, ʔŋ
	th		ŋhl' (三等) 孃	生	sr	晓	qh/h
	nth	澄	d 三等		sqhr		hl, hr
透	nh		rd		smr, sŋr		hm, hml
	lh		rl	俟	sGr		hŋ, hn
	rh		Gr', gr', br'		rj	匣	后
	hl'		Gl', gl', bl' 三等		tj		ɦl, ɦr
	qhl', khl', phl'	娘	n 三等	章	qj, kj, pj		ɦm, ɦn, ɦŋ
定	d		rn, rŋ		kwj	云	G/ɦ
	l' (ɦl')		ŋr', mr'		ʔlj, ʔnj		ɦl, ɦr
	Gl', gl', bl'		ŋl', ml' 三等		ʔnj		l
	n	精	ʔs	昌	thj	以	g·l, gw·l
泥	nd		sl'		khj, khwj, phj		ɦkl>g·l 峪浴
	nl		st, sq, sk, sp		ŋhj, mhj, nhj, lhj, rhj		ɦkwl>gw·l 羡
	ŋl', ml'		sml	禅	dj		b·l 翼窒
来	r	清	sh		gj, bj		ɦpl>b·l 蠅聿

资料来源：郑张尚芳（2003：225-230）。

总之，上古汉语语音的音节结构类型还在探索中，从人类语言的一般类型特征观察，汉语上古音存在 CV、CVC 以及 C^NV、CVC^N 等多种样式都是可能的，只是我们还没有探索到真相。

第七节　20 世纪的汉代音韵研究概况

前面我们讨论的上古音（以周秦时代的语音为代表）没有涉及汉代的音韵情况，学界一般认为，两汉语音与周秦时代语音基本一致。然而，学术界经过努力，还是发现汉代语音与周秦语音有一些变化。从清儒开始，许多前辈学者都或偶尔提及或专门论述过两汉的语音情况，20 世纪的学者则深化了两汉的语音研究，下面根据研究所依材料的不同，从五个方面分别叙述。

一、诗文韵部的分析

利用诗文押韵字研究上古音始自清儒，他们考察系联《诗经》《楚辞》及群经中的韵脚字，归纳周秦时期的韵部。归纳时偶尔提到两汉韵部的分合情况，如段玉裁在《说文解字注·六书音均表》里说："第二第三第四第五部汉以后多四部合用，不甚区分。"[1] 第十二、十三、十四三部"三百篇及群经屈赋分用画然，汉以后用韵过宽，三部合用"[2]。孔广森在《诗声类（附诗声分例）》里说"阳之与东若鱼之与侯，自汉魏之间鱼侯混合为一，东阳遂亦混合为一，似《吴越春秋》《龟筴传》往往有之"[3]。王念孙编《两汉韵谱》《淮南子韵谱》，才开始系统研究汉代的音韵情况。

王念孙之后，利用诗文韵脚研究汉代音韵的学者主要有于安澜、罗常培、周祖谟、王力、邵荣芬、王显、郝志伦、施向东等。

于安澜以丁福保所辑《全汉三国晋南北朝诗》和严可均所辑《全上古三

---

[1]（汉）许慎撰，（清）段玉裁注：《说文解字注》，上海古籍出版社，1981，第 811 页。
[2] 用王力的 30 韵部表示，第二、第三、第四、第五部分别是宵、幽、侯、鱼四部，第二十、二十三、二十六分别是真、文、元三部。引文见（汉）许慎撰，（清）段玉裁注：《说文解字注》，上海古籍出版社，1981，第 812 页。
[3]（清）孔广森：《诗声类（附诗声分例）》，中华书局，1983，第 10—11 页。

代秦汉三国六朝文》中的汉魏六朝部分，以及《史记》《汉书》《淮南子》《春秋繁露》《急就篇》《太玄》等书，摘取其中的韵字，编成《汉魏六朝韵谱》一书。于安澜的方法是先摘记某一时期作品中的押韵字，标出《广韵》韵目，然后看《广韵》中的哪几个韵在这一时期内是常常通押的，于是定出个类来，分别录出，成为韵谱。其中，两汉韵部情况，据其所列"韵部分合表"看，共34韵部。这本书材料十分丰富，但它只是依据《广韵》合并韵部，而未注意到韵部的分用情况。

罗常培和周祖谟（1958：13）的《汉魏晋南北朝韵部演变研究（第一分册）》以汉代韵文材料为主，辅以声训、注音材料，研究得出两汉的韵部阴阳入三类共27部；并分析了各部的声调配合情况。书中指出西汉音与周秦音最明显的变化是脂微合并、真文合并、质术合并、鱼侯合并，之部尤韵一类的"牛丘久"等字和脂韵一类的"龟"字开始转入幽部。东汉时韵部总数与西汉相同，但鱼部麻韵一系的"家华"等字转入歌部，歌部支韵一系的"奇为"等字转入支部，蒸部的东韵字"雄弓"转入冬部，阳部庚韵一系的"京明"等字转入耕部。周祖谟的《两汉韵部略说》一文也有类似论述。

王力（1985：82）的《汉语语音史》卷上第二章"汉代音系"，叙述了汉代的声韵调情况："可以假定，汉代声母和先秦声母一样，或者说变化不大。"在韵部方面，王力（2008：88）认为"西汉时代音系和先秦音系相差不远，到东汉变化才较大"，因此他主要考证东汉的音系：依据东汉张衡及其同时代作家的韵文材料，分析得出东汉共有29个韵部，较其所定的先秦音系少一个侯部（王力认为东汉侯部部分转入鱼部，部分转入幽部）。在声调方面，王力列举大量例子，证明段玉裁的"去声备于魏晋"的说法，认为汉代还有长入一类声调，基本上还没有变为去声。

以上三部书是系统考察汉代音系（主要是韵部）的专著。还有许多学者致力于研究两汉时期个别韵部的演变、个别作者或个别作品的用韵。

施向东（2013：11-12）通过分析《史记》中的韵语，表明汉朝初年的语音系统继承了周秦而没有很大改变，但是也出现了一些新趋向的萌芽，这就是："歌部齐部的接近，预示了歌部一部分字后来转入齐部。没曷合韵的趋势加强，显示出曷部一部分字（例如月韵字）在介音的影响下主要元音趋向-u。登部、冬部的韵尾正在由唇音向舌根音转化。"

王显（1984）结合韵文、声训、读若三方面的材料考察了古韵阳部到汉代的发展情况，证实古韵阳部只有庚韵开口三等字到东汉中期在邹鲁、扶风、京兆等地区转入耕部，其余开口二等、合口二等、合口三等字直到汉末还留在阳部，纠正了罗常培和周祖谟（1958：12）"到了东汉时期……阳部庚韵一系的字（京，明）转入耕部"的笼统说法。

邵荣芬考察了鱼侯、幽宵在汉代的情况。《古韵鱼侯两部在前汉时期的分合》一文，从汉语语音演变的角度论述了鱼侯合并说的困难，然后根据这一时期的押韵资料提出了鱼侯应该分立的两点证据：①鱼侯两部的通押并不多，没有超过韵部划分的一般限度；②鱼部与歌部往往通押，而侯部与歌部则绝不相通，说明鱼部主元音与歌部相近，而侯部主元音与歌部相远。邵荣芬（1997b）发现后汉鱼侯通押较多是侯部的虞韵字与鱼部通押较多造成的。如把侯部的虞韵字改归鱼部，则鱼侯通押大减，鱼侯分立就极为明显。后汉鱼侯分立，也进一步证明了前汉鱼侯合并的不可能。此两文否定了汉代鱼侯合并的错误学说，解决了上古到中古语音发展上的一个本不存在的难题。邵荣芬（1997c）通过分析后汉的押韵资料发现幽部的效摄字多通宵部，流摄字多通侯部，说明后汉，尤其是王充之后，古幽、宵、侯三部已变成了中古流、效两摄的格局。

郝志伦的《两汉蜀郡赋韵文中鼻音韵尾初探——兼论汉语鼻音韵尾的演变》通过考察两汉蜀郡辞赋家司马相如、扬雄、王褒、李尤在辞赋中的具体用韵情况，说明了汉代蜀郡鼻音韵尾-m→-n、-m→-ŋ的演变情况，并认为-m、-ŋ的合韵也应该被看作是汉语鼻音韵尾整体演变中的一个不可忽视的因素。

这方面的文章还有王越的《汉代乐府释音》、江学旺的《张衡赋韵考》、毛仰明的《汉代碑铭用韵研究的回顾与前瞻》、张维思的《周秦西汉歌戈麻本音新考》等。

二、注音材料的整理

《说文》《释名》《方言》等书中的声训、读若以及东汉经师注音所用的读若、读为、直音等，也是研究汉代音韵的重要资料。这类材料情况复杂，处理起来很困难，得到近似的假说不难，但要得到精确的成系统的结论却不容易。尽管如此，国内外学者还是发表了不少这方面的文章。

（一）《说文》读若

陆志韦的《〈说文解字〉读若音订》系统考察了《说文》中的读若，考订出许慎时期的语音系统：28声母（无复声母）、21韵部（阴入不分韵）、5声调。

杨剑桥的《〈说文解字〉的读若》从《说文》读若中求得许慎时的声韵系统，即30韵部、31声母。30韵部与《诗经》的韵母系统大致相似，但也有显著的语音演变情况，如《诗经》之部尤韵字"旧忧佑姷"等在东汉时代已经开始与幽部尤韵字合流。他从读若中考订出单辅音声母有31个，并证实上古汉语存在复辅音声母。

谢纪锋的《从〈说文〉读若看古音四声》通过对《说文》读若声调的考查，证明汉代语音中存在平上去入四种声调。

张鸿魁的《从〈说文〉"读若"看古韵鱼侯两部在东汉的演变》利用《说文》读若讨论了周秦的鱼侯两部到东汉的变化，兼及屋铎两部。张鸿魁（1992：421-422）认为："东汉鱼侯两部依然是对立的两部；鱼部中的虞系字正在转入侯部；鱼部中的麻系字，至少是'姐、虘、鄌'几个字，已经转入歌部；幽部中的虞系字也已转入侯部；幽部中的尤系字有人混同侯部虞系字；鱼与铎、侯与屋分别关系密切，平上声字可以跟入声字互注'读若'，表明鱼侯两部似尚有辅音韵尾。"

（二）《释名》声训

包拟古的《〈释名〉复声母研究》从《释名》声训出发，叙述了《释名》的复声母情况，文章分三部分：舌根音跟l构成的复声母；l与非舌根声母的接触；含有ŋ、n、m的复声母。对所引的声训，包拟古都在其每个字下标明了高本汉拟定的音值。

张清常的《〈释名〉声训所反映的古声母现象》分析了《释名》声训所反映的轻重唇不分、明晓两母互为声训、舌头舌上声母不分、泥娘日三母不分、照二组和照三组与精组和端组都有关系等五种声母现象。

祝敏彻的《〈释名〉声训与汉代音系》根据《释名》声训分析了汉代音系与先秦音系的不同，提出汉代音系有32个声母（无复辅音）、29个韵部，并作了拟音。

李茂康的《〈释名〉声训所反映的古音现象》认为，通过对《释名》组成声训的各组词声韵关系进行比较归纳，大致可以窥见先秦至汉末一些语音变化的线索，也可由此推寻汉末至《切韵》时代一些语音发展的踪迹。全文按上古语音系统将《释名》中的训词和被训词的声纽、韵部各归其类，然后进行排比、归纳，依照组成声训的两词读音相同或相近的原则，探求、推测语音发展的一些线索以及声纽之间、韵部之间的某些联系。

（三）汉儒注音

柯蔚南的《东汉音注的声母系统》依据东汉注释家郑玄、郑兴、郑众、服虔、何休、高诱、杜子春、应劭的注音材料，为东汉构拟了 27 个单辅音声母、4 个复辅音声母，并概括了源于上古的东汉单辅音、复辅音声母经过魏晋到中古的发展。

祝敏彻的《从汉儒声训看上古韵部（下）——兼论阴、阳、入三声分立》通过对《诗经郑笺》《诗经毛传》《礼记郑笺》《孟子赵注》《释名》中 2689 条声训材料的考察，认为古韵应分为 30 部，古韵阴阳入三声分立是客观存在的。

裴宰奭的《服虔、应劭音切所反映的汉末语音》摘录颜师古的《汉书注》中所引服虔、应劭的音注，参考中古及同期音韵资料，考察了两人音注所反映的实际语音。裴宰奭（1998：43）总结说："从声纽方面讲，服虔、应劭音注除了轻重唇不分，舌头舌上不分，精系音近庄系，章系音近端系外，还有清、浊声母混注。在韵系方面，《汉书》服虔、应劭音注中的多数材料确实能在某种程度上证明现已归纳出的上古韵部，但其中一些音注显得与上古韵部不同。"

注音材料往往是用音近字而非严格的同音字互注，加上对同一份材料不同的学者看待的角度不一样，因此，利用它们研究语音往往会得出不同的结论。即便如此，我们仍需重视它们在古音研究方面的价值，积极地利用它们来印证通过其他途径归纳得出的音系结构。

三、简牍帛书的语音研究

20 世纪陆续出土了大量的秦汉竹简书和帛书，这些材料由于长期沉埋地下，未经后人辗转传抄，保存着当时文字使用的原状。因此，这些简牍帛书中的文字，尤其是其中大量很有规律的通假字，为研究当时的语音提供了重要的依据。随着地下文献的陆续出土，许多专家开始致力于利用各地出土的汉竹简书和帛书文字研究汉代语音，从而扩大了汉代语音研究的领域。

周祖谟的《汉代竹书和帛书中的通假字与古音的考订》首次以山东临沂银雀山汉墓出土的竹书和长沙马王堆汉墓出土的帛书中的通假字为材料，对其所反映的语音现象进行了概括性的描述。

张传曾的《从秦汉竹帛中的通假字看入变为去当在两汉之交》考察了出土的秦汉竹简帛书中的通假字，结合东汉诗文的押韵情形，认为上古时期无去入分别，"入：去"破读的形成年代与入变去的年代相当，两汉之际"入：去"破读产生，证明入变去的过程应在西汉东汉之交。

刘宝俊的《〈秦汉帛书音系〉概述》以长沙马王堆出土的帛书中 1300 余对通假异文为依据，提出帛书音系有单辅音声母 26 个、复辅音声母 19 个，韵部分 30 部，有平上去入四个调类，认为帛书音系反映的是秦汉时代楚地方言的音系。

李玉的《秦汉简牍帛书音韵研究》是这方面研究的专著。此书对战国到西汉的简牍帛书的通假异文进行了几乎穷尽性的统计分析，从中归纳了汉代的语音系统，并发现了一些历史性的变迁，如：西汉初年还有复辅音声母，西汉中期以后渐趋消失；韵部系统不是 27 部而是 31 部，即鱼、侯、真、文、脂、微、质、术八部仍然各自独立，而非如罗常培、周祖谟所说的那样两两合并。

四、东汉梵汉对音材料的考察

利用对音材料研究古音也是音韵学研究上的一件大事，在 20 世纪经过一番争论后，许多学者看到了对音材料在汉语音韵研究上的价值，并越来越多地将其应用于音韵学研究上。利用东汉翻译佛经中的音译词研究东汉音系是这方面的成果之一。俞敏的《后汉三国梵汉对音谱》是这方面的代表作。文中收集了 500 多个音节的对音词，俞敏从中归纳了东汉、三国时期的声母、元音、韵尾的系统。其中，声母有 25 个，没有复辅音，韵尾辅音的对译方式比较复杂。俞敏还归纳出阴声韵有收 -b、-d、-g 的浊辅音，同一韵部有不同的元音。

五、方音研究

汉语历来存在方言上的差别，这是个不争的事实。文献典籍中对个别方言的零星记载，直接表明了方言之间的差别；"通语""雅言"被屡屡提及，也从另一方面证明了方言的存在。汉代虽有《方言》这样的专著，但其大多数是词汇的记录，涉及语音的很少；经籍传注中也记录了一些字或词的读音，但都很零散。因此，要想从这些少而零散的材料中整理出一个方言的音系，实在是一件很不容易的事。尽管如此，学者们还是研究出了不少成果。

林语堂的《汉代方音考》根据三个区域的三种语音现象证明了不同地区之间有方言之别，参考扬雄《方言》、种姓的历史变迁将汉代的方言（主要是语音）分为12类。这篇文章是第一篇专门论述汉代方音情况的，虽然没有指出各地的具体语音情况，却具有重要的方法论意义。

罗常培和周祖谟的《汉魏晋南北朝韵部演变研究（第一分册）》依据扬雄的《方言》划分了汉代方言的地理区域，分析了汉代古书注解中所指出的方音现象；并考查了《淮南子》《急就篇》《易林》《释名》《论衡·自纪篇》，以及司马相如、王褒、扬雄、张衡、蔡邕的韵文，概括了汉代江淮一带、关中、蜀郡、幽州、冀州、陕西、会稽、河南、青徐等地的语音情况。

丁启阵的《秦汉方言》将秦汉时期的方言分为八个区，并从《方言》表音材料、诗文合韵、经籍传注三个方面分析了各个方言区的语音情况。

从上面的叙述可以看出，汉代的语音大致接近先秦，但也有一些明显的变化。就共同语来说，声母方面，先秦的确存在复辅音，汉代复辅音渐趋减少、消失；韵部方面，虽然学者对脂微、质术、真文是分是合，侯部是否独立分歧较大，但各部之间所含字类发生了变迁转移却为大家公认；声调上，有几个调类、分别是什么，学者至今尚未有一个统一的看法。

汉代不同的材料往往揭示不同的现象，我们可以综合利用这些材料，多方面、多角度地把握汉代的语音情况。对于一些材料揭示的一些特殊的现象，我们还需要寻找更多的材料补充证明。上文的五种材料中，诗文的韵例、地域，作者的用韵风格，简牍帛书的时代，注音对音的性质，各地方音的情况还需要我们进一步考察研究。

参 考 文 献

(汉)许慎:《说文解字》,中华书局,1963。
(汉)许慎撰,(清)段玉裁注:《说文解字注》,上海古籍出版社,1981。
(晋)郭璞注,王世伟校点:《尔雅》,上海古籍出版社,2015。
(明)陈第著,康瑞琮点校:《毛诗古音考》,中华书局,1988。
(明)焦竑撰,李剑雄点校:《焦氏笔乘》,上海古籍出版社,1986。
(明)王骥德著,陈多、叶长海注释:《王骥德曲律》,湖南人民出版社,1983。
(南朝·梁)萧统撰,(唐)李善注:《文选》(全二册),商务印书馆,1959。
(南朝·梁)萧子显:《南齐书》(全三册),中华书局,2003。
(南朝·宋)范晔撰,(唐)李贤等注:《后汉书》,中华书局,1965。
(南唐)徐锴:《说文解字系传》,中华书局,1987。
(清)戴震:《声类表》,见戴震研究会、徽州师范专科学校、戴震纪念馆编纂《戴震全集(第五册)》,清华大学出版社,1997,第2525—2580页。
(清)段玉裁:《六书音韵表》,中华书局,1983。
(清)段玉裁撰,钟敬华校点:《经韵楼集》,上海古籍出版社,2008。
(清)顾炎武:《音学五书》,中华书局,1982。
(清)桂馥:《说文解字义证》,中华书局,1987。
(清)黄生撰,(清)黄承吉按,田耕渔考识:《〈字诂〉考识》,巴蜀书社,2011。
(清)江永:《古韵标准》,中华书局,1982。
(清)江永:《音学辨微》,商务印书馆,1940。
(清)江有诰:《音学十书》,中华书局,1993。
(清)孔广森:《诗声类(附诗声分例)》,中华书局,1983。
(清)孔广森:《诗声类》,四川人民出版社,1957。
(清)钱大昕:《十驾斋养新录》,商务印书馆,1935。
(清)钱大昕著,陈文和、孙显军校点:《十驾斋养新录》,江苏古籍出版社,2000。
(清)王念孙:《古韵谱》,丛书集成三编本,新文丰出版公司,1997。
(清)夏燮:《述均》,见《续修四库全书》编纂委员会编《续修四库全书》(经部·小学类,第249册),上海古籍出版社,1996,第1—86页。
(清)夏炘:《诗古韵表廿二部集说》,见《续修四库全书》编纂委员会编《续修四库全书》(经部·小学类,第248册),上海古籍出版社,1996,第313—340页。
(清)严可均校辑:《全上古三代秦汉三国六朝文》,中华书局,1958。
(清)张成孙:《说文谐声谱》,南菁书院,清光绪十四年(1888)。

(清)章太炎撰,陈平原导读:《国故论衡》,上海古籍出版社,2003。
(宋)贾昌朝撰,张正男疏证:《群经音辨》卷6,大通书局,1973。
(宋)朱熹注,(汉)王逸注,(宋)洪兴祖补注,夏祖尧标点:《诗集传 楚辞章句》,岳麓书社,1989。
(唐)陆德明.《经典释文》,上海古籍出版社,1985。
(唐)姚思廉:《梁书》,中华书局,2003。
(战国)荀子撰,方达评注:《荀子》,商务印书馆,2016。
敖小平.1984."'古无轻唇音'不可信"补证.华东师范大学学报(哲学社会科学版),(6):91-93.
陈独秀.2001.中国古代语音有复声母说//陈独秀音韵学论文集.北京:中华书局:102-117.
陈复华,何九盈.1987.古韵通晓.北京:中国社会科学出版社.
陈其光.1994.汉藏语声调探源.民族语文,(6):37-46.
陈新雄.1972.古音学发微.台北:文史哲出版社.
陈新雄.1999.古音研究.台北:五南图书出版有限公司.
陈新雄.2010.曾运乾之古音学//陈新雄语言学论学集.北京:中华书局:171-184.
陈振寰.1986.音韵学.长沙:湖南人民出版社.
程俊英,蒋见元.1991.诗经注析.北京:中华书局.
程湘清.1992.两汉汉语研究.济南:山东教育出版社.
储泰松.1998.梵汉对音与中古音研究.古汉语研究,(1):45-52.
戴君仁.1943.古音无邪纽补证.辅仁学志,12(1/2):23-30.
戴庆厦.1998.二十世纪的中国少数民族语言研究.太原:书海出版社.
戴庆厦.2009.必须大力加强少数民族语言和汉语对比研究——武金峰教授主编《汉哈语言对比研究》序.伊犁师范学院学报(社会科学版),(4):50.
丁邦新.1969.国语中双音节并列语两成分间的声调关系."中央研究院"历史语言研究所集刊,39:155-173.
丁邦新.1975a.魏晋音韵研究."中央研究院"历史语言研究所专刊之六十五.
丁邦新.1975b.论语、孟子、及诗经中并列语成分之间的声调关系."中央研究院"历史语言研究所集刊,47(1):17-52.
丁邦新.1978.论上古音中带1的复声母//屈万里先生七秩荣庆论文集编辑委员会编.屈万里先生七秩荣庆论文集.台北:联经出版事业公司:601-617.
丁邦新.1979.上古汉语的音节结构."中央研究院"历史语言研究所集刊,50(4):717-739.
丁邦新.1987.上古阴声字具辅音韵尾说补证.师大国文学报,16:59-66.
丁邦新.1998a.上古阴声字具辅音韵尾说补证//丁邦新语言学论文集.北京:商务印书馆:33-41.

丁邦新. 1998b. 汉语声调源于韵尾说之检讨//丁邦新语言学论文集. 北京: 商务印书馆: 83-105.
丁邦新. 1998c. 上古汉语的音节结构//丁邦新语言学论文集. 北京: 商务印书馆: 2-32.
丁邦新. 1998d. 汉语上古音的元音问题//丁邦新语言学论文集. 北京: 商务印书馆: 42-63.
丁邦新. 1998e. 论上古音中带 l 的复声母//赵秉璇, 竺家宁. 古汉语复声母论文集. 北京: 北京语言文化大学出版社: 70-89.
丁邦新. 1998f. 平仄新考//丁邦新语言学论文集. 北京: 商务印书馆: 64-82.
丁邦新. 2014. 上古阴声字浊辅音韵尾存在的证据及其消失的年代. 政大中文学报, (21): 1-10.
丁福保. 1959. 全汉三国晋南北朝诗. 北京: 中华书局.
丁启阵. 1991. 秦汉方言. 北京: 东方出版社.
董同龢. 1948. 上古音韵表稿. 中央研究院历史语言研究所集刊, 18: 11-249.
董同龢. 1954. 中国语音史. 台北: 中华文化出版事业社.
董同龢. 2001. 汉语音韵学. 北京: 中华书局.
方孝岳. 1979. 汉语语音史概要. 香港: 商务印书馆.
方孝岳, 罗伟豪. 1988. 广韵研究. 广州: 中山大学出版社.
冯蒸. 1984. 试论藏文韵尾对于藏语方言声调演变的影响——兼论藏语声调的起源与发展. 西藏民族学院学报, (2): 35-54, 78.
冯蒸. 1989.《切韵》祭泰夬废四韵带辅音韵尾说. 湖南师范大学社会科学学报, (6): 90-97.
冯蒸. 1997. 汉语音韵学论文集. 北京: 首都师范大学出版社.
冯蒸. 1998. 论汉语上古声母研究中的考古派与审音派——兼论运用谐声系统研究上古声母特别是复声母的几个问题. 汉字文化, (2): 17-30.
冯蒸. 2003.《说文》形声字基本声首音系研究(上)//刘利民, 周建设主编. 语言(第 4 卷). 北京: 首都师范大学出版社: 47-129.
冯蒸. 2004a. 高本汉、董同龢、王力、李方桂拟测汉语中古和上古元音系统方法管窥: 元音类型说——历史语言学札记之一. 首都师范大学学报(社会科学版), (5): 73-82.
冯蒸. 2004b. 龙宇纯教授著《中上古汉语音韵论文集》评介. 古籍整理研究学刊, (3): 94-97.
冯蒸. 2008. 第三次古音学大辩论——关于梅祖麟讲话引起的古音讨论介绍. 汉字文化, (4): 7-24, 32.
冯蒸. 2009. 汉藏语比较语言学重要论著述评与初步研究——附论: 提高汉藏语比较研究水平亟需编纂《从现代汉语查找古汉语同义词的词典》《按韵母编排的藏汉词典》两部基础性词典. 汉字文化, (1): 20-47.
符定一. 1943. 联绵字典. 北京: 京华印书局
葛毅卿. 1939. 喻三入匣再证. 中央研究院历史语言研究所集刊, 8(1): 91.

耿振生. 2002. 古音研究中的审音方法. 语言研究, (2): 92-99.
耿振生. 2003. 论谐声原则——兼评潘悟云教授的"形态相关"说. 语言科学, (5): 10-28.
耿振生. 2004. 20 世纪汉语音韵学方法论. 北京: 北京大学出版社.
耿振生, 赵庆国. 1996. 王力古音学浅探——纪念王力先生逝世 10 周年. 语文研究, (2): 1-7.
龚煌城. 1976. 从同源词的研究看上古汉语音韵的构拟. 慕尼黑大学博士学位论文.
龚煌城. 1990. 从汉藏语的比较看上古汉语若干声母的拟测//西藏研究委员会编. 西藏研究论文集(第三辑). 台北: 西藏研究委员会: 1-18.
龚煌城. 1993. 从汉、藏语的比较看汉语上古音流音韵尾的拟测//西藏研究委员会编. 西藏研究论文集(第四辑). 台北: 西藏研究委员会: 1-18.
龚煌城. 1997. 从汉藏语的比较看重纽问题——兼论上古*-rj-介音对中古韵母演变的影响//台湾声韵学学会, 台湾师范大学国文系所, "中央研究院"历史语言研究所编. 声韵论丛(第六辑). 台北: 台湾学生书局: 195-244.
龚煌城. 2003. 从原始汉藏语到上古汉语以及原始藏缅语的韵母演变//何大安编. 古今通塞: 汉语的历史与发展. 台北: "中央研究院"语言学研究所筹备处: 187-223.
龚群虎. 1999. 声调仅起源于声母说献疑——关于汉语去声起源的解释和相关问题. 民族语文, (4): 9-14.
顾之川. 1987. "谐声同部说"评议. 西南师范大学学报(人文社会科学版), (S2): 80-85.
管燮初. 1982. 从《说文解字》中的谐声字看上古汉语声类. 中国语文, (1): 34-41.
郭锡良. 2002. 历史音韵学研究中的几个问题——驳梅祖麟在香港语言学会年会上的讲话. 古汉语研究, (3): 2-9.
郭锡良. 2005. 汉语史论集(增补本). 北京: 商务印书馆.
郭锡良. 2010. 汉字古音手册(增订本). 北京: 商务印书馆.
郝志伦. 1995. 两汉蜀郡赋韵文中鼻音韵尾初探——兼论汉语鼻音韵尾的演变. 川东学刊(社会科学版), (1): 107-110.
何九盈. 1984. 上古音节的结构问题//北京大学中文系《语言学论丛》编委会编. 语言学论丛(第十四辑). 北京: 商务印书馆: 28-32.
何九盈. 1988. 古汉语音韵学述要. 杭州: 浙江古籍出版社.
何九盈. 1991a. 《说文》省声研究. 语文研究, (1): 4-18.
何九盈. 1991b. 上古音. 北京: 商务印书馆.
何九盈. 1995. 中国古代语言学史. 广州: 广东教育出版社.
何九盈. 2002. 音韵丛稿. 北京: 商务印书馆.
何正廷. 2004. 壮族经诗译注. 昆明: 云南人民出版社.
和志武. 1995. 纳西族民歌译注. 昆明: 云南人民出版社.
贺德扬. 1992. 三等字上古*r 介音探讨及其它. 聊城师范学院学报(哲学社会科学版),

(4): 108-128.
洪波. 1999. 关于《说文》谐声字的几个问题. 古汉语研究, (2): 2-7.
胡安顺. 1991. 长入说质疑. 陕西师大学报(哲学社会科学版), 20(4): 105-112.
胡安顺. 2002. 音韵学通论. 北京: 中华书局.
胡适. 1919a. 清代汉学家的科学方法. 北京大学月刊, (5): 23-37.
胡适. 1919b. "新思潮"的意义. 新青年, 7(1): 5-12.
胡适. 1929. 入声考. 新月, 1(11): 7-37.
胡适. 2013. 寄夏剑丞先生书//胡适文存(第三集). 北京: 首都经济贸易大学出版社: 153-159.
胡坦. 1980. 藏语(拉萨话)声调研究. 民族语文, (1): 22-36.
胡晓新, 金理新. 2001. 谐声本质探微. 温州师范学院学报(哲学社会科学版), (1): 9-12.
黄布凡. 1994. 藏语方言声调的发生和分化条件. 民族语文, (3): 1-9.
黄典诚. 1980. 关于上古汉语高元音的探讨. 厦门大学学报(哲学社会科学版), (1): 92-100, 71.
黄典诚. 1993. 汉语语音史. 合肥: 安徽教育出版社.
黄典诚. 1994. 《切韵》综合研究. 厦门: 厦门大学出版社.
黄侃. 1980. 黄侃论学杂著——《说文略说》《音略》《尔雅略说》等十七种. 上海: 上海古籍出版社.
黄笑山. 1999. 汉语中古音研究述评. 古汉语研究, (3): 15-24.
黄易青. 2004. 论上古喉牙音向齿头音的演变及古明母音质——兼与梅祖麟教授商榷. 古汉语研究, (1): 20-27.
黄易青. 2005. 论"谐声"的鉴别及声符的历史音变. 古汉语研究, (3): 22-29.
江荻. 1998. 论声调的起源和声调的发生机制. 民族语文, (5): 11-23.
江学旺. 2000. 张衡赋韵考//中国音韵学研究会, 徐州师范大学语言研究所编. 中国音韵学研究会第十一届学术讨论会汉语音韵学第六届国际学术研讨会论文集. 香港: 香港文化教育出版社有限公司: 66-69.
金理新. 1998. 再论喻母古读. 温州师范学院学报(哲学社会科学版), 19(2): 2-8.
金理新. 1999. 上古汉语的*l-和*r-辅音声母. 温州师范学院学报(哲学社会科学版), (4): 53-61.
金理新. 2002. 上古汉语音系. 合肥: 黄山书社.
金理新. 2004. 与晓母相关的一些谐声关系和晓母读音. 温州师范学院学报(哲学社会科学版), 25(3): 14-19.
金理新. 2006. 上古汉语形态研究. 合肥: 黄山书社.
金理新, 张小萍. 2000. 精组的上古读音构拟. 温州师范学院学报(哲学社会科学版), 21(4): 15-20.

金有景. 1984. 论日母——兼论五音、七音及娘母等//北京市语言学会编. 傅懋勣, 周定一, 张寿康, 等主编. 罗常培纪念论文集. 北京: 商务印书馆: 345-361.

金治明, 李永乐. 2008. 概率论与数理统计. 北京: 科学出版社.

黎锦熙. 1992. 新著国语文法. 北京: 商务印书馆.

李葆嘉. 1998. 当代中国音韵学. 广州: 广东教育出版社.

李方桂. 1931. 切韵â的来源. 中央研究院历史语言研究所集刊, 3(1): 1-38.

李方桂. 1932. Ancient Chinese -ung, -uk, -uong, -uok, etc., in Archaic Chinese (东冬屋沃之上古音). 中央研究院历史语言研究所集刊, 3(3): 375-414.

李方桂. 1935. Archaic Chinese *-i̯wəng, *-i̯wək and *-i̯wəg (论中国上古音的*-i̯wəng, *-i̯wək, *-i̯wəg). 中央研究院历史语言研究所集刊, 5(1): 65-74.

李方桂. 1944. The hypothesis of a pre-glottalized series of consonants in primitive Tai. 中央研究院历史语言研究所集刊, 11: 177-188.

李方桂. 1962. 台语系声母及声调的关系. "中央研究院" 历史语言研究所集刊(故院长胡迪先生纪念论文集), 34(上册): 31-36.

李方桂. 1971. 上古音研究. 清华学报, IX(1/2): 1-61.

李方桂. 1979. 上古汉语的音系. 叶蜚声译. 语言学动态, (5): 8-13, 39.

李方桂. 1980a. 上古音研究. 北京: 商务印书馆.

李方桂. 1980b. Laryngeal features and tonal development. "中央研究院" 历史语言研究所集刊(纪念李济、屈万里两先生论文集), 51(1): 1-13.

李方桂. 1983. 上古音研究中声韵结合的方法. 语言研究, (2): 1-6.

李国英. 1996. 小篆形声字研究. 北京: 北京师范大学出版社.

李开. 2002. 黄侃的古音学: 古本声十九纽和古本韵二十八部. 江苏大学学报(社会科学版), (1): 91-95.

李开. 2008. 汉语古音学研究. 上海: 上海人民出版社.

李开, 顾涛. 2015. 汉语古音学史. 上海: 上海古籍出版社.

李茂康. 1991. 《释名》声训所反映的古音现象. 青海师范大学学报(哲学社会科学版), (1): 72-78, 104.

李荣. 1956. 切韵音系. 北京: 科学出版社.

李荣. 1965. 从现代方言论古群母有一、二、四等. 中国语文, (5): 337-342, 355.

李思敬. 1985. 音韵. 北京: 商务印书馆.

李无未. 2007. 音韵学论著指要与总目. 北京: 作家出版社.

李孝定. 1974. 中国文字的原始与发展(上篇). "中央研究院" 历史语言研究所集刊, 45(2): 343-395.

李新魁. 1979. 古音概说. 广州: 广东人民出版社.

李新魁. 1983. 《中原音韵》音系研究. 郑州: 中州书画社.

李新魁. 1984. 汉语音韵学研究概况及展望//中国音韵学研究会编. 音韵学研究(第一辑). 北京: 中华书局: 4-22.

李新魁. 1984. 重纽研究. 语言研究, (2): 73-104.

李新魁. 1986. 汉语音韵学. 北京: 北京出版社.

李新魁. 1991. 中古音. 北京: 商务印书馆.

李新魁, 麦耘. 1993. 韵学古籍述要. 西安: 陕西人民出版社.

李毅夫. 1984. 上古韵祭月是一个还是两个韵部//中国音韵学研究编会. 音韵学研究(第一辑). 北京: 中华书局: 286-295.

李玉. 1994. 秦汉简牍帛书音韵研究. 北京: 当代中国出版社.

梁敏, 张均如. 1993. 侗台语族送气清塞音声母的产生和发展. 民族语文, (5): 10-15.

林海鹰. 2006. 斯塔罗斯金与郑张尚芳上古音系统比较研究. 首都师范大学博士学位论文.

林焘. 2001. 日母音值考//林焘语言学论文集. 北京: 商务印书馆: 317-336.

林尹. 1972. 训诂学概要. 台北: 正中书局.

林语堂. 1924. 古有复辅音说. 晨报六周年增刊, (12): 206-216.

林语堂. 1925. 汉代方音考. 语丝, (31): 4-12.

林语堂. 1930. 支脂之三部古读考. 中央研究院历史语言研究所集刊, 2(2): 137-152.

刘宝俊. 1986. 《秦汉帛书音系》概述. 中南民族学院学报(哲学社会科学版), (1): 126-132.

刘宝俊. 1990. 冬部归向的时代和地域特点与上古楚方音. 中南民族学院学报(哲学社会科学版), (5): 79-86.

刘冠才. 1995. 论上古汉语中的匣母字. 渤海大学学报(哲学社会科学版), (1): 79-84.

刘光坤. 1998. 论羌语声调的产生和发展. 民族语文, (2): 1-8.

刘师培. 1934. 古书疑义举例补 小学发微补. 台大中文学报, (1): 151-185.

刘又辛. 1982. "右文说"说. 语言研究, (1): 163-178.

刘又辛. 1993. 从汉字演变的历史看文字改革//文字训诂论集. 北京: 中华书局: 22-35.

刘镇发. 2005. 上古介音[r]的崩溃与中古二三等韵的产生和演化. 南开语言学刊, (1): 25-36.

龙宇纯. 2009. 丝竹轩小学论集. 北京: 中华书局.

龙宇纯. 2015. 中上古汉语音韵论文集(龙宇纯全集: 二). 台北: 秀威资讯科技股份有限公司.

鲁国尧. 2003. 鲁国尧语言学论文集. 南京: 江苏教育出版社.

陆志韦. 1939. 三四等与所谓"喻化". 燕京学报, (26): 143-173.

陆志韦. 1946. 说文解字读若音订. 北京: 哈佛燕京学社.

陆志韦. 1947. 古音说略. 北京: 哈佛燕京学社.

陆志韦. 1948. 诗韵谱. 北京: 哈佛燕京学社.

陆志韦. 1971. 古音说略. 台北: 台湾学生书局.

陆志韦. 1985. 陆志韦语言学著作集（一）. 北京：中华书局.
陆志韦. 1999a.《说文》《广韵》中间声类转变的大势//陆志韦语言学著作集（二）. 北京：中华书局：189-230.
陆志韦. 1999b. 陆志韦语言学著作集（二）. 北京：中华书局.
逯钦立. 1983. 先秦汉魏晋南北朝诗. 北京：中华书局.
罗常培. 1931. 知彻澄娘音值考. 中央研究院历史语言研究所集刊, 3(1)：121-158.
罗常培. 1937.《经典释文》和原本《玉篇》反切中的匣于两纽——跋葛毅卿《喻三入匣再证》. 中央研究院历史语言研究所集刊, 8(1)：85-90.
罗常培. 1949. 中国音韵学导论. 北京：北京大学出版部.
罗常培. 1956. 汉语音韵学导论. 北京：中华书局.
罗常培, 周祖谟. 1958. 汉魏晋南北朝韵部演变研究（第一分册）. 北京：科学出版社.
吕胜男. 2009. 古韵研究方法论发微——兼论今文《尚书》用韵研究. 南阳师范学院学报, 8(2)：57-61.
吕胜男. 2009. 再谈《诗经》之耕、真合韵. 天中学刊, (1)：83-85.
麦耘. 1991.《切韵》知、庄、章组及相关诸声母的拟音. 语言研究, 11(2)：107-114.
麦耘. 1992. 论重纽及《切韵》的介音系统. 语言研究, 12(2)：119-131.
麦耘. 1995.《诗经》韵系//音韵与方言研究. 广州：广东人民出版社：1-25.
麦耘. 2003. 潘悟云上古汉语复辅音声母研究述评. 南开语言学刊, (2)：135-141, 187.
麦耘. 2005a. 汉语历史音韵研究中的一些方法问题//浙江大学汉语史研究中心编. 汉语史学报（第五辑）. 上海：上海教育出版社：148-158.
麦耘. 2005b. 走进汉语历史音韵学的汉藏语比较研究//刘丹青主编. 语言学前沿与汉语研究. 上海：上海教育出版社：312-331.
毛仰明. 2000. 汉代碑铭用韵研究的回顾与前瞻// 中国音韵学研究会, 徐州师范大学语言研究所编. 中国音韵学研究会第十一届学术讨论会汉语音韵学第六届国际学术研讨会论文集. 香港：香港文化教育出版社有限公司：70-73.
梅祖麟. 1977. 中古汉语的声调与上声的起源//痖弦主编. 中国语言学论集. 台北：幼狮文化事业公司：175-197.
梅祖麟. 1980. 四声别义中的时间层次. 中国语文, (6)：427-433.
梅祖麟. 1982. 说上声. 清华学报, (1/2)：233-241.
梅祖麟. 1983. 跟见系字谐声的照三系字. 中国语言学报, (1)：114-126.
梅祖麟. 2010. 中古汉语的声调与上声的来源//潘悟云. 境外汉语音韵学论文选. 上海：上海教育出版社：41-60.
孟爱华, 刘冠才. 2009. 上古声母研究概述. 文教资料, (11)：40-41.
潘悟云. 1984. 非喻四归定说. 温州师专学报（社会科学版）, (1)：114-125.
潘悟云. 1985. 章、昌、禅母古读考. 温州师专学报（社会科学版）, (1)：93-111.

潘悟云. 1987. 谐声现象的重新解释. 温州师院学报(社会科学版), (4): 57-66.
潘悟云. 1988. 高本汉以后汉语音韵学的进展. 温州师院学报(哲学社会科学版), (2): 35-51.
潘悟云. 1991. 上古汉语使动词的屈折形式. 温州师院学报(哲学社会科学版), (2): 48-57.
潘悟云. 1992. 上古收-p、-m诸部. 温州师院学报(哲学社会科学版), (1): 1-12.
潘悟云. 1995. 对华澳语系假说的若干支持材料. Journal of Chinese Linguistics Monograph Series, (8): 113-114.
潘悟云. 1997. 喉音考. 民族语文, (5): 10-25.
潘悟云. 2000. 汉语历史音韵学. 上海: 上海教育出版社.
潘悟云. 2010. 境外汉语音韵学论文选. 上海: 上海教育出版社.
裴宰奭. 1998. 服虔、应劭音切所反映的汉末语音. 古汉语研究. (1): 39-44.
濮之珍. 1987. 中国语言学史. 上海: 上海古籍出版社.
齐佩瑢. 1984. 训诂学概论. 北京: 中华书局.
钱玄同(疑古玄同). 1929.《广韵》四十六母标音. 国语旬刊, 1(9): 2-8.
钱玄同. 2011a. 文字学音篇//钱玄同文字音韵学论集. 上海: 上海古籍出版社: 203-246.
钱玄同. 2011b. 跋汪荣宝《歌戈鱼虞模古读考》//钱玄同文字音韵学论集. 上海: 上海古籍出版社: 149-151.
钱玄同. 2011c. 古韵"鱼"、"宵"两部音读之假定//钱玄同文字音韵学论集. 上海: 上海古籍出版社: 200-202.
钱玄同. 2011d. 古音无"邪"纽证//钱玄同文字音韵学论集. 上海: 上海古籍出版社: 152-164.
钱玄同. 2011e. 古韵廿八部音读之假定//钱玄同文字音韵学论集. 上海: 上海古籍出版社: 168-188.
钱玄同, 刘复, 罗常培. 2009. 说文部首·中国文法通论·汉语音韵学导论. 长春: 时代文艺出版社.
乔永. 2005. 黄侃"无声字多音说"与上古声纽研究. 语文研究, (1): 25-27, 31.
裘锡圭. 1985. 释殷墟甲骨文里的"远""昵"(迩)及有关诸字//中国古文字研究会, 中华书局编辑部编. 古文字研究(第十二辑). 北京: 中华书局: 85-98.
瞿霭堂. 1999. 汉藏语言声调起源研究中的几个理论问题. 民族语文, (2): 1-9.
瞿霭堂. 2002. 声调起源研究的论证方法. 民族语文, (3): 1-13.
邵荣芬. 1979. 汉语语音史讲话. 天津: 天津人民出版社.
邵荣芬. 1982. 切韵研究. 北京: 中国社会科学出版社.
邵荣芬. 1991. 匣母字上古一分为二试析. 语言研究, (1): 118-127.
邵荣芬. 1995. 匣母字上古一分为二再证. 中国语言学报, (7): 121-134.
邵荣芬. 1997a. 陈第评传//邵荣芬音韵学论集. 北京: 首都师范大学出版社: 166-178.

邵荣芬. 1997b. 古韵鱼侯两部在后汉时期的演变//邵荣芬音韵学论集. 北京: 首都师范大学出版社: 105-117.

邵荣芬. 1997c. 古韵幽宵两部在后汉时期的演变//邵荣芬音韵学论集. 北京: 首都师范大学出版社: 118-135.

邵荣芬. 1997d. 古韵鱼侯两部在前汉时期的分合//邵荣芬音韵学论集. 北京: 首都师范大学出版社: 88-104.

邵荣芬. 2009. 邵荣芬语言学论文集. 北京: 商务印书馆.

沈兼士. 1985. 广韵声系(全上下两册). 北京: 中华书局.

施向东. 1994a. 试论上古音幽宵两部与侵缉谈盍四部的通转. 天津大学学报(社会科学版), (1): 20-25.

施向东. 1994b. 上古介音 r 与来纽//中国音韵学研究会编. 音韵学研究(第三辑). 北京: 中华书局: 240-251.

施向东. 1998. 也谈前上古汉语的音节类型和构词类型问题. 语言研究, (增刊): 83-87.

施向东. 2009. 从系统和结构的观点看汉语上古音研究. 南开语言学刊, (1): 15-26, 180.

施向东. 2013. 古音研究存稿. 天津: 南开大学出版社.

时建国. 2002. 上古汉语复声母研究中的材料问题. 古汉语研究, (2): 8-13.

史存直. 1985. 汉语音韵学纲要. 合肥: 安徽教育出版社.

史存直. 1997. 汉语音韵学论文集. 上海: 华东师范大学出版社.

宋均芬. 1999. 《说文解字》与汉语音韵研究. 汉字文化, (3): 22-27, 44.

孙雍长. 1997. 训诂原理. 北京: 语文出版社.

孙玉文. 2000. 汉语变调构词研究. 北京: 北京大学出版社.

唐兰. 1937. 论古无复辅音凡来母字古读如泥母. 清华大学学报(自然科学版), (2): 297-307.

唐钰明. 1986. 金文复音词简论——兼论汉语复音化的起源//中山大学人类学系编. 人类学论文选集. 广州: 中山大学出版社: 445-463.

唐作藩. 1982. 上古音手册. 南京: 江苏人民出版社.

唐作藩. 1991. 音韵学教程. 2版. 北京: 北京大学出版社.

汪大年. 1983. 缅甸语中辅音韵尾的历史演变. 北京大学学报(哲学社会科学版), (2): 83-96.

汪荣宝. 1923a. 歌戈鱼虞模古读考. 华国月刊, (2): 1-11.

汪荣宝. 1923b. 歌戈鱼虞模古读考(续第二期). 华国月刊, (3): 1-12.

汪寿明选注. 1986. 历代汉语音韵学文选. 上海: 上海古籍出版社.

王国维. 1959. 观堂集林. 北京: 中华书局.

王健庵. 1983. "古无轻唇音"之说不可信. 安徽大学学报(哲学社会科学版), 7(1): 99-104.

王力. 1937. 上古韵母系统研究. 清华学报(自然科学版), (3): 473-539.

王力.1957.汉语史稿(上册).北京:科学出版社.
王力.1958.汉语史稿(中册).北京:科学出版社.
王力.1963a.汉语音韵.北京:中华书局.
王力.1963b.古韵脂微质物月五部的分野//北京大学中文系语言学教研室,汉语教研室编.语言学论丛(第五辑).北京:商务印书馆:3-38.
王力.1964.先秦古韵拟测问题.北京大学学报,(5):41-62.
王力.1978.同源字论.中国语文,(1):28-33.
王力.1980.诗经韵读.上海:上海古籍出版社.
王力.1981.中国语言学史.太原:山西人民出版社.
王力.1982.同源字典.北京:商务印书馆.
王力.1985.汉语语音史.北京:中国社会科学出版社.
王力.1987.王力文集·第十卷·汉语语音史.济南:山东教育出版社.
王力.1992.清代古音学.北京:中华书局.
王力.2000.上古汉语入声和阴声的分野及其收音//王力语言学论文集.北京:商务印书馆:130-169.
王力.2008.汉语语音史.北京:商务印书馆.
王力.2014.汉语音韵学.北京:中华书局.
王明贵.2001.彝族三段诗研究.北京:民族出版社.
王珊珊.2002.也谈古汉语特殊谐声关系.语言研究,(S1):6-13.
王为民.2009.驳郑张尚芳上古"一部多元音"的理论基础.山西大学学报(哲学社会科学版),32(3):57-61.
王显.1984.古韵阳部到汉代所起的变化//中国音韵学研究会编.音韵学研究(第一辑).北京:中华书局:131-155.
王元鹿.1988.汉古文字与纳西东巴文字比较研究.上海:华东师范大学出版社.
王越.1933a.汉代乐府释音.国立中山大学文史学研究所月刊,2(1):67-83.
王越.1933b.汉代乐府释音(续).国立中山大学文史学研究所月刊,2(2):87-110.
魏建功.1929.古阴阳入三声考.国学季刊,2(2):299-361.
魏建功.1935.古音系研究.北京:北京大学出版组.
魏建功.1996.古音系研究.北京:中华书局.
魏建功.2001.魏建功文集.南京:江苏教育出版社.
吴安其.2001.上古汉语的韵尾和声调的起源.民族语文,(2):6-16.
吴安其.2002.汉藏语同源研究.北京:中央民族大学出版社.
向熹.1988.《诗经》古今音手册.天津:南开大学出版社.
谢纪锋.1984.从《说文》读若看古音四声//北京市语言学会编.傅懋勣,周定一,张寿康,等主编.罗常培纪念论文集.北京:商务印书馆:316-344.

谢美龄. 2003. 上古汉语之真、耕合韵再探讨. 台中师院学报, (2): 225-243.
邢公畹. 1983. 语言论集. 北京: 商务印书馆.
邢公畹. 1991a. 关于汉语南岛语的发生学关系问题——L. 沙加尔《汉语南岛语同源论》述评补正. 民族语文, (3): 1-14.
邢公畹. 1991b. 汉语南岛语声母的对应——L·沙加尔《汉语南岛语同源论》述评补证. 民族语文, (4): 23-35.
邢公畹. 1991c. 汉语南岛语声母及韵尾辅音的对应——L·沙加尔《汉语南岛语同源论》述评补正. 民族语文, (5): 13-25.
刑公畹. 1999. 汉台语比较手册. 北京: 商务印书馆.
邢公畹. 2002. 上古汉语塞音韵尾*-g、*-gw、*-kw和*-d. 南开语言学刊, (1): 14-29, 156.
徐通锵. 1991. 历史语言学. 北京: 商务印书馆.
徐通锵. 1998. 声母语音特征的变化和声调的起源. 民族语文, (1): 1-15.
徐通锵. 2001. 声调起源研究方法论问题再议. 民族语文, (5): 1-13.
许绍早. 1994. 音韵学概要. 长春: 吉林大学出版社.
薛凤生. 2003. 构拟与诠释: 汉语音韵史研究的两种对立观点. 语言科学, (5): 3-9.
严学宭. 1959. 汉语声调的产生和发展. 人文杂志, (1): 42-52.
严学宭. 1962. 上古汉语声母结构体系初探. 江汉学报, (6): 30-37.
严学宭. 1963. 上古汉语韵母结构体系初探. 武汉大学学报, (2): 63-83.
严学宭. 1981. 原始汉语复声母类型的痕迹(提要). 中南民族学院学报(哲学社会科学版), (2): 113-116.
严学宭. 1984. 周秦古音结构体系(稿)//中国音韵学研究会编. 音韵学研究(第一辑). 北京: 中华书局: 92-130.
严学宭. 1990. 广韵导读. 成都: 巴蜀书社.
严学宭, 尉迟治平. 1986. 汉语"鼻-塞"复辅音声母的模式及其流变//中国音韵学研究会编. 音韵学研究(第二辑). 北京: 中华书局: 1-16.
杨剑桥. 1983a. 上古汉语的声调//上海市语文学会编. 语文论丛(第 2 辑). 上海: 上海教育出版社: 86-95.
杨剑桥. 1983b. 《说文解字》的"读若". 辞书研究, (3): 87-92.
杨剑桥. 1986. 论端、知、照二系声母的上古来源. 语言研究, (1): 109-113.
杨剑桥. 1996. 汉语现代音韵学. 上海: 复旦大学出版社.
杨耐思. 1981. 中原音韵音系. 北京: 中国社会科学出版社.
杨树达. 1933. 古声韵讨论集. 北京: 好望书店.
姚孝遂. 1983. 许慎与说文解字. 北京: 中华书局.
叶玉英. 2009. 古文字构形与上古音研究. 厦门: 厦门大学出版社
殷焕先. 1963. 破读的语言性质及其审音. 山东大学学报(语言文学版), (1): 61-80.

殷焕先. 1986. 上古去声质疑//中国音韵学研究会编. 音韵学研究(第二辑). 北京: 中华书局: 52-62.

殷焕先. 1987. 关于方言中的破读现象. 文史哲, (1): 62-67.

于安澜. 1989. 汉魏六朝韵谱. 暴拯群校改. 郑州: 河南人民出版社.

余廼永. 1985. 上古音系研究. 香港: 香港中文大学出版社.

俞敏. 1981. 古四声平议//陆宗达. 训诂研究(第一辑). 北京: 北京师范大学出版社: 237-241.

俞敏. 1999a. 后汉三国梵汉对音谱//俞敏语言学论文集. 北京: 商务印书馆: 1-62.

俞敏. 1999b. 古汉语派生新词的模式//俞敏语言学论文集. 北京: 商务印书馆: 300-342.

尉迟治平. 1982. 周、隋长安方音初探. 语言研究, (2): 18-33.

尉迟治平. 1986. 鱼歌二部拟音述评. 龙岩师专学报, (2): 13-23.

喻世长. 1984a. 汉语上古韵母的剖析和拟音. 语言研究, (1): 23-42.

喻世长. 1984b. 用谐声关系拟测上古声母系统//中国音韵学研究会编. 音韵学研究(第一辑). 北京: 中华书局: 182-206.

喻遂生. 2003. 纳西东巴文研究丛稿. 成都: 巴蜀书社.

袁家骅等. 1960. 汉语方言概要. 北京: 文字改革出版社.

云南省少数民族古籍整理出版规划办公室. 1986. 纳西东巴古籍译注(一). 昆明: 云南民族出版社.

臧克和. 1995. 说文解字的文化说解. 武汉: 湖北人民出版社.

曾晓渝. 2003a. 论壮傣侗水语古汉语借词的调类对应——兼论侗台语汉语的接触及其语源关系. 民族语文, (1): 1-11.

曾晓渝. 2003b. 见母的上古音值. 中国语文, (2): 109-120, 191.

曾晓渝. 2007. 论次清声母在汉语上古音系里的音类地位. 中国语文, (1): 23-34, 95.

曾运乾. 1927a. 喻母古读考. 东北大学季刊, (2): 57-78.

曾运乾. 1927b. 《切韵》五声五十一纽考. 东北大学季刊, (1): 14-21.

曾运乾. 1936a. 等韵门法驳议. 语言文学专刊, 1(2): 291-302.

曾运乾. 1936b. 广韵部目原本陆法言切韵证. 语言文学专刊, 1(1): 19-30.

曾运乾. 1996. 音韵学讲义. 北京: 中华书局.

曾运乾. 2012. 声韵学. 夏剑钦整理. 长沙: 湖南教育出版社.

张传曾. 1992. 从秦汉竹帛中的通假字看入变为去当在两汉之交//程湘清主编. 两汉汉语研究. 济南: 山东教育出版社: 365-393.

张光宇. 1987. 张琨教授古音学说简介——代译序//张琨. 汉语音韵史论文集. 武汉: 华中工学院出版社: 4-8.

张鸿魁. 1992. 从《说文》"读若"看古韵鱼侯两部在东汉的演变//程湘清主编. 两汉汉语研究. 济南: 山东教育出版社: 394-422.

张琨. 1982. 汉语音韵史论文集. 张贤豹译. 台北: 联经出版事业股份有限公司.

张琨, 张谢贝蒂. 1982. 古汉语韵母系统与切韵//汉语音韵史论文集. 张贤豹译. 台北: 联经出版事业股份有限公司: 59-228.

张清常. 1981.《释名》声训所反映的古声母现象//陆宗达. 训诂研究(第一辑). 北京: 北京师范大学出版社: 229-236.

张日升. 1968. 试论上古四声. 香港中文大学中国文化研究所学报, (1): 113-170.

张世禄. 1980. 汉语语音发展的规律. 徐州师范学院学报(哲学社会科学版), (4): 1-7.

张世禄. 1998. 中国音韵学史. 北京: 商务印书馆.

张世禄, 杨剑桥. 1986a. 汉语轻重唇音的分化问题. 扬州师院学报(社会科学版), (2): 1-7.

张世禄, 杨剑桥. 1986b. 论上古带 r 复辅音声母. 复旦学报(社会科学版), (5): 102-108.

张世禄, 杨剑桥. 1987. 音韵学入门. 上海: 复旦大学出版社.

张维思. 1943. 歌戈麻古音新考. 金陵齐鲁华西三大学中国文化研究汇刊, (3): 197-228.

张维思. 1944. 周秦西汉歌戈麻本音新考. 说文月刊, 5(1/2): 123-137.

张卫国. 2002. 汉语研究基本数理统计方法. 北京: 中国书籍出版社.

张亚蓉. 2005.《说文解字》谐声字的音韵关系及上古声母的讨论. 苏州大学硕士学位论文.

张亚蓉. 2007. 谐声关系与上古形态. 兰州大学学报(社会科学版), 35(3): 63-67.

张亚蓉. 2008a.《说文解字》的谐声关系与上古音研究. 苏州大学博士学位论文.

张亚蓉. 2008b. 谐声字在上古音中的研究价值. 西北民族大学学报(哲学社会科学版), (2): 125-130.

张永言. 1984. 关于上古汉语的送气流音声母//中国音韵学研究会编. 音韵学研究(第一辑). 北京: 中华书局: 253-258.

张玉来. 2005. 周秦时代汉语声调的分布及其语音性质//董琨, 冯蒸. 音史新论: 庆祝邵荣芬先生八十寿辰学术论文集. 北京: 学苑出版社: 62-70.

章太炎. 2003. 国故论衡. 上海: 上海古籍出版社.

章太炎. 2014. 章太炎全集: 新方言、岭外三州语、文始、小学答问、说文部首均语、新出三体石经考. 上海: 上海人民出版社.

赵秉璇, 竺家宁. 1998. 古汉语复声母论文集. 北京: 北京语言文化大学出版社.

赵诚. 1996. 上古谐声和音系. 古汉语研究, (1): 2-8.

赵元任. 2002. 赵元任语言学论文集. 北京: 商务印书馆.

赵忠德. 2006. 音系学. 上海: 上海外语教育出版社.

郑张尚芳. 1987. 上古韵母系统和四等、介音、声调的发源问题. 温州师院学报(社会科学版), (4): 67-90.

郑张尚芳. 1990a. 上古入声韵尾的清浊问题. 语言研究, (1): 67-74.

郑张尚芳. 1990b. 上古汉语的 s-头. 温州师院学报(哲学社会科学版), (4): 10-19.

郑张尚芳. 1994. 汉语声调平仄之分与上声去声的起源. 语言研究, 增刊: 50-52.

郑张尚芳. 1996. 汉语介音的来源分析. 语言研究, 增刊: 175-179.
郑张尚芳. 1998. 上古音研究十年回顾与展望(一). 古汉语研究, (4): 11-17.
郑张尚芳. 1999a. 上古音研究十年回顾与展望(二). 古汉语研究, (1): 8-17.
郑张尚芳. 1999b. 汉语塞擦音声母的来源//江蓝生, 侯精一主编. 汉语现状与历史的研究. 北京: 中国社会科学出版社: 429-435.
郑张尚芳. 2000. 上古音研究的新近动态. 温州师范学院学报(哲学社会科学版), (4): 28-35.
郑张尚芳. 2003. 上古音系. 上海: 上海教育出版社.
郑张尚芳. 2007. 上古汉语的音节与声母的构成. 南开语言学刊, (2): 5-12, 153.
郑张尚芳. 2012. 上古汉语声母系统//郑张尚芳语言学论文集(全二册). 北京: 中华书局: 399-414.
郑张尚芳. 2013. 上古音系. 2版. 上海: 上海教育出版社.
哲克登额. 1924. 鱼虞模韵转入歌戈韵再转入麻韵说. 国学月刊, (16): 55-57.
中国社会科学院考古研究所. 2007a. 殷周金文集成(修订增补本)(第二册). 北京: 中华书局.
中国社会科学院考古研究所. 2007b. 殷周金文集成(修订增补本)(第四册). 北京: 中华书局.
中央民族学院少数民族文学艺术研究所文学研究室. 1986. 少数民族诗歌格律. 拉萨: 西藏人民出版社.
中央民族学院少数民族语言研究所第五研究室. 1983. 壮侗语族语言文学资料集. 成都: 四川民族出版社.
钟智翔. 1999. 论缅语声调的起源与发展. 民族语文, (2): 10-17.
周法高. 1968. 论切韵音. 香港中文大学中国文化研究所学报, 1: 89-112.
周法高. 1969. 论上古音. 香港中文大学中国文化研究所学报, 2(1): 109-178.
周法高. 1970a. 论上古音和切韵音. 香港中文大学中国文化研究学报, 3(2): 321-345.
周法高. 1970b. 上古汉语和汉藏语. 香港中文大学中国文化研究学报, 5(1): 159-244.
周法高. 1973. 汉字古今音汇. 香港: 香港中文大学出版社.
周法高. 1984. 中国音韵学论文集. 香港: 香港中文大学出版社.
周流溪. 2000. 上古汉语的声调和韵系新拟. 语言研究, (4): 97-104.
周流溪. 2001. 上古汉语音系新论. 古汉语研究, (2): 5-11.
周耀文. 1991. 周秦时代是古汉语从无声调向有声调发展的过渡时期//《纪念王力先生九十诞辰文集》编委会. 纪念王力先生九十诞辰文集. 济南: 山东教育出版社: 133-150.
周有光. 1997. 世界文字发展史. 上海: 上海教育出版社.
周有光. 1998. 比较文字学初探. 北京: 语文出版社.
周长楫. 1998. 上古汉语有复辅音说之辩难. 厦门大学学报(哲学社会科学版), (2): 23-27.

周祖谟. 1957. 两汉音韵部略说//汉语音韵论文集. 上海：商务印书馆：154-158.
周祖谟. 1966a. 四声别义释例//问学集（上册）. 北京：中华书局：81-119.
周祖谟. 1966b. 古音有无上去二声辨//问学集（上册）. 北京：中华书局：32-80.
周祖谟. 2001a. 汉代竹书和帛书中的通假字与古音的考订//周祖谟语言学论文集. 北京：商务印书馆：121-141.
周祖谟. 2001b. 汉字上古音东冬分部的问题//周祖谟语言学论文集. 北京：商务印书馆：142-146.
竺家宁. 1988. 论殊声别义. 淡江学报，(2)：195-206.
祝敏彻. 1984. 从汉儒声训看上古韵部（下）——兼论阴、阳、入三声分立. 兰州大学学报（社会科学版），(3)：104-115.
祝敏彻. 1988.《释名》声训与汉代音系. 湖北大学学报（哲学社会科学版），(1)：54-68.
〔俄〕钢和泰. 1923. 音译梵书与中国古音. 胡适译. 国学季刊，1(1)：47-56.
〔俄〕斯·阿·斯塔罗斯金. 2010. 古代汉语音系的构拟. 林海鹰，王冲译. 郑张尚芳，冯蒸审校. 上海：上海教育出版社.
〔俄〕斯塔罗思京. 2012. 古汉语音系的构拟. 张兴亚译. 北京：北京大学出版社.
〔俄〕雅洪托夫. 1983. 上古汉语中的复辅音. 叶蜚声，陈重业，杨剑桥译. 国外语言学，(4)：21-25，40.
〔俄〕雅洪托夫. 1986a. 上古汉语的复辅音声母//唐作藩，胡双宝编选. 汉语史论集. 北京：北京大学出版社：42-52.
〔俄〕雅洪托夫. 1986b. 上古汉语的起首辅音 L 和 R//唐作藩，胡双宝编选. 汉语史论集. 北京：北京大学出版社：156-165.
〔俄〕雅洪托夫. 1986c. 上古汉语的韵母系统//唐作藩，胡双宝编选. 汉语史论集. 北京：北京大学出版社：9-26.
〔俄〕雅洪托夫. 1986d. 上古汉语的唇化元音//唐作藩，胡双宝编选. 汉语史论集. 北京：北京大学出版社：53-77.
〔俄〕雅洪托夫. 1986e. 上古汉语的起首辅音 W//唐作藩，胡双宝编选. 汉语史论集. 北京：北京大学出版社：166-174.
〔俄〕雅洪托夫. 1986f. 汉语史论集. 唐作藩，胡双宝编选. 北京：北京大学出版社.
〔俄〕雅洪托夫. 2010. 上古汉语的复辅音声母. 杨剑桥译，陈重业校//潘悟云编. 境外汉语音韵学论文选. 上海：上海教育出版社：291-300.
〔法〕沙加尔. 1988. 论去声. 郭建荣译. 语文研究，(3)：55-64.
〔法〕沙加尔. 1995. 论汉语、南岛语的亲属关系. 郑张尚芳，曾晓渝译//石锋编. 汉语研究在海外. 北京：北京语言学院出版社：59-110.
〔法〕马伯乐. 2005. 唐代长安方言考. 聂鸿音译. 北京：中华书局.
〔法〕A. G. 欧德利古尔. 1986. 越南语声调的起源. 冯蒸译//中国社会科学院民族研究

所语言室编. 民族语文研究情报资料集(第七辑). 北京: 中国社会科学院: 88-96.
〔加〕蒲立本. 1999. 上古汉语的辅音系统. 潘悟云, 徐文堪译. 北京: 中华书局.
〔美〕包拟古. 1995a. 汉藏语中带 s-的复辅音声母在汉语中的某些反映形式. 潘悟云, 冯蒸译//原始汉语与汉藏语. 北京: 中华书局: 25-45.
〔美〕包拟古. 1995b. 上古汉语中具有 l 和 r 介音的证据及相关诸问题. 潘悟云, 冯蒸译//原始汉语与汉藏语. 北京: 中华书局: 242-280.
〔美〕包拟古. 1998. 释名复声母研究//赵秉璇, 竺家宁编. 古汉语复声母论文集. 北京: 北京语言文化大学出版社: 90-114.
〔美〕本尼迪克特. 1984. 汉藏语言概论. 乐赛月, 罗美珍译. 北京: 中国社会科学院民族研究所语言室.
〔美〕柯蔚南. 1983a. 东汉音注的声母系统. 李玉译. 音韵学研究通讯, (4): 24-41.
〔美〕罗杰瑞. 1995. 汉语概说. 张惠英译. 北京: 语文出版社.
〔美〕Coblin, W. S (柯蔚南). 1981. Notes on the dialect of the Han Buddhist transcriptions//"中央研究院"国际汉学会议论文集编辑委员会编. "中央研究院"国际汉学会议论文集(语言文字组). 台北: "中央研究院": 121-184.
〔日〕赖惟勤. 1978. 关于上古韵母. 余志红译. 语言学动态, (5): 24-26.
〔瑞典〕高本汉. 1927. 高本汉的谐声说. 赵元任译. 国学论丛, 1(2): 23-69.
〔瑞典〕高本汉. 1930. 上古中国音当中的几个问题. 赵元任译. 中央研究院历史语言研究所集刊, 1(3): 345-416.
〔瑞典〕高本汉. 1937. 汉语词类. 张世禄译. 上海: 商务印书馆.
〔瑞典〕高本汉. 1987. 中上古汉语音韵纲要. 聂鸿音译. 济南: 齐鲁书社.
〔瑞典〕高本汉. 1994. 中国音韵学研究. 赵元任, 罗常培, 李方桂合译. 北京: 商务印书馆.
〔瑞典〕高本汉. 1997. 汉文典(修订版). 潘悟云, 杨剑桥, 陈重业, 等编译. 上海: 上海辞书出版社.
〔瑞典〕高本汉. 2012. 高本汉诗经注释. 董同龢译. 上海: 上海文艺出版(集团)有限公司, 中西书局.
〔瑞典〕高本汉. 1932. Shi King Researches. BMFEA, 4: 117-185.
〔法〕Sagart, L. 1990. Chinese and Austronesian are genetically related. 23rd International Conference on Sino-Tibetan Languages and Linguistics, 5-7 October 1990, Arlington Texas, U.S.A.
〔法〕Sagart, L. 1993. New views on old Chinese phonology. *Diachronica*, X(2): 237-260.
〔法〕Sagart, L. 1994. Old Chinese and Proto-Austronesian evidence for Sino-Austronesian. *Oceanic Linguistics*, 33(2): 271-308.
〔法〕Sagart, L. 1995. Some remarks on the ancestry of Chinese. *Journal of Chinese Linguistics Monograph Series*, (8): 195-223.

〔加〕Pulleyblank, E. G. 1973. Some new hypotheses concerning word families in Chinese. *Journal of Chinese Linguistics*, 1(1): 111-125.

〔加〕Pulleyblank, E. G. 1977. The final consonants of old Chinese. *Monumenta Serica*, (33): 180-206.

〔美〕Baxter, W. H. 1992. *A Handbook of Old Chinese Phonology*. Berlin/New York: Mouton de Gruyter.

〔美〕Benedict, P. K. 1972. *Sino-Tibetan: A Conspectus*. Cambridge: Cambridge University Press.

〔美〕Coblin, W. S. 1983b. *A Handbook of Eastern Han Sound Glosses*. Hong Kong: The Chinese University Press.

〔美〕Coblin, W. S. 1986. A sinologist's handlist of Sino-Tibetan lexical comparisons. *Monumenta Serica Monograph Series* No. 18. Nettetal: Steyler Verlag.

第三章
20世纪汉语中古音研究

本章首先简要归纳了汉语中古音研究的概况，然后，着重从音类和音值方面剖析了20世纪学者在《切韵》声母、韵母和声调问题上的共识与分歧，梳理了一些学者对《切韵》音系性质的见解。本章对20世纪中古音各阶段语音的研究也进行了概括，以材料类别为纲，总结了20世纪学者对魏晋、南北朝、隋代、初唐、盛唐、中唐至五代时期的字书、韵书、音注材料、对音译音材料、诗文用韵材料的语音研究成果，最后展望了21世纪的中古音研究。

第一节　中古音研究概况

从魏晋至五代这漫长的700余年，对于汉语语音的发展以及汉语音韵学学科的发展都具有十分重要的意义。一则这段时期是汉语的"中古音"阶段，处于汉语语音演变的枢纽位置，是先秦两汉上古音与宋元明清近代音之间的转圜。二则这段时期是汉语音韵学学科的建构期，无论是服务传统语文学的音韵学研究，还是语言学意义上的现代音韵学研究，都以此为根本。汉语音韵学经过近两千年的发展，从魏晋至现代在各个分支领域取得了十分辉煌的成就。作为音韵学研究的重要课题，对中古音的研究则绵延贯穿音韵学学科的发展。20世纪的中古音研究前有所承，与20世纪以前的中古音研究密不可分。下面以20世纪为节点，梳理汉语中古音研究的概况。

一、20世纪以前的中古音研究

魏晋南北朝时期的"反切法"和"四声说"、隋唐时期的韵书学、宋代的韵图学、元明时期的北音学、清代的古音学等，都是音韵学史上的璀璨明珠。这些成就的背后，均隐含着对中古音的解析，但每个时期对中古音研究的侧重及方式各有不同。总的来说，20世纪以前对中古音的研究有两个大的分期。

（一）魏晋至五代的中古音研究

正如上文所述，这一段既是中古音的形成时期，同时也是中古音研究的滥觞。其"中古音"研究成果，于当时而言乃是"时音"研究，但为后世的中古音研究提供了文献素材。这段时期又可粗略划分为魏晋南北朝与隋唐五代两个阶段，两个阶段的研究成就既紧密相关又存在区别。

1. 魏晋南北朝时期

东汉末年佛教东传，梵汉语言的对比促进了汉语语音学的发展——反切的发明和四声的发现。反切的发明不晚于东汉末年，但却在魏晋以后逐渐风靡学林。颜之推在《颜氏家训·音辞篇》中云："孙叔言创《尔雅音义》，是汉末人独知反语。至于魏世，此事大行。"①也就是说，早在魏晋时期，人们已经熟练掌握了"汉语音节二分法"。到了南北朝时期，四声被发现，《梁书·沈约传》载："又撰《四声谱》，以为在昔词人，累千载而不寤，而独得胸衿，穷其妙旨，自谓入神之作……帝问周舍曰：'何为四声？'舍曰：'天子圣哲'是也，然帝竟不遵用。"②这一系列重要的语音学成就，促进了大量音韵学著述的诞生。

魏晋南北朝时期的韵书，据《小学考》所录有27种，如李登的《声类》、吕静的《韵集》、周思言的《音韵》、阳休之的《韵略》等。音注文献的数目则以百计，如吕忱的《字林》，刘昌宗的《三礼音》《毛诗音》《尚书音》《尚书大传音》，徐邈的《周易音》《尚书音》《毛诗音》《周礼音》《春秋左氏传音》《春秋谷梁传义》《论语音》《庄子音》《庄子集音》《楚辞音》《五经音》，郭璞

---

① （隋）颜之推撰，王利器集解：《颜氏家训集解（增补本）》，中华书局，2013，第638页。
② （唐）姚思廉：《梁书》，中华书局，1973，第243页。

的《尔雅音》，郭象的《庄子音》，顾野王的《玉篇》等均是当时名篇。在梵汉对音方面，该期是佛经"旧译"期，法显（东晋）、佛驮跋陀罗（后秦）、僧伽提婆（前秦）、鸠摩罗什（后秦）、昙无谶（北凉）、浮陀跋摩（北凉）等所译经文都在一定程度上留存了当时的汉字字音特点。可惜，时至今日除部分梵汉对音资料外，音注、韵书等资料多已亡佚，只有少量音切辗转留存。但据史料所载，就可遥想当时音韵研究的盛况。

不过，需要注意的是，魏晋南北朝许多音注或韵书的语音性质，很难说清楚究竟是共同语还是方言，抑或是包含方言特点的共同语。据所存记载来看，古人认为这一阶段音注或韵书的字音分析存在一定问题，如颜之推云："《字林》音'看'为'口甘反'，音'伸'为'辛'；《韵集》以'成''仍''宏''登'合成两韵，'为''奇''益''石'分作四章；李登《声类》以'系'音'羿'，刘昌宗《周官音》读'乘'若'承'：此例甚广，必须考校。"[①]当然，此阶段的共同语语音特点，还是能够从大规模的诗文用韵中紬绎出来的。然而，诗文创作毕竟不是严格意义上的音韵学著述，缺乏系统性且只能反映韵部情形。

2. 隋唐五代时期

隋唐五代时期的学者在踵继前代研究的基础上，对中古音的研究有了极大的进步。敦煌唐五代写本《守温韵学残卷》和《归三十字母例》是目前所知最早记录汉字"字母"体系的文献，这表明该时期的语音分析在承续"四声"和"韵"的基础上，进一步归纳出"字母"系统，完成了"汉语音节三分法"的归纳[②]。此外，该时期韵书编纂也达到新高度，无论是体例严谨度，还是审音用字，隋唐五代韵书都远超魏晋南北朝，成为后世韵书编纂的楷模。

隋唐五代的中古音研究有一个显著特点，就是十分关注"正音"问题。例如，《颜氏家训·音辞篇》云："共以帝王都邑，参校方俗，考核古今，为

---

① （隋）颜之推撰，王利器集解：《颜氏家训集解（增补本）》，中华书局，2013，第658页。
② 早在南北朝时期的佛典中已经用"唇""舌""齿"等概念描述辅音，如梁宝亮等的《大般涅槃经集解》。唐代沙门智广的《悉昙字记》、慧琳的《一切经音义》中都有"五音"概念。不过，这都是对梵文字母的分析。《广韵》卷首附孙愐《唐韵·序》载："又纽其唇齿喉舌牙部仵而次之"，但没有给出完整的字母系统。

之折衷。推而量之，独金陵与洛下耳。"①；曹宪在《博雅音》中多次提到"正音"，如："钻，正音巨炎反"②；李涪的《刊误》云："凡中华音切，莫过东都，盖居天地之中，禀气特正。"③在"正音"观念的主导下，该时期的学者编著了许多反映共同语特点的音韵著述。

韵书方面主要有陆法言的《切韵》及后世增修的王仁昫的《刊谬补缺切韵》、孙愐的《唐韵》、李舟的《切韵》等《切韵》系韵书，另外还有一批"秦音"韵书，如武玄之的《韵诠》、张戩的《考声切韵》等。音义文献则有陆德明的《经典释文》、曹宪的《博雅音》、颜师古的《汉书注》、玄应的《众经音义》、窥基的《妙法莲华经音义》、李贤等的《后汉书注》、李善的《文选注》、吕延济等的《文选注》、公孙罗的《文选音决》、慧苑撰写的《新译大方广佛华严经音义》、云公的《大般涅槃经音义》、何超的《晋书音义》、慧琳的《一切经音义》、张参的《五经文字》、可洪撰写的《新集藏经音义随函录》等。此外，诗文用韵和笔记小说中的语料也能够反映共同语语音的部分特点④。

同时，该时期还有一批记录方音特点的资料，主要是对音译音文献。一类是梵汉对音文献，唐代以后佛经翻译进入"新译"期，其译经水平较"旧译"更高，玄奘、菩提流志、善无畏、义净、不空、金刚智、地婆诃罗等人所译梵文都是价值很高的对音材料。另一类是藏汉译音文献，如藏汉译音《大乘中宗见解》《金刚般若波罗蜜经》《般若波罗蜜多心经》等。此外，音注资料如注音本《开蒙要训》，敦煌变文及王梵志等人的诗文用韵，也能反映西北方言的语音特点；音义文献的注解中也有方言现象的零星记录，如《玄应音义》记录了唐初山东、江南、江东、陕以西、中国、关东、关西、关中、吴、

---

① （隋）颜之推撰，王利器集解：《颜氏家训集解（增补本）》，中华书局，2013，第638页。
② （隋）曹宪撰，（清）王念孙校：《博雅音》，载（清）王念孙撰《广雅疏证》，江苏古籍出版社，2000，第403页。
③ （唐）李涪：《刊误》，载（唐）苏鹗撰，吴企明点校《苏氏演义（外三种）》，中华书局，2012，第250—251页。
④ 如李涪在《刊误》中云："(《切韵》)然吴音乖舛，不亦甚乎？上声为去，去声为上。又有字同一声，分为两韵……又恨怨之恨，则在去声。佷戾之佷，则在上声。又言辩之辩，则在上声。冠弁之弁，则在去声。又舅甥之舅，则在上声，故旧之旧，则在去声。又皓白之皓，则在上声。号令之号，则在去声。又以恐字、恨（按，原文作"苦"，讹）字俱去声。今士君子于上声呼恨，去声呼恐，得不为有知之所笑乎？"这显然是对全浊上声变去声的描述。详见（唐）李涪：《刊误》，载（唐）苏鹗撰，吴企明点校《苏氏演义（外三种）》，中华书局，2012，第250页。

三辅、江北、北土、蜀人、江湘以南、楚人、会稽、吴会、高昌等方言的语音、词汇现象；笔记小说也有方音特点的叙述，如《大唐新语》"侯思止"条记录侯思止口语中鱼虞相混、真先相混。

魏晋至五代这段时期的研究成就可以总括为两点：第一，逐步发明汉语音节结构分析的三分法；第二，开创以韵书、韵图展示汉语语音体系的先河。研究的趋势表现为：从对单个字音的分析走向系统的音系研究，并且对共同语、方言等问题的认识也逐步明确，且以韵书的形式将"正音"规定下来。

（二）宋元明清时期的中古音研究

魏晋至五代时期的中古音研究可以看作是资料的创作、积累，宋以后的研究则是基于前期资料的语言研究。不过，由于缺乏语言研究的时空观念，宋元明清时期的中古音研究，严格说来只能算作是基于《切韵》系韵书的文献学研究。

1. 宋元明时期

两宋距离中古时期不远，其中古音研究著述，特别是前期的著述还克绍唐五代遗风。该时期的中古音研究有两个主题：第一，继续增修《切韵》系韵书。宋代是《切韵》系韵书编纂的最后一驿，北宋陈彭年、邱雍等编撰的《大宋重修广韵》（简称《广韵》），丁度等的《集韵》《礼部韵略》，南宋黄公绍的《古今韵会》与《切韵》一脉相传。就语音体系而言前期《广韵》《集韵》等与《切韵》的语音系统差别不是很大，其他韵书与《切韵》的格局已有出入。第二，创制韵图分析《切韵》(《广韵》)语音系统。宋代盛行韵图学，又称"切韵学"，其中张麟之刊行的《韵镜》、郑樵刊行的《通志·七音略》系韵图，以声母为经、以韵为纬，列四十三图，最早对《切韵》(《广韵》)音系进行了系统整理。由于《切韵》原本亡佚，刊谬补缺本《切韵》发现较晚，长期以来都是将《广韵》作为中古语音系统的代表，辅以《韵镜》《通志·七音略》等韵图。因此，宋代的音韵著述在中古音研究中具有重要地位。

自宋代开始，韵书学已展现出新的面貌，金元时期的革新精神更盛，明代的音韵学研究深受金元时期的影响。尽管元明时期的音韵学家对前代成果有所关注，如周德清的《中原音韵》中的韵部的排序基本同于《广韵》韵目次序，不过元明音韵学家对以往的中古音研究更多的是鄙薄之辞，如桑绍良在《青郊杂著》中云："右三十六母，旧所传闻谓宋司马文正公创立 然多寡参差，前后重复，次序颠倒，分属谬戾，殆不可晓。"①因此，在很长的一段时间内，中古音都不在元明音韵学家的研究视野内，成果不硕，只散见于一些音韵著述中，少有专著。例如，袁子让在《五先堂字学元元》对中古韵图中的"三十六字母""清浊""四等"等术语都做了解释②。

2. 清代

清代明确了音韵学内部"古音学""今音学""等韵学"的学科划分。《四库全书总目·经部·小学类三》："韵书为小学之一类，而一类之中又自分三类：曰今韵，曰古韵，曰等韵也。"③清儒厚古薄今，他们在古音学，特别是上古韵部划分上有突出贡献。这自然离不开他们扎实的今音学功底，尤其是对《广韵》的精湛分析，他们在中古音系的研究、中古音韵术语的解读以及研究方法的发明与运用方面都有重要成绩。

在中古音系研究方面，顾炎武在《音学五书·音论·唐宋韵谱异同》内有对唐诗用韵及韵书同用、独用等问题的分析④；万光泰的《四声谱考略》是目前所知最早研究南北朝诗韵的成果⑤；江永在《四声切韵表》中云："此表依古二百六韵，条分缕析，四声相从，各统以母，别其音呼等列"⑥；戴震的《声韵考》卷一、二、四汇集戴氏的今音学成果，内容涉及音韵学史

---

① （明）桑绍良：《青郊杂著》，见《四库全书存目丛书》编纂委员会编《四库全书存目丛书》（经部·小学类，第216册），齐鲁书社，1997，第490页。
② 如袁子让在《五先堂字学元元》卷一中云："知之与照，穿之与彻，澄之与床，大概相肖，一在舌上，一在正齿，特舌齿微相关而实有分别，所谓毫厘而千里者也。"详见（明）袁子让：《五先堂字学元元》，见《四库全书存目丛书》编纂委员会编《四库全书存目丛书》（经部·小学类，第210册），齐鲁书社，1997，第128页。
③ （清）永瑢等：《四库全书总目》，中华书局，2003，第369页。
④ 如顾炎武在《音学五书·音论·唐宋韵谱异同》中云："《广韵》二十文独用，二十一殷独用。今二十文与欣通……按唐时二十一殷虽云独用，而字少韵窄，无独用成篇者，往往于真韵中间一用之。如杜甫《崔氏东山艸堂诗》，用'芹'字，独孤及《送韦明府》《答李滁州》二诗用'勤'字是也，然绝无通文者。而二十文独用，则又绝无通殷者。合为一韵，始自景佑。去声问、焮依然。"详见（清）顾炎武：《音学五书》，中华书局，1982，第24页。
⑤ 本书关于万光泰的《四声谱考略》的叙述参考了张民权（2017）。
⑥ （清）江永编：《四声切韵表》，商务印书馆，1941，第1页。

及《广韵》研究，其中卷二《考定广韵独用同用四声表》是研究《广韵》音系的必备文献；陈澧在《切韵考》中云"乃取《广韵》切语上字系联之，为双声四十类；又取切语下字系联之，每韵或一类或二类或三类四类"[①]。此外，汪曰桢编撰的《四声切韵表补正》、梁僧宝的《切韵求蒙》、洪榜的《四声韵和表》也都从不同角度分析了《广韵》音系。由于作者的分类标准、编纂宗旨的不同，清代的著作并非全都客观反映《广韵》音系，如庞大堃的《等韵辑略》在记录《广韵》音节的同时，又杂糅了《集韵》的音节，而江永的《四声切韵表》既观照《广韵》音类，又将古今语音流变作为分类标准。在中古音韵术语解读方面，主要涉及跟中古音研究密切相关的"字母""清浊""四等""开合""轻重"等等韵学术语，相关论述见于江永的《音学辨微》、李元的《音切谱》、江有诰的《等韵丛说》、熊士伯的《等切元声》、庞大堃的《等韵辑略》等著作，又以《音学辨微》价值最高。在研究方法上，清代的中古音研究多数是对照《广韵》制作韵图，陈澧所撰的《切韵考》则独辟蹊径，从《广韵》反切上下字入手，采用"反切系联法"得出声类、韵类，此方法后来成为研究《切韵》系韵书的重要手段。

宋元明清历时很长，但是各个朝代都有自己的音韵学研究主流，所以针对中古音的研究成果反倒不是很丰富。总体而言，宋代的中古音研究接续了唐五代之余波，至元明则略显沉寂，清代古音学盛行，中古音研究不占优势，但其中古音研究却极富价值。

二、20 世纪的中古音研究

进入 20 世纪，经过几代学人的不懈努力，汉语音韵学得到了全面发展，上古音、中古音、近代音、等韵学等各个分支学科成果丰硕。在汉语语言学众多学科中，音韵学率先走上了现代化道路，而又以中古音研究的现代化最为迅速。本节将对 20 世纪的中古音研究的基本情况作出整理说明。

[①]（清）陈澧：《切韵考》，中国书店，1984，第 2 页。

（一）20世纪的中古音研究分期

下面先将国内 1900—2000 年中古音的研究成果以每十年左右为一阶段进行初步统计，结果如表 3-1 所示。

表 3-1　20世纪国内中古音研究成果分阶段统计表

研究阶段	论文/篇	专著/部
1900—1910 年	2	1
1911—1920 年	4	2
1921—1930 年	57	1
1931—1940 年	138	20
1941—1949 年	83	6
1950—1960 年	53	9
1961—1970 年	113	10
1971—1979 年	120	18
1980—1990 年	434	48
1991—2000 年	540	27

表 3-1 的数据是不完整统计，其中难免疏漏。纵观百年历程，可将 20 世纪的中古音研究分成三期。

1. 转型期：20 世纪初至 1949 年

汉语音韵学在 20 世纪初至 1949 年经历了深刻的转型：传统音韵学发展到 20 世纪已至终点；钢和泰（1923）、汪荣宝（1923a，1923b）等则在国内掀起了新的学术风气，标志着汉语现代音韵学在中国本土诞生。在这一学术背景下，中古音的研究也发生了巨大变化。本期计有论文（包括译文）约 284 篇，专著（包括译著）约 30 部，又可细分为如下三个阶段。

（1）20 世纪初至 1920 年为第一阶段。本阶段是传统音韵学的"总结阶段",共有学者6人,发表论文6篇,专著3部。章太炎(2017)、黄侃(2013)等恪守旧学格局①,可算传统音韵学之后殿。张煊(1919)已尝试用语音学理论解释《广韵》音类。钱玄同(1918,1999)以传统音韵学为根基,融入现代音韵学理念,不但首次系统划分汉语语音演变分期,而且讨论了各期的标准音问题(包括中古的标准音),其中观点直至今日仍有启迪意义,实是整理旧学,开辟新路的里程碑式著作。

(2) 1921—1940年为第二阶段。在1921—1940年这20年间,学者共发表论文195篇,专著21部。本阶段的学术有两个明显的主题:一是整理与研究中古韵书资料。在本阶段,《切韵》《唐韵》等湮没许久的中古韵书资料重见天日,王国维、刘复、魏建功、罗常培等学者都积极投身整理国故的队列。二是学习、介绍西方语言学理论。在韵书资料搜集整理如火如荼的氛围下,西方历史语言学理论特别是高本汉的中古音研究理念悄然渗入,并迅速为国内学人所接受,赵元任、李方桂、罗常培、王力、张世禄、王静如、陆志韦等都是此中先驱。自徐炳昶1923年译高本汉的《对于'死''时''主''书'诸字内韵母之研究》以来,一时间译介、学习、评论高本汉的著述成为国内音韵学的学术风尚。赵元任、罗常培、李方桂3位学者历时8年翻译的高本汉代表作《中国音韵学研究》,于1940年由商务印书馆正式出版,是20世纪上半叶介绍高本汉学说的代表性成果和阶段性总结。本阶段可以称为现代中古音研究的"播种阶段"。

(3) 1941—1949年为第三阶段。本阶段共发表论文约83篇,专著约6部。高本汉第一次全面构拟了汉语中古音系统,极大地震撼了中国乃至世界语言学界,同时,也有很多人对他的结论进行论辩。第二阶段以赵元任、罗常培、陆志韦等学者为代表,第三阶段中,周法高、董同龢等弟子辈初试啼声,并且相关分析更富有系统性,对中古音的重要问题如重纽现象亦有重要结论。若将1921—1940年看作现代中古音研究的"播种阶段"(或者高本汉学术理念的"学习阶段"),那么1941—1949年就是对高本汉学说的"修订阶段"。

---

① 章太炎(2017)发表于1910年,黄侃(2013)发表于1920年。

2. 沉寂期：1950—1979 年

进入 20 世纪 50 年代，高本汉的学说已经得到广泛传播，国内学人已有足够的能力在高本汉的基础上进行全面系统的汉语中古音研究，不过，受社会政治大环境的影响，1941—1949 年的修订精神并未得到顺利延续。根据大陆（内地）的研究情况——论文约 122 篇，专著约 15 部，可将 1950—1979 年定为中古音研究的"沉寂期"。本期的中古音研究以黄淬伯、周祖谟、李荣、邵荣芬等人的著述为代表。"沉寂期"的中古音研究基本上还只是围绕《切韵》进行，其他材料虽得到开挖，但数量太少，不足以形成规模。此外，反切知识的普及、汉语史（含语音史）学科的创立等也在本期占有重要地位。20 世纪 50—70 年代的"沉寂期"在某种意义上为后来的中古音研究提供了沉淀反思的时间，孕育着中古音研究的复苏与繁荣。

3. 繁荣期：1980—2000 年

1980—2000 年是中古音研究飞速发展的 20 年，根据大陆（内地）的研究情况——发表著述 831 篇（部），其中论文约 765 篇，专著约 66 部，可将本期定为"繁荣期"。本期除了研究成果丰硕外，研究队伍也空前壮大，其学者数量是前两期总和的两倍多，用"繁荣"一词形容绝不为过。"繁荣期"的中古音研究，有三个显著特征：

（1）《切韵》音系的语音特征得到充分挖掘。邵荣芬、黄典诚、方孝岳、罗伟豪、严学宭、李新魁等人对《切韵》(《广韵》)音系均有整体研究，关于《切韵》某一声韵特点的成果不胜枚举，潘悟云、麦耘、黄笑山、冯蒸、杨剑桥等人的成果可为代表。

（2）研究视野放宽，从魏晋南北朝到晚唐五代，均有研究成果。"转型期"和"沉寂期"的中古音研究是以《切韵》系韵书为主要对象的，就研究范围而言较为狭窄。"繁荣期"的中古音研究范围扩展到了中古的各个历史时期，如魏晋南北朝语音有周祖谟、王力、邵荣芬、蒋希文等人的研究，唐五代语音则有施向东、刘广和、尉迟治平、鲍明炜等人的研究。断代语音的研究得益于韵文、对音等材料的大规模开发。

（3）重视从历时角度探索中古语音系统的来源与演变。进入"繁荣期"，汉语中古音研究在注重共时描写的同时，还自觉地从历时角度观照中古语音系统的各方面——这正是中古音作为汉语语音演变枢纽的体现。注重上古音到中古音之间的变化有郑张尚芳、潘悟云等学者，麦耘、黄笑山则对中古至近代的语音变化有深入研究。

由于大陆（内地）学者的研究成果数量众多，且具有代表性，故而上文的分期主要是依据大陆（内地）的中古音研究情况。但作为国内研究的重要组成部分，20 世纪港台地区的中古音研究情况也有必要进行一番勾勒。

台湾和香港地区有一批以周法高、董同龢、许世瑛、龙宇纯、杜其容、谢云飞、陈新雄、丁邦新、何大安、耿志坚、张光宇（张贤豹）、余迺永、黄坤尧等为代表的，从事中古音研究的杰出学者。就学术传承而言，他们与大陆（内地）地区渊源颇深。在台湾地区从事音韵学研究的学者，周法高、董同龢等是 20 世纪 40 年代末从大陆前往台湾的，而龙宇纯、杜其容、谢云飞、陈新雄、丁邦新、何大安等则是他们培养的弟子学生。香港地区与台湾地区的学术联系紧密，周法高、潘重规等都曾执教香港，而香港地区致力于音韵学研究的学者如余迺永、黄坤尧等则均有求学台湾的经历。因此，就学术传承而言，港台与大陆是一脉同源的。

围绕《切韵》系韵书，开挖各种类型的文献资料供以研究，是大陆和台湾地区 20 世纪中古音研究的共同特点，甚至可以看到两地学者在资料开发的进程上也基本一致：对诗文用韵、对音译音的使用基本都是在 20 世纪 70 年代以后——这正代表了相同的学术潮流。值得注意的是，20 世纪 50 年代以后，在结合现代语言学先进理论方法方面，台湾地区比大陆地区稍微先进一些。如周法高（1954）在美国学者马丁（1953）的基础上，确立《切韵》为 10 个元音音位（含两个介音）；丁邦新（1975）用内部构拟法构拟魏晋韵部音值；张光宇在《切韵》音系与东南方言比较上有精深研究。

就研究队伍而言，20 世纪香港地区从事中古音研究的学者数量远不及内地、台湾，成绩比较突出的有余迺永、黄坤尧、黄耀堃。余迺永师事周法高，是继周祖谟之后名声最盛的韵书学专家，他在中古韵书尤其是《广韵》的校勘方面着力尤甚，并且对内外转、重纽等问题的解释上也深得乃师真传。黄坤尧对《经典释文》和《史记》"三家注"等中古音注有独到研究。黄耀堃曾留学日本，在《归三十字母例》《切韵》韵目等官韵文献研究方面都带有日本学者上下求索、考证点滴的风格。

大陆（内地）、港台是 20 世纪中古音研究的主体，其学术成果也可互为补充，如对《切韵》音系性质的讨论，大陆（内地）先行一步；而大陆地区中古音研究处于"沉寂期"时，台湾地区已经开始全面利用韵文材料研究中古音。各地区学术相互交流，互通有无，才使得 20 世纪中古音研究能够蓬勃发展。

（二）20 世纪域外中古音研究说略

20 世纪汉语中古音研究欣欣向荣的局面，固然有赖于中国学人的耕耘树艺，但也离不开域外学者的点滴灌溉。日本与欧美地区是域外研究中古汉语音的两大阵地：若从空海（又名遍照金刚）算起，日本的中古音研究已有 1000 余年历史，欧美地区的中古音研究则兴起于 19 世纪末。不同的历史和文化传统，塑造了两个阵营不同的学术风格，同时也使域外中古音研究呈现出多样性。

日本素来重视对汉语的学习与研究，日语所存汉字音，是考定汉语中古音值的重要参考。同时，日本学者也有保存、创作汉语音韵文献的传统。20 世纪以前，日本学者基于对汉字字音的分析，创作了许多音韵著述，如菅原是善的《东宫切韵》、空海的《篆隶万象名义》等。这些著述为汉语中古音的研究提供了文献佐证，如空海的《文镜秘府论·四声论》、安然的《悉昙藏》对声调的分析有助于揭示汉语中古声调的面貌；空海的《篆隶万象名义》保存了原本《玉篇》的音注；慧琳的《一切经音义》、张麟之的《韵镜》等文献则是中土亡佚，幸赖存于朝鲜、日本。

进入 20 世纪，日本地区的中古音研究更是名家辈出：有坂秀世、河野六郎、羽田亨、三根谷彻、坂井健一、大岛正二、平山久雄、松尾良树等都为国内学者所熟知。在充分利用汉字音、译音以及中古各类音韵文献的基础上，又吸收西方语言学理论，20 世纪日本学者于汉语中古音研究创获颇丰，如：有坂秀世(1957a, 1957b)等文章最先详细论证了"重纽"音值[①]；羽田亨（1923）

[①] 有坂秀世的两篇文章均发表于 20 世纪 30 年代。

对汉藏对音的研究早于罗常培（1933）；坂井健一（1975）整理《经典释文》所载25家音义，大岛正二（1981）则全面搜集唐代史书音义的音注——中古音注的全面整理在国内至今是空白；松尾良树、平山久雄等对中古反切结构的分析与周法高、杜其容等中国学者可谓一时瑜亮。凡此种种，不一而足，日本学者的中古音研究成果值得中国学者重视和借鉴。

欧美地区的汉语音韵研究传统虽然不如日本，但由于西方语言学理论发展迅速，欧美地区的汉语中古音研究往往最先应用先进理论。伴随着世界语言学中心的转移，20世纪欧美地区汉语中古音研究的中心也有一次明显的转移：在1950年以前以欧洲学者为主，1950年以后则以北美学者为主。

欧洲学者对中国音韵学的研究可追溯到明代利玛窦、金尼阁等人。随着资本主义的扩张，欧洲地区对汉语的研究也逐渐深入，包括古代汉语语音。例如，19世纪英国传教士艾约瑟、意大利人武尔披齐利、荷兰汉学家商克等已经开始将历史语言学方法理论运用到汉语中古音的研究，尝试利用现代汉语方言、对音译音（梵汉、朝汉、汉越语等）等资料构拟汉语中古音。由于受方法材料及作者学识所限，他们的研究成果在中国音韵学界并没有产生太大影响。20世纪从事汉语中古音研究的欧洲学者，以瑞典学者高本汉和法国学者马伯乐为代表。高本汉的《中国音韵学研究》[①]是一部具有里程碑意义的著作，标志着汉语现代音韵学的开端，他所搭建的汉语历史语言学研究范式，至今富有生命力。马伯乐研究汉语中古音的代表作《唐代长安方言考》[②]开方言史研究的先河，在音韵学界有很大影响，也是20世纪初研究汉语中古音的名篇。

20世纪从事汉语中古音研究的北美学者，以张琨、梅祖麟、薛凤生为代表。他们与中国学界有深厚的渊源：张琨、薛凤生均是早年求学国内，后赴美深造、任教；梅祖麟从事语言学研究，是受董同龢的影响。可以说，北美地区的汉语中古音研究者，是中国学术在海外播下的星星之火，同时他们也迸现出耀眼之光。张琨（1982）及此后一系列文章[③]，立足《切韵》所涵时

[①] 原书于1915—1926年以法文发表，经赵元任、罗常培、李方桂翻译，于1940年以中文发表。
[②] 本书关于《唐代长安方言考》的叙述，均参考聂鸿音的翻译。
[③] 张琨（1982）的英文版文章发表于1968年。

间和空间因素,在高本汉的汉语"直线式"发展模式之外,搭建了一个全新的、兼顾古今南北的"双线式"理论框架,对此后的汉语语音史研究产生了影响。梅祖麟(1970)的《中古汉语的声调与上声的起源》是20世纪为数不多讨论到中古汉语调值的著述之一。薛凤生是20世纪音位化构拟《切韵》音系的学者之一,他以严格的音位学理论为《切韵》构拟了一个七元音音位系统,就音位学理论运用而言,相较于马丁(1953)和周法高(1954)有很大进步。此外,北美地区研究汉语中古音的学者,比较著名的还有柯蔚南、蒲立本等。

汉语音韵学是一个开放包容性极强的学科,它的每一次演进都与外来理论的传播有密切关系。20世纪汉语中古音研究的发展是紧随世界语言学前进的脚步的。秉持传统,吸收先进理论,滋养本土学术,才使得汉语中古音研究永葆生机。

三、20世纪中古音研究的开拓与创新

学术研究取得新的进展,其途径不外乎:①采用新的研究理念,革新已有思路;②使用新的材料,得出新的结论;③使用新的方法分析已有材料。汉语音韵学研究历来有善于接受新的理念、运用新的研究方法、开拓新研究材料的优良传统。就20世纪的中古音研究而言,其研究理念、研究材料和研究方法的开拓与创新如下。

(一)研究理念

20世纪的中古音研究是建立在对"中古音"概念有着清醒认知的基础上进行的,即中古音是一段历史时期内的汉语语音。也就是说,20世纪的中古音研究一开始就有较为明确的"语音史"观,这从20世纪中古音研究各个时期学者对中古音的定义就可看出。"转型期",例如,钱玄同(1918)为汉语语音所划分期定"魏晋南北朝"为"韵书之初期","隋唐宋"为"韵书全盛之期";高本汉(1940)认为中古汉语(l'ancien chinois)是500—600年的一种语言。"沉寂期",例如,董同龢指出中古音的时期是隋唐,前后可以延伸,但是以"隋及唐初为中心"(董同龢,2001:9);邵荣芬(1979:4)说中古音是4世纪至12世纪以前,即魏晋至北宋的语音。"繁荣期",例如,

李新魁（1991：1）说："中古音是汉语语音史的一部分，是汉语语音发展过程中的一个重要阶段。所谓'中古音'，是指从隋经唐至宋这个历史时期的汉语语音。"这种"语音史"观其来有自，至少可溯自清儒对中古音的阐述，例如：段玉裁的《六书音韵表》早已有朦胧的中古音意识[①]；劳乃宣在《等韵一得》中云："有今韵之学，以沈陆为宗，以《广韵》《集韵》为本，证以诸名家之诗与有韵之文，以考六朝唐宋以来之音是也。"[②]甚至可以说，在中古语音系统还没有得到系统整理之前，"中古音"这一概念就已经深入人心。

但在诠释"中古音"的方式上，20世纪前后有根本不同。众所周知，传统汉语音韵学研究绵亘近两千年，传到章炳麟、黄侃手上已至尾声，20世纪汪荣宝、林语堂等人虽确立现代音韵学的地位，但古汉语语音以完整体系呈现，却是高本汉的功劳。高本汉（1940：3）开宗明义："中国语言学的三个主要问题显然是下面所列的：1）考证中国语言的祖先跟来源；2）考清楚这个语言的历史；3）考明白现代中国语言的各方面。"进而他以《切韵》音系为依据，构拟了中古汉语的语音系统。经过历史比较语言学洗礼，汉语音韵学的学科属性彻底转型：由面向文献的古典"语文学"，蜕变为不仅仅面向"活语言"的语言学（朱晓农，2008：191）。概言之，就是从考据文献、阐释经典转为对语言本体进行探索。而汉语古音研究的目的，也从专注音类，转为探讨古音音值。伴随着上述诸多转型，20世纪的100年间，学者们的研究逐步丰富了中古音的内涵。这表现为如下两个方面。

1. 立足共同语分析，积极探讨中古汉语的标准音问题

汉语发展的各个阶段都有共同语，先秦"雅言"、秦汉"通语"、隋唐"正音"、宋元"中原雅音"、明清"官话"是汉语各个历史阶段共同语的称谓。"共同语"历史研究是汉语史研究的主旋律。20世纪对共同语的研究，从所用材料出发可以分为两系。

[①] 段玉裁在《六书音韵表·音韵随时代迁移说》中说："音韵之不同，必论其世，约而言之，唐虞夏商周秦汉初为一时，汉武后泊汉末为一时，魏晋宋齐梁陈隋为一时，古人之文具在，凡音转、音变、四言，其迁移之时代皆可寻究。"

[②]（清）劳乃宣：《等韵一得》，光绪戊戌吴桥官廨刻本，第1页。

第一系认为《切韵》是中古时期的共同语，钱玄同、高本汉、邵荣芬、方孝岳、何九盈等学者是代表。钱玄同在《国音沿革六讲》中将《广韵》与"国语"并举，"国语"是民国时期的共同语，可见他认为《广韵》代表中古时期的共同语；高本汉在《中上古汉语音韵纲要》（Compendium of Phonetics in Ancient and Archaic Chinese，1954年发表于 Bulletin of the Museum of Far Eastern Antiquities）中说："(《切韵》)实质上就是陕西长安方言，这一方言在唐朝成为一种共通语（Koine），除沿海的福建省以外，全国各州县的知识界人士都说这种语言"（高本汉，1987：2）；邵荣芬（1979：4）指出《切韵》反映了当时的标准音系；方孝岳（1979a：79）说："(《切韵》)显然是要对当时一般通语地区的语音作一番审定工作，反映通语地区的共同点，也反映通语方音的特点。"

第二系认为《切韵》是"文学书面语"，他们或因《切韵》的"杂凑"性质，或因《切韵》是书面语系统，所以探求"口头上的"共同语时会考虑利用其他材料，王力、周祖谟、李新魁等是这一研究思路的代表。王力（1936）认为《切韵》是有实际语音根据的，但在《汉语史稿》（上册）中却说："中古汉语的语音，以'切韵系统'为标准。切韵的系统并不能代表当时（隋代）的首都（长安）的实际语音，它只代表一种被认为文学语言的语音系统。"（王力，1980a：49）之后，王力（1985）更因为《切韵》不是一时一地之音，而改用《经典释文》《玄应音义》等材料来研究隋唐时期的语音。周祖谟（1988a：3）说："陆法言的《切韵》所表现的语音系统是齐梁陈隋时期的读书音的系统。陆法言辨别古今南北音，重分而不重合。在唐代虽然还做为科举考试作诗作赋押韵的准则，但实际的语音已经有了新的发展，声韵的类别已不完全跟《切韵》相同。"所以他给出了《王二》《韵诠》《干禄字书》，以及诗文用韵、敦煌变文等文献，以研究唐代北方语音。李新魁（1991）认为《切韵》是以当时的河南音为主体，兼采古音和方音编纂而成的，所以他在研究中又根据三十六字母、韵图、韵文等文献来构拟中古的共同语。以上学者当然也对《切韵》音系有系统深入的研究，不过，他们都是基于"书面语"这样的认识，与上述第一系学者的研究理念存在一定区别。

从现代语言学的观点来看，"标准音"是构成共同语的要素。20世纪以前的音韵著述，很少讨论到中古汉语的标准音问题，至多在评述《切韵》时，能有一些朦胧的话语，例如，姚文田在《古音谐·序》中说："《切韵》出，而文字之音始一，陆法言诸人之功，亦云伟矣。"[1] 从 20 世纪初，学者们开始注意到中古汉语标准音的问题，需要指出的是，在"标准音"的看法方面，上述第一系学者往往将中古标准音等同于《切韵》的基础方音。例如：钱玄同 1920 年在《国音沿革六讲》中认为《广韵》是隋唐宋时期的标准音，而这个标准音是"兼采南北"的，"要是因为政治上统一于北朝，就定北音为全国的标准音，叫南人完全牺牲他研究了四百年的成绩，这是不可能的。所以《切韵》只能兼采南北之音了"（钱玄同，1999：73）。若以观点而言，学者对中古"标准音"大致有三种观点：第一，"洛阳音说"，如李新魁（1991：7）指出："隋代之前使用的'正音'或标准音，有人认为就是洛阳音（其读音称为'洛生咏'）。到了隋朝以后的中古时期，洛阳一带的语音继承了历史上保存下来的共同语标准音的地位继续发展着。人们心目中的'正音'或'雅音'也是以洛阳音为代表。"第二，"长安音说"，最典型的代表是高本汉（1987：2），其观点前文已有介绍。第三，"洛阳音与长安音更迭说"，黄笑山（1995）认为汉语标准语的基础方言是发展转移的，其中南北朝至初唐的标准语音是《切韵》代表的洛阳音，从盛唐开始，"随着大唐的昌盛，首都长安的向心力逐渐增强，长安话逐渐取得了优势，最终在中唐前后完全取代了原来的标准语的地位"（黄笑山，1995：6）。基础方言与标准音，是构成共同语的两个要素，不过，汉语历史上是否有现代学术意义上的"标准音"还有商榷的空间，但是对"标准音"问题的深入探讨，表明学者们对中古音的研究已经由感性认识上升到理性分析，是切切实实地从语言学视角来分析中古音——这是十分珍贵的。

2. 从中古"正音"的研究，拓展到中古方言语音的研究

古代学者心中明白，语音无论古今均有方言的差别。如陈第在《毛诗古音考自序》中云："时有古今，地有南北，字有更革，音有转移。"[2] 戴震在《声韵考·古音》中也说："音之流变，一系乎地，一系乎时。"[3] 不过，他们

---

[1]（清）姚文田：《古音谐》，转引自何九盈：《中国古代语言学史》，商务印书馆，2013，第 251 页。
[2]（明）陈第著，康瑞琮点校：《毛诗古音考 屈宋古音义》，中华书局，2011，第 7 页。
[3]（清）戴震：《声韵考》，见戴震撰，张岱年主编《戴震全书（三）》，黄山书社，1994，第 315 页。

更加看重古代"正音"。直至20世纪中古音研究"转型期"的第一阶段（20世纪初至1920年），国内都没有讨论中古方言语音的著述，国外学者马伯乐（2005）以《切韵》和对音译音材料为依据考释唐代长安方言，虽然所用材料如《切韵》是否能体现方言系统值得怀疑，但草创之功不可磨灭。国内学者对中古方音的研究始自"转型期"第二阶段的王国维、罗常培、陈寅恪、陆志韦等学者的著述。王国维（2003a）认为《韵英》《韵铨》等书为"秦音"韵书，可以用来考唐代关中音。陈寅恪（1936）指出东晋南渡士族及南朝吴人士族操用的均是洛阳附近的语音。两篇文章虽未涉猎中古方言语音体系，但在研究方向上有昭示意义。本阶段《切韵鱼虞之音值及其所据方音考——高本汉〈切韵〉音读商榷之一》和《唐五代西北方音》是罗常培研究中古方音的两部代表作，前者以考定《切韵》鱼、虞分韵为目的，通过分析韵文材料得出鱼、虞两韵除太湖附近外，都混用不辨。后者是一部划时代的著作，该书利用汉藏对音《千字文》残卷及《大乘中宗见解》残卷、藏文译音《金刚般若波罗蜜经》残卷及《阿弥陀经》残卷、注音本《开蒙要训》等五种文献构拟了唐五代西北方言的声母、韵母系统，并与现代西北方言比较，探讨方音演变。在研究思路、方法上都为后来方音史的研究提供了借鉴，其价值至今不减。此外，陆志韦《试拟切韵声母之音值并论唐代长安语之声母》的目的是修订高本汉的声母构拟，但在文末给出了参考守温字母、悉昙藏、梵汉对音等材料所构拟的长安方言声母，不过论证略显简略。

从"沉寂期"开始，以中古方音为研究主旨的著述增多，中古南北两大方言区均有研究著述。北方方言区的例如："沉寂期"的张清常（1963）、邵荣芬（1963）对唐五代西北方言的语音特点作出了分析，"繁荣期"的尉迟治平（1982）、施向东（1983）、刘广和（1984）、王吉尧（1987）、金德平（1994）、黄淬伯（1998）则讨论了中原、长安等地方音系统等。南方方言区的例如："沉寂期"有周祖谟（1966a）对南方语音的研究；"繁荣期"的如邵荣芬（1995）分析了中古南方金陵音系，周长楫（1995）讨论了闽南方音特点，丁锋（1995）、徐之明（1999a）、张洁（1999）等讨论了江都地区的方音系统。此外，如何大安（1981）虽以研究共同语韵部为主，但同时也注意考察南北区域用韵差异；赵振铎（1999，2000）从笔记文献钩稽方音材料，虽不成体系，但于方音史研究也大有裨益。

自先秦"雅言"直至现代普通话，汉语的状态都是共同语与方言并存的"双轨式"。研究古代汉语语音，只局限于共同语（隋唐时期叫作"正音"）是不完备的，方音史也是汉语语音史的组成部分。20世纪的中古音研究将方音史纳入研究视野，是十分有意义的。不过，我们应该注意到，20世纪的中古方音史研究大致遵循罗常培（1933）给定的研究思路，那就是，以"典型"的方言历史材料来研究方音史，也就是在文献材料最大限度"同质化"的前提下，进行方音史研究。这种研究思路本身没有问题，但是在操作过程中却要小心谨慎。同一区域内大范围的材料所反映的语音特点，于历史方音特点的分析较为可靠，如周大璞（1979a：27）所说："变文的用韵，如前所述，是以唐五代汉族人民口头语言为依据的。由于它在都城长安和西北其他通都大邑比较流行，可以断定：它所用的音韵就是当时西北方言的音韵。因此，我们可以据以考定当时西北方言的韵部。"不过，翻检20世纪中古方音研究的文献，可以看到，许多成果都以作者籍贯、生平作为判断文献方音性质的依据，如周祖谟（1966a：275）用原本《玉篇》考证南方语音是因为"至于顾野王，亦为吴郡人，其《玉篇》成于梁武帝大同九年（公元五四三年），收字一万六千余，每字皆有反语，亦为考索六朝吴音之重要资料"。这就导致对同一部文献音系性质可以有不同的认识，如关于曹宪的《博雅音》，黄典诚（1986：81）认为《博雅音》与《切韵》"都是契合金陵洛下两地的官音所凝成的较古的东京洛阳音的反映"，而丁锋（1995）则判定《博雅音》为6世纪的扬州方音。另外有些方音特点明显的著述，也不一定全都是方言本身记载，如张洁（1999）因南方人公孙罗的《文选音决》中从邪不分、船禅无别的现象，符合颜之推"南人以钱为涎，以石为射，以贱为羡，以是为舐"[①]的叙述，认为《文选音决》是南方音的记述，但《文选音决》却有以共同语作为注音标准的话语。所以说，方言史研究所据材料还需要仔细甄别，不过，理念有时候比结论更具价值，中古方音研究有待后来者甚多。

（二）研究材料

一种学术的进步，不唯理念、方法之创新，亦有赖研究材料之开发。正

---

① （隋）颜之推撰，王利器集解：《颜氏家训集解（增补本）》，中华书局，2013，第530页。

如陈寅恪在《陈垣敦煌劫余录序》中所云:"一时代之学术,必有其新材料与新问题。取用此材料,以研求问题,则为此时代学术之新潮流。"(陈寅恪,2001:266)20 世纪前后中古音研究在材料使用上的一个转变就是:在利用历史文献等"死的"材料的同时,还使用现代方言、对音译音等"活的"材料。"转型期"的学者就明确指出,哪些材料可以用于中古音研究。例如:高本汉(1940)很清楚地指出研究中国古音要用到现代汉语以及古书上的材料,包括:外国语言里翻译中国字的对音跟中国语言里翻译外国字的对音;中国字典里所用的古音注法,就是反切的方法;各种带解说的韵表。魏建功(1935:31-80)比高本汉(1940)的更全面,他给出了 10 种可以用来研究古音的材料:①文字之假借及谐声者;②文学作品之有韵者;③反切及直音;④古籍注疏及校勘记;⑤韵书及韵学书、字典;⑥古今方言;⑦中外译音;⑧连绵词及古成语;⑨汉字支音;⑩同语族语。魏氏给出的材料类型,不独为中古音而设,但涵盖了 20 世纪中古音研究所能用到的所有材料。

20 世纪中古音研究开挖新材料是从"转型期"开始的。"转型期"第一阶段的黄侃、钱玄同、张煊等人还是主要以《广韵》音切为研究材料。第二和第三阶段的研究几乎涉及能够用于中古音研究的各种主体材料,除《广韵》之外还有:《切韵》残卷,如罗常培(1928)、黄淬伯(1928)等;对音译音材料,如罗常培(1931b,1933)、陆志韦(1940a)、周法高(1948a,1948b)等的研究涉及汉藏对音、梵汉对音等材料,王力(1948)的研究虽不是针对汉语中古音的研究,但却为后来中古音研究提供了丰富的汉越语材料;韵文材料,如罗常培(1931a)、王越(1933,1934)、王力(1936)、于安澜(1936)对魏晋南北朝诗文用韵的研究,施则敬(1942)、张世禄(1944a)对唐代诗文用韵的研究;音义文献,如黄淬伯(1931)、严学宭(1936,1943)、罗常培(1939)、张世禄(1943)、周法高(1948c)等对陆德明、玄应、慧琳、朱翱等人的音切进行了研究。"转型期"在材料使用方面给后人很多有价值的参考,如罗常培(1931b,1933)提供了两种研究对音译音材料的模式,模式一是利用对音译音材料印证具体声母、韵母的读音,模式二是利用对音译音材料系统考察某一区域的方言音系;王力(1936)注重用韵的个人特点与时代共性,以诗文用韵印证《切韵》分部,这是后来研究诗文用韵的常用理念;黄淬伯、周法高、严学宭等人的结论至今为人征引,少有突破。但是还存一定的不足，例如：诗文用韵多集中于魏晋南北朝时期，对隋唐诗文的关注不够；音义文献对隋唐时期的《博雅音》《汉书注》等很多材料缺少些系统研究；对音译音材料方面，汉藏对音成果突出，梵汉对音利用虽多，但都是第一种研究模式，至于日语汉字音、高丽译音等则都没有得到全面利用。

"沉寂期"的邵荣芬（1963）以敦煌文献中的别字异文为研究对象，开发了新的材料类型，很有新意。再者，本期学者对诗文用韵、音义文献、韵书材料研究的范围和深度，较"转型期"都有扩大。在韵书材料方面，有李荣（1952）对《王三》的研究。在诗文用韵方面，李荣（1961，1962a，1962b）排比隋代诗文用韵情形，分析了各种押韵情形；丁邦新（1975）为魏晋韵部构拟音值，梳理从上古至《切韵》时期的演变情形，别开生面；周大璞（1979a，1979b，1979c）首次归纳敦煌变文等俗文学的用韵现象，丰富了诗文用韵的内涵。音义文献则有邵荣芬（1964）对《五经文字》音切的整理以及周祖谟（1966a）对原本《玉篇》音系的整理。本期的研究成果虽然不多，但在材料运用上是有创新，并具有很高价值的。

至"沉寂期"，用于中古音研究的各种类型材料都已开发。"繁荣期"的研究主要是丰富各种类型材料的内涵，当然，在材料的运用上也突破了前两期。主要表现为以下三个方面。

1. 对音译音材料方面

梵汉对音材料得到成系统利用，学者对不同类型的对音译音材料均有研究成果。对上述"转型期"和"沉寂期"梵汉对音材料进行研究，遵循的是第一种研究模式。"繁荣期"的俞敏（1984a）则首次采用第二种研究模式，通过分析梵汉对音材料考察了后汉三国时期的语音特点。后来俞敏的学生，如尉迟治平、施向东、刘广和、储泰松等人全面研究了鸠摩罗什、玄奘、不空、义净等人的梵汉对音材料，对魏晋南北朝至隋唐各期的通语或方言的语音特点均有分析，成为20世纪研究梵汉对音的主力军。除梵汉对音材料外，其他对音译音材料也得到了有效利用。例如：王吉尧和石定果（1986）利用了日译汉音和日译吴音，聂鸿音（1984）利用朝鲜译音分析重纽问题，潘悟云和朱晓农（1982）利用了汉越语的材料，卢顺点（1990）使用了汉藏对音材料，聂鸿音（1998）开挖了回鹘文材料来研究中古音等。当然，20世纪的国外学者如北美的柯蔚南、蒲立本以及日本的河野六郎、水谷真诚等也有关于对音译音的研究，此不详述。

2. 诗文用韵方面

各个时代的诗文用韵均有系统研究成果，个体诗人或诗人群体用韵研究成果增多。"转型期"和"沉寂期"学者对诗文用韵进行了系统的断代研究，如王力（1936）、于安澜（1936）、李荣（1961，1962a，1962b）及丁邦新（1975），节点多限于隋以前。"繁荣期"周祖谟（1996）、何大安（1981）对魏晋南北朝韵部又做了更全面系统的研究。除魏晋南北朝外，"繁荣期"学者对隋唐代韵文研究也有研究成果，如：鲍明炜（1990）分别整理了初唐近体诗和古体诗用韵；陈海波和尉迟治平（1998）、刘根辉和尉迟治平（1999）以及赵蓉和尉迟治平（1999）用计算机统计用韵材料，分阶段统计出了唐五代各期的韵部系统。至于个体或群体诗人，如杜甫、白居易、元稹、王梵志、"初唐四杰"等用韵的研究成果如：鲍明炜（1981）分析了白居易、元稹的诗的韵系，李维一、曹广顺、喻遂生（1982）研究了"初唐四杰"的诗韵，马重奇（1985）全面探讨杜甫诗歌的韵读情形，都兴宙（1986）探讨敦煌王梵志诗歌用韵，凡此种种，不暇举例。此外，金恩柱（1999a，1999b）还对唐代墓志铭用韵进行了研究，扩大了韵文材料的范围。

3. 音义文献方面

首先是中古各期的音义文献，包括存世完本的音义文献中的音切和魏晋六朝残存音切，都得到了系统的整理研究。"转型期"和"沉寂期"对魏晋六朝残存音切涉及较少，存世完本音切也仅玄应、慧琳、朱翱等人的得到系统整理。在"繁荣期"，残存的魏晋六朝的徐邈、刘昌宗、吕忱等人的音切引起人们关注，如简启贤（1996）钩稽分析了吕忱的《字林》的音注材料，盘晓愚（1998）研究了刘昌宗音切的韵类系统，蒋希文（1999）对徐邈音切用力颇深。同时存世的完本音义文献都得到了系统整理，略举数则，如邵荣芬（1995）全面分析《经典释文》的首音音系，钟兆华（1982）概括了颜师古的音切系统，此外还有邵荣芬（1981）、黄典诚（1986）、孙玉文（1993a，1993b）、龙异腾（1994）、丁锋（1995）等对《晋书音义》《后汉书注》《博雅音》《史记正义》等音义文献的研究。其次，音义文献中音注反切得到更加深入的研究。"转型期"和"沉寂期"研究音义文献只是整理声韵系统,"繁荣期"的研究则不限于此。例如:张文轩(1983)利用音义文献中的"协韵"材料研究韵部系统,冯蒸(1988)将"词汇扩散理论"引入音切研究,谢美龄(1990a,1990b)从重纽结构"类相关"的角度研究慧琳反切,黄坤尧(1992)则把音切研究与语法研究相结合。

从上文所述可以看出,在"转型期"前辈学者已经将研究中古音所能使用的材料类型陈列清楚,并且做了很多引领后来的工作。材料类型开发完备是在"沉寂期",不过各种类型文献得到全面利用,还是在"繁荣期"完成的。"繁荣期"的资料使用无论在广度还是在深度上都超过了前两期,"繁荣期"的繁荣不仅仅是成果多,更是运用的资料多。同时也有几点需要注意:20世纪中古音研究还缺乏系统盘点各种音韵资料的著作,如系统整理音注材料、编制对音译音字谱(目前仅有后汉三国译经、玄奘、不空等人的梵汉对音字谱及汉藏对音材料);同时在运用资料方面视角过窄,不注重同时期音韵文献之间的比较研究,研究成果太过零散,并且极少探讨音变机制问题等。这都是以后研究中需要加强的。

(三)研究方法

本书所说"研究方法"指的是学科方法论层面处理具体材料时的基本操作手段。作为一门独立的学科,音韵学有自己特有的研究方法。点检20世纪中古音研究所用到的方法,约有:"历史比较法""反切系联法""韵脚字归纳法""统计分析法"(算术统计、概率统计、数理统计)、"异文互证法""音注比较法""反切结构分析法""译音对勘法""枚举归纳法"等[①]。从适用范围来看,这些方法在音韵学内部具有"普适性",并非仅能用于中古音,在近代音、上古音研究中都可使用。而本部分想要说明的是,20世纪的中古音研究,在方法使用上是富有创新精神的。其创新体现在以下三点。

第一,能够完善旧有的方法。例如:曾运乾(2011:121)认为陈澧的做法"不循条理,囿于方音,拘于系联",在陈澧创制的"反切系联法"的基础上,关注反切上下字之间的洪细配合,定《切韵》声类为51类。后来无论研

[①] 本书关于研究方法的称谓,参考了耿振生(2004)。

究韵书反切，还是音义文献的反切都有意识地注意到反切上下字的配合，这与曾氏之功密不可分。曾氏的研究，已经带有了"反切结构分析"的韵味。周法高（1952）、杜其容（1975）更加细化了反切结构的分析，他们观察到：重纽反切中，若上字为重纽三等，则下字也为重纽三等；若上字为重纽四等，则下字也是重纽四等。这与日本学者上田正、辻本春彦、平山久雄等人的做法不谋而合。周法高（1989）把这一方法应用到隋唐五代宋初所见重要音切资料，取得了巨大成功。

第二，能够扩大研究方法的适用的材料范围。例如：白涤洲（1931a）最开始是将"算术统计法"用于入声演变，白涤洲（1931b）又运用此方法研究《广韵》的音类；再如，清代学者钱大昕等就曾用"异文互证法"讨论上古音的声母，邵荣芬（1963）则用"异文互证法"开辟了新的研究领域，用它来研究敦煌文献，并成为运用这一方法的典范。此外，黄淬伯（1930a，1930b）、严学宭（1936，1943）、周法高（1948c）及后来的周祖谟（1966a）、邵荣芬（1995）等把"反切系联法"扩展到对音义文献的研究，也可归入此类。

第三，能够发明新的方法来处理文献材料。例如：陆志韦（1939a）用"概率统计法"探讨《广韵》声类，并在陆志韦（1940b）一文中用此法研究语音的历史演变，是20世纪以概率统计研究中古音的第一人，使所得结论更有科学性和可验证性。邵荣芬（1964）研究《五经文字》音注时，以《切韵》为参照系，比较《五经文字》音切与《切韵》反切的差异，同时结合算术统计的方法，为后来研究《史记》《后汉书》等音义文献提供了一个"反切系联"以外的方法。

20世纪学人经过努力，在处理中古各种文献材料时都能有相适应的方法。另外，20世纪中古音的研究方法是从定性到定量逐步完善缜密的，例如早期研究诗文用韵以"韵脚字归纳法"为主，在"合韵"等问题的处理上带有主观性色彩，麦耘（1999）用数理统计法分析隋代押韵材料，不仅得出韵部，还分析出同韵部内各韵间的亲疏关系。再者，方法的运用也是从单一到综合的，如邵荣芬（1982a）用到了反切系联、反切比较、算术统计、译音对勘等多种方法。方法运用代表对材料分析更加全面，使得所得出的结论也更能经得起考证。

第二节 20世纪的《切韵》研究

陆法言的《切韵》是汉语音韵学的不祧之著，自问世以来就被学者们奉为圭臬。唐封演在《封氏闻见记》中说："隋朝陆法言与颜、魏诸公定南北音，撰为《切韵》，凡一万二千一百五十八字，以为文楷式。"[1]明方以智云："自沈韵行而古音亡，然使无沈韵画一，则唐至今，皆如汉晋之以方言读，其纷乱又何可胜道哉？"[2]《切韵》的价值不仅仅是限定诗韵、规范字音等内容，更重要的是，它为汉语历史语音研究提供了一个可参考的框架系统：顾炎武在《音学五书·音论》中云"欲审古音，必从《唐韵》"[3]，江永在《古韵标准·例言》也说"古韵既无书，不得不借今韵离合以求古音"[4]。《切韵》对于上古音研究的作用已然如此重要，而作为中古时期的代表韵书，它在中古音研究中的地位更是无可匹敌的，整个20世纪的中古音研究，都与《切韵》紧密相连。本节将总结20世纪的《切韵》研究。需要说明的是，由于长期以来《广韵》被看作《切韵》音系的代表，所以下文所说的《切韵》，如不加特殊说明，则包含《广韵》，特定的《切韵》系韵书则会用音韵学界熟知的名称，如称宋濂跋本《王仁昫刊谬补缺切韵》作全本《王韵》或《王三》。

一、20世纪《切韵》研究的进程

陆法言的《切韵》至唐代被定为官韵，为士林所重。后世既有对《切韵》的修订增删，也有对其音韵系统的研究。在继承音韵学研究传统的基础上，随着新材料的发现和新理论的引进，进入20世纪后的《切韵》研究呈现出全新的姿态。由于中古音研究的每一次进展都与《切韵》研究息息相关，因此，可以按照第一节所划中古音研究的分期，梳理百年间的《切韵》研究。

---

[1] （唐）封演：《封氏闻见记》，丛书集成初编本，商务印书馆，1936，第15—16页。
[2] （明）方以智：《字汇辩序》，见方以智著，张永义校注《浮山文集》，华夏出版社，2017，第143页。
[3] （清）顾炎武：《音学五书》，中华书局，1982，第28页。
[4] （清）江永：《古韵标准》，中华书局，1982，第4页。

（一）转型期：20 世纪初至 1949 年

在本期，《切韵》研究是音韵学研究的主旋律，例如《国立中山大学语言历史学研究所周刊》1928 年第 25—27 期以《切韵专号》为名，发表了罗常培、丁山、董作宾、马太玄等人的文章。诸多《切韵》系韵书残卷的发现，促使《切韵》韵书资料整理研究工作开展。同时，高本汉"开中国音韵学一新纪元"（林语堂，1933：194），他首次从现代语言学角度对《切韵》音系进行研究，并取得了巨大成功，极大地鼓舞了中国本土学者。赵元任、罗常培、陆志韦、王静如、周法高、董同龢等人都积极地运用各种先进的西方语言学理论进行《切韵》音系研究。据本书不完全统计，这一时期国内从事《切韵》研究的学者约 120 人，发表著述约 275 篇（部）。国外学者首推高本汉、马伯乐，此外，日本学者如大矢透、满田新造、有坂秀世等也有著述。以国内研究而言，这一时期的成就大致可概括为以下四点。

1. 《切韵》资料整理研究成果丰硕

这一时期，国内学者对敦煌《切韵》残卷及其他《切韵》系韵书做了大量整理研究工作，其中王国维、刘复、魏建功、姜亮夫等学者的成就最为突出。王国维的工作集中在对写本《切韵》《唐韵》以及李舟《切韵》等文献的考据，魏建功治韵书学既重视文献考据，又能结合音韵原理，于韵书体系传承研究取得了重要成就。姜亮夫在韵书辑录、体式研究方面卓有贡献。由刘复、魏建功、罗常培[①]等主持编纂的《十韵汇编》系统收录十种《切韵》系韵书资料，体例谨严，是整理国故的代表作，也是这一时期韵书学研究的最高成就。此期治韵书学成绩斐然者，还有方国瑜、陆志韦等。

2. 《切韵》音类的划分逐步细致

对《切韵》音类的划分，贯穿《切韵》音系研究的始终，而本期经黄侃（2013）、钱玄同（1918）、曾运乾（1927）、白涤洲（1931b）、陆志韦（1939a）、周祖谟（1940）等研究之后，《切韵》音类的划分已经十分精密，相关研究成果对后来《切韵》音系研究有重要影响。

[①]《十韵汇编》最初由刘复主持编纂，刘复去世之后，则由罗常培主持。

3. 运用历史比较法进行《切韵》音系研究，同时展开对高本汉构拟系统的修订

国内汉语音韵学界更多的是接受了高本汉的方法理念，对他的结论则多商榷修正。例如罗常培（1931a，1931b）对鱼、虞两韵及知彻澄娘诸母的音值进行修订，赵元任（1941）利用音位学理论讨论了腭化声母、开合口等问题，此外还有陆志韦（1939b，1940c）对高本汉声母问题的讨论，王静如（1941，1948）对介音、开合口等问题的修订。特别是陆志韦（1947）全面修订了高本汉的声母和元音系统，标志着中国学者已经在高本汉的基础上建立了自己的构拟系统。

4. 开始着力探讨《切韵》中的重要语音现象

以董同龢、周法高为代表的学者，对高本汉忽略的《切韵》音系中的问题，特别是重纽现象，进行了深入研究。董同龢（1948a）、周法高（1948a，1948b）是国内最早系统研究重纽问题的著述，这标志着《切韵》音系的研究已逐步深化。

当然本期《切韵》研究还有一定的不足之处，例如资料使用上还多是依赖高本汉的《中国音韵学研究》中的各种材料，没有大规模挖掘诗文用韵、对音译音等辅助材料，专门讨论《切韵》音系的专著很少。

（二）低潮期：1950—1979 年

1950—1979 年的这 30 年是大陆地区中古音研究的"沉寂期"，相应地，《切韵》研究也陷入了低潮期。据本书统计，本期大陆地区研究《切韵》的学者约有 42 人，发表著述约 70 篇（部），不仅数量较少，并且议题也较为集中，主要是：对《切韵》音系性质的讨论，以及对中古韵书反切知识的普及。虽然也有对《切韵》音系本体、专题问题的探讨和对韵书资料的整理研究，但是势单力薄，规模较小。仅据我们目力所及，本期台湾地区研究《切韵》的学者约有 44 人，发表著述约 80 篇（部）。数量上虽然和大陆相差无几，但是所涉内容比大陆要广，例如：周法高（1954，1970）从音位学角度构拟《切韵》语音；龙宇纯（1965）、杜其容（1975）对反切结构进行分析；许世瑛（1974a，1974b，1974c）对诗文用韵与《切韵》进行比较研究等等。可以说，本期台

湾地区的《切韵》研究无论从范围还是深度上，都略胜大陆一筹。综合两地学者对《切韵》的研究，可有如下几点认识。

1. 《切韵》音系的性质得到全面深入的分析讨论

从 20 世纪 50 年代末开始，国内学者针对《切韵》音系的性质问题，展开了一场热烈的讨论。黄淬伯、周祖谟、邵荣芬、王显、何九盈等学者跻身其中，积极探讨《切韵》是"综合性音系"还是"单一性音系"。这种讨论表明学者们已经从根本上思考《切韵》在汉语历史语音研究中的价值，经过这番讨论，《切韵》也取得了更为牢固的学术地位。

2. 《切韵》语音的研究不再只注重音系全局

《切韵》的例外反切、内部又音等现象均得到了关注。《切韵音系》（李荣，1952）是本期研究《切韵》音系的重要作品，这是第一部以全本《王韵》为研究对象的著述，开启了《切韵》音系研究的新篇章。周法高（1954，1970）修订了已有的《切韵》构拟结果。此外，本期如龙宇纯（1965）、林素珍（1972）、杜其容（1975）等很注重《切韵》的反切特点及又音现象，陆志韦的《古反切是怎样构成的》也是研究反切结构的重要文章。

3. 韵书资料研究克绍"转型期"余波，中古反切知识得到了推广普及

本期对韵书资料的整理以姜亮夫（1955a）、龙宇纯（1968）和余廼永（1974）为代表，并且姜亮夫、魏建功等学者在韵书源流研究方面建树颇多。这一期国内有 10 多篇著述介绍中古反切知识，如殷焕先（1962，1979）、李新魁（1979a）等均有著述致力于此，这一工作对于音韵知识的普及和音韵学科的发展有重要意义。

本期也有国内学者发表了一些针对《切韵》音系中的特定语音现象如介音、重纽等问题的研究成果，如葛毅卿（1962）重新构拟《切韵》重纽韵和纯四等韵的音值，马学良、罗季光（1962）则尝试用长短音来解释纯四等韵的读音，罗伟豪（1962）评述并解释了《切韵》重纽问题，但是此类著述数量很少。本期国外学者对《切韵》的研究较有代表性的是美国学者张琨对中古音及《切韵》问题的一系列探讨。

（三）深入期：1980—2000 年

《切韵》音系经过学者于"转型期""低潮期"半个多世纪的研究，其基本面貌已经被勾勒清楚，并且韵书资料的整理也已近乎完备。进入 20 世纪 80 年代以后，《切韵》研究所探讨的问题更为具体深入，同时在理念方法上相较于前两期也有质的飞跃。在韵书资料整理方面，也有《唐五代韵书集存》（周祖谟，1983）、《新校互注宋本广韵》（增订本）（余迺永，2000）等杰出著作问世。本期国内学者发表著述约 425 篇（部），从事《切韵》研究的学者约 230 人。我们将 1980—2000 年称为《切韵》研究的"深入期"。所谓"深入"表现在如下几个方面。

1. 深入剖析《切韵》内部的语音现象，研究的侧重经历从"面"到"点"的转变

本期《切韵》音系整体研究的成果，如邵荣芬（1982a）、黄典诚（1994）等的著述，这些著述在材料分析、问题探讨方面能够推陈出新，有承上启下的作用。本期学者对《切韵》音系问题的探讨，更多地表现为针对某一特定问题的挖掘。例如，李新魁（1984）、郑张尚芳（1997）、麦耘（1995a）、丁邦新（1997）等的著述对重纽的来源与区别及其后续的发展进行了全面探讨。此外，如三等韵的分类及演变、四等韵的介音与主要元音、唇音分化等问题，都有著述对其进行讨论。

2. 围绕《切韵》以多种材料为辅助，解决《切韵》音系的问题

在本章第一节"中古音研究概况"部分我们指出，1980—2000 年的中古音研究的一个重要特点是材料运用的多样化。而本期学者对《切韵》语音现象的解读，充分发挥了韵书之外各种辅助材料的作用。例如，许宝华和潘悟云（1994）利用谐声、现代方言、韵书反切等材料论证二等字介音的情形；李如龙（1984）、张光宇（1990）等从汉语方言材料着手，分析四等韵的介音、《切韵》与现代方言关系等问题。此外，如汉越语、对音译音、诗文用韵等材料都得到了使用。

3. 重视现代语言学理论在《切韵》研究中的运用，并从研究理念上创新《切韵》研究

高本汉将历史比较法引入汉语音韵学研究，革新了《切韵》研究的面貌。

"深入期"的研究更加重视理论总结和理论开发。例如徐通锵和叶蜚声（1980）回顾了音韵研究方法上的变化，分析高本汉用历史比较法研究汉语中古音的操作程序，在肯定其理论价值的同时，又指出其中的不足。《高本汉直线型研究模式述论——汉语史研究理论模式论之一》（李葆嘉，1995a）和《张琨时空二维研究模式述论——汉语史研究理论模式论之三》（李葆嘉，1995b）也是分析语音史研究模式的两篇重要文章。麦耘（1994，1999，1995a，1995b）、黄笑山（1995）等的著述结合《切韵》实际以及音位学理论，来构拟《切韵》音系，在音位学理论的消化吸收方面很值得称道。

本期国外学者的《切韵》研究也有重要突破，如张琨（1982，1983，1985）等的一系列著述，提出了一个"双线式"的全新的中古音研究思路，重新估定了《切韵》在语音史研究中的价值，薛凤生（1996）构拟了严格的《切韵》元音音位，日本学者桥本万太郎（1985，1986a，1986b）为中古梗、通摄分别构拟了-ŋ/-c、-ŋ/-c韵尾，平山久雄（1998）也对中古韵尾提出了新的构拟，纵非确论，但不失为一家之言。此外，如平田昌司、花登正宏等学者也有相关著述发表。

经过一个多世纪的研究，有关《切韵》的诸多问题，如韵书体式和渊源传承关系、音系内部的重纽、重韵、介音等问题都得到了探讨，虽然在有些问题上，例如，唇音的开合口；轻重唇分化的条件；歌戈、寒桓、真谆等韵分立的依据等，或研究不深或所得结论还有待商讨，但其格局范围已全面展开，已经为后来的研究铺平了道路，奠定了有效的基础。

二、20世纪的《切韵》音系研究

作为一部韵书，《切韵》最重要的价值在于它为我们系统地展现了中古汉语音类。系统研究《切韵》音系的著述，至少可以追溯至《韵镜》《通志·七音略》等早期韵图。明清以来，提及或者运用《切韵》（实为《广韵》）的著述很多，但真正从《切韵》内部入手探讨韵书语音体系的，还是清代的陈澧。陈氏发明的"反切系联法"依据"基本条例""分析条例""补充条例"等系联出《切韵》的声类、韵类，是研究《切韵》的必由之途。在20世纪以前以及20世纪初，学者对《切韵》音系的研究都只研究到音类层面。20世纪以后，经西方语言学洗礼，《切韵》研究焕发新的生机，直接表现为从音类分析转变为用音值解释音类。虽然后来音值的研究更为人瞩目，但其实这是在音类研究较为充分的基础上进行的。也就是说，音类和音值两者是密不可分的。本单元将从音类、音值等方面回顾 20 世纪学者对《切韵》音系的研究，以期为将来研究《切韵》语音提供借鉴。

（一）《切韵》声母的研究

早期韵图采用三十六字母系统来表现《切韵》的声母，但其中不免强人就我之嫌，故还需以"门法"之类再做补充说明。从《切韵》内部整理出其声母系统，是从陈澧开始的，率先进行音值的解释，则是高本汉的贡献。下面从声类和声母音值两个方面，来梳理 20 世纪《切韵》声母的研究。

1. 声类的研究

自陈澧的《切韵考》系联出《切韵》40 声类，黄侃、钱玄同、曾运乾、陆志韦、白涤洲、周祖谟等又在其结论的基础上不断提出新的看法。诸家声类研究的结果如表 3-2 所示。

表 3-2 诸家《切韵》声类表

三十六字母	陈澧	黄侃	钱玄同	张煊	罗常培	高本汉	曾运乾	白涤洲	陆志韦	周祖谟	李荣
影	影	影	影	影	影	乌类	哀类	乌母	乌母	影一	影
						於类	於类	於母	於母	影二	
晓	晓	晓	晓	晓	晓	呼类	呼类	呼母	呼类	晓	晓
						许类	许类	许母	许类		
匣	匣	匣	匣	匣	匣	胡类	胡类	匣母	胡类	匣一	匣
喻	于	为	于	于	喻	于类	于类	于母	于类	匣二	
	喻	喻	喻	喻		以类	余类	以母	以类	喻	羊
见	见	见	见	见	见	古类	古类	古母	古类	见一	见
						居类	居类	居母	居类	见二	
溪	溪	溪	溪	溪	溪	苦类	苦类	苦母	苦类	溪一	溪
						去类	去类	去母	去类	溪二	
群	群	群	群	群	群	渠类	巨类	渠母	渠类	群	群

续表

三十六字母	陈澧	黄侃	钱玄同	张煊	罗常培	高本汉	曾运乾	白涤洲	陆志韦	周祖谟	李荣
疑	疑	疑	疑	疑	疑	五类	五类	五母	五类	疑一	疑
						鱼类	鱼类	鱼母	鱼类	疑二	
端	端	端	端	端知	端	都类	多类	都母	都类	端	端
知	知	知	知			竹类	陟类	陟母	陟类	知	知
透	透	透	透	透彻	透	他类	他类	他母	他类	透	透
彻	彻	彻	彻			丑类	抽类	丑母	丑类	彻	彻
定	定	定	定	定澄	定	徒类	徒类	徒母	徒类	定	定
澄	澄	澄	澄			直类	直类	直母	直类	澄	澄
泥	泥	泥	泥	泥娘	泥	奴类	奴类	奴母	奴类	泥	泥
娘	娘	娘	娘			女类	尼类	女母	女类	娘	
精	精	精	精	精	精	子类	则类	子母	作类	精一	精
							子类		子类	精二	
照	庄	庄	庄	庄	照	测类	侧类	侧母	侧类	庄	庄
	章	照	照	照		之类	诸类	之母	之类	照	章
清	清	清	清	清	清	七类	仓类	七母	仓类	清一	清
							七类		七类	清二	
穿	初	初	初	初	穿	初类	初类	初母	初类	初	初
	昌	穿	穿	穿		昌类	昌类	昌母	昌类	穿	昌
从	从	从	从	从	从	昨类	在类	昨母	昨类	从一	从
						秦类			疾类	从二	
床	崇	床	床	床	床	士类	锄类	士母	士类	床	崇
	神	神	神	神		食类	食类	食母	食类	神	船
禅	禅	神	禅	禅	禅	市类	市类	时母	时类	禅	俟
											常
心	心	心	心	心	心	苏类	桑类	苏母	苏类	心一	心
							息类		息类	心二	

续表

三十六字母	陈澧	黄侃	钱玄同	张煊	罗常培	高本汉	曾运乾	白涤洲	陆志韦	周祖谟	李荣
审	山	疏	山	山	心	审类	所类	所母	所类	山	生
	审	审	审	审	审	式类	式类	式母	式类	审	书
邪	邪	邪	邪	邪	邪	似类	祥类	徐母	徐类	邪	邪
帮	帮	帮	帮	帮	帮	博类	补类	博母	博类	帮₁	帮
非	非	非	非			方类	方类	方母	方类	帮₂	
滂	滂	滂	滂	滂	滂	普类	滂类	普母	普类	滂₁	滂
敷	敷	敷	敷			敷类	匹类	芳母	芳类	滂₂	
并	并	并	并	并	并	薄类	薄类	蒲母	薄类	并₁	并
奉	奉	奉	奉			符类	符类	符母	符类	并₂	
明	明	明	明	明	明	莫类	莫类	莫母	莫类	明₁	明
微		微	微			武类	武类	武母	武类	明₂	
来	来	来	来	来	来	卢类	卢类	卢母	卢类	来	来
						力类	力类	力母	力类		
日	日	日	日	日	日	而类	仍类	而母	而类	日	日
合计	40	41	41	33	28	47	51	47	51	51	36

注：表中各家声类依次是陈澧的《切韵考》、黄侃（2013）、钱玄同（1918）、张煊（1919）、罗常培（1928）、高本汉（1940）、曾运乾（1927）、白涤洲（1931b）、陆志韦（1939a）、周祖谟（1940）、李荣（1952）。其中，陈澧的《切韵考》本无声类命名，表中采用的是罗常培（1928）的命名。

表 3-2 共列出了较有代表性的《切韵》声类的研究结果，共 11 家，其中 20 世纪的有 10 家。表中的结论需要说明的包括以下三个方面。

（1）陈澧、黄侃、钱玄同、张煊、罗常培、李荣等学者所说"声类"就是声母[①]，而高本汉、曾运乾、陆志韦、白涤洲、周祖谟等学者所谓"声类"，实际上是《切韵》反切上字的类聚情形或者使用趋势。如周祖谟（1966b：532）说："今论广韵之声类，依反切上字分组，当为五十一。以音位而论，当为三十六。"

（2）声类研究结果多少的不同，有两方面原因：第一，与作者所据韵书

[①] 李荣（1952）系联反切上字为 62 组，根据各组之间的互补关系定为 36 声类（母）。

反切有密切关系，如李荣（1952）是根据全本《王韵》发现"俟"类，由于《广韵》中"俟"类不独立，所以此前各家均无此类。第二，与所用方法有关。例如，陈澧、黄侃、钱玄同、张煊、罗常培等五家以系联法得出《切韵》声类，重在观察反切上字的同用互用情形；高本汉、曾运乾、白涤洲、陆志韦、周祖谟所用各方法还观照等呼情形，故所分声类较多。

（3）同一方法由于原则的执行力不同，也有不同的结果。例如，"切语上字同用互用递用"为系联法正例，"据广韵一字二音之互注切语者考之"为系联法变例（周祖谟，1940：8）。"盖据其正例以分之，则为类当多于四十；据其变例以合之，为类当不及四十。"（周祖谟，1940：9）这正是陈、黄、钱、张、罗诸位所得声类数量不同的原因。但端知、精庄之类合并实在太过强调"又音"，实难令人信服。

综合来说，若将《切韵》的声类进行归纳，其数目在35—37，所不同者即泥与娘、匣与于、船与禅是否应该合并。

2. 声母音值的研究

在高本汉之前国外有学者如商克构拟过汉语古音的声母系统，但过于粗疏。声母系统音值的构拟，是高本汉的贡献。高本汉（1940）根据他搜集到的3100多个字的反切，归纳出47声类，进而在47声类的框架下，根据汉语方言、高丽译音、安南音、日语汉字音等材料，运用历史比较法和语音学理论构拟出《切韵》声母的音值。此后各家又在高本汉的基础上不断修订，但其基本思路还是依照高本汉的做法。下面先列出20世纪《切韵》声母的代表性构拟（表3-3—表3-7）。

表3-3 《切韵》喉牙音声母诸家拟音对照表

学者	喉音						牙音				
	影		晓		匣	喻		见	溪		群	疑
	乌	於	呼	许	胡	于	以	古	居	苦	去	渠	五	鱼
高本汉	ʔ	ʔj	x	xj	ɣ	j	∅	k	kj	kʰ	kʰj	gʰj	ŋ	ŋj
马伯乐	ʔ	ʔj	x	xj	ɣ		∅	k	kj	kʰ	kʰj	gj	ŋ	nj
陆志韦	∅ (∅ʷ)		x (∅ʷ)		ɣ (ɣʷ)	j		k (kʷ)		kʰ (kʰʷ)		g (gʷ)	ŋ (ŋʷ)

续表

学者	喉音 影 乌	喉音 影 於	喉音 晓 呼	喉音 晓 许	喉音 匣 胡	喉音 喻 于	喉音 喻 以	牙音 见 古	牙音 见 居	牙音 溪 苦	牙音 溪 去	牙音 群 渠	牙音 疑 五	牙音 疑 鱼
李荣	ʔ		x		ɣ		∅	k		kʰ		g	ŋ	
王力	ʔ		x		ɣ		j	k		kʰ		gʰ	ŋ	
蒲立本	∅		h		ɦ		j	k		kʰ		g	ŋ	
董同龢	ʔ		x		ɣ	ɣj	∅	k		kʰ		gʰ	ŋ	
邵荣芬	ʔ		x		ɣ	ɣj		k		kʰ		g	ŋ	
方孝岳	ʔ	ʔ(ǐ)	x	x(ǐ)	ɣ	ɣ(ǐ)	j	k	k(ǐ)	kʰ	kʰ(ǐ)	gʰ(ǐ)	ŋ	ŋ(ǐ)
李新魁	ʔ		x		ɣ		j	k		kʰ		g	ŋ	
黄典诚	∅		h		ɦ	ɣɣ	j	k		kʰ		g	ŋ	
麦耘	ʔ		h		ɦ		j	k		kʰ		g	ŋ	
黄笑山	ʔ		x		ɣ		j	k		kʰ		g	ŋ	
郑张尚芳	ʔ		h		ɦ		j	k		kʰ		g	ŋ	
潘悟云	ʔ		h		ɦ		j	k		kʰ		g	ŋ	

注：表 3-3—表 3-7 中的拟音分别取自高本汉（1940）、马伯乐（2005）、陆志韦（1947）、李荣（1952）、王力（1980a）（略有调整）、蒲立本（1999）、董同龢（2001）、邵荣芬（1982a）、方孝岳（1979a）、李新魁（1991）、黄典诚（1994）、麦耘（1994）、黄笑山（1995）、郑张尚芳（2003）、潘悟云（2000）。

表 3-4 《切韵》舌音声母诸家拟音对照表

学者	端 都	知 陟	透 他	彻 丑	定 定	澄 直	泥 奴	娘 女	来 卢	来 力
高本汉	t	ṭ	tʰ	ṭʰ	dʰ	ḍʰ	n	ṇ	l	lj
马伯乐	t	ṭ	tʰ	ṭʰ	d	ḍ	n	nj	l	lj
陆志韦	t	ṭ	tʰ	ṭʰ	d	ḍʰ				l
李荣	t	ṭ	tʰ	ṭʰ	d	ḍ	n			l
王力	t	ṭ	tʰ	ṭʰ	d	ḍʰ	n	ṇ		l
蒲立本	t	ʈ	tʰ	ʈʰ	d	ɖ	n	ɳ		l

续表

学者	舌音									来	
	端	知	透	彻	定	澄	泥	娘	来	
	都	陟	他	丑	定	直	奴	女	卢	力
董同龢	t	ṭ	tʰ	ṭʰ	dʰ	ḍʰ	n		l	
邵荣芬	t	ṭ	tʰ	ṭʰ	d	ḍ	n	ṇ	l	
方孝岳	t	ṭ	ȶ	tʰ	ṭʰ	ȶʰ	dʰ	ḍʰ	ȡʰ	n	ɳ	ȵ	l	l(ǐ)
李新魁	t	ṭ	ȶ	tʰ	ṭʰ	ȶʰ	d	ḍ	ȡ	n	ɳ	ȵ	l	
黄典诚	t	ṭ	tʰ	ṭʰ	d	ḍ	n		l	
麦耘	t			tʰ			d		n		l	
黄笑山	t	ṭ	tʰ	ṭʰ	d	ḍ	n	ɳ	l	
郑张尚芳	t	ṭ	tʰ	ṭʰ	d	ḍ	n	ɳ	l	
潘悟云	t	ṭ	tʰ	ṭʰ	d	ḍ	n	ɳ	l	

表3-5 《切韵》齿头音声母诸家拟音对照表

学者	齿头音								
	精		清		从		心		邪
	作	子	仓	七	昨	疾	苏	息	徐
高本汉	ts		tsʰ		dzʰ		s		z
马伯乐	ts		tsʰ		dz		s		z
陆志韦	ts		tsʰ		dz		s		z
李荣	ts		tsʰ		dz		s		z
王力	ts		tsʰ		dzʰ		s		z
蒲立本	ts		tsʰ		dz		s		z
董同龢	ts		tsʰ		dzʰ		s		z
邵荣芬	ts		tsʰ		dz		s		z
方孝岳	ts	ts(ǐ)	tsʰ	tsʰ(ǐ)	dzʰ	dzʰ(ǐ)	s	s(ǐ)	z(ǐ)
李新魁	ts		tsʰ		dz		s		z
黄典诚	ts		tsʰ		dz		s		z

续表

学者	齿头音									
	精		清		从		心		邪	
	作	子	仓	七	昨	疾	苏	息	徐	
麦耘	ts		tsʰ		dz		s		z	
黄笑山	ts		tsʰ		dz		s		z	
郑张尚芳	ts		tsʰ		dz		s		z	
潘悟云	ts		tsʰ		dz		s		z	

表3-6 《切韵》正齿音及半齿音声母诸家拟音对照表

学者	正齿音										半齿音
	照		穿		床		审		禅		日
	庄	章	初	昌	崇	船	生	书	俟	禅	日
高本汉	tʂ	tɕ	tʂʰ	tɕʰ	dʐʰ	dʑʰ	ʂ	ɕ	—	ʑ	nʑ
马伯乐	tʂ	tɕ	tʂʰ	tɕʰ	dʐ̥	dʑʰ	ʂ	ɕ	—	ʑ	n̺
陆志韦	tʃ	tɕ	tʃʰ	tɕʰ	dʒ	ʑ	ʃ	ɕ		dʑ	n̺
李荣	tʃ	tɕ	tʃʰ	tɕʰ	dʒ	dʑ	ʃ	ɕ	ʓ	ʑ	n̺
王力	tʃ	tɕ	tʃʰ	tɕʰ	dʒ	dʑʰ	ʃ	ɕ	ʓ	ʑ	nʑ
蒲立本	tʂ	tɕ	tʂʰ	tɕʰ	dʐ	dʑ	ʂ	ɕ	ʐ̺	dʑ	n̺
董同龢	tʃ	tɕ	tʃʰ	tɕʰ	dʒʰ	dʑʰ	ʃ	ɕ	ʓ	ʑ	n̺
邵荣芬	tʃ	tɕ	tʃʰ	tɕʰ	dʒ	ʑ	ʃ	ɕ	ʓ	dʑ	n̺
方孝岳	tʂ	tɕ	tʂʰ	tɕʰ	dʐ̥	dʑ̥	ʂ	ɕ		ʑ	nʑ
李新魁	tʂ	tɕ	tʂʰ	tɕʰ	dʐ̥	dʑ	ʂ	ɕ	—	ʑ	nʑ
黄典诚	tʃ	tɕ	tʃʰ	tɕʰ	dʒ	dʑ	ʃ	ɕ	ʓ	ʑ	n̺
麦耘	ts	tɕ	tsʰ	tɕʰ	dz	dʑ	s	ɕ		dʑ	n̺
黄笑山	tʂ	tɕ	tʂʰ	tɕʰ	dʐ̥	dʑ	ʂ	ɕ	ʐ̺	dʑ	n̺
郑张尚芳	tʃ	tɕ	tʃʰ	tɕʰ	dʒ	ʑ	ʃ	ɕ	ʓ	dʑ	n̺/nʑ
潘悟云	tʂ	tɕ	tʂʰ	tɕʰ	dʐ̥	ʑ	ʂ	ɕ	ʐ̺	dʑ	n̺

表 3-7 《切韵》唇音声母诸家拟音对照表

学者	唇音							
	帮		滂		並		明	
	博	方	普	敷	薄	符	莫	武
高本汉	p	pj	p^h	p^hj	b^h	b^hj	m	mj
马伯乐	p	pj	p^h	p^hj	b	bj	m	mj
陆志韦	p（p^w）		p^h（p^{hw}）		b（b^w）		m（m^w）	
李荣	p		p^h		b		m	
王力	p		p^h		b^h		m	
蒲立本	p		p^h		b		m	
董同龢	p		p^h		b^h		m	
邵荣芬	p		p^h		b		m	
方孝岳	p	p（ǐ）	p^h	p^h（ǐ）	b^h	b^h（ǐ）	m	m（ǐ）
李新魁	p	pf	p^h	pf^h	b	bv	m	ɱ
黄典诚	p	pf	p^h	pf^h	b	v	m	ɱ
麦耘	p		p^h		b		m	
黄笑山	p		p^h		b		m	
郑张尚芳	p		p^h		b		m	
潘悟云	p		p^h		b		m	

表 3-3—表 3-7 显示，20 世纪研究《切韵》声母普遍是 36 个左右。少数有 28 或 41 的构拟，也只是对处理音位态度的宽严不同造成的。在音值构拟方面，唇音、牙音、齿头音等声母音值也普遍一致，总体而言，《切韵》声母音值构拟需要讨论的有如下几点。

1）腭化声母与全浊声母的送气问题

高本汉构拟了两种声母类型：单纯类和 j 化（腭化、喻化）声母，后者应用于包含 i̯ 介音的韵母，但精组、庄组及影、以母并不 j 化。这种做法是受到商克的《古代汉语语音》（*Ancient Chinese Phonetics*）的启发，高本汉（1940：29）说："Schaank 有一个大功劳就是他提出了 j 化（一种软化）的观念，j

化现象在中国古音中无疑的占很重要的地位。"马伯乐（2005）也构拟出了相似的腭化声母。陆志韦（1939b：145）指出高本汉构拟"腭化声母"的理据为："（1）宋人一等字于今官话为'硬音'而三等字则已变为腭音破裂磨擦。（2）四等字与一等字同用切上字而三等字之切上字则别为一系。（3）四等与三等可同韵，在《切韵》《广韵》必已同具介音 i。是则四等字之所以异于三等字者必在声母之性质。既非清浊之分，又非发音地位或发音方法之分，则除三等作喻化而四等不喻化外，更无其他理由可言。"但"腭化声母说"并没有得到普遍认可。陆志韦（1939b）、赵元任（1941）、李荣（1952：109-110）、邵荣芬（1982a：90-93）等对"腭化声母说"的讨论，可以看作批判这一构拟的代表。总括起来，理由是：第一，反切上字一二四等与三等的分野并不是谨严的，两类切上字有互用的现象，赵元任（1941）曾用"介音和谐"来解释这种分组趋势；第二，现代汉语方言以及域外译音中不见腭化声母的痕迹；第三，高本汉忽略了三四等同韵（即重纽韵）问题，只能用声母腭化与否来解释重纽韵中三四等的区别（陆志韦，1939b；邵荣芬，1982a）；第四，高本汉的"腭化声母说"自身存在矛盾，如在非弱化元音 i̯前，即止摄各韵（主要元音为 i）前也发生了腭化，排在三等的精组声母却没有发生腭化，庄组声母也能够与三等拼合，但也没有腭化声母（邵荣芬，1982a）。总而言之，高本汉的"腭化声母说"并没有得到认同。

　　高本汉（1940：251-254）将中古全浊塞音和全浊塞擦音都构拟为送气的浊声母，理由包括：①g>k>k'不能解释方言里由群母变来的 k 为何能够向前演变为送气的 k'，而从见母过来的 k 却不发生此类变化，同时 g>k'直接的变化不可能，"但是 g'>k'的变化不仅是自然而且在印欧的一个语言（希腊）里还有实例"（高本汉，1940：253）；②《广韵》存在同一个字既有送气清声母读法，又有浊声母读法的现象，"g：k'互换是不合理的，但是 g'：k'互换就不那么怪了"（高本汉，1940：253）；③蒙古译音以清音对汉语浊音，浊音对汉语清音；④吴语浊塞音虽然标作 b，d，g，但存在一种浊音的送气，尽管"不够使我们用 b'，d'，g'的写法"（高本汉，1940：254），但无疑是古音送气的遗迹。另外，对于马伯乐提出的《切韵》音系全浊塞音和全浊塞擦音不送气，后来变作送气音的观点，高本汉（1923a：490）也予以否认，因为"若是依 Maspero 所相信，日译汉音所以译'其'g'ji 为 ki，译'定'd'ieng 为 tei

等等是因为这送气的缘故,使外国译者拿 b'音当做 p,d'音当做 t,g'音当做 k,就与《切韵》同时的高译也是如此"。

国内学者如王力(1980a)采纳了高本汉的观点。马伯乐(2005:26-29)认为中古全浊声母最初是不送气的,盛唐以后变为送气。他考察梵汉对音资料发现,唐初的密咒对音系统里,梵文清音对应汉语清音,梵文鼻音对应汉语次浊音,汉语全浊音不加区别地对应梵文不送气全浊音和送气全浊音,有些经文为了翻译精确,在对应梵文送气全浊音时会增加"重"或"重者带喉声读"的字样。到了盛唐不空系统的译音中,梵文送气浊音则用汉语全浊音来对应,梵文不送气浊音则用汉语鼻声母阴声字来对应。陆志韦(1940a,1940c,1947)等多篇著述否定高本汉的观点,陆志韦(1947:7-8)指出"中古浊音在有的现代方言全不送气,例如吴语。在有的方言全作送气,只有少数例外,例如客家语。有的是平声送气,仄声不送气,例如官话跟广州话","凭这样的证据,我看不出来高氏何以能肯定《切韵》的浊音是气音"。对于马伯乐(2005)的说法,他基本是认可的,但陆志韦(1947:8-9)同时指出"可是长安语浊气音发现的时期断不能像马氏说的那么肯定","《切韵》的浊音也许在某种方言念成气音,在别种方言不作气音,那是可能的"。但在大多数方言中他认为是读不送气音的,"从此看来,《切韵》的浊音符号断不能作 b',d',g'。最多只能说在第七世纪的初年,或是在那时期以前,我们不能肯定在汉语的少数方言里决不能有气浊音"(陆志韦,1947:9)。李荣(1952:116-118)逐条批驳了高本汉的理由:①承认 g>k>k'是不可能的,但 g>g'>k'是可能的,印欧语就存在这一类变化;②gi:k'i 存在反例,如南昌话 g:k 常常换读,而且《广韵》里既有送气清声母跟浊声母的又读,也存在不送气清声母和浊声母的又读;③13 世纪以后的蒙古译音所代表的老官话不能决定《切韵》塞音是否送气,因为蒙汉对音时期已经没有了浊塞音,只有送气和不送气的清音声母;④中古浊塞音在现代汉语方言中的读法是多样的,吴语是送气浊音,但同时存在湘语这样读作不送气浊音的例子,不能在两者之间有所取舍;⑤日译汉音和高丽译音把见、溪、群全部译成[k],只能帮助了解发音部位,不能决定发音方法。此外,李荣(1952:119-124)在梵汉对音的材料之外,又增加了龙州僮语汉语借字、广西瑶歌等材料论证《切韵》全浊塞音、塞擦音声母不送气。邵荣芬(1982a:88-90)又以湖南城步苗人话、贵州锦屏边市苗人话等汉语方言材料及少数民族语言中的碧江白语，论证全浊声母是不送气的。总之，对于《切韵》音系中全浊塞音、塞擦音声母学界已经普遍接受构拟为不送气声母。

2）知组声母的拟音

关于知、彻、澄、娘的拟音，有四种代表性的拟音。第一种以高本汉的 ṭ、ṭʰ、ḍʰ、ṇ 为代表，陆志韦（1940a，1940c，1947）、李荣（1952）、王力（1980a，1985）、邵荣芬（1982a）等都采用这种构拟。第二种则是罗常培（1931b）提出的 ṭ、ṭʰ、ḍ、ṇ 拟音，他的主要依据是梵汉对音中知组声母常对译梵文 ṭ、ṭʰ、ḍ、ṇ 声母，而汉藏对音中知组声母读作 tʂ、tʂʰ、ɳ。后来的学者如黄笑山（1995）、潘悟云（2000）也是如此构拟，并增加了汉越语的证据。方孝岳（1979a）、李新魁（1991）提出了第三种构拟，即知组二等为卷舌音 ṭ、ṭʰ、ḍ、ṇ，知组三等为舌面音 ṭ、ṭʰ、ḍ、ṇ，这种构拟纯以知组反切上字二三等分用趋势而定，方孝岳（1979a：115）说："我们认为端、知两组在上古本可以是舌尖塞音的'类隔'，中古时代知组更转为舌面，所以它和端组的反切就分为两套，不过三等韵的知组应该很明显是舌面音，所以反切就完全独立，二等韵的知组舌面的色彩还不那么显著，所以它的反切仍有时和端组相混。"第四种构拟是将知组声母与端组声合并。张煊（1919）考订《广韵》声类时就将端知合并，罗常培（1928）根据《切韵》又音的材料，证明舌上音与舌头音不分，统作 t、tʰ、d（dʰ）、n。麦耘（1994）也将端知组构拟为相同的 t 组声母，但是他为知组构拟出了介音 -r- 和 -ri-，比张煊（1919）和罗常培（1928）要高明。由于端组只拼一四等，知组只拼二三等，从音位上来讲，端知合并构拟并没有不合理的地方，只需要解释端、知组在后世不同演化的路径。

3）庄组声母的音值

三十六字母中的照、穿、床、审、禅在《切韵》中分作两类：庄组（照₂）和章组（照₃）。对于章组拟作 tɕ、tɕʰ、dʑ、ɕ、ʑ[①]学界并无太大分歧。对于庄组，高本汉构拟为 tʂ 组卷舌音。陆志韦（1940a，1947）反对构拟为卷舌音，陆志韦（1947：14）给出的理由为"照₂等发现在《切韵》的三等韵里，下面联上介音（高作ǐ）。假若是卷舌音，正不知如何念法"，"中国要是没有卷

[①] 船、禅问题将在下文叙述。

舌音，一遇到梵音的'kṣ'跟'ṣ'，势不能不用最相近似的音来替代"。所以他将庄组构拟为舌叶音 tʃ、tʃʰ、ʃ、dʒ、ʒ，他认为这样的构拟可以解释阳韵系开口今音读作合口、臻韵系只有庄组而上声掺入殷韵系、庄组反切开合混乱等问题。不过，陆志韦（1940a：49）也指出构拟为舌叶音存在一定的问题，"余说可议之处厥为 tɕ、tʃ 之分别不为过显，何以能在《切韵》系统中为不同音位？且谐声照₂照₃虽时亦相转，远不如精与照₃为甚"。后来的学者，如李荣（1952）、邵荣芬（1982a）、王力（1985）等遵陆志韦的构拟。不过，仍有学者如麦耘（1994）、黄笑山（1995）等认同卷舌音的构拟①，他们的证据包括梵汉对音、西北方言、京剧中的卷舌音、汉越语（庄 trang[tṣ-]、疮 sang[ṣ-]、状 trang[tṣ-]）以及现代客家方言中都有卷舌音拼合 i 的例证。对于庄组具体为卷舌音还是舌叶音，可谓信者恒信，不信者恒不信。不过语言类型学显示，tʃ 组与 tɕ 组很少共现于同一个语音系统中。

4）泥、娘、日声母的音值

泥、娘在三十六字母中是两个不同的声母，早期学者都将它们构拟为不同的音值，如高本汉（1940）和陆志韦（1947）拟作泥 n、娘 ṇ，罗常培（1931b）则将两声母的音值拟作泥 n、娘 ŋ。李荣（1952：126）认为娘母是人为造出来的声母，"无论就切韵系统或者方言演变说，娘母都是没有地位的"，因此他将娘母并入泥母。李荣的做法影响很大，方言学界以及很多音韵学通论教材都采纳这种观点。邵荣芬（1982a：33-39）对李荣（1952：126）的观点做了详细的辩驳，他的证据包括：《王三》《博雅音》《晋书音义》中泥娘反切类隔数与其他舌音声母反切类隔数相当；颜师古的《汉书注》及慧苑撰写的《新译大方广佛华严经音义》中泥娘的分别是截然的；汉藏对音中泥母译作'd-或 n-，娘母译作'j-；梵汉对音中端透定泥作 t、tʰ、d、n，知彻澄娘译作 ṭ、ṭʰ、ḍ、ṇ。泥、娘虽然在现代汉语方言中基本混同，但是在中古应该是有区别的。

高本汉（1940：338）指出"拟测古代汉语的声母系统，日母是最危险的暗礁之一"，由于"古代译音有时候用日母来包含齿龈跟前硬颚部位的浊摩擦音，有时候用它代表软化的 n（ṇ，'ñ'）"（高本汉，1940：339），所以他在 Chavanne 和 Pelliot 构拟的 zñ 的基础上，修订日母中古音为舌面鼻擦音声母

---

① 麦耘将庄组与精组都构拟为 ts 组，但为庄组增加了-r-介音，其本质仍为卷舌音。

ɲʑ。陆志韦（1940a，1947）也采用这种构拟，他是根据上古音中泥娘同源而定，"今说娘日古出于泥，大致可信。ɲʑ 的发现一定是很早的。现代吴语也是日＜$\frac{n}{z}$"（陆志韦，1947：19）。马伯乐（2005）根据日译汉音的材料，认为 7、8 世纪汉语的日母是 ɲ。高本汉（1923a：489）指出《切韵》本有泥母 n，且此音也用于变 j-性的位置，即有 j 化的 nj，nj 发音与 ɲ 十分接近，听者难以辨别，并且也很难解释 nj 与 ɲi 后来的演变为何迥然不同。李荣（1952：125-126）维护马伯乐的观点：善无畏（724 年）以前用日母对音梵文字母"ña"，不空（771 年）以后才改用娘母字；反切有些时候也会弄混泥母和日母；日母字调类的演变和明、泥、疑相同。邵荣芬（1982a：99-101）仍旧认为日母为 ɲʑ：梵文 na 用泥母对音，ṇa 用娘母对音，ña 只好用日母对音；日母 ɲʑ 由于带有鼻音性所以调类演变不同于船、禅，同于明、泥、娘。从系统性上来说，半齿音日母刚好与章组 tɕ、tɕʰ、dʑ、ɕ、ʑ 一组。

5）船、禅、俟声母的音值

三十六字母中的床母，在《切韵》音系中分作两个：船和禅。从高本汉开始，多拟船母为浊塞擦音，禅母为浊擦音。但陆志韦（1940a）认为船、禅的发音方法应该换过来，理由是：《切韵》喻₃和船母仅在职韵相逢，两者极少同现说明喻₃、船母"纵非同一音位，其音值必甚相近。则'食'类必为摩擦音而不带破裂"（陆志韦，1940a：45）；谐声系统和《广韵》又读显示船母和以母相转，多于禅以相转；梵汉对音中船母对音梵文 ś（陆志韦，1940a：45）。邵荣芬（1963，1982a：101-108）在陆志韦（1940a）的基础上又补充了新的证据：颜之推的《颜氏家训·音辞篇》是从母和常母对举，邪母和船母对举；义净以前的梵汉对音中用禅母对译梵文 ja、jah；现代方言中还有船母读擦音、禅母读塞擦音的残迹。关于船、禅的问题，李新魁（1979b）认为：从古到今船和禅实际上没有对立，而是合为一类；在全浊音消失之前船、禅与崇一直是分立着，没有混而为一。以后，两者的平声字读为同音；《切韵》别船、禅为二，根据的是隋代的金陵雅音。

俟母是李荣（1952：92-93）考证的结果，证据确凿：《切三》和《王三》的"俟"母小韵都各自系联；《通志·七音略》《切韵指掌图》《四声等子》都把"俟"母字放在"禅二等"的位置。邵荣芬（1982a）承认俟母是存在的，但中古音注材料显示俟母独立不是普遍现象，但现代方言中"俟"和"士"

声母往往不同。高明（1979）、欧阳国泰（1987a）认为"俟"母是不存在的，因为它只在《切韵》中出现，《广韵》及其他中古音韵文献中都没有"俟"母的痕迹。但这个理由是不充分的，其他音韵文献中没有"俟"母，不能反驳《切韵》中有"俟"母。并且从系统性上来说，章、昌、船、书、禅与庄、初、崇、生、俟刚好对立。

6）影、匣、云、以的音值

（1）影母的音值。高本汉拟为ʔ，这也是最为普遍的构拟，马伯乐（2005）、李荣（1952）、邵荣芬（1982a）、麦耘（1994）、黄笑山（1995：34）等均是如此，其理据是：在平分阴阳的方言中，影母是读阴调的。不过，陆志韦（1947：10-11）认为"喻₃喻₄既然都是辅音，跟影母就不冲突；所以影母的音符也不必从马伯乐高本汉订为喉塞的ʔ"，而是零声母。邵荣芬（1982a：108-109）指出影母构拟要把平声和入声的变化联系起来：影母平声和清声母一起变，入声和次浊声母一起变，如果影母是零声母则无法解释，但构拟成喉塞ʔ则可以解释为，平声和清声母一起变阴平，入声则是在喉塞脱落后，变为元音或半元音开头，演变方向同次浊声母。

（2）匣、云的分合。高本汉构拟的匣母为ɣ，云母是个腭化的j声母，匣、云是两个截然不同的音值。葛毅卿（1939）、陆志韦（1940a，1947）、李荣（1952）、麦耘（1994）等都将匣、云合为一类，两者的区别是介音的问题。其根据大体是：在早期等韵图上，匣母拼一、二、四等，云母拼三等，具有互补性；韵书及其他音韵文献反切中匣、云相混等证据，表明匣、云应当合为一类；匣、云的上古音来源有相同之处。罗常培（1939）、李方桂（1980）、邵荣芬（1982a）、黄笑山（1995）等则认为《切韵》的云母具有独立性，如李方桂（1980：7）说道："有些人以为喻₃可以跟匣相配而写作 ɣj-，这也许是在《切韵》时期以前的情形，到了隋唐的时候显然喻₃已与匣母分离而近乎喻₄了"。从本质上来说，《切韵》中的匣、云是否合为一类并没太大不同，无论是分是合，学者们都注意到了两者的区别。就拟音来说，匣母多拟为ɣ，云母拟为ɣj-，不过有学者指出匣、云属喉音，拟为ɦ、ɦj更合理些。黄笑山（1995：30-33）拟匣母为ɣ，云母为w，是因为云母多为合口字且汉越语中云母多数以v声母起头，云母开口字则是受唇音尾-u、-m、-p或主元音u异化脱落而产生的。

（3）以母的读音。以母与云母合为三十六字母中的喻母，同属喉音，高

本汉拟以母为 ∅，与腭化的 j 相配合。李荣（1952）、邵荣芬（1982a）等也做如此拟音。陆志韦（1939b，1940a，1947）因以母与齿音相逢概率大，认为它是半元音 j。麦耘（1991）认为以母有三个特点不同于其他喉音声母：上古主要同舌音字谐声；本身无重纽，在重纽韵中与重纽四等同类；只出现于三等韵。这些表现与章组、日母相同。

（二）《切韵》韵母的研究

《切韵》韵母的研究比声母研究更为复杂，下面按照韵类、音值来分类阐述。

1. 《切韵》韵类的研究

下面先列出陈澧以来各家韵类研究的结果（表 3-8）。

表 3-8 诸家《切韵》韵类表

摄	韵系	陈澧				钱玄同				高本汉				白涤洲			
通	东₁	蒙	董	㷟	木	东₁	董	送₁	屋₁	东	董	送	屋	红	董	贡	木
	东₃	弓	—	赗	目	东₂	—	送₂	屋₂	东	—	送	屋	弓	—	仲	六
	冬	冬	—	宋	沃	冬	湩	宋	沃	冬	—	宋	沃	冬	湩	宋	沃
	钟	钟	肿	用	烛	钟	肿	用	烛	钟	肿	用	烛	钟	肿	用	烛
江	江	江	讲	绛	觉	江	讲	绛	觉	江	讲	绛	觉	江	讲	绛	觉
止	支开A	詑	枳	臂	—	支₁	纸₁	寘₁	—	支	纸	寘	—	移	氏	义	—
	支开B	羁	倚	縊	—												
	支合A	麾	俾	恚	—	支₂	纸₂	寘₂	—	支	纸	寘	—	为	委	伪	—
	支合B	陂	诡	餧	—												
	脂开A	—	—	—	—	脂₁	旨₁	至₁	—	脂	旨	至	—	夷	儿	利	—
	脂开B	鬐	几	冀	—												
	脂合A	逵	癸	季	—	脂₂	旨₂	至₂	—	脂	旨	至	—	追	鬼	类	—
	脂合B	葵	轨	媿	—												
	之	之	止	志	—	之	止	志	—	之	止	志	—	之	止	志	—
	微开	依	豈	毅	—	微₁	尾₁	未₁	—	微	尾	未	—	希	豈	既	—
	微合	威	鬼	魏	—	微₂	尾₂	未₂	—	微	尾	未	—	非	鬼	贵	—

第三章 20世纪汉语中古音研究 377

续表

摄	韵系	陈澧				钱玄同				高本汉				白涤洲			
遇	鱼	鱼	语	御	—	鱼	语	御	—	鱼	语	御	—	鱼	语	御	—
	虞	虞	麌	遇	—	虞	麌	遇	—	虞	麌	遇	—	虞	麌	遇	—
	模	模	姥	暮	—	模	姥	暮	—	模	姥	暮	—	模	姥	暮	—
蟹	咍一	咍	海	代	—	咍$_{1,2}$	海$_{1,2}$	代		咍	海	代	—	咍	海	代	
	咍三																
	灰	灰	贿	队	—	灰	贿	队	—	灰	贿	队	—	灰	贿	队	
	泰开	—	—	泰	—			泰$_1$		—	—	泰	—			盖	
	泰合	—	—	娧	—			泰$_2$		—	—	泰	—			外	
	皆开	皆	骇	诚	—	皆$_1$	骇	怪$_1$		皆	骇	怪	—	谐	骇	介	
	皆合	乖	—	怪	—	皆$_2$	—	怪$_2$		皆	—	怪	—	怀	—	坏	
	佳开	佳	蟹	懈	—	佳$_1$	蟹$_1$	卦$_1$		佳	蟹	卦	—	佳	买	懈	
	佳合	娲	𠵁	卦	—	佳$_2$	蟹$_2$	卦$_2$				卦	—	娲	夥	卦	
	夬开	—	—	虿	—			夬$_1$		—	—	夬	—			迈	
	夬合	—	—	夬	—			夬$_2$		—	—	夬	—			㸫	
	祭开A			祭				祭$_1$				祭				例	
	祭开B																
	祭合A			蔽				祭$_2$				祭				芮	
	祭合B																
	废开	—	—	废				废$_1$		—	—	废				废	
	废合	—	—					废$_2$		—	—						
	齐三							—									
	齐四开	鸡	荠	寞	—	齐$_1$	荠$_1$	霁$_1$		齐	荠	霁	—	奚	荠	计	
	齐四合	圭	—	慧		齐$_2$	荠$_2$	霁$_2$		齐		霁		携	—	惠	—
臻	痕	痕	很	恨	—	痕	很	恨	麧	痕	很	恨	—	痕	很	恨	没
	魂	魂	混	慁	没	魂	混	慁	没	魂	混	慁	没	魂	混	慁	没
	真开A	因	泯	震	一乙	真$_1$	轸	震	质$_1$	真	轸	震	质	邻	忍	震	吉
	真开B	礘	憼														

续表

摄	韵系	陈澧				钱玄同				高本汉				白涤洲			
臻	臻	臻	—	—	栉	臻	𦠅	—	栉	—	—	—	—	臻	谨	—	栉
	真合	䞼	—	—	率	真₂	轸₂	震₂	质₂					笋	殒	—	律
	谆A 谆B	谆	准	稕	术	谆	准	稕	术	谆	准	稕	术	谆	准	稕	术
	欣	殷	隐	焮	—	欣	隐	焮	迄	欣	隐	焮	迄	欣	隐	焮	迄
	文	文	吻	问	物	文	吻	问	物	文	吻	问	物	文	吻	问	物
山	寒	寒	旱	翰	曷	寒	旱	翰	曷	寒	旱	翰	曷	寒	旱	翰	曷
	桓	桓	缓	换	末	桓	缓	换	末	桓	缓	换	末	桓	缓	换	末
	山开	间	划	谏	戛	山₁	产₁	裥₁	鎋₁	山	产	裥	鎋	闲	限	苋	鎋
	山合	鳏	恦	惯	刖	山₂	产₂	裥₂	鎋₂	山	产	裥	鎋	顽	绾	幻	刮
	删开	奸	偭	苋	鹈	删₁	潸₁	谏₁	黠₁	删	潸	谏	黠	奸	赧	晏	八
	删合	关	睆	幻	刮	删₂	潸₂	谏₂	黠₂	删	潸	谏	黠	还	板	患	滑
	仙开A 仙开B	焉	膳	战	哲	仙₁	狝₁	线₁	薛₁	仙	狝	线	薛	连	善	战	列
	仙合A 仙合B	娟 嬛	剸	剸 㟼	辍 跛	仙₂	狝₂	线₂	薛₂	仙	狝	线	薛	缘	兖	恋	劣
	元开	言	偃	堰	揭	元₁	阮₁	愿₁	月₁	元	元	愿	月	言	偃	建	竭
	元合	元	婉	怨	蕨	元₂	阮₂	愿₂	月₂	元	阮	愿	月	袁	远	万	越
	先开	坚	岘	见	结	先₁	铣₁	霰₁	屑₁	先	铣	霰	屑	前	典	甸	结
	先合	涓	泫	睊	玦	先₂	铣₂	霰₂	屑₂	先	铣	霰	屑	玄	泫	县	决
效	豪	豪	皓	号	—	豪₁,₂	皓₁,₂	号₁,₂	—	豪	皓	号	—	豪	皓	号	—
	肴	肴	巧	效	—	肴₁,₂	巧₁,₂	效₁,₂	—	肴	巧	效	—	肴	巧	效	—
	宵A 宵B	飘 镳	摽 藨	庙 妙	—	宵₁,₂	小₁,₂	笑₁,₂	—	宵	小	笑	—	宵	小	笑	—
	萧	萧	篠	啸	—	萧	篠	啸	—	萧	篠	啸	—	萧	篠	啸	—

续表

摄	韵系	陈澧				钱玄同				高本汉				白涤洲			
果	歌	歌	哿	箇	—	歌	哿	箇	—	歌	哿	箇	—	歌	哿	箇	—
	戈一合	蓬	果	过	—	戈₁	果	过	—	戈	果	过	—	禾	果	过	—
	戈三开	—	—	—	—	戈₂	—	—	—	—	—	—	—	—	—	—	—
	戈三合	—	—	—	—	戈₃	—	—	—	—	—	—	—	靴	—	—	—
假	麻二开	夯	马	嚇	—	麻₁	马₁	祃₁	—	麻	马	祃	—	加	下	驾	—
	麻二合	榪	踝	化	—	麻₂	马₂	祃₂	—	麻	马	祃	—	瓜	瓦	化	—
	麻三	爹	也	夜	—	麻₃	马₃,₄	祃₃	—	麻	马	祃	—	遮	者	夜	—
宕	唐一开	航	沆	钢	—	唐₁	荡₁	宕₁	铎₁	唐	荡	宕	铎	郎	朗	浪	各
	唐一合	黄	晃	桄	—	唐₂	荡₂	宕₂	铎₂	唐	荡	宕	铎	光	晃	旷	郭
	阳三开	强	响	向	—	阳₁	养₁	漾₁	药₁	阳	养	漾	药	良	两	亮	略
	阳三合	狂	怳	况	—	阳₂	养₂	漾₂	药₂	阳	养	漾	药	方	往	放	缚
梗	庚二开	庚	梗	孟	—	庚₁	梗₁	敬₁	陌₁	庚	梗	映	陌	行	杏	孟	格
	庚二合	觥	矿	蝗	—	庚₂	梗₂	敬₂	陌₂	庚	梗	映	陌	盲	矿	横	伯
	耕开	罌	耿	净	—	耕₁	耿₁	诤₁	麦₁	耕	耿	诤	麦	茎	耿	诤	革
	耕合	泓	—	—	—	耕₂	耿₂	诤₂	麦₂	耕	—	—	麦	萌	—	—	获
	庚三开	惊	警	映	—	庚₃	梗₃	敬₃	陌₃	庚	梗	映	陌	京	影	敬	戟
	庚三合	兵	憬	命	—	庚₄	梗₄	敬₄	陌₄	庚	梗	映	—	兵	永	病	—
	清开	婴	郢	劲	—	清₁	静₁	劲₁	昔₁	清	静	劲	—	盈	郢	劲	—
	清合	縈	颖	—	—	清₂	静₂	劲₂	昔₂	清	静	—	—	营	颖	—	—
	青开	经	剄	径	—	青₁	迥₁	径₁	锡₁	青	迥	径	锡	经	挺	径	历
	青合	扃	颎	—	—	青₂	迥₂	径₂	锡₂	青	—	—	锡	扃	迥	—	阒
曾	登一开	掤	等	嶝	—	登₁	等₁	嶝₁	德₁	登	等	—	德	縢	等	—	则
	登一合	肱	—	—	—	登₂	等₂	嶝₂	德₂	登	—	—	德	肱	—	—	或
	蒸三开	蒸	拯	证	—	蒸₁	拯	证₁	职₁	蒸	拯	证	职	蒸	拯	证	力
	蒸三合	—	—	—	—	蒸₂	—	证₂	职₂	—	—	—	职	—	—	—	逼
流	侯	侯	厚	候	—	侯₁,₂	—	候₁,₂	—	侯	厚	候	—	侯	厚	候	—
	尤	尤	有	宥	—	尤₁,₂	有₁,₂	宥₁,₂	—	尤	有	宥	—	尤	有	宥	—
	幽	幽	黝	幼	—	幽	黝	幼₁,₂	—	幽	黝	幼	—	幽	黝	幼	—

续表

摄	韵系	陈澧				钱玄同				高本汉				白涤洲			
深	侵A	愔	颙	沁	揖	侵	寝1,2	沁	缉1,2	侵	寝	沁	缉	侵	寝	沁	缉
	侵B	音	坅		邑												
咸	覃	覃	感	勘	合	覃	感	勘	合	覃	感	勘	合	覃	感	勘	合
	谈	谈	敢	阚	盍	谈1,2	敢1,2	阚	盍	谈	敢	阚	盍	谈	敢	阚	盍
	咸	咸	豏	陷	洽	咸	豏	陷	洽	咸	豏	陷	洽	咸	豏	陷	洽
	衔	衔	槛	鉴	狎	衔1,2	槛	鉴1,2	狎	衔	槛	鉴	狎	衔	槛	鉴	狎
	盐A	懕	黡	厌	魇	盐1,2	琰1,2	艳1,2	叶	盐	琰	艳	叶	盐	琰	艳	叶
	盐B	淹	奄	愴	敏												
	严	严	俨	酽	业	严	俨	酽1,2	业	严	俨	酽	业	严	俨	酽	业
	凡	凡	范	梵	乏	凡1,2	范1,2	梵1,2	乏1,2	凡	范	梵	乏	凡	范	梵	乏
	添	添	忝	㮇	帖	添	忝1,2	㮇	帖	添	忝	㮇	帖	添	忝	㮇	帖

摄	韵系	周祖谟				陆志韦				李荣				邵荣芬			
通	东一	东二	董	送二	屋二	红	孔	贡	木	东	董	送	屋	东	孔	贡	谷
	东三					弓	—	仲	六	东	—	送	屋	弓	—	仲	六
	冬	冬	—	宋	沃	冬	湩	宋	沃	冬	瞳	宋	沃	冬	湩	宋	沃
	钟	钟	肿	用	烛	容	陇	用	玉	冬	瞳	宋	沃	容	陇	用	玉
江	江	江	讲	绛	觉	江	项	绛	角	江	讲	绛	觉	江	项	绛	角
止	支开A	支四	纸四	寘四		—	支	氏	义	—	卑	渳	譬	—	移	是	义	—
	支开B					宜	绮	义	—	陂	靡	帔	—	支	婢	赐	—
	支合A					为	委	伪	—	阕	跬	恚	—	为	委	伪	—
	支合B					为	弭	伪	—	亏	跪	为	—	随	弭	恚	—
	脂开A	脂四	旨四	至四		—	脂	姊	至	—	毗	匕	寐	—	脂	几	利
	脂开B					夷	几	利	—	丕	鄙	鄙	—	夷	履	至	—
	脂合A					隹	癸	醉	—	葵	癸	季	—	绥	轨	类	—
	脂合B					追	鄙	位	—	逵	轨	愧	—	维	癸	季	—
	之	之	止	志		之	里	吏	—	之	止	志	—	之	里	吏	—
	微开	微	尾	未		希	岂	既	—	微	尾	未	—	衣	岂	既	—
	微合	微	尾	未		非	鬼	贵	—	微	尾	未	—	归	鬼	畏	—

第三章　20世纪汉语中古音研究　381

续表

摄	韵系	周祖谟				陆志韦				李荣				邵荣芬			
遇	鱼	鱼	语	御	—	鱼	吕	据	—	鱼	语	御	—	胡	古	故	—
	虞	虞	麌	遇	—	俱	庾	遇	—	虞	麌	遇	—	诛	庾	遇	—
	模	模	姥	暮	—	胡	古	故	—	模	姥	暮	—	居	吕	据	—
蟹	咍一	咍	海	代	—	来	亥	代	—	咍	海	代	—	来	亥	代	—
	咍三	—	—	—	—	咍	海	—	—	—	海	—	—	来	—	—	—
	灰	灰	贿	队	—	回	罪	—	—	—	贿	—	—	回	罪	佩	—
	泰开	—	—	泰	—	—	—	盖	—	—	—	泰	—	—	—	盖	—
	泰合	—	—	泰	—	—	—	外	—	—	—	泰	—	—	—	外	—
	皆开	皆二	骇	怪二	—	皆	骇	拜	—	皆	骇	怪	—	皆	骇	介	—
	皆合	—	—	—	—	怀	—	怪	—	皆	—	怪	—	怀	—	怪	—
	佳开	佳二	蟹二	卦二	—	佳	蟹	懈	—	佳	—	卦	—	佳	—	懈	—
	佳合				—	娲	夥	卦	—	佳	蟹	卦	—	娲	夥	卦	—
	夬开	—	—	夬二	—	—	—	犗	—	—	—	夬	—	—	—	犗	—
	夬合	—	—		—	—	—	夬	—	—	—	夬	—	—	—	迈	—
	祭开A	—	—	祭三	—	—	—	例	—	—	—	艺	—	—	—	例	—
	祭开B	—	—		—	—	—	制	—	—	—	剿	—	—	—	祭	—
	祭合A	—	—		—	—	—	卫	—	—	—	卫	—	—	—	卫	—
	祭合B	—	—		—	—	—	芮	—	—	—	锐	—	—	—	—	—
	废开	—	—	废二	—	—	—	肺	—	—	—	废	—	—	—	废	—
	废合	—	—		—	—	—	废	—	—	—	废	—	—	—	废	—
	齐三	—	—	—	—	—	—	—	—	齐	—	—	—	兮	—	—	—
	齐四开	齐二	荠	霁二	—	奚	礼	计	—	齐	荠	霁	—	奚	礼	计	—
	齐四合		—		—	携	—	惠	—	齐	—	霁	—	圭	—	惠	—
臻	痕	痕	很	恨	没	痕	很	恨	没	痕	—	恨	没	根	—	恨	殁
	魂	魂	混	恩	没	昆	本	困	没	魂	混	恩	没	昆	本	困	没
	真开A	真开二	轸二	震二	质二	邻	忍	刃	质	宾	泯	印	必	邻	引	觐	质
	真开B					巾	忍	刃	乙	斌	憨	釁	笔	宾	忍	印	吉

续表

摄	韵系	周祖谟				陆志韦				李荣				邵荣芬			
臻	真合	—	—	—	—	—	—	—	—	—	—	—	—	—	—	—	—
	臻	臻	—	—	栉	臻	—	—	瑟	臻	—	—	栉	真A	—	—	质A
	谆A	谆	准	稕	术	伦	尹	闰	聿	均	尹	昀	橘	伦	—	闰	律
	谆B					匀	殒	—	律	麕	殒	韵	茁	匀	—	峻	聿
	欣	殷	隐	焮	迄	斤	谨	—	迄	殷	隐	焮	迄	斤	谨	靳	迄
	文	文	吻	问	物	云	粉	问	勿	文	吻	问	物	云	粉	问	勿
山	寒	寒	旱	翰	曷	干	旱	旰	割	寒	旱	翰	曷	干	旱	旰	割
	桓	桓	缓	换	末	官	管	贯	括	寒	旱	翰	曷	官	管	贯	括
	山开	山二	产	裥二	鎋二	闲	限	苋	鎋	山	产	裥	黠	闲	限	苋	八
	山合		—			顽	绾	幻	刮	山	—	裥	黠	顽	绾	幻	滑
	删开	删二	—	谏二	黠二	奸	赧	晏	黠	删	—	谏	鎋	奸	板	晏	鎋
	删合					还	板	患	滑	删	潸	谏	鎋	还	绾	患	刮
	仙开A	仙三	狝三	线四	薛三	连	善	战	列	鞭	楩	便	鳖	延	免	战	列
	仙开B					延	辇	扇	列	愆	辩	卞	别	连	缅	箭	灭
	仙合A					缘	兖	绢	悦	娟	蜎	绢	妜	权	篆	眷	雪
	仙合B					员	免	恋	劣	悦	圈	卷	哕	缘	兖	掾	悦
	元开	元二	阮二	愿二	月二	言	偃	建	竭	元	阮	愿	月	言	偃	建	竭
	元合					袁	阮	愿	月	元	阮	愿	月	袁	远	愿	月
	先开	先二	铣二	霰二	屑二	前	典	甸	结	先	铣	霰	屑	贤	典	甸	结
	先合					玄	泫	县	决	先	铣	霰	屑	玄	泫	县	决
效	豪	豪	皓	号	—	刀	晧	到	—	豪	皓	号	—	刀	晧	到	—
	肴	肴	巧	效	—	交	巧	教	—	肴	巧	效	—	交	巧	教	—
	宵A	宵二	小二	笑二	—	遥	沼	笑	—	飙	摽	妙	—	遥	小	照	—
	宵B					娇	小	召	—	镳	藨	庙	—	宵	少	要	—
	萧	萧	篠	啸	—	聊	了	弔	—	萧	篠	啸	—	聊	鸟	啸	—

续表

摄	韵系	周祖谟				陆志韦				李荣				邵荣芬			
果	歌	歌	哿	箇	—	何	可	箇	—	歌	哿	箇	—	何	可	箇	—
	戈一合	戈三	果	过	—	禾	果	卧	—	歌	哿	箇	—	禾	果	卧	—
	戈三开		—	—	—	伽	—	—	—	歌	—	—	—	迦	—	—	—
	戈三合		—	—	—	靴	—	—	—	靴	—	—	—	靴	—	—	—
假	麻二开	麻三	马三	祃三	—	加	下	驾	—	麻	马	祃	—	加	下	驾	—
	麻二合				—	瓜	瓦	化	—	麻	马	祃	—	瓜	瓦	化	—
	麻三				—	遮	者	夜	—	麻	马	祃	—	遮	野	夜	—
宕	唐一开	唐一	荡一	宕一	铎一	郎	朗	浪	各	唐	荡	宕	铎	郎	朗	浪	各
	唐一合					光	晃	旷	郭	唐	荡	宕	铎	光	晃	旷	郭
	阳三开	阳	养	漾	药	良	两	亮	略	阳	养	漾	药	良	两	亮	略
	阳三合					王	往	放	缚	阳	养	漾	药	王	往	放	缚
梗	庚二开	庚二	梗二	敬二	陌二	庚	梗	孟	陌	庚	梗	敬	陌	庚	猛	孟	陌
	庚二合					横	矿	横	攫	庚	梗	敬	陌	横	矿	横	虢
	耕开	耕	耿	诤二	麦二	耕	幸	迸	革	耕	耿	诤	麦	耕	幸	净	革
	耕合					宏	—	—	获	耕		净	麦	宏	—	迸	获
	庚三开	庚三	梗二	敬二	陌二	京	景	敬	戟	庚		敬	陌	京	景	敬	戟
	庚三合					兵	永	病	戟	庚	梗	敬	陌	荣	永	命	白
	清开	清二	静二	劲二	昔二	盈	郢	正	益	清	静	劲	昔	盈	郢	正	益
	清合					营	顷	—	役	清	静	劲	昔	营	顷	正	役
	青开	青二	迥二	径二	锡二	经	挺	定	历	青	迥	径	锡	丁	挺	径	激
	青合					扃	迥	—	闃	青	迥	径	锡	萤	迥	定	闃
曾	登一开	登	等	嶝	德二	登	等	邓	则	登	等	嶝	德	登	等	邓	则
	登一合					肱			或	登			德	肱			或
	蒸三开	蒸	拯	证	职二	陵	拯	证	力	蒸	拯	证	职	陵	拯	证	职
	蒸三合		—	—		—			逼	—		—	职	—			逼

续表

摄	韵系	周祖谟				陆志韦				李荣				邵荣芬			
流	侯	侯	厚	候	—	侯	后	候	—	侯	厚	候	—	侯	口	候	—
	尤	尤	有	宥	—	鸠	九	救	—	尤	有	宥	—	鸠	九	救	—
	幽	幽	黝	幼	—	幽	黝	幼	—	幽	黝	幼	—	幽	黝	幼	—
深	侵A	侵二	寝二	沁	缉二	林	荏	沁	缉	淫	荏	妊	揖	心	甚	禁	缉
	侵B			—		金	锦	禁	立	音	饮	荫	邑	淫	—	—	入
咸	覃	覃	感	勘	合	含	感	绀	合	覃	感	勘	合	含	感	绀	合
	谈	谈	敢	阚	盍	甘	敢	滥	盍	谈	敢	阚	盍	甘	敢	滥	盍
	咸	咸	豏	陷	洽	咸	减	陷	洽	咸	豏	陷	洽	咸	减	陷	洽
	衔	衔	槛	鉴	狎	衔	槛	鉴	甲	衔	槛	鉴	狎	衔	槛	鉴	狎
	盐A	盐二	琰二	艳二	叶二	盐	琰	艳	涉	盐	琰	艳	叶	盐	琰	艳	辄
	盐B					廉	检	验	辄	淹	奄	窆	晔	廉	检	艳	辄
	严	严	广	酽	业	严	广	欠	业	严	广	酽	业	严	俨	剑	业
	凡	凡	范	梵	乏	凡	犯	剑	法	凡	范	梵	乏				
	添	添	忝	㮇	帖	兼	忝	念	协	添	忝	㮇	帖	兼	忝	念	协

注：白涤洲戈₃只有"靴"类，未列出开口。钱玄同所谓1、2、3、4是与开合有关的概念。周祖谟（1940）只列韵类数，如"盐二"指"盐"分成两类。李荣（1952：80-81）省略重纽，现依书中"单字音表"选字列出重纽。邵荣芬（1982a）列出《广韵》切下字，表中例字与实质归类或有区别，如重纽A类"淫"，也做重纽B类的切下字。

各家韵类研究的结果多少不一，但总体数量所差不大，若抛开所用韵书版本问题，表3-8所列比较重要的差别是：①区分重纽与否。陈澧、陆志韦、周祖谟、李荣、邵荣芬等区分重纽，因此所分韵类较多。钱玄同韵类虽多，但不分重纽，这是由于他将开合齐撮等概念用于韵类分析。黄侃的《音略》亦然。②部分韵的开合、等划分有差别。如废韵有的区分开合口，有的不区分。咍韵陆志韦、李荣、邵荣芬等都划出三等，其余均只有一等字。

由于《切韵》是一本韵书，重在表现与韵有关的体系结构，所以研究韵类的结果总体而言是一致的，从表 3-8 中可以看出，各家韵类总数大体是徘徊在 320 个左右。

2. 《切韵》韵母音值的研究

对《切韵》韵母的音值的研究，与韵类划分的多少有密切关系。韵类总数大体是徘徊在 320 个左右，其韵母为 150 个左右。从高本汉（1940）开始，构拟《切韵》韵母音值的著述甚多。仅系统构拟《切韵》韵母音值的较有代表性的就有陆志韦（1947）、周法高（1968a）、李荣（1952）、董同龢（2001）、方孝岳（1979a）、邵荣芬（1982a）、方孝岳和罗伟豪（1988）、喻世长（1989）、李新魁（1991）、黄典诚（1994）、麦耘（1995b）、蒲立本（1999）、潘悟云（2000）等。至于讨论《切韵》韵母某一个方面的研究著述，则不暇举例。各家的韵母数量大体一致，但其中也颇多分歧。

1)《切韵》主要元音的构拟

高本汉构拟《切韵》系统使用了 14 个主要元音，此后的构拟之主要元音数量多少不一：如陆志韦（1947）、王力（1980a）、方孝岳（1979a）、李新魁（1986）构拟为 13 个主要元音，周法高（1948b）、李荣（1952）、邵荣芬（1982a）、郑张尚芳（1987）、潘悟云（2000）构拟为 12 个主要元音，周法高（1954）构拟了 8 元音系统，余迺永（1993）、麦耘（1995b）构拟为 7 个主要元音，马丁（1953）、三根谷彻（1972）构拟了 6 元音系统。元音数量的多少，体现了研究者对《切韵》分韵原则的理解，以及拟音时所秉持的原则。高本汉主张元音分韵，但又构拟痕魂、歌戈、寒桓等为开合韵，拟模鱼、冬钟等同摄异等韵以及脂之、佳夬等重韵为相同的主元音。冯蒸（1998）指出《切韵》是按主要元音分韵，其构拟至少需要 12 个元音，若考虑"等"的音素，最少需要 13 个元音。从马丁（1953）开始，《切韵》构拟出现音位化倾向，也就是强调介音或韵尾分韵的作用，如麦耘（1995b）加强介音分韵的作用，构拟为 7 元音，三根谷彻（1972）加强了韵尾分韵的作用构拟为 6 个元音。高本汉构拟《切韵》音值主要依据"等"和方言（含域外译音），后来的学者如陆志韦（1947）、李荣（1952）、邵荣芬（1982a）、麦耘（1995b）、潘悟云（2000）等在构拟时，还参考梵汉对音、押韵材料的情形。

正如下文"《切韵》韵母诸家拟音对照表"所示，20 世纪诸家《切韵》音值的构拟在韵母方面，其韵尾的构拟是十分一致的，介音、主要元音则存在一定的区别。有关介音问题的讨论，将在下文阐述。本部分主要阐述有关主要元音构拟的相关问题。

A. 一二等重韵及相关问题

《切韵》中有 7 组同摄同等同开合的一二等韵：咍灰/泰；覃/谈；东₁/冬；皆/佳/夬；咸/衔；删/山；耕/庚₂。对于《切韵》中重韵的实质或出现的原因，学界有不同的看法。李新魁（1986：199-200）提出"综合方言音类说"："这些同等同尾重出的韵，有人称之为'重韵'。《广韵》中这些重韵的存在，可能正是综合其他方言音类的结果。当然，这些韵部在上古音中大体上都有不同的来源，《广韵》将它们分立，应该说是有历史根据的。但在当时共同语的音系中，这些韵部的读音不一定都有区别，这些读音的区别可能保留于其他方言（如当时金陵的方言）中。"薛凤生（1996）用"语音演变说"来解释重韵的形成，他以蟹、止摄重韵为例，开列音变公式：[V, -lo, -hi]→[+hi]/y(w)＿＿y 造成止摄"支、脂、之、微"重韵的形成；ɛ→a/＿＿y 造成"佳、皆"重韵；ɔ→a/y(w)＿＿y 造成"祭、废"重韵；[V, -lo, hi]→[+lo]/＿＿y 造成"泰、代（队）"重韵，"我们可以想像《切韵》后造成重韵的那几个音变，很可能已先在另一个或另几个方言中发生了，但尚未波及《切韵》所依据的那个方言。换言之，在'重纽'问题上，《切韵》所依据的方言较其他方言超前，但在'重韵'问题上，则比较滞后"（薛凤生，1996：34）。葛毅卿（2003：28-29）提出重韵是"实际语音说"的观点，因为：和《切韵》音系同样记录长安音的玄应音切中，显示重韵是有区别的；唐代韵书、音义书如《玄应音义》《韵诠》《慧琳音义》等重韵韵目的分合也表明重韵是一时一地的现象。

就解释重韵间区别而言，学界有："元音长短说""元音音质区别说""重韵无别说"等观点。高本汉用主要元音的长短来区别东 uŋ 冬 uoŋ、庚 eŋ 耕 ɐŋ 以外的一二等重韵。例如：咍 ɑi 泰 ɑ:i；覃 ɑm 谈 ɑ:m；皆 ɐi 佳 ai；咸 ɐm 衔 am；山 ɐn 删 an。因为：第一，高丽译音用短 a 译咍、皆等韵的主要元音，用长 a 译泰、佳等韵的主要元音；第二，官话方言中皆韵（短 a）多保留-i 或进一步演变，而长 a（佳等）有失落-i 的倾向；第三，一等韵在广州话有区分长短元音的倾向；第四，吴语中覃谈端泥组韵母依古韵区分，短元音存在前移现象（高本汉，1940：478-482）。在高本汉之后，葛毅卿（2003：169-181）对"元音长短说"有更细致的说明，他不但用长短元音来区别一二等重韵，也用来区别三等重韵，他指出重韵"元音长短说"的证据有：第一，朝鲜译音、越南译音都用长短音来对译皆佳、覃谈、登唐等若干重韵[①]；第二，粤方言中保留了长短元音的区别；第三，《文镜秘府论·调四声谱》将支韵"知"、脂韵"夷"看作叠韵，说明支脂主要元音相同，其区别为元音的长短；第四，存在重韵主要元音舌位相同的证据，如域外译音中将重韵译为相同舌位的元音，宋代韵图有异平同入及并韵的例子，唐代近体诗重韵通押，傣语中有元音舌位相同而长短有别的韵；第五，汉藏语系中普遍存在用长短元音区别词义的现象。而"元音音质区别说"不成立，据葛毅卿（2003：169-170）所说是因为：第一，缺少对音或方音的证明；第二，拟成不同主元音和韵图分等及等韵学家一等宏大、二等次大、三四皆细而四等尤细的说法不合；第三，和韵图平、入相配的图例不合；第四，构拟重韵为不同主要元音，与韵图异平同入的相配例存在龃龉；第五，和隋唐诗人的用韵体系不符，因为隋唐诗文中有大量重韵通押的例子。

相比于"元音长短说"，音韵学界更倾向于把重韵看作不同音质元音的区别。龙果夫（1931）的根据为：《切韵指掌图》将灰韵与微、脂、支、祭、废、齐合口放在一起；安南译音用元音 oi 译灰韵，与用 on 译魂韵（中古作 uən/uət）相似；高丽译音用-oi 或-ăi 对译灰韵等证据，论定灰韵的主要元音是在听感上与 ɑ 有关系的 ə，进而将其应用到咸、山、梗等摄，即重韵（龙氏称为"双韵"）实际是元音音质的区别：哈（灰）、皆、覃、咸、山、耕是-ə/a 类音，泰、佳、谈、衔、删、庚是-a 类音。而且：第一，前者与 ə 类音（亥代 ɣai：刻 kʰək；谙覃 ɑm：音 iəm；艰山 kan：艮 kən）谐声的情况比后者多；第二，咸、山、梗、蟹诸摄一二等重韵可以补充深、臻、宕、止诸摄的空白，表 3-9 显示了咸摄重韵与深摄互补情形[②]。

[①] 葛毅卿认为登唐、痕寒各为一等重韵。
[②] 表 3-10 截取自龙果夫（1931：308）。

表 3-9　咸摄重韵与深摄互补情形

韵类		一等	二等	三等
深摄		○	○	-iəm
咸摄	α 韵	↑ -ə/ɑm	↑ -ɒm	-iɒm
	β 韵	-ɑm	-ɑm	-iäm, -iem

李方桂（1931：1-2）指出《切韵》ā 的上古来源有两种：第一种（覃哈类）常与 a、ä、ɐ、e（ẹ）元音的字押韵或谐声，第二种（谈泰类）常与 ə、i、u 的字押韵谐声。不过，他并没有指出《切韵》时覃、谈重韵的区别。董同龢（1948b：76-77）认为一二等重韵的区别应当不在于元音的长短，他指出：第一，译音不同于方言流变，高丽译音中存在长短元音，不代表古汉语也有长短元音；第二，泰佳夬的例外读音-a 是普遍性的，其来源不像是《广韵》，另外，"大"字的主要元音跟二等相当，《王三》中将佳与歌麻一同排列，可见汉语方言中哈皆读-ai，泰佳夬等读-a 与元音长短没关系；第三，吴语苏州、靖江、诸暨、长兴等方言中存在"长元音"谈比覃要靠前的情形。董同龢根据一二等重韵跟上古*a、*e、*ə 各类韵间的关系，修订重韵为不同元音的区别。

陆志韦（1947）批驳高本汉的"元音长短说"的论述基本同于董同龢（1948b）的第一、三两点，他指出吴方言中哈泰、覃谈在喉牙音中都很窄化（即前移），在舌齿音中哈比泰更窄。陆氏根据韵图的排列，将一二等重韵构拟为主要元音有别的韵。

邵荣芬（1982a：128-129）从根本上推翻了高本汉的"元音长短说"，他认为广州话和汉藏语系其他语言的现象，显示汉语历史上曾可能存在长短元音，但中古时期存在长短音的证据不足：第一，郑麟趾等在《训民正音·制字解》中说对译哈、皆的"·"与对译泰、佳的"|·"是"同而口张"，并非长短的区别，而是开口度大小不同；第二，梵文中的长短元音在梵汉对音中并没有区别，例如，不空用"爱"对译 āi，和 e 对举时还有"长蔼、短蔼"的说法。据此，他认为陆志韦提出的"元音音质区别说"是可以接受的，并加以修正。潘悟云（2000：76）归纳"元音长短说"难以立足的三点证据，除去上述邵荣芬所述朝鲜对音、梵汉对音的证据外，还有：广州话中的带韵尾

的 a，既可以处理为长短的不同，也可以处理为 a 和 ɐ 的区别，而从历史来源上看，只能属于后一种。

"元音音质区别说"得到了普遍认可，但是在具体构拟中各有不同，相关构拟可以参看本节"《切韵》韵母诸家拟音对照表"。但是可以看出，一等韵往往被拟成低元音或央元音（东₁、冬除外），二等韵多作前低元音，如表 3-10 所示。

表 3-10 "元音音质区别说"一二等重韵构拟表

重韵	陆志韦	李荣	王力	蒲立本	董同龢	周法高	邵荣芬
哈/泰开	ɒi/ɑi	ʌi/ɑi	ɒi/ɑi	əi/ɑi	ʌi/ɑi	əi/ɑi	ɒi/ɑi
灰/泰合	wəi/wai	uʌi/uɑi	uɒi/uɑi	uəi/uɑi	uʌi/uɑi	uəi/uɑi	uɒi/uɑi
覃/谈	ɒm/am	ʌm/am	ɒm/am	əm/ɐ	ʌm/am	əm/ɐ	ɒm/am
东₁/冬	uŋ/woŋ	uŋ/oŋ	uŋ/uoŋ	uŋ/oŋ	uŋ/uoŋ	uŋ/uoŋ	uŋ/oŋ
皆/佳/夬	ɐi/æi/ai	ɛi/ɛ/ai	iɐ/ai/æi	aəi/ae/ai	iɐ/æi/ai	ɐi/æi/ɛi	ɐi/æi/ai
咸/衔	ɐm/am	ɐm/am	am/ɐm	aəm/ɐm	ɐm/am	æm/am	ɐm/am
删/山	ɐn/an	an/ɐn	an/æn	an/aən	an/æn	ɐn/æn	ɐn/æn
耕/庚二	ɐŋ/aŋ	ɐŋ/aŋ	æŋ/ɐŋ	aəŋ/ɐŋ	æŋ/aŋ	æŋ/ɐŋ	ɐŋ/aŋ
重韵	方孝岳	李新魁	黄典诚	麦耘	黄笑山	郑张尚芳	潘悟云
哈/泰开	ɒi/ɑi	ɒi/ɑi	əi/ɒi?	oi/ɑi	əi/ɒi	ʌi/ɪʌ	əi/ɑi
灰/泰合	uɒi/uɑi	uɒi/ɔi	uɒi/uɒi?	ui/uɑi	uəi/uɒi	uʌi/uɑi	uoi/uɑi
覃/谈	ɒm/am	ɒm/am	əm/ɒm	om/ɒm	əm/ɒm	ʌm/ʌ	əm/ɒm
东₁/冬	oŋ/uŋ	oŋ/uo	oŋ/uɒ	uŋ/oŋ	uŋ/oŋ	uoŋ/oŋ	uŋ/uoŋ
皆/佳/夬	ɐi/ai/æ	ɐi/æi/ai	iɐ/ai/ai?	rei/re/rai	ɐi/ɐ/ai	ɣai/ɣɐ/ɣai	ɯai/ɯæi/wai
咸/衔	ɐm/am	ɐm/am	ɐm/am	rem/ram	ɐm/am	ɣɐm/ɣam	ɯam/ɯæm
删/山	an/æn	an/ɐn	an/ɐn	ran/ren	an/ɐn	ɣan/ɣɐn	ɯæn/ɯan
耕/庚二	ɐŋ/æŋ	ɐŋ/ɐŋ	ɐŋ/ɐŋ	reŋ/raŋ	ɐŋ/ɐŋ	ɣɛŋ/ɣæŋ	ɯɯŋ/ɯɐŋ

注：表 3-10 中的拟音分别取自陆志韦（1947）、李荣（1952）、王力（1980a）、蒲立本（1999）、董同龢（2001）、周法高（1968a）、邵荣芬（1982a）、方孝岳（1979a）、李新魁（1991）、黄典诚（1994）、麦耘（1995b）、黄笑山（1995）、郑张尚芳（1987）、潘悟云（2000）。

江永描述四等的区别为:"一等洪大,二等次大,三四皆细,而四尤细。"高本汉因《切韵》不同等就不同韵的原则,通过观察现代方言中的读音认为,"现在我们可以看见,在现代方言里,一等字最常读的是 o,二等字普通读 a。别的语言的经验告诉我们深 ɑ 最容易读成 o。这两等在古代汉语既然严格的分成不同的韵,所以我们完全有理由定一等为深 ɑ,二等为浅 a"(高本汉,1940:461),摒弃了此前商克、伯希和不区分一二等的做法。后来的学者,也基本上遵循高本汉的这个构拟原则。黄笑山(1995:77-78)分析一二等重韵时,指出上古音中覃、咸、哈、皆、佳、山、耕基本上是与高元音韵谐声或叶韵,谈、衔、泰、夬、删、庚₂都与低元音韵谐声或叶韵,到了中古一般把来自上古低元音的韵仍拟成低元音,来自上古高元音的韵拟成央元音。这基本上阐明了 20 世纪构拟中古一二等韵的大致趋势。

另外,早期韵图定哈灰、痕魂、欣文等为开合韵,诸家拟音也从此说,以介音 u 区分彼此。俞敏(1984a,1984b)从梵汉对音的现象指出灰哈、痕魂等不是开合韵。冯蒸(1992)从《切韵》分韵原则、汉越语、汉语内部证据(汉语方言、域外译音等)、汉藏语同源词等多个角度,详细论证了痕魂、欣文、哈灰等均是重韵,而非开合韵,并指出改定这些重韵的构拟,在普通语音学、自然音系学、上古音拟测等方面具有重要意义。

重韵"元音长短说"和"元音音质区别说"在根本上是相同的,即都承认重韵间存在区别,只是对"区别"的解释不同。重韵之间确实存在区别,葛毅卿(2003:26-28)论之甚详:第一,《切韵》系韵书中存在重韵又读的音切,如《切三》"崽,山佳反,又山皆反";第二,中古域外译音显示重韵有别,如日译汉音中"该 ke""盖 kɑi"不同;第三,现代方言中存留重韵有别的读法;第四,《颜氏家训》《王一》等文献记录了重韵有别的消息。在"元音长短说"和"元音音质区别说"之外,史存直(1985:42-44)为一二等重韵构拟了相同的主要元音,如哈泰 ai、皆佳夬 ai、覃谈 am、咸衔 am,不但同等重韵间没有区别,就连一二等间的区别也取消了,他认为这是当时"通语"的情形。"重韵无别说"已经不是对《切韵》音系的解释了,所以,这种观点也没有太大影响。

B. 三等韵的主要元音及相关问题

《切韵》音系中三等韵的数量最多,高本汉(1940:471-472)、周法高

(1948b)、李荣（1952）、黄笑山（1995：43、81）等学者又根据不同的标准将三等韵划分为特定的类别，各家分类的对照如表 3-11 所示。

表 3-11　三等韵分类对照表

三等韵	高本汉	李荣	周法高	黄笑山
东₃、钟、虞、尤、鱼	α 类	丑类	C 类	丑类弇
阳、歌₃、之				丑类侈
蒸、幽				寅类弇
清、麻₃				
真、侵、脂		寅类	A、B 类	寅类侈
支、祭、仙、宵、盐				
庚₃	β 类	子类	C 类	
微、殷、文				子类弇
废、元、严、凡				子类侈

据高本汉（1940：474）所述，他最初以为 α 类和 β 类的区别是颚介音强度的不同，但受到马伯乐拟元韵为 -ən，魂痕为 -ðn 的启发，参考高丽译音、日译汉音的读法，拟定山、蟹、梗等摄 α 类主要元音为 ɛ，β 类主要元音为 ɐ。至于与一等或二等同韵的东₃、歌₃、麻₃等则用介音将其与一等或二等区分开来。高本汉的拟音是具有开创性意义的，但是其中也存在一定的缺陷，除重纽问题之外，还有一些细节性的拟音颇值得商榷。后来的拟音虽有不同，但是基本的原则是与高本汉一致的，可以说高本汉的拟音奠定了 20 世纪《切韵》研究的基础。

a. 支、脂、之的拟音

高本汉未能很好地区分支、脂、之，他拟支为 jię（jwię），脂、之为 ji（jwi），他的证据有：闽方言中支韵系多读 ie 或 ia 韵母；在他掌握的方言材料中脂、之只能看得出一个简单的 i 韵母。陆志韦（1947：49）的构拟区分了支、脂、之三韵，"我们不能从现代方言推拟那四个（按，含微韵）中古主元音。隋唐的外国译音也不能给我们多少指示。所以我们不能不借重上古音"。因支在上古配陌₃昔，所以支的中古音可以推想为：陌₃ ɪæk>ɪæk，昔 ɪæk>iɛk；

支₃ɪæg>（ɪei）>ɪei，支₄iæg>（iei）>iei，陆志韦（1947：50）道："上古音跟中古音转变之间，在某种方言里，ɪæg>ɪæ，iæg>iæ，再变为现代方言的 iɛ̆。"脂是 iĕd/ɪĕd/iĕg/ɪĕg（六朝）iĕi/ɪĕi（切韵）iĕi/ɪĕi；之是 iəg>i（ĕ）i[1]。李荣（1952：143）同样根据上古音来推拟支脂之的中古读音，支*ieg>ie，之*iəg>iə，脂*ied>i，"脂韵的主要来源是*ied，假定脂韵的[*-d]尾跟微韵一样变成[i]，两个[i]吞没了当中的[e]成为[i]"。邵荣芬（1982a）构拟支脂之读音，除参考上古音来源外，还根据隋代诗文用韵中之、脂和微都不接近，佛经多用脂韵对译梵文 i 或 ī，脂之关系密切，支韵和佳韵相距不远等现象，构拟支 iɛ 脂 iɪ 之 ie（合口从略）。郑张尚芳（1987）构拟为支 ɣiɛ/jiɛ，脂 ɣi/ji，之 jɯ。黄笑山（1995：81-96）构拟三等韵音值时，定佟类元音韵的子类韵 ɐ 元音，丑类韵 ɒ 元音，庚₃、麻 a 元音，其他寅类韵为 ɛ 元音，定弇类元音的子类韵为 ə 元音，丑类东₃、尤 u 元音，丑类钟、虞 o 元音，寅类 i 元音。黄氏充分利用了韵文、反切、方言、对音译音的证据，并考虑到了结构的系统性。其中支韵是寅佟类韵，因为晋宋时代，支佳同部，到齐梁陈隋时佳、支各自独立，并且古汉越语中支韵字"义 nghia、碑 bia、离 lia"等有 a 元音，闽方言也有此类证据，如厦门、汕头的"寄 kia、骑 kʰia"。对于脂韵，黄笑山（1995：84-85）用 i 作主要元音，这与同属寅类韵的蒸、真、侵、幽是一致的。黄笑山（1995：89-92）认为之是丑类韵，其证据包括：闽方言政和话中之韵字读作 y；日语借音中之韵字读作 i，并且有低元音 ö 的读法；根据平山久雄（1990）的反切"类一致"原则，之韵反切上字表现出子类或丑类的特征[2]。他构拟的之韵主要元音是 ɨ。总而言之，高本汉以后的拟音中，基本上都能区分支、脂、之三韵，详细的构拟情形参见下文"《切韵》韵母诸家拟音对照表"。

b. 鱼、虞的拟音

鱼、虞涉及两个问题：一是两者读音的分合表现，二是具体的音值。陆法言的《切韵序》、颜之推的《颜氏家训·音辞篇》均提到中古鱼、虞有相混现象。高本汉（1940：518）指出"因为《切韵》跟反切很小心的分辨 ɑ（鱼），

---

[1] 陆志韦（1947：52-53）写道："把之写成 i(ĕ)i(>i)，脂写成 ɪĕi(>ɪ)，ɪwĕi；iĕi(>i)，iwĕi。(>i)表示在《切韵》时代的方言里已经可以单元音化。(ĕ)表示从 ə 变来的弱元音。这都是画鬼符，读者原谅罢。"

[2] 所谓"类一致"就是一等韵用一等韵反切上字，二等韵用二等韵反切上字，重纽四等用重纽四等反切上字。

b（虞）两类的不同"，并且汉语方言、高丽译音、安南译音跟日译汉音中都有鱼、虞有别的现象，故而他拟鱼为 ĭwo，虞为 ĭu。罗常培（1931a）探讨了上述两个问题：首先，根据诗文用韵的情形，他认为六朝时期《切韵》鱼、虞只在沿太湖的吴音中有别，大多数北方方言中都没有区别；其次，他修订高本汉的构拟，认为鱼为开口呼 io，虞为合口呼 iu。潘悟云（1983）修订罗常培（1931a）的观点，他指出中古时期河南及其周边地区鱼、虞是不分的，长江以南和西北、幽燕一带的方言中能够区分鱼、虞，早期建康书音也是鱼、虞不分，后来受吴方言影响才开始区分两者。王力（1936：784-785）也对高本汉的构拟提出了质疑，因为南北朝用韵显示鱼模很远，而高本汉的《切韵》音"倒反是鱼与模近而虞与模远，就很难令人相信了"。陆志韦（1947）根据模虞相配合，鱼不配模；鱼为开口；梵汉对音用虞韵对音 o 等材料，拟模 wo 虞 ɪwo 鱼 io。周法高（1948a）根据梵汉对音和诗文用韵的情形，拟虞模相配，鱼为开口 ĭo，虞为合口 ĭwo。李荣（1952：148）拟虞 io 鱼 iɑ，并根据梵汉对音的材料，认定模虞相配和，模为 o 虞为 io。李荣认为高本汉将模鱼相配合是错误的，因为：南北朝韵文中虞模同类，而鱼独成一类；《广韵》韵目注明"鱼"独用，而"模虞"同用；《韵镜》《通志·七音略》鱼韵独成一图，虞模合图等证据表明鱼是独韵，所以高本汉构拟模鱼的合口都得取消。李荣的构拟虽然不一定就是确论，但其理据却是十分坚实的。后来平山久雄（1990）发现的存在反切拼合"开合一致"的敦煌《毛诗音》残卷中，模虞用合口字作反切上字，鱼用开口字作反切上字，这更加表明鱼是开口的。从拟音的结果来看，诸家基本认定鱼比虞更开一些。

c. 真、蒸、侵的拟音

高本汉拟此三韵为：真 ĭĕn、蒸 ĭəŋ、侵 ĭĕm。陆志韦（1947）因此三韵在方言中是平行发展的，故而将其主要元音都拟为 ĕ。邵荣芬（1982a：131）基本接受陆志韦（1947）的拟音，因为：真、侵的主要元音不仅在现代方言里相同，在 5、6 世纪的韵文押韵中不同韵尾押韵，也以真、侵为多；隋代真和痕、蒸和登的押韵反映彼此之间的距离是很远的，因此主要元音不同。潘悟云（2000：73-75）拟真 in 侵 im 蒸 iŋ，其中真、侵的拟音是受蒲立本（1999）的影响，其证据包括：参考缅文可以推测越南语 in>ɐn 的音变；汉语方言中真可能经历 in>iŋ>iᵊŋ>ieŋ>iɛŋ 的音变；梵汉对音中真（质）韵字都用来对译梵文的-in（t），而不是-en（t）；侵韵属于α类，它应该与真韵平行，故而作im。蒸韵拟-iŋ不与登 əŋ 相配合，是因为：蒸、登不放在同一个韵下，与东₁东₃、麻₂麻₃、庚₂庚₃不同；《隋韵谱》显示蒸、登分用；外语的对音材料显示蒸、登主元音不同，例如汉越语登-ăŋ 蒸-ɯŋ；拟蒸的主元音为 e，不好解释《隋韵谱》蒸、清、青不通押的现象；高丽译音和日译吴音的材料显示蒸的主元音既与登接近，又与 i 接近，介于 ə 与 i 之间，最有可能是 ɨ。麦耘（1995b）把蒸、登的主要元音都拟为 ə 音位，但指出《王三》中重纽三等字作非重纽韵的切上字仅 7 例，其中 5 例在蒸韵系，由此可知蒸的主元音与重纽三等介音的舌位相当接近，音值为 ɨ。

C. 纯四等韵的主要元音

多数汉语方言都无法区分三四等韵。20 世纪早期构拟汉语中古音系的西方学者如商克以为四等与三等同韵，元音相同，甚至一、二、三、四等的主要元音都是相同的，高本汉（1940：46-52）对他的论断做出了有力的批判，因为：二等从不放在一等韵里，反切下字自成一套；《广韵》《五音集韵》《平水韵》《洪武正韵》表明一等开合口元音不同，而这种不同在二三等是没有的；反切下字的分类表明只有主要元音（以及韵尾）能够决定韵部的分合。"所以，在中古汉语有二百零六韵的时代，不同等而同韵的例既然这么少，这件事实的意义一定是等不同的，元音大半也不同，就是说等不同，韵又不同的，元音也不同。"（高本汉，1940：51-52）在这个基本的大原则下，高本汉（1940：471）构拟《切韵》三四等韵时说："现在既然从事于三四等的研究，好对于它们的主要元音得到较切近的知识，那么，我们应该开始把三四等里的古代分类跟各类里字的分配列出来，然后拿方言里怎样反映这种分别再来审核它，这是解决不同韵的问题的惟一可行的途径。"这是高本汉为后来研究制定的原则，而在具体拟音方面，纯四等韵涉及介音与主要元音两个问题，介音问题留待下文，此处只叙述与主要元音有关的研究。

e 和 ε 是纯四等韵构拟最常见的两个音值。高本汉拟纯四等韵的主要元音为 e，李荣（1952）、王力（1980a）、潘悟云（2000）等因之，后来有学者陆志韦（1947）因为广州话中齐韵字读作 ɐi，改拟为 ε，董同龢（1954，2001）、邵荣芬（1982a）、黄笑山（1995）等因之。李荣（1952）因袭高本汉拟真为 iĕn 幽为 iĕu，是因为四等韵采用 e 元音，不得已要为三等的真、幽采用附加符号，以避免效流、臻山的分野被磨灭。邵荣芬（1982a：126-127）采用陆志韦的观点，把四等韵拟为 ε 元音，这样不仅仅是为了节省附加符号，也使得系统更加一致。而且在梵汉对音中四等字可以对译梵文 e 和 āi，这说明四等字的元音一定比 e 开得多，由此把四等字主元音拟为 ε，就不仅仅是系统上的考虑了。黄笑山（1995：76）同样把四等韵构拟为 ε，并认为四等韵主元音为 ε 同样可以解释张贤豹（1985）提出的发展类型——张贤豹（1985：34）因浙南吴语四等韵元音开口大于三等韵，梵汉对音、闽方言中有四等韵读 ai 的证据，认为四等韵是 ai，并假设其在汉语中存在图 3-1 所示的 3 种演变类型，黄笑山则提出了图 3-2 的演变类型。

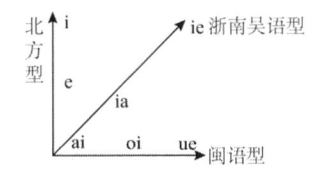

图 3-1　张贤豹提出的四等韵演变类型

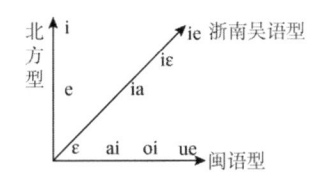

图 3-2　黄笑山提出的四等韵演变类型

潘悟云（2000：66）指出佛经中也有用齐韵字对译 i 的例子，说明齐韵舌位并不低，但梵文中只有 e 元音，无法证明四等韵是 e 还是 ε。但是在能够区分 e[ε]和 ê[e]越南语材料中,古汉越语材料显示四等韵大部分是 ê[e]而不是 e[ε]，所以四等韵的主要元音拟作[e]是比较合理的。

2)《切韵》的介音系统

对《切韵》介音系统的研究主要有以下几个方面[①]。

A. 合口介音

《切韵》合口介音有两种构拟。第一种是构拟强弱两个介音,高本汉（1940）

---

① 三等韵的介音及重纽问题详见下文。

是此观点的代表。他指出:《广韵》存在开合分韵与开合同韵的现象,前者是强的介音-u-,后者是弱的介音-w-[①]。弱的介音更容易丢失,例如:第一,《经史正音切韵指南》中山摄合口二等唇音字归开口,而山摄合口一等唇音字仍属合口,显示弱的合口性-w-容易丢失;第二,归化、广州、福州、厦门等地方言中,都保留强的介音,丢掉了弱的介音。马伯乐(2005:104)是赞同高木汉的观点的,但又说"可是正像 i 介音一样,这中间的差别是无关紧要的,因而我将不像高本汉先生那样试图以拟音把它们区分开来"。王静如(1941)同样持强弱介音说,但与高本汉又有不同:第一,一等韵的冬、模、灰、魂、桓、戈为强介音-u-;第二,一等泰唐诸韵、二等删皆咸耕麻₂诸韵合口为弱介音-w-[②];第三,一等登韵、二等山佳衔庚₂诸韵、三等韵以及纯四等韵合口的喉牙音为"唇化舌根音" $k^w/k^{hw}/x^w/\gamma^w$。王静如提出的"唇化舌根音"并非高本汉的弱介音-w-,而是声母圆唇化的表现。

第二种是构拟一个合口性的介音(音值为-w-或-u-)。商克、马伯乐等人最先采用此种构拟。赵元任(1941)认为高本汉构拟两个合口性介音无论是分韵还是方言的证据都有困难:《切韵》残卷中分韵和同韵的区别不一定存在,如戈韵是并入歌韵的;广州话中的"仙"sięn 和"宣"sįwen 变成 sin 和 syn,与"干"kɑn、"官"kuɑn 变成 kɔn 和 kun 是一样的。他认为《切韵》只有一个 u 音位,它是元音性介音还是辅音性介音,是主要元音还是韵尾,则取决于它的语音环境。陆志韦(1947:23)因"开合分韵与否,早期的韵书各有各的见解",所以主张只有一个合口性介音-w-。李荣(1952)对"开合"的分析得到普遍认同:有开合对立的开合韵中的-u-介音具有辨字作用,跟声母的配合也是有限制的;没有开合对立的独韵无所谓开合,其主要元音可以是 u 或其他圆唇性元音。

跟合口介音有密切关系的一个问题是,《切韵》唇音字是否区分开合口。高本汉为唇音字构拟了合口性的介音-u-/-w-,但很多学者对此均持否定观点。其理由主要是:第一,韵书中极少有唇音字的开口与合口对立的现象,学者

[①] 具体言之:一等灰魂桓戈泰诸韵及三等谆、文韵是-u-介音,二三四等的合口是-w-介音。
[②] 王静如(1941:156)指出:"第二类(按,删皆诸韵)余认为弱势合口者,乃因其反切下字开合联系之紊乱,非仅以韵兼两呼所可确定也。"

认为没有必要区分唇音字的开合口（赵元任，1941）；第二，唇音字的反切情形混乱，唇音既可以做开口字的反切下字，也可以做合口字的反切下字，开口字或合口字也都可以做唇音字的反切下字（李荣，1952；邵荣芬，1982a）[①]；第三，《切韵》前后的《玉篇》《经典释文》《玄应音义》中均不区分唇音的开合口（邵荣芬，1982a）。但这些证据都有值得商榷的地方，例如，潘悟云（2000：69）指出，唇音没有开合对立并不等于它们的实际音值就没有开合之分，唇音后可能带有非音位性的合口成分，因为：宋人韵图能够区分，且中古同一个韵如果因为开合不同分做两个韵类，唇音字往往依据宋人韵图的开合分类。

B. 二等韵的介音

高本汉（1940：477）最初为《切韵》二等字构拟了一个寄生的介音 i，但由于在大部分方言中都找不到二等介音 i 的痕迹，因此，他采纳马伯乐的意见，将这个介音取消掉了，即二等字的介音和一等字相同，也是-Ø-/-u-。后来的研究，如陆志韦（1947）、李荣（1952）、王力（1980a）、周法高（1968a）、邵荣芬（1982a）、李新魁（1991）、黄典诚（1994）、黄笑山（1995）等都采用这样的构拟。许宝华和潘悟云（1994）、郑张尚芳（1987）[②]、麦耘（1994）、潘悟云（2000）等则重新为二等字构拟了介音（各家音值构拟有所不同：潘悟云-ɯ-，郑张尚芳-ɣ-，麦耘-rɯ-）。

为二等字重新构拟介音得益于上古音研究成果的发展，雅洪托夫（1986）指出二等字在上古音中声母是带 l 的复辅音，后来又有学者如李方桂（1980）将 l 改为 r，即二等韵来源于上古 Cr-辅音丛。但至于 r 是否保留到《切韵》时期，各学者之间存在不同看法，如李方桂（1980）、丁邦新（1975）、包拟古（1995）认为 r 音在中古《切韵》以前就消失了。认为 r 音（或其后来的演变形式）在《切韵》系统中仍保持的，即郑张尚芳、潘悟云、麦耘等就为《切韵》二等字构拟了介音，郑张尚芳（1987）还指出二等介音经历了 -r->-ɣ->-ɯ->-i- 的演变。为二等字构拟介音的理据除去上述上古 Cr-辅音丛来

[①] 王静如（1941）构拟出撮唇势（pʷ-）和平唇势（p-）两类：一等韵、纯三等韵、重纽三等为撮唇势，四等为平唇势，二等韵则两者交错，一二三等韵中唇音开合相混是由于撮唇势虽开似合的缘故。但就王氏的解说，他也认为唇音字是不区分开合口的。

[②] 郑张尚芳 1981 年在复旦大学的报告中就提出中古二等具有介音的观点。

源外，据许宝华和潘悟云（1994）、郑张尚芳（1987）的阐述还包括：①江摄在早期韵图中独占二等位置，空出一、三、四等，显示了二等的独特性；②现代汉语方言中二等字还有-ɯ-、-y-、-i-、-u-等介音形式，它们具有相同的来源；③唐释神珙的《四声五音九弄反纽图·五音声论》把一等称为"喉音"，二等称为"牙音"；④日译吴音中江梗摄二等有 j 介音，其余二等字与汉越语一样主元音为 e，是二等介音带动主要元音前化；⑤与《切韵》二等切上字用一等字不同，《集韵》二等开口字采用三等字做反切上字，汉越语开口切二等见系字带有 i 介音；⑥《中原音韵》"萧豪韵"中牙喉音、唇音以及泥娘声母后有一、二等重出现象；⑦开口二等见系字不规则腭化。

应该说，二等字存在介音的证据是比较确凿的，为二等字构拟介音是 20 世纪《切韵》音系研究的重要成就。从高本汉为二等字设立-i-介音到取消，再到重新构拟二等介音，虽然过程比较曲折，但这正显示出学术是不断进步发展的。

C. 纯四等韵的介音

《切韵》反切上字系联的结果显示，一二四等与三等有分组趋势，但在构拟音值时，高本汉却为齐、萧、先、青、添五个纯四等韵构拟了-i-/-iu-介音，与一二等-∅-/-u-介音不同。纯四等韵究竟有没有-i-介音，是 20 世纪中古音研究中论争的焦点之一，虽仍未达成共识，但有一点共同之处，就是无论是否为纯四等韵构拟-i-/-iu-介音，都能够解释后来纯四等韵读音混同三等韵的原因：为纯四等韵构拟-i-介音之后，上述合流演变会显得直接一些；若不为《切韵》纯四等韵构拟-i-，但需承认在《切韵》后期，纯四等韵滋生出-i-介音。也就是说，两派对纯四等韵介音的看法只是在产生时间早晚上存在分歧，而论争的重点也自然变为纯四等韵在《切韵》之前是否有-i-介音。

20 世纪主张《切韵》纯四等韵有-i-介音的学者，在这方面的论证并不充分。正如高本汉（1940）认为三四等都有前腭介音，三等是弱的-ĭ-，四等是强的-i-，其理据主要是现代方言中四等韵的演变。赵元任（1941）也同样认为纯四等韵前有一个低而开的元音介音-i-，但没有给出论证。王力（1980a，1985）虽认为纯四等韵有介音，但也没有说明理由。董同龢（2001：161）认为三四等韵主要元音都接近前高元音，两者的区别在于三等韵有舌位较高的辅音性介音-j-，它可使声母腭化，四等韵有元音性介音-i-，较三等-j-介音而言，舌位较低，后来才使声母腭化。董同龢的观点本质上与高本汉的并无二致。周法高（1948b）发现《诗经》用韵以及谐声系统中，三等韵和四等韵接近，因此他认为上古音和《切韵》音系中都有-i-介音，"假使在《切韵》音里否定了 i 介音的存在，而在《切韵》前后都是有 i 介音的，在音变的解释上未免说不过去"（周法高，1948b：216）。他的说法虽然提及《切韵》之前纯四等韵的介音问题，但有猜测的性质，其前提是《切韵》三等韵在上古音中必须有-i-介音，而郑张尚芳（1987）指出三等韵在上古音中是没有-i-介音的。所以，周法高（1954）就取消了纯四等韵的-i-介音[①]。丁邦新（1997）指出重纽四等韵和纯四等韵在汉越语中都能发生"唇音腭化"现象，说明纯四等韵和重纽四等韵都有-i-介音。柯蔚南（1991）发现义净对音中纯四等韵有-i-、-y-类介音。这两种材料很值得重视，不过却都是《切韵》以后的，根据"四等无介音说"派的观点，这时候的纯四等韵可能已经增生了-i-介音。

主张"纯四等韵无介音说"的学者利用梵汉对音、汉越语、现代方言、韵书反切等多种材料，从两个角度对《切韵》纯四等韵没有-i-介音进行了论证。第一，在《切韵》时期及稍前的时代，纯四等韵都没有-i-介音。陆志韦（1947）指出纯四等韵的反切上字与一二等韵同组，与三等韵不同，因此纯四等韵没有-i-介音。李荣（1952：114-115）最早用梵汉对音的材料证明四等韵没有介音，他指出从东晋法显（417 年）到唐代地婆诃罗（683 年）等七家梵汉对音资料证明纯四等韵对译梵文 e[②]，邵荣芬（1982a：126）又补充了密宗陀罗尼的对音，得出："第一，四等字没有[i]介音；第二，四等字的主元音是同于或近于梵文 e 的音"。李如龙（1984）指出闽方言纯四等韵读作洪音，接近《切韵》音系。潘悟云（2000：64）指出浙江泰顺蛮话的白读音不带-i-介音，文读音带-i-介音。

纯四等韵在《切韵》时代之后滋生出-i-介音。马伯乐（2005：25）指出四等字在中古初期或略早是非腭化声母，来自上古不带 i 元音的字，它的-i-

---

[①] 但周法高在《论切韵音》和《论切韵音和上古音》中又重新构拟了四等的介音。
[②] 李荣（1952：114）说："从法显（417）到地婆诃罗（683）二百六十多年当中，译梵文字母的人一直用四等字对 'e'，西域记注又特别说明 '多 ta+伊 i=低 te'，这证据是强有力的。"

介音是《切韵》以后出现的，且只引起舌根音腭化，与来自上古带 i 元音的中古腭化声母字可以导致舌根、鼻、边音、唇音腭化不同。陆志韦（1939b）提出方言中四等读音混同三等有仿效作用，并在陆志韦（1947）中将纯四等韵构拟为没有介音的 ε-/ʷε-。王静如（1948）进一步将陆志韦的仿效作用解释为元音破裂，即 ε>ᵉε>iε。潘悟云（1987）列举越南语中的汉语借词材料，指出反映《切韵》以后层次的汉越语都带有-i-介音，而反映《切韵》以前层次的古汉越语都不带-i-介音，例如，边 biên（汉越语）、bên（古汉越语），挑kʰiêu（汉越语）、kʰêu（古汉越语），贴 tʰiêp（汉越语）、tʰêp（古汉越语）。潘悟云和许宝华（1994：130）用反切材料证明纯四等韵的-i-介音是唐以后产生的，因为纯四等韵的牙音字在《切韵》中常用一等反切上字，而在《集韵》中改用四等反切上字。

客观地说，纯四等韵的无介音的观点在 20 世纪的中古音研究中占据主流，李新魁（1984，1991）、黄典诚（1994）、黄笑山（1995）等学者都采纳这一观点。不过，时至今日这一争论仍未停止，例如刘广和（2002a）、尉迟治平（2002）、丁邦新（2006）利用梵汉对音、诗文用韵等材料，再次论证中古纯四等韵存在-i-介音。

3)《切韵》重纽问题[①]

重纽问题是 20 世纪《切韵》音系研究的热点。自陈澧发现《切韵》中的重纽两类，众多学者又相继证实重纽不只是《切韵》中的现象，还广泛存在于中古时期的文献资料中，相关讨论见于周法高（1948c）、董忠司（1978）、欧阳国泰（1987b）、谢美龄（1990a，1990b）、邵荣芬（1995）、丁锋（1995）等，并且在对音译音、汉语方言以及近代汉语音韵文献中都有反映，例如潘悟云和朱晓农（1982）、聂鸿音（1984）、刘广和（1987）、平山久雄（1991）、杨剑桥（1996）等均有论述。点检 20 世纪研究重纽问题的著述，可以发现讨论的话题主要是：第一，重纽的分布及来源；第二，重纽的语音区别；第三，重纽韵中舌齿音的归属。

A. 重纽的分布及来源

周法高（1948d）将重纽分为三种：切语下字不可系联者；切语下字可系

[①] 为了行文一致，若非征引原文，本部分一律用重纽三等或重纽四等，不用 A、B 类等概念。

联，但四声相承的韵中有重纽发现；往往在韵末，或为后来增加的。前两种在语音上存在区别，包括支脂祭真（谆）仙宵侵盐诸韵的唇牙喉音，以及之韵溪书崇母，止韵崇母，尤韵溪母，有韵敷母。董同龢（1948a：1）认为：支脂真（谆）仙祭宵及盐侵诸韵的"重纽"是真正的"重纽"，其他如之韵床母、审母、溪母的"重纽"，尤韵溪母的"重纽"，都不是真正的重纽。李荣（1952：140）同意董同龢的观点："所谓寅类重纽是支脂祭真仙宵侵盐八部，牙喉音声母逢开合韵可能有两组开口，两组合口，逢独韵也可能有两组对立，唇音声母（开合韵对唇音字讲也是独韵）也可能有两组对立"，"不过有一点要注意，匣₃（=喻₃=云=于）跟羊（=喻₄）的对立同时又是声母的不同，和别的重纽性质不一样"。周法高（1948b，1970）将重纽的范围扩大：之、麻₃、清属于重纽四等，庚₃属重纽三等，蒸、幽则兼有重纽三等和重纽四等。该观点得到余廼永（1997）的赞同。黄笑山（1996a：82）分三等韵为四类，其中重纽三四等的分类标准是：重纽三等"可以有唇牙喉音和庄组，没有舌音和精章组、以母；韵图唇牙喉音列三等，庄组列二等；唇音在后来的发展中保持重唇"。重纽四等"可以有唇舌牙齿音喉音；韵图唇牙喉音列四等，舌音列三等，齿音章组列三等、精组列四等，没有庄组"；唇音在越南汉字音中变为舌齿音。他的结论是，除支、脂等八韵系外，重纽韵还包括齐₃、祭、庚₃、清、蒸、幽、麻₃等韵系。不过学界对于支、脂八韵系之外，多在庚₃、清、尤、幽、蒸等韵是否为重纽上存在争议。邵荣芬（1982a）认为中古时期，有的方言清韵系有重纽，有的方言合并了，尤、幽韵系早期原是一个重纽韵系，但到《切韵》时期，幽韵系元音发生变化，不再是重纽四等韵了。李新魁（1984：95-96）认为："尤韵字在《韵镜》中列于三等，而以幽韵列于四等与之相配，这种配对关系正表现它们原来的同源关系，从来（按，疑脱'源'字）考察，幽韵实为与尤韵相配的A类韵。"麦耘（1988）认为庚₃、清是重纽韵，幽韵为重纽三等。孙玉文（1994）认为尤韵有重纽。总体来说，学界认为庚₃、清、蒸、幽为重纽韵是没有问题的。

重纽的来源是与上古音有密切关系的问题，此处只稍作介绍。重纽的来源以上古来源有别为主流观点。董同龢（1948a：2）说："就今日所知的上古音韵系统看，他们（按，重纽）中间已经有一些可以判别为音韵来源的不同。"例如，"彬砏"等字属上古"文部"（主要元音为*ə），"宾缤"等字属上古"真部"（主要元音为*e）。余迺永（1995）详细说明了重纽的上古来源有两种情形：一是重纽分见《诗经》不同韵部，如支韵重纽三四等分别来自歌、支部，脂韵重纽三四等分别来自微物文、脂质真，昔韵见于锡部，之职蒸见于之职蒸三部；二是重纽两类来自上古同一韵部，如宵、祭、月、元、缉、侵、叶、谈等部。郑张尚芳（1997）指出，重纽在中古时期的主元音都是前元音 i、e 或 ɛ，其上古来源重纽四等为前元音韵部[①]，重纽三等则兼有前元音与央后元音的来源，这与上古长短元音对立格局有关。其关系如表 3-12 所示。

表 3-12　中古四等与上古元音长短关系表

元音	前元音*i*e	央后元音*a*ɯ*u*o
长元音	四等	一等
	二等	
短元音	三 A（重唇）	三 C（轻唇）
	三 B（含庚蒸幽）（限唇喉牙音）（重唇）	

此外，竺家宁（1995）提出重纽为"上古复声母的遗留论"。

B. 重纽的语音区别

陈澧系联出重纽两类，开始并没有引起人们的重视。例如章太炎在《国故论衡》中云："是四类者，妫、亏、奇、皮，古在歌。规、窥、岐、陴，古在支。魏晋诸儒所作反语，宜有不同。及《唐韵》悉隶支部，反语尚犹因其遗迹，斯其证验最著者也。"（章太炎，2017：24）他最早以"古音残余说"来解释重纽现象。黄侃则主张"新旧反切糅合说"，云："缘陆氏以前已有声类韵集诸书，切语用字未能画一。《切韵》裒集旧切，于音同而切语用字有异者，仍其异而不改，而合为一韵，所以表其同音。"（转引自周祖谟，1966b：552）章、黄都认为重纽两类之间没有语音上的区别。高本汉的构拟系统也因

[①] 郑张尚芳（1997：176）道："脂质真、支等韵部固属前元音，盐叶、仙薛、祭、宵韵所来的谈盍、元月、宵等韵部及侵缉部我们认为其中都包含一组以 e 或 i 为主元音的韵母，包拟古、白一平、余迺永诸先生也这样认为，董同龢 1944、1948 论证'元、祭、宵'部都应分成两类元音，也早就指出一类是前音，与耕青元音相同，重四即对这类的韵母。"

忽略重纽问题而为人所诟病，后来仍有学者如王力（1980a，1981，1985）、罗伟豪（1962）、方孝岳和罗伟豪（1988）、谢纪锋（1992）、陈新雄（1994）等学者忽略重纽的区别。周祖谟（1940）考证中古多种音韵文献，虽指出重纽两类存在区别，但未能尽详其读音差异。随着研究的深入，学者对重纽两类的区别提出如下三种观点。

a. "元音区别说"

"元音区别说"在中古音研究的"转型期"颇为流行。董同龢（1948a）、周法高（1948d）最先提出这种观点，德国学者 Nagal（1941）也是"元音区别说"的早期倡导者。张琨和张谢贝蒂（1982）、张琨（1982）、严学宭（1990）等也均主张重纽两类的区别在于主要元音的不同。

此种观点之根本论据在于观察到重纽两类有不同的上古来源，如董同龢（1948a：12）说："现在我们没有什么凭借可以说支脂诸韵 1 与 2 两类（按，分别指重纽四等与重纽三等）韵母的分别是在介音方面，比如说仙 2 是*-jɛn，*iwɛn，仙 1 是*-iɛn，*iwɛn。反之，就现在已有的上古音知识看，倒可以确定他们当是主要元音的不同。因为各韵的两类都是分从上古不同的韵部来的。"另外，汉语方言、汉越语《说文》谐声的现象可作为旁证。周法高（1948d），张琨和张谢贝蒂（1982）等对此有详细探讨。而在音值构拟上，周法高（1948d：97）提出的两条原则十分引人注意："B 类的音值一方面要和 A 类很接近，一方面又要和 $β_2$ 型的韵（按，即微、废、元等韵）接近。"各家音值构拟如表 3-13 所示。

表 3-13 重纽"元音区别说"音值构拟表

学者	支		脂		祭		真	
	重三	重四	重三	重四	重三	重四	重三	重四
周法高	ie	iɪ	iei	iɪi	iai	iæi	ien	iɪn
Nagal	i̯ä	i̯ē	i̯wei	i̯wěi	—	—	i̯en	i̯ěn
董同龢	jĕ	je	jĕi	jei	jɐi	jæi	jĕn	jen
张琨	jê	je	jəi	ji	jâi	jai	jən	jin
严学宭	jɛ	je	jɛi	jei	jɛi	jæi	jɛn	jen

续表

学者	仙 重三	仙 重四	宵 重三	宵 重四	侵 重三	侵 重四	盐 重三	盐 重四
周法高	iæn	iæn	iau	iæu	iem	iɪm	iam	iæm
Nagal	i̯wän	i̯wēn	i̯äu	i̯ēu	i̯ɛm	i̯ēm	i̯äm	i̯ēm
董同龢	jĕn	jæn	jĕu	jæu	jĕm	jem	jĕm	jæm
张琨	jân	jan	jâu	jau	jim	jəm	jâm	jam
严学宭	jɛn	jæn	jɛu	jæu	jem	jəm	jɛm	jæm

邵荣芬（1982a）、潘悟云（2000）、葛毅卿（2003）等指出了"元音区别说"的不足，如潘悟云（2000：25-26）指出："元音区别说"首先违背同一韵目主要元音必相同的原则；其次，周法高构拟的主要元音相同的字既可以放在相同韵目下，又可放在不同韵目下；最后，利用方言构拟重纽三四等的区别略显无力①。利用主要元音来区别重纽三四等，特别是在"转型期"也属无奈之举，正如潘悟云和朱晓农（1982：344）所说："当时的音韵学界都相信高本汉的说法，认为三等韵有一个*-j-介音，四等韵有一个*-i-介音，如果再给重纽拟出一个什么介音来，好像太难处理了，所以只好去考虑主元音的异同。"甚至，连"元音区别说"的代表性学者周法高在晚年也改变了自己早期的看法。

b. "声母区别说"

主张"声母区别说"的学者很多，在国内有王静如（1941）、陆志韦（1947）、罗伟豪（1962）、周法高（1948b，1952）、杜其容（1975）、黄典诚（1980）、李新魁（1984）、竺家宁（1995）、余迺永（1995）等，在国外则以日本三根谷徹（1953）、平山久雄（1966）为代表。

"声母区别说"内部存在很大差异。例如：王静如（1941）主张重纽三四

---

① 潘悟云（2000：26）指出根据方言读音构拟不具有确凿的说服力，因为："高丽的支、脂韵重纽三等是 ɯi，四等是 i"；周法高根据支韵重纽三等在厦门有 ia 读音，断定其中古元音近 a，但 ia 反映的实际上是上古音的层次；"真韵的重纽三等高丽音 ɯn，吴音 on，重纽四等高丽音和吴音都是 in"，周法高据此拟真韵重纽三等为 iɯn 也是没有说服力的。

等字声母存在唇化与否的差别的同时，还有介音上的差异[①]。黄典诚（1980）则以声母强弱区分重纽两类，如"岐"字重纽三等读 gie，四等读 jie。李新魁（1984）、周法高（1989）等则主张声母唇化说。余迺永（1995）则认为重纽两类声母的区别在于重纽三等是腭化的 Cj-类声母，重纽四等是不腭化的。三根谷彻（1953）同样采取腭化声母说，但其认为重纽三等是不腭化的 p、k 类，四等是腭化的 pj、kj 类。竺家宁（1995）从上古来源着眼，指出上古时期重纽三等字是 Cl-型声母，而重纽四等字则不带 l。而各自立论之依据也各有差异，其中最值得注意的是，周法高、杜其容、平山久雄等人所用的"类相关"理论，即重纽两类互不做反切上字。但丁邦新（1997）指出重纽两类互不做反切上字，但都用普通三等韵做反切上字。重纽"声母区别说"的相关音值构拟如表 3-14 所示。

表 3-14 重纽"声母区别说"音值构拟表

重纽	王静如	周法高	黄典诚	李新魁	余迺永	三根谷彻	平山久雄
重纽三等	pʷ/kʷ（-ɪ-）	pʷ/kʷ	强声弱韵	pʷ/kʷ	pj/kj	p/k	p/k
重纽四等	p/k（-i-）	p/k	弱声强韵	p/k	p/k	pj/kj	pj/kj

c. "介音区别说"

重纽两类"介音区别说"的影响最大。该观点最早由日本学者有坂秀世（1957b）、河野六郎（1939）提出，后来李荣（1952）、藤堂明保（1957）、龙宇纯（1970）、邵荣芬（1982a）、潘悟云和朱晓农（1982）、麦耘（1992）、丁邦新（1997）、蒲立本（1999）、潘悟云（2000）等均主张"介音区别说"。

"介音区别说"之论据主要有两点：第一，对音译音、汉语方言乃至汉藏语同源词中都显示重纽两类的介音存在差异，如施向东（1983）、俞敏（1984a）、聂鸿音（1984）、潘悟云和朱晓农（1982）、刘广和（1987）、黄笑山（1995）、杨剑桥（1996）等。第二，重纽两类的反切下字有分类使用的趋向，据陆志

[①] 具体来说，王氏认为：重纽三等的唇音为撮唇 pw-，四等为平唇 p-；重纽牙音（含晓母）三等为唇化 kw-，四等为普通音 k-；喻₃为唇化，音如-ʁ，喻₄音如 j-；影母为纯元音三等为 ɪ，四等为 i；同时，重纽韵的两类介音还有差异，重纽三等为较后略弘之 ɪ，四等较前为极细之 i。陆志韦（1947）的观点基本同于王静如（1941）。

韦（1947）、麦耘（1992）、潘悟云（2000）的统计，精组、章组和以母与重纽四等关系密切，知组、庄组、来母、云母与重纽三等关系密切。郑张尚芳（1997）还指出《中原音韵》《西儒耳目资》《辩四声轻清重浊法》《皇极经世·声音唱和图》等资料能显示重纽介音有别。"介音区别说"的相关音值构拟如表 3-15 所示。

表 3-15 重纽"介音区别说"音值构拟表

重纽	陆志韦	李荣	藤堂明保	邵荣芬	麦耘	黄笑山	丁邦新	潘悟云	郑张尚芳
重纽三等	-ɪ-	-j-	-rj-	-i-	-rj-	-i-	-rj-	-ɯi-	-ɣi-
重纽四等	-i-	-i-	-j-	-j-	-i-	-i-	-j-	-i-	-i-

此外，薛凤生（1996）还提出了韵尾区别说，但影响不大。

C. 重纽韵中舌齿音的归属

重纽韵中只有唇音和牙喉音存在对立小韵，舌齿音却只有一套。董同龢（1948a）、周法高（1948d）、李荣（1952）、李新魁（1984）、蒋冀骋（1990）等均主张舌齿音与重纽四等为一类，重纽三等自成一类。董同龢（1948a）从重纽四等下字与舌齿音系联为一类、重纽四等与舌齿音常互为切下字、韵图将清韵唇牙喉音排在四等、《四声等子·辨广通局狭例》、朝鲜汉字音重纽四等异读与舌齿音一致等五个方面进行了讨论。但邵荣芬（1982a：78-80）认为，董氏所举五点均可商榷，并受重纽在《古今韵会举要》中情形的启发，提出重纽三等与舌齿音为一类，而重纽四等自成一类。陆志韦（1947）、麦耘（1988，1992）、黄笑山（1996b）、冯蒸（1997）、潘悟云（2000）等认为重纽韵中庄组、云母与重纽三等为一类，精组、章组、日母、以母与重纽四等为一类。但有的学者认为知组、来母与重纽三等为一类（麦耘，1992），有的学者认为与重纽四等为一类（麦耘，1988；黄笑山，1996b）。潘悟云（2000：43）对知组、来母归属的模糊性解释道："（来母）中古的音值是 ɭ，正处在舌尖音和卷舌音之间，所以它的反切行为就在 A、B 两类之间摆动"，"知组的情况比较像来母，反切行为摇摆于 A 类和 B 类之间"。

20 世纪《切韵》韵母音值的代表性构拟，如表 3-16 所示。

表 3-16 《切韵》韵母诸家拟音对照表

摄	韵系	高本汉	陆志韦	李荣	王力	蒲立本	董同龢	周法高
通	东₁	uŋ	uŋ	uŋ	uŋ	uŋ	uŋ	uŋ
	东₃	ĭuŋ	ɪuŋ	iuŋ	ĭuŋ	i̯uŋ	juŋ	iuŋ
	冬	uoŋ	woŋ	oŋ	uoŋ	oŋ	uoŋ	uoŋ
	钟	ĭwoŋ	ɪwoŋ	ioŋ	ĭwoŋ	i̯oŋ	juoŋ	iuoŋ
江	江	ɔŋ	ɔŋ	ɔŋ	ɔŋ	auŋ	ɔŋ	ɔŋ
止	支开A	jiě	iei	ie	ĭe	je	je	iɪ
	支开B		ɪei	je		i̯e	jě	ie
	支合A	jwiě	iwei	iue	ĭwe	jue	jue	iuɪ
	支合B		ɪwei	jue		i̯ue	juě	iue
	脂开A	ji	iěi	i	i	ji	jei	iɪi
	脂开B		ɪěi	ji		i̯i	jěi	iei
	脂合A	jwi	iwěi	ui	wi	jui	juei	iuɪi
	脂合B		ɪwěi	jui		i̯ui	juěi	iuei
	之	ji	i（ĕ）i	iə	ĭə	i̯ə	i	i
	微开	jěi	ɪəi	iəi	ĭəi	i̯əi	jəi	iəi
	微合	jwěi	ɪwəi	juəi	ĭwəi	i̯uəi	juəi	iuəi
遇	鱼	ĭwo	io	iɔ	ĭo	i̯o	jo	io
	虞	ĭu	ɪwo	io	ĭu	i̯ou	juo	iuo
	模	uo	wo	o	u	ou	uo	uo
蟹	咍₁	ɑi	ɒi	ʌi	ɒi	əi	ʌi	əi
	咍₃	—	iɒi	iʌi	—	—	—	—
	灰	uɑi	wəi	uʌi	uɒi	uəi	uʌi	uəi
	泰开	ɑi	ɑi	ɑi	ɑi	ɑi	ɑi	ɑi
	泰合	uɑi	wɑi	uɑi	uɑi	uɑi	uɑi	uɑi
	皆开	ăi	ɐi	ɛi	ɐi	aəi	ɐi	ɛi
	皆合	wăi	wɐi	uɛi	wɐi	uaəi	uɐi	uɛi
	佳开	ai	æi	ɛ	ai	ae	æi	ai
	夬开		ai（ɐi）	ai	æi	ai	ai	æi
	佳合	wai	ʷæi	uɛ	wai	uae	uæi	uai
	夬合		ʷai（wɐi）	uai	wæi	uai	uai	uæi
	祭开A	ĭɛi	iεi	iεi	ĭεi	jei	jæi	iæi

续表

摄	韵系	高本汉	陆志韦	李荣	王力	蒲立本	董同龢	周法高
蟹	祭开B	—	ɪɛi	jɛi	—	iɛi	jæi	iai
	祭合A	ĭwei	juɛi	iuɛi	ĭwei	juɛi	juæi	ɪuæi
	祭合B		ɪuɛi	juɛi		iuɛi	juæi	iuai
	废开	ĭɐi	ɪɐi	iɐi	ĭɐi	iai	jɐi	iai
	废合	ĭwɐi	ɪwɐi	iuɐi	ĭwɐi	iuai	juɐi	iuai
	齐开	iei	ɛi	ei	iei	ei	iɛi	iɛi
	齐合	iwei	ʷɛi	uei	iwei	uei	iuɛi	iuɛi
	齐三	—	—	iei	—	—	—	—
臻	痕	ən	ən	ən	ən	ən	ən	ən
	魂	uən	wən	uən	uən	uən	uən	uən
	真开A	ĭĕn	ɪĕn	iĕn	ĭĕn	jin	jen	iɪn
	真开B	ĭwĕn	ɪĕn	jĕn	ĭwĕn	jin	jĕn	ien
	臻	ĭĕn		iĕn	ĭĕn	ïn	-(j)en	ien
	谆A	ĭuĕn	iwĕn	iuĕn	ĭuĕn	jwin	juen	iuen
	谆B		ɪwĕn	juĕn		jwin	juĕn	iuɪn
	欣	ĭən	ɪəi	iən	ĭən	iən	jən	iəi
	文	ĭuən	ɪwən	iuən	ĭuən	iuən	juən	iuən
山	寒	ɑn	ɒn	ɑn	ɑn	ɑn	ɑn	ɑn
	桓	uɑn	wɒn	uɑn	uɑn	[wɑn]	uɑn	uɑn
	山开	an	an	ɛn	æn	aən	æn	an
	山合	wan	ʷan	uɛn	wæn	uaən	uæn	uan
	删开	an	ɛn	an	an	an	an	æn
	删合	wan	wɛn	uan	wan	uan	uan	uæn
	仙开A	ĭɛn	iɛn	iɛn	ĭɛn	jen	jæn	iæn
	仙开B		ɪɛn	jɛn		iɛn	jæn	ian
	仙合A	ĭwɛn	iwɛn	iuɛn	ĭwɛn	juen	juæn	iuæn
	仙合B		ɪwɛn	juɛn		iuen	juæn	iuan
	元开	ĭɐn	ɪɐn	iɐn	ĭɐn	ian	jɐn	ian
	元合	ĭwɐn	ɪwɐn	iuɐn	ĭwɐn	iuan	juɐn	iuan
	先开	ien	ɛn	en	ien	en	iɛn	iɛn
	先合	iwen	ʷɛn	uen	iwen	uen	iuɛn	iuɛn

续表

摄	韵系	高本汉	陆志韦	李荣	王力	蒲立本	董同龢	周法高
效	豪	ɑu	ɒu	ɑu	ɑu	ɑu	ɑu	ɑu
	肴	au	ɐu	au	au	au	au	au
	宵A	ĭɛu	iɛu	iɛu	ĭɛu	jeu	jæu	iæu
	宵B		iɛu	jɛu		iɛu	jæu	iau
	萧	ieu	ɛu	eu	ieu	eu	iɛu	iɛu
果	歌	ɑ	ɒ	ɑ	ɑ	ɑ	ɑ	ɑ
	戈一合	uɑ	wɒ	uɑ	uɑ	[wɑ]	uɑ	uɑ
	戈三开	—	ɪɒ	iɑ	ĭɑ	[iɑ]	jɑ	iɑ
	戈三合	—	ɪwɒ	iuɑ	ĭuɑ	—	juɑ	iuɑ
假	麻二开	a	a	a	a	a	a	a
	麻二合	wa	ʷa	ua	wa	ua	ua	ua
	麻三	ĭa	ia	ia	ĭa	ia	jua	ia
宕	唐一开	ɑŋ	ɒŋ	ɑŋ	ɑŋ	ɑŋ	ɑŋ	ɑŋ
	唐一合	wɑŋ	wɒŋ	uɑŋ	uɑŋ	uɑŋ	uɑŋ	uɑŋ
	阳三开	ĭaŋ	ɪɑŋ	iɑŋ	ĭɑŋ	iɑŋ	jɑŋ	iɑŋ
	阳三合	ĭwaŋ	ɪwɑŋ	iuɑŋ	ĭuɑŋ	iuɑŋ	juɑŋ	iuɑŋ
梗	庚二开	ɛŋ	aŋ	ɐŋ	ɐŋ	aŋ	ɐŋ	aŋ
	庚二合	wɐŋ	ʷaŋ	uɐŋ	wɐŋ	uaŋ	uɐŋ	uaŋ
	耕开	æŋ	ɐŋ	ɛŋ	æŋ	aəŋ	æŋ	æŋ
	耕合	wæŋ	wɐŋ	uɛŋ	wæŋ	uaəŋ	uæŋ	uæŋ
	庚三开	ĭɐŋ	ɪæŋ	iɐŋ	ĭɐŋ	iaŋ	jɐŋ	iaŋ
	庚三合	ĭwɐŋ	ɪwæŋ	iuɐŋ	ĭwɐŋ	iuaŋ	juɐŋ	iuaŋ
	清开	ĭɛŋ	iɛŋ	iɛŋ	ĭɛŋ	(j)iɛŋ	jɛŋ	iæŋ
	清合	ĭwɛŋ	iwɛŋ	iuɛŋ	ĭwɛŋ	(j)iuɛŋ	juɛŋ	iuæŋ
	青开	ieŋ	ɛŋ	eŋ	ieŋ	eŋ	ieŋ	iɛŋ
	青合	iweŋ	ʷɛŋ	ueŋ	iweŋ	ueŋ	iueŋ	iuɛŋ
曾	登一开	əŋ	ɐŋ	əŋ	əŋ	əŋ	əŋ	əŋ
	登一合	wəŋ	wɐŋ	uəŋ	uəŋ	uəŋ	uəŋ	uəŋ
	蒸三开	ĭəŋ	iěŋ	iəŋ	ĭəŋ	iəŋ	jəŋ	ieŋ
	蒸三合	ĭwək	iwěk	iuək	ĭwək	iuək	juək	iuek

续表

摄	韵系	高本汉	陆志韦	李荣	王力	蒲立本	董同龢	周法高
流	侯	ə̆u	əu	u	əu	u	u	əu
流	尤	ĭə̆u	ɪəu	iu	ĭəu	i̯u	ju	iəu
流	幽	iə̆u	iɛu	iĕu	iəu	jiu	jəu	A:iiu B:ieu
深	侵A	ĭĕm	iɛm	iɐm	ĭĕm	jim	jem	iim
深	侵B	—	ɪɛm	jɐm	—	j̣im	(jĕm)	iem
咸	覃	ɑm	ɒm	ʌm	ɒm	əm	ʌm	əm
咸	谈	ɑm	ɑm	ɑm	ɑm	ɑm	ɑm	ɑm
咸	咸	ạm	ɐm	ɐm	am	aəm	ɐm	æm
咸	衔	am	am	am	ɐm	am	am	am
咸	盐A	ĭɛm	iɛm	iɛm	ĭɛm	jiem	jæm	iæm
咸	盐B	—	ɪɛm	jɛm	—	jem	(jɛm)	iam
咸	严	ĭɐm	ɪɐm	iɐm	ĭɐm	mɑj	jɐm	iɑm
咸	凡	—	iwɐm	iuɐm	ĭwɐm	j̣ɑm	juɐm	iuɑm
咸	添	iem	ɛɜ	em	iem	em	iɛm	iɛm

摄	韵系	邵荣芬	方孝岳	李新魁	黄典诚	麦耘	黄笑山	郑张尚芳	潘悟云
通	东一	uŋ	oŋ	oŋ	oŋ	uŋ	uŋ	uŋ	uŋ
通	东三	iuŋ	ĭoŋ	ioŋ	ioŋ	(r)iuŋ	ɨuŋ	ɨuŋ	iuŋ
通	冬	oŋ	uŋ	uŋ	uŋ	oŋ	uoŋ	uoŋ	uoŋ
通	钟	ioŋ	ĭuŋ	iuŋ	iuŋ	(r)ioŋ	ɨuoŋ	ɨuoŋ	ioŋ
江	江	ɔŋ	ɔŋ	ɔŋ	œŋ	roŋ	oŋ	ɣʌŋ	ɯɐŋ
止	支开A	jɛ	ĭe	ie	ie	ie	iɛ	iE	iᵉ
止	支开B	iɛ	ĭe	ie	ie	rie	ɨɛ	ɣiE	ɯiᵉ
止	支合A	juɛ	ĭwe	iue	iue	iue	uiɛ	iuE	ʷiᵉ
止	支合B	iuɛ	ĭwe	iue	iue	riue	uiɛ	ɣiuE	ʷɯiᵉ
止	脂开A	jɪ	ĭei	iei	i	i	i	ii	i
止	脂开B	iɪ	ĭei	iei	i	ri	ɨi	ɣiɪ	ɯi

续表

摄	韵系	邵荣芬	方孝岳	李新魁	黄典诚	麦耘	黄笑山	郑张尚芳	潘悟云
止	脂合A	juɪ	ǐwei	iuei	iui	iui	ui	iuɪ	ʷi
	脂合B	iuɪ				riui	uɨi	ɣiuɪ	ʷɯi
	之	ie	ǐə	i	iə	(r)iə	ɨ	ɨ	ɨ
	微开	iəi	ǐəi	iøi	iəi	(r)iəi	iəi	ɨi	ɨi
	微合	iuəi	ǐwəi	iuøi	iuəi	(r)iuəi	uiəi	ʉi	ʷɨi
遇	鱼	iɔ	ǐo	iɔ	io	(r)io	ɨo	ɨʌ	iɔ
	虞	io	ǐwo	iu	iuo	(r)iu	uio	oɨ	iu
	模	o	uo	o	o	u	uo	uo	o
蟹	咍一	ɒi	ɒi	ɒi	əi	oi	əi	ʌi	əi
	咍三	iɒi	—	—	—	ioi	—	iʌi	iəi
	灰	uɒi	uɒi	ɔi	uoi	ui	uəi	uʌi	uoi
	泰开	ɑi	ɑi	ɑi	ɒiʔ	ɒi	ɒi	ɑi	ɑi
	泰合	uɑi	uɑi	uɑi	uɒiʔ	uɒi	uɒi	uɑi	ʷɑi
	皆开	ɛi	ɛi	ɛi	ɛi	rei	ɛi	ɣei	ɯæi
	皆合	uɛi	wæi	uɛi	uɛi	ruei	uɛi	ɣuei	ʷɯæi
	佳开	æi	ai	æi	ai	rei	ɐ	ɣɛ	ɯæ
	夬开	ai	æi	ai	aiʔ	rai	ai	ɣai	ɯai
	佳合	uæi	wai	uæi	uai	ruei	uɐ	ɣuɛ	ʷɯæ
	夬合	uai	wæi	uai	uaiʔ	ruai	uai	ɣuai	ʷɯai
	祭开A	jæi	ǐɛi	iɛi	ieiʔ	iei	iɛi	iɛi	iɛi
	祭开B	iæi				riei	iɛi	ɣiɛi	ɯiɛi
	祭合A	juæi	ǐwei	iuei	iueiʔ	iuei	uiɛi	iuɛi	ʷiɛi
	祭合B	iuæi				riuei	uiɛi	ɣiuɛi	ʷɯiɛi
	废开	iɐi	ǐɐi	ioi	iaiʔ	(r)ioi	iɛi	iɛi	iɐi
	废合	iuɐi	ǐwɐi	iuoi	iuaiʔ	(r)iuoi	iuɛi	iuɐi	ʷiɐi
	齐开	ɛi	iei	ei	e	ei	ɛi	ei	ei
	齐合	uɛi	iwei	uei	ue	uei	uɛi	uei	ʷei
	齐三	iɛi	—	—	—	iei	—	iei	iei
臻	痕	ən	ən	ən	ən	ən	ən	ən	ən
	魂	uən	uən	un	uən	un	uən	uən	uon
	真开A	jen	ǐěn	ien(iuen)	in	in	in	i(u)n	in

续表

摄	韵系	邵荣芬	方孝岳	李新魁	黄典诚	麦耘	黄笑山	郑张尚芳	潘悟云
臻	真开B	ien	—	—	—	rin	iin	ɣi(u)in	ɯin
	臻				ɛn	rən	in	in	in
	谆A	juen	ĭwěn	Iøn (iuøn)	iun	iuin	uin	iuin	ʷin
	谆B	iuen				riuin	uɨin	ɣiuin	ʷɯin
	欣	iən	ĭən	in	iən	(r)iəi	ɨn	in	in
	文	iuən	ĭuən	iun	iuən	(r)iuən	uɨən	iun	iun
山	寒	ɑn	ɑn	ɑn	ɔn	ɒn	ɒn	ɑn	ɑn
	桓	uɑn	uɑn	ɔn	uɔn	uɒn	uɒn	uɑn	uɑn
	山开	æn	æn	ɐn	ɐn	rɐn	ɐn	ɣɐn	ɯan
	山合	uæn	wæn	uɐn	uɐn	ruɐn	uɐn	ɣuɐn	ʷɯan
	删开	ɐn	an	an	an	ran	an	ɣan	ɯæn
	删合	uɐn	wan	uan	uan	ruan	uan	ɣuan	ʷɯan
	仙开A	jæn	ĭɛn	iɛn	iɛn	ien	iɛn	iɛn	iɛn
	仙开B	iæn				rien	iɛn	ɣiɛn	ɯiɛn
	仙合A	juæn	ĭwɛn	iuɛn	iuɛn	iuen	uiɛn	iuɛn	ʷiɛn
	仙合B	iuæn				riuen	uɨɛn	ɣiuɛn	ʷɯiɛn
	元开	iɐn	ĭɐn	ion	ian	(r)ion	ɨɛn	iɛn	iɐn
	元合	iuɐn	ĭwɐn	iuon	iuan	(r)iuon	uɨɛn	ʉɐn	ʷiɐn
	先开	ɛn	ien	en	en	en	ɛn	en	en
	先合	uɛn	iwen	uen	uen	uen	uɛn	wen	ʷen
效	豪	ɑu	ɑu	ɑu	ɔu	ɒu	ɒu	ɑu	ɑu
	肴	au	au	au	au	au	au	ɣau	ɯau
	宵A	jæu	ĭɛu	ieu	ieu	ieu	iɛu	iɛu	iɛu
	宵B	iæu				rieu	ɨɛu	ɣiɛu	ɯiɛu
	萧	ɛu	ieu	eu	eu	eu	ɛu	eu	eu
果	歌	ɑ	ɑ	ɑ	ɒ	ɒ	ɒ	ɑ	ɑ
	戈一合	uɑ	uɑ	ɔ	uɒ	uɒ	uɒ	uɑ	ʷɑ

续表

摄	韵系	邵荣芬	方孝岳	李新魁	黄典诚	麦耘	黄笑山	郑张尚芳	潘悟云
果	戈三开	iɑ	ĭɑ	ciɑ	iɑ	(r)iɑ	iɑ	iɑ	ia
	戈三合	iuɑ	ĭwɑ	iuɑ	iuɑ	(r)iuɑ	uiɑ	iuɑ	ʷia
假	麻二开	a	a	a	a	a;ra	a	ɣa	ɯa
	麻二合	ua	wa	ua	ua	rua	ua	ɣua	ʷma
	麻三	ia	ĭa	ia	ia	ia	ia	ɨa	ia
宕	唐一开	ɑŋ	ɑŋ	ɑŋ	ɒŋ	ɒŋ	ɒŋ	ɑŋ	ɑŋ
	唐一合	uɑŋ	wɑŋ	uɑŋ	uɒŋ	uɒŋ	uɒŋ	uɑŋ	ʷɑŋ
	阳三开	iɑŋ	ĭɑŋ	iɔŋ	iɒŋ	(r)iɒŋ	iɒŋ	ɨɑŋ	iɐŋ
	阳三合	iuɑŋ	ĭwɑŋ	iuɔŋ	iuɒŋ	(r)iuɒŋ	uiɒŋ	ɨuɑŋ	ʷiɐŋ
梗	庚二开	aŋ	ɐŋ	aŋ	aŋ	raŋ	aŋ	ɣæŋ	ɯaŋ
	庚二合	uaŋ	wɐŋ	uaŋ	uaŋ	ruaŋ	uaŋ	wɣæŋ	ʷɯaŋ
	耕开	ɛŋ	æŋ	ɐŋ	ɐŋ	rɐŋ	ɐŋ	ɣɛŋ	ɯæŋ
	耕合	uɛŋ	wæŋ	uɐŋ	uɐŋ	ruɐŋ	uɐŋ	wɣɛŋ	ʷɯæŋ
	庚三开	iaŋ	ĭɐŋ	ieŋ	iaŋ	riaŋ	iaŋ	ɣiæŋ	ɯiaŋ
	庚三合	iuaŋ	ĭwɐŋ	iueŋ	iuaŋ	riuaŋ	uiaŋ	wɣiæŋ	ʷɯiaŋ
	清开	iæŋ	ĭɛŋ	ieŋ	ieŋ	(r)ieŋ	ieŋ;iɛŋ	iɛŋ	iɛŋ
	清合	iuæŋ	ĭwɛŋ	iueŋ	iueŋ	(r)iueŋ	uieŋ;uiɛŋ	wiɛŋ	ʷiɛŋ
	青开	ɛŋ	ieŋ	eŋ	eŋ	eŋ	eŋ	eŋ	eŋ
	青合	uɛŋ	iweŋ	ueŋ	ueŋ	ueŋ	ueŋ	weŋ	ʷeŋ
曾	登一开	əŋ	əŋ	əŋ	əŋ	əŋ	əŋ	əŋ	əŋ
	登一合	uəŋ	wəŋ	uəŋ	uəŋ	uəŋ	uəŋ	wəŋ	ʷəŋ
	蒸三开	ieŋ	ĭəŋ	iŋ	iəŋ	(r)iəŋ	iiŋ;ik	iŋ	iŋ
	蒸三合	iuek	ĭwək	—	iuəŋ	(r)iuek	uiik	wik	ʷik
流	侯	əu	ŏu	ou	u	ou	u	əu	əu
	尤	iəu	ĭŏu	iou	iou	(r)iou	iu	ɨu	iu
	幽	ieu	ĭou	iu	iəu	(r)iu	iu;iiu	iiu	ɨu

续表

摄	韵系	邵荣芬	方孝岳	李新魁	黄典诚	麦耘	黄笑山	郑张尚芳	潘悟云
深	侵A	jem	ĭəm	im	im	im	im	ɨim	im
	侵B	iem	—	—	—	rim	ɨim	ɣiim	ɯim
咸	覃	ɒm	ɒm	ɒm	əm	om	əm	ʌm	əm
	谈	ɑm	ɑm	ɑm	ɒm	ɑm	ɒm	ɑm	ɑm
	咸	ɐm	ɐm	ɐm	ɐm	rem	ɐm	ɣɐm	ɯam
	衔	am	am	am	am	ram	am	ɣam	ɯæm
	盐A	jæm	ĭɛm	iɛm	iem	iem	iɛm	iɛm	iɛm
	盐B	iæm	—	—	—	riem	ɨɛm	ɣiɛm	ɯiem
	严	iɐm	ĭɐm	iɐm	iam	(r)iam	ɨɐm	ɨɐm	iɐm
	凡	—	ĭwɐm	iom	iuəm	(r)iom	ɯiɐm	i(ʉ)ɐm	
	添	ɛm	iem	em	em	em	ɛm	em	em

（三）《切韵》声调的研究

《切韵》重视"韵"的概念，且以四声分卷，全面展示了其内部的声调类别，但是对于声调的调值不着一字——声调调值的历史素来是汉语历史语音研究的薄弱之处。当然，有许多学者如周祖谟（1966c）、周法高（1948e）、梅祖麟（1970）、丁邦新（2008）、邵荣芬（1982a）、潘悟云（1982）、尉迟治平（1986）、施向东（1983）、刘广和（2000a）等利用悉昙、梵汉对音等文献，讨论过中古汉语的调值问题，但《切韵》声调与中古汉语声调是两个不同的概念。

高本汉（1940：437）拟《切韵》声调为：平声为横调舒收，上声为升调舒收，去声为降调舒收，入声为促收，且"我们知道每一声分为高低两种，清声母字归高的，浊声母字归低的。所以实在就有八声"，即平上去入各分阴阳。陆志韦（1963）通过观察反切的构造，推断同一韵母的字，清音浊音在声调上不完全相同，中古声调应该是四声八调，与现代吴语是很接近的。李荣（1952：152-153）提出"四声三调说"，即《切韵》有平上去入四个调类，但调位却只有三个：平、上各自成一类，去入是一类，去声和入声的不同是韵尾的不同，其证据包括：安南译音、龙州僮语汉语借字、广西徭歌及粤语、闽语、吴语等方言。邵荣芬（1982a：135-136）拟《切韵》四声为：平声为平调，中；上声为升调，高；去声为降调或降升调；入声为促调，这种推断的论据主要是：《文镜秘府论》所引《四声论》的记录；释神珙的《四声五音九弄反纽图·序》引《元和韵谱》的记录；安然的《悉昙藏》描述表信公所传日译汉音的声调；梵汉对音的材料。若将声调的研究成果拓宽，不限于《切韵》来看，可以发现各家的研究结论是存在一定差异的，例如梅祖麟（1970）、尉迟治平（1986）拟平声为低平调，丁邦新（2008）则拟平声为降调；丁邦新认为去声是降调，而尉迟治平则认为去声是曲折调。声调调值在现代汉语方言中纷繁复杂，对古汉语声调的考察自然更是艰难，有待后来者甚多。邵荣芬（1982a：136）也说道："上述的假定还是很初步的，而且入声的高低甚至根本无从说起，都还需要作进一步的研究。"

（四）《切韵》音系性质研究

对《切韵》音系性质的看法主要有"综合音系说"和"单一音系说"两种观点。若追溯源流，这两种说法均古已有之：20世纪以前提出"单一音系说"的，如李涪的《刊误》[1]、阎若璩编撰的《尚书古文疏证》[2]等，持"综合音系说"的，如江永的《古韵标准》[3]、段玉裁的《六书音均表》[4]等。进入20世纪，这两种说法都得到了展开，学界在五六十年代

---

[1] 李涪在《刊误》中云："然（《切韵》）吴音乖舛，不亦甚乎？上声为去，去声为上。"详见（唐）李涪：《刊误》，载（唐）苏鹗撰，吴企明点校《苏氏演义（外三种）》，中华书局，2012，第250页。

[2] 阎若璩在《尚书古文疏证》中云："洛下为天下之中，南北音词，于此取正。永嘉南渡，洛中君子，多在金陵，故音词之正，天下惟有金陵、洛下也。然金陵杂吴语，其音轻；洛下染北音，其音浊。当法言定韵之夕，如薛道衡，北人也；颜之推，南人也。当时已自参合南北而后定之，故韵非南音也。"详见（清）阎若璩撰，黄怀信、吕翊欣校点：《尚书古文疏证（附：古文尚书冤词）》（上），上海古籍出版社，2013，第267页。

[3] 江永在《古韵标准·例言》中云："韵书流传至今者，虽非原本，其大致自是周颙、沈约、陆法言之旧……皆杂合五方之音，剖析毫厘，审定音切，细寻脉络，曲有条理。其源自先儒经传子史音切诸书来。"详见（清）江永：《古韵标准》，中华书局，1982，第6页。

[4] 段玉裁在《六书音均表》中云："法言二百六部，综周、秦、汉、魏至齐、梁所积而成典型，源流正变，包括贯通。长孙讷言谓为'酌古沿今，无以加者'，可称法言素臣。"详见（清）段玉裁：《六书音韵表》，中华书局，1983，第14页。

曾对此有热烈的讨论。

1. "综合音系说"

此种说法又可细分为两类：一是主张《切韵》综合古今南北语音。章太炎《国故论衡·音理论》指出："不悟《广韵》所包，兼有古今方国之音，非并时同地得有声势二百六种也。"（章太炎，2017：23）罗常培（1928，1999）、何九盈（1961）、陈新雄（1979）、王力（1981，1985）、史存直（1985）等均主张此种说法，其间又略有区别。例如，罗常培（1928：55）说："《切韵》则欲网罗古今南北的声音，兼蓄并包，使无遗漏"，并在《厦门音系》中申明为"最小公倍数"："《切韵》系韵书兼赅古今南北方音，想用全国方音的最小公倍数作为统一国音的标准。"（罗常培，1999：75）何九盈（1961：10）表明"我们是古今南北杂凑论者"，但"我们说《切韵》是古今南北杂凑，并不是说陆法言曾把古今南北，分作四股，各占四分之一，然后拼凑起来，主要是说它不是以洛阳活方言音系为基础，不是一时一地之音……《切韵》音系就地点来看，主要反映的是当年黄河流域一带，其次是长江流域一带的语音"（何九盈，1961：17）。王力（1981：67）则说："《切韵》的语音系统是以一个方言的语音系统为基础（可能是洛阳话），同时照顾古音系统的混合物。"二是主张《切韵》综合南北方音。黄淬伯（1957，1959，1962）认为《切韵》是综合中古时期南北方言音系的结果；潘文国（1986：91）在"综合体系"的基础上提出《切韵》是一个"总和体系"，两者的区别"在于前者认为综合的结果是一个音类系统，而后者却认为是一个音值系统。按照总和体系，'综合'的结果就是被综合材料的不同音值相加之和"。虽然存在细微区别，但上述两类说法本质上是相同的，即认为《切韵》不是一时一地之音，其音系性质并不单纯，包含着许多异质成分。

2. "单一音系说"

20世纪以前的"单一音系说"主要讨论《切韵》是否为"吴音"。20世纪的"单一音系说"主要有"长安音""洛阳音""读书音"等几种说法。

主张"长安音说"的代表学者，有高本汉、马伯乐、周法高、葛毅卿等。高本汉（1940）提出《切韵》是"长安音"的说法，并在《中上古汉语音韵纲要》中说道："《切韵》语言在唐朝曾作为一种共通语传遍了中国国土上所有重要的城镇。"(高本汉，1987：9)马伯乐（2005）也认为《切韵》是代表长安方言的。周法高（1948c）发现玄应音系与《切韵》相同者多，相异者甚少，由于玄应以长安方言注音，可见《切韵》反映的是长安音。葛毅卿（2003）将《切韵》与《玄应音义》《韵镜》《韵诠》等多种文献进行比照，指出《切韵》韵类是隋时长安韵系。陈寅恪（1949）认为"洛阳音说"更符合史实。陈氏钩稽史料，据文献所载指出，"然则自史实言之，《切韵》所悬之标准音，乃东晋南渡以前，洛阳京畿旧音之系统，而非杨隋开皇仁寿之世长安都城行用之方言也"（陈寅恪，1949：16-17）。周法高（1984）赞同陈寅恪的观点。后来王显（1961，1962）、邵荣芬（1961，1982a）继承了"洛阳音说"，同时又有发展，如邵荣芬（1961，1982a）认为《切韵》是一个活方言音系，它是以洛阳语音为基础的，同时吸收了别的方言（主要是金陵话）的成分。黄典诚（1994）基本上也是"洛阳音说"的支持者，但他认为"《切韵》音系是历史悠久的洛阳官音移植到金陵后由文读系统和白读系统交相为用构成的"（黄典诚，1994：185）。"长安音说"与"洛阳音说"，实质上是相同的，只不过把具体的音系换了一个地方。赵振铎（1962）、周祖谟（1963）提出了"读书音说"，其中周祖谟的说法影响最大：《切韵》是一部极有系统而且审音从严的韵书，它的音系不是单纯以某一地行用的方言为准，而是根据南方士大夫如颜、萧等人所承用的雅言、书音，折衷南北的异同而定的""这个音系可以说就是六世纪文学语言的语音系统"（周祖谟，1963：70）。李新魁（1991）、潘悟云（2000）等均赞同周祖谟的说法，张玉来和徐明轩（1991）以"存雅求正"描述《切韵》音系性质，也暗合周祖谟的观点。周祖谟（1963）不仅宣告20世纪五六十年代大陆地区《切韵》音系性质大讨论告一段落，其重要性更在于摆脱了具体某一个方言的论点，同时指出《切韵》虽然经过人为操作，但其内部是一致的，"所以研究汉语语音的发展，以《切韵》作为六世纪音的代表，是完全可以的"（周祖谟，1963：70）。

三、20世纪《切韵》系韵书资料整理研究

韵书资料的整理及研究，是研究韵书音系的基础工作。随着一系列中古罕见韵书（或韵书残卷）的发现，自20世纪初王国维、魏建功等人开始，中古韵书的校勘整理、体系源流研究等诸多工作均全面展开，取得了一系列丰硕成果。

（一）作者及成书年代

关于《切韵》的作者，文献资料中有陆词、陆慈、陆法言[①]三种说法。清代毛奇龄对此已有讨论。王国维认为"陆慈"即"陆词"，"法言"是字："惟新旧《志》并有陆慈《切韵》五卷，日本源顺《倭名类聚》引《陆词切韵》五十四条，又日本僧瑞信《净土三部经音义》引《陆词切韵》十六条"，"日本狩谷望之《倭名钞笺》谓陆词即法言。案：词与法言名字相应，又以唐写残韵与彼土所引陆词《切韵》校之，半相符合，则狩谷之言殆信"（王国维，2003b：175）。陈垣（1936：83）则说："因法言《切韵》自序，法言之名凡三见，序称法言，何以书题慈撰？或以《倭名类聚抄》所引有陆词《切韵》，'词'与'言'正相应，但法言弟名正言，见《元和姓纂》，'词'与'法'并不相应。则'以字行'一节，亦推想之词，须俟其他确证。"陈氏考证陆法言系鲜卑步六孤氏，非吴地陆氏。丁山（1928）推测陆法言约生于北周武帝保定二年（562年），至于籍里，其考订的结果与陈垣相符，姓名考订结论则与王国维相符。黄典诚（1994）罗列史料，述陆法言先世原籍代北，世居北方，并据 P.2129 残卷和全本《王韵》"陆词字法言撰《切韵》"可知"法言本名词，或以除名之故，故避词名而不用，遂以法言之字行"（黄典诚，1994：4）。

《切韵》纲纪讨论的时间，大致有"开皇元年""开皇二年""开皇五年""开皇六年""开皇九年"等说法。董作宾（1928a）列与《切韵》修纂有关的时间12条，其中：第一，开皇二年（582年）刘臻、颜之推等人论韵，陆法言时年约20；第二，开皇二十年（600年）陆法言除名归里，开始修集《切韵》；第三，仁寿元年（601年）《切韵》成书。李于平（李荣）（1957）认为《切韵》纲纪讨论时间上限是开皇元年，下限在开皇五年（585年）九月以前，书成于仁寿元年。王显（1984）则通过考察刘臻、颜之推等人的官衔，将其与《切韵序》中的称呼相比较，推断《切韵》纲纪的论定是在开皇九年（589年）四月十七日前后，后来又在王显（1997）中重申此说。平山久雄（1990）虽然没指明讨论时间，但认为《切韵》编纂的是陆爽"就韵书的分韵等'声

[①]《五音集韵》作"陆词《切韵》"。两《唐书》均作："陆慈《切韵》五卷"。《广韵》作"陆法言撰本"，《集韵》作"隋陆法言，唐李舟、孙愐各加衰撰"。

韵'问题，征求诸贤的意见，以备太子杨勇咨询"（平山久雄，1990：55），而陆爽从开皇元年就担任太子洗马。鲁国尧的《长安论韵开皇六年说》考索刘、颜诸人的行踪，认为论韵时间是开皇六年①。

至于《切韵》成书时间，分歧不大，有"仁寿元年""仁寿二年"两种说法。王国维指出："太子勇之废，在开皇二十年九月，次年改元仁寿。法言除名，当在是冬。"（王国维，2003b：175）《切韵序》作于仁寿二年，可知法言于开皇、仁寿年间开始撰《切韵》，成书于仁寿二年。丁山（1928）之说法也与王国维的说法相仿。董作宾（1928a）、李于平（李荣）（1957）则认为是仁寿元年。

（二）韵书体系的研究

《切韵》成书后，屡经增修，近代发现《切韵》传本（含残卷）多种，依据这些文献材料，以王国维、魏建功、姜亮夫、周祖谟为代表的学者，对韵书的体式演变及渊源进行了深入研究。体式演变研究，主要有魏建功（1932）分隋、唐以来韵书为四变：陆法言以前至法言为一变；法言以来至孙愐为一变；孙愐以来至敦煌刻本所据原书时为一变；敦煌刻本所据原书时至李舟《切韵》为一变。姜亮夫（1941）从分卷与总目、总计字数、韵间变化、纽数、反语、注释、字体等方面论述了《切韵》系韵书体式的演变。周祖谟（1983：11）"总述"指出，入唐以后的韵书"大抵因承陆法言《切韵》，而又有所增益和变革。增益包括增字、增注，还有增加又音和异体字。变革包括改变体例韵次，改换反切用字和分韵加细"。对于韵书目次，则有王国维（2003c）、魏建功（1957）等的研究。

至于相关韵书的渊源、体式等内容的研究，著述颇多，大致来说有两个高潮：一是在《切韵》研究的"转型期"，相关文献在本期均得到考释。例如，关于唐写本《切韵》残卷（S.2071、S.2055、S.2683）等有王国维（2003b）、董作宾（1928b）、方国瑜（1931）等著述，关于王仁昫的《刊谬补缺切韵》有王国维（2003d）、方竑（1933）、厉鼎煃（1934）、蒋经邦（1934）、方国瑜（2003）等著述，关于《唐韵》及李舟的《切韵》则有王国维（2003e，2003f）

---

① 该文系1990年国际音韵学研讨会论文，后作为鲁国尧（2021）的附录发表。

等著述。魏建功（1936）为本期讨论韵书体系的纲领性著作。姜亮夫（1955a）也可看作本期余波。

第二个高潮是《切韵》研究的深入期。本期最为突出的成就是周祖谟（1983）将现存中古30余种韵书资料进行分类，并分别加以考释，由于资料占有全面，相关结论也超越前人。叶键得的《〈十韵汇编〉研究》对《十韵汇编》所收韵书进行校勘、考释，并对各韵书年代、韵目等方面进行研究，是20世纪唯一一部研究韵书的通论性著作。姜亮夫的《瀛涯敦煌韵书卷子考释》排列隋唐时期的韵书，梳理其流变，并且将敦煌学与音韵学相结合考释文献，自成一家，该书与周祖谟的《唐五代韵书集存》可谓本期韵书研究的"双璧"。古德夫（1993）汇集作者多年来研究韵书的成果，比较《王三》与《广韵》《唐韵》等韵书的异同，以上探《切韵》，将韵书研究与音韵研究相结合。本期研究中古韵书体系的单篇论文，有尉迟治平（1998）、余逎永（1999a，1999b）等的文章。

（三）韵书的校勘整理

最早进行中古韵书整理的著作是刘复、魏建功、罗常培等的《十韵汇编》，该书收录十种《切韵》系韵书：《切一》（S.2683）、《切二》（S.2055）、《切三》（S.2071）、法国巴黎国民图书馆藏《王一》及敦煌五代刊本《切韵》、唐兰摹写本《王二》、蒋藏本《唐韵》、德国柏林普鲁士学院藏写本韵书断片、《西域考古图谱》载韵书断片、《古逸丛书》覆宋本《大宋重修广韵》。该书每韵末附校勘记，即参酌泽存堂重刻宋本《广韵》、涵芬楼影印宋刊巾箱本《广韵》等韵书，证本书所收覆宋本《大宋重修广韵》之缺失，存正纠谬。

姜亮夫（1955a）收录韵书资料30种：P.2129卷抄本、P.2638卷抄本、P.2019卷抄本、P.2017卷摹本、巴黎未列号诸卷之戊摹本、S.2683卷摹本、巴黎未列号诸卷之乙摹本、TIVK75卷摹本、日本武内义雄、S.2071一卷摹本、S.2055卷摹本、巴黎未列号诸卷之甲摹本、《西域考古图谱》所载唐写韵书、P.2011卷摹本、P.2018卷摹本、P.2016卷摹本、VI21015卷摹本、P.2014卷摹本、P.2015卷摹本、P.5531卷摹本、巴黎未列号诸卷之丙摹本、TⅡD1a卷摹本、TⅡD1b卷摹本、TⅡD1c卷摹本、TⅡD1d卷摹本、巴黎未列号诸卷之丁摹本、P.2758 卷抄本、P.2717 卷抄本、S.512 卷抄本、P.2901 卷抄本。

周祖谟（1983）搜集中古韵书资料 39 种，并将 30 种中古韵书分作七类：第一，陆法言《切韵》的传写本，存残叶四种（P.3798、P.3695&3696、S.6187、S.2683&P.4917）、断片两种（《西域考古图谱》、列 TID）；第二，笺注本《切韵》三种（S.2071、S.2055、P.3693&3694&3696&S.6176）；第三，增训加字本《切韵》八种（S.5980、P.3799、P.2017、S.6013、S.6012、P.4746、S.6156、列 TДK75&TД70+71）；第四，王仁昫的《刊谬补缺切韵》三种（P.2129、P.2011、北京故宫博物院藏本）；第五，裴务齐正字本《刊谬补缺切韵》（故宫博物院旧藏）；第六，《唐韵》写本（孙愐《唐韵》序、P.2018、《唐韵》残卷蒋斧印本）；第七，五代本韵书六种（P.4879&2019、P.2638、P.2014&2015&2016&4747&5531、书残叶 P.2016 背面、列 TIL1015、列 TⅡD1a.b.c.d）。韵字摘抄和有关字母等韵的写本 9 种[S.6117、S.6329、P.2758、P.3016、P.2659、P.5006（《韵关辩清浊明镜》残卷）、S.0512、字母例字（北京图书馆藏）、P.2012（守温韵学残卷）]。这既包含了整理，又能体现韵书的体系传承。

在韵书校勘方面，葛信益自 1937 年起，发表了十几篇文章（含书评），从《广韵》体例入手，旁涉各种韵书残卷，对《广韵》的正文、注释、异读字、又音等问题进行讨论校勘，相关文章收入《广韵丛考》（葛信益，1993）。《广韵校本附校勘记》（周祖谟，1938）是 20 世纪第一部系统校勘《广韵》的专著，该书比较《广韵》各版本及相关韵书残卷的差异，参考段玉裁、王国维等人的校勘成果，又辅以中古音义文献，所得结论具有极高的学术价值。《唐写全本王仁昫刊谬补缺切韵校笺》是校勘《王三》的著作，该书因《王三》"既早且全"，"然此书虽为王氏所作，颇经后人改易，胥抄之误，犹其余事，分别言之，则有改之者，有增之者，有删之者"（龙宇纯，1968：1），该书是 20 世纪唯一一部系统校勘《王三》的著作。《互注校正宋本广韵》（余迺永，1974）（按，此书曾多次再版，书名多次更易）是校勘《广韵》的后出转精之作，该书以周祖谟的校本为基础，增缺补遗，并增加注音、纽数等内容，不仅便于阅读，更是研究《广韵》音系的著述。

第三节 20 世纪对中古音各阶段语音的研究

本节旨在梳理总结 20 世纪对中古音各阶段语音的研究。我们将中古音界定为魏晋至晚唐五代时期的汉语语音，理据是汉语音节结构的变迁：魏晋以上有复辅音声母，重纽、重韵等现象在中晚唐五代发生演变。当然这段时间内的语音也存在不同。就像难以划定方言与方言之间的边界一样，语音阶段也难以作出截然的划分。对于中古音的分期问题，学界已有众多阐述。我们不打算对这一问题进行过多的探讨，综合前人的研究，我们对中古音内部的划分大致是：第一段，魏晋——上古向中古的过渡；第二段，南北朝至盛唐——中古音的核心阶段；第三段，中唐至五代——中古音向近代音的过渡。

一、魏晋时期的语音研究

（一）诗文用韵的研究

《三国六朝支脂之二部东中二部演变总说》（王越，1933）是最早研究魏晋以来诗文用韵的论文。但罗常培和周祖谟（1958：3）称："据说是他所作三国六朝韵谱叙篇的一部分，篇幅很短，仅略述古韵支、脂、之三部和东、中两部在三国以后的流变。"丁邦新（1975：291）也说"只是一个简单的说明""贡献不大"。但王氏筚路蓝缕之功，不可磨灭。

《汉魏六朝韵谱》（于安澜，1936）是系统研究汉魏六朝韵部分合的开山之作。该书搜罗材料甚广，包括丁福保的《全汉三国晋南北朝诗》、严可均的《全上古三代秦汉三国六朝文》中的汉魏六朝辞赋，以及《古谣谚》《金石萃编》《金石续编》《八琼室金石补正》《淮南子》《春秋繁露》《急就篇》《太玄经》《法言》《世说新语》《文心雕龙》等书中的相关内容。其研究方法是：分作家摘录诗歌韵脚，标出《广韵》韵目，观各韵同用独用之势。书中虽有"韵部分合表"，分汉、魏、晋、宋、齐梁陈隋五个时期整理归纳了韵部，但"标目部居仍用广韵各目"（于安澜，1936：12），且与前文的总叙、后文的韵谱有若干龃龉之处。据暴拯群在"后记"中所言，"因汉魏六朝正处在由上古到中古的过渡时期，此书的宗旨在于显示出上古韵部系统到中古《切韵》系统的演化轨迹，互相押韵的字是属于同一韵部还是邻韵通押，并不重要，因而不另立韵部"（于安澜，1989：591）。该书韵谱将两汉至隋八百多年的时间分成三个阶段：两汉为一个阶段，魏晋宋为一个阶段，齐梁陈隋为一个阶段。

魏晋宋是语音变化最为剧烈的一段，因而内部又可划分为三期。根据"韵部分合表"，魏分韵部为35，其中12部是入声韵；晋分40，其中15部是入声韵；宋分38部，其中14部是入声韵。从汉到魏，韵部演变最大的特点是：①祭泰夬废霁队怪在两汉时同用不分，建安后祭霁渐与泰夬废分立，队怪亦与代合并，成三部之形势；②侯韵字不再与鱼虞模同用，改与尤幽合，萧韵字不再与尤幽同用，改与宵肴豪并；③咍韵字从之部分出，改与灰同用；④蒸登分立，职德分立；⑤药铎两部合为一部；⑥缉韵独用；⑦狎韵独用。从魏到晋，韵部演变有如下一些特点：①脂微齐皆灰五韵魏时同用，晋以后齐与皆灰渐趋与脂微分立；②寒桓删与山仙分离，山仙先合为一部，真谆臻与元魂痕分立，文欣独为一部；③覃谈盐分立；④曷末独用，月独用，没独用，屑薛合用。从晋到宋，又有如下一些变化：①东冬合为一部，屋沃合为一部；②月没同用；③叶帖洽同用。

丁邦新（1975）以严可均的《全上古三代秦汉三国六朝文》和丁福保的《全汉三国晋南北朝诗》中的诗歌韵文为研究材料，分析各韵字之间相互押韵的频次，将魏晋时期分为37韵部。在此基础上，作者结合李方桂的上古音体系和高本汉的中古音体系，给每一部包含的韵母构拟了音值，还进一步解释了从上古经两汉、魏晋、南北朝到中古的韵母演变，总结了若干语音演变的规则，这是其他文献都未曾涉及的。但该文也有一个较大的缺陷，即将魏晋合为一个时期考察。根据其他学者的研究，可以知道魏代与晋代的分韵也存在着不小的区别。该文在介绍韵部的时候也已经提到，魏时的真部到晋代又分出文部和魂部，魏时的质部到晋代又分出没部。前面所说的37部实是包括了文部、魂部和没部的晋代的韵部数。

王力的《汉语语音史》的第三章是讲魏晋南北朝音系的。他将魏晋与南北朝合为一个时期来讲，介绍了这一时期的声母、韵部和声调。其声母系统的名称和数目与先秦完全相同，只是音值稍有改变。其韵部系统是以"阳夏四谢"（谢灵运、谢惠连、谢庄、谢朓）的诗赋为主要依据，同时参考了同时代的韵文得到的。共分为四十二个韵部，并按照"承先启后"的原则给每一韵部拟测了音值。又将这一时期的韵部与汉代的韵部相比较，述其分合转移。其声调系统为平上去入四声，与《切韵》无异。作者认为直到东汉，汉语还是只有平上入而无去的，魏晋以后，四声始备。该部分对声母和声调的着墨并不多，结论所根据的也只是一些零散的材料。而韵部系统的划分，不论是阴阳入三分的情状，还是每一部所包含的广韵韵目，都呈整齐的对应形式（除了登/əŋ/德/ək/没有相应的阴声韵，鱼/ɔ/、宵/ou/没有相应的阳声韵和入声韵，唇音韵尾的韵部都没有相应的阴声韵）。这与作者坚持语音的系统性有关。但在材料不充分的情况下来谈系统性，多少有些臆测的成分。

　　周祖谟承续罗常培和周祖谟（1958）未竟之业，对魏晋南北朝时期的用韵现象进行了细致考索，汇集为《魏晋南北朝韵部之演变》（周祖谟，1996）。该书分魏晋南北朝为两个大的时期——魏晋宋包括北魏为一个时期，齐梁陈隋包括北齐北周为一个时期。其中魏晋宋内部又分为三个小的时段：三国时代、晋代和刘宋时代（包括北魏）。三国时期阳声韵的分类和两汉音还比较接近，而阴声韵和入声韵则相去较远，阴声韵分为之哈脂祭泰支歌鱼侯宵十部，阳声韵分为东冬阳庚蒸登真寒侵谈十部，入声韵分为屋沃药锡职德质屑曷缉合盍叶十三部，共三十三部。晋代分韵加细，阴声韵分为之哈脂皆祭泰支歌鱼侯宵十一部，阳声韵分为东冬阳庚蒸登真魂先寒侵覃谈盐十四部，入声韵分为屋沃药锡职德质没屑曷缉合盍叶十四部，共三十九部。晋代与三国时代的主要区别在于脂部分为脂皆两部，真部分为真魂两部，寒部分为寒先两部，侵部分为侵覃两部，谈部分为谈盐两部，又没韵独立成部，这样入声韵跟阳声韵的分类变得完全对应了。刘宋时期的韵部分类在数目上与晋代完全相同，但具体韵目有所改变，主要是东冬合为一部，屋沃合为一部，真部分为真文两部，质部分为质物两部，字类内容也与晋代颇有不同，韵部的类别已经跟《切韵》分韵的大类几乎完全相同了，而且属于《切韵》中同一韵的字很少有分别属于两个韵部的现象。周祖谟（1982）还谈及声调的问题。作者遍考魏晋南北朝时期的韵文，发现阴声韵各部都有上去声字，阳声韵各部除冬蒸两部无上声字和登部未见上去声字外，其他各部都有上去声字，这与《诗经》押韵中阳声韵不尽具备上去、两汉时期阳声韵除元部外上去声字都不多的现象有了很大的不同，因此作者认为四声字发展到魏晋以后才显著起来。

魏晋时期诗文押韵的情况很复杂，周祖谟（1996）认为有些现象也许是方音的问题。比如豫州沛国、青州齐国（河南东部与安徽北部）至祭泰有与入声质屑曷相押的现象；幽州、冀州（河北）支脂之三韵分别谨严；雍州（长安以西至甘肃东部）诗人有侵真通押的现象；扬州吴郡鱼、虞两韵字分用不混；益州犍为存在不同的入声韵尾一起押韵的现象；晋宋时期吴音之咍常见通押的现象；晋代东冬两部通押，也是值得注意的吴地方音现象等。

此外，简启贤（1995）通过充分考察爨碑用韵，获知晋宋时期爨人的若干方言特点，并将其与晋末诗文相比较，考察其与晋宋通语的差异，以及爨人方音存古现象。刘冬冰（2000）通过分析曹操的诗歌用韵，发现其诗韵间界限不分明，有跨部押韵的现象，在声调上亦有上平入三声混押，相同韵尾的入声韵也有通押现象。其"同用""独用"与上古、中古音系相比，也是从其合不从其分。因此用韵宽是曹操诗歌的显著特点。但同时也可以看出，三国时期的韵部系统的发展变化趋势。

（二）字书、韵书及音注材料研究

魏晋时期的字书、韵书及音注材料传世不多，但学者们钩沉辑佚，尤其是利用徐邈音切、《字林》《韵集》等文献，仍做出了许多具有重要学术价值的成果。

1. 徐邈音切的研究

刘诗孙（1942a，1942b）针对敦煌出土现藏于法国巴黎国家图书馆的唐写本《毛诗音》残卷，细为绁绎，疑其非徐邈一家之《毛诗音》，而是原本《经典释文》的一部分。《敦煌唐写本晋徐邈毛诗音考（续）》则逐个比较了《毛诗音》残卷反切与《广韵》之异同，考订《毛诗音》声类为"见、溪、群、疑；端、透、定、泥、知、彻、澄、娘；帮、滂、并、明、非、敷、奉、微；精、清、从、心、邪；照、庄、穿、初、床、神、审、山、禅；影、喻、于、晓、匣；来、日"四十一类，与陈澧考订、黄侃修正的《广韵》声类相同。

蒋希文（1984）通过反切系联、比证《广韵》，得到徐邈音声类共26类：其中轻重唇不分、端知不分、泥娘日不分，庄、初两组基本上可以从精、清两组分出，但崇、生两组和从、心两组分不开，但为整齐划一，庄、初也附写在精、清两纽之下，邪纽、俟纽、常纽不独立。蒋希文（1999：5-36）重新分析徐邈音切的声类，他指出端、透、定三类"一四等韵，被切字和反切上字都是端组字；二等韵，被切字相当于《切韵》《广韵》的知组字，反切上字也是端组字"，"在三等韵里，上古的端组字徐音正处于一种演变的阶段"（蒋希文，1999：12），而"徐邈反切系统庄组字，庄、生两纽已基本上形成两个独立的声类。初纽正在演变，崇纽的演变似乎还刚刚起步"（蒋希文，1999：16）。由此可得35声类，与上述26声类相比，不同点主要是：端组与知₂组不分，泥日有别，精组与庄组有别。蒋希文（1984，1999）整理的徐邈音切26声类和35声类如表3-17和表3-18所示。

表3-17　徐邈音切26声类

全清	次清	全浊	清	浊	次浊
甫类 p	芳类 p^h	扶类 b	—	—	亡类 m
丁类 t	勑类 t^h	直类 d	—	—	而类 n、以类 r、力类 l
子类 ts	七类 ts^h	在类 dz	息类 s	—	—
之类 tɕ	尺类 $tɕ^h$	食类 dʑ	式类 ɕ	—	—
古类 k	苦类 k^h	其类 g	呼类 x	胡类 ɣ	五类 ŋ、于类 j
影类 ∅	—	—	—	—	—

表3-18　徐邈音切35声类

全清	次清	全浊	清	浊	次浊
帮 p	滂 p^h	并 b	—	—	明 m
端（知₂）t	透（彻₂）t^h	定（澄₂）d	—	—	泥 n、来 l
（知）ʈ	（彻）$ʈ^h$	（澄）ɖ	—	—	日 ɲ
精 ts	清 ts^h	从 dz	心 s	邪 z	—
庄 tʂ	初 $tʂ^h$	崇 dʐ	生 ʂ	—	—
章 tɕ	昌 $tɕ^h$	常 dʑ	书 ɕ	船 ʑ	—
—	—	—	—	—	以 j
见 k	溪 k^h	群 g	晓 x	匣 ɣ	疑 ŋ
影 ∅	—	—	—	—	—

在韵母方面，蒋希文（1999）将其整理为 78 韵部：舒声韵 51 部（独韵 21 部，开合韵 30 部），入声 27 部（独韵 10 部，开合韵 17 部）。语音构拟如表 3-19 所示。

表 3-19　徐邈音切韵类表

摄	开合	一等	二等	三等 子	三等 丑	三等 寅	四等
果	开	歌 a	—				
	合	歌 ua	—				
假	开	—	麻 ra			麻 ja	
	合	—	麻 rua	—			
遇	合	侯 u 模 uo	—	—		虞 juo 鱼 io	
蟹	开	泰 ai 咍 ɐi	夬 (r) ai 佳 r(ɛ) i 皆 (r) ɐi	废 jɐi	—	祭 jai (jǎi)	齐 iei
	合	泰 uai 灰 uɐi	夬 (r) uai 佳 r(ɛ) ui 皆 (r) uɐi	废 juɐi		祭 iuai	齐 iuei
止	开	—	—	微 jɐi	之 jə	支 jei (jěi) 脂 i (ɪ)	—
	合	—	—	微 juɐi		支 juei (juěi) 脂 ui (uɪ)	
效	开	豪 au	肴 (r) au	—	—	宵 jeu (jěu)	萧 ieu
流	开	—	—	—	尤 iəu 幽 iəu	—	
咸	开	覃 am 谈 ɐm	咸 (r) am 衔 (r) ɐm			盐 jɐm (jěm)	添 iem
	合	ɐp	狎 (r) ap 洽 (r) ɐp			叶 jɐp	帖 iep
深	开					侵 jəm	
						缉 jəp	
山	开	寒 an	删 (r) an 山 (r) ɐn	元 jɐn		仙 jen (jěn)	先 ien
		曷 at	鎋 (r) at 黠 (r) ɐt	月 jɐt		薛 jet (jět)	屑 iet
	合	寒 uan	删 (r) uan	元 juɐn		仙 juen (juěn)	先 iuen
		曷 uat	鎋 (r) uat 黠 (r) uɐt	月 juɐt		薛 juet (juět)	屑 iuet
臻	开	—	—	文 jən		真 jen (jěn)	
						质 jet (jět)	
	合	魂 uən	—	文 juən		真 juen (juěn)	
		没 uət	—	物 juət		质 juet (juět)	—

续表

摄	开合	一等	二等	三等 子	三等 丑	三等 寅	四等
宕	开	唐 aŋ	—	—	阳 jaŋ	—	—
		唐 ak	—	—	阳 jak	—	—
	合	唐 uaŋ	—	—	阳 juaŋ	—	—
		唐 uak	—	—	阳 juak	—	—
曾	开	登 əŋ	—	—	蒸 jəŋ	—	—
		德 ək	—	—	职 jək	—	—
	合	—	—	—	职 juək	—	—
梗	开	—	耕 (r) ɛŋ	—	清 jeŋ	—	青 ieŋ
		—	陌 (r) ɛk 麦 (r) ɛk	陌 jɐk	昔 jek	—	锡 iek
	合	—	耕 (r) uŋ	—	清 jueŋ	—	青 iueŋ
		—	陌 (r) uɐk 麦 (r) uɐk	—	昔 juek	—	锡 iuek
通	合	东 uŋ 冬 oŋ	江 (r) uŋ	—	东 juŋ 钟 joŋ	—	—
		屋 uk 沃 ok	觉 (r) uk	—	烛 jok	—	—

徐邈音切所体现的魏晋时期的语音有以下四个特点。

1) 唇音不区分开合口

"徐音在开合韵里, 被切字和反切下字的开合关系是相当一致的。如果被切字是开口韵字, 反切下字也一定是开口韵字。如果被切字是合口韵字, 反切下字也一定是合口韵字……但这仅仅是指一般开合韵而言, 并不包括以唇音字作被切字或作反切下字的切语。徐音唇音字不分开、合。"(蒋希文, 1999: 177-178)

2) 等和介音

表 3-19 中显示徐邈音切系统一等韵无介音, 二等韵有 r 介音, 三等韵有 j 介音, 四等韵有 -i-介音。重点是二等字的介音问题。蒋希文利用徐音某些切语的又读和混切, 研究了二等韵还有没有 r 介音的问题。考察知、庄两类声母的分布情况, 发现三等韵的庄组字, 有很大比例(40%以上)是用来母字

作反切下字的，说明这些字由二等韵转入三等韵的时候，介音 r 色彩还没有完全消变，因此用反切下字的声首（l）来摹状还未消变的 r 音值。从韵文用韵也可以看到，在徐邈的时代，上古同部的一、二等字还常常一起押韵。说明一、二等字的主要元音仍然相同，同时也可以推知，上古用以区别一、二等字的介音也还存在。

3）重纽

蒋希文（1999）指出：重纽两类分别来自上古不同的韵部；重纽两类，舌齿音已完全合流，并和韵图列四等的喉牙唇音字联成一类（庄组字除外），庄组字和韵图列三等的喉牙唇音字联成一类。两类喉牙唇音字的反切下字有严格的区别；四等喉牙唇音字往往和上古同部的中古纯四等韵字混切或有又读，三等喉牙唇音字往往和上古同部的中古纯三等韵字混切或有又读。这也反映了两类唇牙喉音字上古有不同的来源，中古各有相近的读音；重纽两类是不同的两类韵母（按，意当是，重纽三四等的区别在元音，否定介音区别论）；在徐邈的反切系统里，重纽两类的反切下字有严格的区别；齐梁以后，在文献资料中，这种严格对立现象就再也不存在了。譬如，在原本《玉篇残卷》和《篆隶万象名义》的反切系统里，两类喉牙唇音字已无法区别。而《切韵》保存了两类喉牙唇音字，是"酌古"，有时竟用相同的字作两类喉牙唇音字的反切下字，这是"沿今"。

4）声调问题

徐邈音切分平上去入四声，现存的切语和《切韵》《广韵》声调不合者有80多条，大致可分为两类：第一类，反映了徐邈特有的读音。其基本来自古读或沿袭六朝旧读。第二类，反映了"四声别义"。其中《切韵》《广韵》平、上声字徐音转读为去声的占压倒性的优势，但还无法据此作出什么有意义的论断。作者还认为："古汉语以'四声别义'确为一种构词的手段。是上古汉语的一种发展。六朝以后，由于复音词和复合词大量涌现。词头、词尾的产生。而利用变音、变调作为一种构造新词的手段，才逐渐丧失了活力。"（蒋希文，1999：215）

2. 字书、韵书的研究

魏左校令李登的《声类》是迄今见诸史册的第一本韵书。晋代的吕忱、吕静兄弟，分别编著了字书《字林》和韵书《韵集》。这三本书现今都已亡佚，唯有少许辑佚内容可得见。

张清常从古人审辨音韵的知识的发展过程角度，试图解释《声类》的"以五声命字"是怎样一种情况。张清常（1993）认为古人对语音的认识与音乐有着密切的关系，从先秦时期开始就有以音律协名姓的现象，到了汉朝演变为"五音之家用口调名姓及字，用名正其字，口有张歙，声有外内以定五音宫商之实"（张清常，1993：237），而《声类》的"以五声命字"就是受了"五音之家"这种来自民间的、朴素的审音调字之法的影响发展而成的。高明（1980：248-266）根据《黄氏逸书考》（民国补刊本）所辑《声类》逸文，总结了李登的《声类》一书的几个特点。如《声类》的内容除标示字音外，还言及字形与字义，字形方面涉及古今不同、并时殊异，字义方面涉及释义、状貌、属地等，为后来的韵书树立了楷模。《声类》标音以反切为主，且皆称某某反，不称某某切，俱为后来的韵书所继承。又对30多条涉及字音的内容作了文献学和音韵学方面的考订。最后指出了黄奭所辑《声类》的不足之处。但黄氏所辑佚文的疏漏远不只文中所举，还有因错识佚文等导致辑佚内容失真的严重情况，高文据此得到的《声类》概貌实"不足为信"，所作的考订也是"无的放矢"。龙宇纯（1981）考辨了作者的年代、《声类》的体制等若干具有争议的问题，重新解读了文献中"清浊""宫羽""诸部"等词的含义，认为《声类》一书分调分韵，不依《说文》分部，其体例与陆氏《切韵》实无异致。殷正林（1983）认为，《声类》不是一部真正意义上的"韵书"，因其没有细明的音序，也不是为制作诗赋而设。其释文内容全面周详，并用反切法（汉以后产生的先进注音手段）注明字音，因而是一部旨在释义、兼释音读的"音义类"书；由于它兼释字形，又可以看作是一部综释形、音、义的字书。

吕静的《韵集》中可辑佚的内容甚少，学者对它的研究也不多。据《王仁昫刊谬补缺切韵》韵目小注，可知其已分别韵部。王国维（2014：186）指出吕静的《韵集》分部"可考者凡七部"。

学者对《字林》的研究也不多。最早研究《字林》音注的是日本学者坂井健一，其著作《魏晋南北朝字音研究：经典释文引音考》（坂井健一，1975）涉及了《字林》音、徐邈音、郭璞音等《经典释文》中的全部经师音注。他将经师的音注与《切韵》反切相比较,分类列出与《切韵》相异的音注,但并不就此分析每个经师音注的音系特点。故而,在分析《字林》音注时,他只是列出与《切韵》相异的音注,并指出《字林》音注中还存留有一些上古音的特色。

陆志韦(1963)曾对《字林》切语作过一番研究,认为《字林》的反切有如下一些特点:切上下字笔画简单;切上字规避二、四等;切上字-ŋ、-k多用,-n、-t少用,-m、-p几乎不用;合口字极少用,不用效摄字,止摄字常用,规避去声字;切下字规避次清,多用喉牙唇音字,有一、二、四等避浊浊搭配、三等避清清搭配的趋势;《字林》反切的特点基本上与《王三》反切和徐邈反切相同。

简启贤对《字林》音注作过较为全面系统的考察,于1996年和1998年分别发表了《吕忱〈字林〉的音注材料》《〈字林〉音注声类考》两篇文章,并于2003年出版了著作《〈字林〉音注研究》。该著作囊括了他对《字林》的全部研究成果,并对前期的某些观点有所订正,比如在《〈字林〉音注声类考》中,泥母与娘母合并,以母归入喉音;而在《〈字林〉音注研究》中,泥母与娘母分立,以母归为齿音。作者以任大椿、任兆麟、曾钊、陶方琦等前贤的辑佚成果为基础,音注来源涉及38种古籍,最终考订可资利用的音注材料745条。在研究方法上兼用比较法、系联法与统计法,尤以比较法为重。在考察声系时,将《字林》音注与《切韵》音系、上古音系以及与吕忱时代或地域相近的其他人的音系(比如东汉刘熙《释名》的音系、晋代郭璞音注的音系、晋代徐邈音注的音系、南朝梁顾野王原本《玉篇》的音系)相比较;在考察韵系时,比较对象涉及上古音、两汉音、魏晋通语音、魏晋齐鲁音、《切韵》音系以及吕静《韵集》的分韵情况,比较范围不可谓不广。研究结果认为,《字林》音系有37个声母,124个韵母,4个声调,如表3-20、表3-21所示。

表3-20 《字林》声母表

全清	次清	全浊	清	浊	次浊
帮 p	滂 p^h	并 b	—	—	明 m
端 t	透 t^h	定 d	—	—	泥 n、来 l

续表

全清	次清	全浊	清	浊	次浊
知 ṭ	彻 ṭʰ	澄 ḍ	—	—	娘 ṇ
精 ts	清 tsʰ	从 dz	心 s	邪 z	以 r
庄 tʃ	初 tʃʰ	崇 dʒ	生 ʃ	—	—
章 tɕ	昌 tɕʰ	船 dʑ	书 ɕ	禅 ʑ	日 nʑ
见 k	溪 kʰ	群 g	—	—	疑 ŋ
影 ʔ	晓 x	匣（云）ɣ	—	—	云（以）j

表 3-21 《字林》韵母表

韵部	韵母名称	拟音	韵部	韵母名称	拟音	韵部	韵母名称	拟音
之	之₃	jeï		佳开二	*rei	祭	祭（废）合三	*juai
	哈一	*ɐï		佳合二	*wei		霁四	*iai
哈	皆二	*rei		支开三B	*jěi、*jiěi	泰	泰开一	*ai
	哈二	*jɐï	支	支开三A	jei、jiei		泰合一	*uai
幽	侯一	ou		支合三	juěi		夬二	*rai
	尤（幽）三	jou		支合三A	*juei		德一	ək
	豪一	au		霁四	iei	职	麦二	rək
宵	肴二	rau		微三	jəi		职三	jək、jiək
	宵三	jau	脂	脂开三B	*jiěi		沃（觉）一	ok
	萧四	iau		脂开三A	jiei	觉	屋三	jok
	模一	o		脂合三B	*jiuěi		锡四	iok
鱼	鱼三	jo		脂合三A	*jiuei		屋一	uk
	虞三	juo		灰一	əi	屋	觉二	ruk
	歌开一	a	皆	皆二	rəi		烛三	juk
	戈合一	*ua		[霁]四	iəi		沃（铎）一	*akw
歌	麻二	ra	齐	齐三	*jɛi	药	觉二	*rakw
	麻合二	*wa		齐四	*iɛi		药三	*jakw
	麻开三	ja	祭	祭（怪）开三	*jai		[锡]四	*iakw

续表

韵部	韵母名称	拟音	韵部	韵母名称	拟音	韵部	韵母名称	拟音
铎	铎一	ak	叶	盍一	ap	魂	[痕]开一	ən
	陌（麦）二	rak		狎二	rap		魂合一	*uən
	药三	jak		洽二	riap		山二	rian
	陌[昔]三	jiak		[叶]（业[乏]）三	jap		元三	jan
锡	麦二	*rek		帖四	iap	元	仙开三B	*jiăn
	昔三	jiek	蒸	登一	əŋ		仙开三A	jian
	锡（昔）四	iek		耕二	*rəŋ		仙合三B	*jiuăn
质	质（栉）开三	jiət		蒸三	jəŋ、jiəŋ		仙合三A	*jiuan
	术合三	*jiuət	冬	[冬]一	oŋ		先四	ian
	迄开三	jət		东三	ioŋ	寒	寒开一	an
	[物]合三	*juət	东	东一	uŋ		桓合一	uan
没	没一	*uət		江二	ruŋ		删开二	ran
	[黠]二	riat		钟三	juŋ		删合二	*wan
月	月三	jat	阳	唐一	aŋ	侵	侵三	jəm
	薛三开	jiat		阳三	jaŋ	覃	覃一	*ɐm
	薛三合	*jiuat	耕	庚（耕）二	reŋ		谈一	am
	屑四	iat		[庚]三	*jeŋ		衔二	ram
曷	曷开一	at		清三	jieŋ	谈	咸二	riam
	末合一	uat		青四	ieŋ		盐（[严]凡）三	jam
	[鎋]开二	rat	真	真（臻）开三	jiən		添四	iam
	[鎋]合二	*wat		谆合三	*jiuən			
缉	缉三	jəp		欣开三	jən		—	
合	合一	*ɐp		文合三	*juən			

二、南北朝时期的语音研究

（一）《玉篇》及其他音注材料研究

《玉篇》三十卷，南朝梁顾野王撰，是继许慎的《说文》后一部重要的字典，也是我国最早的楷书字典。原本《玉篇》与《篆隶万象名义》有密切关系，据周祖谟（1935）的研究，《篆隶万象名义》实为原本《玉篇》之节注本，其中反切所表现的音系，与原本《玉篇》的音系相吻合。因此也有不少学者透过《篆隶万象名义》来考订《玉篇》的文本与音系，如立足于《篆隶万象名义》本体，试图从宏观上把握《篆隶万象名义》与《玉篇》的关系、《篆隶万象名义》内部前后两部分之间的关系，对确认《篆隶万象名义》材料的来源、《篆隶万象名义》的作者等问题都起到了一定的作用。相关研究见于周祖谟（1935，1966a）、欧阳国泰（1986，1987b）、朱声琦（1991，1992）、周祖庠（1995）、陈燕（2000）等。

周祖谟（1966a）根据《篆隶万象名义》所考订的《玉篇》音系为：声纽分三十九类，其中明微合一、泥娘合一、从邪合一、船禅合一，照穿床审二等与三等有别，见溪晓三母依洪细各分为二，而喻₃则合于匣母中；韵分五十二部，合四声而得一百七十八部。罗常培（1939）反对周氏匣于不分，认为《篆隶万象名义》中匣于两纽反切用字的混乱现象属于音近相通，匣母跟于母是洪细的不同。欧阳国泰（1986）考原本《玉篇》的声母系统为三十六类：唇音帮、滂、並、明、非、敷、奉，舌音端、透、定、知、彻、澄、章、昌、书、禅、泥、日、来，齿音精、清、心、邪、庄、初、崇、生，牙音见、溪、群、疑，喉音晓、匣、影、以。与周祖谟所订《玉篇》声类仅一处不同：见溪晓三母不依洪细各分为两类。其声母系统实与周氏无异。朱声琦（1991，1992）根据《玉篇》考订了照系三等声母和知系声母的产生，认为"照₃系声母在《玉篇》时代从端系中分化出来的现象已很多见，但《玉篇》时代还远没有完成这种分化"，"到唐守温创36声母时，正式列出照、穿、床、审、禅五母，表明这一分化基本完成，照系五母已完全独立"（朱声琦，1991：93）；而"知系声母的读音在汉魏间已开始萌动，逐渐从舌头音端系中分化出来。但是这种分化比起照系声母从端系中分化出来，相对来说要晚一些，分化的幅度也不及照₃。《玉篇》时代，照₃声母的读音已相当多见了，而隋唐知系字有不少这时尚未分化。大量的舌上音，是隋唐时代形成的"（朱声琦，1992：86）。朱声琦强调语音的演变落实到单个字的层面是渐进的，有一个量变的过程。这一看法并不误，但其结论及论证过程仍值得商榷。周祖庠（1995）整理了原本《玉篇》的音韵系统，认为原本《玉篇》中轻重唇已经分化，但明微两母未分，舌头舌上分化，见、溪两母反切上字分为两类，一二四等为一类，三等自为一类（这与上文所述周祖谟据《篆隶万象名义》考订的《玉篇》音系相同，但周祖谟认为牙音两类只是反切用字之分，音固不殊，周祖庠则觉得见、溪两母的三等字已经腭化成舌面塞音 c、cʰ，是一二四等见组的音位变体），从邪不分，船禅不分，庄组无俟母，匣云未分；脂之混用，真臻合韵，宵萧合韵；《玉篇》音系是一个以以金陵为代表的"吴语"为基础的通行于士大夫阶层的读书音。阎玉山（1990）将原本《玉篇》音系与《广韵》音系予以比较，发现在原本《玉篇》音系中，舌头、舌上音基本还没有分化，作者认为舌头、舌上音的分化是在 6 世纪中，从北往南逐渐进行的；《玉篇》中一些声母清浊混用，而且多以浊音代清音，说明南朝语音中多浊音；《玉篇》切语中邻韵混用的情况与同时期的诗人用韵基本相合，作者认为这种"混用"，大体反映了南朝语言中韵的分类情况，且可以在一定程度上证明《广韵》韵目下的"独用""同用"例是许敬宗"奏合而用"的结果，而他"奏合而用"的根据则是当时的口语语音；原本《玉篇》的语言特点和《切韵》差别较大，认为《切韵》是以吴音为标准的语音系统的说法不可信。

魏晋南北朝时期音义类的著作颇多，但少有全本传世。较为系统的有南朝宋裴松之的《三国志注》、南朝宋裴骃的《史记集解》、北朝北魏郦道元的《水经注》、南朝梁刘孝标的《世说新语注》等。这些文献中的注音材料是研究该时期语音特色的珍贵宝藏。但对这些音注材料所作的研究并不多。黄坤尧（1998）分析了今本《三国志注》录存的 85 条音义资料，通过与《广韵》逐字比较，发现其与《广韵》同音者 48 条，已占半数；有音韵差异者 13 条，主要特点是反切上字一二等不分、声调上去或见混乱，而韵部相对稳定。该文还认为"裴松之稍后于徐邈（344—397）、徐广（352—425）三二十年，审音谨慎保守，当可视作宋初的标准音"（黄坤尧，1998：129）。黄坤尧（1994）就《史记三家注读音通检》一稿辑录有关开合混切的材料并予以分析，认为"早期开口、合口本来就区别清楚，不容易相混；唐代以后因为唇音字的性质发生变化，于是才出现开合分韵而唇音字开合混切的问题"（黄坤尧，1994：123）。张永言（1992）例举了《水经注》中有关汉语语音演变和古代方音的一些史料，内容涉及轻重唇、浊音清化、舌音分化、日母的读音、舌尖声母腭化、入声韵尾失落、"阴/入""阳"对转、开合口相转、语音的"同化"与

"换位"等诸多问题。

(二) 诗文用韵的研究

十安澜(1936)分齐梁陈隋为51个韵部,其中15部为入声韵。与刘宋时期(共38部,14部为入声韵)相比,韵部的数量大大增加了。这一时期的分韵更加细密,很多刘宋时期同用的韵齐梁之后都分用了,比如寒桓与删分用,山仙先与元魂痕分用,东与冬钟与江分用,歌戈与麻分用,脂、微分用,支、佳分用,鱼、虞模分用,豪与肴与宵萧分用,皆与灰咍分用,泰、夬分用,黠韵独用,屋、沃烛、觉分作三部,叶帖、业乏各独为一部。也有个别刘宋分用而齐梁同用的现象:脂之同用,月没同用。齐梁之后韵部陡然增加的原因,该文并未说明。

王力(1936)一文依据《汉魏六朝百三名家集》中南北朝诗人的韵文作品,归纳出南北朝时期的韵类为54部(其中18部是入声韵),分别是支、歌、麻、鱼、虞、模、之、脂、微、齐、泰、皆、灰、萧、肴、豪、尤、蒸、登、东、钟、江、阳、庚、青、真、文、元、先、删、寒、侵、覃、谈、盐、严(举平以赅上去),入声有职、德、屋、烛、觉、药、陌、锡、质、物、月、屑、曷、缉、合、盍、叶、业。在研究方法上,该文以个人为研究的单位,找出个人用韵的情形以后,再看他们之间的共同点,由共同点的异同来划分时期。文章认为,"就用韵的变迁看来,南北朝可分为三个时期"(王力,1936:786):何承天至张融为第一期,大概代表着390—460年,即刘宋时期的语音;沈约至梁元帝为第二期,大概代表着460—520年,即刘宋末至萧梁初期的语音;庾信至隋炀帝为第三期,大概代表着520—590年,即梁陈时期的语音。总体上第一期的韵部较宽,第二、三期的韵部较严。第一期与第二期的差别较大,第二期与第三期的差别较小。该文还通过观察南北朝时期的韵部与《切韵》之间的异同,得出《切韵》的性质,大致是以南北朝的实际语音为标准的,其中也有一些韵部的分立是"论古今通塞"的结果,如萧与宵、尤与幽、庚与耕清等。王力的这篇文章,提出了一些很有影响力的观点,如"用韵的宽严,似乎是一时的风尚:《诗经》时代用韵严,汉魏晋宋用韵宽,齐梁陈隋用韵严,初唐用韵宽"(王力,1936:838),"我们发现时代对于用韵的影响大,而地域对于用韵的影响小"(王力,1936:789)。但毕竟研究中涉及的材料较少，研究的结论仍需要进一步验证。

又，王力（1985）"魏晋南北朝音系"一章论述了这一时期汉语语音的声韵调情况。具体内容上节已提及，此不赘述。该书得到的韵部与《南北朝诗人用韵考》相比少了12部，因其将歌麻、虞模、皆灰、萧肴豪、钟江、庚青、寒删、覃谈、烛觉、陌锡、合盍各合为一部，结果总42部，分别为之、支、歌、鱼、模、宵、幽、微、脂、灰、泰、祭、蒸、登、耕、阳、东、冬、文、真、魂、寒、仙、侵、严、覃、盐（举平以赅上去）、职、德、锡、铎、屋、沃、物、质、没、曷、薛、缉、业、合、叶。

周祖谟（1982）将齐梁陈隋时期的阴声韵分为脂、微、咍、皆、齐、泰、祭、支、佳、歌、麻、鱼、模、尤、豪、肴、萧17部，阳声韵分为东、钟、江、阳、庚、蒸、登、真、文、元、先、山、删、寒、侵、覃、谈、盐、严19部，入声韵分为屋、烛、觉、药、陌、职、德、质、物、月、屑、黠、镨、曷、缉、合、盍、叶、业19部，共55部。与魏晋宋时期相比，韵部更加细密。他指出，这一时期最大的特点是二等韵大部分独立成为一部，并且阳入相承的现象也变得更为明显——"凡阳声韵中两韵通用的，其相承的入声韵亦必通用"（周祖谟，1982：8）。

周祖谟（1996）认为，齐梁陈隋时期南北声韵的差别最大。这一情况在当时的一些学者文人如颜之推、陆德明等的论述中已有提及，但多是概说南北语言在音辞方面的差异，很少涉及语音的具体区别。因此周祖谟联系诗文作家的里贯分析押韵的特点，发现这一时期南北语音存在如下一些区别：①对脂、之两韵，南方文人除了沈约都合用不分，而北方有很多地区的作家仍分用不混，主要是河北幽冀以及黄河一带；②对鱼、虞两韵，南方多分用，北方多混用，但都有不少例外，周祖谟认为这是因为即使同是南方/北方人，文人押韵也随地区而异，而诗文作家因文变通也是常有的事；③江淮一带的诗人很多都有祭、屑相押的例子，这在北方不曾见；④江南人有不少药、觉相押的例子，北方则没有。南方作家的诗文押韵还有一些特殊的现象，比如真、侵合韵，庚、蒸合韵，江、阳合韵等。这都是因为在作者的实际语音中两韵的元音相近。这部分内容也以论文形式单独发表，见周祖谟（1997）。

何大安（1981：89）归纳南北朝诗文用韵，将当时韵部的发展分成两个时期、三个区段。第一期包括整个刘宋（420—479年）和北魏迁都洛阳以前的平城时期（439—493年）。第二期可分两区，在北方从北魏迁都洛阳（494年）一直到北齐亡（577年），是一个段落；南方则从齐高代宋（480年）到隋亡（618年），是另一个段落，北方的北周和统一前的隋，也在这个段落之内。何文详细区分了不同作者的年代、地域和用韵习惯，不仅归纳出了各个时段韵部的分合，更对韵部演变的内在音理作了相关探讨。正如其文题中所说，该文关注的是"演变"这一过程，是对南北朝时期语音动态的研究。

以上是系统考察南北朝音系的专著。还有许多学者致力于研究六朝时期个别韵部的演变、个别作者或个别作品的用韵。

罗常培（1931a）通过对六朝诗文用韵的研究，总结出六朝诗文鱼、虞合用韵字，制作出《六朝诗文鱼虞合用韵字表》（甲、乙），该字表考虑到地域，按音别、声纽将与鱼、虞通用与独用的字列举出来，并——标明出现的次数，为能够区分鱼、虞的方言区作了界定。他认为该方言区是太湖周围，以金陵为中心、北起彭城南迄余姚的范围之内。罗常培在文中列举了包括庾信、徐陵、江淹在内的数十位北方诗人来证明自己的观点。而潘悟云（1983）并不认同罗常培的观点。他认为罗常培在考虑诗人地域分布时仅根据史书所载的诗人郡望，而没有考证诗人的出生和成长的里居，因此考证的结论不可避免地失之偏颇（潘悟云，1983）。

李荣（1982）根据丁福保的《全汉三国晋南北朝诗》中的《全北周诗》和严可均校辑的《全上古三代秦汉三国六朝文》中的《全后周文》，以及《文苑英华》和庾集各种通行本，排比庾氏诗文用韵情况，制作出庾信诗文用韵一览表以及韵谱，说明《切韵》系统各韵在庾氏诗文里独用合用的情况。韵谱臻摄归魂、痕部归山摄，江、宕两摄合用归江摄不归宕摄；十六摄次第和每摄中韵的次第，除通摄在最后外，都和一览表同。韵谱分摄分四声排列，每一摄先举韵字，然后分韵列举庾氏用韵的实例。

叶桂郴（2000）说《陆机集》的用韵情况和以"阳夏四谢"为代表的魏晋语音的用韵情况有所不同，他认为《陆机集》的用韵具有从汉代到魏晋语音演变的中间过渡音的地位：鱼、模、虞已经分化，脂、微开始合流，幽部部分字入宵部，真、元两部大规模地分化合流，形成先仙和寒桓两部。通过系联，归纳出《陆机集》共使用376个韵段，28个韵部，其中阴声韵9个，阳声韵10个，入声韵9个。

丁治民（2000：45）指出于安澜的《汉魏六朝韵谱》存在"材料失收，文字失校、误认韵脚、韵段划分失当等"问题，并对《汉魏六朝韵谱》中的沈约韵谱进行补校。另外，丁治民（1998）提出研究沈约诗文用韵，旨在得出其用韵概况，以考察沈约用韵与《广韵》分部的关系。文中归纳出沈音共四十六部，阴声韵十七部，阳声韵十四部，入声韵十五部；与《广韵》相比较，发现二者之间的一些区别。李义活（2000）系统地考察了庾信诗中的用韵情况，以之与《广韵》相对照，考其韵部分合之异同，指出与《广韵》的差异。王力的《范晔刘勰用韵考》，根据范晔编撰的《后汉书》每卷最后的赞和刘勰的《文心雕龙》每篇后面的赞文，分析范晔、刘勰的用韵。另外，刘冬冰（1983）通过比较萧梁时期的诗文用韵与《广韵》同用、独用的关系以及《广韵》中的多音字在梁诗中作韵脚时的归属，发现梁诗用韵与《广韵》音系基本一致。并据此认为"《广韵》各韵的同用、独用，其实际语音根据可上溯至梁代"（刘冬冰，1983：70）。刘文的观察角度还是比较新颖的，但对材料的解释还不够有力，尤其对材料中不一致的地方，刘冬冰认为是上古音系在梁诗中的反映。此一观点需再斟酌。

（三）梵汉对音的研究

南北朝时期佛经翻译呈鼎盛状态，涌现出鸠摩罗什、昙无谶、菩提流志、佛陀扇多、昙摩流支、昙摩蜜多、慧严、慧观、求那跋陀罗等一大批佛经翻译家，成果也颇丰厚。

对两晋、十六国、南北朝的译音进行考察的主要有刘广和、施向东和储泰松三位学者。刘广和（2002b）收录了4篇梵汉对音文章专门探讨两晋语音，系统构拟了西晋和东晋的声母系统和韵母系统。刘广和（2002b：178-188）归纳西晋声母系统为34个，跟《切韵》相比，无邪母、娘母。刘广和（1999）指出西晋韵系处在汉朝音和隋唐音的过渡阶段，比汉朝音晚近，比隋唐音古老。刘广和（1996）讨论了根据对音所拟的韵部音值跟王力据韵文推测的韵部音值的差异，发现东晋韵母系统向隋唐音靠拢。刘广和（2000b）拟测东晋声母为36个，跟《切韵》声母大同小异，"大同"指接近《切韵》声母系统，"小异"表现在东晋语匣母分在三个声母而《切韵》是一个声母，东晋邪母不独立而《切韵》独立，某些字的归类有所不同。

施向东（2009：88-99）利用鸠摩罗什译音材料考订出后秦长安音声母系统和韵母系统。相关结论如表 3-22 和表 3-23 所示。

表 3-22　后秦长安音的声母系统

全清	次清	全浊	清	浊	次浊
帮非 p	滂敷 pʰ	並奉 b	—	—	明微 m
端 t	透 tʰ	定 d	—	—	泥娘 n，来 r[ɽ]
知 ṭ	彻 ṭʰ	澄 ḍ	—	—	
*精 ts	清 tsʰ	*从 dz	心 s	—	
*庄 tṣ	楚 tṣʰ	*崇 dẓ	山 ṣ	—	
章 tś	昌 tśʰ	禅 dź	书 ś	—	日 ñ，以 y[j]
见 k	溪 kʰ	群 g	—	—	疑 ŋ
影 ʔ	—	—	晓 h	匣 ɣ 云 ɣʷj	—

注：表中标注"*"的声母在对音材料中没有出现。

表 3-23　后秦长安音的韵母系统

阴声韵	阳（入）声韵：-n/-t		阳（入）声韵：-m/-p		阳（入）声韵：-ŋ/-k	
ɑ	ɑi	ɑn	ɑt	ɑm	ɑp	ɑŋ	ɑk
—	æi	æn	æt	am	ap	ɐŋ	ɐk
o	—	—	—	—	—	oŋ	ok
ə	əi	—	—	—	—	əŋ	ək
u		un	ut				
e	—	—	—	—	—	eŋ	ek
i		in	it	im	ip	—	—
ɔ							
au							

上述声母系统除了轻重唇不分，泥、娘无别之外，最显著的特点是：①来母的音值是 r[ɽ]。施向东（2009：93）指出来母可对音梵语 r、l，但在鸠摩罗什的对音中还常常用来对音卷舌音 ṭ，"这种情况说明，来纽字与 ṭ 组

卷舌音有明显的相似点。来纽无疑是流音，与 t̪组塞音方法绝不相同，能够相同的，只能是它们的发音部位和卷舌音色了。因此，来纽一定更接近 r，而不是 l"。②匣母和云母同属一组。在鸠摩罗什对音中，以母对音 y，云母对音 v，但有些匣母合口字也对音 v，这是因为匣母已经由上古 g 变向 γ，"而匣纽的合口 γʷ-，由于发音机理的缘故（撮唇动作势必减弱喉部的摩擦），γ 弱化而 w 强化，所以可以对译梵文的 v"。

上述韵母系统只是"大致的拟测"（施向东，2009：95），最直观的表现是阴阳入三分的格局，此外施向东（2009）还指出鸠摩罗什对音中有明显的 y 和 v 介音。

此外，储泰松（1995，1996，1998，1999）也讨论了两晋语音。其中，储泰松的《梵汉对音与中古音研究》最值得注意。该文针对 20 世纪初至今国内外学者梵汉对音研究中存在的各种缺陷，明确指出，用梵汉对音做中古音研究必须考虑所考证的古音的时代差异和地域性差异，对梵汉对音材料必须具体分析，只有对译音进行系统研究后才可作为构拟古音系统的参考，切忌把可能是校勘上的问题解释成汉语语音上的某种特殊现象，从而大大降低结论的可信性。该文对前修时贤运用梵汉对音所证各种中古音发明提出质疑，辨析验证，结论令人信服。

三、隋代语音研究

（一）音义文献的研究

1.《经典释文》的研究

作为中古音义文献的代表，无论是在文献校勘学领域，还是在音韵训诂学领域，《经典释文》都得到了充分研究。音韵学角度的研究又可分为《经典释文》陆德明音切和《经典释文》旧音两个体系。对于《经典释文》陆德明音切的性质，学界有"读书音""金陵音""长安音"三种说法。黄坤尧认为是"读书音"，他说："《释文》主要是描述一种读书音的系统，专门针对古书的注释；目的似不在表达一套完整的音系。"（转引自沈建民，2007：10）方孝岳（1979b）、蒋希文（1989）也持类似观点。林焘（1962）认为陆德明音切是以"金陵音"为基础，邵荣芬（1982b，1995）也持此看法，认为陆氏反切音系是当时南方的金陵音系。王力（1982a：135）还提出了"长安音"的看法："拿此书（按，指《经典释文》）的语音系统和《切韵》的语音系统相比较，足以证明《切韵》实兼古今方国之音，而《经典释文》则代表当时中国的普通话，可能就是长安音。"学界目前多数认为陆德明音切是"金陵音"。据邵荣芬（1995）的研究，《经典释文》语音系统的"声调系统也是平、上、去、入四声，与《广韵》完全相同"（邵荣芬，1995：229），声母系统和韵母系统则如表 3-24 和表 3-25 所示。

1）声母

表 3-24　《经典释文》声母表

全清	次清	全浊	清	浊	次浊
帮 p	滂 pʰ	並 b	—	—	明 m
精 ts	清 tsʰ	从（邪）dz	心 s	—	—
端（知）t	透（彻）tʰ	定（澄）	—	—	泥（娘）n、来 l
庄 tʃ	初 tʃʰ	崇（俟）dʒ	生 ʃ	—	—
章 tɕ	昌 tɕʰ	常（船）dʑ	书 ɕ	—	日 ȵ
见 k	溪 kʰ	群 g	—	—	疑 ŋ
影 ʔ	—	—	晓 x	匣 ɣ	以 ∅

根据表 3-24 的结果，《经典释文》音系的声母"较《广韵》少知、彻、澄、娘、邪、俟、船七母"（邵荣芬，1995：119），即舌头与舌上不分，从母与邪母不分，船母和禅母合并，俟母并入崇母。上述系统中存在分歧的主要有以下三点。

（1）端知组的分合。王力（1982a）也认为舌头舌上不分，沈建民（2007：39-41）指出《经典释文》端知互切的例子：①切下字多用来母、知组或重纽三等；②切上字只涉及"丁"字；③混切的例子中入声字比例较高，并且混切的用字带有因袭现象。因此，他认为《经典释文》中的端知组是分开的。

（2）船母与禅母、从母与邪母的分合。王力（1982a）同于邵荣芬的结论。寻仲臣和张文敏（1999）认为从邪分立。沈建民（2007）考察《经典释文》音切发现，陆德明首音中有大量船禅相混、从邪合并的例子，但是在又音中又能够明确船与禅、从与邪的区别,这是因为在陆德明心目中的标准音中,这两组声母是有区别的,但由于受自己方言的影响,他无法清晰地分辨。

(3)匣于的分合。王力(1982a)、黄笑山(1997)等都认为匣于合并。罗常培(1939)认为于ɣj是匣ɣ的细音,但"这个ɣj音不会保持长久,很快就会变成j的"(罗常培,1939:90),匣于两母不当合并。沈建民(2007)认为匣于正处于分化过程中。

2)韵母

若不计重纽,《经典释文》的韵母共有251个,具体如表3-25所示。

表3-25 《经典释文》韵母表

摄	开合	一等	二等	纯三等	普三等	重三等	重四等	四等
通	独	东 uŋ/k	—	—	东 iuŋ/k	—	—	—
		冬 oŋ/k	—	—	钟 ioŋ/k	—	—	—
江	独	—	江 ɔŋ/k	—	—	—	—	—
止	开	—	—	微 iəi	—	脂 i	脂 ji	—
	合	—	—	微 iuəi	—	脂 iui	脂 jui	—
遇	独	模 o	—	—	虞 io	—	—	—
					鱼 ɕio			
蟹	开	泰 ɑi	夬 ai	—	—	祭 iæi	祭 jæi	—
		咍 ɒi	皆 ɐi	—	废 iɐi	—	—	—
		—	佳 æ	—	—	—	—	齐 ɛi
	合	泰 uɑi	夬 uai	—	—	祭 iuæi	祭 juæi	—
		灰 uɒi	皆 uɐi	—	废 iuɐi	—	—	—
		—	佳 uæ	—	—	—	—	齐 uɛi
臻	开	痕 ən/t	—	—	—	真 ien/t	真 jen/t	—
	合	魂 uən/t	—	文 iuən/t	—	谆 iuen/t	谆 juen/t	—
山	开	寒 ɑn/t	删 ɐn/t	元 iɐi/t	—	仙 iæn/t	仙 jæn/t	先 ɛn/t
		—	山 æn/t	—	—	—	—	—
	合	桓 uɑn	删 uɐn/t	元 iuɐn/t	—	仙 iuæn/t	仙 juæn/t	先 uɛn/t
		—	山 uæn/t	—	—	—	—	—

续表

摄	开合	一等	二等	纯三等	普三等	重三等	重四等	四等
效	独	豪 au	肴 au	—	—	宵 iæu	宵 jæu	萧 εu
果	开	歌 a	—	—	—	—	—	—
	合	戈 ua	—	—	—	—	—	—
假	开	—	麻 a	—	麻 ia	—	—	—
	合	—	麻 ua	—	—	—	—	—
宕	开	唐 aŋ/k	—	—	阳 iaŋ/k	—	—	—
	合	唐 uaŋ/k	—	—	阳 iuaŋ/k	—	—	—
梗	开	—	庚 aŋ	—	清 iæŋ/k	—	—	青 εŋ/k
	合	—	庚 uaŋ	—	清 iuæŋ/k	—	—	青 uεŋ/k
曾	开	登 əŋ/k	—	—	蒸 ieŋ/k	—	—	—
	合	登 uəŋ/k	—	—	职 iuek	—	—	—
流	开							
深	独	—	—	—	—	侵 iem/p	侵 jem/p	—
咸	独	谈 am/p	衔 am/p	—	—	盐 iæm/p	盐 jæm/p	添 εm/p
		覃 ɒm/p	—	凡 iɐm/p	—	—	—	—

上述韵母系统的相关特点有：唇音不分开合；区分重纽三四等两类；东₃明母及尤韵分别变入东₁韵和侯韵；支、脂、之三韵系合并；入声合口鎋韵并入黠韵；庚₂、耕合流，庚₃、清合流；咸、衔韵系合并，严、凡韵系合并。《经典释文》韵母系统中值得注意的问题有以下两点。

（1）重纽现象。邵荣芬（1995：129）发现陆德明音切中重纽两类切下字存在混淆现象，但"我们知道《广韵》重纽两类的切下字也差不多都有混淆，其混淆比率也跟陆氏大致相近，不仅有很多超过了百分之十，甚至超过百分之二十的也不乏其例。《广韵》是有系统的韵书，尚且如此，对《释文》这样的零散注音要求似乎不应更严。据此，我们虽然不敢说陆德明的重纽都有分别，但说它们大多数有分别也许是不成问题的"。周祖谟（1940：47）通过又音如"岐，其宜反或祁支反"来论证《经典释文》中重纽有别。周法高（1952，1989）从重纽反切"类相关"理论着手，发现陆德明音切中重纽两类互不做反切上字。杨剑桥（1995）辑录《周易音义》《古文尚书音义》《毛诗音义》中的音切，指出陆德明音切中重纽是客观存在的，并且其中音切还可以反映出重纽两类之间的语音变动。黄坤尧（1997）认为陆德明的语言中能够辨识若干韵部中的重纽，其区别在于介音，但有的正向舌齿音过渡，有的则已完成过渡并进一步与四等合流。总体来说，学者们普遍认为《经典释文》陆德明音切能够区分重纽三四等。

（2）支、脂、之三韵系的分合。邵荣芬（1995）将止摄支、脂、之系联为一类，王力（1982a）更是将微与支、脂、之合并了。沈建民（2007）指出《经典释文》中有大量的又读现象，显示支、脂、之是存在差别的，这说明"陆德明在心目中根据当时的标准，认为支脂之三韵是有区别的。但由于当时实际语音中已有部分字相混，所以陆德明对某些字有时就不能辨别该归哪一韵，造成了部分字的混切"（沈建民，2007：77）。

2.《博雅音》的研究

曹宪的《博雅音》也是反映隋代语音的一份重要音义文献。赵振铎（1962）谈到了《博雅音》中"正音""手音""口音"的性质问题，认为"正音"就是规范化读音，"手音"是写出来的读音，"口音"则是实际读音。黄典诚（1986：81）认为《博雅音》"大体和《切韵》一样，都是契合金陵洛下两地的官音所凝成的较古的东京洛阳音的反映"。丁锋（1995：123）则认为"《博雅音》是梁陈隋之际扬州一带的语音实录，是由作为语言基础的口语音与其基础上的读书音共同构成的单一音系"。大岛正二（1984a，1984b，1985）认为《博雅音》是中古江都音的记录。《博雅音》的语音系统据丁锋（1995）的研究得出如下结论。

1）声母

声母共计 39 个，如表 3-26 所示。

表 3-26 《博雅音》声母表

全清	次清	全浊	清	浊	次浊
帮 p	滂 p^h	並 b	—	—	明 m
非 pf	敷 pf^h	奉 bv	—	—	
端 t	透 t^h	定 d	—	—	泥 n、来 l

续表

全清	次清	全浊	清	浊	次浊
知 t	彻 tʰ	澄 d	—	—	娘 ɳ
精 ts	清 tsʰ	从 dz	心 s	邪 z	—
庄 tʃ	初 tʃʰ	崇 dʒ	山 ʃ	—	—
章 tɕ	昌 tɕʰ	常 dʑ	书 ɕ	—	日 ȵ
见 k	溪 kʰ	群 g	晓 x	匣 ɣ	疑 ŋ
影 ʔ	—	—	—	—	云 w、以 ∅

《博雅音》的声母有三个突出特点：①轻重唇分化（明微除外）；②舌头舌上分化；③船禅合并。内中还存在精庄相混、泥娘日相混、从邪相混、清浊互切等现象。雷昌蛟（1996）得《博雅音》声类38类，唯从、邪不分与丁锋（1995）相异。

2）韵母

丁锋（1995）研究认为《博雅音》反映混、并两个韵系，混显示的是趋势，并则是韵类的稳定面貌。全书共有49类（计舒促78类）韵母混系统，78类（计舒促124类）韵母并系统，如表3-27所示。

表3-27 《博雅音》韵类表

摄	开合	一等	二等	三四等	
通	合	东₁（冬）	—	东₃（钟）	
江	开	江	—	—	
止	开	—	—	支脂之微（齐）（祭废）	
	合	—	—	支（脂）（微）（齐）（祭废）	
遇	合	模	—	虞	鱼
蟹	开	咍（泰）	佳夬（皆）	—	
	合	灰（泰）	佳夬（皆）	—	
臻	开	痕	—	真臻欣	
	合	魂	—	谆[真（文）]	

续表

摄	开合	一等	二等	三四等
山	开	寒	删（山）	元[仙（先）]
	合	桓	删山	元[仙（先）]
效	开	豪	肴	宵（萧）
果	开	歌	—	戈
	合	戈	—	戈
假	开	—	麻	麻
	合	—	麻	麻
宕	开	唐	—	阳
	合	唐	—	阳
梗	开	—	庚（耕）	庚（清）
	合	—	庚（耕）	庚（清）
曾	开	登	—	蒸
	合	登	—	蒸
流	开	—	—	尤幽（侯）
深	开	—	—	侵
咸	开	谈（覃）	咸衔	盐[严（添）]
	合	—	—	凡

注：表格依丁锋（1995）制作，括号内的是混系统，如东₁（冬）；不加括号则是并系统，如支开脂开之微开。

《博雅音》的韵类系统与《切韵》有一定区别，但是若将混系统破开，则与《切韵》相差不大，并且其内部也存在谨严的重纽对立，同于黄典诚（1986）的研究结果。

（二）诗文用韵的研究

李荣（1961，1962a，1962b）按十六摄排比隋代韵文的用韵情形，指出隋代用韵特点是：四声分押；异摄一般不互押；同摄相配的开合口互押；蟹效咸山四摄一等自押，重纽韵和四等押，元魂痕同用；果遇流臻宕曾通七摄，宕摄一三等同用，曾摄一三等独用为常，遇摄虞模同用例多，虞鱼同用例少，鱼虞模无同用例等。

麦耘（1999）利用李荣《隋韵谱》的材料，采用"数理统计法"计算"韵离合指数"和"辙离合指数"，得隋代韵文为28辙：歌、麻、模、咍、齐、支、微、豪、侯、覃、盐、侵、寒、仙、魂、唐、庚、登、东、合、叶、缉、薛、没、铎、陌、德、屋。并且还计算出每辙内部各韵之间的亲疏远近，各辙共通现象有：①三四等韵合并，如祭霁、仙（薛）先（屑）、清（昔）青（锡）；②二等韵与三四等韵较近；③重韵对立，如咍灰/泰、东₁（屋₁）/冬（沃）、覃（合）/谈（盍）、鱼/虞、支/脂/之等。

（三）对音译音的研究

利用对音译音材料研究隋代语音的代表性成果，是尉迟治平（1982，1984）将阇那崛多、阇那耶舍、耶舍崛多、达摩笈多四经师的梵汉对音材料进行整理，得周隋长安方音，其语音系统如下。

1. 声母

声母共有35个，如表3-28所示。

表3-28　周隋梵汉对音声母表

全清	次清	全浊	清	浊	次浊
见 k	溪 kʰ	群 g	晓匣开 x	—	疑 ŋ
端 t	透 tʰ	定 d	—	—	泥 n、来 l
知 ṭ	彻 ṭʰ	澄 ḍ	—	—	娘 ṇ
帮非 p	滂敷 pʰ	並奉 b	—	—	明微 m
精 ts	（清）tsʰ	（从）dz	心 s	邪 z	—
（庄）tʂ	初 tʂʰ	（崇）dʐ	生 ʂ	—	—
章 tɕ	昌 tɕʰ	船禅 dʑ	书 ɕ	—	日 ɲ
影 ʔ	—	—	—	—	喻三匣合 w、喻四 j

该声母系统的特点是：①全浊声母不送气；②轻重唇没有分化，帮组和非组都对译梵文双唇音；③舌头舌上分化，舌头音端组对译梵文舌尖前音，

舌上音知组对译梵文舌尖后音，且泥娘分立，不过泥母四等开始与娘母合流；④章组对译梵文舌面音，且船禅对音没有区别；⑤精组心母对译梵文舌尖擦音，推知精组为舌尖音；⑥庄组初、生母对译梵文舌尖后音，推知庄组为舌尖后音；⑦晓母和匣母开口对译梵文 h，匣母合口及喻₃对译梵文半元音 v，喻₄对译梵文 y；⑧无零声母。

2. 韵母

尉迟治平（1982）指出周隋长安方言的韵母系统，比较突出的特点有：①四等韵正处在从 e 向 ia 变化的过程中，并且 e 和 ia 可以自由变读；②山、臻摄入声韵收-t 尾，咸、深摄入声韵韵尾-p 已经失落，宕、江、曾、梗、通五摄入声韵收-k 尾，但-k 尾不太稳定，已经开始失落。具体情况如表 3-29 所示。

表 3-29　周隋梵汉对音韵母表

摄	开口				合口			
	一等	二等	三等	四等	一等	二等	三等	四等
果假	ɑ 歌	a 麻	ia 麻	—	uɑ 戈	ua （麻）	iuɑ 戈	—
蟹	ai 咍泰	ai 皆佳（夬）	iai 祭（废）	e 齐	uai 灰（泰）	uai （皆佳夬）	iuai （祭废）	uei （齐）
效	au 豪	au （肴）	iau 宵	eu （萧）	—	—	—	—
山	ɑn 寒	an 删山	ian 仙元	en 先	uan 桓	uan （删山）	iuan 仙元	uen （先）
咸	ɑm 覃谈	am 咸衔	iam 盐严	em 添	—	—	iuam 凡	—
宕江	ɑŋ 唐	aŋ 江	iaŋ 阳	—	uaŋ （唐）	—	iuaŋ （阳）	—
止	—	—	i 支脂之（微）	—	—	—	iui （支脂）微	—
臻	ən （痕）	—	in 真欣	—	un 魂	—	un 谆（臻）文	—

续表

摄	开口				合口			
	一等	二等	三等	四等	一等	二等	三等	四等
深	—	—	im 侵	—	—	—	—	—
曾梗	əŋ 登	əŋ 庚耕	iŋ 清蒸（庚）	eŋ 青	uəŋ （登）	uəŋ （庚耕）	uiŋ （清庚）	ueŋ （青）
遇	—	—	—	—	o 模	—	o 鱼虞	—
流	u 侯	—	u 尤	u 幽	—	—	—	—
通	—	—	—	—	uŋ 东冬	—	uŋ 东（钟）	—

3. 声调

尉迟治平（1984）发现周隋长安译音中：①平声字对译高调，上、去、入对译低调；②平声字读音较长，是个高平长调，去声字是个低降半长调；③上声只用来对译短元音，且响度大；④入声可对译低调，也可对译高调。尉迟治平最终得出周隋长安方音的声调特点是：平声 v:˥55、上声 v˦5、去声 v·˧˩31、入声 vʔ51。

四、初唐语音研究

（一）音义文献的研究

玄应《众经音义》（《玄应音义》）是初唐时期具有代表性的音义文献，研究起步最早也最为充分。周法高对《玄应音义》音系的研究最为深入。《玄应反切考》《从玄应音义考察唐初的语音》《玄应反切字表》《玄应反切再论》等是其研究《玄应音义》的代表作。王力的《玄应一切经音义反切考》也是专门讨论《玄应音义》语音体系的著作，而周法高（1989）、池田证寿（1982）、葛毅卿（2003）等也讨论到《玄应音义》的语音特点。下面以《玄应音义》为切入点，来介绍初唐音义文献的相关研究成果。根据周法高（1948c，1948e，

1984）研究的结果，《玄应音义》的语音系统如下。

1. 声母

周法高（1948c，1948e，1984）研究所得《玄应音义》声母系统，与《切韵》音系所差不大，同时期的颜师古的《汉书注》、李贤等的《后汉书注》、公孙罗的《文选音决》等也基本如此，基本还是《切韵》的格局。《玄应音义》的声母系统如表 3-30 所示。

表 3-30 《玄应音义》声母表

全清	次清	全浊	清	浊	次浊
帮 p	滂 p^h	并 b	—	—	明 m
非 pf	敷 pf^h	奉 bv	—	—	微 mv
端 t	透 t^h	定 d	—	—	泥 n、来 l
知 ṭ	彻 $ṭ^h$	澄 ḍ	—	—	娘 ṇ
精 ts	清 ts^h	从 dz	心 s	邪 z	—
庄 tṣ	初 $tṣ^h$	崇 dẓ	生 ṣ	—	—
章 tɕ	昌 $tɕ^h$	船 dʑ	书 ɕ	禅 ʑ	日 ɲ
见 k	溪 k^h	群 g	晓 x	匣 ɣ	疑 ŋ
影 ʔ	—	—	—	—	云 j、以 ∅

初唐音义文献所展示的声母系统可述者有以下两方面。

（1）关于唇音分化。《玄应音义》中轻重唇混用。王力（1980b）以为《玄应音义》中轻重唇尚未分化，周法高（1948c，1948e，1984）则指出《玄应音义》的轻唇音有独立的趋势。《汉书注》《后汉书注》《文选音决》等音义文献，据董忠司（1978）、钟兆华（1982）、欧阳宗书（1990）、黄富成（1991）、谢纪锋（1990）、孙玉文（1993a，1993b）、张洁（1999）、徐之明（1999b）等人的研究，轻唇音均有从重唇中分化出来的趋势，但是明、微的分化慢于其他唇音声母。当然，针对具体文献各家研究的结论还是存在一定差别的，如谢纪锋（1990）认为颜师古音切中仅非、敷、奉从帮、滂、并中分出，明、微二纽仍为一类，而董忠司（1978）、钟兆华（1982）等却以为轻唇音非、敷、奉、微已从重唇音中分出。

（2）从邪、船禅的分合。《玄应音义》《汉书注》中从邪、船禅有别。孙玉文（1993a）指出《后汉书注》中船禅合并为一个声母，从、邪也有合并趋向；张洁（1999）、徐之明（1999b）均发现《文选音决》中从邪、船禅是合一的。《文选音决》的作者公孙罗是南方人，其音注中从邪、船禅合一，与作者的方言或有关系。

2. 韵母

表 3-31 所列为周法高（1984）给出的《玄应音义》的韵母系统和拟音，其中拟音自然有值得商榷之处，但亦无碍以此为根据介绍初唐音义文献韵母系统的研究。

表 3-31 《玄应音义》韵母表

摄	外转				内转		摄
	一等	二等	三等	四等	一等	三等	
果假摄	歌 ɑ 戈 uɑ	麻₂ a,ua	戈₃ iɑ,iuɑ 麻₃ ia	—	模 uo	鱼 io 虞 iuo	遇摄
蟹摄	泰 ai,uai 咍 əi 灰 uəi	皆夬 ai,uai 佳 ɛi,uɛi	祭 iai,iuai 废 iɑi,iuɑi	齐 iei,iuei	—	支 ie,iue 脂之 iei,iuei 微 iəi,iuəi	止摄
效摄	豪 au	肴 au	宵 iau	萧 ieu	侯 əu	尤幽 iəu	流摄
咸摄	谈 am 覃 əm	咸衔 am	盐 iam 严凡 iɑm	添 iem	—	侵 iem	深摄
山摄	寒 an 桓 uan	删山 an,uan	仙 ian,iuan 元 iɑn,iuɑn	先 ien,iuen	痕 ən 魂 uən	真 ien 真谆 iuen 欣 iən 文 iuən	臻摄
宕梗摄	唐 aŋ,uaŋ	庚₂耕 aŋ,uaŋ	庚₃清 iaŋ,iuaŋ 阳 iɑŋ,iuɑŋ	青 ieŋ,iueŋ	登 əŋ,uəŋ	蒸 ieŋ,iuek	曾摄
江摄	—	江 ɔŋ	—	—	东₁冬 uoŋ	东₃ iuŋ 钟 iuoŋ	通摄

音义文献的韵母系统，比声母系统要更难确定，特别是音注数量较少的文献。另外，由于研究者主观的认识不同，同一部文献往往所得结论相差较大，下面择要点叙述。

（1）重韵分合。《切韵》的重韵在初唐音义文献中存在合并现象。周法高（1948e，1984）的结论显示一等重韵的东₁冬，二等重韵的皆夬、咸衔、删山、庚₂耕，三等重韵的严凡、庚₃清（重纽）、脂之、尤幽等均各自合并为一类。王力（1980b）合并的重韵更多，但与研究的方法有关，所得结论值得商榷。周法高（1984）列出董忠司（1978）所得《汉书注》韵系与《玄应音义》韵系的差别有：颜氏支脂之合并，谈覃合并，真合谆合并，庚₃清合并。钟兆华（1982）认为《汉书注》的韵类体系和《切韵》大同小异，仅真开臻、怪开夬开等少数韵类合并。谢纪锋（1990）列出《汉书注》与《切韵》在韵系方面的八点不同：真臻韵系无别；支脂之微相混；至祭、怪夬各相混；真欣相混；元先仙混淆；庚耕清青混淆；覃谈、咸衔、盐添各组相混；重纽无别。不过，谢纪锋（1990）忽视了《汉书注》内部的"又音"现象，所以他的结论还需进一步确认。孙玉文（1993b）总结《后汉书注》韵母为40部（入声独立则为63部），与《切韵》相比，除尤幽、欣与真谆臻外，其余同摄重韵合并，且三四等如宵萧、仙先也有合并现象。徐之明（1999a）整理《文选音决》韵母为51韵类，二等重韵怪夬、庚₂耕、咸衔合并，三等重韵脂之、真臻殷、尤幽、严凡合并，另有清青为一类。研究者判定韵类分合的标准不同，以至于出现上述种种差异，然而，初唐音义文献中二等重韵的合并现象尤其值得注意。

（2）重纽问题。周法高从《广韵重纽的研究》起，有多篇文章讨论中古重纽问题，《玄应音义》是其常用之素材。例如，周法高（1984）就指出《玄应音义》中重纽两类互不做反切上字，并且庚₃清也合乎重纽的特点。董忠司（1978）指出《切韵》重纽字在《汉书注》中：无论是唇音还是牙喉音，重纽三四等均可使用普通三等字作反切上字，但重纽三等四等从不互用；清韵系使用重纽四等作反切上字；普通三等韵若使用重纽韵字作反切上字，则多为重纽三等。孙玉文（1993b）发现重纽四等有与纯四等韵合并的现象。日本学者大岛正二（1981）同样分析了《汉书注》《后汉书注》中重纽字的反切结构特点，其结论与中国学者相差仿佛。就现有研究来说，初唐音义文献中的重纽格局与《切韵》是基本一致的，仅个别字的归属不同，不碍大局。

（二）诗文用韵的研究

初唐个体或群体对诗人用韵进行研究的，如李维一等（1982）、师为公和郭力（1987）。鲍明炜（1986，1990）、耿志坚（1987）系统研究了初唐时期的用韵情形，而尤以鲍明炜（1990）结论最为详尽。初唐古体诗和近体诗的韵部情况如表 3-32 所示。

表 3-32　初唐诗文韵部表

古体（阳声韵）	近体（阳声韵）	古体（阴声韵）	近体（阴声韵）
东（冬）	东	支脂之微	支脂之
钟（冬）	钟		微
江	江	灰咍（泰）	灰咍
阳唐	阳唐	皆佳（夬）	
庚耕清青	庚耕清	齐祭（废）	齐
	青	歌戈	歌戈
蒸登	蒸登	麻	麻
真谆臻殷	真谆	鱼	鱼
文	文		
元魂痕	元魂痕	虞模	虞模
先仙	先仙		
删山	删山	尤侯幽	尤侯幽
寒桓	寒桓		
侵	侵	豪	豪
覃谈	覃谈		
盐添		肴萧宵	萧宵（肴）
咸衔严凡			

若不区分入声韵，则初唐古体诗共计 27 部，近体诗共计 26 部。鲍明炜（1990）认为唐代诗文用韵以同摄通押为常，近体诗更为严格。跨摄通押的除作家习惯、时代风尚之外，语音的变化是主要原因，如流摄少数字押入遇摄，

遇摄少数字押入流摄。古体诗用韵中，江与通宕两摄关系密切，青与庚耕清之间有界限，山摄各韵之间有通押，鱼与虞模有通押，肴与萧宵有界限；无论是古体还是近体，脂之关系都很紧密。鲍明炜（1990）还比较了齐梁陈隋韵部和初唐诗文韵部的差别，发现从齐梁陈隋到初唐这段时间，蒸登、支脂之微、皆佳、齐祭、萧宵肴等几组韵都发生了变化。

（三）对音译音的研究

陆志韦、李荣、邵荣芬等学者在研究《切韵》音系时，就征引过初唐地婆诃罗、玄奘、菩提流志、实叉难陀、义净等名僧的存世梵汉对音资料。施向东（1983）全面搜集玄奘著作中的梵汉对音资料，其《玄奘译著中的梵汉对音和唐初中原方音》是研究初唐梵汉对音的代表作。李维琦（1988）也对玄奘译著中的对音现象进行过研究。柯蔚南（1991）、刘广和（2000a）对初唐义净的对音进行了整理。施向东（1983）研究玄奘对音的结论如下。

1. 声母

施向东（1983）研究玄奘对音得声母 31 个，如表 3-33 所示。

表 3-33 玄奘对音声母表

传统名称	不送气清音	送气清音	浊音	鼻音	擦音，边音，半元音
牙音	见 k[k]	溪 kh[kʻ]	群 g[g]	疑 ñ[ŋ]	—
正齿音三	照三 c[tɕ]	穿三 ch[tɕʻ]	禅 j[dʑ]	日 ñ[n]	审三 ś[ɕ]（神）[ʑ]
正齿音二	（照二）[tʂ]	穿二 kṣ[tʂʻ]	—	—	审二 ṣ[ʂ]
齿头音	（精）[ts]	清 ts[tsʻ]	（从）[dz]	—	心 s[s]
舌上音	知 ṭ[ṭ]	彻 ṭh[ṭʻ]	澄 ḍ[ḍ]	娘 ṇ[ɳ]	—
舌头音	端 t[t]	透 th[tʻ]	定 d[d]	泥 n[n]	—
重唇音	帮 p[p]	滂 ph[pʻ]	并 b[b]	明 m[m]	—
轻唇音	（非）	（敷）	奉 v[v]	（微）	—
喉音	影 [ʔ]	—	—	—	晓、匣 h[h]喻四 y[j]（喻三）

以玄奘译音为代表，初唐梵汉对音声母特点除全浊声母不送气外，还有

以下四个特点。

（1）神与禅有别，玄奘只用禅纽对译梵文 j，可证禅纽为塞擦音。刘广和（2000a）指出义净对音中也只用禅纽对译梵文 j。

（2）泥与娘有别，日母为 ɲ。玄奘多用泥纽对译梵文 n，用娘纽对译梵文 ṇ。日纽对译梵文 ñ、jñ，故而日组是 ɲ。义净对音与此相同。

（3）匣纽清化，影纽不是零声母。玄奘用晓匣两纽对译梵文辅音 h，影纽对译元音开头的音节，但无影₃与喻₄相混的现象，故影纽拟作ʔ。义净晓、匣对音同于玄奘，影纽对音元音开头的音节，且用"遏路""曷啰"对音 r-，影纽似匣纽，拟作辅音ʔ（刘广和，2000a：47）。

（4）轻重唇分化，特别是玄奘将旧译轻唇音，改作重唇音体现这一现象，如 puruṣa 旧译"富楼沙"，玄奘译"补卢沙"。义净对音也有轻重唇分化的体现，刘广和（2000a：47）拟非（敷）为 pf，帮为 p，滂为 pʰ。

2. 韵母系统

玄奘对音的韵母系统如表 3-34 所示。

表 3-34　玄奘对音韵母表

尾音	元音						
	ɒ		a		e	i	u.o.ə
无韵尾	歌[ɒ] 戈[wɒ]	歌[jɒ] （戈[jwɒ]）	麻佳[a] （[wa]）	麻[ja]	齐[e] （[we]）	支脂之[i] 支脂微[ɹi] （支脂[wi]） （支脂微[ɹwi]）	模[u] 虞[ju] 鱼[jo]
n	寒[ɒn] 桓[wɒn]	元[jɒn] （[ɹwɒn]）	（山）删[an] （[wan]）	仙 [jan]、[ɹan] （[jwan]） （[ɹwan]）	先[en] （[wen]）	真[in] 真（臻）殷[ɹi] （谆[win][ɹwin]）	魂[un] 痕[on]	文[ɹun]
ŋ	唐[ɒŋ] （[wɒŋ]）	阳[jɒŋ] （[jwɒŋ]）	庚耕[aŋ] （[waŋ]）	清[jaŋ] 庚[ɹaŋ] （[jwaŋ]） （[ɹwaŋ]）	青[eŋ] （[weŋ]）	—	东[uŋ] （冬[oŋ]）	东[juŋ] 钟[joŋ]

续表

尾音	元音							
	ɒ		a		e	i	u.o.ə	
m	谈覃 [ɒm]	严凡 [mɑɾ]	咸衔 [am]	盐 [jam]、[ɹam]	添[em]	侵[im]、[ɹim]	—	—
u	豪 [ɒu]	—	(肴[au])	宵 [jau]、[ɹau]	(萧[eu])	—	侯[ou]	尤[jou] (幽 [jɹeu])
i	哈泰 [ɒi] 灰泰 [wɒɾ]	废 [ɒi] [ɹwɒɾ]	(夬)皆 [ai] (夬) [wai]	祭 [jai]、([ɹai] ([jwai]、 [ɹwai])	—	—	—	—
ŋ	江[ɔŋ]				登[əŋ]、(wəŋ)、蒸[jeŋ]			

以玄奘译音为代表的梵汉对音所展示的初唐韵母主要有以下四个特点。

（1）阴声韵、阳声韵和入声韵三分，并且入声韵尾有弱化现象。在义净的对音中，刘广和（2000a：49-50）因宕曾摄对音混用 n、ñ、ŋ尾，暂定其韵尾为鼻摩擦音ỹ，梗摄韵尾对音 ñ，入声韵尾-p/-t/-k 分立。

（2）有两类腭介音。三等韵带有[j]介音。重纽三等字对译梵文带 r 的音节，对译带-y-介音的音节用重纽四等字，重纽三等介音近乎是与 r 相似的 ɹ，重纽四等是 j。刘广和指出义净对音显示普通三等韵与重纽四等有 j 介音，重纽三等有 r 介音。

（3）各等元音音色存在差异，同等重韵如谈覃、哈（灰）泰、严凡、佳麻、山删、庚耕、咸衔、皆夬、支脂之微、真臻殷等合并。殷文、痕魂主要元音不同，并非开合韵。

（4）玄奘对音的四等韵的主要元音是 e。

3. 声调

玄奘译音中没有提供声调的线索，施向东（1983）依据《切韵序》《悉昙藏》等资料，拟平声为高长调、去声是低长调、上声是中升短调、入声是中降短调。刘广和（2000a：55）分析义净对音的音高、音长、升降等，指出义净"平声是高降调,上声是高平(或高升)调,入声是中降调,去声是低平调"。

五、盛唐语音研究

(一)音义文献的研究

盛唐时期的音义文献很多,经学界系统整理研究过的有:何超的《晋书音义》(大岛正二,1981;邵荣芬,1981)、张参的《五经文字》(邵荣芬,1964;石磊,2000)、司马贞的《史记索隐》(大岛正二,1981;游尚功,1988,1991;黄坤尧,1994)、张守节的《史记正义》(大岛正二,1981;龙异腾,1994;游尚功,1995;黄坤尧,1987,1994)、慧苑的《华严经音义》(邵荣芬,1963;储泰松,2005)、云公的《大般涅槃经音义》(储泰松,2005)等。但是盛唐音义文献音注数量普遍较少,在反映具体的语音现象上不及《经典释文》和《玄应音义》。因此,下面按照相关语音现象的研究,来介绍盛唐音义文献的研究。

1. 声母

(1)唇音。本期多数文献都有轻重唇分化的记录,如《五经文字》(邵荣芬,1964;石磊,2000)、《华严经音义》(储泰松,2005)、《大般涅槃经音义》(储泰松,2005)、《史记索隐》(游尚功,1988)、《史记正义》(龙异腾,1994)中轻重唇分化。潘悟云(1984)曾以《五经文字》和《慧琳音义》的反切为依据,认为8世纪70年代的长安方言就已经发生轻唇化,而邵荣芬(1981)却考订出《晋书音义》轻重唇不分,这或许与音注的存古性质不同有关。

(2)舌音。所有音义文献都记录了舌头舌上分化的现象。

(3)船母与禅母。音义文献的记录存在差别,《晋书音义》中船、禅仅有三个混切,不至合并,《五经文字》《华严经音义》《大般涅槃经音义》中船、禅有别,而《史记索隐》《史记正义》中船、禅合为一类。

(4)匣于。所有音义文献都是匣、于分开的。

除上述内容外,石磊(2000)认为《五经文字》还记录了浊音清化现象。

综合上述,盛唐时期的声母系统,与《切韵》相比最重要的特点是轻重唇分化，船禅似也显现出合流的迹象。

2. 韵母

（1）一等重韵。《晋书音义》中东₁冬、咍泰开、覃谈合并；《华严经音义》和《大般涅槃经音义》中东₁冬、灰咍泰、覃谈等合并；《五经文字》中东₁冬（入声为主）、覃谈合并；《史记正义》中东₁冬合并。

（2）二等重韵。《晋书音义》皆夬开口、山删合并，庚₂耕、咸衔等有别；《华严经音义》和《大般涅槃经音义》皆佳夬、删山、庚₂耕、咸衔合并（咸衔还与覃谈合并）；《五经文字》皆佳（佳合口仅部分字）、佳麻合二（佳皆合口部分字）、山删（开口）、庚₂耕、咸衔合并。

（3）三等重韵。《晋书音义》支开脂开之、鱼虞、真（臻）殷、盐严凡合并；《五经文字》支脂之微（部分字）、尤幽、仙重纽三等元、仙重纽四等先合并。《华严经音义》和《大般涅槃经音义》支脂之微、鱼虞、真谆臻文殷等合并。

（4）三等韵与纯四等韵。《五经文字》仙重纽四等先、宵重纽四等萧、清青、盐添合并；《华严经音义》和《大般涅槃经音义》元仙先、宵萧、清青、盐添严凡合并。

（5）重纽。盛唐时期的汉语仍存在重纽区别，大岛正二（1981）、游尚功和廖廷章（1994）、游尚功（1995）、龙异腾（1994）、储泰松（2005）等均有说明，但与《切韵》相比已有区别。例如：《切韵》重纽在《晋书音义》中，只在少数几个韵里还保持着区别；《五经文字》中的重纽三等韵多与普通三等韵合并，重纽四等韵多与纯四等韵合并。

如果将盛唐音义文献与初唐音义文献的韵母特征相比，可以发现，本期音义文献中二等重韵合并较初唐普遍，一等重韵及三等重韵合并的现象增多，并且重纽对立格局发生了变化。

3. 声调

最重要的是"全浊上声变去声"，《五经文字》《史记索隐》《史记正义》中都有反映。

（二）诗文用韵的研究

张世禄的《杜甫诗的韵系》是较早研究盛唐诗韵的文章，鲍明炜（1957）

与乃师之作可谓研究个体诗人用韵的"双璧"。金恩柱（1999a，1999b）、储泰松（2005）等的著作都是涉及研究盛唐诗文的著作，孙捷和尉迟治平（2001）比较全面地整理了盛唐的诗歌用韵情形，整理盛唐诗文韵部为26部，如表3-35所示。

表3-35 盛唐诗文韵部表

阴声韵		阳声韵		入声韵	
韵部	《广韵》来源	韵部	《广韵》来源	韵部	《广韵》来源
歌戈部	歌、戈	东钟部	东、冬、钟	屋烛部	屋、沃、烛
麻邪部	麻	蒸登部	蒸、登	职德部	职、德
鱼模部	鱼、虞、模	阳唐部	江、阳、唐	药铎部	觉、药、铎
尤侯部	尤、侯、幽	庚青部	庚、耕、清、青	陌锡部	陌、麦、昔、锡
支微部	支、脂、之、微	侵寻部	侵	缉立部	缉
齐祭部	齐、祭、废	覃谈部	覃、谈	合盍部	合、盍
灰咍部	佳、皆、灰、咍、泰、夬	盐咸部	盐、添、咸、衔、严、凡	叶洽部	叶、帖、洽、狎、业、乏
萧豪部	萧、宵、肴、豪	真文部	真、谆、臻、文、欣、魂、痕、元	质物部	质、术、栉、物、迄、没
		寒先部	寒、桓、删、山、先、仙	末屑部	曷、末、黠、鎋、屑、薛、月

孙捷和尉迟治平（2001：91）指出："盛唐诗歌用韵，以各韵部内独用同用为主，约占诗韵数据库一万多韵例的98%，韵部间的通押韵例只有180条左右。"储泰松（2005：207）的研究结果表明，初唐和盛唐以后关中诗人的用韵差别如表3-36所示。

表3-36 初唐和盛唐以后关中诗人用韵对比

时期	遇摄		蟹摄		效摄		
初唐	鱼	虞模	灰咍泰	皆佳夬	萧宵	肴	豪
盛唐以后	鱼模		咍佳		萧豪		

当然，各家诗韵研究的结果不尽相同，但是盛唐诗文用韵比初唐诗文用

韵要宽得多。

（三）对音译音的研究

马伯乐（2005）已利用到盛唐不空的梵汉对音材料，刘广和（1984，1987，1991，1993，2000a）的多篇文章系统研究了不空的梵汉对音，储泰松（2005）用到了盛唐善无畏、金刚智等人的梵汉对音。以刘广和所整理的不空对音为代表，盛唐梵汉对音的情形如下所示。

1. 声母

不空对音的声母系统如表3-37所示。

表3-37 不空对音声母表

全清	次清	全浊	次浊	清	浊
见 k	溪 k^h	群 g^h	疑 ŋ	—	—
端 t	透 t^h	定 d^h	泥 nh、来 l	—	—
知 ṭ	彻 $ṭ^h$	澄 ḍ	娘 nḍ	—	—
精 ts	清 ts^h	从 dz^h	—	心 s	（邪 z）
（庄 tṣ）	初 $tṣ^h$	（床 $dẓ^h$）	—	山 ṣ	
章 tś	昌 $tś^h$	禅 $dź^h$	日 ndz	书 ś	（船 ź）
帮 p	滂 p^h	並 b^h	明 mb		
非 pf	（敷 pf）	奉微 bv	—		
影 ʔ	—	—	喻四 j	晓匣 x	（喻三 ɣ）

盛唐时期对音的声母系统与隋、初唐时期的有两点明显的区别。

（1）全浊声母读作送气音。马伯乐（2005：29-30）说："在7世纪，全浊音都被看作是不送气的，人们添加注释为的是要重现梵文的送气音；而在8世纪，全浊音都被看作是送气的，人们添加注释为的是要特别重现梵文的不送气音。"刘广和（1984：46）也说："他大量用全浊字对送气浊音，又不加标记，合乎逻辑的理解就是长安音全浊声母送气。"很显然，就梵汉对音的情形来说，全浊声母从隋、初唐发展到盛唐，已由不送气音变为送气音。

（2）鼻音声母有浊塞音成素。盛唐不空的对音材料中，汉文鼻音字既对音梵文鼻辅音，也对音浊塞音，储泰松（2005）在同期其他对音材料中也发现了这种现象。据此拟鼻音明、日、泥、娘、疑等带有同部位的塞音，这也是盛唐对音与前期对音的不同之处。

2. 韵母

不空对音的韵母系统如表 3-38 所示。

表 3-38　不空对音韵母表

韵	音值	韵	音值	韵	音值
歌	a	豪	au	山鎋 删黠	an/at uan/uat
麻	a/ua/ja	肴	au		
支 脂 之 微	(i) ji/jui	宵 萧	jæu	仙薛 元月 先屑	jæn/jæt juæn/juæt
		侵缉	im/ip um		
哈 灰 泰	ai/uai	覃合 谈盍	am/ap	唐铎 阳药	aɣ̃/uaɣ̃/ak/uak jaɣ̃/juaɣ̃/jak/juak
皆 佳 夬	ai/uai	咸洽 衔狎 凡乏	am/ap	庚₂陌₂ 耕麦	æŋ/æk uæŋ/uæk
				庚₃陌₃	jæŋ/juæŋ/jæk/juæk
祭 废 齐	jei/juei	盐叶 严业 添帖	jæm/jæp	清昔 青锡	jeĩ/jek jueĩ/juek
模	u	真质	(in) jin/jit	登德	əŋ/ueŋ/ək/uək
虞	ju	欣迄		蒸职	jeŋ/jueŋ/jek/juek
鱼	jɤ	谆术	juin/juit	东₁屋₁ 冬沃	uŋ/uk
侯	əu	文物	jun/jut		
尤 幽	jəu	痕没	ən/ət	东₃屋₃ 钟烛	juŋ/juk
		文没	uən/uət		
		寒曷	an/at		
		桓末	uan/uat		

以不空译音为代表的盛唐对音韵母系统特点，据刘广和（1987，1991）有以下三点。

（1）阴、阳、入三分。入声韵尾弱化，阳声韵尾局部消变，如宕摄韵尾是不稳定的，梗摄清青韵对音与齐韵有共同点。

（2）重韵合流，三四等韵合流。三四等韵合流的元音可能是四等韵裂化出介音 i。

（3）存在重纽对立。从对音上看，重纽三等和庄组字可归一类，四等和章组、精组（四等）能归一类。但重纽对立受到三四等韵的简并逐渐取消对立，"消除对立的过程可能是重纽四等先进入一般三等韵，重纽三等由于介音 r>i 也卷入潮流"（刘广和，1991：35）。

3. 声调

不空对音中：①上声去声高，平声低；②去声平声长，上声比较短，入声最短；③平声有阴阳的区别，其他声调没有。刘广和（1991）拟声调调值为：阴平 31、阳平 13、上声 55、去声 52、入声 43〔调值系根据刘广和（1991）的调值图改写为五度标记〕。

从已有研究可以发现，《切韵》的音系基本上能够代表南北朝至初唐时期的语音系统，到盛唐时期无论是音义文献、诗文用韵还是梵汉对音，都呈现出与《切韵》不同的面貌，盛唐应该是中古音内部演变的一个转折点，将其看作至中晚唐语音的过渡是没有太大问题的。

六、中唐至五代语音研究

自 755 年安史之乱至 979 年宋太宗消灭北汉政权，中唐至五代历时 200 余年。这一时期政权割据，战乱频仍，人口迁徙频繁，民族融合加剧，在一定程度上加快了语言的演变步伐。中唐至五代时期是汉语语音发展史上的重要节点之一，该时期上承《切韵》音系，下启宋元以来的近代语音，正处于由中古音向近代音过渡的中古后期。而中唐至五代也有众多音韵文献资料传世供以研究，如：汉藏对音和日译汉音等对音译音材料，音义文献，诗文用韵材料以及韵书残卷、韵图等材料。

（一）对音译音研究

反映中唐至五代时期语音的对音译音材料，主要是汉藏对音和日译汉音。

1. 汉藏对音研究

日本学者羽田亨"是日本学者中较早注意敦煌藏汉对音资料并对汉藏对音进行转写的人，更值得推崇的是，他能有意确定对音《千字文》的性质及其与研究唐代西北方音的关系"（李无未，2011：387）。以羽田氏为代表的日本学者虽有开创之功，但"他们不是零零碎碎的引用，就是缺乏历史的起点跟切近的参证；好像还没有一个人能够穷源竟委的利用这一批可靠的材料把它所代表的方音系统给拟测出来"（罗常培，1933：2）。此后，罗常培（1933）、金山正好（1940）、大岛正二（1967）、高田时雄（1988）、卢顺点（1990）、龚煌城（1997）等人都对中唐至五代时期的汉藏对音资料进行了研究。尤以羽田亨（1923）、罗常培（1933）和高田时雄（1988）的研究成果最具代表性。

罗常培（1933）根据敦煌汉藏对音《千字文》残卷、藏文译音《金刚般若波罗蜜经》残卷、藏文译音《阿弥陀经》残卷、汉藏对音《大乘中宗见解》等几种写本和《唐蕃会盟碑》里的汉藏对音及《开蒙要训》写本里的汉字注音，采用列表与文字相结合的方式，详细描述了其中的语音现象，并同《切韵》比较去推溯它们的渊源。

1）声母

罗常培（1933）用归纳法概括了8—10世纪西北方音的6组29类声母，具体如表3-39所示。

表3-39 罗常培的《唐五代西北方音》的声母系统

发音部位	不送气清音	送气清音	全浊音	清擦音	鼻音、边音、半元音类		
唇音	p 帮	pʰ 滂非敷奉（千、大）並（大）	b 並奉帮（千、大）微（大）	—	'b 明微	m 明（在 -n、-ŋ 前）	
舌音	t 端	tʰ 透定（大）	d 定端（千、大）	—	'd 泥	n 泥（在 -ŋ、-m 前）	l 来

续表

发音部位	不送气清音	送气清音	全浊音	清擦音	鼻音、边音、半元音类		
齿音	c 照知	cʰ 穿彻澄（大）床（千，一个字）	j 澄照（千，大）知（千，大）	ç 审禅床	—	ź 日	'j 娘
	ts 精	tsʰ 清从（大）	dz 从精（千，大）	s 心邪	—	—	—
舌根音	k 见	kʰ 溪群（大）	g 群见（千，大）	—	'g 疑	—	—
喉音	·影	—	—	h 晓匣	'w 喻三合 喻四合（千，两个字）	—	y 喻三开 喻四开合

上述声母反映出的特点有七：①轻唇音"非敷奉"大多与滂母同音；②明母在-n 或-ŋ 尾韵前读 m，其余的为'b，泥母在-m 或-ŋ 尾韵前读 n，其余为'd；③舌上音混入正齿音；④正齿音的二、三等不分；⑤床大部分由禅变审，但澄却变成照的全浊；⑥禅、邪、匣等浊母分别清化为审、心、晓；⑦y 化（即 j 化）的声母并不专以三等为限。

2）韵母

罗常培（1933）认为唐五代西北方音的韵母共 23 摄 55 韵，如表 3-40 所示。

表 3-40 罗常培的《唐五代西北方音》的韵母系统

摄	藏音所代表之方音韵母及中古音类		
a 摄第一	a 韵	ya 韵	wa 韵
	歌，戈唇音，麻开二，佳	麻开三	戈，麻合二
o 摄第二	o 韵	yo 韵	uo 韵
	模，唐阳（千）	阳（千）	模（千）
e 摄第三	e 韵	ye 韵	we 韵
	皆祭齐开（大，阿），庚清青开（千）	齐庚清青开（千）	齐合，庚青合（千）

续表

摄	藏音所代表之方音韵母及中古音类		
i 摄第四	i 韵	—	wi 韵
	支脂之开，微，鱼半	—	支脂微合
u 摄第五	—	yu 韵	u 韵
	—	尤，侯（大，金）	虞，鱼半，模侯尤唇音，支脂微合
ai 摄第六	ai 韵	—	wai 韵
	咍*泰开（千），灰唇音（千）	—	灰泰合（千）
ei 摄第七	ei 韵	—	wei 韵
	皆祭开（千，金），咍泰开（金）	—	皆祭合（千，*金），灰泰合（金）
au 摄第八	au 韵	yau 韵	—
	豪肴宵半（千），侯上（千）	宵萧（千）	—
eu 摄第九	eu 韵	yeu 韵	—
	豪肴宵萧，侯尤（千）	宵（千）	—
am 摄第十	am 韵	yam 韵	—
	覃谈咸衔凡	盐添*严	—
im 摄第十一	—	im 韵	—
	—	侵	—
an 摄第十二	an 韵	yan 韵	wan 韵
	寒山删开，桓元唇，仙正齿音	仙，先开	桓删元仙合
in 摄第十三	on 韵	in 韵	un 韵
	魂谆半	痕真欣	魂谆半
ang 摄第十四	ang 韵	yang 韵	wang 韵
	江（千），唐阳（阿，金）	阳（大，阿，金）	江唐阳（阿，金）
eng 摄第十五	eng 韵	yeng 韵	—
	登蒸（除千字文外皆变 ing），庚清青（大，阿，金）	清青（大，金）	—

续表

摄	藏音所代表之方音韵母及中古音类		
	ong 韵	yong 韵	wong 韵
ong摄第十六	东₁，冬，阳(大)	阳(大)	唐合(大)
	—	—	ung 韵
			东₃，钟
ab摄第十七	ab 韵	yab 韵	—
	合狎乏	叶帖业	
ib摄第十八	—	ib 韵	
	—	缉	
ar摄第十九	ar 韵	yar 韵	war 韵
	曷末，黠薛开，月合屑音	薛屑开	末，月薛合
ir摄第二十	—	ir 韵	ur 韵
	—	质	没物术
ag摄第二十一	ag 韵	yag 韵	wag 韵
	铎药觉	药觉	烛(千)
eg摄第二十二	eg 韵	ig 韵	weg 韵
	德陌麦开(千)	职昔锡，德陌开(大，阿，金)	陌合(千)
og摄第二十三	og 韵	—	ug 韵
	屋₁，沃，德合，烛(大)	—	屋₃，德开屑音，烛(千，一个字)

其特点为：①一部分宕、梗摄字的鼻音韵尾-ŋ 开始消变；②大部分鱼韵字转入止摄；③通摄一、三等的元音不同；④同韵字往往受声母的影响变成不同的韵；⑤一等α元音及二等 a 元音在藏文写法上没有分别；⑥合口洪音同合口细音在藏文写法上没有区别；⑦入声尾-p、-t、-k 在藏文中分别写作-b、-r（或-d）、-g。

3）声调

在声调方面，根据《开蒙要训》中的音注，罗常培认为唐五代西北方音中的全浊跟次浊上声与去声合流。

《唐五代西北方音》是国内利用汉藏对音、译音的材料来系统地考察唐五代西北方音音系的第一部力作,在汉语语音史的研究中具有重要意义。但在罗常培所使用的对音材料中,"《唐蕃会盟碑》是唐王朝中央政府与吐蕃王朝会盟的文书,汉语这边的语音应该用共同语,不大可能用西北方音。真正属于西北方音的对音材料可能只有前四种"(耿振生,2004:282),因此使用《唐蕃会盟碑》中的对音资料来考求唐五代西北方音是否合适,仍值得商榷。

在《唐五代西北方音》问世半个世纪以后,日本学者高田时雄的《根据敦煌资料的汉语史研究——九、十世纪的河西方言》使用更为丰富的敦煌资料,进一步研究了唐代的西北方言。据李无未(2011:388)的介绍,高田时雄使用了三类材料:第一类汉藏对音材料,共计是 13 种,其中 7 种是罗常培等学者没有使用过的;第二类是哥特文字转写材料;第三类是《开蒙要训》《诸杂难字》等音注资料。利用这些材料,高田时雄讨论了唐五代西北方音的音韵问题和语法问题,其中"音韵方面的结论也与罗常培存在着不小的差别,被学术界公认为是现代学者研究唐五代西北方音方面继罗常培之后的'后出转精'之作,代表了当代学者应有的高水准"。

2. 日译汉音研究

学界一般认为,日译汉音中留存了隋唐时期的北方音或者长安、洛阳方言的语音特点,因此将其作为研究中唐至五代时期汉语语音面貌的又一种重要材料。大岛正健(1931)较早探讨了日译吴音和日译汉音问题,并在国内产生了不小的影响,但大岛氏研究的重点仍在于日译吴音和汉音的本体,与汉语音韵相涉不多。直到 20 世纪 80 年代以后,姚彝铭(1984)、史存直(1986)、晋学新(1986)、王吉尧和石定果(1986)、王吉尧(1987,2000)、金德平(1988)、李庆祥(1990)、陈鸿儒(1990)、吴圣雄(2000)等学者,才先后借助日译汉音来研究中唐至五代时期汉语的声母、韵母的特点和音值。

1)对声母的研究

(1)轻重唇音的分化。姚彝铭(1984)根据藤堂明保编的《汉和大字典》,并参考《笺注倭名类聚抄》《正仓院御藏旧钞本之汉音》以及与吴音、汉音有关的万叶假名资料,发现 8 世纪长安音中部分三等韵唇音的日译汉音有颚介音脱落的趋势,故判断当时轻重唇音已经分化。王吉尧(1987)持相似的观点,并进一步认为 8 世纪的长安音中的非敷奉母已经合流。陈鸿儒(1990)

也主张隋唐时期中国北方音中的唇音声母已经分化成轻重两类。

（2）浊音清化。姚彝铭（1984）、晋学新（1986）、史存直（1986）和王吉尧（1987）均注意到了日本汉音以清辅音对译汉语全浊声母的情况，他们推断，中唐至五代时期的北方音已经发生了浊音清化。

（3）庄、章组声母的分合。姚彝铭（1984）在比较《笺注倭名类聚抄》中的汉音和唐五代的西北方音后，认为至少到934年，《笺注倭名类聚抄》中庄、章组声母的阳韵字在汉音中仍有差别；王吉尧（1987）则主张庄、章组声母在中唐时期已经合流。他们的意见虽然不一致，但均承认庄、章组声母的混并是该时期汉语语音发展的趋势。

（4）部分声母音值的构拟。金德平（1988）借助日译汉音，将唐代长安话中日母音值构拟为 nz。

2）对韵母的研究

姚彝铭（1984）依藤堂明保所记的日译汉音，并对比汉藏对音的情况，认为8世纪长安方音中的曾摄比梗摄更接近通摄。史存直（1986）发现，日本译音大致和中古十六摄的类别相符。王吉尧和石定果（1986）则指出中古汉语中同摄的一二等韵在日译汉音中的主要元音没有区别。

（二）音义文献语音研究

中唐至五代时期存世音义文献颇多，其中慧琳的《一切经音义》是现存规模最大的佛典音义，是了解中古后期汉语语音结构的宝贵材料，黄淬伯（1930a，1930b，1931，1998）于此研究最早，着力尤甚，周法高（1948c）、上田正（1983，1987）、谢美龄（1990a，1990b）对慧琳音切的结构、音韵特征亦有阐述，徐时仪（1997，2000）、姚永铭（2000）曾述及慧琳音切的来源问题。另外，严学宭（1936，1943）、张世禄（1944b）、王力（1982b）、张慧美（1988，1989）等的著作曾对大小徐本《说文》进行研究。现以慧琳的《一切经音义》的语音系统为轴心，同时参校该时期的其他音义文献材料，阐述20世纪学界对中唐至五代时期音义文献语音研究的成果。

1. 声母系统

黄淬伯（1931）归纳出慧琳的《一切经音义》中的67个声类，经审音后合并为8组37类，如表3-41所示。

表 3-41　慧琳的《一切经音义》的声母系统

发音部位	全清	次清	全浊	清	浊	次浊
舌根音	古类：k A 古一、二 B 居三 C 经四	苦类：kʰ A 苦一、二 B 羌三 C 缺四	渠类：g B 渠	呼类：x A 呼一、二 B 虚三 C（虚四）	胡类：ɣ A 胡一、二 C 携四	吾类：ŋ A 吾一、二 B 鱼三 C 霓四
喉音	乌类：ʔ A 乌一、二 B 於三 C 伊四	韦类：ɣ、ø B 韦三 C 以四	—	—	—	—
舌面前音	陟类：ṭ B 陟	敕类：ṭʰ B 敕	直类：ḍ B 直	—	—	—
	之类：tɕ B 之	昌类：tɕʰ B 昌	时类：dʑ B 时	式类：ɕ B 式	—	而类：ȵ B 戎
舌尖音	都类：t A 都一、二 C 丁四	他类：tʰ A 他一、二 C 体四	徒类：d A 徒一、二 C 亭四	—	奴类：n A 奴一、二 B 女三 C 宁四	鲁类：l A 鲁一、二 B 力三 C 了四
舌尖后音	侧类：tʂ B 侧	楚类：tʂʰ B 楚	仕类：dʐ B 仕	所类：ʂ B 所	—	—
舌尖前音	祖类：ts A 祖一、二 C 子四	仓类：tsʰ A 仓一、二 C 七三、四	藏类：dz A 藏一、二 C 情四	桑类：s A 桑一、二 C 先四	循类：z C 循	—
双唇音	补类：p A 补一、二 B 彼三 C 必四	普类：pʰ A 普一、二 B 披三 C 匹四	蒲类：b A 蒲一、二 B 皮三 C 毗四	—	—	莫类：m A 莫一、二 B 眉三 C 迷四
唇齿音	方类：f B 方	—	扶类：v B 扶	—	—	武类：ɱ B 武

注：表中呼类之 C（虚四）依黄淬伯（1998）列出。按黄淬伯（1931：11）"按馨儇韱三字属四等，以其切上字多用三等字，故不能别出为类"的说法，则应当与呼类之 B 合并，故慧琳音切实际只有 67 声类。

以表 3-41 为依托，中唐至五代时期音义文献的声母特点据学者们的研究具有以下三点。

（1）轻重唇分化，非敷相混。黄淬伯（1931：32）指出慧琳音切系统中有一个典型的特点是"重唇之变为轻唇"，即轻重唇分化，且非母、奉母合为一类。严学宭（1936）整理大徐本《说文》音切发现，大徐音切声类与《广韵》相差不大，未见轻重唇分化现象。而朱翱时代《唐韵》已经通行，朱翱音切（即小徐本《说文》音切）不遵唐韵，对当时实际语音的反映更为明显，据严学宭（1943）、张世禄（1944b）、王力（1982b）的研究，其音系具有轻重唇音分化、非敷不分的特点。

（2）舌齿音声母的读音问题。从表3-41中可以看出，黄淬伯将端组和知组、庄组和精组声母合并，这与黄淬伯（1928）对《切韵》音系的看法有密切关系。此外，黄淬伯总结慧琳音切发现船、禅两母相混，张世禄（1944b）、王力（1982b）研究朱翱音切也得出了相同的结论。但在从邪、庄章组声母上，张世禄（1944b）、王力（1982b）存在很大差异，张慧美（1988，1989）对张世禄、王力两家声类划分的结果进行了评判，认为从、邪两母要依张世禄的意见分为两类，照组二、三等则应当依照王力，划分为两类。

（3）喉音声母的读音。黄淬伯（1931，1998）得出慧琳音切中喻₃归入匣母，张世禄（1944b）认为朱翱音切疑影两母的一二四等与三等各自相混，王力（1982b）则指出朱翱音切中匣、云、以混用。由此可见，喉音声母在中唐至五代时期存在合流现象。

2. 韵母系统

黄淬伯（1931，1998）系联慧琳的《一切经音义》反切下字，得平、上、去各37韵，入声21韵，共计132韵，详见表3-42。

表3-42 慧琳的《一切经音义》的韵母系统

关中音系					慧琳韵部	切韵
拟音				韵部	开合及等		
ɑ	—	uɑ	—	歌	A系： 开：歌 合：戈	柯	歌戈
—	ɪɑ	—	ɪuɑ	麻	B系： 开：加 合：花	嘉	麻

续表

关中音系				韵部	开合及等	慧琳韵部	切韵
拟音							
—	ɪɑi	—	ɪuɑi	皆	B系： 开：皆 合：乖	皆	佳皆夬
ai	—	uai	—	哈	A系： 开：哀 合：灰	荄瑰	哈泰灰
ɑu	—	—	—	豪	A系：高	膏	豪
—	ɪɑu	—	—	肴	B系：交	胶	肴
—	iou	—	—	骁	C系：尧	骁	萧宵
əu	—	—	—	侯	A系：侯	钩	侯
—	ɪəu	—	—	尤	B系：尤	樛	尤幽
o	ɪo	—	—	模	A系： 吾 鱼	觚椐	模鱼
—	ɪu	—	—	虞	B系：于	拘	虞
—	iei	—	iuei	齐	C系： 开：兮 合：圭	稽	齐祭废
—	ɪi	—	ɪui	基	B系： 开：宜 合：为	羁	支脂之微
ɑŋ	—	uɑŋ	—	唐	A系： 开：冈 合：光	纲	唐
—	ɪɑŋ	—	ɪuɑŋ	阳	B系： 开：羊 合：王	缰	阳
—	ɪɐŋ	—	ɪuɐŋ	更	B系： 开：庚 合：横	羹	庚二耕

续表

关中音系					慧琳韵部	切韵
拟音				韵部	开合及等		
—	ıŋ	—	ɤŋ	京	B系： 开：英 合：兄		庚三
—	ıoŋ	—	—	江	B系：江	扛	江
—	ıuŋ	uŋ	—	洪	A系：公 B系：弓	弓	东冬钟
əŋ	ıəŋ	uəŋ	—	登	A系： 开：恒 合：弘 B系：矜	缅矜	登蒸
—	ieŋ	—	iueŋ	馨	C系： 开：经 合：营	馨	清青
ɑn	—	uɑn	—	寒	A系： 开：安 合：桓	干	寒桓
—	ıɑn	—	ıuɑn	间	B系： 开：闲 合：环	蒸	删山
—	ıen	—	ıuen	乾	B系： 开：言 合：元	鞬	元仙
—	ien	—	iuen	肩	C系： 开：坚 合：缘	肩	先仙
ən	—	uən	—	痕	A系： 开：痕 合：魂	跟昆	痕魂
—	ıən	—	ıuən	殷	B系： 开：殷 合：文	筋军	殷文

续表

关中音系			慧琳韵部	切韵
拟音	韵部	开合及等		
—	in	—	iun	真	B系: 开:寅 合:勻	湮 钩	真谆
am	—	—	—	堪	A系:甘	堪	覃谈
—	ɪam	—	—	缄	B系:咸	缄	咸衔凡
—	iem	—	—	兼	C系:炎	缣	盐添严
—	ɪm	—	—	侵	B系:今	襟	侵

资料来源:黄淬伯(1931,1998)。

从表 3-42 中的情况来看,《慧琳音义》中鱼、虞、模、侯、麻、灰、咍、肴、豪、文、痕、魂、江、唐、阳、蒸、登、侵等韵系仍保持《切韵》音系的格局,而支脂之微、尤幽、歌戈、佳皆、萧宵、霁祭废、东冬钟、臻殷、先仙、元仙、寒桓、删山、庚耕、清青、覃谈、盐添严、咸衔凡等韵系,已经分别混并。结合大小徐本《说文》《五经文字》《晋书音义》等材料,中唐至五代时期音义文献的韵母特点主要表现为以下两点。

(1)重韵合并。例如,佳皆夬韵混并、删山韵混并的情况,在《慧琳音义》(黄淬伯,1931)、大徐本《说文》(严学宭,1936)都已有表现。《慧琳音义》(黄淬伯,1931)、大徐本《说文》(严学宭,1936)中的咸衔韵、庚耕韵也都各自开始合并。其他诸如支脂之、东冬、尤幽、覃谈等韵的合并,也都或多或少存在于上述文献中,兹不详述。

(2)三四等韵合并。例如,《慧琳音义》(黄淬伯,1931)、大徐本《说文》(严学宭,1936)中的盐添、清青和先仙韵等三四等韵,都有了各自合并的迹象;齐祭、萧宵韵在《慧琳音义》(黄淬伯,1931)中也分别合并。

(三)诗文用韵研究

20 世纪的中唐至五代时期诗文用韵语音研究,以对文人诗和敦煌通俗韵文的研究为大端。到 20 世纪末期,新出土的墓志铭材料也逐渐引起学者们的关注。文人诗文作品在中唐至五代时期是最具代表性的押韵材料。20 世纪,学者对相关材料的语音研究既包括对单个诗人用韵情况的考察，也涉及对韵部系统的探析。

1. 文人诗用韵研究

对单个诗人用韵情况的考察成果丰富，例如：萧永雄（1973）、赵锐（1980）、池朝曦和张传曾（1980）、鲍明炜（1981）、赖江基（1982）、马重奇（1984）和国赫彤（1987，1994）等先后总结了白居易诗歌的韵系；万西康（1984）、冯芝生（1994）、韩荔华（1994）、朴柔宣（1998）等研究了李贺诗歌的韵部系统；郑建华（1968）、许世瑛（1974a，1974b，1974c）、周相录（2000）等归纳了元稹的诗歌用韵；林仲湘（1990）、熊江平（1995）、宋秉儒（1996）分析了杜牧诗歌的用韵情况；李无未（1994）考察了韦应物的诗歌韵系；等等。由于各家的归部标准有别，再加上诗文押韵材料在反映语音信息时先天不足，有时虽然面对同样的材料，研究者们却得出了不同的结论。例如，赵锐（1980）认为白居易古体诗歌中的支脂之与微部仍然有别，鲍明炜（1981）、马重奇（1984）和国赫彤（1987）等人则将支脂之微归为一部；马重奇（1984）将齐佳皆灰咍视为混并，赵锐（1980）、鲍明炜（1981）和国赫彤（1987）则认为齐与佳皆、灰咍当分。又如，池朝曦和张传曾（1980）、赖江基（1982）、国赫彤（1994）根据全浊上声字在白居易诗中的入韵情况，认为中唐时期北方官话中全浊上声已经逐渐读为去声，居思信（1982）却根据唐诗中全浊、次浊以及清上声都可以与去声相押的情况，主张唐诗的押韵只是表现了"上去相押"而非"浊上变去"。

在韵部系统的探析方面，就目前所知，日本学者中田勇次郎（1936）的《唐五代词韵考》，是20世纪最早研究中唐至五代时期词韵系统的论著。国内学者较早研究唐五代词韵系统的学者则是李达贤（1975）和沈祥源（1981）。自20世纪80年代初期开始，耿志坚（1983）开始对唐至五代时期的文人近体诗用韵情况作系统考察。20世纪90年代后期，尉迟治平利用概率统计法，通过计算韵部相押的概率来归纳韵部，先后同学生合作发表了《五代诗韵系略说》《中唐诗韵系略说》《晚唐诗韵系略说》等论文。这些论文是20世纪学者对隋唐五代不同历史阶段诗韵系统最为全面细致的梳理。从研究结果来看，中唐到晚唐五代的诗歌韵部系统，呈现出逐渐简化的趋势：中、晚唐诗歌的用韵基本相同，均可归纳为26部；到五代时期，诗歌用韵系统已经简化为

24 部。中唐至五代的诗歌韵部及唐五代词韵的具体情况如表 3-43 所示。

表 3-43　中唐至五代的诗歌韵部及唐五代词韵系统

类别	中唐诗歌韵部（刘根辉、尉迟治平）	晚唐诗歌韵部（赵蓉、尉迟治平）	五代诗歌韵部（陈海波、尉迟治平）	唐五代词韵（中田勇次郎）
阴声韵	歌戈部（歌戈）	歌戈部	歌戈部	歌戈
	麻邪部（麻）	麻邪部	麻邪部	佳仄麻
	鱼模部（鱼虞模）	鱼模部	鱼模部	鱼虞模
	尤侯部（尤侯幽）	尤侯部	尤侯部	尤侯幽
	支微部（支脂之微）	支微部	支微部	支脂之微
	齐祭部（齐祭废）	齐祭部	齐祭部	齐
	灰咍部（佳皆灰咍泰夬）	灰咍部	灰咍部	佳平皆灰咍
	萧豪部（萧宵肴豪）	萧豪部	萧豪部	萧宵肴豪
阳声韵	东钟部（东冬钟）	东钟部	东钟部	东冬钟
	蒸登部（蒸登）	蒸登部	蒸登部	蒸登
	阳唐部（江阳唐）	阳唐部	江窗部（江）	江
			阳唐部（阳唐）	阳唐
	庚青部（庚耕清青）	庚青部	庚青部	庚耕清青
	侵寻部（侵）	侵寻部	侵深部	侵
	覃谈部（覃谈）	覃谈部	覃盐部	覃谈盐添咸衔严凡
	盐咸部（盐添咸衔严凡）	盐咸部		
	真文部（真谆臻文欣魂痕）	真文部	真文部	真谆臻文欣魂痕
	寒先部（元寒桓删山先仙）	寒先部	寒先部	元寒桓删山先仙
入声韵	药铎部（觉药铎）	药铎部	觉铎部	觉药铎
	职德部（职德）	职德部	职德部	陌麦昔锡职德
	陌锡部（陌麦昔锡）	陌锡部		
	缉立部（缉）	缉立部	缉立部	缉
	屋烛部（屋沃烛）	屋烛部	屋烛部	屋沃烛
	合盍部（合盍）	合盍部	叶帖部	合盍叶帖洽狎业乏
	叶洽部（叶帖洽狎业乏）	叶洽部（乏韵字无入韵例）		
	质物部（质术栉物迄没）	质物部（迄韵字无入韵例）	质物部（栉韵字无入韵例）	质术栉物迄没
	末屑部（月曷末黠鎋屑薛）	末屑部（鎋韵字无入韵例）	月屑部（鎋韵字无入韵例）	月曷末黠鎋屑薛

系统分析表 3-43 可以发现，正如尉迟治平和黄琼（2010：20）所言，中唐至晚唐五代，"诗文韵部的发展趋势是逐渐简化，但韵部的合并限制在同摄之内，阳声韵部始终维持与入声韵部相配的格局。到五代时期才在入声韵中出现一些跨摄混押的现象。盛中唐是汉语语音急剧变化的时期，晚唐五代的诗文韵部系统基本上还是盛中唐的格局"。

2. 敦煌通俗韵文用韵研究

敦煌变文和曲子词大体反映了唐五代西北或北方汉语的语音面貌。例如，周大璞（1979b）认为，敦煌变文反映了当时的口语，因为它们并不按照《唐韵》或《切韵》的规定来押韵。都兴宙（1985）进一步指出，敦煌变文材料虽然发现于敦煌，但它的通行范围，已远扩至中原及其他北方地区，其韵部系统反映的不仅仅是西北或者某一地区的方言，而是以晚唐五代时期的中原语音为基础、通行于北方绝大多数地区的类似于官话的语音。周祖谟（1988b，1989）发现敦煌变文的韵部已经与《切韵》系统相异，但可以跟唐代的一些书音、音义书的韵类以及北方诗人押韵的情况互相印证，故据此指出，敦煌变文的押韵代表了唐代北方语音系统的一般情况，是现代北方话韵母系统的基础。罗宗涛（1969）、周大璞（1979a，1979b，1979c）、张金泉（1981，1985）、都兴宙（1985）、周祖谟（1988b，1989）、王忠林（1991）、黄征（1993）等不少学者，都分别在 20 世纪研究了敦煌变文或敦煌曲子词的用韵情况。

罗宗涛（1969）开敦煌变文用韵研究的风气之先。周大璞（1979a）归纳出敦煌变文韵部 23 部，可以说是 20 世纪研究敦煌变文用韵系统的代表性成果。此后，周祖谟（1988b，1989）沿袭了这一分部结果，并拟测了各部的音值。都兴宙（1985）的分部与周大璞（1979a）的结果大体相同，只是将周文中原本归为一部的觉药铎与陌麦韵分为"药铎"与"陌麦"二部。张金泉（1981）最早考察了敦煌曲子词的用韵状况。由于未发现某些韵部具体的韵例，张金泉没有将这些韵部独立出来，最终将敦煌曲子词韵部概括为 18 类。较之于敦煌变文韵部，最主要的变化在于，原本各自独立的庚青、蒸登韵部，以及陌麦、昔锡、职德韵部，被分别合并为一类。

敦煌变文及敦煌曲子词韵部的具体情况如表 3-44 所示。

表 3-44　敦煌变文及敦煌曲子词韵部系统

类别	敦煌变文 23 部（周大璞、周祖谟）	敦煌变文 24 部（都兴宙）	敦煌曲子词 18 类（张金泉）
阴声韵	歌戈（歌戈）	歌戈	歌类
	家麻（麻）	家麻（佳韵牙音，麻）	麻类
	鱼模（鱼虞模）	鱼模（鱼虞模，尤侯唇音）	虞类
	灰咍（佳皆灰咍，齐泰夬废）	皆来	蟹类
	支微（支脂之微齐祭）	支微	止类
	萧豪（萧宵肴豪）	萧豪	豪类
	尤侯（尤侯幽）	尤侯（尤侯幽非唇音字）	尤类
阳声韵	谈添（覃谈盐添咸衔严凡）	覃添	（覃类）
	侵寻（侵）	侵寻	侵类
	寒先（元寒桓删山先仙）	寒山	寒类
	真文（真谆臻文欣魂痕）	真文	痕类
	江阳（江阳唐）	江阳	宕类
	庚青（庚耕清青）	庚青	梗类
	蒸登（蒸登）	蒸登	
	东钟（东冬钟）	东钟	通类
入声韵	合叶（合盍叶帖洽狎业乏）	合叶	（合类）
	缉拾（缉）	缉拾	（缉类）
	月薛（月曷末黠鎋屑薛）	月薛	曷类
	屋烛（屋沃烛）	屋烛	屋类
	觉铎（觉药铎，陌麦）	药铎（觉药铎）	铎类
		陌麦（陌麦）	
	昔锡（昔锡）	昔锡	陌类
	职德（职德）	职德	
	质物（质术栉物迄没）	质物	迄类

3. 墓志铭用韵研究

墓志铭材料在研究中唐至五代时期的韵部系统上的功用，并未在很大程度上引起学者的广泛关注。在 20 世纪，只有金恩柱（1999a，1999b）以该类材料为据考求中唐至五代时期的韵部系统,作者利用部离合指数计算方法详尽分析了《唐代墓志汇编》一书中所收集的3000余篇墓志铭的用韵情况。总体来看,唐代铭文韵部的发展经历了初、盛、中、晚唐4个时期,韵部数量以盛唐为界,整体呈现出由少到多、再由多到少的发展趋势,从初唐时期的25部逐步发展为盛唐28部、中唐21部和晚唐20部。中唐及晚唐墓志铭韵部的具体情况如表3-45所示。

表3-45 中唐及晚唐墓志铭韵部系统

类别	中唐21部	晚唐20部
阴声韵	麻部(歌戈麻)	麻部
	虞部(鱼虞模,侯韵唇音)	虞部
	哈部(佳皆灰哈,齐泰夬废)	哈部
	支部(支脂之微)	支部
	齐部(齐祭废)	齐部
	萧部(萧宵肴豪)	萧部
	尤部(尤侯幽)	尤部
阳声韵	覃部(覃谈盐添咸衔严凡)	覃部
	侵部(侵)	侵部
	寒部(元寒桓删山先仙)	寒部
	真部(真谆臻文欣魂痕)	真部
	阳部(江阳唐)	阳部
	庚部(庚耕清青,蒸登)	庚部
	东部(东冬钟)	东部
入声韵	叶部(合盍叶帖洽狎业乏)	叶部
	缉部(缉)	缉部
	薛部(月曷末黠鎋屑薛)	曷部
	屋部(屋沃烛)	屋部
	药部(觉药铎)	药部
	陌部(陌麦昔锡职德)	陌部
	质部(质术栉物没迄)	

从墓志铭的押韵情况来看，从中唐时期开始，果、假摄已经开始合流，侯韵的唇音字也已经转入遇摄。梗、曾摄自中唐时期开始合流，到了晚唐时期，臻摄入声韵也开始与之合并。

（四）早期韵图语音的研究

中唐至五代时期《切韵》系韵书曾进行过一系列微调，或许反映了唐人的实际语音，可以为我们提供揭示当时实际语音面貌的细节材料。周祖谟（1983）在谈及韵目次第的同异变迁时就认为，这些韵次的改变总有一部分与编者口中实际的读音有关。但现存中唐至五代《切韵》系韵书多为残卷，且其中能真正反映当时语音变化的材料也较少，大多只能以例举的形式展示当时语音变化的端倪。唐代后期的韵书材料，在记录实际语音方面力有不逮，但据麦耘（1995a）、黄笑山（1995）的观点，早期韵图如《韵镜》记录了唐代后期的语音系统，如黄笑山（1995：113）说韵图和切韵系韵书是不同时代语音系统的记录。

1. 声母系统的研究

黄笑山（1995：117-170）基本肯定二十字母和三十六字母出自唐五代时期，并以三十六字母为基础，参考各种对音译音材料，构拟中唐—五代的声母系统，如表 3-46 所示。

表 3-46　黄笑山的三十六字母拟音表

发音部位	全清	次清	全浊	清	浊	次浊
唇音重	帮 p	滂 ph	並 pɦ	—	—	明 m
唇音轻	—	—	—	非敷 f	奉 fɦ	微 ʋ
舌头音	端 t	透 th	定 tɦ	—	—	泥 n
舌上音	知 ʈ	彻 ʈʰ	澄 ʈɦ	—	—	娘 ɳ
齿头音	精 ts	清 tsh	从 tsɦ	心 s	邪 sɦ	—
正齿音	照 tʂ	穿 tʂh	床（t）ʂɦ	审 ʂ	禅（t）ʂɦ	日 nʐ
牙音	见 k	溪 kh	群 kɦ	—	—	疑 ŋ
喉音	影 ʔ	—	—	晓 x	匣 xɦ	喻 j、∅

这个声母系统有如下几个特点。

（1）全浊声母读音变化。《切韵》时期全浊声母是不送气的，而黄笑山（1995：122-126）观察到：唐五代日译汉音用清音对译浊音声母字；汉藏对音、敦煌别字异文、音注材料等显示浊音清化；《文镜秘府论·调四声谱》清声母与浊声母平列；笔记小说中记录全浊声母不仅是清音，还是送气的。基于清化和送气两方面的材料，他认为中唐至五代的全浊声母是清音浊流的"浊音"。

（2）三个全浊的齿音声母。慧琳音切、《王一》反切的材料显示从、邪有别，而《归三十字母例》、大徐本《说文》音切、小徐本《说文》音切以及汉藏对音材料，却表明床、禅无别。三十六字母区分床、禅是因袭韵书的结果。

（3）次浊鼻音声母读音变化。根据梵汉对音材料，中唐至五代的次浊鼻音声母是带有前置塞音成分的，但是"在整个汉语历史的发展中，鼻塞音所占的地位显得不那么重要（单就标准语的历史而言是如此，方言史又当别论）。所以我们仍然把鼻音声母写成 m、n、ŋ 这样的音位形式"（黄笑山，1995：135-136）。

（4）《切韵》以、云没有合流为喻母。汉藏对音、朝鲜借音及五代本《切韵》声母的排序表明喻₄还是 j 声母读法，而汉藏对音、《韵镜》却显示喻₃没有归匣母，很可能已经发展为零声母。以母发展为喻₄，依然是 j 音位，云母则经历 w→ø 的发展，变为喻₃。

（5）庄、章组合并为一套，唇音分化为两套。三十六字母的照组由《切韵》庄、章组构成，其原因在于 -i- 介音在章组后前移，在内转庄组里 -i- 介音保留，外传庄组里 -i- 介音失落，庄、章两组互补，从音位上看庄、章组是一套，但实际语音是有区别的。三十六字母分轻重唇，并且慧琳音切、朱翱音切都显示非、敷声母相混了。至于轻重唇分化的条件，据黄笑山（1995：158）所说，是合口三等韵，也就是带有央后元音的三等韵。

（6）唇牙喉声母后腭化滑音产生。黄笑山（1995：162-169）认为二等牙喉声母字和重纽四等字、纯四等韵字在中唐至五代发生了腭化现象，并且重纽四等及纯四等字唇音声母也腭化。前者的证据是朝鲜借音中"交敲 kio 咬 io 孝 hio 阶界 kie 耿 kiəŋ 革 kiək 夹 kiəp"，汉越语"家加 gia 解 giai 监 giam 减 giam 艰 gian 江讲 giang 交胶 giao"等显示汉语二等字已经发生了腭化现象；后者的证据是重纽四等汉越语唇音声母及以母腭化，纯四等韵在朝鲜介音里显露腭化迹象。

2. 韵母系统的研究[①]

黄笑山（1995）认为《韵镜》是反映实际语音面貌的，因此"在综合分析这个时期的反切、押韵、借音以及年代相关的方言材料的基础上，我们将给《韵镜》的音位结构形态作出构拟，用它来代表中唐—五代时期的韵母系统"（黄笑山，1995：174）。作者构拟的中唐—五代韵母系统如表 3-47 所示。

表 3-47　中唐—五代韵母在《韵镜》上的分布

韵摄		果	假	蟹	效	咸	山	梗	江	宕
一等	开	ɑ	—	ai	au	am/p	an/t	—	—	aŋ/k
	合	uɑ	—	uai	—	—	uan/t	—	—	uaŋ/k
二等	开	—	a	ai	au	am/p	an/t	ɛŋ/k	aŋ/k	ɨaŋ/k
	合	—	ua	uai	—	—	uan/t	ueŋ/k	uaŋ/k	—
三、四等	开	ia	ia	iɛi	iɛu	iɛm/p	iɛn/t	iɛŋ/k	—	iaŋ/k
	合	uia	—	uiɛi	—	—	uiɛn/t	uiɛŋ/k	—	uiaŋ/t

韵摄		遇	止	流	深	臻	曾	通
一等	开	—	—	əu	—	ən	əŋ/k	oŋ/k
	合	uo	—	—	—	uən	uəŋ/k	uoŋ/k
二等	开	—	ɿə	ɨ	im/p	in/t	iəŋ/k	ioŋ/k
	合	uio	—	uɨi	—	—	—	iuŋ/k
三、四等	开	—	iə	i,ɿ	im/p	in/t	iəŋ/k	—
	合	uio	—	ui,uɨi	—	uin/t	uiə/k	iuŋ/k	uioŋ/k

根据黄笑山（1995）的研究，这个韵母系统相比于《切韵》有如下几种变化。

（1）一二等重韵合并。一等重韵覃：谈和哈灰：泰经历了 ə→a/C（u）_____{i、m、p}的变化；二等重韵经历了 ɐ→a/C（u）_____的变化，并且佳麻出现混并情形。

[①] 黄笑山（1995）对《切韵》韵母的拟音，可以参看本章第二节。

（2）止摄精组及所有庄组字之外的三等韵的 i 介音前移，三等韵的外转庄组声母后失去 i 介音，与二等声母相混，止摄精组声母产生"师思"韵。

（3）外转三、四等韵发生变化。具体而言：外转三等重韵合并；部分三等韵受 i 介音前移的影响，由 ɐ/a 变为 ɛ；三等庄组字由 ɛ 低化为 a；纯四等韵产生 i 介音，与重纽四等韵融合。

（4）《切韵》遇、流、通三摄的平行关系改变①。具体而言：模、虞、鱼三韵对立关系不变，但根据对音译音材料推断鱼为 iə；日译汉音显示侯韵元音复化 u>əu，受三等韵介音前移的影响尤 iu>iu、幽 iu>jiu，但两者没合并；东三唇音字读入冬、钟，尤韵唇音字读入遇摄。

（5）蒸韵主要元音与登韵合并，梗摄四韵同用。日译吴音"凝 giyou 蒸 shiou 冰 hiou 肯 kou 能 dou"等显示蒸韵与登韵主要元音合并。梗摄二等发生 a→ɛ/＿＿＿{ŋ、k}的变化，并且牙喉音发生了腭化现象，并与三四等同用。

（6）江摄主要元音前移。江摄主要元音 o[œ]→a/ C（j）＿＿＿。

麦耘（1995a）分析了韵图的介音系统，并探讨重纽在《切韵》之后的演变。麦耘（1995a：66）说："韵图的介音状况（表现为'等'）同《切韵》音系的介音状况（表现为前述《切韵》的'类'）的不同之处，正是从《切韵》时代（隋代、初唐）到晚唐、宋代汉语介音发生了演变的地方。"麦耘（1992）曾构拟了《切韵》的介音系统，如表 3-48 所示。

表 3-48 《切韵》的介音与声母拼合表

切韵的类	相当于韵图的等	唇音	牙音	喉音	舌音	齿音一	齿音二
甲类-ø（u）-	一等；纯四等	帮滂并明	见溪 疑	影晓匣	端透定泥来	—	精清从心
乙类-rɯ（u）-	纯二等	帮滂并明	见溪 疑	影晓匣	知彻澄娘来	—	庄初崇生
丙类-ri（u）-	三等中减去章组和日母，加上庄组"假二等"	帮滂并明	见溪群疑	影晓喻₃	知彻澄娘来	—	庄初崇生（俟）
丁类-i（u）-	四等中减去纯四等，加上三等中的章组和日母	帮滂并明	见溪群疑	影晓喻₄	[定]	章昌禅书船日	精清从心邪

---

① 《切韵》时期是：侯 u 尤 iu 幽 iu，东₁uŋ 东₃iuŋ，模 uo 虞 uio 鱼 io，冬 uoŋ 钟 uioŋ。中唐至五代时期是：侯 əu 尤 iu 幽 jiu，东₁oŋ 东₃oŋ，模 uo 虞 uio 鱼 iə，冬 uoŋ 钟 uioŋ。

而麦耘（1995a）所示韵图的介音系统与声母的配合关系如表3-49所示。

表3-49　韵图的介音与声母配合表

韵图的等	相当于切韵的类	唇音	牙音	喉音	舌音	齿音
一等-0（u）-	甲类中的一等韵字	帮滂並明	见溪　疑	影晓匣	端透定泥来	精清从心
二等-rɯ（u）-	乙类加丙类中的庄组	帮滂並明	见溪　疑	影晓匣	知彻澄娘来	庄初崇生 庄初崇生[俟]
三等-ri（u）-	丙类减庄组，加丁类中的章组和日母	帮滂並明 非敷奉微	见溪群疑	影晓　喻三	知彻澄娘来	章昌禅书船日
四等-i（u）-	丁类减章组和日母，加甲类中的纯四等字	帮滂並明 帮滂並明	见溪群疑 见溪　疑	影晓　喻四 影晓匣	[定] 端透定泥来	精清从心邪 精清从心

麦耘指出此介音系统显示：《切韵》4类介音的总体格局到晚唐、宋代仍旧保持，即韵图的4个"等"；与《切韵》相比，声母与介音的配合有了新的变化；《切韵》重纽对立仍然保持，但两类颚介音已经显出合并的趋势，大方向是-ri->-i-。与《切韵》介音系统相比有三项重要的变化：第一，纯四等韵产生了-i-介音；第二，章组和日母的介音变成了-ri-；第三，庄组三等的介音转变为-rɯ-。

总结20世纪的相关研究可以发现中唐至五代是汉语语音发生急剧变革的时期，表现在诸多方面，例如：轻重唇的分化，非、敷两母的合并；同摄内重韵的混并；重纽两类对立格局的变化，重纽三等与纯三等韵的合流，重纽四等与纯四等韵的合流等现象。这一系列变革表明汉语语音的音系格局在逐步简化，向着近代音演变。

第四节　中古音研究的回顾与展望

一、20世纪中古音研究成绩回顾

20世纪是中国社会、文化等诸多方面深刻变革的时期，汉语音韵学在这一时期涤旧革新，成为汉语语言学发展最为迅速的学科之一。经过几代学人的不懈努力，汉语中古音研究在整合传统学术的基础上，融合先进的语言学理论，不仅自身发展日益完善，且直接或间接地促进了上古音、近代音、方言学乃至词汇学等诸学科的进步。翻检 20 世纪百年间汉语中古音的研究成果，其所体现的视野广阔度、思想深刻度等实在令人感佩，这些成就是 20 世纪学人不懈努力的成果，自然会在学术史上留下浓墨重彩的一笔，同时也为 21 世纪的发展提供了更高一层的平台，敦促后来学人在新的起点作出新的成就。而所谓"更高一层的平台"，窃以为至少包括以下数则。

首先，中古音的轮廓已经基本廓清，学者们发表了一批能够体现各时期主要语音特征的成果。按照本书的分期，中古音指的是从魏晋南北朝至晚唐五代这 700 多年的时间，这一时期留下了丰富的资料，学者利用这些历史文献资料，已经将中古音的面貌轮廓基本勾勒清晰。例如，魏晋南北朝时期有王力（1936）、丁邦新（1975）、坂井健一（1975）、何大安（1981）、俞敏（1984a）、周祖谟（1996），隋唐五代时期有黄淬伯（1931）、严学宭（1936）、李荣（1961，1962a，1962b）、周法高（1948c）、施向东（1983）、鲍明炜（1990）、邵荣芬（1995）、丁锋（1995）等，不仅"共同语"（或"通语"）的语音现象得到梳理，中古方音也受到关注，如马伯乐（2005）、罗常培（1933）、黄淬伯（1998）等。根据这些研究成果，可以基本了解中古音的面貌轮廓，为打通上古音、近代音之间的演变环节路径提供了有益的借鉴。

其次，学者们对《切韵》的研究从文献整理考据，到音系归纳阐述，均不断细致深化。高本汉（1940）率先开创了将《切韵》音系与西方语言学理论相结合的先河，后来学者对《切韵》的研究既注重对传统文献的考据整理，又特别关照对音系的分析构拟。在韵书的整理方面，我们可以很欣喜地看到以《切韵》(《广韵》)为代表的一批文献资料，得到了精细的考校，如周祖谟（1983）、余迺永（1974，2000）、龙宇纯（1968）、姜亮夫（1955a）等，这些成果为之后的音韵学研究提供了扎实可靠的文献素材。针对《切韵》音系，高本汉的筚路蓝缕之功不可磨灭，后来学者在其基础上不断精进，如陆志韦（1947）、李荣（1952）、邵荣芬（1982a）、黄典诚（1994）、李新魁（1991）、麦耘（1995b）、潘悟云（2000）等可谓"前修未密，后出转精"，在有关《切韵》音系的很多问题如介音、重纽等问题上都取得了突破性进展，进一步促进了对上古音的构拟及近代音的推衍等课题的研究，同时对汉语方言的形成的研究也有促进作用。

再次，围绕《切韵》音系，学者们充分挖掘各类文献资料，由此中古汉语语音的许多细节性问题都得到了展开讨论。20世纪的汉语中古音研究基本上都依照高本汉所搭建的模式，即以文献资料为依据，解构文献资料的音类分合，参照现代方言、对音译音等各类材料构拟语音系统的模式。在考察完毕《切韵》所体现的各种语音现象之后，对音义文献、诗文用韵、对音译音材料的运用完善了中古语音的考索成果。例如上文所举王力、丁邦新、何大安、鲍明炜等人对诗文用韵的整理可以反映出特定时期"共同语"的特征，最为典型的是对中古重纽问题的分析，除去《切韵》所载反切，黄淬伯、周法高、邵荣芬等学者对《经典释文》《玄应音义》《慧琳音义》等文献中的音切的分析，拓展了学界对重纽的认知，而对重纽的区别的研究，如邵荣芬（1982a）、刘广和（1987）、潘悟云和朱晓农（1982）等利用对音译音所得结论，得到广泛认可。正如在前文阐述中所看到的，20世纪的中古音研究对材料的利用，可谓"上穷碧落下黄泉，动手动脚找东西"，是完备全面的，后来的研究也只是在此基础上朝精深方向努力。

最后，学者们发明并实践了一系列分析中古历史音韵文献的方法，对文献资料所载语音系统的性质，乃至中古汉语（特别是"共同语"）的语音特性都进行了阐释。中古历史音韵文献的类型并不复杂，20世纪的学者针对不同类型的文献均有相应的研究方法或手段，如译音对勘、反切系联、反切比较、韵脚字归纳、数理统计分析等分析手段都得到了应用，与此分析手段相对应的相关研究理念，如文献音系的性质（读书音或方音）、共同语的性质也融入到研究之中，进而部分中古方音的特点也被开挖，这无疑会为将来之研究提供有效、便利的借鉴。

二、展望21世纪的中古音研究

汉语中古音研究在20世纪得到全面发展，进入21世纪后，尽管研究脚步有所放缓，但是学术研究的进程并未停止，在20世纪学人打造的"平台"基础上，中古音之研究薪火相传，21世纪近十几年来也取得了许多成就，许多成果可称得上是相关领域内的力作。仅以我们目力所及，至少可总括为以下三点。

第一，学者对中古音韵文献的挖掘及整理一直在进行，发表了一批研究成果。在20世纪对中古历史音韵文献，特别是对中古韵书的整理，王国维、刘复、魏建功、周祖谟等学者不遗余力。至21世纪，后来学人在已有成果的基础上"剖析毫厘"，发表了许多重要成果。例如，万献初（2004）对《经典释文》做封闭式穷尽性分类统计，分析其体例术语，研究《经典释文》所载音、义之间的关联，对《经典释文》音切类目进行深入研究，对音韵学、训诂学等均大有裨益；徐朝东（2003，2012）等著述旁征博引，用大量的文献资料论证《唐韵》的渊源及版本，结论扎实可信；曹洁（2013）则对《王二》进行了梳理研究，对《王二》的成书及其在语音史上的价值提出了新的观点和看法；蔡梦麒和夏能权（2014）全面比较研究了《王韵》《广韵》反切，对韵书间反切差异、小韵差异及韵书间的传承等诸多内容进行了探讨，其结论对正确认识和利用《切韵》系韵书有极大帮助；熊桂芬（2015）对比分析了《切韵》系韵书的异同，观察了《切韵》系韵书四百多年的变化，从音韵、训诂等多角度考证韵书在收字、训释、注音等方面的变化，内容翔实，结论严谨。此外，汪业全（2004）于儒典音义、佛典音义之外，讨论了道经音义在语音史研究中的价值；岳利民（2008a，2008b）、岳利民和张翠翠（2016）等以音义文献中的音义匹配为切入点，区分有效音切和无效音切，为语音史研究建立稳固基石，值得中古音音义文献的研究大力借鉴。

第二，对中古语音现象，学者们或运用新材料新方法，或从新的角度进行论证分析，推进了学术的发展。就《切韵》音系总体特征而言，20世纪的研究已经较为全面了，但21世纪的中古音研究并未完全沉湎于已有结论，停止对中古语音现象的分析。首先，从新角度阐述语音现象。例如，潘悟云和张洪明（2013）再次申述了《切韵》的性质，介绍其音系结构，讨论了它与上古音、近古音的关系，以及它在语音史研究中的作用。黄笑山（2002a，2002b）在为二等韵构拟介音的基础上，重新为《切韵》构拟了一个7元音音位的系统。而在具体语音问题上，阮廷贤和储泰松（2012）从反切上下字的配合关系入手，认为唇音和牙喉音开合口混切的现象是由牙喉音引起的，而不是由唇音导致的，进而证明中古汉语唇音字分开合。尉迟治平（2002）通过考察隋初唐诗文用韵和韵书反切的分组趋势，认为一等韵无介音，二、三、四等均有介音，三等韵的介音是-j-，四等韵的介音则是-i-。丁邦新（2006）也持此说法。麦耘（2008）指出"等"是以介音为区分标准的，不能以韵腹高低为标准，中古后期韵图的"等"与中古前期《切韵》介音系统有关系，但并不相同。张玉来（2009）论证了内外转为相关韵摄间主要元音对比的看法，指出早期韵图音系是《切韵》系韵书音系的表现。黄笑山和李秀芹（2007）、李秀芹（2008，2015）等从重纽反切上下字的配合关系入手，对反切上下字标志重纽的作用及重纽音切中舌齿音的归属，做了具体而微的分析，李秀芹（2006）还对中古重纽的发展变化进行了系统梳理。其次，在材料使用上，例如，汉藏语关系词被用来分析汉语中古音的特点。黄笑山（2006）利用泰汉关系词考察中古三等韵和四等韵表现，指出在三等韵字产生介音的时候，四等韵还没有介音。郑伟（2013）指出汉泰关系词、壮语方言同样能够印证重纽三、四等的对立。最后，在研究方法上，赵翠阳（2014）用数理统计法重新分析慧琳的《一切经音义》的音切，用统计数据揭示出中唐时期汉语的韵类、介音的状况，突破了已有研究的结论。王曦（2014a，2014b）提出"反切用字分析法"，并予以实践，该方法对反切的研究是有积极意义的。总而言之，21世纪的中古音研究不惑于古，不迷于今，立足材料，积极探索并实践相关理论、方法，是有进展、有突破的。

第三，立足对文献材料性质的判定，丰富对中古语音状态的认识。文献材料的性质关乎研究的结论，可以看出，20世纪对《切韵》音系性质的讨论是十分重视的。21世纪这种讨论还在持续，如潘文国（2002）、曾晓渝和刘春陶（2010）从不同角度阐明《切韵》为"综合音系"，潘悟云、尉迟治平、杨剑桥、麦耘、施向东、张玉来等学者组成中古音讨论组论证《切韵》为"单一体系"，相关文章发表于《语言研究集刊（第四辑）》。储泰松（2002）还对研究中古音切的观念、方法进行点检。从文献性质入手，中古语音的状态也得到讨论，首先表现为对中古的共同语标准音问题的新探讨，如鲁国尧（2002，2003）用文献和方言材料解析颜之推所说"南染吴越，北杂夷虏"，认为中古时期有南北两大通语。冯蒸（2002）则主张唐代有"长安音"和"洛阳音"两系标准音。其次，表现为中古音分期研究的细致化，如麦耘（2002）分中古音为前后两期，明确中古音的核心阶段和过渡阶段，对中古音的划分可谓细致；尉迟治平和黄琼（2010）则将材料最大限度地同质化，仅根据诗文用韵，将隋唐五代汉语韵部史分成隋初唐、盛中唐和晚唐五代三个时期。此外，张渭毅在《中古音分期综述》中盘点20世纪以来有关中古音分期的各种看法，又在《论中古音分期问题——为何九盈教授八十华诞而作》中讨论了中古音分期的标准和原则、中古的方音差异、《切韵》的枢纽地位、分期的方法、分期的音韵特征、中古音内部分期等几方面问题。

中古音研究和汉语音韵学的其他分支一道，扎实地走着每一步，20世纪的研究取得了累累硕果，21世纪的研究也令人振奋，可以预见，将来的中古音研究，至少在以下几个方面的进展值得期待。首先，在语音的断代研究方面。高本汉搭建的语音史研究模型能够为语音的断代研究提供便利，尽管中古音的研究在诸多方面有很大进展，但是系统全面地分析某一个历史时期的著述还较少，从时间范围着眼，全面比较分析某一时期的各种音韵文献资料，总括该时期的语音现象，仍是十分有必要的。其次，在资料编纂方面。中古音切材料的汇集，对音译音材料的转写仍有必要进行。中古音切资料和对音译音是研究语音史的重要文献资料，但这两类资料都较为零散，需要进行专业的考证分析，因此，编制中古音切谱和对音译音谱，将会极大地推动汉语中古音的研究。最后，在研究方法和观念方面，应将中古音研究与方言学、少数民族语言学紧密结合起来，运用历史语言学理论方法，以音变考求为导向，促进中古音研究的新发展。随着新的研究队伍的集结，21世纪的汉语中古音研究在科学的理论方法的指导下，立足文献资料，跨学科合作，前景将是一片光明。

参 考 文 献

(隋)颜之推撰，王利器集解：《颜氏家训集解(增补本)》，中华书局，2013。
(唐)封演：《封氏闻见记》，丛书集成初编本，商务印书馆，1936。
(唐)李涪：《刊误》，见(唐)苏鹗撰，吴企明点校《苏氏演义(外三种)》，中华书局，2012，第219—265页。
(唐)姚思廉：《梁书》，中华书局，1973。
(宋)陈彭年等编：《宋本广韵》，江苏教育出版社，2008。
(明)陈第著，康瑞琮点校：《毛诗古音考 屈宋古音义》，中华书局，2011。
(明)方以智：《字汇辩序》，见(明)方以智著，张永义校注：《浮山文集》，华夏出版社，

2017, 第 142—144 页。
(明)桑绍良:《青郊杂著》,见《四库全书存目丛书》编纂委员会编《四库全书存目丛书》(经部·小学类, 第 216 册), 齐鲁书社, 1997: 474-642。
(明)袁子让:《五先堂字学元元》,见《四库全书存目丛书》编纂委员会编《四库全书存目丛书》(经部·小学类, 第 210 册), 齐鲁书社, 1997: 113-269。
(清)陈澧:《切韵考》, 中国书店, 1984。
(清)戴震:《声韵考》,见(清)戴震撰, 张岱年主编《戴震全书(三)》, 黄山书社, 1994: 277-338。
(清)段玉裁:《六书音韵表》, 中华书局, 1983。
(清)顾炎武:《音学五书》, 中华书局, 1982。
(清)江永:《古韵标准》, 中华书局, 1982。
(清)江永编:《四声切韵表》, 商务印书馆, 1941。
(清)劳乃宣:《等韵一得》, 光绪戊戌刻本。
(清)王念孙:《广雅疏证》, 江苏古籍出版社, 2000。
(清)谢启昆著, 谭耀炬校注:《小学考声韵》, 中国文史出版社, 2002。
(清)严可均校辑:《全上古三代秦汉三国六朝文》, 中华书局, 1958。
(清)阎若璩撰, 黄怀信、吕翊欣校点:《尚书古文疏证(附: 古文尚书冤词)》(上), 上海古籍出版社, 2013。
(清)永瑢等:《四库全书总目》, 中华书局, 2003。
白涤洲. 1931a. 北音入声演变考. 女师大学术季刊, 2(2): 69-111.
白涤洲. 1931b. 广韵声纽韵类之统计. 女师大学术季刊, 2(1): 1-28.
鲍明炜. 1957. 李白诗的韵系. 南京大学学报(人文科学版), (1): 25-39.
鲍明炜. 1981. 白居易元稹诗的韵系. 南京大学学报(哲学社会科学), 18(2): 36-42.
鲍明炜. 1986. 初唐诗文的韵系//中国音韵学研究会编. 音韵学研究(第二辑). 北京: 中华书局: 88-120.
鲍明炜. 1990. 唐代诗文韵部研究. 南京: 江苏古籍出版社.
蔡梦麒, 夏能权. 2014. 《王韵》《广韵》反切注音比较研究. 北京: 商务印书馆.
曹洁. 2013. 裴务齐正字本《刊谬补缺切韵》研究. 上海: 上海古籍出版社.
陈海波, 尉迟治平. 1998. 五代诗韵系略说. 语言研究, (2): 16-24.
陈鸿儒. 1990. 从日本汉音看汉语唇音声母的分化. 龙岩师专学报, 8(3): 107-114.
陈新雄. 1979. 《切韵》性质的再探讨. 中国学术年刊, (3): 31-58.
陈新雄. 1994. 《广韵》二百零六韵拟音之我见. 语言研究, (2): 94-111.
陈燕. 2000. 《玉篇》的音韵地位//中国音韵学研究会, 徐州师范大学语言研究所编. 中国音韵学研究会第十一届学术讨论会汉语音韵学第六届国际学术研讨会论文集. 香港: 香港文化教育出版社有限公司: 151-154.

陈寅恪. 1936. 东晋南朝之吴语. 中央研究院历史语言研究所集刊, 7(1): 1-4.
陈寅恪. 1949. 从史实论切韵. 岭南学报, 9(2): 1-18.
陈寅恪. 2001. 陈寅恪集·金明馆丛稿二编. 北京: 生活·读书·新知三联书店.
陈垣. 1936. 切韵与鲜卑. 图书季刊, (3): 83-89.
池曦朝, 张传曾. 1980. 白居易诗歌韵脚中的"阳上作去"现象//中国人民大学中国语言文学系《语言论集》编辑组编. 语言论集(第一辑). 北京: 中国人民大学出版社: 78-84.
储泰松. 1995. 梵汉对音概说. 古汉语研究, (4): 4-13.
储泰松. 1996. 施护译音研究//谢纪锋, 刘广和主编. 薪火编. 太原: 山西高校联合出版社: 340-364.
储泰松. 1998. 梵汉对音与中古音研究. 古汉语研究, (1): 45-52.
储泰松. 1999. 鸠摩罗什译音的韵母研究. 安徽师范大学学报(人文社会科学版), (1): 120-121.
储泰松. 2002. 隋唐音义反切研究的观念与方法之检讨. 复旦学报(社会科学版), (4): 135-140.
储泰松. 2005. 唐五代关中方音研究. 合肥: 安徽大学出版社.
丁邦新. 1975. 魏晋音韵研究. "中央研究院"历史语言研究所专刊之六十五.
丁邦新. 1997. 重纽的介音差异//台湾声韵学学会, 台湾师范大学国文系所, "中央研究院"历史语言研究所主编. 声韵论丛(第六辑). 台北: 台湾学生书局: 37-62.
丁邦新. 2006. 论《切韵》四等韵介音有无的问题//中国语言学研究学会, 香港科技大学中国语言学研究中心编. 中国语言学集刊(第1辑). 北京: 中华书局: 1-12.
丁邦新. 2008. 从音韵论《柏梁台》诗的著作年代//中国语言学论文集. 北京: 中华书局: 557-563.
丁福保. 1959. 全汉三国晋南北朝诗. 北京: 中华书局.
丁锋. 1995. 《博雅音》音系研究. 北京: 北京大学出版社.
丁山. 1928. 陆法言传略. 国立中山大学语言历史学研究所周刊, 2(25-27): 1-5.
丁治民. 1998. 沈约诗文用韵概况. 镇江师专学报(社会科学版), (2): 91-94.
丁治民. 2000. 《汉魏六朝韵谱》沈约之部补校. 古籍整理研究学刊, (3): 45-48.
董同龢. 1948a. 《广韵》重纽试释. 中央研究院历史语言研究所集刊, 13: 1-20.
董同龢. 1948b. 上古音韵表稿. 中央研究院历史语言研究所集刊, 18: 11-249.
董同龢. 1954. 中国语音史. 台北: 中华文化出版事业社.
董同龢. 2001. 汉语音韵学. 北京: 中华书局.
董忠司. 1978. 颜师古所作音切之研究. 台湾政治大学中文研究所博士学位论文.
董作宾. 1928a. 切韵年表. 国立中山大学语言历史学研究所周刊, 2(25-27): 141-142.
董作宾. 1928b. 跋唐写本切韵残卷. 中央研究院历史语言研究所集刊, 1(1): 11-16.
都兴宙. 1985. 敦煌变文韵部研究. 敦煌学辑刊, (1): 44-60.

都兴宙. 1986. 王梵志诗用韵考. 兰州大学学报(社会科学版), (1): 121-126.

杜其容. 1975. 三等韵牙喉音反切上字分析. 文史哲学报, (24): 245-279.

方国瑜. 1931. 敦煌唐写本切韵残卷跋. 女师大学术季刊, 2(2): 111-123.

方国瑜. 2003. 故宫敦煌两本王仁昫《刊谬补缺切韵》跋//方国瑜文集(第五辑). 昆明: 云南教育出版社: 421-450.

方竑. 1933. 书王仁煦切韵两本后. 中央大学文艺丛刊, 1(1): 109-115.

方孝岳. 1979a. 汉语语音史概要. 香港: 商务印书馆.

方孝岳. 1979b. 论《经典释文》的音切和版本. 中山大学学报(哲学社会科学版), (3): 51-55.

方孝岳, 罗伟豪. 1988. 广韵研究. 广州: 中山大学出版社.

冯蒸. 1988. 魏晋时期的"类隔"反切研究//程湘清主编. 魏晋南北朝汉语研究. 济南: 山东教育出版社: 300-332.

冯蒸. 1992. 《切韵》"痕魂"、"欣文"、"咍灰"非开合对立韵说——兼论"覃谈"二韵的主元音//程湘清主编. 隋唐五代汉语研究. 济南: 山东教育出版社: 472-509.

冯蒸. 1997. 论庄组字与重纽三等韵同类说//汉语音韵学论文集. 北京: 首都师范大学出版社: 184-212.

冯蒸. 1998. 论《切韵》的分韵原则: 按主要元音分韵和韵尾分韵, 不按介音分韵——《切韵》十二个主要元音说. 语言研究(增刊): 164-185.

冯蒸. 2002. 唐代方音分区考略//龙宇纯先生七秩晋五寿庆论文集编辑委员会编. 龙宇纯先生七秩晋五寿庆论文集. 台北: 台湾学生书局: 301-382.

冯芝生. 1994. 李贺诗韵考. 重庆师院学报哲社版, (2): 51-57.

高明. 1979. 中古声类娘泥不当并士俟不当分说. 木铎, (8): 29-34.

高明. 1980. 黄辑李登《声类》跋//高明小学论丛. 台北: 黎明文化事业股份有限公司: 248-266.

葛信益. 1993. 广韵丛考. 北京: 北京师范大学出版社.

葛毅卿. 1939. 喻三入匣再证. 中央研究院历史语言研究所集刊, 8(1): 91.

葛毅卿. 1962. 评高本汉所拟齐、先、萧、青、添及支、仙、宵、清、盐的韵值体系. 南京师范学院学报, (1): 81-90.

葛毅卿. 2003. 隋唐音研究. 李葆嘉理校. 南京: 南京师范大学出版社.

耿振生. 2004. 20世纪汉语音韵学方法论. 北京: 北京大学出版社.

耿志坚. 1983. 唐代近体诗用韵之研究. 台湾政治大学中文研究所博士学位论文.

耿志坚. 1987. 初唐诗人用韵考. 台湾教育学院语文教育研究集刊, (6): 21-58.

耿志坚. 1991. 中唐诗人用韵考//台湾声韵学学会编. 声韵论丛(第三辑). 台北: 台湾学生书局: 65-84.

耿志坚. 1992. 晚唐及唐末、五代僧侣诗用韵考//台湾声韵学学会, 东吴大学中国文学系所主编. 声韵论丛(第四辑). 台北: 台湾学生书局: 193-225.

耿志坚. 1994. 晚唐五代时期古体诗及乐府诗用韵考//台湾声韵学学会主编. 第三届国际暨第十二届全国声韵学学术研讨会论文集. 未出版: 95-124.

龚煌城. 1997. 从汉藏语的比较看重纽问题——兼论上古*-rj-介音对中古韵母演变的影响//台湾声韵学学会, 台湾师范大学国文系所, "中央研究院"历史语言研究所主编. 声韵论丛(第六辑). 台北: 台湾学生书局: 195-244.

古德夫. 1993. 汉语中古音新探. 南京: 江苏教育出版社.

国赫彤. 1987. 白居易诗文用韵考(提纲)//南开大学中文系《语言研究论丛》编辑部编. 语言研究论丛(第三辑). 天津: 天津人民出版社: 106-127.

国赫彤. 1994. 从白居易诗文用韵看浊上变去. 语言研究(增刊): 72-77.

韩荔华. 1994. 李贺诗歌用韵考察. 北京第二外国语学院学报, (6): 46-51.

何大安. 1981. 南北朝韵部演变研究. 台湾大学中文研究所博士学位论文.

何九盈. 1961. 《切韵》音系的性质及其他——与王显、邵荣芬同志商榷. 中国语文, (9): 10-18.

何九盈. 2013. 中国古代语言学史. 4版. 北京: 商务印书馆.

黄淬伯. 1928. 讨论切韵的韵部与声纽. 国立中山大学语言历史学研究所周刊, 6(61): 1-12.

黄淬伯. 1930a. 慧琳一切经音义反切声类考. 中央研究院历史语言研究所集刊, 1(2): 165-182.

黄淬伯. 1930b. 慧琳一切经音义反切考韵表. 国学论丛, 2(2): 229-250.

黄淬伯. 1931. 慧琳一切经音义反切考. 北京: 商务印书馆.

黄淬伯. 1957. 论切韵音系并批判高本汉的论点. 南京大学学报(人文社会科学版), (2): 9-23.

黄淬伯. 1959. 切韵"内部证据"论的影响. 南京大学学报(人文科学版), (2): 97-101.

黄淬伯. 1962. 关于《切韵》音系基础的问题——王显、邵荣芬两位同志讨论. 中国语文, (2): 85-90.

黄淬伯. 1998. 唐代关中方言音系. 南京: 江苏古籍出版社.

黄典诚. 1980. 《切韵》重纽与汉语音韵的发展. 中国音韵学研究会成立大会暨首次学术研讨会论文, 油印本.

黄典诚. 1986. 曹宪《博雅音》研究//中国音韵学研究会编. 音韵学研究(第二辑). 北京: 中华书局: 63-82.

黄典诚. 1994. 《切韵》综合研究. 厦门: 厦门大学出版社.

黄富成. 1991. 试论汉书颜注语音系统的性质//袁晓园主编. 汉字汉语学术研讨会论文集(下册). 长春: 吉林教育出版社: 177-188.

黄侃. 2013. 音略//黄侃论学杂著. 武汉: 武汉大学出版社: 62-92.

黄坤尧. 1987. 《史记》三家注异常声纽之考察. 台湾师范大学国文学报, (16): 155-182.
黄坤尧. 1992. 经典释文动词异读新探. 台北: 台湾学生书局.
黄坤尧. 1994. 《史记》三家注之开合现象. 中国语文, (2): 121-124, 138.
黄坤尧. 1997. 《经典释文》的重纽现象//台湾声韵学学会, 台湾师范大学国文系所, "中央研究院"历史语言研究所主编. 声韵论丛(第六辑). 台北: 台湾学生书局: 323-369.
黄坤尧. 1998. 裴松之《三国志注》的注音//《李新魁教授纪念文集》编辑委员会编. 李新魁教授纪念文集. 北京: 中华书局: 129-136.
黄笑山. 1995. 《切韵》和中唐五代音位系统. 北京: 文津出版社.
黄笑山. 1996a. 《切韵》三等韵的分类问题. 郑州大学学报(哲学社会科学版), (4): 79-88.
黄笑山. 1996b. 于、以两母和重纽问题. 语言研究(增刊): 241-252.
黄笑山. 1997. 《切韵》于母独立试析. 古汉语研究, (3): 7-14.
黄笑山. 2002a. 中古二等韵介音和《切韵》元音数量. 浙江大学学报(人文社会科学版), 32(1): 30-38.
黄笑山. 2002b. 《切韵》元音分韵的假设和音位化构拟. 古汉语研究, (3): 10-16.
黄笑山. 2006. 从泰汉关系词看中古汉语三四等韵差异. 南开语言学刊, (2): 37-44, 165.
黄笑山, 李秀芹. 2007. 《经典释文》重纽反切的统计及结构特点. 浙江大学学报(人文社会科学版), 37(5): 134-143.
黄征. 1993. 敦煌俗音考辨. 浙江社会科学, (4): 86-90.
简启贤. 1995. 爨碑用韵考. 云南民族学院学报(哲学社会科学版), (3): 84-89.
简启贤. 1996. 吕忱《字林》的音注材料. 语言研究(增刊), 80-84.
简启贤. 1998. 《字林》音注声类考//四川大学汉语史研究所. 汉语史研究集刊(第一辑)(下). 成都: 巴蜀书社: 330-361.
简启贤. 2003. 《字林》音注研究. 成都: 巴蜀书社.
姜亮夫. 1941. 隋唐宋韵书体式变迁略说. 说文月刊, 3(5): 9-24.
姜亮夫. 1955a. 瀛涯敦煌韵辑. 上海: 上海出版公司.
姜亮夫. 1955b. 切韵系统. 浙江师范学院学报(人文科学版), (1): 39-75.
姜亮夫. 1990. 瀛涯敦煌韵书卷子考释. 杭州: 浙江古籍出版社.
蒋冀骋. 1990. 《广韵》重纽字新探. 杭州大学学报(哲学社会科学版), (2): 129-134.
蒋经邦. 1934. 敦煌本王仁昫刊谬补缺切韵跋. 国学季刊, 4(3): 117-128.
蒋希文. 1984. 徐邈反切声类. 中国语文, (3): 216-221.
蒋希文. 1989. 《经典释文》音切的性质. 中国语文, (3): 216-219.
蒋希文. 1999. 徐邈音切研究. 贵阳: 贵州教育出版社.
金德平. 1988. 唐代长安话日母读音考. 陕西师大学报(哲学社会科学版), (1): 40-45.
金德平. 1989. 唐代长安方音声调状况试探. 陕西师大学报(哲学社会科学版), (4): 75-79.
金德平. 1994. 从日语汉音试论唐长安话明母的音值//中国音韵学研究会编. 音韵学研究

(第三辑). 北京: 中华书局: 178-182.
金恩柱. 1999a. 从唐代墓志铭看唐代韵部系统的演变. 古汉语研究, (4): 58-62.
金恩柱. 1999b. 唐代墓志铭的押韵及其研究方法. 中山大学学报(社会科学版), (4): 53-59.
晋学新. 1986. 关于日语汉字音中的吴音和汉音. 外国语文教学, (4): 63-71.
居思信. 1982. 是"浊上变去"还是"上去通押"——与池曦朝、张传曾二同志商榷. 齐鲁学刊, (5): 92-96.
赖江基. 1982. 从白居易诗用韵看浊上变去. 暨南学报(哲学社会科学), (4): 97-109.
雷昌蛟. 1996.《博雅音》声类考. 贵州大学学报(社会科学版), (1): 100-104, 82.
李葆嘉. 1995a. 高本汉直线型研究模式述论——汉语史研究理论模式论之一. 江苏教育学院学报(社会科学版), (3): 58-60.
李葆嘉. 1995b. 张琨时空二维研究模式述论——汉语史研究理论模式论之三. 徐州师范学院学报(哲学社会科学版), (3): 74-76.
李达贤. 1975. 五代词韵考. 台湾政治大学中国文学研究所硕士学位论文.
李方桂. 1931.《切韵》â的来源. 中央研究院历史语言研究所集刊, 3(1): 1-38.
李方桂. 1980. 上古音研究. 北京: 商务印书馆.
李庆祥. 1990. 试论日语汉字读音中的吴音、汉音、唐音和惯用音. 山东大学学报(哲学社会科学版), (3): 75-80.
李荣(昌厚). 1961. 隋韵谱(果假遇蟹效流六摄). 中国语文, (10): 47-58.
李荣(昌厚). 1962a. 隋韵谱(止、咸、深、山四摄). 中国语文, (1): 38-49.
李荣(昌厚). 1962b. 隋韵谱(臻、江、宕、梗、曾、通六摄). 中国语文, (2): 70-84.
李荣. 1952. 切韵音系. 北京: 中国科学院.
李荣. 1965. 从现代方言论古群母有一、二、四等. 中国语文, (5): 337-342, 355.
李荣. 1982. 庾信诗文用韵研究//音韵存稿. 北京: 商务印书馆: 225-258.
李如龙. 1984. 自闽方言证四等无-i-说//中国音韵学研究会编. 音韵学研究(第一辑). 北京: 中华书局: 412-422.
李维琦. 1988. 从《大唐西域记》汉译梵音看作者的语音(声母部分). 古汉语研究, (1): 20-29.
李维一, 曹广顺, 喻遂生. 1982. 初唐四杰诗韵//北京大学中文系《语言学论丛》编委会编. 语言学论丛(第九辑). 北京: 商务印书馆: 258-288.
李无未. 1994. 韦应物诗韵系. 延边大学学报(社会科学版), (2): 69-74.
李无未. 2011. 日本汉语音韵学史. 北京: 商务印书馆.
李无未. 2017. 台湾汉语音韵学史. 北京: 中华书局.
李新魁. 1979a. 怎样读古反切. 语文教学, (2): 35-42.
李新魁. 1979b. 论《切韵》系中床禅的分合. 中山大学学报(社会科学版), (1): 51-65.

李新魁. 1984. 重纽研究. 语言研究, (2): 73-104.
李新魁. 1986. 汉语音韵学. 北京: 北京出版社.
李新魁. 1991. 中古音. 北京: 商务印书馆.
李秀芹. 2006. 中古重纽类型分析. 浙江大学博士学位论文.
李秀芹. 2008. 慧琳《一切经音义》重纽反切结构特点. 语言研究, 28(4): 36-43.
李秀芹. 2015. 朱翱反切重纽的特点——兼论中古重纽的类型. 语言研究, 35(1): 24-28.
李义活. 2000. 庾信诗之用韵研究. 古籍整理研究学刊, (3): 49-55.
李于平(李荣). 1957. 陆法言的《切韵》——中国语言学史话之五. 中国语文, (1): 28-29.
厉鼎煃. 1934. 敦煌唐写本王仁昫刊谬补缺切韵考. 金陵学报, (2): 289-328.
廖名春. 1992. 从吐鲁番出土文书的别字异文看五至八世纪初西北方音的韵母. 古汉语研究, (1): 11-18, 26.
林素珍. 1972. 《广韵》又音探源. 中华学苑, (9): 39-98.
林焘. 1962. 陆德明的《经典释文》. 中国语文, (3): 132-136.
林语堂. 1933. 珂罗倔伦考订切韵母隋读表//语言学论丛. 北京: 开明书店: 193-199.
林仲湘. 1990. 杜牧诗文用韵考. 广西大学学报(哲学社会科学版), (2): 88-97.
刘冬冰. 1983. 从梁诗用韵看其与《广韵》音系的关系. 重庆师院学报哲社版, (3): 64-70.
刘冬冰. 2000. 曹操诗歌用韵及其文化学考察. 许昌师专学报, 19(1): 39-41.
刘复, 魏建功, 罗常培, 等. 1935. 十韵汇编. 北京: 北京大学出版组.
刘根辉, 尉迟治平. 1999. 中唐诗韵系略说. 语言研究, (1): 34-46.
刘广和. 1984. 唐代八世纪长安音声纽. 语文研究, (3): 45-50.
刘广和. 1987. 试论唐代长安音重纽——不空译音的讨论. 中国人民大学学报, (6): 109-114.
刘广和. 1991. 唐代八世纪长安音的韵系和声调. 河北大学学报(哲学社会科学版), 16(3): 32-39.
刘广和. 1993. 唐代不空和尚梵汉对音字谱//《开篇》编辑部, 早稻田大学文学部古屋研究室编集. 中国语学研究《开篇》(第11卷). 东京: 株式会社 好文出版: 7-15.
刘广和. 1996. 东晋译经对音的晋语韵母系统//谢纪锋, 刘广和主编. 薪火编. 太原: 山西高校联合出版社: 217-234.
刘广和. 1997. 《圆明字轮四十二字诸经译文异同表》梵汉对音考订. 中国人民大学学报, (4): 92-96.
刘广和. 1999. 西晋译经对音的晋语韵母系统//《芝兰集》编委会编. 芝兰集. 北京: 人民教育出版社: 186-202.
刘广和. 2000a. 《大孔雀明王经》咒语义净跟不空译音的比较研究——唐代中国北部方音分歧初探//中国人民大学《汉语论集》编委会. 汉语论集. 北京: 人民日报出版社: 41-57.

刘广和. 2000b. 东晋译经对音的晋语声母系统//中国人民大学《汉语论集》编委会编. 汉语论集. 北京: 人民日报出版社: 58-69.

刘广和. 2001. 西晋译经对音的晋语声母系统. 中国语言学报, (10): 189-196.

刘广和. 2002a. 介音问题的梵汉对音研究. 古汉语研究, (2): 2-7.

刘广和. 2002b. 音韵比较研究. 北京: 中国广播电视台出版社.

刘诗孙. 1942a. 敦煌唐写本晋徐邈毛诗音考. 真知学报, (1): 18-24.

刘诗孙. 1942b. 敦煌唐写本晋徐邈毛诗音考(续). 真知学报, (5): 25-41.

龙异腾. 1994. 《史记正义》反切考. 贵州师范大学学报(社会科学版), (1): 33-38.

龙宇纯. 1965. 例外反切的研究. "中央研究院"历史语言研究所集刊, 36(上): 331-373.

龙宇纯. 1968. 唐写全本王仁昫《刊谬补缺切韵》校笺. 香港: 香港中文大学.

龙宇纯. 1970. 《广韵》重纽音值试论——兼论幽部及喻元音值. 崇基学报, 9(2): 164-181.

龙宇纯. 1981. 李登声类考//台静农先生八十寿庆论文集编辑委员会主编. 台静农先生八十寿庆论文集. 台北: 联经出版事业股份有限公司: 51-66.

卢顺点. 1990. 论晚唐汉藏对音资料中汉字腭化情形. 大陆杂志, 81(5): 23-29.

鲁国尧. 2002. "颜之推谜题"及其半解(上). 中国语文, (6): 536-549, 575-576.

鲁国尧. 2003 "颜之推谜题"及其半解(下). 中国语文, (2): 137-147.

鲁国尧. 2021. 语学与史学的会通——三十而立, 再证"长安论韵开皇六年说". 古汉语研究, (3): 2-17, 126.

陆志韦. 1939a. 证广韵五十一声类. 燕京学报, (25): 1-58.

陆志韦. 1939b. 三四等与所谓"喻化". 燕京学报, (26): 143-173.

陆志韦. 1940a. 试拟切韵声母之音值并论唐代长安语之声母. 燕京学报, (28): 41-56.

陆志韦. 1940b. 说文广韵中间声类转变的大势. 燕京学报, (28): 1-40, 300-301.

陆志韦. 1940c. 汉语的全浊声母(原题: *The Voiced Initial of the Chinese Language*, 哈佛燕京学社英文单行本第7种). 北京: 哈佛燕京学社.

陆志韦. 1947. 古音说略. 北京: 哈佛燕京学社.

陆志韦. 1963. 古反切是怎样构造的. 中国语文, (5): 349-385.

罗常培. 1928. 切韵探赜. 国立中山大学语言历史学研究所周刊, 2(25-27): 26-65.

罗常培. 1931a. 切韵鱼虞之音值及其所据方音考——高本汉《切韵》音读商榷之一. 中央研究院历史语言研究所集刊, 2(3): 358-385.

罗常培. 1931b. 知彻澄娘音值考. 中央研究院历史语言研究所集刊, 3(1): 121-156.

罗常培. 1933. 唐五代西北方音. 中央研究院历史语言研究所单刊甲种之十二.

罗常培. 1939. 经典释文和原本玉篇反切中的匣于两纽. 中央研究院历史语言研究所集刊, 8(1): 85-90.

罗常培. 1956. 汉语音韵学导论. 北京: 中华书局.

罗常培. 1999. 厦门音系//《罗常培文集》编委会编. 罗常培文集(第一卷). 济南: 山东教

育出版社: 1-375.

罗常培, 周祖谟. 1958. 汉魏晋南北朝韵部演变研究(第一分册). 北京: 科学出版社.

罗伟豪. 1962. 略论过去音韵学上一些审音的问题——有关《切韵》的"重纽"问题及其他. 中山大学学报(社会科学版), (3): 57-64, 99.

罗宗涛. 1969. 敦煌变文用韵考. 台北: 众人出版社.

马学良, 罗季光. 1962. 《切韵》纯四等韵的主要元音. 中国语文, (12): 533-539.

马重奇. 1984. 白居易诗用韵研究. 福建师大学报(哲学社会科学版), (1): 93-100.

马重奇. 1985. 杜甫古诗韵读. 北京: 中国展望出版社.

麦耘. 1988. 从尤、幽韵的关系论到重纽的总体结构及其他. 语言研究, (2): 124-129.

麦耘. 1991. 《切韵》知、庄、章组及相关诸声母的拟音. 语言研究, (2): 107-114.

麦耘. 1992. 论重纽及《切韵》的介音系统. 语言研究, (2): 119-131.

麦耘. 1994. 《切韵》二十八声母说. 语言研究, (2): 116-127.

麦耘. 1995a. 韵图的介音系统及重纽在《切韵》后的演变//音韵与方言研究. 广州: 广东人民出版社: 63-76.

麦耘. 1995b. 《切韵》元音系统试拟//音韵与方言研究. 广州: 广东人民出版社: 96-118.

麦耘. 1999. 隋代押韵材料的数理分析. 语言研究, (2): 112-128.

麦耘. 2002. 汉语语音史上"中古时期"内部阶段的划分——兼论早期韵图的性质//潘悟云主编. 东方语言与文化. 上海: 东方出版中心: 147-166.

麦耘. 2008. 论对中古音"等"的一致性构拟//复旦大学汉语言文字学科《语言研究集刊》编委会编. 语言研究集刊(第五辑). 上海: 上海辞书出版社: 18-34.

聂鸿音. 1984. 《切韵》重纽三四等字的朝鲜读音. 民族语文, (3): 61-66.

聂鸿音. 1998. 回鹘文《玄奘传》中的汉字古音. 民族语文, (6): 62-70.

欧阳国泰. 1986. 原本《玉篇》残卷声类考. 语言研究, (2): 47-52.

欧阳国泰. 1987a. 《切韵》"俟"母质疑. 厦门大学学报(哲社版), (3): 155-158.

欧阳国泰. 1987b. 原本《玉篇》的重纽. 语言研究, (2): 88-94.

欧阳宗书. 1990. 《汉书·音注》声母系统. 江西大学学报(社会科学版), (4): 102-107.

潘文国. 1986. 论总和体系——《切韵》性质的再探讨. 华东师大学报(哲学社会科学版), (4): 89-96.

潘文国. 2002. 汉语音韵研究中难以回避的论争——再论高本汉体系及《切韵》性质诸问题. 古汉语研究, (4): 2-12.

潘悟云. 1982. 关于汉语声调发展的几个问题——读王士元先生的 A Note on Tone Development. *Journal of Chinese Linguistics*, 10(2): 359-385.

潘悟云. 1983. 中古汉语方言中的鱼和虞//上海市语文学会编. 语文论丛(第 2 辑). 上海: 上海教育出版社: 78-85.

潘悟云. 1984. 中古汉语轻唇化年代考. 复印报刊资料(语言文字学), (1): 39-45.

潘悟云. 1987. 越南语中的上古汉语借词层. 温州师范学院学报(社会科学版), (3): 38-47.
潘悟云. 2000. 汉语历史音韵学. 上海: 上海教育出版社.
潘悟云, 张洪明. 2013. 汉语中古音. 语言研究, (2): 1-7.
潘悟云, 朱晓农. 1982. 汉越语和《切韵》唇音字//吴文祺主编.《中华文史论丛》增刊·语言文字研究专辑(上). 上海: 上海古籍出版社: 323-356.
盘晓愚. 1998.《经典释文》刘昌宗反切韵类考. 语言研究(增刊): 113-124.
朴柔宣. 1998. 李贺诗歌用韵与中原洛阳韵系. 语言研究(增刊): 195-200.
钱玄同. 1918. 文字学音篇. 北京: 北京大学出版组.
钱玄同. 1999. 国音沿革六讲//钱玄同文集(第五卷)学术四种. 北京: 中国人民大学出版社: 61-200.
阮廷贤, 储泰松. 2012. 唇音分开合试证. 古汉语研究, (3): 15-22, 95.
邵荣芬. 1961.《切韵》音系的性质和它在汉语语音史上的地位. 中国语文, (4): 26-32.
邵荣芬. 1963. 敦煌俗文学中的别字异文和唐五代西北方音. 中国语文, (3): 193-217.
邵荣芬. 1964.《五经文字》的直音和反切. 中国语文, (3): 214-230.
邵荣芬. 1979. 汉语语音史讲话. 天津: 天津人民出版社.
邵荣芬. 1981.《晋书音义》反切的语音系统. 语言研究, (1): 103-124.
邵荣芬. 1982a. 切韵研究. 北京: 中国社会科学出版社.
邵荣芬. 1982b. 略说《经典释文》音切中的标准音//中国社会科学院语言研究所古汉语研究室编. 古汉语研究论文集. 北京: 北京出版社: 1-9.
邵荣芬. 1995.《经典释文》音系. 台北: 学海出版社.
沈建民. 2000.《经典释文》音切研究. 上海师范大学博士学位论文.
沈建民. 2007.《经典释文》音切研究. 北京: 中华书局.
沈祥源. 1981. 唐五代词韵字表. 固原师专学报(社会科学版), (2): 57-63.
师为公, 郭力. 1987. 沈佺期、宋之问诗歌用考. 铁道师院学报, (2): 4-9.
施向东. 1983. 玄奘译著中的梵汉对音和唐初中原方音. 语言研究, (1): 27-48.
施向东. 2000. 十六国时代译经中的梵汉对音(声母部分)//中国音韵学研究会, 徐州师范大学语言研究所编. 中国音韵学研究会第十一届学术讨论会汉语音韵学第六届国际学术研讨会论文集. 香港: 香港文化教育出版社有限公司: 118-123.
施向东. 2009. 鸠摩罗什译经与后秦长安音//音史寻幽: 施向东自选集. 天津: 南开大学出版社: 88-99.
施则敬. 1942. 唐律用韵考. 真知学报, 1(2): 14-18.
石磊. 2000.《五经文字》音注反映的中唐语音现象. 古籍整理研究学刊, (4): 27-30.
史存直. 1985. 汉语音韵学纲要. 合肥: 安徽教育出版社.
史存直. 1986. 日译汉音、吴音的还原问题//中国音韵学研究会编. 音韵学研究(第二辑). 北京: 中华书局: 172-186.

宋秉儒.1996.杜牧诗韵考.宁夏教育学院 银川师专学报(社会科学),(5):25-60.
孙捷,尉迟治平.2001.盛唐诗韵系略说.语言研究,(3):85-94.
孙玉文.1993a.李贤《后汉书音注》的音系研究(上).湖北大学学报(哲学社会科学版),20(5):121-126.
孙玉文.1993b.李贤《后汉书音注》的音系研究(下).湖北大学学报(哲学社会科学版),20(6):61-66,78.
孙玉文.1994.中古尤韵舌根音有重纽试证.台湾清华学报,24(1):155-161.
万西康.1984.从李贺诗歌用韵看中唐语音的演变.东华理工大学学报(社会科学版),(2):33-48.
万献初.2004.《经典释文》音切类目研究.北京:商务印书馆.
汪荣宝.1923a.歌戈鱼虞模古读考.华国月刊,(2):1-11.
汪荣宝.1923b.歌戈鱼虞模古读考(续第二期).华国月刊,(3):1-12.
汪业全.2004.史崇玄《一切道经音义》考.广西师范大学学报(哲学社会科学版),(2):71-74.
王国维.2003a.天宝《韵英》、陈廷坚《韵英》、张戬《考声切韵》、武玄之《韵诠》分部考//王国维.观堂集林(外二种).2版.彭林整理.石家庄:河北教育出版社:198-200.
王国维.2003b.书巴黎国民图书馆所藏《唐写本切韵》后//王国维.观堂集林(外二种).2版.彭林整理.石家庄:河北教育出版社:173-176.
王国维.2003c.唐时韵书部次先后//王国维.观堂集林(外二种).2版.彭林整理.石家庄:河北教育出版社:187-198.
王国维.2003d.书内府所藏王仁昫《切韵》后//王国维.观堂集林(外二种).2版.彭林整理.石家庄:河北教育出版社:176-178.
王国维.2003e.书吴县蒋氏藏唐写本唐韵后//王国维.观堂集林(外二种).2版.彭林整理.石家庄:河北教育出版社:179-182.
王国维.2003f.李舟《切韵》考//王国维.观堂集林(外二种).2版.彭林整理.石家庄:河北教育出版社:185-187.
王国维.2014.声类韵集分部说//王国维手定观堂集林.黄爱梅点校.杭州:浙江教育出版社:186.
王吉尧.1987.从日语汉音看八世纪长安方音.语言研究,(2):57-70.
王吉尧.2000.日语汉字音研究中的几个问题//中国音韵学研究会,徐州师范大学语言研究所编.中国音韵学研究会第十一届学术讨论会汉语音韵学第六届国际学术研讨会论文集.香港:香港文化教育出版社有限公司:462-466.
王吉尧,石定果.1986.汉语中古音系与日语吴音、汉音音系对照//中国音韵学研究会编.音韵学研究(第二辑).北京:中华书局:187-219.
王静如.1941.论开合口.燕京学报,(29):143-192,260-261.

王静如. 1948. 论古汉语之腭介音. 燕京学报, (35): 51-94, 302.
王力. 1936. 南北朝诗人用韵考. 清华学报(自然科学版), (3): 783-842.
王力. 1948. 汉越语研究. 岭南学报, 9(1): 1-97.
王力. 1980a. 汉语史稿(上册). 北京: 中华书局.
王力. 1980b. 玄应一切经音义反切考. 武汉师范学院学报(哲学社会科学版), (3): 18-24.
王力. 1981. 中国语言学史. 太原: 山西人民出版社.
王力. 1982a. 《经典释文》反切考//龙虫并雕斋文集(第三册). 北京: 中华书局: 135-211.
王力. 1982b. 朱翱反切考//龙虫并雕斋文集(第三册). 北京: 中华书局: 212-256.
王力. 1985. 汉语语音史. 北京: 中国社会科学出版社.
王曦. 2014a. 论玄应《一切经音义》喉音声母晓、匣、云、以的分立. 中南大学学报(社会科学版), 20(3): 286-290.
王曦. 2014b. 试论历史语音研究中多音字常读音考察的方法——以《玄应音义》中多音字常读音研究为例. 古汉语研究, (3): 88-94, 96.
王显. 1961. 《切韵》的命名和《切韵》的性质. 中国语文, (4): 16-25.
王显. 1962. 再谈《切韵》音系的性质——与何九盈、黄淬伯两位同志讨论. 中国语文, (12): 540-547.
王显. 1984. 《切韵》纲纪讨论制订的年份//中国社会科学院语言研究所古代汉语研究室编. 古汉语研究论文集(二). 北京: 北京出版社: 34-48.
王显. 1997. 陆序"开皇初"为九年四月十七日前后说的补充. 古汉语研究, (3): 1-6.
王越. 1933. 三国六朝支脂之三部东中二部演变总说. 国立中山大学文史学研究所月刊, 1(2): 43-46.
王越. 1934. 魏晋南北朝"支""脂""之"三部"东""中"二部之演变. 东方杂志, 31(7): 159-161.
王忠林. 1991. 敦煌歌辞用入声韵探讨. 高雄师范大学学报, (2): 31-48.
魏建功. 1932. 唐宋两系韵书体制之演变——敦煌石室存残五代刻本韵书跋. 国学季刊, 3(1): 133-162.
魏建功. 1935. 古音系研究. 北京: 北京大学出版组.
魏建功. 1936. 论切韵系的韵书——十韵汇编序. 国学季刊, 5(3): 61-140.
魏建功. 1957. 《切韵》韵目次第考源——敦煌写本"归三十字母例"的史料价值. 北京大学学报(人文社会科学版), (4): 69-85.
吴圣雄. 2000. 平安时代假名文学所反映的日本汉字音//台湾声韵学学会, 台湾大学中国文学系主编. 声韵论丛(第九辑). 台北: 台湾学生书局: 423-456.
萧永雄. 1973. 元白诗韵考. 中国文化大学硕士学位论文.
谢纪锋. 1990. 《汉书》颜氏反切声类系统研究//北京师范大学中文系主编. 北京师范大学学报增刊·学术之声(3). 北京: 北京昌平亭自庄福利印刷厂: 121-142.

谢纪锋.1992.《汉书》颜氏音切韵母系统的特点——兼论切韵音系的综合性.语言研究，(2)：110-118.
谢美龄.1990a.慧琳反切中的重纽问题(上).大陆杂志，81(1)：34-48.
谢美龄.1990b.慧琳反切中的重纽问题(下).大陆杂志，81(2)：33-35.
熊桂芬.2015.从《切韵》到《广韵》.北京：商务印书馆.
熊江平.1995.杜牧诗韵考.青海师范大学学报(社会科学版)，(1)：83-92.
徐朝东.2003.与蒋藏本《唐韵》相关的敦煌韵书残卷考释.敦煌研究，(2)：79-82,111.
徐朝东.2012.蒋藏本《唐韵》研究.北京：北京大学出版社.
徐时仪.1997.慧琳音义研究.上海：上海社会科学院出版社.
徐时仪.2000.慧琳《一切经音义》引《切韵》考论//《开篇》编辑部，早稻田大学文学部古屋研究室编纂.中国语学研究《开篇》(第20卷).东京：株式会社 好文出版：42-45.
徐通锵，叶蜚声.1980.历史比较法和《切韵》音系的研究.语文研究，(1)：29-43.
徐之明.1999a.《文选音决》反切韵类考.贵州大学学报，(6)：76-83.
徐之明.1999b.《文选音决》反切声类考//四川大学汉语史研究所.汉语史研究集刊(第二辑).成都：巴蜀书社：330-345.
许宝华，潘悟云.1994.释二等//中国音韵学研究会编.音韵学研究(第三辑).北京：中华书局：119-135.
许世瑛.1974a.论元稹《有鸟》二十章用韵//许世瑛先生论文集.台北：弘道文化事业有限公司：667-683.
许世瑛.1974b.论元稹《有酒》诗十章用韵//许世瑛先生论文集.台北：弘道文化事业有限公司：684-695.
许世瑛.1974c.论元稹《连昌宫词》用韵//许世瑛先生论文集.台北：弘道文化事业有限公司.588-597.
薛凤生.1996.试论《切韵》音系的元音音位与"重纽、重韵"等现象.无锡教育学院学报，(4)：29-35,48.
寻仲臣，张文敏.1999.《经典释文》的反切应是从邪分立.古汉语研究，(2)：16-17.
严学宭.1936.大徐本说文反切的音系.国学季刊，6(1)：45-145.
严学宭.1943.小徐本说文反切之音系.国立中山大学师范学院季刊，(2)：1-80.
严学宭.1990.广韵导读.成都：巴蜀书社.
阎玉山.1990.原本《玉篇》反映的南朝时期的语言特点.东北师大学报(哲学社会科学版)，(4)：62-68.
杨剑桥.1995.陆德明音切中的重纽//朱立元，裴高主编.中西学术(第一辑).上海：学林出版社：438-459.
杨剑桥.1996.汉语现代音韵学.上海：复旦大学出版社.
姚彝铭.1984.日语吴音汉音和中古汉语语音//中国社会科学院语言研究所古代汉语研究

室编. 古汉语研究论文集(二). 北京: 北京出版社: 49-74.
姚永铭. 2000. 《慧琳音义》与《切韵》研究. 语言研究, (1): 95-101.
叶桂郴. 2000. 《陆机集》的用韵研究. 常德师范学院学报(社会科学版), (1): 38-40, 53.
叶键得. 1988. 《十韵汇编》研究. 台北: 台湾学生书局.
殷焕先. 1962. 反切释例. 中国语文, (8/9): 384-392.
殷焕先. 1979. 反切释要. 济南: 山东人民出版社.
殷正林. 1983. 李登《声类》性质管窥. 辞书研究, (6): 152-160, 48.
游尚功. 1988. 司马贞《史记索隐》声类. 贵州大学学报, (1): 61-68.
游尚功. 1991. 《史记索隐》中的"浊上变去". 遵义师专学报, (2): 14-15.
游尚功. 1995. 张守节《史记正义》中的重纽. 黔南民族师专学报(哲社版), (1): 62-68.
游尚功, 廖廷章. 1994. 李贤《后汉书》注声类考. 贵州教育学院学报(社会科学版), (2): 27-32, 43.
于安澜. 1936. 汉魏六朝韵谱. 北京: 中华印书局.
于安澜. 1989. 汉魏六朝韵谱. 暴拯群校改. 郑州: 河南人民出版社.
余廼永. 1974. 互注校正宋本广韵. 台北: 联贯出版社.
余廼永. 1993. 再论《切韵》音——释内外转新说. 语言研究, (2): 33-48.
余廼永. 1995. 释重纽. 语言研究, (2): 38-68.
余廼永. 1997. 中古重纽之上古来源及其语素性质//台湾声韵学学会, 台湾师范大学国文系所, "中央研究院"历史语言研究所主编. 声韵论丛(第六辑). 台北: 台湾学生书局: 107-174.
余廼永. 1999a. 泽存堂本《广韵》之版本问题. 语言研究, (2): 154-159.
余廼永. 1999b. 俄藏宋刻《广韵》残卷的版本问题. 中国语文, (5): 380-383.
余廼永. 2000. 新校互注宋本广韵(增订本). 上海: 上海辞书出版社.
俞敏. 1984a. 后汉三国梵汉对音谱//中国语文学论文选. 东京: 光生馆: 269-319.
俞敏. 1984b. 等韵溯源//中国音韵学研究会编. 音韵学研究(第一辑). 北京: 中华书局: 402-413.
尉迟治平. 1982. 周、隋长安方音初探. 语言研究, (2): 18-33.
尉迟治平. 1984. 周、隋长安方音再探. 语言研究, (2): 105-114.
尉迟治平. 1985. 论隋唐长安音和洛阳音的声母系统——兼答刘广和同志. 语言研究, (2): 38-48.
尉迟治平. 1986. 日本悉昙家所传古汉语调值. 语言研究, (2): 17-35.
尉迟治平. 1998. 韵书残卷 DX1372+DX3703 考释//《李新魁教授纪念文集》编辑委员会编. 李新魁教授纪念文集. 北京: 中华书局: 137-146.
尉迟治平. 2002. 论中古的四等韵. 语言研究, (4): 39-47.
尉迟治平, 黄琼. 2010. 隋唐五代汉语诗文韵部史分期简论. 语言研究, 30(2): 16-21.

喻世长.1989.《切韵》韵母拟音的新尝试//吕叔湘等.语言文字学术论文集——庆祝王力先生学术活动五十周年.上海:知识出版社:240-258.

岳利民.2008a.《经典释文》引音的音义匹配和六朝音.华中科技大学博士学位论文.

岳利民.2008b.《经典释文》中的字头和音义匹配.语言研究,28(4):41-46.

岳利民,张翠翠.2016.《经典释文》中的"又音"与音义匹配.语言科学,15(1):42-51.

曾晓渝,刘春陶.2010.《切韵》音系的综合性质再探讨.古汉语研究,(1):2-8,95.

曾运乾.1927.切韵五声五十一纽考.东北大学季刊,(1):14-21.

曾运乾.2011.音韵学讲义.2版.北京:中华书局.

张光宇.1990.切韵与方言.台北:台湾商务印书馆.

张慧美.1988.朱翱反切新考.东海大学中国文学研究所硕士学位论文.

张慧美.1989.评张世禄、王力两家对朱翱反切声类划分之得失.建国学报,(8):105-116.

张洁.1999.李善音系与公孙罗音系声母的比较.中国语文,(6):460-463.

张金泉.1981.敦煌曲子词用韵考.杭州大学学报(哲学社会科学版),(3):102-117.

张金泉.1985.敦煌俗文学中所见的唐五代西北方音韵类(导言)//甘肃省社会科学院文学研究所编.敦煌学论集.兰州:甘肃人民出版社:268-279.

张琨.1982.论中古音与切韵之关系//汉语史音韵论文集.张贤豹译.台北:台湾联经出版事业股份有限公司:1-24.

张琨.1983.切韵的综合性质.音韵学研究通讯,(4):18-24.

张琨.1985.切韵的前*a 和后*ɑ在现代方言中的演变."中央研究院"历史语言研究所集刊,56(1):43-104.

张琨,张谢贝蒂.1982.古汉语韵母系统与切韵//张琨著,张贤豹译.汉语音韵史论文集.台北:台湾联经出版事业股份有限公司:59-228.

张民权.2017.万光泰音韵学稿本整理与研究.北京:社会科学文献出版社.

张清常.1963.唐五代西北方言一项参考材料——天城梵书金刚经对音残卷.内蒙古大学学报(哲学社会科学版),(2):129-143.

张清常.1993.李登《声类》和"五音之家"的关系//语言学论文集.北京:商务印书馆:229-239.

张世禄.1943.朱翱反切声类考.文科研究所集刊,(1):20-39.

张世禄.1944a.杜甫诗的韵系.中央大学文史哲季刊,2(1):143-158.

张世禄.1944b.朱翱反切考.说文月刊,4(合刊本):117-171.

张渭毅.2002.中古音分期综述.汉语史学报,(1):27-37.

张渭毅.2006.中古音论.开封:河南大学出版社.

张渭毅.2011.论中古音分期问题——为何九盈教授八十华诞而作//张渭毅主编.汉声——汉语音韵学的继承与创新(上册).北京:中国文史出版社:159-210.

张文轩.1983.从初唐"协韵"看当时实际韵部.中国语文,(3):191-200,215.

张贤豹(张光宇).1985.《切韵》纯四等韵的主要元音及相关问题. 语言研究, (2): 26-37.
张煊. 1919. 求进步斋音论. 国故, (1): 1-13.
张永言. 1992.《水经注》中语音史料点滴//语文学论集. 北京: 语文出版社: 153-158.
张玉来. 2009. 再释内外转并论及早期韵图的性质. 语言研究, 29(3): 27-45.
张玉来, 徐明轩. 1991. 论《切韵》语音性质的几个问题. 徐州师范学院学报(哲学社会科学版), (3): 77-81.
章太炎. 2017. 国故论衡. 北京: 商务印书馆.
赵翠阳. 2014. 慧琳《一切经音义》韵类研究. 北京: 中国社会科学出版社.
赵蓉, 尉迟治平. 1999. 晚唐诗韵系略说. 语言研究, (2): 101-111.
赵锐. 1980. 白居易的诗歌用韵. 北方论丛, (5): 81-86.
赵元任. 1930. 关于臻栉韵的讨论. 刘学濬译. 中央研究院历史语言研究所集刊, 1(4): 487-488.
赵元任. 1941. 中古汉语内部的语音区别(Distinctions Within Ancient Chinese). 哈佛亚洲研究杂志(Harvard Journal of Asiatic Studies), 5(3/4): 203-233.
赵振铎. 1962. 从《切韵·序》论《切韵》. 中国语文, (10): 457-476.
赵振铎. 1999. 唐人笔记里面的方俗读音(一)//四川大学汉语史研究所. 汉语史研究集刊(第二辑). 成都: 巴蜀书社: 346-359.
赵振铎. 2000. 唐人笔记里面的方俗读音(二)//四川大学汉语史研究所编. 汉语史研究集刊(第三辑). 成都: 巴蜀书社: 268-283.
郑建华. 1968. 元稹古诗及乐府之韵例及用韵考. 台湾大学中国文学研究所硕士学位论文.
郑伟. 2013.《切韵》重纽字在汉台关系词中的反映. 民族语文, (4): 28-36.
郑张尚芳. 1987. 上古韵母系统和四等、介音、声调的发源问题. 温州师院学报(社会科学版), (4): 67-90.
郑张尚芳. 1997. 重纽的来源及其反映//台湾声韵学学会, 台湾师范大学国文系所, "中央研究院"历史语言研究所主编. 声韵论丛(第六辑), 台北: 台湾学生书局: 175-194.
郑张尚芳. 2003. 上古音系. 上海: 上海教育出版社.
钟兆华. 1982. 颜师古反切考略//中国社会科学院语言研究所古代汉语研究室编. 古汉语研究论文集. 北京: 北京出版社: 16-51.
周大璞. 1979a.《敦煌变文》用韵考(续一). 武汉大学学报(哲学社会科学版), (4): 27-35.
周大璞. 1979b.《敦煌变文》用韵考. 武汉大学学报(哲学社会科学版), (3): 55-58.
周大璞. 1979c.《敦煌变文》用韵考(续完). 武汉大学学报(哲学社会科学版), (5): 36-41.
周法高. 1948a.《切韵》鱼虞之音读及其流变. 中央研究院历史语言研究所集刊, 13: 119-152.
周法高. 1948b. 古音中的三等韵兼论古音的写法. 中央研究院历史语言研究所集刊, 19: 203-233.

周法高. 1948c. 玄应反切考. 中央研究院历史语言研究所集刊, 20(上): 359-444.

周法高. 1948d. 广韵重纽的研究. 中央研究院历史语言研究所集刊, 13: 49-117.

周法高. 1948e. 从玄应音义考察唐初的语音. 学原, (3): 39-46.

周法高. 1952. 三等韵重唇音反切上字研究. "中央研究院"历史语言研究所集刊, 23(下): 385-408.

周法高. 1954. 论古代汉语的音位. "中央研究院"历史语言研究所集刊, 25: 1-20.

周法高. 1968a. 论切韵音. 香港中文大学中国文化研究所学报, 1: 89-112.

周法高. 1968b. 玄应反切字表(附玄应反切考). 香港: 崇基书店.

周法高. 1970. 论上古音和《切韵》音. 中国文化研究所学报, 3(2): 321-459.

周法高. 1984. 玄应反切再论. 大陆杂志, 69(5): 1-16.

周法高. 1989. 隋唐五代宋初重纽反切研究//"中央研究院"第二届国际汉学会议论文编辑委员会编. "中央研究院"第二届国际汉学会议论文集(语言与文字组)(上册). 台北: "中央研究院": 85-110.

周相录. 2000. 《元稹集》校点的音韵学质疑. 陕西师范大学学报(哲学社会科学版), (3): 56.

周长楫. 1995. 中古豪韵在闽南方言的文白读音问题——兼与张光宇、杨秀芳两先生商榷. 台湾研究集刊, (1): 77-82.

周祖谟. 1935. 论《篆隶万象名义》. 国学季刊, 5(4): 195-216.

周祖谟. 1938. 广韵校本附校勘记. 北京: 商务印书馆.

周祖谟. 1940. 陈氏《切韵考》辨误. 辅仁学志, 9(1): 7-60.

周祖谟. 1963. 切韵的性质和它的音系基础//北京大学中文系, 汉语教研室, 语言学教研室编. 语言学论丛(第五辑). 北京: 商务印书馆: 39-70.

周祖谟. 1966a. 万象名义中之原本玉篇音系//问学集(上册). 北京: 中华书局: 270-404.

周祖谟. 1966b. 陈澧切韵考辨误//问学集(下册). 北京: 中华书局: 517-580.

周祖谟. 1966c. 关于唐代方言中四声读法之一些资料//问学集(上册). 北京: 中华书局: 494-500.

周祖谟. 1982. 齐梁陈隋时期诗文韵部研究. 语言研究, (1): 6-17.

周祖谟. 1983. 唐五代韵书集存. 北京: 中华书局.

周祖谟. 1988a. 唐五代的北方语音//北京大学中国语言学研究中心《语言学论丛》编委会编. 语言学论丛(第十五辑). 北京: 商务印书馆: 3-15.

周祖谟. 1988b. 敦煌变文与唐代语音//周祖谟语言文史论集. 杭州: 浙江古籍出版社: 169-206.

周祖谟. 1989. 变文的押韵与唐代语音//吕叔湘等. 语言文字学术论文集——庆祝王力先生学术活动五十周年. 上海: 知识出版社: 194-219.

周祖谟. 1996. 魏晋南北朝韵部之演变. 台北: 东大图书股份有限公司.

周祖谟. 1997. 齐梁陈隋时期的方音//北京大学中文系《语言学论丛》编委会编. 语言学论

丛(第十九辑). 北京: 商务印书馆: 1-6.
周祖庠. 1995. 原本玉篇零卷音韵. 贵阳: 贵州教育出版社.
朱声琦. 1991. 从《玉篇》看照系三等声母的产生. 山西师大学报(社会科学版), (4): 91-93.
朱声琦. 1992. 从《玉篇》看舌上音知系声母的产生. 南京师大学报(社会科学版), (2): 82-86.
朱晓农. 2008. 方法: 语言学的灵魂. 北京: 北京大学出版社.
竺家宁. 1995. 试论重纽的语音. 中国语文, (4): 298-305.
梅祖麟. 1970. Tones and Prosody in Middle Chinese and the Origin of the Rising Tone. *Harvard Journal of Asiatic Studies*, (30): 86-100.
〔德〕Nagal, P. 1941. Beiträge zur Rekonstraktion der 切韵 Ts'ieh-yun Sprache auf Grund von 陈澧 Chen Li's 切韵考 Ts'ieh-yun-k'au（根据陈澧切韵考对切韵音的贡献）. *T'oung Pao*, ⅩⅩⅩⅥ: 95-158.
〔俄〕钢和泰. 1923. 音译梵书与中国古音. 胡适译. 国学季刊, 1(1): 47-56.
〔俄〕龙果夫. 1931. 对于中国古音重订的贡献. 唐虞译. 中央研究院历史语言研究所集刊, 3(2): 295-308.
〔俄〕雅洪托夫. 1986. 上古汉语的复辅音声母//唐作藩, 胡双宝选编. 汉语史论集. 北京: 北京大学出版社: 42-52.
〔法〕马伯乐. 2005. 唐代长安方言考. 聂鸿音译. 北京: 中华书局.
〔加〕蒲立本. 1999. 上古汉语的辅音系统. 潘悟云, 徐文堪译. 北京: 中华书局.
〔美〕包拟古. 1995. 原始汉语与汉藏语. 潘悟云, 冯蒸译. 北京: 中华书局.
〔美〕柯蔚南. 1991. 义净梵汉对音探讨(*A Survey of Yijing's Transcriptional Corpus*). 语言研究, (1): 68-92.
〔日〕平山久雄. 1990. 《切韵》序和陆爽. 中国语文, (1): 54-58.
〔日〕平山久雄. 1991. 中古重唇音重纽在《中原音韵》齐微韵里的反映//高福生. 中原音韵新论. 北京: 北京大学出版社.
〔日〕平山久雄. 1998. 隋唐音系里唇化舌根音韵尾和硬腭音韵尾//北京大学中文系《语言学论丛》编委会编. 语言学论丛(第二十辑). 北京: 商务印书馆: 117-138.
〔日〕桥本万太郎. 1985. 中古汉语的卷舌韵尾. 卢景文译. 语文研究, (4): 8-10.
〔日〕桥本万太郎. 1986a. 中古汉语的卷舌韵尾(续一). 卢景文译. 语文研究, (1): 61-65.
〔日〕桥本万太郎. 1986b. 中古汉语的卷舌韵尾(续完). 卢景文译. 语文研究, (2): 56-59.
〔瑞典〕珂罗倔伦(高本汉). 1923a. 答马斯贝啰(Maspero)论切韵之音. 林语堂译. 国学季刊, 1(3): 475-498.
〔瑞典〕珂罗倔伦(高本汉). 1923b. 对于'死''时''主''书'诸字内韵母之研究. 徐炳昶译. 国学季刊, 1(3): 499-503.
〔瑞典〕高本汉. 1940. 中国音韵学研究. 赵元任, 罗常培, 李方桂译. 北京: 商务印书馆.

〔瑞典〕高本汉. 1987. 中上古汉语音韵纲要. 聂鸿音译. 济南: 齐鲁书社.
〔日〕坂井健一. 1975. 魏晋南北朝字音研究: 経典釈文所引音彙攷. 東京: 汲古書院.
〔日〕池田証寿. 1982. 玄応音彙と新撰字鏡. 国語学, (130): 1-18.
〔日〕大島正二. 1967. 敦煌出土蔵漢語彙資料について——唐代西北方言口語音の特徴のいくつか. 早稲田大学語学教育研究所紀要, (6): 16-59.
〔日〕大島正二. 1981. 唐代字音の研究. 東京: 汲古書院.
〔日〕大島正二. 1984a. 曹憲「博雅音」考——隋代南方字音の一様相(上). 北海道大学文学部紀要, 32(2): 1-113.
〔日〕大島正二. 1984b. 曹憲「博雅音」考——隋代南方字音の一様相(上)-補稿. 北海道大学文学部紀要, 33(1): 35-237.
〔日〕大島正二. 1985. 曹憲「博雅音」考——隋代南方字音の一様相(下). 北海道大学文学部紀要, 34(1): 47-81.
〔日〕大島正健. 1931. 漢音呉音の研究. 東京: 第一書房.
〔日〕高田時雄. 1988. 敦煌資料による中国語史の研究: 九・十世紀の河西方言. 東京: 創文社.
〔日〕河野六郎. 1939. 朝鮮漢字音の一特質. 言語研究, (3): 27-53.
〔日〕金山正好. 1940. 大乗中宗見解とその漢蔵対音. 大正大学学報, 30: 335-370.
〔日〕平山久雄. 1966. 切韻における蒸職韻と之韻の音価. 東洋学報: 東洋文庫和文紀要, 49(1): 42-68.
〔日〕三根谷徹. 1953. 韵镜の三・四等について. 言語研究, (22/23): 56-74.
〔日〕三根谷徹. 1972. 越南漢字音の研究. 東京: 東洋文庫論叢.
〔日〕三根谷徹. 1976. 唐代の標準音について. 東洋学報: 東洋文庫和文紀要, 57(1/2): 288-273.
〔日〕上田正. 1983. 慧琳音論考. 日本中国学会報, (35): 167-176.
〔日〕上田正. 1987. 慧琳反切総覧. 東京: 汲古書院.
〔日〕藤堂明保. 1957. 中国語音韻論. 東京: 江南書院.
〔日〕有坂秀世. 1957a. 萬葉假名雜考//國語音韻史の研究(増補新版). 東京: 三省堂: 557-561.
〔日〕有坂秀世. 1957b. カールグレン氏の拗音説を評す//國語音韻史の研究(増補新版). 東京: 三省堂: 327-358.
〔日〕羽田亨. 1923. 漢番対音千字文の断簡. 東洋学報, 13(3): 390-410.
〔日〕中田勇次郎. 1936. 唐五代詞韵考. 支那学, 8(4): 551-558.
〔美〕Martin, S. 1953. The phonemes of ancient Chinese. *Supplement to the Journal of the American Oriental Society*, (16): 1-46.

第四章
20 世纪汉语近代音研究

　　本章概略回顾了 20 世纪以前的汉语近代音研究历史，明确了现代语言学意义的汉语近代音研究是建立在历史比较语言学理论和方法基础之上的。它从世纪初的"北音学"发端，迅速发展为兼顾汉语近代共同语语音研究和各地方音研究的热门学科。人才辈出，成果丰盈。到 20 世纪的最后 20 年，更趋于鼎盛。本章既归纳了 20 世纪汉语近代音研究观念与研究材料、研究方法的发展，又梳理了 20 世纪对汉语近代音总体构成的探索与辨析。还以更多篇幅归纳了对汉语近代共同语语音作分时期、分层面的共时研究的重要成果，梳理了 20 世纪研究汉语共同语语音在近代期间历时变化的诸多收获；20 世纪汉语近代方音的研究尚嫌薄弱，但从本章介绍到的成果看，也已经足以对近代不少地区的汉语方音及其后来的发展有一个大体的认知。此外，由于《中原音韵》一书对汉语近代音研究有着特殊意义，本章专辟一节，以介绍 20 世纪《中原音韵》音系及相关问题研究的丰硕成果。

　　我们赞成这样一种观点：语音有渐变性，在汉语近代音（简称近代音）与汉语中古音（简称中古音）之间和近代音与汉语现代音（简称现代音）之间，必然有过渡或交叠。在过渡或交叠中不是非此即彼而是亦此亦彼。从中古迄今的汉语语音发展看，可以认为从晚唐五代到北宋是中古音和近代音的过渡期，从清代中叶到民国初年是近代音和现代音的过渡期，纯粹近代音时期也就是从南宋到清代前期这一段时期（详情参见本章第五节的讨论）。为了突出近代音的主流，并能与前后时期衔接，我们所称近代音始于北宋，止于清末；不包括晚唐五代，也不包括民国初年，晚唐五代归入中古音，民国以后归入现代音，本章不予讨论。

第一节　20 世纪以前的汉语近代音研究概述

在 20 世纪以前的漫长时期中，亦即在近代音自身形成、发展的过程中，学者对近代音的研究就已经开始。而且愈是接近 20 世纪，研究愈是盛行，留传下来的成果愈多。这些成果是前人给后来者留下的丰厚遗产，为 20 世纪以及今后的近代音研究提供了宝贵的材料并奠定了坚实的基础。

20 世纪以前的近代音研究有两大表现。首先，表现为近代音研究材料的创作和积累。这又可以区分为自觉和不自觉两种情形。自觉的如对近代不同时间和地区的汉语语音在当时条件下的记录和整理，又主要表现为韵书的创作和韵图的编制，它们大都在不同程度上对当时的汉语共同语语音或地域方音有所描述和分析。不自觉的如创作不同体裁的韵文，为典籍及其他著述作音注，以及汉语与非汉语的译音与对音等，其目的虽不在语音研究，但也都在客观上不同程度地记录或反映了汉语近代音。可以说，近代音研究得天独厚，拿传世的上古音和中古音研究材料同近代音研究材料比较，无论是在数量上还是在质量上，后者都毫不逊色甚或有过之。其次，表现为对近代音特征和规律的发掘、认识，研究观念和研究方法的改进。尽管这后一种研究在 20 世纪之前还大都是分散的、零星的、不自觉的，着眼点往往还并非语言自身，成就也还赶不上当时的上古音和中古音研究，但毕竟已经有了一个良好的开端。

下面分作两小节概述。

一、20 世纪以前的汉语近代共同语语音研究

（一）宋辽金时期的汉语共同语语音研究

研究材料的创作和积累较为突出。以韵书、韵图形式出现的既有丁度等人奉敕编纂的《礼部韵略》与《集韵》，更有私家著述，如韩道昭的《五音集

韵》，毛晃、毛居正父子的《增修互注礼部韵略》，刘渊的《壬子新刊礼部韵略》，张麟之所刊《韵镜》，郑樵的《通志·七音略》，《四声等子》（撰人不详，或以为出自宋辽僧人之手，曾附于《龙龛手鉴》刊行），《切韵指掌图》（作者尚难定论），邵雍的《皇极经世·天声地音》，祝泌的《皇极经世解起数诀》，《卢宗迈切韵法》等。以音注形式出现的有毋昭裔的《尔雅音图》音注，孙奕的《九经直音》与《示儿编》音注，朱熹的《诗集传》《四书集注》《楚辞集注》反切，吴棫的《韵补》反切，洪兴祖的《楚辞补注》音注，以及辽僧行均的《龙龛手鉴》反切等；以译音、对音等形式出现的有天息灾、施护译音，孙穆的《鸡林类事·高丽方言》，等等。此外，大量的宋辽金词、宋辽金诗以及宋金诸宫调和其他韵文作品，也为这一时期的汉语近代共同语语音研究积累了丰富的材料。

对近代音特征和规律的发掘、认识也已开始。上述研究材料的创作和积累，已经意味着研究逐渐摆脱主要反映前代读书音的传统韵书的束缚，开始了对当时不同层面及地域的共同语声韵调系统的全面把握。特别是韵图的承袭和创作，更意味着朴素的音位分析观念至迟在宋代已经确立。其他如吴棫著《韵补》，朱熹为《诗经》作叶音等，已经较为明确地意识到当时语音已经同古代有较大的差异。张麟之的《韵镜》序例与严粲（南宋）的《诗缉》条例揭示出全浊上变去在当时已成规律；《四声等子》与《切韵指掌图》的列图表明十六摄已有混并，入声韵的状态也有了变化；《增修互注礼部韵略》和《五音集韵》还明确提出《切韵》音系的麻、马、祃韵在当时已经一分为二，车遮韵宣告独立。

（二）元代的汉语共同语语音研究

在研究材料的创作和积累上，韵书有熊忠的《古今韵会举要》、《蒙古字韵》（撰人不详）、周德清的《中原音韵》、卓从之的《中州乐府音韵类编》，韵图有刘鉴的《经史正音切韵指南》等。对音资料有八思巴-汉碑文、八思巴字对音《百家姓》与《蒙古秘史》（现仅存明初汉字标音本）；此外，研究材料还包括大量的元曲和其他韵文作品。其他如孔齐的《至正直记》、陶宗仪的《南村辍耕录》等笔记材料中的一些记载和胡三省的《资治通鉴音注》，也不可忽视。

在对近代音特征和规律的发掘、认识上，较宋代已有发展。《中原音韵》是第一部以崭新的面目系统反映汉语近代共同语语音，又尤其是共同语口语语音的韵书，它不仅肯定了当时中原之音作为天下通语语音的崇高地位，还第一个揭示出近代中原之音的两大特点：平分阴阳和入声消变。支思、桓欢、车遮等三韵在韵书中的独立，也始见于《中原音韵》。对于此类特点，在与周德清同时的虞集、罗宗信等人为《中原音韵》所作的序文中就大都已经得到肯定。《中原音韵·正语作词起例》"末句"条要求尽可能回避"上上、去去"，意味着周氏已经意识到了连读变调的存在。除此之外，孔齐在《至正直记》中记述了当时作为共同语口语语音的中原雅音的分布地域；刘鉴的《经史正音切韵指南》中的"交互音"条显示当时知照两组声母合并、泥娘不分、非敷不分、疑喻不分；陶宗仪的《南村辍耕录》则透露了当时"中州之韵，入声似平声，又可作去声"[①]等诸多语音信息。《蒙古字韵》还是已知的用八思巴文为汉语注音的第一部汉语拼音韵书。正是八思巴-汉等对音材料，为元代汉语共同语语音的构拟提供了十分有价值的参照。

（三）明代的汉语共同语语音研究

在明代，从不同层面、反映不同时期和地域的共同语语音的韵书、韵图已经数量众多。如乐韶凤、宋濂、王僎等人奉敕编纂的《洪武正韵》（1379年汪广洋等人又奉敕重修）、《中原雅音》（撰人不详）、兰茂的《韵略易通》与本悟的《韵略易通》、李登的《书文音义便考私编》、徐孝的《重订司马温公等韵图经》与《合并字学集韵》、吕坤的《交泰韵》、乔中和的《元韵谱》、李世泽的《韵法横图》、《韵法直图》（撰人不详，与《韵法横图》同附于《字汇》之后）、方以智的《切韵声原》、莫铨的《音韵集成》、毕拱宸的《韵略汇通》、朱权的《琼林雅韵》、王文璧的《中州音韵》等。其中，特别值得重视的是对当时实际语音的反映。韵书如《洪武正韵》已是在一定程度上反映了当时的"中原雅音"，是所谓"依德清而增入声者也"[②]。《韵略易通》更直接反映了当时云南地区通行的"存雅求正"的普通话音。韵图也已非宋元之

---

① （元）陶宗仪：《南村辍耕录》卷4，明成化10年（1474年），第14页。
② （清）吴烺：《杉亭集·五声反切正韵》，乾隆年间刻本。

旧，更加遵从时音，如《韵法横图》与《韵法直图》在编排韵母时已完全弃"等"从"呼"，《重订司马温公等韵图经》与《音韵集成》更被认为直接反映了十七世纪北京地区的语音。反映明代不同时期和地域共同语语音的音注则俱见于臧晋叔的《元曲选》、王荔和王允嘉的《正音捃言》、罗明坚和利玛窦的《葡汉辞典》、金尼阁的《西儒耳目资》、琉球官话课本（有多种）以及利玛窦的罗马字注音文章等；对音则有申叔舟、成三问等的《洪武正韵译训》，申叔舟的《四声通考》，崔世珍的《四声通解》、《翻译老乞大·朴通事》、《老乞大谚解》、《朴通事谚解》及《翻译老乞大·朴通事》的后出版本（有改动），会同馆的《华夷译语》之《朝鲜馆译语》《日本馆译语》《琉球馆译语》，陈侃和高澄的《使琉球录·夷语》（嘉靖年间初刻）等。此外，这一时期创作的《金瓶梅》《西游记》等小说，陆容的《菽园杂记》、张位的《问奇集》、郎瑛的《七修类稿》等笔记以及《利玛窦中国札记》等，也都蕴含了不少明代共同语语音及其基础方音的材料。

对汉语近代共同语语音特征和规律的发掘、认识，到明代又更上一层楼。至迟在明初，已经出现"官话"的说法，到明代中叶以后，官话更广为流行，金尼阁的《西儒耳目资》对此有清晰的描述。还有当时学者（如张位）已经意识到官话中有"乡音"，并且"江南"与"江北"有差异。其他如《洪武正韵·序》与《交泰韵》揭示了"中原雅音"在当时的崇高地位，《琼林雅韵·序》又勾勒出中原雅音在明代的分布地域。兰茂在《韵略易通》中用《早梅诗》概括二十声母并将《中原音韵》鱼模韵一分为二。李登的《书文音义便考私编》明确表述了全浊清化现象和-m 尾的消变。陆容的《菽园杂记》、张位的《问奇集》对包括汉语共同语基础方音在内的不同地区方音的特点有了更加精细的观察和比较。王骥德的《曲律》、方以智的《通雅》也分别对《中原音韵》的性质、分韵以及入声分派等作过述评。特别是《曲律·论平仄第五》对《中原音韵·正语作词起例》"末句"条所称"上上、去去皆得回避尤妙"的分析，也已经从理论层面上开始总结出连读变调的规律。方以智的《切韵声原》（收入《通雅》内）提出"支为独韵""儿为独字"，已悟出 ï、ɚ[①]与 i 的不同。沈

[①] 即使还不能肯定是 ɚ，应当也已经与《重订司马温公等韵图经》《西儒耳目资》所见略同。又，本章所用音标皆为国际音标，除去引文中音标一仍其旧外，不外加方括号。

宠绥在其《度曲须知》与《弦索辨讹》中对北曲不同韵部音节"出字"与"收音"的细致分析与描写，更是在一定程度上接近现代语音学的水平。再如《洪武正韵译训》对《洪武正韵》声母的精确概括，申叔舟、崔世珍对当时汉语"俗音""今俗音"声韵调发音特征的细致描写，罗明坚、利玛窦、金尼阁等人最早用西文字母拼写汉字读音等。所有这些，都代表了当时近代音观察和研究的最高水平。而袁子让的《五先堂字学元元》对邵雍的《皇极经世·声音唱和图》的分析，方以智、王世贞等对周德清的《中原音韵》入派三声的不同认识，吉甫的《辨音纂要》通过对比说明《中原雅音》与《中原音韵》韵目一致，再加上前述申、崔二氏对《蒙古韵》或《蒙古字韵》中所反映北音的精到剖析等，都分别开启了近代音研究中后代学人对前代论著进行探讨的先河。

（四）清代的汉语共同语语音研究

在研究材料的创作和积累上，从不同层面、反映不同时期和地域的清代共同语语音的韵书、韵图不下数十种。如樊腾凤的《五方元音》、朴隐子的《诗词通韵》、李渔的《笠翁词韵》、李光地和王兰生的《音韵阐微》、阿摩利谛等的《三教经书文字根本》、赵绍箕的《拙庵韵悟》、马自援的《等音》、李汝珍的《李氏音鉴》、高静亭的《正音撮要》、莎彝尊的《正音咀华》、吴烺的《五声反切正韵》、胡垣的《古今中外音韵通例》、潘耒的《类音》、裕恩的《音韵逢源》、潘逢禧的《正音通俗表》、美国人富善的《官话萃珍》等即是其例。用西文字母为汉字注音的音注类著作则有西班牙人万济国的《华语官话词典》、意大利人叶尊孝的《汉字西译》、英国威妥玛的《语言自迩集》、美国人卫三畏的《汉英韵府》以及罗马字《新约全书》、钟秀芝的《西蜀方言》、何美龄的《南京官话》等。此外，如《康熙字典》《圆音正考》，各种满-汉对音材料，潘相的《琉球入学见闻录》所收"土音""字母""诵声"的汉语对音、李鼎元的《琉球译》所收寄语的汉语对音、傅云龙的《游历日本图经》所收寄语的汉语对音以及小说《红楼梦》《镜花缘》《醒世姻缘传》等，也都蕴含了不少清代共同语及其基础方言的语音材料。

对近代音特征和规律的发掘、认识，则主要表现在以下三个方面：①对新出现的语音特点的揭示，如由存之堂刊行的《圆音正考》明确反映见精二组声母在细音前合流等。②对当时官话语音区分南北二系的揭示，如高静亭的《正音撮要》、莎彝尊的《正音咀华》对此均有精当的描述。③对前代近代音论著的更加深入的认识，如刘禧延的《中州切音谱赘论》对《中原音韵》中闭口韵的认识，纪晓岚的《四库全书总目提要》对《中原音韵》"入派三声"基于自然语音（"北音"）的认识，毛先舒的《声韵丛说》、戈载的《词林正韵》和刘熙载的《艺概·词曲概》对《中原音韵》"入派三声"规则和例外的认识，便都已超越前人。

此外，在这一时期，日本学者太田全斋在1815年印行的《汉吴音徵》中引用《中原雅音》资料，冈本况齐在1825年成书的《诗痴府》中已有对《中原音韵》的真正语言学的研究，同时也述及《中原雅音》一书；法国学者朴节在其1862年发表的《八思巴蒙古字字母表》中，构拟出每一个八思巴字母的音值，并以为汉语入声韵尾业已消失（转引自张世禄，1936a，1984）。似此皆可谓已经发出20世纪汉语近代音研究的先声。

总结上述，有两件事值得特别重视。

一件是《中原音韵》所具有的划时代意义。《中原音韵》不仅是第一部以崭新的面目系统反映汉语近代共同语语音（又尤其是共同语口语音）的韵书，并且在很大程度上就是汉语近代共同语语音的代表。在整个20世纪以前积累的近代音资料中，数它得到的研究最多，也最深入细致。

另一件是近代外籍学者对汉语近代音研究的贡献。梵-汉、八思巴-汉、朝-汉、日-汉等一大批译音、对音资料的撰作，各种用音标为近代汉语标音的著述，大多是由外籍学者完成，其中不少又是由明清时期的朝鲜学者和各地的西洋传教士编写。正是这些撰作或著述为不同时期的汉语近代共同语语音的构拟提供了重要的依据或可靠的参照，极大地提高了20世纪以来的汉语近代音研究的科学性。

二、20世纪以前的汉语近代方音研究

（一）宋辽金时期的汉语方音研究

首先，在一些笔记类著作中，已有零星的当时汉语方音的记录。如赵与时的《宾退录》所记击鼓射字之技，可能反映了南宋临安一带的方音。黄鉴

(北宋)的《杨文公谈苑》、欧阳修的《归田录》、刘攽的《贡父诗话》、魏泰(北宋,托名张师正)的《倦游录》、沈括的《梦溪笔谈》、陆游的《老学庵笔记》、陈鹄(南宋)的《西塘集耆旧续闻》、赵彦卫(南宋)的《云麓漫钞》等,就已经分别注意到当时巴蜀、关中、荆楚、河朔、闽越、江淮等地的一些语音特点或个别单字的读音。即如"盖蜀人率以平为去"[①]、"关中以中为蒸,虫为尘、丹青之青为萋"[②]、"荆楚以南为难,荆为斤"[③]等。

其次,在这一时期的韵文作品,尤其是词作及古体诗作中,也往往有作者方音的流露,从而为近代方音研究积累了材料。例证俱见鲁国尧等多位学者研究宋代诗韵、词韵的成果(详见本章第八节)。

还需要特别提到一些韵书、韵图、音注和对音著作。《增修互注礼部韵略》与《九经直音》有当时吴音的痕迹,《集韵》中的个别音切也被认为反映的是当时方音。吴棫的《韵补》与朱熹反切中可以窥见当时闽音的成分。骨勒茂才的《蕃汉合时掌中珠》更是全面反映了当时在西夏地区通行的汉语语音的面貌,至今仍是研究宋代汉语西北方音的主要依据。

(二)元代的汉语方音研究

保存到现代的材料不多。可以知道的,一是元词与元曲中有当时方音的反映。如金、元山东词韵便有少量不同于《中原音韵》的特点。在元曲作家乔吉与汪元亨的作品中,韵字与《中原音韵》也有不同之处。二是元代笔记类作品中也有当时方音的反映。如周达观的《真腊风土记》译语可能反映了当时永嘉一带的方音;陶宗仪的《南村辍耕录》不仅记有系统反映元代吴音的"射字法",还有其他几条直接记录当时方音的材料。

(三)明代的汉语方音研究

首先应当是陆容的《菽园杂记》和张位的《问奇集》。这两部著作中不仅

[①] (宋)杨亿口述,黄鉴笔录:《杨文公谈苑》,见上海古籍出版社编《宋元笔记小说大观(一)》,上海古籍出版社,2001,第545页。
[②] (宋)刘攽:《贡父诗话》,丛书集成初编本,商务印书馆,1935,第7页。
[③] (宋)刘攽:《贡父诗话》,丛书集成初编本,商务印书馆,1935,第7页。

有当时汉语共同语基础方音的记述，还包含了不少反映当时其他汉语方音的材料。如前者讲到的汉语方音便涉及京师、河南、北直隶、山东、江西、湖广、四川、歙睦婺三郡、山西、陕西、南京等地。后者则成系统地列举和对比了燕赵、秦晋、梁宋、齐鲁、西蜀、吴越、三楚、闽粤八地的语音特点。另有袁子让在《五先堂字学元元》中述及的当时汉语方音，也同样几乎遍及全国各大区域。不过，比较之下，张位的态度比较客观，陆、袁二人则对所记述的方音颇多贬斥。此外，尚有徐渭的《南词叙录》论及吴人不辨清、亲、侵三韵等。

其次是在汉语语音史上首次出现的专以记录和传授方音为己任的方音韵书。这就是明末以名将戚继光名义编撰的《戚参军八音字义便览》，我们可以从中看到当时福州方音音类的全记录。孙吾与的《韵会定正》、熊晦的《类聚音韵》显露了江西方音。孙耀的《音韵正讹》则较好地反映了当时宣城（今宣州）吴语的语音特点。

再次是陈第的《毛诗古音考》和《屈宋古音义》。两书虽是考订先秦古音之作，但其注音的依据却是陈第自己的家乡话——福州话。所见适与《戚参军八音字义便览》基本一致。

再其次是梅膺祚的《字汇》、张自烈的《正字通》、李实的《蜀语》、沈宠绥的《度曲须知》、徐渭的《南词叙录》等。《度曲须知》、《南词叙录》与《字汇》记录了当时吴方音的一些特点，《正字通》的注音依据可能是当时的赣方音，《蜀语》音注则可大体显示当时的四川方音。此外，如本悟的《韵略易通》、吕坤的《交泰韵》、桑绍良的《青郊杂著》、王应电的《声韵会通》、濮阳涞的《元声韵学大成》、乔中和的《元韵谱》、无名氏的《韵法直图》，乃至罗明坚和利玛窦的《葡汉辞典》等，也都在不同程度上包含不属于当时汉语共同语语音的成分。

最后，前述郭汝霖和李际春的《重编使琉球录·夷语》中的汉语对音反映了当时赣方言永丰话的一些语音特点，会同馆的《华夷译语》之《日本馆译语》与《琉球馆译语》、陈侃和高澄的《使琉球录·夷语》等亦有当时江淮方言和吴方言的反映（丁锋，2008）。在这一时期的大量朝-汉对音资料中，也有一些反映的是当时汉语方音。

（四）清代的汉语方音研究

在清代，汉语近代方音研究进入了 20 世纪之前的最后、同时也是最为繁荣的阶段。记录各地方音的首先是一大批方言韵书，我们甚至已经能够大体以地域为纲来介绍这一时期的汉语方音研究。

就北方地区而言，除去作为当时官话方音代表的北京、南京、成都三地方音不计，反映清代北方各地方音特点的方音韵书尚有徐州一带的《十三韵》、山东一带的《十五音》、徽州的《乡音字汇》（19 世纪中叶已有多种）、合肥的《同声韵学便览》等。此外，樊腾凤的《五方元音》、都四德的《黄钟通韵》、刘振统的《万韵书》与张象津的《等韵简明指掌图》、华长忠的《韵籁》、钟秀芝的《西蜀方言》、《字音会集》（作者不详）、殷德生的《汉音集字》、许惠的《等韵学》等，也分别显示了当时河北、东北、山东、天津、武汉、桐城等地的方音或地方官话音。

就南方地区而言，当时记述最多的是闽方音。方音韵书计有清代林碧山的《珠玉同声》（此书与明代的《戚参军八音字义便览》的合刊被称为《戚林八音》）、R. S. Maclay 与 C. C. Baldwin 的《福州话字典》反映福州一带方音，杜嘉德的《厦门土话字典》反映厦门方音，黄谦的《汇音妙悟》与廖纶玑的《拍掌知音切音调平仄图》反映泉州一带方音，谢秀岚的《雅俗通十五音》反映漳州一带方音，无名氏的《渡江书十五音》反映长泰一带方音，林端材的《建州八音》反映建瓯一带方音。

其次是记述吴方音。方音韵书有仇廷模的《古今韵表新编》、周仁的《荆音韵汇》。此外，尚有艾约瑟的《上海方言口语语法》、戴维斯与奚尔斯比的《汉英上海土话字典》、睦礼逊的《宁波方言字语汇解》、穆麟德的《宁波方言音节》等。

再次是记述广东方音。著名音韵学家陈澧在《东塾集》卷一"广州音说"中就已指出当时广州话"明微二母不分"，"侵覃谈盐添咸衔严凡九韵皆合唇音"，"庚耕清青诸韵合口呼之字"不"读为东冬韵"，"平上去入四声，各有一清一浊"，"上声之浊音，他方多误读为去声，惟广音不误"[①]。此外，尚有莎

---

① （清）陈澧：《东塾集》//《陈澧集》（壹），上海古籍出版社，2008，第 57、58 页。

彝尊的《正音咀华》与王炳耀的《拼音字谱》、欧德理的《广州方言字典》反映广州方音，郑昌时的《韩江闻见录》、张世珍的《潮声十五音》反映潮州方音，卫三畏的《英华分韵撮要》与鲍尔的《香山或澳门方言》表现澳门地区方音。

最后，还有记录客家话的赖嘉禄的《汉法客话字典》，记录陆丰话的商克的《陆丰方言》，等等。

景象如此繁荣，应当说方音研究在清代已经蔚然成风。

前述潘相的《琉球入学见闻录》所收"土音""字母""诵声"的汉语对音、李鼎元的《琉球译》所收寄语的汉语对音、傅云龙的《游历日本图经》所收寄语的汉语对音，也分别有当时西南官话安乡方言、四川罗江方言、四川三台方言语音的反映。

除以上外，一些描述汉语共同语语音的著作，一些戏曲类、笔记类著作，也往往论及近代方音。前者如潘耒的《类音·南北音论》、李汝珍的《李氏音鉴》卷四、胡垣的《古今中外音韵通例》卷七、劳乃宣的《等韵一得外篇·杂论》、钱大昕的《十驾斋养新录》卷五等便包含着对全国各地多种汉语方音的观察和记录。后者如王德晖、徐沅澄的《顾误录》论及南北声类、韵类之别；陈澧的《东塾集》卷一对当时的广州音已经有相当细致的共时与历时的分析。其中，又尤其是清初刘献廷在其《广阳杂记》卷三中就已经设计出系统地调查全国汉语方音的方法，即使在今天看来也具有相当高的科学性。

纵观20世纪以前的汉语近代方音研究，也有两件事特别值得一说。一是以《戚林八音》等为代表的在近代出现、专以表现方音为己任的各地方言韵书，为我们了解汉语近代方音（尤其是与共同语语音距离较大的闽、粤方音）及其演变保存了不少系统的材料。二是不少详细而准确地反映汉语近代方音的材料，亦是出自西洋传教士或朝鲜学者、日本学者之手。

20世纪以前的汉语近代音研究成绩巨大，值得当今的学者深入学习、借鉴并引以为荣。不过，我们也应当清楚地认识到，由于当时的研究往往服务于戏曲或其他目的，缺乏语言研究的独立性和自觉性，研究的理论、方法和工具又往往受到时代的局限，因而积累的研究材料大都精粗、真伪、此彼混杂，价值不一，特征和规律的研究更未形成系统和规模。从总体上说，具有现代语言学意义的、自觉的、具备历史发展观念的汉语近代音的系统研究，在20世纪之前还没有真正开始。

第二节　20世纪的近代音研究分期和研究观念

一、20世纪近代音研究的分期

（一）两个时期与三个阶段

20世纪以来，虽然海内外众多学人都以极大的热情投入到汉语近代音的研究，但近代音毕竟是产生在中国地域上的语音，有关研究的人力资源和成果发表都理所当然地主要集中在中国，可以大致依据国内近代音研究在20世纪所表现出的几度消长和不同时段的研究特点，将20世纪的近代音研究划分为两个时期、三个阶段。

1. 狭义近代音研究时期

也可以称为北音研究时期。大致从20世纪初到70年代中后期。在这一时期，学者们研究的兴趣主要集中在近代北方地区的汉语语音（简称北音），或者说集中在近代官话音和作为近代官话音基础的方言语音。

这一时期的起始点亦即20世纪前的汉语近代音研究的终结点，可以拿钱玄同1918年提出的近代"六百年之普通口音，即为《中原音韵》《洪武正韵》等韵书之音"，"泛称可曰'北音'"作为起始的标识（钱玄同，1999：8）。因为在此之后，即正式建立起盛极一时的"北音学"，专门探讨传统音韵学中一直被忽视的一段汉语语音历史，所作研究莫不具有语言学意义上的研究自觉，并具有鲜明的历史发展观念和系统观念。

这一时期又可以以中华人民共和国的成立为界线分为前后两个阶段。

20世纪初至1949年为近代音研究的第一阶段。这一阶段的研究可以拿白涤洲、董同龢、陆志韦、罗常培、吕叔湘、钱玄同、王力、魏建功、张世禄、赵荫棠（以上国内）、伯希和、包培、金井保三、龙果夫、满田新造、石山福治（以上海外）诸人在这一阶段所发表的论著作为代表。他们所作的大都是开创性的研究，但已经涉及北音的声、韵、调及其在近代不同时期的共时状况和历时变化，甚至已经开始探讨近代汉语中的形态音位，并且往往从中萌发出犀利的学术见解，至今令人钦佩。对近代音的尾声"老国音"（在一段时间内跟现代音并存）进行研究，也是本阶段的一个特点。

1950—1976 年为近代音研究的第二阶段。这一阶段的研究可以拿胡明扬、李新魁、廖珣英、刘俊一、罗常培、邵荣芬、王力、杨耐思、曾庆瑞、张世禄、赵遐秋、赵荫棠、周大璞、周祖谟、陈新雄、董同龢、那宗训、谢云飞、许世瑛、应裕康、郑再发、竺家宁（以上国内），以及平山久雄、藤堂明保、中野美代子、成元庆、姜信沆、李盖特、蒲立本、司徒修（斯蒂姆逊）、薛凤生（以上海外）诸人所发表的论著作为代表。国内学者在本阶段的研究仍旧主要集中在近代北音，而且几乎集中在少数几个问题上，虽有局部的深入和拓展，但没有第一阶段的兴旺景象，更没有形成足以标志一个新时期到来的研究特点。不过，在这一时期，海外学者的近代音研究，如以美籍华裔学者薛凤生为代表的美国汉语文献音位学派对《中原音韵》音系的系统研究，日本学者辻本春彦对《中原雅音》的研究等，则颇多创获。

2. 广义近代音研究时期

大致从 1977 年开始，以迄于 20 世纪末，并延续至今。这一时期等同于 20 世纪近代音研究的第三阶段。本时期研究的最大特色在于突破了前此的近代音研究主要集中于北音的局限。除现代汉语共同语语音在近代的形成和发展继续受到关注外，学者研究的兴趣已经拓展到有近代音材料的许多非北音地点方音的共时和历时状态。如《南村辍耕录》等所见元代吴方音、宋代闽音以及上海、宁波、福州、泉州、广州、澳门、潮州等地一二百年前或更早时期的语音面貌及其后来的发展等。这一阶段的研究队伍空前壮大，研究的材料、研究的观念和研究的方法都出现了崭新的局面，因而进展迅速，成果累累，对前两阶段研究的所有问题几乎都有所开拓、有所前进或有所讨论。如果综合质量、数量和影响看，本阶段的研究大致可以丁锋、冯蒸、耿振生、胡明扬、蒋冀骋、蒋绍愚、蒋希文、金基石、黎新第、李得春、李范文、李思敬、李无未、李新魁、刘淑学、刘晓南、刘勋宁、龙庄伟、鲁国尧、马重奇、麦耘、聂鸿音、宁继福、邵荣芬、唐作藩、杨耐思、杨亦鸣、叶宝奎、俞敏、张鸿魁、张树铮、张卫东、张玉来、张竹梅、赵杰、朱晓农、陈贵麟、陈新雄、丁邦新、龚煌城、金周生、李添富、林庆勋、谢云飞、姚荣松、应裕康、郑锦全、竺家宁（以上国内），以及服部四郎、古屋昭弘、花登正宏、平山久雄、藤堂明保、岩田宪幸、佐佐木猛、蔡瑛纯、姜信沆、金薰镐、司徒修、薛凤生、雅洪托夫（以上海外）诸人在这一时期所发表的有关近代音的论著为代表。

（二）各阶段近代音研究的主要特点

1. 国内各阶段近代音研究队伍和发表成果的数量

截至 2000 年，我们的初步统计结果如下。

第一阶段：研究者（致力于近代音研究并发表相关论文或专著者，后同）不少于 40 人，论文不少于 70 篇（不含未正式出版发行的会议论文或学位论文，但含书序、书评、综述与公开发表的学术通信等，后同），专著不少于 4 部（不含论文集，后同），通论或通史中含近代音研究成分的不少于 5 部。

第二阶段：研究者不少于 51 人，论文不少于 70 篇，专著不少于 14 部（含译著 1 部），通论或通史中含近代音研究成分的不少于 10 部。

第三阶段：研究者不少于 400 人，论文不少于 970 篇，专著不少于 33 部，通论或通史中含近代音研究成分的不少于 47 部。

合计研究者不少于 448 人（跨阶段者、同人异名者皆已合并，后同），论文不少于 1110 篇，专著不少于 51 部，通论或通史中含近代音研究的不少于 62 部。

2. 海外各阶段近代音研究队伍和发表成果的数量

第一阶段：研究者不少于 13 人，论文不少于 15 篇，专著不少于 1 部，通论或通史中含近代音研究成分的不少于 4 部。

第二阶段：研究者不少于 28 人，论文不少于 30 篇，专著不少于 7 部，通论或通史中含近代音研究成分的不少于 4 部。

第三阶段：研究者不少于 62 人，论文不少于 125 篇，专著不少于 9 部，通论或通史中含近代音研究成分的不少于 8 部。

合计研究者不少于 86 人，论文不少于 170 篇，专著不少于 17 部，通论或通史中含近代音研究成分的不少于 16 部。

综观中国国内，可以认为，第一阶段是研究的初潮，第二阶段是研究的过渡，第三阶段则是研究的高潮。从研究队伍和发表的成果来看，一二阶段平稳发展，第三阶段数量直升。

（三）国内各阶段近代音研究的其他特点

国内各阶段近代音研究的其他特点可以大致概括为表4-1。

表4-1 国内各阶段近代音研究的其他特点

区别特征	第一阶段	第二阶段	第三阶段
研究基本局限于北音否	+	+	-
将近代官话方音区分为南北二系否	-	-	+
较多利用韵文材料否	-	±	+
注意利用音注和对音材料否	-	±	+
广泛利用现代方音材料否	-	-	+
致力于轻音、儿化发展的探讨否	-	±	+
致力于单个字读音演变的探讨否	-	-	+
致力于理论、方法的探讨否	-	-	+

注：+表示"是"，-表示"否"，±表示"萌芽或界面状态"。

（四）海外各阶段近代音研究的特点

如前所述，在20世纪，相对于国内近代音研究各阶段，海外都有汉语近代音研究的论著发表，特别是在日本、韩国以及美国。综观海外的研究，有几个共同点：一是都拥有一批卓有建树的知名学者。他们虽然并不都是专攻汉语近代音，但对汉语近代音都有精深的研究。二是在研究材料和研究方法的开拓上，往往起步较早，一些研究也达到了领先水平。例如《中原音韵》的研究、词韵的研究、《中原雅音》的重新发现，都始于日本学者；八思巴-汉、朝-汉等对音材料的研究，始于欧洲和韩国学者；将严格的音位解释引入汉语近代音研究，则始于美国学者，并达到了很高的水准。虽然在20世纪，对于汉语近代音的许多研究，国内的学者都能兼收并蓄、博采众长，并且在研究的第三阶段已经彻底改变了前一阶段的低迷状态，但应当承认，海外的众多学者都为 20 世纪的汉语近代音研究作出了宝贵贡献,有许多值得借鉴和学习的地方。三是海外的汉语近代音研究成果也大都发表在 20 世纪的最后 25 年,略与本节划分的研究的第三阶段相当。究其原因,这既应当同不断加强的历史语音学观念和建立连续的汉语语音史的迫切需求直接相关,也应当同海内外同行在这一阶段已经有机会开展多种形式的学术交流,相互影响、相互促进,共谋汉语近代音研究的繁荣直接相关。

如前所述,我们为 20 世纪的汉语近代音研究分期,主要拿国内的状况作为依据,对 20 世纪的汉语近代音研究的介绍,也主要是国内的作者和成果。但在下文的叙述和讨论中,仍将尽可能顾及海外的研究。只是限于识力与见闻,不免拙于去取,或者挂一漏万。

二、20 世纪近代音研究的观念

本节旨在讨论 20 世纪近代音研究观念的发展。所谓发展,一是相对于 20 世纪以前的近代音研究而言,二是后阶段的研究相对于前阶段的研究而言。

(一)汉语近代音已被视为汉语语音史的重要组成部分

在第一阶段,最早有钱玄同的《文字学音篇》论及古今字音之变迁,所分 6 期中第 5 期即为 14—19 世纪(元明清)。其后,黎锦熙在《中国近代语研究提议》中更明确提出近代为宋元至清,是从古语到现代语的过渡期,且为现今标准国语的基础。白涤洲的《北音入声演变考》专考近代北音入声 600 余年(元明清)来的演变。陆志韦在 20 世纪 40 年代后期所著近代音论文《释中原音韵》等 9 篇,内容连贯,原定总名即为"古官话音史"。由此可见 20 世纪的近代音研究从一开始就具有明确的"史"的观念,即发展的观念,从而区别于 20 世纪以前的研究。罗常培的《耶稣会士在音韵学上的贡献》《中原音韵声类考》,赵荫棠的《中原音韵研究》等虽为断代专题研究,但也无不是置于近代音史的特定位置,从发展变化的角度加以阐释。到第二阶段,有董同龢的《中国语音史》(后更名《汉语音韵学》)设专章讨论"早期官话"。又有王力的《汉语史稿》在论述汉语语音从中古到现代的发展时以《中原音韵》等所反映的近代音为中间环节。谢云飞的《中国声韵学大纲》亦设有"近代音与近古音"篇。在第三阶段,仍是王力,又有《汉语语音史》设专章讨论宋代音系、元代音系与明清音系。竺家宁的《声韵学》第五讲是"近代的语音史料"。蒋绍愚的《近代汉语研究概况》亦设专章讨论近代音。至蒋冀骋的《近代汉语音韵研究》，更第一个以专书的形式全面、系统地分阶段讨论汉语近代音韵中的重大问题。可以说，将近代音放到汉语语音史的广阔背景上加以研究，从 20 世纪一开始就已经成为研究者的自觉行为。

（二）对近代音内涵、外延认识的发展变化

在第一阶段，可能是为与当时国语运动相配合，研究几乎局限于北方地区的近代音或作为当时"国语"前身的近代音。前文已提及钱玄同（1999：8）提出的近代"六百年之普通口音"即"泛称可曰'北音'"，张世禄的《中国音韵学史》中有"近代'北音韵书'的源流"一节。罗常培的《中国音韵学导论》之 1.4 "古今音韵变迁大势"一节中，相当于近代音的时期即以"北音时期"标目。唐作藩在《音韵学教程》中述及"近代语音学"时，提及有人主张称为"北音学"。何九盈的《中国现代语言学史》第三章立专节介绍"北音学的建立"。申小龙的《论中国语文传统之北音学》亦对传统北音学作了全面回顾。

但自第三阶段开始至 20 世纪末，学者已经在海内外发表了一大批超出北音范围的汉语近代音研究成果，如丁邦新的《问奇集所记之明代方音》，胡明扬的《上海话一百年来的若干变化》，张琨的《读〈戚林八音〉》，邵荣芬的《明代末年福州话的声母系统》《明代末年福州话的韵母和声调系统》《吴棫〈韵补〉和宋代闽北建瓯方音》，李新魁的《一百年前的广州音》《二百年前的潮州音》，鲁国尧的《〈南村辍耕录〉与元代吴方音》[①]，姚荣松的《渡江书十五音初探》，洪惟仁的《〈汇音妙悟〉的音读——两百年前的泉州话》《漳州三种十五音之源流及其音系》，邓晓华的《客家方言与宋代音韵》《论客方音史研究中的几个问题》，林宝卿的《略谈〈增注雅俗通十五音〉》等等。蒋冀骋亦在《近代汉语音韵研究》中金元音韵和明清音韵两章中专题讨论了当时吴、闽等方音的一些特征。刘晓南的《宋代闽音考》更是凭借划分地域

[①] 鲁国尧讨论宋词词韵的系列论文中，对宋代福建、江西等地方音亦多有涉及。

的断代韵文材料,成为大面积、分层次研究近代特定时期非官话方音的第一部专著。

当然,在进入本阶段以前,也有超出北音范围的近代音研究,例如叶国庆的《闽南方音与十五音》、薛澄清的《十五音与漳泉读书音》、许钰的《十五音研究》等已论及近代闽音,赵荫棠的《等韵源流》[①]、周祖谟的《射字法与音韵》等都已论及近代吴音。只是论著的数量尚少,涉及的地域不广,讨论的问题也比较零星,没有形成气候,不能同第三阶段的情形同日而语。

除上述论著外,即使是对作为现代汉语共同语语音前身的近代北音的认识,在观念上也有了发展。如早在 20 世纪 30 年代初,苏联学者龙果夫在其《八思巴与古汉语》中即提出元代官话可以分为标准官话和地方口语两派。罗常培的《论龙果夫的〈八思巴字和古官话〉》进而阐明前者的读音为读书音,后者的读音为口语音。再到李新魁的《论近代汉语共同语的标准音》更推而广之,李新魁(1980:46)认为近代"汉语共同语的标准音,实际上一直表现于两个方面。一个是书面共同语的标准音,一个是口语共同语的标准音"。现在可以说不少学者已对此形成共识,如对于明代所称"中原雅音",刘静的《中原雅音辨析》也在具体分析后指出其有读书音系(如《洪武正韵》)和口语音系(如《中原雅音》)之分。

(三)对近代官话音和官话方音分南北二系的逐步认识

如前所述,在第一、二两个阶段,"北音"一直是近代官话音和作为官话基础的方音的同义语,但早在 1941 年,吕叔湘在其《释您,俺,咱,喒,附论们字》中假定,早在宋代就存在着北方系官话和南方系官话,北宋时中原的方言属于南方系;现北方系官话前身只是燕京一带的小区域方言。金元入据中原,北方系官话才通行到大河南北,南方系官话向南引退。

到第三阶段,1985 年又有鲁国尧在《明代官话及其基础方言问题——读〈利玛窦中国札记〉》提出明代官话南京音说,鲁国尧(1985a:50-51)认为明代官话"未必以北京音为标准音","南京话在明代占据一个颇为重要的地

---

① 此书出版于 1937 年,本章据 1957 年版本。

位，或许即为官话的基础方言"。在这一见解中也隐含着官话方言分南北二系之意。张卫东发表《论〈西儒耳目资〉的记音性质》支持鲁说，1998 年又发表了《试论近代南方官话的形成及其地位》。麦耘在《论近代汉语-m 韵尾消变的时限》中提出这一时期南北两系官话有所不同。蒋绍愚（1994：80）表示重视麦耘的汉语近代共同语可分南北两支的见解，并在总结宋代语音的研究时指出朱熹反切音系与北宋邵雍的《皇极经世·声音唱和图》和后来的《中原音韵》有所不同，"有只在当时南方方言中才具有的特点"。岩田宪幸的《清代后期的官话音》与叶宝奎的《罗马字〈官话新约全书〉音系》也论及清代南北两系官话方音有别。李新魁（1997：235）提出"近代汉语的共同语中，也有南音与北音的区分"。黎新第的《近代汉语共同语语音的构成、演进与量化分析》《近代南方系官话方言的提出及其在宋元时期的语音特点》《明清时期的南方系官话方言及其语音特点》等也尝试论证了朱熹反切音系所反映的正是当时南方系官话音（不排除也包含非官话语音成分），并对从宋代开始的近代官话方音中一直存在南北二系的差异以及两系的相互影响作了较为系统的探索。其实，早在明代张位的《问奇集》中，就已经透露出当时的官话音在江南、江北有不同特点，清代高静亭、莎彝尊诸人更明确指出当时官话有南话、北话的差异。尽管在这一点上还有很多问题（例如明代官话音是否就以南方系官话方音为基础方音）有待进一步探讨，但近代官话音和官话方音分为南、北二系，应当已经没有大的疑问。

（四）对近代书面音系复合性的逐步认识

在第一阶段，即有王力与张世禄认为《洪武正韵》杂糅南北方音之说。陆志韦的《记徐孝重订司马温公等韵图经》指出《重订司马温公等韵图经》中有当时顺天话中没有的声母和韵母，"有时不能不怀疑他借用别种方言的音"（陆志韦，1947a：191）。这一认识发展到第三阶段已上升为理论并形成了相应的研究方法。唐作藩、杨耐思的《展望九十年代的汉语音韵学》针对崔世珍的《四声通解》和李汝珍的《李氏音鉴》一个音系框架中安排两个或两个以上音系的情形，建议采用"剥离法"或"透视分离法"予以剖析。对于这一问题，耿振生的《明清等韵学通论》《论近代书面音系研究方法》以及张玉来的《论近代汉语官话韵书音系的复杂性》有着更加全面、细致的理论阐述。而耿振生的《〈青郊杂著〉音系简析》、杨亦鸣的《李氏音鉴音系研究》、陈贵麟的《〈杉亭集·五声反切正韵〉探赜》和《韵图与方言——清代胡垣〈古今中外音韵通例〉音系之研究》、张玉来的《近代汉语官话韵书音系复杂性成因分析》等皆为剥离法或透视法（杨亦鸣称"透视分离法"）的实际认识和运用提供了样本。黎新第（1995a）亦以近代汉语共同语书面语音兼容南北两系官话方音的实例，进一步阐明了不同时期的共同语书面语音全都具有复合性的特点。

（五）对近代音音变机制的研究从不自觉到自觉

在 20 世纪以前的近代音研究中，关于这一方面的探讨几乎还是空白。而 20 世纪的第一、二两个阶段的研究，也主要是对语音现象的归纳和描写，不过已经有了近代音音变机制研究的发端。如白涤洲（1931a）归纳出《中原音韵》之后以北京音为代表的入声分派趋势，其在《关中入声之变化》中进而探讨了促声舒化的动因及分派条件。又如周祖谟的《宋代汴洛语音考》、陆志韦的《记邵雍皇极经世的"天声地音"》对邵书鼻、边音声母区分清浊的解释，陆志韦的《释中原音韵》对《中原音韵》入声分派依据的解释，唐虞的《"儿"[ɚ]音的演变》、李格非的《汉语"儿词尾"音值演变问题的商榷》对"儿"韵母和儿词尾成因的解释等。

到第三阶段，这方面的研究已蔚为大观，许多重要的音变现象都不断有人努力尝试作出音变机制的解释。例如，关于全浊清化的有俞敏的《北京话全浊平声送气解》、李新魁的《近代汉语全浊音声母的演变》、周长楫的《浊音清化溯源及相关问题》、麦耘的《"浊音清化"分化的语音条件试释》等。关于见、精组声母腭化的有郑锦全的《明清韵书字母的介音与北音颚化源流的探讨》、许宝华与潘悟云的《不规则音变的潜语音条件——兼论见系和精组声母从非腭音到腭音的演变》、朱声琦的《近古声母的腭化问题》、朱晓农的《腭化与 i 失落的对抗》和《三四等字的腭化与非腭化问题》等。关于章组声母翘舌化的动因有徐通锵的《结构的不平衡性和语言演变的原因》、李新魁的《宋代汉语声母系统研究》、郑仁甲的《汉语卷舌声母的起源和发展》、黎新第的《近代以来的北方方言中古庄章知组声母的历时变化》、麦耘的《关于章组声母翘舌化的动因问题》等。关于舌尖元音韵母的形成有薛凤生的《论支思韵的形成与演进》、竺家宁的《近代音史上的舌尖韵母》、金有景的《汉语史上[i]（ʅ，ɿ）音的产生年代》等。关于"儿"韵母和"儿化"韵的形成有李思敬的《汉语"儿"[ɚ]音史研究》、伍巍的《汉语"-儿"尾纵谈》、张清常的《从〈元史〉译名看"儿"[ɚ]音问题》、李立成的《儿化性质新探》、季永海的《汉语儿化音的发生与发展》等。关于-m韵尾的失落有杨耐思的《近代汉语-m的转化》、张清常的《-m韵古今变迁一瞥》、曾晓渝的《对〈中原音韵〉音系-m尾韵的一点认识》等。关于入声的分派和消失有欧阳觉亚的《声调与音节的相互制约关系》，杨耐思的《中原音韵音系》，竺家宁的《宋代入声的喉塞音韵尾》，张玉来的《元明以来韵书中的入声问题》《近代汉语官话入声问题新探》，贺巍的《汉语官话方言入声消失的成因》，黄勇的《"汉语-t尾最后消失"说》等。应当特别提出的是，对近代音变机制的研究，在第三阶段已不局限于语音内部，开始注意到诸多外部因素。例如李新魁的《〈中原音韵〉音系研究》强调了戏曲演唱因素对《中原音韵》"入派三声"的影响。俞敏的《北京音系的成长和它受的周围影响》具体分析了方言渗透如何影响到现代北京音系的形成。林焘的《北京官话溯源》，裴泽仁的《明代人口移徙与豫北方言——河南方言的形成（一）》《明代流民与豫西方言——河南方言的形成（二）》，张清常的《移民北京使北京音韵情况复杂化举例》又进而从社会历史、人口迁徙等角度追溯了现代北京音系以及一些地方音系的复杂来源。其他如郑仁甲的《汉语卷舌声母的起源和发展》、李立成的《儿化性质新探》、赵杰的《北京话的满语底层和"轻音""儿化"探源》、季永海的《汉语儿化音的发生与发展》等，都对汉语形成和发展中所受到的蒙古语和满语的影响作了深入的探讨。无论有关的结论是否全部成立，这方面的研究都有力地显示了认识的深入和视野的开阔。

（六）对外来语言理论和方法的不断吸收、消化和利用

20世纪以前的近代音研究，不仅大都缺乏史的观念，在很多情况下，也不把近代音作为独立的研究对象。但自五四运动前后引进西方语言学理论后，这一状况得到了根本的改变。近代汉语语音作为近代汉语的重要组成部分受到空前重视，随之而来的是历史语言学的观点和方法在近代音研究中得到广泛而自觉的运用。在第一阶段，如罗常培、陆志韦、周祖谟等所发表的有关

论著，即是将上述观点和方法用于近代音研究的典范。此后，吸收、消化外来语言理论和方法以研究近代音并造成广泛影响者甚多，如薛凤生的《中原音韵音位系统》将严格的音位解释用于《中原音韵》音系研究，侍建国的《沭阳音系及其历史演变》等又将这一方法用于研究地点方言的历史音变；鲁国尧从 1979 年开始，在《宋代辛弃疾等山东词人用韵考》《宋代苏轼等四川词人用韵考》《宋代福建词人用韵考》《论宋词韵及其与金元词韵的比较》《元遗山诗词曲韵考》等多篇论文中，将穷尽式的定量分析用于宋、金、元词韵和诗韵、曲韵的研究并与历史语音学的方法相结合，在鲁国尧的指导和垂范下，这一方法已有多人继武；陆致极的《〈中原音韵〉声母系统的数量比较研究》、朱晓农的《北宋中原韵辙考——一项数理统计研究》将比较、数理统计的方法分别用于《中原音韵》声母和北宋中原韵辙的研究，黎新第的《〈中原音韵〉清入声作上声没有失误》《早中期元杂剧与〈中原音韵〉"入派三声"》《〈中原音韵〉清入声作上声证》《从量变看朱熹反切中的全浊清化》等，亦尝试运用概率统计方法，比较并讨论了元杂剧的入声分派和朱熹反切中的全浊清化；朱晓农的《百余年来的/j/→/r/变化》对变化的解释运用了词汇扩散理论，杨耐思的《近代汉语语音研究中的三个问题》及黎新第的《金诸宫调曲句的平仄与入声分派》亦将词汇扩散理论分别用于阐释《中原音韵》的两韵并收和金诸宫调入声分派中的新旧读并存现象。

（七）从专注于字音系统的考察到字音系统考察与形态音位、单个字读音研究并重

在狭义近代音研究时期，尤其是研究的第一阶段，研究的注意力几乎全都集中到了韵书和韵图中字音系统的考察和历史比较上，很少注意语音中的轻音、儿化、连读变调等形态音位。即使注意到某些单个字的读音，如：唐虞（1932）研究"儿"音的变化；吕叔湘（1941，1949）讨论"们（每）"音的变化；陆志韦（1946a）讨论"微薇维惟"四字的读音；李荣在《切韵音系》附录三中论及北宋邵雍《皇极经世·正声图解·音二》"雄与香相对，是喻三入匣一个佐证"（李荣，1956：171）；廖珣英的《关汉卿戏曲的用韵》论及关汉卿杂剧有个别字（叔、刻、得、谷等）依《中原音韵》为出韵，其着眼点

也仍旧大都在于整个语音系统及其变化。但从研究的第二阶段开始，尤其是进入第三阶段以后，在继续重视字音系统考察的同时，学者对形态音位和单个字读音的研究都已提上日程。形态音位方面，较早涉及儿化问题的有李格非（1956），对此作深入系统研究的则有李思敬（1986，1994a），近年更有赵杰的《北京话的满语底层和"轻音""儿化"探源》、董绍克的《试证元曲的儿化音》、季永海的《汉语儿化音的发生与发展》等作更进一步的探讨；王力（1957，1980a）已论及作为语法形式的汉语轻音在近代的产生，其后王兴汉的《轻音产生的时代》、李荣的《旧小说里的轻音字例释》、平山久雄的《从历时观点论吴语变调和北京话轻声的关系》、黎新的《〈董西厢〉曲句"着""咱"二字的平仄》等，或者为王力的论断提供新的证据，或者为轻音在近代的产生及发展提供新的视角并置于更广阔的背景加以考察；研究近代连读变调的，则有金有景的《北京话"上声+轻声"的变调规律》、远藤光晓的《〈翻译老乞大·朴通事〉里的汉语声调》、张树铮的《试论北京话"一七八不"变调的原因》、喻卫平的《明代的上声连读变调现象》、裴银汉的《也谈明代的上声连读变调现象》、李思敬的《现代北京话的轻音和儿化音溯源——传统音韵学和现代汉语语音研究结合举隅》等。此外，马思周（1997）还以现代汉语北京话"什（甚）么"的由来与其中"什"的变读阳平（本读上声）为例，将声调的演化同近代汉语表问词率皆读阳平联系了起来；遥继吕叔湘（1949）对"们"音的研究的，则有邓兴锋的《元代复数形尾"每"的读音——兼论汉语复数形尾的来源及其他》、张鸿魁的《关于"么""们"的读音》等。可以说，近代汉语形态音位的研究热潮才刚刚兴起。单个字音方面，引人注目的是，王了一（1946）即已注意到近代以来一些单个字音的特殊变化是音读类化所致。李荣（1965）认为语音演变规律的例外，指的就是一些单字音背离了近代以来的语音演变规律。李荣经过对例外的观察，总结出了"连音变化、感染作用、回避同音字、字形的影响、误解反切"等造成例外的原因。黎新第（1984）也承前贤余绪，举出了不少形声字读音类化的例子，并将其形成追溯到宋元时期。除此之外，在对宋、金诗词曲韵的考察中，一些学者就已经是韵部的分析与单个字读音的研究并重。如鲁国尧的《宋代苏轼等四川词人用韵考》考察宋代苏轼等四川词人的用韵，在划分的17部中有11部都包含单个韵字的讨论。又如其《论宋词韵及其与金元词韵的比较》亦专节讨论了若干韵字。在 1985 年致宁继福的信中，鲁国尧（1985b：354）还特意就此表明了见解："迄今对于汉语音韵的研究（包括《中原》的研究）都着重于语音系统的考察，而单个字音的演变却未受到足够的重视……我看单个字音的研究应该重视。"此后，如裴宰奭的《宋代绍兴词人用韵考》《临安词人用韵中所反映的宋代语音》，杜爱英的《"清江三孔"诗韵考》，王恩保的《吴淑〈事类赋〉用韵研究》，刘晓南的《从宋代福建诗人用韵看历史上吴语对闽语的影响》《宋代闽音考》等在研究宋代以地域划分的词韵或以作家划分的诗赋用韵时，也都包含了对单个韵字的讨论。杨耐思和蓝立蓂的《元曲里的"呆"字音》，李荣的《论北京话"荣"字的音——为第十五届国际汉藏语言学会议而作》《论"入"字的音》，平山久雄的《论"我"字例外音变的原因》《普通话"铅"字读音的来源》，马思周的《近代汉语"入"的读音》，邓兴锋的《大都剧韵所反映的元代一些单字的读音》，张鸿魁的《〈金瓶梅〉"扛"字音义及字形讹变——近代汉语词语训释方法探讨》《金瓶梅语音研究》，郭力的《近代后期北京话的两种音变》《近代汉语后期几个字的声母演变》，林端的《"鼻"字读音的启示》，金周生的《〈中原音韵〉"鼻"字的音韵来源与音读》，程俊源的《北京音系梗摄二等文白异读的音韵层次与地域来源：由"打"字谈起》，石汝杰和李小芳的《"涯崖"类字读音的演变》等，更是专篇单独讨论某个或某些单个字在某一时期的读音及其演变。邓兴锋（1997a）还结合离散式音变和词汇扩散学说阐明了研究历史上单个字读音的重大理论意义。程俊源（1999）又将单字读音的考察置于音韵层次与地域来源的辨识之中。可以说，这一方面的研究已经越来越具有自觉性与开拓性。但从已经取得的成绩看，也还只是有了一个好的开端。

（八）已经开始为汉语近代音研究史积累资料并着手进行梳理和研究

编撰研究史可以为研究发现问题、指明方向、积累资料、总结经验，编撰汉语近代音研究史是汉语近代音研究不可缺少的一环。早在 1944 年，齐佩瑢的《中国近三十年之声韵学》已包含汉语近代音研究的内容。大约从 20 世纪 80 年代开始，每过数年，便有回顾若干年来的汉语音韵研究成果的著述发表，在这些著述中，全都有对汉语近代音研究成果的介绍与评价。如何大安的《近五年来台湾地区汉语音韵研究论著选介》，冯蒸的《近十年中国汉语音韵研究述评》《中国大陆近四十年（1950—1990）汉语音韵研究述评》，姚荣松的《近五年来台湾地区汉语音韵研究论著选介（上、下）》，唐作藩和杨耐思的《展望九十年代的汉语音韵学》，李新魁的《四十年来的汉语音韵研究》，竺家宁的《台湾四十年来的音韵学研究》，李葆嘉和冯蒸的《海外的中国古音研究》，王松木的《台湾地区汉语音韵研究论著选介（1989—1993）》（上、中、下），许嘉璐和朱小健的《汉语史研究的现状与展望》，唐作藩和耿振生的《二十世纪的汉语音韵学》，马重奇的《1994—1997年汉语音韵学研究综述》，江俊龙的《台湾地区汉语音韵研究论著选介（一九九四～一九九八）》，黎新第的《20世纪〈中原音韵〉音系研究进程与方法回顾》。竺家宁于1996年发表了《论近代音研究的现况与展望》，对台湾地区的近代音研究作了综合评述，不但提供了汉语近代音研究史的材料，更探索了近代音研究未来的发展的方向。朱永锴、谭成珠《近代汉语语音史》更以介绍《中原音韵》音系为核心，简述了从《中原音韵》音系到现代北京音系的发展。这些著述，有的已经具备汉语近代音研究史的雏形，都为汉语近代音研究史的编撰作出了积极的贡献。

第三节　20世纪的近代音研究材料和研究方法

一、研究材料

任何研究都需要有可供研究的材料。而可供汉语近代音研究的材料，从数量看，如韵书、韵图，上古时期根本没有，保存到现代而又可以反映中古语音的也只有少数几种，能够在不同程度上反映近代音的则数以十、百计。又如对音、译音材料，上古时期除东汉末年有少量从梵文或西亚文字译写的材料外，其他都更加零星。中古时期虽然有大量的梵-汉对音材料和一些藏-汉、日-汉对音材料，但其种类仍远远不能同近代相比。从质量看，如元明以来，八思巴-汉对音和主要由朝鲜学者编著的朝-汉对音材料以及各地外国传教士编写的用字母标音的材料，对于准确构拟近代官话语音和各地方音有着重要价值，此前时期此类材料完全阙如。又如现代方音材料，由于其与近代方音有着直接的继承关系,从总体看,借助前者来构拟或说明后者,其准确性和可信度也应比以之构拟或说明上古音或中古音更高。正因如此,汉语近代音研究较之汉语上古音和中古音研究,在材料上可以说得天独厚,因而应当有更加广阔的用武之地,产生出更多的成果,在科学性上较之上古音和中古音的研究成果应更加突出。但面对如此量大质优同时也是精粗、真伪、此彼混杂的研究材料,其发掘、辨识与利用却并非易事,更不是能够在朝夕之间一蹴而就的。本节即试图追溯百年来汉语近代音研究在取材与用材上的阶段差异和不同种类材料的丰富与开拓,并从中得出几点粗浅认识。

(一)不同研究阶段使用材料范围的差异

1. 研究的第一阶段和第二阶段

在这两个阶段,研究的材料主要是部分韵书、韵图,其他材料虽有涉及,但利用较少。研究韵书、韵图,第一阶段如金井保三的《论〈中原音韵〉》、满田新造的《〈中原音韵〉分韵之概说》、石山福治的《考定中原音韵》、赵荫棠的《中原音韵研究》,大都剖析了《中原音韵》及其后产生的曲韵派和小学派系列韵书。陆志韦从1946年至1948年先后发表了总名为"古官话音史"的九篇系列论文,也主要研究了自邵雍的《皇极经世·天声地音》始,至《三教经书文字》止的八种韵书和韵图。又如赵荫棠的《康熙字典字母切韵要法考证》《字学元元述评》,王力的《类音研究》,董同龢的《切韵指掌图中几个问题》等;第二阶段如赵荫棠的《等韵源流》研究自宋代起始的近代南北两派韵图,李新魁的《〈中原音韵〉的性质及其代表的音系》、司徒修的《〈中原音韵〉的音系》、忌浮的《〈中原音韵〉二十五声母集说》、陈新雄的《〈中原音韵〉概要》等则继续围绕《中原音韵》开展研究。其他如应裕康的《论〈五音集韵〉与宋元韵图韵书之关系》《〈洪武正韵〉声母音值之拟订》《清代韵图之研究》,谢云飞的《〈明显四声等韵图〉之研究》《金尼阁〈西儒耳目资〉析论》,詹秀惠的《〈韵略易通〉研究》,吴淑美的《〈洪武正韵〉的声类与韵类》等。其他材料虽然研究较少,但从第二阶段起,学者们已经开始系统利用金诸宫调和元杂剧的韵文材料,如廖珣英的《关汉卿戏曲的用韵》《诸宫调的用韵》，周大璞的《〈董西厢〉用韵考》。利用音注材料的如许世瑛的《广韵全浊上声字朱熹口中所读声调考》《朱熹口中已有舌尖前高元音说》《从〈诗集传〉叶韵中考〈广韵〉阴声各韵之并合情形》。利用对音材料的则有胡明扬的《〈老乞大谚解〉和〈朴通事谚解〉中所见的汉语、朝鲜语对音》、郑再发的《蒙古字韵跟跟八思巴字有关的韵书》等。但国内第二阶段的汉语近代音研究可以说大多是浅尝辄止，因为紧接着的"文化大革命"中断了当时绝大多数的历史语言研究。直到第三阶段才出现了全面开拓、利用各种近代音研究材料的局面。

2. 研究的第三阶段

该阶段值得大书特书。从研究材料看足以形成本阶段特色的有以下三种。

（1）从不同的角度并以不同的方法充分发掘利用现代和近代方音材料，其中又以利用现代方音材料为多。如丁邦新的《问奇集所记之明代方音》《与中原音韵相关的几种方言现象》，蒋希文的《从现代方言论中古知庄章三组声母在〈中原音韵〉里的读音》，俞敏的《李汝珍〈音鉴〉里的入声字》《中州音韵保存在山东海边儿上》，王洪君的《山西闻喜方言的白读层与宋西北方音》，石余的《论〈中原音韵〉"入派三声"的性质》，黎新第的《官话方言促变舒声的层次和相互关系试析》《北纬37°以南的古-k韵尾字与二合元音》《近代以来的北方方言中古庄章知组声母的历时变化》，鲁国尧的《〈南村辍耕录〉与元代吴方言》《泰州方音史与通泰方言史研究》，陆致极的《〈中原音韵〉声母系统的数量比较研究》，潘家懿的《从交城方言看汉语入声消失的历史》，石汝杰的《明末苏州方言音系资料研究》，耿振生的《十八世纪的荆溪方音——介绍〈荆音韵汇〉》，邵荣芬的《吴棫〈韵补〉和宋代闽北建瓯方音》，唐作藩的《从湖南黄桥镇方言定母字的读音探讨湘方言全浊声母的演变规律——纪念国际著名语言学家、汉学家桥本万太郎教授逝世十周年》，刘勋宁的《中原官话与北方官话的区别及〈中原音韵〉的语音基础》，张树铮的《山东桓台方音180年来的演变》，刘淑学的《中古入声字在河北方言中的读音研究》《大河北方言中的[uau]韵母》，李无未的《〈中原音韵〉与吉安方言》等。

（2）对音、译音和音注材料的发掘和利用。对音、译音材料利用最多的是朝-汉对音，其次是八思巴-汉对音，但也没有忽视其他对音、译音材料。研究论著如胡明扬的《〈老乞大谚解〉和〈朴通事谚解〉中所见的〈通考〉对音》，杨耐思的《汉语"知、章、庄、日"的八思巴字译音》《〈韵会〉、〈七音〉与〈蒙古字韵〉》《八思巴字汉语声类考》，远藤光晓的《〈翻译老乞大·朴通事〉里的汉语声调》，李得春的《〈四声通解〉今俗音初探》《介绍一份19世纪末的汉朝对音资料——〈华音启蒙〉卷后的〈华音正俗变异〉》，聂鸿音的《论契丹语中汉语借词的音系基础》《女真文中汉语借词的音韵特点》，孙建元的《〈四声通解〉俗音、今俗音的性质》《〈四声通解〉汉字音中双写字母的音值——兼论〈老·朴谚解〉"申音"双写字母之音值》，尉迟治平的《老乞大、朴通事谚解汉字音的语音基础》、成元庆的《〈洪武正韵〉译训音研究》（上、下），林庆勋的《试论〈日本馆译语〉的韵母对音》《试论〈日本馆译语〉的声母对音》，李范文的《宋代西北方音》，丁锋的《日汉琉汉对音与明清官话音研究》，张福平的《天息灾译著的梵汉对音研究与宋初语音系统》，储泰松的《施护译音研究》，金基石1997—2000年发表的系列论文，如《朝鲜翻译韵书中所反映的近代汉语/-m/尾韵消失的年代——兼论"怎""甚"两字的读音》《中古日母字的演变与朝鲜韵书的谚文注音》《明清时期朝鲜韵书中的见晓精组字》《近代汉语唇音合口问题与朝鲜对音文献的谚文注音》《朝鲜对音文献中的入声字及其归派》《朝鲜对音文献中的微母字》，还有郑张尚芳的《〈蒙古字韵〉所代表的音系及八思巴字一些转写问题》等。所谓音注材料是指非韵书、韵图的注音，又可以分为用汉字或反切注音和用音标标音两类。对这两者的研究在第三阶段都空前繁荣。对前者的研究如竺家宁的《九经直音的浊音清化》《九经直音韵母研究》《九经直音的声母问题》《九经直音声调研究》，王力的《朱熹反切考》，江灏的《〈资治通鉴音注〉反切考》，赖江基的《从〈诗集传〉的叶音看朱熹音的韵系》，冯蒸1991 1997年发表的系列论文，如《〈尔雅音图〉音注所反映的宋初零声母——兼论中古影、云、以母的音值》《〈尔雅音图〉音注所反映的宋代浊音清化》《〈尔雅音图〉音注所反映的宋代k-/x-相混》《〈尔雅音图〉音注所反映的宋初四项韵母音变》《〈尔雅音图〉音注所反映的宋初浊上变去》《〈尔雅音图〉音注所反映的宋代知庄章三组声母演变》《〈尔雅音图〉音注所反映的宋初非敷奉三母合流——兼论〈音图〉微母的演化》《〈尔雅音图〉音注所反映的宋初三、四等韵合流》《〈尔雅音图〉音注所反映的五代宋初等位演变——兼论《音图》江/宕、梗/曾两组韵摄的合流问题》《〈尔雅音图〉的声调》《〈尔雅音图〉的疑母》，李无未1994—1998 年发表的系列论文，如《〈九经直音〉反切与〈经典释文〉正读考异》《南宋〈示儿编〉音注"浊音清化"问题》《南宋〈示儿编〉"声讹"的正音性质问题》《南宋孙奕音注的"浊上归去"问题》《南宋〈九经直音〉俗读"入注三声"问题》《南宋孙奕俗读"清入作去"考》，张一舟的《〈蜀语〉音注材料分析》，吕朋林的《〈汗简〉音切考校（上）》《〈汗简〉音切考校（下）》《〈尔雅直音〉考略》，黎新第的《从量变看朱熹反切中的全浊清化》《从量变看朱熹反切中的浊上变去》。后者如甄尚灵的《〈西蜀方言〉与成都语音》，朱建颂的《武汉方言的演变》，张卫东的《论〈西儒耳目资〉的记音性质》《威妥玛氏〈语言自迩集〉所记的北京音系》，林庆勋的《刻本〈圆音正考〉所反映的音韵现象》，叶宝奎的《罗马字〈官话新约全书〉音系》，杨福绵的《罗明坚、利马窦〈葡汉辞典〉所记录的明代官话》，曾晓渝的《〈西儒耳目资〉声韵调系统研究》，古屋昭弘的《万济国〈官话语法〉中的罗马字拼音》。

（3）大面积地整理和利用各个时期不同体裁的韵文材料。其中又以整理宋代的韵文材料最多，其次是金元时期的韵文材料。如鲁国尧 1979—1994年的多篇论文，包括《宋代辛弃疾等山东词人用韵考》《宋代苏轼等四川词人用韵考》《宋词阴入通叶现象的考察》《元遗山诗词曲韵考》《宋代福建词人用韵考》《白朴的词韵和曲韵及其同异》《论宋词韵及其与金元词韵的比较》《白朴曲韵与〈中原音韵〉》等，金周生的《元曲暨〈中原音韵〉"东钟""庚青"二韵互见字研究》《宋词音系入声韵部考》《元代散曲-m、-n 韵尾字通押现象之探讨——以山咸摄字为例》《元好问近体诗律支脂之三韵已二分说》《谈-m尾韵母字于宋词中的押韵现象——以"咸"摄字为例》《"元阮愿"韵字在金元词中的押韵类型研究》，姜聿华的《稼轩词用韵》《宋代北方籍词人入声韵韵尾考》，李爱平的《金元山东词人用韵考》，程朝晖的《欧阳修诗词用韵研究》，朱晓农的《北宋中原韵辙考——一项数理统计研究》，唐作藩的《苏轼诗韵考》，罗德真的《王安石诗词用韵研究》，黎新第的《〈中原音韵〉清入声作上声没有失误》《早中期元杂剧与〈中原音韵〉"入派三声"》《〈中原音韵〉清入声作上声证》《〈董西厢〉曲句"着""咱"二字的平仄》《金诸宫调曲句的平仄与入声分派》，冯志白的《陆游诗的入声韵系》《陆游古体诗的用韵系统》，林亦的《黄庭坚诗文用韵考》，邓兴锋的《大都剧韵所见〈中原音韵〉两韵并收字》《大都杂剧合韵所反映的元代韵部关系》《大都剧韵所反映的元代一些单字的读音》《升庵词用韵考》，裴宰奭的《宋代绍兴词人用韵考》《临安词人用韵中所反映的宋代语音》，王恩保的《吴淑〈事类赋〉用韵研究》，徐健的《〈刘知远诸宫调〉残卷用韵考》，杜爱英的《"清江三孔"诗韵考》《杨万里诗韵考》《杨万里诗的入声韵系及阴、入通叶现象》《北宋诗僧德洪用韵考》，刘广和的《刘伯温乐府歌行古体诗韵考（摘要）》、刘晓南的《宋代闽音考》《宋代文士用韵与宋代语音》，丁治民的《辽韵考》，张令吾的《北宋诗人徐积用韵研究》《范成大诗词赋辞用韵研究》《宋代江浙诗韵特殊韵字探析》《宋代江浙诗韵入声韵部通押》《宋代江浙诗韵阳声韵部通押》，田范芬的《宋代湖南方言初探》等。

（二）不同种类的研究材料的丰富与开拓

1. 韵书、韵图

这虽然是第一、二阶段的主要研究材料，但许多韵图和不少韵书都是直到第三阶段才被发掘或充分利用。例如赵荫棠（1957）虽已论及37种韵图（南派17种，北派20种），但李新魁的《汉语等韵学》所介绍的韵图即骤增至大约120种，其中除《韵镜》等4种外均为明清韵图。耿振生的《明清等韵学通论》介绍的明清韵图又有约20种为赵、李所未尝论及。特别值得一提的是蒋希文的《〈中原雅音〉记略》、杨耐思《〈韵学集成〉所传〈中原雅音〉》、邵荣芬的《中原雅音研究》、龙晦的《释〈中原雅音〉》等论著，在对日本学者的发现并不知情的情况下，重新发现明代的《中原雅音》一书并作出了深入研究。鲁国尧的《〈卢宗迈切韵法〉述评》又重新发现和介绍了宋代的《卢宗迈切韵法》及其所反映的语音特点。其他如《增修互注礼部韵略》《平水韵》《蒙古字韵》《古今韵会举要》《五音集韵》《韵略易通》《韵略汇通》《琼林雅韵》《中州音韵》《正音捃言》《五方元音》《音韵阐微》《李氏音鉴》《古今中外音韵通例》《正音撮要》《正音咀华》《诗词通韵》等不同时期的韵书，都是直到第三阶段才第一次得到全面系统的研究。而此类材料的研究在第三阶段仍旧居于主流。除前已述及者外，研究韵图的论著如：竺家宁的《四声等子之音位系统》《论皇极经世声音唱和图之韵母系统》，花登正宏的《〈礼部韵略七音三十六母通考〉韵母考》，吴圣雄的《〈同文韵统〉所反映的近代北方官话音》《张麟之〈韵镜〉所反映的宋代音韵现象》，唐作藩的《〈四声等子〉研究》，许绍早的《〈切韵指掌图〉试析》，李新魁的《〈起数诀〉研究》，郭力的《古清入字在〈合并字学集韵〉中的归调》，宋珉映的《〈等韵精要〉声母系统的特点》，郑荣芝的《〈韵法直图〉声母系统的几个问题》；研究韵书的论著如：唐作藩的《〈正音捃言〉的韵母系统》，杨耐思的《中原音韵音系》，李新魁的《〈中原音韵〉音系研究》，姚荣松的《〈中原音韵〉入派三声新探》，宁继福的《中原音韵表稿》，宁忌浮的《校订五音集韵》《古今韵会举要及相关韵书》，忌浮的《〈洪武正韵〉一二三》《〈洪武正韵〉支微齐灰分并考》《〈洪武正韵〉质术陌分并考》《〈洪武正韵〉的反切问题：读刘文锦〈洪武正韵声类考〉》，何九盈的《〈诗词通韵〉述评》《〈中州音韵〉述评》，竺家宁的《古今韵会举要的语音系统》，林庆勋的《音韵阐微研究》《〈诗词通韵〉及其音系》，王平的《〈五方元音〉音系研究》，许德宝的《〈中州音韵〉的作者、年代以及同〈中原雅音〉的关系》，龙庄伟的《〈五方元音〉音系研究》《论〈中原雅音〉与〈中州音韵〉的关系》《再论〈琼林雅韵〉的性质》，张竹梅的《琼林雅韵研究》，张玉来的《韵略汇通音系研究》《韵略易通研究》，叶宝奎的《也谈〈正音咀华〉音系》，石汝杰的《〈韵学骊珠〉的音系》，麦耘的《〈正音撮要〉中尖团音的分合》。而近代方言韵书受到重视并被用来研究近代方音及其演变，虽然在第一阶段已有发端，但真正形成气候，也是在第三阶段。这一阶段的此类研究论著如：张琨的《〈建州八音〉的声调》《读〈戚林八音〉》，林宝卿的《略谈〈增注雅俗通十五音〉》《〈汇音妙悟〉及其所反映的明末清初泉州音》，姚荣松的《〈汇音妙悟〉的音系及其鼻化韵母》《渡江书十五音初探》，王顺隆的《〈渡江书〉韵母的研究》，马重奇的《〈汇集雅俗通十五音〉韵部系统研究》《〈闽腔快字〉研究》《〈增补汇音〉音系性质研究》等。

2. 对音和音注

对音材料方面：在第一阶段，唐虞（1932）研究中已用到有关高丽译音、日译汉音、吴音、安南译音和"中西对音"；魏建功（1935）已论及利用《鸡林类事》中《高丽方言》的汉字对音来探求宋代语音；陆志韦（1946a）研究《中原音韵》，也利用了八思巴-汉对音。由此可见对音材料的使用已经有了一个良好的开始，不过对这方面的比较深入的研究和有影响的结论在当时几乎都是由国外学者作出的，如龙果夫的《八思巴字与古汉语》、服部四郎的《元朝秘史中蒙古语的汉字标记法研究》。到第二阶段，国内学者已为此作出努力，如罗常培（1959）、罗常培和蔡美彪的《八思巴字与元代汉语〔资料汇编〕》、杨耐思的《八思巴字对音——读龙果夫〈八思巴字与古官话〉后》，前述胡明扬（1963）、郑再发（1965）等亦是其例。到第三阶段，从本节一（一）1中已经可以看到，国内对对音材料的研究和利用已达到空前繁荣的程度。单是论及的对音材料的种类就有梵-汉、西夏-汉、契丹-汉、女真-汉、蒙古-汉、八思巴-汉、朝-汉、葡-汉、琉-汉、日-汉等，其中西夏-汉、八思巴-汉和朝-汉的研究已相当系统而且深入。注音材料的研究第一阶段有罗常培（1930）研究《程氏墨苑》的利玛窦注音，第二阶段有许世瑛在 1970—1973 年研究朱熹反切，其余的系统研究都是到第三阶段才真正开始。到 2000 年为止，已经得到研究的汉字、反切类注音材料有《尔雅音图》音注、朱熹反切、《九经直音》、《示儿编》俗读、《韵补》反切、《资治通鉴》音注、《楚辞补注》音注、《元曲选》音注、《毛诗古音考》与《屈宋古音义》音注、《正字通》音注、《字汇》音注、《蜀语》音注、《新刻官话汇解便览》音注、《康熙字典》直音等。研究论著涉及汉语近代共同语语音及其基础方音者前已述及，涉及其他近代方音者尚有：邵荣芬的《明代末年福州话的声母系统》《明代末年福州话的韵母和声调系统》《吴棫〈韵补〉和宋代闽北建瓯方音》《〈康熙字典〉注音中的时音反映——声母部分》，古屋昭弘的《〈正字通〉和十七世纪的赣方言》《〈字汇〉与明代吴方音》，孙建元的《董衡、吕祖谦、萧常音释中的方音现象》《吕祖谦音注三种研究》。已经得到研究的音标标音类注音材料有《程氏墨苑》中的利玛窦注音和《西儒耳目资》《葡汉辞典》《语言自迩集》《罗马字〈官话新约全书〉》《官话语法》《南京官话》《西蜀方言》《汉音集字》《上海方言口语语法》《上海方言习惯用语集》《宁波方言音节》《宁波方言字语汇解》《问答俗话》《香山或澳门方言》以及王炳耀的《拼音字谱》中的音注等。此类材料从《程氏墨苑》中的利玛窦注音和《西儒耳目资》开始，绝大多数是近代外国传教士在中国各地以字母标音的方法编写的当时当地语音的记录，虽然有精粗、详略和是否着重语音的分别，但都能在不同程度上反映汉语近代共同语语音或方言语音的音值，因而比用汉字或反切注音更有价值，甚至比用对音材料都更为直截了当。大力发掘此类标音材料，也构成了第三阶段研究的一个特点。其研究论著，除前已述及者外，涉及近代方音者尚有：胡明扬的《上海话一百年来的若干变化》、李新魁的《一百年前的广州音》、林伯松的《近百年来澳门话语音的发展变化》、徐通锵的《百年来宁波音系的演变》、石汝杰的《19世纪上海音系和相关的问题》、游汝杰的《西洋传教士著作所见上海话的塞音韵尾》等。

3. 韵文

周祖谟（1943）已取宋代汴洛文士诗词分韵与邵雍的《皇极经世·声音唱和图》所分韵类相证，夏承焘（1948：14）《"阳上作去""入派三声"说》谓所说二者"宋词实已有之"。更早一些，还有满田新造的《词韵即晚唐音は近世音也》、唐钺的《入声变迁与词曲发达的关系》、魏建功的《辽陵石刻哀册文中之入声韵》等。但总的说来，学者在近代音研究的第一阶段对韵文材料的整理和利用都还很不充分，直到第二阶段才有所前进（详前）。真正投入也还是在第三阶段。仅以研究的种类为例，现在整理和利用到的韵文材料已有宋、金词，宋、金诗，金诸宫调，元杂剧，元散曲，元、明、清南曲以及宋赋和宋、元、明、清话本中的押韵成分，明诗韵，再加上《金瓶梅》《西游记》《红楼梦》《镜花缘》《醒世姻缘传》中的诗、词、俗曲等。其中，对宋、金词，金诸宫调，元杂剧等类韵文的研究已经取得了相当可观的成绩。借助金诸宫调和元杂剧探讨当时实际语言中入声分派情形是到第三阶段才有的。宋、金诗文用韵的研究又尤其深入和具有特色：普遍采用一定范围内的穷尽式研究方式；既注意研究其所反映的语音系统，又注意研究其中的个别字的读音；不仅已经进入到分作家、分地域的研究，而且既重视其中所反映的共同语语音，又重视其中所反映的方言语音。如刘晓南的《南宋崇安二刘诗文用韵与闽北方言》和《宋代闽音考》、田范芬的《宋代湖南方言初探》等，更是将研究韵文的目的直指揭示近代方音面貌。

4. 其他研究材料

这部分是指以产生于近代的笔记、史传、政书、方志、词论、曲论、小说、杂著、个人文集之类为近代音研究材料。此类材料的利用也开始较早，如王力的《三百年前河南宁陵方音考》利用《吕新吾全集》中的《小儿语》和《续小儿语》；唐虞（1932）的"中西对音"即取材于《辽史》《元史》；赵荫棠（1936，1956）在论及一些韵书的作者时，常常引用方志；周祖谟的《宋代汴洛语音考》研究宋代汴洛语音主要依据的《皇极经世》，本是讲物理象数的书。又如李新魁的《关于〈中原音韵〉音系的基础和"入派三声"的性质》多次引用词论、曲论以阐明作者对"入派三声"的认识。但此类材料的丰富与开拓也主要在第三阶段。至少有三点表现：一是对此类专书所蕴含的近代语音资料作穷尽式的系统发掘和梳理，如鲁国尧的《〈南村辍耕录〉与元代吴方言》《陶宗仪〈南村辍耕录〉等著作与元代语言》，耿振生的《〈青郊杂著〉音系简析》，张鸿魁的《金瓶梅语音研究》，张一舟的《〈跻春台〉与四川中江话》。二是对此类专书中的某种或某项近代音资料作专题的深入探讨，如丁邦新的《问奇集所记之明代方音》、鲁国尧的《明代官话及其基础方言问题——读〈利玛窦中国札记〉》、李新魁的《二百年前的潮州音》、吴叠彬的《〈真腊风土记〉里的元代语音》、将邑剑平和平山久雄的《〈宾退录〉射字诗的音韵分析》。三是将多个此类材料加以综合，从宏观上观察与揭示某种近代音的历时或共时面貌，如林焘的《北京官话溯源》和张清常的《移民北京使北京音韵复杂化举例》分别引用多部史籍，以说明人口变迁如何影响到北京官话和北京音；李新魁的《汉语共同语的形成和发展（上）》为说明宋元以来的共同语语音的发展，引用了大量的笔记和词话；平田昌司的《清代鸿胪寺正音考》立论的依据，则大部分出自《大清实录》《学政全书》《礼部则例》《科场条例》等清代政书。另一方面，这也包括了近代书面文献中能够反映当时语音面貌的谐音和别字异文之类的材料。前举张鸿魁的《金瓶梅语音研究》中，已经大规模利用此类材料，又如王硕荃的《论元刊杂剧的同音假借——兼论〈中原音韵〉的社会语言基础》、宋薇的《元曲假借字的音韵研究》、刘静的《从元曲中的异文看〈中原音韵〉音系入声的消失》等，全都取得了不俗的成绩。尤其值得称道的是，一些学者还利用此类材料，观察到了汉语轻音及儿化在近代的产生。如王兴汉的《轻音产生的时代》、李荣的《旧小说里的轻音字例释》、李思敬的《现代北京话的轻音和儿化音溯源——传统音韵学和现代汉语语音研究结合举隅》即是其例。

（三）从以上回顾中得到的几点认识

（1）第一、第二两个阶段同第三阶段在研究材料的性质、种类和数量上的明显差异，构成了将20世纪汉语近代音研究划分为前后两个时期的重要依据。第一、第二两个阶段的研究材料，绝大多数为反映汉语近代共同语语音和近代官话方音的材料。只是到了第三阶段的研究中，才大量增加反映近代非官话方音的材料；对于那些既包含近代共同语语音或官话方音，又包含近代非官话方音的材料，也只是到第三阶段学者才开始注意发掘其非官话方音成分。除此之外，无论是从研究材料的种类看，还是从同一种类材料涵盖的时间、地域和数量看，前两个阶段的研究都不能同第三阶段同日而语。如第一、二两个阶段的研究全都较少利用近现代方音、对音注音和韵文材料，而第三阶段的研究则于此大力发掘；即使是第一、二阶段研究利用较多的韵书、韵图及其他材料，第三阶段也都有极大的丰富和开拓。

（2）对韵书、韵图的研究愈来愈呈现出系统化的特点。早在第一阶段，在面对研究材料时，就已经建立起发展变化的观念。海内外学者对《中原音韵》音系的研究，就已经着眼于语音的历史发展，不是孤立地研究书中所见音系，而是将其与后来出现的一系列韵书中所见的音系相联系。如赵荫棠（1936，1956），连带讨论了与《中原音韵》密切相关的卓从之的《中州乐府音韵类编》(《中州音韵》)、《洪武正韵》以及众多的曲韵派和小学派韵书。陆志韦在1946—1948年发表的多篇论文中，更将对一系列韵书、韵图的研究，归纳于"古官话语音史"的框架之中。在第二阶段，体现近代韵图系统的，有赵荫棠（1957）和应裕康（1972a）的研究。到了第三阶段，不仅有系统研究近代韵图的李新魁（1983a）、耿振生（1992），更有专论明清官话语音的丁锋（1995），专论宋元韵书音系特点的宁忌浮（1997）。丁著植根于对反映明代官话音的韵书、韵图的系统考查，宁著更以首次辨明《古今韵会举要》及相关韵书源流著称。

（3）研究材料的阶段差异与丰富、开拓，反映了20世纪的汉语近代音研究的逐步成熟。汉语近代音本来就包含着共同语语音和方言语音两个方面，共同语语音又有书面语音和口语音，而方言语音又有官话方音和非官话方音。这所有的方方面面都应当是汉语近代音研究的内容。虽然在前一时期的研究中有所侧重是可以理解的，但也应当说，后一时期的书面语音和口语音同时并重，并把近代非官话方音纳入视野，才是汉语近代音研究走向成熟的表现。当然，这种成熟还不仅仅是表现在研究视野的开阔上，还有其他表现。一是对存在于一个音系框架内的两个以上音系或不同性质的语音成分的离析，如耿振生（1991）从《青郊杂著》中离析出当时的濮州方音和上古音成分；杨亦鸣（1992a）从《李氏音鉴》中离析出当时的北京音系和板浦音系。二是对各类材料的发掘和研究的细化和深化。如《中原雅音》的重新发现；对《中原音韵》材料的研究，从单纯研究韵谱（如赵荫棠，1936，1956）到韵谱与"正语作词起例"研究相结合（如忌浮，1964；丁邦新，1981）便是一种细化，研究《五音集韵》材料能够从其别字异文中透视出第二音系（见宁忌浮，1992）则是一种深化。

（4）研究材料不同的开拓、利用和认识程度，从一个侧面显示出20世纪汉语近代音研究的成就与不足。成就方面，由于对韵书、韵图材料的开拓、利用已较为充分，而对近现代方音、对音、音注和韵文等材料的开拓、利用在近年也取得了不小的成绩，因此可以说，到20世纪末期，我们对汉语近代音的全貌，尤其是对近代共同语语音的历时发展，已经有了一个大致清晰的轮廓。对为数众多的近现代方音、对音、音标式注音等类别的研究材料的大力开拓和利用，还使汉语近代音的构拟有了更加坚实可靠的依据，其科学性在绝大多数情况下都无可置疑。不足方面，首先是对各类材料的开拓、利用仍旧不够均衡。从总体看，如近、现代方音，尤其是现代方音材料异常丰富，但当前对此类材料的开拓、利用仍然不够。从局部看，对同一种类材料的开拓、利用也不均衡，如韵文材料，宋元时期对此类材料的开拓、利用较多，明清时期则较少；诗词曲类较多，赋类和民歌、俗曲类则较少。这就必然影响到研究的广度和深度，如对近代各地方音的认识尚不及共同语音，对近代共同语口语音的认识也不及书面语音。其次是如何准确判断一些产生于近代的语音材料，又特别是一些韵书、韵图材料的性质，即如《中原音韵》《中州音韵》《皇极经世·天声地音》等究竟反映何种音系，学界迄今对此类问题都还有较为严重的认识分歧。

（5）对研究材料的不同的开拓、利用程度和利用方式，还从一个侧面预示着汉语近代音研究今后的走向。一是既然对研究材料的开拓、利用尚不平衡，这就为进一步的开拓、利用留下了广阔空间。因此，今后近代音研究的一个走向，必然是对研究材料更进一步的开拓和利用。除上文已述及者外，近代异文、别字材料的进一步开拓和利用也将大有可为。二是既然方音材料丰富而对汉语近代方音的认识又还很不够，可以预见对汉语近代方音，尤其是对非官话方音的研究将愈来愈成为热门，并愈来愈和汉语方言学的研究密不可分。三是对韵文等类的近代音材料的利用中，近年来已较多采用穷尽式的数理统计和历史比较相结合的手段。这也构成了第三阶段材料研究的一个特色。采用这样的综合手段进行研究，不仅可以增加结论的科学性，还可以使认识更加细致深入，即使是在经过前人研究的旧材料中，也往往可以有新的发现。但迄今为止，经过这样研究的韵文等类的近代音材料，仍旧为数不多。相信今后必定会有更多兼通数理统计与汉语音韵的学人，投入对此类材料的研究并极大地推动近代音研究的发展。此外，第三阶段学者对各类材料的研究，愈来愈重视从中发掘单个字读音材料以及轻音、儿化、连读变调等材料。从这一趋势看，追寻单个字读音在近代的历史以及近代汉语形态音位的研究，也必将愈来愈受到关注。而此类研究又是汉语近代音系及其演变研究的有力支持和必要补充，一定能够大大加深我们对汉语近代音的总体认识。

二、研究方法

20 世纪上半叶，研究汉语近代音也如同研究其他时期的汉语语音一样，深受当时新从西方引进的历史语言学理论的影响。在研究方法上，便是将历史比较法直接用于汉语近代音研究，陆志韦在 1946—1948 年发表的系列论文、董同龢（1948）都是如此。除历史比较法外，20 世纪汉语近代音研究经常使用的方法还有：统计分析法，如白涤洲（1931a）；对音互证法，如唐虞（1932）；文献征引法、比勘互证法、方音参证法，如赵荫棠（1936，1956）；反切系联法，如刘文锦（1931）；韵脚系联法，如周祖谟（1943）。这些也都和当时研究其他时期的汉语语音的方法没有什么两样。在后来的近代音研究中，这些方法也都还在继续使用并有所发展。但由于汉语近代音材料的特殊性，学者在研究中逐渐创造出一些既符合历史比较法精神，又专门针对汉语近代音材料（或最初运用于近代音材料）的有效方法，值得特别称道。早在研究的第一阶段，罗常培（1932）就针对《中原音韵》区分小韵却没有反切注音的情况，为研究该书声母而首创归纳法以及《中原音韵》韵字和《广韵》韵字的逐字比较法；陆志韦（1946a）利用入声字和全浊上声字在《中原音韵》韵谱里的不同编排来证明"入派三声"并不意味着与三声同音，也已经有了后来由宁继福正式提出的内部分析法的萌芽。此后，方法的创造发展更为丰富多样。薛凤生（1975，1990）将严格的音位系统分析法用于《中原音韵》音系的分析，开辟出汉语近代音研究的一片新局面。忌浮的《〈中原音韵〉二十五声母集说》和丁邦新的《与〈中原音韵〉相关的几种方言现象》"附论"已是内部分析法的典范运用。宁继福的《中原音韵表稿》和《〈中原音韵〉音类分析方法刍议》（署名"忌浮"）更为内部分析法适用于《中原音韵》研究作了详尽的理论阐述。又如，随着对近代书面音系复合性的逐步认识，也形成了相应的研究方法。早在第一阶段，即有罗常培（1930：307）提出，明末的"官话""乃是一半折衷各地方言，一半迁就韵书的混合产物"；罗常培（1959：578）又赞同龙果夫的见解，认为龙的所谓"古官话""虽然不见得是完全靠古韵书构拟出来的，可是多少带一点儿因袭的和人为的色彩，它所记载的音固然不是臆造的，却不免凑合南北方言想作成'最小公倍数'的统一官话"。王力（1936）、张世禄（1936a，1984）有《洪武正韵》杂糅南北方音之说。陆志韦（1947b）指出《重订司马温公等韵图经》借用别的方言音。这一认识到第三阶段又有发展，针对一个近代音系框架中尚可兼容两个以上音系的情况，书面资料剥离法便应运而生。唐作藩和杨耐思（1991）建议对这种兼容的情况，采用"剥离法"或"透视分离法"予以研究。对于这一问题，耿振生（1992，1993a）有更加全面、细致的阐述。而林庆勋（1988）、耿振生（1991）、杨亦鸣（1992a）以及陈贵麟（1994，1996）、张玉来（1999a）等则为剥离法或透视法（杨书称"透视分离法"）的实际运用提供了样本。黎新第（1995a）亦以汉语近代共同语书面语音兼容南北两系官话方音和前代读书音的实例，进一步阐明了近代不同时期的共同语书面音系，几乎全都具有复合性的特点。刘俊一（1980a，1980b）、蒋希文（1983）、俞敏（1983，1987a）等为解决近代音研究中的认识分歧而深入发掘和剖析有关现代方音资料，并以之作为主要依据，从而形成了比方音参证更进一步的方音证古法。陆致极（1988）与朱晓农（1989a）等，又在以算术统计与概率统计为基础的传统统计分析法的基础上发展出数理比较法。除此之外，尚有李思敬（1986）论证"儿"系列字在金元时期的读音，黎新第（1990）等论证元曲清入声作上声使用的"参照音"法，张鸿魁（1987）、王硕荃（1994）、宋蘅（1998）等使用的借助小说或戏曲中的谐音和别字异文等观察语音面貌的假借辨音法，宁忌浮（1994）使用的从韵书收字、切语失误中透视当时口语语音面貌的辨误鉴音法，邵荣芬（1997）为观察《集韵》反切所透露的当时语音状况而发展逐字比较法创造出来的以小韵为单位的反切比较法，等等。

在 20 世纪末，还出现了总结 20 世纪近代音研究方法的论述，陈年高的《近代汉语音韵研究方法述评》与黎新第的《20 世纪〈中原音韵〉音系研究进程与方法回顾》即是其例。

还应当单独一提的是，对建立在西方语言理论基础上的外来研究方法的不断吸收、消化和利用。对此，在本章第二节二（六）中已有论述。这里仅就 20 世纪汉语近代音研究第三阶段的情形略作补充。邢公畹的《安庆方言入声字的历史语音学研究》立足于现代方音，探求其在整个汉语语音演变进程中的历时地位，并把这种研究置于亲属语言的大背景下进行，这又为历史比较法运用于汉语近代音研究开辟了新的领地，树立了新的样板。薛凤生的《北京音系解析》在方法上具有与其《中原音韵音位系统》（薛凤生，1990）[①]同样的特点。同大陆地区的鲁国尧等一样，台湾学者亦多将穷尽式的定量分析法用于近代韵文研究，金周生（1985）、耿志坚（1992）即是其例。

在对内容丰富的汉语近代音及其材料的系统研究中，我们还经常可以看到多种研究方法的综合运用。例如，陆志韦（1946a，1946b，1947a，1974b，1947c，1947d，1948a，1948b，1948c）除主要运用历史比较法外，也用到了文献征引、方言参证、对音参证、内部分析等研究方法。又如邵荣芬的《中原雅音研究》也综合使用了穷尽式统计、历史比较、文献征引、方言参证等方法。运用不同方法得出的结果可以相互印证，彼此补充。较之单纯使用某一方法，综合运用无疑也是一种发展。

[①] 薛凤生于 1975 年出版了 *Phonology of Old Mandarin*（《中原音韵音位系统》），后鲁国尧、侍建国 1990 年译为中文，由北京语言学院出版社出版。本书使用版本为中译本。

第四节　20世纪的《中原音韵》音系研究

在所有汉语近代音材料中，迄今要数元人周德清的《中原音韵》最受学者重视，其研究也最为充分。不妨说，《中原音韵》音系研究已经取得的成果，可以代表汉语近代音研究的水平。回顾《中原音韵》音系在20世纪的研究状况，尤其是回顾其研究的进程与方法，对于今后的《中原音韵》音系乃至整个汉语近代音的研究，都将具有积极的意义。

一、研究进程回顾

由于《中原音韵》对当时和后来北曲创作乃至南曲和诗词的创作都具有广泛而深刻的影响，因而早在其成书之际，学者对其作为曲韵韵书所具有的语音特点的研究就已经开始。例如周书初刻和后来重刻时所加的时人序跋，大都在不同程度上具有研究其语音特点的成分。明人沈宠绥的《度曲须知·出字总诀》描摹《中原音韵》韵部主要元音的发音状况，清人戈载的《词林正韵·发凡》揭示《中原音韵》"入派三声"内在规律，可谓已开始将研究引向深入。但也正如对其他近代音资料的研究一样，对《中原音韵》语音进行具有现代意义的研究是从20世纪初叶才开始的。其表现至少有以下四端：①研究不再是服务于词曲创作，而是要了解当时的语音面貌；②研究不局限于个别语音现象而着眼于整个语音系统；③研究不止于音类的划分而兼顾音值乃至音位的构拟；④研究不仅包括对音系的共时描述，也包括了对《中原音韵》历时音变地位和音系性质方言基础的探求。值得特别一提的是，同国内学者一样，日本学者也对《中原音韵》的研究作了很大努力，成绩卓著，一些研究甚至早于国内学者。例如，早在1825年，冈本况齐在其所著《诊痴府》一书中就已提到《中原音韵》，并第一次从语言学的角度进行研究（据李无未，2005：222）。下面分阶段叙述以展示《中原音韵》音系在20世纪的研究进程。

（一）研究的发轫阶段：1913—1948年

在这一阶段，研究《中原音韵》音系的已知有海外约8人，发表专著1

部、通论1部，论文约10篇；国内约10人，发表专著1部，含有《中原音韵》音系研究内容的通史或通论5部，论文（含评论或鉴定）约8篇。内中，有代表性的专论、专著有金井保三（1913）、满田新造（1918a，1918b）、石山福治（1925）、罗常培（1932）、赵荫棠（1936）、陆志韦（1946a）等。通史或通论中论及《中原音韵》音系而又有建树的已知有钱玄同（1999）[①]、石山福治（1925）、王力（1936）、魏建功（1935）、张世禄（1936a）等。与《中原音韵》有关的重要论文已知有唐钺（1926）、白涤洲（1931a）、罗常培（1932）、永島荣一郎（1941a，1941b）等。由此可见，在这一阶段研究《中原音韵》音系的学者还不是很多，发表的论著也偏少。但应当说，本阶段的研究已经为后来的研究奠定了坚实的基础。这主要表现在以下三个方面。

（1）从历史语音学的角度，认清了《中原音韵》及其所代表的近代北音在汉语语音史上的地位及价值，并以研究《中原音韵》音系为重要突破口，为汉语音韵学研究开拓出一片新的广袤领域。如钱玄同（1999）、罗常培（1932）、赵荫棠（1936）、永島荣一郎（1941a，1941b）、陆志韦（1946a）等，对此均有卓越的认识和论述。

（2）研究已经涉及《中原音韵》音系的多个层次和方面。如金井保三（1913）、满田新造（1918b）等都已为《中原音韵》的十九韵部拟音，石山福治（1925）更对《中原音韵》中的每一个同音字组的读音都作了构拟。赵荫棠（1936）不仅全面研究了《中原音韵》的声类和韵类，还系统研究了其后的"曲韵"与"小学"两派韵书。陆志韦（1946a）则对《中原音韵》音系作出了更具理论性和系统性的阐释，关于《中原音韵》有入声和不能完全代表国语祖语的论述更是影响深远。

（3）研究在某些方面已经相当深入。如罗常培（1932）对《中原音韵》声类和音值的研究无论是结论或方法都已成为经典，为后来对《中原音韵》音系作更加全面系统的研究开辟了道路。又如赵荫棠（1936）对《中原音韵》的两派后续韵书的研究，也被后来的学者誉为上乘之作。永島荣一郎（1941a，1941b）分析与《中原音韵》有关的资料，更多达40余种。在薛凤生的《中原音韵音位系统》中，陆志韦的《释中原音韵》也得到很高评价。

[①] 该书最早发表于1918年。

现代意义的《中原音韵》语音研究在本阶段还只是刚刚开始，自然也表现出诸多不足。

（1）对《中原音韵》蕴含的语音材料发掘不够，研究基本上还局限于韵谱部分而极少利用书中"正语作词起例"的内容。

（2）在国内，对《中原音韵》以外可资利用的语音材料开拓不足，研究还没有成系统地联系金诸宫调、元曲（杂剧与散曲）和译音、对音材料（如《蒙古字韵》、八思巴碑文等）进行，近、现代汉语方音资料也只是开始涉及。不过，相对于国内学者的研究而言，日本学者如满田新造（1918b）对译音、对音材料的运用已经处于较为自觉的状态。

（3）学者对《中原音韵》音系及有关问题虽然已经形成一些不同见解，如《中原音韵》究竟有无入声，《切韵》知庄章三组声母等究竟是合为一组声母还是合为两组声母，见组声母是否已经腭化出现代的 tɕ 组声母，《中原音韵》是不是现代北京话或"国语"的源头等。但所有这些都还没有被展开争论，意味着研究的繁荣局面尚未形成。

（4）研究的方法还相对贫乏，主要有金井保三（1913）、石山福治（1925）、赵荫棠（1936）、陆志韦（1946a）等所运用的历时比较与音理分析以及文献、方言和对音资料征引等方法。一些早期研究者对历史语音学方法的运用也还尚欠娴熟。但罗常培（1932）所用归纳法则是一重大创造。

（二）研究的加速阶段：1949—1976 年

本阶段国内研究《中原音韵》音系的已知约有 14 人，发表专著 3 部、通史或通论 6 部、论文约 9 篇；海外约 10 人，发表专著 4 部，有关通论 4 部，论文约 7 篇。

大陆地区因为"文化大革命"导致大多数的研究中断，故本阶段的研究成果集中产生于 20 世纪 50 年代和 60 年代初。其中重要的有王力（1958，1963）等通史、通论中关于《中原音韵》音系的论述与赵遐秋和曾庆瑞（2007）、李新魁（1962，1963）、廖珣英（1963，1964）、忌浮（1964）等的几篇论文。王作表明了他对《中原音韵》音系的一系列重要见解，如没有入声、没有疑母、是现代北京话的祖语等；《切韵》知庄章三组声母则从分为两组到合为一组。王力（1958）还第一个构拟了元代北方口语声调的音高和调型。李与赵、曾的争论意味着对《中原音韵》音系基础和"入派三声"性质的研究走向深入。廖作标志着《中原音韵》音系研究同元曲及金诸宫调的研究开始结合。忌浮的研究则显示了对《中原音韵·正语作词起例》部分所蕴含的语音资料的重视和一种新的研究《中原音韵》音系的方法（内部分析法）正在最终形成。台湾地区这一阶段研究《中原音韵》音系的专著已知有许世瑛和刘德智（1962）、那宗训（1963）、陈新雄（1976）等的著作。含有《中原音韵》音系研究内容的通史或通论已知有董同龢（1954，2001）、谢云飞（1987）等。从已经读到的论著或介绍看，台湾地区这一时期的《中原音韵》研究还主要是介绍原著和校订，较有特色的一是那宗训（1963）将《中原音韵》与《中州乐府音韵类编》《中州音韵》《韵略易通》作了仔细的比较，二是董同龢、陈新雄对书中音系作了真正的研究。董氏在拟音上有自己的特点，并把《中原音韵》中的个别独立疑母字和"有入声之别"的话归于周氏方言和受传统韵书的影响。陈新雄则是综合了各家研究成果，有时也表明自己的见解，例如对董氏的拟音有所修订。

本阶段海外研究《中原音韵》的，已知较有代表性的著作有藤堂明保（1957）、服部四郎和藤堂明保（1958）、满田新造（1964）、司徒修（Stimson）（1962，1966）、薛凤生（1990）等。

海外学者这一时期对《中原音韵》音系的研究有了重大进展。日本藤堂明保（1957）在构拟周书声韵系统时已深受美国音位学派理论的影响。美国的司徒修（Stimson）（1962，1966）和薛凤生（1990）更率先建立了《中原音韵》的音位系统。在这一开创性的工作中，司徒修的努力虽然早于薛凤生，但其语音系统建立的基础，即赵荫棠（1936）的语音构拟尚多可议。薛凤生（1990）另起炉灶，"采用严格的音位解释，从而推论出一套按特定顺序排列的历史规律"（薛凤生，1990：前言1），进而据以阐述了以《中原音韵》为核心的一大段汉语语音演变史。无论是在理论上、方法上还是在系统性和严密性方面，薛著都将《中原音韵》音系研究推向了一个新的高度。

（三）研究的高潮阶段：1977—2000年

本阶段国内研究《中原音韵》的不少于83人，发表专著不少于6部，含有关研究内容的通史或通论33部，论文不少于99篇；海外不少于12人，发表论文不少于 11 篇，含有关研究内容的通史或通论不少于 6 部。

随着"文化大革命"的结束，大陆地区的《中原音韵》音系研究又重现生机，并且迅速掀起 20 世纪的研究高潮。从 1977 年到 2000 年，出版的研究《中原音韵》音系的专著已知有杨耐思（1981a）、李新魁（1983b）、宁继福（1985）等的著作，以及汇集高福生等所著论文的论文集《〈中原音韵〉新论》。在汉语音韵通史或通论中论及《中原音韵》音系并有独到见解的则有邵荣芬（1979）、王力（1985）、何九盈（1985a）、陈振寰（1986）、蒋绍愚（1994）、杨剑桥（1996）、蒋冀骋（1997a）等。论文更为数不少，除收入 1991 年出版的《〈中原音韵〉新论》的论文外，尚有刘俊一（1980a，1980b）、蒋希文（1983）、张清常（1983）、杨耐思（1984a，1984b，1990）、唐作藩（1985a，1985b，1987，2000）、忌浮（1986）、宁忌浮（1990）、刘静（1986）、俞敏（1987a，1992a）、石余（1987）、陆致极（1988）、尉迟治平（1988）、金有景（1989）、黎新第（1990，1992a）、李文煜（1991）、林端（1992）、林焘（1992）、麦耘（1995a）、邓兴锋（1995，1997a）、李无未（2000）、张炳义（2000）等的论文。

这一阶段大陆地区的《中原音韵》音系研究呈现出以下特点。

1. 研究空前繁荣，时有重要争论展开

从前边举到的统计数字中可以看到，本阶段同前此两个阶段的统计之和相比，研究人数大约增加了 2.5 倍，论文则大约增加了 5 倍。专著虽然增加不多，但含有《中原音韵》音系研究内容的通史或通论也至少增加了两倍。尤其突出的是本阶段时有重要争论展开。如关于《中原音韵》入声问题的争论，关于音系性质和方言基础的争论，自进入 20 世纪 80 年代以来一直都在进行。关于知庄章三组声母的分合，疑母的存亡，两韵兼收字的性质，唇音字韵母的开合，萧豪韵有无合口韵母，江阳、东钟两韵中知组和照组字韵母的开合，现代 tɕ 组声母是否已经产生以及"本声外来"的含义等，学者也都先后展开过不同程度的讨论。特别有意思的是，1989 年、1991 年还展开过一场《中原音韵》作者是否也就是《韵学集成》所传《中原雅音》的作者的争论。一些问题已在争论或讨论中得到深入探讨或解决，如关于《中原音韵》入声问题的认识，疑母存亡的认识，两韵兼收字问题的认识，周德清是不是《中原雅音》作者的认识，等等。因此可以认为，对《中原音韵》音系的研究在这一阶段已经形成生动、活泼、健康、繁荣的局面。

2. 研究范围进一步扩大与深化

杨耐思（1981a）首次将《中原音韵》音系的声韵配合、音节结构纳入研究范围，其后李新魁（1983b）、宁继福（1985）的文章或著作也具有同样特点。其中宁氏更将研究的注意力从偏重《中原音韵》韵谱改为韵谱与书中"正语作词起例"并重，获得了许多新的认识和内部证据，被誉为《中原音韵》音系研究中的"后出转精"之作。本阶段的研究不再停留于音系框架的构建，而是在此基础上对许多有争议的问题和重要细节问题作深入探讨。争议问题已如前举，细节问题如对《中原音韵》四声调值的构拟，微母音值的构拟，全浊平声声母归次清的论证等。李文煜（1991）从理论上剖析《中原音韵·正语作词起例》中的第 21 条，认定周德清是音位学中"最小对立"理论的创始人，更是将研究扩展到了理论语言学的领域。

3. 研究材料得到大力开拓和利用

首先是元曲材料。遥继廖珣英（1963）研究关汉卿现存杂剧用韵之后，鲁国尧（1990，1991a）研究白朴曲韵，忌浮（1988）研究元曲曲尾及曲尾上的入声字，黎新第（1990，1991a，1992a）研究属《中原音韵》"定格"的元杂剧各曲入韵字以及元曲末句、句末仄仄连出字，杨载武（1991）研究元散曲用韵，邓兴锋（1995，1996，1997a）研究元大都杂剧用韵等，都已经初具规模。其中具有开拓意义的是，对元曲的音韵研究已经不限于归纳其用韵情况以资比较，还特别注重借助曲律观察其舒声字和促声字在曲句中特定位置上的声调表现，以推断《中原音韵》的"入派三声"究竟是否与元杂剧的实际语言相符合。邓兴锋的研究不是依据作者而是依据特定地域，而且专就一些前此的研究未曾涉及的问题（如韵部关系、单字读音等）进行深入探讨，也是对元曲研究的进一步开拓。

其次是现代汉语方音材料。开拓和利用现代汉语方音材料研究《中原音韵》音系也已经初具规模。可资利用的此类材料不仅丰富多样，而且已用于研究的许多方面。例如，李新魁（1979）以客家方言大埔话的情形作为《中原音韵》照系声母音值概为 tʂ 组的一个证据，刘俊一（1980a，1980b）利用胶东方音论证《中原音韵》"入派三声"有实际语言基础，杨耐思（1981a）

利用河北赞皇与元氏方音、金有景（1989）利用山西襄垣方音拟测《中原音韵》入声状态，蒋希文（1983）利用江苏赣榆方音、张树铮（1991）利用山东寿光方音研究《中原音韵》知庄章三组声母的分合，宁忌浮（1990）借助高安方音论证《中原音韵》尚有疑母等，无不得到学界同人的重视。此前阶段的《中原音韵》音系研究中也并不是没有利用过方音材料，但无论是在运用的数量上还是在运用的范围上都不能同本阶段相比。尤具特色的是，此前所利用的方音材料还大多是对通都大邑方音普查的成果，本阶段作为研究依据或证据的则往往是保存在偏僻地区的方音特征。方音材料往往不是单纯引用别人成果而是作者亲自深入调查所得。

最后是八思巴字和汉字对音材料。较之此前研究八思巴-汉对音的主要是海外学者，国内《中原音韵》音系研究中对此类成果的利用还比较零星，利用的方式也只限于比较或印证，本阶段大陆地区的《中原音韵》音系研究也已有长足的进步。如以研究《中原音韵》音系著称的杨耐思同时又是研究八思巴字的知名学者，杨耐思的《中原音韵音系》无论是声母或韵母的构拟都系统地参考了《蒙古字韵》等八思巴-汉对音材料的研究成果。不约而同的是，李新魁（1983b）拟订的《中原音韵》音系，也多处参考了《蒙古字韵》。虽然八思巴-汉对音材料所表现的语音系统与《中原音韵》尚有一定差异，但却都是表现的元代汉语共同语语音，因而上述参考使两家音系的构拟都增加了可信的因素。此外，木之（1985）利用时间稍晚的朝-汉对音材料论证《中原音韵》"入派三声"的性质，也是开拓研究《中原音韵》材料的有益尝试。由于有以上三项特点，本阶段大陆地区的研究不仅越来越深入、全面，而且正在形成越来越多的共识。如对原本有争论的"入派三声"（包括清入声作上声）是否符合元杂剧实际，《中原音韵》音系是否并非单一口语性质等问题，学者的认识都已经越来越明晰。

这一阶段大陆（内地）地区的《中原音韵》音系研究也有如下不足之处：①研究仍有空缺。例如在《中原音韵》中独立的桓欢韵，在元代以前的北方方言及共同语资料中未见其独立，在元代以后的北方官话中也未见其独立，却又一直见于近代以来的南方官话。桓欢韵究竟是否反映元代北方方言实际？又如侵寻、监咸、廉纤三韵是否在当时广大北方地区都还独立存在，也值得进一步研究。②深入了解元曲的语音面貌，对于《中原音韵》音系的研究有着十分重要的意义。但迄今为止，对元曲材料的发掘和利用仍显得很不充分。像廖珣英（1963）、鲁国尧（1990，1991a）和邓兴锋（1995，1996，1997a）那样对元曲分作家、分地域系统的研究还只是刚刚开始。与《中原音韵》有关的元曲单字读音的研究也还大有可为。③一些有重大争论的问题，如《中原音韵》所依据的语言中入声究竟是何面貌，《中原音韵》音系同现代北京音系究竟是否一脉相承，等等，虽然对这些问题的研究在本阶段都有不同程度的进展，成绩喜人，但也都还没有最终凿破混沌，而个别的研究甚至误入歧途。

这一阶段台湾和香港地区发表研究《中原音韵》音系专著的学者已知有李殿魁（1977）、王洁心（1988）；发表含有研究《中原音韵》音系内容的通论性著作的学者已知有竺家宁（1991a）、黄耀堃（1994）等；发表研究《中原音韵》音系重要论文的学者已知有丁邦新（1981）、龚煌城（1981a，1981b）、金周生（1982，1984，1990a，1990b）、姚荣松（1994a）等。李殿魁和王洁心的两部专著除王著内容未详外，李著仍属校订补正，旨在为音系研究扫清障碍。丁文在发掘元曲资料、研究元代方音、改进《中原音韵》拟音上都作出了新的贡献。龚煌城（1981a，1981b）率先发掘出宋代西北方音声母和韵母的重要特点，金周生（1982）则为《中原音韵》东钟、庚青二韵互见字产生的原因提出了自己的见解。

这一阶段海外发表含有研究《中原音韵》音系内容的通论性著作的学者已知较重要的有藤堂明保（1979）、尾崎雄二郎（1980）、罗杰瑞（1995）、大岛正二（1997）。发表研究《中原音韵》音系重要论文的学者已知有司徒修（1997a，1997b）、平山久雄（1988）、薛凤生（1992）、佐佐木猛（1994）等。薛文为《中原音韵》上溯其源，佐佐木猛文对周德清到过大都提出疑问，平山久雄（1988）则有力地支持了《中原音韵》"入派三声"有实际语言基础的论点。

二、研究方法回顾

方法对于研究的重要性是显而易见的，没有恰当的方法，研究便无从着手。研究方法不同，认识的广度和深度便可能不同。也只有运用正确的方法，才会有正确的结论。可以说，在很大程度上，正是由于研究方法的不断创造、丰富和更新，《中原音韵》音系研究才得以在20世纪枝繁叶茂、硕果累累。回顾20世纪的《中原音韵》音系研究，可以从中抽绎出的研究方法，大致有以下八种。

（一）音理分析法

音理分析法也可以称为历史语音学方法。是在西方语言学理论影响下，最早用于《中原音韵》音系研究的一种方法。其特点是将《中原音韵》置于从中古到现代的汉语语音演变过程中加以研究，根据前后时期语音的相同与不同并参酌语音演变的一般规律来确定其音类和音值。率先使用这一方法的有石山福治（1925），其后的《中原音韵》音系研究也都在不同程度上使用了这一方法，尤其是这一方法所蕴含的发展观念和比较精神，如陆志韦（1946a）就主要运用这一方法取得了卓越的成就。但可能是由于创建伊始，还没有可资借鉴的作品，石山福治（1925）的运用并不很成功，罗常培（1932）就批评他过多地迁就了元代以后的语音资料，并为中国现代北音系统所囿。

（二）归纳法

创造并运用这一方法研究《中原音韵》音系的是罗常培（1932）。方法的具体内容是：从《中原音韵·正语作词起例》中提炼出两项条例。第一例为："凡一音之中而括有等韵三十六母二纽以上者，即可据以证其合并，偶有单见，不害其同。"第二例为："凡全浊声母去声混入全清者，则平声虽与阴调分纽，声值实与次清无别。"（罗常培，1932：423-424）罗常培根据这两项条例考订出的《中原音韵》声类，迄今都还只有局部的修订和补充。赵荫棠（1936）和邵荣芬（1979）又将这一方法创造性地运用到归纳《中原音韵》的韵母类别中。赵荫棠（1936：8）说："每韵每调内同声之字重见者，必其韵腹有异。"（见凡例之六）邵荣芬（1979：49）说："既然每个小韵的字是同音的，那末在同一声调之内，两个小韵如果声母相同，韵母就必然不同。"但归纳法用于《中原音韵》音系研究也有其局限性。忌浮（1987）便列举出不能用这一方法证明的四个难题：①中古全浊平声字读次清；②全浊入声字读全清；③家麻韵母有三类；④江阳韵母有三类。

（三）内部分析法

正是针对归纳法在运用于《中原音韵》音系研究中所表现出的不足，内部分析法应运而生。这一方法的基本内容是：依据《中原音韵》自身所能提供的材料研究其音系，又尤其是从音系内各音位的相互关系中构拟其声韵母。内部分析法的萌芽，在王力的《中国音韵学》中已经可以看到：王力在补充论证《中原音韵》尚存-m 尾韵时，所举三条理由全都来自《中原音韵》自身，并且第一个揭示了《中原音韵·正语作词起例》"辨似表"的语音实质及其史料价值，启迪了后来的学者；在陆志韦的《释中原音韵》中也可以见到：他利用入声字和全浊上声字在书中的不同编排来证明"入派三声"并不意味着与三声同音。其后，杨耐思（1981a）与丁邦新（1981）也已经系统地运用这一方法。但旗帜鲜明地把内部分析法作为研究《中原音韵》音系的一项新方法提出来并构成研究特色的则是宁继福（1985）。忌浮（1987）还专门就这一方法的性质、特点作了详尽阐述。而在此之前，在忌浮的《〈中原音韵〉二十五声母集说》中已经有这一方法的自觉运用。忌浮（1986）又运用内部分析法构拟出《中原音韵》音系四个调类的调值。而宁继福（1985）也因为通过娴熟运用这一方法所取得的成果获得很高的评价。当然，内部分析法仍有局限，如运用此法得出的《中原音韵》无入声的结论，便未能得到学者的普遍认同。

（四）音位分析法

这是一种融传统与现代为一炉，既建立在传统历史语音学的基础上，又建立在现代音位学和生成音系学基础上的研究方法。运用这一方法不仅使《中原音韵》音系研究深入到音位层次，还"逻辑地、系统地解释《中原音韵》韵谱内各个同音字组显示的所有语音对立"，制定了"合理而简约的规则，阐明了从中古汉语至'早期官话'，从'早期官话'至现代汉语的发展"（薛凤生，1990：前言 1-2）。这样的研究显然是前此的《中原音韵》音系研究所没有过的，也是迄今为止的已知汉语近代韵书音系研究所罕见的。前述美国学者司徒修与薛凤生，尤其是薛氏，正是由于创造性地运用这一方法，才取得了令人瞩目的成绩。薛凤生（1990）不仅对《中原音韵》音位系统作出了始终一贯的细致严密的描写，而且对有关入声问题和音系性质与方言基础等问题作出了极富启发性的解释。薛凤生在《北京音系解析》中对以上内容又有所阐发和补充。不妨说，音位分析法不仅为《中原音韵》音系研究，也为整个近代汉语语音研究带来了一股新风并注入了新的活力。如侍建国（1992）研究沭阳音系及其历史演变，便深受薛氏影响并取得良好成绩。

（五）比勘互证法

这是"通过音韵资料的校勘和比较、相互参证来确定所考订语音真相的一种方法"（杨耐思，1987a：52）。如董同龢（1954，2001）以为《中原音韵》音系没有-ŋ声母，便与校勘有关。又如薛凤生（1990）将以宋人《切韵指掌图》为代表的"韵图时期"作为考察《中原音韵》音系所发生变化的出发点；杨耐思（1981a）全面考订《中原音韵》音系，优选讷庵本《中原音韵》作为依据，同时又取啸余谱本和常熟瞿氏本等作出校勘，考订时又多方参证了同时期的《古今韵会举要》《礼部韵略七音三十六字母通考》《中州乐府音韵类编》等韵书、韵表；李新魁（1983b）的参证更上及宋代的《四声等子》，下及明代的《中州音韵》《西儒耳目资》等。这一方法的重要还在于它的第一性，如果没有必要的比勘互证作前提，研究《中原音韵》音系的任何方法都将失去作用。

（六）方言、对音参证法

方言、对音参证法是利用近、现代方音材料和同时期其他民族语言（文字）与汉语（汉字）对音的材料来研究《中原音韵》音系的方法。这对于音值和音位的构拟大有助益。例如满田新造（1918b）、石山福治（1925）等即已使用多种对音材料及方音材料，龙果夫的《八思巴字与古汉语》更主要从八思巴-汉对音材料的研究中取得重要的近代汉语语音研究成果。唐虞（1932）、陆志韦（1946a）亦已开始利用八思巴-汉等对音材料，而杨耐思（1981a）所取得的成绩，更是牢固地建立在恰当运用方言、对音参证法以及前述比勘互证法的基础之上。又如赵荫棠（1936：100）凭借见于明人徐孝的《合并篇韵字学便览》中的北京系语音，"推到《中原音韵》时代的知照两系二三等的分列，并不是声母的差别，而是元音或介音上的差别"。刘俊一（1980a，1980b）从现代胶东方言的表现推论《中原音韵》"入派三声"可信。丁邦新（1981）利用与《中原音韵》同时期的方音材料来改进萧豪、齐微两韵的拟音。刘淑学（2000a）借助河北中南部顺平一带方言，支持了陆志韦认为《中原音韵》基础方言在河北中南部地区的猜想，也与邵荣芬对《中原雅音》基础方言的推测不谋而合。

（七）文献征引法

文献征引法是利用与《中原音韵》音系有关的文献资料来印证或阐明《中原音韵》音系的方法。如赵荫棠（1936：107-108）征引毛氏父子（浙江江山人）的《增修互注礼部韵略》和韩道昭的《五音集韵》说明《中原音韵》车遮韵的由来。文献征引繁复还构成李新魁研究《中原音韵》音系的一大特色。如李新魁（1983b，1991a）广泛征引了明、清词论和曲论中的话来论证《中原音韵》"入派三声"只是为了"广其押韵"。也有征引不当造成严重错误的，如金井保三（1913）。赵荫棠（1936：36）便称其"以《啸余谱》本《中州音韵》为《中原音韵》之解注本，友人白涤洲先生已批其谬"。

（八）统计分析法

用于《中原音韵》音系研究的统计分析法有多种。首先应当说到的是数量比较法。它是以大面积的现代方音材料为依据，把系统的数量比较方法应用于历史音韵学研究领域的方法。如陆致极（1988）把《中原音韵》知庄章组声母读音的三种不同构拟同现代十七个汉语方言的数据输入计算机进行相关分析和聚类分析，从而得出了《中原音韵》知庄章三组声母已经合流，其音值应为舌尖后音的结论。由于所选的十七个方言并不都与元代的中原之音有源流关系，结论不一定完全可信，但这一方法本身，无疑很有价值。

在《中原音韵》音系研究中，更为习用的是穷尽式统计分析法和概率统计分析法。穷尽式统计不排除任何例外。忌浮（1964）便对《中原音韵》知庄章组声母的分布作了穷尽式的统计分析，忌浮（1988）又对元曲曲尾及曲尾上的古入声字作了穷尽式的统计分析。由于这一方法具有较高的科学性，因而很快应用到《中原音韵》以外的音韵资料（如宋词）的研究中，并取得可喜成绩。概率统计分析法的统计特点则在于引进概率原则。黎新第（1990）依据概率原则处理元曲曲尾上的古入声字数据，得出了与忌浮（1988）不同的结论。这一事实表明，如何斟酌材料性质和研究目的正确选用统计方法，本身就还值得研究。

如果允许以偏概全，就可以给 20 世纪的《中原音韵》音系研究发展的三个阶段各选一至二种研究方法作为阶段的标志。从前述情形看，可以标志研究发轫阶段的是音理分析法和归纳法，可以标志加速阶段的是音位分析法，可以标志高潮阶段的是内部分析法和统计分析法。有迹象表明，统计分析法用于《中原音韵》音系研究还大有潜力。21 世纪学者在《中原音韵》音系研究上的某些新突破，很有可能就来自对有关材料的深入系统的发掘和正确而全面的统计分析。

三、声、韵、调研究

（一）声母研究

1. 总体的认识

对《中原音韵》进行系统的研究约始于石山福治（1925）。他在书中依据同时期的其他韵书以及此前的韵书和此后的时音变化，将《中原音韵》声母拟定为 19 个，特点是全浊清化、中古知庄章三组声母合为一组、影喻疑微四母合为一母。据李无未（2005），日本学者鴛渊一在其 1930 年的研究中，则认为《中原音韵》音与八思巴字反映的元代标准音一致，即依据八思巴字将《中原音韵》声母拟订为 32 个，特点是有一整套全浊声母。这一结果显然忽视了《中原音韵》音系同所谓元代"标准音"的差异。罗常培（1932）以为石山福治所得结果尚可，但论据颇多疑义，改以同《广韵》对比和归纳的方法重新考订，得 20（21）声母。不同于石山氏的是：微母独立，疑母亦以带括号的形式出现。赵荫棠（1936）以为见组声母在元代已经腭化，遂为《中原音韵》拟定 25 声母，与罗氏所定比较，疑母完全独立，又从罗氏的 k、kʰ、ŋ、x 四母中分出 tɕ、tɕʰ、ɲ、ɕ/ç 四母。陆志韦（1946a：43）以为"tʂ+ɿ 那样的音断乎不可轻信"，定《中原音韵》为 24 母，将罗氏 tʃ、tʃʰ、ʃ 三母剖分为 tʂ、tʂʰ、ʂ 和 tɕ、tɕʰ、ɕ 六母，疑母亦独立；与赵氏不同的则是不分 k、kʰ、x 为两组声母。此后，研究《中原音韵》声母者甚众，如董同龢（1954，2001）、王力（1957，1963，1985）、谢云飞（1987）、薛凤生（1990）、藤堂明保（1979）、曹正义（1979）、杨耐思（1981a）、李新魁（1979，1983a）、宁继福（1985）、陈振寰（1986）、蒋冀骋（1997a，1997b）等多有讨论和辩驳，如李新魁（1983b）举出现代方言证据，说明 tʂ 组声母可以与 i- 相拼，将罗氏的 tʃ 组改拟为 tʂ 组，从而与赵氏相同，但同时又以为赵氏从 k 组声母中分出 tɕ 组的依据不可信。但总的说来，讨论结果大都依违于罗氏、赵氏和陆氏三说之间。如王力（1957，1985）大抵遵从陆氏，王力（1963）又大抵遵从罗氏。

为便于比较，将罗常培（1932）、赵荫棠（1936）、陆志韦（1946a）所拟订的声母列举如下（见杨耐思，1981a：24）。

罗氏：p, pʰ, m, f, v, t, tʰ, n, l, ts, tsʰ, s, tʃ, tʃʰ, ʃ, ʒ, k、kʰ、(ŋ), x, ∅

赵氏：p, pʰ, m, f, v, t, tʰ, n, l, ts, tsʰ, s, tʂ, tʂʰ, ʂ, ʐ, k (c), kʰ (cʰ), x (ç), ŋ, tɕ, tɕʰ, ȵ, ɕ, (∅)

陆氏：p, pʰ, m, f, w, t, tʰ, n, l, ts, tsʰ, s, tʂ、tɕ, tʂʰ、tɕʰ, ʂ, ɕ, ʐ, k, kʰ, ŋ, x, ∅

2. 个别声母的研究

学者对一些问题已经达成共识，如全浊清化、知庄章组声母合并、影喻合并、非敷合并，微母保存等，但也有分歧。主要有以下几点。

1）知庄章组声母的合并情形及音值构拟

虽然各家都认为《中原音韵》含有古知庄章组声母的音节大致分为四类：有知₂庄组声母的为一类，有知₃章组声母的为一类，但在东钟部知章庄三组声母并为一类，支思部庄章两组并为一类。但如上所述，对应这三组古声母的《中原音韵》声母，却有拟定为一组和两组的区别。定为一组的如赵氏、罗氏、宁氏，但又有不同：赵氏、罗氏以及麦耘（1991a）、龙庄伟（1991a）认为区别不在声母而在韵母，声母只有一组，音值也只有一组（赵氏与麦耘、龙庄伟定为tʂ组，罗氏定为tʃ组）；宁氏则定为一组声母、两组音值（tʃ组和tʂ组），关系互补。定为两组的如陆氏与何一凡（1991）、蒋冀骋（1997a：192），认为区别既在韵母，也在声母（陆氏分为tʂ、tɕ两组，知₂庄类为tʂ组，知₃章类为tɕ组；何氏、蒋氏分为tʂ、tʃ两组。何氏认为知₂庄组为一层次，知₃章组为一层次，两组又各有tʂ、tʃ两个层次；蒋氏认为知章类及并入的部分庄类字为tʂ组，尚独立存在的庄类为tʃ组）。

　　下边的探讨则意味着，上述认识分歧很可能延续到下一个世纪。曹正义（1979）举出成书年代与《中原音韵》十分接近而且知庄章组声母的分合也与《中原音韵》的系统吻合的《古今韵会举要》，在独用的同一韵部（如鱼、语、御）里也出现了知₃、章声母字与庄声母字的分立，这就不能不考虑知₃、章组声母与知₂庄组声母确有差别。但麦耘（1991a）以为这主要是不明材料性质（《古今韵会举要》音系乃新旧糅杂）所造成的误解。只是蒋希文（1983）以知庄章三组声母分布情况与《中原音韵》大体一致的现代赣榆方言为据，也为多数韵部里知₃、章组声母与庄组声母拟出了不同读音；杨信川（1990）又以现今云南方言中知庄章组声母字的表现为据，同样认为知₂庄、知₃章的分立，不仅是韵母的对立，同时也是声母的对立；杨信川（1998：290-291）还依据多处现代汉语方言材料，推测"在《中原》的时代，知章庄完全合流的可能性不会很大"，而且"照₂字在《中原音韵》时代的音值是'z'组的可能性要更大一些，另有一小部分可能是接近'zh'的一组"。蒋绍愚（1994：84-85）立足于《中原音韵》中"知""支"不同音，也倾向于认为书中知₂庄以及支思韵中的章组声母同知₃章（支思韵除外）组声母应当有所不同。麦耘（1991a）则力证tʂ组声母可以同i相拼并已在《中原音韵》转化为ʅ，《中原音韵》"辨似"不足据；龙庄伟（1991a）也以为，《中原音韵》只有单纯庄组小韵字与精组字的比较而没有章组小韵与精组小韵的辨似，恰好暗示庄组声母读同章组，而《中原音韵》中知₂庄组字与知₃章组字的对立，直到清初的《五方元音》中都还存在，而后者的对立不在声母而在韵母介音i的有无，据此亦力主《中原音韵》庄组字和章组字的对立，不是声母的差别，而是韵母有异。张树铮（1991）亦参照知庄章组字归类几乎完全与《中原音韵》相同的现代寿光方言，论证《中原音韵》中庄章组声母已经同为卷舌音，进而判断《中原音韵》应当是知庄章组声母合一；论文还认为如此可以简明地说明现代北方各方言的演变，反之，则不容易说明知庄章合一的现代方言的演变。

至于音值，鉴于直到申叔舟的《四声通考》的谚文注音中的卷舌音声母都尚处于"从'舌腰点腭'的 tʃ 等到'卷舌点腭'的 tʂ 等的过渡状态"（胡明扬，2011：161），因而定知庄章组声母为一组时似以如罗氏的读 tʃ 组为宜，分为两组时则似以如蒋氏的分读 tʂ 组和 tʃ 组为宜。还可参考蒋希文（1983）的意见，比照现代赣榆方言，将在东钟部并为一类的知庄章组声母、在支思部并为一类的庄章声母都拟为 tʂ 组，齐微部的知=章组声母读开口的拟为 tʃ 组，读合口的拟为 tʂ 组；其余各部则知=庄组声母拟为 tʂ 组，知=组声母拟为 tʃ 组。

2）见组声母是否腭化

赵荫棠（1936：91-92）最先将古见组声母在《中原音韵》中一分为二，也就是主张见组声母已有腭化音。依据是《古今韵会举要》中的"案《七音韵》，雅音交字属半齿"和元吴草庐分古见组声母为"见溪芹疑、圭缺群危"两类等。但陆志韦（1946a：44）看到《西儒耳目资》的"'机'等字还是 ki。在《五方元音》属于金不属于竹"，李新魁（1983b：80）则针对赵氏主张腭化的依据，以为吴草庐的"见溪芹疑、圭缺群危"不是腭化与否之别而是齐齿与合口之别，而《古今韵会举要》之所谓"半齿"指的是韵母而不是声母，因而都主张《中原音韵》见组声母尚未腭化。但宁继福（1985：27-35）又依据《古今韵会举要》中四等青韵开口舌根音与二等庚韵见系字同音等理由，推论《古今韵会举要》中也已有 tɕ、tɕʰ、ɕ 三个声母，从而间接支持了赵氏的 k、tɕ 两组之分。花登正宏（1979）也认为《蒙古字韵》中"校"字的译音，反映着一部分开口二等牙音字在当时已经出现了腭化现象。何一凡（1991）也认为《中原音韵》的见组声母已分化为 k、kj 两组，kj 组的发音介于 k 组与 tɕ 组之间，是一种过渡形式。从近代汉语共同语中见组声母腭化的历史看，说《中原音韵》时期的见组声母在细音韵母前已全面腭化应尚在疑似之间，但说已经开始则值得认真考虑。

3）疑母的存亡

由于《中原音韵》在江阳、萧豪等韵里存在着古疑母字与影喻母字的对立，再加上更多的古疑母字在八思巴对音中仍作 ŋ 声母，因而虽然赵氏、陆氏以及藤堂明保（1979）、方孝岳（1979）、杨耐思（1981a）、宁继福（1985）、陈振寰（1986）等都认为《中原音韵》中的疑母只不过是古疑母的残余，但毕竟仍有疑母存在。但罗氏、王力（1957，1963，1985）和李新魁（1983b）等则因其只是残余，董同龢（1954，2001）和丁邦新（1981）等则以为这些残余是受传统韵书或周氏方言影响所致，都主张《中原音韵》取消疑母。考虑到《中原音韵》有古疑母的残余是一个事实，而周氏方言影响之说尚有争议（宁忌浮，1990），还是以不轻言取消《中原音韵》疑母为宜。

何一凡（1991）还特别指出，无论是知庄章组声母还是见组声母，在《中原音韵》中的读音都具有不同的层次，如上举疑母读音新旧质并存，有两种读音，便形成了两个层次。

4）关于《中原音韵》"维惟"读作微母

"维惟"为中古音喻四字，不属微母，可在《中原音韵》里却与微母字"微薇"同音。陆志韦（1946a：42）因此怀疑《中原音韵》"由唱南曲的人篡改过"，"维惟""微薇"同音"也许只代表南曲的吴音"。罗常培（1932：423）已注意到不仅是南方，山西方言也有此现象，他说："《中原音韵》微母字惟齐微部'微薇'纽下混入喻母'惟维'二字。案利玛窦标音亦注'惟'为üui，与其他喻母字不同。且今安南译音、客家、山西及闽语、吴语亦皆读为微母。故此二字乃喻母转微之例外，不足妨碍微母独立也。"杨耐思（1981a：13）也论及"维惟"变同微母，说："《中原音韵》'微'小韵有'维惟'二字，属于中古'以'母，当时变同'微'母，作v，如现代河南省某些地方方言。"再后，刘勋宁（1988：54）在进一步调查陕西清涧、西安等地方言的基础上归纳说："我们所知的'维惟'读入'微'母的北方方言就已有了陕西、河南、山西，即以河南为中心的广大的'中原'地区。这自然可以证明《中原音韵》的记录既非滥入，也非一时一地的特例，而是覆盖面积很大的一派北方方言的实际。"应为确论。

5）对《中原音韵》影母表现的初步解释

在《中原音韵》中，古影母平声字大概率读阴平，不与喻母、疑母字相混，而入声字基本读去声，却与喻母、疑母字相混。麦耘（1999：221）对此作出如下解释："在'平分阴阳'发生时，平声中影母与喻、疑母尚属清浊对立，而在'入派三声'发生时，入声中的影、喻、疑母就已经混然无别了⋯⋯

从语音史的角度可以有两种解释：一，'平分阴阳'发生于声母上影母与喻、疑母合流之前，而'入派三声'发生在这以后；二，声调上的两项分化是同时的，而影、喻、疑母的合流在入声中出现的较早，在平声中滞后。当以孰为是，尚待进一步研究。"

除以上五点外，学者对《中原音韵》中的古日、微二母的拟音也有不同。日母，如罗常培（1932）、杨耐思（1981a）拟为ʒ，赵荫棠（1936）、陆志韦（1946a）、王力（1957）、方孝岳（1979）、李新魁（1983b）拟为ʐ，王力（1963）拟为ɽ，王力（1985）、宁继福（1985）拟为ɽ/r。微母，如罗常培（1932）、赵荫棠（1936）、方孝岳（1979）、杨耐思（1981a）、王力（1958）、李新魁（1983b）拟为 v，陆志韦（1946a）拟为 w（半唇齿性），宁继福（1985）拟为ʋ。如果都能从语音的渐变性和音位的系统性考虑，或许可以消除部分分歧。

（二）韵母研究

1. 总体的认识

《中原音韵》共分十九个韵部。对于其中所蕴含的韵母，主要研究者有金井保三（1913）、满田新造（1918b）、石山福治（1925）、赵荫棠（1936）、陆志韦（1946a）、董同龢（1954，2001）、薛凤生（1990）、藤堂明保（1979）、邵荣芬（1979）、杨耐思（1981a）、李新魁（1983b）、宁继福（1985）等。金井保三（1913）完全按照当时的北京官话对《中原音韵》十九部的音值加以拟订，虽然明知侵寻、监咸、廉纤三韵本收-m尾，也仍依当时的北京官话改收-n尾。满田新造（1918b）已纠正这一失误。除金井保三（1913）、满田新造（1918b）外，关于韵母的研究大都建立在对《中原音韵》声母的认识之上。各家拟订的《中原音韵》韵母，多在 45 个左右。

下面先列举杨耐思（1981a：44）所拟订的《中原音韵》韵母（46 个，如将ï细分为ɿ和ʅ，则为 47 个）作为代表，然后介绍有关的讨论。

东钟 uŋ，iuŋ

江阳 aŋ，iaŋ，uaŋ

支思 ï

齐微 ei，i，uei[丁邦新（1981）拟为 ui]

鱼模 u，iu

皆来 ai，iai，uai

真文 ən，iən，uən，iuən

寒山 an，ian，uan

桓欢 on

先天 iɛn，iuɛn

萧豪 au，iau，iɛu

歌戈 o，io，uo

家麻 a，ia，ua

车遮 iɛ，iuɛ ［李钟九（1994）将主元音拟为ə］

庚青 əŋ，iəŋ，uəŋ，iuəŋ

尤侯 əu，iəu

侵寻 əm，iəm

监咸 am，iam

廉纤 iɛm

2. 个别韵母的研究

1）原二等韵韵母的读音

这一问题的实质是，《中原音韵》是否尚有独立的二等韵母存在。又包含两个小问题。一是原二等见系开口韵母是否已经孳生出 i 介音，这个 i 介音又是否与三、四等韵的 i 介音不同。对于这一问题，一些学者，如赵荫棠（1936）、董同龢（1954，2001）、宁继福（1985）等，主张原二等见系开口韵母多数尚未腭化出 i 介音。另一些学者则与之相反，主张多数已经腭化出 i 介音，但所见又有不同。有的学者，如杨耐思（1981a）、丁邦新（1981）等认为这个 i 介音除江阳韵外尚与三、四等韵的介音有差异。有的学者，如陆志韦（1946a）、薛凤生（1990）等认为这个 i 介音已与三、四等韵的介音相同。二是原二等韵非见系开口韵母又是否与一等韵母相混。对于这一问题，一些学者，如赵荫棠（1936）、陆志韦（1946a）、董同龢（1954，2001）、薛凤生（1990）、宁继福（1985）等主张原二等韵非见系开口韵母仍旧保持独立；另一些学者，如邵荣芬（1979）、杨耐思（1981a）、李新魁（1983b）、王力（1985）

等则主张除萧豪韵外，其余原二等韵非见系开口韵母已经与一等韵相同。

《中原音韵》不少韵部还存在一、二等韵的对立，这种对立多数见于见系开口，并且不与见系开口三、四等韵混同，个别也见于非见系开口。有鉴于此，应当说在《中原音韵》韵母中独立二等韵仍旧是存在的，但正处在消失的过程中。这其间，需要特别注意《中原音韵》自身所显示的语言事实，强加区别或者拿《中州音韵》作依据都未必妥帖。例如日本学者小川环树就曾批评石山福治的《考定〈中原音韵〉》"用王（文璧增注）本反切与叶（以震校）反切作依据考订《中原音韵》语音，在年代上迟了一些"（据李无未，2011：271）。

2）萧豪韵的韵母数量及其拟音

对于这一问题，称得上众说纷纭。从包含的韵母数量看，有的学者拟为两个，如王力（1963，1985）拟为 au、iau，有的拟为三个，如司徒修（1997a）拟为 aw、waw、yaw；邵荣芬（1979）和杨耐思（1981a）拟为 au、iau、iɛu；丁邦新（1981）拟为 au、ɛau、iau；董同龢（1954，2001）和宁继福（1985）拟为 ɑu、au、iau。有的拟为四个，如赵荫棠（1936）和邵荣芬（1991）拟为 au、ɑu、iau、uau；陆志韦（1946a）拟为 ɒu、ɐu、iɜu、iɛu；李新魁（1983b）拟为 ɑu、au、iau、iɛu；刘勋宁（1995）拟为 ou、au、iau、iɛu。有的拟为五个，如薛凤生（1990）拟为 aw、wow、waw、yaw、yew。从包含的主要元音及其数量看，有的拟为一个，如司徒修（1997a，1997b）、丁邦新（1981）、王力（1963，1985）、何一凡（1991）拟为 a，薛凤生（1992）拟为 ɔ；有的拟为两个，如赵荫棠（1936）和邵荣芬（1991）拟为 ɑ、a，邵荣芬（1979）和杨耐思（1981a）拟为 a、ɛ，有的拟定为三个，如陆志韦（1946a）拟为 ɒ、ɐ、ɛ，薛凤生（1990）拟为 ɔ、a、e，李新魁（1983b）拟为 ɑ、a、ɛ，刘勋宁（1995）拟为 o、a、ɛ。

依照刘勋宁（1995）的看法，上述分歧源于四个方面：一是以《中原音韵》为代表的北方方言当时能否分一、二、三/四等；二是如何看待萧豪韵唇音字一、二等分混不定；三是二等韵有无 i 介音；四是对音值的看法。除此之外，还有两个问题：如何看待在元曲中萧豪韵原一、二等字可以同三/四等字押韵，如何看待《中原音韵》中的"褒"与"包"有别而《古今韵会举要》与《蒙古字韵》等中的"褒"与"包"同音。

其实，刘氏所述四个方面都出自同一个问题，即如何看待正处在消失过程中的原独立二等韵肴韵。萧豪韵唇舌音字一、二等分混不定，二等韵有无 i 介音，都是肴韵正处于消失过程的表现。认为《中原音韵》肴韵虽然正在消失，但无论在见系字或非见系字中都仍然保存，拟订的主元音和韵母自然就相对较多，不同元音音值也会有差异；认为肴韵虽然正在消失，但它的见系声母字韵母已经同宵/萧韵字没有差别，非见系字韵母也已经同豪韵字没有差别，则拟订韵母就相对较少，甚至只需要拟订一个主元音。至于元曲中萧豪韵原一二等字可以同三/四等字押韵，是因为押韵并不需要主元音完全相同，而当时萧豪韵各韵母的主元音也很可能正在趋于一致。《中原音韵》"褒"与"包"有别而《古今韵会举要》与《蒙古字韵》等"褒"与"包"同音，需要考虑的则是，《中原音韵》与《古今韵会举要》《蒙古字韵》并不同质，差异的产生很可能是发展不平衡所致。因此，如果单就《中原音韵》而论，考虑到原独立二等肴韵虽然正在消失，毕竟仍然在见系声母字中明确保存；而语音性质与之相同、成书时间只是稍晚的《中原雅音》，"肴韵唇音和舌齿音已变同一等豪韵"，"肴韵的喉牙音已变成了三四等细音"（邵荣芬，1981：66），如此，则将《中原音韵》萧豪韵拟订为四个韵母（如 au、uai、iɛu、uau[①]）是较为合理的，将四个韵母中的主元音拟订为两个（如 a 和 ɛ）也是较为合理的。薛凤生（1992）已经修正为三个（/wɛ，wɔw，yɔw/），应当也是经过类似考虑的。

之所以认为四个韵母比较合适，还因为刘勋宁（1995）所论导致构拟分歧的四个方面，还漏掉一个问题：《中原音韵》萧豪韵中的"郭""镬"等小韵韵母究竟为何？赵荫棠（1936）即已主张《中原音韵》中的萧豪韵的"郭""镬"等小韵的韵母为 uau，其后先是董同龢（1954，2001）、邵荣芬（1979）未敢予以肯定，但邵荣芬（1991）则已转而趋于认同。唐作藩（1991a）亦认为 uau 韵母可能存在。然后刘淑学（2000b）在大河北方言（如望都县、唐县、顺平县等地方音）中发现了"郭""卓""镐"等字的韵母就有读 uau 的。如此则《中原音韵》中的萧豪韵的韵母可以增加到四个。刘文的发现虽小，却是一个切实的贡献。

[①] 内中 iau 韵母的 i 介音应尚处于似 i 非 i 状态（杨耐思，1981a：35）。

3）唇音字韵母的开合

在《中原音韵》中，除齐微韵外，唇音字基本不存在开合对立。各家在为没有开合对立的韵类中的唇音字拟音时，也都与非唇音字的开合保持一致。但对于那些有开合对立的韵类，其唇音字韵母是置于开口还是置于合口，各家就产生了分歧。除齐微韵外，如薛凤生（1990）、宁继福（1985）将其全归合口。薛氏依据未详，但可能是基于《切韵》唇音字都略带撮口势；宁氏则更多考虑到《中原音韵》一书的内部证据。杨耐思（1981a）、李新魁（1983b）参考《蒙古字韵》，邵荣芬（1991）更多考虑到后来的发展变化，将齐微韵外的唇音字全归开口。唐作藩（1991a）、杨剑桥（1994，1996）等则主张应分情况，有的归开口，有的归合口。

唐作藩（1991a）根据唇音分化的历史条件并参考宋元明等韵图，主张将江阳韵方类字、寒山韵反类字、家麻韵法类字以及齐微韵非类字与笔类字拟作合口。杨剑桥（1994）阐明他自己不一刀切的理由是：在《蒙古字韵》《古今韵会举要》《洪武正韵译训》等韵书中，开合韵的唇音字的属韵都有开有合：属齐微（杯类字）、真文、歌戈、桓欢四韵的归合口，其余属江阳、皆来、寒山、先天、家麻、车遮、庚青各韵的则归开口。鉴于这些韵书都与《中原音韵》大致同时，语音性质也相近，应当可以作为参照。

金基石（1999a）通过观察朝鲜对音文献的谚文注音资料，也得出结论：虽然《中原音韵》在音位上没有开合口的对立，但在实际音值上仍然存在开口与合口的区别。不过，如果单从音理上讲，薛凤生（1990）和邵荣芬（1991）所代表的见解也都可以成立。

除此之外，一些学者，如邵荣芬（1991）、唐作藩（1991a）等还讨论了江阳、东钟二韵中知庄章组字的开合。对于江阳韵中章组声母字的韵母为 iaŋ，两先生的见解并无不同，至于庄组字，邵荣芬认同宁继福（1985）的意见，主张韵母为 aŋ，唐作藩则认同李新魁（1983b）的意见，主张韵母为 uaŋ。对于东钟韵知系字韵母，邵荣芬认为皆读洪音，唐作藩认为皆读细音，与李新魁（1983b）同。

4）y 韵母和 y 介音的有无

对于 y 韵母和 y 介音的有无，已知有三种见解：既有 y 韵母，又有 y 介音，如金井保三（1913）、石山福治（1925）、赵荫棠（1936）；尚无 y 韵母，已有 y 介音，如董同龢（1954，2001）、王力（1985）；既没有 y 韵母，也没有 y 介音，此见解主张者甚众，如陆志韦（1946a）、陈新雄（1976）、藤堂明保（1979）、杨耐思（1981a）、李新魁（1983b，1984a）、宁继福（1985）、唐作藩（1991a）等。

《中原音韵》鱼模同韵，应当意味着还没有独立的 y 韵母。至于 y 介音，李新魁（1984a）依据《西儒耳目资》中相当于后来的 y 介音的介音尚且作 iu，推定《中原音韵》还没有产生 y 介音，也较为可信。

5）原收 -k 入声字韵尾的分歧问题

一般认为，唐宋时期的汉语共同语通、江、宕摄入声字与梗、曾摄入声字皆收舌根音（-k 尾），但何以《中原音韵》中这两类入声字白读却收尾不同（一归萧豪、一归皆来）？薛凤生（1991）有一个解释：前者本收舌根音而后者本收舌面音，故而不同。薛凤生还述及此一见解与桥本万太郎的观点接近，而周法高、丁邦新等大多数学者并不赞成此一见解。

6）关于一字两韵并收

在《中原音韵》中，有少数字东钟、庚青两韵并收。杨耐思（1957，1981a：38）、邵荣芬（1979：54）、金周生（1982）等都认为是由方音异读或叶韵（音近通押）造成，张清常（1983）、杨耐思（1990）、刘纶鑫（1991）等则认为是新旧两读或文白两读所致。还有一些原入声字，或萧豪、歌戈并收，或鱼模、尤侯并收。邵荣芬（1979：54）仍以为是方音异读所致，廖珣英（1964：27）以为"其中会有叶韵现象"，杨耐思（1981a：59）亦以为是叶韵所致，杨耐思（1990：129）则以为这些并收字只读萧豪或鱼模，并收仅仅意味着可以通押，只有"东钟与庚青并收字属于真正的两读字"。但更多的学者，如张清常（1983）、王力（1985）、石余（1987）、沈建民（1989）、忌浮（1991）、刘纶鑫（1991）、黄典诚（1993）等都认为是文白两读或特殊异读所致。如王力（1985：384）便说："宋代的屋烛……读入鱼模者，应是文言音；读入尤侯者，应是白话音。"又说："宋代的觉药……并入歌戈者大约是文言音；并入萧豪者大约是白话音。"忌浮（1991：40）进而推测，这些原入声字的文白两读，"白话音是大都旧音，文言音是从汴洛方言吸收来的"。刘纶鑫（1991：93）进而"怀疑它们读入萧豪韵是受北边方言甚至少数民族语某些成分的影响，读入歌戈则是受这种外来影响较小的地区的语音，与《广韵》音有较明显的对应关系"。不过，方音异读与新旧两读或文白两读并不一定矛盾。只读萧豪或鱼模而又与歌戈或尤侯押韵则颇为可疑。

杨耐思（1990）已观察到东钟、庚青并收字绝大部分在元曲中只押入一韵（东钟或庚青），刘纶鑫（1991）则以为，在元曲中，东钟与庚青、鱼模与尤侯、萧豪与歌戈并收字分别更多地押入庚青、尤侯与萧豪。邓兴锋（1995）依据元大都剧韵所见，又提出如果考虑到曲韵宽窄等因素，东钟、庚青并收字应是更多地押入东钟。邓兴锋还认为，《中原音韵》两韵并收字反映了曲家相沿而成的习惯，但如果认为这就是实际语音的记录，理由尚欠充足。

比较特别的是，陆志韦（1946a）认为真正两读的仅限派入去声的觉铎药韵字。

7）其他

金周生（1991a）依据丁邦新（1981）对《中原音韵·正语作词起例》第21条的分析与提示，明确提出元代某些方音的-m与-n韵尾已经没有分别。叶桂郴（1999）依研究明人臧晋叔的《元曲选》所收元曲的叶韵，观察到多例与《中原音韵》分部不合的叶韵。根据寒山、桓欢相叶4例，提出寒山、桓欢相叶当是周德清依据自己的方言将其强分为两部的结果；根据庚青、东钟相叶6例，提出庚青、东钟互叶当是中原口语的实际读音本来如此，只是周德清漏收而已。问题是《元曲选》所收元曲的叶韵是否能够完全反映元代中原语音。可备一说。

（三）声调研究

1. 入声问题研究

《中原音韵》平分阴阳，有上、去二声，入声派入三声都明著于原作，学者对全浊上变去也无异议。但对一些问题，特别是有关入声问题的认识，则颇多分歧。

1）有无独立入声

关于《中原音韵》有无独立入声的问题，目前有四种见解。

（1）已经没有独立入声。持此见解的先后有唐钺（1926）、唐擘黄（1927）、赵荫棠（1936）、董同龢（1954，2001）、藤堂明保（1957）、赵遐秋和曾庆瑞（2007）、王力（1963，1985）、古德夫（1980）、忌浮（1980）、陈振寰（1986）、严振洲（1987）、周维培（1987）、黄典诚（1993）、蒋冀骋（1997a）、李树俨（2000）等。唐钺（1926）已提出周德清是江西高安人，受赣江地区入声的影响，将入声派归三声，也是为南人而设。唐擘黄（1927）又以元曲说白中亦将入声作三声等作为证据，据以说明当时北音中入声即便与三声有差别，它们的差别也是很微小的，普通人日常谈话中未必听得出来。董同龢（2001：60）也说周德清"总不免受自己方言的影响，又不能完全摆脱传统韵书的羁绊"。赵荫棠（1936：13）认为"还有入声之别"，"不过躲避讥议之词，不足以代表当时语言之实况"。赵遐秋和曾庆瑞（2007：26）称"不必怀疑元代大都话中入声已经消失"。古德夫（1980：72）说："到了元代，入声消失了，中古念入声的字分别念成了平上去三声，这就是所谓'入派三声'。"忌浮（1980）举出《中原音韵》多项"内部证据"。王力（1963：55）更明确提出14世纪的大都音中入声已经消失。王力（1985：387）又重申了《中原音韵》无入声的观点，认为周德清"呼吸言语之间，还有入声之别"的话，"只是一面挡箭牌"。严振洲（1987）以元杂剧宾白中韵语有舒促通押之例为证。黄典诚（1993：237）以为，"入声字的特色是具有塞音韵尾。当这些塞音分别变为收'i'或收'u'时，它的位置已被这个新音段占据了，不可能再加一个塞音韵尾。"蒋冀骋（1997a：247）列举了"元曲所有唱词，皆平上去入通押，入声很少有独立押韵者"等四条理由。

（2）仍有独立入声。持此见解的先后有魏建功（2001a）、陆志韦（1946a）、司徒修（1962）、李新魁（1962，1963，1983b，1991a）、平山久雄（1988）、方孝岳（1979）、杨耐思（1981a）、石余（1987）、颜景常和鲍明炜（1988）、高福生（1991）、张玉来（1991a，1991b）、姚荣松（1994a）、麦耘（1995a）、李启文（1996）、王恩保（1998）等。魏建功（2001a）肯定了周德清时代的"入声"仍有两种：保有入声调的入声和派入三声的入声。陆志韦（1946a）的依据有三：①《中原音韵》对全浊上声字与入声字有不同的处置；②周氏在书中说，"呼吸言语还有入声之别"，"派入三声者，广其押韵耳"；③上声字和派入上声的字后来有着不同的发展变化。李新魁（1962）等更着眼于入声在近代汉语中消失很晚，但也承认元时的个别方言可能已经没有入声。颜景常和鲍明炜（1988）更举出现今处于江淮北沿的沭阳话有入声，但在当地流行的淮海戏却是入派三声。方孝岳（1979：139）认为，"所谓'入作平'，

'入作上','入作去',这说明它们还是入声字,不过词曲上把它们变'作'平、上、去来用。"张玉来(1991b:64)说:"我们认为以《中原音韵》为代表的元、明初期官话还存在入声,这个入声特征是独立的入声调。"姚荣松(1994a)进一步发挥了陆志韦(1946a)的上声字和派入上声的字后来有着不同的发展变化的见解。针对忌浮(1980)的"内部证据",麦耘(1995a)以为是忽视了曲律和诗律的不同,王恩保(1998:283)则以为"恰恰可以证明《中原音韵》的入声尚未消失"。

唐擘黄(1927)虽然仍持已经没有独立入声的见解,但也认为当时念作三声的入声字与其他三声字一定还有一点区别,所以后来才会转入其他声调。当时念作上声的入声字尤其如此。

一些主张仍有独立入声的学者还对当时入声的具体状态作了讨论。如平山久雄(1988:38)认为:"在《中原音韵》的基础方言里,清入声与上声,全浊入声与阳平声,次浊入声与去声,其调位分别相同,而当韵尾由闭塞音变为喉塞音后,已相当弱化,因此在词曲押韵中,入声字与具有同一调位的舒声字通押也是允许的。"周斌武(1987:57)认为《中原音韵》中派入三声的入声还是"跟平上去三种调类有区别的一种调类。《中原音韵》所反映的声调现象可以说明当时北方官话里古入声字正处在消失过程之中,但不能十分肯定当时的北方话已没有入声"。金有景(1989)亦主张书中平上去三声的三种入声字分别与平上去三声调值相同,但尚带有-ʔ尾,并以今山西襄垣方言入声的表现为证。高福生(1991)也认为《中原音韵》的入声带有喉塞音。

(3)当时的读书音中有入声,《中原音韵》及其所依据的方言无入声。持此见解的先后有薛凤生(1975,1986,1990,1992)、刘静(1986)、黎新第(1987a)、蒋冀骋(1997a)等。薛凤生(1990:121)称:"《中原音韵》记录的是'口语音',没有入声,但是我们可以承认,在与《中原音韵》同时期的'读书音'里,确实仍有许多以喉塞为韵尾的入声字。"因为当时"当地说那种'标准'语的读书人坚持说仍有入声"(薛凤生,1990:116)。刘静(1986)的基本论点则是《中原音韵》时代,共同语存在两个语音系统,一个有入声,一个没有入声。蒋冀骋(1997a:248)也特别申明"《中原音韵》所依据的方言已无入声,但并不排除读书人口吻间尚有入声的存在"。此外,董绍克(1995)虽未论及当时的读书音中有无入声问题,但多方面论证了《中原音韵》及其所依据的方言没有入声。

（4）原来的入声字一部分已不读入声，一部分仍读入声。持此见解的主要有沈建民（1989）、张树铮（1994a）。薛凤生（1990：118-119）已不排除《中原音韵》中归入零尾韵的入声仍读入声的可能性。据麦耘（1995a），沈建民（1989）已明确提出收萧豪、尤侯韵的入声字已变为非入声字，而同一些字重见于歌戈、鱼模韵就仍读入声。张树铮（1994a）推论《中原音韵》里的清入声字也许还是入声，则是根据清入声演变的速度不及全浊与次浊入声。

值得一提的是，黎新第（1987a）、董绍克（1995）都认为，在讨论《中原音韵》有无独立入声问题时，有必要厘清究竟是说的《中原音韵》一书，还是说的《中原音韵》所依据的实际语音。

2）"入派三声"，又尤其是清入声作上声有无实际语言作依据

或以为并不一定有实际语言的根据。如张玉来（1991b：64）便说："我们认为《中原音韵》这种派定入声的原则是为唱曲而设的，并不一定有实际语音的根据，很多是周氏的私见。他为了曲律的适宜，作了这种分类工作。"

或以为都有实际语言作依据。持此见解的先后有颖陶（1933）、陆志韦（1946a）、薛凤生（1990）、平山久雄（1988）、邢公畹（1985）、刘俊一（1980a，1980b）、王守泰（1982）、周维培（1987）、黎新第（1990，1991a，1992a）、林焘（1992）、蒋绍愚（1994）、董绍克（1995）、刘淑学（2000a）等。陆志韦（1946a）认为三类入声的调值分别近似三声。平山久雄（1988：39）以为三类入声与三类舒声的调位分别相同，并举出缩词"叔母"→"姆"等证明清入声作上声。邢公畹（1985）主张"入派三声"依据的是新派的大都话。蒋绍愚（1994）以《中原雅音》的入并三声作为旁证。黎新第（1990，1991a，1992a）则主要依据元曲及金诸宫调作品，对照曲谱和曲律，对照派入三声的入声字和原读三声字的具体表现，作穷尽式统计与概率计算。其结果表明，包括清入声作上声在内的"入派三声"符合元杂剧及金诸宫调语言实际。林焘（1992）的意见略与刘俊一（1980a，1980b）近似，都以为清入声作上声参考的是"接近于今天胶辽官话的某些'中原'方言"。刘淑学（2000a）更提出，河北顺平一带方言的入声分派情形至今与《中原音韵》完全一致。内中唯王守泰（1982）、周维培（1987）别树一帜。周维培（1987）虽然不支持王守泰（1982：48）的"《中原音韵》派入三声的规律倒和苏州音关系非常密

切"的判断,但赞同其《中原音韵》"入派三声"并非根据北方话字调而是根据南音进行的观点。

或以为全浊入声作平声、次浊入声作去声有实际语言作依据,但清入声作上声没有实际语言作依据。持此见解的先后有廖珣英(1963)、杨耐思(1981a)、李新魁(1983b,1991a)、忌浮(1988)、吴葆棠(1991)、鲁国尧(1996)、倪彦(1997)等。廖珣英(1963:273)统计了现存关汉卿18个杂剧的用韵,得出了关曲"清入声字有百分之七十不派入上声"的结论。杨耐思(1981a:62)更进一步说:"可以推想,在《中原音韵》时期,中古的全浊入声字实在有点近乎阳平声字;次浊入声字有点近乎去声字;而清入声字并不怎么近乎上声字。所谓'近乎',可以是调型的相近。"李新魁(1983b:120)认为,"周氏的分派(特别是派入上声的字)实在是可以怀疑的,它能否代表实际语言的真实情况是不很可靠的。"而李新魁(1991a:83)已经说:"其实周氏并没有说他对入声字的归派是依照某一种活的语言,而只是说参考'前辈佳作',而'前辈佳作'也没有定准,周氏就只好作权宜的处置(因为全浊、次浊入声字有实际语言中入近平声、又近去声作依据,而清音字并没有这种依据,所以周氏采用一刀切办法,都归之于上声……)。"还说:"大概当时的入声分为两种,一是全浊音的入声字读近阳平,次浊及清音字读近去声。"(李新魁,1991a:67)忌浮(1988:298)统计现存元人69支曲牌全部作品煞尾二字位置上的古入声字声调,发现《中原音韵》"'入声作上声'字在元曲中读上声的只有39%",进而明确宣布"周德清的失误"。倪彦(1997)统计分析现存马致远曲韵,也得出清声母入声字派入上声的仅占总数30%的结论。吴葆棠(1991:81-82)以崔世珍《老乞大谚解(原本)》所见古入声字以韵母为条件派入阳平和去声为据,认为《中原音韵》的入派三声并没反映当时北京话的事实",理由是"这完全不合乎语言现象的渐变规律"。鲁国尧(1996:153)则判断"从沈义父、张炎至陶宗仪,再至申叔舟、崔世珍,约二百余年,汉语中州之音一直是入声似平声,又可作去声"。因而也认为《中原音韵》"是否完全符合'中州之音'的实际,不是不可怀疑"。

此外,尚有王新华(1992:43)认为"现代汉语中'一七八不'的变调其实只是一种遗留",设想在《中原音韵》时代,甚至更早一点,其他清入字也同现代汉语中的"一七八不"一样,具有几种变调形式,其中包括与上声变调方式相同的一种，于是周德清权宜地选择了将这些清入字派入上声。而《中原音韵》后，清入字变入阴平、阳平、上声、去声，并不是清入变入上声后又发生了这些变化，只是这些清入字在它们众多的变调中选择了不同的本调而已。"

3）主张有入声者所描述的入声调类也有不同

有主张两调三类的。如陆志韦（1946a）以为后来演变为单元音韵母（可带韵头）的入声是一调一类，后来演变为复元音韵母的入声则是一调两类。

有主张一调三类的。如杨耐思（1981a：62）说："'中原之音'的入声所以能够派入平上去三声，必然是当时的入声已经具备了赖以分化的三种不同的物质基础。"

有主张有三个或两个入声调的。如金有景（1989）从现代山西襄垣方言入声的状况得到启发，认为《中原音韵》的入声应是一种舒促调并且分为三类。高福生（1991）以为《中原音韵》三类入声归派不同，只能是因为声调有所不同。张玉来（1995a，1996）则依据找不到有入声韵尾而又存在三个入声调的汉语方言等理由，只承认《中原音韵》有两个入声调。

有主张入声不自成调，只是三个舒声调的调位变体的。如林端（1992）认为派入三声的入声与三声的调值尚有细微差别，但都已经没有-ʔ尾。

有主张是一个"空位"的。如王新华（1992：43-44）说："这个空位作为调位可与平上去对立"，"又可以装入平上去的调值"。

联系陆志韦（1946a）提出的《中原音韵》上声字与派入上声的入声字后来有不同的发展变化，派入三声的入声与三声的调值尚有细微差别的见解未可轻忽。至少，当时派入上声的入声字与上声字的调值应当尚有差别。

2. 《中原音韵》的调型或调值研究

1）阴平

王力（1958）、忌浮（1986）认为是中平调，调值为 33；杨耐思作低平调，调值为 22（见林端，1992）；麦耘（1995a）认为不排除低降。也有笼统地说是低调的，比如薛凤生（1990）、杨联陞（见桥本万太郎，1991）。

2）阳平

王力（1958）、忌浮（1986）作中升调，调值为 45；麦耘（1995a）认为是低升调；杨耐思拟作高平调，调值为 55（见林端，1992）。也有笼统地说是高调的，比如薛凤生（1990）、杨联陞（见桥本万太郎，1991）。

3）上声

王力（1958）作高平调；俞敏（1992a）、忌浮（1986）认为是降升调，调值为 315；麦耘（1995a）拟作高升调；杨耐思认为是中升调，调值为 35（见林端，1992）。也有笼统地说是升调或高调的，比如陆志韦（1946a）说是升调；杨联陞以为是高调（见桥本万太郎，1991）。

4）去声

王力（1958）认为是低降调；忌浮（1986）、杨耐思（见林端，1992）、麦耘（1995a）皆拟作高降调，调值为 51。也有笼统地说是降调的，比如陆志韦（1946a）。

5）入声作平声

杨耐思拟作 44 调值（见林端，1992）。

6）入声作上声

陆志韦（1946a）认为是高调短音；杨耐思拟作 24 调值（见林端，1992）。

7）入声作去声

杨耐思拟作 41 调值（见林端，1992）。

此外，桥本万太郎（1991）还依据《中原音韵·后序》推测阴平为低调，阳平、上声（阴）均为高调。

四、音系性质、方言基础及其与北京话和普通话关系研究

（一）音系性质研究

比较一致的认识是《中原音韵》音系反映当时的北方语音。早在 1918 年，日本学者满田新造已提出这一观点。继后，满田新造（1919）还认为《中原音韵》表现的是南宋时代的语音。1932 年，钱玄同在为赵荫棠的《中原音韵研究》所作审查书中，就认为"《中原音韵》一系之韵书，皆根据当时北方活语言之音而作"（见赵荫棠，1936：1）。陆志韦（1946a：35）亦谓其"所传的语音系统确实的代表当时的或是比十四世纪稍前的北方官话"。董同龢（2001：59）称它为"早期官话的语音实录"。薛凤生（1990：6）表示"相信

《中原音韵》是那个时代语言的忠实记录"。邵荣芬（1979：46）也说："《中原音韵》所反映的语音系统也就是当时北方话的语音系统。"黄典诚（1993：207）进而认为，《中原音韵》代表了"元以降的汉语口语系统"。

但也不是完全没有分歧。一个分歧是，《中原音韵》音系是否也包含了当时读书音的成分。如薛凤生（1990：132）在研究其入声问题时一方面承认它"是严格地以'口语音'方言为依据的"，另一方面也承认收录了"那些被'口语音'方言认可（借入）的读书音。"司徒修（1997b：22）说："《中原音韵》和现代北京话一样，都有一个完整的口语音系和书面语音系，是一个混合杂糅的音系。不过，在《中原音韵》中，口语音系占有很大优势。"汪寿明（1990，1991）从《中原音韵》的又读字、编写目的等，论其非单一音系。黎新第（1989）在与大约同时的公认反映共同语读书音和口语音的韵书比较的基础上，讨论了《中原音韵》音系的二重性。何一凡（1991）视读书音为旧质、口语音为新质，也认为《中原音韵》音系中旧质与新质并存。

另一个分歧是，《中原音韵》音系是否为一个地点方言的语音，又是否带有人为的性质。石山福治（1925）认为，《中原音韵》依据当时北音，主要是盛行的北曲音韵，但同时也参照了江南一带的实际语音。李新魁（1962，1963，1983b，1991a）反复申说《中原音韵》的"入派三声"是为当时"广其押韵""庶便学者"所采取的权宜措施，"具有人为的性质"（李新魁，1991a：78）。赵诚（1979：86）亦对书中的鱼模合为一韵之类是不是当时语言的真实情况表示怀疑。廖珣英（1983：22，23，25）说：《中原音韵》"是根据北乐府的标准唱音来审订字音的"，"使用的语音自不可能是一个地点方言的语音"；"就像京剧一样，人们大致能听懂，可不像地方戏那样完全能听懂"。汪寿明（1991：185，181）更加明确地主张"《中原音韵》音系是一种艺术语言的音韵系统"，"不可能是一地的语音系统"。

（二）基础方言研究

对于《中原音韵》的基础方言，学界存在着严重的认识分歧。

1. 大都音说

盐谷温（1958）已指出元曲以大都（今北京）之音为主。张世禄（1931：

69）也说："《中原音韵》一书，是预备作北曲之用的，是依照那时中原之音的；中原就是那时帝都所在的北平一带。"颖陶（1933：51）同样认为"元建都于大都，那么所谓中原之音，即是大都的方音了"。赵遐秋和曾庆瑞（2007）就大都音说从五个方面作了论证。以为周德清正音的依据、元曲的语言根据都只能是大都音，周德清的"审音工作"也是在大都进行的，而古今语音的历史比较、《中原音韵》和其后韵书的比较，也能支持《中原音韵》的方言基础在大都。王力（1981：78）更说："《中原音韵》代表当时大都的实际语音系统，那是毫无疑义的。"之后，王力（1985：308）又重申了这一观点。此外，宁继福（1985）、何九盈（1985a）、薛凤生（1986）、丁喜霞（1995）、林焘（1998）、李树俨（2000）等也持相同或近似见解。理由除与赵、曾二氏相同者外，尚有：早期元曲作家多半是大都人，或长期生活在大都地区（王、薛）；大都是当时全国的政治、经济、文化中心（宁、何、林）；拿现代洛阳音系和北京音系与《中原音韵》音系比较，《中原音韵》音系与现代北京音系更接近（丁）等。认为《中原音韵》的基础方音不是大都音，但与大都音说接近的尚有张炳义（2000），其基于今河北容城方音与《中原音韵》清入声作上声一致，推论由大都往南的保定地区是《中原音韵》语音系统的基础。

还有几个相关论点也值得注意。一是薛凤生（1990：6，121-122）已认为《中原音韵》与早期北京话关系密切，并主张早期北京话已有文白读之分。与此主张近似的是，邢公畹（1985）主张，当时大都音分新老两派，《中原音韵》保存-m韵尾依据的是老派读音，而"入派三声"依据的是新派读音。二是服部四郎认为：《中原音韵》忠实地表现中国当时北方语系统的音韵体系，但是否代表当时的北京音还有研究的余地（据李无未，2005：239）。朱晓农（1989a：55）认为，要维持大都音说，"就要有个先期假说：今天北京话的前身不是元代大都话，而是清初东北话"。郑仁甲（1998）则持今天北京话的前身是清初东北话的论点。

2. 汴洛方音或河南音说

李新魁（1962，1983b）主张《中原音韵》依据的是当时以洛阳音为代表的河南音，并详细地阐述了这一论点。依据主要有两点：一是洛阳音的共同语地位一直保持到入元以后（李新魁，1962），而"周氏的书是以当时的共同语（用周氏自己的话说就是'中原之音'）为撰作的依据是无庸置疑的"（李新魁，1983b：6）；二是经过比照研究，"发现洛阳音系比北京音系与《中原音韵》恰合之处更多"（李新魁，1962：41）。李新魁（1963）还逐项反驳了赵遐秋和曾庆瑞（2007）的大都音说。继后，又有暴拯群（1989）、刘冬冰（1996）各自就《中原音韵》音系和洛阳、开封音系作了更加细致的比较，并得出了与李新魁（1962，1983b）相同的结论。张启焕（1991）则从汉族社会历史发展的角度，分析判断《中原音韵》是依据汴洛一带的中原音系而作的。张玉来（1995a：192）也认为"以《中原音韵》为代表的元、明初官话，它的标准音大致是汴洛一带"。

刘静（1999a：163）着眼于宋代文化、文学，尤其是俗文学的发展情况，也得出了"《中原音韵》的语音基础是汴京音"的观点。这与满田新造（1919）提出的一个论点——《中原音韵》表现的是南宋时代的语音，也多少有些相近。

主张河南音但又与上述有所不同的是王洁心（1988）。王洁心以为《中原音韵》之音乃是"豫东音"，并提出了历史因素、四声调值、尖团字音、豫东土音等四点依据。

此外，稍似折中大都音说与河南音说的尚有青木正儿的《元人杂剧概说》。书中说："杂剧的起源是以当时的大都——就是现在的北京——为中心，因此它所用的音韵，也以大都地方的为标准。那音韵，是在金时从原为北宋首都的汴梁——现在河南开封——和各种文物一齐输入此地（按，指大都）的，故称为中州或中原的音韵，所谓中州、中原，就是现在河南地方。"（青木正儿，1957：19）

3. 北方官话音说

这里的北方官话，是一个现代汉语方言的概念，指的是河北、山东部分地区以入变三声等为特征的汉语方言，与入变二声的中原官话相对，而与泛指北方地区方言的北方方言不同。持此说者可以俞敏（1987a，1992a）为代表。俞敏（1992a）似乎推翻了其所作的"北京话的祖先是舞台上的元曲的话，元朝大都的话"（俞敏，1983，1992a：19）的推测，继而主张"中州音韵保存在山东海边儿上"（俞敏，1987a）。刘勋宁（1998：468）则断言《中原音韵》只是北方官话,"是站在北方官话的立场上写成的"。其主要依据有二:一是"周德清的发音人是以萧豪韵的读法为宕江摄入声字的规则读法的,而歌戈韵的读法是散入的"(刘勋宁,1998:465-466),二是"中原官话的特点是入声一分为二,北方话的特点是入声一分为三。这等于已经判定《中原音韵》是北方官话"(刘勋宁,1998:465)。

刘说尚有含混之处:在河北、山东部分地区,虽然同是入派三声,但有的是清入声多归上声,有的是清入声多归阴平,《中原音韵》又究竟以何者为立场呢?

4. 河北中南部地区方音说

据邵荣芬(1981:93)介绍:"陆志韦先生生前每每和作者提到《中原》的基础方言可能在河北中南部地区,并指出那里的入声模式就是《中原》入声的模式。"好些后来的研究都可以支持陆志韦论点。杨耐思(1981a)据以考证《中原音韵》入声字状况的赞皇、元氏方言正在这一地区;音系与《中原音韵》相当接近的《中原雅音》的基础方言,据邵荣芬(1981)研究,大约也在这一地区;刘淑学(1996)对井陉方音的考察,又有力地支持了邵荣芬的意见。尤其是刘淑学(2000a),专著全面考察了中古入声字在河北方言中的读音,观察到正是位于河北中南部的顺平一带方音与《中原音韵》诸多一致,因而认为,"周德清也有可能记录的是顺平一带方音"(刘淑学,2000a:137)。

5. 通行于广大中原地区的共同语语音说

石山福治(1925)即已提出,《中原音韵》依据当时的北音,主要是盛行的北曲音韵,并参照江南一带的实际语音而成。

如果说早期的研究者所称的《中原音韵》根据当时"北方活语言"或"北方官话"还只是一个大致的判断,并不排斥其为大都音、洛阳音或其他地点方音的话,那么,从平山久雄(1988)、杨耐思(1981a)开始,共同语音说便成为一种与各种地点方音说相对峙的主张。

平山久雄(1988)认为,《中原音韵》之所谓"中原"要么大都,要么河南,都有欠妥,还是理解为是与南方中国相对的北方中心区域为当。杨耐思(1981a:68-69)阐述:"中原之音,顾名思义,是中原地域的语音。但是,这样讲还是太笼统,应该进一步地分析清楚。中原地域的语音,可以是中原地域的某一个地点方言的语音,也可以是中原地域广为流行的共同语的语音。"结论是:《中原音韵》的"审音标准是'中原之音'"(杨耐思,1981a:66),而"'中原之音'是当时的共同语音,通行于当时的中原广大地区,应用于广泛的交际场合"(杨耐思,1981a:75)。他还针对大都音说提出:"在当时作为元朝京城的大都,并且又是属于中原地域范围内的一个大都会,毫无疑问是通行'中原之音'的。倒不必肯定'中原之音'非得就是以大都音为基础的。"(杨耐思,1981a:72-73)杨耐思(2000)又重申了这一见解,并作了补充申述:从周德清的言论里可以得到证实,从周氏编韵的原则可以得到证实,从元代存在两个标准音的事实可以得到证实。

廖珣英(1983:25,24)说:"《中原音韵》音系是一个综合性的音系,大致代表当时北方话音韵的共同格局,不必是当时任何一个地点方言的语音记录。"她还说:"我们不赞成《中原音韵》的语音基础是一个地点方言的说法,但是并不否认它的音韵格局是近乎大都话或是洛阳话的,并且还包括真定话、汴梁话、东平话、平阳话等等,只是包括的程度有所不同而已。"除此之外,如鲁国尧(1981)(见宁继福,1985)、李思敬(1985)、董绍克(1994)、佐佐木猛(1994)、何九盈(1995)、蒋冀骋(1997a)等也都持近似见解。蒋氏还特别强调:"河北及其附近的北方话有可能是它的语音基础,《中原音韵》的语音基础是一个片,不是一个点。"(蒋冀骋,1997a:228)与此意见近似的还有陈振寰(1986)和张竹梅(1991),陈振寰(1986:270)说:"《中原音韵》应代表十三四世纪以大都为中心的北方话音系。"张竹梅(1991:48)在折中前述多说后认为,河北及其附近的北方话有可能是它的语音基础,"《中原音韵》所代表的是包括河洛音在内的北方话的语音系统,而以大都音为其核心"。

不过,也有李树俨(2000:16)认为,"一种民族共同语必然以某一地点方言的语音为基础"。窃以为,语音在不断发展变化,以今例古具有不确定性,还需要有其他证据支持,例如,现代中原官话的入声一分为二,并不能因此就肯定古代中原官话的入声就一定不曾一分为三;多种地点方音说都能找到确切依据,这一事实本身就意味着《中原音韵》的语音基础可能并非某一地点方言。

6. 受家乡方言影响说

董同龢（1954，2001）、丁邦新（1981）在谈到《中原音韵》的疑母时，都怀疑周德清受到自己家乡话高安方言的影响。对此，宁忌浮（1990）已予有力否定。但这并不意味着周氏完全不受家乡方言或南方语音的影响。石山福治（1925）已认为《中原音韵》既依据当时北音，但也参照了江南一带的实际语音。李无未（2000：265，267，268）更明确提出江西吉安方音应与《中原音韵》有瓜葛，理由是：无论从《中原音韵》的写作缘起与刊行看，还是从"赏音者众"擅长"赏音"的缘由看，都与吉安其地大有关联。其所以如此，则是因为"至宋元时期，北方人已有四次大规模迁入吉安"，"吉安方音与《中原音韵》都源于中原之音"。直到今天，吉安仍是"赣方言的海洋上""一块中原之音的岛屿"。因此，周德清写作《中原音韵》，"以吉安方音作为参照音系之一"，"应该不是不可能的"。

周德清在《中原音韵·正语作词起例》中不满沈约"不取所都之内通言"而立足"东南海角闽浙之音"。而南朝所都，正是金陵。虽然"闽浙之音"只是对《切韵》音系的误解，但由此亦反衬出他对金陵（或江淮之间）语音的认同，进而可见周氏并非盲目排斥南方语音。李无未（2000）以及石山福治（1925）的推测应属可信。

（三）与现代北京话或普通话关系研究

1. 国语祖语说

已知最早萌发这一见解的是钱玄同。他在《文字学音篇》中说："此六百年（抄按：指元明清时期）之普通口音，即为《中原音韵》《洪武正韵》等韵书之音。"（钱玄同，1999：8）到赵荫棠（1936：1），就说得更加明白："周德清……废入声，创阴阳，归并旧韵为十九部，辑成《中原音韵》一书，遂奠定现代国语之基础。"同书还说："它的方言，正是现在国音的出发点"，"我们现在尊它为国音的鼻祖"（赵荫棠，1936：4）。服部四郎和藤堂明保（1958）也认为《中原音韵》是今日北京语音系的祖型（据李无未，2005：239）。

古德夫（1980：72）说："普通话的标准音北京音是直接由《中原音韵》语音系统发展演变而成的。"王力（1981：82）持近似见解："它不是与个别方言的历史有关，而是与民族共同语的历史有关。我们可以说，现代普通话的语音系统也就是从《中原音韵》的语音系统发展来的。"

支持此说的还有唐作藩（1985a，1985b）、俞敏（1983）、陈振寰（1986）、黄典诚（1993）等。唐作藩（1985a，1985b）认为《中原音韵》是普通话语音系统的历史源头。俞敏（1992a：19）说："我倾向这么一种见解：北京话的祖先是舞台上的元曲的话，元朝大都的话。"俞还为此提供了一项证据，好些现在不读上声的清入字，在老北京话里读上声。陈振寰（1986：278）说："《中原音韵》音系当是今天北京音系的直接来源。"

不过，薛凤生（1990：165）只同意"在较为笼统的意义上"，"确实可以说现代北京话是从《中原音韵》发展来的"。薛凤生（1986：93）又阐述说："《中原音韵》所依据的方音是现代北京话中'语音'的祖语。"

2. 非国语祖语说

陆志韦（1946a：67）第一个明确提出"《中原音韵》不能代表今国语的祖语"，依据是"《中原音韵》的系统在好几点上已经比今国音变得更为积极"。他一共为此举出了"寒桓分韵，今国语还是作 an、uan"等四条例证。但有一点似乎小有冲突。同文在论证尚有独立入声时，所举三项依据中的重要一项是，上声字和派入上声的字后来有着不同的发展变化。这派入上声的入声字后来有着不同发展变化的，又似乎正是"国语"，至少也包含"国语"。

廖珣英（1983：25）以为，《中原音韵》"大致代表当时北方话音韵的共同格局，不必是当时任何一个地点方言的语音记录"，当然也就不是现代北京音的祖语。廖珣英也是"从音韵内部具体细节的差别上来考虑，不能得出二者之间的内部统一的发展规律"。

俞敏（1992b：26）立足北京地区人口迭经变迁的历史，说："最近看了一本书，讲元大都演戏的话就是现代北京话语音为基础的普通话的来源。其实元曲韵书记录的音（特别是'入声字'）有好多跟现代北京音不合，因为现代北京人不是大都人的直接后代。讲学术史忽略了人民的历史，那话常常是'模糊之谈'。"虽说没有提及"祖语"二字，但也同样有《中原音韵》"非国语祖语"的意思，认识与俞敏（1983）已有所不同。

杨亦鸣（1992a：125）也说："北京音的源头不应是《中原音韵》。它和

《中原音韵》都是从《广韵》平行发展起来的两个十分相近的语音系统。"

平山久雄（1995：112）则持论较为谨慎。论文依据现代北京话入声的分化条件依文、白而大有不同，判断"北京话的文言音不能是《中原音韵》文言音的直接后代"。

郑仁甲（1998）力证北京—热河—东北属于同一个次方言，亦意在否定被一些学者认为是《中原音韵》方言基础的元大都话与今北京话之间的传承关系。

如果承认《中原音韵》音系本身就带有综合性，而北京作为方言岛又是综合的，两者综合的对象又多有不同。有鉴于此，讨论"祖语"问题，似乎并没有太大的意义。倒是可以讨论：普通话或现代北京话中的哪些语音成分，又是在多大程度上继承和发展了《中原音韵》语音。

五、其他有关研究

（一）"本声外来"研究

《中原音韵·正语作词起例》两处说到"本声外来"。一处说："入声派入平、上、去三声，如'鞭'字次本韵后，使黑白分明，以别本声、外来……"另一处说："平声如尤侯韵'浮'字、'否'字、'阜'字等类，亦如'鞭'字，收入本韵平、上、去字下，以别本声、外来，更不别立名头。"

杨耐思（1981a：71-72）说："所谓'本声'指该字本来的读音，所谓'外来'是指临时协入某音……入声本来就是入声，与平、上、去声'黑白分明'，因此，派入平、上、去三声就是'外来'。'浮、否、阜'等字属尤侯韵，不属鱼模韵，叶入鱼模，所以是'外来'。"

宁继福（1985）、刘俊一（1995）的解释稍有不同。宁继福（1985：164）以为构成一韵主体的字是"本声"，其他韵字统称"外来"。周维培（1991）也持近似见解。如鱼模韵中来自《广韵》鱼、虞、模三韵的字是"本声"，鱼模韵中的其他的字都是"外来"。"外来"的字又分"收入"（如"浮"字）和"派入"（如"复"字）两种，但都与"本声"读音没有两样。刘俊一（1995：1）说得更加明确："派来的字不是临时叶音，而是失去原有的读音，跟本声的字同音。入声已经不是入声，'浮、否、阜'不属尤侯韵。"刘还指出："浮、否、阜"三字中除"否"字鱼模、尤侯两韵重出外，其余二字并不重出。

丁喜霞（1995）还认为"本声"指的是大都本地音。可备一说。

（二）所谓"墨本"及其性质研究

仍是在《中原音韵·正语作词起例》中，周氏说到在《中原音韵》刊行之前，"尝写数十本，散之江湖"，其中平声字三分为阴、阳、阴阳三类。周称"此盖传写之谬，今既的本刊行，或有得余墨本者，幸毋讥其前后不一"。

颖陶（1933）、天英（1935）、赵荫棠（1936）、陆志韦（1946a）、李新魁（1991b）、周维培（1991）等都认为所谓"墨本"就是《中原音韵》的底本（手稿），这个"底本"中的平声字是三分的，在刊行时才去掉"阴阳"一类，改为二分。至于改动的原因，赵荫棠（1936：24）推想是为避免误会，"所云传写之谬者，犹之乎今日的著作家将错误委之于手民"。只是，厉啸桐（1938）以为赵氏的观点没有根据。李新魁（1991b：115）还认为元代全浊音的平声字可能清浊两读，周书（墨本）和卓书中"阴阳"一类就是可以阴阳两读的字，意味着当时"全浊音并没有彻底消失"。只是，这两个假定都很难予以证实。

宁继福（1985：199）看法不同，以为所谓"墨本""指的是社会上流行的种种抄本，而不是周氏手稿。'的本'即'底本'，才是他的手稿"。意思是《中原音韵》手稿中的平声也是二分的，只是社会上他的手稿的传抄本和卓从之平声三分的《中州乐府音韵类编》的传抄本混在一起，而他又不理解、不赞赏平声三分，所以在刊本的《中原音韵·正语作词起例》中特别予以声明。

不过，倘如李氏所说，需要假定语音在短时间发生了剧烈变化；倘如宁氏所说，需要假定两种传抄本都缺失书名和作者姓名。

（三）近、现代汉语方音与《中原音韵》音系研究

在20世纪的《中原音韵》音系研究中，许多研究者都创造性地剖析和利用了近、现代汉语方音材料，以作为研究的依据或印证。

早的如金井保三（1913）拟订《中原音韵》19韵部音值，依据的就是当时北京官话（据李无未，2005：228）。罗常培（1932：430）研究《中原音韵》声类，推论全浊平声读次清、全浊入声读全清，也在很大程度上是拿"现代

国音"或"今音"作依据。又如赵荫棠（1936）在为《中原音韵》的声类、韵类拟音时，也多次以近、现代方音为据。如依据徐孝在《合并篇韵字学便览》中所述当时方音，推论"《中原音韵》时代的知照两系二三等的分别，并不是声母的差别，而是元音或介音上的差别"（赵荫棠，1936：100）；对桓欢韵的构拟，又依据的是清代胡垣、李汝珍、许桂林所述江淮方音（赵荫棠，1936）。

近年的如李新魁（1979）论断《中原音韵》知照组声母都读 tʂ-类，理由之一是现代客家方言大埔话中尚有 tʂ-组声母与 i-相拼的情形。张树铮（1991）观察现代寿光方言后也认为，如果认定《中原音韵》知庄章组合一，将能更好地解释从《中原音韵》到现代寿光方言的演变。蒋希文（1983）又在现代赣榆方言中看到古知庄章组声母有 tʂ-、tʃ-两组读音，而其声母分组与《中原音韵》如出一辙。

又如刘俊一（1980a，1980b）、石余（1987）、刘淑学（2000a）等分别以现代冀东、胶东、冀中西等地方言论证《中原音韵》"入派三声"有实际语言作依据，并由此推测《中原音韵》基础方言所在。杨耐思（1981a：56）根据冀中赞皇等地方言推论《中原音韵》入声处于"不带喉塞韵尾，也不是一个明显的短调，只保持一个独立的调位"的状态。金有景（1989：30）又根据山西襄垣方言拟定《中原音韵》有三类"舒促调"。

再如丁邦新（1981）依据与周德清大致同时的乔吉、汪元亨曲作中表现出的方音特点，修正时贤对《中原音韵》萧豪、齐微二韵的拟音；又依据现代江西南昌方言，推论《中原音韵》之有 ŋ 声母，是周德清自己的方言现象。宁忌浮（1990：83）又指出周氏家乡高安的今方言中古疑母已与影、喻二母合并，周德清不但未将自己的方言掺入《中原音韵》，反而把它"当作正音对象"。

从上述观点可见，近、现代汉语方音是研究《中原音韵》不可或缺的宝贵材料。只是，由于这些近、现代方音几乎都不具有与《中原音韵》音系一致的时间、地点，因而往往见仁见智，需要郑重使用。

（四）宋元韵图与《中原音韵》音系研究

许多学者在研究宋元韵图的语音系统时，都曾以之同《中原音韵》音系比较，如竺家宁（1994b）、李新魁（1983b）、宁继福（1987）、唐作藩（1989）等。但明确主张《四声等子》等宋元韵图代表着一个时期的语音面貌的则首推薛凤生（1975，1990）。他说："相信韵图确实代表了它们制定时期的语言的状况，而不是中古汉语。"（薛凤生，1990：27）又说："在《四声等子》、《切韵指南》和《切韵指掌图》中，以《切韵指掌图》与《切韵》距离最大，因此可以假定它代表了最接近《中原音韵》的汉语的某一阶段的语言。"（薛凤生，1990：25）综观薛凤生（1975，1990）对《中原音韵》的研究，无不以《切韵指掌图》等所表现的语音状况为出发点。

薛凤生（1992：21）又以专文的形式阐明了上述见解，并说："我们讨论《中原音韵》，实际上就是看它的音系怎样从等韵的音系转变过来的。"薛凤生还逐一分析了《中原音韵》各韵从等韵音系转变的具体情形，并对其中的个别有关结论作了修正（薛凤生，1990）。

（五）元杂剧、散曲及宋词、金诸宫调与《中原音韵》音系研究

早在1926年，唐钺即有《入声变迁与词曲发达的关系》发表，将《中原音韵》的"入派三声"与金诸宫调相联系。夏承焘（1948）亦谓"入派三声"不始于元曲，宋词实已有之，并上溯至唐五代的云谣杂曲。

20世纪60年代，尤其是80年代以后，结合《中原音韵》音系研究元杂剧、散曲、金诸宫调者甚众，详见第六节之一、二两部分。这里只提示两点。一是廖珣英（1963）、杨载武（1991）、邓兴锋（1996）等都观察到元代杂剧、散曲的用韵与入派三声情况与《中原音韵》基本相合，但又不完全一致。由此又引出另一点，《中原音韵》的韵部并非完全从曲韵归纳出来。例如："桓欢在元曲里是个险韵，一般不独用。周氏分出这一韵部，也不能纯粹是从曲韵归纳出来的，而是根据'中原之音'。"（见杨耐思，1981a：40）这又可以作为周氏在《中原音韵》中并非只是单纯归纳前辈佳作的一项证据。

叶桂郴（1999：43-44）则从另一角度认识周氏分部不完全是从曲韵归纳出来。他以臧晋叔的《元曲选》中出现的韵字为据，统计出《中原音韵》中"漏收的达158字之多，这些字押韵447次"。漏收字中有的还十分常见，如"棍""嘴"等字。他又指出"《中原音韵》里收的全部字，并非都在《元曲选》中出现过"，如东钟部的"兹玒"、江阳部的"帑"、支思部的"柠"等。最后

得出结论说:"周德清并未详尽地归纳元人的创作。"问题依然是如何看待《元曲选》中的元曲是否保持本来面目,再有就是,依据周维培(1987)的观点,《中原音韵》所集韵脚的主要依据是散曲。

(六)《中原音韵》的成书、校订与作者生平及贡献研究

1. 成书地点、时间和写作目的

赵遐秋和曾庆瑞(2007)、大岛正二(1997)认为《中原音韵》是在当时大都写作的。宁继福(1985)也认为周德清到过大都。但李新魁(1983b)、周维培(1987)、林焘(1992)则都认为《中原音韵》是周德清在他的家乡江西一带完成的。周维培(1987)、林焘(1992)以及宁忌浮(1990)和更早的唐钺(1926),都推测写作此书的目的就是为南方的又特别是江西的作家和演员创作和演唱北曲提供便利。

高美华(1989)、赵诚(1991)分别讨论了《中原音韵》的写作目的。如赵诚(1991:236)便以为作者编写此书的一个目的是:"维护汉字读音的特点,反对蒙古八思巴字最终要代替汉字,批判编写《蒙古字韵》的那些腐儒。"

学者对《中原音韵》的成书时间的认识亦有分歧:金井保三(1913)、藤堂明保(1979)等以为是1324年(泰定甲子),宁继福(1985)、姜聿华(1992)、大岛正二(1997)等则主张是1341年(至正元年)。

2. 周德清生平及贡献研究

有几项研究值得特别关注。一是金井保三(1913)已推定周德清出生于元世祖至元十三至十四年(1276—1277年)。二是宁继福为取得过硬资料,于1978年专程去到周德清故乡江西高安,发现了《暇堂周氏宗谱》,考定周德清的生卒年是1277—1365年。还推算出《中原音韵》1341年初刊于吉安;就现有史料推测,在元明清三代,《中原音韵》至少还有16种版本(见冀伏,1979)。三是刘能先和刘裕黑(1991)翔实地考订了周德清的家族源流、生平年表、墓地文物等三个问题。由于两位作者都是周德清的高安同乡,又长期从事地方文化工作,所订可信度高。四是李文煜(1991)通过对周书《中原音韵·正语作词起例》中241组读音近似字的分析,认定周德清为现代音位学中处于核心地位的"最小对立"理论的创始人——由于时代的局限,周氏

尚未能对此提出详尽、明确的理论概括与说明。

3. 校勘与订误

宽泛地说，卓从之的《中州乐府音韵类编》，就已经包含为《中原音韵》订误的内容。从 20 世纪 40 年代开始，更出现了多种校勘《中原音韵》的论著，如冒广生（1942）、服部四郎和藤堂明保（1958）、李殿魁（1977）等的论著，陆志韦、杨耐思更是全面校勘了《中原音韵》。可以说，经过各家多年的不懈努力，这一工作已渐趋于完善。

第五节 20 世纪的汉语近代共同语语音和相关问题的总体研究

一、汉语近代共同语口语音与读书音、正音与标准音问题研究

（一）20 世纪的汉语近代共同语的口语音与读书音问题研究

汉语近代共同语有口语音与读书音之别的观点，提出的时间较早。龙果夫研究八思巴字时，就曾说："这些材料使我们可以说有两个大方言……一个我们叫做甲类，包括八思巴碑文，《洪武正韵》，《切韵指南》；另一个我们叫做乙类——就是在各种外国名字的译音和波斯语的译音里的。并且，甲类方言（就是八思巴碑文所代表的）大概因为政治上的缘故，在有些地方也当作标准官话，可是在这些地方的口语是属于乙类的。结果这些地方有些字有两种并行的读音——一种是官派的，像八思巴文所记载的；另一种是近代化的土话，像波斯语译音所记载的。"（龙果夫，1959：23-24）罗常培（1959：578，2004：417）进一步发挥说："我对于他这种解释相当地赞成，这两个系统一个是代表官话的，一个是代表方言的；也可以说一个是读书音，一个是说话音。前一个系统虽然不见得是完全靠古韵书构拟出来的，可是多少带一点儿因袭的和人为的色彩，它所记载的音固然不是臆造的，却不免凑合南北方言想作成'最小公倍数'的统一官话。"对罗常培的话，认同的学者众多。李新魁（1980）探讨近代汉语共同语标准音，便认为口语与书面语两套标准同时并存，研究近代等韵图，又专立了"表现明清时代读书音的等韵图"和"表

现明清口语标准音的等韵图"两个章节（李新魁，1983a）。刘静（1984：113）：
"在十四世纪共同语中，存在着两个语音系统。一是共同（语的口）①语音系统，以《中原音韵》为代表；一是共同语的读书音系统，以《洪武正韵》为代表。所谓共同语的读书音即标准音，所谓共同语的口语音即标准音地点的方音。读书音以口语音为基础，同时又保留和吸收了中古语音以及个别方言的语音成份。"元明时期的"中原雅音"有两个含义，一是共同语口语音系，一是共同语读书音系（刘静，1991）。张玉来（2000a：25）也说："近代汉语的读书音和口语音是同时共存的两种系统。"

对于上述观点，也有学者持不同见解。耿振生（1993a：47）说："官话自身却没有必要形成两个并行的读音系统，而且近代汉语文献中没有发现过有文白两套标准音系统的蛛丝马迹。"说到的一个重要理由是："文白异读一般是一个方言内部的现象，读书音是受权威方言影响的结果，是讲方言的人学习官话读音而逐渐形成的一系列区别于白话音的读法。"（耿振生，1993a：47）

（二）20世纪的汉语近代共同语正音与标准音问题研究

1. 汉语近代共同语有没有正音或标准音，又是否以北京语音为标准音

罗常培（1927：146-148）说："某一时代有某一时代的标准音，根据当时的标准音而产生一部韵书，这本来是一件历史事实。"罗常培还认为标准音是随时代变化的，说："元明清以来的标准音不能强与隋唐时代相合，也正像隋唐时代的标准音不能强与周秦汉魏时代相合一样。所以在声韵学史上，《中原音韵》《洪武正韵》等应当和《广韵》《集韵》等一样的重视，绝不可有所轩轾。"李新魁（1980：45）说："我国是一个地域辽阔、历史悠久、方言复杂、文化遗产丰富的国家。各方言区的人阅读诗文时该用什么读音来讽诵，士人制作韵语时该以什么读音来押韵，戏曲搬演时该用什么语音来演唱、道白，考官在科举考试中该拿什么读音来评判诗文的是否押韵合辙，各地官吏侍奉帝王时的朝廷应对该操何种话语，都需要有一个统一的标准，都存在一个以何种语音为'正'的问题。"按照通常理解，标准音是指某一语言或方言的规范语音，常以本语言或方言地区内的某个地点的语音为标准，如现代汉

---

① 原文疑似漏掉"语的口"三字，根据下文补充。

民族共同语以北京语音为标准音,而正音也就是标准音的意思。

20世纪,一些学者认为汉语近代共同语是具有正音或标准音的,而且这个正音或标准音就是北京语音,但这些学者的研究没有涉及是否要区分读书音和口语音的问题。如罗常培(1930,2004:298)谈到明末官话时说:"他们两人(抄按:指上文说到的传教士利玛窦与金尼阁)的语言环境虽然如此广泛,但是当时的国都既在北平,因为政治上的关系不得不以所谓'Mandarin'也者当作正音"。又如钱玄同(1932:说明Ⅱ)说:"国音就是普通所谓'官音'。这种官音本是北平音,元周德清之《中原音韵》即用此音;明之官书《洪武正韵》以《中原音韵》为蓝本,故亦以此音为根据。它靠着文学与政治的力量,向各地推行,六百年来早已成为全国的标准音了。"王力(1957,1980a:36-38)也说:"北方是汉语的策源地,北方的汉语无论在语音、语法、词汇各方面都发展得最快。""自从1153年金迁都燕京(即今北京)以来,到今天已有八百多年,除了明太祖建都南京和国民党迁都南京共五十多年以外,都是以北京为首都的。这六百多年的政治影响,就决定了民族共同语的基础。""至少是六百年来,全国都承认北京的语音是'正音'。"

另一些学者则将汉语近代共同语语音明确区分为读书音和口语音,但并不认为近代以来北京音一直是汉民族共同语的正音或标准音。于此又有两种见解。

或以为读书音与口语音各有正音或标准音,而读书音的标准并非某个地点的语音。如李新魁(1980:46)在谈到宋代汉语的标准音时,引述《谈选》(《说郛》本)中的一段话:"寇莱公与丁晋公同在政事堂日,闲论及天下语音何处为正。寇言惟西洛人得天下之中。丁曰:不然,四远各有方言,唯读书人然后为正。"然后说:"汉语共同语的标准音,实际上一直表现于两个方面。一个是书面共同语的标准音,一个是口语共同语的标准音。上文引述寇、丁两人所说的话,是各执一个方面的标准。"又说:"书面语的标准音就是历代相传的读书音","而口语的标准音就一直以中原地区的河洛语音(一般称之为'中州音')为标准。两者在语音系统上没有大的出入,只是在某些具体的字音上,口语的说法与书面语的读法不完全一致"。杨耐思(1996:107)专就元代汉语的标准音立论,与李说仅小有不同,说:"《蒙古字韵》和《中原音韵》所反映的音系彼此差异甚大而又两者都标榜自己所记录的是当时的标准音的问题实质，就是元代汉语存在着两个标准音。一个是书面语的标准音，如《蒙古字韵》所记录的；一个是口语的标准音，如《中原音韵》所记录的。这两个标准音都具有超方言的性质，在当时并行不悖。"蒋绍愚（1994：125）的意见与李说的差异又略大一些，或者说，有所保留，其以为汉语近代共同语口语"是自然形成的，它不可能有一个明确的规范，当然也不会有普通话这样明确的标准音"，"在没有明确语音规范的情况下，人们学说共同语，所模仿的未必严格限制于某一个地点方言的语音，也可以是和这个地点相邻近的其他地点方言的语音。尽管这些不同地点方言的语音会有些差别，但只要差别不大，而在主要方面相同，听起来觉得差不多，这些方言的语音都可以是共同语的标准音"。至于汉语近代共同语读书音的标准音，蒋绍愚（1994：126）在引述李新魁（1980）以《洪武正韵》与《音韵阐微》中所见语音为标准的意见后认为，"官方的权威在实际上也未必都被遵从"，"明清两代书面共同语的语音究竟是否以这两部敕编的韵书为标准，还需要进一步讨论"。

或以为只有共同语读书音才有正音或标准音，那标准音就是变化了的传统读书音；口语音可以有自己的地点方言代表，但那还不是正音或标准音。如叶宝奎（1994a）认为清代官话音的标准音是自唐宋以来已经变化了的传统读书音。这种以规范的读书音为标准的官话音与基础方言代表点的口语音的关系十分密切：一是基础方言是共同语赖以生存的基础，共同语标准音不可能脱离它独立存在；二是两者相互影响并长期并存。官话音随着时间推移不断向口语音靠拢。清代中后期，两者的差别已不大，但官话音与基础方言口语音仍有区别。叶宝奎（1994b：92）又说："《正韵·凡例》指出，'何者为正声？五方之人皆能通解者斯为正音也'。依照这个标准，《正韵》所依据的中原雅音也就是当时通行全国的共同语标准音。五方之人皆能通解者自然不是一时一地之音，而是能在较长时间里为五方之人所共识通用的音系。也只有规范的读书音（字音）才有可能具备这种超越时空的功能，成为五方之人通用的标准音。"叶宝奎（1996）还说：明清时期"正音"实为官话的标准音，是近代变化了的北方话传统读书音，具有显著的超方言的特点，它的变化慢于基础方言口语音。叶宝奎（1998：88）还列举了官话音与北京音在声、韵、调三方面的差异，并较为系统地归纳了"明清官话音只能是变化了的传统读书音（字音）而不是北京音"的主要原因。这些原因是：①"通常情况下共同语标准音是在基础方言代表点口语音的基础上形成的，但是标准音确立之后，便具有较高的权威性和较强的稳固性，逐渐与基础方言口语音分离。"②"正是汉字和书面语的统一千百年来维系着汉语的统一。"③"汉字和反切具有很强的超时空超方言的性能。这和近代汉语标准音具有超方言的特点相一致。"④由官修"韵书及其反切确定的字音，不仅具有较强的稳定性和影响力，而且便于传播和学习，使五方之人学习正音有了统一的依据"。"科举考试更大大强化了官修韵书（字音）的权威性。"⑤"小农经济以及交通不便，教育不普及等诸多因素使得一地方音难以在全国范围推广普及。""宋元以来北方地区的语音，尤其是北京音的变化比南方语音和官话音都要快得多。"⑥"汉语书面语和口语长期严重脱节，导致共同语标准音与基础方言口语音的分离。""如果白话文不能取代文言文，北京音就成不了共同语标准音。"金薰镐（2000）也认为汉语标准音从来不是以一个地点方言的语音为基础形成的，而是从前代标准音继承而来。

　　胡明扬（1987：19-21）也不同意北京音或中州音是汉语近代共同语的标准音的说法，但理由又有差异，"'官话'真的是以北京语音为标准音的吗？我们认为不是……我们的根据有三条"：①"解放前在南北各地通行的'官话'并不以北京语音为标准音……只要接近北方话，北方话地区的人一般能听懂就行"；②"北京话和很多方言一样存在文白异读的现象。我们认为这些不同于北京话的白话音的'读书音'正是'官话'音对北京音的影响……如果'官话'果真'以北京语音为标准音'，那么北京话就不应该有文白异读现象"；③"早在《中原音韵》时代，在大都（今北京）地区今天文白异读的入声字就有两种不同的读音，并且也是-o/-ao、-o/-iao这两种读音，分布范围和今天北京话读书音和白话音异读的分布范围大致相同"。

　　耿振生（1992：120，126）则与上述见解都不同，不认为实际生活中有标准音存在。书中说："历史上的官话没有形成一个规范的标准音系"，"统治者所关心的是书面语的'正音'，这个正音是宋代平水韵的语音系统……在言文脱节的时代，书面上的正音不可能同时也成为口语的标准"，"'正音'是文人学士心目中的标准音，它纯粹是一种抽象的观念，没有一定的语音实体和它对应，因此，它只存在于理论上，而不存在于实际生活中"。

2. 关于汉语近代共同语正音或标准音的演进与更迭

一种见解是汉语近代共同语正音或标准音有演进，无更迭，一直是北京的语音。如本节一（二）1 所引王力（1957，1980a）的观点，本节二（一）1 所引魏建功（2010）的观点；又如赵杰（1990：30）说："尽管汉语南京音系及其它汉（语？）①方言对北京话有过不可低估的影响，但也只能是充实原有的北京话，而不会替换或动摇原来的北京话基底。"

一种见解是汉语近代共同语正音或标准音既有演进，也有更迭。这一见解内部又有不同认识，主要有下面四种观点。

一是认为正音或标准音在演进中由中州（汴洛）语音转换成了北京语音。如李新魁（1980：44）说："汉语从很早以来在北方话的基础上形成了一种共同语。这种共同语必须有一个标准音或正音。这种标准音从东周开始就是黄河流域中游河、洛一带的中州语音，并一直沿流下来。到了元代，汉语共同语的标准音仍然是保持前此的'中原之音'……不同意有些学者所持的元朝时北京音就成为汉语共同语的标准音以及《中原音韵》代表的是'大都音系'的看法。"到了清代中叶以后，北京语音才逐步提升到汉语共同语标准音的地位。唐作藩（1985a，1985b，2018：7-8）②则认为近代汉语共同语标准音由中州语音转换成北京语音的时期较早，"在元代或明代初年朝鲜人编了两种汉语读本，即《朴通事》和《老乞大》。用的是北京的口语，十六世纪初的正音文字注音和现代北京音也比较接近。可见当时的北京话已被外国人承认是汉语的代表，它的语音也被看作是汉语的标准音。这表明，元明时代的北京口语音已经代替洛阳音，成为汉民族共同语即当时'官话'的标准音"。

二是认为正音或标准音由中州语音转换为经过移植和修订的南京音或南部官话音。如李葆嘉（1998：18-22）说："北宋（960—1127 年）都东京（开封），正音基础音系又东移汴洛，形成了近古河洛音系，称中原正音或中原雅音。南宋（1127—1279 年）南迁临安，官方语言承袭北宋汴洛正音，或受江浙吴音影响。蒙古元（1279—1368 年）都大都（北京），但中国士人并不以

---

① 此处疑似漏掉一个"语"字。
② 唐作藩：《普通话语音史话》，1985—1987 年发表，后语文出版社 2000 年出版合订本，商务印书馆 2018 年再版，今依据商务印书馆再版本，下同不再出注。

大都音为正音","明(1368—1644年)初太祖都南京,以当时的南京音为标准音……成祖迁都北京,将大量江淮人带往京津,仍以南京音为标准音","直至清代中叶以后,京音地位才逐步上升,但此时的京音已是北迁的江淮话在当地发展几百年形成的后裔"。又如薛凤生(1999a:122-123)讨论的虽然主要是标准语的转换,但也包含了标准音转换的内容,他说:"如果中国的历史是沿着比较正常的途径发展的,我们可以想象中原官话也许会一直保持作为汉语标准语的地位。但是事情从来都不是这样简单的……虽然北部官话在元朝曾一度几乎取代了中原官话而成为标准语,可是它始终没有真正牢固地确立这一地位……即使在蒙古人被赶走之后,中原官话也没能重获标准语的资格。明朝的开国皇帝和他的大部分部下出身于南京地区,讲的自然是南部官话,又选择了南京作新王朝的首都,因而南部官话就成了新的标准语……尽管在三十年之后首都又迁到了北京,南部官话仍然是官方认可的标准……我猜想,南部官话移植到北京的土地上以后,不可避免地要按照这里的发音方式进行调整,并且失落了作为入声标志的韵尾/q/……用这种经过移植和修订的南部官话作为标准音,一定深受士大夫阶级的欢迎,因而牢固地确立了它在明代的地位,甚至满人入关以后也无法改变。满族人入关以前讲的已经是汉语北部官话,但入关以后也未能改变或者未曾考虑改变原来通行的标准音。"

三是认为汉语近代史上通行全国的官话,长期是南方官话,直到清代后期官话正音的代表点才由南京转变为北京。如张卫东(1998a:76)说:"自东晋南朝始,中国分裂的时候,南音北音对立,中原汉族政权南迁,中原雅音的代表点亦南移,南音成为正统;统一的时候,政权中心北移,但经济文化中心无法随从,南音的地位不会即时动摇。特别是具体到元明清三朝,元朝企图以蒙古语为'国语',清朝企图以满语为'国语',没有汉语的地位,汉族人说什么话,他们也无所谓;在汉人中间,以南京话为代表的江淮官话便得以维持其通行语的传统地位。""清廷以满语为国语,但无法抵抗汉化之进程,汉语官话继续发展,官话正音代表点终由南京变为北京。"(张卫东,1998b:93)他还依据威妥玛的《语言自迩集》的有关记述,推断"北京官话获得现代通行官话标准语地位的时间应是1845年前不久的时候"(张卫东,1998b:93)。此外,赵元任也说:"记得在民国初年跟音韵专家钱玄同、白涤洲他们讨论这两读问题的时候,他们都认为那些所谓文言音都是从安徽、江

苏那些地方来的京官带到北方的影响。"(赵元任,2002：626)

四是认为元、明、清三代汉语共同语正音或标准音的演进,表现为北方话中的"读音"取代了北京话中的"语音"。如薛凤生(1986：93-94)说:"《中原音韵》所依据的方音是现代北京话中'语音'的祖语。但当时的北方话中,显然还有一个跟这个'语音'的祖语在作为标准语的地位方面不相上下的方音,即现代北京话中'读音'的祖语。"又说:"元代享祚甚短,而且当时的政府也没有故意地要树立一个标准的汉语(他们的兴趣是推行'国语',即蒙古话),所以那个自然形成的新标准音,即《中原音韵》所依据的那个'语音'方音,并没有能够确立不可移易的标准地位。降及明代,这个标准地位就让那个'读音'方音所取代了……这个所谓'读音'的方音本来就流行甚广。它与那个所谓'语音'的方音本来就相差无几,就音系说,几乎全同,只多了一个喉塞音韵尾……有人说近代官话史中这段转变是北京音系受了南方话(尤其是南京话)的影响而造成的。我觉得似不尽然,因为由《中原音韵》可以看出,'读音'这个系统早已存在,明朝时迁到北京的南方人只是帮助促成了它取代'语音'作为正音的地位而已,没有影响到它的音系。北京话此后的转变只是语音的自然演化而已。"(薛凤生,1986：97-98)不过,薛凤生的此一见解在后来的《汉语音韵史十讲》中已有所改变,详见上文第一节的论述。

靳光瑾(1991：11-12)的观点略与薛凤生近似,只是倾向于认为文读可能是西北方言东移扩散到北京的结果:"北京话的白读源远流长,代表本方言的土语,而文读则是外方言渗入北京话的结果。至于文读以哪一个方言为基础,现在难以查考。根据曾、梗合流的特点,它与黄河流域的兰州、西安、开封、济南等方言系统一致,可能是西北方言随着我国政治中心的东移(西安、洛阳、开封、北京、南京)而扩散到北京的结果。当时,元蒙虽然征服了中华大地,但政治、经济、文化都处于落后的地位,为了巩固其统治,就不得不向汉族学习经济、政治和文化。北京话的文读系统可能就是适应这种需要而产生的。"

桥本万太郎(1982：20,22)又有不同认识。他具体考察了北京话的铎、药、觉、德、陌(麦)、屋三等韵字的文白异读在秦语(兰州、西安、开封等地方言)和晋语(归化、大同、太原等地方言)中的表现,认为"在现代北京话里具有-u 或-i 韵尾的字属于口语层；没有这些韵尾的属于文言层"，"其口语层主要来源于秦语式的方言，文言层则主要来源于晋语式的方言"。

二、汉语近代共同语官话及其基础方音问题研究

（一）20 世纪的汉语近代共同语官话问题研究

据考察，"官话"一词至迟始见于明初，这意味着至迟在明初已广泛流行官话。在流行过程中，又逐渐形成具有地域特色的地方官话，与普通官话同时并存。由于明初以后的北京长期作为中国首都的关系，北京官话也就理所当然地得到研究者的最多关注。

1. 20 世纪的北京官话形成原因及形成过程研究

一些学者的研究着眼于北京长期作为政治中心的地位和不同汉语方言的融合。如魏建功（2010：119）已"大胆假定"辽代"南京"（今北京地方）"汉人方言的混合是今日'北平语系'的雏形"，说："北平建置做都会以来，辽、金、元、明、清乃至民国，中间除了明太祖和建文帝时期三十多年，算到十七年（1928）国民政府迁都南京，一共 957 年……由这长久政治中心造成了标准的语言。"又说："大凡一个语言标准系统的成立，乃是许多不同语系的人荟萃在一处，互相融和，竭力推置，不知不觉，去泰去甚，把语言的音素选拔出最便易的，将语言的组织锻炼成最简明的；所以都会最久的地方语言系统聚的最复杂，混合而成的标准却最易于溥及四方。"（魏建功，2010：116-119）俞敏（1983：30-31）认为"北京本来是个方言岛"，并将北京方言成岛的诱因归结为三条："清朝人进关带来的东北北部汉人的话的影响"，"运河，或者说津浦线沿线方音的影响"，"五方杂处"。俞敏（1984）也表达了近似的意思。陈明远（1985）亦持北京是个方言岛的见解，其形成跟清朝"八旗"特别是"汉八旗"的分布踪迹有密切关系。林焘（1998：6-7）的讨论则兼及地方官话，说："到了明代，出现了'官话'这个名称"，"这种全国都能通行的官话已经是以当时最具有权威性的都城方言北京话作为标准，但当时还不可能有这样明确的认识，因此往往把和北京话比较接近的其他方言也都看成是'官话'，于是有所谓'西南官话''西北官话'和'下江官话（即江淮官话）'等等说法"。

一些学者的研究着眼于北京长期与北方少数民族语言接触的历史。如朱星（1982：87-88）说："我称《广韵》以前的音代表西北方音系，从周秦以来直到《广韵》，基本上是一个方音系……至于燕代方音系又称东北方音系，在上古不得势，直到晋代五胡侵入……再从和林一带，进入云中大同，后又侵入燕赵……到北魏孝文帝提倡所有鲜卑士官全学华言，这华言实即燕代方言。从此燕代方言抬头……到隋唐后的洛阳语，称今洛阳语，已成为燕代方言的洛阳语了。""元建都北京，它才稳定巩固而再扩大。直到今日，就成了汉民族共同语普通话了。"赵杰（1990：29）说："历史上的北京作为东北少数民族进关朝贡或文武往来的咽喉之地，其语言文化和民俗必然要受到东北少数民族的影响。"郑仁甲（1998）说得更加明确：北方官话方言的形成与北方少数民族语言的影响有关。北方少数民族语言以阿尔泰系语言为主体，这些语言中的没有浊辅音，音节结构比较简单，无塞音韵尾，无声调，一个单词内音节数量比较多等等特征，都进入到了北方官话。北方官话中入声韵的消失、轻声、儿化韵也似与少数民族的阿尔泰语言有关。郑仁甲还主张将林焘（1990）所称北京官话改称京满官话。因为对现代汉语北京官话的形成影响最深的当数满族，"京满官话"可能形成于女真金的南侵时代，最终完成于清朝几百年间。丁喜霞（1999）赞同朱星（1982）的观点。金薰镐（2000）也说新兴的北京话是在原来东北方言的基础上，受满语的影响，经满族人学习和使用而成长起来的。但魏建功（2010：123-124）明确表示不能同意"北平音系"受到外族语言影响，并举出证据，证明北平音中有舌尖后声母、有ɚ韵母和儿化韵不能作为其受到外族语言影响的依据。

还有学者的研究着眼于中原地区汉语与幽燕地区汉语的共性以及前者对后者的影响。如李新魁（1962：41）引述明人张羽的《古本董解元西厢记·序》和清严长民的《秦云撷英小谱》的话，说明近代以来幽燕地区与河洛地区不仅语音相近，而且前者乃是由后者"递改而来"。史存直（1981：151-152，169）说："古代的燕京话本就是属于北方普通话范围之内的，和所谓'中原'话不会有多大差异"，"即使古代的燕京话和中原话有若干差异，在元代以后的几百年间，也会变得更近于规范的文学语言了"，"北京音系的历史来源，不应仅限于元明清三代，实可以上继隋唐乃至周秦两汉的中原语音"。聂鸿音（1988：49）说："显而易见，契丹方言与汉语汴洛方言最为接近，因此我们可以说，契丹族与汉族最频繁的接触点虽然是在古幽燕地区，但无论是契丹人所说的汉语还是幽燕地区汉人的口语，都是以汴洛地区的语音为基磐的。"忌浮（1991：43）也专就辽金时期而言，说得更加具体："订金两朝都不断起用中原地区的汉族知识分子，经济发达、文化昌盛的汴洛地区不断影响幽燕及其以北的广大地区……金代的政治文化中心虽然在中都（燕京），但中原的经济文化在金国占有异常重要地位……不难设想，中原汴洛方言也必然随着经济文化教育向北扩散。幽燕方言从汴洛方言吸收某些读书音是可以理解的。"

更多学者踵武俞敏（1983）的思路，着重研究近代以来北京人口的迭次变迁，或者说移民，对近代北京官话形成的影响。近代在北京移民的不只是汉族，也包括语言不同的少数民族。如林焘（1990：114，115，109-110，120）已主张"东北方言和北京话有非常密切的关系。东北方言是一千年前在现代北京话的前身幽燕方言的基础上发展起来的，在发展的过程中，仍旧不断和北京话保持密切接触，并且曾两次'回归'北京……两种方言相互影响，日趋接近，形成了一个包括东北广大地区和北京市在内的北京官话区。""在金统治我国北方的一百多年中，中原地区和东北地区之间的人口流动十分频繁。""当时东北通行的汉语正是在以燕京话为中心的幽燕方言的基础上发展起来的。""所谓元大都话，实际是辽金两代居住在北京地区的汉族人民和契丹、女真等族经过几百年密切交往逐渐形成的，到元建大都时已趋于成熟，成为现代北京话的源头。""北京官话在形成的过程中，很可能会受到阿尔泰语的影响。"又如张清常（1992：268）说："历史上移民定居北京，其结果使北京语言情况复杂化……明朝洪武元年八月把元朝'大都'残留居民全部迁至河南开封，而从全国各地陆续大批移民填充北平（北京），这是一次彻底大改变……明清迄今，北京地区五方杂处，了解移民定居北京情况，对于研究北京语言至关重要。"赵杰（1996：1-2）说："元蒙时北京汉语主要是在当时异族统治的气氛下，近古北方口语逐步兴盛起来，形成了北京话的雏形——元大都话。""在元明之际，山东、河北移民大批闯关东，这时的东北汉语和辽金时期被掠夺到东北的华北汉人的幽燕汉语结合，在东北形成了一种近似于华北汉语但又因受东北满语等影响而不等同于华北汉语的东北方言。""明成祖迁京后，南京方言对正在杂糅中的北京话有过一定的影响，但由于各地移民实北京的数量很多，以华北诸地移民为主的北方话在北京仍然占据优势。"

"明代北京话仍然是以幽燕汉语为基础,加上部分方言成分和少数民族语成分的一种近古汉语,它基本上遵循了汉语固有系统从中古以来纵向演变的规律,属于历史性音变的范畴。"这与朱星（1982）、郑仁甲（1998）的观点有所不同。

张卫东（1998b：94-95）则着重探讨了明末清初北京城市人口变化的意义,有如下三点：一是"明末北京城市人口所剩不多,再全数被迁往城外,明末北京话的演变进程因此中断"；二是"汉军八旗带来了盛京（沈阳）官话"；三是"汉官维系着南京官话传统"。

2. 20 世纪的汉语近代官话及官话方言南北分支问题研究

1）汉语近代官话南北分支的提出

汉语近代官话南北分支,近代的学者已有认识。明人张位的《问奇集》中有"各地乡音"条,"大约江以北入声多作平声,常有音无字,不能具载；江南多患齿音不清,然此亦官话中乡音耳"[①]。清人高静亭在《正音撮要》中说："既为官话,何以有南北之称？盖话虽通晓,其中音声韵仍有互异,同者十之五六、不同者十之三四。"[②]还有更生动的描写："进京住着,更奇怪了,街上逛的人多着呢,三五成群唧唧呱呱打乡谈,不知他说什么,及至看他到店里买东西,他又满嘴官话,北话也有南话也有,都说得清清楚楚的。"[③]在 20 世纪,学者对此的研究则较晚。但吕叔湘（1985：58）已说："现代的官话区方言,大体可以分成北方（黄河流域及东北）和南方（长江流域及西南）两系。我们或许可以假定在宋、元时代这两系已经有相当分别……现在的北方系官话的前身只是燕京一带的一个小区域的方言。到了金、元两代入据中原,人民大量迁徙,北方系官话才通行到大河南北,而南方系官话更向南引退。"除去个别问题尚可讨论外,吕叔湘第一个为我们勾勒了一幅汉语近代官话方言早在宋、元时期就已经区分为南方、北方两系的鲜明图景。黄笑山（1995：8-9）亦响应吕叔湘的这一见解,说："宋金之时,实际已经形成了两系官话,中原及南宋南迁移民所用的是包括河洛一带的'南系官话',女直

---

① （明）张位：《问奇集》,明万历六年（1578）刻本。
② （清）高静亭著、周晨萌校注：《正音撮要》,北京大学出版社,2018,第 127 页。
③ （清）高静亭著、周晨萌校注：《正音撮要》,北京大学出版社,2018,第 4 页。

皇室所习的是中原以北的官话。"花登正宏（1997）研究《古今韵会举要》音系，也认为它所表现的应该是南宋南迁所用的"南系官话"，而与之仅相距30年的《中原音韵》音系应该是"北系官话"（据李无未，2011：109）。岩田宪幸（1994）研究清代后期的官话音及相关问题，濑户口律子（1994）依据对琉球官话课本语言的研究，也认同当时官话有南、北之分，而课本反映的均是当时中国南方地区的官话。李新魁（1997）则讨论得更加细致，他说："近代汉语的共同语中，也有南音与北音的区分。"（李新魁，1997：235）"同为官话，南方的官话与北方的官话不一定完全一样。这就是不同地区的人讲习官话、正音，由于受本身方言的影响，也使正音带有不同方言的色彩。""清时日本人吴启太、郑永邦撰《官话指南》，其中就说：'中国话本难懂，各处有各处的乡谈，就是官话通行。我听见人说：官话还分南北音哪。官话南、北腔调儿不同，字也差不多。'""南音与北音的差别本身也是一个变数，前代的差别不一定保持至后代，后代的歧异未必在前代已经存在。"（李新魁，1997：239-241）"近代共同语中南音与北音的差异，从其总体特征来说，可以《洪武正韵》与《中原音韵》这两部韵书所反映的音系为代表。""近代汉语的读书音，更侧重于运用保存传统语音特点较多的南音。"（李新魁，1997：262-263）张玉来（2000b：312）也说："唐北宋的共同语体系则又回复到中原一带并深受长安、汴洛方言的影响。辽金元入侵中原，宋室偏安一隅，则唐宋以来的共同语南渡，并重新影响江南诸方言。北方汉语则受诸语言影响，并促成了北方汉语的急变，形成了新的共同语形式，产生了南北两系稍有区别的共同语，明清仍沿续这种状态。"

柯蔚南（1999：430）还探讨了南京官话经历的大多数与发生在作为普通话基础的北方方言中的类似甚至基本相同的音变，南京话"向北方话并最终是以北京话为基础的标准的趋同"，具体表现为喉音的腭化、啮音的腭化，等等。而趋同的原因，则在于"北京话的不断增长的声望和19世纪40年代至90年代以及20世纪初期历史的动荡"。

此外，张卫东（1998a：73）同样认为明清时期的官话有南北两支，不同的是，他强调了南支的主导地位，认为似乎只有南支官话才通行全国："有明一代至清末的汉语官话分南北两支，南方官话以江淮官话为基础方言、以南京话为标准，且长期处于主导地位，通行全国"。

2）汉语近代官话有无南北分支问题的讨论

薛凤生（1991）认为在宋朝末年就存在着三种主要的官话方言：北京地区的北部官话，南京、扬州地区的南部官话，广大的洛阳、开封地区的中原官话。如仍以南北划分，则北系又包含了北部官话（方言）和中原官话（方言）两个分支。黎新第（1995b，1995c）也尝试讨论了近代南北两系官话方言在语音上的区别。黎新第（1995b）比较朱熹叶音与宋汴洛语音、《中原音韵》语音，以为在宋、元时期，南方系官话方言尚处于重新形成过程中，较之当时的北方系，区别还较小，但也已有所不同。例如：ɿ、ʅ两个舌尖元音韵母北系已经产生或正在产生，而南方系尚只有ɿ；麻韵细音北方系已独立为车遮韵而南系尚未独立；鼻韵尾-n、-ŋ北方系不混而南系已有不能分的；全浊声母北方系已经渐趋完全清化而南方系仅有清化迹象；平声北方系分出阴阳而南方系不分阴阳；入声韵字北方系从韵尾混并发展到入派三声而南方系保留入声调并保留-p、-t、-k三个韵尾。黎新第（1995c）依据李登的《书文音义便考私编》等资料，以为明代的南方系官话方言相对于北方系官话方言在语音上有以下特点：至少在《书文音义便考私编》以前，平声中可能尚有全浊声母；原庄组字声母较多并入精组；寒桓分韵；-n、-ŋ韵尾进一步相混；仍有独立入声。至于清代南方系官话方音有别于北方系的特点，黎新第（1995c）在比较《五声反切正韵》与《五方元音》等资料后以为，清代南方系官话方音除继续明代的原庄组字声母较多并入精组、寒桓分韵（已有开始不分的）、-n韵尾与-ŋ韵尾相混（限古臻、深、梗、曾摄字）、有独立入声外，还在区分尖团与否、古泥来二母相混与否、有无翘舌声母、有无卷舌元音韵母等比较项目上有所区别。李新魁（1997）还依据清代中叶莎彝尊的《正音咀华》和清末闽人黄绍武的《闽音正读表》整理出当时共同语中南音与北音以及正音在声韵调三方面的差异。主要差异有：见组声母开口二等字北音腭化而南音未腭化，疑母字南音读 ŋ……而北音读零声母，原日母字北音读 ʐ而南音读零声母；入声韵变来的字南音与北音的读法常有不同，中古梗摄字南音读əŋ而北音读iŋ；中古入声字北音失去入声而南音强固地保留。

与此相悖的是，麦耘（1991b：23-24）认为"共同语音南支"没有自己的基础方音："汉语通语音系的基础方音照例总是某种北方方音（譬如说洛阳音），这一音系传播到南方，很早就在长江下游地区（有很长时期是以南京为主要支撑点）形成独特的地域性分支"，"有-m 的是流行于南方的共同语音，可称为'共同语音南支'；没有-m 的是'共同语音北支'，为流行于北方的共同语音"，"共同语音南支""没有自己的基础方音，就始终还是得跟着通语的基础方音走，只是总要拖后一截子"。可是，既然有南系官话方言客观存在，"共同语音南支"又有不同于"共同语音北支"的语音特点，此一特点又与南系官话方音保持着相当程度上的一致，为什么这南系官话方音就不能构成共同语音南支的基础方音呢？这里还有许多问题值得深入讨论，暂且存疑。

（二）20 世纪的汉语近代共同语基础方言问题研究

这里所谓近代汉语共同语基础方言，不应是就近代汉语共同语书面语而言。因为，共同语书面语所用读书音乃是较多地继承前代共同语读书音而来的，同时也或多或少地吸收了当时共同语口语基础方言的语音的成分。或者也可以说，是"南、北两系共同语口语音共同构成了同时期共同语读书音的基础，我们也就至少可以从语音的层面上说，近代汉语共同语书面语也是拿南、北两系共同语口语共同作基础。如果排斥其中一系，那末，无论是南方系官话方言或是北方系官话方言，都未必'即为官话的基础方言'"（见黎新第，1995a：18）。张玉来（2000a：24）也说："共同语不是在单一音系基础上成长起来的，而是历史的继承与选择的结果。"因此，所谓近代汉语共同语基础方言，应是就近代汉语共同语口语而言。在明、清时期，由于官话已经同当时的共同语口语接近，因而也可以说是就相对于北系官话和南系官话的普通官话而言。

对于明清以来的普通官话的基础方言，至少有下列四点不同说法。

1. 北京话或首都话说

见本节一（二）1 所引钱玄同（1932）和王力（1957，1980a）、二（一）1 所引魏建功（2010）的观点。

2. 南京话或江淮官话说

如远藤光晓（1984）在讨论《翻译老乞大·朴通事》右侧音声点所见声调后认为，16 世纪初具备其入声特征的中国官话基础方言的范围有限，再考虑到当时的历史背景和《翻译老乞大·朴通事》右侧音作者崔世珍在中国的足迹所至,认为右侧音反映的是来自南京而通行于北京一带的官话。鲁国尧(1985a:50-51)说得更加直白:"明代官话的基础方言是什么?它与北京话有何关系,或者与中原方言有何关系?我们的看法是,未必以北京音为标准音……南京话在明代占据一个颇为重要的地位,或许即为官话的基础方言"。张卫东(1991)也说《西儒耳目资》所记当是明代官话,标准音是南京音,不是北平音。明代官话应以江淮官话为基础方言,南京音为标准音。明代北平官场上说的是永乐帝迁都带去的南京话。《西儒耳目资》所记的正是这个官话音系。张卫东(1991)的论文还为鲁国尧(1985a)提供了方言证据。张卫东(1998a:74)说:"明代官话分南北两大派。北方官话的通行范围小,地位低。耶稣会士学的是'南方官话'。这并非因为他们从华南进入中国大陆、最先接触'南方官话'才如此。这种南方官话处于主导地位,是通行全国的共同语。"张卫东(1998a:75,77)还说《西儒耳目资》"反映的语音是当时的南京音,这'南京音'既是狭义南方官话(江淮官话)的标准音,同时也是通行于全国的官话标准音";"从各个角度说,《西儒耳目资》所记为官话'正音',都是可以肯定的。"

李葆嘉(1995:66)的说法也直截了当:"明清官话或明清两代汉民族共同语就是:以南京语音为标准音,以江淮话为基础方言,以通俗的明清白话小说为语法楷模的通行语。"

3. 先为洛阳话后为北京话说

如李新魁(1987a:14)说:"由汉代发展到唐代,洛阳一带的语言一直作为共同语的基础……宋时,洛阳一带的语言仍然居于共同语的地位……直至元代,人们的认识还是如此……在整个明代,朝廷间的奏对诏令,也都使用中原雅音,而不是用当时京都的所在地——北京的语音。"李新魁(1987a:17)还说:"清代中叶以后,北京音才逐渐显示出它重要的地位,才逐渐有人推崇北京语音,提出以北京音为共同语的正音。"

4. 北方话最大公约数说

如胡明扬(1987:17-18)说:"'普通话'和'官话'不是一回事……'官话'可以说是在北方话基础上历史地形成的民族共同语,但是还不是'规范的'民族共同语。'官话'没有明确的规范,某种意义上是北方话的最大公约数，也就是尽可能去掉了土腔土话的北方话。'官话'允许有各种地方变体，如'北京官话'、'山东官话'、'四川官话'乃至'江浙官话'、'广东官话'等等。"

面对认识纷歧，或许可以引用叶宝奎（2000：14）的一句话作为小结："近代汉语基础方言代表点口语音呈现多极化的局面，南京音与中州音、北京音并存，这是汉语近代音区别于古音的一个重要变化。"

三、汉语近代音上下限与汉语近代音音韵特征研究

（一）20 世纪的汉语近代音上下限研究

在 20 世纪，直接对汉语近代音上下限表示意见的学者并不很多。较早的有钱玄同（1999：8）以近代为"古今字音之变迁"第五期，谓"此六百年之普通口音，即为《中原音韵》《洪武正韵》等韵书之音……即俗称'官话'者是"。魏建功（1935）区分古音系为七个段落，亦以 14 世纪至 19 世纪为第六期。这也就是说，他们都把近代汉语语音定在大约上起元代、下至清代的一段时期。郑再发（1966）将汉语语音史中的近代称为近古，时段划在 10 世纪初到 17 世纪初，并细分为早、中、晚三期，时段分别为 10 世纪初至 12 世纪初、12 世纪中至 14 世纪末、15 世纪至 17 世纪初。此外，他还认为，汉语语音史中的所谓"现代"只是指近代尾端。然后又有邵荣芬（1979）将近代汉语语音定在 12 世纪到 17 世纪，即大约是南宋到清初的一段，约相当于郑氏中、晚二期。任铭善（1984）未提出近代概念，但以南宋、金、元为一期，明代以后直到中华人民共和国成立为又一期。两个时期的共同点为：北方口语音是主流。再后又有何大安（2004：256-259）以音节结构的差异为据，分汉语语音为上古（有复辅音声母）、中古（在元音之前一定要有辅音或介音）和近代（元音前后都可以没有其他成分）三期。近代期历宋、元、明、清直到现代。宁忌浮（1987：56）单论近代音的下限，时期亦定在 17 世纪，因为有"在 17 世纪前后，如 ʧ 等彻底读 tʂ 等，'儿'字读 ɚ 以及 ɿ 尾韵母的全面形成，tɕ 等的形成"。竺家宁（1991a）则将近代音的时限定在元代至今。

但研究近代汉语上下限的学者却很多。如王力（1957，1980a）以 4 世纪

到 12 世纪（南宋前半时期）为中古期，以 12、13 世纪为过渡期，以 13 世纪到 19 世纪（鸦片战争）为近代期，自鸦片战争至五四运动为过渡期，以后为现代期。与此见解近似的尚有李峻锷（1988）、黄典诚（1993）。吕叔湘在《近代汉语指代词》（书序）中则主张近代汉语上起晚唐五代，下至鸦片战争，并且认为现代汉语也是近代汉语的一部分。此外，杨耐思（1993）亦赞成吕叔湘之说。迄后，又有罗杰瑞（1995：23）主张"从宋代直到明初的语言最好是看作早期官话的初始阶段。明朝及清初这一段可以看作是中期官话，19 至 20 世纪当是现代官话"。胡明扬（1992）、蒋绍愚（1994）主张近代汉语的时限为唐初至《红楼梦》前。蒋冀骋（1990）又主张近代汉语的时限为晚唐五代至明末清初。近代汉语上下限的认识，可以说相当分歧。对于分歧的原因，蒋冀骋（1990，1991）、胡明扬（1992）、蒋绍愚（1994）等亦已多所讨论。归纳诸家所见，原因不外是：①作为确定近代汉语的依据，是主要着眼于词汇、语法以及语体的特征还是主要着眼于语音特征。着眼于前者则所定上限通常较早，着眼于后者则所定上限通常较迟。②要不要将现代汉语包含在近代汉语之内。③是否将从中古到近代、从近代到现代的过渡时期包含在近代之内。包含在内，则上限较早，下限较迟；反之，则上限较迟，下限较早。袁宾（1987：94）则提出了一种颇有新意的见解："本文不采用划线切分、规定上下限的方法，而提出汉语历史阶段由主干部分与交替重迭部分组成的意见，认为可以暂把南宋、元代、明代和清初作为近代汉语阶段的主干部分，其上沿可以前推几个世纪，下沿可以后伸几个世纪。"所称"主干部分"略与邵荣芬（1979）的界定相当。

仅就语音而言，为了突出现代汉语的地位并看到近代和现代的差异，还是以不将现代包含在近代之内为宜。而参照袁宾（1987）所定，汉语近代音的主干时期大致是上起南北宋之交，下迄明末清初，对此实际上各家并无异议。本章对汉语近代音时限的界定也正是基于这一认识。不过，为了便于说清来龙去脉，本章所述近代音已在主干期的基础上往上下两端适度延伸，即：上起北宋，下迄清末。为此，也就需要将近代音开始和结束两个阶段的语音特征作适当调整。开始阶段主要表现为出现了同后来的《中原音韵》音系已经十分接近的毋昭裔《尔雅音图》音注音系和邵雍的《皇极经世·声音唱和图》所见音系，标识性语音特点有全浊声母全面清化、入声韵尾混并、全浊上开始全面变去等。结束阶段主要表现为明清官话音仍然表现为当时南北两系共同语口语音的最小公倍数（如既保留独立入声，精组声母在细音前仍未腭化，又-n、-ŋ不混，泥、来不混等）。基于这一认识，民国初年的"老国音"才是汉语近代音的终结。这是因为，自中古以来，共同语标准音（先是所谓"正音"，后是"官话"音）[①]一直为全社会所遵循，具有举足轻重的地位，而在共同语标准音都是当时南北两系共同语口语音的最小公倍数这一点上，近代与中古并无本质不同，"老国音"与"官话"音也并无本质不同，直到"新国音"确立后才有了本质的变化（详见黎新第，1995a）。因而又似乎可以说，与汉语近代音关系更为密切的，不是汉语现代音而是汉语中古音。

（二）20世纪的汉语近代音特征研究

王力（1957，1980a）已为近代汉语提出三条重要的语音特征：①全浊声母在北方话的消失；②-m尾韵在北方话里的消失；③入声在北方话里的消失。

郑再发（1966）称近代为近古，时限为10世纪初至17世纪初，并细分为早、中、晚三期。其所拟订的三个时期的音系特征分别为：早期——唇音分化为轻唇音和重唇音，非、敷合流，于、以两母合流后又纳入影母，浊声母清化，入声韵尾消失，平声分阴阳，知系有合流于庄、章的迹象；中期——知系有合流于庄、章的迹象，疑母消失，见、晓系有腭化迹象，ï韵产生，浊上变去；晚期——四等的分别泯灭，四呼起而代之，见、晓系腭化，-m韵尾合流于-n，ɚ韵产生。

薛凤生（1986：106-113）为"确定某一方言是否算是官话"和"作为官话次方言的分类标准"，拟订了十项"测验条例"：（甲）全浊上声字之改读去声；（乙）全浊声母之化清；（丙）二等韵喉牙音之腭化；（丁）"梗、曾"两摄阳声字之合韵；（戊）支思韵之形成；（己）闭口韵之变为抵腭；（庚）入声变读与消失；（辛）儿化韵之出现；（壬）卷舌声母后腭化介音之消失；（癸）尖团音之混合。这十项"测验条例"实质上也就是在不同方面与不同程度上反映所属音系是否成为近代汉语共同语语音的特征。这十个条例实际上是汉语史中十个重要的音变，而音变自然是有先后时间性的。

[①] 本章认同中古以来的汉语共同语有标准音，但并无严格标准的说法。

宁忌浮（1987）发现近现代汉语语音有以下 12 项差异：①声母 v、ŋ 消失。②声母 tʃ、tʃʰ、ʃ 全部变成 tʂ、tʂʰ、ʂ，ɾ 变成 ʐ（或写作 ɹ）。③k 系 ts 系声母细音变成 tɕ、tɕʰ、ɕ。④韵尾 -m 消失。⑤ɚ、aɻ 韵母产生。-ɻ 尾韵母（即儿化韵母）全面形成。⑥y 韵母产生及四呼形成。⑦齐微韵分化。⑧寒山、先天、桓欢合一。⑨庚清、东钟合并。⑩au、ɑu 韵母合一。⑪iai 韵母消变。⑫阴平由中平变高平。这 12 项差异，大多与王力（1957，1980a）所举、薛凤生（1986）所列一致，因而除去最后一项，也应当是或先或后出现的近代汉语语音的特征。

黎新第（1995a）在薛凤生（1986）所列十项"测验条例"的基础上增损或细化为 20 项，并适当改变措辞如下：①轻重唇分化否。②微母消失否。③疑母消失否。④全浊清化否。⑤知庄章组合流否。⑥影云以合流否。⑦精见二组在细音前合流否。⑧同摄重韵合流否。⑨一二等韵相混否。⑩三四等韵相混否。⑪二等开口喉牙音腭化否。⑫支思韵产生否。⑬车遮韵产生否。⑭桓欢与寒山合口相混否。⑮卷舌韵母产生否。⑯闭口韵消失否。⑰-n、-ŋ 两类韵尾相混否。⑱浊上变去否。⑲入声消失否。⑳平分阴阳否。论及近代汉语语音特征的著述不少，上述还只是举例而已。但仅此已可发现，各家所述特征的差别，大都只在于划分的粗细或是否明确其出现的先后，并无本质的不同。

第六节 20 世纪的汉语近代共同语语音的共时研究

一、两宋时期汉语共同语语音的共时研究

20 世纪的两宋时期共同语语音研究，主要致力于以下内容的探讨。

（一）对邵雍《皇极经世·天声地音》、施护译音、郭忠恕《汗简》音切以及毋昭裔《尔雅音图》音注的研究

《皇极经世》，邵雍撰，邵雍祖籍范阳，后迁居共城（今河南辉县）。周祖谟（1943）、陆志韦（1946b）、李荣（1956）、雅洪托夫（1986）、竺家宁（1994c）、冯蒸（1987a）、蒋绍愚（1994）、蒋冀骋（1997a）等，对《皇极经世·天声

地音》语音作过不同层面的研究。

周祖谟（1943）即称《皇极经世·天声地音》所见语音为宋代汴洛语音。仍据周祖谟（1943），从中可归纳出声母 24 个：

帮並仄 p、滂並平 pʰ、明 m、非敷奉 f、微平去入 ɱ（微上 v），端定仄 t、透定平 tʰ、泥 n，知澄仄照 tʂ、彻澄平穿床禅平 tʂʰ、娘日平去入 ȵ（日上 ʐ），见群仄 k、溪群平 kʰ、疑平去入 ŋ（疑上 ɣ），精从仄 ts、清从平邪平 tsʰ、心邪仄 s，审床仄禅仄 ʂ，晓匣 x、影喻 ∅，来 l。

韵母共有 60 个（含 3 个有音无字的韵母，实际数目 57 个），其中：

阴声韵有 16（17）个：歌戈麻 a、ia、ua，支脂之微齐祭废 i、ɿ、ʅ、ui、uei，鱼虞模侯（非组）u、y，佳皆灰咍泰夬 ai、uai，萧宵肴豪 ao、iao（uau，此韵母有音无字），尤侯幽 ou、iou。

入声韵（促音）有 21（23）个：曷末黠辖屑薛月 a、ia、ua、ya，质术栉物迄没，陌麦昔锡职 ə、iə、ɿ、ʅ、uə、yə，德 ei、uei，屋沃烛 u、y，药铎觉 ɔ、iɔ、uɔ、yɔ；合盍叶帖业洽狎乏 ap、iap（uap，此韵母有音无字），缉 ip（iup，此韵母有音无字）。

阳声韵有 20 个：唐阳江 aŋ、iaŋ、uaŋ，庚耕清青蒸登 əŋ、iŋ、uəŋ、yəŋ，东冬钟 uŋ、yŋ，寒桓删山先仙元 an、ian、uan、yan，真谆臻文欣魂痕 ən、in、uən、yən，覃谈盐添咸衔严凡 am、iam，侵 im。

声调有 4 个：平、上、去、入。

这一语音系统的特点，周祖谟（1943：284）即已指出："要言之：论声则与《中原音韵》之二十母相近。论韵则同摄之一二等读为一类，三四等读为一类，其读音盖不出开齐合撮四呼，与元明以降之音相近。论声调则上声浊母已读为去。"陆志韦（1946b：80）进一步明确，邵书"（一）把浊音归并了，（二）把轻唇音的地位注明了，（三）把照₂等真正列在二等的位置了，（四）把有些不符《切韵》的新起的元音指出来了，（五）把入声配给阴声了"。蒋绍愚（1994：69，70）也归纳了邵书的两个语音特点："（1）和《四声等子》相比，韵类大致相同，只是果假合为一类，宕江合为一类，梗曾合为一类，蟹摄细音与止摄合为一类……（2）入声韵与阴声韵相配，说明入声韵尾弱化甚至消失。"但对于邵书音系是否已有舌尖元音韵母，陆志韦（1946b：80）已说："邵书的'自'跟'士'当然更不能随便的拟成舌尖音。"竺家宁

(1994f)、唐作藩（1991b）、蒋冀骋（1997a）都持近似意见；对于邵书音系是否已经实现全浊清化，是否尚保留入声-p尾等，李荣（1956）、竺家宁（1994c）、李新魁（1991b）等也分别有不同认识。

至于周氏所拟y韵母（或介音），后来的学者多不赞同，亦即都不认为《皇极经世·天声地音》所见音系已有撮口呼韵母。

施护，北天竺人，乌填曩国帝释宫寺僧，于宋太平兴国五年（980年）二月携梵本至宋都汴京，两年后开始译经，至1017年圆寂为止，历35年之久，共译经101部217卷，另与人合译12部22卷。储泰松（1996）以为施护译音以汴洛方言为基础，反映的是北宋初年的语音。译音显示的音系不仅已有非组声母，而且非敷合并；照二、照三组合并，但仍独立于知组；同摄同等重韵合并，同摄三四等韵合并，蟹摄部分并入止摄；宕摄与江摄不分；入声除保留-p尾外，全部合并为-ʔ尾；未见平分阴阳和全浊上变去。除保存全浊声母外，大多可与邵书印证。

除施护译音外，宋初洛阳人郭忠恕著《汗简》音切，董衡、萧常、吕祖谦三家音释，也可与《皇极经世·天声地音》相印证。据吕朋林（1998a，1998b）归纳，《汗简》音切所见当时洛阳语音特点有：全浊声母消失或正在消失，轻重唇分化正在进行，章庄二组声母合并；资思韵正在形成之中，齐、祭并入止摄，曾、梗两摄入声韵合并；平声未分阴阳。据孙建元（2000：39）归纳，董衡、萧常、吕祖谦三家音释所见当时通语音特点也与之略似，而"宋时通语音即与当时洛阳音相关，又不全同于洛阳音"。

虽然也有论著，如雅洪托夫（1986）认为，《皇极经世·天声地音》表现的不是汴洛语音而是当时北京音，但也无碍于认为，此类材料所见语音，至少其重合部分，应可视为通行于当时北方地区的汉语共同语口语音或以之为基础的当时汉语通语语音。

《尔雅音图》据考证为后蜀毋昭裔撰，毋氏为河中龙门（今山西河津）人，其音注音系的主要研究者为冯蒸。自1991年起，至20世纪结束止，他在十余篇论文中揭示：音注中的疑母已经和影喻相混为零声母（冯蒸，1991a），全浊声母已经清化（除擦音外平声送气，仄声不送气）（冯蒸，1991b）；桓、寒分部，有独立的收-ʔ尾的入声，收-m的咸深二摄已分别变同山臻二摄，止摄诸韵合流为-i，而蟹摄的齐祭废三韵又与止摄合流（冯蒸，1992）；全浊上已变去（冯蒸，1993）；非敷奉合流（冯蒸，1994a）；知庄章三组声母的分合与《中原音韵》一致（冯蒸，1994b）；纯四等韵并入三等韵，重纽消失（冯蒸，1995）；独立二等韵部分消失，并入一等或三/四等，三等韵洪音化（冯蒸，1996）；文思韵产生，有阴平、阳平、上声、阴去、阳去、阴入、阳入七个声调（冯蒸，1997a）等。所见大都可以与邵雍《皇极经世·天声地音》相印证，一些语音新质甚至为邵书所无。

在这十余篇论文中，冯蒸多次说到，《尔雅音图》音注音系反映的是"北方官话语音"，其时限也包括宋初。虽然后来冯蒸（2007：284-292）又有了新的见解，将《尔雅音图》的音系基础改订为"晚唐五代的成都音"。但此一改订是否即为确论尚可斟酌，故仍将冯氏《尔雅音图》音系的研究成果附此。而所见语音，亦多可与前述邵书等所见相印证。

（二）对孙奕的《九经直音》和《示儿编》、朱熹反切、吴棫的《韵补》反切等的研究

据竺家宁（1980）考证，《九经直音》为孙奕所撰。孙奕，南宋宁宗时人。两书成书时间则未详。竺家宁（1994d，1994e，1994f）从《九经直音》中发现：全浊清化（除擦音外，清化后无论平仄大都读为不送气）（竺家宁，1994d）；非敷不分，床禅相混，从邪相混，偶有腭化现象，有古声母残留现象（竺家宁，1994e）；照$_二$与照$_三$系混合，又与知系混合（竺家宁，1994f）。据此我们可以大致归并出《九经直音》的 23 个声母（已归并者不再显示）：

帮、滂、明、非、微、端、透、泥、知、彻、娘、见、溪、疑、精、清、心、审、晓、影、喻、来、日。

竺家宁（1994g）还指出，《九经直音》不仅已见喻$_三$、喻$_四$相混，还见到喻母与影母相混，影母与疑母相混、疑母与喻母相混。

竺家宁（1980：2）认为《九经直音》的作用在于"使当时学者依当时认为正确而通行之音读书"。他还析出了《九经直音》入声而外的韵母系统，共 21 类 40 个韵母：东冬钟 uŋ、iuŋ，江唐阳 aŋ、iaŋ、uaŋ，支脂之微齐祭废 i、əi、uəi，鱼虞 iu，模 u，皆佳夬 æi、uæi，灰咍泰 ai、uai，真谆臻文欣 iən、iuən，元仙先 iæn、iuæn，魂痕 ən、uən，寒桓删山 an、uan，萧宵 iæu，肴

æu，豪 au，歌戈麻 ɑ、uɑ、iɑ、iuɑ，庚耕清青蒸登 əŋ、uəŋ、iəŋ、iuəŋ，尤侯幽 əu、iəu，侵 iəm，覃谈 ɑm，盐添严凡 iæm、iuæm，咸衔 æm。其特点是同摄同等重韵合并，一二等韵混用，三四等韵合并，重纽相混，还有鼻音韵尾字相互注音等。

至于《九经直音》的入声与声调特点，竺家宁（1994h）将其归纳为入声韵尾全都弱化为-ʔ尾，少数连-ʔ尾也已不复存在；全浊上逾半已归去。

李无未有多篇研究《示儿编》的论文发表。李文从《示儿编》声讹里剔抉出不少"俗读"，从中观察到全浊清化（李无未，1996a），疑母转化为零声母，昌彻不分，入声塞尾消失（李无未，1996b），全浊上变去（李无未，1996c），平分阴阳（李无未，1998a）等，有的演变较《九经直音》所见更为激进。不过，在平分阴阳的研究中，李文也采用了《九经直音》的材料。"平分阴阳"意味着已经是5个调类：阴平、阳平、上声、去声、入声。

朱熹，徽州婺源人，晚年寓居建阳（今属福建）。朱熹反切见于其所著的《诗集传》《楚辞集注》《四书集注》等。从发掘宋代共同语语音的角度研究朱熹反切的主要有两家。一为许世瑛。他举出的例证显示，全浊上声近半数已读去声（许世瑛，1970a）；他还认为，朱熹口中已有舌尖前高元音（许世瑛，1970b），阴声韵部与阳声韵部已经分别多有合并（许世瑛，1972，1974）。一为王力。王力（1982a）系统考察朱熹反切音系，分出舒声22部，即东钟、支齐、资思、鱼模、皆来、灰堆、真群、闻魂、寒山、元仙、萧爻、豪包、歌戈、麻蛇、江阳、庚生、京青、蒸登、尤侯、侵寻、覃咸、盐严，入声10部，即屋烛、质职、物没、曷黠、月薛、药觉、麦德、缉立、合洽、叶业。此外，论文还判断：朱熹反切音系中的全浊声母已经完全消失，知照两组声母混用，舌叶音消失，庄组字部分归照、部分归精，影、喻二母合并，娘母并入泥母（以上声母），资思韵确立，江宕二摄合并，元韵分化，入声保留-p、-t、-k三个韵尾（以上韵母），平声不分阴阳（以上声调）等。王力（1985）还将朱熹反切音系作为宋代音系的唯一代表，并为其声母、韵母拟订出音值。此外，赖江基（1986）又从朱熹反切中观察到部分前后鼻尾有混。可以认为，朱熹反切音系也在一定程度上印证了《九经直音》与《示儿编》反切所见的语音特点，只是有些更激进，有些更保守，但都带着通行于当时南方地区的汉语通语语音的一些特征。

据李行杰（1983），吴棫的《韵补》所见时音声类全浊清化（清浊互切的比例已占 5%—10%）、知章二组合并、章组与庄组关系密切但仍有区别、疑母开始失落、轻重唇分化、非敷合并、喻₃喻₄合并、船禅不分等，也略与王力所见朱熹反切声类近似。

综上所述，孙奕音注与朱熹反切等所见语音，既与传统韵书已有相当距离，又带有鲜明的地域色彩，而且大都可以相互印证。以此，或可将其视为此一时期通行于南方地区的汉语共同语读书音。从接近实际语音看，它是趋时的；从发展变化看，它是革新的。

（三）对《集韵》反切及天息灾译著的研究

《集韵》是一部官修韵书，由北宋丁度、李淑等人奉敕编撰。从《集韵》每卷的韵目安排看，其一、二等韵不混，三、四等韵不混，全浊声母保存，总体上仍旧沿袭着《切韵》《广韵》等反映前代语音系统的韵书之旧。但其反切已经经过革新，包含了不少反映语音有了发展、变化的信息。致力于从《集韵》反切中发掘近代音新质的先后有白涤洲（1931b）、邱棨鐊（1974）、麦耘（1995b）、邵荣芬（1997）、张渭毅（1998，1999a，1999b）等。白涤洲（1931b）即观察到《集韵》同《广韵》声类有出入，主要表现为已有非敷奉微四母，船禅合并，泥娘合并。但杨雪丽（1996：44）以为，"当时的轻唇音在发音方法上已经和重唇音有所不同，但尚未形成独立的音类"；麦耘（1995b）观察到庄章两组声母及 -ri-、-i- 两类介音在实际语音中相混，纯四等韵在北宋时期已产生了前腭介音，二等介音也正向前移；邵荣芬（1997）进而认为二等开口喉牙音及四等喉牙音都变成了细音，有着同三等韵一样的 i-介音。张渭毅（1999a）则在《集韵》反切上字的研究中进而指出，虽然二等开口喉牙音及四等喉牙音都变成了细音，但仍与三等韵不同，介音是 j-而不是 i-。

张渭毅（1999b）以为，《集韵》容纳了包括时音在内的"来自多个不同音系的音类成分"，但"《广韵》音系是《集韵》音系的基本框架"。以此，以《集韵》反切音系为代表的语音，或可视为当时汉语共同语读书音中的泥古类型。

天息灾，印度僧人，980 年携梵本至汴京。译著属于梵-汉对音。张福平（1996）对此作了详细的研究，以为从中可见宋初语音系统。所得声母除多出一套硬鼻音声母，匣母并入晓母、未见邪母外，与《集韵》大体相同（也已经出现非组声母)。三、四等韵都带有-i-介音。只是三种入声韵尾有不同程度弱化(但仍有分别),少数鼻尾韵弱化成鼻化元音或韵尾完全脱落,与《集韵》小有不同。

(四) 对《四声等子》《切韵指掌图》的研究

《四声等子》原附于《龙龛手鉴》之后,撰人不详。对于《四声等子》语音的研究,先后有顾实(1923)、王力(1936,1956)、董同龢(1954,2001)、赵荫棠(1957)、李新魁(1983a)、宁继福(1987)、唐作藩(1989)、陈晨(1991)、竺家宁(1994b)等。

声母方面的研究。唐作藩(1989:301)以为,"整个看来,《四声等子》的声母系统仍是36字母,保存着全部浊声母、没有反映出什么突出的变化"。唐作藩(1989:300-301)注意到图中影母排列位置的变化(《韵镜》影晓匣喻→《四声等子》晓匣影喻),判断其"不仅表明喻₃喻₄已经合流,而且喻母和影母也已经很接近了"。竺家宁(1994b)构拟其36声母音值如下:

帮 p, 滂 pʰ, 並 bʰ, 明 m; 非 pf, 敷 pfʰ, 奉 bvʰ, 微 ɱ; 端 t, 透 tʰ, 定 dʰ, 泥 n; 知 ʈ, 彻 ʈʰ, 澄 ɖʰ, 娘 nj, 来 l; 精 ts, 清 tsʰ, 从 dzʰ, 心 s, 邪 z; 照 tʃ, 穿 tʃʰ, 床 dʒʰ, 审 ʃ, 禅 ʒ, 日 nʑ; 见 k, 溪 kʰ, 群 gʰ, 疑 ŋ; 影 ʔ, 晓 x, 匣 ɣ, 喻 ∅。

竺家宁(1994b)还举出例子,说明《四声等子》已经显现出浊音清化的痕迹。

韵母方面的研究,以唐作藩(1989)的研究成果为例,列举如下:

通摄:东冬 uŋ、屋沃 uk,东钟 juŋ、屋烛 iuʔ。
宕摄开:唐 ɑŋ、铎 ɑʔ,江 aŋ、觉 aʔ,阳 iɑŋ、药 iɑʔ;
宕摄合:唐 uɑŋ、铎 uɑʔ,江 uaŋ、觉 uaʔ,阳 iuɑŋ、药 iuɑʔ。
山摄开:寒 an、曷 ɑʔ,山删 an、黠鎋 aʔ,仙元先 iɛn、薛月屑 iɛʔ;
山摄合:桓 uan、末 uɑʔ,山删 uan、黠鎋 uaʔ,仙元先 juɛn、薛月屑 juɛʔ。
臻摄开:痕 ən、没 əʔ,真殷臻 iən、质迄栉 iʔ;
臻摄合:魂 uən、没 uəʔ,文谆 iuən、物术 iuaʔ。
曾梗开:登 əŋ、德 əʔ,庚耕 eŋ、麦陌 eʔ,蒸庚清青 ieŋ、职陌昔锡 iʔ;
曾梗合:登 uəŋ、德 uəʔ,庚耕 ueŋ、麦陌 ueʔ,清庚蒸青 iueŋ、昔陌职锡 iueʔ。

咸摄：覃谈 ɑm、合盍 ɑʔ，咸衔 am、洽狎 ap，凡盐严添 iɛm、乏业叶帖 iɛp。

深摄：侵 ɿəm、缉 iəp。

遇摄：模 u，虞鱼 iu。

流摄：侯 əu，尤幽 iəu。

效摄：豪 ɑu，肴 au，宵萧 iau。

果假开：歌 ɑ，麻 a，麻戈 iɛ；

果假合：戈 uɑ，麻 ua，戈 iuɛ。

蟹摄开：咍泰 ɑi，皆佳夬 ai，齐 iɛi；

蟹摄合：灰 uɑi，皆佳 uai，齐祭废 iuɛi。

止摄开：脂支之微 i；

止摄合：脂支微 uei。

王力（1936，1956）已指出其宕摄附江、曾摄附梗所显示的语音变化。董同龢（1954，2001）注意到它的入声韵尾-k、-t 已经相混。竺家宁（1994b）进而指出，《四声等子》入声除保留-p 尾外已全收-ʔ 尾，三四等韵相混，但二等韵尚保持独立，支思韵和车遮韵均尚未形成。宁继福（1987）也认为《四声等子》保存二等韵和入声韵，至少-k 尾已变-ʔ 尾，不过入声似仍三分。竺家宁（1994a）则明确提出，《四声等子》中的-p 尾，实际上也已变为-ʔ 尾。唐作藩（1989）还推论归在效摄的入声可能已经演变为复合韵母，通摄唇音字可能已经产生开口呼读音。

声调仍为 4 个：平，上，去，入。

《切韵指掌图》旧传为北宋司马光著，现代学者多考订其为南宋时人伪托，成书至迟在 1203 年。研究论著众多，先后有赵荫棠（1934）、张世禄（1936a，1984）、董同龢（1948，1954）、赵荫棠（1957）、汪寿明（1982）、李新魁（1983a）、许绍早（1994）、李思敬（1994b）、冯蒸（2000）等。

赵荫棠（1934）在考订其撰述年代时，也已述及其有表示当时语言的趋势。张世禄（1936a，1984）特指出支之等韵的齿头音，由原来的四等变为一等。董同龢（1948，1954）更明确提出它的知照两系声母混乱，灰祭废齐泰（合口）与之脂支微同列，元韵脱离痕魂系统而入寒桓系统，三、四等韵混乱，

ɿ元音产生……（董同龢，1948），但入声仍旧三分（董同龢，1954，2001）。赵荫棠（1957：94）也说道："兹、雌、慈、思、词数字……《指掌图》把它们列在一等，这显然是在舌尖前声母之[ts]、[tsʻ]……后边的元音，腭化而为[ɿ]的征象。"汪寿明（1982）则以为其入声韵三种收尾开始相混。李新魁（1983a：185-186）进而指出其"三四等韵的界限已经逐渐消失"，"桓韵不读为[ɔn]或[on]，而读为[uan]的音"，"歌韵字仍读为[ɑ]的音值"，灰韵字"大概是念为[ui]"，"德韵字的收音已变为喉塞音[-ʔ]"。许绍早（1994）又以为，图中重纽之别已不复存在，二等韵字基本不与一、三等字混杂，戈三、麻合流，曾、山、臻摄入声已经变为-ʔ尾，但不认为已有ɿ元音产生；入声韵与阴声韵关系转密；船、禅合流，崇、俟合流，庄、章组渐趋合流，知三组部分字（主要是澄母字）也向章组音变动。

除去一些认识尚有分歧的成分和因为时地不同而产生的差异外，从对《切韵指掌图》的研究中仍旧可以看到，《切韵指掌图》的音系同《四声等子》基本一致。

李新魁（1983a：185，186）认为，《四声等子》与《切韵指掌图》"从实际内容来考察，两者是相当接近的"，《切韵指掌图》"对字音的处置比较切近当时的实际语音"。赵荫棠（1957：92）更径称"南北混合之切韵指掌图"。以此，或可将《四声等子》与《切韵指掌图》所见语音，视为当时通行全国的汉语共同语读书音，虽然也具有趋时的特点，但仍旧显得保守。

（五）对宋代诗词用韵的研究

就词而言，宋人本无词韵。朱晓农（1989a）运用数理统计方法，定北宋中原韵辙为通、宕、梗、山、臻、咸、深、假、果、效、流、遇、蟹、止、屋、铎、百等17辙。鲁国尧（1991b）又对两万首宋词作了穷尽式研究，总结出宋词韵18部：歌戈、家车、皆来、支微、鱼模、尤侯、萧豪、监廉、寒先、侵寻、真文、庚青、江阳、东钟、铎觉、屋烛、德质、月帖。鉴于朱氏本来就将百辙分为两个小辙，可以说两家所见完全一致。哈平安（1987）、鲁国尧（1991b）还先后指出宋代词韵有发展变化。如哈氏便说，从五代到宋初王诜、苏轼以前为第一阶段，韵尾-p、-t、-k并存，入声分为七部；王诜、苏轼开始到宋末为第二阶段，此时除少数人外，韵尾-p、-t、-k对立取消，入声分为四部。鲁国尧（1994a：153）也指出："两宋长达三百余年，其词韵必有时代差异，如早期的欧阳修，王安石入声皆为七部：铎觉、屋烛、德昔、合叶、缉立、曷月、没迄，同于五代词人，而中后期则不然。"

陈振寰（1986）还对从宋词用韵研究中见到的语音变化作了三点归纳：①从很多迹象看到宋代入声字的塞音尾已趋于合流；②阳声韵虽然始终保留着三类鼻韵尾，但内部之间趋向简化合并；③阴声韵也有较大变化。

一些论著致力于探讨宋代诗韵或在探讨词韵时兼顾诗韵，也有创获。一个主要成果是：观察到古体诗韵的分部大都同词韵一致，接近宋代的共同语口语音，而近体诗韵并不都是谨依礼部韵，也有实际语音反映，总体上比较接近宋代的读书音，尤其是趋时读书音，并不都受传统韵书（包括体现当时官方押韵标准的《礼部韵略》）束缚。如周祖谟（1943）所见宋代汴洛文士用韵即与邵书一致。唐作藩（1990：112）研究苏轼诗韵，分古体诗韵为 22 部："歌（戈）、麻（佳半）、鱼（虞模）、咍（灰皆佳半泰夬）、齐（祭废）—支（脂之微）、豪……宵（肴萧）、尤（侯幽）、侵、覃（谈）……添（衔咸盐严凡）、寒（桓删山元仙先）、真（谆文欣痕魂）、阳（唐江）、蒸（登）……庚（耕清青）、东（冬钟）、屋（沃烛）、铎（药觉）、曷（末黠辖月薛屑合盍洽狎业叶乏帖）、职（德陌麦昔锡质术栉物迄没缉）。"其中，"—"表示有合为一部的趋势，"……"表示两部藕断丝连或材料不足难以划分。这与宋词用韵非常接近，如果将其中齐与支、豪与宵、覃与添、蒸与庚分别加以归并，就只有十八部了，与鲁国尧归纳的苏轼等宋代四川词人用韵十七部相差无几。唐作藩（1990）又分苏轼近体诗韵为 26 部（限于平声），计有：歌（戈）、麻、鱼（虞模）、咍（灰皆佳）、齐、支（脂之）、微、豪、宵（肴萧）、尤（侯幽）、侵、覃（谈）、咸（衔凡）、添（盐严）、寒（桓）、删（山）、先（仙）、真（谆臻）、文（欣）、元（痕魂）、阳（唐）、江、蒸（登）、庚（耕清）、青、东（冬钟）。近体诗《广韵》元韵字与痕魂韵字相叶，古体诗则已与寒先等韵字相叶；近体诗蟹摄字与止摄字界限分明，古体诗则有合一之势；近体诗江独立于阳唐，古体诗则合为一部；近体诗咸、山摄一等韵、二等韵、三四等韵不相通，古体诗则大都相混。王韫佳（1992）研究王禹偁、杨亿诗韵，也观察到曾、梗二摄已开始合并，可与《四声等子》的曾摄附梗相印证。凡此皆无不显示，近体诗韵更接近《四声等子》等资料所显示的音系，古体诗韵及词韵则与《皇极经世·天声地音》等所见音系更加接近。

程朝晖（1986）研究欧阳修诗词用韵，发现其古体诗与词的押韵与邵雍等汴洛文士用韵基本相同。欧阳修近体诗韵有两大特点：多"借韵"，时"出韵"。程朝晖认为这以实际语音为依据，而且他归纳、系联了近体诗中的同用、独用韵及所谓的借韵、出韵，得出的韵部结果与古体诗、词的韵部完全相同。王恩保（1997）归纳宋初吴淑《事类赋》用韵，得到的18个韵类，结论恰与鲁国尧（1991b）所见宋词韵18部相吻合。耿志坚（1992）还依据唐、宋近体诗用韵提出假设，止摄字各韵在南宋时期在多数诗人的语音里有可能已经不分。

除上述五类材料外，还值得单独一提的是《增修互注礼部韵略》。此书为南宋毛晃、毛居正撰，初刊于1223年。赵荫棠早在《中原音韵研究》中，就已经揭示出毛氏父子已经观察到当时的中原雅音已经从麻韵中分出车遮韵。宁继福（1996）更对《增修互注礼部韵略》反切音系作了深入细致的研究。所得结论主要有：中古唇牙喉音三四等对立小韵合并，重纽基本消失；非敷二母合并；知与照、彻与穿合并；床禅、床禅日合并；从与邪、微与奉、匣与喻、照₂与照₃合并。宁继福（1996）还特别指出，日与床禅混同，微与奉有混同，邪与从有混同，与毛氏父子的口耳有关。

（六）两宋时期辽金区域汉语共同语语音研究

1. 辽代汉语语共同语语音的研究

受限于资料，20世纪对此的研究相对薄弱。仅知早期有魏建功（2001b），研究辽陵石刻帝后哀册用韵，已经观察到入派三声迹象。20世纪末有丁治民（1999），研究《全辽文》中用韵，得辽文用韵19部：歌戈、家麻、皆来、支微、鱼模、尤侯、萧豪、谈盐、寒先、侵寻、真文、庚青、阳唐、东钟，药铎、屋烛、质没、德昔、月业。丁治民（1999：67）以为，这"与同时期北宋词、诗韵18部大体一致，符合当时的汉语通语韵系"。聂鸿音（1999）进而观察到：辽代汉语诗文用韵部分中古双元音有单元音化的趋势（-ei→-i，-au→-u，-əu→-u）；中古的-p、-t、-k三个塞音韵尾已经失落，入声字读同阴声字；中古的-m、-n、-ŋ三个鼻音韵尾在辽代经过重新组合，咸摄和山摄同读-an 和-en，深臻曾梗通五摄同读为-əŋ。

2. 金代汉语共同语语音的研究

20 世纪的研究首先集中在对韩道昭的《五音集韵》所见语音新质的探讨上。

韩道昭，字伯晖，真定松水（今河北正定）人，生卒年未详。从事《五音集韵》音系研究的先后有王力（1936，1956）、张世禄（1936a，1984）、应裕康（1965）、赵诚（1979）、崇冈（1982）、宁继福（1987）、宁忌浮（1992，1994）、麦耘（1994a）、蒋冀骋（1997a）等。可以拿宁忌浮（1992，1994）和宁继福（1987）的研究作为代表。一则宁忌浮（1992）对《五音集韵》作了仔细的校订，再则宁忌浮（1992）、宁继福（1987）又对此书所蕴含的音系作了深入的探讨。宁忌浮的研究表明，《五音集韵》一书包含着两个音系。第一音系即是此书的框架音系，声母仍与宋人 36 字母无异，但《广韵》中的重韵多数已被合并，四等韵已开始并入三等。特别值得注意的是：戈韵三等并入麻韵，始于韩道昭；元韵既不归臻摄，也不归山摄，表现出过渡性；纯四等韵开始并入三等。第二音系为"韩氏口耳的自然流露"（宁忌浮，1992：前言 11），特点有：全浊声母清化，塞音、塞擦音清化后平声送气，仄声半数也读送气；照组与精组相混；非敷、彻穿、影喻、疑喻分别有混；三四等韵合流；脂微混同，齐祭废字读入止摄；鱼虞、文谆、真欣、东钟、清青、盐凡分别有混；从麻韵中分出车遮韵；入声韵字有消变为阴声字迹象等。

准确地说，韵书中的戈韵三等并入麻韵，始于韩道昭，因为，倘是韵图，《切韵指掌图》亦已见戈三与麻合流（见许绍早，1994）。

其次是对金诸宫调语音的研究。

从事该研究的先后有周大璞（1963）、廖珣英（1964）、黎新第（1992b，1993a，1993b）、徐健（1997）等。周大璞（1963：90）认为《董西厢》入声已经消失，车遮、支思两个韵部已经独立，而《中原音韵》的侵寻、监咸、廉纤三韵，"在《董西厢》所代表的北方方言里是否独立存在，是一个值得研究的问题"。廖珣英（1964）观察到，在《刘知远诸宫调》残卷和《董西厢》中，庚青和真文通押非常普遍，寒山、桓欢、先天混用不少，-m 尾韵只能分为侵寻和监咸、廉纤两部，支思、齐微分用，《中原音韵》入尤侯或鱼模、尤侯兼收的入声字一律押鱼模,《广韵》觉药铎韵清入字,《中原音韵》只在萧豪,金诸宫调萧豪、歌戈两韵兼收;古全浊入声字押阳平,次浊入声字押去声的,各只约三分之二,古清入字押上声为数只约一半,等等。黎新第(1992b)注意到《董西厢》曲句"着""咱"二字已有轻声读法,黎新第(1993b)则尝试证明元杂剧入声派入舒声平仄二声的情形已经同《中原音韵》和元杂剧所见基本一致。徐健(1997)归纳了《刘知远诸宫调》残卷与《中原音韵》不同之处有:《刘知远诸宫调》残卷的支脂之微齐祭通为一韵、萧宵肴豪通为一韵,寒山、桓欢、先天不分。此与廖珣英(1964)所见不尽相同。徐健还表示赞同-n与-ng押、-m与-n押以及"入派三声"只是当时用韵习惯的意见。

另有喻世长(1991:193)论及《董西厢》尚有支思、齐微混押的韵例,可能表明"从齐微中分出支思,在金代尚未完成"。

麦耘(1994a:211)认为,《五音集韵》"一部分来自实际语音、多一半沿袭故纸堆"。廖珣英(1964:27)认为,"诸宫调和北曲同是用当时北方通行的语言来演唱的","更接近民歌俗曲"。以此,或可将《五音集韵》第一音系所见视为当时汉语共同语读书音中的泥古类型,而金诸宫调与《五音集韵》第二音系所见,则应为通行于当时北方地区的汉语共同语口语音。下述元好问诗词曲用韵研究所见,也大都同后者相接近。

元好问,太原秀容(今山西忻州)人,金代著名文学家。研究其诗词曲用韵的代表性论文是鲁国尧的《元遗山诗词曲韵考》。论文揭示了元氏诗词用韵的主要特点。古体诗和词的特点是:支思与机微同部,元韵已归寒先部,侵寻、真文、庚青界限清楚,寒先、监廉、萧豪三部有一二等与三四等分韵的倾向,《广韵》灰韵系字及泰韵合口字与咍佳皆同叶(与宋词韵和《中原音韵》多入齐微不同),-p、-t、-k三尾已有混。近体诗的特点是:支思与机微分部,元韵独立,《广韵》效、山、咸三摄一二等韵与三四等韵无瓜葛可言。论文还指出:元氏诗词用韵中的家麻、车遮同部和入声韵单押其实是"受着习惯押韵法的支配"(鲁国尧,1994b:191);金元时代"m尾、n尾、ng尾的混押是词、诸宫调甚或元曲的用韵习惯"(鲁国尧,1994b:194)。另有金周生(1991b)依据元好问诗词用韵,推断当时舌尖元音已与照系字相配。

二、元代汉语共同语语音的共时研究

20 世纪学者对元代共同语语音的研究，主要致力于对以下四类材料的探讨。

（一）对周德清的《中原音韵》、卓从之的《中州乐府音韵类编》的研究

在整个 20 世纪的近代汉语共同语语音研究中，《中原音韵》音系研究开始最早，也最受重视。单是研究的专著就有《〈中原音韵〉新论》及石山福治（1925）、赵荫棠（1936，1956）、服部四郎和藤堂明保（1958）、司徒修（Stimson，1966）、薛凤生（1975，1990）、陈新雄（1976）、杨耐思（1981a）、李新魁（1983b）、宁继福（1985）等的十余部著作，专论则有罗常培（1932）、陆志韦（1946a）、赵遐秋和曾庆瑞（2007）、李新魁（1963，1991a）、廖珣英（1963，1983）、忌浮（1964，1980，1988）、平山久雄（1988）、刘俊一（1980a，1980b）、丁邦新（1981）、蒋希文（1983）、金周生（1982）、陆致极（1988）、刘静（1989，1999a，1999b）、杨耐思（1990）、黎新第（1990，1991a，1992a）、薛凤生（1992）、董绍克（1994）、姚荣松（1994a，1994b）、佐佐木猛（1994）、麦耘（1995a）、鲁国尧（1996）、李无未（2000）等的百余篇论文。在通论或综论性著作中论及《中原音韵》音系的亦有数十部。其语音特点仅以杨耐思（1981a）所见为例：全浊清化，微母保存，疑母正在消失；寒山、桓欢不同韵，尚有独立二等韵，支思、齐微不同韵，鱼模同韵，一些字两韵并收，除唇音字外保留-m尾韵，平分阴阳，全浊上变去，入派三声但尚有独立入声。杨耐思还主张此书音系反映的是"通行于当时的中原广大地区"的"共同语音"（杨耐思，1981a：75）。

杨耐思的上述结论大都能与其他学者的研究成果相印证。如关于《中原音韵》的语音特点，陆志韦（1946a）、李新魁（1983b）亦主张《中原音韵》见组声母尚未腭化，y 韵母和 y 介音均尚未产生，尚有独立入声。平山久雄（1988）也说，《中原音韵》的"中原"，可以广义地理解为与中国南方相对的中国北方中心区域。但也有一些不同见解。如赵荫棠（1936，1956）就认为《中原音韵》的见组声母已腭化出舌面前音声母，y 韵母和 y 介音均已产生；

前一见解又得到宁忌浮（1997）的间接支持，后一见解也得到王力（1985）的部分支持（王力认为尚无 y 韵母，但已有 y 介音）。王力（1963）、宁继福（1985）等还力主《中原音韵》已无独立入声。廖珣英（1963）、忌浮（1988）等以为《中原音韵》清入声字大都不派入上声，黎新第（1990，1991a，1992a）则多方证明《中原音韵》清入声派上声符合元杂剧语言实际。又如关于《中原音韵》的语音基础，王力（1981）、宁继福（1985）、忌浮（1991）等主张是大都音，李新魁（1983b）、刘冬冰（1996）等主张是河南音，陆志韦主张可能在河北中南部地区[请参本章第四节四（二）4 中引用]，刘淑学（2000a）又将陆说中的河北中南部落实到河北顺平一带地区[详见本章第四节四（二）4]。

综上及前第四节所述，《中原音韵》音系所代表的语音，至少其绝大多数部分，无疑应当视为当时通行全国的汉语共同语口语音或超方言的口语标准音。

《中州乐府音韵类编》，旧署燕山卓从之述；书成于 1351 年，又名《中州音韵》《北腔韵类》等。经赵荫棠（1936，1956）、陆志韦（1946a）、宁继福（1985）、李新魁（1991b）等研究确认，《中州乐府音韵类编》音系与《中原音韵》并无重大差异，但四位学者对其平声何以分为阴、阳、阴阳三类尚有不同认识。

（二）对《古今韵会举要》、《蒙古字韵》、八思巴-汉对音等的研究

《古今韵会举要》，元人熊忠据黄公绍的《古今韵会》删节、增添而成。黄书成于 1292 年，熊书成于 1297 年，黄、熊都是当时昭武（今福建邵武）人。此书表面上沿袭传统韵书分韵定音的架构，但在声类、韵类乃至整个音系的实际安排上，却与传统韵书迥然不同，遵从的是当时的"雅音"，具体表现在书中的各个"字母韵"中。

下面先列举竺家宁（1986：155，156-174）所见，作为《古今韵会举要》(字母韵)音系的代表。

声母 36 个：

见 k	溪 k^h	群 g^h	疑 ŋ	鱼 ∅u-
端 t	透 t^h	定 d^h	泥 n	
帮 p	滂 p^h	並 b^h	明 m	
非 pf	敷 pf^h	奉 bv^h	微 ɱ	

精 ts　　清 tsʰ　　从 dzʰ　　心 s　　邪 z
知 tɕ　　彻 tɕʰ　　澄 dʑʰ　　娘 ɲ　　审 ɕ　　禅 ʑ
影 ʔ　　晓 x　　　幺 ∅　　　匣 ɣi-　喻 ∅　　合 ɣ-
来 l　　日 ɽ（舌尖后闪音，依王力所拟）

字母韵 95 个[①]：

阳声字母韵（37 个）：干 an，间 ian，鞬坚贤 ien，官 on，关 uan，涓 yen，卷 yan，根 ən，巾 iən，欣 in，分 uən，钩 yən，云 yn；公 uŋ，弓 iuŋ，冈 aŋ，江 iaŋ，光黄 uaŋ，庄 oŋ，揘 əŋ，京行 iŋ，经 ioŋ，雄兄 yəŋ；金歆 iəm，簪 əm，甘 am，缄 iam，箝 iem，兼嫌钦 im。

入声字母韵（29 个）：谷 uʔ，菊 iuʔ，各 auʔ，觉 ouʔ（oʔ），脚爵 yoʔ，郭 uoʔ，矍 yaʔ，克黑 eiʔ（eʔ），讫 iʔ，吉 iəʔ，栉 ɤʔ（əʔ），国㳚 ueʔ，橘聿 yʔ，额格 aiʔ，虢 uaiʔ，怛葛 aʔ，戛 iaʔ，讦结 ieʔ，括刮 uaʔ，厥抉 yeʔ。

阴声字母韵（29 个）：牙 a，嘉迦 ia，瓜 ua，嗟 ie，瘸 ye，歌 o，戈 uo，赀 ï，鸡 i，规惟 ui，羁 ei，姚麽 uei，该 ai，佳 iai，乖 uai，孤 u，居 iu，钩裒浮 ou，鸠 iou，胶 iəu，高 au，骄交 iau，骁 ieu。

对《古今韵会举要》（字母韵）的研究，先后有王力（1936，1956）、张世禄（1936a，1984）、董同龢（1954，2001）、应裕康（1963）、姜聿华（1984）、花登正宏（1986，1997）、竺家宁（1986）、杨耐思（1986，1988，1989）、李添富（1990，1991，1992）、王硕荃（1991，1997）、宁忌浮（1997）等。董同龢（1954，2001）已明确其不同于《切韵》音系的特点，主要有：唇音声母分化为重唇与轻唇；中古知庄章三系完全不分；疑母与云母合为"疑、鱼"系统，同时一部分疑母字又与以母字混为"喻"，但这是纸上材料仅有的现象；喉音声母或因韵母的不同而分为两类（如"影"与"幺"、"合"与"匣"）。二等韵开口字，属于帮知庄系的，都变入同摄一等韵，只有见系字仍然保持独立；三等韵的非系字与庄系字都变入同摄一等韵，如果没有一等韵，则独立成韵（除微韵字）；四等韵多与三等韵不分。通摄"雄"等变入曾梗两摄合口，曾梗两摄合口又大部分字变入通摄。止摄精庄系字独立成韵；蟹摄开口三四等字及合口一三四等字并入止摄；果摄三等字并入假摄；曾梗两摄不分。

[①] 凡两个以上字母共一拟音者，皆各有出现条件，此从略。

入声韵尾有全混的倾向。竺家宁（1986）、李添富（1991）又进一步探明，《古今韵会举要》（及《蒙古字韵》）声母中特有的疑与鱼喻、幺与影不仅分别有韵母的不同，还分别有声母的差异。蒋绍愚（1994：103）还指出，"《古今韵会举要》中的浊声母，可能是存古，也可能是它的基础方言的反映"；花登正宏（1986）、宁忌浮（1997）等研究附载于《古今韵会举要》卷首的《礼部韵略七音三十六字母通考》，所见语音特点也同《古今韵会举要》基本一致。值得注意的是，宁忌浮（1997）还发现《古今韵会举要》已经从舌根声母中分化出舌面前声母，全浊清化也在《礼部韵略七音三十六字母通考》中有所反映。

《蒙古字韵》，撰人不详，书成于13世纪末期，是汉字与八思巴字的对音字典。元代的校刊者为朱宗文，信安（今河北霸州）人，生卒年不详，校刊时间为1308年。对《蒙古字韵》音系的研究，先后有郑再发（1965）、花登正宏（1979）、李新魁（1986）、杨耐思（1989，1997）、麦耘（1995c）、宁忌浮（1997）、蒋冀骋（1997a）、郑张尚芳（1998）等。郑再发（1965：33）已称《古今韵会举要》的音系袭用《蒙古韵略》。而《蒙古韵略》据认为是《蒙古字韵》所本。杨耐思（1989）在比较《古今韵会举要》和《蒙古字韵》后认为，二者的声类和韵类基本相同（但后者已非敷不分），记录同一个语音基础。其《八思巴字汉语声类考》又进一步阐明了《蒙古字韵》等韵书保存全浊声母的性质：一个不同于《中原音韵》的"官话"标准音。杨耐思还认为根据互补原则，匣合、影幺、鱼喻六母还可以分别合并。李新魁（1986：53-54）也说："在反映实际语音这一点上，《蒙古字韵》具有十分重要的价值……《蒙古字韵》的分韵列字，与《中原音韵》可说是大同小异……从大的方面看，两者是相当一致的。"此外，花登正宏（1979）认为腭化的只限于见系二等。郑张尚芳（1998）论证了《蒙古字韵》中的全浊声母已是清音浊流，不过，李新魁（1986：54）则认为其"表面上看来保存全浊音，但事实上全浊音是否存在，相当可疑"。

吉田久美子（1999）单独观察了《古今韵会举要》和《蒙古字韵》疑母的表现，指出二者的 ŋ-声母大部分保留，少数混入喻母。

杨耐思（1996：107）说："元代汉语存在着两个标准音。一个是书面语的标准音，如《蒙古字韵》所记录的；一个是口语的标准音，如《中原音韵》所记录的。这两个标准音都具有超方言的性质，在当时并行不悖。"以此，此类材料所见语音，或可视为当时通行全国的汉语共同语读书音或书面语标准音，也具有趋时与革新的特点。

八思巴字为元世祖忽必烈命国师、藏族学者八思巴创制的一种拼音文字，现在尚有多种八思巴字和汉字对音的文献、碑刻等留存。对于八思巴-汉对音所见当时汉语共同语语音，论著亦夥。伯希和、龙果夫等人于20世纪二三十年代已开其端，继后更有罗常培（1959）、杨耐思（1959，1963，1984a，1984b，1986，1989，1997）、郑张尚芳（1998）等。八思巴-汉对音中与《蒙古字韵》和《古今韵会举要》音系大体一致的一种，龙果夫称之为"古官话"。

（三）对刘鉴的《经史正音切韵指南》、胡三省的《资治通鉴音注》的研究

刘鉴，元代关中（今陕西中部）人，生卒年不详。研究《经史正音切韵指南》语音的学者先后有王力（1936，1956）、张世禄（1936a，1984）、董同龢（1954，2001）、赵荫棠（1957）、邵荣芬（1979）、李新魁（1983a）、沈建民（1989，1990）、宁忌浮（1991a，1991b）、宁继福（1995）、吕斌（1999）等。王力（1936，1956）、张世禄（1936a，1984）已分别述及《经史正音切韵指南》的分摄及其同《五音集韵》的密切关系。董同龢（1954，2001）已注意到《经史正音切韵指南》质术韵字配蟹摄的三四等，与配止摄同，从而推论蟹摄三四等的字可能已经与止摄不分，和现代许多方言一样。赵荫棠（1957）说它规模与《四声等子》大致相同，比《切韵指掌图》还保守，但书前的"交互歌"和书后的"声韵歌"有反映当时声韵的趋势，如：知照两组声母合并，泥娘不分，非敷不分，疑喻不分；江宕两摄略同，梗与曾两摄通，止摄与蟹摄均有 i 和 əi 两音等。但所有这些都没有在《经史正音切韵指南》的韵图中表现出来。

赵荫棠（1957：118）说《切韵指南》"他所以比《切韵指掌图》还要保守者，大概是因为他要'与韩氏《五音集韵》，互为体用'之故"。以此，此类材料所见语音，或可视为此一时期汉语共同语读书音中的泥古类型。下述《资治通鉴音注》研究所见，也大都可以与之印证。

胡三省，浙江人，虽生于南宋，但《资治通鉴音注》完成已在元时（1285年）。对于《资治通鉴音注》，江灏（1985）得声母36类，特点是知、庄、章

三组声母仍然分立，但轻唇、重唇已分，泥娘、船禅、从邪、喻₃喻₄分别合并；得韵母86类，较之《四声等子》和《经史正音切韵指南》，合并已经超出同摄同等各韵和三四等韵的限制：通、遇、果、流皆一摄即为一韵，江与宕、梗与曾分别合为一韵。但《资治通鉴音注》反切又反映出，有独立入声，全浊上尚未变去。由此可见其韵类已接近《古今韵会举要》等音系，声类则接近《经史正音切韵指南》音系，甚至比《经史正音切韵指南》更加保守。江灏认为《资治通鉴音注》音系杂糅了吴方言和北方方言某些带普遍性的语音特征，反映了从中古向近代的过渡，一些地方已经近似后来的《洪武正韵》。

（四）对元曲（杂剧、散曲）等韵文材料的研究

元曲又称北曲，自元、明以来，公认其语音规范即为《中原音韵》，说唱的即是"中原之音"。20世纪学者对元曲的语音研究，即主要是观察其实际表现是否与《中原音韵》完全一致，并致力于对有关古入声字分派和其他有关声调问题的探讨。先后有廖珣英（1963）、曹正义（1981）、姜聿华（1984）、忌浮（1988）、鲁国尧（1990，1991a，1991b）、刘青松（1990）、黎新第（1990，1991a，1992a，1992b）、杨载武（1991，1994）、王硕荃（1994）、邓兴锋（1994a、1995、1996、1997a）、金周生（1996）、倪彦（1997）、宋蘅（1998）、杜爱英（1999）等。研究又分两个方面。

一是元曲实际用韵研究。廖珣英（1963）观察到关汉卿杂剧各曲用韵皆与《中原音韵》基本相合，但有庚青字押真文现象，齐微、鱼模字有个别互押，《中原音韵》归鱼模、尤侯的入声字，在关曲里都只出现在鱼模韵。鲁国尧（1991a：142）研究白朴曲韵，也认为白的分韵与《中原音韵》大体符合，但又有若干通叶现象（东钟与庚青的通叶最为突出），并据此得出《中原音韵》"绝非'述而不作'"的结论。杨载武（1991）、马重奇（1998a）分别揭示了元代散曲与小令用韵亦与《中原音韵》基本相合，但个别韵字与其所归韵类略有出入。如有东钟韵字押入庚青（杨），桓欢与先天（杨）、寒山与先天（杨）、桓欢与寒山（杨、马）、真文与庚青（马）、先天与廉纤（马）、支思与齐微（马）、皆来与家麻（马）等，亦均有互押。邓兴锋则专就元大都杂剧用韵作过穷尽式研究。邓兴锋（1995）从大都剧韵看《中原音韵》两韵并收字，注意到庚青韵字叶入东钟韵的次数，远远大于东钟韵字叶入庚青韵的次数，据此认为

这一音变是庚青向东钟的单向转移。邓兴锋（1996）将大都杂剧韵部分作三类考察，认为阳声韵部之间的通押关系显示了东钟与庚青读音接近，庚青、真文、侵寻主元音相同，先天、廉纤主元音相同；阴声韵部的通押显示了支思与齐微关系密切，鱼模的细音字与齐微关系密切，鱼模与支思的韵基极其相似，甚而相同，从而预示了这三韵的发展趋势；古入声字的合韵显示了当时个别字的读音与《中原音韵》稍有不同，其余则与阴声韵字合韵所体现的两韵相近关系一致，从而从另一个角度论证了元代口语中，入声确已消失，入声韵字在读音上已与其相应的阴声韵字混同。邓兴锋（1997a）又以《中原音韵》为参照，专就元大都杂剧韵所反映的一些单字读音作了研究。这些单字读音可以分为四类：《中原音韵》归入甲韵，大都杂剧韵归入乙韵；前者比后者多收一读；前者比后者少收一读；后者有，前者未收。共百余字。此外，董绍克（1998）还从元曲曲句中观察到当时北方方言中已经有了儿化音。

二是对元曲中所见古入声字分派问题的研究。研究集中在古入声字分派有无实际语言作依据，或是否与《中原音韵》的分派一致。学者对全浊入声字与次浊入声字的分派都没有异议，对清入声字的分派则有不同认识。有关介绍已见本章第四节三，此从略。

除元曲外，学者对元人诗词用韵也开始有所研究。姜聿华（1984）、鲁国尧（1991b）、杨载武（1991）都揭示其相对于曲韵较为保守的特点。李爱平（1985）的研究则显示，金元山东词人用韵与《中原音韵》有一定距离，但如桓欢与寒山不分，可能也只是当时词韵与曲韵的差异。刘青松（1990，1996）研究王恽诗词的韵系，认为其可以归纳为17部，其所反映的实际语音面貌与《古今韵会举要》等韵书的归纳十分近似。杜爱英（1999）研究虞集的诗词曲用韵，发现其古体诗、词、赋等用韵可分为18部，和宋代词人所用基本相同，与《中原音韵》有别；近体诗则基本按传统的诗韵写作。

三、明代汉语共同语语音的共时研究

明代的汉语共同语语音，大致可以分为两个阶段：前期和中后期。

（一）对明代前期的汉语共同语语音的研究

20世纪学者主要致力于以下三类材料的探讨。

1. 对《洪武正韵》与朝鲜申叔舟等的《洪武正韵译训》的研究

《洪武正韵》，明代乐韶凤、宋濂、王僎等多人奉敕编撰，初编书成于1375年，书序自称以"中原雅音"为定。至1379年，又由汪广洋等奉敕重修。其音系研究先后有刘文锦（1931）、王力（1936，1956）、张世禄（1936a，1984）、董同龢（1954，2001）、应裕康（1962，1970，1972b）、赵诚（1979）、刘静（1984）、李新魁（1986）、黄典诚（1993）、叶宝奎（1994b）、忌浮（1998a、1998b，1999a，1999b）等。在忌浮以前，学者研究的《洪武正韵》皆为76韵的初编本。

刘文锦（1931）用反切系联的方法，已考订得其声母为31声类。这31声类是：古（见）、苦（溪）、渠（群）、五（疑）、呼（晓）、胡（匣）、乌（影）、以（喻，疑部分）、陟（知照）、酬（彻穿）、直（澄、床、禅部分）、所（审）、时（禅）、而（日）、子（精）、七（清）、昨（从）、苏（心）、徐（邪）、都（端）、佗（透）、徒（定）、奴（泥娘）、卢（来）、博（帮）、普（滂）、莫（明）、蒲（并）、方（非敷）、符（奉）、武（微）。

应裕康（1970）对刘氏的系联重加核定，并为31声类逐一拟出音值。这31声类的特点，用刘文锦自己的话来说便是："综此三十一声类以与等韵三十六字母相较，则知彻澄娘与照穿床泥不分，非与敷不分；禅母半转为床，疑母半转为喻；而正齿音二等亦与齿头音每相涉入，此其大齐也。"（刘文锦，1931：248）最引人注意的便是保存全浊声母。

可见其声类虽有与时俱进的成分，但仍显保守，韵类则既显保守，又有革新。全书平上去三声相承，各22部，另有入声10部与22部中的阳声10部呼应。董同龢（1954，2001）将《洪武正韵》初编本中平上去三声66韵与《中原音韵》19部的关系作了对应比较，相同之处主要有都已有车遮韵、保留-m尾韵、二等韵大多数尚保持独立；不同之处主要有支思范围扩大，齐微开口范围缩小、合口独立，鱼模、萧豪、寒山各自二分，寒山、桓欢的分判也小有出入；此外，尚有独立入声韵并且韵尾三分。黄典诚（1993）则以为其入声应已改收喉塞韵尾。叶宝奎（1994b）又指出其出现腭化的只有开口二等江韵（尚不完全）和耕韵影母字，庄组三等韵由细变洪还不普遍，平声尚未分化，全浊上尚未变去等。忌浮（1998a，1998b，1999a，1999b）发现了《洪武正韵》重修本（80韵），两相比较，重修本与初编本已经有所不同。80

韵本从76韵本的支、纸、置三韵中分出微、尾、未三韵，从质韵中分出术韵，还改换了两个韵部的名称（荠→济，旱→罕），分别意味着支思韵独立，入声并不同阳声韵相配（倒似乎与阴声韵相配），全浊上变去。这些都较初编本向当时的中原雅音靠近了一大步。

刘静（1984：113）认为，在14世纪，汉语"共同语的读书音系统，以《洪武正韵》为代表"。叶宝奎（1994b：91，92）也说，《洪武正韵》是"明初官话音的代表"，而"官话音的基础是读书音"。以此，或可将以《洪武正韵》所见语音，视为当时汉语共同语读书音中具有趋时特点而又相对保守的类型，亦即当时的准官话音。

与《洪武正韵》关系密切的，尚有当时朝鲜李朝世宗年间申叔舟等人编撰的《洪武正韵译训》，书成于1455年。此书尚有残本存世。韩国成元庆（1994）从残本中考订出《洪武正韵译训》的声类和韵类，而所见声类亦为见、溪、群、疑、晓、匣、影、来、帮、滂、并、明、非、奉、微、喻、照、穿、床、审、禅、日、精、清、从、心、邪、端、透、定、泥等31类。

2. 对《中原雅音》的研究

《中原雅音》（成书于明初以后，但尚有不同认识）是一本被重新发现的韵书，作者无考。日本学者发现较早，服部四郎、辻本春彦等都有相关著作进行研究。由于学术交流不畅，国内学者蒋希文（1978）、杨耐思（1978）、龙晦（1979，1980，1984）等又作了重新发现。继后有冀伏（1980）、邵荣芬（1981）、何九盈（1986）、刘淑学（1996）等的研究论著。

邵荣芬（1981：37，72-74，85）亦独立考求出《中原雅音》的全部声母、韵母和声调，拟订出声母、韵母的音值，具列如下：

声母有20个：p, pʰ, m, f, v, t, tʰ, n, l, ts, tsʰ, s, tʃ, tʃʰ, ʃ, ʒ, k, kʰ, h, ∅。

韵母有41个：东韵 uŋ、iuŋ，庚韵 əŋ、iəŋ，阳韵 aŋ、iaŋ、uaŋ，真韵 ən、iən、uən、yən，寒韵 an、uan，山韵 an、ian、uan，先韵 iɛn、yɛn，侵韵 əm、iəm，覃韵 am，盐韵 iɛm，支韵 ï，齐韵 i、ei、uei，皆韵 ai、uai，模韵 u，鱼韵 y，尤韵 əu、iəu，萧韵 au、iau、uau，歌韵 o、uo，麻韵 a、ua，遮韵 ie、ye。

声调有3个：平、上、去。没有独立入声，全浊上声变同去声，平声不分阴阳。

总的说来,《中原雅音》音系与《中原音韵》相当接近,但也小有差异。如微母依旧独立,-m 尾韵保存,但疑母完全消失,寒与桓合二为一,模与鱼一分为二,二等韵多发生分化,入声韵全部变入阴声韵。邵书还推测《中原雅音》的语音基础就在河北中南部地区,这一推测又得到了刘淑学(1996)的赞同。不过,邵荣芬(1981)主张《中原雅音》平声不分阴阳,冀伏(1980)、龙晦(1984)则都认为其平声实有阴阳之分。冀伏(1980)还认为:《中原雅音》"入派三声"字在编排上并未跟平上去声字混并。

邵荣芬(1981:87)说:"《雅音》的语音系统是北方话的语音系统。"宁忌浮(2009:182)也说:"《雅音》是《中原音韵》一系的韵书。"以此,《中原雅音》所见语音,应可视为当时通行于北方地区的汉语共同语口语音。

3. 对兰茂的《韵略易通》的研究

兰茂,明代云南嵩明人。《韵略易通》书成于 1442 年。书中以一首 20 字的《早梅诗》(东风破早梅,向暖一枝开。冰雪无人见,春从天上来。)概括声母,又将韵母分为 20 部,按平上去入四声排列韵字。

研究兰茂的《韵略易通》的国内学者,先后有赵荫棠(1931a,1936,1956)、陆志韦(1947b)、群一(1985,1990a,1990b)、黄典诚(1993)、张玉来(1994,1997a,1997b,1997c,1999b)、张玉来和刘太杰(1996)等。赵荫棠(1936,1956)已介绍其所分 20 韵与《中原音韵》的不同,仅在于踵武《洪武正韵》,析《中原音韵》之鱼模为居鱼与呼模;以《早梅诗》为代表的 20 声母同唐宋 36 字母的差异,则在于删去全浊音声母以及知照二组声母合并、非敷合并、泥娘合并、影喻疑合并。再就是它的不分阴平、阳平与保存入声("入声分配与唐宋韵书亦相同")。在为兰著声母拟音时,将枝、春、上、人拟为 tʂ、tʂʰ、ʂ、z,又将见、开、向拟作 k、kʰ、x 和 tɕ、tɕʰ、ɕ 两组(赵荫棠,1936,1956)。张世禄(1936a:239)则论定其韵目平声字的排列已"隐示着实际阴、阳的分别"。陆志韦(1947b)跟赵荫棠(1936,1956)不同的是,陆氏以为《早梅诗》所示声母枝、春、上应分为 tɕ、tɕʰ、ɕ 和 tʂ、tʂʰ、ʂ 两组,而见、开、向则尚未分化,都读 k、kʰ、x。

下面列举张玉来(1999b:27,36-37,43-46)拟订的《韵略易通》声韵调系统。

声母有 20 个：冰 p，破 pʰ，梅 m，风 f，无 v，早 ts，从 tsʰ，雪 s，东 t，天 tʰ，暖 n，来 l，枝 tṣ（tʃ），春 tṣʰ（tʃʰ），上 ṣ（ʃ），人 z（ʒ），见 k，开 kʰ，向 x，一 ∅（j、w）。枝、春、上、人四母，tṣ 组拼洪音，tʃ 组拼细音。

韵母有 66 个：

东洪 uŋ，iuŋ；uk，iuk

江阳 ɑŋ，iɑŋ，uɑŋ；ɑk，iɑk，uɑk

真文 ən，in，uən，yən；ət，it，uət，yət

山寒 an，ian，uan；at，iat，uat

端桓 uɔn；uɔt

先全 iɛn，yɛn；iɛt，yɛt

庚晴 əŋ，iŋ，uəŋ，iuəŋ；ək，ik，uək，iuək

侵寻 əm，im；əp，ip

缄咸 am，iam；ap，iap

廉纤 iɛm；iɛp

支辞 ï（ɿ）

西微 ei，i，ui

居鱼 y

呼模 u

皆来 ai，iai，uai

萧豪 au，iau

戈何 o，uo

家麻 a，ua

遮蛇 iɛ

幽楼 əu，iəu

声调有 5 个：阴平、阳平、上声、去声、入声（与阳声韵相配）。全浊上声变去声。

张玉来（1999b：40）还明确提出，其入声有 -p、-t、-k 三个不同韵尾，"完全是守旧的思想使然，目的是使入声有所宗"。声母拟音则"枝"组从赵氏（但认为尚有 tʃ 类变体），"见"组从陆氏。

陆志韦（1947b：161）已称《韵略易通》所见为"当时的普通官话"。李新魁（1986：75）说："这部书反映的是明朝流行在云南一带的官话。"张玉来（1999b：20）也称其为"存雅求正的官话"。以此，《韵略易通》所见语音，或可视为当时汉语共同语读书音中的普通官话音。

（二）对明代中后期的汉语共同语语音的研究

20 世纪学者主要致力于对以下五类材料的探讨。

1. 对徐孝的《重订司马温公等韵图经》《合并字学集韵》及小说《金瓶梅》中语音材料的研究

徐孝，明末金台（今河北保定）人，一说顺天（今北京市）人，生卒年未详。《重订司马温公等韵图经》初刊于 1606 年，对《重订司马温公等韵图经》的研究，先后有赵荫棠（1957）、陆志韦（1947a）、李新魁（1983a）、王力（1985）、薛凤生（1985）、郭力（1989）、耿振生（1992）、叶宝奎（1998）等。赵荫棠（1957）已揭示出《重订司马温公等韵图经》的诸多语音特点，如：声母只有 19 个，疑、微二母皆已消失；知系声母二、三等合并，tʂ、tʂʰ、ʂ诸音正式成立，所拼韵母并已全部转化为洪音；东钟、庚青合并，尔、二、儿等字列于影母之下；垒、类、雷等字列于开口；-m 并于-n；寒山（桓欢）与先天的对立消失；声调为平（阴平）、上、去、如（阳平），"上、去、阳平等声俱混有旧日之入声"（赵荫棠，1957：218），"与《中原音韵》之所载，大致相同"（赵荫棠，1957：218），书中的十三摄与后来的京音十三辙"若合符节"等。还称其"依据的是完全北音"（赵荫棠，1957：215）。陆志韦（1947a：170）主张《重订司马温公等韵图经》是"十七世纪初年的官话音清清楚楚的留下来一种记录"，"古北平音的系统"。论文还明确提出"尔二而"等字"大概就是今国音的'ər'"（陆志韦，1947a：173），而"这方言的 ki 等，tsi 等，都还没有腭化，所以这方言并没有 tɕ、tɕʻ、ɕ"（陆志韦，1947a：193）。

下面是见于耿振生（1992）的《重订司马温公等韵图经》的声母和韵母：

声母有 19 个：

见 k，溪 kʰ，晓 x，影 ∅；帮 p，滂 pʰ，明 m，非 f；端 t，透 tʰ，泥 n，

来 l；精 ts，清 tsʰ，心 s；照 tʂ，穿 tʂʰ，审 ʂ，稔 ʐ。

韵母有 44 个：

通摄　亨 əŋ、英 iəŋ、翁 uəŋ、雍 yəŋ

止摄　资 ɿ、支 ʅ、而 ɚ、衣 i、鱼 y、书 ʮ

祝摄　育 iu、乌 u

蟹摄　哀 ai、皆 iai、歪 uai

垒摄　北 ei、威 uei

效摄　敖 au、妖 iau、剾 uau

果摄　阿 o、约 io、窝 uo

假摄　拉 a、鸦 ia、娃 ua

拙摄　厄 ɛ、耶 iɛ、或 uɛ、曰 yɛ

臻摄　恩 ən、因 iən、温 uən、云 yən

山摄　安 an、焉 ian、弯 uan、渊 yan

宕摄　昂 aŋ、央 iaŋ、汪 uaŋ

流摄　讴 əu、幽 iəu、谋 uəu

《合并字学集韵》的作者也是徐孝。与《重订司马温公等韵图经》同时刊出，互为表里。先后有曹正义（1987）、郭力（1989，1997，1998）、吉田久美子（1999）、孙强和江火（2000）等的研究论著。曹正义（1987：68）已着重指出其除"保存尖音系统与今北京音不同外，其它象知、照系二、三等合一，微母与影母、喻母相混，-m 尾消失，'官'与'关''松'与'鬆'同读，'雷''垒'一类字读作开口音等，都与今北京音相吻合"。郭力（1997）继承和发扬陆志韦（1947a）的见解，也认为《合并字学集韵》中的浊入声已完全清化，也将古清入字归调分为读书音和白话音两类，读书音系统的清入字统归去声有人为因素；而白话音古清入字则阴平、阳平、上声、去声均有，忠实地记录了当时北京口语中的异读音。

《金瓶梅》，作者姓名及其生平事迹未详，成书在 1568—1602 年。对小说《金瓶梅》中的语音材料的研究，先后有李思敬（1986）、李荣（1987）、张鸿魁（1987，1993，1996）、董绍克（1990）等。李思敬（1986）凭借《金瓶梅》中的例证，推定儿化韵在当时已经成熟。依据张鸿魁（1996），《金瓶梅》音系与《中原雅音》相同的语音特点有：入声辅尾消失，后鼻韵尾独立，二等韵分化即齐齿呼形成，ü（[y]，后同）韵母产生即撮口呼形成，中古遇摄三等和部分原入声合口三等韵知系字韵母为 ü，全浊声母清化并平仄分音，疑母消失，全浊上变去等。与《中原雅音》不同却与《重订司马温公等韵图经》相同的有：-m 尾、-n 尾合并，三等知系声母不再与齐齿呼韵母相拼，齐、微分韵，"儿"音节出现，微母消失等。从张鸿魁（1996）的研究中还可以看到，《金瓶梅》所见语音材料已经显示出，见、精二组声母业已在细音韵母前合流。这一点值得特别注意。

依据赵荫棠（1957）与陆志韦（1947a）所论，将《重订司马温公等韵图经》与《合并字学集韵》所见语音视为当时以北京音为代表的汉语共同语口语音，应当已经没有疑问。《金瓶梅》语音材料所见与之近似，也佐证了《重订司马温公等韵图经》与《合并字学集韵》所见语音的北方属性与口语属性。

2. 对毕拱宸的《韵略汇通》及吕坤的《交泰韵》、乔中和的《元韵谱》、王荔的《正音捃言》等的研究

毕拱宸，字星伯，山东掖县（今莱州市）人，生卒年不详。《韵略汇通》成书于 1642 年。对《韵略汇通》的研究，先后有赵荫棠（1936，1956）、张世禄（1936a，1984）、陆志韦（1947c）、董同龢（1954，2001）、藤堂明保（1979）、李新魁（1986）、张玉来（1986，1991c，1994）、张鸿魁（1991）等。赵荫棠（1956：71）已谓《韵略汇通》是依据兰茂《韵略易通》加以"分合删补"而成的，并将其"分合删补"之处逐一条举。其中重要的有：-m 尾韵并入-n 尾韵，端桓归于寒山，西微韵中之 ɿ 韵全归居鱼，所余者为灰微。陆志韦（1947c：109）进一步指出，《韵略汇通》"把中古入声-p、-t、-k 的界限完全打破"，已经是全收-ʔ尾。此外，陆志韦还认为《韵略汇通》中的"枝春上三母还像《易通》的代表 tɕ、tɕʻ、ɕ，又代表 tʂ、tʂʻ、ʂ"（陆志韦，1947c：105-106）。张鸿魁（1991）也认为毕书入声韵尾是-ʔ或者是-Ø。张文还根据莱州一带至今有 tʂ、tʂʰ、ʂ拼齐撮的现象，不同意陆志韦（1947c）将"枝春上"拟成 tʂ、tʃ 两组音。至张玉来（1995b），又深入观察到：全浊清化后非擦音平声送气、仄声不送气；中古知庄章三组声母已合并为一组，但有 tʂ、tʃ 两类变体；见组声母已有腭化现象；保留微母，疑母消失；二等喉牙音字产生-i-介音的状态在各韵中尚不平衡；已有 y 韵母和 y 介音；山寒、先全尚未合流；全浊上变去，入声韵与阳声韵相配但全收-ʔ尾。

下面是见于张玉来（1995b）的《韵略汇通》的声韵调：

声母有 20 个：冰 p，破 pʰ，梅 m，风 f，无 v，东 t，天 tʰ，暖 n，来 l，早 ts，从 tsʰ，雪 s，枝 tʂ（tʃ），春 tʂʰ（tʃʰ），上 ʂ（ʃ），人 ʐ（ʒ），见 k（kj），开 kʰ（kjʰ），向 x（xj），一 ∅（j、w、∅）。

"枝、春、上、人"四母所代表的声母拟为两个变体，其中 tʂ 组拼洪音，tʃ 组拼细音；见 k（kj）、开 kʰ（kjʰ）、向 x（xj）所代表的声母亦有分组倾向，加"j"表示腭化。

韵母有 47 个：

东洪 uŋ, iuŋ; uʔ, iuʔ

江阳 ɑŋ, iɑŋ, uɑŋ; ɑʔ, iɑʔ, uɑʔ

真寻 ən, in, uən, yn; iʔ, yʔ

庚晴 əŋ, iŋ; əʔ, uəʔ

先全 iɛn, yɛn; iɛʔ, yɛʔ

山寒 an, uan; aʔ, iaʔ, uaʔ

支辞 ï

灰微 ei, uei

居鱼 i, y

呼模 u

皆来 ai, iai, uai

萧豪 ɑu, iɑu

戈何 o, uo

家麻 a, ua

遮蛇 iɛ

幽楼 əu, iəu

声调有 5 个：阴平、阳平、上声、去声、入声（与阳声韵相配）。全浊上声变去声。

吕坤，河南宁陵人。《交泰韵》产生时间较《韵略汇通》略早，书成于 1603 年。《交泰韵》的语音特点与《韵略汇通》近似。对《交泰韵》的研究有藤堂明保（1957）、李新魁（1983a）、黄笑山（1990）、耿振生（1992）等。

李新魁（1983a）认为它所表现的是当时河洛一带的口语标准音，亦即当时的"中原雅音"。综合各家研究所得，《交泰韵》与《韵略汇通》相同的语音特点有：全浊清化，疑母完全消失，桓欢、寒山无别，-m 尾韵彻底消失，有独立入声。与《韵略汇通》不同的是：真、文分韵，齐、鱼分韵，庚、青分韵；全浊清化后不是全部平仄分音，而是部分入声字变读送气。但前者可能只是分类粗细的不同，后者则可能是作者出生地方音的反映。

乔中和，河北内丘人，生卒年不详。《元韵谱》书成于 1611 年。赵荫棠（1957）已有研究，继后又有李新魁（1983a）、耿振生（1992）、龙庄伟（1996a）等。赵荫棠（1957）拟订其声母为 25 个，特点是全浊清化，保留疑、微二母，但见、精二组声母已在细音韵母前合流，孳生出新的舌面前音声母。李新魁（1983a：290-291）则拟订其声母为 20 个（存疑母，非母并于滂母，没有舌面前音声母），耿振生（1992）又恢复为 21 个（有独立的非母）。至于韵母，《元韵谱》已明确划分为 12 个类别（通、梗、曾合一，臻、深合一，山、咸合一），只是拟音不尽相同。声调五个：阴平、阳平、上声、去声、入声。

张玉来（1995b：9）称《韵略汇通》语音性质为"存雅求正的普通话"。叶宝奎（2017：79）说："《交泰韵》当属《正韵》《韵略易通》《韵略汇通》系列，记录的是明代后期的官话音。"李新魁（1983a：290）也认为《元韵谱》音系"反映了当时共同口语的实际读音"。虽然四者所见语音或有出入，但至少就其重合部分而论，应当认为，其所表现的就是此一时期北方地区的官话语音。

王荔，河北高阳人，其所著《正音捃言》成书不晚于万历初年。唐作藩（1980）研究其韵系，也同样观察到-m 韵尾消失，桓欢与寒山不分，该、皆分部，四呼形成等特点。

3. 对罗明坚和利玛窦的《葡汉辞典》及本悟的《韵略易通》的研究

罗明坚、利玛窦都是来华的耶稣会传教士。《葡汉辞典》书成于 1583—1588 年。丁锋（1995）指出，《葡汉辞典》不仅是目前所见最早的罗马字注音材料，也是目前所知记录明代非官话区（粤语区）官话的唯一资料。杨福绵（1995）全面揭示了《葡汉辞典》声韵系统及特点，具列如下：

声母有 23 个：p, p^h, m, f, v; t, t^h, n, l; ts, ts^h, s; tʃ, $tʃ^h$, ʃ, ʒ; k, k^h, ŋ, ȵ, x, ʔ, ∅。

韵母有 54 个：

ɿ	i	u	y
ʅ			
a	ɬa	ua	
ɔ	iɔ	uɔ	
ɛ	iɛ		
ai	iai	uai	
		uəi，ui	
au	iau		
əu	iəu		
an	iɛn	uan	
ɔn		uɔn	yɔn
ɛn		uɛn	
	in	un	yn
aŋ	iaŋ	uaŋ	
əŋ	iŋ	uŋ	yŋ
aʔ	iaʔ	uaʔ	
əʔ	iəʔ		
	ieʔ		yeʔ
ɔʔ	iɔʔ		
oʔ	ioʔ	uoʔ	yoʔ
uʔ			

声调：清平 33，浊平 21，上声 42，去声 45，入声 45ʔ。

特点有全浊清化，保留微、疑二母，古见、精二组声母在齐撮二呼韵母前尚未腭化，古知庄章三组声母字有一部分读 ts、tsʰ、s 等；没有卷舌韵母"儿"（ɚ），撮口韵 y 的标准拼法是 iu，古山摄一、二等帮组字及见系合口字韵母读法不同——一等字读 ɔn、uɔn，二等字读 an、uan，-m 并入-n，古深、臻两摄和曾、梗两摄开口韵字韵尾相混等。杨福绵还特别提出，罗明坚和利玛窦所学习和记录的语言是当时通用的官话。这种官话不是以北京话为基础的北方官话，而是以当时的南京话为基础的江淮官话。不过，杨福绵也说到，

《葡汉辞典》的个别语音特点可能是受了广东方言的影响。

本悟，字真空。俗姓秦，云南嵩明人。本悟的《韵略易通》是兰茂的《韵略易通》的增修本，书成于1586年。除去增修部分，均与兰著相同。因而研究也就集中在增修的内容，又特别是在重韵问题上。进行研究的先后有赵荫棠（1936，1956）、张世禄（1936a，1984）、陆志韦（1947b）、群一（1985，1986，1994a，1994b）、李新魁（1986）、龙庄伟（1988，1996b）、沈建民和杨信川（1995）、张玉来（1997a，1999b）、叶宝奎（1999a）等。赵荫棠（1956：68-70）即以为本悟的"最大之贡献，即在'重韵'"，进而认定重韵所反映的"东洪与庚晴混读""缄咸、廉纤与先全、山寒及端桓混读""侵寻与真文混读"，以及支辞与西微（知照系）部分相混，"与现在之国音深相符合"，并指出重韵还"暗示"出"'尖团字'的相混"以及反映"该地当时之方音"的"山寒、端桓及先全均有与江阳混读之部分""真文与东洪及庚晴有混读之部份"。从中可见，无论是重韵所反映的"与现在之国音深相符合"的特点，还是反映"该地当时之方音"的特点，虽然并不完备，却多与《葡汉辞典》所见相同或相近。

依照前述杨福绵（1995）的见解，已经可以确认《葡汉辞典》所见音系所表现的，应当就是当时通行于南方地区的官话语音。本悟《韵略易通》虽然所见甚少，却也在阳声韵尾多混这一点上，间接印证了当时南方地区官话语音的一大特点。

4. 对金尼阁的《西儒耳目资》等罗马字注音材料与李登的《书文音义便考私编》、李世泽的《韵法横图》等的研究

《西儒耳目资》，法国耶稣会来华传教士金尼阁撰，为其他西洋传教士学习汉语而作。对《西儒耳目资》的研究，罗常培（1930）首开其端。继后更有陆志韦（1947d）、杨道经（1957）、谢云飞（1975）、李新魁（1982）、鲁国尧（1985a）、曾晓渝（1991，1992，1995）、张卫东（1991）、黄典诚（1993）、金薰镐（1994a，1994b）、麦耘（1994b）等。罗常培（1930）就已构拟出《西儒耳目资》中全部"字父""字母"的音值。其语音特点有：全浊清化，保留微、疑（部分）二母，知庄章系洪音卷舌化，-m韵尾彻底消失，已有舌尖前高元音韵母，ɚ韵母产生，桓欢、寒山有别，-n、-ŋ不混，iu尚未转化为y，平分阴阳，全浊上变去，有独立入声等。陆志韦（1947d）对《西儒耳目资》的声韵调重新作了构拟，较之罗常培（1930），声韵母的类别和音值都只有一些小的差异，但已进而辨明：其中古庄组字不全变成 tʂ，还有一部分已经变成 ts，并且多有重读；一些影母字前也增加了一个 ŋ；原全浊上声字上去两读。还特为指出：支思韵日母字另成一摄（uᴌ），"列在影母之下。这音已经是现代国语的'儿'"（陆志韦，1947d：124）。李思敬（1986：52-54）还认为《西儒耳目资》已有儿化音节，麦耘（1994b）则对此提出异议。

依据曾晓渝（1995）研究《西儒耳目资》的成果，《西儒耳目资》的声母和韵母如下：

声母有 21 个：白 p，魄 pʰ，麦 m，弗 f，物 v；德 t，忒 tʰ，搦 n，勒 l；则 ts，测 tsʰ，色 s；者 tʂ，撦 tʂʰ，石 ʂ，日 ʐ；格 k，克 kʰ，黑 x，额 ŋ，零声母∅。

韵母有 45 个：

ɿ	i	u	iʉ
ʅ		ʮ	
a	ia	ua	
ɔ	iɔ	uɔ	
o	io	uo	
ɛ	iɛ		iʉɛ
ə	iə	uei	
ai	iai	uai	
ɑu	iau	uɑu	
an		uan	
aŋ	iaŋ	uaŋ	
ɛn	iɛn		iʉɛn
əu	iəu		
ən	iən	uən	iʉən
əŋ	iŋ	uŋ	iʉəŋ

另据曾晓渝（1992），《西儒耳目资》的五个声调的调值分别是：阴 33、阳 21、上 42、去 35、入 34。

利玛窦的四篇罗马字注音文章，见于明末程君房所编的《程氏墨苑》。罗常培（1930）也作了研究。罗常培（2004：258）认为，这一注音乃是《西儒耳目资》的先导，并从中归纳出"字父"26个，"字母"44个，"拿它们同《西儒耳目资》比较，除去几处小的出入，大体并没有什么差异"。黄笑山（1996：100）将利氏注音亦定性为明末官话音，进而将注音中的26个"字父"归纳为与《西儒耳目资》完全相同的21个声母。黄文还对这一声母系统的特点总结如下："全浊声母消失，/n/、/l/有别，/v/声母留存，/ŋ/声母正在消变，见系细音字的声母尚未腭化成/tɕ/等，知二庄组声母存在/ts/、/tʂ/两读的可能。"

李登，上元（今江苏南京）人，万历间贡生，生卒年不详。对《书文音义便考私编》材料的研究，国内先后有罗常培（1931，1959）、赵荫棠（1937）、李新魁（1983a）、耿振生（1992）等。可以耿氏所见为代表。声母为21个，韵母舒声为22类，入声为9类，声调为平、上、去、入4类，但平声分清浊，实为阴平、阳平之分。其特点是：全浊清化，保存疑、微二母，寒、桓分韵，-m尾已并入-n尾，真文、庚青不混，入声韵全收-ʔ尾。至于声调，同罗常培（1931）、赵荫棠（1937）一样，耿振生（1992：191）也认为《书文音义便考私编》以"四声的形式隐含了五声的内容"。

综上所述，《书文音义便考私编》所见多与《西儒耳目资》所见相重合。叶宝奎（2001：166）说，《书文音义便考私编》"反映的是明代中后期的官话音而不是南京音"。而罗常培（1930：289）即已认定，《西儒耳目资》所代表的正是"明季普通音"。以此，将两书所见视为此一时期的普通官话语音，应当没有疑问。

李世泽，上元（今江苏南京）人，李登之子。所著《韵法横图》虽多有存古之处，却在有意无意间反映出当时实际语音。邵荣芬（1998）依据《韵法横图》的具体列字和各图之末所附注文，并参考今天的南京话，考订出当时南京方音的声韵调系统，也是全浊清化，保存疑、微二母，非敷合一，影喻合一，舌根音声母尚未分化，寒、桓分韵，-m尾已并入-n尾，真文、庚青不混，入声韵全收-ʔ尾，有阴平、阳平、上声、去声、入声五个声调，适可与乃父的《书文音义便考私编》所见相互印证。

但在李氏父子所著中iu已转化为y，没有见到ɚ韵母，也没有见到古知庄章三组声母字部分与精组字相混。

5. 对崔世珍的《翻译老乞大》《翻译朴通事》《琉球馆译语》等朝-汉、琉-汉及日-汉对音材料的研究

1)《翻译老乞大》《翻译朴通事》等中的朝-汉对音

《老乞大》《朴通事》本是元末明初朝鲜人学习汉语口语的读本或会话手册，撰人无考。至明时由崔世珍翻译成朝鲜语，遂成《翻译老乞大》《翻译朴通事》。《老乞大谚解》《朴通事谚解》是在《翻译老乞大》《翻译朴通事》的基础上增修而成的。此四者中的朝-汉对音，乃是探求近代汉语共同语语音最具价值的材料。而《老乞大谚解》《朴通事谚解》原著皆已不存。今本《老乞大谚解》可能成书于1670年，今本《朴通事谚解》则为1677年重订。研究者先后有胡明扬（1963，2011）、梅祖麟（1977）、远藤光晓（1984）、韩亦琦（1988）、尉迟治平（1990）、吴葆棠（1991）、柳应九（1991）、李得春（1992）、蒋冀骋（1997a）、李钟九（1997）、金基石（1997，1998a，1998b，1999a，1999b，1999c）、朱星一（2000）等。胡明扬（1963，2011）已对《老乞大谚解》《朴通事谚解》的今本作出了全面、系统的讨论，先后揭示了其右边音（崔世珍音）和左边音（符合申叔舟《四声通考》俗音体例的音）。据胡明扬（1963），右边音计有声母19个，特点是全浊声母消失，疑、微二母消失，卷舌声母已在部分字音中出现（仍将知照系声母拟为 tʃ 等）；韵母41个，特点是-m韵尾消失，寒、桓二韵有别，"儿"韵母可能是复合元音（声母为零），尚未最终成为卷舌元音，现代的 y 韵母和 y 介音也还处在演变的中途；声调为阴平、阳平、上声、去声、入声五个并有连读变调。论文以为其反映了16世纪的北京语音。据胡明扬（2011），左边音的价值是反映了汉语卷舌声母的一种过渡状态（将知照系声母拟为 tʃ、tʂ 两组）；不同于崔音的是：尚有独立微母；"二儿"等字尚读 ɿ、ʅ；虽然表面上尚有全浊声母和入声，实际上全浊声母已经消失，入声也已派入其他三声。胡明扬还特别表明看法："当时的官话和北京话不完全一致，北京话已无入声而官话还保留一部分入声，口语音已无入声，读书音还有入声的痕迹。"（胡明扬，2011：163）蒋冀骋（1997a）对崔音和《四声通考》对音所见认识稍有不同，以为崔音知照系声母应已读为 tʂ 组，而《四声通考》对音知照系声母也只读 tʂ 组。此外，蒋冀骋（1997a）还认为崔音和《四声通考》对音依据的都是江淮方言，只是时代有先后：《四声通考》音在前，崔音在后。金基石（1997）还指出《老乞大谚解》《朴通事谚解》左边音中的-m 尾也已变为-n 尾，金基石（1999b）又指出崔世珍的入声归派已与《重订司马温公等韵图经》等反映北京音的资料完全一致。

梅祖麟（1977）、远藤光晓（1984）、李钟九（1997）、朱星一（2000）则专题讨论了《翻译老乞大·朴通事》中崔世珍所作声点，以为其反映了 16 世纪北京音系古入声字分派的实际情况。梅文以此为依据并与 15、16 世纪朝鲜语的声调高低比较，探讨了 16 世纪汉语的调值以及上声连读变调问题。其所构拟的调值分别为阴平 35、阳平 13、上声 22、去声 55、入声 2。远藤光晓的文章所拟测的 16 世纪初某个北方话的调值是阴平 45、阳平 214、上声 11、去声（含全浊上）55、入声一 5、入声二 24。文章还发现在《翻译老乞大·朴通事》中具有高元音 i、u、iu 的入声字大都是一点，其他非高元音的入声字基本上是两点，但也有以声母清浊为条件的。作者以为这反映了两个不同的方言层次：前者是南京官话而后者是北京土话。李钟九（1997：36）认为"远藤先生的构拟是依据于中国人为自己语言本身固有的声调系统而创立的'五度制标调'，而没有顾及到自己的语言里本没有声调的韩国人接触有声调语言汉语时的感受与中国人的感受有所不同这一点"。根据这一认识和其他相关资料，李钟九将《翻译老乞大·朴通事》中崔氏声点所见声调改拟为阴平 55、阳平 24、上声 213、去声 52、入声一 54、入声二 23，轻声（中古上声）4。朱星一（2000：38，40）却独排众议，认为《翻译老乞大·朴通事》"左、右音的主要差别在于标记方式上，而其音值上并没有太大的差距"，而且其"右音各入声上的上、去的标记完全是对入声处理的一种方法而决不意味着入声消失"。

另有李得春（1992），着重观察从《洪武正韵译训》到初刊《老乞大谚解》《朴通事谚解》（16 世纪初）再到重刊《老乞大谚解》《朴通事谚解》（17 世纪后期）所反映的近代汉语北方话语音的历时变化。变化主要有：在从《洪武正韵译训》到初刊期间，入声韵的收尾-ʔ完全消失，其后微母的音值由 v 到 ∅，儿化韵亦在初刊到重刊期间发生，到 17 世纪后期已经形成；早在《洪武正韵译训》俗音中，舌尖元音韵母就已经形成或正处于形成过程中。

2）《四声通解》中的朝-汉对音

《四声通解》，亦为朝鲜崔世珍撰，1517 年刊行。重要的研究有姜信沆

(1973)、李得春(1988)、孙建元(1989,1996)、孙建元和裴宰奭(2000)等。

李得春(1988)、孙建元(1989)都以书中的今俗音为依据。指出16世纪初期汉语北方音入声已经并入平上去三声，全浊清化，-m韵尾消失，知庄章组声母合并而且已有卷舌声母，疑母消失，全浊上变去等。不同的只是李得春(1988：35)着重分析了照组声母正处于由"舌尖抵下齿龈"到"卷舌点腭"的过渡状态[所见与胡明扬(2011)同]。孙建元(1989)则还讨论到《四声通解》的俗音是当时的官话读书音，揭示其也已经全浊清化，知庄章组声母合流，入声-p、-t、-k韵尾脱落，但尚有-ʔ尾和-m尾韵；今俗音中影喻疑微全面合流，二等喉牙音字大都产生 i 介音，三等韵正处在大分化过程中等。此外，孙建元和裴宰奭(2000)还专题讨论了书中今俗音的声调特点：平分阴阳、全浊上归去、入派三声，而且上声里的入声字已经不多了。不管从调类看，还是从入声的演变看，今俗音的声调系统都已和现代汉语的声调系统非常接近了。

3)《朝鲜馆译语》中的朝-汉对音

姜信沆(1994)研究编纂于1408年的《朝鲜馆译语》丙种本，以为可以见到15世纪汉语音系的如下特征：牙喉音声母仍未腭化，疑母完全消失，微母的发音还处在 wu 的阶段；入声韵尾正在消失，-m 与-n 混乱，"儿而耳二"等字音已反映出 ɚ 音化。

4)《琉球馆译语》等材料中的琉-汉对音

丁锋(1995)总共分析了产生于15—16世纪包括《琉球馆译语》在内的三种琉-汉对音材料。虽然这三种材料有着时代之差，其编者出身又有官话区（高澄、萧崇业）和非官话区（陈侃、谢杰）之异，但经丁氏研究，它们却能形成内部相对一致的对音系统，具有官话性质。这一对音系统的特点是：声母19个，中古疑、微二母都已演变为零声母；入声消失；无寒山、桓欢对立。丁锋(1995：126)在以之同《重订司马温公等韵图经》《西儒耳目资》等音系比较后认为，"明代琉汉对音音系比起官话的其他地区音系来更接近于北京音"。蒋冀骋(1997a)认为，从琉-汉对音材料的韵母来看，明代琉-汉对音依据的方言可能就是北京地区或附近的官话。蒋冀骋(2021：382)则修订为："琉球语受福州官话的影响很深，'司''思''兹''子''孜''自''质'等字读 u 韵母，应是当时福州官话影响的结果。"

四、清代汉语共同语语音的共时研究

清代的汉语共同语语音，可以大致分为前期和后期两段。

（一）对清代前期的汉语共同语语音的研究

20 世纪学者主要致力于对以下四类材料的探讨。

1. 对李光地和王兰生的《音韵阐微》反切、朴隐子的《诗词通韵》等音系的研究

李光地，福建安溪人；王兰生，交河（今属河北）人。《音韵阐微》乃二人奉敕修撰，书成于 1726 年。对《音韵阐微》反切所见清代汉语共同语语音的研究，先后有王力（1936，1956）、罗常培（1943）、应裕康（1972a）、李新魁（1983a，1986）、林庆勋（1988）、叶宝奎（1999b）等。最有代表性的是林庆勋（1988）。叶宝奎（1999b）也作了独立的研究。

虽然《音韵阐微》的声韵框架十分保守，但其反切音系已经有所突破。据林庆勋（1988：306，374，380），其反切系统所见声韵调分别是：

声母 19 个：

p（帮、并仄）[①]，p^h（滂、并平），m（明），f（非、敷、奉）；t（端、定仄），t^h（透、定平），n（泥、娘），l（来）；k（见、群仄），k^h（溪、群平），x（晓、匣）；tʃ（知、照、澄仄、床仄），$tʃ^h$（彻、穿、澄平、床平），ʃ（审、禅、床仄），ʒ（日）；ts（精、从仄），ts^h（清、从平），s（心、邪）；Ø（影、疑、微、喻）。

韵母 61 个：

阴声韵 21 个：ï, i, u, y, a、ia, ua, o, ie, uo, ye, ai, iai, uai, ei, uei, au, iau, ou, iou, uou。

阳声韵 20 个：an, ian, uan, yan, ən, in, un, yn, aŋ, iaŋ, uaŋ, əŋ, iŋ, uŋ, yŋ, am, iam, uam, əm, im。

入声韵 20 个：at, iat, uat, yat, ət, it, ut, yt, ak, iak, uak, ək, ik, uk, yk, ap, iap, uap, əp, ip。

[①] 括号中是与各声母对应的传统 36 字母。

声调：阴平、阳平、上、去、入。

主要特点是：全浊声母清化（塞音、塞擦音平声送气，仄声不送气），疑、微二母消失，知组声母与庄、章组声母混并，但仍可与细音韵母相拼，见、精二组声母未见腭化为舌面音；保留-m 尾韵，保留入声韵尾-p、-t、-k 并与阳声韵相配，没有 ɚ 韵母，官关不分，四呼形成；平分阴阳，全浊上变去。叶宝奎（1999b）则以为其尚保留疑、微二母，-m 尾韵并入-n 尾韵，入配阳改为入配阴。

清人莎彝尊在其所著《正音咀华》中说："何为正音？答曰：遵依钦定《字典》《音韵阐微》之音即正音也。何为南音？答曰：古在江南建都，即以江南省话为南音。何为北音？答曰：今在北燕建都，即以北京城话为北音。"①叶宝奎（1999b：105）也说它"代表的是清初官话音而不是北京音也不是南京音"。于此更可见《音韵阐微》之音在当时的地位和影响。但从中所见，较之《五方元音》等已嫌保守。林庆勋（1988：自序 1，384）更认为，《音韵阐微》"编者只想表现当时的读书音而非官话音"，"所表现的不是十八世纪初北方官话的语音系统"。以此，或可折中两意，将《音韵阐微》所见反切音系视为当时相对保守的普通官话音，亦即此一时期的准普通官话音。

《诗词通韵》所见亦与之近似。该书成书于 1685 年。研究所见语音的有何九盈（1985a）、花登正宏（1988）、林庆勋（1998）等的论著。

依据何九盈（1985a）的归纳，《诗词通韵》的声母共有 31 个，与《洪武正韵》相同；韵母 44 个（入声韵不独立）；声调为平上去入。特点有：保存全浊声母并部分保存疑母；韵母分四呼，居鱼、苏模不同韵，寒山、桓欢、先天不同韵，有独立的支思韵和车遮韵；正文中保存-m 尾韵、全浊上不变去，有 17 个入声韵部。所有这些，部分与《音韵阐微》反切音系相同，部分与传统南曲韵书相同，因而显得较为保守。不过，从书中的"反切定谱"和附注看，实际上-m 尾已经并入-n 尾，全浊上也已变去；书中还特别说道："入声者，江淮之音，韵有四声，始能赅备，而中州无入声。"②花登正宏（1988）还对《诗词通韵》所反映的中州音（北方共同语）里是否存在全浊声母表示

---

① （清）莎彝尊：《正音咀华》，同治丁卯(1867)翰宝楼藏本。
② （清）林隐子：《诗词通韵》，康熙二十四年（1685）刻本，第1—2页。

怀疑，并且认为见组声母的齐齿、撮口音可能已经舌面化。

2. 对樊腾凤的《五方元音》音系的研究

樊腾凤，直隶唐山（今河北隆尧）人。《五方元音》书成于 1654—1664 年。研究其音系的国内学者先后有赵荫棠（1936，1956）、陆志韦（1948a）、应裕康（1972a）、王力（1985）、何九盈（1985b）、龙庄伟（1989，1990，1994，1996a）、王平（1989a，1989b，1996a，1996b）、林庆勋（1990a）、黄典诚（1993）等。赵荫棠（1936，1956）已为其 20 字母、12 韵拟音，从中揭示的特点有：将《韵略易通》的-m 尾韵并入-n 尾韵，"东洪"与"庚晴"相并、"先全"与"山寒"相并；较《韵略易通》少一微母，实为 19 声母，"竹、虫、石"读 tʂ 组，"金、桥、火"则有 k、tɕ 两组音值；将入声全配入阴声韵（赵荫棠，1936，1956）。陆志韦（1948a）进而指出：书中全浊清化，寒、桓二韵应当已经没有区别，-m 尾韵消失；平分阴阳，但还没有 ɚ 韵母；全浊上虽已变为不送气清音，并未变去。

对樊书的系统研究，可以龙庄伟的系列论文为代表。下面列举声母、韵母和声调见于龙庄伟的《〈五方元音〉音系研究》。

声母 20 个：梆 p，匏 pʰ，木 m，风 f；斗 t，土 tʰ，鸟 n，雷 l；竹 tʂ，虫 tʂʰ，石 ʂ，日 ʐ；剪 ts，鹊 tsʰ，丝 s，云 j；金 k，桥 kʰ，火 x，蛙 w（ŋ）。

韵母 36 个：

天 an	ian	uan	yan
人 ən	in	un	yn
龙 əŋ	iŋ	uŋ	yŋ
羊 aŋ	iaŋ	uaŋ	
牛 ou	iou		
獒 au	iau		
虎 u	iu		
驼 o	io	uo	
蛇	iɛ		yɛ
马 a	ia	ua	
豺 ai	iai	uai	

地 ï　　i　　ui　　y

声调：上平、下平、上、去、入。但认为樊书全浊上大部分已经变去，有入声是泥古表现，实际上应已消失。

至于《五方元音》音系的性质，陆志韦（1948a：1）已说它"跟当时的北京话很像"。因此，或可将《五方元音》音系视为此一时期通行于北方地区的官话语音。

3. 对赵绍箕的《拙庵韵悟》和阿摩利谛等的《三教经书文字根本》等音系的研究

赵绍箕，易水（今河北易县）人，生卒年未详。《拙庵韵悟》书成于 1674 年。研究学者有赵荫棠（1934，1957）、应裕康（1972a）等。赵荫棠（1957）简要地分析了《拙庵韵悟》的声韵调系统：22 声类，5 声调，韵分奇、偶、独、通，并为其 6 独韵、14 通韵（内含两个儿化韵；已无 -m 尾韵）拟出音值。引人注目的是在其 14 通韵中，有"姑儿""阁儿"两个儿化韵。应裕康（1972a）认为《拙庵韵悟》的微母尚存，声母 20 个，-m 尾韵消失。李新魁（1983a）对《拙庵韵悟》作了更加细致的分析介绍，逐个拟出了各个声母、韵母的音值：

声母有 20 个：k, kʰ, x, ∅; t, tʰ, n, l; tʂ, tʂʰ, ʂ, ʐ; ts, tsʰ, s; p, pʰ, m, v, f。

特点有：疑母消失，微母保存；tʂ 组声母不与 i、y 相拼，tɕ 组声母可能已经出现，"而"类字仍读 ʐ。

6 个奇韵[①]：

姑 u，格 ə，基 i，支 ʅ，咨 ɿ，居 y

84 个偶韵：

昆 un，根 ən，巾 in，真 ɿən，簪 ɿən，君 yn

官 uan，甘 an，坚 iɛn，占 ɿan，赞 ɿan，涓 yan

公 uŋ，庚 əŋ，京 iŋ，征 ɿəŋ，曾 ɿəŋ，扃 yəŋ

光 uaŋ，冈 aŋ，姜 iaŋ，张 ɿaŋ，臧 ɿaŋ

规 uei，革 ei，摘 ɿei，则 ɿei

---

① 举凡有字无音与取用南方方言读音者皆已略去。

乖 uai，该 ai，皆 iai，斋 ʅai，哉 ʅai

钩 ou，鸠 iou，周 ʅou，陬 ʅou

高 au，交 iau，招 ʅau，遭 ʅau

迦 ie，遮 ʅie，厥 ye

戈 uo，歌 o，灼 ʅo，作 ʅo

瓜 ua，加 ia，查 ʅa，帀 ʅa

姑儿俗 ur，格儿俗 ər，基儿俗 ir，支儿俗 ʅr，咨儿俗 ʅr

居儿俗 yr，瓜儿俗 uar，阁儿俗 ar，加儿俗 iar，查儿俗 ʅar，帀儿俗 ʅar，厥儿俗 yer

特点有：将 ʅ、ʅ 韵字独立分呼；入声分立，又列入其他四声（调[阳平]、理[上声]、韵[去声]、音[阴平]）之内；"奔喷们分"等字列入开口，"封冯讽凤"等字也读 əŋ，但仍有一些字 uŋ、əŋ 两读；"内雷垒类"等字重见 ei、uei 等。

阿摩利谛，其生平亦未详。《三教经书文字根本》成书于1699—1702年。赵荫棠（1931b）在介绍《康熙字典字母切韵要法》和《谐声韵学》时都已论及《三教经书文字根本》。赵荫棠（1957：257）又概述其声母有21个，韵摄分为12个，有开齐合撮四呼。还说："删入声者，自《中原音韵》以来，惟此书与前述之《重订司马温公等韵图经》而已。"

陆志韦（1948b：16-18）以为《三教经书文字根本》中的《大藏字母九音等韵图》"确实代表当时的北平官话"，进而离析了书中拘泥旧等韵和真实反映清初北京话的两种不同内容。前者如"'而'仍在日母之下"，"保存疑母决不能代表语音。微母也是像徐书的等于虚设"。后者如"已经把中古的知彻澄照穿床审禅全变成卷舌，可是见溪群精清从心邪还没有腭化"。陆志韦1948年发表的另一篇文章《国语入声演变小注》中还说道：《三教经书文字根本》"把清入声派在阴平跟上声（派在阳平跟去声的占极少数）"（陆志韦，1948c：24）。

此后，李新魁（1983a）和耿振生（1992）也分别为《三教经书文字根本》的21声母和12摄拟出音值，所见略与前人相同。

李新魁（1983a：365）针对《拙庵韵悟》说："拨去它的无字可表的音类之后，他（按，指赵绍箕）所表现的语音，可以说是比较精细、准确的实际口语标准音系。"而《三教经书文字根本》又反映清初北京话两种不同内容。以此，至少可以认为，《拙庵韵悟》与《三教经书文字根本》所见语音中的一致部分,其所反映的应当就是此一时期通行于北方地区的汉语共同语口语音,亦即当时两种北京语音中的一种。

邵荣芬(1996)观察《康熙字典字母切韵要法》注音中的时音,也注意到 18 世纪初北京话中的见精二组声母还没有分化出 tɕ 组声母。

4. 对日本黄檗宗唐音与唐通事唐音所见"近世唐音"的研究

日本学者对此类文献的研究成果较多,国内则主要是张升余(1997,1998)综合研究日本江户时期的黄檗宗唐音与唐通事唐音,从中观察到的语音特点也包含全浊清化,泥、来二母有分别,有收声门塞音的入声。此外尚有 an 与 aŋ 不分、en 与 eŋ 不分、in 与 iŋ 不分、uan 与 uaŋ 不分、平声没有阴阳之分等,可以作为《黄檗清规》等所见的补充。

张升余(1997:76)还以为两种材料所见近世唐音皆以"反映南京官话为主"。是则据此亦可略见此一时期通行于南方地区的官话语音情形。

(二)对清代后期的汉语共同语语音的研究

20 世纪学者主要致力于对以下五类材料的探讨。

1. 对李汝珍的《李氏音鉴》及允禄等人的《同文韵统》的研究

李汝珍,直隶大兴(今北京)人,小说《镜花缘》作者。《李氏音鉴》成书于 1810 年。研究《李氏音鉴》的先后有赵荫棠(1932a)、王力(1936,1956)、永岛荣一郎(1941a,1941b)、应裕康(1972a)、李新魁(1983a)、俞敏(1983)、史存直(1985)、杨自翔(1987)、杨亦鸣(1989,1990,1991a,1991b,1992a,1992b)、花登正宏(1992)、耿振生(1992)等。最具代表性和总结性的研究是杨亦鸣(1992a)。从杨亦鸣的研究结果看,《李氏音鉴》音系可以离析出当时北京音系和海州音系。

下面是见于杨亦鸣(1992a:114,117)的北京音系声韵调表:

声母 22 个:p, pʰ, m, f; t, tʰ, n, l; k, kʰ, x; tɕ, tɕʰ, ɕ; tʂ, tʂʰ, ʂ, ʐ; ts, tsʰ, s; ∅。

韵母 39 个:

ɿ　i　u　y

ʅ

a	ia	ua	
o		uo	yo
ɔ	iɛ		yɛ
ai	iai	uai	
ei		uei	
au	iau		
ou	iou		
an	ian	uan	yan
ən	in	un	yn
aŋ	iaŋ	uaŋ	
əŋ	iŋ	uŋ	yŋ
ɚ			

声调 4 个：阴平，阳平，上声，去声。

据杨亦鸣（1992a），18 世纪末的北京音系中，见精二组声母在细音韵母前完全合流，同今天的北京话声母系统已无差异；韵母系统也很近似，ɚ、ə（ɤ?）两个韵母都已产生，不同的是，[o]的喉牙音字未变为[ə]，大部分的[yo]韵母字未变为[ye]，[iai]未变为[ie]。而在 18 世纪末隶属江淮官话音的海州（板浦）音中，知庄章组声母都读同精组（ts 等），l、n 不分，见精二组声母也尚无腭化；韵母臻深摄与梗曾摄相混，山摄合口桓韵与寒山删有别，果摄开合口不分，尚无 ɚ 韵母。

海州（今江苏东海县）人许桂林的《许氏说音》（序于 1807 年）中，也能看到当时海州 l、n 不分，有独立桓韵、果摄开合口不分、有独立入声、尚无 ɚ 韵母等特点。但见组声母在细音韵母前已腭化出 tɕ 组声母（耿振生，1992）。耿振生（1992）还以为，其张 tʂ、臧 ts 二系声母在开口呼中尚有对立。

《同文韵统》，由允禄、傅恒、汪由敦、纳延泰监纂，1750 年成书。较之《李氏音鉴》，其成书整整要早 60 年。但依据吴圣雄（1994）对书中藏-汉对音的研究，所得语音系统除尚无 ɚ 韵母外，其声母、韵母与《李氏音鉴》所见北京音几乎完全一致。

有鉴于此，自可将《李氏音鉴》与《同文韵统》所见北京语音，视为当时通行于北方地区的汉语共同语口语音的代表。

2. 对莎彝尊的《正音咀华》、高静亭的《正音撮要》和罗马字《官话新约全书》的研究

莎彝尊，长白（在今吉林省）人，其生平未详。《正音咀华》刊于 1853 年。高静亭，南海（今广东广州）人，亦生平未详。《正音撮要》刊于 1810 年。论及《正音咀华》所见汉语共同语语音的有罗伟豪（1994）、岩田宪幸（1994）、叶宝奎（1996）等的研究。下面列举岩田宪幸（1994）所见《正音咀华》声韵调，作为研究的代表。

声类 23 个[①]：p, pʰ, m, f,（v）; t, tʰ, n, l; ts, tsʰ, s; tʃ 或 tṣ, tʃʰ 或 tṣʰ, ʃ 或 ṣ, r; k, kʰ, h, k̠, k̠ʰ, h̠, ∅。

韵类 45 个：

a	ua	ia	
ə			
	ue	ie	
ɿ	u	i(ʅ)	y
ai	uai	iai	
əi	uəi		
ɑu		iau	
əu		iəu	
an	uan	ian	yan
ən	uən	iən	yən
aŋ	uaŋ	iaŋ	
əŋ	uəŋ	iəŋ	yəŋ
aʔ	uaʔ	iaʔ	
əʔ	uəʔ	iəʔ	
		ieʔ	yeʔ
	uʔ	iʔ	yʔ

调类 5 个：阴平，阳平，上声，去声，入声。

岩田氏所见语音特点有：保留微母但有可疑，精组尚未腭化，见组洪细

[①] 加下划线者表示舌面化。

已有区别但尚未分家；四呼形成，官、关无别，有舌尖元音韵母和 yə、iai 韵母，没有 ɚ 韵母；平分阴阳，浊上归去，保留入声。

对高静亭的《正音撮要》音系的研究亦见岩田宪幸（1994）。所见音系除没有微声母和əi 韵母外，与《正音咀华》相同。麦耘（2000：31）又单独研究了《正音撮要》中尖团音的分合，除去也如岩田氏一样指出书中"古见晓组细音字（团音）已是舌面音，而古精组细音字（尖音）中的齐齿呼字尚未变舌面音"外，还进一步观察到其"撮口呼字则多数已变，并与团音撮口呼混同"，"这显示了尖团音在合并过程中的半分半合状态"。

《官话新约全书》作者不详，1888 年伦敦印行。研究所见音系者仅知黄典诚（1993）、叶宝奎（1994a）。师徒二人的研究表明：其声母亦为 20 个（p, pʰ, m, f; t, tʰ, n, l; ts, tsʰ, s; ch, chʰ, sh, r; k, kʰ, h, hs, ∅），但微、疑二母均已并入零声母，少数北音不变入精组的庄组字变入精组，尖、团有别，但原晓、匣二母的细音字已有腭化和非腭化的区别；韵母 50 个（其中 13 个入声韵母），四呼基本形成，官、关对立消失，知章组三等韵已全部变为洪音，果摄一等韵字不分开合，没有 ɚ 韵母；调位 5 个（阴平、阳平、上声、去声、入声）。黄典诚（1993）判断该音系取材南京官话，又增添了客话的一些特征，并吸收了传统北方读书音。叶文进而考察了《官话新约全书》与《李氏音鉴》所见北京音、《古今中外音韵通例》所见南京音的差异，将《官话新约全书》音系定性为清代中后期官话音系。

岩田宪幸（1994：400）也认为《正音撮要》和《正音咀华》所代表的是同一个"清代后期的官话语音系统"，"一个以北京话为基础，兼顾'正音'而成的一种综合系统"。据此，应当可以认为，《正音撮要》《正音咀华》《官话新约全书》所见语音，其性质全都属于清代后期的普通官话语音。

此外，潘逢禧的《正音通俗表》（1870 年）所见音系也可以归入此类。潘氏，福建闽县（今福建闽侯县）人，生卒年不详。应裕康（1972a）、侯精一（1980）已为《正音通俗表》中全部韵母和声母拟出音值，拟音中可见已无全浊声母，微、疑二母尚存，尖、团不混，没有 ɚ 韵母，官、关不分，四呼形成，已无-m 尾韵。侯文还注意到入声字大都分别归入舒声韵和部分前后鼻尾有混。岩田宪幸（1995）则称其见组已腭化出舌面音声母；古蟹摄开口二等见系字韵母为 iai，古果摄一等见系字韵母都读 uo；平分阴阳，总共 5

个声调。其中入声调的设置是正音观念的表现。不难看出,《正音通俗表》音系除包含个别保守成分(如保留疑母等)和方音成分(如部分前后鼻尾有混)外,与《正音咀华》和《正音撮要》音系都相当接近。

3. 对裕恩的《音韵逢源》、威妥玛的《语言自迩集》、富善的《官话萃珍》等的研究

裕恩,旗人,生卒年不详。《音韵逢源》是一部韵图,书成于1840年。李新魁(1983a:375)说它"除一些虚位外,完全按北京音列字"。据李书研究,其语音特点,除无入声(声调只有4个)外,尚有:"[tʂ]组字'张占正'等已读开口呼;'庄壮霜双'等字入合口呼;'狂诳犷'等也入合口呼;官、关无别,坚、间不分;'耳二儿'等字入氏三,大约是念为[ð];'戈科颗多那玻钵莫'等字读[uo],读[o]者为'歌可'等见组字,其他声母字不读[o];[k]组声母没有腭化为[tɕ]等。'皆阶街界介解'等字已读[ie],不读[iai]。"耿振生(1992:176)进而指出,《音韵逢源》"比《等韵图经》多出疑母([ŋ])和微母([v]),共立二十一母;并且也不反映已出现的'尖团不分'现象。这是兼顾满文的结果"。拟音与李新魁(1983a)略有出入,如"戈"拟为ə。书中还说,"《逢源》韵母系统只比现代北京话多一个[yə]和一个不稳定的[iai](其中很多字与[ie]两见)","入声字派入四声,接近于现代北京音而与《等韵图经》差异较大"(耿振生,1992:177)。据李无未(2011:235),岩田宪幸(1994)还注意到《音韵逢源》存在文白两读,其白读与北京音相合者多,文读音则存在差异。高晓虹(1999)亦指出《音韵逢源》里宕江曾梗通五摄的入声字存在文白异读。

威妥玛,英国人,1841年起任职于英国驻华使馆,1871年升为英国驻华公使,1883年回国。《语言自迩集》是一部供西方人士学习汉语官话的教材,书成于1867年。作者明确宣示他所教的是当时通行于中国首都及各大都会官场的汉语口语。据张卫东(1998c)的研究,这口语的语音就是当时的北京音。威氏的描写非常精确,也非常细致。仍是依据张卫东的研究,书中共有声母27个(内中ts、tsʰ、s分为拼ɿ和不拼ɿ两组,零声母立y、w两个),韵母40个。与今天的北京话声、韵母比较,除去多出一个开口韵零声母的自由变体ng,多出io、üo、iai三个韵母(前两个还只是作为iao、üe两个韵母的异读出现),尚少ueng韵母,"哥可喝"等字的韵母有o、ə两种读法,l、n声母后的 ei 也有 uei 的异读，除此之外，已经没有本质不同。书中的声调也是 4 个，没有入声。书中还揭示出当时北京话中有"上+上>阳平+上"一类的连读变调和轻声、儿化等现象，虽然轻声可能还不太普遍。论文还特别指出，《语言自迩集》第一次全面而直接地反映了北京音尖、团音合流。

此外，冯蒸（1991c）还从莎彝尊的《正音切韵指掌》（序于 1860 年）中观察到，当时北京语音知庄章组字丢失 i-介音，轻唇音字丢失 u 介音，仍有入声，但部分已改读舒声。

富善，美国人。耿振生（1992：178）称其所著《官话萃珍》（成书于 1898 年）"音系已经和今天的北京话没什么区别，仅个别字音有出入（如古入声字的白话音保存较多）"。耿振生（1992：179）还将此书韵母同裕恩的《音韵逢源》的韵母作了比较："一是[iai]消失，原读[iai]韵母的字全部改读[iɛ]；二是[yə]消失，原来读[yə]韵母的字改读为[yɛ]（觉学岳等字）。在声母方面，《逢源》未曾反映的尖团音合流现象在本书得到全面反映。"

综上所述，除《音韵逢源》只限白读外，四书所见语音，应当都可以视为当时通行于北方地区的官话语音。较之前述《李氏音鉴》与《同文韵统》所见，已经只有细微的发展变化。

4. 对吴烺的《五声反切正韵》、胡垣的《古今中外音韵通例》的研究

吴烺，安徽全椒人，文学家吴敬梓之子，生卒年未详。《五声反切正韵》书序于乾隆，时间比《李氏音鉴》略早。研究学者有永岛荣一郎（1941a，1941b）、应裕康（1972a）、李新魁（1983a）、耿振生（1992）、陈贵麟（1994）、孙华先（2000a，2000b，2000c）等。李新魁（1983a）以为《五声反切正韵》表现了当时金陵官话的语音系统，并为其 19 个声类和 32 个韵类构拟出音值如下：

声母：

k 见	k^h 溪群			
t 端定	t^h 透	n 泥娘		
p 帮並	p^h 滂	m 明		
ts 精	ts^h 清从		s 心邪	
tʂ 知照	$tʂ^h$ 彻澄穿床禅		ʂ 审	
x 晓匣			f 非敷奉	l 来	ʐ 日

0 疑影喻微

韵母[①]：

公 uŋ	穹 iuŋ		
冈 aŋ	姜 iaŋ	光 uaŋ	
兹 ï	基 i	孤 u	居 y
		归 uei	
该 ai	皆 iai	乖 uai	
根 ən	斤 in	昆 un	君 yn
干 an	坚 iɛn	关 uan	捐 yan
高 au	交 iau		
歌 o		锅 uo	
他 a	家 ia	瓜 ua	
	耶 ie		嗟 ye
钩 ou	鸠 iou		

《五声反切正韵》声调有 5 个：阴、阳、上、去、入。

李新魁（1983a：348）表彰它"以口中的实际读法为准"，反映了"金陵方音的特点"，例如：əŋ、iŋ 韵字并入 ən、in 韵；官韵并入关韵，但当时"江北（抄案：扬州、合肥等地）人能分"；照知组字有一些与 i-相拼，另一些则已失去 i-介音；"朱住枢处书署"等仍入 y 韵，但"枢处"也入 u 韵；公韵唇音字"蒙梦捧蚌"等仍念 uŋ。

耿振生（1992）也为《五声反切正韵》32 韵构拟了音值；指出它的声母比明代李登的《书文音义便考私编》少疑、微二母，有一部分古知照系字改入精系；古代梗曾深三摄字并入臻摄，即书中的根、斤、昆、君四韵，还认为正是《五声反切正韵》较早地记录了江淮方言的这一普遍特征。

值得注意的是，应裕康（1972a）判断《五声反切正韵》所反映的当时声母已有 k、kʰ、x 与 tɕ、tɕʰ、ɕ 之分。陈贵麟（1994）用离析透视法研究《五声反切正韵》，也认为吴烺口音中见系已产生腭化；音系基础是江淮方言，而且主体音系就是南京话。还判定其"基 i""居 y"不同韵，"歌 ɤ""锅 o"不

---

① 韵母部分入声未单列，应已包含在相谐的阴声韵母中。

同韵，受到了北京话的影响；"（歌）阁 ɤʔ"与"（锅）郭 oʔ"不同韵，"干 ã"与"冈 ɑ̃"不同韵，是受到扬州话的影响。孙华先（2000a，2000b，2000c）亦认为尚可从 k、kʰ、x 中分出 tɕ、tɕʰ、ɕ 三个声母，并且认为还应在 32 个韵母的基础上增加舒声无字的 eʔ、ioʔ 两个韵母。

另有汪鎏（亦为安徽全椒人）删订的《空谷传声》（有 1881 年序），据李新魁（1983a）考订，此书即删改吴烺、江云樵旧谱（《金陵传声谱》）而成，因而也具有近似《五声反切正韵》的一些特点。

胡垣，字紫庭，浦口（今江苏南京浦口区）人，生卒年未详。《古今中外音韵通例》书成于 1886 年。对《古今中外音韵通例》进行研究的国内学者，先后有赵荫棠（1957）、应裕康（1972a）、李新魁（1983a）、叶宝奎（1994a）、陈贵麟（1996）、方环海（1998a，1998b）、雷恩海和方环海（1998）、鲍明炜（2010）等。赵荫棠（1957）已经注意到，阳声韵-m 尾并于-n 尾。李新魁（1983a：401）进而论及"胡氏为浦口（现江苏江浦县）人，那么，他所表现的，也就是清代末年的江浙方音"。揭示的语音特点有：收-n 尾的根、收-ŋ 尾的梗、收-m 尾的金等字混为一，入声韵金陵收-ʔ、扬州收-k 等（李新魁，1983a）。耿振生（1992）以为《古今中外音韵通例》表现的是江淮方言语音，为之拟定声母 19 个（较《五声反切正韵》多一微母，泥、来二母亦不分），对其 15 韵类的读音也作了构拟。雷恩海和方环海（1998）又专题考察《古今中外音韵通例》的声调系统，依据书中对五类声调的描述以及赵元任的《南京音系》对南京声调的描述，推测《古今中外音韵通例》阴平为降调，阳平为低升调，上声为低调，去声为高调，入声为高促调。

陈贵麟（1996：116-117）认为《古今中外音韵通例》音系是一个以当时金陵、扬州官话为核心的双核音系。这一音系的主要特点是：全浊声母的清化，n-、l-合流，知系照（二、三）系合流，精系、见系分尖团（陈贵麟，1996：52-80）；-n、-ŋ 不分，无-m 尾，-b、-d、-g 杂乱（陈贵麟，1996：90-95）；平声分化成阴平跟阳平，浊上没有归去是纸上作业（陈贵麟，1996：103-111），入声的调位只有一种（皆收-ʔ）（陈贵麟，1996：95）。方环海（1998a，1998b）的认识与陈贵麟（1996）有同有异，如方环海（1998a：13）认为，《古今中外音韵通例》"以十九世纪中叶的金陵音系（老南京音系）为基础，广泛地揭示清代后期江淮官话的语音特征……音系是单一的，其中的古音成分也是该音系原本就有的"。

还值得注意的是，鲍明炜（2010）已指出，书中庄组字声母较多读同精组；耿、陈两家的拟音中，《古今中外音韵通例》皆无 ɚ 韵母。

尽管《五声反切止韵》与《古今中外音韵通例》的成书已相差数十年，所见语音也不尽相同，但就其反映清代后期南方地区官话口语音的一些特点而言，二者则完全一致。

5. 对反映清末各地地方官话语音的欧美人所著中国语课本的研究

甄尚灵（1988）独立研究了《西蜀方言》的罗马字注音材料。认为其所显示的成都方音可以作为当时四川官话音的代表。共归纳出声母23类，韵母36类，声调5类。特点是：有对立的 ts 组和 tʂ 组声母，微母消失，分尖团（ts 组声母和 tɕ 组声母都能拼齐撮韵，但已开始由分趋合），泥多并于来，有 ȵ、ŋ 作声母（ȵ 母只有齐撮韵，为古泥母、疑母字，ŋ 拼开口韵与 i 韵母，为古疑、影母字）；有 ɿ、ʅ 两个舌尖元音韵母，已有 ɚ 韵母和儿化音节，歌戈不分开合，ən 与 əŋ、in 与 iŋ 没有分别，有 iai、ue、io 等韵母，通摄唇音字零声母字与其他声母字韵母没有分别，"波若哥娥"等字的韵母都是 o，"雷"等读合口；有独立入声调，但有时难于与阳平调分辨。甄尚灵还以之同20世纪的成都语音作了比较。

邓兴锋（1994b）则在日本学者佐藤昭的研究基础上对《南京官话》重新加以研究，指出：佐藤昭所见与赵元任的《南京音系》所见，声母、声调几乎完全相同，韵母则表面上似有较大不同，实质上完全一致；所记音值亦大体不误，其"在南京方音史研究中的价值不容忽视"（邓兴锋，1994b：49）。

第七节　20世纪的汉语近代共同语语音的历时研究

一、声母演变研究

（一）全浊清化研究

1. 全浊清化的形成

张世禄（1958：27）解释说："浊音声母的清音化，就是由'弱辅音'变做'强辅音'。"

王力（1980a：110）认为全浊清化"这种变化的完成是在入声消失之前"。其又说："浊音清化，大概会经过半清化的阶段。这就是说，在成阻时是清音，在除阻时是浊音。后来再经过'清音浊流'的阶段。这就是说，从成阻再到除阻都是清音，只有最后送出一股气流（即[ɦ]），才是浊音。到了这个阶段，再把浊流变为清流，浊音清化就完成了。"（王力，1985：535）

张树铮（1999a）提出：全浊先依声调的平仄分为送气、不送气两类，尚未清化。此后入声发生分化，以清浊为条件而不管送气与否。再后，全浊清化。

2. 全浊清化的类型与由来

丁邦新（1998）发现历史资料中官话全浊塞音除一般平声变送气、仄声变不送气外，还存在全部变送气清塞音及全部变不送气的两种类型，前者可为客家话的来源在北方官话中找到早期的证据，后者可以解释汉语的早期官话和八思巴字对音的难题。

周长楫（1991）也做了一种假设，古汉语方言里，有的全浊声母的塞音、塞擦音可能是不送气的或以不送气为主，有的方言则相反。

杨秀芳（1989）将现代汉语方言全浊清化的类型归纳为七种。除丁邦新（1998）说到的三种外，尚有以下四种：清化后多数不送气，少数送气（闽语、徽州方言），清化后平上送气，去入不送气（粤方言），单字音"清音浊流"、连读后字弱读时带音（吴语），部分带音、部分清化（老湘语）。

徐通锵（1990a：6）考察山西方言古浊塞音、浊塞擦音今音的三种类型后认为："客家和赣两大方言源自原浊塞音、浊塞擦音的送气型方言，闽、吴、湘三大方言源自原不送气型方言，而北方话和粤方言则源自原平仄分音型的方言。"

3. 全浊清化的历时演进

周长楫（1991）举出例证，汉语方言至少在秦汉或更早，就已经开始出现全浊清化现象。

罗常培（1933：自序3）发现，在唐五代的几种汉藏对音材料里，"浊母禅、邪、匣变同清母审、心、晓"。施向东（1983）、刘广和（1984）表明，初唐玄奘译音与中唐不空译音中，匣母都已经清化。邵荣芬（1963）在对敦煌俗文学中的别字异文的观察中,也见到了唐五代汉语西北方言全浊声母消失的现象。

黄笑山(1994)将全浊声母读清音浊流的时期定为唐五代。对于《蒙古字韵》中全浊声母音值与清声母音值互易的现象,郑张尚芳(1998)也认为是清音浊流的表现。

到宋代,有许多证据表明全浊清化已有进一步的发展。如被认为能够反映五代至宋初北方地区官话语音的毋昭裔的《尔雅音图》中,清浊字互注遍及全部全浊声母(见冯蒸,1991b);能够反映北宋汴洛地区语音的邵雍的《皇极经世·声音唱和图》已出现全浊声母字依据平仄而分读送气与不送气的变化(见周祖谟,1943);能够反映南宋南方地区共同语读书音的朱熹的《诗集传》与《楚辞集注》反切显示全浊声母全部消失(见王力,1985),孙奕的《九经直音》中也出现了众多的全浊字与清音字互注(见竺家宁,1994d)。

到了元代周德清的《中原音韵》所反映的"中原之音"里,全浊清化就已经全面完成(详前)。不过,周长楫(1991)认为,《中原音韵》音系的全浊清化可能不是直接继承《切韵》音系而来,很可能是承继唐宋时期已完成或正在进行浊音清化过程的汉语某一方言系统。

李新魁(1991b:109)的认识略有不同:"唐宋时代,全浊音声母已有发生演变的萌芽,声调方面受声母清浊的影响分化为阴阳两类,而全浊音声母则在宋代分化为送气浊音与不送气浊音。南宋时代,阳平调的送气浊音字逐渐变为送气清音。在变化的起始阶段,这些字还保持全浊音与清音两读[①],《中原音韵》'墨本'中除分'阴''阳'之外还有'阴阳'之一类,笔者认为这'阴阳'一类的字就是可以清、浊两读的字。元代中叶以后,这种两读的情况渐趋消失。明朝时,平声字基本上变为送气清音了,但仄声字仍读为全浊音。就共同语读书音来说,虽至清初尚犹如此。到了清代中叶以后北方地区多数方言,不论是平声字和仄声字,全浊音都已变为清音了。"只是,《中原音韵》"墨本"中的"阴阳"一类字就是可以两读的字,有些费解。由全浊字变来的阳类字或许可以清浊两读,与之相配的阴类字则未必可以清浊两读。明朝时仄声字仍读为全浊音,举的例证是王文璧的《中州音韵》,而王书的保

[①] 李新魁(1990)还特别说到这大概是口语音,在读书音中还看不到消失的迹象。

留全浊或被疑为吴音成分。

丁邦新（1998：221）说："奇怪的是韩国资料里，全浊塞音保存在《翻译老乞大》《翻译朴通事》十五世纪的左侧音里，到十六世纪的右侧音里才完全清化，并按平仄分读。可见浊塞音清化的步调在不同的方言中前后颇不一致。"

4. 全浊清化的先后次序

从前述唐五代的几种汉藏对音材料中，从玄奘译音中，从宋初天息灾译著和施护译音中，都可以看到浊擦音（尤其是匣母）率先清化。杨秀芳（1989）对现代汉语方言全浊声母清化不同表现的研究，张一舟（1987）对四川中兴话全浊声母清化进程的研究，都能证实这点。张一舟（1987）还归纳出：仄声字比平声字容易清化；非常用字容易清化，常用字比较稳定。

李新魁（1983b：52）也有不同认识："浊音系统的消失，起先当然发生于平声。平声字的清浊，转化为阴阳两调。而全浊音最后的消失，是在去声字。"而如上所述，在李新魁的《近代汉语全浊音声母的演变》中，这一清化模式又得到了更加详尽的阐述。

作为对李说的补充和对张说的支持，黎新第（1994）分析了现代四川方言中的一些来自老湘语的"老湖广语"，其全浊清化表现，以平仄分音型全浊清化，有的也可能是仄声在前，平声在后。如就声母性质而论，杨秀芳（1989）已指出浊擦音在前，塞音、塞擦音在后。辛世彪（2001）的研究也支持了黎、杨二氏的见解，并且他还注意到，徽、闽方言有不同表现，常用字（词）或方言固有词清化在前，非常用词或书面词、外来词清化在后。

5. 对平仄分音型平声送气、仄声不送气的解释

张世禄（1984：218）说："近代北音里，全浊声纽的字音，在平声里又分化出一种阳调，声纽本身也完全变成次清，在仄声里却更因字调的影响先把送气的成分消失，再渐渐和全清音混并，于是浊音的遗迹消灭，而只在平声里留了一个阳调了。"

俞敏（1987b：16）以为，北京话里全浊平声之所以读送气，是因为"当时平声字储存里次清音极少。全浊变清，把声带颤动改成送气，造成新同音字引起误解的机会少得多。要是全浊变不送气清音，那引起误解的机会就多到六倍了"。

周长楫（1994：314）则以为，北方方言"在浊音清化的过程中，由于声调的条件，例如平声（假定古平声读高平调）的读法使清化过程中的浊气流比较容易畅流，因而也就比较容易保持那股较强的浊气流，遂使清化后读为送气清音，而仄声由于声调的读法比较曲折（古人解释仄声的仄是不平的意思），便使得清化过程中的浊气流不易畅流，在阻碍和摩擦中进一步减弱其气流呼出的强度，便使清化后读为不送气的清音"。

麦耘（1991c，1998）的意见稍有不同。他以为分化发生时，平、上声为一方，今读送气清音，去、入声为另一方，今读不送气清音。而分化的语音条件是声调的高低：阳平和阳上字的低调致使其声母读为送气。

上述说法中，俞说别出机杼，但是否成立，尚有待进一步验证。

6. 一种否认北方话语音发展中有全浊清化现象的见解

史存直（1986）借助还原后的日译汉音与吴音的对比，提出日译汉音没有清浊的对立，是因为唐代的中原地区已没有浊音。杨信川（1994）进一步考察日译汉音与吴音，认可史的立论，并阐发史存直的见解：现代汉语没有全浊声母，不过是北方话占了上风的结果，汉语发展史上并不存在"全浊声母清化"过程，北方话在近千年中变化也不太大。萧泰芳（1997：11）亦否认中古以后的北方话语音发展中有全浊清化现象，说："自周秦以来，至少在黄河中下游地区，就存在着一个没有全浊音声母的大方言区，元代中期以后的北方话是对这一地区古代方音的继承，而不是全浊音声母从有到无逐渐被'演变'掉了。"

只是，断言中原地区从唐代开始就已经没有全浊声母，还需要有更多的语言事实支持。

（二）知庄章组声母的演变

1. 翘舌声母的来源和发展

郑仁甲（1991）认为，卷舌声母是满语（包括在它之前的女真语）影响汉语的结果。郑仁甲将产生卷舌声母的上限定在女真入主中原稍后的12世纪中叶，下限定在17世纪初叶。同时认为卷舌声母在拼不同韵母时有变体：拼

-i 韵的可能还处在舌叶音、舌面前音到卷舌音的量变阶段。郑仁甲还为卷舌音形成的不平衡状态作了具体说明：从不同声母而论，庄组在前，章、知组在后，知组尤后；从不同韵部而言，支思、东钟在前，其他在后，主元音非 i 的在前，主元音为 i 的在后；从不同等第而言，二等的庄、知组在前，三等的庄组次之，三等的章、知组再次之，知₂组最后；从不同的开合来说，则合口在前，开口在后。

朱晓农（1989a）则以为翘舌声母源于汉语语音自身的发展，上古二等 tr 或 tl 变为 ʈ 或 tʂ 是很自然的，而且汉魏时就有了。这一说法还可以追溯到高本汉（1940）。高本汉认为，根据梵汉译音，汉魏以来汉语中庄组与章组声母就有卷舌音与腭音（即舌面前音）的区别（高本汉，1940）。但这一说法受到以陆志韦为代表的学者的反对。

陈泽平（1999：160）依据"福州话等南方方言的文读音在内转各韵摄表现出庄章两组字韵母洪细对立的音韵规律"，"推论《韵镜》《七音略》将三等韵的庄组字排在二等位置是有'时音'基础的。从《切韵》到《韵镜》的五百多年间庄组声母的发音部位由舌叶转到舌尖后，导致[-i-]湮灭，韵母由细转洪，庄组字的韵母已不再具有三等的特征，同韵摄的庄章两组字的韵母洪细对立"。而在此前，薛凤生（1992）已指出，《韵镜》《七音略》所代表的等韵语音系统，并非用来表示《切韵》或《唐韵》或《广韵》的语音系统的，它本身就代表一个独立的音系，所根据的大概是唐代的"普通话"。薛凤生（1975，1990）还认为在《四声等子》《切韵指掌图》等韵图中那些放在二等和四等里的三等字可能已经改变了它们以前三等性的状态。

罗常培（1933：自序 3）观察汉藏对音材料，即已归纳出在唐五代西北方音中，"'舌上音'混入'正齿音'"，而"'正齿音'的二三等不分"。张竹梅（2000）又依据《番汉合时掌中珠》中的西夏-汉对音材料，判断西夏时期的汉语中，中古知、章、庄组声母已经合流。

关于唐五代之后知庄章三组声母的分合与翘舌声母的范围，各家的认识也存在着或大或小的不同。如周祖谟（1943）认为，北宋邵雍的《皇极经世·声音唱和图》中的庄章二组声母已经合并，而知组声母读音或已与照组相混，并且将知庄章三组声母全都构拟成翘舌音。李新魁（1990）认为庄组一向念为[tʂ]（认识与高本汉、朱晓农一致），宋代之前知₂组也并入庄组，合为[tʂ]

组。而章组在宋代的某一时期，也逐渐与庄组合流。至于知₌组声母在南宋之时肯定已与照组合流。

罗常培（1932：425）观察到元代的"《中原音韵》则照组二三等混用，或与知组合并"，"其分化现象与现代北音相近"。李新魁（1983b）将《中原音韵》中知庄章三组声母全都构拟成翘舌音。陆志韦（1946a）则以为，在元代，知组和照组二等声母也开始读卷舌音，但知组和照组三等声母还读舌面前音。陆志韦（1947a，1947d，1948a）还注意到不同性质的语音材料的差异：同在晚明，知庄章组声母，在徐孝的《重订司马温公等韵图经》中，不论二等、三等，已经全读卷舌音；而在金尼阁的《西儒耳目资》中三等仍不读卷舌音，直到清初《五方元音》还是如此。宁忌浮（1987）也认为17世纪北京还残存 tʃ 组声母。

认识的分歧主要来源于对庄组和知₌组声母音值的不同认识，亦即：是否可以将能够与 i 音拼合的庄组三等和知组三等声母构拟为 tʂ 等。李新魁（1979）专文论辩此项，力主 tʂ 等可以与 i 音相拼，并举出了现代客家方言的（广东）大埔话作为证据。杨剑桥（1996）亦支持此说。遗憾的是一直没有进一步展开讨论。

但分歧还不限于此，各家对三组声母演变过程的认识也有差异。

王力（1980a：116）认为："正齿音和舌上音发展情况是这样：首先是章昌船书并入了庄初崇山（即守温三十六字母的照穿床审），后来知彻澄由破裂音变为破裂摩擦之后，也并入庄初崇。庄初崇山的原音是 tʃ, tʃ', dʒ', ʃ，最后失去了浊音，同时舌尖移向硬腭，成为 tʂ, tʂ', ʂ。"

如果单举知章庄，可图示如下：

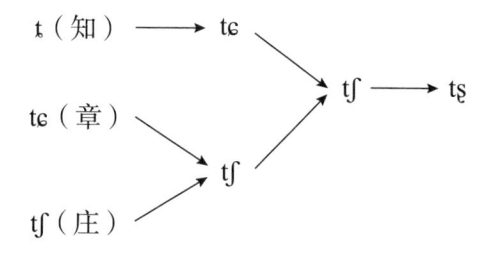

$$
\begin{array}{c}
\text{ʈ（知）} \longrightarrow \text{tɕ} \\
\searrow \\
\text{tɕ（章）} \longrightarrow \text{tʃ} \longrightarrow \text{tʂ} \\
\nearrow \\
\text{tʃ（庄）}
\end{array}
$$

"这一个最后的发展阶段大约在十五世纪以后才算全部完成，因为在《中原音韵》里，这一类字还有大部分没有变为卷舌音。"（王力，1980a：116）

竺家宁（1986）也观察到部分中古细音字在《古今韵会举要》的知系声母后转成洪音，但大部分还是保留了中古的细音，据此推论很可能《古今韵会举要》知系声母的发音逐渐趋向卷舌。但姜信沆（1980）依据朝鲜资料，推断舌上音在15世纪以前已与正齿音合并，而且15世纪汉语的卷舌音化已相当发达。

都兴宙（1992）在分析西宁方言知章庄三组声母分布的基础上，参照山东莒县方言与《中原音韵》《敦煌变文集》《敦煌曲子词集》中的别字异文所见，将三组声母演变过程修正如下：

```
庄组 ──────→ 庄组 ──────→ 庄组（开口）┐
章组 ┐                              ├ 知组
     ├ 知组 ─────→（合口）          ┘
知组 ┘             知组
```

是否可以认为王力所拟反映了共同语读书音，而都兴宙所拟反映的是共同语口语音？尚需进一步探讨。

2. 知庄章组声母同读翘舌之后的演变

一个总的趋势是翘舌的读法又趋于消失，并最终与平舌合并。

徐通锵和王洪君（1986）依据山西祁县方言一些方言点的情形归纳了翘舌声母消失的步骤：①合口韵的 tʂ-变为 ts-；②开口韵中二等字变为 ts-；③止摄开口三等章组变为 ts-；④舌面元音前的 tʂ-变为 ts-；⑤舌尖元音前的 tʂ-变为 ts-。

黎新第（1991b）依据现代北方方言材料，归纳古庄章知组声母的读音为6类21种情形。在此基础上，将古庄章知组声母同读翘舌后的历时变化步骤概括为：①庄、知二组今开口声母前化为 ts 组；②庄章知组合口声母前化为 ts 组；③章、知三组开口声母前化为 ts 组。

大体上可以说，正是最先读翘舌的，也最先变为不读翘舌。

3. 章组声母翘舌化与翘舌读法又趋于消失的动因

李新魁（1990）认为章组声母翘舌化的动因可能是受到了庄组的类化。

徐通锵（1990b）和黎新第（1991b）则将章组声母翘舌化与翘舌的读法又趋于消失作了统一的考虑。徐通锵依据祁县方言认为："精（*ts）、照₂（*tʂ）、照₃（*tɕ）的发展呈现出循环式的变化状态：

```
              （精、齐撮呼）
                   ts
                  ↗  ↘
    （照₂）   tʂ  ←  tɕ     （照₃）
```

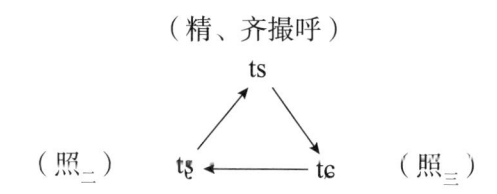

照₂的*tʂ组先变为 ts，留出空格吸引照₃的*tɕ变为 tʂ；照₃的变化又留出空格吸引齐、撮呼前的*ts变为 tɕ。"黎新第以为动因有二：一是中古以来北方方言的声韵系统简化的大趋势。二是近代北方方言见精组声母舌面化：一方面导致大量出现了新读 tɕ 组声母的字，推动了原读 tɕ 组的庄章知三组前移为 tʂ 组；另一方面原读 ts 组声母的字大量减少，又吸引了已读 tʂ 组的古庄章知组声母字转入 ts 组。麦耘（1994c：23）单就章组声母翘舌化展开讨论，表示赞成李说并大体赞成徐的见解。麦耘依据庄章组声母同见于三等韵，认为正是"三等韵中的庄组字经历了前腭介音消失的过程（即翘舌声母使 i 介音脱落），从 tʂi-变为 tʂ-，于是原来的 tʂi-类音节的位置上就出现了空格"，吸引章组声母由 tɕ-等演变为 tʂ-等。

（三）见精二组声母在细音前腭化

腭化又称舌面化，这里指的是古见组声母和精组声母在与细音韵母相拼时，见组声母的发音部位从舌根前移到舌面前，精组声母的发音部位也从舌尖前后移到舌面前，逐渐都演变成 tɕ 组声母的过程。

1. 何时开始腭化

1）唐五代说

罗常培（1933：144）已从《开蒙要训》的注音里观察到以从注澄、以照注从、以彻注清等多个例子，从而认为那时已出现腭化的痕迹。在同一页，罗常培又依据《大乘中宗见解》里一个穿母"称"字写作"k'yin"的例子"推想在《大乘中宗见解》的时代，见组声母的三、四等也开始有腭化的趋势"。竺家宁（1994e）也在南宋时期的《九经直音》中找到见精组声母腭化的例子（如"蛩，次平""向，上"等）；不过，他认为这只是偶然出现腭化的迹象，不影响声母系统。而在竺文之前，针对罗常培（1933）的发现，邵荣芬（2009：223）也表现出审慎态度，说："不能凭一两个例子就断言当时见系字已经腭化。何况直到十六、十七世纪我们也没有发现见等真正腭化的方言。"

2）元代说

龙果夫（1959）把八思巴-汉字对音中见组声母在 i 音前带ɜ与不带ɜ的区别，看作是腭化与不腭化的区别，意味着他认为当时见组声母中已分化出腭化声母。赵荫棠（1936，1956）也依据明本悟《韵略易通》的见组声母与精组声母相重、元人吴草庐增见组四母为八母、《古今韵会举要》"雅音交字属半齿"等，把《中原音韵》中的古见组声母构拟为 k 组和 tɕ 组。朱声琦（1986：134）则称："元代的《中原音韵》和明代兰廷秀的《早梅诗》中尚无腭化音。也许当时北方某地方言区里已产生了，但还不普遍。" 20 世纪末又有宁忌浮（1997）分析了《古今韵会举要》一系韵书的字母韵，发现见系二等开口见溪晓匣与疑影二母不同字母韵，见溪二母的四等字不与三等字混同，四等青韵开口舌根音又与二等开口韵同音，三等的晓母字又与见溪群疑影喻六母字分离。宁氏又依据《古今韵会举要》卷七中的"铙"字按语[即赵荫棠（1936，1956）所引"雅音交字属半齿"的一段话]，认定《古今韵会举要》中见系二等（开口）、四等字和三等韵中的晓母字和匣母字，声母已经腭化为 tɕ、tɕʰ、ɕ（宁忌浮，1997：27-35）。

但陆志韦（1946a）、杨耐思（1981a）、李新魁（1983b）等都对元代官话音中存在见系腭化声母的看法提出了程度不等的异议。陆文的理由是：现代官话方言有的（如胶东话）还保存 ki 音，"金尼阁所记的山西官话方言里'机'等字还是 ki。在《五方元音》属于金而不属于竹"（陆志韦，1946a：44）。杨文则指出，在《蒙古字韵》中，带有ɜ音的并不总是与腭化声母相对应。不过，杨耐思（1981a：35-36）除指出江阳韵二三等喉牙音字已经混同外，还拟定开口二等喉牙音字都带有一个模糊的 î 介音。李新魁（1983b：77-83）进一步认为：八思巴字译音中的ɜ原本是译者用来表示汉语中实际上没有的舌根前腭音与舌根后腭音的，其使用并无严整规律；吴草庐见系八母两组的区别是齐齿呼与合口呼的区别；所谓"交字属半齿"乃是指"交"字的韵母带有 i 介音。

3）明清说

王力（1980a：124）说："在十八世纪以前，不但齐撮呼的见溪群晓匣已经变了 tɕ、tɕ'、ɕ，连精清从心邪也变为 tɕ、tɕ'、ɕ 了。" 王力（1980b：329）

又补充说:"这是很晚起的现象,必须等到知照系字卷舌化以后,否则知照本来也是舌面前音,就混在一起了。""到了明代,全部知照系字都转化为[tʂ、tʂʻ、ʂ]。这时,[tɕ、tɕʰ、ɕ]的位置又空出来了,由精系齐撮字和见系齐撮字先后变为[tɕ、tɕʻ、ɕ]出来填补知照系的遗缺。这种声母递变的情况是很有趣的。"(王力,1985:605)赵荫棠(1956)已注意到明代本悟的《韵略易通》溪群母下"腔强弶却"等字注"重清下","江讲虹觉"等字注曰"重精下",认为是尖团相混。邵荣芬(1979:65)也根据本悟的《韵略易通》"取字相互之例",谈到 ts 等和 k 等不再有区别,已经变为 tɕ 等。此后,尚有郑锦全(1980)在相当系统、彻底地探讨了明清韵书字母的介音和北音腭化源流后认为:北方音系见晓精系字腭化大约全面形成于 16、17 世纪,18 世纪前半叶,《团音正考》对尖团的分析表示腭化已经完成。16 世纪以前,都没有发现全面腭化的现象。丁邦新(1998)依据姜信沆(1980)对《老乞大谚解》《朴通事谚解》对音的讨论,认为腭化音的上限不早于 17 世纪中叶,但也认为赵荫棠(1936,1956)研究本悟的《韵略易通》的有关推论可以采信。不过,最有说服力的还当数《金瓶梅》所见。张鸿魁(1987,1996)揭示,不仅开口二三等喉牙音字出现同音,还有许多三四等精组字跟二三等喉牙音字同音。

朝-汉对音文献也大体支持明清说,但似乎在具体时间上还要更晚一些。姜信沆(1980)考察 17 世纪至 19 世纪的朝汉对音材料,发现 17 世纪的《老乞大谚解》与《朴通事谚解》完全没反映出汉语牙喉音系的腭化现象,18 世纪的《朴通事新释谚解》就有相当多的例子,19 世纪的《华音启蒙谚解》已经记录下牙喉音系字音的腭化。崔宰宇(1997)在 18 世纪的《汉清文鉴》中发现一例见母字腭化,金基石(1998b)进而指出,《汉清文鉴》到《重刊老乞大谚解》时期已是近代汉语实现腭化的过渡期。李得春(2000)系统观察《朴通事新释谚解》《汉清文鉴》《重刊老乞大谚解》以及《华音正俗变异》,也认为在汉语北方话中,18 世纪中叶见晓组字的腭化还处于开始阶段,到了 18 世纪末或 19 世纪初,腭化有所增加,但还是少数,到了 19 世纪中叶以后,见晓组字基本腭化,但还不能说全部完成。

需要特别注意腭化音发展的不平衡性。一方面,方言口语中的腭化可能早于共同语或书面语;另一方面,即使是在清代中后期,一些反映南系官话音或南系官话方音的语音系统,都尚未实现全面腭化,甚至在当今河北、河南的一些方言中也不乏其例。

2. 腭化的先后及其语音机制

王力（1957，1980a）认为普通话舌根音的舌面化，可能比舌尖音的舌面化早些，或许同时。何大安（1985）研究云南方言腭化音的演变，也认为见系字的腭化早于精系。宁忌浮（1997）进而又从《古今韵会举要》一系韵书声母 tɕ、tɕʰ、ɕ 的分布中，得出见系中擦音又先于塞音、二等韵与四等韵先于三等韵的结论。麦耘（2000）亦观察到，在表现 18 世纪末北京音的《正音撮要》中，古见晓组细音字已是舌面音，而古精组细音字中的齐齿呼字尚未变舌面音，撮口呼字则多数已变，并与见晓组细音字混用。但冯蒸（1984）在观察现代汉语方言的情形后认为，就北京话而言，在没有找到过硬的直接材料之前，不要轻易断定见精二组声母谁先腭化。

许宝华和潘悟云（1985）、朱晓农（1989b）、徐通锵（1990b）等则着重探讨了两组声母腭化的语音机制。徐通锵（1990b）的观点已见本节二。许宝华和潘悟云（1985）详细地揭示了腭化音变过程中的潜语音条件。朱晓农（1989c）更将讨论范围扩大到所有三四等喉牙齿音字，腭化过程是逐步扩散的，先是喻母，再扩散到其他喉音ʔ、x，然后是 kʰ，再是 k，再是 s，最后才是 ts 和 tsʰ。许宝华和潘悟云（1985）解释了何以开口二等见系声母腭化而合口二等见系声母不发生腭化。这是因为二等介音-ɯ-在开口韵中 14 世纪时已演变为-i-，而在合口韵中，-ɯ-在合口介音-u-的影响下已经演变为-u-，并且合而为一。

王力（1957，1980a）还解释了某些见精二组三四等字没有腭化的原因：在舌面前元音（i、y）起同化作用之前，这些字已经丢失或改变了 i、y，不具备舌面前化的条件。许宝华和潘悟云（1985）的看法也大致相似。不过，朱晓农（1989b）表达了不尽相同的意见，认为非腭化情况应分为两类：一类在腭化发生之前，i 介音已失落；另一类在腭化发生扩散过程中，i 介音还未消失，受另一条语音规则影响跟腭化音分道扬镳。

（四）近代零声母的形成

王力（1980a：130）已经勾画出轮廓："云余合流的时期很早，至少在第十世纪就已经完成了。疑母则在十四世纪(《中原音韵》时代)的普通话里已经消失,和喻母(云余)也完全相混了。同时(十四世纪)影母和喻母在北方话里也只在平声一类有声调上的差别,上去两声就完全相混了。"不过,朱声琦(1996)以为,喻母四等(余母)汉末魏晋时期始从上古定母分化出来,到宋代才基本形成。至于微母,王力(1980a:131)以为唐末宋初为 ɱ(mv),在北方话里逐渐变为 v,"这个 v 从十四世纪《中原音韵》时代起,一直保持到十七世纪。然后才变为半元音 w,最后成为元音 u(韵头或全韵)。它是到了这个阶段,才和喻疑合流了的"。姜信沆(1980)依据朝鲜资料,也发现《翻译老乞大·朴通事》中已见微母开始元音化,到《老乞大·朴通事谚解》,微母元音化即告完成。金基石(2000)也有类似的发现。

竺家宁(1994g)也对近代零声母的形成作了系统的研究。他依据《九经直音》,将喻疑影的合流上推到宋代,并指出在同书里日微两组丝毫不与影喻疑三纽相混。

丁邦新(1998:227)也指出:"喻母、影母合流为零声母的时间相当早,邵雍的《声音倡和图》和西夏对音都显示相同的演变。大致是开口变 j-,合口变 w-。"

冯蒸(1991a:32,34)根据《尔雅音图》音注,同样得出了疑母消失并和影喻相混的时期是在宋代(并且是宋初)的结论。不过他也说道:"音注的声母体系中疑母恐未全部消失。"冯蒸还讨论了零声母字扩大范围的条件:全浊清化。以、云"虽是次浊声母,也受到这种影响而变成纯元音,在这种情况下才能导致与影母合流"。孙建元(1990)则依据多种谚文材料,认定中古影、喻、疑、微四母在北京音系里的全面合流至迟不晚于明代中叶。

至于由止摄开口三等日母变读而来的零声母,当与 ɚ 韵母的产生相联系,其出现已晚至明清时期,详情参下。

(五)其他

1. 近代轻唇音声母及日母的演变

罗常培(2004:508)已谓守温"残卷第三截'辨声韵相似归处不同例'

所举四十九组一百五十三字,皆属非敷两母;若更旁证'归三十字母例'中不、芳、并、明末列之'夫、敷、苻、无'四字,则当时唇音轻重,亦似有别。"王力(1985)、李新魁(1990)等也都论及唇音声母在唐代已分化出轻唇音,但其音值还是 pf、pfʰ、bv、ɱ 等。如李新魁(1990)即以为,由唐入宋,大概在《集韵》之前,非组声母已是 f,敷母先失去送气成分,与非母合。杨剑桥(1996)更将非、敷合流的时期确定为 8 世纪末 9 世纪初。张维佳和张干平(1992)分唇音分化为三个阶段:渐变时期(初唐),突变时期(中晚唐),理性时期(宋初)。

各家对日母音值演变的认识小有分歧。上一章中见到的汉语近代共同语日母的音值,只要不是泥古读书音,在宋元时期各家多拟订为 ʒ,到明清时期则演变为 ʐ̺(或者一直是)。如张世禄(1936b)以为,日母在隋唐是鼻兼摩擦音的 nʑ,元明时代变为舌叶摩擦音的 ʒ,现在国音字母,一部分已经成为 ɚ 外,其余的为 ʐ 母,也具有[r]的倾向。日母元音化的中间必定要经过摩擦音 ʒ 的阶段。李新魁(1990)进而指明宋代前期的日母已读 ʑ,后随着章组与庄组合并变为 ʐ̺。王力的认识有所不同,以其《汉语语音史》为例,宋代音系中日母的音值均拟订为舌面前闪音 ř,元代音系中日母的音值既拟订为舌面前闪音 ř(非止摄开口三等字"日"等),又拟订为舌尖后闪音 ɽ(止摄开口三等字"耳"等),到明清音系中则只剩下舌尖后闪音 ɽ——此 ɽ 母由元时的 ř 母转化而来,元时的 ɽ 母音节此际已转变为卷舌元音 ɚ。

姜信沆(1980)依据朝鲜资料,认为 18 世纪的日母(除"儿"类字)音值介于 r 和 j 的中间。金基石(1998a)亦认为朝鲜韵书所见日母演化同金尼阁的《西儒耳目资》与徐孝的《重订司马温公等韵图经》所见相吻合。

2. 少数喻母 j 字变为日母 r 字

朱晓农(1990)依据《清书对音》(残本)认为,喻母 j 字在 uŋ 前有变为日母 r 字的倾向。此一变化始于清代中期以后,至今仍在一个字一个字地不断扩散,而这是一个词汇扩散过程。其中,"读半边"是造成类推音变的重要原因。郭力(1994)也论及此一问题,但以为在明末徐孝的《合并字学集韵》中已见变化踪迹,而到 19 世纪末变化已基本完成。

二、韵母演变研究

（一）舌尖元音的韵母的产生和发展

1. 产生和发展

罗常培（1933：46）说到敦煌写本汉藏对音中有"两组很使人疑心'正齿'、'半齿'跟'齿头'等音的字从那时候已经有变成[ŋ]、[ɻ]的朕兆，可惜例外较多，一时还不能确定"。王力的《朱翱反切考》也认为，南唐朱翱反切所反映的音系中已有由支脂之的精系字构成的资思韵。赵荫棠(1936,1956)为《中原音韵》支思韵构拟的读音即已为 ɿ、ʅ，并指出在《切韵指掌图》和吴棫的《韵补》中支思韵已经出现。王力（1980a）也依据《切韵指掌图》的支脂之三韵精系字列入一等，认为 ɿ 的产生不晚于12世纪。止摄知系开口字转入支思韵则较晚。王力（1980a：164-165）特别指出："《中原音韵》里的支思韵没有知系字；知系开口和一部分照系开口是放在齐微韵里的。""到了十七世纪（或较早），'儿'等字已经念 ər……'知''日'等字也大约在这个时期（或较早）由齐微转入支思。"

薛凤生（1999b）亦依据对《切韵指掌图》、吴棫的《韵补》以及朱熹反切等材料的分析，认为当时不仅止摄精系字已改读"咬口呼"（按：当即韵母为舌尖元音），而且止摄庄系字也已经改读"咬口呼"。薛凤生将此定为支思韵形成的第一阶段，最迟在南北宋之交就应该已经完成。此后，大概在宋末元初，支思韵字扩大到章系开口字以及臻、深两摄的照₂系入声开口字，薛凤生称之为支思韵形成的第二期。再后，止摄开口知系声母字也加入了进来，支思韵即正式形成。但这时的支思韵还没有把许多现在读舌尖元音韵母的字包括进去。鲁国尧（1994b）研究元好问词与近体诗，即观察到支思已独立成韵。

李新魁（1988）也认为在宋代 ɿ、ʅ 两个韵母都已经产生，而且 ʅ 的产生可能还在 ɿ 的前面。宋初止摄庄组字已经变读 ʅ，其时章组字和知组字以及精组字韵母都还读 i。但到了朱熹《诗集传》中，止摄精组韵母已变读 ɿ。

冯蒸（1996）同样将支思韵的产生和发展分为三个阶段，称为三次支思化，但与薛凤生（1999b）所见小有差异。第一次支思化是止摄开口支脂之精组读舌尖元音。发生在宋代中叶以前，主要根据是《切韵指掌图》。第二次支思化以元代的《中原音韵》为代表。第三次支思化是《中原音韵》齐微韵后来在官话标准语中韵母读作舌尖元音的字也转入支思韵。最早的资料可能是徐孝的《重订司马温公等韵图经》。不过，依据忌浮（1998b）的研究，早在明初80韵本的《洪武正韵》中，一些《中原音韵》读齐微韵的知系字，就已经改归支、纸、寘三韵，韵母应读 ɿ。

也有程度不等的不同意见。竺家宁（1991b）对邵雍的《皇极经世·声音唱和图》、吴棫的《韵补》已有舌尖元音韵母的说法持保留态度，但赞成他的老师许世瑛的意见，主张南宋朱熹的《诗集传》已有舌尖前元音韵母 ɿ 产生。舌尖后元音韵母 ʅ 则始见于元初的《古今韵会举要》（但还仅限于庄组声母字）。蒋冀骋（2021：166）进而主张朱熹音注的止摄精组字"通过叶音然后与支齐韵叶者，很有可能是闽方音的反映，并非表示已产生了资思部"，也不赞成《切韵指掌图》列"兹、雌"诸字于一等是因为产生了舌尖前元音，认为是韵图作者的权宜之计。许绍早（1994）为《切韵指掌图》韵母构拟音值，十八图（止摄开口）一等为 əi，三等为 i，显然也不认为已有舌尖元音。陆志韦（1946a：52）主张"把《中原音韵》的支思韵全拟作 ï。这 ï 音是 ɿ、ʅ 跟 i，ə 中间的一个音，还不是实在的舌尖音"。李得春（1997）通过观察标记在朝鲜谚解中的近代汉语舌尖元音字，发现除止摄正齿音二、三等正齿字到《洪武正韵译训》时期确已演变为舌尖元音外，知系三等字和入声字，直到17世纪末甚至到18世纪，都还没有完全变为舌尖元音和实现舌尖元音化。金有景（1998a）更以为连《中原音韵》中的支思韵韵母都还是 ə，ï 韵母都尚未产生；比较可靠的产生年代已是清初，如《拙庵韵悟》所见。

2. 产生的语音机制和出现例外的原因

王力（1980a：164）说："不论是什么韵类，如果知照系以外的字在现代汉语里念 i，那么，和它同韵的知照系在现代汉语里念 ʅ。因此我们可以相信这个 ʅ 是由 i 变来的；tʂ、tʂʻ、ʂ 和后面的 i 互相排斥，结果是 tʂ、tʂʻ、ʂ 把韵母 i 带到和它们同一发音部位上来，变为 ʅ。"以此类推，止摄精组字韵母演变为 ɿ，也应当是受到了声母的影响。

仍是王力（1980a：163）说："支脂之三韵精系字念 ɿ。这是三韵合流以后的事……当支脂之三韵精系的 i 变 ɿ 的时候,齐祭两韵还没有从蟹摄转到止摄,条件不同,所以这两韵的精系开口字没有一起变 ɿ。至于入声字,条件更不同了。等到齐祭转入了止摄,那些入声字也都念了 i 的时候,tsi、tsʻi、si 变 tsɿ、tsʻɿ、sɿ 的规律已经丧失了时效,所以它们不能和支脂之的精系字一致了。"

(二) ɚ 韵母和儿化音的产生

1. ɚ 韵母和儿化音产生以及二者的关系

唐虞(1932)依据辽金时期已经用"儿耳二"等字对译 r 或 l 音,认为 ɚ 韵母当时即已产生。赵荫棠(1956:158)将"儿"等字的音值拟订为 ʐɿ,但又说:"韵中儿尔二等字与齐微韵日字本系一音四声相承,今既分离,在本韵者显系 er 音。金尼阁将此数字标为 ul,固为明显,而徐孝将它们列为影母,亦合音理。"

但陆志韦(1946a)将包括"儿耳二"在内的《中原音韵》支思韵字韵母一律作 ï,董同龢(1954,2001)亦拟"儿耳二"字韵母为 -ï。

罗常培(2015:36)论及"儿音的演变":"此种音变自《中原音韵》收'儿''耳''二'等入支思部已可略见其端。更以辽金元三史译名中'儿'等之对音证之,则其转变当在宋元之际。"

王力(1957,1980a)以为《中原音韵》中的"儿耳二"等字属于支思韵,读音还是 ʐɿ[①],但到了 17 世纪(或较早),"儿"等已经念 ɚɹ。

李思敬(1986)对汉语"'儿'[ɚ]音史"作了迄今最为详尽而系统的研究。李思敬依据明代早期的民间俗曲和《高昌馆杂字》等材料,主张 ɚ 音不始于辽金宋而始于明代前期。金元时期的儿系列字音值为 ɻɿ。儿化音则始于明代中期,成熟于明代后期,判断的依据是《拙庵韵悟》《西儒耳目资》《金瓶梅》等。金有景(1998b:31)还凭借儿化音在《金瓶梅》中的成熟表现,推测"[ɚ]音值在北方话口语里产生(不是文献上出现)的时代,恐怕应该往上推 50 年至 100 年"。

"尔二而"三字在徐孝的《重订司马温公等韵图经》中列于影母之下,陆志韦(1947a:173)以为"正同《西儒耳目资》的'ul',大概就是今国音

[①] 王力(1985:332)已将 ʐɿ 改拟为 ɻɿ。

的'ər'",从而可与李思敬(1986)所见相印证。李得春(1997)也指出,止摄日母字早在《洪武正韵译训》时期已变成舌尖元音ʅ,到《朴通事谚解》则变为əɻ。金基石(1998a:152)研究不同时期的朝鲜韵书中朝-汉对音,所见到的演化也"同金尼阁《西儒耳目资》(1626年)里所描写的[ul]和徐孝《等韵图经》(1573~1619年)把儿系列字归入影母的时期是相吻合的"。此外,侯兰笙(1988)依据明末竟陵派作家刘侗、于奕正合著之《帝京景物略》中名词或带"儿",或不带"儿"(如"虫""虫儿"),推断带"儿"名词已念儿化韵。李子君(2000)也从明代后期赵南星散曲用韵中发现儿化韵。

张清常(1991)观察《元史》中汉语与蒙古语的译音,注意到蒙古语中的l、r两音并非都用儿系列字对译,从而支持了李思敬的论点。不过也认为当时儿类字读音已经与ɚ音接近。

也有学者持不尽相同乃至完全不同的见解。宁忌浮(1987)主张儿化韵的产生当在"儿"字读零声母之后,与李思敬(1986)的认识只是时间上有差异。但对陆志韦(1947a)对徐孝的《重订司马温公等韵图经》"尔二而"字读音的设想,持有异议,以为其实际音值尚不是ɚ(或ɚɭ),其时尚处于读ʅ或ʅɭ的阶段。无独有偶,黄笑山(1996:100)也发现,在利玛窦所记明末官话里,"'儿'类字尚未发展成卷舌元音"。不过,宁忌浮(1987)也认为儿化音始于明代中期,即在徐孝的《重订司马温公等韵图经》之前早已出现。李立成(1994)、董绍克(1998)、季永海(1999)等则以为早在明代之前,儿化韵就已经产生。依据对音和元曲等材料,李立成、董绍克都主张元时已有儿化韵,李立成还认为元时儿尾已不限于用在名词中,并归因于受到蒙古语卷舌韵尾的影响。季永海(1999:19)也主张"儿化音的发生,既有汉语的来源,又有外来的影响"。季永海还依据话本和诸宫调材料,更将儿化音的发生上推到宋代。如此说来,无论是说ɚ音先于儿化音产生,还是说二者皆产生于明代,全都未为定论,有着更进一步探讨的必要了。

2. "儿"音的演变历程及其与轻声、儿化的关系

唐虞(1932)大体同意高本汉的意见,以为"儿"音的演变为ɚ经过以下七个阶段:nʑi>ʑi>ʐi>ʐʅ>ʐ̩>ʑ̩>ör。

罗常培(2015:36)拟订的[ɚ]韵母由来是:"盖由日母自[nʑ]变[ʐ],于是高元音[i][iː][iɛ̆]等韵母乃受其类化而变为[ɻ]之下降音[ɻ̥],亦即[ə]音同时加卷舌作用之音[ɚ]。"

赵元任（1980：133）以为江北地方[①]"二"音的演变也经过七个阶段：nʑi>zi>rï>ɻ̩>ɚ>aʴ>ɑ。所见又与唐虞（1932）有差异。

李思敬（1986：5，42）怀疑从[nʑi]到[ör]中间不存在过渡形态的音，改以现代汉语方言中确实存在的 ʐ̩ 音为依据，提出以 ɻ̩ 音作为儿类字从中古音到现代音的过渡音值，于是"儿[ɚ]"韵母的由来便是"[ɻ̩]>[ɻ̩]>[ɚ]"。

姜信沆（1980）列举了朝鲜文献中几种二、儿、耳等的注音：

	二	儿	耳	而
翻译老乞大·朴通事（1515）	zʌ	zʌ	zʌ	
老乞大谚解（1670）	zïl	zʌl	zʌl	
朴通事谚解（1677）	'il	'ʌl	'ʌl	
朴通事新释谚解（1765）	'il	'il	'il	
华音启蒙谚解（1883）	'əl	'əl	'əl	'əl

丁邦新（1998）对上列朝鲜资料也作了引述，认为似乎更能看清 ɚ 韵母的由来。丁邦新（1998：227）还以为，王力（1980a）的"ʐ̩→ɻ̩ʐ→rə"恐怕不大可靠"。不过，薛凤生（1999b）也同样认为现代儿韵母是音素易位的结果，只是他主张现代儿韵母的音值不是 ɚ 而是 ir，而 ir 来自《中原音韵》里的 ri，时间在明末徐孝的《重订司马温公等韵图经》之前。

宁忌浮（1987）拟订的《中原音韵》以来"儿"类字的读音历程则是：ɻ̩→ʐ̩（或 ɻ̩）→ɚ。他还判断，从 ʐ̩ 到 ɚ，大概在清初。

李得春（1997）则说，日母字早在《洪武正韵译训》时期已变成舌尖元音 ʐ̩，到《朴通事谚解》则变成 ɚ。所见演变速度显然更快一些。

至于"儿"音的演变与读轻声的关系，李格非（1956）依据《董西厢》已支思、齐微分立，而"儿"字与支思韵字为韵，倾向于当"儿"读轻音时，"儿"已读 ɚ 音。宁忌浮（1987：55）也认为："'儿'系列字从日母变为零声母，大概与读轻声有关。"金有景（1998b：31）还提出："'儿'的后缀身

---

① 所称江北地方，应是指扬州、合肥等地。

份（语法意义上的'后缀'，不同于一般意义上的'词尾'）是'儿'由[ɳ]变[ɚ]的催化剂。当'儿'还没有取得语法意义上的'后缀'身份时，它是不可能由[ɳ]变[ɚ]的。"

3. 儿化韵的发展

林焘（1982：11）从现代北京话儿化韵个人读音的差异推测，"北京话儿化韵儿化作用的完成，很有可能只是近一百多年的事"，"近百年来北京儿化韵正处于比较迅速的变化阶段，这个变化过程至今还没有完成"。

赵元任（1979：117）已提出儿化韵来自"里、日、儿"三个音。李思敬（1986：91）又补充说，还有第四个来源"了"音。

赵杰（1996：241）所论述的部分内容可视为对林说的具体解释和补充。"北京话在明代和清代的五百年中经历了两次由'儿'[ɚ]尾向儿化的音变过程。明代的儿化过程数量少，范围小，是以实词虚化的语素'儿'在轻声条件下变[ɚ]并向前一音节靠拢才儿化的。""清代北京内城的儿化过程则另辟蹊径，由于满语和旗人话的影响产生的[ɚ]音尾并不是一个语素，而是满语轻音全面覆盖所孕育的一个极普遍的轻音音节，它随着旗人话不自觉带入的满语粘着性结构模型的发音习惯逐渐分派到其他音节后面……而且数量远比明代的'儿'[ɚ]音多。"罗福腾（1992）注意到蒲松龄的《聊斋俚曲》中已有借助儿化使不同韵辙之字押韵的例子。但他不同意俞敏（1987c）认为儿化韵是清初驻防旗人带过去的说法，理由是淄川没有驻过旗兵。

伍巍（1986）还从语音机制角度解释了儿化韵的产生，"儿"类字直到南宋仍读 ɳi，元代则最初读 ʒɿ，儿尾地位的音恰是一个轻而短的松音，造成 ʒ 向 ɻ 移动。

（三）ɤ韵母的产生和发展

赵荫棠（1936）说，ɤ 韵之字有三种来源：第一是歌戈韵开口变的；第二是车遮韵 tʂ、tʂʰ、ʂ、ʐ 变的；第三是受南方入声字影响变的。《谐声韵学》[据赵氏考订，成书约在康熙四十年（1701年）]已有 ɤ 韵母，都来自歌戈韵的开口字和古入声字。

竺家宁（1986）在总结《古今韵会举要》字母韵中入声韵母时，以为其中的栉韵（栉ɤʔ/ɔʔ）很可能就是-ɤ韵母的萌芽。竺家宁（1992a，1992b）对ɤ韵母的产生和发展又作了更加深入的探讨，并有所修正。竺家宁（1992b）首先指出ɤ韵母出现得比较晚，直到康熙开始的几部韵书里，ɤ韵母出现了痕迹。进而分析清代几部韵书的语料，发现从赵绍箕的《拙庵韵悟》开始有ɤ韵母，最初在一群中古收-k的入声字里出现，后来又扩充到歌戈韵里，最后伸入车遮韵。现代的ɤ韵母来源较广，中古十六摄，有一半的摄可以找到它的源头。

（四）y 韵母的形成和介音的演变

1. y 韵母和 y 介音及四呼的形成

赵荫棠（1936，1956）已将《中原音韵》鱼模韵鱼类字的韵母拟作 y，并在真文、先天等多个韵类中，拟出用 y 作介音的韵母。周祖谟（1943）更以为宋代汴洛语音中已有撮口呼韵母。竺家宁（1986）为《古今韵会举要》字母韵所拟订的韵母系统中，也有 y 介音、y 韵母（y 韵母限入声韵）。张鸿魁（1996）也推测 y 介音甚至在《中原音韵》之前就已经产生。但陆志韦（1946b）讨论邵雍的《皇极经世·天声地音》，所作拟音中没有出现 y 韵母或 y 介音。陆志韦（1946a）更对赵说表达了不同意见，将鱼模韵的细音韵母改拟作 iu，并且认为直到清初《五方元音》把鱼虞从虎韵移到地韵，才是鱼类字的韵母已经读 y 的确切证据。陆氏改拟得到了后来研究《中原音韵》的多数学者的信从。其理由，一是 y 与同属鱼模韵的 u 韵母押韵唱来会不大好听，二是直到《西儒耳目资》中的此类字读音都还是复合元音。王力（1980a：173）依据潘耒的《类音》把"师依疏於"认为相配的四呼，推断中古的模鱼虞韵分为 u、y 两音"最晚在十六世纪已经完成"，间接支持了陆说。杨耐思（1981a：39）又批评赵荫棠（1936，1956）说："把'居'类拟成 y（舌齿音作 ẏ），那是拘泥于现代北方话。北曲绝少有鱼模和齐微通押的例子。"但可能是发展不平衡，邵荣芬（1981：74）观察到《中原雅音》已经鱼模分韵，并将鱼韵的音值构拟为 y。宁继福（1985：225）也说"鱼字读 y，大概要到《韵略易通》的时候"。只是，《韵略易通》中的居鱼韵构拟成 y（如张玉来，1999b）和复合元音 iʉ（如陆志韦，1947b）的都有。但《重订司马温公等韵图经》

和《韵略汇通》中的鱼类字韵母一般都已构拟为 y。如果说《重订司马温公等韵图经》的"珠、除、如、书"等字拟为 y 韵或有可疑,《韵略汇通》就没有什么可以怀疑的了。因为,"《汇通》把西微的 i 移作居鱼的开口,同时改西微为灰微。可见居鱼的合口音已经不像是《易通》的 ʉ、iʉ"(陆志韦,1947c：107)。再看朝-汉对音文献,姜信沆(1980)指出,《老乞大·朴通事谚解》中"居、举、句、局"等字也注为-iʉ 音,《朴通事新释谚解》将相当多的字音注为 iʉi(y)音,反映了此时 y 韵母的发达。

有了 y 韵母和 y 介音,就彻底打破了韵母系统的开合四等,形成开齐合撮四呼的新格局。邵荣芬(2010:72)说:"最初创立四呼分类的是明末(1612)无名氏所作的《韵法直图》一书,后来在清初潘耒所作的《类音》(1712)一书里,对四呼作了更为准确的描写。"由此可见四呼的形成与 y 韵母形成的时间刚好同步。

如果同意《中原雅音》已经有了 y 韵母和 y 介音,就可以将四呼在方言口语中的形成,至少追溯到明初甚或更早的时候。

2. i、u 介音的形成和发展

现代汉语中的 i 介音分别见于中古开口三、四等韵及近代的二等喉牙音,现代 u 介音(也包括 y)则一般见于中古合口韵。郑张尚芳(1996)还将汉语 i、u 介音的形成一直追溯到了上古。近代汉语共同语开口三等韵带 i-介音是对中古开口三等韵带 i-介音的历史继承。问题是中古开口四等韵 i 介音的产生。麦耘(1995b)认为：从宋代韵图与《切韵》的差异看,纯四等韵 e 韵腹生出-i 介音；再从《集韵》看,北宋时纯四等已产生了前腭介音。前腭介音即 i-介音。邵荣芬(1997)研究《集韵》反切,也认为其所反映的四等韵也已带上 i-介音。到了元代,除与精、知、庄、章组声母相拼的止摄开口的 i 已变为舌尖元音外,李新魁(1984a：472)说："元代三四等韵保存[i-]介音,这在元代的韵书《蒙古字韵》(1269—1308 年)、《古今韵会举要》(1296 年)、《中原音韵》(1324 年)中看得十分清楚。"到了明代后期的《西儒耳目资》里,与知、庄、章组声母相拼的其他开口三等韵,已部分丢失 i-介音(见陆志韦,1947d；李新魁,1984a),但在《重订司马温公等韵图经》里,与知、庄、章组声母相拼的其他开口三等韵,其 i-介音则已全部丢失(见陆志韦,

1947a，1948a）。姜信沆（1980）还特别指出通摄三等字介音，ts-、tsʰ-、s-、n-、l-声母从《韵略易通》开始有消失的现象，《洪武正韵译训》的"俗音"也将精、清、从、心、来母字等注成-uŋ，后代的文献注音相同。

再看开口二等喉牙音。朱晓农（1989a）、陈晨（1991）均持从中古到元代二等韵都有ɯ介音的论点，许宝华和潘悟云（1985）的认识则稍有不同：在8—10世纪（宋代前后），-ɯ-介音转化为-ɿ-介音，直到14世纪前后（元代前后），才最终转化为-i-介音。可与之相印证的是，邵荣芬（1997）判定《集韵》见系开口二等字已产生前腭介音ɿ；竺家宁（1986）在《古今韵会举要》字母韵中也观察到部分开口二等喉牙音已带上-i-介音；赵荫棠（1936，1956）以为《中原音韵》中"江"与"衙雅亚"等字已有-i-介音；李新魁（1983b）则认为元代的开口二等字，已经普遍产生i介音。而依据张玉来（1995b）的研究，《韵略汇通》里面原二等韵喉牙音字韵母仍游移于一、三等韵母之间。直到《重订司马温公等韵图经》《西儒耳目资》《五方元音》等韵书、韵图中，才完全看不到独立二等韵的痕迹。直到这时，二等喉牙音的介音，才完全融入到i介音中。

近代u介音也是对中古合口韵母中u介音的继承。李新魁（1984a：474）说："中古时期的[u-]介音在元代的各个韵母中还很好地保存着。后代一些变为开口韵的字（主要是唇音声母字）在元代时仍然保有[u-]介音。唇音声母还普遍保持与[u-]拼合的音节结构。"原属江韵二等的"窗、双"等字，在《蒙古字韵》中也已带上u介音。但到了元代，唇音声母中的u介音纷纷丢失，与n、l声母相拼的uei韵母字中的u介音也丢失，但齐微韵合口的原微母字的v却又消变为w-或u-。

《中原音韵》尚读合口的唇音声母字缘何会变为开口，也有学者作出解释。如杨剑桥（1996：224）以为，"近代汉语唇音声母后的合口介音是一个过渡音，由于后代唇音声母的展唇性，这个过渡音是不稳定的，容易丢失的，而当主元音由央后元音变为前元音时，这个过渡音尤其容易丢失。例如在徐孝的《重订司马温公等韵图经》（1606）中，灰韵的主元音已由ɒ（或可拟为ʌ）变为e，其唇音字'杯'就被置于开口呼中，u介音丢失"。金基石（1999a）认同杨剑桥（1996）阐述的音理，并依据朝鲜对音文献的谚文注音资料，印证14—15世纪汉语语音中,《中原音韵》的桓欢韵唇音字确实存在过u介音,判断汉语近代音唇音声母后的 u 介音消失大约是在《翻译老乞大·朴通事》以前发生的。

朱晓农（1989a，1989c）还讨论了中古三四等喉牙音字的腭化和非腭化问题，朱晓农（1989b）认为中古以后有两条互相争夺的音变规则：一条是腭化规则，另一条是 i 介音失落的规则。前者在元代以后开始起作用，后者出现更早，但在一段时间内共同起作用，争夺同一群语素，因而导致了今天一些韵中腭化和非腭化的分化。

另一个值得注意的发展是，不仅是与唇音声母相拼韵母的 u 介音在近代纷纷失落，同知系声母相拼韵母的 i 介音以及同精系和来日二母相拼的通摄三等字的 i 介音，在近代（尤其是进入明代以后）也纷纷失落。李新魁（1984a）便概括了 i、u 介音在汉语近代音中的这一变化：总的趋势是有 i、u 介音的韵母减少，开口韵母增加。

此外，郑仁甲（1994）还阐发前辈学者的见解，认为中古时期的《切韵》音系除去有 i、u 介音外，还有介乎二者之间的前颚介音 ï（前舌面中元音）。ï 见于重纽系唇牙喉音甲类，但由于地位不稳定，进入近代汉语早期之前，即已分别向 i、u 转化，此不赘述。

（五）鼻音韵尾的演变

马思周（1995）专题讨论了汉语近代音鼻音韵尾的音变形式，最值得注意的是对鼻音韵尾演变为 -∅ 或元音的解释，马思周认为乃是口语交际中无意识的失落或滑向同部位其他音的一种语流音变现象，宋元时期的复数词尾"们>每"之变即是。不过，20 世纪的鼻音韵尾研究，主要集中在 -m 尾韵转化为 -n 尾韵的时间问题上。

早在唐五代就有汉语方言（如西南方言与西北方言）-m、-n 相混的现象（见邵荣芬，1963；张清常，1982）。宋词元曲以及金诸宫调 -m、-n 尾韵字通押之例，具见周大璞（1963）、廖珣英（1963）、李爱平（1985）、鲁国尧（1991b）等的研究。但或以为已是实际语音的反映（如周大璞，1963；朱星，1982），或以为只是或者可能是一种用韵习惯（如鲁国尧，1991b；曹正义，1991）。占主流地位的意见诚如吕叔湘所言，汉语共同语中 -m 尾韵的消失至迟是在明代。陆志韦（1947a）已揭示徐孝的《重订司马温公等韵图经》已经消灭 -m、

-n 的分别。毕拱宸的《韵略汇通》凡例亦明示-m 并入-n。王力（1957，1980a：135）认为，-m 尾韵的消失"在《中原音韵》里已经有了一个开端，就是声母为唇音而韵尾为-m 的字一律变为收-n"。但《中原音韵》"基本上还保存着-m 尾。在北方话里，-m 的全部消失，不能晚于十六世纪，因为十七世纪初叶（1626）的《西儒耳目资》里已经不再有-m 尾的韵了"。金周生（1990a）对《中原音韵》中的-m→-n 字作过考实。杨耐思（1981b）依据本悟的《韵略易通》的"重韵"、《四声通解》"凡例"以及《老乞大谚解》和《朴通事谚解》所提供的材料，推断官话-m 尾韵部分转化不晚于 14 世纪，全部转化不晚于 16 世纪，而且其次序是先方言后官话。张清常（1982）亦持近似见解，指出李登的《书文音义便考私编》已无-m 尾韵。张鸿魁（1996）也从《金瓶梅》中观察到-m 尾韵与-n 尾韵合并。安奇燮（1995）依据《洪武正韵译训》中的"俗音"，金基石（1997）依据《四声通考》中的"右音"，又都分别判断汉语北方话中的-m 尾韵在两书成书之前的年代里已经全部消失。姜信沆（1980）则以为，从《翻译老乞大・朴通事》内字音起，鼻音韵尾只记录-n 和-ŋ。

也有学者主张该现象出现在宋、金时期。金周生（1991a）依据全宋词中有作者可考的作品-m 尾韵母字与-n 尾韵母字混押，至少三倍于-m 尾韵母字独押现象，推断-m 韵尾在当时黄河以南、长江流域附近已经读为-n 尾。周大璞（1963）依据宋人朱敦儒和史达祖词的叶韵，就主张二人的家乡话汴洛方言在那时就已经没有闭口韵。郑国火（1999）考察宋代闽赣词人用韵后认为，-m 的消变始于 11、12 世纪。冯蒸（1992）研究《尔雅音图》音注，认为音注音系中咸深二摄-m 尾已分别变同山臻二摄的-n 尾，它所反映的宋初北方官话语音中，-m 尾韵应当已经消失。不过，单凭叶韵的情形，还不足以得出肯定的结论。冯蒸的判断，已有蒋冀骋（2021：145）表示不能同意，认为冯蒸的例证只能表明"音注者的方言中-m 与-n 在听觉上相当接近"，音注"作者的方言中-m 韵尾是存在的"。

-m 尾韵之所以消失，除上边说到的首尾异化外，也应与汉语近代共同语语音趋于简化的大势有关，同与-m 尾同部位的-p 尾的消失更有着直接联系（见马学良，1991）。

除上述学者外，何九盈（1985a）、麦耘（1991b）也支持和发展了吕叔湘的论断。何九盈说，康熙年间的《诗词通韵》保存-m 尾韵，一方面是为了照顾曲韵书的传统，另一方面也有"土音"为据。而所称"土音"，应当是指当时会稽（绍兴）、毗陵（常州）二郡的吴音。麦耘提出，-m 尾韵的消变在汉语共同语北支和南支中速度不同。-m 尾韵在北支中至 16 世纪晚期业已消亡，但在南支中至 18 世纪仍有保存。如清初杨选杞的《声韵同然集》、李渔的《笠翁词韵》均有-m 尾韵。而如李渔是坚决反对以方音入韵的。

（六）止、蟹二摄的分合

周祖谟（1943）研究邵雍的《皇极经世·天声地音》，竺家宁（1980）研究孙奕的《九经直音》，都已经观察到宋代蟹摄的一些韵类混入止摄的现象。唐作藩（1991b）更以专文讨论了唐宋间止、蟹二摄的分合。文中有一图示，这里截取其宋、金元部分。

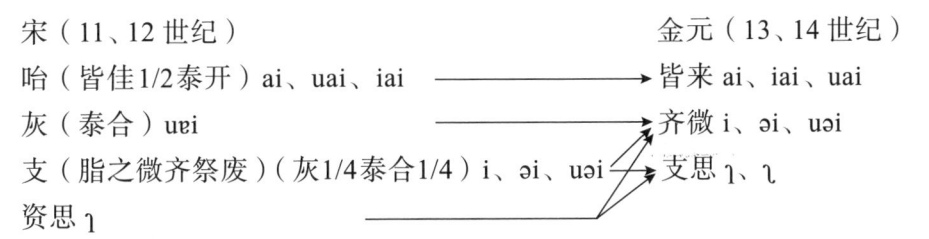

```
宋（11、12 世纪）                           金元（13、14 世纪）
咍（皆佳1/2泰开）ai、uai、iai ──────→ 皆来 ai、iai、uai
灰（泰合）uɐi ──────────────→ 齐微 i、əi、iəu
支（脂之微齐祭废）（灰1/4泰合1/4）i、iɛ、iəu ↗ 支思 ɿ、ʅ
资思 ɿ
```

灰韵类字并入齐微韵字为时甚晚，可以从元好问近体诗与词的用韵中得到证实（鲁国尧，1994b）。

冯蒸（1992）讨论《尔雅音图》所反映的宋初韵母音变，也论及止、蟹二摄的分合，所见略同。

（七）其他

三、四等韵合流，开口二等喉牙音孳生 i-介音，又与三、四等韵合流，已见前述。此外，梗、曾二摄舒声合并，也是近代汉语共同语语音的重要演变。薛凤生（1992）认为，此演变始于洛阳地区，同始于北京地区的开口二等喉牙音腭化一样，演变都已在宋代完成。沈建民（1994）进而探讨梗摄二等开口喉牙音字何以有洪细两读，以为与其主要元音变化有关：在读书音中，由于梗曾二摄合并，而曾摄主元音为 ə，梗摄二等开口主元音也就由 a 变 ə，故而在其他二等开口腭化时仍旧保留洪音读法；在口音中则其主元音由 a 变 i，故与其他二等开口变化一致。但就读音、口音的分辨而言，王力（1980a：137）已经就此指出："当一个字有文白两音的时候，文言音总是念开口，白话音总是念齐齿。"

为叙述方便，入声韵演变研究介绍已放到本节三（一），与入声调演变研究一并介绍。

三、声调演变研究

（一）入声的消失

1. 何时开始消失

张须（1947）认为当秦汉之际，北音已有变入为平的趋势，并举出若干文献上的例证。但就共同语口语入声的总体消失而言，已有的研究则大都表明始于宋金时期。唐钺（1926：170）认为"入声完全丢掉""从金章宗时起首"，"入声的字归入阴声：或念做平声或上声或去声"。周大璞（1963）也得出了相似的结论。此外，魏建功（2001b）分析辽代石刻帝后哀册文中的入声韵读，既不与《广韵》同，和等韵也不全同，认为是今声入声变读的开端。夏承焘（1948）以为宋词已有入派三声，且此例在词，并可上溯至唐。唐擘黄（1927）还揣测，宋时的入声字大约有两音：一有收声，一无收声。北宋邵雍的《皇极经世・正声图解》中的古入声字，除原属深、咸二摄者外，皆与阴声韵字相承。周祖谟（1943）为之拟音，仅深、咸摄入声字韵母有-p 尾，其余入声字韵母皆已与阴声韵无异。喻世长（1991：197）在分析《皇极经世・声音唱和图》后也说："邵康节告诉我们：入声韵合并到开尾的舒声韵中去，这个过程，从北宋就开始了。"陆志韦（1946b：75）说："诗人押韵的习惯，到了唐朝的末年已经渐渐的改变。入声虽然不能叶阴声，然而-p、-t、-k 偶然互叶。再晚一点，《花间集》已经不少这样的例子，宋词更多。"王力（1958：1010）揣测宋代某些方言入声已消失，变为三声。李无未（1998b，1998c）研究孙奕的《九经直音》和《示儿编》俗读，也观察到入声舒化现象。顾汉松（1986）以为，唐代入声韵尾已含糊，而从女真译文看宋代已无入声。李无未（1998c）更明确提出南宋孙奕俗读"清入作去"。张树铮（2000）探讨咸山宕江四摄入声字在北方话中合流的时间层次,指出宕江摄入声字合流已见于南宋朱熹。

但也有学者认为共同语中的入声直到元、明时期才开始消失。首先是陆志韦(1946a)主张元代《中原音韵》有入声,陆志韦(1947a)依据徐孝的《合并字学篇韵便览·引证》中的一段话,进而推测:直到明末的北京俗音中清入声字也许还保存喉塞收声。郭力(1997)又修正陆志韦的后一见解,以为当时尚读短调的清入声字不属北京俗音而属读书音。其次,如邵荣芬(2010:86)看到元代用蒙古八思巴字母对译的汉字把入声韵字与阴声韵字的平、上、去声字相承,并以同一个八思巴字注音,认为:"这表明当时的入声虽然仍然是个独立的声调,但入声字ʔ尾确实已经消失,变成了真正没有辅音韵尾的字。"张玉来(1991a)认为元、明初北方官话口语基本还存在入声,个别方言已经消失,之后至清三百余年间北方官话口语中入声不复存在,分派到了其他三声中。张玉来(1995a:193)说:"到明清两代,大都音渐渐取得了官话标准音的地位。在这一时期内,标准音区已无入声。汴洛音区大致也无入声。"姜信沆(1980)指出,《四声通解》凡例已明确否认入声喉塞韵尾在北方语音中的存在。金基石(1999b)也认为从朝鲜对音文献看,15世纪北方话里入声字尾变为喉塞音韵尾,16世纪初入声完全消失。李新魁(1991a:85)更明确提出:元代的共同语中,无论是读书音还是口语音,都还没有丧失入声;明代共同语中,除去个别例外,即使是共同语口语也仍有入声;"中原共同语入声的消失,恐怕要到清代才发生"。朱星一(2000:43)也认为,"入声字在《译训》俗音、《通考》俗音、《翻老·朴》左音和《通解》俗音中一直存在,甚至于入声韵尾[-ʔ]到《通解》(1517年)时期仍然存在"。

问题似并不在汉语共同语入声消失开始于何时而在其终结于何时。汉语近代共同语语音有着不同的层面,部分分歧产生的原因,或在所说的入声消失对象并不同一。

2. 入声消失的机制

张世禄(1929)对入声消失的语音机制即有所讨论,虽然还较为笼统。张世禄以汉字的日本译音为证,为近代入声演化提供了如下三点解释:①音长和音调相互的变化;②异化作用与同化作用;③韵尾变化和收音 i、u 的关系。张世禄不赞成唐钺（1926）提出的入声-p尾的消失晚于-k尾和-t尾的说法。下边试分别介绍一些学者的有关认识。

1）不同入声韵尾消失的先后

学界对该问题的认识颇为纷歧。

（1）如王力（1980a：134）认为："韵尾-p、-t、-k在北方话里的消失，是比较早的事。""应该说，先是韵尾-p、-t、-k消失了，然后入声跟着也消失了；因为入声是以短促为其特征的，没有-p、-t、-k收尾，也就不能再成为短促。依我们的观察，首先是收-p的入声消失了。黄公绍的《古今韵会》（书成于1292年以前）是保存着收-k和收-t的入声的。但是收-p的入声字已经并到收-t的入声去了。到了《中原音韵》里入声就完全消灭了。当然其间可能经过一个收[-ʔ]的阶段，就是-p、-t、-k一律变为[ʔ]，像现代吴方言一样。但是，这个阶段是很短的。"潘家懿（1984：431）在分析交城方言入声现状后推论，"汉语入声在由'促'到'舒'的演变中，是经历过一个拉长音时阶段的"。胡松柏（1994）依据入声消失过程在赣东北闽南话中的表现补充说-ʔ尾弱化读长入调子是"ʔ→-ø"演变的过渡，入声的消失是因为入声音节音时拉长读作长入。

（2）如许宝华（1984：446），同样是在观察多个现代方言后，认为"入声调类及其韵尾消失的情况在各方言中是很不一致的。消失的速度不同，消失的方式也有异。有的方言-p先失落，有的方言-t先失落；有的方言-k最稳定，有的方言则-p最稳定。一般说来，入声塞音韵尾-p、-t、-k的失落要经过喉塞韵尾-ʔ的中间过程"。李永明（1986）则为此提供了很好的例证：

广州	厦门	南昌	潮安	澄海	福州	长沙
梅县					苏州	北京
-p	-p	—	-p	—	—	—
-t	-t	-t	—	—	—	—
-k	-k	-k	-k	-k	—	—
—	-ʔ	—	-ʔ	-ʔ	-ʔ	—

陈振寰（1986）、董绍克（1989）、黄艾榕和张盛如（1999）也持类似见解。

（3）但如都兴宙（1987：79）认为，"汉民族共同语三种入声韵尾是沿着各自特定的方向向前发展的……其间并没有经过一个全部合并为喉塞音韵尾

[-ʔ]的阶段"。其演变轨迹如下：

-p→（-b）→-∅

-t→（-d）→-r→-∅

-k→（-g）→-ʔ→-∅

对不同入声韵尾消失的先后，还有一些与上述相矛盾的认识。厉小通（1926：10）以为-k尾"深在口内"，最为"隐晦"，因而消失最早；都兴宙（1987：80）则依据历史语音材料，认为："舌尖塞音韵尾[-t]发展最快，消失最早；其次是舌面后塞音韵尾[-k]，二者的消失至晚在两宋之交、南宋初年（十二世纪初）已经完成，保留时间相对较长久的是双唇塞音韵尾[-p]，但它的消失在[-t]、[-k]二尾消失之后不久也就完成了最后的阶段。"黄勇（1996：17）则力图证明，"在汉语入声尾消失的过程中，-t尾最后消失的可能性比-p尾最后消失的可能性大"。刘青松（1998）依据《宋词纪事》《宋诗纪事》韵例与《古今韵会举要》入声分类，又认为是-p、-t两个韵尾较早向-k尾靠拢混同，而-k韵尾的消变则为时最晚。

（4）竺家宁（1994b）认为《四声等子》时代应尚有-p韵尾，竺家宁（1994c）也同意邵雍的《皇极经世》中有-p尾存在。但其在《宋代入声的喉塞音韵尾》中，改变了看法，认为宋代-p、-t、-k一律都变-ʔ，并没有"-p、-ʔ→-ʔ"阶段。-p配-m不配阴声，是主要元音的问题，与韵尾无关。韵图中，喉塞音-ʔ尾总找主要元音类似的阴声字相配，没有主要元音类似的阴声字"十、妾"等字，依传统放到-m类下。竺家宁还以为，入声带喉塞音-ʔ尾的时间不会很短暂。

以上或者所指汉语共同语语音层面不同，或者所依据材料不同，或者所论时期与地域不同，因而还大有进一步研究的余地。

此外，国光红（1986：72）还尝试对入声韵尾失落的原因作出解释：到中古时期，入声韵的主要元音已由长变短，"当短到不能再短的时候，譬如说，短到将要失去元音性质的时候（中古后期），辅音尾失落了，被束缚的元音得以解放而变长"。赵宏（1997：64）则引用语音实验结果说明："声调的短促性，是产生塞音尾的原因；反过来也就是，声调由短变长便消失了塞音尾，是入声调塞音尾消失的原因，也是入声韵塞音尾消失的原因。"而声调的由短变长又是由于"在开初，汉语声调主要是以'舒'与'促'来别义……到中古，音节的高低升降变化形式成为声调的主体","与音节的高低升降变化形式比较起来，长与短、舒与促在声调上则成了简单的、落后的别义手段……所以入声调便逐渐消失（或减少）"（赵宏，1997：64）。两相比较，似乎后一解释更加全面，也更有说服力。

2）入声舒化的程序

白涤洲（1936）依据当时关中入声舒化的程序提出：先变单字，后变词句；先变读音，后变语音。许宝华（1984）则说到入声辅音韵尾的失落清入要比浊入晚。董绍克（1989）更系统论及入声塞尾的演变与声母、韵母元音的关系。就声母而论，有的方言受个别声母的影响，一般浊声母入声，塞尾脱落得快，清声母入声，塞尾脱落得慢；就韵母元音而言，不同方言里有不同的表现，同样的塞尾在不同韵母元音后有不同的变化。张树铮（1994a）指出：全浊入与次浊入消失也有先后，消失从全浊入开始，其次次浊入，清入最后；北京等地官话清入归属混乱，应是在清入已经消失后发生的，是方言融合的结果。

薛凤生（1978）也认为，现代北方官话入声字的演变错综复杂，乃是不同方言和语言层次交叠融合的结果。如果我们掌握线索分别观察，其实是有规则可循的。论文以北京"口语音""读书音"及徐州方音的入声为例，拟出了三者的入声演变规律。

颜景常和鲍明炜（1988）对现今江淮方言北沿入声消失过程的观察证实了上述见解，并有所补充：入声转化为舒声是个渐变的过程，中间往往有一个过渡阶段；入声向舒声的转化还要受到附近无入声方言的影响和制约。

3）入派舒声的依据

唐擘黄（1927）已提出：入派三声同声母清浊有关，清纽音高，浊纽音低，全浊、次浊又用力不同，故而分派不同。白涤洲（1936）探讨关中入声何以变读阴平、阳平时更明确，说到那是因为入声舒化之前不仅调势延长，而且阴入的调势已略同阴平、阳入的调势已略同阳平。杨耐思（1958a：73）说："很显然，'中原音韵'所代表的音系入声不特收声失去，而且元音延长，所以就能够'派入'平上去三声中去。"欧阳觉亚（1979）指出，《中原音韵》时代的北方话之所以"入派三声"，是因为入声变化后三个调值分别与阳平、上声、去声的调值相同或近似。丁邦新（1983）以云南方言为例，进一步证明了入声短调变为长调后,最可能的结果是跟具有相似或相同特征的长调合并,但也有不这样变化的,如江苏如皋方言的阳入的变调不与调值相同的阳平相同(俱为 35),却与阴平(11)相同。丁邦新将这两个不同的演变过程分别称为同化规则和异化规则。潘家懿(1984)还在分析交城方言入声现状后推论,在入声调归入某个舒声调之前,首先出现的是与之调值相同或相近的调值变体。胡松柏(1994)也支持这一见解。

当然也有不同认识。如李新魁(1983b:116,119,118)就说《中原音韵》"入声的归派带有'人为'的性质","是为'广其押韵'、'庶便学者'所采取的权宜措施","在实际语言中并没有十分确切的依据"。在这一问题上,张玉来(1991b,1995a,1996)也持近似见解。

值得特别注意的是,许宝华(1984)还依据《中原音韵》派入上声的清入字与原来的上声字后来有不同的演变,认为二者在当时的实际调值可能有细微不同,支持了陆志韦(1946a)的说法。

在全浊清化和入派三声的共同语和方言中,一方面全浊入归阳平要以全浊存在为条件,而另一方面,全浊分化又要以入声的存在为前提。对于这一看似矛盾的现象,张树铮(1999a)提出全浊声母分化不等于全浊清化,全浊先分化,后清化。全浊塞音、塞擦音声母先依声调的平仄分化成送气、不送气两类,但尚未清化;入声分化,以清浊为条件(不管送气与否);再后发生的全浊清化,不再计较声调的平仄;入声分化一定在全浊清化之前、全浊分化之后。鉴于邵雍的《皇极经世·声音图解》即是全浊分化而又尚有入声,此说不失为一个较为合理的解释。不过,张玉来(1995a,1996)均不同意这一解释,认为在入声消失之前,全浊声母不可能存在送气、不送气两类。因此,转而赞成如下见解:全浊清化过程中曾经产生过一个短而弱的后流,此后流受声调影响,或因仄声而消失,遂归全清,或因平声而加强,遂入次清(金德平,1990)。

此外,侍建国(1996)还专就官话德、陌、麦三韵的入派舒声作了深入探讨,以为其韵尾音变有两条演变途径:一条是变-i 韵尾,演变发生在北京官话、东北官话以及早期的中原官话;一条是变零韵尾,发生在江淮官话。其主要元音音变则可比较入声韵尾消失前后的不同:保持入声韵尾时,中原官话是-æc,而北方官话分别是-ac 和-ɔc;入声韵尾消失后,中原官话是-æj，北京官话是-aj 和-ɔj。依据官话的不同，德、陌、麦三韵入声字的主元音还有进一步的不同变化。侍建国（1998：399）还讨论了宕江摄入声韵尾的音变："在现代北京话（白读音层次）里，原来的塞音尾变成[-u]韵尾。在现代中原官话和南方官话（抄按：即江淮官话）里，宕江摄入声字则变成零韵尾。"

3. 官话方言入声舒化的层次

竺家宁（1994b）认为入声在历史上的演化过程，正反映在今天入声的地理分布上。南方（粤客、闽南）完全保留-p、-t、-k，中部（吴语、闽北）转为喉塞音-ʔ，北方消失。黎新第（1987b：67）则仅着眼于官话方言促变舒声的层次。以为在现代官话方言中，凡是入声消失的地区，古入声字归调的数量，大致上是由北而南地趋于减少，这恰好体现了促变舒声层次新老的不同："现代胶辽官话和北方官话分别是古中原官话和古北方官话的直接继承者，属于最古老的层次；现代中原官话和兰银官话则是古中原官话在不同条件下发展变化的结果，二者都属于中间层次。现代西南官话促变舒声最晚，层次也最新。比较特别的是北京官话，它既年轻而又古老。从它兼容了两个次方言古清入声字归调特点和归调原则有所嬗替的情况看，它是年轻的；但从它兼容的两个次方言本身的历史来看，它又同它们同样古老。"依据刘淑学（2000a），还可以补充说，河北中西部顺平一带的方言，较之胶辽官话，可能是古中原官话更加直接的继承者。张树铮（2000）还说到，包括北京的广大冀鲁官话，宕江两摄入声字并不全读萧豪韵，也有读歌戈韵的，读歌戈韵乃是中原官话影响的结果。

4. 官话方言入声舒化的成因

唐钺（1926：175，173）以为，"入声失掉收声的原因是由于词曲盛行，暂声的收声有碍歌唱的缘故，他的完全失掉，则在北曲盛行以后"。"为什么会影响到平常念书做文说话的声音呢？这是因为语言的演化，多数由人类无意的比拟。文法是这样，语音也是这样。"唐钺解释了词曲未兴以前，入声字收声何以又无碍于叶乐，以为那是因为"慢声之歌，实起于宋"（清人毛先舒语）。唐钺还针对入声失去-p、-t、-k 的收声是因为蒙古人侵入中国、汉语受到蒙古语的影响的观点，辩驳说："以我们所闻，蒙古语是有 k、t、p 的收的。为什么他可以影响中国语使它他失去这三类的收声呢？"（唐钺，1926：175）厉小通（1926）提出入声舒化与入声字在诗文中与他字的互相影响有关。唐擘黄（1927：139）又进一步发挥了其（唐钺，1926）见解，不管是入乐时长吟连腔，还是说话时辞气委婉，入声引长为他声，都是要求美听。同时也强调：词曲家对入声字的用法不过是促进变化的助因，而入声变化的原动力是语音演化的自然趋势。论文还提出入声演化的另一个原因是为了"省力"。白涤洲（1936）探讨关中入声所以舒化，也认为是图省力，图清晰，求美听的原因。此后，贺巍（1995：196-197）则从更加广阔的视角对官话方言入声舒化的成因作了全面的探讨。一共归纳了六项成因：一是"在语音构造当中舒声有一定的空位"；二是"儿"尾或"子"尾产生发展的影响；三是由"连读变调变音合音所引起"的；四是文白读分立所导致的；五是复音词增多、词义分化、语法功用不同的结果；六是古舒入两读中舒声一读的遗留。论文还提出了几个需要思考的问题，如入声的消失是汉语语音长期历史演变的结果，是词汇发展变化到一定阶段时引起语音变化的产物，是汉语历史演变的总趋势等。此外，雅洪托夫（1986）依据现在只会在北京方言中遇到"收-u 的二合元音作为古代-k 韵尾的延续"这一语音特征，推论邵雍的《皇极经世》所见语音为 11 世纪的北京语音。薛凤生（1991）更直接探讨现代汉语共同语中原梗、曾摄入声字与通、江、宕摄入声字口语音（分别收-i 和收-u）的由来，认为二者最初都来自北京地区的方言，时间不晚于宋代，而且原梗、曾摄入声字口语音的发生较早，宋末以前就已经传播到洛阳、开封地区。在通、江、宕摄入声字口语音的由来上，两位学人可谓所见略同。只是，黎新第（1991c）已对雅洪托夫（1986）之说有所商榷，此从略。

（二）平分阴阳

元代周德清的《中原音韵》明确标示平分阴阳。"字别阴、阳者，阴、阳字平声有之，上、去俱无。上、去各止一声，平声独有二声。"[①]"前辈为《广韵》平声多，分为上、下卷，非分其音也。殊不知平声字字俱有上平、下平

[①]（元）周德清著，张玉来、耿军校著：《中原音韵校本：附 中州乐府音韵类编校本》，中华书局，2013，第 11 页。

之分，但有有音无字之别，非一东至山皆上平，一先至咸皆下平声也。如'东红'二字之类，'东'字下平声属阴，'红'字上平声属阳。阴者，即下平声；阳者，即上平声。"①

但平分阴阳远不是从元代才开始的。周祖谟（2000）提出，从唐代的一些文献里已经可以看出因声母清浊不同而声调读音有异的现象。关系到平声的文献主要是日僧安然的《悉昙藏》所称"表则平声直低，有轻有重"，"四声之中，各有轻重"，日僧了尊的《悉昙轮略图抄》所称"私颂云：平声重初后俱低，平声轻初昂后低"。尉迟治平（1986）更对包括平声轻重在内的各家所述具体调值有详细的讨论。邵荣芬（1979：87）还举到和安然差不多同时的段安节的《乐府杂录》区分"平声"和"上平声"的例子。但唐时全浊清化才刚刚开始，似乎还没有资料可以表明，对于平声字中韵母相同的清声母字和浊声母字，区别其意义的不是声母的清浊而是声调的高低升降。平分阴阳只能发生在全浊清化之后。王力（1980a：194）说："现代普通话平声分为阴平和阳平两种。这是由中古的平声分化出来的。这种分化在十四世纪以前就完成了；《中原音韵》是把平声分为阴阳的第一部书。"14世纪以前多久呢？至迟不晚于南宋。仍是邵荣芬（1979：89-90），说到南宋张炎的《词源》中记载，张父作词已在意阴平字与阳平字的区分。谭伦华（1996）也以为北方话中阴平、阳平的音位对立不会迟于全浊声母清化的宋代。李无未（1998a）观察南宋孙奕的《示儿编》"声讹"平声诸例，首先论证《示儿编》与孙奕另一著作《九经直音》所反映的南宋音系全浊声母已经清化，进而说明《示儿编》"声讹"平声诸例中有12例声母、韵母完全相同，只能用声调不同解释，从而有力地证明了其时确已平分阴阳。

依据五代宋初毋昭裔的《尔雅音图》中平声字清类自注与浊类自注数量远大于互注的数量（97.7%比2.3%），同时又认定《尔雅音图》全浊声母已经清化，冯蒸（1997a）更进而推定当时平声已经一分为二。

还有认为平分阴阳可以上推到汉末的学者。朱声琦（1992）依据"华"与其后起字"花"从汉末起就已读音不同，从而推论说："平分阴阳"时间跨

---

① （元）周德清著，张玉来、耿军校著：《中原音韵校本：附 中州乐府音韵类编校本》，中华书局，2013，第11页。

度，竟达一千余年，汉末已经萌动，到南北朝已非个别现象。唐宋时代进一步发展，直至元朝《中原音韵》完成。杨剑桥（1993）力辩其非，以为古人只是用改变声韵或声调来滋生字词和变化词义。但杨文又依据安然的《悉昙藏》所述与杜甫的《丽人行》有阴平字与阳平字分押的韵段，主张平分阴阳起始于8世纪左右的中唐时代。这也是尚可斟酌的。如果说，中唐时期的汉语通语中已经具备了平分阴阳的物质条件，可以；但这并不能表明这种声调的高低升降已经单独具有辨义的作用，因而认为其时平分阴阳已经开始，则未必可以。

（三）全浊上变去

1. 对全浊上变去规则及其起止时期的讨论

王力（1927a）专论浊音上声之变化，在考订三百年前河南宁陵方音时，亦论及全浊上变去（王力，1927b）。陆志韦（1946a：37）研究《中原音韵》，又说到全浊上不变去的，论文以为"其中有的出乎《广韵》的脱略"，"并非变音的原则上有什么不周全"。

仍是针对例外，王力（1980a：194）说："虽然也有少数的例外（'腐''釜''辅''缓''皖''窘''强''挺''艇'），但是全浊上声的发展规律是可以肯定的。"又说："远在第八世纪以前，这一种音变就已经完成了。韩愈《讳辩》认为'杜''度'同音，可以为证。到了十二世纪的《韵镜》，就把浊上变去定为规律。宋严粲《诗缉说》也证明了这一点。"在唐五代敦煌俗文学的别字异文里，不同声调、不同清浊的字代用的例子中，全浊上和浊去相通的一项，比各项例子的平均数要大七倍多，足见全浊上已变浊去（邵荣芬，1963）；五代宋初毋昭裔的《尔雅音图》、北宋邵雍的《皇极经世·声音唱和图》、朱熹反切也都已是全浊上变去（见冯蒸，1993；周祖谟，1943；王力，1982a）。陆游《剑南诗稿》中全浊上声字与去声字押韵，也已占到大约80%的比例（见林长伟，1992）。除此之外，南宋《卢宗迈切韵法》、孙奕音注、史炤《通鉴释文》所见全浊上变去，也都可以作为证据（见鲁国尧，1992a，1993；李无未，1996a；刘纶鑫，1997）。

范新干（1999）还从三国时期的诗文中，观察到已有可以确认是与去声字叶韵的全浊上声字，由此推论全浊上变去其时业已发端，并揣测全浊上声字的去声读法可能是由中原口语音而进入标准音的俗音。

只是，那宗训（1995：61）以《广韵》上声卷中所收的全浊上声字与近代（以《韵略易通》为代表）及现代读音作比较，认为全浊上变去"只是部分现象，是渐变而成的。未变的字不少，无法称之为'例外'。到现在仍不是全盘性演变"。黎新第（1999b）观察朱熹反切，也认为其全浊上变去尚在进行。

沈建民（1996，1997）又对那文提出了异议，认为不应否认"浊上变去"的规律，有少数字未变的例外，但不应据此否认。

2. 关于全浊上变去的演变进程

杨耐思（1958b：75-76）已经作出较好的概括。论文以为，唐宋诗韵中的浊上叶去现象，不足以作为当时全浊上声已经变去的凭据，因为当时诗韵中清上叶去更为多见。论文肯定"李涪《刊误》的话及邵图音系都是'浊上变去'早期的形态"。"这是发展的第一步，李涪时代应是在浊音清化之前，这时同纽同韵的浊上与浊去混一，邵子音图表明浊音已经清化，就是浊上变同去声的阳调。至于'浊上变去'第二步的演变，乃是将原来的去声阴阳二调合为一调，'浊上变去'就走完了最后的演变路途……这是宋以后的事，在'中原音韵'中已经显示出来，为今天北方话诸方言的普遍现象。"李思敬（1995）又以河北宁河方言的声调表现为杨耐思（1958b）构拟的演变进程提供了证据。

3. 全浊上变去的语音机制

赵克刚（1986）认为，全浊上变去是由全浊清化引起的。论文首先阐发了张世禄的《中国音韵学史》关于全浊清化的见解，在此基础上提出清化的全浊先变为送气清音，在平声中因适合平声的舒长调型而得以保持，在仄声里则因为仄声是个短调而失去送气成分。然后，"浊上虽然变成了全清声母字，可并不等于那些本来就是全清声母的上声字，调值仍然是低沉的，与'厉而举''高呼猛烈强'有矛盾，上不去终于低就了降调，变成了全清去声，逐渐完成了浊上变去的全部过程"（赵克刚，1986：47）。

但杨耐思（1958b：76，77）即已表示不能同意全浊清化是全浊上变去的原因的看法。他说："浊音清化之前，浊上已变去，浊音清化之后，浊上也变去,再者后来的去声阴阳两类混一,更是在浊音清化的演变过程以外进行的。"不过,杨耐思主张全浊上变去是由功能转化"同型不同高低或同高低不同型的声调合成或分化"所引起的,亦即"浊上跟浊去是同高低而调型微有不同的两个声调,于是两者发生合成作用,而混为一调",并且举出了见于方言的例证。在这一点上,杨耐思、赵克刚的见解倒是一致的。

杨耐思(1958b)将全浊上变去的进程分为两步:先是浊上与浊去混一,浊上变同去声阳调;然后是去声阴阳二调合为一调。李思敬(1995)则依据河北宁河方言所见,建言细分为三步:全浊上→全浊去$^{(清化)}$→阳去→阴去。李思敬还指出,此种演变在某些地方尚未完成。

冯蒸(1993)又从逻辑上来推测全浊上变去和全浊清化的联系,浊上变去在先,而浊音清化在后,否则就不可能发生浊上变去的现象。浊上变去存在一字两读,其浊声一定没有消失。

此外,何大安(1988)认为,中唐以后的浊上归去可以分为南北两大类型。官话型的北方方言是次浊上归阴上,吴语型的南方方言则是次浊上随阳上同归阳去。麦耘(1991c)认为,北京话也如同广州话一样,不变去的全浊上读送气清音,而全浊上变去显然是在浊音清化之前。

(四)轻音的产生和发展

1. 何时开始产生

作为词汇形式的轻音可能产生较早。匈牙利汉学家陈国(1960)根据一种用婆罗门字母转写的汉语文献,认为在8、9世纪之间的某些(西北)汉语方言已经存在轻音,如双音词的第二成分、数词修饰语、动次否定式的非重音前缀"不"等。

作为语法形式的轻音可能产生较晚。王力(1980a:198)已指出:"轻音不是汉语一切方言都具备的,只有北京话和北方某些地区有轻音。"又说:"作为语法形式的轻音,那就必须随着语法的要求而产生。因此,依我们看来,在普通话里,轻音的产生应该是在动词形尾'了''着'形成的时代,在介词'之'字变为定语语尾'的'字的时代,在新兴的语气词'吗''呢'等字产生的时代。估计在十二世纪前后,轻音就产生了。而这些语法成分大概从开始不久就是念轻音的。"但王力似乎认为作为词汇形式的轻音可能产生较晚，因为他在书中接着又说："后来复音词的后一成分或后面两三个成分也都变为轻音。"

王兴汉（1981）、李荣（1987）、黎新第（1992b，1993b）、张鸿魁（1996）等都支持了在 12 世纪前后轻音就已产生的见解。如王兴汉、黎新第提供了宋词、金诸宫调、元杂剧的证据，李荣、张鸿魁又提供了明代小说，特别是《金瓶梅》中的证据。到了 19 世纪中叶，汉语共同语中的轻音又有发展。江蓝生（1994，1995）即从《燕京妇语》（著于清末，作者不详）中观察到有弱读音变现象。例如"多少钱"中的"少"因为弱读音变为"儿"，"知道"中的"到"因为弱读音变为"得"。张卫东（1998c：141）说："《自迩集》中一些助词显然已经变为轻声"，但还"不太普遍"。从引到的例子看，这些助词已包括"子""儿""的""了""着"等，但如"床上"的"上"、"铺盖"的"盖"，今北京音都是轻声，《自迩集》则尚标本调。

2. 轻音产生的原因

王力（1957，1980a）实际上已说到轻音的产生有汉语自身的原因。但轻音的发展则与受外来语言的影响颇有关系。赵杰（1995，1996）详细讨论了清代满语底层中的轻音对汉语轻音历史发展的深刻影响，以为前重后轻的轻音是在满语底层的影响下方才形成。

3. 轻音的发展过程

金有景（1984）对此已有研究。北京话的轻声是好几个历史时期产物的堆积体，根据变调的不同情况和轻声的不同读法，假定北京话现今的轻声字分别形成于 A、B、C、D、E 五个时期：①A 时期——轻声发轫期（估计 8、9 世纪），金有景依据陈国（1960）的观点，认为当时已经有了复音词和语段中的轻声；②B 时期——"子尾、儿尾"轻声化（估计 12、13 世纪）；③C 时期——动词尾"过、得"轻声化（估计 12、13 世纪）；④D 时期——"了、着、吗、呢"轻声化（估计 13、14 世纪）；⑤E 时期——"老虎""小姐"等的下字轻声化（估计 15、16 世纪以后）。金有景还将今天北京话里的轻声分为三度：一度轻声（最轻）是读轻声的历史比较长的，二度轻声（次轻）相对说来是历史比较短的，三度轻声（较重）是一些历史最短的轻声词。

继后又有平山久雄（1993）比较了吴语的广用式变调和北京话的轻声，拟测两者都是从汉语祖语的前重格式字组发展而来。平山久雄表示同意金有景（1984）的见解，认为北京话轻声字变轻声的时期有新旧两层，而论文所述适用于较新的层。旧的层轻化的原因可能就是轻读带来的特殊音变，它们常用作词尾，说得特别轻，特别粗率，就失去了原有的声调。平山久雄（1993：126）还认为单纯地凭据"义轻，声必轻"的观念来说明北京话轻重音，难以作到全面的解释。赵杰（1996：165-188）专就北京话轻音立言，也认为有两大层次，一为语法轻音，清代以前早就有了，一为语音轻音，则是入清以后受到满语轻音的影响而产生的。

（五）早期连读变调的发现

姜信沆（1980）、远藤光晓（1984）研究《翻译老乞大·朴通事》里的汉语声调，都已发现其所反映的"官话"中有两种类型的变调：上声+上声→阳平+上声；上声+上声→上声+去声。裴银汉（2000）又推定《翻译老乞大·朴通事》所反映的声调系统应是16世纪初以前的语音状况。喻卫平（1997：378）又注意到王骥德的《曲律·论平仄第五》有"上上叠用，则第一字便似平声"，与今普通话相同，而王氏主张字之读音"须本之中州"，因此认为，这一连读变调反映的也是当时"官话"。张卫东（1998c）研究晚清时期的威妥玛的《语言自迩集》所记北京音系，也发现威妥玛重视并精确描述了其中的连读变调，如两个或三个上声字连读的变调，动词、形容词重叠第二个音节的变调等。

此外，游汝杰（1999）依据姜白石词旁谱发现，词中两个平声字连用时，后字总是声高较低，怀疑这可能是一条连读变调规律。平山久雄（2000）还拟测北京话口语词"过道儿"guòdǎor一类的儿化特殊变调，这一北京话里发生的变调是非上声音节之后的轻声音节和儿尾曾经融合成一个上声音节的结果。

（六）其他

陈重瑜（1991，1993a，1993b）还统计分析了从中古到现代北京音系阴平调字的流入与流出状况，得出结论说："自中古以降，流入阴平与流出阴平的字数成88.3与11.7之比，'阴平化'的趋势已不容置疑。"（陈重瑜，1993b：

186）还确认这一趋势自近代以来有着明显的加速现象。

最后，本节还不能不表示遗憾，在 20 世纪，日本满田新造、藤堂明保、尾崎雄二郎等多位学者，都有论述汉语近代音历时演变的论著，均未能读到。遗珠之憾，在所难免。

第八节 20 世纪的近代汉语方音研究

在 20 世纪，探讨汉语近代方音的论著已斐然可观。或以专著专论的形式呈现，或在探讨近代汉语共同语语音或其他问题（如韵书、韵图、音注等）时一并探讨。本章不论是否专著、专论所见，唯以本章第六节尚未涉及或虽已涉及尚欠周详的内容为准，缕述 20 世纪的汉语近代方音研究，以避叠床架屋。

一、宋、元时期汉语方音的研究

（一）宋代汉语方音的研究

除去作为近代汉语共同语语音基础的北方中原地区的汉语方音（如前述宋代汴洛语音）外，其他地区的汉语近代方音的研究都起步较晚。这些研究大都集中在 20 世纪的后半段，尤其是汉语近代音研究的高潮期。

1. 宋代汉语西北方音的研究

对宋代汉语西北方音的了解，主要来自以骨勒茂才的《番汉合时掌中珠》为代表的西夏-汉对音材料。早在 20 世纪 30 年代，王静如（1930）以之为据，再参照日本译自唐末北方音的"汉音"及现代西北方音等材料，已经揭示出宋代汉语西北方音-n 尾有作半鼻韵的，有作纯元音的，而收-ŋ 的也是同样的情形，-m 尾则完全失掉，变成半鼻音。至于声母，则除 m-、n-、ŋ-之外，还有 mb-、nd-、ŋg-。仍是依据西夏-汉对音材料，龚煌城（1981a，1981b）和马忠建（1992）讨论了 12 世纪末汉语西北方音的声母及韵尾。龚煌城（1989，1995）又更加细致地讨论了 12 世纪末汉语西北方音的韵尾以及整个韵母系统，翔实而多有发现。史金波等（1983）对《文海》反切的研究同样观察到用汉语全浊声母字与次清声母字共注同一组西夏字反切的现象。王洪君

（1987）则从现代山西闻喜方言白读层，发现与西夏-汉对音文献所见宋西北方音一致的语音特征。李范文（1994）也以《番汉合时掌中珠》为据，第一次全面探讨了宋代汉语西北方音的声韵调系统。蒋冀骋（1997a）又对李范文所订的声母、韵母系统作了局部修正。

已被揭示的宋代汉语西北方音的主要特点，除王静如（1930）已经论及者外，尚有：全浊清化，塞音、塞擦音不分平仄一律变为送气；知、章、庄组声母合一，已有轻唇音且非、敷二母已混（见龚煌城，1981a，1981b；李范文，1994）；已经没有入声韵尾，鼻音韵尾-m、-n、-ŋ也在引起其前面的元音鼻化后消失，梗、宕、江三摄的鼻化元音随后也失去其鼻化成分，成为纯元音韵；山、咸、臻、深、曾、通诸摄失落了鼻尾，但仍是鼻化韵。宕摄舒、入声失落韵尾并入果摄；曾、梗分立，曾摄与通摄舒声的后鼻韵尾前化并入臻、深摄；梗摄舒声失落鼻尾变为阴声韵（见龚煌城，1989；王洪君，1987，1992）。马忠建（1992）也得出全浊清化、已有轻唇音且非、敷二母已混的结论，并且观察到知、章、庄组声母又与精组声母相混。更加全面的描述则具见李范文（1994）。

从刘攽的《贡父诗话》中，周祖谟（1966a）也已了解到当时关中知、照合一，青韵读似齐韵，还发现东、蒸二韵也已相混；此外，还针对《云麓漫钞》的"国墨北感"字呼作"谷木卜斛"（周祖谟，1966a：661），分析其或是当时西北方音的表现。

对宋代汉语西北方音的语音面貌，学者们也有不尽相同的认识。如说当时汉语西北方音通摄亦失落鼻尾，又如说知、章、庄组声母又与精组声母相混，都没有得到李范文（1994）的响应。蒋冀骋（1997a）认为当时汉语西北方音不是知、章、庄组声母合一，而是章、知组合一，庄组正在向章、知组靠拢（表现为书、生二母已合为一）。再如张竹梅（1996）认为《番汉合时掌中珠》作者所依据的并非某一地方言而是宋时的汉语官话或官修韵书，这种官话或官修韵书音并未全浊清化。

2. 宋代汉语福建方音的研究

周祖谟（1966a：657）已依据笔记材料，论及宋时福建"豪韵与歌韵无别"。但对宋代汉语福建方音的了解，更多来自对宋代福建文士诗词用韵的研究。鲁国尧（1989，1991b）在讨论宋代福建词人用韵时，都特为揭示了用韵中的方音特点。刘晓南（1999a）全面考察宋代福建方音的分区及其重要韵系特征，是第一部利用诗词用韵研究断代汉语方音的专著。不过，诗词用韵无从反映声母的状况，邵荣芬（1995）作了弥补，借助吴棫的《韵补》，对宋代汉语福建闽北建瓯方音声母有了初步认识。刘晓南（1998a）穷尽考察南宋建州崇安刘子翚、刘学箕诗文用韵，对闽北建瓯方音韵母有初步认识；刘晓南（1998b，1998c，1999b）讨论了宋代福建文士用韵中的阴入通押现象，对宋代福建诗人用韵所反映的 10—13 世纪的闽方音特点作了全面的归纳。

已被发现的宋代汉语福建建州方音的主要特点有：轻重唇声母开始分化，全浊清化，塞音、塞擦音不分平仄一律变为不送气；知组声母读如端组声母；知照组声母读如精组声母，与明代闽北十五声系统基本相合（以上声母，见邵荣芬，1995）；支鱼通押（但灰韵与泰韵合口并没有成批转入支微部），-m、-n、-ŋ 韵尾混并，合盍归药铎，阳平声调二分（以上韵母和声调，见刘晓南，1998a）。扩而大之，宋代福建地区大都具有支鱼通押、歌豪通押、歌鱼通押、萧尤通押、鱼尤通押、东阳通押、屋铎通押、阳声韵尾正在合并或已经合并等特点。不过也存在着地区差异，闽北、闽南、闽东有所不同。如歌豪通押不见于闽北，阳平字押上去声字则多见于闽北等（见刘晓南，1999a：235-238；歌、豪不分亦见周祖谟，1966b）。

3. 宋代其他地区汉语方音的研究

尚无专著研究，因而所得认识还比较分散、零星。

1）江浙方音

（1）浙东。周祖谟（1966b）考察南宋赵与时的《宾退录》中所记"射字法"，从中观察到如下语音特点：声母轻重唇音有分，舌上与正齿当已并为一类，保存全浊，轻唇独缺敷母；支脂之微齐的韵母已经读得很相近，江并于阳唐，殷文并于真谆，元先并于仙，清青并于庚蒸，但东钟、支之、佳皆、删山、肴豪、谈覃仍各有分别，保留闭口韵。但是将邑剑平和平山久雄（1999）认为"射字法"反映的是南宋的读书音系统，并非纯粹口语音系。尚待进一步探讨。

（2）江浙其他地区的方音。已被论及的语音特点有：日与床禅混同，微与奉、邪与从、匣与喻分别有混（见刘云凯，1989；李新魁，1990；李无未，

1994；宁继福，1996 等），庄组与精组有混（见孙建元，1998a）；支微与鱼模、江阳与庚青、铎觉与德质分别通叶（见鲁国尧，1991b；裴宰奭，1996a，1996b；杜爱英，1998a，1998b 等）；侵寻、真文、庚青三部或二部合用或混押较多，监廉与寒先较多相混（见胡运飚，1987；裴宰奭，1996a，1996b；杜爱英，1998c；张令吾，1998a，1998b，2000a 等），屋烛与药觉、德缉与薛帖、德缉与药觉、德缉与屋烛分别通押（张令吾，2000b），次浊上随阳上同入阳去（见何大安，1988）。孙建元（1998a，1998b）所见则有同有异：微母在合口上声字中与敷母相混，知庄精三组相混，澄崇船禅相混，船邪相混，从邪相混，泥日相混，匣泥相混，-m、-ŋ 尾韵相混，屋铎相混。

此外，张令吾（1999）还通过对宋代江浙诗韵异调相押的穷尽式分析，论及当时江浙地区浊上变去仍在进行中。

2）客赣方音

已被发现的特点有：尤侯与萧豪通叶，支微与鱼模通叶，非唇音尤侯韵字与鱼模字通叶，铎觉与德质通叶（见程朝晖，1986；罗德真，1990；鲁国尧，1991b，1992b；林亦，1991；杜爱英，2000a，2000b 等）；歌戈与支微通叶，庚青与江阳通叶（见杜爱英，1998c）；有少数 -n、-ŋ 和 -m、-n 分别有混（见程朝晖，1986；林亦，1991；杜爱英，1997 等）。孙建元（1998a，1998b）所见则多有不同：日奉匣相混，知庄精三组相混，船邪相混，从邪相混，日影以相混，泥日相混，止摄合口和齐韵开口相混，假摄二等开合相混，假摄二三等相混，-m 深、-ŋ 曾₃相混，-n 山、-ŋ 宕相混。孙建元（1998b）还根据所考察的董衡、吕祖谦、萧常音释中的客赣方音、吴音现象推断出：宋时吴语区比现在广，江西方言多行吴音；宋时已经存在客赣方言。

此中，单属宋代客家方音而又已被推定的特点有：中古塞音、塞擦音声母清化一律送气；轻唇音在白读里仍读重唇；部分次浊上声字白读念阴平，小部分全浊上声字也读阴平；知章组声母合一，庄组与精组合流；曾梗两摄白读不同；保留晋宋韵母残迹（鱼虞分立、支与脂之分立等）（见邓晓华，1991）。

3）荆楚地区方音

宋人刘攽的《贡父诗话》已提到荆楚地区南与难、荆与斤、添与天读音不分，可见已是 -m 与 -n、-n 与 -ŋ 韵尾都已分别合并（见周祖谟，1966b）。田范芬（2000）亦指出，宋代湖南荆南地区阳声韵尾混并（-m→-n←-ŋ），更有尤侯部唇音字不入鱼模。

4）四川方音

已被发现的特点有：-m 韵尾与-n 韵尾相混（-m→-n）（见黄尚军，1995）；登字一韵读为合口与以平为去（周祖谟，1966b）；浊音清化，平、上作去，间有-ŋ 尾读作-n 尾（见李文泽，2000）；全浊上作去（见黄尚军，1995；刘纶鑫，1997；李文泽，2000）。

5）河朔方音

周祖谟（1966a：658）据沈括的《梦溪笔谈》所录"河朔人读肉为揉，谓赎为树"，并以现代北方话作为佐证，证明河朔地区的入声韵尾，早在沈括之前可能就已经失去。

除上述外，邵荣芬（1994a）以为《集韵》音系中痕魂、歌戈两个韵系的开合混置，可能与方言音变有关，寒桓韵系开合混置也可能受方音影响，虽然尚无从确指是何处方音。

（二）元代汉语方音的研究

主要是对元代山东地区和江浙地区方音的研究。

1. 元代山东地区汉语方音的研究

研究元代（也包括金代）山东地区的汉语方音的，有李爱平（1985）。李爱平统计分析这一时期山东词人的用韵，概括出与《中原音韵》相一致和不相一致的特点，并与宋代山东词人韵部系统作了比较。与《中原音韵》不相一致的，如：支思、齐微界限不很分明，灰韵系及泰韵合口字大多仍与台灰部相押，桓欢、寒山、先天三部分界不很明显，《中原音韵》东钟、庚青两韵兼收字只入庚青，家麻、车遮的对立基本不存在，三种鼻尾韵有合用现象等。同宋代山东词韵比较，则灰韵系字及泰韵合口字转入支微的增多，三种入声韵尾混用已较突出，入声韵与阴声韵相押例增多。不过，这些差异应当并不都是当时山东方音的反映，有的可能只是出于用韵习惯，有的可能只是词韵与曲韵的不同。

2. 元代江浙地区汉语方音的研究

研究元代江浙地区的汉语方音的,主要有周祖谟(1966b)、李新魁(1985)、鲁国尧（1988）、吴叠彬（1993）、李惠芬（1999）、丁锋（2000）等。除末尾三位学者外，皆以陶宗仪的《南村辍耕录》所载"射字法"为依据，归纳出其所反映音系具有以下一些特点。声母：非敷不分，从邪混一，喻匣不分，微母字仍读同明母，日母同疑母（或禅母）相混。韵母：东与蒙、胡与模分别为二，蒙、模都是明母字，韵母的元音或者与东胡不同；江与阳唐分立；支、兹、为、微分别为四，ŋ一类元音可能已经产生；有先无仙，有青无清，而萧之外有宵，盐之外有添；麻之外有邪车二字，可能类似《中原音韵》有车遮一类韵母；收-m的闭口韵仍然存在（见周祖谟，1966b）；"支脂之"已同音，"文欣"并于"真谆臻"；"仙"并于"先"，"幽"并于"尤"，"光""匡"分别是"唐""阳"的合口；"寒欢"与"山关"，犹如"咍灰"与"佳乖"；"森"无i介音；"模"与"胡"韵母有别；"齐"与"兹支"的并列，或许显示了i和ï的并存（见鲁国尧，1988）。声调：平上去入。有较大分歧的是：周、鲁二家均精组、照组声母分立，而李新魁合而为一，蒋冀骋（1997a）同意周、鲁；周、李、鲁三家俱无独立从母，蒋冀骋（1997a）以为从母仍应独立。对于"射字法"所反映的方言，李新魁只说是元代吴方言，周祖谟以为是在元末天台一带流行的，鲁国尧以为是元代松江方言。

吴叠彬（1993）以《真腊风土记》作者周达观所作汉语-真腊（柬埔寨）语对音为依据，考求元代永嘉（今浙江温州一带）的汉语方音，认为收-m尾的闭口韵仍然存在，与《南村辍耕录》所载"射字法"相同，此外尚有：舌根音声母尚未腭化，知、澄二母已变为塞擦音，平声并、定二母不送气，保持入声韵尾-p、-t、-k等。

李惠芬（1999）研究浙江元人散曲用韵，结论是用韵分部与《中原音韵》基本相同，但亦有小异。主要有：支思与齐微、鱼模（松江人"知、朱、支"不辨）互叶，皆来、家麻通用（与复元音单元音化有关）；真文、庚青、侵寻通用（-m、-n、-ŋ不分），监咸与寒山、桓欢通押（无闭口韵）。

丁锋（2000）则从陶宗仪的另一著作《书史会要》所记日语假名歌中观察到14世纪吴语的若干音韵现象。就其声母而言，与《南村辍耕录》"射字法"所反映的松江方言声母基本吻合，知章组声母的舌尖化和尖团音的舌面化尚未形成；就其韵母而言，蟹摄一二等韵是单元音，假摄果摄存在文白异读，合口撮口介音消失，都属于典型的吴语特征。果遇两摄韵母尚未合流，更未演化为ou，止摄与蟹摄细音合流，入声韵尾三分。

还可以从李新魁（1962）、鲁国尧（1996）等对《南村辍耕录》的分析中了解到元代中州地区入声已经消失或接近消失。宁忌浮（1987）依据与周德清同时代的四川散曲作家杨朝英-m 与-n 通押，推断当时四川方言-m 尾韵消失。丁邦新（1981）对乔吉散曲的分析，又显示出当时山西太原方音江韵字主元音尚与阳韵、唐韵字不同。

二、明代汉语方音的研究

明代中原、山东、江淮、川、滇、赣、闽、粤、吴越等地的方音都得到了较多研究，其他一些地区的方音也有零星研究。

（一）明代中原方音的研究

王力（1927b）已借助明代万历年间吕得胜（河南宁陵人）所编《小儿语》及其子吕坤所编《续小儿语》的押韵，观察到：东冬韵字混入庚青蒸韵，先韵字混入寒删韵，齐韵字混入支韵，真元相通，先盐和寒山、覃咸通押，浊音上声变去声，等等。前述吕坤的《交泰韵》也同样反映出一些当时河南方言的特点，如耿振生（1992：185）认为该书"具有浓厚的河南方言特征，但该书分韵迁就古音之处较多"。耿振生（1991）又专文研究了明人桑绍良的《青郊杂著》（大约 1543 年开始编著，1581 年定稿，1593—1599 年付梓）音系，认为这一音系乃以当时的河南濮州方音为基础。《青郊杂著》音系共有 20 个声母，18 个韵类。耿振生从中归纳的当时濮州方音特点有：保存微母，全浊归次清，知组声母（tʃ 等）能拼开齐合撮四呼，-m 韵尾消失，入声分阴阳两类，均收ʔ尾，全浊上不变去等。

但据明人陆容的《菽园杂记》和张位的《问奇集》的记载和丁邦新（1978）等的研究，明代中原地区一定也有入声已经演变为舒声的方言。

（二）明代山东方音的研究

曹正义（1984）观察章丘李开先、临朐冯惟敏作品，发现-m、-n 韵尾字完全混用或大都混用，比《韵略汇通》所见至少早一个世纪。

嘉靖至万历年间又有文学巨著《金瓶梅》问世，张鸿魁（1987，1992a，1992b，1993，1996）对其中的语音材料作了详尽而系统的研究。当时山东（主要是鲁西临清一带）方音特点的有：臻摄合口入声（如佛没术等字）多读鱼模韵，"僻"读同"背"，"客""革"有车遮韵一读；中古遇摄三等和部分入声韵合口知系字韵母为 ü；齐微韵中的唇音字，开口三等的归微类，开口四等的归齐类；歌戈二韵不分开合，都读合口；尤侯韵的一些字读同萧豪；清声母入声字读阴平；少数阴平和上声混淆（张鸿魁，1996）。另有前后舌尖声母混淆一项，张氏以为是当时苏杭吴语影响的结果。

另外，张鸿魁（1996）观察到细音韵母前的精组声母和见组声母变成了舌面音声母，以及儿音节和儿化韵出现，这些特点未必仅仅属于当时的山东方言，却可以证明山东方言是较早出现这两项重要语音变化的方言。

（三）明代江淮、川、滇方音研究

颜景常（1992）判断《西游记》的作者就是明代淮安府（今淮阴）的吴承恩，并依据《西游记》的语言表现，探讨其中的淮海话（隶属江淮方言）异于吴语的色彩。见于语音方面的主要有：声母 n、r 相混，韵母真文与庚青基本分开，皆来不与齐微通押，全浊上声字押去声韵。杨载武（1992）穷尽式统计《西游记》韵文，归纳出八个用韵特点：①东钟、庚青大量通押，正向明末的庚东韵合流；②东钟、庚青与真侵互为混押，但界限仍明；③寒山、桓欢、先天三韵互为混押，已具一韵类雏形；④闭口韵尾-m 基本消失，变为舌音韵尾-n；⑤支思、齐微二韵不分，鱼模韵-iu 韵母大量押入支思、齐微二韵，与-u 韵母分立；⑥麻韵二等与三、四等不分；⑦入声存在，入声韵与阴声韵相配，韵尾-p、-t、-k 丢失，仅保留一喉塞音-ʔ；⑧个别字的用韵反映出读书音与口语音的不同。只是，鉴于清代乃至现代江淮官话都还具有桓韵独立于寒山合口的特点，杨氏所论第③项是否反映明代江淮方音，尚有可疑。

明末遂宁人李实有《蜀语》之作，记录当时四川方言词语 560 余条，大部分附有音注。坂井健一（1991）已从音注中观察到全浊清化、知系照系声母混同、疑母零声母化等特点。甄尚灵和张一舟（1992）从音注中整理出《蜀语》的完整音系，张一舟（1994）又就此作了进一步的考察。共得《蜀语》声母 20 类，韵母 36 类，声调 5 个。其特点是：全浊清化，微母、影母相混，知、照组声母合并为一类，有独立疑母，见、精二组声母不混；-m 尾韵并入-n 尾韵，塞音韵尾消失；尚有独立入声。此外，在《蜀语》中，声母 n 与 l、 tʂ组与ts组，韵母ʅ与ɿ、ən与əŋ、in与iŋ都已有分别相混迹象。甄尚灵和张一舟（1992）还拿《蜀语》音系同现代遂宁方音比较，仍有许多相似之处。

丁邦新（1978）分析《问奇集》的材料，也观察到明代四川方言声母有n、l不分的现象。但材料同时也显示，入声字已有派入去声和阳平的。

李兆同（1999）依据本悟本《韵略易通》推定，迟至明代中叶，云南汉语方言音系开始在以南京话为代表的江淮官话的基础上形成，其特点具体表现在本悟本《韵略易通》的"重×韵"上。其中，an、aŋ不分最足以反映其所受到的江淮官话的影响。

更早注意到本悟本《韵略易通》"重×韵"的是赵荫棠（1936，1956）。他认为其中山寒、端桓及先全均有与江阳混读，真文与东洪及庚晴混读，是方音的表现。邵荣芬（1979）更明确提出本悟本《韵略易通》的语音依据是云南方言。邓兴锋（1997b）分析明人杨升庵词用韵，发现其-m、-n、-ŋ尾字颇多混押，入声韵尾可能已经失去，认为这反映了当时川滇方音的情况。张玉来（1999b：42）通过对兰茂的《声律发蒙》所反映韵母现象的分析，注意到以下三点与兰茂所著《韵略易通》不同，当为当时云南方音的特点：①"支思、齐微两韵韵母音值相近"；②-m、-n、-ŋ三尾合流为鼻化韵；③"入声字混同阴声字"。后两点正可与升庵词用韵相印证。张玉来（1999b）又依据本悟本《韵略易通》中的重韵进而明确提出：当时的云南方言已经出现因主要元音相同、相近和韵尾弱化或脱落而出现的大量韵母合并现象；江阳韵已见尖团合流；入声合流，而且有些入声字跟阳声韵演变不同步。而云南方言没有撮口呼，从本悟时代就已经开始。

此外，明成化进士张志淳，云南保山人，所著《南园漫录》卷三"乡音"条，记述"吾乡不能齿音，如以事为四，以之为知、以使为死、以齿为耻、以诗为尸之类，亦难以数举"。[①]可见其时云南保山地方的古知庄章组声母字，除日母字外，应已混入精组字。

（四）明代赣（豫章、宜春）方音的研究

研究明代豫章方音的有丁邦新（1978）。丁邦新通过对明人张位的《问奇

---

① （明）张志淳：《南园漫录》，明嘉靖年间（1522—1566）刻本，第5页。

集》"各地乡音"条的材料的比较分析,从中透视出作者张位所操的当时豫章(今南昌)方音。主要特点有:声母全浊清化,非、敷、奉合流,有独立微母,精、知、庄、章四组声母有别,n、l有别,疑母字很可能还有某一种鼻音声母,见母字有腭化为舌面音现象;有鼻音韵尾-n、-ŋ,-m已变-n,有入声韵尾;有阴平、阳平、上声、阴去、阳去五个舒声调,入声至少有一种,可能也分阴阳,阳上归阳去。不过,论文也提到,仍有微母、泥母,精、知、章仍分为三,这可能是当时北方话的影响。

研究明代宜春方音的有古屋昭弘(1992)。古屋昭弘全面对照《字汇》(梅膺祚撰,书成于 1615 年)、《正字通》(张自烈撰,成书时间未详)两书的反切,了解后者对前者的改动,从而观察到《正字通》的基础方音可能是 17 世纪的赣方音。古屋昭弘揭示的《正字通》字音系统特点有:全浊声母不论平仄都与次清声母合并;臻、梗(曾)、深三摄合并,山、咸两摄合并;平声分阴阳,上、去、入不分阴阳的例子很多,可以假定有五个声调,中古全浊上声字多归去声。

(五)明代闽(福州、泉州)、粤(汕头)方音的研究

1. 闽方音

陈第的《毛诗古音考》(书成于 1606 年)和《屈宋古音义》(书成于 1614 年)虽然是考证古音的著作,但据邵荣芬(1985,1994b)的考察,陈第注音依据的不是《广韵》,而是他自己的家乡话。而陈第为福州连江县人。邵荣芬即利用陈第在两书中的注音,考求得明末福州话声母 15 个,特点是全浊清化;有帮组,无非组,非组声母除少数奉母字并入滂母外,其他都与晓母混同;知庄章组声母除澄母少数并入端母外,其他都并入精组;微、影、云、以合并为零声母;日母部分并入泥娘,部分读零声母,少数并入来母。又考求得明末福州话韵母和声调。韵母去其重复后共有 36 个(阴声韵 16 个,阳声韵 12 个,入声韵 8 个),特点是:已形成四呼,寒与桓无别,-m 尾、-n 尾全都并入 ŋ 尾,入声-p 尾、-t 尾合并为-ʔ尾,-k 尾保留。声调 7 个:除上声外,平、去、入三声各分阴阳,特点是全浊上变去。邵荣芬(1985,1994b)着重指出了研究所得既与同时期表现福州音的方音韵书《戚参军八音字义便览》(另见清代方音研究)基本一致,又与现代福州话基本一致。

广泛流行于闽南一带的南音唱词不仅保存了大量的古代用语，而且保留了许多古代泉州音，时间可以一直追溯到明末。许颖颖（1999）分析明刊闽南戏曲《满天春》用韵并与现代泉州音联系，观察到40个韵母，虽然不是当时泉州话的全部，但其中包含了5个鼻化音韵母、6个喉塞音韵母。而清代泉州韵书，没有归纳出全部喉塞音韵母和部分鼻化音韵母。王建设（2000）系统归纳了南音老艺人逐段演唱的国际音标记音，整理出古泉州声韵系统，并以之与清代系统记录泉州音的《汇音妙悟》（书成于1800年）和今泉州话作比较，得到的结果是：其声母系统与《汇音妙悟》基本一致，均为15个，只是南音唱词的日母字少于《汇音妙悟》；南音中的韵母没有今泉州话口语多，今泉州话有而为南音所无的有8个，但也可能是正好没用上；南音唱词中的白读音比《汇音妙悟》、今泉州话多，如 ɯa（拖）、ɯã（子囝）、ɯĩ（间）等均为《汇音妙悟》、今泉州话所无。当然，南音是世代传唱，其所显示的声韵系统并不都比《汇音妙悟》古老。

丁邦新（1978）分析《问奇集》的材料，也观察到明代闽方言声母有 f 读 h，章、昌、书三母分别读如精、清、心三母的现象。

2. 粤方音

明宣德本《金钗记》1975年在汕头市潮安县（今广东省潮州市潮安区）出土。据鉴定，它是我国现存最早的南戏演出本原件。书中语言接近口语而且有大量别字，其中字形差别较大，只因音同、音近而误写的就有92个。袁东华（1987）据以研究所用方言声母，观察到以下特点：舌头、舌上不分，浊音清化，齿头音、正齿音不分，正齿音二三等不分，以母与定母同类，一部分心、禅二母字读同精母，等等。袁东华认为该书所记之音系与现代汕头方言极为近似。

（六）明代吴越方音的研究

学界研究最多的是当时苏州一带的吴音。叶祥苓（1979a，1979b）通过现代吴江方言研究潘耒《类音》声母，归纳出清初吴江方言25声母：帮滂並明、非奉、精清从心邪、端透定泥来而、见溪群疑晓匣、影喻。胡明扬（1981）从冯梦龙编辑的《童痴一弄·挂枝儿》和《童痴二弄·山歌》所收流行于当时苏州一带的俗曲韵脚中，归纳出 10 个韵部。其中，东钟、真文庚青侵寻、萧豪、歌戈模、尤侯五个韵部已与现代苏州相应韵部一致，江阳、支思齐微鱼、皆来、寒山桓欢先天盐咸廉纤、家麻车遮五个韵部，则同现代苏州分韵有出入。突出的特点是三个鼻音韵尾和对应的三个塞音韵尾都分别合并。石汝杰（1991）、都兴宙（1994）从《度曲须知》《童痴二弄·山歌》及亦为冯梦龙编纂的《笑府》等材料中见到当时吴方言的一些语音特点。见于石汝杰（1991）的如：微母读同奉母，匣、喻（云以）同音，尚有舌尖后与舌尖前的分别，从与邪、澄、床（崇船）禅分别合流；止摄开口三等知、章组字和止摄部分合口字读音同于遇摄三等知、章组字，遇摄三等精组字韵母为 i，与蟹摄四等精组字同，除见系声母（含零声母）外，其他声母不与合口韵母相拼，臻摄合口字读同深、臻两摄开口字，鼻韵尾合为一类，入声韵尾变成一个喉塞音ʔ；全浊声母的上、去二声合为一类的现象已有反映，声调有阴阳的区别；已有文白异读和连读变调。都兴宙（1994）所见除与上述相同者外，尚有：庄组声母混入精组（主要限于开口呼），三等轻唇仍读重唇，一部分微、疑母字读同奉母 v，部分匣母读同已变为零声母的疑母、云母；江阳合口混入开口等。

此外，耿振生（1992）、蒋冀骋（1997a）研究王应电的《声韵会通》与毛曾、陶承学重订之《字学集要》两种韵图，也分别归纳出近似上述的吴方音特点。游汝杰（1998a）借助判析明成化（1465—1487 年）本南戏《白兔记》中别字的读音，观察到当时吴语里的 -m 韵尾和 -n 韵尾已经合并；在当时的北部吴语中，从母、澄母、禅母音同或音近，烛韵和屋韵、职韵（见组）和昔韵也分别音同或音近，阳上并入阳去。张玉来和刘太杰（1998）分析《笑林广记》中的谐音、押韵材料，观察到明末清初吴语保留全浊声母，日、疑母部分相混，知章庄精组合流，入声韵合流，-m>-n，全浊上变去，阳平与阳上近。古屋昭弘（1998a）又透过梅膺祚的《字汇》中不同于《洪武正韵》的反切，观察到当时吴方音如下特点：从、邪两母，日、禅（含床₃）两母，奉、微（含喻）两母，疑、娘（含泥）两母分别相混，疑又部分与匣混；舌齿字开合相混；臻、深、梗三摄相混；山、咸两摄相混。凡此大都可与《度曲须知》所见相印证。至于在《字汇》中能够见到当时吴音的原因，古屋昭弘认为梅膺祚为明南直隶宁国府宣城（今安徽省宣州市宣州区）人，而宣城字音属于吴语系统的可能性较大。

学界对明末上海、松江韵母系统也有研究。马重奇（1998b）通过对晚明接触作家施绍莘南曲作品韵脚的系联，并结合明清时期戏曲理论家的理论及现今的上海松江方言，考证出明末上海松江方言的17个韵部、47个韵母。其中，阳声韵4部，即东钟、江阳、真庚、先廉；阴声韵7部，即齐鱼、苏歌、皆来、萧豪、家麻、车遮、尤侯；入声韵6部，即质直、突足、白客、角略、鸭达、切月。

丁邦新（1978）也从《问奇集》材料中观察到当时吴语禅日不分、奉微不分、匣母字与喻三影母字不分等特点，还说到当时吴语已是"猪"读如"知"，阳上归阳去等。

（七）明代其他地区汉语方音的研究

丁邦新（1978）利用《问奇集》"各地乡音"条的材料，还观察到明代其他地区方音的一些特点。燕赵方音：入声字变为舒声，疑母字失去鼻音成分，可能燕赵有一种方言只有一种平声，"饭"字韵尾读同"放"或两字都读成鼻化元音。秦晋方音：东韵跟魂韵、谆韵合流，生母与禅母可能也已合流。齐鲁方音：入声字分归平、上、去三声。三楚方音：章母跟知母合流，生母字读如心母字，"允"等少数字韵尾从-ŋ变为-n，"介、解"等字还没有腭化为舌面音，"岁""细"韵母相同，可能有腭化现象。粤方音：章、昌、书三母分别读如精、清、心，知母亦读如精母，禅母曾经有过塞擦音的读法等。

赵荫棠（1932b）还从袁子让的《五先堂字学元元》（成书于1603年）观察到明代方音的一些零星消息。诸如：疑微、喻日之混，精照、心审之混（郴州），禅日、疑日、见照之混（楚），喻日之混、尤韵与宵肴韵之混（粤），奉晓之混、澄与定之混、鱼虞韵与支微韵之混（闽）等。宁忌浮（1987）又依据关中人张尚德为嘉靖本《三国志通俗演义》所作小注有"芰音山"等，推断16世纪初的关中地区-m尾韵消失。

三、清代汉语方音的研究

（一）清代北方地区汉语方音的研究

不仅是作为北、南二系官话方音代表的清代北京、南京（江淮）等地的方音，清代天津、东北、山东、山西、四川、湖北、安徽等地的一些方音，在 20 世纪也有所研究。

1. 清代天津与东北方音的研究

《韵籁》，书成于 1889 年，天津人华长忠所作。国内魏建功（1936）、赵荫棠（1957）、李新魁（1983a）、耿振生（1992）等学者都有研究。魏建功（1936）引钱玄同说，谓其古庄组声母字多混入精组，符合了天津方言的特征。赵荫棠（1957）已揭示出其尖团不分、平翘舌声母多有相混。耿振生（1992）也指出其声母系统与现代天津方言基本一致，如尖团不分，古日母字一部分变成齐齿呼的零声母，古喻母字有的归入弱母 z_{l}，零声母开口呼产生出一个 ŋ 声母等。

依据赵荫棠（1957）、应裕康（1972a）、李新魁（1983a）、耿振生（1992）等的研究，都四德的《黄钟通韵》（刊于 1744 年）颇能反映当时东北方音。都氏自署"长白"人，书中共分 22 声类、12 韵类、5 个调类（含入声 1 类）。但作者已申明入声在当时北方并不独立。赵荫棠（1957）揭示其"日"与"喻"混。耿振生（1992）又指出其知组声母和赀组声母有相混的趋势。

此外，赞井唯允研究《蒙汉合璧五方元音》，认为其所反映的语音也很可能属于当时东北地区通用的语音系统（据李无未，2011：406-407）；李得春（2000）研究汉朝对音材料《华音正俗变异》，从材料所显示的中古日母汉音零声母化，窥见此语音特点应当属于当时的辽东方言。

2. 清代山东方音的研究

依据李新魁（1983a）、耿振生（1992）、张鸿魁（2000）的研究，《万韵书》（序于 1733 年；又称《万韵新书》，刊于 1741 年）显示当时山东高青一带的方音。该书的音系特点有："般班半板"等字列在"官"韵中，杂于合口一类之内；"知治直痴耻池持失世逝十蚀日"等字列在"吉"韵内，表明其韵母为 i，还不是后代的 ʅ；k 组声母字还没有腭化为 tɕ 组，带 -i- 介音的 k 组字不与 tsi- 组字混杂，单独排列，还没有"尖团不分"；"朱诸猪珠蛛住主煮"等字入"举"韵，韵母还是 y；-m 尾韵字已经混入 -n；原入声字大部分列入"杰"（ie、ye）韵之中，这已与现代音很相近（见李新魁，1983a：261）。此外，尚有"格克厄得特北麦则塞黑窄宅策色"等归 ei 音，"国蝈啯"等字归

uei 音（见耿振生，1992：187）。还有"该"韵有齐齿呼，如"街、鞋、挨"等字，跟山东现代方言一致；"戈"韵不分开合，山东中部一带现代都读合口，零声母开口呼多有鼻音变体（ng-），也可从该书声母排列中看出一点影子；清声母入声字独立为一个调类等（见张鸿魁，2000：306-307）。

又依据耿振生（1992）、张树铮（1999b，1999c）的研究，张象津的《等韵简明指掌图》（成书于 1815 年）显示当时山东新城（今桓台）方音声母 19 个，"儿而二"诸字归来母；"格刻得北迫墨责测"等字归 ei 音，"国拍麦画"等字归 uei 音，"者车姐且些也结贴"读 iə 韵母；"瘸靴"读 yə 韵母，不同于北京话的 iɛ、yɛ（见耿振生，1992：187-188）；知庄章声母合为一类，分尖团；中古假摄三等知系字在读书音中仍与二等同音，读 ia 类，而在口语中已经变为 iə，与二等不同音；知系声母及日母，除部分字外，其后的韵母还是副韵，即还没有发生 i→∅、y→u 的变化；通摄三等精组字、来母一等字在合口正韵（读洪音），三等字在副韵（仍读细音）；儿化还是卷舌而不是变韵（见张树铮，1999b，1999c）。

此外，李新魁（1983a，1984b）研究张祥晋（清末高密人）的《七音谱》，也指出其反映了高密方音的某些现象，如入声字音派入三声。张树铮（2000）还指出蒲松龄的《聊斋俚曲》有觉韵字押入家麻韵现象。

3. 清代山西、陕西方音的研究

依据潘家懿（1996）对《方言应用杂字》的研究，清乾隆时期的晋中方音有以下几个特点。声母：知组与照组字合流，但与精组字不混；精、见二组尚未合流；疑母字洪音读 ŋ，细音读 ȵ，与泥母合流；部分浊塞音、浊塞擦音平声字也读不送气音。韵母：鼻音韵母只剩一套，可能有一部分已变鼻化音，另一部分则读后鼻音韵母；合口呼字与撮口呼字混读。声调：平声不分阴阳；入声分阴入、阳入，全收-ʔ尾。

清代的陕西方音虽在 20 世纪未见专题研究，但亦有唐明路（1995）论及西安方言的 pf 组声母出现在明代末期到清代中期，不早于《西儒耳目资》的年代（1626 年），不晚于东干语从西北方言中分化出去之前（1827 年以前）。

4. 清代四川、湖北、云南方音的研究

依据甄尚灵（1988）的研究，钟秀芝的《西蜀方言》显示当时成都方音有对立的 ts 组和 tʂ 组声母，分尖团，但已开始由分趋合，泥多并于来，有 n、ȵ、ŋ 作声母，ȵ 声母只有齐撮韵，为古泥母、疑母字，ŋ 声母拼开口韵与 i 韵母，为古疑、影母字；有 ɿ、ʅ 两个舌尖元音韵母，已有 ɚ 韵母和儿化音节，歌戈不分开合，ən 与 əŋ、in 与 iŋ 没有分别，有 iai、ue、io 等韵母，通摄唇音字零声母字与其他声母字韵母没有分别，"波若哥娥"等字的韵母都是 o，"雷"等读合口；有独立入声，但有时难于与阳平分辨。

清末四川中江人刘省三所著惩恶扬善故事集《跻春台》（刻本序于 1899 年）中有着不少的韵语和错别字。张一舟（1998）据以考察了当时中江话的语音特点：古泥来母字声母相混，平翘舌声母不分，fan 读为 xuan，某些见系二等字声母为舌根音，某些知系字读同见组、精组细音，精组、见组细音字相混，古全浊声母混于清音声母（平声送气，仄声不送气）；撮口呼混入齐齿呼，中古曾摄、梗摄舒声韵字跟臻摄、深摄舒声韵相混，-m 韵尾混于-n 韵尾；古入声字归阳平。

依据朱建颂（1988）的研究，詹姆斯·艾迪生·英格尔的《汉音集字》显示当时武汉方音 n、l 声母并存，中古来母字读 l，中古泥母字读 n、l 不定（如拿乃南泥等），声母 ʐ 的字较多，包括中古大部分日母字和中古以母字（如饶柔人让、锐睿等）；ɚ 包括中古止摄开口日母字以及质韵日母字"日"等，韵母 uo（只有零声母）包括中古果摄一等疑影母字（如鹅我阿窝等）、山摄开口一等影母入声字（如遏等）、宕摄开口一等疑影母入声字（如鄂恶等）、江摄开口二等影母入声字（如握等）、通摄合口一等影母入声字（如沃等），韵母 oŋ 包括遇摄一等明母字、梗摄开口二等明母舒声字、合口二等晓组舒声字、通摄舒声字、通摄明母入声字（如墓猛轰东木等），韵母 ioŋ 包括梗摄合口三等舒声的部分字和通摄三等日母、晓组、影组舒声字（如兄萤戎熊容等），入声丢失塞音韵尾，但自成调类，并且跟阳平有些相混，还有已读成平、上、去声的（如拉摸、撒瘪、窒饰式诺亿忆幕玉等）；去声字也有读成入声的（如爸赘帜懿等）。

李兆同（1999）指出，入清以后云南汉语方言又受到其他西南官话的影响，如其四声调值与其他西南官话相近，而入声消失后普遍与阳平归并问题，也适宜用受到其他西南官话的影响解释。

5. 清代安徽方音的研究

反映清代安徽方音的有许惠的《等韵学》(书成于1878年)。许惠,字慧轩,安徽桐城人。李新魁(1983a)、耿振生(1992)等均已论及此书。李新魁(1983a)亦揭示其尖团不分,更指出其-ŋ尾韵字混入-n尾韵、中古知照组字与原来的见组字相混并归为撮口呼,推断可能是安徽方音的反映。而耿振生(1992)径直将《等韵学》归入反映江淮方言类韵图,也说到其声韵特点:tʂ组声母中包含古代舌根音见系的撮口呼字,不分尖团,一部分古照系字归入ts类,合口介音只见于k组声母之后,撮口介音只见于tʂ组声母之后;真韵包含古臻、深、梗、曾四摄阳声韵字,歌韵中有"而儿"一系字;平分阴阳,有入声。

又有周赟的《山门新语》,赵荫棠(1936,1956)、李新魁(1983a)、耿振生(1992)、竺家宁(1998)等都曾论及。周赟,字子美,安徽宁国人。书中共分19个声类、30个韵目、6个声调(特点是有入声而且去分阴阳)。李新魁(1983a)以为该书的两种韵图,一种反映口语实际读音,一种反映读书音。耿振生(1992)以为其韵图音系是徽州音与官话音互相夹杂。竺家宁(1998)则依据《山门新语》韵图中姬玑韵(舌尖韵母)有k系声母字等特点,推断其音系既带有安徽话的成分,也有客家话的痕迹。

(二) 清代南方地区汉语方音的研究

在20世纪得到研究的主要有清代江浙、福建、广东等地的一些汉语方音。

1. 清代江浙方音的研究

研究最多的是上海方音。如胡明扬(1978)、周同春(1988)、石汝杰(1994)、陈忠敏(1995)、朴允河(1997,1998)、游汝杰(1998b)等学者,都根据艾约瑟的《上海方言口语语法》(1853年出版),观察当时上海方音。据陈忠敏(1995),当时上海方音有声母29个,有全浊音,分尖团,见组声母在细音韵母前腭化;韵母60个,"官""关"有别,入声韵尚分-ʔ、-k两类,声调平、上、去、入各分阴阳,共8类,原属阳上的塞音、塞擦音声母正处在向阳去转化过程中。游汝杰(1998b:112)依据《上海方言口语语法》并参照与艾约瑟同时代的其他传教士的有关著述,揭示彼时上海话中"带-k尾的入声韵主元音大多是低元音 a 或后元音 o",而且"-k 尾正处于演变为-ʔ尾的过程中"。朴允河（1998）还讨论了他自己构拟的 8 类调值与周同春、陈忠敏二氏构拟的不同。

其次是宁波方音。如徐通锵（1991），透过《宁波方言字语汇解》（1876 年刊印）和《宁波方言的音节》（1901 年刊印），了解到当时的宁波方言也有全浊声母，分尖团，见组声母在细音韵母前腭化，韵母"官""关"有别，-m 已混入-n，-n 与-ŋ 又处于融合过程中，声调平、上、去、入各分阴阳，共 8 类，但入声韵只有收-ʔ一类，阳上已归阳去。

再次是通（南通）泰（泰州）一带的方音。鲁国尧（2003）据乾隆十五年（1750 年）序刻的《如皋县志》中有关姜日章《天然穷源字韵》的资料，归纳分析该书 12 韵中半为鼻化韵和鼻尾韵，半为开尾韵，5 个（实为 6 个）声调，略与今如皋话相同；又据泰兴人何萱及其《韵史》的资料，指出当时泰兴方言有 21 声母，古塞音、塞擦音全浊声母归送气清声母皆与今音相符，声调也应是 6 个。鲁国尧（2003：68）还新发现一部反映"广义的泰州话里的一个小土语"的方言韵书《字音集义通考》。据鲁氏考订此书编著大概在清同治年间，韵分 18 部，声母 19，声调 5 个（实为 6 个），反映了泰州方言向普通话集中靠拢的诸种现象。

关于江浙吴语研究的还有耿振生的研究。如耿振生（1992）分析了仇廷模《古今韵表新编》（书成于 1725 年）和周仁《荆音韵汇》（书成于 1790 年前后），观察到 1725 年前后的鄞县（今浙江省宁波市鄞州区）方音古知照系声母全部与精系合流，匣喻合一，奉微合一，有独立闭口韵；1790 年前后的荆溪方音平翘舌声母对立（平舌声母中不仅包含古精系字，还包含部分古知照系字），见组声母也在细音前腭化。耿振生（1993b）对《荆音韵汇》的声母和韵母系统作了更加详细的讨论，如指出其韵母已分开齐合撮四呼，而合口呼字较少、方音中的文白异读问题也有所反映等。

鲍明炜和卢润生还研究了清代江苏地区的官话方言。鲍明炜（1979）依据《徐氏类音字汇》，归纳出当时江苏盐城声母 18 个，特点是平翘舌声母不分，ʐ 并于 l，n 和 l 有别，见、精二组声母在细音韵母前合流为 tɕ 组声母。韵母已与 20 世纪中叶以后的盐城方言基本相同。《徐氏类音字汇》作者徐宗斌，江苏盐城人。由于《徐氏类音字汇》"当始写于 1900 年以前"，因而应当也能反映清代晚期的盐城方言（今属江淮官话）的情况。卢润生（1997）介绍成书于清代中叶嘉庆时期（1796—1821年）的《徐州十三韵》时，也谈到书中已显示出平翘舌不分的特点。

此外，李汝珍的《李氏音鉴》"南音"、许桂林的《许氏说音》也都记录有属于当时江淮官话的海州音的特点，阐释具见本章第六节四，此不赘述。

2. 清代福建方音的研究

福建地区方言复杂，学者在清代编撰有多种表现福建各地方音的韵书，如表现福州一带方音的有《戚林八音》（书成于1749年，内含据说是明戚继光驻防福建时为教士兵学习福州话编写的《戚参军八音字义便览》和林碧山的《珠玉同声》两种，二者音系基本一致）、力捷三的《闽腔快字》，表现厦门一带方音的有叶开温的《八音定诀》（书成于1894年），表现泉州一带方音的有黄谦的《汇音妙悟》（书成于1800年）和廖纶玑的《拍掌知音切音调平仄图》（成书于康熙年间），表现漳州一带方音的有谢秀岚的《雅俗通十五音》（刊于1818年），表现长泰一带方音的有《渡江书十五音》（作者及成书年代不详），反映建瓯一带方音的有林端材的《建州八音》，等等。从20世纪多位学者对这些方音韵书的研究成果看，清代福建各地方音多有相同之处，如都有15个声母（全浊清化，轻唇归重唇，知组读如端组，照组混入精组，见、精二组声母不腭化），都是4声7调，这同现代福建方音也已相差无几。清代福建各地方音当然也有差异，主要表现在韵母系统上。如依据张琨（1989）对《戚林八音》的研究，当时福州话有53个韵母，鼻尾韵全部收-ŋ，入声韵则有收-k、收-ʔ两种；依据李如龙（1981）对《八音定诀》的研究，当时厦门话有73个韵母，鼻尾韵收-m、收-n、收-ŋ的都有，还有鼻化韵，入声韵则有收-p、收-t、收-k、收-ʔ四种；依据黄典诚（2003a）和林宝卿（1996）对《汇音妙悟》的研究，当时泉州话有75个（黄）或85个（林）韵母，韵尾特点与厦门话相同；依据黄典诚（2003b）、林宝卿（1994）、杨志贤（1996）和王顺隆（1996）对《雅俗通十五音》和《渡江书十五音》的研究，当时漳州话和当时长泰一带方言也都有70余个（王顺隆，1996）或80余个（林宝卿，1994）韵母，情形与《汇音妙悟》近似，只是舒声韵和入声韵分别与《汇音妙悟》小有差异。杨志贤（1996）还特为指出《雅俗通十五音》中的阳上归阴上乃沿袭《戚林八音》，实际读音应是阳上归入阳去。依据黄典诚（1957）对《建州八音》的研究，当时建瓯有 34 个韵母，同《戚林八音》一样，鼻尾韵全部收-ŋ，但入声已是有其调而无其韵。黄典诚（1957）、潘渭水（1986）还将《建州八音》所见建瓯话同福州话做了比较。如黄典诚（1957）指出建瓯话有独立的（不能和辅音相配）"儿"韵母，入声韵母没有-k 尾、好多阳平的字同于上声等。

张琨（1988）还研究了《建州八音》的声调，以为在此书的七个声调中，第一音（阳平）高中平调，第二、第六音（阴去）低中平调，第三音（上声）低平或低降调，第四音（阴入）升调，第五音（阴平）高降调，第七音（阳入）中降调，第八音（阳去）高平调。所见与黄典诚（1957）所拟订略同。

此外，杨碧珠（2000a，2000b）研究反映清末民初福安方音的《安腔八音》声母系统，并与《戚林八音》比较，二者基本相同，只是前者比后者多出两个声母，杨碧珠以为这是根据当时福安话作的调整，而且可能是受到吴语影响所致。

尚有洪惟仁（1990a）透过《汇音妙悟》音读归纳二百年前的泉州音系，洪惟仁（1990b）又探讨漳州三种十五音的源流及其音系，遗憾没有读到。

3. 清代广东及港澳方音的研究

在 20 世纪得到较多研究的有清代广州、潮州、澳门等地的方音。先说广州。李新魁（1987b）根据清王炳耀的《拼音字谱》（刊于 1897 年），描述了一百年前的广州音面貌。除现代广州话中的 tʃ 组声母尚分作 tʃ、ts 两组，韵母多了 ɔm、ɔp 两个，少了 m、ɛk 两个，声调尚是十个（现代是九调十值）外，已与现代广州话完全相同。彭小川（1992）亦依据粤语韵书《分韵撮要》的 1782 年版本分析出韵母系统及特点。罗伟豪（1994）依据莎彝尊的《正音咀华》（刊于 1853 年），归纳当时广州音舌叶音 tʃ、tʃʰ、ʃ 已成型，同官话的舌尖前、舌尖后和部分舌面音相对应；轻唇音不少来源于古溪母、晓母，与非母相混；见溪群晓匣仍读舌根音（喉音）；晓母、匣母一些字转变为 u 作韵头的零声母字；明母、微母均念双唇鼻音；开口韵母与合口韵母、洪音韵母与细音韵母分别相混，等等。再说潮州、澳门。李新魁（1993a）依据郑昌时的《韩江闻见录》（书成于 1824 年），观察到潮州当时的语音同现在的语音主要有三点不同：①鼻音声母与相对的塞音或边音声母混而不分；②-n 尾诸韵尚未并入-ŋ；③现代一些念 oi 韵母的字，当时尚念 ai。除此之外，都与现代潮州音相当一致。但对于第一点，李新魁并不十分肯定。林柏松（1988）又借助美国汉学家卫三畏所作《英华分韵撮要》(*A Tonic Dictionary of the Chinese Language in the Canton Dialect*，1856 年出版)和英国汉学家波乃耶（亦译作詹姆斯·戴尔·鲍尔）所作《香山或澳门方言》(*The Hëng Shán or Macao Dialect*，1897 年发表)，观察到当时澳门地区方音有声母 18 个（全浊清化，古知庄章组读同精组，见、精组都没有腭化等），52 个韵母（鼻尾韵收-m、-n、-ŋ，入声韵则收-p、-t、-k），6 个声调（平声、入声分阴阳，上声、去声不分阴阳）。此音系与现代珠海前山话、中山石岐话音系相差不大。

清末香港粤语中的变调现象也有研究。张洪年（2000）研究波乃耶所著粤语教科书（为学习粤语的英语人士编写）《粤语速成》(*Cantonese Made Easy*)，认定 19 世纪的香港粤语中就已经有了高平变调和高升变调两种变调现象。张洪年还比较该书不同时间的几个版本，观察到十数年间粤语变调发生和扩散的过程。

四、汉语近代方音演变研究

（一）近代以来北方地区汉语方音演变研究

1. 北京地区方音

1）总体的演变：相对于以《中原音韵》为代表的早期官话

依据杨耐思（1981a）变化主要有：①疑、微二母消失；②支思韵字范围扩大；③尖团合流；新的 tɕ 组声母产生；④-m 韵尾完全并入-n 韵尾；⑤寒山、桓欢、先天三韵主元音的对立消失；⑥鱼模韵分化为呼模和居鱼两类，齐微韵中的齐韵字又并入居鱼；⑦卷舌声母后的 i 介音完全消失；⑧ɚ 韵母产生；⑨从入派三声到入变四声。

金薰镐（2000）还推测说北京话是清军入关后新生的，而且受周边官话区域方言入声消失的影响，有可能一开始就没有入声。

2）总体的演变：相对于 150—200 年前的北京话

依据杨自翔（1987）、杨亦鸣（1992a）和张卫东（1998b，1998c），变化主要有：①yo、io>ye；②ə>ɤ；③非唇音声母的 o>ɤ 或 ə；④iai>ai 或 ie、ia；⑤除"谁"字外，"雷""垒""内"等字由 uei、ei 两读变为只有 ei 一读；⑥开口韵零声母的自由变体 ŋ 消失；⑦唇音声母的 uŋ 变 əŋ，零声母的 uŋ 变 uəŋ；⑧派入上声及阴平的入声字减少，派入去声的入声字增加，轻声更加普遍。

3）入声的演变

当以唐钺（1926）、白涤洲（1929a，1929b，1931a）的研究为最早。唐钺（1926）仅泛论入声自《诗》三百篇以来的变化。白涤洲（1931a）则系统地考察了北音入声自《中原音韵》起到论文写作时止的变化，总共统计和比较了八种材料。所谓北音，指的就是北京音。作者认为入声演变主要有三期：第一期从元代《中原音韵》到清代《韵学骊珠》的五百年间，入派三声的情形一直没有什么大变动；第二期从《李氏音鉴》"北音入声论"开始进入，清声母入声几乎全由上声派到阴平、阳平、去声三声，入声读阴平是新兴的趋势，这之前没有；第三期为作者论文写作时，已较第二期有一些变化。但第二、三期又有共同倾向：除去一部分读阴平和个别字读上声而外，全清、全浊读阳平，次清次浊读去声。

继后，陆志韦（1948c）依据明末徐孝的《重订司马温公等韵图经》对白说作了较大的修正和补充，明末顺天方言入声字的读音已经跟现在大同小异，只有清入声的分化跟今音差异较大。陆志韦又依据清顺治帝的谈话和李渔的《闲情偶记》所述，判定当时不仅是浊入，连清入也已变为长调。何九盈（1995）也认为白氏不以《重订司马温公等韵图经》而以《李氏音鉴》代表入声演变第二期确有不妥。

张为纲（1947）讨论北京入声的演变则兼及韵的变化，认为北京音入声的演化不外乎调的变转和韵的通转。调的变转历经四步：第一步是塞辅音尾转成喉塞辅音[-ʔ]尾，第二步是[-ʔ]消失变成去声，第三步是由去声再分化为阳平、上声、去声三个声调，第四步是分化后的阳平、上声、去声部分字又转为阴平。韵的通转则表现为：一是大多数[-ʔ]尾完全消失，转成无韵尾的阴声韵；二是部分入声字由于主要元音的前后关系，转成收[-i]或[-u]尾的阴声韵。

可能是因为筚路蓝缕，张为纲还未能指明北京音入声的演化有文、白读之异，与人口的迁徙和方言的交融有关，调的变转中第二、第三两步，也有待证明。

吴葆棠（1991：81，82）则以为，"至少在14世纪以前，汉语入声韵伴随塞音韵尾的脱落而分派到阴声韵调类中去。开始先根据声母的清浊，入声字分派为去声和阳平；随着浊声清化日久，声母对入声字的分派失去约束作用，16世纪初原已分派到去声和阳平的入声字，按韵母舌位高低前后进行了调整，形成《原本老乞大谚解》所反映的格局。以后，原派入去声和阳平的一部分字转入去声、阴平、阳平和上声。19世纪以前曾有过一段时间，转入阴平的入声字成倍地增长，几乎与阳平、去声中的入声字相鼎足，然而转入上声的却一直占少数"。吴文还特别指出："自《等韵图经》以来入声字派入上声的一直缓慢地持续增长着，这正是近古以来北京音系的一条演变规律。"

黎新第（1985a，1985b）专就北京音自《李氏音鉴》以来古入声字归调作了考察与分析，认为可以大致分为两期。从1810年至1911年为自然发展期，特点是从多数一字一调发展到多数一字多调，从归调大体稳定发展到产生大量自由变读；从1911年到现在为发展的逐步规范期，特点刚好同自然发展期相反：从多数一字多调发展到多数一字一调，从大量自由变读发展到归调基本稳定。

4）因受满语底层的影响而产生的"轻音""儿化"的发展

俞敏（1987c）认为北京话中的儿化韵始于清军入关之后。赵杰（1996）则论定，清代以前的北京话就已经发展出轻声音节和儿化韵，但现代北京话中，由重音前移而产生的前重后轻的轻音、儿音尾和前一音节拼合而成的现代京腔儿化韵，则都是在满语底层影响下形成的，详见本章第七节二（二）3与三（四）3。

2. 山东地区方音

张树铮（1998）研究了桓台方音180年来的变化。主要有：ʐ声母合口改读l，由分尖团到不分尖团，唇音声母由拼合口韵母到除拼u外不拼合口韵母，知系声母由可拼细音韵母到不拼细音韵母，儿化变韵从无到有，阳平改归上声，入声由包括清入、次浊入两类到只剩清入。

张树铮（1994b）还研究了山东各主要方言古日母在近代读音的演变。

3. 四川地区方音

甄尚灵（1988）研究了成都方音百年来的变化。主要有：tʂ组声母并入ts组，舌尖元音也相应地不再有 ʅ、ɿ 之分；尖团相混；入声消失；ŋi 变为 ȵi（甄尚灵，1988）。以上变化20世纪50年代即已完成。

4. 两湖地区方音

朱建颂（1988）研究了武汉方音百年来的变化。主要有：声母 n、l 的全部字，声母 ʐ 的大部分字合并为 n；韵母 ɚ 变为 ɯ；零声母 uo 韵字韵母变为 o，声母亦分化为零声母和 ŋ 声母；古入声字不分清浊多数归入阳平。以上变化至20世纪上半叶亦已完成。

唐作藩（2001）观察分析以湖南黄桥镇为代表的湘语定母等全浊声母字的读音，得出一条规律：湘方言全浊声母的清化是从入声字开始的。其中，在全浊入声清化后转入舒声的多读阴去，少数读阴平；在清化前转入舒声的则读阳去或阳平。

5. 江淮地区方音

学者关注的主要是南京方音的演变。鲍明炜的《南京方言历史演变初探》以见于胡垣的《古今中外音韵通例》和劳乃宣的《增订合声字简谱》的南京话为旧南京话，以见于赵元任的《南京音系》和20世纪后期调查到的南京话为新南京话。二者的区别主要表现在以下几点：从 n、l 不分到中青年人已开始区分；从分尖团到尖团不分；i、y 两韵相混的情形减少；青年人已多能分别 an 和 aŋ，en 与 eŋ、in 与 iŋ 也开始区分；中年以下已无 ɒ 韵（鲍明炜，2010）。

（二）近代以来南方地区汉语方音演变研究

1. 江浙地区方音

学界已有研究主要关涉上海、宁波两地方音。

胡明扬（1978）、周同春（1988）、石汝杰（1994）、陈忠敏（1995）、高云峰（1996）、许宝华（1998）、游汝杰（1998b）、朴允河（1998）等都研究了上海方音150年来的演变。基本形成共识的有：dz 声母消失；尖团音混同；古合口呼前的非敷二母跟晓母、奉母跟匣母，均由分而趋混，又由混而分；缩气音（或先喉塞音）声母消失；ʮ、ɸy 韵母消失；一部分鼻化尾韵跟元音尾韵合并；入声韵母亦大规模合并；声调日趋合并：由19世纪的8个，到20世纪20年代以后的7个或6个，再减少到50年代以后的5个。许宝华（1998）在陈忠敏（1995）研究的基础上，着重观察150年来入声韵母数量在老、中、新三派上海话中的不同变化：艾约瑟书中所记为18个，而据《上海市区方言志》，老派上海话的入声韵为14个，中派上海话的入声韵为9个，新派上海话的入声韵为5个。原松江府范围内邻近上海的方音，入声韵发展演变的速度要慢150年左右。游汝杰（1998b）指出，上海话的塞音韵尾-k并入喉塞音韵尾-ʔ的年代下限是19世纪末至20世纪初。朴允河（1998）认为19世纪以来，上海声调演变的最主要原因是调型类似。阳上归阳去最早，在19世纪中叶已成定局。晚一点的时期，上海西部已经普遍出现了阳平与阳去的合流，而东部刚刚开始这种变化。阴上归阴去则是在连读中偶尔发生的变化。

胡明扬（1978）已论及上海方音演变迅速的社会历史背景。周同春（1988）将导致上海方音演变的社会原因总结为三条：人口组成的急剧变化；与本地方言近似而又在社会地位和人口比例上都占优势的外来方言的存在；本地方言缺乏传统的、权威的规范。

高云峰（1996）专题讨论了150年来中古咸山摄舒声字在上海话中的语音变迁。大致是：轻微鼻化>鼻化脱落>元音高化>单元音化。

徐通锵（1991）研究了宁波话百年来的变迁，侧重于对音变规律的探讨。变化主要有：舌叶音消失，合并于舌尖音；清鼻音、边音衰退，但尚有残存；尖团对立消失；-n韵尾由弱化而消失，-ŋ韵尾在低元音后也已消失；阴声韵元音音位逐级推移（高化）；部分入声韵合并；调类由6个或7个减少到多的7个，少的4个；文白异读从无到有，再到新老文读形式并存，再到文读有新无老，老的文读形式挤入白读层。

2. 福建地区方音

学界已有研究主要关注的是漳州、泉州与福州三地的方音。

叶国庆（1929）与薛澄清（1929）的研究即已发端。林宝卿（1994）讨论了漳州方音百多年来的变化。主要有：声母仍然保留十五音系统，但年轻人逐渐把"入[dz]"读为边音，疑声母g常脱落为零声母，声母"门[b]、柳[l]、语[g]"在鼻化韵、鼻尾韵前读如m、n、ŋ（是整个闽南方言的普遍现象）；

增加了 ɔh、iuh 等八个韵母，减少了 oi、oih 等八个韵母，年轻人已分不清前后鼻尾，特别是 ian、iaŋ 常混读或读为不前不后；有些喉塞韵在年轻人、中年人中逐渐消失，阳入调读同阳平。

林宝卿（1996）又讨论了泉州方音自清初以来的变化。"入[*dz]"声母并入"柳[l]"声母；增加了 ɔ̃h、ãih 等十二个韵母；减少了 ue、ueh 等九个韵母；有些人已把阳上和阴平相混，调类由四声七音减少到四声六音。周长楫（1989）依据今泉州话的调类调值及连读变调并参考邻近方言声调，拟定《汇音妙悟》时期泉州话的调类、调值[①]：

	阴平	阳平	阴上	阳上	阴去	阳去	阴入	阳入
古调值	44	12	35	22	55	11	<u>5</u>	<u>12</u>
今调值	33	24	544	22		31	<u>4</u>	<u>13</u>

这也清楚地显示了泉州话调类、调值的发展变化。

潘渭水（1986）将《建州八音》所见与建瓯今音作了粗略对比：声母方面，没有明显变化；韵母方面，《建州八音》中的"园""桐"两韵已合并，"蛇""弯"等韵字正处在合并于合口呼 ue、uiŋ 的过程中，还发现一个《建州八音》没有的 ieiŋ 韵母；声调方面已从七个减到六个。

林寒生（2000）讨论了福州方音明清之间的变化。林寒生以《戚林八音》所反映的语音为明代福州方音的代表，以《闽都别记》所反映的语音为清代乾嘉时期福州方音的代表，发现其间声韵调读音大多相同。但 n、l 声母已发生自由变读；韵母方面，杯、辉二韵已开始相混，西韵个别字已混入开韵，有些韵字 -k 尾已进一步向 -ʔ 尾转化。"现代福州话多音节连读音变中的声母类化现象，与单音节动词因谐音而形成的重叠形式，不见于《戚》书，而在《闽》书中已经出现。"（林寒生，2000：114）

此外，尚有李如龙和陈昌太（1982），探讨福建宁德市碗窑闽南方言岛，因受周边方言影响，二百多年间所发生的变化。李如龙和陈昌太以该方言岛老中青三代人的闽南话同现在的泉州话和表现泉州一带方音的黄谦的《汇音妙悟》相比较，发现老辈有 70 个韵母，与《汇音妙悟》和现在的泉州话相近，青年辈则只剩下 53 个韵母。变化在于 70 个韵母中的 29 个已经合并为 11 个

[①] 下加横线表示调值短促。

韵母。例如：ɣe、ueʔ→ue、ɣeʔ、ueʔ→ueʔ，am、an、aŋ→aŋ，ap、at、ak、aʔ→ak 或 aʔ。

3. 澳门地区方音

林柏松（1988）讨论了近百年来澳门方音的变化。主要有：声母由 l、n 不混到 l、n 不分，由 k、kʰ 二声母发展到 k、kʰ、kw、kʰw 四声母，由舌齿音 ts、tsʰ、s 发展为舌叶音 tʃ、tʃʰ、ʃ，ŋ-在齐撮二呼前变为 j-，x-在合口呼前变为 f-；韵母由 i 韵分化出 ei 韵，由 ɒn/ɒt 两韵分化出 œn/œt 韵，由 ɒn/ɒt 两韵分化出 eŋ/ek 两韵，i 介音消失（原来就没有 u、y 介音，只有 i 介音）；声调从六个增加到八个：去声分出阴阳，入声在区分阴入、阳入的基础上又增添中入。总的特点是向广州话靠拢。

（三）精、庄、章三组声母演变及浊上归去的南北差异

陈万成和莫慧娴（1995）观察分析广州话区的几个次方言"私""师""诗"三组字音近代以来的变化，兼及西南官话（成都话）、客家话、闽南话（潮汕话、厦门话）和福州话近代以来的变化，据以推测了南北方音演变的不同路线：从 19 世纪末到现代，南方方言的闽南话、福州话基本保留了上古期的两分现象，"私（心₃）""师（审₂）"二组合流，"诗（审₃）"自成一类，但广州话、客家话和西南官话里"私""师""诗"三组字合流。至于北方官话，则承接中古期的发展，"师""诗"组合流，"私"组自成一类。

何大安（1988）则归纳了浊上归去的南北差异：官话型的北方方言次浊上归阴上，而吴语型的南方方言次浊上随阳上同入阳去。

第九节 结 语

一、20 世纪的汉语近代音研究的基本成就

虽然在 20 世纪之前，早就已经有了对汉语近代音的研究，但在传统的汉语音韵学中，并没有它的一席之地。因而汉语近代音研究一开始就同汉语现代音韵学联系在一起，同历史语言学等现代语言理论和方法联系在一起，成

为整个汉语语音史乃至汉语史研究的重要组成部分。又由于它同汉语现代音关系密切，材料丰富，并且在理论和方法上，较好地实现了外来的与传统的以及针对汉语近代音特点、语音材料而创新的三者互相融合，因而20世纪的汉语近代音研究在总体上便呈现出高起点、高热度、高效益的特征。其基本成就至少有下列五端。

（1）20世纪的研究已经为近代汉语共同语语音勾画出一个较为清晰的轮廓。首先，我们已经可以从既有的成果中了解到自宋代以来各个时期的汉语共同语语音的基本面貌。例如，单是以标题中含有"共同语语音""标准音""官话音"等字样的，就可以举出陆志韦（1946a，1946b，1947a，1947b，1947c，1947d，1948a，1948b，1948c）、李新魁（1980）、柳应九（1991）、岩田宪幸（1994）、叶宝奎（1994b，1998）、丁锋（1995）、杨耐思（1996）、张卫东（1998b）、张玉来（1999a）、丁喜霞（1999）等诸多论著。其次，对汉语近代共同语的一些重要语音特征的历时演变，在20世纪的研究中也已大体明晰。例如，关于全浊清化、知庄章组声母演变、见精二组细音声母合流、近代零声母形成、见系二等开口字声母腭化、舌尖元音韵母产生、儿韵母和儿化韵的形成和发展、介音的演变、-m 韵尾的演变、入声韵和入声调的演变、全浊上变去、轻音和连读变调的产生和发展等，都已经得到颇为详细的探索与讨论。虽然在一些问题上认识分歧，但在不同程度上达成共识的，仍然居于绝大多数。

（2）一大批汉语近代音材料得到了广泛而深入的研究。即以足以代表近代北音的《中原音韵》音系研究为例，自20世纪初叶以来，已知国内外已发表专著10余部，含有关研究内容的通论或通史约有50部，论文更是超过120篇（不包括译文、译著）。1987年还专为纪念《中原音韵》的作者周德清诞辰710周年，在江西高安召开学术讨论会，后由北京大学出版社将论文结集出版。

内中不少研究近代音的论著，由于研究的独到、深入或精审，得到了很高的学术评价。单以获得北京大学王力语言学奖的近代音研究论著为例，截至2000年，先后就有杨耐思的《中原音韵音系》（三等奖），宁继福的《中原音韵表稿》（三等奖）、《校订五音集韵》（署名为宁忌浮，二等奖），鲁国尧的《宋代苏轼等四川词人用韵考》和《元遗山诗词用韵考》（三等奖），李思敬的《汉语"儿"[ɚ]音史研究》（三等奖），耿振生的《明清等韵学通论》（三等奖），张鸿魁的《金瓶梅语音研究》(一等奖)。于此亦可见学界重视汉语近代音研究之一斑。

值得单独一提的还有新材料的发现与深入探讨。如韵书《中原雅音》、韵图《卢宗迈切韵法》、朝-汉对音资料与西方传教士的汉语方言著作等等材料的发现与深入探讨等,都给20世纪的汉语近代音研究增添了丰富的内容。

(3)不仅是近代共同语语音,一些地点方音在近代的面貌及其后来的发展变化,学界也已有大致清楚的认识。共时方面,如对宋代汴洛、西北、福建地区的方音,元代山东、江浙地区的方音,明代作为官话语音基础的北方方音、福建地区的方音,清代北京、江浙、福建、广东地区的方音等,都已经有了比较深入的研究。历时方面,如北京语音自《中原音韵》时期以来,特别是近二百年来的变化,成都、武汉、南京、上海、宁波、泉州、漳州、潮州、广州、澳门等地语音近百年来或更长时间以来的变化等,也已经得到相当真切细致的描述。

(4)已经逐步探索出基本适应汉语近代音材料和语音性质的研究观念和研究方法;许多有关汉语近代音的历时和共时的变化,也大都已经得到较为合理的解释。就前者而言,由于汉语近代音材料既有量大质优的特点,又有精粗真伪此彼混杂的特点,就需要有适当的方法来加以处置和利用,于是针对某一个或某一类特定材料的具体研究方法,诸如归纳法,内部分析法,透视分离法,方言、对音参证法,历史层次分析法,各种统计分析法等,便纷纷被创造出来,有如一把钥匙开一把锁,从而开启了探究汉语近代音的一扇扇大门。而在一窥奥秘之后,面对汉语近代音复杂的历时和共时的变化,对其中蕴含的音变机制,也大都有了较为合理的解释。诸如在近代汉语中发生的全浊清化、见精二组声母部分合流、-m尾韵消失、入派三声、全浊上变去等现象,都已被总结出相应的发展演变规律。

(5)已经建立起一支人数可观、相对稳定、越来越年轻化、素质也越来越好的汉语近代音研究队伍。他们大多是20世纪80年代以来毕业的博士和硕士,既有很好的师承,又有开阔的眼界,既熟悉中国的治学传统和语料,又掌握现代语言理论和方法,许多人已是硕果累累,成为本门学科的翘楚。从中国音韵学研究会在严学宭倡导下于1980年成立到20世纪结束,这支队伍就一直聚集在中国音韵学研究会的周围。

二、世纪之交的汉语近代音研究任务举例

由于现代语言学意义上的汉语近代音研究是在 20 世纪才真正提上日程的，还不像 20 世纪的上古音研究和中古音研究那样，不仅已经有足够的积累和沉淀，而且已经分别经历过多次牵涉研究全局的大辩论的洗礼，因而 20 世纪的汉语近代音研究虽然成绩斐然，但也多少还带着一种草创与开辟的性质。既探讨了许多问题，也有许多问题有待探讨；既在许多问题上达成共识，也在许多问题上存在见解纷歧；既发掘了许多研究材料，也有许多研究材料有待发掘；既创造了许多有效的研究方法，新的突破又期待着新方法的创造。诸如此类。有鉴于此，试将世纪之交的汉语近代音研究任务举例如下。

（1）一些基础性的研究尚有待进一步展开。例如韵文的研究，目前已经得到较多研究的只有宋诗、宋词，既有综合性研究，也有分作家、分地域的研究，但这一工作仍不能说已经完成。金诸宫调、元杂剧、元散曲也已经得到了一些研究，但成绩还赶不上宋诗、宋词的研究。至于对明、清两代韵文作品（特别是各地丰富的民歌俗曲）的研究，还有对除元曲而外的元代诗韵、词韵的研究，虽然不能说还是一片空白，最多也只能说才刚刚开始。又如其他重要近代音材料，像《蒙古字韵》《中州音韵》《西儒耳目资》《四声通考》《四声通解》《五方元音》等极具分量的作品，直到 20 世纪的最后一年，国内也还只见到研究的论文，没有见到研究的专著。再说，对于一些重要的汉语近代音材料，即使已经有了研究的专著，也未必没有再研究的余地。在条件具备时，也还需要用新的观点、新的方法去进一步开拓。宋元明清时期出现的众多笔记、小说，其中往往蕴含着或多或少的汉语近代音材料，像《南村辍耕录》和《金瓶梅》那样已经得到有效利用的仍是少数，也有待于今后深入发掘。除此之外，对近代单个字音及其发展变化的研究，对近代轻音、儿化和连读变调等的研究，虽然已经取得不小的成绩，但也都还只能说研究刚刚开始。

（2）一些见解纷歧的问题，有待作进一步的深入探讨。20 世纪的汉语近代音研究，虽然已经取得了足以骄人的成绩，但也有不少问题并没有达成共识。例如，在汉语共同语中，有没有两个并行的读音系统问题、《中原音韵》音系知庄章组声母分合与独立入声有无问题《中原音韵》音系语音基础问题、明代普通官话语音基础问题、舌尖元音韵母产生时期问题、ɚ韵母与儿化音

谁先产生又是否都产生于明代问题、汉语共同语入声韵尾消失先后问题等，全都尚未最终凿破混沌，有待在新的理念、新的材料和方法的基础上作进一步的深入探讨。

（3）汉语近代方音的研究还存在大面积空缺。已经得到不同程度研究的汉语近代方音，大多限于有现成的近代方音材料（如近代方音韵书，近代在华传教士的标注方音的著作，近代不同地区诗、词、曲类作品的特殊叶韵等）可资凭借的方言，但有这类材料的方言终归是少数。探究没有历史文献材料可作凭借或凭借甚少的近代方音需要使用属于历史语音学、生成音系学、语言类型学以及历史层次分析法等众多综合手段，如前述邢公畹（1984）、侍建国（1992）等就颇具代表性，但循此途径进行研究的迄今不多。

（4）有必要系统探讨汉语语音在近代所受到的其他民族语言的影响。汉语语音从中古音演变为近代音，又由近代音演变为现代音，除汉语自身的原因外，不能排除其同时也受到了其他民族语言的影响。在20世纪的汉语近代音研究中，我们已经能够看到一些有关的探讨。如像章组声母卷舌化的动因、儿化韵的产生和儿化与轻声在北京话中的发展等，都可能在不同程度上与阿尔泰系语言的影响有关；一些汉语南方方言语音在近代的发展，也可能同南方少数民族语言的影响有关。但这些研究都还显得过于零星和分散，很有必要在这一问题上作出更加系统和全面的探讨。如此方能对汉语近代音的形成和发展有更加深刻的了解。

（5）研究方法的创造和研究尚有待加强。回顾近代音研究在20世纪的成长历程，许多重大进展都同研究方法的创造与改进密不可分。仍如《中原音韵》音系研究，石山福治（1925）的开创之功良不可没，但对音系声母系统的真切认识，则源于罗常培（1932）为《中原音韵》量身定做的归纳法的创造。针对归纳法的不足，宁继福（1985）又旗帜鲜明地提出充分发掘《中原音韵》自身潜能的内部分析法，不仅使我们对音系声韵系统的认识有了更加坚实的依据，还得以构拟出音系的调值。司徒修（Stimson，1966）、薛凤生（1975，1990）另辟蹊径，将遵从历史语音学原则并经过改造的音位分析法用于分析《中原音韵》音系，再一次开拓出崭新的研究局面。又如，朱晓农（1989a）运用数理统计法准确地考求到北宋中原韵辙，鲁国尧（1991b）又用穷尽式的统计分析法第一次归纳出宋词词韵。由于方法的科学，朱、鲁二氏的研究适足以相互印证，所得结果遂成定论。再如，对于元杂剧中的清入声字是否如同《中原音韵》那样作为上声字使用，由于统计方法不同，忌浮（1988）与黎新第（1990）有着截然不同的认识，从而促进了对此一问题的进一步探讨。正是有鉴于此，如果我们希望近代音研究能在今后有更大的进展，那就需要我们在研究方法的创造和改进上作出更大的努力。我们甚至可以说，今后汉语近代音研究出现某些大的突破，就很可能与更加犀利的新的研究方法的出现有关。

（6）需要编写能够总结汉语近代音研究成果的多种史著。无论是从一个世纪以来近代音研究所取得的众多成果看，还是从辞旧迎新，推动其在21世纪的更好发展看，都需要对一个世纪以来的研究成果作全面系统的清理，去粗取精，去伪存真，写出一部有分量的、能够显示当前最高水平的汉语近代语音史。在20世纪末发表的几部或断代、或专题、或通论性质的近代汉语语音研究专著（如蒋绍愚的《近代汉语研究概况》、蒋冀骋的《近代汉语音韵研究》）或专论（如方环海的《国语运动与20世纪的近代语音研究》《二十世纪大陆近代音研究的历史分期——兼论近代音对普通话语音史的研究价值》），已经为这一任务的胜利完成奠定了初步的基础。

单是有综合性的近代汉语语音史还不够，为了更好地服务于国家语文建设和对外文化交流，同时也为了更好地了解汉语的历史，继承与发扬祖国文化传统，增强国家、民族的认同感和凝聚力，我们还需要有汉语近代共同语语音史、各个大方言或代表性区域和重点城市的近代方音史。此外，还应当创造条件，陆续编写出断代的汉语近代语音史和专题的汉语近代语音史。在这一方面，陆志韦在1946—1948年撰写的总题为"古官话音史"的九篇系列论文、李思敬的《汉语"儿"[ɚ]音史研究》、丁锋的《日汉琉汉对音与明清官话音研究》、刘晓南的《宋代闽音考》等，就已经为今后的努力树立了标杆。

与此同时，还需要对一个世纪以来的汉语近代音研究所走过的曲折道路作认真的回顾，总结经验教训，写出一部高质量的20世纪汉语近代音研究史。

我们热切地期待着这些著作都能够完成并早日问世。

（7）不同学术见解之间的交流与切磋亦亟待加强。这表现在汉语近代音专题讨论少，不同学术见解的正面交锋少，对近代音中重大问题研究的综合评述和阶段总结少，对近代音新著新论的评介文章少，对新人新作的评介就更少。在汉语近代音研究中，尚有不少并非客观原因造成的认识分歧长期搁置无解,就是一证。像20世纪60年代开展的关于《中原音韵》音系基础和"入派三声"的争论和20世纪80—90年代对《中州音韵》作者、年代以及同《中原雅音》关系的交锋,都多年难得一遇。不少时候研究者是在各说各话,甚至因为缺乏沟通造成研究重复,感情疏离,在近代音研究的一片繁荣景象中又显示出几分隔阂与落寞。因此,如何加强不同学术见解之间的交流与切磋,尤其是在彼此观点方法不同、占有材料不同或学术背景不同之时,如何做到摒弃山头与门户之见,相互尊重、取长补短、勇于论争而又不伤情感,事关学风与汉语近代音研究的未来,因而仍应视为世纪之交的一项重大任务。

参 考 文 献

(宋)丁度等编:《礼部韵略》,日本真福寺藏本。
(宋)丁度等编:《宋刻集韵》(第2版),中华书局,2005。
(宋)刘攽:《贡父诗话》,丛书集成初编本,商务印书馆,1939。
(宋)杨亿口述,黄鉴笔录:《杨文公谈苑》,见上海古籍出版社编《宋元笔记小说大观(一)》,上海古籍出版社,2001,第463—566页。
(元)陶宗仪:《南村辍耕录》,明成化十年(1474)刻本。
(元)周德清著,陆志韦、杨耐思校勘:《中原音韵 附:中州乐府音韵类编》,中华书局,1978。
(元)周德清著,张玉来、耿军校:《中原音韵校本:附 中州乐府音韵类编校本》,中华书局,2013。
(元)卓从之:《中州乐府音韵类编》,见《朝野新声太平乐府》,瞿氏铁琴铜剑楼藏明刻九卷本。
(明)乐韶凤、宋濂、王僎等:《洪武正韵》,明嘉靖四十年(1561)刘以节刊本。
(明)沈宠绥:《度曲须知》,见中国戏曲研究院辑校《中国古典戏曲论著集成五》,中国戏剧出版社,1959。
(明)张位:《问奇集》,明万历六年(1578)刻本。
(明)张志淳:《南园漫录》,明嘉靖年间(1522—1566)刻本。
(清)陈澧:《东塾集》,见《陈澧集(壹)》,上海古籍出版社,2008。
(清)高静亭著,周晨萌校注:《正音撮要》,北京大学出版社,2018。
(清)戈载:《词林正韵》,上海古籍出版社,1981。
(清)朴隐子:《诗词通韵》,康熙二十四年(1685)刻本。

(清)莎彝尊:《正音咀华》,同治丁卯(1867)翰宝楼藏本.

(清)吴烺:《杉亭集·五声反切正韵》,乾隆年间刻本.

白涤洲. 1929a. 国语中入声的演化. 国语句刊, 1(6): 53-58.

白涤洲. 1929b. 国语中入声的演化(续). 国语句刊, 1(7): 65-72.

白涤洲. 1931a. 北音入声演变考. 女师大学术季刊, 2(2): 69-111.

白涤洲. 1931b. 《集韵》声类考. 中央研究院历史语言研究所集刊, 3(2): 159-236.

白涤洲. 1935. 关中入声之变化//中央研究院历史语言研究所集刊编辑委员会编. 中央研究院历史语言研究所集刊(蔡元培先生六十五岁庆祝论文集): 997-999.

白涤洲. 1936. 关中入声变读的原因和程序. 国学季刊, (1): 25-45.

鲍明炜. 1979.《类音字汇》与盐城方言. 中国语文, (3): 221-227.

鲍明炜. 2010. 南京方言历史演变初探//顾黔编著. 鲍明炜语言学论文集. 南京: 南京大学出版社: 38-52.

暴拯群. 1989. 试论《中原音韵》的语音基础. 洛阳师专学报(自然科学版), 8(3): 45-53.

曹正义. 1979. 中古知、照声系类变管测. 山东大学学报(哲学社会科学版), (1): 81-94.

曹正义. 1981. 元代山东人剧曲用韵析略. 山东大学学报(哲学社会科学版), (2): 64-73.

曹正义. 1984. 近代文献与方言研究. 文史哲, (3): 43-48, 68.

曹正义. 1987. 革新韵书《合并字学集韵》述要. 文史哲, (5): 63, 67-68.

曹正义. 1991. 近代-m韵嬗变证补. 语言研究(增刊): 142-143.

陈晨. 1991. 论《四声等子》和《切韵指掌图》的韵母系统及其拟构——附论宋代邵雍和祝泌韵图的入声韵尾//袁晓园主编. 汉字汉语学术研讨会论文集(下). 长春: 吉林教育出版社: 129-152.

陈贵麟. 1994.《杉亭集·五声反切正韵》音系探赜. 语言研究(增刊): 174-182.

陈贵麟. 1996. 韵图与方言——清代胡垣《古今中外音韵通例》音系之研究. 台北: 台湾沛革企业有限公司.

陈国. 1960. 汉语轻音的历史探讨. 中国语文, (3): 137-140.

陈明远. 1985. 北京语音源流初探//张志公主编. 语文论集(一). 北京: 外语教学与研究出版社: 111-119.

陈年高. 1999. 近代汉语音韵研究方法述评. 淮阴师范学院学报, 21(3): 125-128.

陈万成, 莫慧娴. 1995. 近代广州话"私""师""诗"三组字音的演变. 中国语文, (2): 118-122.

陈新雄. 1976. 中原音韵概要. 台北: 台湾学海出版社.

陈泽平. 1999. 从现代方言释《韵镜》假二等和内外转. 语言研究, (2): 160-168.

陈振寰. 1986. 音韵学. 长沙: 湖南人民出版社.

陈忠敏. 1995. 上海市区话语音一百多年来的演变//梅祖麟等. 吴语和闽语的比较研究. 上海: 上海教育出版社: 18-31.

陈重瑜. 1991. 从中古音到北京音系：阴平调流入与流出的字数比较. 世界汉语教学，(1)：3-11, 54.

陈重瑜. 1993a. 从中古音到北京音系：阴平调流入与流出的字数比较(续一). 世界汉语教学，(2)：93-102.

陈重瑜. 1993b. 从中古音到北京音系：阴平调流入与流出的字数比较(续完). 世界汉语教学，(3)：179-186.

程朝晖. 1986. 欧阳修诗词用韵研究. 中国语文，(4)：303.

程俊源. 1999. 北京音系梗摄二等文白异读的音韵层次与地域来源：由"打"字谈起//台湾声韵学学会编. 声韵论丛(第八辑). 台北：台湾学生书局：355-380.

崇冈. 1982. 汉语音韵学的回顾和前瞻. 语言研究，(2)：1-10.

储泰松. 1996. 施护译音研究//谢纪锋，刘广和主编. 薪火编. 太原：山西高校联合出版社：340-364.

崔宰宇. 1997. 《汉清文鉴》简论. 民族语文，(5)：66-76.

邓晓华. 1991. 客家方言与宋代音韵. 语言研究(增刊)：74-79.

邓晓华. 1996. 论客方音史研究中的几个问题. 语言研究(增刊)：1-10.

邓兴锋. 1993. 元代复数形尾"每"的读音——兼论汉语复数形尾的来源及其他. 南京大学学报(哲学·人文·社会科学)，(4)：93-98, 118.

邓兴锋. 1994a. 例说《中原音韵》的术语混用现象兼与王洁心先生商榷. 大陆杂志，(2)：3-5.

邓兴锋. 1994b. 《南京官话》所记南京音系音值研究——兼论方言史对汉语史研究的价值. 南京社会科学，(4)：45-57.

邓兴锋. 1995. 大都剧韵所见《中原音韵》两韵并收字. 南京大学学报(哲学·人文·社会科学)，(4)：109-119, 131.

邓兴锋. 1996. 大都杂剧合韵所反映的元代韵部关系. 语言研究(增刊)：353-355.

邓兴锋. 1997a. 大都剧韵所反映的元代一些单字的读音. 语言研究，(1)：131-139.

邓兴锋. 1997b. 升庵词用韵考. 南昌职业技术师范学院学报，(1)：52-59.

丁邦新. 1978. 问奇集所记之明代方音//"中央研究院"编. "中央研究院"成立五十周年纪念论文集. 台北："中央研究院"：577-592.

丁邦新. 1981. 与《中原音韵》相关的几种方言现象. "中央研究院"历史语言研究所集刊，52(4)：619-650.

丁邦新. 1983. 汉语声调发展若干问题. 音韵学研究通讯，(3)：21-29.

丁邦新. 1998. 论官话方言研究中的几个问题//丁邦新语言学论文集. 北京：商务印书馆：209-245.

丁锋. 1995. 琉汉对音与明代官话音研究. 北京：中国社会科学出版社.

丁锋. 2000. 《书史会要》所记日语假名歌对音反映的十四世纪吴语音韵//中国音韵学研

究会,徐州师范大学语言研究所编.中国音韵学研究会第十一届学术讨论会汉语音韵学第六届国际学术研讨会论文集.香港:香港文化教育出版社有限公司:245-253.
丁锋.2008.日汉琉汉对音与明清官话音研究.北京:中华书局.
丁喜霞.1995.试论《中原音韵》的语音基础.古汉语研究,(4):14-17,30.
丁喜霞.1999.汉语共同语标准音的转换探因.台州师专学报,21(2):36-38.
丁治民.1999.辽韵考.古汉语研究,(4):63-67.
董绍克.1989.浅谈入声塞音韵尾的演变//山东省语言学会编.语海新探(第二辑).济南:山东教育出版社:159-170.
董绍克.1990.《金瓶梅》中的"儿"尾不全是儿化音.古汉语研究,(1):94-95,31.
董绍克.1994.论《中原音韵》的基础方言及其考证.语言研究(增刊):184-190.
董绍克.1995."入派三声"论.山东师大学报(社会科学版),(1):87-91.
董绍克.1998.试证元曲的儿化音.中国语文,(3):218-221.
董同龢.1948.切韵指掌图中几个问题.中央研究院历史语言研究所集刊,(17):195-212.
董同龢.1954.中国语音史.台北:中华文化出版事业社.
董同龢.2001.汉语音韵学.北京:中华书局.
都兴宙.1987.汉民族共同语入声韵尾消变轨迹说.青海师范大学学报(社会科学版),(4):71-80.
都兴宙.1992.中古庄知章三组声母字在西宁方言中的读音分析.青海民族学院学报(社会科学版),(2):68-74.
都兴宙.1994.沈宠绥音韵学简论.青海师范大学学报(社会科学版),(4):87-92.
杜爱英.1997."清江三孔"诗韵考.古汉语研究,(1):43-48.
杜爱英.1998a.杨万里诗韵考.中国韵文学刊,(2):74-82.
杜爱英.1998b.杨万里诗的入声韵系及阴、入通叶现象.语言研究(增刊):160-163.
杜爱英.1998c.北宋诗僧德洪用韵考.山东师大学报(社会科学版),(1):85-89.
杜爱英.1999.元代儒学教授虞集诗词曲用韵考.南昌大学学报(人社版),30(4):96-100.
杜爱英.2000a.刘敞、刘攽诗韵所反映的方音现象//中国音韵学研究会,徐州师范大学语言研究所编.中国音韵学研究会第十一届学术讨论会汉语音韵学第六届国际学术研讨会论文集.香港:香港文化教育出版社有限公司:359-362.
杜爱英.2000b.北宋"新喻三刘"诗韵研究.山东师大学报(社会科学版),(1):78-84.
范新干.1999.浊上变去发端于三国时代考//四川大学汉语史研究所.汉语史研究集刊(第二辑).成都:巴蜀书社:321-329.
方环海.1998a.论《古今中外音韵通例》的音系性质及其语音史地位.古汉语研究,(2):13-17.
方环海.1998b.《古今中外音韵通例》与十九世纪的江淮官话音系——兼论该韵书对汉语官话语音史研究的价值.徐州师范大学学报(哲学社会科学版),24(3):61-64.

方环海. 2000a. 国语运动与20世纪的近代语音研究. 文史杂志, (3): 56-59.
方环海. 2000b. 二十世纪大陆近代音研究的历史分期——兼论近代音对普通话语音史的研究价值//中国音韵学研究会, 徐州师范大学语言研究所编. 中国音韵学研究会第十一届学术讨论会汉语音韵学第六届国际学术研讨会论文集. 香港: 香港文化教育出版社有限公司: 425-430.
方孝岳. 1979. 汉语语音史概要. 香港: 商务印书馆.
冯蒸. 1984.《圆音正考》及其相关诸问题//中国社会科学院语言研究所古代汉语研究室编. 古汉语研究论文集(二). 北京: 北京出版社: 83-102.
冯蒸. 1987a. 北宋邵雍方言次浊上声归清类现象试释. 北京师院学报(社会科学版), (1): 40, 80-86.
冯蒸. 1987b. 近十年中国汉语音韵研究述评//袁晓园主编.《文字与文化》丛书(二). 北京: 光明日报出版社: 56-76.
冯蒸. 1991a.《尔雅音图》音注所反映的宋初零声母——兼论中古影、云、以母的音值. 汉字文化, (1): 29-36.
冯蒸. 1991b.《尔雅音图》音注所反映的宋代浊音清化. 语文研究, (2): 21-29.
冯蒸. 1991c.《正音切韵指掌》再探//袁晓园主编. 汉字汉语学术研讨会论文集(下). 长春: 吉林教育出版社: 153-176.
冯蒸. 1991d.《尔雅音图》音注所反映的宋代 k-/x-相混. 语言研究(增刊): 73.
冯蒸. 1992.《尔雅音图》音注所反映的宋初四项韵母音变//程湘清编. 宋元明汉语研究. 济南: 山东教育出版社: 510-578.
冯蒸. 1993.《尔雅音图》音注所反映的宋初浊上变去. 大陆杂志, (2): 21-25.
冯蒸. 1994a.《尔雅音图》音注所反映的宋初非敷奉三母合流——兼论《音图》微母的演化. 云梦学刊, (4): 72-78.
冯蒸. 1994b.《尔雅音图》音注所反映的宋代知庄章三组声母演变. 汉字文化, (3): 24-32, 23.
冯蒸. 1995.《尔雅音图》音注所反映的宋初三、四等韵合流. 汉字文化, (4): 48-62.
冯蒸. 1996.《尔雅音图》音注所反映的五代宋初等位演变——兼论《音图》江/宕、梗/曾两组韵摄的合流问题. 语言研究(增刊): 195-212.
冯蒸. 1997a.《尔雅音图》的声调. 语言研究, (1): 148-159.
冯蒸. 1997b.《尔雅音图》的疑母. 云梦学刊, (1): 73-76, 52.
冯蒸. 1997c. 中国大陆近四十年(1950—1990)汉语音韵研究述评//汉语音韵学论文集. 北京: 首都师范大学出版社: 476-531.
冯蒸. 2000. 论《切韵指掌图》三四等对立中的重纽与准重纽//语言(第二卷). 北京: 首都师范大学出版社: 103-178.
冯蒸. 2007. 论《尔雅音图》的音系基础//耿振生主编. 近代官话音研究. 北京: 语文出版社: 284-292.

冯志白. 1991. 陆游诗的入声韵系. 南开学报, (1): 75-80.

冯志白. 1994. 陆游古体诗的用韵系统. 语言研究(增刊): 63-71.

高福生. 1991.《中原音韵》入声补述//《〈中原音韵〉新论》编辑组编.《中原音韵》新论. 北京: 北京大学出版社: 6-15.

高美华. 1989.《中原音韵》成书背景及其价值. 台湾嘉义师院学报, (3): 205-226.

高晓虹. 1999.《音韵逢源》的阴声韵母. 古汉语研究, (4): 79-81.

高云峰. 1996. 150年来中古咸山摄舒声字在上海话中的语音变迁. 语言研究, (2): 52-61.

耿振生. 1991.《青郊杂著》音系简析. 中国语文, (5): 374-379.

耿振生. 1992. 明清等韵学通论. 北京: 语文出版社.

耿振生. 1993a. 论近代书面音系研究方法. 古汉语研究, (4): 44-52, 21.

耿振生. 1993b. 十八世纪的荆溪方音——介绍《荆音韵汇》//北京大学中文系《语言学论丛》编委会编. 语言学论丛(第十八辑). 北京: 商务印书馆: 195-221.

耿志坚. 1992. 由唐宋近体诗用韵看止摄字的通转问题. 彰化师范大学学报, (3): 1-39.

耿志坚. 1983. 唐代近体诗用韵之研究. 台湾政治大学中文研究所博士学位论文.

龚煌城. 1981a. 西夏语中的汉语借词."中央研究院"历史语言研究所集刊, (4): 681-780.

龚煌城. 1981b. 十二世纪末汉语的西北方音(声母部分)."中央研究院"历史语言研究所集刊, (1): 37-78.

龚煌城. 1989. 十二世纪末汉语的西北方音(韵尾部分)//"中央研究院"第二届国际汉学会议文集编辑委员会编. 第二届国际汉学会议论文集(语言与文字组)(上册). 台北: "中央研究院": 145-190.

龚煌城. 1995. 十二世纪末汉语西北方音韵母系统的构拟//汉藏语研究论文集. 北京: 北京大学出版社: 331-377.

古德夫. 1980. 论入声. 徐州师范学院学报(哲学社会科学版), (2): 71-80.

顾汉松. 1986. 入声消失年代试探//上海市语文学会. 语文论丛(第3辑). 上海: 上海教育出版社: 102-104.

顾实. 1923. 重刻四声等子序. 国学丛刊, 1(1): 113-114.

郭力. 1989.《重订司马温公等韵图经》心、敷、微三母试析. 汉字文化, (4): 67-72.

郭力. 1994. 近代后期北京话的两种音变. 语言研究(增刊): 191-194.

郭力. 1997. 古清入字在《合并字学集韵》中的归调//北京大学中文系《语言学论丛》编委会编. 语言学论丛(第十九辑). 北京: 商务印书馆: 74-89.

郭力. 1998. 近代汉语后期几个字的声母演变//《语苑撷英》编辑组编. 语苑撷英: 庆祝唐作藩教授七十寿辰学术论文集. 北京: 北京语言文化大学出版社: 135-136.

国光红. 1986. 释长言、短言——略论入声尾失落的原因. 山东师大学报(社会科学版), (4): 70-71.

哈平安. 1987. 五代两宋词的入声韵部(文摘)//袁晓园主编.《文字与文化》丛书(二), 北京: 光明日报出版社: 258-260.
韩亦琦. 1988. 朝鲜《老乞大谚解》研究//江苏省语言学会主编. 语言研究集刊(第二辑). 南京: 江苏教育出版社: 205-229.
何大安. 1983. 近五年来台湾地区汉语音韵研究论著选介 汉学研究通讯, (1): 28.
何大安. 1985. 云南汉语方言中与腭化音有关诸声母的演变. "中央研究院"历史语言研究所集刊, (2): 261-281.
何大安. 1988. "浊上变去"与现代方言//台湾声韵学学会编. 声韵论丛(第二辑). 台北: 台湾学生书局: 267-292.
何大安. 2004. 声韵学中的观念和方法. 2版. 台北: 大安出版社.
何九盈. 1985a. 《诗词通韵》述评. 中国语文, (4): 292-303.
何九盈. 1985b. 中国古代语言学史. 广州: 广东教育出版社.
何九盈. 1986. 《中原雅音》的年代. 中国语文, (3): 230-231.
何九盈. 1988. 《中州音韵》述评. 中国语文, (5): 97-103.
何九盈. 1995. 中国现代语言学史. 广州: 广东教育出版社.
何一凡. 1991. 《中原音韵》见、知、照(章庄)系声母发展的不同层次//《〈中原音韵〉新论》编辑组编. 《中原音韵》新论. 北京: 北京大学出版社: 16-27.
贺巍. 1995. 汉语官话方言入声消失的成因. 中国语文, (3): 195-202.
洪惟仁. 1990a. 《汇音妙悟》的音读——两百年前的泉州音系//梁东汉, 林伦伦, 朱永锴编. 第二届闽方言学术讨论会论文集. 广州: 暨南大学出版社: 113-121.
洪惟仁. 1990b. 漳州三种十五音之源流及其音系. 台湾风物, (40): 55-80.
侯精一. 1980. 清人正音书三种. 中国语文, (1): 64-68.
侯兰笙. 1988. 《帝京景物略》里的儿化韵. 西北师院学报, (2): 58-59.
胡明扬. 1963. 《老乞大谚解》和《朴通事谚解》中所见的汉语、朝鲜语对音. 中国语文, (3): 185-192.
胡明扬. 1978. 上海话一百年来的若干变化. 中国语文, (3): 199-206.
胡明扬. 1981. 三百五十年前苏州一带吴语一斑: 《山歌》和《挂枝儿》所见吴语. 语文研究, (2): 93-110.
胡明扬. 1987. 北京话初探. 北京: 商务印书馆.
胡明扬. 1992. 近代汉语的上下限和分期问题//胡竹安, 杨耐思, 蒋绍愚编. 近代汉语研究. 北京: 商务印书馆: 3-12.
胡明扬. 2011. 《老乞大谚解》和《朴通事谚解》中所见的《通考》对音//胡明扬语言学论文集(增订本). 北京: 商务印书馆: 157-171.
胡松柏. 1994. 汉语入声消失过程在赣东北闽南话中的表现. 语言研究(增刊): 304-310.
胡运飚. 1987. 吴文英张炎等南宋江浙词人用韵考. 西南师范大学学报, (4): 78-86.
黄艾榕, 张盛如. 1999. 从回鹘文《玄奘传》看西北方言入声的演化. 武汉教育学院学报,

18(1): 28-31.

黄典诚. 1957. 建瓯方言初探. 厦门大学学报,(1): 255-299.

黄典诚. 1993. 汉语语音史. 合肥: 安徽教育出版社.

黄典诚. 2003a. 漳州《十五音》述评//黄典诚语言学论文集. 厦门: 厦门大学出版社: 263-270.

黄典诚. 2003b.《渡江书十五音》的"本腔"//黄典诚语言学论文集. 厦门: 厦门大学出版社: 271-273.

黄尚军. 1995.《蜀语》所反映的明代四川方音的两个特征. 方言,(4): 296-297.

黄笑山. 1990.《交泰韵》的零声母和声母[v]. 厦门大学学报,(3): 120-126.

黄笑山. 1994. 试论唐五代全浊声母的"清化". 古汉语研究,(3): 38-40, 47.

黄笑山. 1995.《切韵》和中唐五代音位系统. 台北: 文津出版社.

黄笑山. 1996. 利玛窦所记的明末官话声母系统. 新疆大学学报(哲学社会科学版), 24(3): 100-107.

黄耀堃. 1994. 音韵学引论. 香港: 商务印书馆.

黄勇. 1996. "汉语-t尾最后消失"说. 古汉语研究,(1): 17-20, 61.

忌浮. 1964.《中原音韵》二十五声母集说. 中国语文,(5): 337-359.

忌浮. 1980.《中原音韵》无入声内证. 学术研究丛刊,(1): 96.

忌浮. 1986.《中原音韵》的调值. 语言研究,(1): 99-108.

忌浮. 1987.《中原音韵》音类分析方法刍议//南开大学中文系《语言研究论丛》编辑部编. 语言研究论丛(第三辑). 天津: 天津人民出版社: 88-105.

忌浮. 1988. 曲尾及曲尾上的古入声字. 中国语文,(4): 292-301.

忌浮. 1990.《中原音韵》与高安方言. 陕西师大学报,(1): 79-86.

忌浮. 1991. 十四世纪大都方言的文白异读//《〈中原音韵〉新论》编辑组编.《中原音韵》新论. 北京: 北京大学出版社: 35-43.

忌浮. 1998a.《洪武正韵》一二三//《语苑撷英》编辑组编. 语苑撷英: 庆祝唐作藩教授七十寿辰学术论文集. 北京: 北京语言文化大学出版社: 100-109.

忌浮. 1998b.《洪武正韵》支微齐灰分并考. 古汉语研究,(3): 3-8.

忌浮. 1999a.《洪武正韵》质术陌分并考//齐裕焜,郝铭鉴主编. 艺文述林(语言学卷). 上海: 上海文艺出版社: 263-271.

忌浮. 1999b.《洪武正韵》的反切问题——读刘文锦《洪武正韵声类考》. 中国语言学报, (1): 191-200.

季永海. 1999. 汉语儿化音的发生与发展——兼与李思敬先生商榷. 民族语文,(5): 19-30.

冀伏. 1979. 周德清生卒年与《中原音韵》初刻时间及版本. 吉林大学学报(社会科学版), (2): 98-99.

冀伏. 1980.《中原雅音》考辨——兼与蒋希文同志商榷. 吉林大学社会科学学报,(2):

89-94.

江灏.1985.《资治通鉴音注》反切考//湖南师范学院古汉语研究室编.古汉语论集.长沙:湖南教育出版社:86-121.

江俊龙.2000.台湾地区汉语音韵研究论著选介(一九九四~一九九八).汉学研究通讯,(1):149-168.

江蓝生.1994.《燕京妇语》所反映的清末北京话特色(上).语文研究,(4):15-19.

江蓝生.1995.《燕京妇语》所反映的清末北京话特色(下).语文研究,(1):10-16.

姜聿华.1984.黄公绍词韵及《古今韵会举要》.吉林师范学院学报,(3):61.

姜聿华.1985a.稼轩词用韵.齐齐哈尔师范学院学报,(2):40-47.

姜聿华.1985b.宋代北方籍词人入声韵韵尾考.求是学刊,(5):68-73.

姜聿华.1992.中国传统语言学要籍述论.北京:书目文献出版社.

蒋冀骋.1990.论近代汉语的上限(上).古汉语研究,(4):68-75.

蒋冀骋.1991.论近代汉语的上限(下).古汉语研究,(2):72-78,28.

蒋冀骋.1997a.近代汉语音韵研究.长沙:湖南师范大学出版社.

蒋冀骋.1997b.论《中原音韵》中知照庄三系的分合.湖南师范大学社会科学学报,26(6):109-112.

蒋冀骋.2021.近代汉语音韵研究(修订本).北京:商务印书馆.

蒋绍愚.1994.近代汉语研究概况.北京:北京大学出版社.

蒋希文.1978.《中原雅音》记略.中国语文,(4):253-255.

蒋希文.1983.从现代方言论中古知庄章三组声母在《中原音韵》里的读音.中国语言学报,(1):139-200.

金德平.1990.从敦煌汉藏对音材料谈中古西北方言全浊声母.中国音韵学研究会第六届年会论文.

金基石.1997.朝鲜翻译韵书中所反映的近代汉语/-m/尾韵消失的年代——兼论"怎""甚"两字的读音.延边大学学报(社会科学版),(4):130-134.

金基石.1998a.中古日母字的演变与朝鲜韵书的谚文注音.延边大学学报(社会科学版),(2):148-152.

金基石.1998b.明清时期朝鲜韵书中的见晓精组字.民族语文,(2):68-72.

金基石.1999a.近代汉语唇音合口问题与朝鲜对音文献的谚文注音.延边大学学报(社会科学版),(2):119-123.

金基石.1999b.朝鲜对音文献中的入声字及其归派.语文研究,(4):27-32.

金基石.1999c.朝鲜对音文献浅论.民族语文,(5):9-18.

金基石.2000.朝鲜对音文献中的微母字.语言研究,(2):30-38.

金有景.1984.北京话"上声+轻声"的变调规律//山东省语言学会编.语海新探(第一辑).济南:山东教育出版社:251-297.

金有景. 1989. 山西襄垣方言和《中原音韵》的入声问题. 语文研究, (4): 28-30.
金有景. 1998a. 汉语史上[ï](ɿ, ʅ)音的产生年代. 徐州师范大学学报(哲学社会科学版), 24(3): 57-60.
金有景. 1998b. 读李思敬《汉语"儿"[ɚ]音史研究》. 语文研究, (4): 28-34.
金周生. 1982. 元曲暨《中原音韵》"东钟""庚青"二韵互见字研究. 辅仁学志, (11): 539-574.
金周生. 1984. 《中原音韵》入声多音字音证. 辅仁学志, (13): 693-726.
金周生. 1985. 宋词音系入声韵部考. 台北: 文史哲出版社.
金周生. 1990a. 《中原音韵》-m→-n 字考实. 辅仁中文学报, (6): 249-265.
金周生. 1990b. 元代散曲-m、-n 韵尾字通押现象之探讨——以山咸摄字为例. 辅仁学志, (19): 217-224.
金周生. 1991a. 谈-m 尾韵母字于宋词中的押韵现象——以"咸"摄字为例//台湾声韵学学会编. 声韵论丛(第三辑). 台北: 台湾学生书局: 85-123.
金周生. 1991b. 元好问近体诗律支脂之三韵已二分说. 辅仁学志, (20): 187-194.
金周生. 1996. "元阮愿"韵字在金元词中的押韵类型研究. 辅仁中文学报, (12): 79-117.
金周生. 1999. 《中原音韵》"鼻"字的音韵来源与音读//台湾声韵学学会编. 声韵论丛(第八辑). 台北: 台湾学生书局: 321-330.
靳光瑾. 1991. 北京话文白异读的形成及消长. 语文建设, (5): 10-12.
赖江基. 1986. 从《诗集传》的叶音看朱熹音的韵系//中国音韵学研究会编. 音韵学研究(第二辑). 北京: 中华书局: 148-171.
雷恩海, 方环海. 1998. 论《古今中外音韵通例》的声调系统. 西北师大学报(社会科学版), 35(5): 54-58.
黎锦熙. 1929. 中国近代语研究提议. 国语旬刊, 1(2): 17-21.
黎新第. 1984. 形声字读音类化现象探索//中国音韵学研究会编. 音韵学研究(第一辑). 北京: 中华书局: 513-547.
黎新第. 1985a. 普通话古入声字归调的分期及相关特点. 重庆师院学报哲社版, (3): 82-88.
黎新第. 1985b. 普通话古入声字归调的分期及相关特点(续). 重庆师院学报哲社版, (4): 72-82.
黎新第. 1987a. 《中原音韵》"入派三声"析疑. 重庆师院学报哲社版, (4): 67-78.
黎新第. 1987b. 官话方言促变舒声的层次和相互关系试析. 语言研究, (1): 60-69.
黎新第. 1989. 试论《中原音韵》音系反映实际语音的二重性. 重庆师院学报哲社版, (2): 1-11.
黎新第. 1990. 《中原音韵》清入声作上声没有失误. 中国语文, (4): 284-293.
黎新第. 1991a. 早期元杂剧与《中原音韵》"入派三声"//《〈中原音韵〉新论》编辑组编. 《中原音韵》新论. 北京: 北京大学出版社: 44-62.

黎新第. 1991b. 近代以来的北方方言中古庄章知组声母的历时变化. 语言研究(增刊): 130-137.
黎新第. 1991c. 北纬37°以南的古-k韵尾字与二合元音. 语言研究, (2): 96-106.
黎新第. 1992a. 《中原音韵》清入声作上声证. 古汉语研究, (4). 5-10.
黎新第. 1992b. 《董西厢》曲句"着""咱"二字的平仄——汉语轻声的早期历史印迹之一. 重庆师院学报哲社版, (4): 82-93.
黎新第. 1993a. 金诸宫调曲句的平仄与入声分派. 语言研究, (2): 49-75.
黎新第. 1993b. 元杂剧助词"得"用"的"字及其他——汉语轻声的早期印迹之二. 重庆师院学报哲社版, (2): 92-98, 76.
黎新第. 1994. 官话方言全浊清化的一颗活化石——四川境内的现代"老湖广话"及其他. 古汉语研究, (2): 22-27, 51.
黎新第. 1995a. 近代汉语共同语语音的构成、演进与量化分析. 语言研究, (2): 1-23.
黎新第. 1995b. 近代南方系官话方言的提出及其在宋元时期的语音特点. 重庆师院学报哲社版, (1): 115-123, 87.
黎新第. 1995c. 明清时期的南方系官话方言及其语音特点. 重庆师院学报哲社版, (4): 81-88, 117.
黎新第. 1999a. 从量变看朱熹反切中的浊上变去. 重庆师院学报哲社版, (1): 73-82.
黎新第. 1999b. 从量变看朱熹反切中的全浊清化. 语言研究, (1): 47-60.
黎新第. 2000. 20世纪《中原音韵》音系研究进程与方法回顾. 重庆师院学报哲社版, (1): 86-96.
黎新第. 2003. 百年来中国近代语音研究几个问题的认识与回顾. 重庆师院学报哲社版, (1): 84-89.
李爱平. 1985. 金元山东词人用韵考. 语言研究, (2): 49-67.
李葆嘉. 1995. 论明清官话的市民社会内涵. 南京社会科学, (6): 63-66.
李葆嘉. 1998. 当代中国音韵学. 广州: 广东教育出版社.
李葆嘉, 冯蒸. 1995. 海外的中国古音研究. 学术研究, (1): 113-117.
李得春. 1988. 《四声通解》今俗音初探. 民族语文, (5): 29-41.
李得春. 1992. 老乞大朴通事谚解朝鲜文注音. 延边大学学报(社会科学版), (1): 85-93.
李得春. 1997. 关于标记在朝鲜谚解书中的近代汉语舌尖元音. 民族语文, (3): 51-60.
李得春. 2000. 介绍一份19世纪末的汉朝对音资料——《华音启蒙》卷后的《华音正俗变异》. 东疆学刊, 17(3): 84-89.
李殿魁. 1977. 校订补正《中原音韵》及正语作词起例. 台北: 学海出版社.
李范文. 1994. 宋代西北方音:《番汉合时掌中珠》对音研究. 北京: 中国社会科学出版社.
李格非. 1956. 汉语"儿词尾"音值演变问题的商榷. 武汉大学学报, 9(1): 239-259.
李惠芬. 1999. 浙江元人散曲用韵研究——与《中原音韵》比较研究. 福建师范大学学报

(哲学社会科学版), (2): 77-82.
李峻锷. 1988. 古白话界说与近代汉语上限的探索. 上海师范大学学报, (3): 120-125.
李立成. 1994. 儿化性质新探//《庆祝文集》编委会编. 庆祝殷焕先先生执教五十周年论文集. 济南: 山东大学出版社: 184-196.
李启文. 1996. 近代汉语共同语入声字的演变. 中国语文, (1): 50-58.
李荣. 1956. 切韵音系. 北京: 科学出版社.
李荣. 1965. 语音演变规律的例外//音韵存稿. 北京: 商务印书馆: 107-118.
李荣. 1982a. 论北京话"荣"字的音——为第十五届国际汉藏语言学会议而作. 方言, (3): 161-163.
李荣. 1982b. 论"人"字的音. 方言, (4): 241-244.
李荣. 1987. 旧小说里的轻音字例释. 中国语文, (6): 415-418.
李如龙. 1981. 《八音定诀》的初步研究. 福建师大学报(哲学社会科学版), (4): 110-121.
李如龙, 陈昌太. 1982. 碗窑闽南方言岛二百多年间的变化. 中国语文, (5): 354-365.
李树俨. 2000. 论"平分阴阳, 入派三声". 语文研究, (1): 15-22.
李思敬. 1985. 音韵. 北京: 商务印书馆.
李思敬. 1986. 汉语"儿"[ɚ]音史研究. 北京: 商务印书馆.
李思敬. 1994a. 汉语"儿"[ɚ]音史研究(增订版). 北京: 商务印书馆.
李思敬. 1994b. 从吴棫所描写的某些南宋"俗音"音值证《切韵指掌图》的列"等"//中国音韵学研究会编. 音韵学研究(第三辑). 北京: 中华书局: 102-107.
李思敬. 1995. 切韵音系上去二声全浊声母字和部分去声次浊声母字在河北宁河方言中的声调表现. 中国语言学报, (5): 184-197.
李思敬. 2000. 现代北京话的轻音和儿化音溯源——传统音韵学和现代汉语语音研究结合举隅. 语文研究, (3): 1-10.
李添富. 1990. 《古今韵会举要》研究. 台北: 台湾师范大学博士学位论文.
李添富. 1991. 古今韵会举要疑、鱼、喻三母分合研究//台湾声韵学学会编. 声韵论丛(第三辑). 台北: 台湾学生书局: 225-256.
李添富. 1992. 《古今韵会举要》声类考. 辅仁中文学报, (8): 149-170.
李文煜. 1991. 周德清是"最小对立"理论的创始人——《中原音韵·正语作词起例》新探. 汉字文化, (2): 50-55.
李文泽. 2000. 史炤《资治通鉴释文》与宋代四川方音. 四川大学学报(哲学社会科学版), (4): 75-79.
李无未. 1994. 《九经直音》反切与《经典释文》正读考异. 语言研究(增刊): 82-89.
李无未. 1996a. 南宋《示儿编》音注"浊音清化"问题. 古汉语研究, (1): 21-24, 51.
李无未. 1996b. 南宋《示儿编》"声讹"的正音性质. 语言研究(增刊): 259-265.
李无未. 1996c. 南宋孙奕音注的"浊上归去"问题//吕绍刚编. 金景芳九五诞辰纪念文集.

长春: 吉林文史出版社: 743-750.
李无未. 1998a. 南宋已"平分阴阳"补证//北京大学中文系《语言学论丛》编委会编. 语言学论丛(第二十一辑). 北京: 商务印书馆: 174-181.
李无未. 1998b. 南宋《九经直音》俗读"入注三声"问题. 延边大学学报(社会科学版), (2): 156-162.
李无未. 1998c. 南宋孙奕俗读"清入作去"考. 中国语文, (4): 294-298.
李无未. 2000.《中原音韵》与吉安方言//中国音韵学研究会, 徐州师范大学语言研究所编. 中国音韵学研究会第十一届学术讨论会汉语音韵学第六届国际学术研讨会论文集. 香港: 香港文化教育出版社有限公司: 264-269.
李无未. 2005. 音韵文献与音韵学史——李无未文存. 长春: 吉林文史出版社.
李无未. 2011. 日本汉语音韵学史. 北京: 商务印书馆.
李新魁. 1962.《中原音韵》的性质及其代表的音系. 江汉学报, (8): 39-43.
李新魁. 1963. 关于《中原音韵》音系的基础和"入派三声"的性质——与赵遐秋、曾庆瑞同志商榷. 中国语文, (4): 275-281.
李新魁. 1979. 论近代汉语照系声母的音值. 学术研究, (6): 38-45.
李新魁. 1980. 论近代汉语共同语的标准音. 语文研究, (1): 44-52.
李新魁. 1982. 记表现山西方音的《西儒耳目资》. 语文研究, (1): 126-129.
李新魁. 1983a. 汉语等韵学. 北京: 中华书局.
李新魁. 1983b.《中原音韵》音系研究. 郑州: 中州书画社.
李新魁. 1984a. 近代汉语介音的发展//中国音韵学研究会编. 音韵学研究(第一辑). 北京: 中华书局: 471-484.
李新魁. 1984b. 读张晋的《七音谱》//山东省语言学会编: 语海新探(第一辑). 济南: 山东教育出版社: 198-206.
李新魁. 1985.《射字法》声类考——元代吴语的声母系统//湖南师范学院古汉语研究室编. 古汉语论集. 长沙: 湖南教育出版社: 70-85.
李新魁. 1986. 汉语音韵学. 北京: 北京出版社.
李新魁. 1987a. 汉语共同语的形成和发展(上). 语文建设, (5): 11-18.
李新魁. 1987b. 一百年前的广州音. 广州研究, (10): 65-68.
李新魁. 1988. 宋代汉语韵母系统研究. 语言研究, (1): 51-65.
李新魁. 1990. 宋代汉语声母系统研究//中山大学中文系本书编委会编. 语言文字论集. 广州: 广东人民出版社: 217-228.
李新魁. 1991a. 再论《中原音韵》的"入派三声"//《〈中原音韵〉新论》编辑组编.《中原音韵》新论. 北京: 北京大学出版社: 63-85.
李新魁. 1991b. 近代汉语全浊音声母的演变. 中国语言学报, (4): 109-124.
李新魁. 1993a. 二百年前的潮州音. 广东社会科学, (1): 74-78.

李新魁. 1993b. 四十年来的汉语音韵研究. 中国语文, (1): 16-22.
李新魁. 1994. 《起数诀》研究//中国音韵学研究会编. 音韵学研究(第三辑). 北京: 中华书局: 1-41.
李新魁. 1997. 近代汉语南北音之大界//李新魁音韵学论集. 汕头: 汕头大学出版社: 228-266.
李行杰. 1983.《韵补》声类与南宋声母. 徐州师范学院学报(哲学社会科学版), (1): 39-46.
李永明. 1986. 从今南方诸方言推测古入声韵尾脱落的过程. 湘潭大学学报(哲学社会科学版), (S2): 39-52, 38.
李兆同. 1999. 云南方言的形成. 思想战线, (1): 51-55.
李子君. 2000. 赵南星散曲用韵的几个问题//中国音韵学研究会, 徐州师范大学语言研究所编. 中国音韵学研究会第十一届学术讨论会汉语音韵学第六届国际学术研讨会论文集. 香港: 香港文化教育出版社有限公司: 300-305.
厉小通. 1926. 余之入声演化观并质唐钺先生. 东南论衡, (21): 7-15.
厉啸桐. 1938. 宋元之间北音平声转变之公例: 中州乐府音韵类编之研究. 东方杂志, (12): 29-31.
廖珣英. 1963. 关汉卿戏曲的用韵. 中国语文, (4): 267-274.
廖珣英. 1964. 诸宫调的用韵. 中国语文, (1): 19-27.
廖珣英. 1983. 试论《中原音韵》的语音基础. 香港语文杂志, (10): 19-27.
林柏松. 1988. 近百年来澳门话语音的发展变化. 中国语文, (4): 274-281.
林宝卿. 1994. 略谈《增注雅俗通十五音》. 语言研究(增刊): 195-200.
林宝卿. 1996.《汇音妙悟》及其所反映的明末清初泉州音. 语言研究(增刊): 366-370.
林端. 1991. "鼻"字读音的启示. 语言研究(增刊): 144.
林端. 1992. 元代大都口语的调位系统. 新疆大学学报(哲学社会科学版), 20(3): 79-86.
林寒生. 2000.《戚林八音》与《闽都别记》所反映的福州方音比较. 语言研究, (3): 114-121.
林庆勋. 1988. 音韵阐微研究. 台北: 台湾学生书局.
林庆勋. 1990a. 从编排特点论《五方元音》的音韵现象. 高雄师范大学学报, (1): 223-241.
林庆勋. 1990b. 刻本《圆音正考》所反映的音韵现象. 台湾汉学研究, (2): 21-55.
林庆勋. 1992. 试论《日本馆译语》的韵母对音//台湾声韵学学会编. 声韵论丛(第四辑). 台北: 台湾学生书局: 253-298.
林庆勋. 1993. 试论《日本馆译语》的声母对音. 高雄师大学报, (4): 67-88.
林庆勋. 1998.《诗词通韵》及其音系. 高雄: 中山大学中国文学系.
林焘. 1982. 北京话儿化韵个人读音差异问题. 语文研究, (2): 9-14.
林焘. 1990. 北京官话溯源//语音探索集稿. 北京: 北京语言学院出版社: 108-123.
林焘. 1992. "入派三声"补释//北京大学中文系《语言学论丛》编委会编. 语言学论丛(第十七辑). 北京: 商务印书馆: 3-18.

林焘. 1998. 从官话、国语到普通话. 语文建设,(10): 6-8.
林亦. 1991. 黄庭坚诗文用韵考. 广西大学学报(哲学社会科学版),(4): 81-88.
林长伟. 1992. 陆游诗用韵中"浊上变去"的考察. 福建师范大学学报(哲学社会科学版),(4): 70-76.
刘冬冰. 1996. 汴梁方音与《中原音韵》音系. 语言研究(增刊): 371-375.
刘广和. 1984. 唐代八世纪长安音声纽. 语文研究,(3): 45-50.
刘广和. 1998. 刘伯温乐府歌行古体诗韵考(摘要). 语言研究(增刊): 242-243.
刘静. 1984. 试论《洪武正韵》的语音基础. 陕西大学报(哲学社会科学版),(4): 112-114.
刘静. 1986. 《中原音韵》音系无入声新探. 陕西师大学报(哲学社会科学版),(3): 68-73.
刘静. 1989. 《中原音韵》车遮韵的形成、演变及语音性质. 陕西师大学报(哲学社会科学版),(3): 109-112.
刘静. 1991. 中原雅音辨析. 陕西师大学报(哲学社会科学版),20(1): 66-70.
刘静. 1999a. 《中原音韵》语音基础研究新论. 陕西师范大学学报(哲学社会科学版),28(1): 160-163,176.
刘静. 1999b. 从元曲中的异文看《中原音韵》音系入声的消失. 古汉语研究,(4): 74-78.
刘俊一. 1980a. 关于《中原音韵》的"入派三声". 齐鲁学刊,(1): 69-75.
刘俊一. 1980b. 关于《中原音韵》的"入派三声". 齐鲁学刊,(2): 70-73.
刘俊一. 1995. 《中原音韵》"本声外来"别解. 青大师院学报,12(2): 1-5.
刘纶鑫. 1991. 释《中原音韵》中的重出字//《〈中原音韵〉新论》编辑组编.《中原音韵》新论. 北京: 北京大学出版社: 85-101.
刘纶鑫. 1997. 浊上变去见于南宋考. 中国语文,(1): 63-66.
刘能先,刘裕黑. 1991. 有关周德清几个史实的研究//《〈中原音韵〉新论》编辑组编.《中原音韵》新论. 北京: 北京大学出版社: 102-110.
刘青松. 1990. 王恽诗词的韵系. 怀化师专学报,9(5): 76-83.
刘青松. 1996. 王恽诗词用韵研究. 古汉语研究,(4): 36-42.
刘青松. 1998. 宋元时期入声韵尾的消变. 广西师范大学学报(哲学社会科学版),34(2): 65-68.
刘淑学. 1996. 井陉方音是《中原雅音》音系的基础. 语言研究(增刊): 376-383.
刘淑学. 2000a. 中古入声字在河北方言中的读音研究. 保定: 河北大学出版社.
刘淑学. 2000b. 大河北方言中的[uau]韵母. 中国语文,(5): 418-419.
刘文锦. 1931. 《洪武正韵》声类考. 中央研究院历史语言研究所集刊,3(2): 237-250.
刘晓南. 1997. 从宋代福建诗人用韵看历史上吴语对闽语的影响. 古汉语研究,(4): 31-35.
刘晓南. 1998a. 南宋崇安二刘诗文用韵与闽北方言. 中国语文,(3): 195-200.
刘晓南. 1998b. 宋代福建诗人用韵研究所反映的十到十三世纪的闽方言若干特点. 语言研究,(1): 155-171.

刘晓南. 1998c. 宋代福建文士用韵中的阴入通押现象. 语言研究(增刊): 186-188.
刘晓南. 1999a. 宋代闽音考. 长沙: 岳麓书社.
刘晓南. 1999b. 宋代文士用韵与宋代语音//福建师范大学中文系, 上海文艺出版社编. 艺文述林(语言学卷). 上海: 上海文艺出版社: 272-284.
刘勋宁. 1988. 《中原音韵》"微薇维惟"解//北京大学中文系《语言学论丛》编委会编. 语言学论丛(第十五辑). 北京: 商务印书馆: 52-54.
刘勋宁. 1995. 说《中原音韵》的萧豪分韵. 言语文化论集, (41): 71-79.
刘勋宁. 1998. 中原官话与北方官话的区别及《中原音韵》的语言基础. 中国语文, (6): 463-469.
刘云凯. 1989. 历史上的禅日合流与奉微合流两项非官话音变小考. 汉字文化, (3): 36-38.
龙晦. 1979. 《韵学集成》与《中原雅音》. 中国语文, (2): 131-134.
龙晦. 1980. 《中原雅音》语言资料的发现及其评价//吴邦驹编著. 词典研究丛刊(1). 成都: 四川人民出版社: 113-126.
龙晦. 1984. 释《中原雅音》//中国音韵学研究会编. 音韵学研究(第一辑). 北京: 中华书局: 383-393.
龙庄伟. 1988. 本悟《韵略易通》之"重×韵". 中国语文, (3): 227-232.
龙庄伟. 1989. 《五方元音》音系研究. 语言研究, (2): 77-81.
龙庄伟. 1990. 论《五方元音》的入声. 河北师院学报(哲学社会科学版), (3): 156-162.
龙庄伟. 1991a. 说"咀有主"兼论庄组章组声母的拟音//《〈中原音韵〉新论》编辑组编. 《中原音韵》新论. 北京: 北京大学出版社: 112-122.
龙庄伟. 1991b. 论《中原雅音》与《中州音韵》的关系. 中国语文, (1): 64-70.
龙庄伟. 1991c. 再论《琼林雅韵》的性质. 语言研究(增刊): 98-101.
龙庄伟. 1994. 《中州音韵》的全浊音声母. 语言研究, (1): 114-119.
龙庄伟. 1996a. 《五方元音》与《元韵谱》——论《五方元音》音系的性质. 河北师院学报(哲学社会科学版), (3): 66-69.
龙庄伟. 1996b. "重×韵"再辨. 语言研究(增刊): 384-386.
卢润生. 1997. 《徐州十三韵》(石印本)述略. 徐州师范大学学报, (2): 56-57.
鲁国尧. 1979. 宋代辛弃疾等山东词人用韵考. 南京大学学报(哲学社会科学版), (2): 104-117.
鲁国尧. 1981. 宋代苏轼等四川词人用韵考//北京大学中文系《语言学论丛》编委会编. 语言学论丛(第八辑). 北京: 商务印书馆: 85-117.
鲁国尧. 1985a. 明代官话及其基础方言问题——读《利玛窦中国札记》. 南京大学学报(哲学社会科学), (4): 47-52.
鲁国尧. 1985b. 关于中原音韵致宁继福函//宁继福. 中原音韵表稿. 长春: 吉林文史出版社: 354-355.

鲁国尧. 1986. 宋词阴入通叶现象的考察//中国音韵学研究会编. 音韵学研究(第二辑). 北京：中华书局：140-147.

鲁国尧. 1988.《南村辍耕录》与元代吴方言. 中国语言学报,（3）：107-150.

鲁国尧. 1989. 宋代福建词人用韵考//吕叔湘等. 语言文字学术论文集——庆祝王力先生学术活动五十周年. 上海：知识出版社：350-384.

鲁国尧. 1990. 白朴的词韵和曲韵及其同异//《王力先生纪念论文集》编委会编. 王力先生纪念论文集. 北京：商务印书馆：146-161.

鲁国尧. 1991a. 白朴曲韵与《中原音韵》//《〈中原音韵〉新论》编辑组编.《中原音韵》新论. 北京：北京大学出版社：123-144.

鲁国尧. 1991b. 论宋词韵及其与金元词韵的比较. 中国语言学报,（1）：125-158.

鲁国尧. 1992a.《卢宗迈切韵法》述评. 中国语文,（6）：401-410.

鲁国尧. 1992b. 宋元江西词人用韵研究//胡竹安, 杨耐思, 蒋绍愚编. 近代汉语研究. 北京：商务印书馆：187-224.

鲁国尧. 1993.《卢宗迈切韵法》述评（续）. 中国语文,（1）：33-43.

鲁国尧. 1994a. 论宋词韵及其与金元词韵的比较//鲁国尧自选集. 郑州：河南教育出版社：131-176.

鲁国尧. 1994b. 元遗山诗词曲韵考//鲁国尧自选集. 郑州：河南教育出版社：177-196.

鲁国尧. 1996. 陶宗仪《南村辍耕录》等著作与元代语言. 南京大学学报(哲学·人文·社会科学),（4）：147-162.

鲁国尧. 2003. 泰州方音史与通泰方言史研究//鲁国尧语言学论文集. 南京：江苏教育出版社：12-122.

陆志韦. 1940. 试拟切韵声母之音值并论唐代长安语之声母. 燕京学报,（28）：41-56.

陆志韦. 1946a. 释中原音韵. 燕京学报,（31）：35-70.

陆志韦. 1946b. 记邵雍皇极经世的"天声地音". 燕京学报,（31）：71-80.

陆志韦. 1947a. 记徐孝重订司马温公等韵图经. 燕京学报,（32）：169-196.

陆志韦. 1947b. 记兰茂韵略易通(附云南丛书本韵略易通). 燕京学报,（32）：161-168, 271.

陆志韦. 1947c. 记毕拱宸韵略汇通. 燕京学报,（33）：105-113.

陆志韦. 1947d. 金尼阁西儒耳目资所记的音. 燕京学报,（33）：115-128.

陆志韦. 1948a. 记五方元音. 燕京学报,（34）：1-13.

陆志韦. 1948b. 记三教经书文字根本. 燕京学报,（34）：15-20.

陆志韦. 1948c. 国语入声演变小注. 燕京学报,（34）：21-28.

陆志韦, 杨耐思. 1978. 讷庵本《中原音韵》校勘记//周德清撰. 中原音韵(附中州乐府音韵类编). 北京：中华书局：1-13.

陆致极. 1988.《中原音韵》声母系统的数量比较研究. 中国社会科学,（5）：181-196.

罗常培. 1927. 怎样整理声韵学史：声韵学史的叙论. 国立中山大学语言历史学研究所周

刊, (6): 145-148.
罗常培. 1930. 耶稣会士在音韵学上的贡献. 中央研究院历史语言研究所集刊, 1(3): 267-338.
罗常培. 1931. 敦煌写本守温韵学残卷跋. 中央研究院历史语言研究所集刊, 3(2): 251-262.
罗常培. 1932. 中原音韵声类考. 中央研究院历史语言研究所集刊, 2(4): 423-441.
罗常培. 1933. 唐五代西北方音. 中央研究院历史语言研究所单刊甲种之十二.
罗常培. 1943. 王兰生与音韵阐微. 学术季刊, (3): 87-114.
罗常培. 1949. 中国音韵学导论. 北京: 北京大学出版部.
罗常培. 1959. 论龙果夫的《八思巴字和古官话》. 中国语文, (12): 575-582.
罗常培. 2004. 罗常培语言学论文集. 北京: 商务印书馆.
罗常培. 2012. 唐五代西北方音. 北京: 商务印书馆.
罗常培. 2015. 中国音韵学导论. 太原: 山西人民出版社.
罗常培, 蔡美彪. 1959. 八思巴字与元代汉语〔资料汇编〕. 北京: 科学出版社.
罗常培, 蔡美彪. 2004. 八思巴字与元代汉语(增订本). 北京: 中国社会科学出版社.
罗德真. 1990. 王安石诗词用韵研究. 南京师大学报(社会科学版), (3): 81-87.
罗福腾. 1992. 《聊斋俚曲》不同韵辙之字押韵一例. 语文研究, (4): 29.
罗伟豪. 1994. 评《正音咀华》兼论一百五十年前的广州话. 语言研究(增刊): 334-339.
吕斌. 1999. 浅谈等韵图产生的背景以及《切韵指南》的特点与优点. 许昌师专学报, 18(3): 82-83.
吕朋林. 1998a. 《汗简》音切考校(上). 古籍整理研究学刊, (1): 15-19.
吕朋林. 1998b. 《汗简》音切考校(下). 古籍整理研究学刊, (2): 45-49.
吕朋林. 1998c. 《尔雅直音》考略. 语言研究(增刊): 250-257.
吕叔湘. 1941. 释您, 俺, 咱, 喒, 附论们字. 中国文化研究集刊, 1(2): 72-111.
吕叔湘. 1949. 说"们". 国文月刊, (79/80): 1-33.
吕叔湘. 1985. 近代汉语指代词. 江蓝生补. 上海: 学林出版社.
马思周. 1992. 近代汉语"人"的读音. 中国语文, (2): 147-150.
马思周. 1995. 近代汉语鼻音韵尾音变的形式. 中国语言学报, (2): 138-149.
马思周. 1997. 近代汉语表疑问词读阳平论. 中国语言学报, (1): 94-103.
马学良. 1991. 汉藏语概论(上、下). 北京: 北京大学出版社.
马忠建. 1992. 从《掌中珠》夏汉对音看13世纪前后汉语西北方言声纽系统若干特点. 中央民族学院学报, (4): 55-61.
马重奇. 1998a. 元人小令用韵考//汉语音韵学论稿. 成都: 巴蜀书社: 277-318.
马重奇. 1998b. 明末上海松江韵母系统研究——晚明施绍莘南曲用韵研究. 福建师范大学学报(哲学社会科学版), (3): 65-71.
马重奇. 1998c. 《汇集雅俗通十五音》韵部系统研究. 语言研究(增刊): 258-270.
马重奇. 1999a. 《闽腔快字》研究. 福建师范大学学报(哲学社会科学版), (2): 67-71.

马重奇.1999b.1994—1997年汉语音韵学研究综述.福建论坛,(5):42-48.
马重奇.2000.《增补汇音》音系性质研究//中国音韵学研究会,徐州师范大学语言研究所编.中国音韵学研究会第十一届学术讨论会汉语音韵学第六届国际学术研讨会论文集.香港:香港文化教育出版社有限公司:278-290.
麦耘.1991a.《中原音韵》的舌尖后音声母补证//《〈中原音韵〉新论》编辑组编.《中原音韵》新论.北京:北京大学出版社:145-155.
麦耘.1991b.论近代汉语-m韵尾消变的时限.古汉语研究,(4):21-24.
麦耘.1991c.古全浊声母清化规则补议.中国语文,(4):289-290.
麦耘.1994a.从《五音集韵》的并韵看其韵系的性质.语言研究(增刊):209-212.
麦耘.1994b.《西儒耳目资》没有儿化音的记录.语文研究,(4):49-51,14.
麦耘.1994c.关于章组声母翘舌化的动因问题.古汉语研究,(1):21-25,32.
麦耘.1995a."《中原音韵》无入声内证"商榷//音韵与方言研究.广州:广东人民出版社:179-192.
麦耘.1995b.韵图的介音系统及重纽在《切韵》后的演变//音韵与方言研究.广州:广东人民出版社:63-76.
麦耘.1995c.《蒙古字韵》中的重纽及其他//音韵与方言研究.广州:广东人民出版社:77-88.
麦耘.1998."浊音清化"分化的语音条件试释.语言研究(增刊):25-31.
麦耘.1999.古影母字在"平分阴阳"和"入派三声"中的表现及其他//张晓山主编.庆祝詹伯慧教授从教45周年文集.广州:暨南大学出版社:221-223.
麦耘.2000.《正音撮要》中尖团音的分合.古汉语研究,(1):31-34.
冒广生.1942.《中原音韵》校记.东方文化,1(4):60-65.
木之.1985."入派三声"和朝鲜的喉音字母"ㆆ".延边大学学报,(1):68-71.
那宗训.1963.中原音韵与其他三种元明韵书之比较研究.台北:广文书局.
那宗训.1995.全浊上声字是否均变为去声.中国语文,(1):61-64.
倪彦.1997.从马致远曲韵看入声字的分派//北京大学中文系《语言学论丛》编委会编.语言学论丛(第十九辑).北京:商务印书馆:68-73.
聂鸿音.1988.论契丹语中汉语借词的音系基础.民族语文,(2):41-49.
聂鸿音.1993.女真文中汉语借词的音韵特点.固原师专学报,14(4):62-66.
聂鸿音.1999.辽代诗文用韵考.满语研究,(2):108-115.
宁忌浮.1987.试谈近代汉语语音下限.语言研究,(2):52-56.
宁忌浮.1990.《中原音韵》与高安方言.陕西师大学报(哲学社会科学版),(1):79-86.
宁忌浮.1991a.《切韵指南》入声韵兼配阴阳试析.语言研究(增刊):14.
宁忌浮.1991b.《切韵指南》唇音字分析.学术研究丛刊,(3):50-56.
宁忌浮.1992.校订《五音集韵》.北京:中华书局.

宁忌浮. 1994. 韩道昭《五音集韵》第二音系考. 文史(第38辑). 北京: 中华书局: 233-247.
宁忌浮. 1997. 古今韵会举要及相关韵书. 北京: 中华书局.
宁忌浮. 2009. 汉语韵书史·明代卷. 上海: 上海人民出版社.
宁继福. 1985. 中原音韵表稿. 长春: 吉林文史出版社.
宁继福. 1987. 金代汉语语言学述评. 社会科学战线, (1): 333-345.
宁继福. 1995. 平水韵考辨. 中国语言学报, (3): 139-149.
宁继福. 1996. 《增修互注礼部韵略》研究. 社会科学战线, (2): 260-269.
欧阳觉亚. 1979. 声调与音节的相互制约关系. 中国语文, (5): 359-363.
潘家懿. 1984. 从交城方言看汉语入声消失的历史//中国音韵学研究会编. 音韵学研究(第一辑). 北京: 中华书局: 429-432.
潘家懿. 1996. 从《方言应用杂字》看乾隆时代的晋中方音. 山西师大学报, (2): 88-92.
潘渭水. 1986. 《建州八音》剖析. 辞书研究, (5): 110-112.
裴泽仁. 1988. 明代人口移徙与豫北方言——河南方言的形成(一). 中州学刊, (4): 102-106.
裴泽仁. 1990. 明代流民与豫西方言——河南方言的形成(二). 中州学刊, (4): 92-95.
彭小川. 1992. 粤语韵书《分韵撮要》及其韵母系统. 暨南学报(哲学社会科学), (4): 153-159.
齐佩瑢. 1944a. 中国近三十年之声韵学. 中国学报, 1(2): 9-27.
齐佩瑢. 1944b. 中国近三十年之声韵学. 中国学报, 1(3): 57-72.
钱玄同. 1932. 国音常用字汇. 北京: 商务印书馆.
钱玄同. 1999. 文字学音篇//钱玄同文集(第五卷). 北京: 中国人民大学出版社: 1-198.
邱棨鐊. 1974. 集韵研究. 台北: 台湾学生书局.
群一. 1985. 云南明代两部《韵略易通》比较研究. 昆明师专学报(哲学社会科学版), (1): 36-52.
群一. 1986. 本悟《韵略易通》的两个刻本. 中国语文, (2): 148-151.
群一. 1990a. 关于兰茂和本悟《韵略易通》的三个问题——与慧生先生商榷. 昆明师专学报(哲学社会科学版), (1): 39-44, 50.
群一. 1990b. 《韵略易通》声、韵、调配合规律. 昆明师专学报(哲学社会科学版), 12(4): 76-83, 23.
群一. 1994a. 本悟的"重某韵"与毕拱辰的"见某韵". 昆明师专学报(哲学社会科学版), (2): 73-77.
群一. 1994b. 本悟"重×韵"与毕拱辰"见×韵"(二). 昆明师专学报(哲学社会科学版), (3): 71-76.
任铭善. 1984. 汉语语音史要略. 郑州: 河南人民出版社.
邵荣芬. 1963. 敦煌俗文学中的别字异文和唐五代西北方音. 中国语文, (3): 193-217.

邵荣芬. 1979. 汉语语音史讲话. 天津: 天津人民出版社.

邵荣芬. 1981. 中原雅音研究. 济南: 山东人民出版社.

邵荣芬. 1985. 明代末年福州话的声母系统. 中国语文, (2): 121-130.

邵荣芬. 1991. 《中原音韵》音系的几个问题//《〈中原音韵〉新论》编辑组编. 《中原音韵》新论. 北京: 北京大学出版社: 156-166.

邵荣芬. 1994a. 《集韵》韵系特点记要. 语言研究(增刊): 124-137.

邵荣芬. 1994b. 明代末年福州话的韵母和声调系统//中国音韵学研究会编. 音韵学研究(第三辑). 北京: 中华书局: 351-377.

邵荣芬. 1995. 吴棫《韵补》和宋代闽北建瓯方音. 中国语文, (5): 321-335.

邵荣芬. 1996. 《康熙字典》注音中的时音反映——声母部分//谢纪锋, 刘广和主编. 薪火编. 太原: 山西高校联合出版社: 20-40.

邵荣芬. 1997. 《集韵》音系简论//邵荣芬音韵学论文集. 北京: 首都师范大学出版社: 344-542.

邵荣芬. 1998. 《韵法横图》与明末南京方音. 汉字文化, (3): 25-37.

邵荣芬. 2009. 敦煌俗文学中的别字异文和唐五代西北方音//邵荣芬语言学论文集. 北京: 商务印书馆: 200-274.

邵荣芬. 2010. 汉语语音史讲话(校正本). 北京: 中华书局.

申小龙. 1995. 论中国语文传统之北音学. 学术交流, (4): 110-113.

沈建民. 1989. 论《中原音韵》中两韵并收的入声字. 玉溪师专学报(社会科学版), (6): 56-60, 55.

沈建民. 1990. 谈《切韵指南》与《五音集韵》的关系//云南大学中文系编. 学术论丛(文学·语言·新闻)(第二辑). 昆明: 云南大学出版社: 340-354.

沈建民. 1994. 近代汉语梗摄二等开口喉牙音字的读音. 语言研究(增刊): 213-214.

沈建民. 1996. 全浊上声字有多少仍读上声. 语言研究(增刊): 459-460.

沈建民. 1997. 古全浊上声字今仍读上声的问题. 中国语文, (2): 156.

沈建民, 杨信川. 1995. 也谈本悟《韵略易通》之"重×韵". 中国语文, (1): 65-69.

施向东. 1983. 玄奘译著中的梵汉对音和唐初中原方音. 语言研究, (1): 27-48.

石汝杰. 1991. 明末苏州方言音系资料研究. 铁道师院学报(社会科学版), (3): 66-71.

石汝杰. 1994. 19世纪上海音系和相关的问题. 语言研究(增刊): 215-224.

石汝杰. 1998. 《韵学骊珠》的音系. 语言研究(增刊): 271-275.

石汝杰, 李小芳. 2000. "涯崖"类字读音的演变//中国音韵学研究会, 徐州师范大学语言研究所编. 中国音韵学研究会第十一届学术讨论会汉语音韵学第六届国际学术研讨会论文集. 香港: 香港文化教育出版社有限公司: 274-277.

石余. 1987. 论《中原音韵》"入派三声"的性质. 复印报刊资料(语言文字学), (6): 37-45.

史存直. 1981. 汉语语音史纲要. 北京: 商务印书馆.

史存直. 1985. 汉语音韵学纲要. 合肥：安徽教育出版社.
史存直. 1986. 日译汉音、吴音的还原问题//中国音韵学研究会编. 音韵学研究（第二辑）. 北京：中华书局：172-186.
史金波，白滨，黄振华. 1983. 文海研究. 北京：中国社会科学出版社.
侍建国. 1992. 沭阳音系及其历史演变. 语言研究，(2)：100-109.
侍建国. 1996. 官话德、陌、麦三韵入声字音变. 方言，(3)：201-207.
侍建国. 1998. 官话语音的地域层次及其历史因素. "中央研究院"历史语言研究所集刊，69(2)：399-422.
宋蘅. 1998. 元曲假借字的音韵研究//北京大学中文系《语言学论丛》编委会编. 语言学论丛（第二十一辑）. 北京：商务印书馆：182-207.
宋珉映. 1997. 《等韵精要》声母系统的特点. 中国语文，(2)：150-151.
孙华先. 2000a. 吴烺《五声反切正韵》音系小考//中国音韵学研究会，徐州师范大学语言研究所编. 中国音韵学研究会第十一届学术讨论会汉语音韵学第六届国际学术研讨会论文集. 香港：香港文化教育出版社有限公司：308-309.
孙华先. 2000b. 吴烺《五声反切正韵》的韵母系统. 淮阴师范学院学报（哲学社会科学版），22(6)：115-118.
孙华先. 2000c. 吴烺《五声反切正均》的二十纵音. 扬州教育学院学报，(4)：36-40.
孙建元. 1989. 《四声通解》俗音、今俗音的性质. 广西师范大学学报（哲学社会科学版），(1)：43-46.
孙建元. 1990. 中古影、喻、疑、微诸纽在北京音系里全面合流的年代. 广西师范大学学报（哲学社会科学版），(3)：6-14.
孙建元. 1996. 《四声通解》汉字音中双写字母的音值——兼论《老·朴谚解》"申音"双写字母之音值. 语言研究（增刊）：387-396.
孙建元. 1998a. 吕祖谦音注三种研究. 广西师范大学学报（哲学社会科学版），34(4)：28-34.
孙建元. 1998b. 董衡、吕祖谦、萧常音释中的方音现象. 语言研究（增刊）：201-204.
孙建元. 2000. 宋人音释的几个问题. 广西师范大学学报（哲学社会科学版），36(1)：38-39.
孙建元，〔韩〕裴宰奭. 2000. 《四声通解》"今俗音"的声调系统//中国音韵学研究会，徐州师范大学语言研究所编. 中国音韵学研究会第十一届学术讨论会汉语音韵学第六届国际学术研讨会论文集. 香港：香港文化教育出版社有限公司：291-293.
孙强，江火. 2000. 《重订司马温公等韵图经》止摄新证//中国音韵学研究会，徐州师范大学语言研究所编. 中国音韵学研究会第十一届学术讨论会汉语音韵学第六届国际学术研讨会论文集. 香港：香港文化教育出版社有限公司：294-299.
谭伦华. 1996. 关于汉语北方话"平分阴阳"的年代. 川东学刊（社会科学版），6(3)：11-15.
唐擘黄. 1927. 再论入声演化. 现代评论，二周年纪念增刊：128-147.

唐明路.1995.西安方言 pf、pfʻ音的历史演变轨迹及其出现的年代.周口师专学报,12(3):66-69.

唐虞.1932."儿"[ɚ]音的演变.中央研究院历史语言研究所集刊,2(4):457-468.

唐钺.1926.入声变迁与词曲发达的关系.东方杂志,(1):165-179.

唐作藩.1980.《正音捃言》的韵母系统.中国语文,(1):69-73.

唐作藩.1985a.《中原音韵》是普通话语音系统的历史源头(上).文字改革,(5):39-41.

唐作藩.1985b.《中原音韵》是普通话语音系统的历史源头(下).文字改革,(6):40-42.

唐作藩.1987.普通话语音史话(十二、十三).语文建设,(6):52-57.

唐作藩.1989.《四声等子》研究//吕叔湘等.语言文字学术论文集——庆祝王力先生学术活动五十周年.上海:知识出版社:291-312.

唐作藩.1990.苏轼诗韵考//《王力先生纪念论文集》编委会编.王力先生纪念论文集.北京:商务印书馆:91-113.

唐作藩.1991a.《中原音韵》的开合口//《〈中原音韵〉新论》编辑组编.《中原音韵》新论.北京:北京大学出版社:167-179.

唐作藩.1991b.唐宋间止、蟹二摄的分合.语言研究,(1):63-67.

唐作藩.1991c.音韵学教程.北京:北京大学出版社.

唐作藩.2000.普通话语音史话.北京:语文出版社.

唐作藩.2001.从湖南黄桥镇方言定母字的读音探讨湘方言全浊声母的演变规律——纪念国际著名语言学家、汉学家桥本万太郎教授逝世十周年//汉语史学习与研究.北京:商务印书馆:217-230.

唐作藩.2018.普通话语音史话.北京:商务印书馆.

唐作藩,耿振生.1998.二十世纪的汉语音韵学//刘坚主编.二十世纪的中国语言学.北京:北京大学出版社:1-52.

唐作藩,杨耐思.1991.展望九十年代的汉语音韵学.语文研究,(4):1-4.

天英.1935.元卓从之的《中州乐府音韵类编》.剧学月刊,(2):37-44.

田范芬.2000.宋代湖南方言初探.古汉语研究,(3):8-13.

汪寿明.1982.读《切韵指掌图》札记.华东师范大学学报(哲学社会科学版),(5):90-93.

汪寿明.1990.从《中原音韵》的又读字,论其非单一语音体系//上海市语文学会编.语文论丛(第4辑).上海:上海教育出版社:104-107.

汪寿明.1991.《中原音韵》音系谈//《〈中原音韵〉新论》编辑组编.《中原音韵》新论.北京:北京大学出版社:180-186.

王恩保.1997.吴淑《事类赋》用韵研究.古汉语研究,(3):15-19.

王恩保.1998."入派三声"内证考辨.语言研究(增刊):276-283.

王洪君.1987.山西闻喜方言的白读层与宋西北方音.中国语文,(1):24-33.

王洪君.1992.阳声韵在山西方言中的演变(下).语文研究,(1):39-50.

王建设. 2000. 南音唱词中的古泉州话声韵系统. 方言, (4): 367-372.
王洁心. 1988. 中原音韵新考. 台北: 台湾商务印书馆.
王静如. 1930. 西夏文藏汉译音释略. 中央研究院历史语言研究所集刊, 2(2): 171-184.
王了一. 1946. 中国文字及其音读的类化法. 国文月刊, (42): 1-3.
王力. 1927a. 浊音上声变化说. 广西留京学会学报, (4): 399-419.
王力. 1927b. 三百年前河南宁陵方音考. 国学论丛, (2): 287-292
王力. 1936. 中国音韵学. 北京: 中华书局.
王力. 1956. 汉语音韵学. 北京: 中华书局.
王力. 1957. 汉语史稿(上册). 北京: 科学出版社.
王力. 1958. 汉语诗律学. 上海: 新知识出版社.
王力. 1963. 汉语音韵. 北京: 中华书局.
王力. 1980a. 汉语史稿(上册). 北京: 中华书局.
王力. 1980b. 汉语语音的系统性及其发展的规律性(下). 社会科学战线, (2): 327-335.
王力. 1980c. 汉语语音的系统性及其发展的规律性(上). 社会科学战线, (1): 333-336.
王力. 1981. 中国语言学史. 太原: 山西人民出版社.
王力. 1982a. 朱熹反切考//龙虫并雕斋文集(第三册). 北京: 中华书局: 257-338.
王力. 1982b. 朱翱反切考//龙虫并雕斋文集(第三册). 北京: 中华书局: 212-256.
王力. 1985. 汉语语音史. 北京: 中国社会科学出版社.
王平. 1989a. 《五方元音》音系研究. 山东师大学报(社会科学版), (1): 51-56.
王平. 1989b. 从《五方元音》和《中原音韵》的差异看近代汉语语音的发展. 语文研究, (3): 25-28.
王平. 1996a. 《五方元音》韵部研究. 郑州大学学报(哲学社会科学版), (5): 40-43, 84.
王平. 1996b. 试论《五方元音》声调的两个问题. 山东师范大学学报(增刊): 209-211.
王守泰. 1982. 昆曲格律. 南京: 江苏人民出版社.
王顺隆. 1996. 《渡江书》韵母的研究. 方言, (2): 137-142.
王硕荃. 1991. 韵会音系基础初探. 语言研究(增刊): 87-97.
王硕荃. 1994. 论元刊杂剧的同音假借——兼论《中原音韵》的社会语言基础. 语言研究(增刊): 225-241.
王硕荃. 1997. 韵会与七音. 河北学刊, (6): 78-82.
王松木. 1995a. 台湾地区汉语音韵研究论著选介(1989—1993)(上). 汉学研究通讯, 14(3): 239-242.
王松木. 1995b. 台湾地区汉语音韵研究论著选介(1989—1993)(中). 汉学研究通讯, 14(4): 336-339.
王松木. 1996. 台湾地区汉语音韵研究论著选介(1989—1993)(下). 汉学研究通讯, 15(1): 87-93.

王新华. 1992. 敦煌变文通假字中的入声字//山东省语言学会编. 语海新探(第三辑). 济南: 山东教育出版社: 40-46.

王兴汉. 1981. 轻音产生的时代. 郑州师专学报, (2): 56-64.

王锡佳. 1992. 王禹偁、杨亿诗用韵考. 古汉语研究, (3): 68-76.

魏建功. 1935. 古音系研究. 北京: 北京大学出版组.

魏建功. 1936. 华长忠的《韵籁》. 北京大学研究所国学门周刊, (1): 198-214.

魏建功. 2001a. 元代搬演南宋戏文的唱念声腔//魏建功文集(第三卷). 南京: 江苏教育出版社: 392-397.

魏建功. 2001b. 辽陵石刻哀册文中之入声韵//魏建功文集(第三卷). 南京: 江苏教育出版社: 381-391.

魏建功. 2010. 张洵如《北平音系十三辙》序//严绍璗, 张渭毅编选. 魏建功文选. 北京: 北京大学出版社: 115-130.

吴葆棠. 1991.《老乞大谚解》中古入声字分派情况研究. 烟台大学学报(哲学社会科学), (2): 71-82, 29.

吴叠彬. 1993.《真腊风土记》里的元代语音//台湾声韵学学会编. 声韵论丛(第五辑). 台北: 台湾学生书局: 135-171.

吴圣雄. 1994.《同文韵统》所反映的近代北方官话音//台湾声韵学学会编. 声韵论丛(第二辑). 台北: 台湾学生书局: 111-142.

吴圣雄. 1999. 张麟之《韵镜》所反映的宋代音韵现象//台湾声韵学学会编. 声韵论丛(第八辑). 台北: 台湾学生书局: 245-274.

吴淑美. 1976.《洪武正韵》的声类与韵类. 台北: 文津出版社.

伍巍. 1986. 汉语"-儿"尾纵谈//中国音韵学研究会编. 音韵学研究(第二辑). 北京: 中华书局: 296-304.

夏承焘. 1948. "阳上作去""入派三声"说. 国文月刊, (68): 14-32.

萧泰芳. 1997. 古全浊声母"演变"说质疑. 山西大学学报, (3): 13-19.

谢云飞. 1968.《明显四声等韵图》之研究. 台北: 台湾师范大学中文研究所.

谢云飞. 1975. 金尼阁《西儒耳目资》析论. 南洋大学学报, (8-9): 66-83.

谢云飞. 1987. 中国声韵学大纲. 台北: 台湾学生书局.

辛世彪. 2001. 浊音清化的次序问题. 海南大学学报(人文社会科学版), 19(1): 12-18.

邢公畹. 1984. 安庆方言入声字的历史语音学研究. 中国语言学报, (1): 1-21.

邢公畹. 1985. 邢公畹先生给宁继福的信//宁继福. 中原音韵表稿. 长春: 吉林文史出版社: 342-346.

徐健. 1997.《刘知远诸宫调》残卷用韵考. 古汉语研究, (2): 5-11.

徐通锵. 1990a. 山西方言古浊塞音、浊塞擦音今音的三种类型和语言史的研究. 语文研究, (1): 1-7.

徐通锵. 1990b. 结构的不平衡性和语言演变的原因. 中国语文, (1): 1-15.
徐通锵. 1991. 百年来宁波音系的演变//北京大学中文系《语言学论丛》编委会编. 语言学论丛(第十六辑). 北京: 商务印书馆: 1-46.
徐通锵, 王洪君. 1986. 说"变异"——山西祁县方言音系的特点及其对音变理论研究的启示. 语言研究, (1): 42-63.
徐筱帆. 1927. 徐氏类音字汇. 上海: 深柳书屋.
许宝华. 1984. 论入声//中国音韵学研究会编. 音韵学研究(第一辑). 北京: 中华书局: 433-446.
许宝华. 1998. 上海地区方言的入声及其演变//《李新魁教授纪念文集》编辑委员会编. 李新魁教授纪念文集. 北京: 中华书局: 225-233.
许宝华, 潘悟云. 1985. 不规则音变的潜语音条件——兼论见系和精组声母从非腭音到腭音的演变. 语言研究, (1): 25-37.
许德宝. 1989. 《中州音韵》的作者、年代以及同《中原雅音》的关系. 中国语文, (4): 289-300.
许嘉璐, 朱小健. 1996. 汉语史研究的现状与展望//许嘉璐, 王福祥, 刘润清主编. 中国语言学现状与展望. 北京: 外语教学与研究出版社: 37-67.
许绍早. 1994. 《切韵指掌图》试析//中国音韵学研究会编. 音韵学研究(第三辑). 北京: 中华书局: 89-101.
许世瑛. 1970a. 《广韵》全浊上声字朱熹口中所读声调考. 幼狮杂志, 9(3): 1-24.
许世瑛. 1970b. 朱熹口中已有舌尖前高元音说. 淡江学报, (9): 1-16.
许世瑛. 1971. 从《诗集传》叶韵中考《广韵》阳声及入声各韵之并合情形. 淡江学报, (10): 15-46.
许世瑛. 1972. 从《诗集传》叶韵中考《广韵》阴声各韵之并合情形. 台湾辅仁大学人文学报, (2): 127-150.
许世瑛. 1973. 从《诗集传》音注及叶韵考中古声母并合情形. 淡江学报, (11): 1-32.
许世瑛. 1974. 从《诗集传》叶韵考朱子口中鼻音韵尾以及塞音韵尾已各有相混情形. 文史季刊, 1(3): 9-13.
许世瑛, 刘德智. 1962. 音注《中原音韵》. 台北: 台湾广文书局.
许颖颖. 1999. 十七世纪初闽南韵母系统初探——明刊闽南戏曲《满天春》用韵研究. 福建论坛(文史哲版), (6): 93-94.
许钰. 1940. 十五音研究. 南洋学报, 1(1): 61-74.
薛澄清. 1929. 十五音与漳泉读书音. 国立中山大学语言历史学研究所周刊, (85-87): 30-39.
薛凤生. 1975. *Phonology of Old Mandarin*. The Hague: Mouton & Co.
薛凤生. 1978. 论入声字的演变规律//屈万里先生七秩荣庆论文集编辑委员会主编. 屈万

里先生七秩荣庆论文集. 台北: 联经出版事业股份有限公司: 407-433.
薛凤生. 1982. 论音变与音位结构的关系. 语言研究, (2): 11-17.
薛凤生. 1985. 徐孝的《重订韵图》: 一次大胆的革新. 音韵学研究通讯, (7): 14.
薛凤生. 1986. 北京音系解析. 北京: 北京语言学院出版社.
薛凤生. 1990. 中原音韵音位系统. 鲁国尧, 侍建国译. 北京: 北京语言学院出版社.
薛凤生. 1991. 方音重叠与普通话文白异读之形成//《纪念王力先生九十诞辰文集》编委会编. 纪念王力先生九十诞辰文集. 济南: 山东教育出版社: 256-280.
薛凤生. 1992. 从等韵到《中原音韵》//北京大学中文系《语言学论丛》编委会编. 语言学论丛(第十七辑). 北京: 商务印书馆: 19-30.
薛凤生. 1999a. 方音重叠与标准汉语文白异读之形成//耿振生, 杨亦鸣选编. 汉语音韵史十讲. 北京: 华语教学出版社: 106-126.
薛凤生. 1999b. 论支思韵的形成与演进//耿振生, 杨亦鸣选编. 汉语音韵史十讲. 北京: 华语教学出版社: 73-97.
严振洲. 1987. 《中原音韵》"入派三声"即"入变三声"证. 上饶师专学报(社), (4): 86-90, 50.
颜景常. 1992. 《西游记》中淮海话色彩述要//胡竹安, 杨耐思, 蒋绍愚编. 近代汉语研究. 北京: 商务印书馆: 144-154.
颜景常, 鲍明炜. 1988. 江淮方言北沿的入声——兼论北方话入声消失过程//江苏省语言学会主编. 语言研究集刊(第二辑). 南京: 江苏教育出版社: 245-277.
杨碧珠. 2000a. 《安腔八音》的声母系统研究. 福州大学学报, (4): 58-60.
杨碧珠. 2000b. 《安腔八音》与《戚林八音》声母系统比较研究. 中共福建省委党校学报, (8): 50-53.
杨道经. 1957. 谈《西儒耳目资》. 中国语文, (4): 封 4.
杨福绵. 1991. 近三十年台湾省和海外《中原音韵》研究述评//《〈中原音韵〉新论》编辑组编. 《中原音韵》新论. 北京: 北京大学出版社: 255-269.
杨福绵. 1995. 罗明坚、利马窦《葡汉辞典》所记录的明代官话. 中国语言学报, (5): 35-81.
杨剑桥. 1993. 关于"平分阴阳"起始时代的质疑. 中国语文, (1): 48-49.
杨剑桥. 1994. 近代汉语的唇音合口问题. 语言研究(增刊): 242-248.
杨剑桥. 1996. 汉语现代音韵学. 上海: 复旦大学出版社.
杨耐思. 1957. 周德清的《中原音韵》. 中国语文, (11): 33-37.
杨耐思. 1958a. 略论汉语的入声. 人文杂志, (4): 69-73.
杨耐思. 1958b. 北方话"浊上变去"来源试探. 学术月刊, (2): 72-77.
杨耐思. 1959. 八思巴字对音——读龙果夫《八思巴字与古官话》后. 中国语文, (12): 582-584.
杨耐思. 1963. 元代八思巴文的汉语拼音. 语文建设, (3): 15-16.

杨耐思. 1978. 《韵学集成》所传《中原雅音》. 中国语文, (4): 255-257.
杨耐思. 1981a. 中原音韵音系. 北京: 中国社会科学出版社.
杨耐思. 1981b. 近代汉语-m 的转化//北京大学中文系《语言学论丛》编委会编. 语言学论丛(第七辑). 北京: 商务印书馆: 16-27.
杨耐思. 1984a. 汉语"知、章、庄、日"的八思巴字译音//中国音韵学研究会编. 音韵学研究(第一辑). 北京: 中华书局: 394-401.
杨耐思. 1984b. 汉语影、幺、鱼、喻的八思巴字译音//中国民族古文字研究会编. 中国民族古文字研究. 北京: 中国社会科学出版社: 393-406.
杨耐思. 1986. 近代汉语"京、经"等韵类分合考//中国音韵学研究会编. 音韵学研究(第二辑). 北京: 中华书局: 220-233.
杨耐思. 1987a. 音韵学的研究方法(上). 语文导报, (3): 49-53.
杨耐思. 1987b. 音韵学的研究方法(下). 语文导报, (4): 37-40.
杨耐思. 1988. 元代汉语的浊声母. 中国语言学报, (3): 96-107.
杨耐思. 1989. 《韵会》、《七音》与《蒙古字韵》//吕叔湘等. 语言文字学术论文集——庆祝王力先生学术活动五十周年. 上海: 知识出版社: 334-349.
杨耐思. 1990. 《中原音韵》两韵并收字读音考//《王力先生纪念论文集》编委会编. 王力先生纪念论文集. 北京: 商务印书馆: 114-129.
杨耐思. 1993. 近代汉语语音研究中的三个问题//刘坚, 侯精一主编. 中国语文研究四十年纪念论文集. 北京: 北京语言学院出版社: 251-256.
杨耐思. 1996. 元代汉语的标准音//谢纪锋, 刘广和主编. 薪火编. 太原: 山西高校联合出版社: 96-107.
杨耐思. 1997. 八思巴字汉语声类考//近代汉语音论. 北京: 商务印书馆: 181-187.
杨耐思. 2000. 再论《中原音韵》的语音基础//中国音韵学研究会, 徐州师范大学语言研究所编. 中国音韵学研究会第十一届学术讨论会汉语音韵学第六届国际学术研讨会论文集. 香港: 香港文化教育出版社有限公司: 229.
杨耐思, 蓝立蓂. 1984. 元曲里的"呆"字音//北京大学中文系《语言学论丛》编委会编. 语言学论丛(第十三辑). 北京: 商务印书馆: 154-161.
杨信川. 1990. 从云南方言看知庄章组在元明音系中的地位. 广西大学学报(哲学社会科学版), (1): 85-91.
杨信川. 1994. 就吴/汉音的对立论全浊声母的性质. 语言研究(增刊): 441-446.
杨信川. 1998. 再谈照二字声母的音值. 语言研究(增刊): 287-291.
杨秀芳. 1989. 论汉语方言中全浊声母的清化. 台湾汉学研究, (2): 49-54.
杨雪丽. 1996. 从《集韵》看唇音及其分化问题. 郑州大学学报(哲学社会科学版), (5): 44-46.
杨亦鸣. 1989. 《李氏音鉴》音系的性质. 语言研究, (2): 82-94.

杨亦鸣. 1990.《李氏音鉴》的粗细理论及反切特点. 徐州师范学院学报(哲学社会科学版),(1): 165-172.

杨亦鸣. 1991a.《李氏音鉴》与十八世纪末的北京音系. 语言研究(增刊): 108-114.

杨亦鸣. 1991b.《李氏音鉴》的声、韵、调系统. 徐州师范学院学报(哲学社会科学版),(3): 82-89.

杨亦鸣. 1992a.《李氏音鉴》音系研究. 西安: 陕西人民教育出版社.

杨亦鸣. 1992b.《李氏音鉴》与18世纪末的北京音系//徐州师范学院中文系《汉语研究论集》编委会. 汉语研究论集(第1辑). 北京: 语文出版社: 102-114.

杨载武. 1991. 元散曲的用韵. 西南师范大学学报(哲学社会科学版),(1): 57-65.

杨载武. 1992.《西游记》韵文的用韵. 四川师范学院学报(哲学社会科学版),(2): 40-44.

杨载武. 1994. 白朴词韵研究. 语言研究(增刊): 249-252.

杨志贤. 1996.《十五音》述评. 福建论坛,(6): 92-94.

杨自翔. 1987.《李氏音鉴》所反映的北京语音系统//南开大学中文系《语言研究论丛》编委会. 语言研究论丛(第四辑). 天津: 南开大学出版社: 14-60.

姚荣松. 1988.《汇音妙悟》的音系及其鼻化韵母. 国文学报,(17): 251-281.

姚荣松. 1989a. 近五年来台湾地区汉语音韵研究论著选介(上). 汉学研究通讯, 8(1): 1-5.

姚荣松. 1989b. 近五年来台湾地区汉语音韵研究论著选介(下). 汉学研究通讯, 8(2): 90-97.

姚荣松. 1994a.《中原音韵》入派三声新探//台湾声韵学学会编. 声韵论丛(第二辑). 台北: 台湾学生书局: 25-51.

姚荣松. 1994b. 渡江书十五音初探//台湾声韵学学会编. 声韵论丛(第二辑). 台北: 台湾学生书局: 337-354.

叶宝奎. 1994a. 罗马字《官话新约全书》音系. 语言研究(增刊): 447-454.

叶宝奎. 1994b.《洪武正韵》与明初官话音系. 厦门大学学报(哲社版),(1): 89-93.

叶宝奎. 1996. 也谈《正音咀华》音系. 语言研究(增刊): 406-413.

叶宝奎. 1998. 谈清代汉语标准音. 厦门大学学报(哲社版),(3): 82-88.

叶宝奎. 1999a. 也谈本悟《韵略易通》的重×韵. 古汉语研究,(2): 8-11.

叶宝奎. 1999b.《音韵阐微》音系初探. 厦门大学学报(哲学社会科学版),(4): 105-111.

叶宝奎. 2000. 关于汉语近代音的几个问题. 古汉语研究(3): 14-18.

叶宝奎. 2001. 明清官话音系. 厦门: 厦门大学出版社.

叶宝奎. 2017. 吕坤《交泰韵》音系研究//近代汉语语音研究——叶宝奎自选集. 厦门: 厦门大学出版社: 63-84.

叶桂郴. 1999.《元曲选》的用韵和《中原音韵》研究. 桂林航天工业高等专科学校学报,(2): 36-44.

叶国庆. 1929. 闽南方音与十五音. 国立中山大学语言历史学研究所周刊, 8(85-87):

24-29.
叶沐耕. 1981. 日母音值源流考. 昭乌达蒙族师专学报, (2): 20-63.
叶祥苓. 1979a. 《类音》五十母考释(上). 南京师院学报(社会科学版), (2): 82-87.
叶祥苓. 1979b. 《类音》五十母考释(下). 南京师院学报(社会科学版), (3): 80-86.
应裕康. 1962. 洪武正韵反切之研究. 台湾政治大学学报, (5): 99-150.
应裕康. 1963. 古今韵会举要反切之研究. 台湾政治大学学报, (8): 287-339.
应裕康. 1965. 论《五音集韵》与宋元韵图韵书之关系. 台湾政治大学学报, (11): 165-200.
应裕康. 1970. 《洪武正韵》声母音值之拟订. 台湾中华学苑, (6): 1-35.
应裕康. 1972a. 清代韵图之研究. 台北: 弘道文化事业有限公司.
应裕康. 1972b. 《洪武正韵》韵母音值之拟订//淡江文理学院中文研究室主编. 汉学论文集. 台北: 台湾惊声文物供应公司: 275-322.
颖陶. 1933. 北剧音韵考. 剧学月刊, 1(1): 44-53.
游汝杰. 1998a. 明成化本南戏《白兔记》中的吴语成分. 杭州师范学院学报, (5): 23-31.
游汝杰. 1998b. 西洋传教士著作所见上海话的塞音韵尾. 中国语文, (2): 108-112.
游汝杰. 1999. 宋姜白石词旁谱所见四声调形//游汝杰自选集. 桂林: 广西师范大学出版社: 288-300.
俞敏. 1983. 李汝珍《音鉴》里的入声字. 北京师范大学学报, (4): 30-40.
俞敏. 1984. 北京音系的成长和它受的周围影响. 方言, (4): 272-277.
俞敏. 1987a. 中州音韵保存在山东海边儿上. 河北师院学报(哲学社会科学版), (3): 66.
俞敏. 1987b. 北京话全浊平声送气解. 方言, (1): 15-16.
俞敏. 1987c. 驻防旗人和方言的儿化韵. 中国语文, (5): 346-351.
俞敏. 1992a. 现代北京话和元代大都话//俞敏语言学论文二集. 北京: 北京师范大学出版社: 18-24.
俞敏. 1992b. 现代北京人不能说是元大都人的后代//俞敏语言学论文二集. 北京: 北京师范大学出版社: 25-26.
尉迟治平. 1986. 日本悉昙家所传古汉语调值. 语言研究, (2): 17-35.
尉迟治平. 1988. "北叶《中原》, 南遵《洪武》"溯源. 语言研究, (1): 66-74.
尉迟治平. 1990. 老乞大、朴通事谚解汉字音的语音基础. 语言研究, (1): 11-24.
喻世长. 1991. 从邵康节到周挺斋——汉语宋金元北方话入声演变的一条线索//《〈中原音韵〉新论》编辑组编. 《中原音韵》新论. 北京: 北京大学出版社: 187-197.
喻卫平. 1997. 明代的上声连读变调现象. 中国语文, (5): 378.
袁宾. 1987. 论近代汉语. 广西大学学报(哲学社会科学版), (1): 94-100.
袁东华. 1987. 《金钗记》的方音特点——明初汕头方言声母初探. 韩山师专学报(社会科学版), (2): 88-92.
曾晓渝. 1991. 试论《西儒耳目资》的语音基础及明代官话的标准音. 西南师范大学学报

(哲学社会科学版),17(1):66-74.
曾晓渝.1992.《西儒耳目资》的调值拟测.语言研究,12(2):132-136.
曾晓渝.1993.对《中原音韵》音系-m尾韵的一点认识.古汉语研究,(3):74-76,96.
曾晓渝.1995.《西儒耳目资》声韵系统研究//西南师范大学中文系汉语史教研室编.汉语史论集.重庆:西南师范大学出版社:11-49.
詹秀惠.1973.《韵略易通》研究.淡江学报,(11):185-205.
张炳义.2000.《中原音韵》"入派三声"性质辨析——从"剧"字音说起.西北师大学报(社会科学版),37(4):120-124.
张福平.1996.天息灾译著的梵汉对音研究与宋初语音系统//谢纪锋,刘广和主编.薪火编.太原:山西高校联合出版社:264-339.
张洪年.2000.早期粤语中的变调现象.方言,(4):299-312.
张鸿魁.1987.《金瓶梅》的方音特点.中国语文,(2):125-130.
张鸿魁.1991.《韵略汇通》的语音系统.青岛师专学报,(2):62-71.
张鸿魁.1992a.《金瓶梅》时代的入派三声//程湘清主编.宋元明汉语研究.济南:山东教育出版社:579-612.
张鸿魁.1992b.《金瓶梅》与近代汉字研究.东岳论丛,(6):79-84.
张鸿魁.1993.《金瓶梅》的方音特点续说.青岛师专学报,(3):7-17.
张鸿魁.1994.《金瓶梅》"扛"字音义及字形讹变——近代汉语词语训释方法探讨.中国语文,(3):221-225.
张鸿魁.1996.金瓶梅语音研究.济南:齐鲁书社.
张鸿魁.1997.关于"么""们"的读音.东岳论丛,(2):97-101.
张鸿魁.2000.《万韵书》的音类//中国音韵学研究会,徐州师范大学语言研究所编.中国音韵学研究会第十一届学术讨论会汉语音韵学第六届国际学术研讨会论文集.香港:香港文化教育出版社有限公司:306-307.
张琨.1988.《建州八音》的声调.中国语文,(6):454-458.
张琨.1989.读《戚林八音》."中央研究院"历史语言研究所集刊,(60):4.
张令吾.1998a.北宋诗人徐积用韵研究.古汉语研究,(1):53-59.
张令吾.1998b.范成大诗词赋辞用韵研究.语言研究(增刊):205-213.
张令吾.1999.宋代江浙诗韵异调相押.湛江师范学院学报(哲学社会科学版),20(4):48-51.
张令吾.2000a.宋代江浙诗韵阳声韵部通押//中国音韵学研究会,徐州师范大学语言研究所编.中国音韵学研究会第十一届学术讨论会汉语音韵学第六届国际学术研讨会论文集.香港:香港文化教育出版社有限公司:194-198.
张令吾.2000b.宋代江浙诗韵入声韵部通押.湖北民族学院学报(哲学社会科学版),18(2):87-89.

张令吾. 2000c. 宋代江浙诗韵特殊韵字探析. 古汉语研究, (2): 45-48.

张启焕. 1991. 略论汴洛语音的历史地位. 古汉语研究, (1): 24-29.

张清常. 1982. -m 韵古今变迁一瞥//南开大学中文系《语言研究论丛》编辑部编. 语言研究论丛(第二辑). 天津: 天津人民出版社: 64-71.

张清常. 1983.《中原音韵》新著录的一些异读. 中国语文, (1): 51-56.

张清常. 1991. 从《元史》译名看"儿"[ɚ]音问题//《纪念王力先生九十诞辰文集》编委会编. 纪念王力先生九十诞辰文集. 济南: 山东教育出版社: 198-204.

张清常. 1992. 移民北京使北京音韵情况复杂化举例. 中国语文, (4): 268-272.

张升余. 1997. 从日文唐音看明清时期的南京官话与江南方言音. 外语教学, (4): 71-77.

张升余. 1998. 日本唐音与明清官话研究. 西安: 世界图书出版公司.

张世禄. 1929. 从日本译音研究入声韵尾的变化. 国立中山大学语言历史学研究所周刊, (99): 1-11.

张世禄. 1931. 中国音韵学史之鸟瞰. 东方杂志, 28(11): 67-74.

张世禄. 1936a. 中国音韵学史. 上海: 商务印书馆.

张世禄. 1936b. 国语上轻唇音的演化. 暨南学报, (2): 73-115.

张世禄. 1958. 语音和语音学. 语文学习, (4): 26-29.

张世禄. 1984. 中国音韵学史. 上海: 上海书店.

张树铮. 1991. 从寿光方言看《中原音韵》的知庄章组声母//《〈中原音韵〉新论》编辑组编.《中原音韵》新论. 北京: 北京大学出版社: 211-225.

张树铮. 1994a. "入派三声"二题//《庆祝文集》编委会编. 庆祝殷焕先生执教五十周年论文集. 济南: 山东大学出版社: 85-97.

张树铮. 1994b. 山东方言"日"母字研究. 语言研究(增刊): 370-374.

张树铮. 1998. 山东桓台方音 180 年来的演变. 语言研究(增刊): 348-353.

张树铮. 1999a. 全浊清化和入派三声的相互年代关系//方言历史探索. 呼和浩特: 内蒙古人民出版社: 165-171.

张树铮. 1999b. 180 年前山东桓台方言韵母//山东大学文学院编. 人文述林(第 2 辑). 济南: 山东大学出版社: 313-322.

张树铮. 1999c. 180 年前山东桓台方言声调//钱曾怡, 李行杰主编. 首届官话方言国际学术讨论会论文集. 青岛: 青岛出版社: 134-140.

张树铮. 1999d. 试论北京话 "一七八不" 连续变调的来源试说//方言历史探索. 呼和浩特: 内蒙古人民出版社: 119-126.

张树铮. 2000. 关于咸山宕江四摄入声字在北方话中演变的几个问题//中国音韵学研究会, 徐州师范大学语言研究所编. 中国音韵学研究会第十一届学术讨论会汉语音韵学第六届国际学术研讨会论文集. 香港: 香港文化教育出版社有限公司: 363-364.

张维佳, 张干平. 1992. 重、轻唇音分化时代说略. 宝鸡师院学报(哲学社会科学版), (4):

62-66.

张卫东.1991.论《西儒耳目资》的记音性质//《纪念王力先生九十诞辰文集》编委会编.纪念王力先生九十诞辰文集.济南:山东教育出版社:224-242.

张卫东.1998a.试论近代南方官话的形成及其地位.深圳大学学报(人文社会科学版),15(3):73-78.

张卫东.1998b.北京音何时成为汉语官话标准音.深圳大学学报(人文社会科学版),15(4):93-98.

张卫东.1998c.威妥玛氏《语言自迩集》所记的北京音系.北京大学学报(哲学社会科学版),35(4):136-144.

张为纲.1947.北平音入声的演化和连音的变化.国立中山大学文学院院刊,(1):19-28.

张渭毅.1998.论《集韵》折合字音的双重语音标准.语言研究(增刊):146-154.

张渭毅.1999a.《集韵》研究概说.语言研究,(2):129-153.

张渭毅.1999b.《集韵》异读研究//黄正德主编.中国语言学论丛(第二辑).北京:北京语言文化出版社:120-148.

张须.1947.北音南渐论证.国文月刊,(59):13-31.

张一舟.1987.从中兴话古全浊声母字的读音看全浊声母的演变.四川大学学报(哲学社会科学版),(1):48-56.

张一舟.1994.《蜀语》音注材料分析.语言研究(增刊):253-264.

张一舟.1998.《跻春台》与四川中江话.方言,(3):218-224.

张玉来.1986.略论《韵略汇通》的几个问题.山东师大学报(社会科学版),(4):78-81.

张玉来.1991a.元明以来韵书中的入声问题.中国语文,(5):380-382.

张玉来.1991b.近代汉语官话入声的消亡过程及相关的语音性质.山东师大学报(社会科学版),(1):64-69.

张玉来.1991c.论《韵略汇通》的入声.语言研究(增刊):104-107.

张玉来.1994.略论《韵略易通》的几个问题//《庆祝文集》编委会编.庆祝殷焕先生执教五十周年论文集.济南:山东大学出版社:98-109.

张玉来.1995a.近代汉语官话入声问题新探//韵略汇通音系研究.济南:山东教育出版社:177-219.

张玉来.1995b.韵略汇通音系研究.济南:山东教育出版社.

张玉来.1996.近代汉语官话入声消亡的条件问题.古汉语研究,(3):25-26,49.

张玉来.1997a.本悟本《韵略易通》与明代云南方音.语言研究,(1):118-129.

张玉来.1997b.《韵略易通》的音系性质问题.徐州师范大学学报,(2):49-51,148.

张玉来.1997c.《韵略易通》三个善本考论.古籍整理研究学刊,(3):9-10.

张玉来.1998.论近代汉语官话韵书音系的复杂性.山东师大学报,(1):91-95.

张玉来.1999a.近代汉语官话韵书音系复杂性成因分析.山东师大学报,(1):77-79.

张玉来. 1999b. 韵略易通研究. 天津: 天津古籍出版社.

张玉来. 2000a. 近代汉语共同语的构成特点及其发展. 古汉语研究, (2): 24-30.

张玉来. 2000b. 汉民族共同语形成问题//中国音韵学研究会, 徐州师范大学语言研究所编. 中国音韵学研究会第十一届学术讨论会汉语音韵学第六届国际学术研讨会论文集. 香港: 香港文化教育出版社有限公司: 310-312.

张玉来, 刘太杰. 1996. 论《韵略易通》韵母系统的几个问题. 语言研究(增刊): 422-426.

张玉来, 刘太杰. 1998. 《笑林广记》所反映的明末清初的吴方音. 语言研究(增刊): 292-294.

张竹梅. 1991. 也谈《中原音韵》所代表的音系. 西北第二民族学院学报(哲学社会科学版), (1): 43-48, 56.

张竹梅. 1993. 琼林雅韵研究. 银川: 宁夏人民出版社.

张竹梅. 1996. 从西夏语看中古浊音送气与否. 语言研究(增刊): 49-50, 70.

张竹梅. 2000. 从西夏语看中古知、章、庄的合流. 固原师专学报(社会科学版), 21(2): 74-76.

赵诚. 1979. 中国古代韵书. 北京: 中华书局.

赵诚. 1991. 周德清和《中原音韵》//《〈中原音韵〉新论》编辑组编. 《中原音韵》新论. 北京: 北京大学出版社: 226-236.

赵宏. 1997. 浅谈汉语入声韵塞音尾消失的原因. 贵州民族学院学报, (2): 62-66.

赵杰. 1990. 官话迁徙与京腔移植. 北京社会科学, (3): 29-36.

赵杰. 1995. 清初满语京语重音前移及其对京腔汉语的影响. 满语研究, (1): 21-30, 68.

赵杰. 1996. 北京话的满语底层和"轻音""儿化"探源. 北京: 北京燕山出版社.

赵克刚. 1986. 浊上变去论. 重庆师院学报哲社版, (3): 42-47.

赵遐秋, 曾庆瑞. 2007. 《中原音韵》音系的基础和"入派三声"的性质//曾庆瑞, 赵遐秋. 曾庆瑞赵遐秋文集(第十八卷)·集外集. 北京: 中国传媒大学出版社: 5-31.

赵荫棠. 1931a. 关于《韵略易通》. 礼俗, (6/7): 15-18.

赵荫棠. 1931b. 康熙字典字母切韵要法考证. 中央研究院历史语言研究所集刊, 3(1): 93-120.

赵荫棠. 1932a. 《李氏音鉴》的周围. 世界日报北平·国语周刊, (55/56): 8-10.

赵荫棠. 1932b. 字学元元述评. 中法大学月刊, 2(2): 41-56.

赵荫棠. 1934. 切韵指掌图撰述年代考. 辅仁学志, 4(2): 137-152.

赵荫棠. 1936. 中原音韵研究. 上海: 商务印书馆.

赵荫棠. 1937. 明清等韵之北音系统. 辅仁学志, 6(1/2): 65-127.

赵荫棠. 1956. 中原音韵研究. 重印1版. 上海: 商务印书馆.

赵荫棠. 1957. 等韵源流. 上海: 商务印书馆.

赵元任. 1929. 南京音系. 科学, (8): 1005-1037.

赵元任. 1979. 汉语口语语法. 吕叔湘译. 北京: 商务印书馆.
赵元任. 1980. 语言问题. 北京: 商务印书馆.
赵元任. 2002. 借语举例//吴宗济, 赵新那编. 赵元任语言学论文集. 北京: 商务印书馆: 617-631.
照那斯图, 杨耐思. 1987. 蒙古字韵校本. 北京: 民族出版社.
甄尚灵. 1988. 《西蜀方言》与成都语音. 方言, (3): 209-218.
甄尚灵, 张一舟. 1992. 《蜀语》词语的记录方式. 方言, (1): 23-30.
郑国火. 1999. 从宋代闽赣词人用韵看-m 的转化. 吉安师专学报(哲学社会科学), 20(1): 16-19.
郑锦全. 1980. 明清韵书字母的介音与北音腭化源流的探讨. 台湾书目季刊, (2): 77-87.
郑仁甲. 1991. 汉语卷舌声母的起源和发展. 语言研究(增刊): 138-141.
郑仁甲. 1994. 论三等韵的 i 介音——兼论重纽//中国音韵学研究会编. 音韵学研究(第三辑). 北京: 中华书局: 136-157.
郑仁甲. 1998. "京满官话". 语言研究(增刊): 373-380.
郑荣芝. 1999. 《韵法直图》声母系统的几个问题. 汕头大学学报(人文科学版), 15(2): 38-41, 91.
郑再发. 1965. 蒙古字韵跟跟八思巴字有关的韵书. 台北: 台湾大学文学院.
郑再发. 1966. 汉语音韵史的分期问题. "中央研究院"历史语言研究所集刊, (36): 635-649.
郑张尚芳. 1996. 汉语介音来源分析. 语言研究(增刊): 175-179.
郑张尚芳. 1998. 《蒙古字韵》所代表的音系及八思巴字一些转写问题//《李新魁教授纪念文集》编辑委员会编. 李新魁教授纪念文集. 北京: 中华书局: 164-181.
郑中鼎. 1987. 《切韵指掌图》的江南方音色彩. 长沙水电师院学报, (4): 81-88.
周斌武. 1987. 汉语音韵学史略. 合肥: 安徽教育出版社.
周大璞. 1963. 《董西厢》用韵考. 武汉大学学报, (2): 84-100.
周同春. 1988. 十九世纪的上海音//复旦大学中国语言文学研究所吴语研究室编. 吴语论丛. 上海: 上海教育出版社: 175-183.
周维培. 1987. 《中原音韵》三题. 语言研究, (2): 71-77.
周维培. 1991. 《中原音韵》与元人曲籍五种小考//《〈中原音韵〉新论》编辑组编. 《中原音韵》新论. 北京: 北京大学出版社: 237-248.
周长楫. 1989. 泉州话早期调类及其调值构拟. 厦门大学学报(哲社版), (1): 56-60.
周长楫. 1991. 浊音清化溯源及相关问题. 中国语文, (4): 283-289.
周长楫. 1994. 浊音和浊音清化刍议//中国音韵学研究会编. 音韵学研究(第三辑). 北京: 中华书局: 305-315.
周祖谟. 1943. 宋代汴洛语音考. 辅仁学志, 12(1/2): 221-285.
周祖谟. 1966a. 宋代方音//问学集(下). 北京: 中华书局: 656-662.

周祖谟. 1966b. 射字法与音韵//问学集(下). 北京: 中华书局: 663-669.
周祖谟. 2000. 文字音韵训诂论集. 北京: 北京大学出版社.
朱建颂. 1988. 武汉方言的演变. 方言, (2)92-99.
朱声琦. 1986. 近古声母的腭化问题. 徐州师范学院学报(哲学社会科学版), (1): 133-136.
朱声琦. 1992. 从"花"字的产生看"平分阴阳"开始的时代. 中国语文, (1): 69-72.
朱声琦. 1996. 喻母四等产生时代考辨. 扬州师院学报(社会科学版), (4): 109-112, 114.
朱晓农. 1989a. 北宋中原韵辙考——一项数理统计研究. 北京: 语文出版社.
朱晓农. 1989b. 三四等字的腭化与非腭化问题. 汉字文化, (Z1): 101-108.
朱晓农. 1989c. 腭化与 i 失落的对抗. 徐州师范学院学报(哲学社会科学版), (1): 86-94.
朱晓农. 1990. 百余年来的/j/→/r/变化//胡盛仑主编. 语言学和汉语教学. 北京: 北京语言学院出版社: 279-286.
朱星. 1982. 汉语古音研究的过程和方向. 天津师院学报, (1): 83-89.
朱星一. 2000. 从《翻译老乞大·朴通事》左侧音看近代汉语入声. 古汉语研究, (2): 38-44.
朱永锴, 谭成珠. 1999. 近代汉语语音史. 汕头: 汕头大学出版社.
竺家宁. 1974. 汉语音变的特殊类型. 学粹, (1): 21-24.
竺家宁. 1980. 九经直音韵母研究. 台北: 台湾文史哲出版社.
竺家宁. 1986. 古今韵会举要的语音系统. 台北: 台湾学生书局.
竺家宁. 1991a. 声韵学. 台湾: 五南图书出版公司.
竺家宁. 1991b. 近代音史上的舌尖韵母//台湾声韵学学会编. 声韵论丛(第三辑). 台北: 台湾学生书局: 205-223.
竺家宁. 1992a. 清代语料中的ざ韵母. 中正大学学报(人文分册), 3(1): 97-119.
竺家宁. 1992b. 国语ざ韵母的形成与发展//台湾声韵学学会编. 台湾第二届国际暨第十届全国声韵学学术研究论文集. 高雄: 中山大学: 357.
竺家宁. 1993. 台湾四十年来的音韵学研究. 中国语文, (1): 23-32.
竺家宁. 1994a. 宋代入声的喉塞音韵尾//近代音论集. 台北: 台湾学生书局: 197-222.
竺家宁. 1994b. 四声等子之音位系统//近代音论集. 台北: 台湾学生书局: 1-26.
竺家宁. 1994c. 论皇极经世声音唱和图之韵母系统//近代音论集. 台北: 台湾学生书局: 139-158.
竺家宁. 1994d. 九经直音的浊音清化//近代音论集. 台北: 台湾学生书局: 27-46.
竺家宁. 1994e. 九经直音的声母问题//近代音论集. 台北: 台湾学生书局: 97-112.
竺家宁. 1994f. 九经直音知照系声母的演变//近代音论集. 台北: 台湾学生书局: 113-124.
竺家宁. 1994g. 近代汉语零声母的形成//近代音论集. 台北: 台湾学生书局: 125-138.
竺家宁. 1994h. 九经直音声调研究//近代音论集. 台北: 台湾学生书局: 47-78.
竺家宁. 1996. 论近代音研究的现况与展望//台湾声韵学学会编. 台湾第五届国际暨第十四届全国声韵学学术研讨会论文集. 新竹: 新竹师范学院: 31-42.

竺家宁. 1998. 《山门新语》姬玑韵中反映的方言成分与类化音变//《李新魁教授纪念文集》编辑委员会编. 李新魁教授纪念文集. 北京: 中华书局: 190-195.
〔俄〕龙果夫. 1959. 八思巴字与古汉语. 唐虞译. 北京: 科学出版社.
〔俄〕雅洪托夫. 1986. 十一世纪的北京语音//唐作藩, 胡双宝编选. 汉语史论集. 北京: 北京大学出版社: 187-196.
〔韩〕安奇燮. 1995. 从朝汉对音考察-m韵尾的转化. 语言研究, (2): 85-90.
〔韩〕成元庆. 1990. 《洪武正韵》译训音研究(上). 兴大中文学报, (3): 69-108.
〔韩〕成元庆. 1991. 《洪武正韵》译训音研究(下). 兴大中文学报, (4): 47-100.
〔韩〕成元庆. 1994. 十五世纪韩国字音与中国声韵之关系. 北京: 中国文学出版社.
〔韩〕姜信沆. 1973. 《四声通解》研究. 汉城: 韩国新雅社.
〔韩〕姜信沆. 1980. 依据朝鲜资料略记近代汉语语音史. "中央研究院"历史语言研究所集刊, 51(3): 515-534.
〔韩〕姜信沆. 1994. 朝鲜馆译语的汉语字音特征. 语言研究(增刊): 388-393.
〔韩〕金薰镐. 1994a. 从利玛窦、金尼阁的汉语拼音看明代晚期的官话音系. 语言研究(增刊): 394-404.
〔韩〕金薰镐. 1994b. 《西儒耳目资》的成书及其体制. 河北学刊, (4): 76-82.
〔韩〕金薰镐. 2000. 现代汉语普通话语音溯源//中国音韵学研究会, 徐州师范大学语言研究所编. 中国音韵学研究会第十一届学术讨论会汉语音韵学第六届国际学术研讨会论文集. 香港: 香港文化教育出版社有限公司: 240-244.
〔韩〕李钟九. 1994. 《中原音韵》车遮韵的主要元音问题. 语言研究(增刊): 405-407.
〔韩〕李钟九. 1997. 《翻译老乞大·朴通事》所反映的汉语声调调值. 古汉语研究, (4): 36-40.
〔韩〕柳应九. 1991. 古官话音考——以十五世纪朝鲜时人的认识为中心. 语言研究(增刊): 80-86.
〔韩〕裴银汉. 2000. 也谈明代的上声连读变调现象. 中国语文, (2): 167.
〔韩〕裴宰奭. 1996a. 宋代绍兴词人用韵考. 南京大学学报, (1): 69-72.
〔韩〕裴宰奭. 1996b. 临安词人用韵中所反映的宋代语音. 语言研究(增刊): 301-314.
〔韩〕朴允河. 1997. 《等韵一得》所表现的尖团音探微//台湾声韵学学会编. 声韵论丛(第六辑). 台北: 台湾学生书局: 637-662.
〔韩〕朴允河. 1998. 略论十九世纪上海方言的声调及其演变//台湾声韵学学会编. 声韵论丛(第七辑). 台北: 台湾学生书局: 191-212.
〔美〕柯蔚南. 1999. 接触、沿流和趋同在南京官话中的作用//四川大学汉语史研究所. 汉语史研究集刊(第二辑). 成都: 巴蜀书社: 379-431.
〔美〕罗杰瑞. 1995. 汉语概说. 张惠英译. 北京: 语文出版社.
〔美〕司徒修. 1962. Phonolosy of Chûng-yüan Yīn-yún. 台湾清华学报, 3(1): 114-159.

〔美〕司徒修. 1997a. 早期官话、老北京话和《中原音韵》的韵类. 方环海译. 徐州师范大学学报(哲学社会科学版), (2): 52-55.

〔美〕司徒修. 1997b.《中原音韵音位系统》评述. 方环海译. 音韵学研究通讯, (21): 22-25.

〔日〕古屋昭弘. 1992.《正字通》和十七世纪的赣方言. 中国语文, (5): 339-351.

〔日〕古屋昭弘. 1998a.《字汇》与明代吴方音. 语言学论丛, 20: 139-148.

〔日〕古屋昭弘. 1998b. 万济国《官话语法》中的罗马字拼音//《语苑撷英》编辑组编. 语苑撷英: 庆祝唐作藩教授七十寿辰学术论文集. 北京: 北京语言文化大学出版社: 121-134.

〔日〕花登正宏. 1986.《礼部韵略七音三十六母通考》韵母考//中国音韵学研究会编. 音韵学研究(第二辑). 北京: 中华书局: 234-248.

〔日〕花登正宏. 1988.《诗词通韵》考//北京大学中文系《语言学论丛》编委会编. 语言学论丛(第十五辑). 北京: 商务印书馆: 55-74.

〔日〕花登正宏. 1992. 关于北京大学所藏《音学臆说》//杨亦鸣. 李氏音鉴音系研究. 西安: 陕西人民教育出版社: 207-233.

〔日〕吉田久美子. 1999.《合并字学集韵》的疑母. 汉字文化, (2): 15-20.

〔日〕将邑剑平, 平山久雄. 1999.《宾退录》射字诗的音韵分析. 中国语文, (4): 295-303.

〔日〕濑户口律子. 1994. 琉球官话课本研究. 香港: 香港中文大学中国文化研究所吴多泰中国语文研究中心.

〔日〕平山久雄. 1987. 论"我"字例外音变的原因. 中国语文, (6): 409-414.

〔日〕平山久雄. 1988.《中原音韵》入派三声的音韵史背景. 王吉尧译. 音韵学研究通讯, (12): 36-47.

〔日〕平山久雄. 1992. 从历时观点论吴语变调和北京话轻声的关系. 中国语文, (4): 121-129.

〔日〕平山久雄. 1995. 北京文言音基础方言里入声的情况. 语言研究, 15(1): 107-113.

〔日〕平山久雄. 1998. 普通话"铅"字读音的来源//《李新魁教授纪念文集》编辑委员会编. 李新魁教授纪念文集. 北京: 中华书局: 196-201.

〔日〕平山久雄. 2000. 北京话一种儿化变调的成因. 中国语文, (5): 410-414.

〔日〕平田昌司. 2000. 清代鸿胪寺正音考. 中国语文, (6): 537-544.

〔日〕桥本万太郎. 1982. 西北方言和中古汉语的硬软颚音韵尾——中古汉语的鼻音韵尾和塞音韵尾的不同作用. 孙以芗, 陈庆延, 温端政译. 语文研究, (1): 19-33.

〔日〕桥本万太郎. 1991. 古代汉语声调调值的构拟尝试及其涵义//北京大学中文系《语言学论丛》编委会编. 语言学论丛(第十六辑). 北京: 商务印书馆: 47-98.

〔日〕青木正儿. 1957. 元人杂剧概说. 隋树森译. 北京: 中国戏剧出版社.

〔日〕盐谷温. 1958. 元曲概说. 隋树森译. 北京: 商务印书馆.

〔日〕远藤光晓. 1984.《翻译老乞大·朴通事》里的汉语声调//语言学论丛(第十三辑). 北京: 商务印书馆: 169-172.

〔日〕坂井健一. 1991. 《蜀语》声类之研究. 王昌平译. 川北教育学院学报, 1(2): 15-20.
〔瑞典〕高本汉. 1940. 中国音韵学研究. 赵元任, 罗常培, 李方桂译述. 北京: 商务印书馆.
〔匈〕陈国. 1960. 汉语轻音的历史探讨. 中国语文, (3): 137-140.
〔日〕太鳥正一. 1997. 中国言語学史. 東京: 汲古書院.
〔日〕服部四郎. 1946. 元朝秘史の蒙古語を表はす漢字の研究. 東京: 文求堂.
〔日〕服部四郎, 藤堂明保. 1958. 中原音韻の研究·校本編. 東京: 江南書院.
〔日〕花登正宏. 1979. 蒙古字韻ノート――とくに開口二等牙音の舌面音化について. 中国語学, (通号 226): 13-16.
〔日〕花登正宏. 1997. 古今韻会挙要研究: 中国近世音韻史一の側面. 東京: 汲古書院.
〔日〕金井保三. 1913. 中原音韻につきて. 東洋学報, 3(3): 405-428.
〔日〕満田新造. 1918a. 中原音と南京音. 藝文, 9(7): 632-642.
〔日〕満田新造. 1918b. 中原音韻分韻の概説. 藝文, 9(12): 1070-1090.
〔日〕満田新造. 1919. 詞韻即晩唐音は近世音也. 藝文, 10(2): 184-195.
〔日〕満田新造. 1964 中国音韻史論考. 東京: 武藏野書院.
〔日〕辻本春彦. 1976. 韻学集成と中原雅音//木村英一博士頌寿記念事業会編. 中国哲学史の展望と摸索. 東京: 創文社: 693-714.
〔日〕石山福治. 1925. 攷定中原音韻. 東京: 東洋文庫論叢.
〔日〕藤堂明保. 1957. 中原音韻//中国語音韻論. 東京: 江南書院: 92-97.
〔日〕藤堂明保. 1979. 中国語概論. 東京: 大修館書店.
〔日〕尾崎雄二郎. 1980. 中国語音韻史の研究. 東京: 創文社.
〔日〕岩田憲幸. 1994. 清代後期の官話音//高田時雄編. 中国語史の資料と方法. 京都: 京都大学人文科学研究所: 389-434.
〔日〕岩田憲幸. 1995. 《正音通俗表》的音系特徵. 龍谷紀要, 17(1): 101-105.
〔日〕永島栄一郎. 1941a. 近世支那語特に北方語系統に於ける音韻史研究資料に就いて. 言語研究, (7/8): 147-161.
〔日〕永島栄一郎. 1941b. 近世支那語特に北方語系統に於ける音韻史研究資料に就いて. 言語研究, (9): 17-79.
〔日〕中野美代子. 1964. 蒙古字韻の研究—音韻史的考察—. 北海道大学外国語外国文学研究, (11): 15-37.
〔日〕佐佐木猛. 1994. 周徳清は大都を見たか//大阪外国語大学編. 大阪外国語大学論集, (11): 73-86.
〔美〕Hugh M. Stimson. 1966. *The Jongyuan In Yunn: A Guide x- to Old Mandarin Pronunciation*. New Haven: Yale University Far Eastern Publication.
〔美〕Mei T. 1977. Tones and Sandhi in 16th Century Mandarin. *Journal of Chinese Linguistics*, 5(2): 237-260.

第五章
20世纪汉语等韵学研究

　　本章概述了20世纪以前的等韵学研究，阐述了等韵学的缘起、等韵学研究自宋元至明清时期的发展概况，着力梳理了20世纪的宋元、明清等韵学研究成果：①20世纪的宋元等韵学研究。20世纪初，敦煌写本重新现世，《韵镜》自东瀛复归中土，西方语音学思想、效果良好的标音工具、历史比较法等也相继引入国内，得益于这些新材料、新角度、新工具和新方法，20世纪研究者对轻重、清浊、内外转、字母之学等等韵范畴的认知不断加深，关于韵图产生的时代、韵图创制的理据、等韵门法的沿革及功用、宋元等韵学的学术性质等问题的讨论也在不断深入。②20世纪的明清等韵学研究。20世纪明清等韵学研究，有两个显著的特点：一是搜集发掘材料成为研究活动的一部分；二是总体研究与个别研究并重。对上述总体研究与个别研究成果的主要内容及观点，本章均作了详细论述。

第一节　20世纪以前的等韵学研究

一、等韵学之缘起

　　等韵学是汉语音韵学的一个分支。《四库全书总目·经部·小学类三》："韵书为小学之一类，而一类之中又自分三类，曰今韵，曰古韵，曰等韵也。"[1]清末劳乃宣在《等韵一得·序》中做了更为详细的阐释："有古韵之

---

[1]（清）永瑢等：《四库全书总目》，中华书局，1983，第369页。

学，探源六经，旁征诸子，下及屈宋，以考唐虞三代秦汉之音是也。有今韵之学，以沈陆为宗，以《广韵》《集韵》为本，证以诸名家之诗与有韵之文，以考六朝唐宋以来之音是也。有等韵之学，辨字母之重轻清浊，别韵摄之开合正副，按等寻呼，据音定切，以考人声自然之音是也。"①纵横交错、等第成图，是等韵学的外在形式；展示、分析汉语的音节结构、语音系统，是等韵学的主要内容。这两点是等韵学的突出特征。

佛教传入对汉语音韵学的产生、发展影响巨大。"切韵之学，本出于西域"②，等韵学的产生跟异域文化息息相关；"夫等韵者，梵语悉昙"③，对梵语悉昙章的传习，是等韵图产生的直接因素。

自南北朝至宋代，佛门对十四音的传习绵延不断。《高僧传》卷第七："陈郡谢灵运笃好佛理，殊俗之音多所达解，乃咨叡以经中诸字并众音异旨。于是著十四音训叙，条列梵汉昭然可了，使文字有据焉。"④《大般涅槃经疏》卷第十二："初文音随字者，十四音也，是十四音去，是也。古来六解，大为二途。前四解单，后二解复。"⑤宋本《广韵》附有"辨十四声例法"，内容也跟十四音有关。佛门对字轮、字母（华严四十二字母）的传习也是历久不衰。传习过程中，必然会涉及对发音部位、发音方法的分析，传习者的语音学水平会不断提高。

历朝历代，僧、儒与等韵都有密切的关系。沈约精识四声，周颙好为体语，最迟在南北朝时，汉儒对汉字的声调、音节结构已经有了明确的认识。反切的创制，四声的发现，即是标志。

反切产生以后，反音法也随之产生。从文献看，反音法也有一个发展完善的过程。日僧遍照金刚的《文镜秘府论》天卷《调四声谱》（日僧安然的《悉昙藏》卷第二记为《四声谱》⑥）："四声纽字，配为双声叠韵如后：

---

① （清）劳乃宣撰，陈勇点校：《等韵一得·韧叟自订年谱》，中华书局，2020，第 3 页。
② （宋）沈括撰，金良年点校：《梦溪笔谈》，中华书局，2017，第 117 页。
③ 《康熙字典》卷首《明显四声等韵图·切字样法》，中华书局，1980，第 11 页。
④ 《大正新修大藏经》，50-367 中（50 为册数，367 为页码，上中下为分栏。下同）。
⑤ 《大正新修大藏经》，38-109 下。
⑥ 《大正新修大藏经》，84-381 下。

郎	刚	羊	乡	良	张
朗	啊	养	响	两	长
浪	钢	恙	向	亮	怅
落	各	药	谑	略	著

黎	笄	夷	奚	离	知
礼	忔	以	篡	逦	伽
丽	计	异	哇	詈	智
捩	结	逸	缬	栗	窒

凡四声，竖读为纽，横读为韵。亦当行下四字配上四字，即为双声。若解此法，即解反音法。反音法有二种，一纽声反音，二双声反音，一切反音有此法也。"[1]

日僧遍照金刚所记当是9世纪以前中土音韵研究的热点。"纽声反音""双声反音"是反音法的初级阶段。

史书记载唐代武玄之著有《韵诠》，慧琳的《一切经音义》已多次引用《韵诠》的内容。《韵诠》明义例云："凡为韵之例四也：一则四声有定位，平上去入之例是也；二则正纽以相证，令上下自明，人忍仞日之例是也；三则傍通以取韵，使声不误，春真人伦之例是也；四则虽有其声而无其字，则阙而不书，辰蜃脣例也。"[2]《韵诠》算得上是《四声谱》的扩展版，已然有了图表的模样。俞敏（1984）就认为《韵诠》是等韵的萌芽。

梵语悉昙章则为韵图的创立提供了可资借鉴的框架结构。慧琳在《一切经音义》卷25《大般涅槃经音义》第八卷《次辩文字功德及出生次第》中说："梵天所演字母条例分明。今且略说相生次第。用前十二字为声势，举后字母一字一字翻之，一字更生十一字，兼本成十二字，如此遍翻三十四字，名为一番。又将野字遍加三十四字之下一遍，准前一一翻之，又成一番。除去野字即将啰字遍加三十四字之下，准前以十二字声势翻之，一字生十二字，三

---

[1]〔日〕遍照金刚撰，卢盛江校考：《文镜秘府论汇校汇考》（修订本），中华书局，2015，第59页。
[2]《大正新修大藏经》，84-382上。

十四字翻了成四百八字，又是一番。"①沙门智广的《悉昙字记》②对悉昙章的记述更为详细。

慧琳与智广生活在 8 世纪末 9 世纪初，所记都是梵语悉昙章的内容：字母（辅音）线性排列为纵轴，声势（元音）线性排列为横轴，纵横交错，辗转相拼，生成字音。宋元韵图的格局与之何其相似！慧琳、智广较早使用字母这一字眼，而在汉语等韵学里，字母是跟如今《汉语拼音方案》里的声母对应的概念，"宋人三十六字母"的字母含义与此一致——宋元韵图的成立为期不远了。

二、宋元等韵学——等韵学之成熟

宋元时期，等韵学称为切韵之学。切韵图体制完备，格式多样，演进脉络清晰。切韵之学称得上是显学。具体表现为以下几个方面。

（一）对切韵之学的学科性质有了明确认识

沈括在《梦溪笔谈·艺文二》中说："切韵之学，本出于西域。汉人训字止曰读如某字，未用反切。然古语已有二声合为一字者，如不可为叵、何不为盍、如是为尔、而已为耳、之乎为诸之类，似西域二合之音，盖切字之原也，如顿字文从而、犬，亦切音也，殆与声俱生，莫知从来。今切韵之法，先类其字，各归其母，唇音、舌音各八，牙音、喉音各四，齿音十，半齿、半舌音二，凡三十六，分为五音，天下之声总于是矣。"③郑樵在《通志·艺文略》中亦曰："切韵之学，起自西域。"④晁公武《郡斋读书志》在《切韵指玄论》（三卷）、《四声等第图》（一卷）之后写到："右皇朝王宗道撰。论切韵之学。切韵者，上字为切，下字为韵，其学本出西域。"⑤切韵之学是宋人的共识。等韵学发展到宋代，已有明确的研究内容、研究范式及学术门类命名。

---

① 《大正新修大藏经》，54-471 上。
② 《大正新修大藏经》，54-286 上。
③ （宋）沈括撰，金良年点校：《梦溪笔谈》，中华书局，2017，第 117 页。
④ （宋）郑樵撰，王树民点校：《通志二十略》，中华书局，1995，第 1517 页。
⑤ （宋）晁公武撰，孙猛校证：《郡斋读书志校证》，上海古籍出版社，2011，第 172 页。

（二）有比较丰富的切韵学文献

传世的宋元韵图，有《韵镜》《通志·七音略》《切韵指掌图》《四声等子》《经史正音切韵指南》五种，皆为体制完备之韵图。另有两种，杨中修的《切韵类例》及杨倓的《韵谱》，原书虽已亡佚，但通过文献亦可推知。还有一些文献，如敦煌写本《守温韵学残卷》（P.0512）、《归三十字母例》（S.2011），元刊本《玉篇》所录《切字要法》以及《卢宗迈切韵法》，虽无韵图，但所述内容也与切韵之学有关。罗常培（1935a）将五种宋元韵图分为三系：《通志·七音略》《韵镜》为一系；《四声等子》《经史正音切韵指南》为一系；《切韵指掌图》为一系。韵图体制的差异，直观地表明了等韵学发展演进的过程。

（三）有了完备的门法体系

门法是处理韵书反切跟韵图关系的法则。沈括在《梦溪笔谈·艺文二》"切韵之学"中提到："又有互用、借声，类例颇多。"[1]"类例"就是门法。《守温韵学残卷》《四声等子》《切韵指掌图》都有门法的内容，《经史正音切韵指南》所附《门法玉钥匙》则表明门法已成体系。20世纪90年代公布出版的《解释歌义》（聂鸿音和孙伯君，2006：122-162）是现存最早的等韵门法著作之一，也是早期同类著作中最为详细的一种。

（四）等韵学的影响不断扩大

宋元时期，切韵学的影响不断扩大。这体现在两个方面。

1. 对其他领域学者的影响

北宋邵雍著有《皇极经世书·声音唱和图》。《皇极经世书》乃数理之学，全书共十二卷，七至十卷为律吕声音，共四卷十六篇。"每篇之首，上列声图，下列音图，十六篇共三十二图，声图音图之后，又以各种声音与六十四卦相配合，是为声音唱和图……图中所谓声，是指韵类；所谓音，是指声类。声有十大类，音有十二大类。每一大类声中，又有闢、翕和平、上、去、入之分；每一大类音中，又有清、浊和开、发、收、闭之别……又图中以上下分天地，

---

[1]（宋）沈括撰，金良年点校：《梦溪笔谈》，中华书局，2017，第118页。

上为天之用声,下为地之用音,天唱地和,乃生出无数声音。"[1]《皇极经世书·声音唱和图》不是严格意义的等韵图,但是其创制理念却与等韵图暗合。邵雍没有说明创作《皇极经世书·声音唱和图》的原因和目的,但这种声音唱和的体制肯定是有渊源的,应是借鉴梵语悉昙章或是切韵图而创制的。南宋祝泌将《皇极经世书·声音唱和图》和切韵图糅合一体,著有《皇极经世解起数诀》。

2. 对韵书编写体例的影响

等韵化韵书出现。旧的韵书韵内不同小韵的排列没有什么规则。金代韩道昭的《改并五音集韵》韵内小韵则是按三十六字母排列的,"以见母牙音为首,终于来日字"[2],这就等于注明声类。每一声类的字如有开合口的分别,都分开排列,并且注明等次。这在韵书的编排体例上是一种很大的改革。熊忠在元成宗大德元年(1297年)编成《古今韵会举要》,该书凡例中说:"旧韵所载本无次序,今每韵并分七音、四等,始于见终于日,三十六母为一韵。"[3]此书在每韵下注明声类,和《改并五音集韵》的体例基本相同。

(五)等韵研究规模空前

黑水城出土的空白韵格簿(聂鸿音和孙伯君,2006:106)(残存半页,俄罗斯科学院东方研究所圣彼得堡分所藏品编号 TK.312)横向分三组,帮滂并明、非敷奉微一组,端透定泥、知彻澄娘一组,见溪群疑一组;纵向分四栏,每栏四行,各按平上去入排列,共 64 格。残存的半页空白韵格簿,蕴含的信息还是很多的:①黑水城出土的韵格簿横向五音(七音)三十六字母的排列顺序应是唇、舌、牙、齿、喉,始帮终日,与《韵镜》《通志·七音略》相同;而纵向先分四等、等内再分四声的排列形式则与《四声等子》和《经史正音切韵指南》相同。这让我们更加认识到宋元韵图体制的多样性。②韵格簿是刻板印制的,说明当时的需求量很大,等韵研究规模空前。不管它属于宋还是金、元,都是当时等韵学兴盛的标志。

---

[1] 语言文字卷编委会编:《中国学术名著提要·语言文字卷》,复旦大学出版社,1992,第 63—64 页。
[2] (金)韩道昭著,宁忌浮校订:《校订五音集韵》,中华书局,1992,第 2 页。
[3] (元)黄公绍、熊忠:《古今韵会举要》,中华书局,2000,第 6 页。

三、明清等韵学——等韵学之繁荣

(一)明清等韵学概况

明清等韵学与宋元等韵学一脉相承,其理论基础、基本原则和研究手段是从宋元等韵学发展而来的,二者有不可分割的密切联系。但是由于时代不同,语言环境与学术背景不同,明清等韵学与宋元等韵学又有相当大的差异。

明清时期,有一部分等韵学家继承并发展了宋元等韵学的传统,有新的建树;更多的等韵学家对宋元等韵学进行了变革,抛弃了旧传统中不合时宜的部分,建立起新的理论体系,改变了等韵学的面貌。学者们的研究方向多样,学术理念也不相同。不同的研究内容及学术理念则外化为不同的韵图样式。表现中古韵书音系的,等韵学家一般继承中古等韵图的编撰原则、体例,沿袭宋元切韵图的架构,如江永的《四声切韵表》、庞大堃的《等韵辑略》、梁僧宝的《切韵求蒙》等;而反映明清时音的,由于语音发生了变化,中古汉语开合四等的格局此时已不复存在,多数等韵学家在分析字音、编制韵图时放弃了四等的老框框,而采用适应时音特征的新的分析方式,如开齐合撮四呼之类,代表作有桑绍良的《青郊杂著》、徐孝的《重订司马温公等韵图经》、无名氏的《韵法直图》、赵绍箕的《拙庵韵悟》等。

明清韵图跟宋元韵图性质上多有不同,涵纳的内容大大丰富。就明清等韵学而言,我们已经不能从狭义的即字面上的意义去理解"等韵图""等韵学"了。"按清代学者的观点,凡是分析汉语语音结构、研究声韵调系统的学问都属于等韵学,这是广义的等韵学。"(耿振生,1992:4)明清等韵学就是广义的等韵学。明清时期,等韵学达到前所未有的繁荣,引人注意的现象有以下几个方面:①等韵学家的队伍扩大,研究等韵的学者众多;②等韵学著作大量涌现,远远超过以前;③等韵学的研究范围大大拓宽,内容更加丰富;④等韵学的理论、方法、手段有不少的改革创新之处。

(二)明清等韵学对宋元等韵学的传承与发展

中古等韵图的编撰原则、体例为近代等韵图所继承,其音系格局在近代等韵学中也有不小的影响。《韵镜》在国内失传较早,未见明清等韵学家提起过它。提到《四声等子》的人也不多。影响比较大的是《通志·七音略》《切韵指掌图》《经史正音切韵指南》，其中《经史正音切韵指南》流传最广。清代以《经史正音切韵指南》为蓝本改编而成的韵图不少，如《康熙字典》卷首的《等韵切音指南》、熊士伯的《等切元声》中的《广韵等韵合参图》，以及张耕的《切字肆考》等。其他一些以表现时音为主的韵图如《等韵图经》《三教经书文字根本》等，也明显带有《经史正音切韵指南》的影响。

宋代邵雍的《皇极经世书·声音唱和图》不是正宗的等韵学著作，但是它在明清等韵学中的影响却很大。明清时期以阴阳数理等玄虚理论附会声音的风气，在很大程度上与邵氏的《皇极经世书·声音唱和图》有关。"袁子让、方以智、熊士伯、庞大堃等许多人对邵图做过研究；乔中和、樊腾凤、释宗常等人在一定程度上接受了邵氏的音学观念。邵图有一套分析语音的术语，如以'音'指声母、'声'指韵母、'开发收闭'区别四等，被一些韵图沿用。邵图中的'天声''地音'都安排了无字空位（天声用●表示、地音用·表示），清代一些等韵学家如潘耒、熊士伯、江永、江有诰等人据有字之音推导无字之音，大概也是师法邵图。"（耿振生，1992：116）

明清时代佛门中流传的《华严字母韵图》在等韵学中产生过很大的影响，赵宧光、袁子让、方以智、熊士伯、马自援、李汝珍等人研究过它。它在等韵学中的影响，可以从以下几方面看出来。一是它的形式被模仿，如《字母切韵要法》的"内含四声音韵图"就是仿照《华严字母韵图》的形式编制的。二是有些作者模仿它设立二合字母、三合字母，如林本裕的《声位》、龙为霖的《本韵一得》。三是在某些韵图上有的字按译经习用的语音安排声韵地位，而不按照汉语的正常读音，如《字母切韵要法》依照《华严字母韵图》把"迦""佉"安排在开口呼。若按汉语本来的读音，"迦"应属齐齿呼（《广韵》古牙切，又居伽切），"佉"应属齐齿或撮口呼（《广韵》丘伽切，《正韵》丘於切）。

（三）明清等韵学家对宋元韵图有关问题的讨论

1. 《切韵指掌图》的作者问题

《切韵指掌图》的各种版本都题"司马光撰"，并有所谓司马光的自叙。《四库全书·切韵指掌图》提要云："等韵之说，自后汉与佛经俱来。然隋唐仅有十四音之说，而不明其例。华严四十二字母亦自为梵音，不隶以中国之字。《玉篇》后载神珙二图，《广韵》后列一图，不著名氏，均粗举大纲，不及缕举节目。其有成书传世者，惟光此书为最古。"[1]但明代桑绍良的《青郊杂著》、清代周赟的《山门新语》、清代莫友芝的《韵学源流》等则怀疑此书是托名之作。清人邹特夫、陈澧主张此书是南宋杨中修的作品。

2. 对"等"的认识

（1）两等四呼说。这是由明代袁子让提出、叶秉敬加以强调的，认为宋元等韵图上的四等是"乌有先生"，应只有上下两等。到了清代，潘耒又将两等之说调整为四呼之说，将开口图的四等定为开口呼和齐齿呼，将合口图的四等定为合口呼和撮口呼。

（2）四等洪细说。清代江永提出以"洪""细"辨四等的观点，即："音韵有四等：一等洪大，二等次大，三四皆细，而四尤细。"又说："辨等之法，须于字母辨之。一等：见溪●疑 端透定泥 帮滂並明 精清从心● 晓匣影● 来●；二等：见溪●疑 知彻澄娘 帮滂並明 照穿床审● 晓匣影● 来●（正齿二等：照穿床审●）；三等：见溪群疑 知彻澄娘 帮滂並明 非敷奉微 照穿床审禅 晓●影喻 来日；四等：见溪群疑 端透定泥 帮滂並明 精清从心邪 晓匣影喻 来●。"[2]这便是四等洪细说的滥觞。后来陈澧在《东塾集·卷三·等韵通序》中提出："等之云者，当主乎韵，不当主乎声。"[3]在《切韵考》中又指出："此即后来分等之意。然古人但以韵分之，但以切语下字分之，而不以上字分之。"[4]

（3）"等"属声母说。明代邵光祖为《切韵指掌图》做的《检例·辨分韵等第歌》被认为是等属声母说的确证，其实只是说明三十六字母在韵图中的分布。江永说的"辨等之法，须于字母辨之"就是由此而来。

---

[1]（清）纪昀等编纂：《文渊阁四库全书》（经部231·小学类，第237册），台湾商务印书馆，1983，第2—3页。

[2]（清）江永：《音学辨微》，丛书集成初编本，商务印书馆，1940，第37—39页。

[3]（清）陈澧：《东塾集》，见《续修四库全书》编纂委员编《续修四库全书》（集部·别集类，第1537册），上海古籍出版社，1996，第278页。

[4]（清）陈澧撰，罗伟豪点校：《切韵考》，广东高等教育出版社，2004，第323页。

3. 对内外转的讨论

（1）从等列上的差异来解释内外转。明代袁子让的《五先堂字学元元》卷一"十六转内外"云："等子内外各八转……其谓之内外者，皆以第二等字分。二等牙舌唇喉下无字，惟照一有字者，谓之内转；二等牙舌唇喉下皆有字，不独照一有者，谓之外转。以二等字限于照一内，故谓之内；字浮于照一外，故谓之外。此其义也。"①吕维祺的《同文铎·内外说》跟袁子让的看法基本一致，与宋元以来的等韵门法的见解相合。

（2）以三等韵为区分内外转的标准。清代熊士伯的《等切元声》卷二"辨内外"、清代贾存仁的《等韵精要》持这种观点。这种看法仍与等韵门法的一般说法相近。

（3）内外转的不同是语音实质的不同。南宋祝泌在《皇极经世解起数诀·声音说》中说："凡字之叶韵者谓之声，口中之气所发也。有开口而气出合口而气出成声者谓之外转；有口开口合而气入成声者谓之内转。"②清代学者江永在《古韵标准》中认为内外即侈弇。戴震的《声韵考》将内外转和开合口混为一谈。邹汉勋的《五均论》、夏燮的《述均》都认同江永的观点。

第二节　20世纪汉语等韵学研究概况

19世纪末，有两个等韵学史上的里程碑式的事件：一是劳乃宣著述《等韵一得》，书成于光绪九年（1883年），出版于光绪二十四年（1898年）。《等韵一得》是劳乃宣的力作，是清代最晚出的等韵学著述，也是明清等韵学的高峰。二是光绪十年（1884年）黎庶昌、杨守敬在日本访得《韵镜》，使这一等韵学史上的重要著作复归中土。前者标志着宋元明清几个朝代等韵创制的结束，后者则昭示着20世纪等韵学研究的发端。

20世纪初，西学东渐，中国的学术研究面临变革，等韵学研究也是如此。

---

① （明）袁子让：《五先堂字学元元》，见《续修四库全书》编纂委员会编《续修四库全书》（经部·小学类，第255册），上海古籍出版社，1996，第184页。

② （清）纪昀等编纂：《文渊阁四库全书》（子部·术数类，第805册），台湾商务印书馆，1983，第198页。

一部分学者如章炳麟、黄侃、钱玄同等接续清代学者的研究传统；一部分学者接受了西方语言学的学术理念、分析策略。1915—1926 年，瑞典汉学家高本汉的《中国音韵学研究》法文原本分四次出版（中文译本于 1940 年初版，1948 年再版），给当时的中国学术界以极大的震撼。音韵学研究迎来了变革创新的时刻。"等韵图的编制，至劳乃宣已走到穷途；宋元等韵的解释，至黄季刚亦陷入于绝境。设若没有新的血液灌输进来，恐怕我们中国的音韵学永永远远停留在株守和妄作的阶段里。幸而我们藉着创制注音符号与国语罗马字的机会，激起来新的趣味，于是近代语音学的知识和比较语言学的方法，以及国际音标的好工具，都从美、欧介绍到我们中国。这种介绍，自然对于中国音韵全体都有大的帮助，而等韵学的研究亦因此而开辟新的纪元。"（赵荫棠，2011：338）

一、前期（1900—1949 年）

1918 年，钱玄同的《文字学音篇》出版，书中论及数种宋元明清韵图。1921 年，高元在《学林》第 1 卷第 3 期发表《辟等呼论》，分析了宋元韵图与明清韵图性质的差异。顾实也较早地注意到宋元韵图这一研究领域。1923 年，顾实在《国学丛刊》第 1 期发表《重刻韵镜序》《校印切韵指掌图序》《重刻四声等子序》。顾实文中多为文献考证，未对宋元韵图做全面深入研究。但有些分析也能发人思考："《韵镜》首有张麟之子仪绍兴辛巳识及嘉泰三年序……《切韵指掌图》亦有嘉泰癸亥董南一序，何与张氏后序之年相同耶？……或又谓杨佽即杨中修者，亦非也。此杨官至枢密，孙觌《鸿庆居士集》之杨中修，官仅至三卫耳。《宋史职官志》可稽，岂能混而为一哉。"（顾实，1923a：110）高本汉在《中国音韵学研究》中构拟古音的声母韵母的音值，就参照了反切和等韵，从另一个角度看，也算是对等韵图的解读。高元、顾实各自用音标为《韵镜》各图之韵拟音，刘复（1923）也用音标分析三十六字母，以此为标志，等韵学研究进入了现代阶段。

20 世纪 30 年代，等韵学研究迎来第一次爆发。罗常培写了一组文章，分析"清浊""重轻""内外转"等等韵学术语，还写了《通志七音略研究》，颇为研究者所重视。他还以敏锐的眼光注意到西方传教士等外来学者的著述及影响，写了《耶稣会士在音韵学上的贡献》和《中国音韵学的外来影响》。

明清韵图也开始进入学者们的视野：赵荫棠搜求了大量的明清韵图，发表了多篇介绍、研究等韵图的文章，这些文章后来汇总成为《等韵源流》一书。在明清韵图研究方面，赵荫棠用力甚勤，材料宏富，成果丰硕，是明清韵图研究的开拓者。王力作《类音研究》，许世瑛作《等韵一得研究》。张世禄在《中国音韵学史》中深入分析了"字母和等韵的来源"以及"等韵的沿革"。任铭善1936年也发表了《辨音臆记》《古等韵八摄四流说》，讨论字母与等韵理论。

20世纪40年代，等韵学研究又有新的进展。1941年，王静如发表《论开合口》。1943年，罗常培发表《王兰生与音韵阐微》。1947年前后，陆志韦写了一组研究和介绍等韵图的文章，重点也在明清韵图。董同龢（1948，1949）则对《切韵指掌图》和等韵门法做了分析。

20世纪三四十年代，一些重要的等韵学文献和问题，引起多个学者关注，成为讨论的焦点：罗常培（1931）、赵荫棠（1940）、周祖谟（1966a）都分析讨论了《守温韵学残卷》；罗常培（1933）讨论了内外转问题，周祖谟（1966b）则作了补充；曾运乾（1936）和董同龢（1949）都撰文分析过等韵门法。

二、中期（1950—1978年）

本期伊始，李荣的《切韵音系》出版，附录有《皇极经世十声十二音解》和《转与摄的关系》两篇文章。据作者自序可知，这都是20世纪40年代的作品。1957年，赵荫棠的《等韵源流》正式出版，这也是作者在20世纪30年代的研究成果。葛毅卿（1957）的《韵镜音所代表的时间和区域》、未迟（李思敬）（1957）的《劳乃宣的〈等韵一得〉》则是为数不多的新作。1962年，方孝岳编成《广韵韵图》，该书是根据《通志·七音略》和《韵镜》就《广韵》的内容加以校订，排成韵图，同时对图中列字一一注明韵部和反切，遇有音韵地位有问题的小韵，即用圆圈圈起来，以资识别。该书对《通志·七音略》和《韵镜》的体例、列字做了简单的对比、考释，对《切韵指南门法玉钥匙玄关歌诀》也做了说明分析。1963年，王力的《汉语音韵》出版，书中对"等韵"有详细解说，就四等的分别、韵图的作用、《切韵》与等韵的参差以及韵图的简化等许多问题谈了自己的见解。李新魁在《谈谈等韵学》中简要地介绍了等韵学的历史和等韵学经典著述。此后的一段时间，由于众所周知的原因，中国大陆的等韵学研究耽于荒芜。

在台湾地区，20世纪50年代初到60年代中期是汉语音韵学的拓荒、开发时期。由大陆迁台的董同龢、许世瑛、林尹、周法高、高明等人在台湾的高校里开设"声韵学"课程，培养出一批音韵学人才，奠定了音韵学这门学科在台湾学术界的地位。20世纪60年代中期至70年代末，新一代学者如龙宇纯、薛凤生、梅祖麟、丁邦新、陈新雄等开始崭露头角，台湾的音韵学进入了结果、收获时期。等韵学作为音韵学的一个分支，也出现了一些影响较大的论著，如龙宇纯的《韵镜校注》、杜其容的《释内外转名义》、陈新雄的《六十年来之声韵学》和《等韵述要》等。

三、后期（1979—2000年）

"文化大革命"结束后，拨乱反正，百废俱兴，等韵学研究也迎来了春天。叶祥苓（1979a，1979b）的《〈类音〉五十母考释》、黄典诚（1979）的《〈拍掌知音〉说明》是这一时期最早的等韵学方面的论述。20世纪80年代，老一辈学者青春焕发，中年学者压抑已久的能量得以释放，青年学者迅速成长，著述蜂出，等韵学研究又出现一个高峰。

李新魁是这一时期等韵学研究的领军人物。他发表了《等韵门法研究》《〈韵镜〉研究》《论内外转》等论文，出版了《韵镜校证》《汉语等韵学》等著作。他对"等"的起源提出了独特的看法，针对向来的"等"专为韵母分类而设的观点，认为它最初是对声类的分类，后来才扩展为对整个音节的分类，中古韵图对"等"的划分仍是声韵并重；深入地阐释了历来被认为难解的等韵门法；对一些重要的韵图作了较详细的研究；对众说纷纭的"内外转"问题发表了自己的见解。他的《韵镜校证》《汉语等韵学》以其资料丰富为人所称道，尤其是后者介绍了许多未为学界熟知的韵图，填补了一些学术的空白。

俞敏的《后汉三国梵汉对音谱》《等韵溯源》以梵文校佛经译语，探等韵之源，对等韵学研究影响深远。

这个时期的等韵学研究，还呈现出较强的时代特征。

（1）1980年10月，中国音韵学研究会成立，学者们有了交流切磋的平台，学术研究呈现出组织性、倡导性、协作性。在成立大会上，李新魁作了《汉语音韵学研究概况及展望》的报告。报告指出，跟其他部分比较起来，等韵学的研究是目前音韵学研究中比较薄弱的部分，今后必须从以下几个方面来加强研究：①全面搜集历代编纂的等韵图，加以分析研究，并将其中重要的等韵图加以刊印，以广流传，便于广大研究者利用。②对等韵学的起源问题，加以认真的研究，正确论述它发生、发展的过程，弄清等韵图与悉昙学的关系。③对等韵图中所涉及的语音学原理和所使用的术语加以正确说明，并写成较为通俗好懂的书，供广大读者学习，引导更多的人参加到等韵学的研究队伍中来。④对中古时期出现的等韵图加以深入研究，弄清它们与各韵书（如《切韵》《广韵》《集韵》《礼部韵略》《五音集韵》等）的关系。1982年8月，王力在中国音韵学研究会第二届年会暨学术讨论会开幕典礼上讲话，强调研究等韵学的重要性；1984年，中国音韵学研究会第三届年会暨学术讨论会的中心议题就是等韵学。这些倡议对当时及后来的等韵学研究而言，具有导向和规划的意义。1994年出版的《音韵学研究》（第三辑）收录文章27篇，其中十多篇与等韵学有关。

（2）百家争鸣，百花齐放，学术氛围和谐。音韵学研究会首次讨论会上，"韵图分等的理论和原则"是大会讨论的三大话题（另外两个话题是《切韵》音系的性质、上古汉语有没有复辅音）之一（大会秘书组，1984：2）。此后一段时期内，关于"等""重轻""内外转"的讨论有多篇文章发表，这些讨论一直持续到20世纪90年代。针对同一个问题，多个学者发表文章讨论，形成围绕焦点问题打攻坚战的局面，极大地推进了汉语等韵学研究。

关于"等"的讨论，有高福生的《说"等"》、潘文国的《韵图分等的关键》。中华书局1994年出版的《音韵学研究》（第三辑）里，赵振铎的《〈广韵〉与等》，忌浮的《〈五音集韵〉与等韵学》，许绍早的《〈切韵指掌图〉试析》，许宝华、潘悟云的《释二等》，唐作藩的《关于"等"的概念》，李思敬的《从吴棫所描写的某些南宋"俗音"音值证〈切韵指掌图〉的列"等"》等文章也都对"等"进行了探讨。简单地谈"一等洪大，二等次大"等已经不能满足深入研究音韵的需要了。人们对一等韵的认识尚基本统一，但对二等韵则提出了有某种介音的新看法，对三等韵重点在重纽问题上展开讨论，对四等介音的有无也形成不同的看法，而且人们特别强调韵书的"某等韵"不同于等韵图的"某等"。在"等"的问题上，关于二等韵的性质的讨论尤其引人注意。

"轻重"问题的讨论文章有潘悟云的《"轻清、重浊"释——罗常培〈释轻重〉〈释清浊〉补注》、赵克刚的《四等重轻论》、黄典诚的《试论〈辩四声轻清重浊法〉与等韵的关系》、曹正义的《〈通志·七音略〉"重""轻"探疑》、胡从曾的《论清（轻）、浊（重）》等。

学者关于"内外转"是反映某种语音实质，还是仅仅为了查找韵书的方便而设的术语，也有深入热烈的讨论。这方面的文章有薛凤生的《试论等韵学之原理与内外转之含义》、李新魁的《论内外转》、俞光中的《说内外转》、张玉来的《内外转补释》、胡从曾的《论声韵相依与"内外转"》、陈振寰的《内外转补释》、余迺永的《再论〈切韵〉音：释内外转新说》等。

通论性文章有朱星的《宋元等韵学述评》和张世禄讲授、李行杰整理的《等韵学讲话提纲》等。

此外，这时期的等韵学研究文章还有龙庄伟的《本悟〈韵略易通〉之重ⅹ韵辨》和《〈五方元音〉音系研究》，群一的《云南明代两部〈韵略易通〉比较研究》《本悟〈韵略易通〉的两个刻本》《本悟生卒年代考》《〈韵略易通〉价值辨》，赵克刚的《〈七音略校释〉绪论》，唐作藩的《〈四声等子〉研究》等等。

20世纪90年代，等韵学研究愈加繁荣。令人振奋的是，学界发现、公布了两种新的宋元等韵学材料：一是《卢宗迈切韵法》，一是黑水城出土音韵学文献《解释歌义》。鲁国尧（1992，1993）介绍了在日本发现的写本切韵学文献《卢宗迈切韵法》，并在翻阅了400种宋人别集的基础上对其做出分析研究。黑水城出土音韵学文献《解释歌义》并非完本，残存部分是等韵门法方面的内容，聂鸿音的《黑水城抄本〈解释歌义〉和早期等韵门法》推断其是10世纪的作品。

20世纪90年代的等韵学研究，队伍扩大，视野开阔，方法创新。宋元韵图方面，有数篇文章继续讨论20世纪80年代的热点——"重轻""内外转"问题。除此之外，赖江基发表《〈韵镜〉是宋人拼读反切的工具书》，讨论《韵镜》类宋元韵图的功用；潘文国出版了《韵图考》一书，探讨韵图的早期面貌。

明清等韵的研究空前繁荣，无论在中国大陆还是台湾地区都称得上一时之盛。

耿振生的《明清等韵学通论》专以明清等韵为研究对象，取材丰富，内容充实。更为有意义的是从理论上总结了明清等韵学的新的发展，澄清了明清等韵音系研究中的一些重要问题；专门就官话的基础方言问题和正音的标准问题做了深入探讨；对明清等韵音系分类所提出的原则也不同于前人，指出等韵音系的复合性也值得参考；针对某些韵图的具体研究，证据确凿，结论可信。

张玉来出版了《韵略汇通音系研究》《韵略易通研究》两部著作，发表了《〈韵略汇通〉的语音性质》《本悟本〈韵略易通〉与明代云南方音》等数篇文章，强调近代官话语音研究中应重视前人的"存雅求正"的观念，并把这种理论贯穿始终。《韵略易通》研究（群一，1990a，1990b；沈建民和杨信川，1995；叶宝奎，1999a）、《李氏音鉴》研究（杨亦鸣，1990，1991）、《重订司马温公等韵图经》研究（郭力，1989，1993）、《切韵声原》研究（时建国，1995，1996）、《五方元音》研究（龙庄伟，1988a，1989，1990，1996；王平，1989）、《音韵阐微》研究（叶宝奎，1999b）、《韵法横图》研究（高永安，1997；邵荣芬，1998；郑荣芝，1999）都取得了不错的成果。

"台湾的竺家宁、林庆勋等带领研究生有计划地研究赵荫棠在几十年前所收集的大量韵图，把近代音推向'显学'地位。"（唐作藩和耿振生，1998：44）

第三节 20世纪的宋元等韵学研究

一、宋元等韵学研究的新特点

（一）宋元等韵图开始成为汉语语音史的研究资料

1918年，钱玄同的《文字学音篇》出版，这是他1917年在北京大学教授预科生时编写的讲义。书中讨论韵摄时，论及《切韵指掌图》《经史正音切韵指南》等宋元韵图。后来第六版中在讨论"元明清三代的标准音"时，论及《字母切韵要法》《五方元音》《韵略易通》等明清韵图；在讨论"魏晋到唐宋时代的标准音"时，也论及守温字母。1921年，高元在《学林》发表《辟等呼论》，分析了宋元韵图与明清韵图性质的差异。文中说道："等呼论的重要著作有：《七音略》《韵镜》《切韵指掌图》《切韵指南》《等韵切音指南》《切韵要法》《华梵字谱》《等韵一得》等书。中间以《等韵切音指南》同《切韵要法》为界。《等韵切音指南》以上，同《等韵要法》以下，两者内容截然不同。前者北方人或中部人读之，茫然不解，所以历来音韵学者对于前者诸书，攻击不遗余力，而潘氏（耒堂）更闹了一大段笑话，他用自己的方言做评判古音的标准（见《类音》，《等韵一得》引之），大骂《指南》不合。殊不知若以广东音读之，则潘氏所谓不合者无不一一切于实际，而对于《切韵要法》《等韵一得》诸书所列，反觉茫然。这个差别，向来论者只以为一是八等分法，一是四等分法，不过一个分得疏略些，一个分得精细些，分类标准并没有改变。这便大错了。其实这两派并不是程度上差别，乃是性质上差别，他们分类之结果同为四等，而所持分类标准则全然不同，以我考虑之结果，前者乃以'韵之音节'为标准，后者乃以'韵之唇化'为标准。由前说则'等呼'乃是排列韵之音节等第，或顺序的，由后说，则'等呼'乃是辨别韵之唇的形状，或作用的；所以后者乃属于语音机关上性质之说明，前者乃属于语音听感上性质之说明。这两种等呼论，我们可以就他的内容叫前者做'等呼音节说'，后者'等呼唇化说'，或者就他发生的时代叫前者做'宋元学派等呼论'后者'明清学派等呼论'。"（高元，1921：2-3）文章最后高氏特别强调他的文章是受钱玄同的影响写成的。可见，韵图最早是作为语音史的研究材料进入现代学者视野的。

（二）由辨识类别转向构拟音值

1923年，顾实在《国学丛刊》第2期发表了《韵镜审音》《四声等子审音》等一组文章。"（《韵镜》）斯书也，洵读《广韵》二百六韵之宝典也。此外胜于后来等韵家之拘谬，不胜枚举。故为逐图审举音势，聊备省览。"（顾实，1923b：114）《韵镜审音》用音标为《韵镜》各图之韵拟音，是很有意义的。

刘复（1923）在北京大学《国学季刊》第1卷第3期发表《守温三十六字母排列法之研究》，并在此文附录中介绍了敦煌写本《守温韵学残卷》（P2011）。"从这华梵字母的比较上，可以知道守温所定的三十六个字，并不是照梵文直抄的。他把华文所有而梵文所无的加了，把梵文所有而华文所无的减了。因此我可以说：这三十六字，一定是当时所有的音，一定是个个有分别。而且这三十六字,能够流传到现在,在当时至少必定得到了若干学者的承认(若然不是一般社会的承认);而要得到这承认,他所表示的音,又当然是较为普通的,决不能是十分偏僻的。"(刘复,1923:452)刘复为三十六字母拟注了国际音标,根据发音部位和发音方法将三十六字母重新排列,分析了各个字母(声母)的语音特征。刘复将"见、溪、群、端、透、定、知、彻、澄、帮、滂、並"称为"急音",现在语音学称为塞音;将"非、敷、奉、微、心、邪、审、禅、晓、匣、来、日、影、喻"称为"缓音",现在语音学分别称为擦音、边音、半元音;鼻音"疑、泥、娘、明"是急音与缓音的中间物;将"精、清、从、照、穿、床"称为"合音"——急音+缓音,现在语音学称为塞擦音;将缓音中的"来、日"称为"掩音";将缓音中的"影、喻"称为"半母"。今天看来,这些分类命名尚不够细致准确,但在那样一个时代其对普及语音学知识的意义还是不言而喻的。

(三)历史比较法的引进与新材料的出现

20世纪初,宋元等韵学研究有了新的材料:敦煌抄本重新现世,《韵镜》自东瀛复归中土。现代学者可以利用的资料远胜明清学者。顾实(1923a:110-111)在《重刻韵镜序》中说:"江慎修、戴东原、陈兰甫之徒,俱未及见《韵镜》一书,故等韵之学不明。"顾实所言乃实情也。学者们接受了西方语音学思想,采用了效果良好的标音工具,引进了历史比较法等研究方法——标志之一是1922年高元的《高元国音学》出版,研究等韵学的方法进步了,工具先进了。

新材料、新角度、新工具、新方法,自然会引发研究的新旨趣。顾实(1923a:111)在《重刻韵镜序》中说:"束发受书,检《康熙字典》首载《字母切韵要法》,及《等韵切音指南》,俱不能晓。今年四十六岁,幸尽沟而通之。以敬告学者,其乐为何如也。"

二、20世纪的宋元等韵学总体研究

(一)关于韵图产生时代的讨论

韵图产生于哪个历史时期?对这个问题,不同的学者有不同的认识。《韵镜》即《指玄韵镜》,《通志·七音略》源自《七音韵鉴》,二者体制、列字也多有相合之处,学界一致认为二者有共同来源。因此,学者讨论早期韵图产生的时代问题时,往往以《韵镜》为主要的讨论对象,尽管它与它的祖本会有些差异。日本学者大矢透的观点在学界有一定影响。大矢透认为《韵镜》之原型成于隋代,他的证据是:①武玄之《韵诠·明义例》之所言"正纽相证""旁通取韵""缺位"等等情形俱与《韵镜》相符合;②《日本国见在书目》(古逸丛书)载《集字》廿卷(冷泉院),次为《四声韵音》一卷、《四声指挥》一卷(刘善经),次为《清浊音》一卷、《韵集》五卷,再次为《切韵图》一卷(转引自赵荫棠,2011:75-76)。

俞敏(1984)指出等韵模仿悉昙而作,"等韵是悉昙的仿制品,太皮毛地忠实的仿制品"(俞敏,1984:402),"悉昙随密教盛行才流行起来。到武周时代,《韵诠》出现了,这就是等韵的萌芽"(俞敏,1984:403)。

罗常培(1935a:521-523)认为:"等韵图肇自唐代非宋人所创……张麟之《〈韵镜〉序作》题下注云:'旧以翼祖讳敬,故为《韵鉴》,今迁祧庙,复从本名。'案翼祖为宋太祖追封其祖之尊号,如《韵镜》作于宋人,则宜自始避讳,何须复从本名?倘有本名,必当出于前代:此一证也……《七音略》之转次,自第三十一转以下与《韵镜》不同:前者升覃咸盐添谈衔严凡于阳唐之前,后者降此八韵于侵韵之后。案隋唐韵书部次,陆法言《切韵》与孙愐《唐韵》等为一系,李舟《切韵》与宋陈彭年《广韵》等为一系。前系覃谈在阳唐之前,蒸登居盐添之后;后系降覃谈于侵后,升蒸登于尤前。今《七音略》以覃谈列阳唐之前,实沿陆孙旧次,特以列图方便而升盐添咸衔严凡与覃谈为伍。至于《韵镜》转次则显依李舟一系重加排定,唯殿以蒸登,犹可窥见其原型本与《七音略》为同源耳。此二证也……敦煌唐写本守温韵学残卷所载《四等重轻例》分等与《七音略》及《韵镜》悉合。降及北宋,邵雍作《皇极经世声音图》分字音为'开''发''收''闭'四类,除舌头、齿头、轻唇及舌上娘母与《等韵》微有参差外,余则'开'为一等,'发'为二等,'收'为三等,'闭'为四等,亦并与《七音略》合。是四等之分划,在守温以前盖已流行,北宋之初亦为治音韵者所沿用,则其起源必在唐代,殆无可疑:此三证也……《七音略》于每转图末分标'重中重''重中轻''轻中轻''轻中重'等词,其定名亦实本诸唐人……此四证也。"

赵荫棠（2011）持宋代说，论述见于《等韵源流》：①三十六字母没有成立，正式等韵图就不会形成。所以唐宪宗元和以后的《四声五音九弄反纽图》，仍然停留于练习双声叠韵的境界里。②《韵诠》的体例尚不能作为判断韵图产生的依据。第一，武玄之在《韵诠》明义例中既说"正纽以相证"，显然是三十六字母在那时还未发明。第二，《悉昙藏》以十六韵摄尽《韵诠》五十韵头，则知它还没有很整齐的图摄。且《韵诠》有十五卷之多，并非什么讲等韵之书，不过满载韵字如后来之《广韵》与《集韵》而已。武玄之反音例："服虔始作反音，亦不诰定，臣谨以口声为证。"（转引自赵荫棠，2011：44-45）赵荫棠据此认为它还没有脱离反切的范围。③张麟之以《玉篇》卷末之《四声五音九弄反纽图》为《切韵图》，我们安知《日本国见在书目》（古逸丛书）所载之隋时《切韵图》一卷，非如《玉篇》卷末所载者？④郑樵曾说过《韵镜》得之于胡僧，胡僧也许不避大宋先祖之讳若辽僧吧？辽僧行均固称其书为《龙龛手镜》矣。⑤若以现存的《韵镜》的形式而论，它无论如何是经过宋人之手的（赵荫棠，2011）。

李新魁（1983：61-62）认为在唐代等韵学理与等韵图都已经出现。守温对"等"的分析，反映了当时已有等韵的观念和理论。相传守温还做过韵图，但已失佚。其他人所做的韵图，现在也无法看到。宋人郑樵在《通志·校雠略》"书有名亡实不亡论一篇"中说："《内外转归字图》《内外转钤指归图》《切韵枢》之类，无不见于《韵海镜源》。"[①]《韵海镜源》是唐代颜真卿编纂的一部拥有三百六十卷的大总集，郑樵所说的《内外转归字图》之类，很可能是和《韵镜》《通志·七音略》等近同的等韵图。这些东西既见于颜氏之书，则唐代已出现韵图，是可以推想得到的。

（二）韵图创制理据探究

韵图赖以产生的文化背景是什么？其创制理据为何？这些都是学界关注的问题。"等"是研究宋元韵图的人经常说起的术语。其实，除《四声等子》题名中有"等"这个字眼儿外，宋元韵图中不见"等"这个范畴。宋元等韵学资料中出现"等"这个字眼儿较多的是沈括的《梦溪笔谈》中的"切韵之

[①]（宋）郑樵撰，王树民点校：《通志二十略》，中华书局，1995，第1808页。

学"以及敦煌写本《守温韵学残卷》，但这两份材料中的"等"就是现在所说的类别的意思。《守温韵学残卷·四等重轻例》辨析韵的出发点是"重轻"。

关于"等"的不同观点，主要有以下几种。

（1）明清两等四呼说之沿袭。章炳麟否定开口四等合口四等说。黄侃、马宗霍认为"一二两等都是洪音，三四两等皆细音；而一四又为古本韵之洪细，二三又为今变韵之洪细"（史存直，1997a：303）。

（2）江永四等洪细说之发扬。清代江永提出以"洪""细"辨四等的观点，即："一等洪大，二等次大，三四皆细，而四尤细。""辨等之法，须于字母辨之。"①其实后面所讲的并非声母的辨析与分等的原则，而是三十六字母在韵图中的分布。瑞典学者高本汉用国际音标构拟了中古音的音值，虽没有给"等"以明确的定义，但从拟音中可以看出"等"指的是介音的有无与主要元音的不同。罗常培（1949：39）解释说："其实所谓'等'者，即指介音[i]之有无及元音之弇侈而已。"一二等无[i]介音，三四等有[i]介音，四等的洪细指的是发元音时口腔共鸣的大小。他用语音学的术语来说明，使四等洪细说更加明晰化、具体化。王力（1991：98-99）认同江永的说法，并将《广韵》各韵部包含的"等"列表如下：（甲）一等韵：冬模泰灰咍魂寒桓豪歌唐登侯覃谈；（乙）二等韵：江皆佳夬臻删山肴咸衔；（丙）三等韵：微废文欣元严凡；（丁）四等韵：齐先萧青幽添；（戊）一二三四等韵：东；（己）二三四等韵：支脂之鱼虞真谆仙麻阳蒸尤侵；（庚）二三等韵：庚；（辛）三四等韵：钟祭宵清盐；（壬）一三等韵：戈。他还认为声母也跟"等"发生关系，不是每个声母都能与所有的韵部相拼，将三十六字母在韵图中分"等"的情况列表，除了把群母调整到"只有三等的"之外，其余的都与江永所讲的一致。

四等洪细说影响很大，赵荫棠、张世禄、陆志韦、董同龢、陈复华、竺家宁等大多数学者都赞成这种说法。

（3）"等"属声母说。这是对明代邵光祖、清代江永的"辨等之法，须于字母辨之"理论的继承和发扬。赵克刚（1994：42）也认为"等"属声母，而不应属韵母，"等是三十六声母的清浊、重轻系统在等韵图直行上同固定位置的名称"。

---

① （清）江永：《音学辨微》，丛书集成初编本，商务印书馆，1940，第37页。

唐作藩（1994）解释了声母也讲"等"的原因：一是从声韵的配合关系看，哪些声母与哪些等韵相拼，则这些声类字母就具有哪些"等"的概念。二是为了解决三十六字母和《广韵》三十五声母的矛盾，某些声类字母被硬性赋予某一等的概念。韵图的作者用三十六字母来描写《广韵》的三十五声母时便出现了困难。于是就把出问题的齿音一栏和喻母作了硬性规定：正齿音的"照"组排在二等，表示《广韵》的庄组声母；排在三等的表示章组声母，齿头音的精组排在一四等；喻母字表示"云"类的排在三等，表示"以"类的排在四等。这样就解决了矛盾。

（4）声韵并重说。李新魁（1983）在考察"等"的来源和发展后，提出把声母的发音部位以及韵母中元音的发音状况的不同作为分等的依据。他认为"等"既关系韵母，也关系声母。在对门法进行分析后指出，韵图在解决切语上下字的矛盾时，反切上字具有重要的作用，列等时，当切上字的等第与韵的等第发生矛盾时，首先要服从声母的等第。方孝岳和罗伟豪（1988）也认为按声分等与按韵分等是列等的两大原则。

（5）宏观概念说。史存直（1997b）在后期修改了他前期的观点（《关于"等"和"门法"》），即"等"是介音洪细，认为等与声、韵都有关系，不能单指一个方面，但也不是机械地拼凑，"等"是从韵图产生的一种抽象概念；在制造韵图的时候，并不是原先就有了"等"的概念。潘文国（1997：45-50）干脆否认韵图中有"等"的理念，认为"等"既不表声，也不表韵，只不过是"类"的同义词而已。

（6）两种内涵说。许宝华和潘悟云（1994：132-134）认为"等"有两种不同的概念："一种是传统等韵学中的'等'，根据这种'等'的概念，三等A类、以母，精组都要归到四等去。另一种是高本汉以后利用声韵配合关系所划分出来的'等'，根据这种划分，上面几类音都要归为三等。""这两种等之间存在一定的关系，所以都可沿用'等'的旧名，不过在本质上它们是不同的。"麦耘（1995：65-66）继承了许宝华和潘悟云（1994）的观点，认为"韵图的介音情况（表现为'等'）同《切韵》音系的介音情况（表现为前述《切韵》的'类'）的不同之处，正是从《切韵》时代（隋代、初唐）到晚唐、宋代汉语介音发生了演变的情况"，进而论述了中古汉语音韵内部分期问题。

（7）元音等级说。俞敏是研究梵文的大家。俞敏（1984：411）认为等韵

（切韵图）模仿悉昙而作，他这样解释四等：梵文有一套元音分等级的习惯。它说元音可以加强 guna，最强 vrddhi。把三对最常用的列到底下：

原级	a ā	i ī	u ū
加强	a ā	e	o
最强	ā	ai	au

喉牙唇音切上字三等（包括重纽的四等）另有一套，一二四等自成一套。咱们可以替等韵家拟一个表：

原级	蟹摄 ei	效摄 ou	四等
guna	ai	au	二等
vrddhi	ɒi	ɒu	一等

这就是等韵家的"等"的原型！

（三）关于宋元等韵学学术性质的讨论

早期等韵学家创制韵图的目的是什么？韵图是音系分析的结果吗？是的话，各韵图都表现什么样的语音系统？韵图的功用是什么？是指示反切吗？那切出的字音又是怎样的呢？

张世禄（1984：60-61）指出："字母等韵之学，既然是为着说明韵书上的切语而发生的，而韵书上又以四声分韵，于是第一步类聚双声之字，以明了一纽之下，有平、上、去、入之异；第二步更依字母的次第，纵横排列，成为图表，纵以表声，横以表韵；韵书上分析韵部，既又依开合洪细的标准，因之在这种图表上，无论是否将开口呼、合口呼合为一图，而横的层格间，除了字调的关系以外，自然又须表明洪细的差别，这样，就显出等第来了。字调既然沿用韵书上的'四声'，等韵家为求图表排列的整齐，自然也列成四等；于是横分四层，层分为四格，或以四声统四等，或以四等统四声。等韵学上把这种横的层格专用来表明平、上、去、入和洪细的等第，而以韵素成分当中收尾音和其他元音性质的差别关系，归于各图间的分合问题，这正是分析音读的知识的一个大进步。而洪细的等第所以分列为四等，确是受了'四声'学说的影响，同时为着图表上层格的整齐而规定出来的。我们因此也可以知道四等的分列和等韵表的产生是在同一个时期的；前者既然在唐末以前早已风行，那么，后者也必定是出于唐代的。韵素上既然横分四等，在声纽上也依仿着，而把那种轻重清浊的等级，'纵调之为四等'了。总之：字母等韵之学，是为着说明韵书上的切语而发生的，对于韵书体例上固然有不少的补正，在分析音读的知识方面也有很大的进步，可是它们本身的形式和内容，仍是直接或间接依据于韵书的。"

王力（1981：84-85）："等韵就其狭义说，是关于韵图的科学。它是音韵学中的一个部门，是为反切服务的……实际上，韵图的作用等于一种'反切图'或'查音表'。"

李新魁（1983：4）："韵图就是按等分音、分析韵书反切的图表，运用'等'的概念来研究用反切表现出来的汉字读音，就是等韵。"

陈振寰（1986：218，220）："等韵学是用分等次排列单字制成图表的办法来研究汉语声韵结构的一门学问……等韵学的基本内容——韵图并不是对《切韵》（或《广韵》）的纯客观的图解，不是在简单地调查了旧有反切的声韵结构后所做的图解，而是站在五代、两宋实际语音的立场上，利用当时之音解释已逝之音，即以已知求未知的作品。韵图编撰的目的完全是为了使当时的读书人能比较容易地理解、接受、掌握那已经完全脱离了口语却又必须掌握的传统书面音系……韵图的大框架就是制图时实际语音的基本轮廓，韵图的发展变化也正透露出实际语音演变的某些面貌。"

《中国大百科全书·语言文字》："等韵，等韵学研究的对象，通常二名不分。它是以音节表为主要方式对汉语字音进行分析的一门学科，是汉语音韵学的一个分支。"（中国大百科全书总编辑委员会《语言文字》编辑委员会和中国大百科全书出版社编辑部，1988：51）

音韵学界一般都认为《韵镜》是《切韵》系韵书所代表的隋代语音系统的音节表，由此也普遍认为《韵镜》的韵图表现了《切韵》音系每个小韵的隋代古读，因而所列之字无一同音。赖江基（1991）对《韵镜》一书和宋代音韵学家的研究成果进行了详细分析，认为宋人还不可能像今人一样去构拟隋代古音，《韵镜》所列之字多有同音，它既表现了《切韵》的反切系统，又表现了宋代时音；《韵镜》实际上是宋人拼读《切韵》系韵书反切的工具书。

何九盈（1995：145）："等韵学也叫'七音之学'，是汉语语音分析的一门学科，相当于现代语音学、音位学。它的内容包括汉语声、韵、调等方面的问题。"

（四）范畴分析

宋元韵图中有不少范畴，如内转外转、开合、重轻、清浊、摄等等。有的范畴含义比较显豁，如《韵镜》中的开、合跟我们现在所说的开口呼、合口呼的含义是相通的。清代江永在《音学辨微》中说："音呼有开口、合口，合口者吻聚，开口者吻不聚也。"①罗常培在《中国音韵学导论》中说："若以今语释之，则介音或主要元音有[u]者，谓之合口；反之，则谓之开口。实即'圆唇'与'不圆唇'之异而已。"（罗常培，1949：41）开合是就唇形来说的，是后来"四呼"的先导。再如"摄"这个范畴：宋元韵图《四声等子》和《经史正音切韵指南》把《广韵》的 206 韵归并为 16 摄，汉语音韵学中摄的范畴始见于此。摄有"以少持多"之义，等于现代说"概括""包括"。摄的这种用法在佛经和悉昙中大量使用。《梵字悉昙字母并释义》云："所谓陀罗尼者，梵语也。唐翻云总持，总者总摄，持者任持。言于一字中总摄无量数文，于一法中任持一切法，于一义中摄持一切义，于一声中摄藏无量功德，故名无尽藏。"②韵图中韵尾相同、韵腹相近的韵就归为一摄。

但也有些范畴，古人用以表达的意思，需要我们分析研究才能认知。罗常培（1932）："夫名实日淆则学理日晦，凡百皆然，而以资乎口耳之韵学为尤甚。倘能综汇众说，从事正名，于异名同实及同名异实者，逐一勘究疏证之，使后之学者，顾名识义，无复眩惑之苦，盖亦董理韵学者之急务也。"罗常培对韵图和等韵学的研究，一开始就把重点放在对等韵学名词术语的解读上，从根本上解决等韵学上的疑难。他接连撰写了一组"等韵释词"的论文：《释重轻》《释内外转》《释清浊》《从"四声"说到"九声"》等。

1. 对轻重、清浊的讨论

郑樵的《通志·七音略》中的四十三转图分别标有"重中重""轻中轻""重中轻""轻中重"等字样，中有数转，更旁注"内重""内轻"。其中"轻

---

① （清）江永：《音学辨微》，丛书集成初编本，商务印书馆，1940，第 34 页。
② 《大正新修大藏经》，84-361 上。

重"究竟是何意？罗常培（1932）的《释重轻》认为所谓"轻""重"者，固与"开""合"异名而同实也，并通过比较《韵镜》与《通志·七音略》各韵图以及对《四声等子》所标"轻重俱等""全重无轻"之韵图的观察，证明自己的说法。然后提出一些迷惑待解之处，如"中重""中轻"（《通志·七音略》）、"内重""内轻"（《四声等子》）所指何意，以声母发音部位定轻重的言论[①]以及《广韵》末《辩四声轻清重浊法》轻清重浊之辨为何。

《韵镜》各图不列三十六字母，只在五音内标明"清""次清""浊""清浊"。清、浊作何解释？罗常培（2004：138）："今以带音不带音为清浊；以声调之高低升降为阴阳：命名既定，纠纷立解，往昔支离缴绕之谈，皆可存而不论也。"《释清浊》指明清浊是就声母的带音与不带音而言的，到了元代反映"中原之音"的《中原音韵》，声母的清浊一变而为声调之阴阳，告诫人们牢记清浊和阴阳不可混淆。

俞敏（1984：410）："用轻重两个字说得最清楚的数《涅槃文字》。这部书继承法显在梵文 ka 底下注'稍轻呼之'，kha 底下注'重声呼之'，ga 底下同 ka，gha 底下注'稍重呼之'。从这儿推出来他的'轻'就是 alpaprāṇa，照字面翻是'小气'；他的'重'就是 mahāprāṇa，照字面翻是'大气'。换成现代话，就是不送气跟送气。这本来极简单，不幸的是等韵家抓住这个区别不放，硬往塞音、塞擦音以外推广。结果搅成一锅粥。"

潘悟云（1983：324）结合多种文献，在更大的背景下，将重轻、清浊放在一起考察，对罗常培的《释重轻》《释清浊》做了补充论述：①轻清表示声母不带音以及阴类调，重浊指声母带音以及阳类调；②轻清表示开口，重浊表示合口；③轻表示不送气，重表示送气；④轻清、重浊分别表示发音部位的前后；⑤轻唇音表示唇齿擦音，重唇音表示双唇塞音。从上面的讨论可知，古人的"轻清、重浊"实际上是声学和感知方面的概念，跟声音的基频高低或者共振峰的频率的高低或者能量集中区域频率的高低联系在一起的。古人虽然没有现代的声学知识，但是听觉的直感告诉他们，"轻清"音的频率较高，

[①] 日僧遍照金刚的《文镜秘府论》天卷《调声》："律调其言，言无相妨，以字轻重清浊间之须稳。至如有轻重者，有轻中重，重中轻，当韵即见。且庄字全轻，霜字轻中重，疮字重中轻，床字全重，如清字全轻，青字全浊。"

具有清越的听感,"重浊"音频率较低,给人以低沉感。与此相近的论述还有胡从曾(1991:62-65)的《论清(轻)、浊(重)》。赵克刚(1994:44)证明了《通志·七音略》的"重""轻"本在分等,等与开合有区别,又自然地联系在一起:"中重在开合口俱为二等的名称,中轻在开合口俱为三等的名称,以开口而论,尚不只重表开口,中重、中轻也都能有开口呼;以合口而论,尚不只轻表合口,中重、中轻也都能有合口呼。"相关研究还有曹正义(1994:49-56)的《〈通志·七音略〉"重""轻"探疑》、黄典诚(1994:63-71)的《试论〈辨四声轻清重浊法〉与等韵的关系》。

2. 对内外转的讨论

宋元韵图《韵镜》《通志·七音略》中,每图均题名"内转""外转",《四声等子》和《经史正音切韵指南》也将各图注明"内""外"。"内(外)转"是宋元韵图中的重要概念,其意义如何?

罗常培(1933:216,222)否定了《四声等子》与《切韵指掌图》中的"辨内外转例"对"内外转"的解释,以及"收音为内、发音为外""合口为内、开口为外"等诸家释义,遍考宋元韵图,证以《切韵》音读,参考江永,以及津高益奥、大岛正健、大矢透等日本学者的成果,阐明自己的观点:"内转外转当以主要元音之弇侈而分","所谓内转者,皆含有后元音[u]、[o],中元音[ə]及前高元音[i]、[e]之韵;外转者,皆含有前元音[e]、[ɛ]、[æ]、[a],中元音[ɐ]及后低元音[ɑ]、[ɔ]之韵。"并依据近人对各图元音的构拟,归纳总结出"内外转元音分配图",详细表明内外转之归属。篇末还附有"转"字释义。周祖谟(1966b)的《宋人等韵图中"转"字的来源》从罗常培对"转"字的释义着手,进行补充说明,详述了宋人等韵图中"转"字源于悉昙章"转声调韵"的具体情况。

李荣(1956a:182)强调:"转是拿摄做单位讲的,不是拿韵作单位讲的。""有效的定义是:有独立二等韵(包括'二三等同韵'的麻韵和庚韵)各摄是外转;没有独立二等韵各摄是内转。""内转八摄用'非二等字'标目:通止遇果宕流深曾;外转八摄用'二等字'标目:江蟹臻山效假咸梗。没有例外。"

董同龢(1949:294-295)的观点是:"(1)'内转'与'外转'的内容不能改换。因为罗先生据的以改订材料本身实有问题;并且深曾止宕果遇通流恰为六十七韵，江山梗假效蟹咸臻恰为一百三十九韵，足证韵图与门法不误。（2）'内转'的庄系字独居三等应居之外，而所切之字又在三等之内，故名'内'。'外转'庄系字相反，故名'外'。"许世瑛（1966）的《评罗董两先生释内外转之得失》认同董同龢的观点而否定罗常培之说，申述臻栉二韵非三等韵，实为二等韵。杜其容（1968：294）的《释内外转名义》延续了《四声等子》中"辨内外转例"的说法，又将臻摄改为内转，认为："内外转之名，系为区分二、四等字之属三等韵或属二、四等韵而设立。三等居二、四等之内，故二、四等字之属三等韵者谓之内转，而属二、四等韵者相对谓之外转。"将四等字一并论及，乃前人之所未发。

　　李新魁（1986）认为三四等相关联主要表现在重纽上，二三等的区别即表现在内外转上。三等韵有两组，一为照₂（庄组），一为照₃（章组），由于照₃组长期占据三等位置，因此照₂组只能列于二等位置，然而，二等韵中也有照₂组字，而这两组照₂组字的反切下字是不同的。韵图从出切角度出发，必须将两组照₂组字进行区别，于是就以三等韵为立足点，把反切下字包含在三等韵之内的照₂组字称为内，把反切下字溢出三等韵之外的称为外。

　　俞光中（1986：263）则用当代方言材料检查内外转的性质："内外转揭示了中古汉语许多方音韵母系统普遍存在的一种阵式。这种阵式有整齐的一面也有不整齐的一面。整齐的一面表现为三种级别的对立：第一级是所有外转韵与所有内转韵对立，外转韵主要元音是长的，内转韵韵尾前的主要元音是短的。第二级是某些外转韵与某些内转韵存在以摄为单位的对立，对立的摄韵尾相同。第三级是对立的摄下存在某几个外转韵与某几个内转韵的对立，主要元音一长一短，韵尾与之相配合，长元音开口度大于短元音，可能是略大，构成一个个综合语音性的对立组……不整齐的一面表现为某些外转摄和内转摄不具备第二级对立，对立摄内某些外转韵和内转韵不具备第三级对立。"王静如（1990）也用现代方言的材料证明内外转之别在于主元音的长短对立。

　　张玉来（1988）对罗常培的观点进行进一步阐发和完善。他分析江苏六合方言和安徽安庆方言发现，在这两种方言里，外转摄庄组字读 tʂ、tʂ'、ʂ，内转摄庄组字读 ts、ts'、s，以此证明内外转是一种音类的区分。再根据内外转的音类区分，从音理上加以阐明。并进一步推定内外转的分别同摄一样是韵的内容，是比摄更大的内容单位。

余迺永（1993）分析陕西清涧话入声舒促与广州话元音长短之对应情况，认为中古外转与内转之韵值倘能用长短元音解释，不难体会古人所以名其为外转与内转之个中原因，乃内转元音舌位活动范围相对于外转者恒向内收敛也。

徐通锵（1997:163）从语音演变的角度解释"内外转"。他认为："由于章组字的形成，即 ti-和 ki-合流为 tɕi-之后，为了保持语言单位的语音区别，音系中发生了一次链移性的音变，使庄组字由[tʃ]或[tɕ]变成[tʂ]，i 介音消失，就像在某些现实方言中所发生的音变那样。这样，在那些有独立二等韵的韵摄里，庄组字转入二等，形成照系二等字，而在那些没有独立二等韵的韵摄里，它仍旧寄留在三等，形成反切上字并无分等趋势的庄组字一部分在二等、一部分在三等这种异常的分布状态。"他还指出："传统音韵学所说的'内转'和'外转'恐怕也需要从这种演变的角度去考察，即仍旧留在三等韵之内的为'内转'，而转入二等、形成'五音四等都具足'的为'外转'，因为它是从'三'等的'内'转出去的'外'……这就是说，内外转是链移式音变留在音系中的痕迹，而不是语音共时结构的规则。"

陈泽平（1999:160）指出"福州话等南方方言的文读音在内转各韵摄表现出庄章两组字韵母洪细对立的音韵规律"，进而"推论《韵镜》《七音略》将三等韵的庄组字排在二等位置是有'时音'基础的"。《韵镜》作者正是根据"时音"韵母的洪细差别将内转韵摄的庄组字安排在二等的位置上的，而又不得不处理因此产生的与旧切语之间的矛盾，所以设计了"内外转"。内外转是《韵镜》时代的韵母以及声韵拼合的"共时结构的规则"。必须从实用性角度，把内外转作为使用韵图的凡例来认识。

孙强和江火（1999）同样支持罗常培的观点。他们运用数学方法论证了韵图是韵字系统和规则系统共同组成的系统，同时将先贤对内外转的理解分为两派，一派为考证派，一派为审音派，然后运用矩阵和描写等方法进行分析研究，指出考证派的疏漏之处，同时高度赞赏了罗常培元音高低说。他们先是通过梵汉对音材料证明了内八摄韵腹元音大体属 e 类和 o 类，外八摄韵腹元音大体属 a 类，后通过两个公式证明内外转的区别是韵腹元音的高低。这是一个普遍规则，每一摄的分等，八摄的归类，都必须服从这一规则。

在解释内外转的学者中，俞敏（1984）的观点是：凡译"内典"有韵字全用的是内转，有整韵不用的是外转。俞敏的观点学界没有什么回应。他是一个在音韵学研究中很重视音理的学者，他这样认识内外转也着实值得思考。

薛凤生（1985）认为等韵之"等"是以一个四音位的元音音系为基础而形成的。他放弃了罗常培把内外转与元音之高低等同看待的说法，主张在给等韵音系（以及《切韵》音系）拟音时，不必为了某一韵的内外转的归属而于元音的选择有所顾虑。也就是说，只要有充足的证据，某些内转韵的韵腹可以拟为低元音，同样，外转韵的韵腹也可以拟作高元音。所谓内外转之分，只是韵母在韵图中的分布所表现出的甲式（内转）与乙式（外转）之分（表5-1）。

表5-1　薛凤生四元音内外转对照表

等级	甲式	乙式
一等	-(w)ɨ(E)	-(w)ɔ(E)
二等	……	-(w)a(E)
三等	-y(w)ɨ(E)	-y(w)a(E)
四等	……	-y(w)e(E)

杜其容（1968）、李新魁（1986）从韵图建构理据的角度解释内外转，较之明清学者据切归字之图例说大大进步。罗常培（1933）拟测《切韵》音，是从音理角度解释内外转的里程碑；后来，俞光中（1986）、王静如（1990）、张玉来（1988）、余迺永（1993）、陈泽平（1999）等以方音证内外转，是对罗常培（1933）的补充和深化。徐通锵（1997）从历史音变解释内外转，增强了这一论题的理论深度。薛凤生（1985）则有调和图例说与音理说的倾向。

内外转的含义如同一张倒扣着的牌，也许有一天学界发现一份文献，这张牌就翻开了，内外转的含义也就大白于天下了。我们认为，关于内外转的讨论，其意义已经超出话题本身。其间观念的坚持、思想的碰撞、方法的展示都极大地促进了学术进步。

周法高（1984：10-11）在《论切韵音》中说："原来内外转的分别，不但只是等韵图排比《切韵》各摄所得的纸面上的分别，实质上还包含了中古元音系统上主要的区别。就好比研究上古音的，号称有考古派和审音派的区别：前者根据诗经协韵和说文谐声得出了二十一到二十三部的古音，后者则把入声各部独立，而成为二十八部到三十部。由于两者的立场不同，我们可以说两者都对，实在没有斤斤计较辩论我对你不对的必要。关于内外转，也是如此。如果照考古派的说法，外转和内转的区别表现在等韵门法中的，是在于有无独立二等韵；如果从审音的立场来看，那么，外转和内转的区别，对于元音的性质大有关系。如果就用处来说，则后者比前者在语言学方面的用途要大得多了。"我们认为周法高的议论是中肯的。

3. 字母之学

张世禄（1984：14-15）指出："从切语上认明了双声的关系，归纳得到声纽的种类。于是依仿梵藏文，从各类声纽当中任取一字来作标目，便成为'字母'，字母的名称，由袭取佛书而来；智广《悉昙字记》在'体文'下注明'亦名字母'。可见唐末以前已经把梵书的体文和字母混称了。但是梵文的一个'声势'，就是阿[a]字，在中国也当做声纽的一类，就是《切字要法》的'因烟'一类，后来就成为影母；所以会如此的：一方面固然因为声纽的种类，由归纳切语上的双声关系而来，在切语上，无论字音是否具有一个起首的纯粹辅音，总要表示着它们双声的关系；而另一方面也是因为依据藏文三十字母来说明中国声纽的结果，藏文字母表里没有把阿（a）字放在其他字母的前面，像梵文字母那样，而却放在最末，显然认这个字母为声纽的性质了。因此可见中国字母之学和藏文字母的关系，尤为深切。"

1957 年，魏建功在《北京大学学报》（人文科学版）第 4 期发表《〈切韵〉韵目次第考源》（魏建功，2012：295），提出敦煌写本《归三十字母例》的字母排列次序跟《切韵》韵目有关。1982 年，黄耀堃在《均社论丛》第 17 号发表《试论〈归三十字母例〉在韵学史的地位》（黄耀堃，2004），认为魏建功的说法有不足之处。黄耀堃（2004）重新推定《归三十字母例》的字母次序，并以此证明其与《切韵》的阴声韵和入声韵的关系。

徐复（1990：35）指出："唐末僧守温三十六字母，世人尽知其出于印度梵文，今考知其于藏文字母为近，且亦具有渊源，考古今音者，可取资焉。"

耿振生（1992：40-41）指出："在字母沿革问题上，有一个值得注意的问题是舍利三十字母与守温三十六字母的关系。明代释真空《篇韵贯珠集》有'溯字学源流歌'，讲到舍利初定三十字母、守温增补六母而成三十六字母。"

"自'守温韵学残卷'被发现以后,学者们多确认守温所定字母仅为三十,三十六字母是宋人续成的,从而否定了古人关于守温三十六字母的说法。我们认为,真空不可能见到过敦煌卷子,但他记录的三十字母同'残卷'一致,这表明舍利三十字母之说来有所自,流传有绪。"

（五）等韵门法的沿革及功用

曾运乾（1936：291-292）指出："然则宋初所谓门法者,不过音和、类隔两门,至易瞭也。至诸家等韵出,门法之说,乃渐加详。其故由作等韵谱者,未谙切韵条例,率尔成书。如正韵变韵,混居一图,开口合口,分成八等,正齿则二三混淆,于喻则三四分居。皆不合陆氏原书,谬于广韵。以之上考古代切语,乖舛遂多。原其不合之处,非切语之不符等韵,乃等韵之不符切语。此等韵误排之咎,切语不任其咎也。等韵家见其不合,乃立门法以济其说。"曾文中讨论了内外转例、广通门、侷狭门、振救门、喻下凭切门、窠切门、小广通侷狭门、正音凭切门、寄韵凭切门、交互门等门法条例。

董同龢（1949：257-306）根据《四声等子》、《切韵指掌图》、《经史正音切韵指南》所附《门法玉钥匙》,以及释真空的《直指玉钥匙门法》《续通志·七音略》所记门法内容展开论述。首先阐明门法的沿革,辨明门法在刘鉴以前及其以后实有不同。其次,比较门法与其他等韵条文的异同,并且根据对中古韵书与韵图的认识,说明刘鉴以前的门法的性质并逐条予以诠释。三十六字母与四等只与韵书的反切系统大体相容而不全合。尤有进者,中古的韵书本来是几百年间陈陈相因的产品。在那里面尽有一些不合常规而与实际情形有违的切语存在着。职是之故,韵图归字,就不得不在一些地方变通反切的关系来迁就图中的位置;在另一些地方,又必须不顾反切的特殊以从实在的系统。结果,韵书中不同的字音虽然都能在图中各得其所,然而编排的方法却也不如普通图表那样单一易了了。这些非只一端的事例自然是要逐项加以说明才能使人明白。所以差不多是跟韵图的流布同时,就有这一类的条文跟其他专门讨论五音、字母或等第的文字在等韵书中出现。后来逐渐演变,乃独立而得门法之名。用现代的词语来说,等韵门法就是韵图的归字说明,各条所讲是某种字的反切与其韵图位置的关系。等韵门法的发展经过了四个时期：①最早的门法是东鳞西爪而与韵图分行的,但可惜现在已然见不到它们的真面目了。②大概是从《四声等子》开始,它们才渐渐地被收集起来与韵图合行。到《经史正音切韵指南》,条文大致齐备;同时又与别的等韵条文分开,自成《门法玉钥匙》。又自《四声等子》以至《门法玉钥匙》,所有的门法都是因旧制而非私述的,故能保存原来的面目而少后加的成分。③刘士明作《玄关歌诀》,采取另一种方式来说门法。他一方面能对门法有所补充,另一方面却也加进了新的东西。真空门法实在不过是《玄关歌诀》精神的继续。从此之后,门法就别无进展,同时也开始转变。④《续通志·七音略》可以说是总集刘士明与释真空二人流弊之大成而曲解门法的渊薮,自他解说,门法就成为玄奥不可知的天书了。《玄关歌诀》注中时有韵书系统所不容许有的切语出现。这一类的切语是作者杜撰出来使人了解门法的。释真空继续了《玄关歌诀》杜撰反切的行为。一个字可以造上好几个反切,原来是为例释不同的门法而设的。

李新魁(1983:125-126)论述了等韵门法的产生和发展,肯定了等韵门法的积极意义。"把门法出现的原因完全归于韵图对字音的'误排','皆等韵之谬误',这种说法是不公允的。须知门法之作,并非与韵图的撰作同时,撰作之时即生门法,这当然可以说是作茧自缚,徒生烦扰,而实际上,门法的出现是在韵图的编纂之后。韵图既成,法有未善,后人为例以明之,为读韵图者之一助,纵有缺陷之处,也不能一笔抹杀。"分析了刘鉴所定十三项门法以及释真空所补充的门法。并由此指出:在列等上,韵图把代表声母的切上字的等第看得很重要,当涉及声与韵的等第有矛盾时,首先服从声类方面的等第。这就说明韵图的分等,不光从韵的方面着眼,而且也从声方面着眼;不是重韵轻声,而是声韵并重,甚至是声重于韵。进一步论述了自己对等韵的认识:韵图分等首先的着眼点是声母。

聂鸿音(1997)介绍了黑水城出土的等韵门法著作《解释歌义》,并论述了相关问题:①《解释歌义》中不止一次地指责前代韵书的编者"暗昧""不达政理",同时声明作者制作韵图和门法歌诀是对前人错误的匡正,这显然是由于智邦和王忍公不懂得古音不同于今音的道理,犯了以今律古的错误。尽管可以考虑到时代的局限而不必就此责难作者,但这一事实证明了门法歌诀从产生伊始就建立在了错误的理论基础之上。②智邦既是《指玄论》的作者,又与《解释歌义》中"颂"的作者王忍公是同时代人,他们之间的交往还十分密切，这显然说明，即使是在最早期阶段，等韵图和门法也是同时产生的。有一种意见认为门法的出现是在韵图的编纂之后，例如李新魁在《汉语等韵学》一书中说："韵图既成，法有未善，后人为例以明之，为读韵图者之一助。"（李新魁，1983：126）聂鸿音对此提出质疑，认为音韵学界一向认为集大成于元明两代的等韵门法实际上在五代或宋初就已具系统的雏形。

三、20 世纪的宋元等韵学个别研究

（一）《守温韵学残卷》

罗常培（1931）指出守温残卷中《四等重轻例》之宣、选二韵目与夏竦的《古文四声韵》所据《唐切韵》相同，守温所据之韵书必不能在唐德宗以前。残卷当为唐李写本，"南梁汉比丘守温"中的"南梁"或如《晋太康地记》所云即指临汝西之故梁县；残卷以三十字母属诸守温，则三十六字母或即了义所增益；守温三十字母虽定于唐末，而不能据此以证正齿音二等及轻唇音四母尚未分化；等韵虽创自唐时，而门法恐繁于宋代。

赵荫棠（1940）考证认为：守温当为今之湖南人，残卷所署之南梁，当为"武德四年"分潭州置南梁之南梁；守温其生固在于唐末，而其死宜在于宋初；守温之地域可为刘复分析三十六字母提供证据。

周祖谟（1966a）引唐兰之说，认为南梁应当是兴元，即现在陕西省汉中市南郑区，守温可能是晚唐时代人。

潘文国（1997：39-40）在《韵图考》第九章"韵图与《守温韵学残卷》"中分析了残卷中《四等重轻例》的例字情况，指出《四等重轻例》的归字多处与《韵镜》有异，却与《切韵指掌图》相同。认为："与其说《四等例》启了《韵镜》的无数法门，倒不如说它启了《切韵指掌图》的无数法门。""《四等例》根据的是一种归并了《韵镜》韵摄的韵图，它产生的时代不但要晚于韵图，而且距《韵镜》原型成书的时代已有相当一个时期。"

（二）《韵镜》

顾实的《韵镜审音》最早为《韵镜》各图之韵拟注音标。

龙宇纯（1960）的《韵镜校注》是我国第一部对永禄本《韵镜》进行校

勘的力作。"在中国从事于《韵镜》之校订者,唯有龙君宇纯《韵镜校注》一书。龙君在故友董同龢先生之指导下,从事于此,用力甚勤,创获殊多。惟龙君所据《韵镜》之版本止有三种,即古逸丛书本、台湾大学所藏日本刊本及北京大学景印本,而北大本又与日刊本同出一源。"(高明,1980a:340-341)

高明(1980b)在《嘉吉元年本韵镜跋》中指出《韵镜》有多个版本,强调这多个版本在校正、研究《韵镜》图例、列字时的重要性;讨论了内外转问题,其对内外转的认识跟罗常培较为一致。高明(1980a)在《韵镜研究》中讨论了《韵镜》在日本的流传;从韵部、声类、四声、七音、清浊、开合、内外转、洪细八个方面论述了等韵成立所具备的条件;从架构组织、韵部等别、归字原则论述《韵镜》图表之理据。

葛毅卿(1957:79)论证了《韵镜》音所代表的时间和区域:①《韵镜》应作于宋以前;②《韵镜》应作于唐末以前;③《韵镜》应写成于《唐韵》以后唐末以前;④《韵镜》应在751—805年写成;⑤《韵镜》音反映唐初及《切韵》时期的长安音;⑥《韵镜》和吴音系统不合;⑦《韵镜》和朝鲜译音系统基本上符合;⑧《韵镜》和汉音系统全和;⑨《韵镜》音和玄应音合;⑩《韵镜》代表隋及唐时的长安音系统,兼载古今通塞南北是非之字。

李新魁(1981)探讨了《韵镜》中的几个重要问题:①《韵镜》的韵数、韵目和韵序。②《韵镜》的内外转与开合口。③《韵镜》与《广韵》《集韵》的比较:《韵镜》用字与《广韵》的小韵首字;《广韵》《集韵》备载而《韵镜》不录的字;《韵镜》有而《广韵》《集韵》不录的字;《韵镜》在音韵地位上与《广韵》《集韵》不合的字。结论是:《韵镜》是据与《广韵》同一体系的韵书所作,也可能曾据某一种本子的《广韵》校订过;《韵镜》与《集韵》也有一定的关系,但不是依《集韵》而作。李新魁(1981:133)指出:"使用韵书中的小韵首字成为韵图列字的通则……小韵首字列在韵图之中,便成为韵书各个小韵的代表,所有的小韵首字汇合起来构成一个韵图,就成为某一韵书的代表,反映了这一韵书的音韵体系。假如说,某韵图所用的字全部与某一韵书的小韵首字吻合(如元代刘鉴的《切韵指南》所列的字与金代韩道昭《五音集韵》各小韵首字相合一样),那么就大致可以断言,这部韵图就是根据这部韵书而作。反之,如果某韵图所列的字完全不合或有许多不合某一韵书的小韵首字,那么,这韵图与这韵书的关系必定不怎么密切。因此,是否使用韵书的小韵首字（即韵图的用字合不合韵书的小韵首字）成为判别韵图与韵书的关系的一个重要根据。"他承认了韵书和韵图的关系，肯定了韵图是依韵书而作的，同时为研究韵图和韵书关系提供了一个客观而有效的办法。李新魁也是第一个全面运用这个方法去比较韵书的小韵首字和韵图的列字，从而来考证韵图产生时代的学者。这对后来的研究产生了很大影响。④《韵镜》所据韵书及撰作年代。李新魁讨论了关于《韵镜》撰作年代的两种观点，即赵荫棠主张的宋朝说和日本学者大矢透及我国学者罗常培、葛毅卿主张的唐朝说，通过对《韵镜》语音、避讳等的全面研究，重申宋代说，同时明确提出《韵镜》产生在 1007—1037 年这 30 年之间，是据《景德韵略》而作的。他的具体理由是（李新魁，1981：163-164）：①《广韵》小韵首字不合《韵镜》的，有许多是《韵镜》与《礼部韵略》相合。从这一点可以推知，这些字《韵镜》也必定与《景德韵略》相合。②《韵镜》在列字上与《广韵》有一定的差别，但它又未脱离《广韵》一系韵书的影响，它的撰作既不可能在《广韵》之前，但又不是依据《广韵》或《集韵》，它的韵数、韵目以及列字的音韵地位等从总体上来说，都反映了《广韵》大的格局。那么，它究竟应据什么韵书制作？最合理的推断就是它所据的韵书的撰作年代与《广韵》接近，音韵系统也与《广韵》接近，这样的韵书，看起来只有作于景德年间的《景德韵略》才比较合于这个条件。③《韵镜》中有许多列字（包括"重出"的字）不见于《广韵》而见于《集韵》，这种现象也可表明《韵镜》与《景德韵略》的关系。因为这些不见于《广韵》的字，显然是丁度修编《集韵》时增加的。这个修编《集韵》的丁度，同时也据《景德韵略》修编了《礼部韵略》，《集韵》与《礼部韵略》同出一手。这样，就有可能是他把《景德韵略》的某些字音（反切）——不见于《广韵》的字音收进以"浩繁"著称的《集韵》中去。而《韵镜》又是据《景德韵略》列字的，结果便出现了许多《韵镜》合乎《集韵》而不合《广韵》的现象。

孔仲温（1987）对《韵镜》作了比较全面、细致的研究。全书分三章展开，即《韵镜》源流、《韵镜》内容、《韵镜》音系。第一章第一节追溯了《韵镜》赖以产生的内外两方面的动力：内部传统声韵之推行、外部佛经翻译之激变。梵文字书悉昙章的引入，为《韵镜》的形成提供了契机。第二节综述了关于《韵镜》撰者、撰述年代的代表性观点：《韵镜》为唐元和释神珙所作，

《韵镜》原型出于隋唐,《韵镜》不创自宋人,《韵镜》起于隋唐尚在疑似之间,《韵镜》成书于张麟之初次刊行或陈彭年重修《广韵》前,《韵镜》成书于宋、底本则据宋以前。第三节介绍了《韵镜》的流传情况,主要讲了两个问题,即《韵镜》传入日本的时间和在日本流行的情形。第二章对《韵镜》内容进行剖析,不仅诠释了《韵镜》中几个比较晦涩的名词——内外转、开合、四等、七音、清浊,而且探讨了《韵镜》声母、韵母的编排体例,以及《韵镜》归字列等的基本精神和具体方法。第三章作者借用高本汉拟测《切韵》音值的方法,对《韵镜》声值、韵值进行构拟。

(三)《通志·七音略》

《通志七音略研究》(罗常培,1935a)是20世纪研究《通志·七音略》的最早成果。文章讨论了与《通志·七音略》相关的五个问题:第一,宋元等韵之派别。以编排体例为准,明确提出将宋元等韵图分为三系,即《通志·七音略》《韵镜》一系,《四声等子》《切韵指南》一系,《切韵指掌图》属第三系。第二,等韵图肇自唐代,非宋人所创。认为《通志·七音略》所据《七音韵鉴》与《韵镜》同出一源,列举五条实证来证明等韵图产生于唐代,并非宋人所创。第三,《通志·七音略》《韵镜》与其原型之异同正犹《等韵切音指南》与《切韵指南》之异同。通过对比《等韵切音指南》与《切韵指南》之异点,证明不能以归字来确定时代,从而反推《通志·七音略》与《韵镜》之归字特点,不能因其从宋音而不从唐音就否认其原型作自唐代。第四,《通志·七音略》与《韵镜》之异同。第五,至治本、清武英殿本及浙江局本之异同。作者对《通志·七音略》的三个版本进行对照校勘,将百余条讹误之处一一列出。

学界对《通志·七音略》的探索,除了宏观着眼、系统分析外,还深入其中细节,对某些概念进行深究,比较有代表的文章如赵克刚(1988a,1988b)、曹正义(1994)等等。

(四)《切韵指掌图》

《切韵指掌图》作为中古最重要的韵图之一,对研究当时的语音面貌意义重大,因此颇受学界关注。赵荫棠(1934)就《切韵指掌图》的作者和撰述年代问题进行了分析。文章从各版本的审查开始，认为《切韵指掌图》之刻板，当以董南一作序之年为始，而《切韵指掌图》的初版据考即是该书的产生年代，它的形成受《四声等子》的影响较大，无论在形制上还是在内容上二者都关系密切。赵荫棠认同晚清学者邹特夫的观点——《切韵指掌图》确非司马光所作；但同时指出，邹特夫、陈澧所言《切韵指掌图》为杨中修所作不足信。结论是：《切韵指掌图》的产生，当在淳熙三年（1176年）以后、嘉泰三年（1203年）以前。赵荫棠（2011：122）肯定了《切韵指掌图》的价值："《指掌图》虽系伪托，然在时代辨明之后，它的价值或者更大，如四等的升降，韵字的删订，图的归并，入声两配……俱足表示当时语言之新趋势。"

董同龢（1948）对《切韵指掌图》的几个相关问题作了讨论，内容包括：时代与作者、所根据的韵书、摄数、入声分配、中古韵母的简化与新韵母的产生以及声母演变的推测。关于时代与作者，董同龢对赵荫棠的论述进行了检讨，进一步论证了"所谓《切韵指掌图》者确非司马光所作"（董同龢，1948：195）的说法，并确定："他（《切韵指掌图》）必在孙觌作《切韵类例·序》之后，与必在孙奕写《示儿编》那条笔记之前。"（董同龢，1948：197）至于所据韵书，董同龢通过各项材料辨析，认为《切韵指掌图》不是据《广韵》所作，也不是完全依据《集韵》，而是顾及了二者之外的其他材料。

周世箴（1986）着重讨论入声之分配问题所反映的语音现象。文章先讨论韵图的结构，接着讨论诸韵图入声的分配，最后从《切韵指掌图》所作的平入相承的新安排入手，探讨其中所反映的语音现象。

许绍早（1994）就《切韵指掌图》所代表的语音系统进行了细致的分析。文中首先讲了《切韵指掌图》并韵和入声兼配阴阳的情况，接着具体讨论了韵分开合、韵分四等和重纽问题、入声兼配阴阳问题，并在此基础上拟测了《切韵指掌图》的韵母系统；然后通过与《广韵》《集韵》的对比，揭示了《切韵指掌图》中声母的演变情况；最后得出《切韵指掌图》不是专主一部韵书，而是几本韵书互相补充、斟酌而用的产物。

李思敬（1994）介绍并分析、解释了吴棫所描述的南宋时代的某些"今音""俗音"材料，结合《切韵指掌图》把止摄三等精系字提到一等地位的情形，得出结论："宋人编制韵图是有音理依据的……《指掌图》的列等，实有韵母读音洪细的音理依据。"（李思敬，1994：107）李思敬（1994）不是从《切韵指掌图》内部进行研究，而是另辟蹊径，从外部、从与《切韵指掌图》同时代的音韵材料的角度予以观照，研究思路上有启发意义。

此外，姚荣松于1974年发表论文《〈切韵指掌图〉研究》，对《切韵指掌图》也做出了全面研究。

（五）《四声等子》

20世纪20年代，顾实就已对《四声等子》进行过分析。

忌浮（1987）的《金代汉语语言学述评》之"等韵图中的瑰宝——《四声等子》"指出：

（1）"《等子》与《五音集韵》的关系：①《等子》的三十六字母次第及排列方法与《五音集韵》完全相同，而与《韵镜》《七音略》不同。②《等子》的十六摄名称与《五音集韵》完全相同，各韵归摄也相同。③《等子》二十图所标记的韵部是《五音集韵》的，与《广韵》《集韵》无涉……我们比较《等子》与《五音集韵》的异同，旨在说明后者对前者有重大影响。进而推测《等子》的成书年代。如果说它成书在《改并五音集韵》后，大概可信。后到何时？从熊泽民《经史正音切韵指南序》看，它不会是元代的作品。《四声等子》大概成书于金代末年，即十三世纪二十年代前后。有人说《等子》产生在南宋。持此说者又承认它的地域在北方。这是一种时空矛盾的说法。有人说它决不能迟到南宋。南宋的起点是公元1127年，它与韩书的关系已告诉人们，它不能出现那样早。"（忌浮，1987：339-342）

（2）《四声等子》的韵母问题：①中古重韵纯四等韵的彻底合并；②入声兼配阴阳；③《四声等子》的韵母拟音；④《四声等子》与《中原音韵》的韵母比较。

唐作藩（1989）对《四声等子》进行了两方面的探讨。第一，校勘。利用文津阁本（北京图书馆藏）、文津阁本的壬申（1932年）抄本（中国科学院图书馆藏）、粤雅堂丛书本、咫进斋丛书本和商务印书馆丛书集成初编本五个版本进行校勘，将存在问题的一百一十九条——列出并加以说明，从脱误、异体字、同音字等方面的情况探讨各版本的特点。第二，分析《四声等子》音系。从《四声等子》的韵图结构着手，通过分析声、韵母的排列格式和次序，并与前后期韵图作对比，得出《四声等子》音系的一些特点：声母系统仍是三十六字母，保存着全浊声母，没有反映出什么突出的变化，这反映了《四声等子》音系的守旧性；韵母系统分十六摄为二十图，不仅打破了《韵镜》《通志·七音略》等早期韵图的体系，而且与同类的《切韵指南》《切韵指掌图》也有明显的差别，已经十分接近《中原音韵》了。文中按摄分析了《四声等子》的韵母，在各图的对比中展示了这些韵母的语音面貌，并对此进行解析。从《四声等子》反映的语音情况和用例来看，它与《切韵指南》都晚于《切韵指掌图》，其成书也可能在元代。

除上述成果外，高明（1980c）的《四声等子之研究》、竺家宁（1973）的《四声等子音系蠡测》和竺家宁（1977）的《四声等子之音位系统》也都是国内《四声等子》研究的重要成果。

（六）《经史正音切韵指南》

宁忌浮对《经史正音切韵指南》做了深入探讨，代表成果有《〈切韵指南〉的列字和空圈——〈切韵指南〉研究之一》和《〈切韵指南〉的唇音开合与入配阴阳——〈切韵指南〉研究之二》。前者对《经史正音切韵指南》列字和空圈的分析从三个方面进行：第一，《经史正音切韵指南》列字与《五音集韵》小韵首字的比较；第二，《经史正音切韵指南》特有而其他韵图没有的列字和空圈的分析，其中可以反映出语音的变化；第三，思宜本《经史正音切韵指南》列字讹误的校订。后者对《经史正音切韵指南》的入声韵兼配阴阳问题和唇音字开合口问题进行探索并与《四声等子》和《切韵指掌图》比较，探寻其规律性与优劣之处。

（七）《皇极经世书·声音唱和图》与《皇极经世解起数诀》

1943年，周祖谟在《辅仁学志》第12卷发表《宋代汴洛语音考》，通过分析邵雍的《皇极经世书·声音唱和图》，考求宋代汴洛语音。"比者读邵雍《皇极经世书·声音唱和图》颇怪其分声析韵与《广韵》大相迳庭，及取其《击壤集》读之，观其诗文之协韵，无不与图相合，方知此书实为特出，原不以韵书自拘。其分辨声母虽未脱宋人三十六母之窠臼，而能以时音为重，迥非当世之等韵图所可比拟。由是乃悟欲考宋代语音，所资虽多，此其选矣。"（周

祖谟，1943：222）

陆志韦（1946）和李荣（1956b）也都分析了《皇极经世书·声音唱和图》的语音系统。

李新魁（1994）介绍了《皇极经世解起数诀》一书，并揭示其理论基础：祝泌生活在南宋初期，他为了进一步阐发邵雍的《皇极经世书·声音唱和图》的意蕴，根据邵氏所定的一百一十二声和一百五十二音的框框，参考当时流行的几种韵图，写成了这部《皇极经世解起数诀》。他以邵雍的《皇极经世书·声音唱和图》的理论体系为基础，进一步用等韵图的格式来说明声音在数上的表现。李新魁（1994）介绍了《皇极经世解起数诀》分图列等的特点。从《皇极经世解起数诀》的列字看，它与《广韵》的关系远不如与《集韵》的关系那么密切。但它与《集韵》也有一些细小的距离。虽不能完全肯定它是根据《集韵》而作的，但至少曾依据《集韵》校订、增补过，不然就不会如此之多地依从《集韵》增字。特别是所列的某些字的异文，不见于《广韵》而只见于《集韵》更能说明两者的关系。《皇极经世解起数诀》所代表的音系，基本上是《集韵》的音系。但此书在列字中也时时透露出一些反映当时实际语音的气息，反映了当时实际语音各种音类分分合合的情况。

马重奇（1998a：145，159，169，184）从"《起数诀》用字与《广韵》小韵首字的比较""《起数诀》有而《广韵》不录的字""《广韵》《集韵》备载而《起数诀》不录的字""《起数诀》在音韵地位上与《广韵》《集韵》不合的字"四个方面对《皇极经世解起数诀》与《广韵》《集韵》进行比较研究。马重奇（1998b）则进一步探讨了《皇极经世解起数诀》与《韵镜》《七音略》的渊源关系。

（八）《卢宗迈切韵法》

《卢宗迈切韵法》是自《韵镜》之后在日本被发现的又一重要的等韵学文献，对它的研究，必将使等韵学研究中的一些问题得到解决。鲁国尧（1992，1993）澄清了宋元"切韵之学"研究中的一些问题，为我们了解宋代切韵图及其音系特点做出了贡献。他指出"等韵"不是宋代的术语，至明、清方见。唐宋金元只言"切韵之学""切韵图"等，卢宗迈等宋代学者所言的"切韵之学""切韵法"可以说是宋代的汉语音系学。宋代不仅韵书分为《广韵》《集韵》两系，即使韵图也有《广韵》系韵图和《集韵》系韵图，《卢宗迈切韵法》属《集韵》一系，是从一种有44图的音节表而来的（幽韵独居一图）切韵学著作，等等。鲁文对《卢宗迈切韵法》的门法、助纽字、调四声的方式、五音配五行等皆溯其源，从语音角度则分析了诸如全浊上声变全浊去声，非敷、知照、彻穿分别合流，船禅合流，鱼虞、支脂之微、昔职、东钟、江阳分别合流等现象。这些合流现象说明三十六字母无论是直线排开还是排成二十三行，都与当时的语音事实不符，韵图是保守的。切韵图无论是从框架结构上或是列字上来说都是在时间的长流中不断增删完善的，都有前面韵图的或多或少的成分、痕迹，又有可能渗进同时代其他韵书甚或后代韵书的因素，切韵图是层累地造出来的。

（九）《改并五音集韵》

金、元时期，等韵化韵书出现了，韩道昭的《改并五音集韵》和熊忠的《古今韵会举要》是其中的代表。宁忌浮在这两部书上用功甚多，取得了学界公认的研究成果，《校订五音集韵》和《古今韵会举要及相关韵书》是宁忌浮于20世纪90年代出版的两部力作。忌浮（1994）分析了《改并五音集韵》的十六摄与三十六字母、《改并五音集韵》与等韵门法的关系、《改并五音集韵》与《四声等子》的成书年代的关系，彰显了《改并五音集韵》在等韵学史研究中的重要性。忌浮（1994：88）在余论中说："金代语言学研究对后代的影响是多方面的、深远的。单就等韵学而言，元明等韵学家如刘鉴、戒璿、真空等人发扬光大的是韩氏父子的学说，金元明三代，一脉相承。"宁忌浮对《改并五音集韵》的研究及相关论述凸显了金代等韵学在学术史上的地位。

第四节　20世纪的明清等韵学研究

一、明清等韵学研究的新特点

宋元韵图与明清韵图虽然时代不同，但是从20世纪等韵学史看，二者是同时进入学者视野的。我们在上一节中谈到，钱玄同在《文字学音篇》中既论述了《切韵指掌图》《经史正音切韵指南》《四声等子》等宋元韵图，也论及《字母切韵要法》《五方元音》《韵略易通》等明清韵图。高元在《辟等呼论》中也提出了区分"宋元学派等呼论"和"明清学派等呼论"的观点。但是，因为明清韵图与宋元韵图的性质不同，明清等韵学研究又有自己的特点。

宋元切韵图跟韵书关系密切，其功用在于指示反切，性质比较一致。《韵镜》《通志·七音略》《切韵指掌图》《四声等子》《经史正音切韵指南》等韵图，尽管篇幅不等，架构有异，但创制理念基本相同。现见宋元切韵图寥寥数种，相关文献也不是很多，后人审视宋元等韵学，可分析的材料少而且问题比较集中。像对"等""内外转"的讨论，历史跨度大，参与的学者多。

明清时期，等韵学家的队伍扩大，研究内容广泛，著述数量丰富，韵图形式多样。后人审视明清等韵学时，面对的研究对象众多，涉及的问题也是方方面面的。另外，20世纪80年代以前，学界多少存在一些厚古薄今的观念，对明清等韵学的重视不够，因此，明清等韵研究比较冷门，缺少焦点、热点话题。

（一）搜集发掘材料成为研究活动的一部分

明清时期，从事等韵研究的学者众多，地域不一；等韵著述数量众多，散布全国各地。很多作品因为刊刻的数量少，流布的范围小，学界往往只知其名，未识其形，有些作品甚至不为学界所知。研究者要描述明清等韵学的全貌，揭示其学术特点，必须广泛占有材料。从事明清等韵学研究的学者都注重搜集发掘材料。

赵荫棠旧版《等韵源流·序》说："……讲到买书，我不能不感激隅卿先生（按：指马裕藻）。他最会买书，他不惟知道哪个书店的书多或便宜，而且知道各位老板的私事和脾气。他替我介绍，他替我赊帐，在万不得已时他还让我预支薪水。我的韵略堂所以略有韵书者，这完全是他的赐与！……民二十年……我很有时间听讲和买书……在买书方面呢，我每天要作书店的巡阅。琉璃厂及隆福寺的各书铺逛后还嫌不过瘾，更要从北新桥徒步走到崇文门，或者从宣武门徒步走到护国寺及后门，所有沿街的小书摊都被我检查到了。因此我的书价，有值十枚的，有值百元的。大者尺许，小者寸余。"（转引自冯蒸，1996：50）

李新魁（1983：2）在《汉语等韵学》前言中说："我所介绍的一百多种韵图，还不是蒐集无遗，还有几种韵图（如杨庆的《佐同录》、仇廷模的《古今韵表新编》等）因为没有见到，所以只好暂付阙如。这一百多种韵图的搜集和阅读，曾得到国内许多单位和个人的帮助和支持。我这里特别要对中国社会科学院图书馆、中国社会科学院语言研究所图书馆、北京大学、南开大学、武汉大学、中山大学等院校的图书馆，北京、上海、南京、天津等地的图书馆以及我的朋友杨耐思先生表示谢意。没有他们的帮助，我是无法见到这么多的韵图材料的。"

耿振生（1992：272）在《明清等韵学通论》后记中写到："写这本书的费力之处在于搜集资料……"耿振生曾多次到各地游学，研读了一百二十余种等韵图，其中有二十余种是赵荫棠、李新魁的书都没有论及的。

《等韵源流》中提到的诸多明清等韵书都是赵荫棠自己的藏书，而不是从公共图书馆借阅的，基本上都是他自己多年辛辛苦苦一本一本亲自搜集来的。赵荫棠在《等韵源流·新序》中说，他的韵学藏书在 1946 年左右"整批的流落到远方了"（赵荫棠，2011：14）。不管什么原因，资料流失都是让学人唏嘘慨叹之事。这个远方是哪里？是如何流落的？让人称奇的是，1992 年，音韵学家冯蒸在台湾师范大学图书馆特藏室又见到了赵荫棠的这批音韵学特藏书。至于赵氏的这批书是如何从大陆带到台湾的，冯蒸（1996：51）根据所钤图章推测可能是在 1946 年左右由大陆一批著名语言学者带到台湾的，"此行的具体人员情况不详，据了解主要有魏建功、何容、俞敏等先生，可能是由他们当中的某人带去的"。这批韵学书籍为台湾地区明清等韵学研究提供了资料保障，对其发展起了推进作用。后来冯蒸（1996）把《等韵源流》（新版）所提到的约 70 种等韵书、永岛荣一郎所论及的 40 种等韵书[①]、李新魁在《汉语等韵学》一书中所论及的 120 种等韵书以及耿振生在《明清等韵学通论》中概述的 144 种明清等韵书汇总作了一个详细的对照表，明清等韵书籍的全

[①] 20 世纪 30 年代，日本学者永岛荣一郎在中国的北平访学，专攻汉语音韵学，与赵氏相识后亦同时搜访韵学书，买到了许多珍贵重要的音韵学古籍。永岛荣一郎回国后，于 1941 年在日本发表了长篇论文《近世支那語特に北方語系統に於ける音韻史研究資料に就いて》（载《言語研究》第 7、8 号，第 147—161 页；第 9 号，第 17—79 页），论述了 41 种韵学书，其中等韵书共 40 种，皆为明清等韵书籍。此中除了极少几种是他从赵荫棠处借阅的以外，其余均是他所藏书（转引自冯蒸，1996：55）。

貌呈现出来了。

(二)总体研究与个别研究并重

因为学术视野不同、学术旨趣有异,20世纪的学者在研究明清韵图时,有的学者如赵荫棠、李新魁、耿振生等将数量众多的韵书韵图纳入视野,给以整体观照,辨析等韵术语,比较韵图体制,梳理韵图发展脉络,归纳等韵理论;有的学者只研究一个作家、一部作品、一个问题,从作者生平、成书经过、韵图架构、音系特点等等做全面深入的分析。前者可称为总体研究,后者可称为个别研究。

二、20世纪的明清等韵学总体研究

(一)赵荫棠的明清等韵学研究

20世纪三四十年代,赵荫棠写了一系列探讨明清等韵的文章,后来,这些成果集中体现在《等韵源流》第三编"等韵之改革"一部分。赵荫棠的明清等韵研究有以下特点。

1. 从语音史的角度入手,选取材料有所取舍,有一定的目的性

明清时期出现的等韵书(包括等韵图和等韵化韵书)数量很多,形式和内容多种多样。其中既有大量表现时音并批评旧等韵的,也有继承旧传统或以研究旧等韵为目标的。20世纪20—40年代,当时的中国音韵学界普遍轻视明清近代音研究。赵荫棠的《等韵源流·自序》中有这样一段话很可以代表当时的实情,他说:"你们说元明音韵没有价值,我偏弄这没价值的东西……我尝和钱(玄同)先生说,今日之研究元明音韵,无异于今日要开发西北。我要向那里开发,而这种理想实在是先生提倡的。"(转引自冯蒸,2013:28)抱有这样的念头,在材料的选择上,自然就带有目的性、主观性。赵荫棠讲这一阶段的等韵学,着眼点在于学科的发展演变,不是面面俱到地介绍,他的关注点是那些记录时音,提倡废除门法与改良反切,化四等为四呼,创立新体系、新概念的新派韵图,对于沿袭旧有韵图格式和音系框架的韵图不予关注。《等韵源流》第三编的标题"等韵之改革",就突出了他的宗旨。

韵书和韵图体制的变化是由实际语音的变化催生出来的。语音的变化是

逐渐发生的，较早时期的等韵书和较晚时期的等韵书在记录或透露时音的程度上也有明显差别。学者们看待旧韵图的观念也各有不同，改良的主张和实施方式是不同的。在《等韵源流》第三编的前头，赵荫棠以四节的篇幅介绍等韵改革发生的背景和过程。南宋和元代的黄公绍、朱宗文、陈晋翁、刘鉴等人合并声母和韵类的著作仍有三十六字母和四声四等的影子，赵荫棠把它们看作"改革前之过渡物"（赵荫棠，2011：124），不认为是真正的改革。

2. 辨析韵图、归纳音系的二分观念

赵荫棠把宋代韵图分为南派和北派，这种二分的观念依然体现在其明清等韵研究之中。他认为《中原音韵》和《洪武正韵》分别是明清北派韵图和南派韵图的依据，并且是两派韵图形成的原因，"《中原音韵》为北音之代表，《洪武正韵》为有明一代的官书而又合乎南音者，于是等韵学家亦形成南北二派"（赵荫棠，2011：135）。要是说明清等韵作者在一定程度上受两书的影响，有一定道理；但如果说两派等韵因这两书而形成，还值得商榷。明清时代的"北派"等韵音系沿袭《中原音韵》者很少。其中重要著作的音系跟《中原音韵》差别很大，各有独立的面目，主要还是因为作者更重视实际语言。归为"南派"的等韵音系也只有明代前期到中期的沿用《洪武正韵》框架，后来者可谓"师法多门"，不独尊崇《洪武正韵》。此外，"南派北派"也是个简化的说法，不足以显示明清等韵的多元化状态。

《等韵源流》所分南北两派，最显著的区别是有没有全浊声母，南派的特征是保存全浊声母，北派的特征是化浊入清。从音系的特征看，南派和中古韵图接近，北派和中古韵图的距离更大。但是正如书中指出的，南派在审音方面有较大的成就，北派在反映官话演进方面贡献更多。

《等韵源流》第三编第五小节"明清等韵之存浊系统"简介评述了17部著作，注意发掘每部书的独特贡献：①章黼《韵学集成》之辨七音；②王应电《声韵会通》之二十八声；③无名氏《字学集要》之二十七声；④濮阳涞之削总母而存助纽；⑤袁子让之辨四等；⑥叶秉敬之实行揭明二等；⑦韵法横直图之变等为呼；⑧陈荩谟之步随横直图；⑨释宗常经纬图之开发收闭即开齐合撮；⑩《音声纪元》之以声韵附会音乐及气数；⑪熊士伯《等切元声》之以等韵析中原韵；⑫潘耒《类音》之调整四呼；⑬汪烜《诗韵析》之图绘发音部位；⑭是奎《太古元音》之内外钤摄；⑮《音切谱》之区分反与切；⑯《韵法传真五美图》之依仿《明显四声图》；⑰劳乃宣《等韵一得》之"戛""透""轹""捺"。

从各小标题看，赵荫棠注重辨析等韵术语，比较韵图体制，梳理韵图发展脉络，归纳等韵理论。在反映声母变化的方面，有的著作虽保留全浊声母，但是对三十六字母作了归并，如王应电《声韵会通》的二十八声、《字学集要》的二十七声。在从开合四等转变到开齐合撮四呼方面，有一个随时间推移而渐趋精确的过程：袁子让的《五先堂字学元元》、叶秉敬的《韵表》认识到韵母实不能分四等、开合可以各分二等；《韵法直图》《韵法横图》有了开齐合撮这类"呼"的名称但是仍然跟韵尾、韵腹混杂在一起；到潘耒的《类音》芟除杂呼并对开齐合撮作出合理定义，赵荫棠赞之为"等韵学上之新纪元"（赵荫棠，2011：201）。

《等韵源流》第三编第六小节"明清等韵之北音系统"收录20种著作：①兰茂《韵略易通》；②李登《书文音义便考私编》；③徐孝《重订司马温公等韵图经》；④乔中和《元韵谱》；⑤萧云从《韵通》；⑥方以智《切韵声原》；⑦桑绍良《文韵考衷六声会编》；⑧樊腾凤《五方元音》；⑨赵绍箕《拙菴韵悟》；⑩马自援《等音》；⑪林本裕《声位》；⑫阿摩利谛《三教经书文字根本》；⑬都四德《黄钟通韵》；⑭龙为霖《本韵一得》；⑮李汝珍《李氏音鉴》；⑯许桂林《许氏说音》；⑰徐鉴《音泏》；⑱周赟《山门新语》；⑲胡垣《古今中外音韵通例》；⑳华长忠《韵籁》。

化浊入清是北派等韵书的共同点，但它们所包含的具体音类互有差别，赵荫棠对他们的评价也各不相等。赵荫棠重视的是这一派在反映明清官话音的发展上的重要性，"自正统至光绪，四百余年的长时间，中国人所记载的官话，要皆出不了这个范围"（赵荫棠，2011：277）。官话方言包含很大的范围，赵荫棠在这一小节述论的二十部韵书，不是共时平面的东西，再加上韵书作者的取音标准不同，要想把某书的音系跟一个地点方言联系起来，可能难尽人意，因此《等韵源流》把它们放在"北音"这个范畴内进行论述，不联系地点方音。

赵荫棠对待研究对象、选取研究材料不够客观、不够全面；辨析韵图、归纳音系的二分观念也太过笼统，不一定符合实际。但其筚路蓝缕，首创之功不可磨灭。

以往对近代音和等韵学史的研究，主要是凭借《四库全书总目提要》中经部小学类中的音韵学书部分。该提要虽然写得水平很高，但是限于时代条件，从观点到论述，可议之处实在不少，而且收录的音韵古籍有限。而赵氏的藏书及相关研究，比《四库全书总目提要》大大推进了一步，很多资料是赵氏首次发现的，并且对其中的不少书还做了深入研究，极大地丰富了近代音的研究内容，音理论述也准确精密多了。所以称赵氏为近代音研究的先驱，应是名副其实的。

（二）李新魁的明清等韵学研究

李新魁（1983）的明清等韵研究有以下两个特点。

1. 重视理论分析

1）由韵图体制入手归纳明清等韵变革特点

由宋元而明清，韵图体制的变化，有两方面的原因：一是语音的变化，二是韵书和反切的变化。明人具有创新精神，所作的二十多种韵图，几乎都是表现时音的。宋元时代等韵学上对"等、呼"的辨析，到了明代已经逐渐有了改变。主要有以下几种情况：①桑绍良的《青郊杂著》所分的四科，就是把韵母分为四类音；葛中选的《太律》在声类上没有粗、细之别，但韵类分为"正、昌、通、元"[①]，事实上也是四呼，恰好与桑绍良所分的四科相应。②吕坤的《交泰韵》、方以智的《切韵声原》将声母分为粗细音两类，没有明显地与两呼结合起来化为四呼。③乔中和的《元韵谱》主要着眼点是把声母分为四类，囊括四呼的不同。④徐孝的《重订司马温公等韵图经》中的声类不分粗细，也不分等，只用开口与合口来分图。⑤《韵法直图》和《韵法横图》不计声母的分类，直接用呼的概念，彻底变等为呼。⑥金尼阁的《西儒耳目资》不用呼，也不用等，只是展示声韵相拼的配合关系。归纳而言：宋元时代的四等两呼，到了明代，先是变成两等两呼，然后是两等两呼结合起来化为四呼，四呼有的是从声方面来区分，有的是从韵方面来区分。到了

[①]（明）葛中选：《太律》，见《续修四库全书》编纂委员会编《续修四库全书》（经部·乐类，第114册），上海古籍出版社，1996，第406页。

清代，四呼就代替了原来等与呼的概念。等韵的发展还表现在归摄上。

2）从等韵学理的角度划分明清等韵流派

明代的桑绍良、袁子让、叶秉敬、方以智和清代的赵绍箕、江永、汪烜、劳乃宣、张祥晋等人着重从音理上也就是从发音方法和发音部位上来研究等韵，这是研究汉语语音的正途，也是我国学者研究等韵的主流。尽管这些学者研究的着眼点不完全相同，结论也不完全一样，但是他们的著述反映了我国古代音韵学者的语音分析水平和理论高度，他们的研究成果构成了汉语等韵学理论研究的基础内容，他们的许多提法，直到今天还有一定的理论价值。

吕坤、乔中和、吴继仕、马自援、林本裕、潘耒、方本恭等人从音有定位、定数的观念出发来研究等韵，表达观点，阐发理论。他们的说法多种多样，但基本都是按着邵雍等人所阐扬的阴阳数理的理论而作出种种的发挥。有的人论述的道理比较切合音韵分析的实际情况，有的人说的与真正的语音分析简直是风马牛不相及。他们的理论有许多前后相承的地方，他们以这种音有定位的观念出发制作的韵图，反映了明清两代在等韵学的研究上曾经弥漫着某种玄学的风气。

明清时代的学者，有不少人从音律的角度来研究等韵学理，有的以音律配合其他方面的概念来阐述等韵，有的主要是用音律作为分析等韵的指导原则。这方面比较突出的，可以明人葛中选和清人周赟为代表。

2. 客观对待研究对象，研究内容全面

赵荫棠致力于明清语音研究，在研究对象的选取上有所取舍，对于沿袭旧有韵图格式和音系框架的韵图不予关注。李新魁虽然也注重韵图的音系情况，但能客观对待研究对象，表述的韵图全面多样。除表现明清时音的韵图外，李新魁有多篇论文分析表现中古音系和上古音系的韵图，如《江永〈四声切韵表〉及其继作述评》《戴震〈声类表〉简述》《谈庞大堃、梁僧宝的等韵学著作》。从《汉语等韵学》下编"分论"各章之标题可以看出李新魁论述的韵图的多样性：第六章"表现中古韵书音系的等韵图"；第七章"研讨上古语音的等韵图"；第八章"表现明清时代读书音的等韵图"；第九章"表现明清口语标准音的等韵图"；第十章"表现方音的等韵图"；第十一章"具有综合性质的等韵图"。

李新魁学养深厚,论述问题材料丰富,纵横捭阖,在等韵学理论方面建树颇多,大大推进了明清等韵学研究。但李新魁对韵图的分类也有一些值得商酌的问题:《韵镜》《通志·七音略》等宋元韵图是否表现韵书音系还有待进一步讨论,清代的述古韵图与宋元韵图除了时代不同以外,在创制目的方面肯定也有差异,把它们归为一类,放在"表现中古韵书音系的等韵图"下是否合适?还有,第八章到第十一章的等韵图的分类似乎也不够严谨。

(三)耿振生的明清等韵学研究

耿振生对明清等韵学研究的贡献主要体现在其专著《明清等韵学通论》中。如果说赵荫棠的《等韵源流》和李新魁的《汉语等韵学》是等韵通史的话,那耿振生的《明清等韵学通论》就是一部等韵断代史。《明清等韵学通论》的目录如下:

> 绪论
> 第一章 明清等韵学概观
> 第二章 明清时期的等韵学理论
> 第三章 关于等韵音系研究的几个问题
> 第四章 明清等韵音系的分类和各类的大概面貌
> 第五章 明清等韵音系举要

该书除"绪论"外,又分五章。第一章第一节"等韵学的繁荣"回顾等韵学简史,介绍明清等韵学家及其等韵著作。其中,明清等韵学分期及相关论述值得称道。明朝初期到中期(隆庆末年,即1572年为止)近二百年时间为明清等韵学的前期。这一阶段的特点是著作较少,等韵学领域比较冷落。中期自明万历初年(1573年)到清康熙末年(1722年)。这是明清等韵学最富活力、最具光彩的阶段,审时派等韵学在本期内大获丰收,著作多,水平高,成就大。从雍正初年(1723年)到清亡(1911年)为后期。本期有两个显著特色。第一,近二百年间等韵学长盛不衰,自始至终新的著作层出不穷,数量超过中期,而且在时间上分布比较均匀,没有明显的低潮期。第二,考古派等韵学蓬勃兴起,研究上古音的,研究《广韵》音系的,研究《切韵指南》音系的，研究平水韵音系的，都编出了相当数量的韵图，与审时派平分秋色。前期、中期的等韵学内作者多述者少，后期的等韵学内述者多作者少。第二节"等韵学的改革"从"研究对象的转移、研究方法和编撰方式的革新、韵图形式的多样化、术语的创造和使用"等方面论述明清等韵学的新面貌。

第二章从理论上总结了明清等韵学的新的发展：第一节从"声母的描写、韵母的切分、韵头的分析、韵尾的分析、韵腹的分析、声调的研究"等方面总结"古典语音学的新发展"。第三节从"三十六字母、清浊、开合、四等、内外转、轻重、门法"等方面总结明清学者"对中古等韵理论的研究"。第四节"神化语音系统的声音本原论"则列举了"阴阳说，五行说，三才说，四象说，八卦说，元会运世说，河图洛书说，历法、时令说，宫商律吕说"等理论。

第三章澄清了明清等韵音系研究中的一些重要问题。第二节专门就"官话"的基础问题和"正音"的标准问题作了深入的探讨，指出明清时代，学者对这两个概念的运用本来就含混不清，没有经过规范和约定，"正音"与"官话"并非一回事，而且明清时代没有哪一种韵图的音系代表着独一无二的近代官话标准音系统。有的古音学家（如江永）甚至认为合乎古音者为"正音"。第三节"等韵音系的复合性"把非单一来源的书面音系称为复合性音系。举例分析了复合性音系的构成方式：折衷古今音而成的音系、兼采南北方音合成的音系、在古音研究中的复合性音系。第四节"研究等韵音系的基本途径"介绍了几种研究方法：历史串联法、共时参证法、内部分析法、音理分析法、历史比较法。

第四章对明清等韵音系分类所提出的原则和结论也不同于前人。赵荫棠的《等韵源流》主要着眼于不同时期的等韵与韵书的并行关系，从史的角度把等韵图分为南北两派，比较简单。李新魁的《汉语等韵学》涉及了较《等韵源流》更多的等韵材料，分类较细，但它的分类标准前后似不一致。耿振生的《明清等韵学通论》则从研究语音史的需要出发，根据语音系统的性质，将明清等韵图分为反映时音的、反映古音的和混合型音系的三大类，其下又各细分若干小类。总的来看，比较清晰，比较合理。

前修未密，后出转精。相较于赵荫棠、李新魁，耿振生的明清等韵学研地位。"罗常培（1930：281）引用王徵在《西儒耳目资·序》中的话，高度评价了《西儒耳目资》之《万国音韵活图》与《中原音韵活图》："应用这两个《活图》的方法来拼音，自然可以'不期反而反，不期切而切。第举二十五字，才一因重摩汤，叩中国文字之源，毕尽丁此'。（工徵序）"罗常培指出了《西儒耳目资》对中国等韵学家的影响：方以智的《切韵声原》中的《旋韵图说》大部分是受了邵雍的《皇极经世声音图》跟陈荩谟的《皇极统韵》的影响，羼杂很浓厚的道士气，但仍然能够看出同金尼阁的《音韵活图》的关系。杨选杞的《声韵同然集》里的"声韵同然集同然图""声韵同然集宏声图""声韵同然集中声图""声韵同然集细声图"都是受《西儒耳目资》影响创制的。刘献廷的《新韵谱》以"韵母"为声，"韵父"为韵，虽然跟金尼阁所谓"字父""字母"适得其反，可是"父""母"的称谓，未必不是受《西儒耳目资》的影响。"并且他为避免等韵重叠之弊使各韵'有横转而无直送'，'横转有阴阳上去入之五音，而不历喉腭舌唇齿之七位'。若照他的说法画起谱来，恰好同《耳目资》的《音韵经纬全局》格式相合。"罗常培（1930：315）

罗常培（1935b）还写了《中国音韵学的外来影响》。文章从文化接触着眼，分析了中国音韵学演进中的几次外来影响，解释了借以整理汉字音韵的外来的发音条理：①印度梵语的影响，②罗马字母的影响（利玛窦的《西字奇迹》、金尼阁的《西儒耳目资》）；③满文字头的影响（李光地和王兰生的《音韵阐微》、裕恩的《音韵逢源》）；④近代语音学的影响（马士曼的《论汉语的文字与声音》，艾约瑟的《中国上海土话文法》，武尔披齐利的《中国音韵学》，商克的《古代汉语发声学》，马伯乐的《越南语音史研究》《唐代长安方言考》，高本汉的《中国音韵学研究》）。

从宋元等韵学即切韵学（狭义的等韵学）到明清等韵学（广义的等韵学），等韵学的概念有过变化。就《耶稣会士在音韵学上的贡献》《中国音韵学的外来影响》两篇文章而言，或许罗常培本人并不认为它们是等韵之论。但从今天广义等韵学的视角看，这两篇文章确实是20世纪前期明清等韵学研究的重要文献。罗常培乃音韵学大家，每论一个题目，总是广罗文献，理其脉络，指出其间相互影响、前后传承的情形；其著述也是由点而线、由面而体的，其治学方法值得研究学习。

（二）王力批判《类音》

《类音研究》是 20 世纪等韵研究中一篇富有特色的文章。论文共八个部分：①本篇的旨趣。一是强调研究等韵学对于研究中国音韵学史的意义，二是要打破对等韵学的神秘感。②《类音》的作者及其著书的目的。指出潘耒著《类音》的目的在乎正天下之音。潘氏所谓正音，不是古音而是南北音的调和。"举世同然之音则从之，方隅偏驳之音，则正之。"《类音》的目的，除了规定正音之外，还要纠正旧韵书的排列法与反切法。"（王力，1935：652-653）③五十字母。指出潘耒对字母的几个基本观念。第一，潘氏以为字母是有清浊之分的；第二，潘氏以为字母是有阴阳之分的；第三，潘氏以为字母应该分为喉、舌、腭、齿、唇五类；"第四，潘氏以为喉、舌、腭、齿、唇五类，每类都该有一个鼻音，换句话说，就是每一个发音部位的纯声母皆有一个同部位的鼻化声母与之相当"（王力，1935：662）。④四呼。潘氏所定的四呼，就是开口、齐齿、合口、撮口。四呼非潘耒所创。他所定四呼的内容与别人的最大区别乃在乎排列无字之音。"潘氏的四呼之说有两个缺点。第一，他不该随便排斥宋元的等韵；第二，他不该断定一音必有四呼。"（王力，1935：673）⑤全分音。由现代语音学的说法，潘氏所谓"全音"就是"唇化元音"，所谓"分音"就是"非唇化元音"。⑥二十四类。潘耒把韵分为二十四类：有字之类二十二，无字之类二。入声共分十类。⑦反切。潘耒主张反切的方法："上一字必用本呼，以开切开，以齐切齐，以合切合，以撮切撮；必用同转，仄音切平，平音切仄，全音切全，分音切分。下一字必用影喻二母之元音；阴以影切，阳以喻切；影喻无字，则用晓匣之字；又无字然后用见溪群疑之字。"（王力，1935：685-686）"阴以影切，阳以喻切"，潘耒所谓的阴阳，只是不吐气与吐气的分别。⑧结论。

潘耒是清代有影响的等韵学家，其著作《类音》有不少创见。王力的文章以语音学为工具剖析潘耒的等韵术语、等韵观念，有褒扬，但更多的是批判。这篇文章对于打破笼罩在等韵学上的神秘气氛，正确认识、评价等韵学，是有时代意义的。

（三）陆志韦从音系特征论明清等韵

陆志韦在近代汉语语音研究领域占有一席之地。继赵荫棠之后，陆志韦于20世纪40年代末写了一组讨论明清等韵的文章：《记兰茂韵略易通》《记毕拱宸韵略汇通》《记徐孝重订司马温公等韵图经》《金尼阁西儒耳目资所记的音》《记五方元音》。文章涉及的明代等韵书籍，赵荫棠也有过介绍，但两人论述的角度却不相同。陆志韦专从近代汉语语音研究入手，重在阐释音理和归纳音系。陆志韦的这些研究不算是严格意义上的明清等韵学研究，但我们这样说，并不抹杀陆志韦的学术成就。就时代与学术背景而言，陆志韦的论述对于唤起学界重视明清等韵书籍、激发学界研究兴趣还是有推动意义的。

（四）未迟析论《等韵一得》

1957年，李思敬在《语言学论丛》第一辑发表《劳乃宣的〈等韵一得〉》，用的是笔名未迟。未迟的论文共六部分：①概述；②劳氏对语音的一般观点；③劳氏论母；④劳氏论韵母；⑤声调论；⑥总结。《等韵一得》不同于古代的韵书，它从"自然"出发，只讲抽象的音理，并不探求语音的历史衍变，也不阐明语音的地域发展，既不整理古音源流也不总结方言音系，乃是纯粹理论性的东西。和在劳氏之前的同性质的著作比起来（如潘耒的《类音》），显然是要高出前辈学者的。劳氏论音的标准不局限于某一方言的音，而是博采诸方之音来作综合的分析。可以认为《等韵一得》是在中国语音构成体系的范围内的一般语音学。

劳氏对语音的一般观点大致说来可以总结为三点：①语音是有发展的，并不是一成不变的，即所谓"古今之音，随时而变""诸方之音各异"。②语音是一个天然体系，有本有末，而一切声音之源为"阿"（a）。③劳氏正确地解释了语音构成。"他非常严格地把汉语的音节构成分为'七界'，这看出了他审音的精确性。所谓'七界'是'某音一也，清浊二也，某类三也，某部四也，阳阴下声五也，四等六也，四声七也'。'某音'是决定声母的发音部位；'清浊'是决定声母的性质（有声还是无声）；'某类'是决定声母的发音方法；'某部'是决定韵母的发音部位；'阳阴下声'是决定韵母的主要元音；

'四等'是决定韵母的介音（韵头）性质；'四声'是决定音节的调值。"[①]

劳氏所谓"母"并不能理解为辅音，而是传统的概念。凡音节的第一音素皆称"母"，即所谓零声母与一般声母的总合。劳氏根据三个原则审定声母，即发音部位、发音方法、清浊。根据发音部位把声母分为"八音"，即喉音、鼻音、重舌音、轻舌音、重齿音、轻齿音、重唇音、轻唇音。根据发音方法把声母分为戛、透、捺、轹四类。

劳氏所谓的"韵母"既不是只指元音，也不是笼统的介母、主要元音、韵尾的合成体，而是脱出了传统的概念，把音节分成音素单位来探讨的。劳氏所谓的"韵摄"，也不是古代韵图所说的"韵摄"。"劳氏的韵系是以收音部位为'经'，以发音方法为'纬'的，而且分为正音、次音、余音三大类，正音又可以由收音部位和发音方法两方面来说明。"（未迟，1957：87）

"劳氏在理论上非常明确地指出调值与调类是两回事，各地四声的调值不同，但其体系是一致的。""在辨别四声性质上，劳氏也明确指出入声不但是音的长短，而且是音值的问题。劳氏认为前三声是'一声之转'，而入声'与上三声不类'。"（未迟，1957：93）

未迟给《等韵一得》很高的评价：劳乃宣从庞杂的古代等韵学中摆脱出来，开拓自己的天地，从审音辨音出发，建立起自己朴素的理论，努力创造新型的体系，代表着由等韵学走向语音学的进步的新方向。他同时指出，劳氏理论还有极大的缺点和局限性：其一，劳氏没有彻底贯彻他的原则；其二，劳氏没有确切地运用他的方法。因此就表现出了两种潜在的矛盾——原则与认识的矛盾、体系与方法的矛盾，这两种矛盾贯穿在劳氏整个的著作中。

（五）黄典诚的《〈拍掌知音〉说明》的方言史视角

黄典诚（1979：155-156）通过分析《拍掌知音》各图所列例字，认定《拍掌知音》为"福建南部（通称'闽南'）地方韵书。闽南内部还有漳、泉、厦三种方音的差别。本书是泉音文读系统的单字音表，有极少数白读系统字音"。

黄典诚（1979：155-156）把《拍掌知音》跟《汇音妙悟》《雅俗通十五音》比较，指出其音系特点："1.《拍掌知音》上声分上下，去声不分上下，

[①]（清）劳乃宣撰，陈勇点校：《等韵一得　韧叟自订年谱》，中华书局，2020，第78页。

和泉州方言韵书《汇音妙悟》一样，和漳、厦的方言韵书《雅俗通十五音》（上声不分上下，去声分上下）不同……2.《拍掌知音》和《汇音妙悟》区分的某些韵类，《雅俗通十五音》不区分……泉州《汇音妙悟》五十音（韵）里，凡原注'土解、俗解'（即白读）的韵目，在《拍掌知音》里都付诸阙如，这是《拍掌知音》主要反映文读系统的最好说明。"

《拍掌知音》的十五音（声母）不分浊鼻音与浊口音。黄典诚倾向于认为《拍掌知音》是迄今为止可以看到的闽南泉音较早的韵图。"《拍掌知音》所录既然主要是文读系统，这就给研究闽南方言的人提供了一个难得的系统的材料，可以作为研究闽南方言文白异读的参考。"（黄典诚，1979：156）

黄典诚的《〈拍掌知音〉说明》是"文化大革命"结束之后最早发表的等韵学研究成果之一，着眼于方言史研究，对发掘地方韵图具有引领意义。

（六）群一明清等韵研究之云南地域特色

明清时期，云南出了几部有影响的等韵著作：兰茂撰写的《韵略易通》、本悟的《韵略易通》（兰茂的《韵略易通》的修订本）、马自援的《等音》、林本裕的《声位》、（释）宗常的《切韵正音经纬图》等等。20 世纪八九十年代，学者群一写了一组讨论这些等韵书籍的文章。

群一，本名陈长祚，云南昆明人。群一（1987a）考求本悟生卒年代。本悟的《韵略易通》中反映的语音发展规律到底标志着什么时代的特征？属于哪一历史阶段的产物？这跟作者本悟的生平有很大的关系。本悟的《韵略易通》刊行于什么时候？方国瑜认为在明代嘉靖年间；赵荫棠认为在明代隆庆年间。群一排比本悟的《韵略易通》各种版本发现，本悟的《韵略易通》刊行于明万历丙戌，即 1586 年。

群一还撰文介绍清代等韵学著述，并指出它们对于研究汉语云南方音的价值。群一（1992：61，62）认为："马、林两部书都采用'宫、商、角、徵、羽'分别套在声、韵、调上的做法。""马在《等音》一书中首先提出了'五呼十三韵'之说，后得到林的高度赞扬。""十三韵分属'五呼'，其中'商、徵、宫、羽'即今天的'开、齐、合、撮'四呼不成问题。最值得研究的是所谓'角音'。""马、林都坚持认为当时有'角音'的存在，可是在'角音'的收字上却大不相同，其中必定有某种原因。即使是出于'定数·定位'，马、林的理解与实践为什么又不一样？马本称'角音'为'闭口混呼'，林本称之为'闭口卷舌混呼'。"群一（1992：63）认为："马、林所谓的'角音'是收了一些他们自己感到审音困难，拿不准应该归入'四呼'中哪一呼的字。这并非完全是马、林本人辨音能力不强，应该说客观存在的语言现实就是这样的。"

群一的研究特色在于研究对象的地域性，所论堪称明清等韵研究的云南地方史。

结　语

纵观20世纪等韵学研究，前期学者们的研究热情较高，但我们分析发现，当时学者的地域分布只是在北京、上海、南京等少数几个城市；中期大陆萧条沉寂，台湾则酝酿兴盛；后期学术繁荣。这都让我们认识到学术研究与政治、经济、科技的密切关系。

在表述宋元等韵学研究时，我们以个案专题为线索；在表述明清等韵学研究时，我们以学者的研究特点为线索。

梳理宋元等韵学的研究历史时，我们发现，关于"等""内外转"的讨论，历史跨度大，参与的学者多，观点纷呈，却一直没有形成统一的认识。我们固然可以用"百家争鸣、百花齐放"聊以自慰，但是，这其中有没有值得反思的东西？早期韵图这种音韵资料不同于《诗经》用韵和音义反切，有太多创作者的主观成分。要解决上述问题，何不反其本，考察韵图发生、发展的过程？

明清等韵著述，形式多样，内容庞杂。明清等韵学这个筐子里装的东西太多，尽管我们用了"广义的等韵学"这个范畴将其统而括之，但有一些问题我们必须面对：如何表述这门学科的核心理念？如何建构这门学科的逻辑体系？

从学术版图看，对汉语等韵学的研究，中国是一块，日本也是一块。日本有研究汉语等韵学的传统，日本学者也取得了很多成就。关于日本的汉语等韵学研究，李无未已有专文论述，可参看，我们不再重复。

参 考 文 献

(宋)晁公武撰，孙猛校证：《郡斋读书志校证》，上海古籍出版社，2011。
(宋)沈括撰，金良年点校：《梦溪笔谈》，中华书局，2017。
(宋)郑樵撰，王树民点校：《通志二十略》，中华书局，1995。
(金)韩道昭著，宁忌浮校订：《校订五音集韵》，中华书局，1992。
(元)黄公绍、熊忠：《古今韵会举要》，中华书局，2000。
(明)葛中选：《太律》，见《续修四库全书》编纂委员会编《续修四库全书》(经部·乐类，第114册)，上海古籍出版社，1996: 391-568。
(明)袁子让：《五先堂字学元元》，见《续修四库全书》编纂委员会编《续修四库全书》(经部·小学类，第255册)，上海古籍出版社，1996: 169-326。
(清)陈澧：《东塾集》，见《续修四库全书》编纂委员会编《续修四库全书》(集部·别集类，第1537册)，上海古籍出版社，1996: 231-338。
(清)陈澧撰，罗伟豪点校：《切韵考》，广东高等教育出版社，2004。
(清)纪昀等编纂：《文渊阁四库全书》，台湾商务印书馆，1983。
(清)江永：《音学辨微》，丛书集成初编本，商务印书馆，1940。
(清)《康熙字典》，中华书局，1980。
(清)劳乃宣撰，陈勇点校：《等韵一得·韧叟自订年谱》，中华书局，2020。
(清)永瑢等：《四库全书总目》，中华书局，1983。
曹止义. 1994. 《通志·七音略》"重""轻"探疑//中国音韵学研究会编. 音韵学研究(第三辑). 北京: 中华书局: 49-56.
陈新雄. 1973. 六十年来之等韵学. 台北: 文史哲出版社.
陈新雄. 1974. 等韵述要. 台北: 艺文印书馆.
陈雪竹. 1999. 《黄钟通韵》音系研究. 北京大学硕士学位论文.
陈泽平. 1999. 从现代方言释《韵镜》假二等和内外转. 语言研究, (2): 160-168.
陈振寰. 1986. 音韵学. 长沙: 湖南人民出版社.
陈振寰. 1991. 内外转补释. 语言研究, 增刊: 11-13.
大会秘书组. 1984. 中国音韵学研究会学术讨论会纪要//中国音韵学研究会编. 音韵学研究(第一辑). 北京: 中华书局: 1-3.
董同龢. 1948. 切韵指掌图中几个问题. 中央研究院历史语言研究所集刊, 17: 195-212.
董同龢. 1949. 等韵门法通释. 中央研究院历史语言研究所集刊, 14: 257-306.
杜其容. 1968. 释内外转名义. "中央研究院"历史语言研究所集刊, 40: 281-294.
方孝岳. 1988. 广韵韵图. 北京: 中华书局.
方孝岳, 罗伟豪. 1988. 广韵研究. 广州: 中山大学出版社.

冯蒸. 1996. 赵荫棠音韵学藏书台北目睹记——兼论现存的等韵学古籍. 汉字文化, (4): 49-60.
冯蒸. 2013. 论赵荫棠音韵学藏书的文献学价值和音韵学价值. 汉字文化, (6): 22-32.
高福生. 1984. 说"等". 江西师范大学学报, (1): 78-82, 77.
高明. 1980a. 韵镜研究//高明小学论丛. 台北: 黎明文化事业股份有限公司: 303-343.
高明. 1980b. 嘉吉元年本韵镜跋//高明小学论丛. 台北: 黎明文化事业股份有限公司: 273-302.
高明. 1980c. 四声等子之研究//高明小学论丛. 台北: 黎明文化事业股份有限公司: 360-399.
高永安. 1997. 《韵法横图》音系研究. 北京师范大学硕士学位论文.
高元. 1921. 辟等呼论. 学林, 1(3): 2-17.
高元. 1922. 高元国音学. 上海: 商务印书馆.
葛毅卿. 1957. 韵镜音所代表的时间和区域. 学术月刊, (8): 79-91.
葛毅卿. 1979. 《韵镜》中的等呼. 南京师院学报(社会科学版), (3): 74-79.
耿振生. 1989. 《汉语等韵学》读后记. 中国语文, (5): 385-387.
耿振生. 1991. 《青郊杂著》音系简析. 中国语文, (5): 374-379.
耿振生. 1992. 明清等韵通论. 北京: 语文出版社.
耿振生. 1993. 论近代书面音系研究方法. 古汉语研究, (4): 44-52, 21.
耿振生. 2000. 明代音韵改革家王应电及其《声韵会通》//四川大学汉语史研究所编. 汉语史研究集刊(第三辑). 成都: 巴蜀书社: 284-300.
耿振生. 2011. 《等韵源流》述要//等韵源流. 北京: 商务印书馆: 371-381.
顾实. 1923a. 重刻韵镜序. 国学丛刊, 1(1): 110-111.
顾实. 1923b. 韵镜审音. 国学丛刊, 1(2): 114-118.
顾实. 1923c. 四声等子审音. 国学丛刊, 1(2): 118-119.
顾实. 1923d. 校印切韵指掌图序. 国学丛刊, 1(1): 111-112.
顾实. 1923e. 重刻四声等子序. 国学丛刊, 1(1): 113-114.
郭力. 1989. 《重订司马温公等韵图经》心、敷、微三母试析. 汉字文化, (4): 67-72.
郭力. 1993. 《重订司马温公等韵图经》体例辨析. 古汉语研究, (4): 37-43, 63.
何九盈. 1995. 中国古代语言学史. 广州: 广东教育出版社.
胡从曾. 1987. 三十六字母与等韵——兼证古声十九纽. 浙江师范大学学报(社会科学版), (4): 63-69.
胡从曾. 1989. 论声韵相依与"内外转". 浙江师范大学学报(社会科学版), (4): 80-86.
胡从曾. 1991. 论清(轻)、浊(重). 浙江师范大学学报(社会科学版), (3): 62-65.
黄典诚. 1957. 黄谦的《三推成字法》. 文字改革, (10): 42-49.
黄典诚. 1979. 《拍掌知音》说明. 方言, (2): 155-156.

黄典诚. 1994. 试论《辩四声轻清重浊法》与等韵的关系//中国音韵学研究会编. 音韵学研究(第三辑). 北京: 中华书局: 63-71.

黄耀堃. 2004. 试论《归三十字母例》在韵学史的地位//黄耀堃语言学论文集. 南京: 凤凰出版社: 37-83.

忌浮. 1987. 金代汉语语言学述评. 社会科学战线, (1): 333-345, 264.

忌浮. 1993. 《切韵指南》的唇音开合与入配阴阳——《切韵指南》研究之二. 社会科学战线, (6): 254-265.

忌浮. 1994. 《五音集韵》与等韵学//中国音韵学研究会编. 音韵学研究(第三辑). 北京: 中华书局: 80-88.

忌浮. 1995. 《切韵指南》的列字和空圈——《切韵指南》研究之一. 吉林大学社会科学学报, (4): 76-84.

孔仲温. 1987. 韵镜研究. 台北: 台湾学生书局.

赖江基. 1991. 《韵镜》是宋人拼读反切的工具书. 暨南学报(人文科学与社会科学版), (2): 104-112.

黎锦熙. 1983. 中国等韵学的批判——"声介合母"的历史经验. 信阳师范学院学报(哲学社会科学版), (3): 49-51, 61.

李开. 1996. 戴震《声类表》考踪. 语言研究, (1).59-81.

李荣. 1956a. 转与摄的关系//切韵音系. 北京: 科学出版社: 175-182.

李荣. 1956b. 皇极经世十声十二音解//切韵音系. 北京: 科学出版社: 165-173.

李思敬. 1994. 从吴棫所描写的某些南宋"俗音"音值证《切韵指掌图》的列"等"//中国音韵学研究会编. 音韵学研究(第三辑). 北京: 中华书局: 102-107.

李新魁. 1963. 谈谈等韵学. 文字改革, (8): 12-13.

李新魁. 1980a. 等韵门法研究//南开大学中文系语言学教研室编. 语言研究论丛(第一辑). 天津: 天津人民出版社: 121-161.

李新魁. 1980b. 江永《四声切韵表》及其继作述评. 暨南大学学报, (2): 96-100.

李新魁. 1980c. 戴震《声类表》简述. 求是学刊, (4): 92-94.

李新魁. 1980d. 谈庞大堃、梁僧宝的等韵学著作. 中国语文研究, (2): 67-72.

李新魁. 1980e. 《康熙字典》的两种韵图. 辞书研究, (1): 174-182.

李新魁. 1980f. 谈几种兼表南北方音的等韵图. 中山大学学报(哲学社会科学版), (3): 103-112.

李新魁. 1981. 《韵镜》研究. 语言研究, (1): 125-166.

李新魁. 1982a. 记表现山西方音的《西儒耳目资》. 语文研究, (1): 126-129.

李新魁. 1982b. 韵镜校证. 北京: 中华书局.

李新魁. 1983. 汉语等韵学. 北京: 中华书局.

李新魁. 1984. 汉语音韵学研究概况及展望//中国音韵学研究会编. 音韵学研究(第一辑).

北京: 中华书局: 4-22.
李新魁. 1986. 论内外转//中国音韵学研究会编. 音韵学研究(第二辑). 北京: 中华书局: 249-256.
李新魁. 1994.《起数诀》研究//中国音韵学研究会编. 音韵学研究(第三辑). 北京: 中华书局: 1-41.
刘复. 1923. 守温三十六字母排列法之研究. 国学季刊, 1(3): 451-464.
龙宇纯. 1960. 韵镜校注. 台北: 艺文印书馆股份有限公司.
龙庄伟. 1988a. 略说《五方元音》. 河北师院学报(哲学社会科学版), (2): 116-119, 109.
龙庄伟. 1988b. 本悟《韵略易通》之重×韵辨. 中国语文, (3): 227-231.
龙庄伟. 1989.《五方元音》音系研究. 语言研究, (2): 77-81.
龙庄伟. 1990. 论《五方元音》的入声. 河北师院学报(哲学社会科学版), (3): 156-162.
龙庄伟. 1996.《五方元音》与《元韵谱》. 河北师院学报(哲学社会科学版), (3): 66-69.
鲁国尧. 1992.《卢宗迈切韵法》述评. 中国语文, (6): 401-409.
鲁国尧. 1993.《卢宗迈切韵法》述评(续). 中国语文, (1): 33-43.
陆志韦. 1946. 记邵雍皇极经世的"天声地音". 燕京学报, (31): 71-80.
陆志韦. 1947a. 记兰茂韵略易通(附云南丛书本韵略易通). 燕京学报, (32): 161-168, 271.
陆志韦. 1947b. 记毕拱宸韵略汇通. 燕京学报, (33): 105-113.
陆志韦. 1947c. 记徐孝重订司马温公等韵图经. 燕京学报, (32): 169-196.
陆志韦. 1947d. 金尼阁西儒耳目资所记的音. 燕京学报, (33): 115-128.
陆志韦. 1948. 记五方元音. 燕京学报, (34): 1-13.
罗常培. 1930. 耶稣会士在音韵学上的贡献. 中央研究院历史语言研究所集刊, 1(3): 267-338.
罗常培. 1931. 敦煌写本守温韵学残卷跋. 中央研究院历史语言研究所集刊, 3(2): 251-262.
罗常培. 1932. 释重轻. 中央研究院历史语言研究所集刊, 2(4): 441-449.
罗常培. 1933. 释内外转. 中央研究院历史语言研究所集刊, 4(2): 209-226.
罗常培. 1935a. 通志七音略研究. 中央研究院历史语言研究所集刊, 5(4): 521-535.
罗常培. 1935b. 中国音韵学的外来影响. 东方杂志, 32(14): 35-45.
罗常培. 1939. 从"四声"说到"九声". 东方杂志, 36(8): 39-48.
罗常培. 1943. 王兰生与音韵阐微. 学术季刊, (3): 87-115.
罗常培. 1949. 中国音韵学导论. 北京: 北京大学出版部.
罗常培. 2004. 释清浊//罗常培语言学论文集. 北京: 商务印书馆: 136-138.
马重奇. 1998a.《起数诀》与《广韵》《集韵》比较研究——《皇极经世解起数诀》校证之一//汉语音韵学论稿. 成都: 巴蜀书社: 141-195.
马重奇. 1998b.《起数诀》与《韵镜》《七音略》比较研究——《皇极经世解起数诀》校

证之二//汉语音韵学论稿.成都:巴蜀书社:196-243.
麦耘.1987.《韵法直图》中二等开口字的介音.语言研究,(2):78-80.
麦耘.1995.韵图的介音系统及重纽在《切韵》后的演变//音韵与方言研究.广州:广东人民出版社:63-76.
聂鸿音.1997.黑水城抄本《解释歌义》和早期等韵门法.宁夏大学学报(社会科学版),19(4):13-16.
聂鸿音,孙伯君.2006.黑水城出土音韵学文献研究.北京:文物出版社.
宁忌浮.1997.古今韵会举要及相关韵书.北京:中华书局.
潘文国.1990.韵图分等的关键//上海市语文学会编.语文论丛(第4辑).上海:上海教育出版社:100-103.
潘文国.1997.韵图考.上海:华东师范大学出版社.
潘悟云.1983."轻清、重浊"释——罗常培《释轻重》《释清浊》补注.社会科学战线,(2):324-328.
钱玄同.1918.文字学音篇.北京:北京大学出版组.
群一.1985.云南明代两部《韵略易通》比较研究.昆明师专学报(哲学社会科学版),(1):36-52.
群一.1986.本悟《韵略易通》的两个刻本.中国语文,(2):148-151.
群一.1987a.本悟生卒年代考.昆明师专学报(哲学社会科学版),(2):82-85,62.
群一.1987b.《韵略易通》价值辨.昆明师专学报(哲学社会科学版),(3):83-87,72.
群一.1989.云南清代声韵学著作及作者.昆明师专学报(哲学社会科学版),(2):64-68.
群一.1990a.关于兰茂和本悟《韵略易通》的三个问题——与慧生先生商榷.昆明师专学报(哲学社会科学版),(1):39-44,50.
群一.1990b.《韵略易通》声、韵、调配合规律.昆明师专学报(哲学社会科学版),(4):76-83,23.
群一.1991.《等音》《声位》比较研究(一).昆明师专学报(哲学社会科学版),(4):75-80,87.
群一.1992.《等音》《声位》比较研究(二).昆明师专学报(哲学社会科学版),(2):61-70.
群一.1993.《切韵正音经纬图》作者"自序"注译.玉溪师专学报(社会科学版),(2):59-61.
群一.1994a.本悟的"重某韵"与毕拱辰的"见某韵".昆明师专学报(哲学社会科学版),(2):73-77.
群一.1994b.本悟"重×韵"与毕拱辰"见×韵"(二).昆明师专学报(哲学社会科学版),(3):71-76.
任铭善.1936a.辨音臆记.中国文学会集刊,(3):57-59.
任铭善.1936b.古等韵八摄四流说.之江学报,(5):1-7.
邵荣芬.1998.《韵法横图》与明末南京方音.汉字文化,(3):25-37.

沈建民，杨信川. 1995. 也谈本悟《韵略易通》之"重×韵". 中国语文，(1)：65-69.
时建国. 1995.《切韵声源》列图校字. 古籍研究，(4)：98-101.
时建国. 1996.《切韵声源》术语通释. 古汉语研究，(1)：8-11, 7.
史存直. 1997a. 韵等新探//汉语音韵学论文集. 上海：华东师范大学出版社：302-308.
史存直. 1997b. 谈音韵学中的"等"//汉语音韵学论文集. 上海：华东师范大学出版社：309-314.
史存直. 1997c. 关于"等"和"门法"//汉语音韵学论文集. 上海：华东师范大学出版社：290-301.
宋珉映. 1997.《等韵精要》声母系统的特点. 中国语文，(2)：150-151.
孙强，江火. 1999. 等韵学基本规则——内外转. 徐州师范大学学报（哲学社会科学版），(4)：24-28.
唐作藩. 1989.《四声等子》研究//吕叔湘等. 语言文字学术论文集——庆祝王力先生学术活动五十周年. 上海：知识出版社：291-312.
唐作藩. 1992. 序//明清等韵学通论. 北京：语文出版社：1-4.
唐作藩. 1994. 关于"等"的概念//中国音韵学研究会编. 音韵学研究（第三辑）. 北京：中华书局：158-161.
唐作藩，耿振生. 1998. 二十世纪的汉语音韵学//刘坚主编. 二十世纪的中国语言学. 北京：北京大学出版社：1-52.
汪寿明. 1982. 读《切韵指掌图》札记. 华东师范大学学报（哲学社会科学版），(5)：90-93.
王静如. 1941. 论开合口. 燕京学报，(29)：143-192.
王静如. 1990. 汉语音韵学雅言. 汉字文化，(4)：14-21.
王力. 1935. 类音研究. 清华学报（自然科学版），(3)：647-690.
王力. 1963. 汉语音韵. 北京：中华书局.
王力. 1981. 中国语言学史. 太原：山西人民出版社.
王力. 1983. 王力教授在中国音韵学研究会第二届年会开幕典礼上的讲话. 音韵学研究通讯，(3)：4.
王力. 1991. 汉语音韵. 北京：中华书局.
王力. 2014. 汉语音韵学. 北京：中华书局.
王平. 1989.《五方元音》音系研究. 山东师大学报（社会科学版），(1)：51-57.
王显. 1994. 等韵学和古韵//中国音韵学研究会编. 音韵学研究（第三辑）. 北京：中华书局：72-79.
未迟（李思敬）. 1957. 劳乃宣的《等韵一得》//北京大学中国语言文学系编. 语言学论丛（第一辑）. 上海：新知识出版社：74-97.
魏建功. 2012.《切韵》韵目次第考源——敦煌唐写本《归三十字母例》的史料价值//魏建功语言学论文集. 北京：商务印书馆：290-309.

吴稚晖.1924.国音沿革序.东方杂志,21(20):62-71.
谢磊.1994.齿音二、四等的真假和内转、外转——兼论黄季刚先生的古本音说不可抹杀.兰州教育学院学报(社会科学版),(1):22-33.
幸之.1983.内外转及其研究.江西师院学报(哲学社会科学版),(2):59-67,18.
徐复.1990.守温字母与藏文字母之渊源//徐复语言文字学丛稿.南京:江苏古籍出版社:35-43.
徐通锵.1997.语言论——语义型语言的结构原理和研究方法.长春:东北师范大学出版社.
许宝华,潘悟云.1994.释二等//中国音韵学研究会编.音韵学研究(第三辑).北京:中华书局:119-135.
许绍早.1994.《切韵指掌图》试析//中国音韵学研究会编.音韵学研究(第三辑).北京:中华书局:89-101.
许世瑛.1939.等韵一得研究.文学年报,(5):73-86.
许世瑛.1966.评罗董两先生释内外转之得失.淡江学报,(5):1-15.
薛凤生.1985.试论等韵学之原理与内外转之含义.语言研究,(1):38-56.
杨学智.1998.等韵学的基本原理——内外转.无锡教育学院学报,(2):21-23.
杨亦鸣.1990.《李氏音鉴》的粗细理论及反切特点.徐州师范学院学报(哲学社会科学版),(1):165-172.
杨亦鸣.1991.《李氏音鉴》的声、韵、调系统.徐州师范学院学报(哲学社会科学版),(3):82-89.
姚荣松.1974.《切韵指掌图》研究.台湾师范大学中文研究所集刊,18:321-512.
叶宝奎.1999a.也谈本悟《韵略易通》的重×韵.古汉语研究,(2):8-11.
叶宝奎.1999b.《音韵阐微》音系初探.厦门大学学报(哲学社会科学版),(4):105-111.
叶祥苓.1979a.《类音》五十母考释(上).南京师大学报(社会科学版),(2):82-87.
叶祥苓.1979b.《类音》五十母考释(下).南京师大学报(社会科学版),(3):80-86.
余迺永.1993.再论《切韵》音:释内外转新说.语言研究,(2):33-48.
俞光中.1986.说内外转//中国音韵学研究会编.音韵学研究(第二辑).北京:中华书局:257-263.
俞敏.1984.等韵溯源//中国音韵学研究会编.音韵学研究(第一辑).北京:中华书局:402-413.
俞敏.1999.后汉三国梵汉对音谱//俞敏语言学论文集.北京:商务印书馆:1-62.
语言文字卷编委会.1992.中国学术名著提要·语言文字卷.上海:复旦大学出版社.
曾运乾.1936.等韵门法驳议.语言文学专刊,1(2):291-302.
曾运乾.2011.音韵学讲义.北京:中华书局.
张世禄.1933.等韵学派系统的分析.文史丛刊,(1):1-17.
张世禄.1984.中国音韵学史(下).上海:上海书店出版社.

张世禄，李行杰.1990a.等韵学讲话提纲(一).青岛师专学报,(2):1-13.
张世禄，李行杰.1990b.等韵学讲话提纲(二).青岛师专学报,(3):18-30.
张世禄，李行杰.1990c.等韵学讲话提纲(三).青岛师专学报,(4):17-28.
张玉来.1988.内外转补释.山东师大学报(社会科学版),(1):71-78.
张玉来.1992.《韵略汇通》的语音性质.山东师大学报(社会科学版),(1):61-63.
张玉来.1995.韵略汇通音系研究.济南:山东教育出版社.
张玉来.1997.本悟本《韵略易通》与明代云南方音.语言研究,(1):118-129.
张玉来.1999.韵略易通研究.天津:天津古籍出版社.
赵克刚.1988a.《七音略校释》绪论.重庆师院学报哲社版,(3):64-71.
赵克刚.1988b.《七音略校释》绪论(续).重庆师院学报哲社版,(4):61-68.
赵克刚.1994.四等重轻论//中国音韵学研究会编.音韵学研究(第三辑).北京:中华书局:42-48.
赵荫棠.1931.康熙字典字母切韵要法考证.中央研究院历史语言研究所集刊,3(1):93-120.
赵荫棠.1932a.字学元元述评.中法大学月刊,2(2):41-56.
赵荫棠.1932b.元明清韵书考证之七.中法大学月刊,1(3):49-59.
赵荫棠.1932c.元明清韵书考证之八.中法大学月刊,1(4):25-34.
赵荫棠.1932d.清初审音家赵绍箕及其贡献.辅仁学志,3(2):158-169.
赵荫棠.1933.读叶秉敬韵表札记.中法大学月刊,2(3-4):97-105.
赵荫棠.1934.切韵指掌图撰述年代考.辅仁学志,4(2):137-152.
赵荫棠.1937.明清等韵之北音系统.辅仁学志,6(1/2):65-127.
赵荫棠.1940.守温韵学残卷后记.中国公论,2(6):98-102.
赵荫棠.1943.大藏字母九音等韵跋.中国留日同学会季刊,(3):13-17.
赵荫棠.2011.等韵源流.北京:商务印书馆.
赵振铎.1994.《广韵》与等//中国音韵学研究会编.音韵学研究(第三辑).北京:中华书局:57-62.
郑荣芝.1999.《韵法直图》与《韵法横图》研究.中山大学博士学位论文.
中国大百科全书总编辑委员会《语言文字》编辑委员会,中国大百科全书出版社编辑部.1988.中国大百科全书·语言文字.北京:中国大百科全书出版社.
钟树梁.1982.论反切和韵表的关系及宋元以后韵书所载反切与韵系简化问题——中国声韵学研究之一.成都大学学报(社会科学版),(1):20-30.
钟树梁.1983.从《切韵指掌图》到《切韵指南》及所谓汉语韵母由"丰富"到"偏枯"和"时音"问题——中国声韵学研究之三.成都大学学报(社会科学版),(2):68-77.
周法高.1984.论切韵音//中国音韵学论文集.香港:香港中文大学出版社:10-11.
周世箴.1986.论《切韵指掌图》中的入声.语言研究,(2):36-46.

周祖谟. 1943. 宋代汴洛语音考. 辅仁学志, 12(1/2): 221-285.
周祖谟. 1966a. 读守温韵学残卷后记//问学集. 北京: 中华书局: 501-506.
周祖谟. 1966b. 宋人等韵图中"转"字的来源//问学集. 北京: 中华书局: 507-510.
朱星. 1981. 三十六字母略说. 内蒙古师院学报(哲学社会科学版), (1): 1-5.
朱星. 1985. 宋元等韵学述评. 河北师院学报(哲学社会科学版), (2): 44.
竺家宁. 1973. 四声等子音系蠡测. 台湾师范大学中文研究所集刊, (17): 53-178.
竺家宁. 1977. 四声等子之音位系统. 木铎, (5/6): 351-368.
〔日〕遍照金刚, 卢盛江. 2015. 文镜秘府论汇校汇考(修订本). 北京: 中华书局.
〔日〕大正一切经刊行会. 1996. 大正新修大藏经. 台北: 新文丰出版有限公司.
〔瑞典〕高本汉. 2003. 中国音韵学研究. 赵元任, 罗常培, 李方桂合译. 北京: 商务印书馆.

附录
20世纪汉语音韵学大事编年

1853 年

〔英〕艾约瑟的《中国上海土话文法》出版。

1883 年

劳乃宣著成《等韵一得》,是等韵学的重要著作。

1884 年

黎汝昌、杨守敬刊刻《古逸丛书》,《韵镜》复归中土。

1896 年

〔意〕武尔披齐利的《中国音韵学》出版。

1899 年

百日维新,光绪帝和维新派推行新政,颁布《明定国是诏》,开始引起对"国语"的重视,这是国语运动开始的一年。

1900 年

(1) 敦煌藏经洞开启,发现若干唐五代音韵文献。
(2) 〔荷〕商克发表《古代汉语发音学》(《通报》)。

1902 年

吴汝纶提出以北京语音为国语的标准。

1906 年

章炳麟发表《论语言文字之学》,主张将"小学"改名为"语言文字之学"。

1908 年

章炳麟发表《古音娘日二纽归泥说》。

1909 年

国语编查委员会成立。

1910 年

章炳麟的《国故论衡》初版刊行于日本东京。

1911 年

清政府学部中央教育会议通过《统一国语办法案》。

1912 年

〔法〕马伯乐发表《安南语音史研究》(《河内远东法文学校学报》)。

1913 年

(1) 读音统一会在北京正式召开,定下"国音",即"老国音",拟定了"注音字母"。

(2) 胡以鲁的《国语学草创》出版。

1915 年

〔瑞典〕高本汉的《中国音韵学研究》开始出版。

1916 年

中华民国国语研究会在北京成立。

1917 年

中华民国国语研究会召开第一次大会。

1918 年

（1）教育部公布"注音字母"。
（2）钱玄同的《文字学音篇》出版。

1919 年

（1）由北洋政府和国民政府时期教育部附设的国语统一筹备会成立，简称国语统一会。
（2）《国音字典》出版。

1920 年

（1）〔法〕马伯乐发表《唐代长安方言考》(《河内远东法文学校学报》)。
（2）黄侃发表《音略》《声韵通例》。

1922 年

高元的《高元国音学》出版，是早期较有影响的语音学著作。

1923 年

（1）王国维的《观堂集林》出版。
（2）〔俄〕钢和泰的《音译梵书与中国古音》(胡适译)发表。
（3）〔瑞典〕高本汉的《汉字与汉日分析字典》出版。
（4）汪荣宝的《歌戈鱼虞模古读考》引起第一次古音学大讨论。
（5）刘复的《守温三十六字母排列法之研究》发表，介绍《守温韵学残卷》。

1924 年

（1）国语统一筹备会修改读音统一会所定的"国音"，改北京语音为标准音，俗称"新国音"。

（2）汪怡的《新著国语发音学》、刘复的《四声实验录》出版。

（3）章炳麟发表《与汪旭初论阿字长短音书》，林语堂发表《古有复辅音说》。

1925 年

（1）刘复、赵元任、林语堂、汪怡、钱玄同、黎锦熙等组成"数人会"，议决《国语罗马字拼音法式》。

（2）刘复编辑的《敦煌掇琐》出版。

1926 年

（1）全国国语运动大会召开，宣布采定北京语音为标准音。

（2）《国语罗马字拼音法式》由"国语罗马字拼音研究委员会"决议通过，呈交教育部。

1927 年

（1）曾运乾发表《喻母古读考》《〈切韵〉五声五十一纽考》。

（2）〔德〕西门华德发表《古汉语韵尾辅音之构拟》。

1928 年

（1）中华民国大学院正式公布《国语罗马字拼音法式》。

（2）国语统一筹备会改名为国语统一筹备委员会。

（3）《中央研究院历史语言研究所集刊》创刊。

（4）赵元任的《现代吴语的研究》出版。

1929 年

（1）钱玄同发表《广韵四十六母标音》。

（2）魏建功发表《古阴阳入三声考》。

（3）张世禄的《中国声韵学概要》出版。

1930 年

（1）中国国民党中央执行委员会通过决议把原"注音字母"改为"注音符号"。

（2）教育部组成注音符号推行委员会。

（3）〔瑞典〕高本汉发表《藏语与汉语》(《通报》)。

（4）赵元任发表《一套标调的字母》，提出现在广泛采用的五度值标调法。

（5）罗常培的《耶稣会士在音韵学上的贡献》发表。

（6）林语堂发表《支脂之三部古读考》。

（7）黄淬伯发表《慧琳一切经音义反切考韵表》《慧琳一切经音义反切声类考》。

1931 年

（1）罗常培的《厦门音系》出版。

（2）罗常培的《〈切韵〉鱼虞的音值及其所据方音考》发表，涉及《切韵》的音系性质。

（3）李方桂发表《切韵 â 的来源》。

（4）白涤洲发表《广韵声纽韵类之统计》。

1932 年

（1）教育部正式公布《国音常用字汇》。

（2）钱玄同发表《古音无"邪"纽证》。

（3）罗常培发表《中原音韵声类考》。

（4）葛毅卿发表《喻母古音值》(《通报》)。

（5）赵荫棠发表《中原音韵研究》。

1933 年

（1）罗常培的《唐五代西北方音》出版。

（2）赵元任发表《中国字调跟语调》(英文)。

（3）姜亮夫的《中国声韵学》出版。

1934 年

（1）赵元任发表《音位标音法的多能性》。

（2）张世禄的《语音学纲要》出版，这是第一本中国语言学家自己编写的语音学专著。

（3）陈寅恪发表《四声三问》。

（4）钱玄同发表《古韵二十八部音读之假定》。

1935 年

（1）国语统一筹备委员会改为国语推行委员会。

（2）北京大学出版《十韵汇编》。

（3）魏建功的《古音系研究》出版。

（4）黄侃逝世（1886—1935）。

1936 年

（1）黄侃遗作《谈添盍帖分四部说》发表。

（2）王力的《中国音韵学》出版。

（3）张世禄的《中国音韵学史》出版。

（4）赵荫棠的《中原音韵研究》出版。

1937 年

王力发表《上古韵母系统研究》。

1938 年

周祖谟的《广韵校本附校勘记》出版。

1939 年

（1）赵元任的《钟祥方言记》出版。

（2）陆志韦的《证广韵五十一声类》发表。

1940 年

〔瑞典〕高本汉的《中国音韵学研究》中文版出版，由赵元任、罗常培、李方桂合译。

1941 年

（1）赵元任发表《中古汉语的辨字性与非辨字性特征》，首次把结构主义运用于《切韵》研究。

（2）王静如发表《论开合口》。

1943 年

（1）张世禄发表《朱翱反切声类考》。

（2）周祖谟发表《宋代汴洛语音考》。

1944 年

（1）董同龢的《上古音韵表稿》刊行，首次对谐声系统作整体性研究。

（2）齐佩瑢发表《中国近三十年之声韵学》。

1945 年

沈兼士主编的《广韵声系》（上、下两册）出版。

1947 年

（1）《刊谬补缺切韵》宋濂跋本复为故宫博物院购得并影印出版，签题《唐写本王仁煦刊谬补缺切韵》，此为全本王韵。

（2）陆志韦的《古音说略》刊行。

1948 年

（1）陈寅恪发表《从史实论切韵》，引发关于《切韵》音系性质的大讨论。

（2）董同龢发表《广韵重纽试释》、周法高发表《广韵重纽的研究》，引发对《切韵》重纽的讨论。

1949 年

（1）罗常培的《中国音韵学导论》（后改名《汉语音韵学导论》）出版。
（2）俞敏《汉语的'其'跟藏语的 gji》发表。

1952 年

（1）丁声树发表《谈谈语音构造和语音演变的规律》。
（2）李荣的《切韵音系》由中国科学院印行。

1954 年

白涤洲遗稿《关中方音调查报告》（喻世长整理）刊行。

1955 年

（1）中国科学院语言研究所编制的《方言调查字表》出版。
（2）姜亮夫编辑的《瀛涯敦煌韵辑》出版。

1956 年

（1）中国文字改革委员会发表《汉语拼音方案（草案）》。
（2）李荣的《切韵音系》由科学出版社出版。

1957 年

（1）黄淬伯发表《论切韵音系并批判高本汉的论点》一文，引起关于《切韵》音系性质的第二次大讨论。
（2）赵荫棠的《等韵源流》出版。
（3）王力的《汉语史稿》出版。

1958 年

（1）丁声树编录、李荣参订的《古今字音对照手册》出版。
（2）罗常培、周祖谟的《汉魏晋南北朝韵部演变研究（第一分册）》出版。
（3）王力的《汉语诗律学》出版。

（4）罗常培逝世（1899—1958）。

1959 年

（1）〔俄〕龙果夫著、唐虞译的《八思巴字与古汉语》出版。
（2）罗常培、蔡美彪合编的《八思巴字与元代汉语〔资料汇编〕》出版。

1960 年

周祖谟的《广韵校本》出版。

1961 年

（1）《中国语文》刊发邵荣芬、王显、何九盈等人讨论《切韵》音系性质的文章。
（2）昌厚（李荣）的《隋韵谱》开始陆续发表。

1962 年

（1）赵遐秋、曾庆瑞发表《〈中原音韵〉音系的基础和"入派三声"的性质》，引起关于《中原音韵》音系性质的大讨论。
（2）殷焕先发表《反切释例》。

1963 年

（1）中国科学院语言研究所编辑的《罗常培语言学论文选集》出版。
（2）周祖谟发表《切韵的性质和它的音系基础》。
（3）董同龢逝世（1911—1963）。

1964 年

黄淬伯发表《切韵音系的本质特征》。

1966 年

周祖谟的《问学集》出版。

1968 年

董同龢的《汉语音韵学》出版。

1969 年

（1）王士元发表《竞争性演变是残留的原因》，提出词汇扩散理论。
（2）陈寅恪逝世（1890—1969）。

1970 年

（1）陆志韦逝世（1894—1970）。
（2）梅祖麟发表《中古汉语的声调与上声的起源》。
（3）周法高发表《论上古音和切韵音》。
（4）丁邦新的《台湾语言源流》出版。

1971 年

（1）李方桂发表《上古音研究》（《台湾清华学报》）。
（2）谢云飞的《中国声韵学大纲》出版。

1973 年

（1）陈新雄的《六十年来之声韵学》出版。
（2）潘重规发表《〈瀛涯敦煌韵辑〉别录》（香港《新亚学报》）。

1974 年

（1）中国台湾出版《董同龢先生语言学论文选集》《许世瑛先生论文集》。
（2）张琨发表《论中古音与〈切韵〉之关系》（《台湾清华学报》）。

1975 年

（1）薛凤生的《中原音韵的音位系统》出版。
（2）丁邦新发表《魏晋音韵研究》。

1977 年

李方桂的《比较台语手册》出版。

1978 年

蒋希文发表《〈中原雅音〉记略》，引起关于《中原雅音》是否确有其书及其音系性质的讨论。

1979 年

（1）王力发表《现代汉语语音分析中的几个问题》，引起关于日母音值的讨论。

（2）殷焕先的《反切释要》、邵荣芬的《汉语语音史讲话》、方孝岳的《汉语语音史概要》出版。

1980 年

（1）中国语言学会成立，王力为名誉会长，吕叔湘为会长。

（2）中国音韵学研究会在武汉召开成立大会暨首次学术讨论会（10.29—11.2）。会议选举严学宭为会长，王力、周祖谟为名誉会长。

（3）李方桂的《上古音研究》出版。

（4）梅祖麟发表《四声别义中的时间层次》，把汉藏同源建立在语言深层的构词形态上。

（5）魏建功逝世（1901—1980）。

1981 年

（1）赵元任回国访问。

（2）杨耐思的《中原音韵音系》出版。

（3）由丁声树撰文、李荣制表的《汉语音韵讲义》发表。

（4）史存直的《汉语语音史纲要》出版。

1982 年

（1）中国音韵学研究会第二届年会暨学术讨论会在陕西西安举行。

（2）台湾地区成立声韵学学会，此后每年举行一次中国声韵学学术研讨会，并开始出版学会内部刊物《声韵论丛》《声韵学会通讯》。

（3）第十五届国际汉藏语言学会议在北京举行。

（4）王力的《同源字典》、邵荣芬的《切韵研究》、李荣的《音韵存稿》、唐作藩编著的《上古音手册》出版。

（5）尉迟治平发表《周、隋长安方音初探》。

（6）赵元任逝世（1892—1982）。

1983 年

（1）周祖谟编的《唐五代韵书集存》出版。

（2）李新魁的《〈中原音韵〉音系研究》和《汉语等韵学》、邢公畹的《语言论集》出版。

（3）李方桂从美国回中国，在北京大学、中国社会科学院、中央民族学院作讲座，后又到南京大学、广西大学、四川大学演讲。

（4）郑张尚芳发表《温州方言歌韵读音的分化和历史层次》，是运用历史层次分析法研究汉语方言史的先驱。

（5）施向东发表《玄奘译著中的梵汉对音与唐初中原方音》。

1984 年

（1）俞敏发表《等韵溯源》，其《中国语言学论文选》在日本出版。

（2）中国音韵学研究会第三届年会暨学术讨论会在广西桂林举行。

1985 年

（1）王力的《汉语语音史》出版。

（2）李思敬的《音韵》出版。

（3）宁继福的《中原音韵表稿》出版。

1986 年

（1）陈振寰的《音韵学》出版。

（2）李新魁的《汉语音韵学》出版。

（3）竺家宁的《古今韵会举要的语音系统》出版。

（4）〔俄〕雅洪托夫的《汉语史论集》出版。

（5）王力逝世（1900—1986）。

（6）中国音韵学研究会第四届年会暨学术讨论会在重庆举行。

1987 年

（1）中国音韵学研究会与江西省有关单位举行"纪念周德清诞辰 710 周年学术讨论会"。

（2）郑张尚芳发表《上古韵母系统和四等、介音、声调的发源问题》。

（3）照那斯图、杨耐思编著的《蒙古字韵校本》，〔瑞典〕高本汉著、聂鸿音译的《中上古汉语音韵学纲要》，张琨著、张贤豹译的《汉语音韵史论文集》，唐作藩的《音韵学教程》，陈复华、何九盈的《古韵通晓》等书出版。

（4）何大安的《声韵学中的观念和方法》出版。

（5）李方桂在美国逝世（1902—1987）。

1988 年

（1）《中国大百科全书·语言文字》出版。

（2）中国音韵学研究会第三届理事会议召开，邵荣芬为会长。

（3）中国音韵学研究会第五届年会暨学术讨论会在湖南桑植举行。

1989 年

（1）朱晓农的《北宋中原韵辙考》出版，为韵谱分析研制出数理统计的方法。

（2）俞敏的《俞敏语言学论文集》出版。

（3）丁声树逝世（1909—1989）。

1990 年

（1）中国音韵学研究会第四届理事会议在北京召开，唐作藩为会长。

（2）中国音韵学研究会第六届年会暨学术讨论会在北京举行。

（3）严学宭的《广韵导读》，鲍明炜的《唐代诗文韵部研究》，殷焕先、董绍克的《实用音韵学》，〔美〕薛凤生著，鲁国尧、侍建国译的《中原音韵音位系统》出版。

（4）王静如逝世（1903—1990）。

1991 年

（1）曹述敬主编的《音韵学辞典》、徐通锵的《历史语言学》、赵诚的《古代文字音韵论文集》出版。

（2）马学良主编的《汉藏语概论》（上、下）出版。

（3）李荣主编的《现代汉语方言大词典》开始编纂。

（4）张世禄逝世（1902—1991）。

（5）严学宭逝世（1910—1991）。

1992 年

（1）中国音韵学会研究会第七届年会暨学术讨论会在山东威海举行。

（2）（金）韩道昭著、宁忌浮校订的《校订五音集韵》及耿振生的《明清等韵学通论》出版。

（3）鲁国尧发表《〈卢宗迈切韵法〉述评》。

1993 年

（1）第二十六届国际汉藏语言及语言学会议在日本大阪举行。

（2）郑张尚芳在提交亚洲大陆和海岛语言关系研讨会的论文《澳泰语言根在汉藏》中提出华澳语系的假说。

（3）余迺永的《互注校正宋本广韵》修订本出版。

1994 年

（1）中国音韵学研究会第八届年会暨学术讨论会在天津南开大学举行。

（2）第二十七届国际汉藏语会议在法国巴黎举行。

（3）李玉的《秦汉简牍帛书音韵研究》出版。

（4）殷焕先逝世（1913—1994）。

（5）周法高逝世（1915—1994）。

1995 年

（1）〔美〕包拟古著，潘悟云、冯蒸翻译的《原始汉语与汉藏语》出版。
（2）〔美〕罗杰瑞著，张惠英翻译的《汉语概说》出版。
（3）邢公畹发表《汉台语舌根音声母字深层对应例证》，正式提出"语义学比较法"。
（4）俞敏逝世（1916—1995）。
（5）周祖谟逝世（1914—1995）。

1996 年

（1）中国音韵学研究会第九届年会暨学术讨论会在福建福州举行。
（2）杨剑桥的《汉语现代音韵学》出版。

1997 年

（1）第三十届国际汉藏语会议在北京语言文化大学举行。
（2）宁忌浮的《古今韵会举要及相关韵书》、杨耐思的《近代汉语音论》、冯蒸的《汉语音韵学论文集》出版。
（3）〔瑞典〕高本汉著，潘悟云等编译的《汉文典》（修订版）中译本出版。
（4）许绍早逝世（1930—1997）。
（5）李新魁逝世（1935—1997）。

1998 年

（1）刘坚主编的《二十世纪的中国语言学》出版。
（2）何琳仪的《战国古文字典——战国文字声系》出版。
（3）中国音韵学研究会第十届年会暨学术讨论会在吉林长春举行。

1999 年

（1）李荣主编的《现代汉语方言大词典》分卷本（41 本）由江苏教育出版社出版。

（2）许宝华、〔日〕宫田一郎主编的《汉语方言大词典》由中华书局出版。

（3）邢公畹的《汉台语比较手册》出版。

（4）喻世长逝世（1916—1999）。

（5）于安澜逝世（1902—1999）。

2000 年

（1）中国音韵学研究会第十一届年会暨学术讨论会在江苏徐州举行。

（2）潘悟云的《汉语历史音韵学》出版。

（3）高元白逝世（1909—2000）。